讲　　述　　真　　相

沃尔特·克朗凯特

Walter Cronkite

〔美〕道格拉斯·布林克利 /著

徐海帼 /译

时代出版传媒股份有限公司
北京时代华文书局

图书在版编目（CIP）数据

讲述真相：沃尔特·克朗凯特 /（美）道格拉斯·布林克利著；徐海幨译 . -- 北京：北京时代华文书局 , 2016.7
书名原文：Cronkite
ISBN 978-7-5699-1008-7

Ⅰ . ①讲⋯ Ⅱ . ①道⋯ ②徐⋯ Ⅲ . ①克朗凯特，W.（1916-2009）－传记
Ⅳ . ① K837.125.42

中国版本图书馆 CIP 数据核字 (2016) 第 133258 号
著作权合同登记 字：12131222

讲述真相：沃尔特·克朗凯特

著　　者 |［美］道格拉斯·布林克利
译　　者 | 徐海幨

出 版 人 | 杨红卫
选题策划 | 陈丽杰　李　争
责任编辑 | 李　争
装帧设计 | 孙丽莉　段文辉
责任印制 | 刘　银　訾　敬

出版发行 | 时代出版传媒股份有限公司 http://www.press-mart.com
　　　　　北京时代华文书局 http://www.bjsdsj.com.cn
　　　　　北京市东城区安定门外大街 136 号皇城国际大厦 A 座 8 楼
　　　　　邮编：100011　电话：010 - 64267955　64267677
印　　刷 | 北京中科印刷有限公司　　（010）-69590320
　　　　　（如发现印装质量问题，请与印刷厂联系调换）
开　　本 | 710mm×960mm　　1/16
印　　张 | 45
字　　数 | 804 千字
版　　次 | 2016 年 10 月第 1 版　　2016 年 10 月第 1 次印刷
书　　号 | ISBN 978-7-5699-1008-7

定　　价 | 209.00 元

目录

序　言

　　沃尔特·克朗凯特——看在上帝的份上，这世上有成千上万尚处在荒诞不经的19、20、21岁年纪的年轻人，他们一直以为世上永远都有那么一个"沃尔特·克朗凯特"，这种迷信就如同我们对富兰克林·罗斯福、圣诞老人和复活节兔子的信仰一样。每个时代都不乏宏大的历史时刻，例如选举、全国代表大会、人类进入太空、肯尼迪遇刺，每逢这种时刻电视屏幕上必定会出现沃尔特·克朗凯特的那张面孔，他的头发永远都沿着发缝梳成大背头，小胡子也一如茂文·道格拉斯①在圣瑞吉理发店疲沓沓地打发掉一个激动人心的下午之后那样摊开在嘴唇上，他的脑袋也始终略微侧倾着，一只耳朵上压着耳麦，随即他那烟熏嗓的嗓音拖着经过修饰的南方腔调便从电视机里传了出来。

——汤姆·沃尔夫②

　　1981年3月6日，小说家库尔特·冯内古特③听说在为哥伦比亚广播公司效力19个春秋之后的64岁的沃尔特·克朗凯特将要退休，从此结束《晚间新闻》主播的生涯，遂提笔为《国家》周刊写下了一篇发自肺腑的颂文——《无意成为大人物的大人物》。冯内古特担心克朗凯特的离去将会对美国民主制度在未来的走向产生影

---

① 译注：茂文·道格拉斯（1901—1981），美国演员，获得过托尼奖和奥斯卡奖，其本人留着标志性的小胡子。
② 译注：汤姆·沃尔夫（1931— ），美国作家和记者，从20世纪50年代后期开始致力于新新闻写作，被誉为"新新闻主义之父"。
③ 译注：库尔特·冯内古特（又译冯内果、冯尼格，1922— ），美国作家，黑色幽默文学代表人物之一，代表作有《第五号屠宰场》《猫的摇篮》等。

响，多年来他一直将这位来自中西部①的同乡新闻主播视为圣诞老人一样的人物，但后者始终谦虚地坚称自己"只不过是一名记者"。现在令冯内古特感到忧虑的是这位深受民众信赖，"就像拿着万花筒的孩子一样日复一日地深为揭示新闻而着迷的"记者即将告老还乡，而全美国人民却找不到一丝慰藉。此时，有线电视新闻节目正在日趋成为一股强大的驱动力，他担心在这种情况下有深度的新闻广播时代即将宣告完结，在文章中他哀叹道："真正的危机降临了。他所播报的每一条新闻都无不在暗暗地告诉人们他并非是大权在握的人物，他对权力丝毫没有觊觎之心，所以此刻我们的感觉就如同一位友善聪明的老师即将告别我们这个小村庄，原来这个所谓的'小村庄'实际上等同于全世界的事实根本无足轻重。"

20世纪50年代，爱德华·默罗在哥伦比亚广播公司如日中天，自那时起诸如克朗凯特这样的电视节目播音员就逐渐成了美国人日常生活中如影随形的伙伴，观众们对他的熟悉程度不亚于每个夜晚屏幕上闪出雪花点之前播放的最后一档节目的结束曲《星条旗》。无论是追踪记录宇航员约翰·赫歇尔·格伦成为第一个进入地球轨道的先行者，哀悼肯尼迪总统遇刺身亡，在春节攻势②之后同观众分享自己对越南战争的质疑，在1968年芝加哥举行民主党全国代表大会期间将芝加哥警方戏称为"一伙暴徒"③，还是在欢庆美国建国200周年之际，克朗凯特都始终如一地用洪亮的声音值守在新闻节目里。在对总统就职典礼或人类登月这样的事件进行特别报道的过程中有的电视节目主播总是喋喋不休地唠叨个不停，而克朗凯特则深谙欲擒故纵之道，他懂得在重大历史时刻必须有那么片刻保持凝重的沉默，而且在每天晚间播报电视新闻时绝不引起观众厌恶的技巧达到了前无古人后来无来者的高度。他对于电视的价值等同于默罗之于广播的价值，虽然两个人的主持风格如同昼与夜一样迥然不同，但是他们两个人留给哥伦比亚广播公司新闻网的绝对传统代表着20世纪电子新闻传媒的高标。经过自我训练，克朗凯特养成了每分钟124个单词的播报速

---

① 译注：中西部：美国中西部通常指的是美国地理上中北部的州，包括俄亥俄州、印第安纳州、密歇根州、伊利诺伊州、威斯康星州、艾奥瓦州、肯萨斯州、密苏里州、明尼苏达州、内布拉斯加州、北达科他州及南达科他州。美国地理中心及人口中心都位居中西部。美国人口调查局将这个区域再细分为中北部东方及中北部西方。

② 译注：1968年1月底，北越发动了规模空前的春节攻势。超过8万北越军队和越共游击队对南越几乎所有的大小城市发起了进攻，但是老百姓并未配合发动大规模行动。在遭受美军压倒性传统武力的打击下，北越方面大部分攻势都在最初的几个小时内被击溃，但在西贡中维持长达三天，越南的传统首都顺化激战持续一个月。

③ 译注：代表大会期间芝加哥警方同抗议者发生激烈冲突。

度，这样电视观众就可以毫不费力地消化吸收他所讲述的每一条新闻。绝大部分美国人的平均语速为每分钟165个单词；而那些语速超快，令人难以跟上其速度的人则平均每分钟能说出200个单词。除了幸运地拥有一副醇厚的嗓音之外，克朗凯特还如同一条古老的沙河一般刻意放慢连篇累牍播报新闻稿的速度。他这种风格得到了观众的一致认可。

在一个星期五的夜晚，当克朗凯特正准备向哥伦比亚广播公司新闻网主播这把金交椅告别的时候，新闻网的一位主管对尚处在越南战争和水门事件阴影下，并且十分爱戴这位主播的观众指出这位主播象征着"上帝、母亲、美国国旗、四分钟跑一英里的极限，以及喜马拉雅山"。从冰山般晶莹剔透的锐利双眼到那撇沃尔特·迪斯尼式精心修剪的小胡子，克朗凯特脸上的每一个部位都十分统一。乍看起来他是一个不苟言笑的人，带有袖扣的法式反褶袖衬衫向来挺括，很多衬衣的袖口上都带有"WLC"的字样，即他的全名沃尔特·利兰·克朗凯特的缩写，只有他那些粗结领带——其中一些带有粗条纹或圆点图案——在向人们透露出他内在的幽默感。在大萧条时代长大的克朗凯特发现自己自然而然地就养成了节俭的习惯，就连最要好的朋友都认为他是个一毛不拔的铁公鸡，他从不乐意替别人掏腰包，也不喜欢给服务员小费。这位在20世纪40—50年代首屈一指的记者习惯每天工作10到12个小时，整日里数不清的制片人、作者、勤杂工、打字员和摄像师围绕在他的身边，在混乱忙碌的采编工作现场只有他一个人保持着镇定，展现着高贵、沉着、文雅的做派。然而克朗凯特这位典型的领导者却认为自己过于任性，作为耄耋之人他曾自负地夸口说："我从不在安神养性的事情上花费时间，那些喜欢做这种事情的人太无聊了。"

克朗凯特的另一个成功秘诀在于他非常重视电视新闻稿，与他合作的几位最主要的制片人都明白这位资深主播十分热衷于人权、航天事业和环境问题。电视新闻史上那些最伟大的时刻，例如克朗凯特报道"阿波罗号"登月、彼得·阿奈特在巴格达、克里斯蒂娜·阿曼鲍尔在波黑、布莱恩·威廉姆斯在卡特里娜飓风登陆美国期间、安德森·考博尔在海地，诸如这样的新闻节目之所以得以实现是由于撰写新闻稿的记者充满了对现场报道的热情。他们在讲述自己的真实感受，而非完全置身事外，其主观情绪强烈到足以产生戏剧性的效果。

节目主播这个群体向来因自高自大而为外人所不齿，其中不少人以为在电视上长时间露面自己就会成为同华盛顿、林肯和罗斯福一样的大人物。克朗凯特是个例外，他为人实事求是、谦卑、和善，而且还具有一些大无畏的精神。美国合众国际社的资深编辑贺瑞斯·戴舍尔·奎格曾在文章中指出："可以说有这样三位传达消息的信使，在他们各自的鼎盛时代全美国人民都依赖于他们的话语，急不可耐地期盼着听到他们三个人的所见所闻和相应的报道，以及具有个人色彩的观点，这三个人就是马克·吐温、威尔·罗杰斯①，以及沃尔特·克朗凯特。"显而易见，对于美国民众而言克朗凯特绝非只是一位电视主播。福克斯新闻频道总裁罗杰·埃尔斯曾对此作过解释："对于沃尔特在第二次世界大战时效力于合众社期间所积累的人生阅历，怎样评价都不过分。他有一副好嗓音，又那么沉着冷静。作为一名新闻网记者他很清楚自己在做什么，写作风格十分统一。他选择了一种基础而必要的工作方法，这套方法令人感到欣慰。无论是亲眼见到其本人，还是通过广播听到他的声音，人们都会产生一种万事大吉的感觉。在他的引领下我们相对平稳地度过了冷战时期，而没有积累起过多的愤怒。他的一生重如泰山。"

1981年，在哥伦比亚大学举办的一场研讨会上，默罗的至交弗雷德·弗兰德里对解甲归田的克朗凯特做出了一番朴实无华的评价。弗兰德里曾担任哥伦比亚广播公司新闻网制片人数十年，并于1964—1966年出任了哥伦比亚新闻网的总裁，他将克朗凯特同学识渊博的专栏作家沃尔特·李普曼相提并论，这对克朗凯特而言的确是至高无上的赞美。弗兰德里解释说："克朗凯特有能力赢得别人的信赖，我很不乐意听到别人说这是因为他具有长者风范，真不明白人们怎么会这么想，不过他的确同沃尔特·李普曼一样，都是那种和蔼可亲的老头子。"作为记者，李普曼对事物的复杂性洞察秋毫，默罗则具有一双对新闻极其灵敏的耳朵，而克朗凯特则堪称是现代传播技巧的大师，就此而论他的表现尚未有人能够超越。弗兰德里在文章中写道："我想我们不会再看到第二个克朗凯特了。"

对克朗凯特推崇备至的弗兰德里指出克朗凯特最重要的天赋在于能够认清自己的能力限度，在以自恋而著称的广播电视传媒界里这是一种罕见的品质。在弗兰德里看来，克朗凯特天生善于将复杂问题清晰简练地阐述给美国中产阶级，哪怕是物理学和天文学等领域的知识。他既不是伟大的哲学家，也不是著名的作家，但却是一位了不起的教师和勤学好问的学生。弗兰德里认为正因为如此人们很难站在历史的角度对克朗凯特采用过的手段做出评判，人们无法将其同能言善辩的李普曼或者置身于新闻现场的记者默罗所采取的策略相提并论。在供职于哥伦比亚广播公司新

---

① 译注：威尔·罗杰斯（1879—1935），美国牛仔，歌舞杂耍艺人，幽默作家，时评家，在20世纪20—30年代蜚声全世界。

闻网期间，克朗凯特对"阿波罗11号"和尼克松总统辞职事件的报道应该怎样被定性？这些报道属于新闻报道的范畴么？还是毫不拖泥带水的个人表演？抑或是他为报道提供了强大的支持和协助？甚至是保驾护航？在报道过程中克朗凯特显示出的坚定态度使数百万电视观众获得了信心，他看起来充满权威，颇具说服力，令观众感到无论发生怎样的情况都可以仰仗他，他会让一切风平浪静，也会让观众了解到真相。普利策奖获得者、记者弗郎西丝·菲茨杰拉尔德在1981年曾对《华盛顿邮报》说："我猜老爹要离开我们了。"这句话虽然听上去有些老生常谈，但事实的确如此，它道出了很多记者的心声。

　　弗兰德里坚信正是凭借着肯尼迪总统遇刺事件克朗凯特才成为成千上万电视观众心目中的慈父。在解释克朗凯特于达拉斯悲剧事件中作为一名记者和主播所体现的价值时，弗兰德里对1981年获得哈佛大学尼曼奖学金的新闻同行们说："他的贡献无法一言以蔽之。换作许多国家，在那样悲惨的四天里都会发生一场革命。连续四天不间断进行报道的电视媒体起到了至关重要的作用。在那四天里，百万美元游乐场式的电视业曾经犯的一切错误都被抵消了，这可以说是电视业的悲剧——当达到最佳状态时它竟然可以表现得如此出色。然而，电视业以最拙劣的面目示人可以赚取如此可观的巨额利润，因此它无法向世人展现自己最出色的一面。"

　　1981年3月3日，就在克朗凯特将哥伦比亚广播公司《晚间新闻》主播的宝座移交给丹·拉瑟的三天前，里根总统在白宫同这位媒体的传奇人物进行了长达一个小时的访谈。自从克朗凯特于1962年坐上《晚间新闻》主播这个位置起里根就一直是他的热心观众，他们两个人对彼此的坦诚和友善不言自明。采访一开始克朗凯特就向对方提起了中东、苏联问题和举步维艰的美国经济状况等话题，在即将结束访谈时里根反主为客，善意地向克朗凯特问道："我知道你应该有点想念往日时光。"说着话他笑了笑，"你在这个房间采访过许多位总统……"

　　克朗凯特回答道："的确如此，先生。我正在数——八位总统。那可真是我国历史上一段显赫的时期。"

　　里根随即热情洋溢地说："嗯，请允许我对您表示衷心的感谢。你始终保持着专业素养。"

　　克朗凯特退休的事情备受关注，当月媒体对这一事件进行了铺天盖地的报道，报道规模令人难以置信。《新闻周刊》在封面的主框内刊出了克朗凯特的整幅照片，周围环绕着新闻界重量级人物丹·拉瑟、约翰·钱斯勒和弗兰克·雷诺兹的小幅照片，大字标题上写着"继克朗凯特之后"。哥伦比亚广播公司斥资购买了报纸的50多个版面发布广告，广告总标题为"隆重向您推荐最新加盟本公司的记者——我们开心地提醒您即将退休的传奇人物将以百万年薪受聘偶尔客串主持《特别报道》"。美国电视新闻界位居第三的竞争者（第一名和第二名分别为哥伦比亚广播公司新闻网和全国广播公司新闻网）、颇有头脑的美国广播公司新闻网也相应地在《纽约时报》上刊登了整版广告，对克朗凯特的新闻生涯进行了一番礼赞。在克朗凯特退出《晚间新闻》之前其他报社也都纷纷在各自的出版物上打出了"谢谢你，沃尔特"的广告。

从东海岸到西海岸，克朗凯特主持的最后一期告别节目都被视作职业棒球大联盟总冠军赛的决赛，即不得不看的电视节目。令人感到有趣的是，各种赞誉、电报和嘉奖从四面八方纷至沓来，以至于克朗凯特专门雇用了一位秘书，在两周的时间里替他处理泛滥成灾的信件。在接受《大观》杂志采访的时候，当被问及她的丈夫为何深受所有人喜爱时，贝特西·克朗凯特给出了一个有趣的解释："我想应该是他看上去就像大家的牙医。你们也知道，他的父亲和祖父可都是牙医。"这个答案或许道出了实情。

哥伦比亚广播公司新闻网68岁的埃里克·塞瓦赖德，这位来自明尼苏达的博学之士在美国广播公司的晨间新闻类节目《早安美国》中指出克朗凯特的离职比第39任总统吉米·卡特的告别演说更受媒体的关注。马克·克里斯平·米勒同卡伦·鲁尼恩在《新共和》一书中指出："沃尔特·克朗凯特的形象已经成了一种民族象征，他不再出现在主播的座位上就仿佛是乔治·华盛顿的面孔突然从美元上消失一样。"

名望如日中天的克朗凯特则表现得十分谨慎，丝毫不动声色，对自己的最后一期节目淡然处之。哥伦比亚广播公司《晚间新闻》的忠实观众们一心期盼着3月的这个夜晚会出现一期高潮迭起的告别节目，这档30分钟节目的德高望重的主播应该说一些有资格被载入《巴特利特名言选》[①]的金句名言，结果节目一如平常。克朗凯特的妻子和孩子以及经纪人在直播间里目睹着他的公开告别，丹·拉瑟也观看着这一幕，只不过他是在执行制片桑迪·索科洛的办公室里盯着电视屏幕。人们都以为在最后一期节目中克朗凯特会对过去进行一番缅怀，逐一回顾职业生涯中的每一个辉煌时刻。然而克朗凯特主持的最后一期节目却只是对美国航空航天局的航天飞

---

① 译注：《巴特利特名言选》，美国最长寿、发行量最大的名言录书籍，最早出版于1855年，最新版即第十八版，问世于2012年。

机进行了最新报道，他本人表现得非常低调。在最后一次插播广告时他对工作人员说："大家别紧张，咱们得跟彩排时一样。"出人意料的是，坐在主播座位上的最后两分钟——全国广播公司和美国广播公司同时进行联播——或许是克朗凯特第一次同电视观众产生了不协调的感觉。在忠实观众们看来他似乎显得有些尴尬和羞涩。他选择了一种陈旧的方式结束了这一期节目："瞧啊，老主播是不会消失的。他们还会时常回来的。"然而，时间证明克朗凯特的最后这句话落空了。

克朗凯特告诉电视观众自己的退休"只不过是一场过渡"，只是"将接力棒交给"一位少壮派而已。说完这句话他便一如既往地发出了结束播音的信号："事实就是如此"，这是他最后一次说出这句话。接着他又说："1981年3月6日，星期五，我将告别这个岗位，在接下来的几年里坐在这个位置上的将是丹·拉瑟。晚安。"

镜头越拉越远，克朗凯特的身影越来越小。他隔着主持台同自己钟爱的剧务总监吉米·沃尔动情地握了握手，向对方道了别。镜头关闭了，克朗凯特不再是主播了，他将眼镜塞进了自己的口袋里，将铅笔推远了几英寸，接着瞟了一眼秒表，往嘴里丢了一条口香糖，然后将稿件像彩屑那样抛向了空中。"放假啦！"说完便走出了演播大楼。

| 第一部分 |
成为记者

在9岁那一年克朗凯特成了《堪萨斯城星报》的
报童，梦想着有朝一日自己的大名出现在要闻版上，
对他来说最妙不可言的事情莫过于看到自己的名字变
成铅字。

第一章
密苏里少年

首次飞行——荷兰传统——牙医之子的儿子——格里产科医院——
"小马快递"的故乡——"面团小子"——喷泉之都——电车，奶昔和哈
定逝世——凯西的蓝调——再见！喷泉之都——得克萨斯没有苹果树

　　在儿时经历过的所有冒险中，给沃尔特·克朗凯特印象最深的莫过于他第一次
乘坐飞机的经历。1923年，7岁大的克朗凯特与死神擦肩而过，然而这件事情却出
人意料地激发起他对冒险事业的热情，他喜欢让肾上腺超负荷运转。在史上成功完
成单人不着陆飞越大西洋的第一人查尔斯·奥古斯都·林德伯格出现之前，作为娱
乐工具的螺旋桨飞机仅仅问世了十年。克朗凯特告诉《生活》杂志的记者戴维·弗
兰德："我和父亲乘坐一架配有OX-5发动机的老式柯蒂斯—莱特双翼机从堪萨斯城
的一片草场起飞，就在起飞时引擎失灵了，飞行员驾驶着飞机穿过一段篱笆，最终
飞机停在了附近的农田里。父亲被吓得魂飞魄散，可我觉得这次的经历棒极了，好
得不能再好了。"对克朗凯特而言，鸟瞰索证之州（密苏里州的昵称）的大地实在
是一次惊险刺激、令人难忘的体验。在晚年，当回忆起当年飞越故乡，那坐落在密
苏里河岸边的圣约瑟夫和堪萨斯城市中心联合车站钟楼的情景时他依旧心潮澎湃，
堪萨斯城就如同《绿野仙踪》里的魔法王国奥兹国一样矗立在大地上。惊险的"柯
蒂斯—莱特"之旅对他来说具有标志性的意义，这次的经历预示着未来他将以大无
畏的精神成为合众社和哥伦比亚广播公司新闻网专门负责报道空军活动的记者。看
到小沃尔特在命悬一线的飞行事故中表现得如此勇敢，父亲老沃尔特骄傲地将自己

的独生子称作"飞翔的荷兰人"[1]。

在《我的一生》中美国著名律师克拉伦斯·丹诺悲哀地指出很多人在撰写自传或者为他人做传的时候总是"以先人开场",以便"将他们的血统同某个著名家族或名人挂上钩"。对于克朗凯特而言血统的确产生了影响,因为他始终更倾向于将自己同荷兰(而非德国)祖先联系在一起。在充满幻想的克朗凯特看来,荷兰航海家,即那些自由、民主、现实的人,都是镇定自若的海洋探险家,他们的形象全都有资格进入满藏着大师级油画肖像的阿姆斯特丹国家博物馆。在1981年离开哥伦比亚广播公司新闻网主持人的岗位后克朗凯特参与了一系列纪录片的旁白工作,在最早一批教育类纪录片中就有一部是为了纪念美国同荷兰两国之间长达200年的友谊和未曾中断过的外交关系所制作的。影片拍摄于纽约郊区哈德逊克罗顿的皇家范科特兰特庄园,在开机时克朗凯特说:"我们荷兰人都非常务实,善于把握对我们有益的东西。没错,我说的的确是'我们'荷兰人。瞧啊,回望1642年,当纽约还叫新阿姆斯特丹的时候,勇敢的小伙子赫克斯向迷人的少女温迪·尤尼斯大献殷勤。赫克斯有一双识得宝物的慧眼。他娶了温迪,让对方随了自己的姓氏——克朗凯特(Krankheidt)。"

这位未来的哥伦比亚广播公司的新闻记者对继承自父亲的荷兰血统深感自豪。在感恩节上,老克朗凯特总是喋喋不休地讲述着当年清教徒为了找到一个远离宗教迫害,使人能够安心侍奉上帝的地方,从荷兰出发,漂洋过海来到马萨诸塞州科德角的故事。父母没有让小克朗凯特记住美国各州首府或美国历任总统的姓名和就职时间,但是这个孩子自豪地了解到范德比尔特、洛克菲勒和罗斯福家族都有着高贵的荷兰血统。他的女儿凯西曾回忆道:"经过漫长的历史,再融合上其他民族的特性,现今的克朗凯特家族才得以形成,但是我们所继承的荷兰血统对我们而言弥足珍贵。"

在哥伦比亚广播公司新闻网就职的数十年间,克朗凯特也曾提起过母亲的双亲爱德华·弗里切与马蒂尔达·弗里切夫妇当年在堪萨斯的莱文沃思与人合伙经营大陆酒店,又在西奥多·罗斯福执政期间在堪萨斯城经营药品生意的故事。他认为外公外婆在19世纪中期为了绿草茵茵的美国牧场而离开德国巴伐利亚的事迹完全可以

---

① 译注:飞翔的荷兰人(又译作"漂泊的荷兰人"),传说中有一艘永远无法返乡的幽灵船,注定在海上漂泊航行,与这艘幽灵船相遇在航海者看来是毁灭的征兆。这个传说最早出现于17世纪,在荷兰文里它表示一种持续飞行的状态,形容荷兰人注定永远漂流在海上、始终无法靠岸的悲惨宿命。

被写成一部引人入胜的史书，尽管如此，他对祖辈的记忆更多的还是来自克朗凯特家族。在第一次世界大战期间出生在美国中西部地区的德国后裔——就像弗里切夫妇一样——总是会受到外人的鄙视。

作为荷兰人则另当别论。克朗凯特认为自己的祖父弗雷德里克·皮尔斯·克朗凯特同20世纪早期其他堪萨斯牙医的显著区别就在于他对牙科事业满怀激情，在他看来牙科是现代社会中最重要的一个医学分支。在20世纪初期牙齿修复术流行一时，兜售各种药剂的药品展销会受到联邦政府的监管，只有得到管理部门认证的牙医才能开业行医。1906年《纯净食品和药品法》得到颁布，秘方药和江湖郎中大行其道的时代因此即将画上句号。就连可口可乐公司都不得以放弃了在碳酸饮料中加入可卡因的做法，有人说这一转变非常可悲。老克朗凯特会亲手为前来就诊的病人制作各种金嵌体、牙模和假牙，未来的哥伦比亚广播公司新闻节目主播一直宣称自己的祖父能够通过牙齿的亮泽度判断出一个人的人品。

全国性牙科期刊《趣谈：牙科艺术、科学及文学月刊》在1899年刊登过一篇文章，对克朗凯特医生的行医方法进行了一番盛赞。文章甚至还附上了一张展现其内设七个房间的诊所的照片，配发的标题写道："弗雷德里克·皮尔斯·克朗凯特医生的办公室及实验室，密苏里州圣约瑟夫"。报道显示出一位治学严谨的堪萨斯人对现代牙科的发展方向态度明确，对这个行业的大好前景充满了自豪。头脑机敏的克朗凯特医生不仅拥有当时中西部最先进的牙科设备，而且还自己动手设计了治疗椅。此外，他对诊所的外观也十分在意，坚信牙科医生必须为病人提供一些充满吸引力的设施，例如在候诊室里摆放一些杂志，以及供孩子玩耍的字母积木。在《趣谈》杂志中他对同行建议道："我们给顾客留下的印象对我们的职业生涯具有强大的影响力，因此我们应当充分利用这一点。"对于如何给病人留下良好的印象他也提出了不少建议。在他对同行的忠告中有一条为人们所熟知——即牙医绝不应该让病人看到自己在候诊室里翻阅杂志，牙医应该保持随时待命的状态。

除了终生热爱各自的故乡——圣约瑟夫和莱文沃思——克朗凯特夫妇和弗里切夫妇还具有不少相似之处。尽管他们分别有着鲜明的荷兰和日耳曼姓氏，但是两对夫妇都是地道的美国中西部居民，甚至都有些迂腐，从不愿意对美国政府说三道四。克朗凯特医生全身心扑在牙科治疗技术的提高上，同妻子安娜·路易丝在圣约瑟夫拥有一座宽敞的居所，在拉库德里湖畔（靠近威斯康星州的海沃德）还有一座度假小屋，这种生活令他们心满意足。如果说克朗凯特的祖父母和外公外婆都一直过着无忧无虑、一成不变的生活，那么与此同时他们也算得上是坦坦荡荡，即凭着自己的本事享受着中产阶级（社会学家已经摒弃了这个术语）的优越生活。

克朗凯特医生与安娜养育了六个孩子，长子沃尔特·利兰·克朗凯特子操父业，于1914年毕业于堪萨斯城的牙科学院。同班同学都认为年轻的克朗凯特以家族事业为起点，加之又从父亲那里学习掌握了一整套工作原则，应该拥有大好的前途。哥伦比亚广播公司未来新闻主播的父亲既善于交际，同时又令人费解，他生有一双锐利的蓝眼睛，留着一撮金色的小胡子。沃尔特父子俩都具有知识分子的好奇心，并且都对狄更斯和巴尔扎克的作品痴迷不已。年满18岁的时候老克朗凯特就已经掌握了精湛的牙科手术技艺，他的前途看上去一片光明。他意识到无论经济如何滑坡，人们的烂牙该补还是得补。他放弃了同父亲一道行医的机会，成了莱文沃思联邦监狱的一名牙医。

就这样老克朗凯特在莱文沃思开始了新生活，在这里他遇到了海伦·弗里切，这个来自堪萨斯的女孩曾就读于宾夕法尼亚州的一所大学，但是没能坚持读完学业。两个年轻人的相遇完全就是天作之合，他们都喜欢跳舞和夜生活，对婚姻生活毫不畏惧。1915年成婚时两个人都年方22岁，婚后不久他们便搬回到新娘家，同弗里切一家人生活在曾经驻扎着骑兵部队的小镇莱文沃思。

1916年的秋天海伦住进了圣约瑟夫的格里产科医院，医院设在十五大街和埃德蒙大街交叉路口的一座朴素的两层楼里，后来这所医院变成了诊所。11月4日，海伦产下了小沃尔特·利兰·克朗凯特，她洋洋得意地宣称这个孩子的相貌和性格都美好得无以复加。同天下所有母亲一样，海伦认为小沃尔特这个"暖融融的小浆果"完全沐浴在阳光下。他身上的每一颗小斑点都留在了她的记忆中，令她欢喜不已。在回忆录《记者生涯》中克朗凯特打趣道："很有可能在格里医生的医院里欣喜若狂的那一刻我的父母不太可能想象出日后我蓄着一撮小胡子的模样，当时他俩心里想的很有可能只是近在眼前的幸福——家里有三口人了，他们要一起开始新生活了。"

"小马快递"①于1860年成立于圣约瑟夫，出生在这个地方令克朗凯特感到自豪。从圣约瑟夫出发的邮递员们一度走遍了遍及大平原、横贯落基山脉，并一路南下直达加利福尼亚州萨克拉门托市的150多个小马快递驿站，在各个驿站之间传播讯息。克朗凯特总是认为小马快递就是通讯社、电视新闻网和联邦快递公司的前

---

① 译注：小马快递，电报业务普及之前美国东西部地区之间最直接便捷的快递服务，总部设在密苏里州的圣约瑟夫，业务遍及大平原、落基山脉和内华达山脉地区，直至加利福尼亚州，交通工具为马匹。

驱，他十分喜欢摄制于1939年、由好莱坞演员及歌手罗伊·罗杰斯主演的影片《边疆小马快递》，在他看来小马快递以浪漫主义的色彩集中体现了美国人信奉的"一切皆有可能"的精神。

小沃尔特出生的当年第一次世界大战正在欧洲肆虐着，美国竭力保持着一贯的孤立主义原则。成千上万的英国士兵战死在法国和比利时泥泞不堪的壕沟里，与此同时美国人依旧过着平静的生活。就在沃尔特来到人世的三天后，他的父亲在圣约瑟夫的弗雷德里克大街消防站为参加连任竞选的伍德罗·威尔逊投了一票。同这位总统一样，老克朗凯特坚持认为美国决不应当插手这场血腥的战争。然而，很快美国便无法继续逃避现实了。尽管在竞选连任走向胜利的过程中威尔逊一直反复不断地为"中立"政策摇旗呐喊，但是没过多久他就不得不倒向了主战的一方。毫无疑问，前一年德国海军炸沉了英国轮船"路西塔尼亚号"导致100名美国公民遇害，表明事态已经发展到了非常严峻的地步。美国迟早会被卷入这场混战。

仍旧沉浸在初为人父的喜悦中的老克朗凯特在圣约瑟夫度过了1916—1917年的这个冬天，他开办了一家小小的诊所，父亲那所豪华的七间套房的诊所就设在同一幢大楼里。著名赛车手巴尼·欧菲尔德[①]驾驶着那辆名叫"闪电"的新座驾来到圣约瑟夫的时候，老沃尔特带着照相机赶到了现场，拍摄下了这个由汽油驱动的能跑会动的新事物。自从亨利·福特于1908年开始在装配线上生产T型车以来，美国各地的人们便争先恐后地购买着机动车。对日渐壮大的中产阶级而言，拥有私家车就等于拥有了走出家乡、畅游远方的条件。老克朗凯特也在1916年12月买到了自己的第一辆福特轿车，此后他便坚持要求人们称呼他为"克朗凯特医生"，这名初为人父的牙医终于在当地建立了自己的名望。克朗凯特医生开始憧憬在距离圣约瑟夫以南50英里、坐落在堪萨斯和密苏里交界处、营业环境更为优越的大城市堪萨斯城开办一家牙科诊所。

1917年4月12日美国投入到对德战争中。在前一年11月成功连任的威尔逊总统抛开了先前的"中立"态度，开始在全国招募"面团小子"（第一次世界大战期间人们对美国士兵的昵称）。克朗凯特医生请求征兵局看在"家中有人需要赡养"——即他的妻子和小沃尔特——的份上免除他的军役，然而征兵局拒绝了他的请求。这个24岁的密苏里青年身体健康，又是一名牙医，而美国军方又对将士们的

---

① 译注：巴尼·欧菲尔德（1878—1946），美国机动车赛车手和先驱，他是历史上第一位以60英里（96公里）的时速在运动场驾驶车辆的赛车手。

健康状况和部队里的卫生保健条件有着较高的要求。于是，老克朗凯特得到通知，"参加入伍体检"。

克朗凯特医生坚信自己会一直驻守在美国本土，他认为在军训结束之后只需要在俄克拉荷马州劳顿附近的军事基地锡尔堡为应征入伍的战士们检查身体，进行保健和治疗即可。结果，这只是他的一厢情愿。克朗凯特一家迁居到了俄克拉荷马州的萨帕尔帕，他们一心指望着能在这个以玻璃制造而出名的小镇平安度过战争岁月。然而，1917年年底克朗凯特医生成了美军第35师第140团的一位陆军中尉，以牙医的身份随医疗队前往法国，在远离前线的地方为国家效力。在此期间他同一位来自密苏里的同乡战友相交甚好，这个人就是哈里·杜鲁门。小克朗凯特曾回忆说："据我所知，爸爸从未提起过自己同美国第33任总统有着亲密的战友情谊，这一点实在值得称赞。不过，天生谦逊的他还是承认过自己的确认识这个人。"

除了尽情享用当地美食核桃馅饼之外，海伦和小沃尔特在萨帕尔帕基本上过着百无聊赖的日子。由于无法同远在欧洲的丈夫保持联系，海伦决定搬回堪萨斯城，她的哥哥爱德华·弗里切在当地的希尔医院住宅区经营着糖果批发的生意。为了补贴家用，海伦在商业娱乐区凯西区一带打着零工，或是做会计，或是当保姆。对她来说，生活中唯一值得期盼的就是丈夫零星通过西联公司发来的几封电报。

1919年克朗凯特医生告别法国，重返故土，在海外报效祖国时的出色表现令他感到十分自豪，在此之前海伦回迁到堪萨斯城的明智之举也令他倍感欣慰。每当他提起第140团在欧洲同德国作战的经历时，那一切仿佛就发生在眼前。这位一战退伍老兵常常会给小沃尔特讲起德军的潜水艇、鱼雷、铁丝网、手榴弹、刺刀和防毒面具。在克朗凯特医生的家里，诸如法国的"阿尔贡森林"和德国在法国与比利时边界构筑的"兴登堡防线"之类的地名，远比林肯总统发表过著名演说的葛底斯堡和南北战争中日伤亡最为惨重的战役发生地安提塔姆这些地方更具有历史价值。

作为凯旋的"面团小子"，克朗凯特医生受到故乡的热烈欢迎，返乡后没多久他便在堪萨斯城开办了自己的诊所。他自己动手给房顶铺上了木瓦片，而且还像父亲那样亲自动手加工制作假牙和模具，心灵手巧的他还孜孜不倦地学习着医学界的最新知识。在亲眼看到了发生在欧洲的大屠杀之后，堪萨斯城——大平原上的巴黎——几乎与世隔绝的环境令他感到欣慰。他在距离诊所不远的地方租了一套小公寓。他无意同当地的上流社会为伍，被那些人接纳与否对他来说无足轻重。后来，在提到1920年前后父母的生活时克朗凯特曾说："我十分清楚他俩对上流社会和下层阶级等社会各个阶层的看法。在密苏里的堪萨斯城，除非是住在本顿大街的第32级共济会会员①，而且还是信奉新教的白人，否则你或多或少总是有点缺陷。"

由于市内公共场所矗立的一座座罗马式喷泉，堪萨斯城又被称为喷泉之都，年轻的克朗凯特被这座城市深深地迷住了。吱吱嘎嘎地从几乎家徒四壁的公寓外经过的有轨电车也令他感到痴迷，他风雨无阻地监测着电车的运行时间，并做出了详细的记录。他知道每一路电车的车牌号，也记下了每一位司机的姓名。他曾回忆道："我自娱自乐地靠想象玩着各种游戏。我家的门廊上挂着一架秋千，从潜艇到飞机，这架秋千无所不能，不过大多数时候它都会变成电车！"

克朗凯特对堪萨斯城交通系统的热情和痴迷或许可以说是他的性格最鲜明的体现。和学校里的正统教育不同，通过监测有轨电车的运行状况克朗凯特掌握了很多数学知识，让他兴奋地了解到世界运转的基本方式。每当有电车经过时他都要喊叫地冲着车上的乘客打声招呼："你们好！"堪萨斯城的地形结构非常有利于电轨机车的运行（居民区坐落在密苏里河两岸陡峭的高地上，另一条河的河畔矗立着一片工业区）。在克朗凯特看来，第九大街上横贯阿根廷场，一路延伸到联合车站的轨道栈桥无异于联通大千世界的显像管。无论是电车、帆船、赛车、飞机，还是火箭，只要是能够移动的东西就会令克朗凯特着迷。尽管过着举步维艰的日子，为了补贴房租海伦甚至挨家挨户地上门推销世界图书出版公司出版的《世界百科全书》，但是父母还是为小沃尔特买了一整套（二手的）百科全书。小克朗凯特本能地首先记住了有关托马斯·爱迪生和罗伯特·富尔顿这些发明家的重要知识。他曾回忆道："我向来善于调查研究，只要是感兴趣的事情我都会在《世界百科全书》查找相关资料。"

第一次世界大战结束后堪萨斯城的每一个人都渴望尽情地寻欢作乐。大型乐队在费尔蒙特公园的室外展馆举办着一场又一场的音乐会，美国退伍军人协会在中央大道游行着，飞艇从一座座牲畜围场上空飞过，各种壮观的盛典无不是在庆祝盟军在欧洲战场取得的胜利。1921年11月21日，堪萨斯城宣布将当月1日动工修建的高耸入云的自由纪念碑同出生于密苏里州、在一战期间担任欧洲美国远征军总司令的约翰·约瑟夫·潘兴将军作为吸引游客的重要资源。堪萨斯城的经济日趋繁荣，克朗凯特一家也品尝到了繁荣的果实。他们终于有能力告别狭小的公寓楼，搬进一幢

---

① 译注：大共济会有两个分支，分别为苏格兰会和约克会，第32级共济会隶属于苏格兰会分支。

不起眼的独栋平房。有钱人家的孩子住在斯沃普大道一带，克朗凯特的家则位于凯西区的东北部，这里是"中等中产阶级社区"。堪萨斯城的第二座电车公园距离克朗凯特家只有六个街区，沃尔特·迪斯尼曾宣称正是这座公园赋予了他创办主题公园的灵感，公园里有一架摩天轮和一座过山车。有时候小克朗凯特会去圣约瑟夫探望祖父祖母，享受一下乡下的新鲜空气。后来他曾说过："他们养了一些马，家里还有一个放风地窖，地窖里永远弥漫着美妙的苹果味。"

这位哥伦比亚广播公司新闻网的传奇人物只是在圣约瑟夫度过了人生最初的十个月，他对萨帕尔帕毫无印象，堪萨斯城才是他的故乡。20世纪70年代，在事业的鼎盛时期，每当回想起童年他总是会讲起20世纪20年代，即爵士乐盛行一时的"爵士时代"出现在凯西区的那些令人叫绝的事物，在场的所有人都会听得如痴如醉。克朗凯特从未感到自己出身于穷困家庭，尽管如此，为了享受到棉花糖、圣代冰淇淋和斯多弗夫人牌巧克力他还是急不可耐地打了不少零工，口袋里随时揣着25或30美分，令他感到自己很富有。有时候，在得到母亲的允许后他还会给演奏糅合了蓝调的爵士乐或拉格泰姆乐的街头音乐家们一些钱。

在9岁那一年克朗凯特成了《堪萨斯城星报》的报童，梦想着有朝一日自己的大名出现在要闻版上，对他来说最妙不可言的事情莫过于看到自己的名字变成铅字。这就是典型的"吉劳埃"症状。[①]出于工作的需要他必须独自乘坐电车前往联合车站，然后吃力地扛回家尽可能多的报纸去叫卖。一战后堪萨斯城熙来攘往的市中心变成了繁荣的商业区，借着工作的机会沃尔特常常在哈特菲尔德斯服装店和伍尔夫兄弟服装店的橱窗前流连忘返（他的父母甚至不许他去第十二大街，因为在那里邪恶就如同啤酒一样源源不断地喷涌着）。在这个时期广播尚未得到普及，报纸仍旧是信息传播的主要渠道。《堪萨斯报》和《堪萨斯城星报》双双推出了晨报和日报，每当出现重大事件时这两家报纸还会加印特别版，听一听往来报童的叫卖声人们就能了解到最新消息。报童或许算是童工，不过小克朗凯特非常喜欢这份工作。并非所有的报童日后都能成为记者，但是小小年纪便耳濡目染到新闻行业带来的压力和喜悦（以及酬劳），这种经历点燃了小克朗凯特的热情。他从未想到过自己的职业生涯开始自这个行业的最底层，但是事实的确如此。除了沿街叫卖《星

---

① 译注：吉劳埃，"二战"期间由美国军人推广开的虚构人物，现今常见于涂鸦配文中。其来由颇具争议，"吉劳埃到此一游"已经演变成一种流行文化，英国和澳大利亚也都有相应的版本，相当于中文里的"本人到此一游"的签名式样。

报》，他还为《星期六晚邮报》和《自由》杂志挨家挨户地征订订户。

《生活》杂志的记者詹姆斯·波尼沃泽克曾提到过克朗凯特早年在堪萨斯城的一则趣事，这件事情颇能说明克朗凯特总是竭力避免夸大其词，不愿轻易做出论断的新闻人的本能。1923年8月3日，《堪萨斯城星报》在头版刊出了沃伦·盖玛利尔·哈定总统因心脏病在旧金山逝世的消息。小克朗凯特攥着报纸，一口气冲到了朋友家，向朋友宣布了这条惊人的消息。他对朋友说："仔细看看这张照片，这可是你最后一次看到哈定了。"多年后，在《记者生涯》一书中克朗凯特带着自嘲精神对当年这个愚蠢的论断进行了反思："我很难想象当初自己究竟为何会得出那么荒谬的结论，不过我还是要将这件事情写下来，以便明确早年间我在编辑工作方面的倾向，当时的我不仅武断，而且缺乏准确的判断力。"

1926年年末，克朗凯特医生收到了来自得克萨斯牙科学校的工作邀请（现今这所学校已被并入得克萨斯大学健康科学中心）。这所私立学校位于休斯敦，但是校方希望学校能被并入德州公立大学系统，这样一来学校就会被迁至位于加尔维斯敦市的州立医学院附近。精通牙齿修复术的克朗凯特医生看到了提高学术造诣的机会，于是便接受了邀请。

年仅10岁的沃尔特不愿离开堪萨斯城，他已经对第九大街的电车运行路线烂熟于心，而且还结交到一批好友。表面上看他喜好社交，实际上他十分畏惧转学、以及重新结识新朋友这些事情。年轻人恳求全家继续待在密苏里，结果只是白费口舌。不过令他感到安慰的是他成功地哄劝父母在圣诞节给自己买了萨克斯管和单簧管，这样他就有条件学着演奏爵士歌手巴蒂·罗杰斯的歌曲了。老克朗凯特告诉儿子这两件乐器是给他的奖励，因为他在从凯西搬家到休斯敦的事情上表现得很"成熟"。成年后克朗凯特曾骄傲地宣称美国首屈一指的现代作曲家维吉尔·汤姆森和伟大的爵士乐音乐家查利理·帕克就诞生在自己度过少年时光的堪萨斯城。

1927年2月，克朗凯特一家带着不多的行李、开着自己的福特轿车前往欧扎克高原，出发前全家人甚至没有对堪萨斯城表现出太多的依依不舍，三位"克朗凯特"——克朗凯特医生和夫人，以及小克朗凯特——毫无遗憾地在迷蒙的冻雨中告别了密苏里。因为得克萨斯州正处在经济繁荣期，许许多多富裕的休斯敦居民都希望拥有一口健康的牙齿。对小克朗凯特来说，仍旧居住在密苏里的祖父祖母令他多少感到一些安慰，他们为他看守着家园。克朗凯特在炎热潮湿的休斯敦度过了接下来的10年，在那个时期空调尚未问世，他常常在梦中看到布坎南县果实累累的苹果园。他发誓终有一天自己将回到真正的故乡密苏里，再一次采摘那些苹果。

第二章

休斯敦青年

适应潮湿的气候——建设自己的电报系统——拒绝枪械，拒绝灌木丛火灾——打工生涯——1928年民主党代表大会——面对"吉姆·克劳法"——童子军的政治经历——开上了道奇车——苦难的大萧条时期——嗜酒如命的父亲——在离异家庭中长大——小学徒心中的大英雄——为《校园新人》奔忙——德莫莱会——在《休斯敦邮报》初试牛刀——与"小不点"温特立相恋——终于有了巴尔弗戒指

还是个骨瘦如柴的少年时克朗凯特就在堪萨斯城做起了报童，自那时起他便一直逼迫自己面对外面的世界，心急火燎地寻找着一切机会。1927年克朗凯特一家在休斯敦的马歇尔大街1838号租下了一幢平房，街道位于近乎郊区的蒙特罗斯区，从此小克朗凯特对休斯敦这座城市的好奇心便与日俱增。为了找到"南湾"地区他又一如既往地在自己信赖的《世界百科全书》中查找了一番休斯敦的相关信息。令他失望的是休斯敦没有装着弹簧门的牛仔酒吧，也找不到沃斯堡牛仔竞技表演，这里只有许多疤疤瘌瘌的橡树、叮人的苍蝇、长满牧豆树的园子、交错纠结的灌木丛，以及所谓的"小河"，其实就是些泄洪渠而已。先前他就了解到休斯敦是棉花交易重镇，可是在这里他连一朵棉桃都没有看到。克朗凯特曾回忆道："我指望着在中央大道就能见到远洋船只。当然，船都停泊在城外。几个星期后我们才去了能够行驶船只的河道，我才终于见到了船。这一切太令我失望了。作为自由生长在中西部地区的孩子，我还从来没有见过船，也没见过大海，而且这里也没有牛仔。"

对于这个早早就以通信事业为目标的小克朗凯特而言，在休斯敦期间最重大的进步或许莫过于他为蒙特罗斯区的几位朋友的住宅之间建起了电报系统。别的孩子每天花费5个小时的时间练习大提琴和钢琴，而克朗凯特则花费同样的精力忙着搭

建电报线路。那时搭建电报线路是他最积极的爱好，而工程模本则是少年读物中刊登的一份很简单的设计图。他曾回忆说："我们用莫尔斯电码进行联系，大家都非常娴熟，可是这一切突然被打断了。我们借用了电话公司的电杆架起自己的线路，结果电话公司被气坏了。我们都觉得电话公司太小题大做了。"

克朗凯特还曾用一包爆竹做成的火药在一片空地上打通了一条地道，结果引发了一场大火。消防队长赶到现场扑灭了大火，将他斥责了一番。后来克朗凯特曾打趣道："要不是他打消了我的热情，没准儿长大后我能在林肯隧道的工程中帮上忙，至少会成为乔治·普林顿[①]那样的烟花大师。"

当时休斯敦市建造起了两座摩天大楼，其中一座是海湾石油公司的总部大楼，它见证了自1901年博蒙特市发现"金矿"后"芳香的"原油在休斯敦的经济发展中起到的关键作用。黑金大发现之后不久，覆盖着盐丘的斯平德托普油田便开始以每天2000万桶的产量出产原油，与此同时还有其他一些油田也在出产黑金，当地的经济一夜之间便蓬勃发展起来。很快，原本尘土飞扬的小路就被铺平了，世界一流水平的博物馆建造了起来，得到丰厚捐款的大学也开办了起来。在大萧条时期整个休斯敦没有一家银行破产倒闭。40多家石油公司在休斯敦设立了办事处，冶炼厂如雨后春笋般在毗邻加尔维斯顿湾的城中心南部地区矗立起来。提起当年，克朗凯特曾说："河道早就开凿好了，东得克萨斯的石油大发现也就是几年前的事情。这里的就业机会出现了大幅度的增长。"

布法罗河这条寂静的河道连通了休斯敦和墨西哥湾，尽管所获微薄，最多也就是些沉在河底靠淤泥为生的小鱼，但克朗凯特还是喜欢在这里钓鱼。没过多久加尔维斯顿湾和利格城的海岸世界就对他的生活产生了直接而持久的影响。每到夏季小克朗凯特总是要和家人一起畅游玻利瓦尔半岛的沙滩，克朗凯特一边采集贝壳，一边看着成群结队的候鸟聚集在海湾沼泽地带的壮观景象，约翰·詹姆斯·奥杜邦[②]绘制的《鸟类图鉴》成了他最喜欢的读物。有一天，"业余鸟类学家"克朗凯特用气枪打中了一只小鸟，此后的余生中他再也没有射杀过任何一种动物，一想到枪械他就感到厌恶。他曾回忆说："那天我打中了一只麻雀，当时它就卧在我家后面的

---

① 译注：乔治·普林顿（1927—2003），美国记者、作家、演员、运动员、炸药专家，在"二战"结束重返纽约后他常常在晚宴上燃放烟花，娱乐宾客，由于对烟花的热情他曾被市长任命为纽约烟花特派员。
② 译注：约翰·詹姆斯·奥杜邦（1785—1851），美国画家、博物学家，他绘制的《鸟类图鉴》被称作"美国国宝"。

电线上。它跌落在地上，我把它捡了起来，它奄奄一息地望着我，脸上的神情似乎是在说，'你为什么要这么干？'你明白的，这让我的所作所为显得太恶劣了。打那以后我再也没有干过这种事情了。"

尽管都是典型的北方人，克朗凯特一家却都十分热爱休斯敦，但是这个地方有一点令他们感到深恶痛绝，这就是1876—1965年美国南部各州及边境各州对有色人种（主要针对非洲裔美国人，同时也包含其他族群）制定的种族隔离法律"吉姆·克劳法"及具体措施。20世纪20年代三K党在美国十分猖獗，休斯敦市有2000多居民都参加过至少一次三K党的集会。三K党的存在反映出美国各地根深蒂固的种族主义和宗教敌对主义。犹太人低人一等，黑人则在日常生活中的很多方面，无论是医疗保健、体育活动，还是公共交通服务和教育，都完全被隔离在白人的世界之外。克朗凯特在堪萨斯读书的时候学校里还能见到黑人同学，可在休斯敦他的同学全都是白人。此外，无论是根据法律的规定，还是社会习俗的约束，为黑人提供的公共设施和服务都要低劣很多。在克朗凯特一家的眼中，由于"吉姆·克劳法"的存在，休斯敦这个陌生的城市显得丑陋不堪，小沃尔特顺从地接受了这个现实，但他始终无法理解这一切。他曾回忆道："我天生就对黑人充满同情。"

克朗凯特医生是一位信奉自由精神的废奴主义者，他视内战中率领黑人起义的约翰·布朗为内战英雄，而非恐怖分子，在行医时他始终不遵守隔离法，对黑人和白人病患一视同仁。正如他的儿子后来对《花花公子》的记者朗·鲍尔斯所说的，在他们刚到休斯敦的一天晚上发生的一件可悲的事情就充分体现了他的做人原则。当时得克萨斯牙科学校的校长菲尼斯·海特医生邀请克朗凯特一家去他家里作客，这位校长住在城中心的里弗奥克斯住宅区。在享用完牛排和土豆之后大伙转移到了门廊，一边吹着凉风，一边等着附近一家药店派人送来自制的冰淇淋。在那个年代空调尚未问世，家用冰箱也没有普及到户，在"吉姆·克劳法"的统治下，休斯敦市规定非洲裔美国人不得从正门接近白人的房舍。多年后克朗凯特向人们讲述了接下来发生的一幕："送冰淇淋的黑人男孩骑着摩托车来了，借着手电筒他辨认着道路，显然是想找到通往后院的路。"看到没有车道或小巷让自己按照规定将货物送达，这个年轻人就从正门的人行道走了过来。他的脚刚踏上门廊的台阶时——用克朗凯特的话来说——海特医生就"像猫一样从椅子上蹦了起来，砰的一声一拳捣在了男孩的脸上，对方向后倒在了草地上，车上的冰淇淋撒了一地。他还说：'黑鬼，这下你该吸取教训了，别再把脚踏上门廊半步了！'我父亲说：'海伦、沃尔特，咱们走！'"

克朗凯凯特一家三口大步流星地走出了海特医生家，尴尬的主人对他们进行了一番恫吓，试图挽留住他们。克朗凯特医生说："走开！"说完便继续朝前走去。此后，考虑到克朗凯特医生"亲黑人"的倾向，海特医生在出门时总是随身带着长匕首。克朗凯特曾回忆道："我被吓坏了。走在那些耷拉着长长的寄生藤的橡树下我都感到恐惧，那些树看起来就像是迪斯尼动画片里的大森林，随时会有野兽从里面跳出来，扑在我们身上。最终我们在街角搭到了顺风车，回到了我们住的旅馆。从那一刻起我就对那个地方盛行的偏执的种族主义、黑人受到的歧视和境况有了充分的认识。"

1927年的秋天，克朗凯特穿上了制服，成了一名童子军。在20世纪20年代的休斯敦，童子军的活动主要是生火、宿营和钓鱼，但是1928年民主党全国代表大会在休斯敦召开，沃尔特和其他童子军都参与了在山姆休斯敦大楼会议大厅的服务工作，负责为代表们领路。当时大楼里不仅没有安装空调，就连良好的通风设备都十分缺乏，闷热的空气令人窒息。克朗凯特将一把把的扇子递到了后来获得过诺贝尔和平奖并曾出任国务卿的科德尔·赫尔、长期担任参议员的沃尔特·乔治、来自密苏里州的参议员詹姆斯·里德，以及深受休斯敦同乡们热爱的企业家及政治家杰西·琼斯的手上。代表们提名阿尔·史密斯这位禁酒反对者为总统候选人（他承诺废除当时已经施行了10年的禁酒令）。克朗凯特倾向于曾患有小儿麻痹症的富兰克林·德兰诺·罗斯福，后者在大会上以慷慨激昂、雄辩有力的演说对史密斯的提名进行了有力的支持。

一个月后克朗凯特又参加了另一场政治大会，舅舅爱德华·弗里切带着他参加了在堪萨斯城召开的共和党代表大会。他亲眼见证了赫伯特·克拉克·胡佛被提名为总统选举候选人。他依然记得自己当初很喜欢胡佛的竞选口号——"顿顿吃鸡，家家有车"。没有多少人有资格洋洋得意地宣称1928年的两场代表大会自己一场都没有落下，更不用说11岁大的小孩子。克朗凯特曾回忆说："我之所以对大会着迷只有一个原因，我知道在会场的某个角落就坐着未来的总统。问题是如何把这个人找出来。"在大选当天（11月6日）胡佛以444票击败了仅得到87票的史密斯，成了美国第31任总统，克朗凯特和父亲通过广播听到了这个消息。

1920年，随着经济的突然振兴，休斯敦市拿出大量资金对公立学校系统进行现代化建设。颇有远见的教育者们决定将初中部独立出来，为此专门聘请了当地最优秀的一位建筑设计师，专职为各所初中设计校舍。小克朗凯特是个幸运儿，1927年他成为新开办的悉尼·拉尼尔中学所招收的第一批学生中的一员。这所学校专门面向休斯敦的富人区，接受符合预科学校标准的学生，曾宣称自开学第一天学校就充满了进步的氛围。能够入校的学生都是休斯敦最聪明的孩子，其他公立学校的学生对这所学校做出了最高的评价——他们将拉尼尔的学生戏称为"榆木疙瘩"（换句话说就是，满脑子知识的书呆子）。

拉尼尔为学生提供了广泛的课外活动，其中包括学生自办报纸《紫狗》（以学校的吉祥物命名）。在这所学校学习了三年的克朗凯特也参加了这份报纸的采编工作，和"同事"一道为学校赢得了得克萨斯的新闻比赛大奖。在这几年里他仍旧不间断地打着各种各样的零工，其中包括效力于在教育理念方面远胜其他报纸的《休斯敦邮报》。这份报纸的编辑部位于一幢拥挤不堪的二层楼里，整个办公室摆放着十几张办公桌，地上丢满了团成一团的废稿和烟蒂，但在克朗凯特的眼中这里却形同洋基体育场和麦迪逊广场花园。在他的记忆中，"这个编辑室的氛围非常美妙，就和每一部有关报社的电影里呈现的景象一样。"和当初在堪萨斯城沿街叫卖报纸不同，在休斯敦他需要做的是骑着自行车沿固定路线将报纸送到西阿拉巴马路、维特美路、伍德兰德路和哈泽德路一带的订户家门口。后来老板发现他没有轻手轻脚地将报纸放在订户的门廊上，而是骑在自行车上将卷成一卷的报纸扔向订户家的时候，狠狠地斥责了他一番。克朗凯特在1985年的时候曾提起这件事情："当时我还是个小孩子，我以为《华盛顿邮报》只是一份小报，对我来说它完全就是《纽约世界报》《华盛顿明星报》和《芝加哥论坛报》的集合体。"

暑假期间克朗凯特会在加尔维斯顿湾附近的度假胜地西尔万海滩卖汉堡包，此外他还在城里的萨克维兹百货商店干过一段时间，负责帮顾客挑选适合幼童的玩具。搬到得克萨斯没过多久老克朗凯特就攒够了钱，买了第二辆轿车。在大约14岁的时候小克朗凯特得到了父亲原先的那辆车，在33岁那年他在为《大观》杂志撰写的文章中回忆道："那是一辆车厢宽大的黑色道奇车。我总是能让很多小孩子挤进车里……通常都有12人左右。告诉你吧，那辆车让我在大伙儿中间成了绝对的领袖。"

1929年的秋天经济大萧条开始了，对克朗凯特医生来说生活变得棘手了。外公外婆被迫关掉了药店，搬到了得克萨斯，同女儿一家住在一起。家里新添的两张嘴给克朗凯特医生增加了更多的压力，"大萧条"吞噬了中产阶级的大量存款，得克萨斯牙科学校面临着丧失抵押品赎回权的危险，入学率和附属诊所的收入都在锐减。

尽管如此，克朗凯特医生还是没有离开学校，全家人靠着微薄的收入勉强度日，原先的那一点积蓄也早就被他挥霍在两辆轿车上了。在大萧条时期专为无家可归的人修建的贫民窟"胡佛村"在全美各地遍地开花，虽然休斯敦的空地上没有出现这样的避难所，但是就在一夜之间植牙手术对当地居民来说也成了奢侈品。老克朗凯特的生活崩溃了。他开始不停地借酒消愁，不知从何时起变成了一个酒鬼，翩翩的风度逐渐消失了。有时候到了夜晚他就变得很好斗，令人难以容忍，有时候又十分冷漠，不是在客厅里望着窗外发呆，就是无休止地听着诗歌朗诵的唱片，反反复复地读着相同的段落。在这种紧张的气氛下小沃尔特本能地同母亲变得亲近了，对于克朗凯特医生嗜酒的问题母子俩秘不外宣。尽管如此，即便在成年后克朗凯特也仍旧坚信自己的父亲在工作时始终兢兢业业，他曾告诉别人只有到了夜晚父亲才会沉浸在酒精里。

总体而言休斯敦可以算是躲避这场经济风暴的避风港，然而对克朗凯特一家而言情形并非如此，1930年这一年他们的生活彻底陷入了低谷。1998年，在接受美国电视档案馆的采访时克朗凯特告诉唐·卡尔顿"父亲彻底没钱了"。家里无力支付账单，存钱罐也被掏空了，零钱都被用来购买日用品了，尽管如此厨房的橱柜里依然空空如也。最可悲的是，一天晚上海伦不得不用一罐狗粮当晚饭，这就是胡佛当初所说的"顿顿吃鸡"的幸福生活（海伦认为此事子虚乌有，但是她的儿子坚持认为的确出现过这种状况）。克朗凯特曾回忆道："那时我们的确弹尽粮绝了。不过谢天谢地，没有多久我们就不用再靠狗粮为生了。"克朗凯特医生承受着不堪忍受的压力，他愈发依赖酒精了。

1932年39岁的海伦提出了离婚，心力交瘁的克朗凯特医生回到了圣约瑟夫，重新开始行医，海伦和儿子继续留在休斯敦。独自抚养儿子不是一件轻松的事情，丈夫又很少寄来抚养费。和同样有个酒鬼父亲的总统罗纳德·里根一样，克朗凯特把自己对父亲的情绪深深地埋藏了起来。值得称赞的是，对于父亲的离弃他表现得很坚忍，在他看来父亲已经尽力了。他不去抱怨童年时代的阴影，相反，他有意识地将美好灿烂的日子留在了记忆中。

即便在父亲独自回到堪萨斯城之后他依然是一个规规矩矩的好孩子，母亲教会了他宽容、开明的人生态度，每逢星期天还总是要求他去教堂参加礼拜。当被问及从小接受的基督教教育时，身为哥伦比亚广播公司新闻网节目主播的克朗凯特解释说自己拥有"混合了长老会和路德教特点的加尔文教背景。"（从表面上看成年后的克朗凯特是一名新教圣公会教徒）作为单亲母亲的海伦十分宠爱小沃尔特，对他的作息时间做出了严格的规定，一旦发现儿子犯错她还会限制他的活动，以示惩戒。

1981年在接受《大观》杂志的采访时克朗凯特告诉记者，有一次他说服休斯敦的一位药剂师，允许他赊购了一块手表。得知儿子以这种方式进行了奢侈消费后海伦将手表没收了，并给药剂师支付了1美元，直到儿子偿还了这笔钱之后她才把手表还给了儿子。她向小沃尔特问道："明白了吗？你都不知道自己怎么赚到这笔钱。这种做法一点也不光明正大，可是你还是有了这种念头。沃尔特，这就是所谓的灰色地带。对灰色你可要当心啊，搞不好你就会脏了自己的两只手。"

忙于学校《紫狗》报的编辑工作让克朗凯特得以走上正途。在1929年开设新闻报道课程还是比较新鲜的话题，1908年密苏里大学哥伦比亚分校成立了美国第一所新闻学校，20世纪20年代全国各地陆陆续续开办了多所新闻院校。对于教室里能否培养出优秀的记者这个问题，报社和电台的老记者和老编辑们争执不下，不少人都认为学生不可能在学校里掌握新闻业务，采编工作根本就是无法通过学习掌握的技能，记者都是天生的。曾经当过记者的休斯敦人弗雷德·伯尼坚决反对这种观点，为了证明自己的看法他决定利用业余时间在市区各所学校教授新闻课程，其中就包括克朗凯特就读的圣哈辛托高中。就在不久前，克朗凯特刚被任命为校报《校园新人》的体育版编辑。

在克朗凯特的记忆中伯尼"体格清瘦而结实，浑身充满了活力"，他教育学生们撰写新闻稿要尽量追求效率和精练度，但是在任何情况下都要保持信息的准确性。伯尼讲述的报社里的那些趣闻轶事令学生们激动不已，提起伯尼时克朗凯特曾说："只要看到他我就会感觉到他在命令我披上铠甲，系牢佩剑，骑着战马，为真理投入到永无尽头的征战中。"换作其他人这种比喻或许只是信口的玩笑，但显而易见，伯尼的确为克朗凯特未来数十年的职业生涯建立了标准。克朗凯特曾说伯尼"无比热爱自己的工作，他将这份热情传递给了我们每个人"。

发表在《校园新人》上的文章并非全都需要他披上铠甲，系牢佩剑。克朗凯特（有时候他会自称为"克朗基"）的报道基本上都是为了应付新闻课所撰写的一年一度的交游野餐活动，要不就是学校操场出现了流浪猫。这些新闻稿件毫无出众之处，尽管如此，在编辑部组织的评选中克朗凯特还是当选为"最佳记者"。他意识到编辑这份微不足道的校园小报会带给自己难以抵挡的喜悦。根据圣哈辛托高中1933年的年鉴记载，尽管处在大萧条时期，甚至有的中学被迫关门歇业，《校园新人》却仍旧保持着"优良的品质"。

在圣哈辛托高中还有一位教师也深受克朗凯特的喜爱，她就是鼓励克朗凯特勇敢追求新闻梦想的萨拉·格罗斯·科里。伯尼教会了克朗凯特坚持原则，科里则更多地看到小沃尔特身上的孩子气和滑稽幼稚的一面。50年后科里告诉《大观》杂志："当年他总是在拿着便笺和铅笔在走廊里跑来跑去，四处搜寻着新闻线索。"除了为校报撰写文章，为了结交志同道合的朋友克朗凯特还加入了少年"共济会"休斯敦分会——德莫莱会①。不久后德莫莱会创办了一份油印报纸，编辑只有一个人，就是署名"WLC"的沃尔特·利兰·克朗凯特。显然，克朗凯特所到之处他的名字必然会出现在报纸上。

20世纪30年代，就在克朗凯特还在读高中的时候广播流行了起来。仅在20世纪30年代上半期美国的广播用户就激增了60%，在1935年用户量达到了3050万人。这一趋势也反映出在夜晚为听众播放娱乐节目的广播网络的效能，但是新闻业务却相对比较滞后。在各个城市，许多大功率电台的东家都是报社，但各个报社对发展广播新闻业务的态度有所不同。由于缺乏采集并发布新闻的能力，广播电台创造出了所谓的"新闻评论员"，这些人的工作就是以独特的风格或一定的权威性——或者二者兼而有之——对实事进行一番稍加润色的描述。1932年哥伦比亚广播公司聘请俄亥俄州的纪实小说作家洛厄尔·托马斯担任新闻评论员兼播音员。除了播报自己撰写的实事文章，精力旺盛的托马斯还对《时代》杂志的报道进行了加工，在此基础上制作了系列新闻广播剧《时光的进程》。

克朗凯特注意到了这个广播剧，这种直播的广播节目让听众获得了一种报纸里没有的东西——同步感。各大报纸联手对这档节目做出了反击，他们强烈要求美联社与合众社之类的通讯社停止向广播电台出售稿件。1933年年初，通讯社停止了对广播电台的业务。步履艰难的电台和广播网不得不自主采写新闻稿件，可是业内资源十分匮乏。此外，广播界人才济济，竞争远比报业激烈。同好莱坞一样，广播界也需要具有独特魅力的人才，这正是克朗凯特正在努力的方向。经过精心的练习他为自己雕琢出一副"广播嗓"。在采访中他展现出地道的洛厄尔·托马斯式风格，只要是愿意停下脚步，冲着他手里举的各种假话筒说上几句的人他都不会放过。1933年，在上任一周之后罗斯福总统发表了首次"炉边谈话"，他的声音听上去充满了热情，用默片年代的大银幕偶像莉莲·吉什的话说就是，仿佛他"浑身吸饱了

---

① 译注：德莫莱会于1919年成立于堪萨斯城，创办人是共济会苏格兰会的会员富兰克·兰德。在第一次世界大战接近尾声的时候兰德遇到了一位幼年丧父的年轻人，他又得知其他一些年轻人由于失去父亲，在成长过程中缺少男性长辈的引导。很快兰德和年轻的朋友就形成了一个小团体，定期在当地共济会活动点举行集会。通过兰德大家了解到了圣殿骑士团第二十三任、亦为最后一任大团长雅克·德·莫莱的事迹，于是一致通过用这位伟人的大名命名该组织。

磷"。克朗凯特生平第一次产生了进军广播界的念头，他希望有朝一日自己能像罗斯福总统一样光芒四射。

高三结束后的夏天仍旧在报社里当学徒工的克朗凯特在《休斯敦邮报》谋到了一份新的"重要"职务——"送稿小工"。当时《休斯敦邮报》属于当地三大日报之一，在克朗凯特看来它甚至凌驾于其他两家日报之上。这份优于卖报的工作基本上就是在编辑部来回递送稿件，偶尔还有记者要求他帮忙查证资料。他在一张张办公桌之间奔来奔去，在编辑们的喊叫声中，他看到了编辑们是如何将零散的消息加工成能够刊登在版式工整的报纸上的文章的。编辑部里的工作节奏十分紧张，刻不容缓的编辑工作使得克朗凯特一心想要超越自己，这是课堂作业从未带给他的刺激。后来，在提到一次即将截稿时他还没有完成稿件的经历时他曾说："当时我并不是报社的雇员，应该说他们对我很宽容。我早就意识到新闻工作将是我毕生的追求。"

1932年6月29日克朗凯特的一篇短文被印成了铅字，这个成就令他欣喜若狂。看着自己的名字被印成了铅字他登时自负了起来，5年前还在沿街叫卖《堪萨斯城星报》的时候他唯一憧憬的就是这一天，现在梦想终于化为了现实。他曾骄傲地说："那时我看到曼德尔万电车上的乘客就在拜读我的大作。"他将这篇文章从报纸上剪了下来，贴在自己的剪贴簿里，并在旁边写下了"第4版，第1条"几个字，最重要的是"未经更正"。

1932年的秋天，克朗凯特开始了在圣哈辛托高中最后一年的学习。这时他已经升任为《校园新人》的主编，在他的主持下这份报纸逐渐具有了哈佛大学的学生自办报《哈佛妙文》所具有的幽默文风；此外，在扩大发行量的过程中报纸不得不时常让尽可能多的潜在读者出现在报纸上。这两个特点在报纸上刊载的一栏又一栏的一句话格言栏目中得到了体现。

在克朗凯特的领导下这份报纸表现出色，但是在各种学生自办报纸中还算不上出类拔萃。有时候克朗凯特还会亲笔撰文介绍老字号学院酒馆之类适合聚会的场所，因为母亲的一位朋友就在这个酒馆里当女招待。凡是伯尼推荐的新闻业务书籍，克朗凯特都会尽量找到，然后如饥似渴地读完这些书。

1933年的春天，就在临近毕业的时候他还在仔仔细细地阅读着《1924年年度最佳报道》。不管他究竟是在研究文章的风格，还是仅仅被新闻事实所吸引，毫无疑问的是在毕业前的这个春季当参加新闻大赛的时候他对1924年的重大新闻全都了然于胸。参加新闻大赛的选手拿到了随机分配的命题，按照要求必须在很短的时间内根据命题撰写一篇报道。在主考官公布命题后克朗凯特露出了笑容，命题正是1924年的轰动新闻，《芝加哥每日新闻》率先报道的李奥波德与勒伯谋杀案①。克朗凯特不仅在比赛前夜专心致志地阅读了对案件审判的报道，而且还读到了1924年的"最佳访谈"，即对纳森·李奥波德所做的采访。他的付出得到了回报。作为全场唯一一名胸有成竹的参赛选手，克朗凯特轻而易举地赢得了比赛。在这件事情上运气固然起到了一定作用，但同样重要的是他辛劳的付出，在日后的新闻生涯中勤奋成了他贯彻始终的标志。高中时代的这场新闻大赛还给他上了宝贵的一课，让他明白了若想成为顶尖的记者就必须对整个世界有着充分的了解。

在高中时代克朗凯特有了心上人，比他低一级的校友"小不点"科妮莉亚·温特。小不点是圣哈辛托高中的万人迷，她的照片曾被刊登在1931年10月的《休斯敦新闻报》上，当时她刚刚荣获美国退伍军人团青年奖章。小不点生有一头红褐色的卷发和一口完美的贝齿，浑身上下散发着明星般的光彩。小不点的魅力令克朗凯特难以抵抗，一放学他就守在她的身边，仿佛她是美国小姐冠军奖杯的活化身似的。他们俩不仅开始了约会，甚至还有了结婚的打算。克朗凯特把打零工赚到的每一分钱都花在了得克萨斯公司（德士古石油公司）在梅恩大街和布里蒙德大街的加油站，以及和小不点约会的一家又一家小餐馆里。小不点的剪贴簿里贴着克朗凯特的相片，在相片旁她潦草地写了一行字："大高个，发色浅——舞跳得不错……不错的对象"。

这一年的春天克朗凯特即将从培养出赛车手安东尼·约瑟夫·弗耶特、心脏移植手术先驱以及未来的休斯敦市长凯斯琳·惠特麦的圣哈辛托高中毕业，可是他无力购买巴尔弗纪念戒指，这是唯一一令他感到悲哀的事情。在校最后一个星期里同学们都洋洋得意地戴着各自的戒指，唯独克朗凯特的手指上空无一物。为了弥补儿子的缺憾，克朗凯特的母亲在百货商店为儿子买了一枚镶嵌着黑色缟玛瑙的廉价戒指。

在晚年克朗凯特曾开玩笑说高中最美好的记忆莫过于毕业那段时间。同圣哈辛托高中1933届425名毕业生中的许多人一样，克朗凯特也一心渴望有朝一日自己在

---

① 译注：李奥波德与勒伯谋杀案：纳森·李奥波德（1904—1971），李察·勒伯（1905—1936），两人于1924年因绑架并谋杀一名14岁的少年而被捕，是最早在美国被称为"世纪犯罪"的重大刑事案件之一。该案辩护律师是著名的克拉伦斯·丹诺，他一向以反对死刑著称，最后成功地使两名未满20岁的孩子逃脱绞刑，而被判为无期徒刑（谋杀）加上99年有期徒刑（绑架）。

校园外广阔的天地出人头地，不过他始终没有同高中同学失去联系，在他的心中他们始终占据着一席之地。每过五年或者十年他都要重返休斯敦，去参加校友聚会，趁着觥筹交错之际和老同学们聊一聊各自的经历。在他参加过的聚会中最有趣的或许应该算是毕业40年的那场聚会，同学们全都簇拥在当时已经声名显赫的哥伦比亚广播公司主播周围。同以往聚会的情形一样，大家寻找着头发最少、体重最大、身体最差和最有钱的同学，克朗凯特受到1933届全级同学的调侃，后者有责任让克朗凯特继续保持谦逊的本色。事实上，在1973年出版的特刊中《校园新人》以嘲讽的笔调将克朗凯特称为"唯一一个在世的小官僚"。圣哈辛托高中的前任校长助理"侦察兵"盖茨对克朗凯特招惹的麻烦仍旧记忆犹新（大家都以为他早就把这些事情忘得一干二净）。实际上，在高中时代克朗凯特一直深受同学们的尊敬。比克朗凯特高两级的师兄费·舒斯曾经说过："我总是能在过道里碰到他，大伙儿总是说他是全校最聪明的学生。"

不过，在毕业40年的晚宴上最精彩的瞬间莫过于1933届的同学将"言行不一奖"授予了"最能说服美国人购买汽车的人"。在此之前，由于对电子传媒和平面媒体领域的杰出贡献克朗凯特成了美国国家记者俱乐部首届第四等级奖的得主。直到这位新闻大奖得主站起身，开口为自己辩护时同学们才安静了下来。他盯着刚刚拿到手的"礼物"，说："我唯一还想要的就是大伙为这个奖品花掉的钱。"

有人注意到在这一次的聚会中全年级学生中仍有不多的几个人没有毕业纪念戒指，克朗凯特也在其中。2004年克朗凯特为美国公共广播公司讲述美军士兵生活的纪录片《服役光荣》录制了旁白，直到这时大萧条时期留下的缺憾才终于得到了弥补。该纪录片的执行制片人安德鲁·戈德堡希望巴尔弗公司为影片的摄制提供赞助，为美军制作饰品的正是这家公司。一天下午，克朗凯特聊起了自己在休斯敦度过的少年时光，他告诉戈德堡1933年的时候自己穷得连巴尔弗毕业纪念戒指都买不起。戈德堡曾回忆说："这件事情太令人难过了。他还继续讲了一会儿那时候他的母亲有多么困窘。"

几天后戈德堡想到了一个好主意，他将巴尔弗公司一位业绩最优秀的销售员邀请到克朗凯特在纽约的办公室，同这位主播见了一面。当时已经87岁高龄的克朗凯特兴奋地聊起了自"一战"以来就形成传统的巴尔弗毕业纪念戒指。令克朗凯特喜出望外的是随后巴尔弗公司向他赠送了一枚特殊的圣哈辛托1933届毕业纪念戒指。这枚戒指一面刻着新闻印章，另一面刻着《校园新人》的标志。为了纪念克朗凯特的母亲，公司还特意在戒面正中央镶嵌了一粒黑色缟玛瑙。

第三章

学艺

驱车赶赴芝加哥世界博览会——蹩脚的电视表演——苦苦挣扎的"长角牛"——失败的采矿工程专业——再见，小不点——自由撰稿和赌马场——幕布戏剧社——雇佣体育撰稿人——范恩·肯尼迪和国际新闻社的训练——堪萨斯城的梦想——在KCMO播音——假球赛报道——爱德华·R.默罗充满抑扬顿挫的播音——化名"沃尔特·威尔考克斯"——堪萨斯城的火辣爵士夜总会——追求贝特西·麦克斯韦尔——诚实招致的无妄之灾

1933年5月克朗凯特从圣哈辛托高中毕业了，随即他就开着最新款的道奇车，同休斯敦的几个朋友一道去了芝加哥，去参观世界博览会（按照官方的说法应该是，"人类百年进步成果世界博览会"）。大会的宗旨在于展示"科学发现、工业应用和人类的适应"，会场位于密歇根湖畔的芝加哥南区，占地427英亩。克朗凯特不仅欣喜地听到了20世纪上半叶最负盛名的女声和音合唱团安德鲁斯姊妹合唱团的现场演出，还对"未来家庭"展览中展出的住宅模型进行了一番仔细的研究，但是最令他感兴趣的还是名为"自己上电视"的互动展览。

克朗凯特纹丝不动地站在被称为"电视机"的新发明前，眼睛盯着摄像机，同时吹奏着两根单簧管，那副模样活像是号称"摇摆乐之王"的单簧管演奏家本尼·古德曼发了疯。实际上，那台电视机无非就是一个画面不停抽搐的小屏幕而已。除了滑稽的表演，显现在屏幕上的克朗凯特最引人注目的地方就要数得克萨斯理发师的杰作了。后来他曾说："他们邀请大家踊跃体验出现在电视里的感觉。我向来都是个蹩脚的演员，当然立即站了出来。"有了世界博览会上这30秒钟的上镜体验，克朗凯特就有了吹嘘的资本。他曾荒唐地说自己比默罗、布林克利、塞瓦赖

德和其他所有新闻主播都更早地出现在了电视屏幕上。

在面临选择大学的时候克朗凯特的决定令休斯敦的朋友们感到十分意外，当年秋季他进入了得克萨斯州大学奥斯汀分校。大部分高中同学都以为他会选择密苏里大学哥伦比亚分校，况且他的父亲在堪萨斯城拥有自己的牙科诊所。然而弗雷德·伯尼先前曾告诉他《得克萨斯人日报》是一份了不起的大学校报，再加上按照人口登记状况他属于得克萨斯居民，而非密苏里居民，这就意味着他完全有能力承担在得克萨斯州读大学的费用。此外，他的父亲承诺只要儿子选择了划算的得克萨斯州大学，他就为儿子提供一定的经济支持。实际上，真正的决定因素在于小不点温特得继续待在休斯敦完成高中学业，如果就读于得克萨斯州大学，到了周末他就能跟自己的"爱人"相会了。

克朗凯特选择了采矿工程专业，而非新闻专业（这下又令朋友们感到意外了，新闻专业成了他在课余时间的"小打小闹"）。同很多休斯敦的当地人一样他也梦想着在石油行业攫取巨额财富。得克萨斯的每一个人距离在尼曼百货公司尽情购买奢侈品的生活都只有一步之遥，这一步就是一座"斯平德托普油田"。克朗凯特是个野猫子，这个习惯对他的学业产生了负面的影响，入学没多久他就意识到水力学、岩矿鉴定和爆破技术这些知识太费解了。到了1933年10月，他已经完全没有能力跟上保罗·伯纳教授讲授的质能方程之类的物理学知识了。为了逃避理科课程带给自己的痛苦，他像窝囊废一样成天只想去热闹的体育场参加校橄榄球队"长角牛"的比赛，要不就在作曲家和钢琴家艾灵顿公爵指挥的管弦乐队的伴奏下跳跳南方的爵士舞。

进入大学后他没有住校，而是住进了大学兄弟会在奥斯汀西大街1704号的住宿楼，这幢楼原先是伍德罗·威尔逊的贴身顾问爱德华·豪斯的寓所。负责编辑《得克萨斯人日报》的正是兄弟会成员哈德曼，他成了克朗凯特最要好的朋友。一心想要在大学里出人头地的克朗凯特从不放过任何一次社交活动，圣哈辛托高中的同班同学，现如今为《得克萨斯人日报》撰写专栏"沉思录"的小万斯·穆泽常常陪在他的左右。在给母亲的信中克朗凯特宣称现在跟他交往的都是女生联谊会中最受瞩目的女孩，其中甚至包括"沃斯堡的校园明星"路易丝·瑞亚，有一年他还带着后者参加了兄弟会的正式舞会。在克朗凯特的晚年，幽默作家阿尔特·巴克沃德曾指出这位主播对自己当年同得州女性的交往言过其实，他声称老朋友从得克萨斯州大学毕业的时候尚保持着童贞。

1933年的秋天，生活向克朗凯特抛出了一个大大的变线球。在母亲的要求下小不点温特突然离开了圣哈辛托高中，搬去了伊利诺伊州的安娜市。这个消息令克朗凯特伤心欲绝，当初之所以选择了得克萨斯州大学，在一定程度上就是为了守在温特的身边。在经济大萧条的那个年代投入于商业运输的飞机少之又少，奥斯汀和安娜之间750英里的路程对他们来说完全是不可逾越的鸿沟。他和小不点只能保持书信往来，憧憬着来年暑假一道周游全国。

这时克朗凯特已经在兄弟会里打开了局面，在兄弟们的怂恿下他参加了新生学生会副主席的竞选。这是他一生中唯一参加过的竞选活动。他的竞选口号是"新生们，为新政投上一票；为主席——橄榄球队中卫，来自北得克萨斯的乔治·阿特金斯投上一票；为副主席——《得克萨斯人日报》编辑，南得克萨斯的沃尔特·克朗凯特投上一票。公正——公平——独立"。结果克朗凯特惨败而归，更加令他无法接受的是选举的大赢家竟然是圣哈辛托高中的校友，曾陪他一道前往芝加哥参加世界博览会的乔·格林希尔。竞选失利令克朗凯特为自己塑造起来的校园大人物的形象受到了重创，不过至少有一点令他感到安慰，后来格林希尔在1972—1982年出任了得克萨斯最高法院的大法官。

在20世纪30年代初期刚刚进入大学的克朗凯特暂时背弃了新闻事业，这一点不难理解。要想在号称"第四等级"的新闻行业取得成功，你就必须将自己打造成一个像著名报人阿瑟·布里斯班、海伍德·布鲁恩和沃尔特·李普曼那样独一无二的人。在大萧条时代要想凭口舌吃饭可不是一件容易的事情。即使学习过传媒业的内容，例如掌握无线电收发技术，你也很难理解这个行业的就业状况。当纽约《每日镜报》的八卦专栏作家沃尔特·温切尔进入广播界，开始用"北美先生和北美女士们，以及所有航行中的船只，晚上好"这句经典问候语开始进行广播时，显然一场全球性的广播革命已经开始了。对于胸怀抱负的广播节目主持人而言，要想干出一番事业就必须对世界局势有着充分的了解。克朗凯特荒于学业，因此无法于短时间内在新闻行业崭露头角。而他毫无外语技能，一成不变的大学生活也令他生厌。如果说得克萨斯州大学对他还有什么吸引力的话，那就是兄弟会的聚会。后来他曾坦言道："那时我总是逃课。大学期间我真应该把大量的时间用来学习，对学业用心一点。"

在写给母亲和小不点的信中克朗凯特聊的都是期中或期末考试前最恐怖的一个星期、新生加入兄弟会时遭受的戏弄和凌辱、网球赛、茶余饭后的闲谈和缺乏睡眠带给自己的困扰。越来越差的成绩令他感到难为情，他告诉远在圣约瑟夫的祖父祖母："我还是想当记者，想在政治分析领域有所成就。所以在学校我倾向于政府管理、经济、英语和新闻这些课程。让我像所有人那样完成学业、拿到学位太难了。"

这时克朗凯特的注意力已经转移到了给报纸投稿的事情上。虽然为《得克萨斯人日报》撰写的大部分稿件都围绕着大学校园里的常规活动，不过他还是有过在德里斯基尔酒店采访美国著名作家及诗人格特鲁德·斯泰因这样了不起的经历。酒店坐落在布拉索斯大街和第六大街的街角，斯泰因在人尽皆知的伴侣爱丽丝·B.托克勒斯的陪伴下来到奥斯汀，她将在这里做一场公开演讲。如果说20世纪30年代克朗凯特在新闻行业有所成就的话，那就应该算是他为斯泰因撰写的报道——《斯泰因不为作秀而来，她很清楚自己知道什么》。见面之后他立即对斯泰因产生了好感，后者身着"男性化的衬衫和粗花呢裙子，身上的马甲不同寻常，但是很迷人，脚上的那双鞋子看起来很舒适"。他称斯泰因"很现代"，并热情洋溢地说此次到访是这位创作出《三个女人》、具有20世纪思维的著名作家对仍旧固守19世纪观念的奥斯汀的访问。在结束了45分钟的专访后他写道："她很真实，具有真才实学。"

凭借着在《校园新人》和《得克萨斯人日报》上发表的文章，克朗凯特在《休斯敦新闻报》谋到了自由撰稿人的工作。上班时他总是穿着一套正装，软面料的西服配上马甲，胸前挂着闪闪发亮的表链（怀表的时间始终设定为堪萨斯城的时间），脚上穿着一双双色尖头鞋（鞋从来没有被擦拭过）。经过一段时间，对政治话题的兴趣日趋浓厚的克朗凯特为得克萨斯的其他多家报纸撰写了一系列有关大学生活和州议会的成熟稿件。他得到的稿酬并不丰厚，例如，为当地一家报纸撰写的专栏文章只能拿到90美分的报酬，其他报社甚至分文不付。不过，大学生活只会让他掏钱，新闻工作至少还能让他有所收获。一开始他先是为"孤星州"得克萨斯两家勉强维持的报社提供评述政府执政问题的文章，这份工作给他提供了吃喝玩乐的本钱。

自此，克朗凯特便开始在实践中专心磨炼新闻工作需要的真功夫，并继续完成大学学业。但是这份工作的回报太微薄了，因此当一位神秘的"狐狸先生"提出以周薪75美元（比他父亲在牙科诊所的收入都高）的酬劳雇他在赌马场播报比赛时，他便接受了这份差事。赌场里堆满了钱，可是这份涉及黑社会的工作十分危险。铺满锯末的得克萨斯赌马场弥散着一股香烟和黑麦的气味，大喇叭里传出赛马在骑师的刺激下冲向终点的欢呼声，就在这样的环境下克朗凯特结识了很多见不得人的赌徒、酒鬼和各种各样的骗子。后来他曾回忆道："嗯，在那以前我还从来没有去过那种地方，所以在播音时我采取了体育广播播报员格雷厄姆·麦克纳米的方式，详详细细地描述着比赛等方方面面的情况。赌场老板是一个很卑鄙的家伙——一个叫'狐狸'的人……他冲进播音室，责问我：'你究竟在干什么？我要的可不是娱乐节目！我只需要事实！'"

克朗凯特承认在芝加哥世界博览会上首次亮相于电视屏幕时自己表现得有点过火，天生喜欢逗乐子的他当时一心想要讨好面前那些仰慕他的陌生人，想好好地给大家表演一番。不幸的是，别人眼中的他与他对自己的想象截然不同。他一直渴望成为学校幕布戏剧社的头号明星，可事实上，在大家看来他就像一个出身于资产阶级家庭、人到中年的古板乏味的校长一样。他以为自己充满了魅力，甚至风度翩翩，可是别人只将他看作是活生生的老古董。戏剧社的排演从晚上7点一直持续到半夜，最终克朗凯特意识到在同学们的眼中他有多么沉默而平凡。

但他也明白了，在大学里，就算是整日忙于那些"鼠目寸光"的活动，自己永远不可能成为百老汇和好莱坞的明星。他明智地放弃了表演艺术，转而投身进传媒领域，在这个天地里当时所有人都是冒险家。在大萧条时期广播事业进入了自己的黄金时代，各个地方电台整天都在播出直播节目。电台需要歌手、音乐家、播音员、杂务工，以及进行广播祷告和对世界大事进行评论的神父。全美各地的地方电台在各自的直播间里上演着一出又一出的狂欢盛宴，四家最大的广播公司——哥伦比亚广播公司、相互广播公司、全国广播公司的蓝网和红网——在夜间除了提供地方节目，还会播出全国性的节目。在1934年克朗凯特最大的资本就是在体育报道方面刚刚获得的名望，在热爱体育的得克萨斯州这项优势足以令他获益良多。多年后他曾说过自己之所以在大学一年级的时候没能通过专业考试，在一定程度上是由于他无法理解滑轮的工作原理。然而，他对橄榄球运动员的姓名、棒球赛的比分和赛马的参赛号码却过目不忘。

1935年，为了自给自足，克朗凯特以"校园新闻追踪者"的身份受雇于当地一家主要的调频电台——KNOW广播电台。展现在他面前的前景令人心醉，从此他不再只是一名小记者了，而成了一名"干将"，每天能赚到1美元。广播电台的直播间位于第六大街背后的一条小巷子里，毫无电台从业经验却在电台找到工作的事实充分显示出他有着强大的自我推销能力。后来电台又让克朗凯特撰写体育广播稿，并在周二和周五下午17：15进行播音，作为福利他可以免费享用低度啤酒。在回忆录《记者生涯》中，克朗凯特绘声绘色地讲述了在广播电台最美好的"水晶时代"播报西联棒球队比赛成绩时自己的播音有多生动，他说："无线电台爱好者不难辨认。这种人的眼睛总是挂着黑眼圈，因为只要是在信号状况良好、能接收到外地电台信号的时候他们总是会通宵达旦地收听广播。"

在这家电台克朗凯特受到了一个难题的束缚，即播音员们很难对新闻内容进行证实。在当时，所有的电台都不得不面对这个问题。在美国第36任总统林登·约翰逊的妻子"小瓢虫"泰勒·约翰逊在奥斯汀创办的广播电台KTBC出任总经理，之后又在哥伦比亚广播公司广播网担任西海岸地区负责人的哈菲尔德·韦丁，曾提醒克朗凯特不要拿胡扯的错误信息滥用广播资源。尽管如此，电台方面还是需要克朗凯特在对比赛详情一无所知的情况下充满热情地对体育比赛进行播报。通讯社不愿花钱派记者去比赛现场采集消息，克朗凯特只能依靠自己的智慧了。奥斯汀当地有一位烟草商向来鼓励老顾客在自己的店铺里品尝烟草，他表示愿意向电台提供最新的比赛成绩，以此换取股票信息。克朗凯特偷偷摸摸地盯着股票价格收报机，记录着参赛球队的情况和比分，以及适合播发的精彩瞬间。这种采集比赛消息的伎俩不那么光明正大，但是对克朗凯特的工作很有帮助。就在当年晚些时候哥伦比亚广播公司开办了自己的新闻社，在全国各地招募新闻提供者、记者和特约通讯员。广播新闻事业终于发展了起来。

1935年的春天，在得克萨斯州大学已经读了两年采矿工程专业的克朗凯特退学了。在那个年代读大学还被认为是一种奢侈的享受，而非人人生而具有的权利，再加上沃尔特回馈给家里的只是越来越差的成绩，家里人终于无力支付他的大学学费了。克朗凯特荒废了成为天之骄子的机会，对大学生活已经极度厌烦的他根本没有耐心继续坐在教室里了。他更愿意整天在报纸上耕耘。尽管如此，到了晚年他曾对女儿凯西说没能拿到大学学位他感到很害臊。凯西说即使没有大学文凭他还是成了美国有史以来最杰出的电视节目主持人，他立即反驳道："没错，可是如果受过正规教育的话，那我可能就会当上神圣罗马帝国的皇帝了！"

在20世纪30年代中期，对克朗凯特而言成为第一流的平面媒体记者更像是一场甜蜜的白日梦，而非宏大的抱负。对于常规新闻，他所涉足的报纸基本上都得仰仗通讯社，当时最大的两家通讯社就是美联社与合众社，紧随其后的是赫斯特集团下属的国际新闻社。很快克朗凯特就了解到各大通讯社之间存在着白热化的竞争，这种情况普遍存在于整个新闻行业，公司政策和经费预算决定着新闻报道的走向。

成立于1846年的美联社坚信这种报纸联合体有时候可以让全美及全球各地分社共享新闻报道，并且共同分担采编新闻的成本。美联社的存在，以及它所具有的东方倾向和保守主义对新闻界产生了举足轻重的影响。

1907年爱德华·威利斯·斯克里普斯创办了合众社，用他自己的话来说，这家通讯社将成为"人民的新闻来源",它的服务面向包括美联社等老客户在内的所有报社。合众社始终没能发展到美联社的规模,但是凭借着在第一次世界大战中发自欧洲的杰出报道而赢得了稿件精良的美名。就在克朗凯特于20世纪30年代中期开始涉足报界的时候,总体上业内都认为在美联社工作高人一等,但这仅指工作机会而言。相形之下,合众社虽然资源和财力有限,但是它提供给新入行的年轻记者的是神圣的使命。

在奥斯汀生活的日子里,克朗凯特终于在1934年迎来了事业上的重大突破,他在得克萨斯州东南部科珀斯克里斯蒂市的国际新闻社奥斯汀分社采写新闻稿,他的办公室就设在州议会大厦新闻办公楼一间"鸽子笼"里。出生于亚拉巴马州的老顽固肯尼迪是一位天生的导师,积极倡导客观新闻的他精通发报技术,热爱真相,为人审慎,坚信新闻报道是最高贵的职业。克朗凯特曾说:"我从他的身上学到了如何采写杰出新闻的基本原则,因为他亲身经历过那些新闻。"作为一名助理记者,克朗凯特在国际新闻社实际上只是一个跑腿打杂的勤务员,但是肯尼迪仍旧希望这个年轻人能够赢得属于自己的荣誉,他对他严格要求,甚至还委派他负责对州政府工作的报道,这个差事令克朗凯特心花怒放。在克朗凯特的眼中,肯尼迪就代表着富于智慧、坚持操守的新闻工作者。在一封家书中他写道:"我还从未经历过在州议会大厦工作这样的事情。每天10点刚过我就去上班了,一直干到下午1点……这个星期我几乎见到了休斯敦的所有议员,还用了电传打字发报机。"

在国际新闻社里克朗凯特掌握了平实的写作风格,以及通过电报发稿的技术。对他来说新闻工作不是自负的幻想,它是一个颇具声望的职业,是在大萧条时期赚得财富的有效手段。在肯尼迪的呵护下克朗凯特学会了采访和撰写稿件的技巧,而且让他认识到在采编工作中最重要的因素是"伦理道德"。毫不隐讳的行业竞争使得各家通讯社从不满足于现有的新闻稿件量,同时让美国的新闻事业日渐强大起来。日复一日,美联社、合众社与国际新闻社不知疲倦、专心致志地挖掘着独家新闻,各家新闻社都希望通过这种忘我的工作状态在竞争中取得领先地位。采写新闻的战斗非常残酷,这是一个胆小鬼无法生存的世界,只有天生善于反击的人才能存活下来,这种人神经坚韧,能够迅速从采访对象那里挖掘到新闻。对于国际新闻社的克朗凯特,这个在奥斯汀以自由撰稿人的工作谋生的年轻人而言,他的竞争对手是一流的通讯社。在给家人的信中他写道:"为全州各家周报提供有关州议会的专栏文章的计划落空了,似乎有钱购买这类文章的报纸每周都能以很低的价格买到美联社与合众社的稿件。"

在国际新闻社工作一年之后克朗凯特又受雇于斯克里普斯—华德报业公司的《休斯敦新闻报》，成了一名改稿人。他回到了休斯敦的蒙特罗斯区，和母亲住在了一起。不久后他在给一位朋友的信中写道："早上7点到下午3点，每周15美元。我的工作就是通过电话进行采访，然后把采访内容编写成像样的稿件。"报社还让克朗凯特负责整理资料室（即报社的档案馆），没过多久，这个天生热爱美食的爵士乐爱好者就开始负责对休斯敦和加尔维斯顿岛大大小小的夜总会进行报道，对于性欲旺盛的单身汉而言这份差事实在是结交女友的天赐良机，但这份工作只是让他写了一堆有关时事音乐剧和电影的垃圾稿件，同时还借机喝了不少威士忌。

　　克朗凯特没有对加尔维斯顿欢腾的夜生活说三道四，相反，他对平淡无奇的卫理公会和浸礼会进行了报道，这是他有生以来第一次对《圣经》有了深入的理解。在这段时期他也没有像自己曾经期望的那样成为政治评论家，毕竟此时他还不到20岁，他有的是时间。总体而言他对自己在《休斯敦新闻报》的工作还算满意，只是成天守在办公桌前令这位"可怜的老旅行家"无法"四处漫游"。总是戴着一顶浅毡帽的他瘦得活像一只住在船上的耗子，为了让自己看起来老成一些他还刻意蓄起了一撇笔杆粗细的小胡子。他不停地恳求编辑委派他跟船采访，他信誓旦旦地向对方承诺自己一定会针对加勒比海写出妙趣横生的文章。报社对这个话题毫无兴趣，事实上真的到了万不得已必须冒险的时候克朗凯特本人也不会拿出应有的勇气。1934年的夏天他第一次体会到带薪休假的滋味，他没有选择登上从加尔维斯顿出发开往牙买加的航船，而是去了伊利诺伊州的安娜市，去探望小不点温特。结果，这次出行成了一场灾难。

　　克朗凯特和温特闹得很不愉快。在这个夏天他得知温特已经另结新欢，就在大二开学几个星期的时候远在安娜的温特结束了高中学业，嫁给了20岁的汉斯喀克尔。为了告诉克朗凯特这个消息，汉斯喀克尔夫人特意给对方写了一封信。兄弟会的朋友伍迪·威廉姆斯告诉克朗凯特，兄弟会的办公楼里放着一封发自安娜的信。当时克朗凯特正在参加民俗学家詹姆斯·弗兰克·多比的讲座，他迈着轻快的步伐回到宿舍拿到了信，随即便病倒了。在给温特的回信中他写道："当我读着'汉斯喀克尔夫人'的来信时我的呼吸停止了，心跳停止了，随即便沉了下去。读着你的来信我百感交集，满腹的悲伤难以言表，同时又喜悦得难以自己，我曾一直幻想着你也能感受到我的这种喜悦。"克朗凯特还喋喋不休地写了很多，这封长篇累牍的信读起来就像是乡村音乐和蓝调歌手汉克·威廉斯创作的歌词一样。温特在来信中隐讳地提到克朗凯特酗酒的问题，在回信中克朗凯特信誓旦旦地说自己决定戒酒，从今往后"滴酒不沾"。这番努力纯属徒劳。在信的结尾克朗凯特终于承认自己已经失去了温特的爱，他悲伤地向对方道了别："不过，当你想起往昔的时候或许可以抽支烟，在烟圈中你会看到老沃尔特，我也会——必将会——在梦中见到你。小不点，不要将我忘记。不过也无须感到有义务写信给我。我能理解。"

克朗凯特陷入了难以自持的悲伤中，总是一副惴惴不安的样子，完全无法将注意力集中在课本上。他知道自己的伤口难以愈合，令他担心的是从今以后自己同女性的交往都会受到影响。直到圣诞节他才终于接受了温特变心的事实。摆脱了坏情绪后他又给温特写了一封信，在信中他请求对方能继续将他当作特殊的朋友。次年，温特申请了离婚。克朗凯特的心中又生出一丝希望，他以为自己还有机会娶温特为妻。结果，温特选择了伊利诺州州一位野心勃勃的律师约翰·保罗·戴维斯。出尽洋相的克朗凯特又一次受到了愚弄。

克朗凯特没能拿到大学文凭，在1935年辍学之前他只完成了两年的学习，不过他始终认为自己是得克萨斯州大学的校友，永远的得克萨斯人！由于《得克萨斯人日报》编辑工作的需要他获得了采写专题报道的机会，在哥伦比亚广播公司新闻网功成名就之后他一直对大学里的这段经历心存感激。他一直以得克萨斯州大学校徽的橙红色和白色为自己的文章底色。在20世纪90年代，他无偿为得克萨斯州大学主持了一系列的公共服务节目，利用自己著名的嗓音帮助母校进行宣传。在"长角牛"队参加的比赛中人们总能看到克朗凯特的硕大头像突然出现在巨大的显示屏上，呼吁观众为得克萨斯州大学捐款。有几次，当被问及谁是自己最好的朋友时克朗凯特会开玩笑地回答说是"贝沃"，即母校的吉祥物长角牛。

不过，克朗凯特对得克萨斯州大学的支持也是有限的，毕竟他不是土生土长的得克萨斯人。如果可以选择，他始终会说自己首先是一个密苏里人。在职业生涯的后期他走遍了50多个国家，无论何时他的怀表显示的都是堪萨斯城的时间，每当向别人提起这座喷泉之都时他总是将其描绘得十分浪漫。2000年，在座无虚席的箭头体育场他同摇滚巨星小理查德联袂主持了堪萨斯城建城150周年庆祝会。美国乡土画派领袖托马斯·哈特·本顿曾经在文章中对堪萨斯城的居民做过这样一番评价："在他们中间我还从未碰到过一个地地道道的混蛋。"这句话得到了克朗凯特的认同。

1936年5月克朗凯特从奥斯汀驱车回到堪萨斯城探望家人。《休斯敦新闻报》给了他两个星期的假期，他原本打算在看望父亲之后就去伊利诺伊州同已经改嫁的温特幽会。他一心指望着温特能将二号丈夫淘汰掉。然而，追求已婚女人的计划令他感到自己为人很不诚实。在堪萨斯城逗留期间，他还大大方方地造访了以前父母禁止他涉足的第十二大街上的音乐夜总会，毕竟他继承了父亲对酒精的嗜好。

　　1936年5月13日，克朗凯特坐在祖父母家的门廊上悠闲地读着《堪萨斯城星报》，宿醉未醒的他仍旧奢拉着眼皮。突然间，一篇报道引起了他的注意。文章称当地的广播电台KWKC的新东家刚刚得到了营业执照，从此可以以新呼号KCMO（如同"堪萨斯城，密苏里州"的缩写）进行播音了。尽管克朗凯特已经在《休斯敦新闻报》有了稳定的工作，这条新闻还是点燃了他昔日对广播新闻的热情，促使他打算重新在广播电台展一番拳脚。就在他仔仔细细地阅读这篇文章的时候一个名字突然跃入了他的眼睛——汤姆·埃文斯，他的世交。对克朗凯特来说，此时进入广播媒体可谓是天时、地利、人和。

　　自1925年开播以来KWKC电台一直处在苦苦挣扎中，由于信号比当地其他电台都要弱，它很难吸引到听众，截至1932年在堪萨斯城的四家商业广播电台中它一直处在垫底的位置，因此不得不减少播音时间。两年后，由于欠税未缴，国家税务局没收了这家电台。但是，如这篇报道提到的那样，1936年年初三位商人联合提出购买这家电台的申请，其中一位就是当地皇冠连锁药店的老板汤姆·埃文斯。一开始监管美国各地广播电台的联邦通信委员会并不急于批准KWKC电台所有权的转让，于是埃文斯恳请首次出任密苏里州参议员的哈里·杜鲁门出席同税务局和通信委员会代表的谈判。埃文斯先前就同杜鲁门相识，后者来自堪萨斯城附近的独立村，两个人的零售店都集中在堪萨斯城东部，并且一同参加过KCDO电台的会议。埃文斯没有对杜鲁门提出任何违背道德的请求，他只需要后者帮忙从中调解，让这两个政府部门不再继续打着官腔用一些纯属程序性的问题拖延他们购买电台。

　　年仅19岁的克朗凯特在这条新闻中发现了大好机会。在欣欣向荣的广播行业KCMO电台完全可以成为飞速发展的后起之秀，而目前电台在堪萨斯城还处在垫底的位置，因此很有可能像他这样的新手——尤其是还有埃文斯这样的"内应"——都能在电台里谋到一席之地。此外，老克朗凯特医生当年曾与埃文斯的父亲同时就读于堪萨斯城药科学院。摆在克朗凯特眼前的形势一目了然，他放弃了去看望温特的打算（次年温特死于一场车祸中）。他很快便兴奋地向远在休斯敦的母亲报告了一个惊天动地的消息："昨天我去了KCMO，就是在商业信托基金大厦里的一家新电台。我还试了音，节目总监西蒙斯先生让我读了几篇稿子。他站在另一个房间里，通过扩音系统听着。等我读完后他冲进了播音间，一把抓住我的胳膊，说：'来吧！咱们去见见经理。'我俩进了经理的办公室，西蒙斯说：'干了这么多年的广播，我从未听到过这么适合播音的嗓子。'"

在随后的一个星期里，电台经理正式雇用了克朗凯特。克朗凯特那副底气十足、毫不紧张的嗓音每个星期将为他赚到25美元，这比他在《休斯敦新闻报》作为记者和改稿员的收入要多10美元。他有过在报纸工作的经历，深知经过调查研究、撰写并修改稿件、编辑，以及重新编辑这些步骤之后一条报纸新闻才算成型，令他兴奋的是在更为现代化的广播电台里他却只需要动动嘴皮子就能拿到钱。实际上他原本申请的仍旧是记者的职务，当时各个地方电台几乎都没有自己的专职记者队伍。报社记者们总是嘲笑电台评论员顶多也只能算是新闻解说员而已，甚至还有人将他们称为稿件剽窃者。在当时世人的眼中，加入玲玲马戏团或从事歌舞杂要表演都比在广播电台工作更体面。在报社工作的记者们不顾千难万阻也要查明真相，对事实进行证实，无论是在高校接受了正规教育，还是只在报社讨闻部这样的社会大学经历了实战训练，任何一位报社记者都必须对稿件的清晰度、准确性和客观性坚持高标准、严要求，凭借着这些特点报纸才能在全美各地树立起"第四等级"的名望，被社会视为真正的民主政府的左膀右臂。

而广播新闻则没有任何业界标准（最多只是严禁在播音中使用脏话）。当时这种新兴媒体似乎还缺乏明确的方向，从业人员在实际操作过程中也总是采用一些拿不到桌面上的噱头和花招，而不是致力于填补报纸媒体留下的空缺。在广播界，嗓音醇厚的男中音只需要对着话筒朗读报纸上的新闻稿就可以赚到钱，最多只是将报纸上原本完整的句子切分成两三个短句。即便按照最宽松的标准，截至1936年，也就是KCMO重新获得营业执照而扩大了信号覆盖范围的这一年，广播新闻业问世也才15个年头。按照更严格的标准，新闻采写工作在广播业仍旧是一块处女地。在晚年，当被问及在漫长而传奇的播音生涯中最伟大的成就是什么，克朗凯特回答道："参与制定了新闻标准。"

1936年，充满热情、欢欣鼓舞的克朗凯特开始了在KCMO的播音工作，他的嗓音即便算不得浑厚，至少也可以说饱满得与他的年龄不相称。在奥斯汀当地电台的工作经历对他十分有帮助，在播音过程中他习惯有所停顿，听上去就好像他一边在打字机上撰写新闻稿，一边在播音似的，这种习惯令他的播音别具一格。

当克朗凯特在堪萨斯城电台工作的时候，哥伦比亚广播公司新闻网的执行副总裁爱德华·克劳伯聘请到了29岁的爱德华·R.默罗出任"谈话节目总监"，这个职务意味着默罗有权自行决定参加周日15分钟谈话节目的嘉宾科学家与各界学者的人选。意识到自己清澈的嗓音就是一笔丰厚的财富，在华盛顿州普尔曼市上大学期间默罗便开始钻研起朗诵技巧，他选择了演讲专业，一心想要在播音行业建功立业。1936年下半年，在克劳伯的授意下这位年轻的总监站在了话筒前，开始播报新闻。当时，哥伦比亚广播公司新闻网的业务内容并不比堪萨斯城举步维艰的KCMO电台复杂多少，播音工作仅限于朗读简短的报纸新闻，电台自身缺少第一手新闻素材，更没有远方发回的报道。一开始默罗十分紧张，他甚至私下里请北卡罗来纳州拥有多年电台工作经验的罗伯特·特劳特对他的播音进行指导。一向镇定自若的特劳特面对话筒时总是显得游刃有余，他让新入行的默罗明白了在播音中保持自然的抑扬顿挫有多么重要。

随后，哥伦比亚广播公司派遣默罗去欧洲报道维也纳的华尔兹舞会和德国的歌剧之类的文化盛事。1938年3月，同为公司效力的威廉·夏伊勒告诉默罗同预期的一样，希特勒开始着手吞并奥地利了。此时，德国已经派大军压近两国边境。默罗欣然赴命，立即乘飞机飞到柏林，然后又花了一大笔钱租了汉莎航空公司的27座飞机，赶到了核心地区——维也纳。下了飞机他便搭乘电车来到了维也纳的市中心，通过短波电台详细报道了坐落在多瑙河河畔的这座城市遭受劫掠之后的景象。为了让美国听众了解到欧洲局势，3月13日默罗又从奥地利向美国发回了这一惊心动魄的报道，克朗凯特在堪萨斯城收听到了他的报道。默罗的报道让美国听众突然进入了现实：

> "这里是默罗从维也纳为你们发回的报道。此刻将近凌晨2：30，希特勒先生尚未抵达当地。似乎所有人都不清楚他将在何时抵达维也纳，不过大多数人都认为他应该在明天10点之后来到这里……几个小时前我刚从华沙和柏林乘机赶到了这里。从空中俯瞰，维也纳看起来同之前相差无几，但是它的确变了……同柏林的情形相比维也纳人的右臂举得更高一些，'希特勒万岁'的欢呼声也更响亮一些……"

在听到这条报道之前，克朗凯特心中最杰出的播音员是他少年时代的偶像、全国广播公司的洛厄尔·托马斯。默罗对德国吞并奥地利的报道就像一记重拳彻底颠覆了克朗凯特的观念，从此他开始坚持收听哥伦比亚广播公司的新闻节目。哥伦比亚广播公司新闻网驻欧洲各地的特派记者——从伦敦的威廉·夏伊勒、巴黎的埃德加·安塞尔·莫勒、柏林的皮埃尔·休斯、罗马的弗兰克·格维西到不可战胜的罗伯特·特劳特——令克朗凯特大开眼界。用如此令人难忘的方式展现出每一刻发生的历史，哥伦比亚广播公司新闻网究竟是如何做到的呢？欧洲大陆出现的动荡局面通过柏林的短波发报机被传到了伦敦，然后又到达了纽约和美国腹地。

在1936年，也就是在两次世界大战之间的和平时期，特劳特这样勤奋精干的记者就是广播新闻的代名词。特劳特无意中成了一名优秀的记者，但是最初他也当过电台播音。他的声音令人着迷，这是当时广播电台同报纸竞争的唯一资本。但是无论如何，克朗凯特还是为了广播娱乐行业放弃了《休斯敦新闻报》这样的平面媒体。一开始，对着话筒讲话的工作对他来说充满乐趣。他的主要工作就是每周在不亲临现场观看比赛的情况下对比赛进行报道，这种把戏在整个广播界都很普遍，克朗凯特最早还是在得克萨斯的赌马场里学到了这种本事。头脑敏捷的他深谙自己所谓的"重构游戏"。

在1936年的秋季以"沃尔特·威尔考克斯"（"克朗凯特"具有鲜明的德语色彩）的化名进行播音的克朗凯特每逢星期六便坐在KCMO的直播间里，接收着西联公司不断发来的对高校橄榄球预选赛的报道。克朗凯特只能依靠自己机敏的头脑和不知疲倦的想象力制造着令人信服，同时又激动人心的现场报道。听众时不时地被告知播音内容建立在平面媒体报道的基础之上，不过克朗凯特还是在不断提高将播音伪装成现场报道的技巧。这完全就是假货"沃尔特·威尔考克斯"报道假新闻。通过广播，电报上的四个字就变成了一分钟扎扎实实的新闻报道，这种工作同他在工作日期间的工作截然不同，平日里他要做的是将报纸上的长篇大论转换成适合播音的仅有三四句构成的短讯。2002年克朗凯特曾告诉《俄克拉荷马人报》的记者："那时我根本不需要事实，我只运用自己的想象力就行了。"

虽然KCMO在当时仍旧是堪萨斯城最缺少实力的电台，但克朗凯特依靠自己的想象力重新加工制作的体育报道还是大获成功。有一件事情足以证明他的成功——联邦通信委员会的一位官员甚至建议该电台增加一些顾问，以改变依靠加工电报报道进行假直播的现状。

当克朗凯特又回到堪萨斯城之后，他的母亲为了跟儿子守在一起也回到了这里，不过克朗凯特并没有同母亲住在一起，他和电台同事哈里·贝利合租了一套公寓。克朗凯特流连于当地一家家酒吧和爵士俱乐部，有时候负责为电台撰写广告文案的贝利也会一同前往。

在1936年初开始在电台工作后不久克朗凯特终于走出了小不点温特留给自己的阴影，就在这时他碰到了一位也在这家电台共事的妙龄女子玛丽·伊丽莎白·贝特西·麦克斯韦尔。这个漂亮的女孩是电台的广告文案，不久前刚刚从密苏里大学哥伦比亚分校新闻学院毕业。每当她迈着轻快的步伐走进办公室，克朗凯特便无法将目光从她的身上转移开。他想和贝特西调调情，可是对方美丽的容貌总是令他紧张得说不出话来。后来他曾说："她从走廊另一头朝我走了过来，我望着她，内心备受煎熬，完全就是在水深火热中。"然而贝特西察觉到了克朗凯特的目光，她冲对方露出了一抹丝毫不输于女明星维若妮卡·蕾克的笑容。她曾回忆说："我俩对彼此都是一见钟情。"几天后这两个年轻人就确定了情侣关系，没过几个月他们就将婚姻提上了日程。克朗凯特曾在文章中写道："贝特西和我一起离开办公室去吃午饭，然后再一起回到办公室，一起从KCMO出发，走过了这一生。"

　　贝特西头脑敏捷、精力旺盛，同别人讲话时总是很入神。按照当时流行的说法，这个堪萨斯城土生土长的女孩就是一个"靓女"，在密苏里大学期间她是新闻专业的全优生，在学校"农业女皇"的竞赛中夺得过亚军。生有一双大眼睛、烫着一头卷发的她的身高大约有一米六五，步履轻盈而矫健，肤色有些苍白，浑身上下散发着一股邻家女孩的魅力。她生性顽皮，只要有她所有人都会感到自在，她兼朴实无华的可爱和蝎子般的锐利，这种混合的特质非同寻常。毕业后她在KCMO电台谋到了差事，实际上当时她更希望进入报社。由于需要一起为生产化妆品的理查德哈德纳特公司播送广告，她同克朗凯特有了第一次合作。两个人一起坐在话筒前彬彬有礼地朗读着贝特西创作的一条充满诱惑的广告：

　　　　克朗凯特："嗨，天使。你是从哪里坠落到人间的？"
　　　　贝特西："我可不是什么天使。"
　　　　克朗凯特："哦？可是你看起来就像个天使。"
　　　　贝特西："因为我用了'理查德哈德纳特'。"

　　1937年年初贝特西找到了新工作，开始为《堪萨斯城新闻邮报》的女性栏目撰写专题报道，文章大多都围绕着集体女红活动和图书馆使用说明之类充满浓郁地方色彩的话题。这家报社一直徘徊在倒闭的边缘，但是贝特西依然为自己有机会成为女性问题专栏作家而感到心满意足。进入报社不久之后她奉命撰写一个名为"失恋顾问"的专栏，未来的克朗凯特夫人后来曾打趣地说自己当时都还没到阅读其中一些十分露骨的读者来信的年纪，更不用说针对这些问题提供建议了。这时她继续同算不得英俊但是魅力四射的克朗凯特谈着恋爱。回想起那段恋爱的日子时她曾说："当时他就是根瘦竹竿，我母亲总是执意要我俩回家吃饭，好让他长点肉。而且很多年他一直留着背头，那的确是当时的潮流，可是让他显得太不帅气了。"

情场得意的克朗凯特在事业上却栽了跟头。一天，电台老板吉姆·西蒙斯的妻子给电台打来电话说在他们家附近发生了一场火灾，三名消防员牺牲了。西蒙斯立即冲到克朗凯特的办公桌前，说："赶紧播！新的市政大楼起火了，死了三个消防员！"克朗凯特断然拒绝了对方的要求，而且反复声明他必须打电话到消防局，对消息进行核实。

"不用核实。我老婆给我打的电话，她都跟我说了。"西蒙斯厉声打断了克朗凯特。

"我必须核实一下。"克朗凯特说。他没有忘记在圣哈辛托高中、《休斯敦新闻报》和国际新闻社自己学到的新闻工作的基本原则。

恼羞成怒的西蒙斯冲面前这个年轻有为的得克萨斯人质问道："你是说我老婆是个撒谎精？"

克朗凯特回想着职业新闻的标准模式，说："不是的。我没有说你老婆是个撒谎精，我只是还不了解详细情况而已。"

结果西蒙斯大发雷霆："我已经把详情都跟你说了。新的市政大楼起火了，三个消防员死了。"

克朗凯特仍旧拒绝播音，西蒙斯一气之下直接走到了话筒前，在没有稿件的情况下，洋相百出地即兴播发了这条突发性新闻，宣称据估计有三名消防员葬身火海。后来经过调查，克朗凯特得知这场火灾并不严重，也不存在人员伤亡。尽管如此，自尊心受挫的西蒙斯还是在次日草率地将克朗凯特解雇了。克朗凯特感到自己的一片好心被辜负了，这场闹剧给他当头一棒。事后他曾说："那时他们觉得我有点目中无人。"

克朗凯特同KCMO电台彻底决裂的直接诱因或许正是令他心烦意乱的市政大楼火灾事件，不过有可能其中还存在其他因素。当播音工作的吸引力逐渐消退后——对于中西部地区一家功率仅为100瓦特的小电台而言这种情况再正常不过了——广播电台在新闻报道工作中表现的浅薄令克朗凯特感到十分气恼。虽然不知道接下来该如何养家糊口，他还是为离开KCMO感到释然，从此他再也不会受到西蒙斯的玷污了。由于无法通过第三方核实新闻事实他拒绝播音，因此遭到解雇，在鄙视西蒙斯的同时他也为自己的这一决定感到自豪，克朗凯特笑到了最后。在他于2009年逝世时，有人在自己的博客里发文讲述了由于坚持原则，这位被称为"美国最受信赖的人"的主播当年被KCMO电台解雇的事情，文章的标题写道："KCMO：蠢到解雇克朗凯特，从此走上了下坡路。"

第四章
成为合众人

合众社的传统——密苏里式新闻方法——衣着考究的约翰·卡梅伦·斯韦兹——得克萨斯学校爆炸事件——在电话亭向哥伦比亚广播公发回报道——爱上有利可图的事业——WKY电台不择手段的体育播音员——学习即兴播音——退隐布兰尼夫航空公司——史密斯先生与塞瓦赖德先生奔赴欧洲——哀求重新上岗——高空绑架事件——迷上默罗——希特勒的猖狂侵略——沉着面对战争

遭到解雇之后克朗凯特度过了三个月煎熬的日子，接着他便欣欣然地接受了合众社堪萨斯城分社的聘请，当起了夜班编辑。办公室位于东二十二街和奥克街的交叉路口，两条街之外就有一家滑稽歌舞剧小剧场。合众社的这家分社其实只是一间堆放着几台打字机和电传机，再加上一台饮水机的小阁楼，但是克朗凯特还是为能够成为一名"合众人"——人们对合众社记者的昵称——而感到欢欣鼓舞。《芝加哥论坛报》将合众社称为"斗志昂扬"的美联社，这种说法恰如其分。合众社虽然屈居亚军，但是充满战斗精神的态度恰好满足了向来不屈不挠的克朗凯特的需要。

像克朗凯特这样的合众人都知道如何将一分钱掰成两半花，如何免费使用投币电话，如何租用打字机，以及在破福特车的后座上过夜，而不是把钱浪费在汽车旅馆的房间里，他们对报纸愿意购买的独家新闻如饥似渴。合众社一直在努力挖掘独家新闻，它的目标不只是击败美联社，而是战胜所有的媒体。1914年合众社率先采用了当年刚刚问世的电传打字机，20世纪30年代它又最先开发出国际单传机（最早的自动图片接收机）。对克朗凯特的职业轨迹而言最重要的是合众社于1935年率先开始向广播电台提供独家新闻，没过多久在全球范围内贩卖新闻稿件的合众社有了一位富有干劲的总经理——罗伊·霍华德，并且成为北美第一家向欧洲、南美洲和远东地区各报社供稿的新闻机构。

美国作家及诗人斯蒂芬·文森特·贝尼特在1933年3月的《财富》杂志中对合众人对公司怀有的虔诚的奉献精神作过一番解释，他说："这就是生意，其成员为利益而努力着，但是他们还受到另外一种力量的大力推动，这种力量可以被称为职业自豪感、职业热忱或职业热情，也可以说是一种自我催眠。但是，无论称呼如何，对辛苦奔波只为养家糊口的报社勤杂工和持有股份的经理人来说这种驱动力都普遍存在，而这正是将合众人团结在一起的坚实纽带。抛开一切主观情绪和调侃之言，简单说这种驱动力就是对行业竞赛怀有的真爱。"

像克朗凯特这样驻守在密苏里州的合众年轻人必须怀揣名扬全国的梦想。他已经失业太久了，久得足以让他以更加强烈的奉献精神投身进合众社的工作中。堪萨斯城就是他的试验场。面对着无休无止为数千家报社，尤其是中西部地区的报社供稿的压力，克朗凯特不知不觉地在合众社的办公桌前完成了报道、核实事实、修改、编辑甚至选题等五花八门的工作。类似贝特西效力的《堪萨斯城新闻邮报》这种个体化的报纸在本质上只是在表达某种观点——正如报社编辑所理解的那样，即地方视角——而在合众社里新闻就是商品。当密苏里或堪萨斯出现重大新闻时，合众社的工作人员就必须争先恐后地进行报道，他们尤其希望自己能够在时效性和独特性的竞争中领先于美联社和其他地方媒体记者。同样地，每当出现寻常事件合众社仍然需为其他媒体提供形形色色的稿件，从抢眼的焦点新闻、无足轻重的讽刺短文、体育比赛记录表、园艺俱乐部的通告，到临时刊发的讣告，应有尽有。合众社经营的是批发生意，市场不会撒谎。在工作中克朗凯特明白了合众社能够提供什么样的商品，报社就会对合众社有着怎样的忠诚度，他的名望取决于每个星期能销售出多少商品。

美联社与合众社的出现对新闻行业也产生了负面影响，日报出现了衰退的趋势（或者借用美国记者及教育家马克斯·勒纳在《作为一种文明的美国》中的话说，全美各地"传媒渠道日渐萎缩"）。1909年，当西奥多·罗斯福出任总统的时候美国有2600家日报社保持着正常业务，到了富兰克林·罗斯福入主白宫时的大萧条时期，这个数字减少到1750家。事实上，可以说在很多地方正是由于通讯社的出现，使得报社都不复存在了。新闻传播日趋集中到两大主干线，这就是合众社与美联社，对国家而言这并不是什么令人乐观的现象。

在1938年堪萨斯城仍旧存在着两家质量上乘的报纸《堪萨斯城星报》和《堪萨斯城新闻邮报》，出于个人情感克朗凯特更倾向于后者。贝特西的不少大学同学在读书期间都曾参加过学院报《哥伦比亚密苏里人报》的采编工作，毕业后大多进了《堪萨斯城新闻邮报》。密苏里州的这批年轻记者同克朗凯特夫妇保持着终生的友谊，沃尔特与贝特西都深受所谓的"密苏里式新闻方法"的熏陶，这种工作方法要求在真正的地方媒体市场中亲身参加新闻报道工作，这样的实践经历等于经受了一场朴素的浴火洗礼，而这正是世界上开办最早的新闻学校——密苏里大学新闻学院——的特点。毕业于堪萨斯州大学的著名记者约翰·卡梅伦·斯韦兹当时就是《堪萨斯城新闻邮报》一名年轻的专栏作家，后来他也成了克朗凯特的密友。

在20世纪50年代，全国广播公司新闻频道的观众都认为斯韦兹是一个英俊的花花公子，但是克朗凯特知道在内心深处他是一个货真价实的记者。《堪萨斯城新闻邮报》的编辑部同合众社租用的办公室都在城里的同一栋大楼里，两个办公室仅仅隔着一条连接着楼梯井的过道。几乎每天下了夜班的时候克朗凯特都能碰到经过精心打扮的斯韦兹，后者的西服口袋里总是插着一块方巾。斯韦兹是赶来电台进行早上7点的新闻播音。克朗凯特将合众社的稿件夹在金属线圈本里，然后亲手将笔记本交给斯韦兹，好让后者在播音前匆匆浏览一遍。斯韦兹坐在办公桌前翻阅着克朗凯特写的密密麻麻的稿件，甚至顾不上灌下一杯咖啡。而克朗凯特总是带着一脸的惊讶聚精会神地看着播音指示灯亮了起来，然后又突然熄灭，斯韦兹又开始了毫无瑕疵的播音："早上好，约翰·卡梅伦·斯韦兹正在为您播发的是《堪萨斯城新闻邮报》本地编辑室编发的消息。今天……"

加入合众社的时候克朗凯特已经有了两年在得克萨斯州的从业经历，不过期间并非一帆风顺。成为一名合众人之后他急不可耐地主动要求为合众社在密苏里州各地分社的休假记者和编辑顶班，以便趁机在其他城市得到锻炼，更为重要的是同更多拥有天赋或技巧的同事增进交往。通常他都会被派往东南部各地，从欧扎克高原的城乡公路一路南下，一直到里奥格兰德山谷，这种外派的差事常常会让克朗凯特远离凯萨斯城两三个星期。尽管克朗凯特常常出差到俄克拉荷马州、阿肯色州与得克萨斯州，这种状况对他和贝特西的感情构成了严峻的考验，但是忙于事业的贝特西一点也不焦急。

进入合众社两个月后克朗凯特以堪萨斯城驻站记者的身份被派往得克萨斯州达拉斯市的分社，在那里他工作了不长的一段时间。1937年3月18日的这个春日风和日丽，下午3点05分克朗凯特坐在达拉斯的办公室里，就在这时得克萨斯州新伦敦市一所面向多个地区招生的公立学校发生了天然气爆炸事件，造成295人死亡，其中绝大多数都是小孩子。两层楼的校舍出现了气体泄漏，泄漏的气体如同炸弹一样导致了大爆炸，几年前才建成的钢筋结构教学楼被炸毁了。滚滚气体就像烈焰燃烧的橙色龙卷风一样直冲云霄，方圆几英里的大地都震颤了。

新伦敦位于腊斯克县的西北角，周围分布着上万座油井架，爆炸学校的操场上就矗立着11座致命的井架。得克萨斯州州长詹姆斯·阿尔里德召集州里的骑警司、公路巡逻队和国民警卫队营救受伤的幸存者。据说就在100英里外的沃斯堡农场里都能听到新伦敦在隆隆作响。令人不可思议的是，部分学生毫发未伤地从废墟中走了出来，有的虽然受到了惊吓，一时间有些恍惚，但是没有遭受重伤。

克朗凯特从合众社休斯敦分社收到快信，证实了这条消息，随即他便驾驶着自己的道奇车，同合众社达拉斯分社经理比尔·鲍德温一道赶赴新伦敦。看到停在泰勒市殡仪馆前的一辆又一辆装着尸体的轿车、救护车和卡车排起的长龙，克朗凯特才清楚地意识到这场灾难的恐怖。为了安置死者，亨得森、基尔戈和奥弗顿都搭建起一座座简易太平间。

克朗凯特向工作人员亮出了合众社的工作证，然后便穿过了灾区警戒线。他搭乘一辆刚刚从博蒙特赶来参加即将开始的夜间搜救行动的消防探照车来到了学校，试图找到爆炸目击者。然而很快他就意识到，"在这样的惨剧面前要想找到能够回答必要问题的人并不是一件容易的事情"。

得克萨斯州大学的新闻课堂与密苏里式的新闻工作方法都没有教给克朗凯特应付这次报道任务的技巧。东得克萨斯盆地（二叠纪盆地）的钻井工人匆匆赶到新伦敦寻找失踪的孩子，有的人只找到了被压烂或者被烧焦的孩子的尸体。克朗凯特以目击者身份为合众社撰写的报道令人读起来伤心欲绝，这批报道为读者展现出记者见到的一幅幅打动人心的画面，同时又成功地将记者隐藏在读者的视野之外。他的眼睛非常善于发现具有讽刺意味的细节，例如幸免于难的校墙还挂着一块黑板，黑板上写着"石油和天然气是上天赐给东得克萨斯最宝贵的矿藏"。在他就这场事故为合众社撰写的稿件中有一篇这样写道：

奥弗顿，得克萨斯，1938年3月电（合众社）

如果拿走石油的话这里将变得一无所有。最新的人口普查显示这座小城的常住人口仅有500多，不过当地邮局的用户人数为3000人。

这里就是东得克萨斯油田的首府，也是世界上最富有的城镇，这里的山冈上绵延着90英里长、15英里宽的井架丛林。

在工作日，世界上最强壮的流动工人散布在城里屈指可数的几条街道上，只要是喷涌着石油的地方就能看到他们的身影。他们干着辛苦的工作，却过着艰辛的生活，他们随时冒着危险，但是活得很开心。

到了周六的夜晚他们就会穿上丝绸衬衫和裤缝笔挺的西裤，揣着这一周领到的薪水，毫无怨言地接受小镇所能提供的任何娱乐活动。他们是一群身强力壮、坚忍不拔的男子汉。

今天，他们却是为了另外一项使命来到这里。华丽的衬衫包裹着肌肉结实的肩膀，然而他们的双肩却被无形的重量压弯了。他们神色凝重，面部肌肉紧张。

他们三三两两地聚在一起，没有人打量行人，他们的目光全都盯在自己的脚上。他们都站在路牙子上，从远处看他们似乎正在闲聊，但是走近后就能听到他们的啜泣声，那声音有些刺耳，因为他们在拼命压低自己的哭声。

数十年后，就算是被社会各界当作结束越南战争的有功之臣，克朗凯特依然将新伦敦市的这场悲剧视作自己有生以来最难以忘怀的一次报道。当时他住在奥弗顿酒店，通过公用电话拨通了远在纽约的哥伦比亚广播公司新闻网的电话，向美国各地的听众播发了翔实的第一手报道。在3月这个悲伤的七天里克朗凯特证明了自己的实力。1987年3月18日，在时隔50年后，哥伦比亚广播公司《早间新闻》节目的记者哈里·史密斯为得克萨斯学校爆炸事件筹划了一期周年纪念节目，通过充分的调查他惊讶地发现当年还供职于合众社的克朗凯特是最早报道这起校园事故的记者。这起事故是美国有史以来伤亡最惨重的校园惨剧，令整个地区陷入了深深的悲伤中。想起这件事的时候克朗凯特曾说过："在对这起突发事件的报道过程中我学到了很多有用的知识，写出了两三篇还算引人注目的文章。"

当新伦敦市的死者入土为安后，克朗凯特立即绞尽脑汁请求编辑派他在得克萨斯州最西端的艾尔帕索开办一家分社，就在不久前合众社开始向当地KTSM（里奥格兰德山谷之声）广播电台出售稿件。在毫不知情的情况下克朗凯特陷入了《艾尔帕索箭头邮报》和KTSM电台之间的冲突，前者为斯克里普斯—霍华德报业公司所有，而后者则起用了合众社从霍华德的报社挖走的记者。在天气炎热、尘土飞扬、口角声不断的艾尔帕索生活的一个星期，克朗凯特一直在当地媒体争斗中两头受气，再加上同贝特西已经分别了一个月，他便不管不顾地直接驱车返回了堪萨斯城。在路上的几个钟头里他突然觉得新伦敦比艾尔帕索有趣得多，后来他曾说:"在那之前我常常觉得要是我无法参与有利可图的事情,那么这辈子就算是白活了。"

在合众社工作了一年之后,由于无法顺利地重新开始在堪萨斯城投入工作,再加上一时的冲动,克朗凯特又突然回到广播界,开始在俄克拉荷马州城的WKY电台工作了。在达拉斯参加面试时对方要求他在空无一人的播音间即兴播报一场橄榄球赛,结果他通过了面试。全国广播公司旗下这家颇有影响力的附属电台直到1937年9月26日,也就是俄克拉荷马州大学橄榄球赛开幕赛之前才争取到球赛实况的独家报道权。克朗凯特没有放过这次大显身手的机会。俄克拉荷马人对体育向来十分狂热,电台在介绍克朗凯特时将其称为"超级"橄榄球播音员,而且人们都以为他在得克萨斯州大学期间也有着不俗的表现。

然而克朗凯特却意识到自己再一次面临着弄虚作假的危险。为了应付9月举行的首场比赛他专门雇人去了比赛现场,并让电台帮他调试好了一套昂贵的电子通信设备,有了这套设备他和电台雇用的探子就几乎等于拥有了对讲机。按照他的计划,届时探子们将坐在俄克拉荷马州诺曼市纪念体育场的看台上,靠着摁动电子面板的摁钮发出比赛信息,包括跑位运动员和防守运动员的号码;与此同时,坐在播音间里的克朗凯特会盯着出现在自己手中的电子面板上的原始数据,即兴发挥。

结果,这套通讯设备成了克朗凯特的噩梦。电子板在他的手中一团糟,探子们不断地发送着错误信息,摁错按钮,电子板本身甚至还出现了三四次信号故障。播音彻底失败了。后来他曾说:"那可真算得上是我一生中的一次低谷。播音一结束我就想赶紧悄悄地溜掉,可是我还是在播音间里等着。我记得直到其他人都走了之后我才缓缓地走出了房间。"这次的播音经历对克朗凯特产生了深远的影响。他曾说:"在需要即兴播音的时候你千万不要指望别人的帮助。打那以后我每天花12个小时的时间记忆播音中将会碰到的每一支球队的球员姓名和号码。我知道他们的老家、年龄、体重,大概还记住了他们的父母都叫什么名字,他们有多少个兄弟姐妹。"

在这个赛季结束后不久,克朗凯特就成了布兰尼夫航空公司驻堪萨斯城办事处的经理。这家公司成立于1928年,总部设在达拉斯。由于工作的关系克朗凯特终于能长期生活在堪萨斯城,同意中人贝特西相守在一起。这份工作的薪水并不可观,不过还是比记者的收入高一些。年仅22岁的克朗凯特成了名副其实的经理人,过起了整日里西装革履的办公室生活,其中一项日常工作就是担任公司在堪萨斯城工商总会的代表。借着这个机会他看到了权贵之人都是如何看待自己,如何运用自己的社会影响力，他还学会了如何自然而然地接近这些人。克朗凯特从未掩饰过自己的中产阶级出身，但是他绝对不会让自己受到出身的限制。整日同左右堪萨斯城发展的大亨们混在一起是一个令很多人垂涎的机会，对克朗凯特而言这个机会也同样弥足珍贵。

换作其他时代或许克朗凯特会禁不住诱惑，而最终在布兰尼夫之类的航空公司安定下来，在充满前景的堪萨斯城过上安康的生活。然而，当时埃德华·默罗正从欧洲为哥伦比亚广播公司不断发回报道，同成千上万的同胞一样，克朗凯特也深深地被默罗这些充满大无畏精神的报道所吸引，同其他人不同的是他的生活因此而被彻底改变了。默罗不是合众社那种只知道一味记录事实的记者，当美国面临着第二次世界大战危机的时候他成了代表整个国家的声音。他对于电子媒体新闻工作的意义就等同于乔治·华盛顿对美国独立战争的意义，在同时代人民的眼中他们就是神。默罗的父亲是一位铁路工人，1914年带着全家从北卡罗来纳州的臭鼬溪迁居到华盛顿州的奥林匹克半岛，当时默罗还是个小孩子。身材高挑、精力旺盛的默罗总喜欢独自待在绿树成荫的大自然里，对世界充满了好奇，在华盛顿州的普尔曼上学期间他无意中迷上了广播。1932年，为了监督国际教育联合会（该组织专门负责选派欧洲各国的交换学生）的工作他第一次来到了欧洲，由于这种经历威斯康星州参议院的约瑟夫·麦卡锡在20世纪50年代曾将默罗称为共产主义支持者。在20世纪30年代，身为哥伦比亚广播公司谈话节目总监的默罗又为大不列颠帝国所倾倒，他穿着英国式样的西服，在面对希特勒统治下的第三帝国罪恶的侵略行为时表现得像英国绅士一样镇定自若。

在20世纪30年代晚期默罗为哥伦比亚广播公司新闻网招募了一批野心勃勃的年轻记者，此举在新闻界引起了不小的轰动。克朗凯特对此充满了艳羡。在当时最积极进取的记者中有不少人都清楚远赴欧洲在默罗的羽翼下工作是当时最炙手可热的机会，曾供职于《明尼阿波利斯新闻报》的埃里克·塞瓦赖德、毕业于杜兰大学并获得牛津大学罗德兹奖学金的霍华德·史密斯都在此列。仍旧困守于航空公司的克朗凯特完全没有能力同默罗、史密斯和塞瓦赖德这些拿到了大学文凭并穿行于世界各地的记者竞争，起初他甚至压根没有憧憬过被派驻外国的工作，当时他连护照都没有。堪萨斯城人都知道克朗凯特擅长于打探消息、暗中调查、编辑和播音，但是全都表现平平。他的天赋还没有帮助他像默罗和夏伊勒那样功成名就。同时期的年轻记者本能而明智地将事业的重心转移到了即将爆发的第二次世界大战上，与此同时克朗凯特被远远地落在了后面，继续在航空公司当着"高级"接待员。1939年，克朗凯特这个向来难以安定下来的机会主义者终于找到了自己的位置。他决定重新投身新闻界，首选目标仍旧是合众社。后来他曾说当时他意识到"自己还是热爱合众社，自从离开的那一刻起就一直想念着那里"。

23岁的克朗凯特卑躬屈膝地匍匐在合众社的神坛前，祈求经理们能对他宽宏大量，重新接纳他。提起那段往事时他曾说："几年前我突然辞职，经理们都非常生气。不过他们对我的回归还是表示了欢迎。"重新进入合众社堪萨斯城分社后，他又回到了当初作为新记者兼编辑时的岗位，在大多数时候都干着夜班编辑的工作。他日如一日地对密苏里州杰克逊县民主党俱乐部主席汤姆·彭德格斯特及其背后的政治集团，以及他们同黑手党和行贿者之间的交往进行着追踪揭露报道，这批报道震撼了堪萨斯城。但是，克朗凯特的目标不在于此。重归合众社半年后他终于找到了一条有可能在全国引起轰动的新闻。当时的条件对他十分有利，能够得到这个报道机会主要是因为事发时他刚好在值夜班。

1939年10月28日，星期六，即将破晓时密苏里的乡下传来消息，有人声称经过彻夜的搜索人们仍未找到那架头天起飞而一直没有返航的飞机。一赶到堪萨斯城以北的小镇布鲁克菲尔德，克朗凯特便开始为当天下午将要出版的各家报纸逐小时地发送出最新报道。

布鲁克菲尔德，密苏里州，10月28日电（合众社）

今天，全国各地机场负责人都接到通知，密切注意一架黄色的小型单翼机。州警署认为布鲁克菲尔德的飞行教练卡尔·比文斯被一名学员劫持，两人目前就在这架飞机上。

通过一本机动车驾驶执照可以初步确认这名神秘男子为拉里·普莱彻，他于昨日驾机从该教练的私人机场起飞。有目击者称飞机在郊外上空盘旋30分钟后便向东南方向飞去，此后便再也没有人看到过这架飞机。

克朗凯特充当了一回福尔摩斯，不仅同调查人员打听情况，而且还亲自在普莱彻的轿车里搜寻了一番。直到筋疲力尽时他才接触到了当地一家餐馆的工作人员，后者宣称曾在这名飞行学员起飞之前见到过他。克朗凯特还设法采访到了教练的妻子和儿子，他们也都会驾驶飞机，并得知教练的另一个儿子还是泛美航空公司南美航线的飞行员。在为接下来出版的报纸撰写的头条新闻中他又表示人们已经不再漫无目标地搜索失踪飞机了，搜索的目标变成了罪犯。

布鲁克菲尔德，密苏里州，10月28日电（合众社）

今天，州有关当局呼吁全县各机场及广大飞行器驾驶员协助搜寻一名男子，当局认为该名男子在动机不明的情况下驾机实施了一起绑架。

无论该名男子是何人，显然他驾驶着布鲁克菲尔德的飞行教练卡尔·比文斯新购置的黄色单翼机，并挟持比文斯逃走了，给当地及州当局留下了一个谜案。

州警署负责人称根据一系列的间接证据他们已经确认这名神秘男子名叫欧内斯特·普莱彻，即为中西部各州当局熟知的"空中战神"。

"战神"这个说法借自沃尔特·司各特爵士的一篇诗歌，这首诗歌描述了一位感情炽烈的情人。克朗凯特从中得到启发，将爱情、绑架、飞行和谜案等因素联系在了一起。一心想要引起读者的注意，让自己为合众社提供的稿件出现在各大报纸上，克朗凯特还在报道中添加了一个小细节，称欧内斯特·拉里·普莱彻出身自印第安纳州的一个大户人家，不久前才因为携一名年轻女子潜逃而遭到逮捕。在将女孩哄骗上飞机之后他便驾驶飞机起飞了，企图在空中逼迫对方同意与他成婚。在中西部上空兜了一圈之后他终于将女孩释放了，人们一直以为这只是他在冲动之下搞出的恶作剧。实际上，正如克朗凯特在星期六发出的报道中所指出的，普莱彻是一个精神失常的危险分子。面对这起必定会引起轰动的惊险事件克朗凯特无休止地琢磨着各种报道角度，失踪的飞机、一团团的疑云和吸引人的悬念。

克朗凯特的竞争对手除了时间，还有美联社。两家通讯社都发布消息称密苏里州西北部的一位农夫声称前一夜有一架黄色飞机降落在他家的地里，浑身是血的驾驶员在他家过了夜。美联社比克朗凯特更胜一筹的地方在于他们的记者采访到了这户农夫的家人，但是克朗凯特并没有就此服输。他根据机上剩余的燃油量精心计算出了飞机最远可以到达的范围，然后以这位农夫的房舍为圆点圈定出一个大致的范围。后来他曾回忆道："然后我就开始给这个范围内的所有机场打电话，结果第二个电话就命中目标。"印第安纳州一座机场的工作人员告诉克朗凯特他们通过无线电帮助一架单翼机降落在了附近的玉米田里，飞机的油箱已经空了。看到这架臭名昭著的黄色单翼机就降落在机场附近，机场的工作人员都很兴奋。后来提到这条独家新闻时克朗凯特曾说："面对对手我搞到了一条了不起的独家新闻。"

随着时间的推移"空中战神"的谜案终于水落石出了。绑架者名叫欧内斯特·普莱彻，他供认起飞后他曾两次开枪射击比文斯的后脑勺，但是他没有对自己的行为进行任何解释。最终普莱彻认罪伏法，被判处终身监禁。对于克朗凯特在此次报道过程中表现出的进取态度，合众社的老总们都表示了高度的认可。

8月，距离普莱彻最后一次飞上天空已经过去了两个月，远在巴黎的埃里克·塞瓦赖德开始考虑是否跳槽到合众社，成为该社的正式员工。与此同时，默罗也在邀请他加入哥伦比亚广播公司新闻网，成为该公司第四位派驻欧洲的记者。这两家新闻机构都笃定世界大战即将爆发，为了随即将要出现的地毯式广播报道大战，他们都开始竭力争取更多的荷尔蒙旺盛的记者加入自己的阵营。

1939年9月1日，德国军队气势汹汹地进入了波兰的领土，这种公然的侵略行径似乎是想要逼迫世界各国做出反应。随后的两天里默罗焦躁不安地等待着英国、法国，或者其他世界强国出手援助波兰，在尚未被卷入战争的欧洲其他国家里人们也都抱持着同样的观望态度。然而，什么也没有发生。通过哥伦比亚公司的广播节目默罗每天都从伦敦发回报道，竭尽全力地向美国同胞描述着弥漫在伦敦大街小巷里的抵抗情绪。9月3日，在结束播音时他说："这里的普遍态度似乎都是，'我们已经准备好了，不要再继续拖延了，就让我们解决这个问题吧。'因此他认为不超过24小时我们就会看到最终的决定。目前出现的各种迹象表明这个最终的决定就是战争，在我们这些近距离目睹了整个过程的人看来任何结果都不会令人感到出乎意料。"

在这段播音结束后不久，英国、法国、澳大利亚和新西兰就宣布对德国开战了，暂时宣布中立的美国如饥似渴地等待着来自欧洲的实时消息。《哥伦比亚广播公司世界新闻综述》的记者分别从伦敦（默罗）、维也纳、巴黎、柏林（夏伊勒与休斯）以及罗马（格维西）不断地向国内发回动态消息，克朗凯特听得如痴如醉，他和贝特西甚至等不及第二天早上的晨报，他们只想不间断地收听哥伦比亚广播公司发自欧洲的实时消息。默罗令克朗凯特意识到对合众社而言特约记者和信鸽的时代已经结束了，通讯社需要严肃认真、不受感情支配的记者对这场世界性的灾难进行全方位的报道。在当时，克朗凯特非常适合这种机构的工作。仅在美国本土合众社就拥有超过1715家报社及广播电台的客户量，很快几乎所有客户就都会开始采用克朗凯特撰写的报道。在第二次世界大战期间合众社总计派出了150名最优秀的记者对战争进行报道，其中5名牺牲在工作岗位上，超过12名受伤，或者成为德国、意大利和日本军队的战俘。

在坦克和斯图卡式俯冲轰炸机丢下的炸弹的掩护下，德国野蛮入侵了波兰。就在9月的那个清晨，当消息通过无线电波从欧洲传来的时候克朗凯特正趴在合众社堪萨斯城分社的夜班编辑办公桌前忙碌着。这位夜班编辑刚一回到家，电传机上就卡塔卡塔地响了起来，从欧洲传来了骇人的消息。正如他日后所说，当时希特勒发动的闪电战令他兴奋得难以自已。

第二部分

第二次世界大战

克朗凯特在"二战"中的真正收获是从此有资格宣称自己曾经也是一名战地记者。默罗、科林伍德、塞瓦赖德、利卜林，当然还有克朗凯特都成了家喻户晓的人物。

第五章

做好准备，奔赴欧洲

同贝特西·麦克斯韦尔完婚——新婚燕尔——广播听众——悲哀的鹿特丹——色盲——默罗阵线——佩利先生的哥伦比亚广播公司——迁至大苹果城——穿上海外战地记者制服——事业第一，婚姻第二——在某英国港口——误登"得克萨斯号"——跨过大西洋偷偷返乡——发稿的诀窍——在合众社交好运

沃尔特·克朗凯特同贝特西·麦克斯韦尔于1940年3月30日喜结连理，他们在堪萨斯城的恩典圣三一主教堂举办了一场隆重的婚礼。在婚礼上相互许下神圣的诺言时两个人已经违反《堪萨斯城新闻邮报》的社规，偷偷交往了四年。由于邮报刊载了克朗凯特为合众社撰写的稿件，因此邮报的社规也同样适用于他和贝特西的情况。他们俩的爱情就在偷偷摸摸的情况下开花结果了。克朗凯特不愿意一直让贝特西在爱情的苦旅中逃亡，他主动将婚姻大事提上了日程，贝特西立即表示了同意——这时她的左手手指上已经戴上了订婚戒指，并答应养育一群孩子。

克朗凯特夫妇在堪萨斯城举办的婚礼非常传统。教堂里里外外缀满了马蹄莲和羊齿草，新娘身着一件老式白色婚纱，身后拖着长长的裙摆，脖子上还挂着外婆和母亲结婚时都曾戴过的盒式金吊坠。在大草原的天空刚刚泛起鱼肚白的时候，夫妇俩开着车风驰电掣地离开了堪萨斯城，开始了蜜月之旅，他们将一路前往休斯敦、加尔维斯顿湾、艾尔帕索和墨西哥，然后返回密苏里西部。一路上克朗凯特结识了许多同行和一批将来有可能为他提供新闻线索的朋友，拜访了沿途各地一家家逼仄的合众社分社（对已经成年的克朗凯特而言这就如同小时候能够参观小马快递各家驿站一样令他兴奋），这些分社都是合众社在同一时期兴办的。幸好克朗凯特极度喜好他人的陪伴，因此这趟蜜月之行成了海明威所说的"流浪的盛宴"。经过此番

出游贝特西发现无论内心多么悲伤，丈夫绝对不会放弃纵情欢笑的机会，他的笑充满了感染力，既不粗野，也不激烈，就连音量都不算大，但是笑声充满了不可思议的魔幻感。克朗凯特曾开心地讲起自己的蜜月之行："我们的身边总是有一小伙人。一路上我不断地邀请其他人加入我们。"

春季尚未结束的时候他俩又回到了堪萨斯城，随即住进了城西南部洛克斯特大街的一套公寓。公寓里有四个房间，分别是起居室、卧室、厨房和卫生间，克朗凯特将《世界百科全书》摆在了一个小小的凹室。房间的木地板上镶嵌着花纹，墙壁上贴着厚实的橡木板，还挂着几块如森林般浓郁的绿色的丝绸挂毯，地板上还摆着一个足够摆放巨大的胜利牌手摇留声机的支架。在这段时期他们同年轻记者弗兰克·巴希特来往甚密，后者是附近一带小有名气的作家及导演，后来成了堪萨斯城商业电台WHB广播公司的一名公关总监。在业余时间，克朗凯特夫妇为了消遣还曾和巴希特一起摄制过一部电影。

务实而高贵的贝特西继续在《堪萨斯城新闻邮报》编写着女性稿件。天性顽皮的她喜欢开玩笑，总是将自己打扮得漂漂亮亮的，同事们都十分喜欢她。她擅长撰写各种充满人性的感伤故事，日常工作仍旧包括充当失恋者的知心姐姐，继续撰写名为"问一问霍普·哈德孙"的专栏。每个星期她都要回复一批痛苦失意者的信件，即便面对最轻率的来信她也非常严肃认真。实际上贝特西比丈夫更具有写作的天赋，她的文章具有鲜明的个人风格，笔调自由而活泼。尽管如此，在晚年回想起自己的才华时她表现得非常谦虚。在1979年的一次访问中她说："我在报社的工作十分琐屑，只是为了赚钱而已。"

克朗凯特的合众社办公室同《堪萨斯城新闻邮报》的办公室都设在同一幢办公大楼里，只要一有机会贝特西就同克朗凯特溜出来说一会儿悄悄话，搂搂抱抱片刻，或者只是无所事事地待在一起。克朗凯特知道自己深爱的堪萨斯城十分适于家庭生活，然而哥伦比亚广播公司新闻网发自欧洲的如潮水般的消息又令他十分渴望投身进规模日渐扩大的战地报道工作中去。一旦广播新闻占领了广大的新闻市场，就连报纸都会成为明日黄花。在堪萨斯城的几位老板都坚持认为合众社应该拒绝向广播公司供稿，报纸同广播之间的战争早已爆发，但是忙着养家糊口的克朗凯特始终不愿态度坚决地表明自己的立场，他既想保住报纸的收入，又不愿放弃广播公司这条财路。哥伦比亚广播公司从海外源源不断地发回最新消息，作为听众的克朗凯特成了新的广播迷，国际报道已经无法满足他的需要了，他也毫不理会美国报刊出版商协会声称的广播业注定昙花一现的鄙薄之言，他清楚广播才是传媒业未来的发展方向。

1940年5月上旬，纳粹德国不顾荷兰、比利时和卢森堡公国的中立政策，开始对这些国家大肆空袭，战争的进展令克朗凯特瞠目结舌。荷兰人民竭尽全力抵抗德国的空中打击，然而在德国空军的炮火下往日熙来攘往的鹿特丹港很快就变得满目疮痍，将近1000人遇害身亡。克朗凯特家族曾经的故国持续受到德国的轰炸，在走投无路的情况下只能选择投降，在此后的五年里一直受到德国的野蛮占领，25万多座建筑物被摧毁。克朗凯特曾说："荷兰人再也不是从前的荷兰人了。当鹿特丹遭到轰炸的消息传来时我们几乎无法相信这个令人伤心而震惊的消息。"

克朗凯特希望能加入陆军航空兵团，如果美国愿意加入欧洲战争并出手相助荷兰人民的话。德国空军实力强大，人们担心一旦遭到袭击伦敦将会退回到工业化之前的中世纪。克朗凯特与贝特西都是美国空军之父威廉·比利·米切尔的"空军制胜论"的忠实信徒，当罗斯福政府招募飞行员的时候他们双双报名参加了密苏里州的飞行课程。自儿时起克朗凯特就对飞行十分热爱，他希望能趁此机会掌握当时美国空军最先进的战斗机—P—39空中眼镜蛇战斗机和P—40战鹰式战斗机——的驾驶技术。然而没过多久克朗凯特的生活轨迹就被一件意想不到的事情改变了。一天下午，在飞行学校里当军队的验光师要求他看视力表的时候他无法分辨出红色和绿色，他这才得知自己患有色盲症。这种身体状况使得他无法服役，因此被免除了兵役，可是对这位年轻的合众人来说这个消息不啻为毁灭性的打击。他感到自己仿佛被阉割了一样。贝特西对丈夫的视力缺陷表示难过，同时又暗自庆幸，毕竟这个诊断结果可以让他躲过战争。不过，贝特西自己并没有中断飞行课程，最终获得了驾驶执照。尽管日后克朗凯特就像有些人收集蝴蝶或硬币那样收获了无数荣誉博士头衔，但是在驾驶飞机方面他却只能甘拜妻子的下风。

根据发自大不列颠的所有新闻，美国显然不日便将卷入第二次世界大战。克朗凯特一心希望自己能为反法西斯同盟事业做出贡献，他重新将目光集中在新闻工作上，四处活动，以便合众社能将他分派到纽约市分社，堪萨斯城距离这场风起云涌的新闻大战太遥远了。他无法驾驶战斗机，但至少可以报道战斗机的行动。合众社向来以在各分社之间肆意调派记者而出名，例如1933年，记者驻某站的平均时间为一年半。而克朗凯特已经在堪萨斯城驻守了两年多。现在只要一有机会，他就会向合众社纽约分社的负责人提起自己长期以来一直对报道空军事务的驻外记者的差事很感兴趣。

美军的征兵工作使合众社流失了大批年轻有为的记者，然而驻守纽约分社的新闻网经理厄尔·约翰逊仍旧怒气冲冲地告诉克朗凯特现在还不是将他调派到其他分社的时候。约翰逊的回答激起了克朗凯特的怨恨，不过他仍旧在堪萨斯城分社坚持工作，而且比以往任何时候都更加勤奋，由于工作需要他常常去其他各州同喜欢待在路边餐馆或弹子房的线人会面。就这样，他对典当行、滑稽歌舞剧场、献血站和廉价旅馆日益熟悉了起来。在提到自己的婚姻时贝特西曾说："要不是我也受过记者的训练，我俩就没法熬过来。你能听到的一切有关记者的故事都是真的——跟在消防车屁股后面跑、发疯的时候、成群结伙在一起，这一切无不是为了得到详尽的消息。在婚后第一年里我俩聚少离多。"

在和同事的交谈中克朗凯特得知通过哥伦比亚广播公司的广播节目默罗已经成了新的新闻守护神，对这种说法他感到有些怀疑，又有些羡慕。在同约翰逊的一次电话交谈中他又了解到操控哥伦比亚广播公司此番欧洲行动的是公司精力旺盛的总裁威廉·佩利。1928年佩利为自己的雪茄公司同费城广播电台WCAU栏目签订了每周50美元的广告合同，创办了《拉·帕丽娜时光》节目，从此进入了广播界。这档节目大获成功，拉·帕丽娜雪茄的销量一飞冲天，佩利从此爱上了广播事业。没过多久他就拥有了16家广播电台，这批电台成了哥伦比亚广播王国的起点。此后佩利不断并购电台，将刚刚起步的事业建设成了足以同全国广播公司相匹敌的广播网。到了1930年他已经拥有了70家电台，纯利润高达235万美元。就这样，20世纪20年代末至30年代初哥伦比亚广播公司同全国广播公司形成了激烈的角逐。

就在率领着哥伦比亚广播公司的广播电台大跨步前进的同时，佩利也在担心电视只是一种"技术玩具"，而非"日常必需品"，他仍旧将工作的重心集中在通过高质量的广播节目吸引更多听众的工作上。根据全国广播公司的规定，其旗下各分公司需要向总社支付一定费用，以维持（缺少赞助的）节目的正常运转，并为得到赞助的节目向公司进行补偿。佩利没有效仿对手的做法，他始终免费向各分公司提供服务，使得分公司能够在每天12个小时的播音时间里随意使用公司的全国性节目。这一策略为公司带来了丰厚的意外收获，尤其是在中级市场竞争的小电台。

1940年7月10日，合众社接到消息称粹德国已经对英国发动了大规模空袭，这场袭击史称"不列颠战役"。当时正在堪萨斯州劳伦斯县赶路的克朗凯特找到了一家大学酒吧，酒吧里正在播放哥伦比亚广播公司的新闻节目。就在一屋子的农夫和大学生中间，西装笔挺、领带得体的克朗凯特得知德国空军在夜间对伦敦进行了轰炸，英国皇家空军派出一切可以调动的战斗机做出了反击。有消息称纳粹的目标在于摧毁英国广播公司的所有发射台。在伦敦进行播音的默罗有时候会在哥伦比亚广播公司的播音室录制节目，位于英国媒体集中的弗利特街（舰队街）上的播音室有被炸毁的危险。为了避免受到袭击默罗明智地将播音室转移到了秘密地带。他经常随身携带着能够向美国远距离传输信号的便携式短波发射机，在美国听众的心目中他成了一位神秘而迷人的播音员，大家每天晚上都守在自家硕大的广播匣子跟前聆听着他那缥缈而优雅的播音。面对着伦敦的新闻事业，以及曾经构想的在梅恩大街的未来，在堪萨斯城享受幸福的家庭生活在克朗凯特的眼中变得没有了意义。

1940年8月下旬希特勒对不列颠群岛进行了封锁，伦敦彻底不再是久留之地，然而默罗却似乎享受身在其中。他不仅搭着便车对超过25场战斗进行了报道——尽管其中不少冒险都纯属多余——而且仿佛是为了证明自己的勇气，他还希望登上真正的战斗机。只要邪恶的第三帝国不灭亡，默罗就不会消沉。时隔多年后公司同事拉里·勒萨埃尔曾充满怀念地说道："这一切给人一种怪异的兴奋感。"

报纸上刊载的欧洲新闻或许更为翔实，但是默罗精彩的广播报道令听众感到如临现场。在1940年8月24日进行播音时他just站在伦敦著名的特拉法加广场，为整个报道营造出一种缺乏理性、紧急，同时又振奋人心的氛围，远在美国的听众甚至听得到空袭警报的声音。这一天的报道不啻为一场普通平民的胜利，帮助美国同胞在如此紧张的时局中仍旧有能力保持镇定：

> 远处刚刚亮起了一盏探照灯，此刻一束灯光正在扫过我头顶的上空。街上的行人悄无声息。这会儿我们来到了防空洞的门外，我不得不将电线举高一点，以便让大家进入防空洞……现在又有一束探照灯灯光照了过来，就在（海军上将）纳尔逊的雕像的后方。此刻街角出现了一辆双层红色大巴，只有顶层车厢亮着几盏灯。在这样的黑暗中，这辆红色大巴看起来活像是航行在夜色中的船，能看得见的就只有船上的舷窗……更多的探照灯亮了起来，灯光笔直地射入空中，时不时地还会照亮云朵，看起来就像是在云层底部溅起的一片水花……这段时间，或者说是在这些漆黑的夜晚，在伦敦出现了一些非常奇怪的声音，包括街道上的脚步声，就像是穿着铁鞋的幽灵走在街上一样。

克朗凯特听到了多么激动人心的报道啊。这些令人感到紧张的报道登时在他的心中注入了往昔民主党人那股乐观的精神，就是1917年威尔逊总统宣布对德开战时他的父亲感受到的那种骨气。在同一天的报纸上刊登了美联社第一时间从伦敦发回的报道，采写这条消息的是26岁的美联社记者、土生土长的纽约人德鲁·米德尔顿。

> 在东边不远处探照灯的灯光直刺向空中。我们听得到德军飞机的声音，但是什么也看不到。我们就站在那里。一名女子走了过去，她的眼睛看起来很悲伤，身上穿着睡衣和一件陈旧的男式大衣，怀里抱着一个婴儿。当她走过时所有人都沉默了，男人们都一脸严肃，神色中还透着一股激愤。大街上，一名男子迈着沉重的脚步走了过来，一边高喊道："担架队！担架！"在他的叫喊声中四名男子很快就抬着担架赶来了，其中一人身上裹着一尘不染的睡衣。几分钟后他们便拖着沉重的步伐调头走掉了，担架上躺着人。其中一副担架的边缘耷拉着一只软绵绵的手臂。

在描述细节方面米德尔顿同默罗不相上下，但是为了引起读者的阅读兴趣，即使在诸如此类的特写报道中这位美联社的平面媒体记者也不得不在文中讲述如此戏剧化的情节。他原本可以像默罗那样，不提及红色双层公交车轰隆隆地驶过特拉法加广场的事情。在当年的夏秋之际，默罗大无畏的报道工作成了美国民众茶余饭后和教堂集会时的话题。克朗凯特在1973年接受《花花公子》的专访时解释说："广播播音工作有很多吸引听众的技巧，嘀嗒作响的电报机、沃尔特·温切尔式的播音、各式各样嗓音低沉的播音员，以及让其他人替自己撰写稿件。但是埃德（默罗的昵称）对这一切都游刃有余，他为同行竖立了绝佳的榜样，坚决捍卫真相、公正、正直和一切正当的事情。埃德留给我们的财富实在是太丰厚了。"

1940年合众社开办了伦敦分社，办公室就设在距离弗利特街不远处的《世界新闻报》办公大楼里。10月间德国再一次对伦敦进行了空中轰炸，在距离地面仅1200多米的地方向议会大厦俯冲下来。合众社的记者华莱士·卡罗尔当时正在办公室值班，远在堪萨斯城的克朗凯特通过电报机收到了他发来的报道，默罗、米德尔顿和卡罗尔在伦敦空袭警报声中度过的那个秋天对于他而言遥不可及。他同贝特西过着安稳的小日子，但是内心极度渴望更刺激的工作，而不是整日里忙于报道工商总会的会议和侦探小说式的密苏里谋杀案。

到了1941年秋天，克朗凯特原本稳定宁静的生活崩溃了。先是贝特西10月在工作中遭受重创，《堪萨斯城新闻邮报》易主（1942年3月该报彻底停刊），她失业了。夫妻俩的手头原本就不宽裕，现在更是紧张了。10月7日日本对珍珠港发动袭击，美国驻守太平洋的舰队损失过半，克朗凯特夫妇意识到他们的世界已经变了。

合众社率先对日本的突袭进行了报道。翌日下午，克朗凯特、贝特西和一群交情甚好的同行围着一台箱式广播一起收听到罗斯福总统宣读对日本开战的消息，罗斯福在讲话中说珍珠港遇袭的这一天将"遗臭万年"。事实的确如此。令人难以置信的是，到了12月德国已经完成了对大半个欧洲的占领，甚至在敦刻尔克战役中对大不列颠帝国进行了重创。数十年后，在全国公共广播电台的一次大型访问中克朗凯特提到当罗斯福总统宣布对日本和德国开战时自己有多么沮丧，因为当时合众社依然让他驻守在密苏里州。他说："我苦等了一整年。"最令克朗凯特忧虑的是在飞行高度和距离方面日本向南太平洋战区派出的零式舰载战斗机比美国兵工厂制造的任何一款同类战斗机都更为出色，美国空军亟须解决这个问题。

1942年1月，克朗凯特终于收到合众社将他派驻纽约的通知，这一刻他已经渴盼太久了，最长的一次驻站工作——堪萨斯城分社社长——终于宣告结束了。他提着行李来到了坐落在曼哈顿的公园街大楼，合众社的总部就设在这里，他将在这里接受战地记者的上岗培训。待业在家的妻子对暂居"大苹果城"纽约的变动也同样欣喜不已。他们俩此前都没有到过东海岸地区，对于中西部地区的居民而言芝加哥就算是最繁华的大都市了。克朗凯特将家具寄存在亲戚的车库里，当月便从堪萨斯城联合车站乘车赶往了纽约，数星期后贝特西也乘坐火车抵达了位于纽约市曼哈顿中城的宾夕法尼亚车站。

按照社里的分配克朗凯特专门负责对美军海军部的报道，海军部就位于金融区教堂街90号，同合众社总部大楼仅仅相隔几条街。克朗凯特需要做的是为合众社建立一份海军官员的通讯录，为战争期间的报道工作培养一批可以提供消息的联系人。《纽约时报》的奇普·奥尔与奥立弗·格雷戈给克朗凯特传授了一些在曼哈顿生活的小窍门，从如何利用基督教青年会到怎样找到最好的通宵营业的面包咖啡店无所不包。就在那年冬天，克朗凯特爱上了曼哈顿，在余生中他一直热爱着这座城市（后来，克朗凯特与贝特西就在曼哈顿的上东城将三个孩子养育成人）。在给母亲的信中克朗凯特写道："我相信纽约是世界上最好的地方之一。"

这时克朗凯特已经立志要成为一名在欧洲舞台上光芒四射的战地记者。由于身体缺陷他无法应征入伍，不过他依然是全社最出色的战地记者候选人。眼疾固然让他远离了戎马生涯，但是他具有良好的身体素质，擅长体操、长跑和长途奔袭，浑身充满了活力。1941年12月希特勒对美国宣战，将美国新闻机构派驻德国和意大利的记者悉数俘虏，并押送到位于黑森州巴特瑙海姆镇的一个隔离营，克朗凯特通过报纸认识的所有合众社驻德国与意大利的同事也都成了希特勒这种暴行的受害者。早在当年3月的时候，当时还是合众社记者、在战后成为克朗凯特驻莫斯科时的舍友的理查德·赫特里特就因从事间谍活动遭到了德方的逮捕。

战争期间的新闻报道工作本身就具有一定的风险，令克朗凯特感到担忧的是当真的奔赴海外而置身战火纷飞的欧洲时自己的勇气将遭到考验。对于初次奔赴战壕的人而言这种关乎生死存亡的忧虑十分普遍，但是对克朗凯特而言情形更为糟糕，对自己的怀疑无时无刻不在纠缠着他，毕竟他从不主张采用暴力手段解决问题，而且看到血他就会感到紧张。自从当年在休斯敦打中那只麻雀后他就再也没有干过杀戮之事，就连出现在家里的蜘蛛和苍蝇他都必须将其"复员"（即放在屋外），而不是将其一巴掌拍死。战争结束多年后，在亚利桑那州凤凰城一场专门为他举办的宴会上，爱猫如痴的克朗凯特面对1000多名记者说自己是一名"坚定的动物爱好者"，"看到蚂蚁时不会一脚将其踩死，而是用木片将其转移到屋外"。

表面上看，对于合众社里诸如克朗凯特这样负责报道战争进展的记者而言，消息都来源于战时新闻处。该机构的负责人是颇有人缘的埃尔默·戴维斯，在此之前他曾在哥伦比亚广播公司当过播音员，对通讯社和默罗的工作都赞赏有加。通过同国会图书馆馆长及事实和数据处负责人、诗人阿奇博尔德·麦克利什共事的经历，戴维斯坚信真相是最有力的宣传方式，这同轴心国的观点截然相反，后者取缔了一切发表反对意见的报纸，对各种新闻报道进行严格的审查与过滤。所幸的是，据称同盟国与轴心国都拥护《日内瓦公约》。按照这份公约的规定，新闻媒体的从业人员不得携带武器，因此当最终乘船远赴欧洲的时候克朗凯特虽然身着戎装，但他的身份仍旧是一介平民。

1942年的春天慢慢过去了，克朗凯特一直忙着为合众社的第一次外派任务做着准备。他骄傲地穿上了绿褐色的"外国战地记者"制服，左臂的袖子上缝着一张绿色的皮质身份牌和一块带有"C"（"克朗凯特"的首字母）字样的布块。不知何故，这身制服令他显得比平日英俊了几分。他还宣誓遵守一大堆规章制度。按照规定，一旦奔赴战场他最多只能携带125磅重的行李，外加能够容纳便携式打字机和其他工作用具的野战背包。1936—1945年，克朗凯特将同其他1645名美国新闻记者和新闻摄影师对这场世界大战展开报道（幸运的是他没有成为37名遇害记者和112名身负重伤的记者中的一分子，不过他也没有成为战争期间荣获紫心勋章的203名记者和荣获银星勋章的108名记者中的一分子）。后来他曾坦言道："那时我竭尽所能地远离着战火。"

其实，在描述自己对战争所怀有的教友会式的厌恶情绪时克朗凯特有些夸大其词，他原本可以轻而易举地让自己待在堪萨斯城，或者守在纽约办公室里编辑其他记者发来的稿件。然而，这一年的7月他通过了海军部的审查，登上了停靠在史泰登岛的"阿肯色号"战舰。在护航舰的保护下"阿肯色号"越过潜艇密布的北大西洋，一路上不断地躲闪着鱼雷，向英国方向驶去。在它的陪伴下一队满载货物的货船也向英国各个港口驶去（8月的这次出行是克朗凯特首次以战地记者的身份外出执行任务，在航程中他被授予校级军官的"拟军职"①）。此次航行并没有让克朗凯特意识到前方等待他的是怎样艰苦的生活，在一封家书中他写道："我睡在护航舰的舰队司令专用舱里，有专用的卧室、配有写字台的休息室和卫生间，而且全都在主甲板上。"有一段时间他感到"阿肯色号"的船员们对待他的态度很奇怪，总是一副低眉顺眼的样子。没过多久他就查明了原因。"很明显，当着我的面海军军官们都表现得很规矩，不讲脏话，不开下流玩笑，也不谈论女人。我想在这趟行程中我可能要一无所获了。很快我就了解到造成这一切的原因就在我身上的制服。他们都以为我是随军牧师。"

根据克朗凯特的自述，这支舰队是当时派往英国的规模最大的舰队，在为合众社撰写的稿件——称舰队在"某英国港口"休眠——中他提到这一支舰队的规模堪称之最，但是由于新闻审查规定他不能提及具体的船只数量和种类，以及船员配置和货船的目的地。在审查制度同其他各种困难的阻碍下，战地记者的工作遭遇到了"第二十二条军规"的窘境——既要对舰队进行报道，又不能提及舰队的任何情况，这实在不是一件简单的事情。"阿肯色号"已经安全抵达英国，鉴于这种情况克朗凯特在文章中加入了一点幽默的成分，从而转移了读者对那些缺失的信息的关注。他提到其中一艘护卫舰在航行中发现了一艘潜艇，立即将其击沉，并通过无线电将情况告知了其他船只，"然而，所谓的潜艇其实是一艘遇难废弃的商船，炮击的唯一功绩就是让海面上漂起了一层柠檬香精油"。

在经过重新编制后"阿肯色号"即将返回纽约，克朗凯特只有10天的时间来熟悉伦敦这座城市。这里并不像两年前那个刚刚遭到德国空袭时危险丛生的伦敦，但是正如他在写给贝特西的信中提到的那样，战争的魔爪在这里留下的足迹无处不在。当采访迪耶普突袭战中的一位幸存者时克朗凯特终于真切地感受到了战争的恐

---

① 译注：拟军职，即平民获得的等同于军衔的级别。

怖（同盟国于1942年8月19日发动的这场失败的突袭战损失惨重）。6086名同盟军将士在迪耶普登陆，3623名英国军人身亡、受伤或被俘，自始至终同盟国的空军也没能诱使德国空军同其展开正面交战，最终同盟国损失了96架飞机，德国军队则只损失了48架。两年后，即1944年克朗凯特用同盟国军队在迪耶普所犯下的错误对诺曼底战役的胜利进行了解释，正是由于同盟国对后者进行了战略性的重新部署，西欧才最终获得了伟大的解放。

10月"阿肯色号"踏上了归程，在此期间被征用为军队运输货轮的豪华客轮"韦克菲尔德号"失火了，克朗凯特是事发地方圆100英里之内唯一的一名记者，就这样他得到了一条爆炸性的独家新闻。然而，直到通过美国海军的审查后合众社才刊发了这条消息。在稿件审查期间他给母亲写了一封信，在信中他坦言道："就天气状况而言，回家的航程实际上完全就像乘船旅游，多少有点无聊。不过我们还有一些活动，但是很抱歉我现在还不能向你透露任何情况。现在我手头上就有一条很不错的新闻，只要能通过审查就行了。"

三天后，有关"韦克菲尔德号"的报道通过了审查。在发布新闻的时候编辑们在文中附上了一篇作者简介，对这位年纪25岁、才华横溢的记者进行了一番专门的介绍。这还是克朗凯特第一次亮相于全国如此多的读者面前。在简介中编辑们写道："沃尔特·克朗凯特，合众社派驻大西洋舰队的记者，他目击了庞大的海军运输船只'韦克菲尔德号'失火事件，以及对船员和840名乘客的营救行动。以下就是他对这起惊心动魄的海难事件所做的报道。"令克朗凯特欣喜的是自己受到了同默罗一样的待遇，因为通讯社的老总们试图让读者们注意到对这艘700英尺长的巨型船只失火和全体乘客获救的报道是合众社的独家新闻。后来在提到这件事情的时候克朗凯特曾说："我可以看到搜救船将起火船只团团围住，事后我们了解到人们在搜救船同'韦克菲尔德号'之间搭起了绳梯和临时性的跳板，以营救乘客，在此过程中搜救船同后者不断相撞在一起，结果搜救船船身油漆被烧焦了，船体也被刮破了。"一个星期后合众社在发布克朗凯特撰写的其他稿件时仍旧不断提醒读者这位记者是唯一一位目击了"韦克菲尔德号"失火事件的记者。合众社以实际行动明确地表示出要将克朗凯特培养成一个新闻品牌，为其打造业界声望的意图。克朗凯特的事业终于走上了正轨。

10月下旬克朗凯特对返回美国的航程进行了一系列的报道，随后社里要求他对美国海军在东海岸的总部基地——弗吉尼亚的诺福克——进行报道，但是不再随船出行。早已做好热身的他却在诺福克的一处储罐码头等待了几个星期，事后他曾回忆道："进入基地后军方就不允许我再出去了，这意味着就要出大事了。按照要求我得立即到'得克萨斯号'战舰报到，在行动结束之前我还必须一直待在'得克萨斯号'上。"

此时美国投入战争已经将近一年，但是军方还尚未从轴心国的手里收复寸土之地。上至罗斯福总统，下至年纪轻轻的平头百姓克朗凯特，美国人民都迫切地想要对德国和意大利发动地面攻势，问题在于应该从哪里发起进攻。最终，纳粹在北非的防御工事被确定为进攻目标。1942年11月同盟国派出舰队，此举旨在消灭轴心国在摩洛哥、阿尔及利亚和突尼斯的势力，取得对地中海地区的控制权，为次年进攻西西里铺平道路。

合众社派出克朗凯特和其他五名记者对此次北非行动进行报道。克朗凯特在"得克萨斯号"的甲板上远远地目睹到声势浩大的前期攻势。14英寸舰炮轰隆作响，产生的后坐力令舰艇摇摆个不停，铁砧状的黑烟冲向500英尺的高空。此番轰炸或许是自1942年6月4日决定性战役中途岛海战以来同盟国打得最漂亮的一场战斗。克朗凯特对美国海军在摩洛哥的利奥泰港（盖尼特拉的旧称）对法国傀儡政府维希指挥的军队发动的攻势进行了报道，并撰写了有关"火炬行动"（入侵行动的代号）的文章，凭借这两点他完全有资格宣称当同盟国打响北非战斗的时候自己也身在其中，这对任何一位记者而言都是至高无上的荣誉。

克朗凯特同其他被合众社派驻北非前线的五名记者对工作全都一丝不苟，由于"对世界头号新闻进行了最佳报道"而自豪的合众社对这批记者充满了信心。面对美联社同国际新闻社都仅得到四个随军名额的事实，合众社的得意之情难以自抑。同新闻界普遍存在的狭隘相比，大学教授们显得大度多了。多年来报道战争的经历已经将另外五名合众人——菲利普·奥特、沃尔特·洛根、克里斯·坎宁安、约翰·帕里斯和利奥·蒂希尔——的神经锻造得非常坚韧，而克朗凯特在这个领域还完全是一个初出茅庐的青涩少年。出于本能，他表现得有些迟疑不决。

尽管合众社是一家颇具规模的通讯社，但是由于模式化的写作套路记者们很难赢得赞誉，不过爆炸新闻则另当别论。克朗凯特清楚一位写出了独家新闻的合众社记者很快就会成为第四等级的明星，至少也能炙手可热几天。

1942年11月8日，战斗在摩洛哥打响了。菲利普·贝当元帅领导下的法国维希傀儡政府对同盟国的"火炬行动"并没有进行积极的抵抗。在美国本土，美联社只是通过电波将美国政府的官方声明发布了出去，并未对此次进攻计划进行详细介绍。除了这些笼统的消息，合众社还附上了坎宁安撰写的登陆目击记。令人感到不可思议的是在密集的炮火下坎宁安居然想方设法将消息传送了出去，不过大家都知道足智多谋的坎宁安早就在战区同部队的发报组建立了良好的关系。

克朗凯特在此次进攻中采写到一条独家新闻，这也是有关北方集团军的唯一一条消息。消息通过亲纳粹德宣传机器——维希政府的广播网发布了出去。就在合众社的编辑们苦苦等待着利奥泰港发回的消息时，"得克萨斯号"以密集的炮火对法国的兵工厂进行了猛烈的攻击。不到两天的时间战斗就结束了，维希政府的最后一次抵抗遭到了惨败，同盟国控制了卡萨布兰卡、利奥泰港飞机场、摩洛哥的铁路站场和一批具有重要战略意义的港口。

经过这场严酷的考验后，只有耳边还回荡着炮火声的克朗凯特同一位枪炮军士前往利奥泰港查看港口受损情况。克朗凯特惊讶地发现美国海军的射击技术竟然那么拙劣，所有遭到误击的建筑物都变成了废墟。克朗凯特不知道为何自己撰写的有关"火炬行动"的所有报道都被一一记录在案，可是纽约方面没有收到哪怕一篇报道。针对此次同盟国在利奥泰港实施的行动克朗凯特发回了13篇报道，但是合众社没有向社会发布他撰写任何一篇原稿。他通过"得克萨斯号"上的通信设备发出了报道，信号原本应该经由英国的中继信道传送到美国，然而这条信道优先转发了英国广播公司的报道，因此他的报道全都没能抵达伦敦或纽约。为了在北非报道中取得主导地位，合众社纽约总部利用几家新闻机构达成的一项协议，将最初一个星期里得到的新闻糅合在国际新闻社的记者罗伯特·尼克松发回的一篇报道中发布了出来，而尼克松原本的报道只是讲述了自己在摩洛哥海岸线上空的一次飞行经历。任何涉及袭击的报道都需要经过一个多星期的审查，尽管如此合众社最终还是得到允许，发表了一篇有关北方集团军此次攻击的报道，撰稿人是沃尔特·洛根。克朗凯特的稿件没能得到发表。

阿尔及利亚的局势陷入了僵持状态，但是为了对抗同盟国的攻势德国迅速将增援部队派往邻近的突尼斯。显然突尼斯将要爆发一场大战。洛根、坎宁安和其他几名合众社的记者为了报道更加艰苦的战斗也转移到了东边的突尼斯，但是北非的外派记者和纽约总部都不清楚克朗凯特的动向。其实克朗凯特碰巧又登上了"得克萨斯号"，他以为这艘战舰将从利奥泰港驶往卡萨布兰卡。

当船驶入心旷神怡、波涛滚滚的灰色大海后克朗凯特就一直在跟晕船做着斗争，这时他才意识到自己犯了一个战术性的错误。非洲海岸距离他越来越远，前方不是卡萨布兰卡，无意中他踏上了返回诺福克海军基地的旅程。按照美国海军针对随军记者制定的规定克朗凯特必须一直待在来时的舰船上，但是他没有意识到这项规定仅适用于军事行动期间。当"得克萨斯号"停靠在卡萨布兰卡附近时他想要违规下船，这座城市是那么的安全，两个月后罗斯福总统和丘吉尔首相就在这里举行了会晤。在同盟国的军队登陆后从卡萨布兰卡发回报道原本应该是万无一失的选择，但是那样一来他为合众社撰写的所有稿件都将更像是旅行见闻录，而非紧急的战事新闻。无论如何，"得克萨斯号"还是在汹涌的波涛中告别了卡萨布兰卡，继续向西前进着。

距离北非越来越远，克朗凯特也越发焦虑起来。自己的事业会遭遇重创吗？驻外战地记者会以玩忽职守的罪名受到起诉吗？此次撤退是自己的懦弱造成的吗？合众社总部会出现一份带有他的名字的批评信吗？此时，被困海上的他几乎彻底被类似于晕船的恶心感控制住了，但凡有可能他都会灌下一桶啤酒，好让自己暂时忘掉耻辱。这可不只是"擅离职守"那么简单。自从媒体大王爱德华·威利斯·斯克里普斯于1907年创办合众社以来，节俭就一直是社里的基本方针，这也是以吝啬而闻名的新闻界的首要原则。远在纽约的那群守财奴老板会早早察觉到他已经离开北非了吗？他们会将他的失误看成是社里的经济损失吗？

面对这样的危机克朗凯特慌乱得六神无主，他既不想登上死亡名单，也不希望被老板们认定为擅离职守，最终他搭乘着一架侦察机离开了"得克萨斯号"，提前几天结束了重返祖国的行程。11月底克朗凯特满怀遗憾地回到了合众社总部，迎接他的是编辑劈头盖脸的一顿责骂。他在公司里的地位岌岌可危。但惊人的记忆力帮他解决了问题，他事无巨细地向编辑们讲述了此次惊险的北非之旅中目睹到的大大小小的新鲜事，这些事情原本他都写在了有关"火炬行动"的报道中，可惜所有的稿件都遗失了。他还得知老板们都以为他已经身亡了。看到他"死而复生"编辑们都感到十分欣喜，经过加工后他那些讲述利奥泰港进攻的报道（为此他忙碌了六个星期）也发表了，此时距离攻击已经过去了两个多星期。这份长篇大论的新闻稿撷取了克朗凯特在海外期间撰写的所有稿件的一部分内容，结果形成了一份冗长而支离破碎的报道。后来克朗凯特曾说："这篇报道足以让一名年轻的通讯社记者考虑交出自己的打字机，转而投身广播界。"

回头看，当时克朗凯特最大的失误就在于误以为只要把自己在"得克萨斯号"的电报机上撰写的稿件交给海军审查官，这些稿件就会被送达合众社编辑的手中。通过这次的经历他终于明白了发送战地报道远远不止是摁一下"发送"按钮这么简单的事情。记者们不仅要对军事行动进行报道，确保稿件得到发表也是他们的神圣职责。后续报道的重要性难以估量，究竟是得到加薪，还是在自己的历史上留下永久的污点都取决于此。同当年在俄克拉荷马州初次为WKY电台播报橄榄球赛一样，"得克萨斯号"事件让克朗凯特懂得了新闻工作的一条基本原则——对任何事情都要一而再，再而三地进行核实，尤其是涉及稿件发送的问题。

第六章
作家六十九营

一路顺风！——见到安迪·鲁尼——炸弹轰炸和酒店房间——负责报
道第八飞行中队——空中堡垒——伊克尔将军的飞行员们——"我亲眼
看到"——署名文章带来的荣耀——严酷的训练——威廉港空袭——鲍
勃·普斯特身亡——地狱任务——希特勒应当胆寒——和平主义者克朗凯
特——无惧懦夫称号

克朗凯特在纽约待了几天，白天同贝特西在中央公园周围散散步，夜晚同她恩
爱缠绵。夫妇俩还赶上了在洛克菲勒中心举行的点亮圣诞树的传统节庆活动，但
是他们聊的话题却是战争。1942年12月上旬合众社将克朗凯特派往了伦敦分社。显
然，在报道"火炬行动"中暴露出的弱点和稚嫩，以及无意中擅自离开北非的行为
并没有对他的事业造成影响。他同华盛顿分社的同事道格拉斯·沃纳一道在纽约登
上了荷兰的"韦斯特兰号"客轮。按照众人的预计对于报道同盟国对德作战的媒体
大战将愈演愈烈，克朗凯特与沃纳也将在英国投入到夜以继日的工作中去。能够同
丈夫厮守数天贝特西已经心满意足了，在克朗凯特走后她又回到了堪萨斯城，受雇
于豪马克公司的广告部，当起了公司内部期刊的编辑。12月11日她目送着克朗凯特
带着她送的圣诞礼物上了船，后者将在船上度过这个圣诞节，礼物包括维生素片、
一种德国蛋糕、口香糖、衬衫袖子的链扣，以及几部马克斯·布兰德与赞恩·格雷
的西部小说。此后整整两年他们便天各一方，后来她曾说："同当时的很多人一样
我俩不得不各过各的圣诞节。战争正在进行，可是我满脑子想的都是那个圣诞节沃
尔特得在海上度过了。"

在克朗凯特看来被调派到伦敦分社意味着自己的职业生涯出现了一次惊人的
提升。合众社的经理们都知道社里人手不足，无法对欧洲所有热点地区分别派驻

记者，但是如一位经理所说，公司还是决定"对当时的重大新闻同其他媒体展开激烈的厮杀，力争始终在头版新闻大战中占据统治地位"。同很多人一样，合众社的总裁休·贝里坚信当同盟国从英国方向入侵法国将成为一条特大新闻，贝里甚至还认为此次攻势将发生在1943年，因此合众社必须确保伦敦分社配备有足够的精兵良将。

克朗凯特的大西洋之旅危险丛生。舰队遭到了德国的U型潜艇的袭击，几艘没有来得及反应的货船被击沉了。在这趟"从其他方面而言都面目可憎"的航程中唯一值得庆幸的是"韦斯特兰号"在此次攻击中毫发未伤。1942年12月30日船队停靠在了苏格兰的格拉斯哥，克朗凯特随即便乘坐火车赶到了伦敦。在伦敦他将同合众社的同事，报道过大量重大新闻的埃德·毕提一起共事，克朗凯特后来曾称毕提是自己心目中的"英雄"。乔·亚历克斯·莫里斯同合众社的其他经理为刚刚在新闻行业崭露头角的克朗凯特提供了一切方便，好让他继续在事业上取得突破，在弗利特街这样媒体云集的环境中证明自己的勇气。克朗凯特没有浪费一分一秒的时间。在刚到伦敦的头一个星期里他就同安迪·鲁尼见了面，这位军队记者当时在为陆军的《星条旗报》工作，办公室就在距离合众社分社不远处的时代伦敦办公大楼里。许多新闻媒体的记者在下班后都会聚集到弗利特街的一家酒吧，合众社的记者也不例外，在交杯换盏之际交流着从B-17空中堡垒轰炸机实施的空袭到如何在皮卡迪利环形广场附近找到"炸弹"等各种消息。记者们所说的"炸弹"并不是真正的炸弹，而是踩着高跟鞋的妓女。每当这家酒吧打烊后克朗凯特就转移到了另外一家私人俱乐部，在那里他可以用低廉的价格买到整瓶的杜松子酒。后来鲁尼曾说过："我当时觉得沃尔特是个了不起的家伙。我比他小4岁，在《星条旗报》报社里只是个不起眼的小人物。我们常常接到电话称伦敦即将遭到新一轮的轰炸，所以我俩总是一起去军事基地，想要搞到独家新闻。"在精力旺盛、谈吐风趣的鲁尼眼中，克朗凯特"坚忍不拔，很有竞争力，非常善于抢新闻……坚持着为报纸采写头条新闻的老派做法"。

克朗凯特在公园路酒店住了下来，用他的话来说房间小得就像一间"牢房"，不过同白金汉宫之间仅仅隔着一个公园。酒店里的美国酒吧成了他的客厅。在给贝特西的一封信中他说自己在元旦前夜"毫无喝酒的欲望"，但是接下来在告诉对方自己已经逐渐适应了战时伦敦的生活时，他又详详细细地讲述了自己在一家私人酒吧一口气灌下四杯鸡尾酒的事情。按照记者们的标准来看四杯酒不算什么，有时候似乎在杰克俱乐部或惠灵顿酒馆灌下一整瓶杜松子酒还会为自己赢得同行的尊敬。在信中克朗凯特写道:"乔·莫里斯和埃德·毕提举办了一场还算像样的聚会,劝说我去参加聚会的时候他俩看起来都是一副规规矩矩的样子,可我不喜欢那种热闹的场面。"

身体疲惫,同时又饱受鼻窦炎的折磨,再加上对贝特西的思念,就这样克朗凯特在惶恐不安中度过了在伦敦的第一个星期。结束了穿越大西洋的航程后克朗凯特感到身体虚脱、精疲力竭,而且濒于破产(在整个20世纪40年代这个问题一直困扰着他),他感到自己成了一个无家可归的流浪汉,在伦敦一切都没有定数。合众社不仅没有向他下达奔赴战区的指令,甚至连地图这样的基本用品都没有为他配备。在给贝特西的信中他还写道:"直到星期一我才能知道每天需要工作多长时间,需要干什么。我希望大部分时间都能远离办公室,我可不想一味地守在办公桌前发电稿。"

在1943—1945年克朗凯特给贝特西写了数十封信,由于无法拨打越洋电话,这对小夫妻只能通过鸿雁传书的方式保持联系。只要一收到丈夫的来信贝特西就会给豪马克公司的新同事们大声念一遍,再让家人传阅一番,然后在临睡前自己再读一遍(她一直保存着克朗凯特发自欧洲的来信,但是由于战争的缘故她写给对方的回信却所剩无几)。克朗凯特在信中总是提到五个话题:英国天气阴郁、他十分想念堪萨斯城、酒精成了他的密友、节假日成了重要的日子、合众社给他预算非常寒酸。他在信中告诉妻子:"紧巴巴的经费马上就要花光了,我现在简直就像是揣着钢镚儿走在游乐场里一样。除非道格拉斯·沃纳和我赶紧找到一套公寓,否则过不了多久我就得睡在海德公园的防空洞里了。"

刚适应了伦敦的生活克朗凯特就得到了一项非常重要的任务——报道同盟国对德国的空战。这是自1941年以来一直令他惦念不忘的工作。他希望自己能坐上B-17空中堡垒轰炸机或B-24解放者轰炸机参加军事行动。英国政府已经对美国空军施压一年,要求美国方面对德国的工业重镇进行战略性的轰炸。英国自己的皇家空军已经对德国进行了几次有效的夜间打击。1942年1月28日美国政府在坐落于佐治亚州萨凡纳市布尔大街上的国民警卫队兵工厂正式启用了第八飞行中队,几个月后这支队伍做好了对德国进行空袭的准备,他们的任务在于配合其他空军力量对地面实施空中打击,为同盟国向欧洲大陆发起反攻铺平道路。到了1942年的8月,隶属于第八飞行中队的轰炸机大队得到命令,以英国剑桥郡的奥尔肯伯里机场和莫尔斯沃思机场为基地,对德国展开日间轰炸。这支在"二战"后被世人称为"非凡八中队"的飞行中队开始缓缓地对法国与荷兰发动袭击,但是直到年底它还没有对德国有所行动，这种局面令英国首相丘吉尔感到十分沮丧而愤怒。英国方面唯恐美国迟迟不肯全面展开对德国的空中打击将会给德国以喘息的机会，从而有能力无限制地对希特勒的战争机器进行补给。

在伦敦期间对克朗凯特而言最重要的一个人就是艾拉·C.伊克尔将军。这位将军自幼生活在得克萨斯州伊登附近的农场里，而今成了第八飞行中队轰炸机大队的指挥官。同克朗凯特的父亲一样，1917年美国对德宣战后不久伊克尔就应征入伍，成了一名步兵。就在那场大战中他被提拔为上尉。在布兰尼夫航空公司工作期间克朗凯特听说过飞行史初期人类取得的几项重大成就，这些成就中都出现了伊克尔的身影（其中包括他成为完全依靠设备导航横跨美国大陆的"盲飞"第一人）。就在珍珠港事件发生后不久，已经身为准将的伊克尔赶到了英国，从卡尔·斯帕茨将军手中接管了"非凡八中队"。

由于在东安格利亚（东英格兰）的空军基地组建起高效的第八飞行中队轰炸机大队和战斗机大队，伊克尔将军很快便赢得了英国人民的敬意。在1943年1月召开的卡萨布兰卡会议上，他成功地说服罗斯福总统和丘吉尔首相相信对纳粹德国腹地的重要军事目标实施日间轰炸是一种行之有效的策略。英国的皇家空军已经对德国展开了夜间轰炸，再加上美国军队在伊克尔的指挥下实施的日间轰炸，这种夜以继日的攻势势必摧毁德国的工业及军事重地，并对德国军民的士气造成重创。简言之，克朗凯特的任务就在于报道"非凡八中队"的功绩，同时对失败的行动进行粉饰。

1943年3月4日，"非凡八中队"派出238架B-17轰炸机，对柏林进行了空袭。就在福特A型轿车投入批量生产的前后，美国于20世纪30年代完善了这种驾驶舱不加压加热的四引擎重型轰炸机。这场袭击虽然攻势猛烈，但是效果并不明显，尽管如此克朗凯特还是感到士气大振。他明白"非凡八中队"的最终目标是要彻底摧毁希特勒的第三帝国。这支飞行大队的飞行员们穿梭在世界上最密集、最凶险的高射炮炮火中，只要在战斗中没有被击落，等回到奥尔肯伯里和莫尔斯沃思空军基地后他们就成了凯旋的英雄（新一代比利·米切尔）。

对克朗凯特来说英国皇家空军对柏林的袭击也同样值得一提，因为在这次飞行任务中一名记者得到允许，登上了其中一架战机。47岁的苏格兰人詹姆斯·麦克唐纳是第一次世界大战的退伍老兵，在同兰开斯特轰炸机组的一名飞行员飞越了德国首都上空后他为《纽约时报》撰写了一篇头条新闻。在这篇引人入胜的报道中他写道："昨夜皇家空军的轰炸机将柏林大片地区变成了人间地狱。能够了解到这个情况是因为，作为痛击德国首都的庞大飞行编队中的一员，我亲眼看到大量重达4000磅的高爆炸弹和成千上万枚燃烧弹将四面八方的建筑物摧毁殆尽，整座城市四处蔓延着野火。这种景象不禁让人想起我们在伦敦曾经历过的德国大轰炸。"

麦克唐纳撰写的这篇稿件准确地描绘出这场空袭对希特勒的驻地——德国的首都——所造成的冲击。柏林的大街小巷回荡着紧急警报的声音，据报道德国元首对第三帝国腹地遭到的轰炸大为震惊。在英国空军传来捷报后，美国的第八飞行中队也紧随其后开始为接下来的轰炸做准备。盟军总司令决定派遣皇家空军在夜间对纳粹占领区实施轰炸，第八飞行中队则继续负责实施更为危险的日间空袭任务。空战升级在即，其他新闻机构也都开始效仿《纽约时报》，争先恐后地争取着类似于轰炸柏林这样的独家新闻。克朗凯特也拼命地在战地新闻工作的前沿阵地为合众社寻找着机会。后来鲁尼曾回忆道："要想在第八飞行中队找对人可不是一件容易的事情，不过沃尔特在这方面很有一手。"

就在克朗凯特抵达伦敦的几个星期后第八飞行中队也做好准备，即将同皇家空军一起对德国本土实施袭击。经受了外界将近一年的焦躁不安的指责后，第八飞行中队根本不打算悄无声息地完成首次任务。它向合众社与其他通讯社敞开大门，安排记者前往原本戒备森严的空军基地，授意飞行人员接受采访，甚至还主动为记者提供了一些颇有价值的新闻线索。精明的克朗凯特同一批负责公共关系的军官交上了朋友，后者的工作就在于为记者提供建议，推动这些构想的实现。在莫尔斯沃思基地所有人都知道，每当"非凡八中队"的队员们执行完任务返回基地后克朗凯特就喜欢向他们打听那些恐怖而紧张的经历，他就是驻守第八飞行中队的厄尼·派尔[①]。

擅长聊天的克朗凯特常常无所事事地跟飞行员们聊着英国广播公司的热门喜剧节目《又是那个人》和陆军周报《美国佬》中最新出现的画报女郎。第八飞行中队的小伙子们最喜欢干的事情就是在B-17和B-24轰炸机的机身上画上最性感的女郎肖像，然后一比高下。为了进一步培养人际关系，赢得对方的信任，克朗凯特还在格罗夫纳宫宴请了第八中队的军官，这处私人豪宅的餐厅令他想起了堪萨斯城穆勒巴奇酒店的烧烤餐厅。在席间他得知轰炸机大队的队员们一直在同高空飞行做着搏

---

① 译注：厄尼·派尔（1900—1945），美国著名战地记者，被誉为"第二次世界大战最伟大的战地记者"，1944年普利策奖得主，他的报道获得200家报纸刊载。1945年4月18日，在琉球群岛的伊江岛采访时，遭到日军机枪手杀害，一颗子弹贯穿了太阳穴。

斗，他们必须克服缺氧和酷寒的状况。不过他并不只是三句话不离本行地只顾为工作打听消息，要想让对方邀请自己参加轰炸行动他就必须同军官们搞好关系。克朗凯特和其他记者就像小混混一样整日围在波兰、荷兰、新西兰、加拿大和挪威的战士们身边逗乐起哄，美国陆军图片社拍摄下的照片中不乏这样的画面。克朗凯特曾将记者同战士们一起开怀畅饮的时光称为"胡言乱语的聚会"。

"非凡八中队"的飞行员们都认为此生能够接触到南方的迪克西爵士乐全都得归功于克朗凯特。克朗凯特会演奏摇摆乐，他同《旧金山纪事报》的传奇记者赫伯·康恩组建了一支名为"厕所佬"的小乐队（大多数时候他们都是在营地的公共厕所进行排练，因为厕所里的音响效果非常理想）。克朗凯特有一手"演奏"低音提琴的口技绝活，康恩则擅长用嘴巴充当长号，《星期六晚邮报》的柯利·斯莫则会用紧握的双手发出小号的声音。这个三人乐队非常熟悉米尔斯兄弟和声爵士乐队的所有演出曲目，尤其擅长演奏《可爱的乔治娅·布朗》和《雷格泰姆小号曲》这两支曲子。

一天晚上，"厕所佬"决定在皮卡迪利附近进行一场演出，开场曲目是经过他们自己编曲的《波特王跺脚舞》。演出进行到一半的时候突然有人从楼上倒下来满满一夜壶的水，随即又有人高声喊叫了起来——闭嘴！三名记者立即冲进大楼，想要上楼同对方对峙。结果，上面的十几个美国大兵都已经熄灯就寝了。康恩如同"好斗的"巴顿将军一样大声嚷嚷道："尿壶是谁倒的？"房间里悄无声息。怒气冲冲的康恩继续吼道："我只数到三。"但是依旧没有人站出来。三个"厕所佬"只能转身下楼，事情便不了了之了。刚一走出大楼他们就听到楼上的战士们爆发出一阵大笑，三名记者搬起石头砸了自己的脚。夜壶风波过后不久，"厕所佬"就宣告解散了。

1943年1月27日，美国大大小小的报纸开始刊载合众社驻英国的记者克朗凯特采写的有关B-17轰炸机大队的报道，令克朗凯特感到自豪的是就连《纽约世界电讯》都刊发了这篇稿件。这篇稿件被配以"英国某地的空中堡垒"或"一次漂亮的轰炸，美军飞行员大显神威"的标题，其实就是一篇在美军轰炸机痛击德国之前为美军欢呼助威的啦啦队式的文章。克朗凯特在文章中写道："今天，一架名为'报丧女妖'的飞行堡垒轰炸机在小伙子亨尼斯的驾驶下有幸成为此次战争中第一架对德国实施轰炸的美军飞机。"克朗凯特还详细描述了在25000英尺的空中飞行的状况，在这个高度气温基本上都降到了零下50度。在此之前合众社刚刚启动了一场声势浩大的宣传活动，向读者大力推荐了克朗凯特及其他"震惊各方媒体"的合众社记者。合众社甚至还请了一位插画家为这批记者绘制了超级英雄式的肖像画，在画面中记者们以打字机为武器，脸上带着跨坐在烈马上的成吉思汗才有的凶悍聚集在法西斯帝国的海滩上。作为合众社派出的空中军事行动记者，克朗凯特有责任向读者介绍维持大规模空军力量的一切必要机制。

克朗凯特同第八飞行中队的不少飞行员都成了好朋友。他很少有时间坐下来休息，总是不断地造访第八飞行中队的后勤基地，例如补给和维修站、机场、营房和食堂。在战士们的眼中他不只是一个给大家带来好运气的福星，更为重要的是他还是他们的"包斯威尔"①，是将他们的英雄事迹传遍天下的信使，让他们名扬故乡得克萨斯和俄亥俄的书记员。每当战士们结束对德国的空袭任务，回到莫尔斯沃思基地后，克朗凯特总是立即赶去进行采访。在他熟识的战士中有六名飞行员的战机被德国空军击落了，其中一些人就这样战死沙场了。他明白第八飞行中队的空袭任务，飞行员的平均死亡率是5%。当他在伦敦过着醉生梦死的生活时，飞行中队的小伙子们正冒着生命危险在德国上空执行任务，他常常同终生挚友安迪·鲁尼一起为自己这种无耻的生活感到难过。鲁尼曾经回忆道："过了一段时间我们看到那么多我们认识的人被击落，被俘，甚至死掉了，我俩开始为自己对这场战争的报道而感到愧疚。在我们看来似乎我们的报道角度有问题。"

同参加战斗的飞行员一样，克朗凯特也在"工作中"对自己的工作范围有了了解。此后他将在美军随军新闻检察官的监管下直接在剑桥郡当地"开展业务"，一旦通过审查稿件就会被送往伦敦，然后经由电报机发回纽约。"非凡八中队"的飞行员们接受了以密集队形编队飞行的训练，电报员也练习着用莫尔斯电码发报，对于军营中的这些日常训练克朗凯特采写出一批出色的稿件。合众社的克朗凯特同美联社的格拉德温·希尔展开了一场激烈的较量，后者在日后写出了"二战"中最杰出的新闻报道。当时克朗凯特曾说："我得小心了。天哪，我真想知道格拉德温打算写点什么。"

即使在对德国本土的轰炸目标实施打击的新闻登上各大报纸的头版头条后，麦克唐纳发表在1943年1月18日《纽约时报》上的那篇文章中的一句话仍旧萦绕在驻守伦敦的每一位战地记者的心头。这句话就是"我亲眼看到"。只要得到允许，跟随第八飞行中队的飞行员们登上前往德国执行任务的轰炸机，在自己的文章中写下

---

① 译注：詹姆斯·包斯威尔（1740—1795），英国著名传记作家，代表作有为英国大文豪、词典编纂家约翰逊撰写的《约翰逊传》。

这句话，克朗凯特就会成为合众社的大英雄。但是在绿灯亮起之前他仍然只能通过采访结束任务的飞行员撰写稿件，除此之外他别无选择。对于克朗凯特而言，真正的难题在于实行快速部署模式的第八飞行中队的基地遍及整个东英格兰地区，而且还不断出现新的基地。要想不错过任何一条重大新闻，克朗凯特就必须提前从飞行中队的公共关系官员那里得到消息。充当了部队宣传员的他将部队方面举荐的第八飞行中队飞行员当作了自己的主要消息来源。

2月上旬，情况暂时有了变化。鲁尼曾说过："我不知道最终是谁做的决定，但是我们都认为最好还是亲自参加一次空袭任务。"克朗凯特、鲁尼和一批骨干记者受到军方的邀请，这一次他们不再需要采访飞行员，而是直接参加空袭任务，事后他们得知此次空袭的目标是德国不来梅市周边的港口和军事设施。克朗凯特一心想要登上B-17或B-24轰炸机，凭借着第一手资料超越《纽约时报》之前的报道。

出任第八飞行中队指挥官的伊克尔将军决定加强对空战的宣传力度，为此特别批准记者参加一次对德国的空袭行动。合众社也得到了一张"机票"，为了参加此次任务，克朗凯特同社里的同事展开了一番激烈的竞争。合众社伦敦分社颇有才干的经理哈里森·索尔兹伯里，他同时也是一位受人尊敬的记者，后来提起这次竞争时他曾说"就连野象都无法阻止住克朗凯特参加此次任务的脚步"。对于记者来说，随第八飞行中队出征是一项十分危险的工作，但同时在祖国发表头版头条新闻的机会也很大。正如索尔兹伯里在自己的回忆录《走向我们的时代》中指出的那样，克朗凯特所觊觎的其实是"自己……通往葬礼的门票"。考虑到其中巨大的风险索尔兹伯里并不愿意为克朗凯特放行，事后他曾说："当我表示同意时我恐惧极了。后来沃尔特总算是回来了，可是另外一名记者却没能回来。"

在得到批准正式参加对德国的空袭之前记者们还必须接受短期的空中生存训练。在执行任务时他们必须佩戴氧气面罩和电热服，以抵御高空肆虐的寒风和缺氧状况。2月6日克朗凯特完成了训练课目，他给贝特西写了一封慷慨激昂的长信："在过去的这个星期里其他6名记者和我在军方的严密控制下参加了每天从早上7点半到晚上10点半的训练，学习如何当好'飞行堡垒'的第十位机组成员。受各自所属机构的派遣我们加入了第八飞行中队，与战士们在机场同吃同住，时机成熟的时候我们偶尔还会同他们一起参加空袭行动。这其中存在着相当大的风险，但同时又是一次不可多得的机会……陆军航空兵团的小伙子们无缘无故地将我们称作'作家六十九营'，面对这项任务我们就像一群毛头小子一样。"

"作家六十九营"这个绰号是第八飞行中队公共关系官员豪尔·莱申根据影片

《斗士第六十八营》所创造的，这部影片讲述了第一次世界大战中一群士兵的故事。或许是出于宣传的需要莱申创造出这个名字，但是其中毫无调侃之意。"作家六十九营"将增进美国民众对第八飞行中队的了解，以便为美国空军得到更多人力和物力上的支持。提到"作家六十九营"时鲁尼曾说："我不清楚'作家六十九营'这个东西是怎么传开的。简直就是胡说八道。我们压根没有给自己起过这样的名字，可是这个名字还是永远流传了下来。"

除了克朗凯特与鲁尼，"六十九营"的其他营员还包括哥伦比亚广播电台的保罗·曼宁、军队周刊《美国佬》的登顿·斯科特、《纽约时报》的鲍勃·普斯特、美联社的格拉德温·希尔、国际新闻社的威廉·韦德与《纽约先驱论坛报》的霍默·比加特。克朗凯特轻轻松松地就同这群媒体精英打成了一片，还被大家戏称为"少校"，飞行中队的小伙子们则喜欢称他为"空中打字机"。他深得所有人的喜爱，在大家的眼中他是一个对待工作严肃认真，每天晚上又能逗得大家开怀大笑的家伙。鲁尼曾说："沃尔特真是个了不起的小丑，总是能让所有人捧腹大笑。他坚持认为我们都太过于严肃了。"

一些真正的大明星也同"作家六十九营"有所交往，其中就包括好莱坞导演威廉·惠勒。这位曾获得过奥斯卡最佳导演奖的导演当时还是一位陆军少校，他于1942年拍摄的影片《忠勇之家》讲述了英国的一家人在纳粹的闪电战中为生存而努力抗争的高尚故事。惠勒给飞行员们配发了一批35毫米摄影机，好让他们记录下空袭行动的现场画面。一生获得过六座奥斯卡奖杯的惠勒当时正在英国为陆军部制作一部有关战略轰炸行动的纪录片，同克朗凯特一样他也参加了第八飞行中队的军训。一天，惠勒看到了B-17轰炸机"孟菲斯美女号"，他说："就是它了！"他于1944年创作的纪录片正是以这架轰炸机为原型。除了惠勒的冒险行为，克朗凯特还在写给贝特西的信中不经意地提到自己同好莱坞演员克拉克·盖博、《纽约时报》的出版商亚瑟·奥兹·苏兹贝格，以及后来出任了美国驻英国大使的约翰·"乔克"·惠特尼之间的交往。

在"吉米"·杜立特将军直接授意下，第八飞行中队教会了"作家六十九营"如何在B-17和B-24轰炸机上真正地同机组成员一样履行军人的首要职责。这群新闻记者接受了"急救、氧气面罩的使用和高空飞行"的训练，克朗凯特还参加了射击训练、高空适应演习、紧急跳伞练习和敌我识别等科目。这是一场生死攸关的速成训练。轰炸机上留给记者的"机票"很有限，要想拿到一张机票克朗凯特就必须掌握紧急情况下和遭到敌方攻击时的应对策略。经过军训后他学会了盲拆武器的技术，还能分辨出德国福克—沃尔夫百舌鸟战斗机和英国飓风战斗机的差异。"作家六十九营"结束训练后，登顿·斯科特高声喊道："但愿上帝能保佑希特勒！"这句话道出了所有受训营员的心声。

如果说"作家六十九营"中有一个小头目的话，那么这个人当数鲍勃·普斯特无疑。这位《纽约时报》的记者是小集团中工作最拼命的一个人，空中落下了多少枚炮弹、这些炮弹分别来自哪种轰炸机，超级勤奋的普斯特从来不会放过任何一个数据。在提到"作家六十九营"时他曾说过："我们总共有10个人。当意识到按照空军可承受的最大伤亡率——即10%——计算的话，你就会情不自禁想到在完成首次任务后我们中间的1个人将不会回来了。"实际上，在执行轰炸任务的当天出征的并非10名记者，而是8名。其中还有1名营员病倒了（至少他自己如此宣称）。在提到这名缺席的记者时鲁尼曾说："听着，这种事情很常见。当时我的脑子里也闪现过这种念头——我也觉得浑身很不舒服。"

1943年2月26日，在拂晓时分"作家六十九营"的7名记者分别乘坐着B–17轰炸机和B–24轰炸机飞向了湛蓝的天边。此次行动的轰炸目标是德国在北海沿岸的港口威廉港和布莱姆周边的工业区。克朗凯特乘坐着303号轰炸组的B–17轰炸机从莫尔斯沃思出发，这架飞机的机头上画着一个疯疯癫癫的兔八哥，驾驶员是格伦·哈根布赫少校。这是"非凡八中队"第二次对德国执行轰炸任务，但还是头一次带着记者出征。其中一驾载有2名记者的轰炸机由于机械故障中途便返回了基地，最终就只剩下5名记者——克朗凯特、鲁尼、比加特、普斯特与希尔——继续飞在空中。一开始克朗凯特还感到有些无聊，但是就在一瞬间风云突变。克朗凯特在1981年的时候提起了当年的那一幕："太可怕了。很刺激，但是太可怕了。甚至没有护航的战斗机，就只有四组轰炸机，B–17和B–24。我们经受了德国空军两个半小时的攻击，就这样飞到了目的地威廉港，然后又飞了回来，直至飞到北海上空才松了口气。高射炮的炮火太密集了，人都能直接走在炮火上。"

在德国西北部的奥尔登堡上空一架B–24被纳粹的战斗机击落了，飞机在半空中就燃起了大火。机组成员和随机记者鲍勃·普斯特靠着降落伞逃离了轰炸机，然而他们却顺风飘向了敌方的炮火中。最终普斯特和机组成员全部殉难。

在距离地面17000英尺的上空，克朗凯特看到德国福克—沃尔夫Fw190百舌鸟战斗机和梅塞施密特Bf109战斗机逼近了自己乘坐的B–17轰炸机，面对这种情况机组成员交代给克朗凯特一项任务，要他负责操纵这架"空中堡垒"的右舷机枪。在这架飞机上最没有招架能力的人莫过于克朗凯特，但是当时他的视野最为开阔，他的色盲症也似乎毫无大碍。在回首往事时他曾打趣地说："那天我冲着多得难以计数的'福克—沃尔夫'和'梅塞施密特'开了火，不过我觉得一架都没有击中。没准我倒是击中了一两架'B-24解放者'。"

兴奋难平的克朗凯特同其他几位"作家六十九营"的记者结束了在威廉港的空袭任务，回到了莫尔斯沃思基地，血腥残酷的空战深深地震撼了他们。如同炮弹一样在空中左躲右闪了将近3个小时之后他们自然需要放松一下，但是他们只有片刻的喘息之机，所有人都必须尽快交上讲述第八飞行队队员英勇事迹的稿件。按照原先的计划，"作家六十九营"的全体营员要在四面无窗的地下室里举行碰头会，相互交流经验，分配不同的写作角度，以确保稿件的多元化，然后再抓紧时间完成稿件。最终的成稿会一起经过审查，然后经由伦敦发回纽约。然而，在落地后这5名平安返航的记者谈论的唯一话题却是普斯特没能返航。

在恐怖的威廉港空袭中最出色的生还故事当属鲁尼的经历。他坐在B-17逼仄的机舱里盘旋在德国上空18000英尺的地方，突然间从威廉港飞出来的弹片击中了他乘坐的轰炸机，机头被打掉了一大块。飞机上的轰炸员试图用一个伞包堵住弹孔，以免寒冷的空气涌进机舱，结果刚一摘掉手套轰炸员的手就被冻在了机身上。目瞪口呆的鲁尼本想努力保持镇定，然而却发现导航员沉沉地倒在了座位上，事后他曾回忆说"当时导航员的氧气罐被打穿了"。

命悬一线的鲁尼拿起了对讲机，希望得到飞行员的指示。对方回答道："备用氧气瓶就在我身后。深呼吸，然后到我身后来拿氧气瓶，然后给他连上氧气瓶。"虽然并不清楚自己是否完全听懂了飞行员的指令，为了拯救导航员他还是一步步地照办了。提到这件事情的时候他曾说："我深深地吸了几口气，然后摘掉自己的氧气面罩，穿过机舱里狭小的通道，来到驾驶员的身后。我拿到了氧气瓶，然后把氧气瓶连在了导航员的身上。这位导航员比轰炸员老到得多。"恢复意识后导航员开始照顾轰炸员，冻伤的双手令后者疼痛难忍。鲁尼在文章中写道："就这样我得到当天执行任务的'六十九营'记者中最棒的新闻。"

克朗凯特为合众社撰写的威廉港空袭稿件则别出心裁，最令他感到骄傲的是这篇稿件超过了《纽约先驱论坛报》传奇记者霍默·比加特的水平。能够在2月27日这一天侥幸生还他与比加特都感到十分庆幸，他们所在的303号轰炸组在当天丝毫没有损兵折将。经过漫长的对德轰炸行动后，在基地里克朗凯特拿着自己的笔记本，说："霍默，我想我已经有现成的稿件了。"然后便大声地向比加特读了起来：

"美国的'空中堡垒'刚刚结束了一次任务，从地狱返航——那是26000英尺上空的地狱，曳光弹火光四射、炮弹横飞的地狱，充斥着残缺不全的'空中堡垒'和熊熊燃烧的德国战斗机的地狱，放眼望去到处都是降落伞和更加倒霉的战士的地狱。我刚刚同一架'空中堡垒'的全体机组成员从威廉港回到基地。"

比加特一时结结巴巴地说不出话来。据说，在听完克朗凯特充满史实性的描述后他将手搭在对方的胳膊上，哀叹道："怎么能这样！"数十年后，为人一贯谦虚的克朗凯特仍旧对有关威廉港空袭的这篇报道感到洋洋得意。他说："凭着这篇稿件我大获全胜，尤其是在英国的报纸上。英国所有的报纸都用通版刊载了我的报道。"

合众社总裁休·贝里也鼓励记者们多写一些类似于这种能够吸引到广泛关注并有助于将"合众社"三个字打造成金字招牌的稿件。在发给欧洲办事处经理的电文中他对合众社驻欧洲记者的稿件做出了明确的指示："告诉那里的小伙子，让文章里多一点血腥气。告诉他们，不要再像退居二线的将军和军事分析家那样写稿了，让他们写点人类如何自相残杀的事情。"

合众社驻伦敦的编辑索尔兹伯里一点也不排斥克朗凯特这种高度情绪化的写作风格，实际上后来他还宣称在空袭后克朗凯特一时间难以找到恰当的词汇描述这场战斗，于是他提出了"地狱"这个比喻。索尔兹伯里曾回忆道："比加特、克朗凯特和希尔都被耳闻目睹到的一切给惊呆了。"普斯特失踪——估计可能已经身亡——的消息对他们造成了很大的打击，他们的心中充满了悲伤。尚未从空袭行动中回过神来的克朗凯特出现了写作障碍，一时间根本无法提笔写作。在自己那台史密斯—科罗娜打字机上敲了几句话之后他就把稿纸撕掉了，然后把稿件揉成一团，像扔棒球一样把纸团丢掉了，然后又重新开始打字。"索尔兹伯里说："最后，作为克朗凯特的编辑，我帮他想了一句典型的通讯社眉题式的句子——'今天我从地狱飞过'。克朗凯特将信将疑地打量着这句话，最终经过一番润色之后还是将这句话用在了报道的开篇。"

克朗凯特对威廉港空袭行动的报道激动人心，虽然内容多少有些传统，但无论如何这篇报道起到了应有的效果。在头一个星期里数百家报纸都采用了《地狱任务》这篇稿件，更加不同寻常的是时隔一个多月后还有一些报纸继续刊载着这篇文章。将近20年后，《经典战地报道》一书的编撰人路易斯·斯奈德将克朗凯特的这篇报道评选为"二战"空袭方面最佳新闻稿件。

凭借着这篇报道克朗凯特受到祖国同胞的热烈欢迎，与此同时这篇稿件还为他在英国的媒体界赢得了更高的赞誉。这篇文章行文不算优美，对轰炸任务所表达的观点也不算深刻，但是通过这篇文章克朗凯特向读者展现了自己的内心世界。在文章中他写道："首次参加轰炸行动在我的眼中就像剪辑拙劣的家庭录像一样充斥着一堆杂乱无章的画面——头顶上方编队飞行的轰炸队丢下的一枚枚炮弹从你身边划过；一个引擎冒着滚滚浓烟的残破飞机歪歪扭扭地从几千英尺的高空坠下；天空中越来越近的小黑点最终变成了敌军的战斗机，上空一架'福克—沃尔夫'与你擦肩而过，骤然坠落下去；同机的轰炸员摁下发射摁钮，镇定得仿佛他只是打开了过道的灯一样。"

同绝大多数通讯社记者相比，克朗凯特这篇大胆的稿件更接近默罗为哥伦比亚广播电台发出的报道，写作手法新颖，字里行间充满了紧张不安的情绪。事实上，默罗的工作团队很快就同合众社进行了接洽，希望聘请克朗凯特加入哥伦比亚广播公司。就在威廉港空袭的第二天晚上克朗凯特就坐在了伦敦的一间录音室里，已经被疲惫摧残得有些麻木的他等待着工作人员调试信号，好让他开始播送自己撰写的稿件。他读了一遍又一遍，可是工作人员不断地告诉他信号太弱了。由于电波受到拦截他最终也没能为哥伦比亚广播电台完成对威廉港空袭任务的报道，但是由于这次的演练他引起了默罗的注意，后者对他松弛的播音风格十分欣赏。克朗凯特似乎拥有一副专门为播音而生的嗓子。默罗选择记者时从来不会在乎对方的嗓音条件，为了那些写作出色、播音蹩脚的记者他常常同保罗·怀特争执不下，有人甚至认为他刻意选择了嗓音条件不足的记者。这种说法毫无道理。通过长期高强度的训练默罗才为自己培养出一副金嗓子，他当然十分爱惜双项全才。

在威廉港的报道发表之后克朗凯特陷入了深深的沮丧中，赤裸裸的现实就摆在他的面前——鲍勃·普斯特仍旧没有回来。克朗凯特一度幻想着普斯特平安无事，只是在落地后被敌方俘虏了，在纳粹的战俘营里过着像样的日子。与普斯特同一编队的其他成员说亲眼看到普斯特乘坐的轰炸机被击中后径直落在了威廉港附近，而且丢了一支机翼。还有人宣称亲眼看到就在一架B-24轰炸机打着转一路下坠的时候有人带着降落伞跳了出来。身为记者的克朗凯特竭尽全力地寻找着真相，可最终也只得到一大堆互相矛盾的说法。战争就是一团迷雾。对于普斯特的身亡，更令人难以接受的是当时他的妻子刚刚赶到伦敦，正打算同丈夫一起好好修养两天。

刚给社里交完稿克朗凯特立即为普斯特撰写了一篇悼文，文章字里行间充满了菲茨杰拉德式的迷茫的纯真。他试图以积极乐观的口吻讲述同行的事迹，好让全世界知道他自己是一个多么强悍的人，可是他的打字机却只能敲出伤感的文字。在发给合众社的一篇悼词中他写道："这是属于《纽约时报》记者鲍勃·普斯特的报道，今天他无法亲笔完成的报道，报道讲述的正是这位行动缓慢、鼻梁上架着一副眼镜的哈佛毕业生的故事。他看上去就像是喜剧明星奥利弗·哈迪变成了大无畏的飞行员，与此同时他的心中却和同机执行轰炸任务的美国飞行员们一样激荡着孤注一掷的乐音。就在威廉港的上空他们乘坐的这架轰炸机坠落了。"

可悲的是这篇悼词没有出现在美国的报纸上。美国政府急需"我们已经将德国佬炸得无家可归"这种鼓舞士气的报道，普斯特遇难的消息对"山姆大叔"为"非凡八中队"开展的鼓舞士气的征兵工作毫无帮助。1943年8月，根据国际红十字会掌握的情况《纽约时报》正式公布了普斯特身亡的消息。回首往事时鲁尼认为让记者参与第八飞行队轰炸任务的决定既勉强又愚蠢。看着相片中"六十九营"的营员们身着厚实的皮夹克、长裤、飞行服、皮帽子、护目镜和氧气面罩，他不禁摇起了头，这一切太令人难以置信了。他坦言道："每次执行任务我都怕得要死。飞到那么高的地方可真是太蠢了。记者们都喜欢走近事发现场，可是我们都得到了什么呢？一无所获。在对德国的空袭中我们唯一的工作就是在飞机上占了个座位。"

对威廉港的报道发表之后克朗凯特在当年完成的大部分稿件都只是有条不紊地列举着大量事实，旨在制造"个人英雄主义的报道"。在对一位飞行员进行采访时他首先向对方提出这样一个问题："你来自什么样的家庭？"令他感到惊讶的是他居然能轻而易举地抛开从圣哈辛托高中的伯尼先生和后来国际新闻社的范恩·肯尼迪那里学到的客观新闻的标准。在这一时期他撰写的稿件只有一个目标——充分展现对纳粹分子的蔑视。在5月15日发给合众社的一篇宣传"非凡八中队"的稿件中他骄傲地写道："美国佬就在这里，没错，阿道夫·希特勒可得胆寒了。只要靠近美国的军事基地，任何人都会不由自主地感到'这下我们可有的写了'。"

负责公关事务的军官们最看重的就是这种鼓舞士气的文章，这种文章对空军战士的效果就如同在美国本土"万众一心"这句口号对普通老百姓产生的激励效果一样。为了同军方的公关官员保持良好的关系，大多数记者都尽可能地提供着这种吹捧夸张的稿件。为了同盟国的事业，克朗凯特也急不可耐地撰写了一批宣传文章。他是一位为民主而战的记者。后来他曾说："当时我们都站在同一条战线上，在报道我方将士的英雄壮举和可恨的纳粹分子的野蛮兽行时大多数记者都置新闻事业的客观公正性于不顾。"

无论在克朗凯特笔下出现的是怎样的文章，哪怕是纯粹宣扬爱国主义的宣传口号，美国的报纸都急不可耐地将其刊登了出来，远在纽约的休·贝里对麾下这位突然升起的明星记者尤为欣赏。在威廉港空袭之后克朗凯特仿佛拿到了一本万能通行证，到了当年年底他就已经可以算是在业界小有成就了。他在11月19日撰写的《纳粹空军屡屡受挫》出现在了《纽约世界电讯报》上，这篇报道在飞行员中间广为流传。然而，由于对贝特西强烈的思念，在收到合众社纽约分社经理厄尔·约翰逊发来的一份内部通知后他又消沉了起来。在通知中约翰逊写道："谁都不清楚这场战争将会持续多少年。但是，如果不做好应对持久战的准备，那我们就太不明智了。"

　　当战局尚不明朗的时候"非凡八中队"赢得的每一场胜利都被克朗凯特逐一记录了下来，这些胜利有效地加速了盟军欧洲最高指挥官德怀特·艾森豪威尔制定的"霸王行动"（诺曼底登陆）进攻计划的进程，以摧枯拉朽之势将第三帝国的如意算盘一一打翻。为了守住德国本土，希特勒不得不将空军从法国前线调回。在1973年接受《花花公子》的采访中记者提起了克朗凯特同"非凡八中队"的交往，当时已经身为《哥伦比亚广播公司晚间新闻》主播的克朗凯特回答道："每当有人邀请我做演讲，或者看到有人翻阅着哥伦比亚广播公司有关那段岁月的播音稿时我就感到害臊，这类事情多多少少把我塑造成了一位大英雄。"同普斯特和鲁尼相比，克朗凯特感到"那一年自己就像一个目空一切的懦夫"，自始至终"恐惧得不知所措"。当时他的原则是"远离战火"。

第七章

空战新闻泰斗

默罗的阴影——塞维尔俱乐部事件——最喜欢的战地报道——经过
精心安排的地狱——神奇的303号轰炸组——小有名气——我受到排挤
了？——终于赶上了登陆日——乘坐B—17上天——大雾弥漫——是奥马
哈海滩吗？——同艾森豪威尔一起回顾往昔——电视新闻业的诞生

威廉港空袭之后克朗凯特一边继续为合众社报道愈演愈烈的空战，同时还不
时地应邀在哥伦比亚广播公司的新闻栏目中讲述空军飞行员们的生活。这些报道
基本都是鼓舞士气的宣传材料，不是第八飞行中队的棒球赛，就是队员们见到了
克拉克·盖博本人。合众社非常乐意将克朗凯特借调给哥伦比亚广播公司，经理
们都认为后者将会为克朗凯特，乃至合众社吸引到更多的受众。克朗凯特甚至
还在三集冒险广播节目《媒体战士》中出演了其中虚构的角色"沃尔特·克朗凯
特"，在"二战"中真正被人们奉为超人英雄的并不是政府工作人员，而是战地记
者，这部广播节目是合众社的公关手段，同时也配合了政府的宣传需要，并且让
美国民众看到通讯社记者们正在以大无畏的精神不惜冒着生命危险为民主事业而
战。后来，在接受全国公共广播电台的采访时克朗凯特曾说："当通信技术尚无法
实现战地实况报道的时候这部广播剧展现了前线军人们的语言风格，让听众了解
到了战地记者报道战争的方式方法。诸如此类的戏剧表现手法也算是一种报道手
段，一种古老的新闻手段。"

稳定、清澈、颇具穿透力的嗓音让克朗凯特在电波中独树一帜，在播音节奏方
面他也颇有天赋，总体而言他的播音令听众感到信服。1943年的秋天，默罗这位天
才星探邀请克朗凯特在伦敦的塞维尔俱乐部共进午餐。这家高档精致的俱乐部深受
上流社会的喜爱，诺贝尔文学奖获得者吉卜林与达尔文都是它的会员。对于克朗凯

特而言，同默罗共进午餐是他在伦敦工作期间的顶峰，他发现这位老烟枪播音员在谈话间展现出了广博的知识面。默罗是一个天生的记者，本人比克朗凯特想象的要高大、散漫得多。经过一番友好的闲聊后默罗向克朗凯特发出了邀请，请他加入哥伦比亚。按照默罗的说法，克朗凯特一开始就会得到一个重要职位，被派驻到斯大林格勒（现称伏尔加格勒），基础工资是每周125美元，而克朗凯特在合众社每个星期的收入仅为57.5美元。这个工作机会令任何人都会感到飘飘然。

前合众社堪萨斯城分社夜班编辑、来自密苏里河畔圣约瑟夫市的克朗凯特居然在伦敦的塞维尔俱乐部受到堂堂大记者爱德华·R.默罗的青睐，这真是做梦也想不到的事情！"阿杰神话"①依然在美国大行其道。默罗已经为哥伦比亚广播公司组织了一支星光璀璨的战地报道队伍，这批记者被称为"默罗小子"，自1939年以来默罗的这批跟随者就一直受到世人的关注。默罗小子们工作专心，充满自信，总是能不动声色地迅速捕捉到新闻。在那个时代记者大多都不修边幅，言辞间总是充满冷嘲热讽的意味，然而默罗小子们却都是衣着光鲜的品酒高手。这个小团体包括塞西尔·布朗、温斯顿·博戴特、查尔斯·科林伍德、威廉·唐斯、托马斯·格兰丁、理查德·赫特里特、拉里·勒萨埃尔、埃里克·塞瓦赖德、霍华德·史密斯和唯一一名女记者玛丽·马文·布莱肯瑞吉，堪称是第二次世界大战期间战地广播记者中的精锐部队。克朗凯特没有浪费多少时间便接受了默罗慷慨的提议，决定成为哥伦比亚广播电台在斯大林格勒的耳目喉舌。两个人在餐桌上边敲定了这件事情，后来他曾打趣地说："我猜默罗更想要的是炮灰，而不是播音员。不过我还是接受了邀请。"

克朗凯特随即赶到合众社办公室，告诉自己的顶头上司索尔兹伯里哥伦比亚广播公司给了他如此振奋人心的机会，还捶胸顿足不无夸张地说自己打算抓住这个能够改变命运的机会，同默罗一起共事。听克朗凯特仔细讲完哥伦比亚广播公司开出的优厚（同新闻行业普遍的寒酸标准相比）条件后，索尔兹伯里突然想起——他自己宣称——有一封电报已经在他的办公桌上放了三天了。电报是合众社总裁休·贝里发来的，社里决定为克朗凯特加薪25%。这个消息令克朗凯特感到受宠若惊。索

---

① 译注：小霍瑞修·爱尔杰（1832—1899），美国作家，以写穷小子经过奋斗获得成功之类的励志书籍见长，是阐述美国梦的代表作家之一。美国社会中的流行词汇"阿杰神话"指的就是白手起家，坚持奋斗，最终获得成功的故事，这种说法正来源于爱尔杰创作的小说，这位作家一生中创作了120余部有关工人阶级青年男性的奋斗故事，在南北战争结束后这些小说曾畅销全美国。

尔兹伯里对面前这位年轻的记者略施小计，告诉对方他在贝里的心目中就像儿子一样，还说自己知道他不是那种卑鄙小人，不会在"二战"打到一半的时候抛弃合众这个"大家庭"，转投到哥伦比亚广播公司的门下。他难道不是团队中的一员吗？后来在提到这件事情的时候克朗凯特曾说："嗯，就如同在吸血鬼的心头插上一把尖刀，他的这句话彻底打消了我离开合众社的念头，因为我热爱合众社，这是千真万确的。"尽管如此，克朗凯特在跟索尔兹伯里道别时还是一再重申自己已经接受了哥伦比亚广播公司慷慨的条件。

就在当天晚上，克朗凯特的酒店房间里响起了电话铃声，同屋的合众社记者吉姆·麦格林希拿起了听筒，电话另一头传来了他们的老板贝里的声音。远在纽约的贝里设法将电话打到了伦敦这间廉价旅馆房间里，在战争期间要想做到这一点并不容易。等能够清楚地听到对方的声音后贝里便在嘈杂的电流声里开门见山地说了起来，提起这件事情克朗凯特曾说："他拿出一副我从不曾听到过的推销员的腔调，说：'为了表达诚意，我打算给你每周加薪20美元。不到30岁的时候你就会成为合众社的老总。'"克朗凯特惊讶得不知所措，不过他还是十分在意收入的问题。后来他曾回忆道："当时我就说，'其中包括索尔兹伯里已经跟我提过的那17.50美元吗？'好一阵沉默后他说：'不，不，不，不包括。'这就意味着我每个星期将拿到95美元，这对合众社来说可是好大一笔钱。"在深感荣幸的同时克朗凯特也为能继续待在伦敦，同"非凡八中队"的小伙子们在一起的前景感到开心，他打消了跳槽的念头，并对贝里说自己的确为能够继续当一名合众人而感到自豪。如果做出这样的决定仅仅是出于对收入的考虑，那么克朗凯特就应当毫不犹豫地投身于哥伦比亚广播公司的怀抱，事实上起决定作用的还有其他一些根本性的因素。首先，当时他还不太相信广播电台的工作能为自己带来丰厚的收入。尽管默罗备受美国民众的爱戴，但是克朗凯特在俄克拉荷马州播报橄榄球赛的经历却给他自己留下了心理阴影。此外还存在一个更私人的因素，实际上他对成为塞瓦赖德和史密斯那样的"默罗小子"，站在巨人的肩膀上让自己扬名立万的事情并不热心。对于事业发展来说在哥伦比亚广播公司当播音员或许是一个天赐良机，但这个机会或许会让克朗凯特从此远离报纸新闻工作和第八飞行中队，而他同那些小伙子们却亲如一家人。此外还有一点也不应当被忽视，在战争期间他绝对更喜欢住在伦敦，而不是斯大林格勒。

克朗凯特立即安排时间约见了默罗，这一次他们俩还是约在了塞维尔俱乐部。克朗凯特清楚面前这位传奇人物希望他能开诚布公地将自己的想法说出来。同上一次的情形不同，这一次克朗凯特发现在直勾勾地盯着他的时候这位哥伦比亚广播公司播音员的目光竟然那么锐利。他难为情地告诉对方自己还是会继续待在合众社，这种急转直下的变化令默罗感到怒不可遏。在默罗看来，克朗凯特不仅出尔反尔，拒绝了先前已经接受的工作机会，而且还背叛了两个人在塞维尔俱乐部的握手之交。后者事关荣誉问题，上一次的握手可是君子协定。克朗凯特的反悔深深地伤害了默罗的自尊心，不过老练世故的他还是没有对克朗凯特横加指责。告别时两个人仍旧握了握手，克朗凯特曾说自己当时"并不觉得这件事情会有损他的声誉，毕竟前前后后也就是一天的时间"。

默罗比克朗凯特年长8岁，从年龄的角度看两个人之间的差距并不算大。但是在1943年，34岁的默罗已经在新闻界功成名就，而克朗凯特却只是一个27岁的小记者，正如鲁尼所说的那样，那时他还在事业的道路上"手忙脚乱"地奋斗着，这才是他们之间真正的鸿沟。在晚年，默罗总是告诉别人自己根本不记得塞维尔俱乐部这档子事情，但是按照克朗凯特的说法，默罗曾含蓄地表示克朗凯特利用哥伦比亚广播公司的邀请成功地为自己从贝里那里谋到了高薪。在默罗的眼中这种行为十分卑劣，但克朗凯特对此事的看法则截然不同。日后他和默罗曾一度成为同事，双双效力于哥伦比亚广播公司，但是两个人始终秉性不合，龃龉不断。在《默罗小子》一书中斯坦利·克劳德与林恩·奥尔森解释道："默罗无法相信这一切。同哥伦比亚广播公司记者的生活相比，克朗凯特怎么会更喜欢撰写俗套的通讯社稿件，甘心在合众社当一名默默无闻的记者呢？"

《华尔街日报》的措辞更为贴切，称"在此后的职业生涯中"克朗凯特同默罗小子们之间始终涌动着一股"寒流"。拒绝了哥伦比亚广播公司的邀请后克朗凯特一直忙于第八飞行中队的报道工作，根本无暇顾及自己同默罗的关系，当时后者已经凭借着在受到围困的伦敦所做的播音报道工作而荣获电子媒体界历史最悠久的一项大奖——皮博迪奖。而已经担任战地记者将近一年的克朗凯特也不断地引起外界的注意，他的稿件被合众社当作为记者们做宣传的工具，这些稿件为克朗凯特本人也赢得了一定的声望。他开始接受广播电台的采访，成了美国各地新闻编辑部里的焦点话题。1943年11月，《看》杂志刊登了克朗凯特撰写的一篇回顾威廉港空袭任务的文章，他将那次任务称为"我最喜欢的战争经历"。自始至终默罗从未阻挠过克朗凯特为哥伦比亚广播电台播音，后来克朗凯特曾说："尽管我拒绝了埃德（默罗的昵称），哥伦比亚广播公司还是一直请我为他们播报有关空战的新闻。他们多少有点把我算作他们的空战通讯员……后来，大约是在1945年的时候，我还参加了他们的每周战地新闻综述节目。我的确给他们做了一些不错的报道，在那段时期我跟哥伦比亚广播公司一直保持着联系。"

合众社按照自己的标准给了克朗凯特相当优厚的待遇，并想要将这名记者培养成家喻户晓的人物。"著名记者"这个金字招牌将有助于促进合众社的商业发展。1944年1月合众社发布了一则对克朗凯特的报道，由于他对莫尔斯沃思空袭的参战轰炸员、随机工程师和雷达技师所做的充满英雄主义色彩的采访，这篇报道标题中将他称为"空战新闻泰斗"。如果以美国空军的角度来看这种说法并不过分，因为在1943年期间正是克朗凯特最先为合众社搞到了一大批有关空袭的独家新闻。到了当年年底第八飞行中队扩编为20万人的部队，有能力在单次作战中派出2000架"空中堡垒"（B-17）和"解放者"参加战斗。然而，由于鲍勃·普斯特在空战中身亡，记者再次参加空袭任务的可能性就不大了。默罗竭力争取着机会，但是不断地遭到拒绝，直到1943年12月他得到批准，参加了一次英国皇家空军轰炸柏林的任务。他对此次战斗所做的报道栩栩如生，在社会上引起强烈的反响，使合众社"空战新闻泰斗"的所有文章都黯然失色了。令克朗凯特感到吃惊的是默罗在文中称此次对柏林的空袭"多少有点像经过精心安排的地狱"，他天真地以为默罗剽窃了自己对威廉港空袭的比喻。

没有任何一名记者能像克朗凯特那样整日同莫尔斯沃思的飞行员厮混在一起，在十字钥酒馆里畅饮不休。当303号轰炸组结束任务返航后，他们的"书记官"克朗凯特就会尽职尽责地将他们惨痛的经历逐一记录下来。虽然他采集的绝大多数素材都没能写入稿件中，但是飞行员们总是情不自禁地认为自己随时都有可能在战斗中牺牲，那样一来至少克朗凯特可以让祖国的同胞了解到他们在战斗中有多么英勇。1944年2月，克朗凯特穿上防弹衣，登上了以安德鲁斯姊妹合唱团的歌曲命名、在机身上绘有巨大的兔八哥形象的轰炸机"嘘嘘宝贝"。这时他已经能十分专业地描述机腰炮台和机顶回旋炮台了，在他看来自己完全就是一位老资格的战地记者。

在这场行动中克朗凯特坐在轰炸员小安弗瑞斯与导航员肯尼思·奥尔森中间，但是事后他曾打趣地说当时自己把性命完全托付给了驻英格兰美军中最杰出的飞行员鲍勃·施伊茨。在这位机长的眼中纳粹比淋病更可恨，通过以前在结束任务后对施伊茨的采访克朗凯特了解到他对"福克—沃尔夫190"和"梅塞施密特109"毫不畏惧。实际上，性情冲动的施伊茨非常享受追击德国飞机的过程，他一心想要同纳粹的飞行员在北海上空决一死战，这种念头之所以令他感到兴奋，原因只有一个——在战斗中的赢家总是他。

尽管如此，就算有施伊茨这样胆识过人的飞行员保驾护航，2月的这次轰炸任务也有风险。比方说，在上一次空袭中克朗凯特乘坐的B-17轰炸机"音标S"在向德国奥舍尔斯莱本的一座飞机装配厂投掷500磅的爆破炸弹时被击落了，机组成员全部殉难。出征前克朗凯特表现出的孩子气十足的幽默其实只是为了掩饰自己内心的恐惧，多年后在撰写《记者生涯》一书时他提到303号轰炸组，并将一张签名照送给了当年那架B-17的机长，在照片背后他写道："送给鲍勃·施伊茨——终生感激你带着我们平安返航。"

　　1944年3月末，尽管没有资格获悉机密消息，克朗凯特还是了解到盟军将要向法国发起进攻。对于被派驻在莫尔斯沃思的记者们来说，猜测大进攻的具体日期、地点和时间成了一场游戏，而等待则让克朗凯特始终保持着高度的警觉。但是，眼看结婚四周年纪念日——1944年3月30日——日益临近，对贝特西的思念也越发令他感到煎熬了。在给妻子的信中他写道："发这封电报……只是想让你知道此刻我似乎满脑子只有一件事情。结婚的前两年时光飞逝，最近两年又慢得要死。我们的生活有整整两年就这样过去了，希特勒发动的这场战争因此对我们这个小家庭产生了巨大的影响。"

　　由于一场小事故，克朗凯特差点失去了报道诺曼底登陆的机会。出于某种原因，一开始克朗凯特没能入选合众社的诺曼底登陆日报道小组，根据当年5月社里做出的决定，吉姆·麦格林希将同其他499名记者一道参加横跨英吉利海峡的这场军事行动。受到冷落的克朗凯特感到心痛。他不明白为何自己会坐上冷板凳，在给贝特西的信中他说因为此次落选他感到"心都碎了"。不过，最终他还是在登陆日这一天占据了小小的一席之地。

　　1944年6月6日，凌晨1：00，正在伦敦旅馆房间里睡觉的克朗凯特突然被惊醒了，第八飞行中队的公关官员豪尔·莱申拼命地砸着他的房间门。气喘吁吁的莱申对克朗凯特说："我们第八飞行中队已经接到新的任务了。高危行动，非常危险，我们还从来没有执行过的任务。"莱申告诉克朗凯特他应该会成为第一个了解到跨英吉利海峡大进攻行动的记者，也会得到最翔实的信息，最后他还说："这可是个天大的新闻。我想你最好还是跟我们一起出发吧。"克朗凯特立即换好了衣服，带上自己的背包。等上了车，两个人在夜色中上路之后莱申开始向他详细地作起了解释："进攻就要开始了。我们将派一组B-17轰炸队为先头部队，低空飞过海岸。"

　　数十年后克朗凯特在文章中写道："我被震惊了——这就是登陆日，我就要参加行动了。"汽车在乡间小道上一路颠簸地驶向了机场跑道，克朗凯特渐渐明白了对盟军来说成败在此一举。令人感到匪夷所思的是，身处在如此伟大的时刻克朗凯特却感到一切那么平常。莱申说终有一天史学家们将会把6月6日这一天称为又一场"葛底斯堡"或"滑铁卢"。克朗凯特知道莱申并没有言过其实。凌晨3：00两个人终于赶到了机场，莱申对克朗凯特说："你会搞到最棒的战争新闻，因为在其他报道发表之前你就能赶回来。等诺曼底登陆的消息传出去的时候你已经回到办公室了，写下'我刚刚结束了在海滩上空的飞行'这样的句子了。"

克朗凯特对自己当时的反应记忆犹新。他心想，"天哪，这才是最了不起的新闻。"

经过一年不分昼夜的战地报道生活后，一想到自己也将置身于密集编队的B-17轰炸机大队中参加诺曼底登陆，亲眼见证盟军开始解放欧洲的那一幕，克朗凯特便感到兴奋难耐。莱申提醒克朗凯特由于恶劣的天气状况此次飞行将在极低空的状态下完成。刚一赶到莫尔斯沃思空军基地，克朗凯特就参加了一连串快节奏的吵吵闹闹的情报发布会。在发布会上，军方公布了一张巨大的诺曼底地图，地图上遍布着箭头和各种参数。直到这时克朗凯特才终于明白诺曼底登陆竟然是如此庞大的一场攻势，方方面面的情况都令他感到惊愕。他不知道盟军的舰队竟然拥有4000多艘舰船。

克朗凯特乘坐着一架B-17，同另外8架轰炸机以V型队形飞上了天空。同威廉港空袭不同，这一次他们没有飞到17000英尺的高度，而是在一片浓雾中巡行在距离地面仅几百英尺的地方。在报道中他写道："就在这时我们接到了投掷炸弹的命令，也就是拔掉炸弹上的安全针，使其在接触到其他物体时自行爆炸。倘若我们同其他飞机相撞，那我们的这架轰炸机大概就会彻底完蛋，303号轰炸组的各架飞机都会相继爆炸。"

在北海上空执行的这次任务没能按照原计划在德国各个防御点上空投掷炸弹。天空中大雾弥漫，完全没有进行空袭的条件。克朗凯特也空欢喜一场，他连礁头堡的影子都没能瞥见。有史以来规模最大的一场海上进攻就在他的脚下进行着，海滩上集结着大大小小的战舰、巡洋舰、驱逐舰、大型运输船和一大批小型舰船，可是空中密布的浓云却阻挡了他的视线。他只偶尔看了几眼盟军舰队跨越英吉利海峡的景象，在他看来那可真是一幅"不可思议的宏大场面"。在报道中他写道，舰船数量之多使得整个英吉利海峡"似乎都被挤得水泄不通"。

克朗凯特为那个清晨撰写的报道很节制，或许是过于谦逊，他在文中甚至没有提到自己赶在其他记者之前便跟随"非凡八中队"乘坐着B-17轰炸机出发执行任务的事情。同默罗为哥伦比亚广播电台播发的新闻和海明威为《科里尔周刊》杂志撰写的有关奥马哈海滩①的文章不同，他的报道没有多少实际内容。全文开篇简明扼要地描述了盟军对法国海岸线上的德国驻军进行的彻夜轰炸，接着交代了自己耳闻目睹到的登陆日首轮空袭的景象："浓密的云层遮掩住了德军大量的机枪掩体，但是英国轰炸机依然能够透过领航机发射出的火焰环将一枚枚重磅炸弹精准地投向下方的目标。英吉利海峡的上空彻夜回荡着盟军飞机无休无止的轰鸣声，炸弹爆炸的呼啸声一直传到了英国海岸。"

在对诺曼底登陆行动的所有报道中最引人入胜一篇来自美国广播公司的乔治·希克斯。当美军指挥舰"安肯号"（一艘装备高级的通讯船）于当天清晨6：00停泊在奥马哈海滩时他就站在船上的舰桥附近，与此同时诺曼底行动正在如火如荼地进行着，盟军的5000多艘舰船和13000多架飞机参与了此次行动。眼前的景象令希克斯感到震惊，他在报道中详细描述了盟军战士们从壮观的舰队上登陆海滩的情景。登陆日这一天没有出现空战，已经遭到重创的德国空军并没有如盟军所担心的那样参加战斗。希克斯待在原地做了十几分钟的记录，展现现场气氛原本就是广播的强项，但是记者拿着话筒身处战斗核心地带的报道超越了以往所有的广播节目，这就是美国广播公司的希克斯所实现的报道：

> "飞机越来越近（飞机声）……法国海岸沿线数英里升起了滚滚浓烟……耀眼的火光。我不清楚浓烟和火光究竟出现在海岸上还是船上。此刻响起了密集的高射炮的声响。（高射炮密集的轰鸣声）飞机似乎从我的正上方飞来……（飞机、机关枪和高射炮的声音）
>
> 很好，我方终于开火了……"

希克斯抢足了风头。在提到希克斯的报道时哥伦比亚广播公司的新闻总监保罗·怀特说："有了这个报道其他一切报道都黯然失色了。"当时怀特驻守纽约专门负责对大量的新闻稿件进行筛选，这位自1930年便成为哥伦比亚公司骨干的老将坚持认为广播对盟军做出了杰出的报道，不过其他人指出由于技术原因广播公司能够

---

① 译注：奥马哈海滩，1944年6月6日，第二次世界大战诺曼底战役中盟军四个主要登陆地点之一的代号名称，盟军于此日在诺曼底地区着陆，试图深入欧洲内陆以解放被纳粹德国与魁偏政府维希法国所统治的民众。

派出的战地记者人数太有限了。出现在报纸上的报道更为全面翔实,全美各地的报纸出版"号外",对战事进行追踪报道。合众社驻欧洲办事处经理及克朗凯特的顶头上司维吉尔·平克利将各位记者对登陆日的报道合并为一篇稿件,这篇稿件被刊登在数百家报纸的头版上,而克朗凯特对凌晨轰炸行动的报道则被淹没在区区几份同样刊载了这篇稿件的美国报纸的末版上。

通过诺曼底登陆日这一天克朗凯特明白了广播报道仍然是第二次世界大战的新闻主力军。1937年第一次来到欧洲的时候默罗曾试图加入美国驻外记者协会,但是由于他来自广播电台,而非报社,协会没有将他接纳,然而在诺曼底大进攻之后默罗被任命为该协会的主席。这一荣誉头衔清晰无误地说明了一切,广播成了新的媒体之王。到了1945年,默罗已经非常适应荣誉加身的生活。

6月12日,就在诺曼登陆行动全面结束后克朗凯特立即给贝特西写了一封思维混乱的长信:"我参加了一大早的进攻任务,可是第八飞行中队的公共关系官员却把一切都搞砸了,他们还以为帮了我的大忙,将一条独家新闻拱手送到了我的面前。在英吉利海峡上空飞来飞去的一路上我们的身下始终浓云密布,战斗打响时我就在登陆海滩的上空,还飞到了内陆的康恩和卡朗唐,可是我什么都没有看到。这辈子我还从来没有这样恶心过。凭什么?我们连一枪都没开。只听到几声高射炮的动静,这就是我对登陆日的全部记忆。简直就像是在元旦前夜只喝了一杯。"

数十年后当被问及是否参与了在犹他海滩①或奥马哈海滩上空的任务时,克朗凯特漠然地耸了耸肩,说:"我觉得应该飞到了奥马哈海滩。当然了,我们当时都不知道这些代号,我只知道下方就是海滩。我甚至不清楚登陆的规模有多大。"不过,克朗凯特很清楚在那一刻真正的大英雄是霸王行动的缔造者——艾森豪威尔。1964年他在哥伦比亚广播公司的《特别报道》栏目主持了一期名为"登陆日二十周年祭"的节目,有幸就奥马哈海滩行动的话题对艾森豪威尔进行了一番采访。艾森豪威尔泰然豁达地望着英吉利海峡,说:"沃尔特,你瞧,那些游泳的人,划着小游船的人,享受这好天气和美丽海滩的人——看着今天的这一切,再想想过去的那一幕,感觉太不真实了。但是,能记住20年前那些人为之战斗、为之流血牺牲的事业,为了守护我们这种生活而所付出的一切是多么美妙的事情啊。他们没有占领一

---

① 译注:犹他海滩,1944年6月6日盟军于霸王行动中进行诺曼底登陆时,对于最右侧或最西侧的登陆海滩所给的一个军事代号。该海滩长约3英里,处在普皮维尔和麦德莲两村庄之间,是五个登陆海滩中最靠西的一个。

村土地，不是为了实现我们自己的野心，他们只是为了确保希勒特无法摧毁人类的自由。"

克朗凯特点了点头，他想起了自己在浓雾中经历的诺曼底登陆，在解放欧洲的关键时刻他什么都没有看到。艾森豪威尔又对他说："想想为了这个理想牺牲的生命，在这片海滩上付出的惨重代价，就在一天之内伤亡2000人。但是正是由于他们的牺牲，人类才能拥有自由。这一切说明自由的人类宁可牺牲，也不愿成为奴隶。"

经过登陆日克朗凯特明白战局已经倒向了盟军。在8月15日写给母亲的信中他说："我想自登陆日以来我还是跟以前一样忙碌，只是工作变得更加枯燥乏味了。我负责的工作不再是头条新闻了，空战的消息已经退居二线、三线，甚至退到了第四的位置，排在前面的是在法国的战斗、俄国前线和德国国内的政局。就在将近两年前的时候任何一条重大新闻都能让我陶醉一番，而今只要不是当天的头条新闻我就会感到有点无聊。"

一个月后，就在"二战"进行到第263周的时候克朗凯特将结束无聊的生活。不过，他负责的第八飞行中队并没有成为主角，解放巴黎和布鲁塞尔的消息登上了各大报纸和电台头版头条的位置。克朗凯特告诉母亲他曾要求合众社总经理维吉尔·平克利给他两个星期的假期，好让他回家一趟。他太想念贝特西了。就算战争期间，让记者长期驻守海外、远离妻子也不啻为一种残忍的做法。然而，合众社的领导都没有鼓励克朗凯特"临阵脱逃"。他在给妻子的信中写道："休·贝里要过来待上几个星期，维吉尔觉得战后我可能会被提拔为欧洲某分社的社长，因此当总裁在欧洲期间我应当陪同左右。在这个问题上我没有异议，而且也希望有机会在好戏落幕之前能一睹战斗的景象。可是，我也希望能和你待上几个星期。"

克朗凯特一边在合众社伦敦分社继续忙碌着，一边担心在登陆日过后自己原本一帆风顺的事业就要急转直下了，与此同时在纽约一群男男女女正忙碌着，他们在做的事情将对克朗凯特的未来产生更大的影响力。美国四大广播公司——哥伦比亚广播公司、全国广播公司、美国广播公司和相互广播公司——都意识到等这场战争结束后电视将在电子媒体界带动一股新潮流。电视这种媒体自20世纪20年代就出现了，现在它的婴儿期终于到了应该宣告结束的时候了。当时电视机还十分罕见，再加上战争之故，广播公司在最近两年里一直迟迟没有向社会推出电视节目。但是，就在登陆日前后哥伦比亚广播公司重新启动了对电视新闻节目的试验，新闻网总监保罗·怀特非常希望将默罗小子们的专业见解呈现在电视媒体上。

截至20世纪40年代中期，广播新闻节目已经非常成熟，同印刷媒体一样其公正性受到世人的尊重，而电视新闻节目则质量低劣。但是怀特曾充满热望地写道："毫无疑问，电视有着巨大的潜力，尤其是在新闻和特殊事件方面。在地图、图表、影像动画设备和照片的辅助下，新闻播音员就能够为观众展现出仅凭耳听新闻的方式所无法感知到的景象。"

在充满未来主义的乐观气氛中怀特手下的工作人员开始着手制作一档试验性的电视节目。该节目每周播出两期，由一名"主播"负责播报15分钟的新闻，节目还史无前例地用到图表之类的辅助工具，就连《告示牌》杂志的评论家马蒂·施拉德也对这个节目感到大为赞赏。这位严苛的评论家对哥伦比亚广播公司的其他电视节目都不屑一顾，唯独认为这档新闻节目在质量上完全能够同任何一个广播节目相媲美。当时其他几家广播公司尚未开办电视节目，哥伦比亚广播公司及下属的新闻部门就成了这种新媒体的领头羊。按照怀特的说法，公众对电视的好奇心会大大超过对广播领域即将出现的任何新动态的好奇心。然而，"二战"正处在酣战中，直到同盟国宣布对德国和日本的战争取得全面胜利时电视才能真正迎来属于自己的时代。

第八章

滑向胜利日

战争尚在继续——渴望正常生活——电视（勉强）没有吃败仗——了不起的空中行动！——被默罗打回原形——在布鲁塞尔的恐惧和孤独——阿登突围战——同比尔·唐斯走在地狱大道上——当年的好日子——郁金香的欢乐海洋——胜利日——在废墟上进行报道——开办比利时分社——不愿放弃——欢迎来到原子时代

"二战"期间在美国军方及民用运输领域使用最普遍的滑翔机当属韦科CG-4型滑翔机。一天，克朗凯特突然发现自己就像罐头里的沙丁鱼一样被牢牢地绑在了一架CG-4滑翔机里。这一天就是1944年9月17日，他正在参加"市场花园行动"（空降部队与地面装甲部队协同作战，在比利时与荷兰边界对荷兰北部发起进攻，旨在跨过莱茵河，包抄德国的齐格菲防线，一举攻破德国的后门）。当道格拉斯C-47空中火车运输机的拖拽索被切断，自己乘坐的这架滑翔机朝着下方的荷兰农田径直俯冲下去的时候克朗凯特不禁感到有些诡异，这口"空中棺材"竟然是韦科斯飞机制造公司设在堪萨斯城的工厂生产的。

在所有有关"二战"的书籍中克朗凯特最为喜爱的就是爱尔兰作家及记者科尔内利乌斯·赖恩的著作《遥远的桥》。克朗凯特不仅向后者讲述了自己曾以合众社战地记者的身份跟随美军第101空降师参加盟军在比利时与荷兰边界对德军的进攻，而且还向所有人大力推荐这部著作，因为赖恩在描述盟军战士英勇事迹的同时，还展现了荷兰抵抗斗士们在布鲁塞尔得到解放后坚决挫败纳粹分子的决心和勇毅。所谓"市场"指的是克朗凯特当天参加的空袭行动，"花园"则是参加此次行动的装甲部队。克朗凯特告诉赖恩："我乘坐的军用运输滑翔机突然紧急降落，迎接我们的是德军机关枪的炮火。"

克朗凯特陷入了"二战"规模最大的空中行动中，在此次行动中2万多名军人乘坐着478架带有白色条纹的滑翔机和1544驾运输机来到荷兰，帮助荷兰人民将德国人驱逐出境。与克朗凯特被同一架滑翔机突然丢在荷兰战场上的还有美国陆军上将安东尼·克莱门特·麦考利夫及第101空降师的指战员们。当麦考利夫的队伍试图正常降落时一阵密集的防空炮火直冲云霄，炮火声震耳欲聋。克朗凯特乘坐的这架滑翔机重重地撞击在地面上，在冲击力的作用下他几乎昏迷了过去。以前他还愚蠢地以为滑翔机就像风筝一样温柔，原来没有"轰鸣的引擎"只意味着"悄然滑向来世"，一时间他还以为自己已经死去了。在同历史学家唐·卡尔顿的一次谈话中克朗凯特风趣地说："要是你也得参加战争的话，可千万别坐着滑翔机上战场！"

克朗凯特跟随第101空降师乘坐的滑翔机在荷兰村庄佐恩与威廉敏娜运河附近着陆了，"市场花园行动"的目标在于占领这条位于荷兰与德国边界上的运河及横跨在运河河道上的8座桥梁，一旦成功，英国和美国空军便能够在德国内陆开展行动了。刚一落地克朗凯特就被第三帝国残余部队的密集炮火震惊了，他告诉赖恩："我还以为滑翔机的轱辘要落地了。想想吧，当我们已经在地面上滑行了一阵子，突然滑翔机的轱辘又升起来时我该有多么惊讶。还有一件事情也把我吓了一跳。所有人都誓死也要系牢的头盔在撞击力的作用下飞了出去，结果头盔看起来比迎面而来的炮弹还要危险。等飞机落地后我一把抓住了出现在眼前的头盔，还有我那个装着打字机的可靠的背包，然后便朝着集结点（威廉敏娜）运河爬了过去。回头一看我这才发现还有6个家伙在我身后匍匐前进。看起来我拿错了头盔，我脑袋上的这顶头盔上纵贯着两条清晰的白条，这意味着我成了他们的中尉。"

为期8天的"市场花园行动"是行事一贯谨慎的英军在欧洲战场的总指挥、陆军元帅伯纳德·劳·蒙哥马利所策划的，按照他的计划通过从侧翼包抄德国西部边境沿线的城防要塞，即齐格菲防线，盟军将缩短取得胜利的进程。盟军已经在法国诺曼底成功登陆，然而在取得震惊世界的胜利后盟军却一直深陷在诺曼底的沼泽地和灌木丛里，迟迟无法向前推进，而且在德国人坚定而灵活的防御下付出了惨重的代价。

"市场花园行动"虽然没能为盟军打开德国的后门，但是这并不影响克朗凯特在自己的同胞面前将其描述为一场大捷。在报道中他写道："今天，成千上万的盟军伞兵和滑翔机输送的部队突破了位于荷兰境内的德国防线，解放了一个又一个敌军占领的村庄。在盟军的攻势下敌军落荒而逃，就在我写下这篇文章的时候盟军将士正朝着第一个重要的目的地推进，按照计划他们将在天黑之前赶到那里。在这场有史以来规模最大的空中行动中我跟随滑翔机部队一道降落在荷兰，参加这场进攻行动的绝大多数勇士都是已经在诺曼底登陆日得到了锻炼的美国战士。"

深为希特勒所看重的德国装甲部队进行了顽固的抵抗，在其炮火下克朗凯特乘坐的滑翔机就像蛋壳一样裂成两半，倒栽在地上。出人意料的是克朗凯特并不打算把自己同死神擦肩而过的经历写进报道，他的任务在于宣扬其他参战人员的英雄事迹。他对"市场花园行动"撰写的稿件洋溢着积极乐观的情绪，刊登这批报道的报纸数量多得超乎想象，就连一向优先选择美联社稿件的《纽约时报》也在其中。就像摇旗呐喊的啦啦队一样，克朗凯特在报道中称蒙哥马利元帅指挥的这次进攻行动堪称不朽，其目的在于帮助盟军战士及坦克穿过纳粹占领的荷兰，然后跨过莱茵河，进入德国本土，此一役将彻底改变战局。然而，在进入佐恩之前克朗凯特很难将报道发往盟军司令部。对他来说一切都不尽如人意，横跨在威廉敏娜运河上的佐恩桥已经被炸毁了，在抢修工作结束之前他只能在原地困守36个小时。他没能成为"市场花园行动"中的明星记者，日后他曾说自己从荷兰发回的报道"十分蹩脚"。一贯无处不在的默罗这一次乘坐着运输空降兵部队的C-47空中火车运输机来到降落点，为哥伦比亚广播电台录制了一期激动人心的实况报道节目：

> "全国广播公司蓝网的鲍伯·马塞尔就像一名空降兵那样镇定沉着地坐在这里，操作着录音设备。或许我们俩的确应当如此镇定，毕竟跳伞的只有空降兵，我们俩不用……突然出现一阵高射炮的炮火……攻击来自左舷，穿过了机头，就在偏下方一点的位置……我们前方的9架飞机已经完成了空投任务，我已经看到伞兵们摇摇晃晃地降落了下去。"

默罗继续为哥伦比亚广播电台的听众渲染着气氛：

> "此刻我能看得到他们的降落伞正在落下去，每一个人都十分清晰。他们正在朝一座教堂附近的一个小磨坊旁边落下去，暂时停留在原地……他们看上去很放松，简直就像是挂在绿色灯罩下的士兵玩偶一样……天空完全被遮蔽了。"

默罗在运输机上完成了报道，他说的最后一句话令克朗凯特一时间有些摸不着头脑——"事实仍旧如此"。正如小爱德华·比利斯在《现在开始广播：广播新闻史话》中指出的那样，默罗这句"事实仍旧如此"的总结陈词比克朗凯特在电视新闻节目中的标志性结束语"事实就是如此"提前了十几年。然而，克朗凯特却从未提到默罗在这个问题上对自己的影响。

出于战时宣传的需要克朗凯特没有告诉自己的读者"市场花园行动"实际上遭到了惨败，他将报道的重心放在了埃因霍温的解放上。在文章中他公正地指出除了在尼厄嫩的一次交战，美军成功地击退了各个防御点的德国驻军。他跟随的装甲部队参加了由第82空降师负责实施的核心行动，最终胜利抵达了布鲁塞尔，在这里停留了数日，卡朗凯特对蒙哥马利指挥的第二军的整编工作和比利时的政局进行了报道。在此期间他时常在野外露宿，有时候则住在蚊虫滋生、狭小逼仄的旅馆里。此外，他还对盟军解放低地国家的军事行动进行了报道。他从埃因霍温发回的许多稿件都纯属宣传材料，在文中他宣称美国空降兵彻底击溃了德军，实际上当时这样的胜利还尚未出现。在11月间他亲眼看到一枚德国中程弹道导弹V-2火箭射向了英国，在报道中写道："火箭看起来就像是一支巨大的爆竹消失在了平流层，但是没有爆炸。空中只闪现过一簇火光，不过在100多英里之外肉眼能清晰地看到一条粗大的乳白色烟柱。"

在"二战"期间克朗凯特撰写的相当多的优秀稿件都同"市场花园行动"有关。驻守在地势平坦的荷兰乡村期间，大多数时候协助他完成工作的都是哥伦比亚广播公司的比尔·唐斯，这位曾经的合众人是同克朗凯特最亲密的一位默罗小子。在11月里，克朗凯特同隶属于英国第二军的唐斯一道辗转于比利时和荷兰乡村的各个战场。一天，他们在比利时遭遇到了德国空军一轮残酷无情的轰炸，为了躲避炮火两个人一起冲向了附近的树林，但是没过多久两个人就失散了。克朗凯特大声呼唤着唐斯，可是无人应答。回到布鲁塞尔后他立即通知朋友们不幸的唐斯在行动中失踪了。一天晚上，克朗凯特去大都市酒店喝鸡尾酒，结果吃惊地看到唐斯同朋友们坐在酒吧里，一如既往地享受着惬意的时光。克朗凯特的心头升起一股无名火，他径直走到唐斯的桌前。

他说："我还以为你遇害了，还在树林里来来回回地喊着你。"

有些难为情的唐斯自有一番说辞："可我没法四处喊你啊，别人会以为我在召唤德国人。"

截至1944年12月克朗凯特已经在欧洲驻守了两年，同上一次与贝特西在纽约小聚时相比他消瘦了很多，头发也脱落了不少。无休止地报道战争会让人加速衰老，没有多少战地记者能像克朗凯特那样在"二战"期间显示出顽强的毅力，就连默罗也不例外，后者被派驻伦敦期间也时常回国休假。颇具讽刺意味的是，由于身体缺陷而无法服役的克朗凯特却成了坚不可摧的钢铁战士，一心忙着报道将士们的英勇事迹，而非战争本身。在布鲁塞尔，他安坐在打字机前，心中却涌动着一股燥热不安，他激烈地抱怨说自己需要休息，需要回家一趟，可是几分钟后他又开始构思如何为合众社撰写一篇有关第三帝国灭亡的稿件。

1944年12月上旬，针对刚刚获得解放的比利时的政治局势克朗凯特欣喜地撰写了一批报道，稿件基本上就是他所构想的战后日常报道。当月16日，就在盟军的西欧防线似乎得到巩固的时候，德国人对防线最薄弱的地段发起了猛烈的进攻，突然打响了阿登斯突围战（突出部之役）。克朗凯特曾回忆道："冯·龙德施泰特元帅率军攻入阿登高地的当夜我在布鲁塞尔，我接到合众社驻巴黎分社打来的电话，对方告诉我出事了。"媒体已经接到有关阿登高地军事活动的消息，这片浓林密布的台地就在布鲁塞尔以南70英里外的地方。

还没来得及放下听筒，克朗凯特就听到有人重重地敲响了自己的房间门。来人是被派驻第一军的合众社记者约翰·弗莱舍，他告诉克朗凯特阿登突围战"居然是真事，我军正在迅速撤退"。在接下来的半个钟头里克朗凯特仔仔细细地将弗莱舍盘问了一番。从同事的嘴里打听到阿登突围的全部情况后他又驱车火速朝前线附近赶去，一路上迎面碰到正在撤退的大股部队。弗莱舍也回到了高地战场，旋即便被一枚炮弹击中而毙命了。接到弗莱舍的死讯后克朗凯特失声痛哭了起来，但是他十分冷静地将弗莱舍采集到的最后一条新闻发回了合众社。

克朗凯特设法在卢森堡的克拉瓦兹大酒店订到了一个房间，奥马尔·布拉德利将军的指挥部就设在这家距离前线仅数英里的酒店里。这个事实只能说明克朗凯特是一名不会放过享受大酒店舒适生活的记者，并不意味着身为战地记者的他缺乏英勇无畏的精神。要想攻破德国南部的防线就必须从卢森堡下手。布拉德利将军同北上的部队失去了联络，当时克朗凯特就在他的身边，艾森豪威尔也得知布拉德利无法同第三军和第九军的30万名将士取得联系。在酒店里的将军只能联系到正在南翼作战的第一军。卢森堡全城洋溢着一股和平安全的气息，然而德国人在长达80英里的沿线上从蒙绍同时向北方和南方推进了40英里，往南一直推进到了卢森堡的埃希特纳赫村。艾克（艾森豪威尔的昵称）建议布拉德利将指挥部转移到阿登高地的制高点，以便同两翼的部队取得联系。布拉德利却迟迟没有动作，他告诉克朗凯特让属下看到自己的将军也在撤退并不是一件光彩的事情。艾克毫不在乎将军的面子，他只希望布拉德利同部下能够取得联系。布拉德利无法撤退，即便有条件他也不愿做出这样的选择，艾森豪威尔只得将布拉德利三分之二的兵力转交给负责左翼战场的蒙哥马利，这对后者来说不成问题。同布拉德利一起困守在卢森堡的克朗凯特没能得到多少有关突围战的消息，事后他曾说："在阿登突围战的最初几天里除了观望我们几乎无事可做。新闻审查已经够麻烦了，现在又对地面行动一无所知。"

所幸的是前线记者的稿件都被发回了总部，经过后方编辑们的修改得到了发表。到了圣诞，阿登突围战的局势终于倒向了盟军（战争将持续到次年1月25日），此后新闻审查也逐渐放松了。从12月下旬起，克朗凯特继续对英国和美国军队的一举一动作着报道，不过同之前在埃因霍温发出的报道相比这段时期他的成果并不显著，但是多年后他依旧对这段时期的往事记忆犹新。在2004年为全国公共广播电台撰写的一篇文章中他提到了这场突围战："那个圣诞节盟军的壮举仍旧历历在目，就连寒冷彻骨的空气、吱嘎作响的雪原、简陋的圣诞树、小喇叭里传出的圣诞颂歌都依旧徘徊在我的心头……当事实与情感有所抵触的时候记忆就总是要起花招。不过，如果说圣诞音乐的声响似乎暂时为那场恐怖野蛮的战争蒙上了一层感伤的气氛，那倒不是因为'感伤'或'野蛮'的感觉很不真实，或者只是一种错觉，实际上1944年那个圣诞节发生的事情堪称是地地道道的史诗，令人感到五味杂陈。"

这个圣诞节战争的局势倒向了盟军这一边，然而在次年1月的前两个星期里盟军仍旧伤亡惨重。1945年1月25日阿登突围战宣告结束，随后克朗凯特回到伦敦，接下来的几个月里大部分时间都待在了伦敦。作为一名战地记者，在1944—1945年克朗凯特在无意中犯了一个严重的错误，使他一直没能进入战斗核心地区。不过，他仍然是合众社在荷兰、卢森堡和比利时问题方面的专家，这就足够了。他一直忙于在合众社伦敦分社的办公室里撰写诸如盟军攻入德国本土之类的稿件，但是偶尔也会接到命令，前往低地国家从战斗前线采集新闻。同美国的大多数记者一样，克朗凯特不太关注蒙哥马利的动向，或许也是由于参加了太多次这位英国元帅主持的战况介绍会的缘故，他始终认为蒙哥马利"根本不配得到那些荣誉，他在莱茵河附近驻守的时间长得令人发指"。困守在卢森堡期间克朗凯特与布拉德利将军交情甚好，唯一的问题是引人注目的新闻都出自比利时东南部的巴斯通，而非卢森堡的克拉瓦兹大酒店。

克朗凯特在"二战"中的真正收获是从此有资格宣称自己曾经也是一名战地记者。默罗、科林伍德、塞瓦赖德、利卜林，当然还有克朗凯特都成了家喻户晓的人物，但是同默罗及其在哥伦比亚广播公司里的门徒不同，克朗凯特没能在乘坐C-47运输机飞越荷兰上空时用上先进的录音设备，也没有记录下在德国亚琛市内的激战声。尽管如此，他还是参加了一次对德国的空袭行动，亲身经历了诺曼底登陆日、"市场花园行动"和阿登突围战（虽然基本上只是待在遥远的卢森堡），这份履历已经非常耀眼了。

在"二战"（以及随后的冷战初期）期间伦敦的查尔斯街俱乐部成了世界各国记者云集的地方，所有人都喋喋不休地对这里调制的马蒂尼酒和招待的服务水平评头论足。一天下午，日后将在电视史上跻身顶级制片人行列的唐·休伊特正在俱乐部里消磨时光，就在他专注地盯着酒杯中的橄榄时合众社伦敦分社的负责人走进了拥挤的酒吧。突然间，所有人都充满敬畏地窃窃私语了起来。休伊特在自己的回忆录《给我讲一个故事》中说："没等回过神的时候你就听到大家都所在说'知道那是谁？那就是沃尔特·克朗凯特'。时隔50年后人们依然在说'知道那是谁？那就是沃尔特·克朗凯特'。"

值得称道的是克朗凯特并没有为了博取名声而拼命利用自己在"二战"期间的经历，事实上他总是提到1944年9月发生的一件事情。在"市场花园行动"中乘坐滑翔机降落在荷兰之后他与比尔·唐斯驾驶着一辆吉普车行驶在69号公路上（这条公路被称为"地狱高速路"），随后两个人突然碰到了一场激烈的交火，刹那间他们沉醉在了一阵狂喜之中。炮火声响彻在他俩四周，一枚迫击炮的炮弹就在距离吉普车几码远的地方爆炸了，两位记者手忙脚乱地躲到了附近的排水沟里。他们勾着脑袋，就像巴顿将军一贯要求的那样系紧了头盔。高射炮的炮声似乎永远不会结束，他们唯恐死亡就这样降临在自己身上。事后克朗凯特曾回忆道："唐斯躺在我身后，他突然扯了扯我的裤腿。我心想他可能琢磨出了逃离这里的办法。我扭过头，看着他。结果他冲我嚷嚷道：'嘿，克朗凯特，千万别忘了啊！这可真比得上当年的好日子。'"

1945年5月5日，在荷兰东部的阿纳姆和奈梅亨附近的小村子瓦赫宁根（又译作瓦赫宁恩）德军将领签署了对丹麦与荷兰的投降协议。欧洲胜利日近在咫尺，合众社提前发布了有关停战的消息。当时正在布鲁塞尔的克朗凯特从美军指挥部借了一辆轿车，赶往阿姆斯特丹，他想亲眼见证在水坝广场为解放举行的庆祝活动。一路上他一直走在低洼地里，大片的土地都处在海平面之下。5年前，即1940年5月纳粹德国入侵了荷兰，自那以后荷兰人民一直生活在惶恐中，而今见到自己的大救星他们欣喜若狂。提起那段往事时克朗凯特曾说："他们朝我们抛来一束束的郁金香，高高堆起的花束甚至盖过了保险杠。郁金香是一种很结实的花，束成一束就会带来危险。整个"二战"中只有那一天我流了血，我被一束铁丝捆起来的郁金香给砸中了。"

5月7日，荷兰的解放日这一天，克朗凯特身着官方配发的战地记者制服，将裤脚高高挽起，袜子都露在了外边，他就这样融入了阿姆斯特丹狂欢的人群中（为了保持清醒他没有开怀畅饮）。后来在接受《时代》的专访时他曾说："我收到了很多花环，听到了很多人欢迎我们的喊声。可是加拿大人却没有笑。"（正是加拿大陆军和加拿大皇家空军解放了荷兰）除了同贝特西完婚的那一天，这一天成了克朗凯特一生中最重要的时刻。一想到美国人打了胜仗，希特勒已经毙命，他便感到欣喜若狂。他心满意足地想到在荷兰解放这样的历史性时刻自己竟然就站在荷兰的大地上，身处英勇的荷兰人民中间令他感到自豪，他始终认为自己同他们血脉相连。水坝广场到处都回荡着欢庆豪迈的叫喊声，汽车喇叭的轰鸣声如同在反复演奏一首隆隆作响的交响乐，阿姆斯特丹的交通完全陷入了瘫痪状态。他曾说："在战争期间盟军飞机的声音深受荷兰人民的热爱，夜间出现的是皇家空军的声音，白天则是美军的飞机。"

1945年5月8日，德国向欧洲其他国家投降。历史的进程加快了脚步。合众社急需来自海牙、乌得勒支、马斯特里赫特、布鲁日、安特卫普、卢森堡和布鲁塞尔各方面的报道。当阿姆斯特丹仍旧沉浸在喧闹的欢庆中时克朗凯特已经南下，赶往荷兰的首府海牙，他要重建纳粹占领荷兰之前合众社驻海牙的办事处。令他感到惊讶的是，在海牙他看到3名曾经供职于合众社的荷兰工作人员已经恢复了办公室，正在等待正式记者的出现。在此之前克朗凯特将收入的四分之一积攒了下来，现在他要用这笔钱帮助合众社的同事们购买衣物和口粮。他曾说："他们喜极而泣，急不可耐地告诉我他们手头就有一台电传打字机，我们能用这台机器恢复通讯社的正常工作。在德国人进入阿姆斯特丹之前他们将一台电传打字机拆成三部分，每个人都在自己家中藏了一部分。一旦被德国人发现，他们必定难逃一死。这种勇气太惊人了。"

克朗凯特明白1945年5月间掩藏在荷兰各地的庆祝活动背后的是对于欧洲人民来说永远无法忘记的赤裸裸的事实，人口伤亡和经济损失的阴影笼罩着欧洲各地。一条条触目惊心的报道发往了合众社。当苏联军队解放波兰的奥斯威辛集中营时，骇人听闻的种族大屠杀进一步得到了证实。大大小小的媒体展开了一场新闻战，所有记者都希望能够采写稿件，拍摄新闻照片。合众社希望自己的记者能够对战后欧洲的恐怖景象进行报道：集中营、被盗的艺术珍品、岌岌可危的堤坝、洪水淹没的土地、四处蔓延的疾病，类似的事情数不胜数。克朗凯特曾说："荷兰出了那么多大新闻，可是由于德国投降我的稿件全都没能发表。"

　　克朗凯特在海牙参加胜利日欢庆活动的那个星期里，默罗在伦敦特拉法加广场的人潮中为哥伦比亚广播电台做了一系列色调灰暗的报道，他不愿大肆鼓吹眼前的景象。他已经见过太多的屠戮，根本无法感到喜悦。4月间他曾前往刚刚得到解放的德国布痕森林集中营，在开始正式播音之前他先为在这场人类历史上最骇人的暴行中受害的犹太人进行了一番祈祷。与此同时克朗凯特正在忙于报道在白厅和威斯敏斯特举行的高层会议，同默罗相比，他为荷兰这座运河城的重建工作所撰写的报道多少显得有些低劣。

　　合众社坚持让克朗凯特继续为胜利之师驻欧美军撰写振奋人心的样板文章，这些鼓舞士气的文章旨在制造供宣传需要的盟军英雄人物，因为太平洋战区的战斗尚未结束。事实上，在一定程度上可以说克朗凯特在为合众社进行报道的同时帮军队做了义务宣传工作。倘若将他为胜利日撰写的稿件合编起来的话，这部文集可以被归入纪实宣传类作品。克朗凯特曾为"御用文人"做过一番辩护："当时你没法成天到晚地写骇人听闻的报道，首先没有人喜欢这种新闻，而且都只是些老调重弹而已。"

　　克朗凯特凭直觉意识到一旦胜利日的狂喜消失，欧洲人民的生活将比战时的生活安逸不了多少，而未来也将同样难以预计。荷兰各地都能见到赤脚赶路的战争难民，他们推着手推车，车上装着仅存的一点家当。一个个背井离乡的家庭寻找着亲人，希望获得战争赔偿，有的人则只是想找到一个安全的地方能够重新开始生活。纳粹分子让荷兰人饱受饥馑和战争的折磨，但是从未挫败他们的意志。欧洲各地满目疮痍，一座座城市化为了废墟，就连纳粹在德国的样板城市纽伦堡也体无完肤，几乎所有的物资都存在着严重短缺的问题。对于每一位记者而言，欧洲的形势都令人感到难以应对，因为每一寸土地上都留下了战争的丑恶阴影。在战败的德国，全国各地形如地震或火山喷发之后的景象。虽然算不得是一个地道的和平主义者，但克朗凯特还是认为第二次世界大战让世人明白黩武主义的种种行径是无法在20世纪下半期继续存在下去的。无论1945年的形势有多么严峻，来往于犯罪和骚乱横行的衰败的欧洲各地时他还是不愿佩戴手枪，他只是这场大毁灭的旁观者，绝非参与者。

　　5月20日克朗凯特从荷兰乌得勒支给家人写了一封信，在信中描述了自己在食不果腹的荷兰难民中间目睹到的残酷景象。各家各户的锅里煮着郁金香，鸡蛋和牛奶成了稀缺商品，药品更是不见踪影，由于长期营养不良，骨肉如柴的成年人看起来就像孩子，曾经繁荣的街巷而今变成了不毛之地。忧心如焚的克朗凯特在信中写道："在荷兰的这个地方根本找不到食物，我根本没法告诉你这里的情形有多么糟糕。我亲眼见过一些人饿得栽倒在大街上。我曾邀请一位著名的报纸出版商在市中心同我见上一面，可是他说自己出来没问题，但是没带夫人一同前来。他说：'她的两只脚肿得太厉害了。你也明白的，吃不上饭了。'人们全都形如枯槁，眼窝凹陷，双眼鼓胀，皮肤已经失去了血色。坐下来同别人处理公务的时候很多次我都感到恶心。"1945年春末，靠着军队给记者配发的口粮克朗凯特没有经历这些惨无人道的困境，而且凭着官方配备的制服他永远都能享受到特殊待遇。

在此后克朗凯特始终同他在登陆日前后重建合众社荷兰分社的过程中结识的荷兰友人保持着联系。当合众社的其他人都已经对荷兰方面的新闻不抱希望时（后来哥伦比亚广播公司也是如此），克朗凯特对荷兰人民大兴水利、建造不朽堤坝的报道却引起了美国听众的注意。他甚至找到过一些盟军和德军的飞机，让阵亡军人的尸首得以回到故土。只要一有机会克朗凯特就会洋洋得意地告诉别人，自己是一个荷兰人。同样身为荷兰后裔的罗斯福总统是盟军赢得"二战"的功臣，这个事实令克朗凯特对自己的出身更加感到自豪。他坚信："倾听荷兰人民对欧洲大陆的观点和看法对美国十分有益，我们在荷兰的朋友处在一个独一无二的位置，可以帮助我们了解欧洲人的心态和倾向。"

克朗凯特没有因为轴心国的失败而松懈下来，不过他的角色暂时出现了改变。他参与重建了合众社在欧洲的业务，由于大部分地区饱受战争的创伤，欧洲出现了很多值得大书特书的新闻。除了挖掘独家新闻，赶超美联社，合众社还指示他在低地国家重新开展业务的过程中恢复办公设备。公司租用了连接欧洲各个城市的电话线路，但是却缺少发送和接收电报的设备。克朗凯特如同拾荒者一样开始四处（甚至在德国）寻找罕见的通信设备。

看到克朗凯特出色地履行了海牙分社社长的职责，合众社遂要求他创建布鲁塞尔分社，而此前不久美联社才刚刚在阿姆斯特丹开办了办事处。克朗凯特同合众社的业务员萨姆·黑尔斯一起在德国的西门子公司找到了几台电传打字机。

克朗凯特就像播种一样大手大脚地散发着比利时法郎，就这样终于在布鲁塞尔的黑市上买到了电缆，同巴黎建立了通信联系。在战后他不仅重建了合众社在比利时、卢森堡与荷兰的办事处，而且还在德国开办了一家分社。远在纽约的老总们对他的管理才能欣赏有加，在辗转各地的记者身上这种才干十分罕见。从此，克朗凯特便获得了以公司为重的美名，在余生中这种名声始终伴随着他。他还对新闻行业的商业本质有着深刻的理解，在随后的数十年里这种认识令他获益良多。

仅仅凭借着对第八飞行中队空袭行动所做的有趣的报道克朗凯特就完全有资格重返故土，专心为伊克尔将军麾下杰出的飞行员们树碑立传，同时让祖国同胞承认他作为"空战新闻泰斗"的名号。他在1942—1945年为合众社撰写的稿件完全可以为他争取到出版社的青睐，事实上同时期被派驻海外的一些同事都选择了这条道路。在资金严重不足的情况下为合众社创办新的分社令原本收入就很微薄的他感到头疼不已，与此相比，哈珀与罗和蓝登书屋这样的出版机构给他的待遇都优厚得多。除此之外，在重返故土后他还可以像合众社的同事布林克利那样在广播电台谋一份差事，先成为全国广播公司驻华盛顿特区的记者，在战争结束时转型为播音员。

然而作为一名成熟的平面媒体记者，在克朗凯特的眼中以合众社驻低地国家分社社长的身份进入全国广播公司并非是对事业的提升。他曾打趣地吹嘘说自己也算是"默罗不是上帝俱乐部"的非正式成员，该俱乐部致力于让受众认识到平面媒体始终优越于广播新闻媒体，为了实现这一目标在1945年克朗凯特进行了一番艰苦顽强的斗争。在胜利日之后继续驻留伦敦期间默罗打算回到纽约，彻底结束驻外的工作，同时努力维护"默罗小子"们的事业。但是战争期间的所见所闻令其中一些小伙子厌倦极了，他们主动转投到其他行业。哥伦比亚广播公司的科林伍德在同女演员路易丝·奥尔布里顿结婚后便搬到好莱坞生活了一阵子。塞瓦赖德虽然没有离开哥伦比亚公司，但是7年的记者生活令他精疲力竭，他在加利福尼亚蒙特雷半岛的一座与世隔绝的小木屋里过着足不出户的日子，一直痛苦地寻找着过去的自我，他曾写道："对于年龄，我有一种奇怪的感觉，仿佛我已经过完了一辈子，而不只是青春岁月。"

而克朗凯特并没有同塞瓦赖德一样自省过，也不曾像科林伍德那样纵情享受生活，这位极端的"反普鲁斯特者"不愿意过度沉溺于自己的小世界，他没有回到祖国，而是主动留在了合众社，在饱受战争创伤的布鲁塞尔继续忙碌着。他追寻的并不是至高无上的真理，也不是事关生死存亡的顿悟，为他引路的明灯始终是稿费和自己的大名出现在报纸上的喜悦。尽管其他记者都将自己视作知识分子，但是克朗凯特这位得克萨斯州大学的肄业生始终自豪地认为自己是一名手艺人。经过学习和锻炼他成为一名记者，他最关心的始终是如何在不造成任何负面结果的情况下找到最佳角度采写新闻稿件。归根结底，美国同日本的战争尚未结束，彻底休息甚至放松神经都还为时过早。一次冒险并不能彻底结束第二次世界大战。

8月6日，美国出人意料地向日本广岛发射了一枚原子弹，塞瓦赖德与科林伍德在加州当地的报纸上读到了这条历史性的消息。如前者日后写到的那样，当时他"一连几天完全懵了"。对于克朗凯特而言，这个消息则令他感到自己的祖国是一个战无不胜的国家。凭着自己掌握的飞行知识，他站在饱受战争摧残的荷兰与比利时难民偏狭的视角为"艾诺拉·盖"B-29超级堡垒轰炸机投放含60公斤铀-235的"小男孩"原子弹的行动撰写了一篇报道。

8月15日，就在美国又向日本长崎发射了一枚原子弹的6天后，第二次世界大战结束了。长达6年的悲惨战争让7000万人失去了生命，平民伤亡人数超过了前线阵亡将士的人数，达到了3∶2的比率。这场全球性战争需要一种新型的调查性新闻对其历史渊源进行一番考察。作为一名身经百战的驻外战地记者，克朗凯特涉足这项工作已经有些年头了。尽管贝特西一直张开双臂，热切地等待着他回到自己身边，但是此刻他并不打算重返故土。疮痍满目的欧洲、数百万人失去家园的欧洲正在上演着新的历史，堪萨斯城工商总会的例会则一如既往。克朗凯特不会回到下馆子享受汉堡包、看午夜场的克拉克·盖博、听"安德鲁斯姐妹"的日常生活。在确信自己迟早会进入合众社管理层的同时他留在了欧洲，等待着被派往饱受战争创伤的欧洲某国的首都，以便在新闻界里大展一番拳脚，同时深化自己对地缘政治的认识。

克朗凯特住在布鲁塞尔，但是在他为合众社撰写的稿件中最优秀的一批都来自于战败的德国。他对一批被捕受审的同纳粹同流合污的政客进行了采访；当1945年12月巴顿将军由于车祸身亡后他又参加了人们为将军在卢森堡举行的葬礼。当年末他加入合众社采访团，参与报道在德国纽伦堡举行的"二战"战犯审判大会。各家新闻机构也都派出了得力干将，去见证纳粹战犯得到正义裁决的历史时刻，这批记者中包括《纽约时报》的德鲁·米德尔顿、《纽约先驱论坛报》玛格丽特·希金斯、美联社的路易斯·洛克纳、哥伦比亚广播公司的霍华德·史密斯与威廉·夏伊勒，就连写下杰出作品《美国三部曲》的小说家约翰·多斯·帕索斯也都受命于《生活》杂志，拿着笔记本赶赴了审判现场。《纽约客》也派出了珍娜·福兰纳与丽贝卡·韦斯特。

审判庭设在德国的一座老剧院里，克朗凯特同来自23个国家的记者为记者席上套着栗色座套的最佳位置展开了一番激烈的竞争。闪光灯刺眼的光芒在大厅内此起彼伏地闪烁着，克朗凯特甚至以为自己置身于好莱坞的中国戏院，而非一座已经被轰炸成废墟的城市。

第九章
从纽伦堡审判到苏联

报道纽伦堡审判——转战莫斯科——发自克里姆林宫的报道——封闭的苏联社会——抵制《真理报》——压抑的莫斯科——1948年政党大会——默罗与电视——招募主播——畅想电视未来潜力

1945年下半年至次年初在纽伦堡为合众社撰写稿件是一项艰巨的任务。整日里克朗凯特都带着沉甸甸的英语传译耳机，听着对战犯的审判。在研究人员的帮助下他逐日撰写着有关国际军事法庭的报道，在报道中向读者详细地阐明了国际军事法庭错综复杂的工作。通过这个法庭，人类首次试图对战争暴行的罪魁祸首确立一套符合司法标准的惩罚机制。此外，从日出到日落他孜孜不倦地挖掘着独家新闻，这令他背上了更加沉重的负担，独家报道可不是轻而易举就可以得到的。所有记者都聚集一堂，旁听着同样的证词，各篇稿件大多只是在报道细节和语言风格上有所差别。

但是，当21名最臭名昭著的被俘纳粹分子站在审判席中——为了躲避刺眼的灯光其中一些人戴着墨镜——面临着反人类罪的指控时，对克朗凯特而言审判庭里便出现了值得大书特书的精彩事件（第三帝国的三名缔造者——阿道夫·希特勒、纳粹党卫队队长海因里希·希姆莱和宣传部部长约瑟夫·戈培尔——为了避免被俘，选择了自杀）。在公共广播公司制作的系列纪录片《美国印象》中克朗凯特曾说："第一次坐在那里，目睹着对全世界造成如此恐怖景象的那21个人，我真的感到很恶心。他们走上被告席的模样就好像审判并不是一项合法合理的程序，就仿佛他们早已知道自己将被绞死，既然如此，为何还要经历这一场审判似的。"

作为这场审判的首席记者，克朗凯特有权力将贝特西接到纽伦堡，同他住在一起。在纽伦堡很难找到一套像样的房间，绝大多数记者都住在坐落于纽伦堡附近的小城施泰因的法贝尔城堡，而神通广大的克朗凯特则设法搞到了距离城堡大约500

英尺的一座私人住所，这样一来他就能同贝特西在审判期间享受到别人享受不到的二人世界。后来克朗凯特曾回忆道："我俩在酒吧喝得醉醺醺的，为审判的意义和是否应当为既往之事谋求正义之类的话题争执不下。我俩讨论着所有的事情。"

合众社负责采集消息的同事安·斯特林格对克朗凯特采写到突发新闻提供了重要的帮助。斯特林格是一位言谈机智尖锐的得克萨斯女性，她的丈夫比尔·斯特林格在为路透社报道盟军登陆的时候遇害身亡，她自己此前也曾写出俄军与美军在易北河首次会师的独家报道。据克朗凯特所说，在纽伦堡期间这位路透社阵亡记者的妻子一心想要超过新闻界的小伙子们。他曾回忆说："真正的诀窍在于如何在开审之前通过其他渠道拿到审判过程中将会出现的文件。为了得到这些资料，安·斯特林格对公诉人员好好做了一番工作。"每一个人都知道对纳粹分子的定罪已经是铁定无疑的事实，即第三帝国违反了1928年签署的《凯洛格—白里安公约》（《非战公约》，该公约宣布废弃一切战争）、《日内瓦公约》（根据该公约国际红十字会得以创建，该公约还对战犯的处置问题做出了规定），以及《海牙公约》（该公约建立了战争法规）。要想采写到审判的重大新闻，记者就必须通过内部渠道打听到纳粹战犯在法庭上受审时的情况。事后克朗凯特曾说："我们得到了一大把了不起的封面报道，这些报道都能揭示出纳粹德国究竟有多么邪恶。"

记者们对审判的报道千篇一律，当大多数人都将目光集中在德国建筑师及第三帝国装备部部长、臭名昭著的"道歉的纳粹分子"阿尔伯特·斯佩尔的身上时，克朗凯特却对国会议长及空军总司令赫尔曼·戈林产生了浓厚的兴趣，这名死不悔改的战犯一心想要以死向血腥的纳粹党徽致敬。克朗凯特设法得到了同盟国调查人员获得的"新信息"，即戈林的个人财富来自于集中营囚犯的亲属们提供的贿赂金，从而一举击败了竞争对手，采写出了独家新闻。整整9天他亲眼看见了戈林接受严密审问的整个过程，事后他曾说："面对着关乎生死的审判，站在被告席上的戈林表现出一脸曾经决意统治世界的傲慢。"

在纽伦堡最令克朗凯特感到不安的是在此期间播放的德国的第一座集中营——达豪死亡营的影像资料，在余生里这些影片一直令他饱受噩梦的纠缠。根据接受审判的纳粹分子的供述，该集中营专门用来关押持不同政见者、惯犯，以及宗教狂热分子。在看到排放氢化物粉末杀害犹太人的"淋浴室"（毒气室）时，克朗凯特不禁呕吐了，后来他曾回忆道："被告人一看到那些画面，即集中营的影片时，他们的脸立即失去了血色。实际上，有些人哭嚷了起来。他们并不是在为失去性命的犹太人民哭泣，至少我不这样认为。他们之所以哭泣，是因为他们清楚当全世界人民看到这些画面时他们便难逃一死了。"

参加纽伦堡审判的罗伯特·杰克逊等美国公诉人员和来自苏联的罗马·安德烈耶维奇·鲁登科所表现出的职业水准令克朗凯特过目难忘。在审判之前的准备过程中他们进行了大量的调查研究，无论以何种标准来看这些准备工作都十分惊人。在1981年接受《滚石》杂志的采访时克朗凯特曾说："多年来一直有论调称那场审判是在事后对战败敌人强制实行的裁决，然而我一直认为那场审判代表着人类尝试着在再次爆发世界大战之前为有序的全球体系确立一项司法先例——倘若等到战争再次爆发才着手这项工作，那就为时已晚了。"

在1946年的春末，合众社批准克朗凯特暂时返回密苏里州。在贝特西的陪伴下克朗凯特受到所有亲朋好友的拜访，大家都想听到具有历史意义的纽伦堡审判的第一手消息。在纽伦堡的时候克朗凯特设法搞到了一部微型掌上相机，偷偷地拍下了对第三帝国元首兼总理鲁道夫·赫斯、戈林、党卫军刑侦队首长卡尔滕·布鲁纳和其他战犯的庭审照片。这种做法有违规定，因此在欧洲期间他没有向任何人炫耀过这件事情，但是他自己得以拥有了历史上最伟大的一场审判的纪念画。克朗凯特的表妹，曾两次连任堪萨斯城市长的凯·巴恩斯曾回忆道："至今我仍清楚地记得沃尔特来圣约瑟夫探望我们时的情景。他的那部相机太令人叫绝了，竟然那么小。真无法相信沃尔特用那么小的东西拍下了纽伦堡审判的照片。"

当年秋天国际军事法庭做出了裁决，此时克朗凯特已经不再负责对纽伦堡最新进展的报道工作了。就在那个夏天他被调派到了莫斯科，就在距离克里姆林宫仅几条街的地方驻扎了下来。1943年默罗代表哥伦比亚广播公司邀请他前往斯大林格勒，但是他拒绝了，三年后他却出任了对合众社而言至关重要的记者站——莫斯科记者站——的站长一职。而且贝特西能够同他一道留在莫斯科，这对他们而言不啻为一桩喜事。在莫斯科克朗凯特的首要任务将是"向美国民众"阐释苏维埃共产主义。他同贝特西没有做过多的准备，对于在物资匮乏的共产主义国家需要准备的必需品他们几乎一无所知。后来克朗凯特笑称贝特西带去了一大堆高尔夫球，当时苏联人不仅不开展这项运动，而且还将其视为赤裸裸的资产阶级情趣。克朗凯特曾打趣道："当时我可是首席记者，因为那时候我是合众社派往莫斯科的唯一一名记者。"

来到苏联的首都后，一开始克朗凯特夫妇夜宿在曾经的"默罗小子"，曾被盖世太保俘虏过的理查德·赫特里特的办公室里，晚上就睡在沙发上，两个人在这里蹭住了十天。他们随身带来了18件行李，可是钥匙全都找不到了，可谓万事不顺。为了弥补家用，贝特西很快就开始为美国之音工作，她从美国之音设在大使馆的办公室里悄悄带回家很多走私食品，以供夫妻俩晚上享用。按照女儿凯西的说法，当时她的主要工作是撰写"妇女新闻"——诸如在冷战时期（该术语得到普遍认可，专指美苏两国在第二次世界大战后的紧张时期）军嫂应该如何生活之类的自助指南。

夫妻俩在莫斯科度日艰难，然而克朗凯特却发现这种生活令自己受益匪浅，有生以来他第一次读到了托尔斯泰与果戈理的作品。在"二战"期间苏联至少损失了2600万人口，此时许许多多的家庭仍然沉浸在悲痛中。克朗凯特夫妇设法找到了一套简朴的公寓，可是房间里没有冰箱，为了保持低温他们只得把牛奶放在屋外。此外，当地供电不稳定，地板有的地方也已经腐烂。到了晚上夫妻俩常常应邀前往大使馆参加活动，到场的男士都身着白色无尾礼服，餐桌上摆放着充当佐餐零食的鱼子酱，这样的夜生活同他们的日常生活形成了鲜明的对比。对于贝特西而言，莫斯科就是"这个帝国最后的堡垒"。尽管买不起收音机，可是他们却能享用到昂贵的法国美乐和赤霞珠葡萄酒。这种充满贵族气质的贫寒生活令人感到离奇。他们的女儿凯西曾说过："他们生活在富有和贫穷的双重世界里。莫斯科的贫困生活令他俩日渐萎靡了下去。"

克朗凯特只学会了"privyet"（你好）和"do svidaniya"（再见）这两个俄语单词。合众社的办公室距离克里姆林宫和美国驻苏联大使馆仅有几步之遥，办公室就设在大都会饭店的一个单人间里，英语国家各大新闻机构派驻莫斯科的记者几乎都住在这座缺少便利设施的新艺术风格的大楼里。正如《纽约时报》的哈里森·索尔兹伯里在日后曾说过的那样，"住在'大都会'有点像住在蝙蝠侠的死对头疯帽匠长官的监狱。我就住在他们的隔壁，我们同桌吃饭，一道出游，一起畅饮，我们同甘共苦，并肩作战，我们都清楚谁在跟谁同眠共枕，谁又跟谁分床而居，也知道哪对夫妻何时就分手了。"

克朗凯特适应了当地的生活，早餐吃着俄式煎饼，晚上喝着伏特加。在贝特西的陪伴下他参观了列宁墓、莫斯科大剧院和圣瓦西里主教座堂，在每一个街角感受着俄罗斯历史汹涌澎湃的激流。由合众社出资，夫妻俩在列宁格勒（今圣彼得堡）逗留了整整一个周末，乘船畅游了一番伏尔加河，这个周末令他们永生难忘。最初克朗凯特就苏美两国之间的迥异撰写了一篇生动的报道，字里行间充满了轻松喜悦之情。这篇发自莫斯科的报道被刊载于1946年10月24日的美国各大报纸上，在开篇处他写道："这天清晨我摊开四肢躺在覆盖着积雪的堤岸上，有生以来头一次我听到了俄国人的捧腹大笑。有人在吃早点的时候被摔得四脚朝天，就像一个滑稽的纸人踩在了香蕉皮上一样。如同在纽约或缅因州的穆斯卢克梅贡蒂克湖一样，这一跤在莫斯科也引起了一阵喧闹。"

如果说克朗凯特在莫斯科发回社里的最早一批稿件读起来如同愚蠢的游记或土里土气的玩笑，那么这些文章至少迎合了美国人对苏联社会日渐增长的好奇心，在斯大林统治时代，尤其是在"二战"中不屈不挠的卫国战争时期，苏联完全被描绘为一个荒凉暗淡、百无聊赖的世界。克朗凯特的文章展现出莫斯科人也是能够哈哈大笑、欢呼雀跃、打情骂俏的常人，同美国人没有什么区别。这些文章正是苏联新闻审查官员们期望外国记者撰写的报道。

尽管在驻守莫斯科的两年里克朗凯特没能采写到任何重大新闻，但是在美苏两国日渐加剧的冷战中他成为一名情报人员。当他与贝特西刚刚抵达莫斯科的时候苏联和美国尚保持着同盟关系，当然，双方都相互提防着对方，但是两国仍旧一道分享着胜利留下的美好回忆。克朗凯特最初发回国内的报道就反映出当时美国人民对苏联人充满友善的好奇感。到了1947年，随着杜鲁门主义（该主义宣称美国将向希腊、荷兰、土耳其提供援助，以抵抗苏联对这些国家渐渐渗透的影响力）和马歇尔计划（根据该计划美国在战后将向欧洲各国提供经济援助，帮助各国恢复经济）的实施，克里姆林宫对待诸如克朗凯特之类的记者的态度就仿佛他们不是美国战略情报局的间谍，就是刚刚组建的中央情报局的特工一样。克朗凯特撰写的一篇报道完全脱离了新闻报道的宗旨，在文章中他向美国的广大读者讲述了自己在莫斯科的工作状况，让同胞们看到在闭关锁国的苏联外国记者是如何开展新闻工作的。他解释说："驻莫斯科的外国记者简直就相当于文摘类杂志的编辑。在这里采写的稿件中有95%的内容都来自当地报纸、杂志和其他刊物。"

类似共产党的机关报《真理报》之类的报纸显然不是可靠的消息源，然而克朗凯特还是充满孩子气地在文章中引述了一位苏联塔斯通讯社新闻评论员对杜鲁门总统的论断，这位评论员称杜鲁门总统"想成为世界的统治者，要让英国成为自己的走狗"。克朗凯特决定根据《真理报》的内容采写稿件，这个决定很明智，毕竟苏联的新闻审查官不可能在《真理报》上挑毛病；而这些内容对美国读者而言也具有强烈的吸引力，对他们来说这些消息既有趣，又可怕。在一篇文章中他就引述了出现在《真理报》上的一段话："在彻底摧毁德国，在国际上形成的反动势力，镇压了其侵略行径之后，又一股类似的势力已经形成了，这股势力同样充满威胁。这股势力就在美国，其总部位于华尔街，首脑是杜鲁门与（国务卿）乔治·马歇尔，遍及全球的军事将领和外交官都是它的特工，而美国资本主义报纸就是它的猎犬。"

在这篇文章中他还指出苏联人普遍坚信美国正在谋划立即对苏联发动一场攻

击。在这个阶段，他本人和苏美两国能够容忍的新闻报道都着眼于日渐扩大的冷战鸿沟。通过在自己的文章中引述苏联领导人的论断，克朗凯特以一己之力助长了美国社会日甚一日的反苏情绪。

在来到莫斯科将近两年的时候克朗凯特有了各种各样离开这个地方的理由。贝特西怀上了他们的第一个孩子，已经在当年初夏时节经由西柏林返回了美国，后来她曾夸耀说自己也是具有历史意义的1948年柏林空援行动的一部分。克朗凯特自然也渴望回到堪萨斯城，守在贝特西的身边，与妻子一道分享怀孕的喜悦。正如他在《记者生涯》中所指出的，即将成为人父的他越来越担心苏联当局会以各种事由逮捕他。他一心希望尽快离开苏联。

现在，在苏联的生活对他而言完全成了一种压迫。无论1946年从表面上看生活有多么激动人心，到了1948年所有的粉饰都被彻底撕去了。在斯大林的统治下克里姆林宫不再对"兄弟般的西方记者"给予有限的友谊了，甚至将"微薄的特权"也取消了。克朗凯特也失去了耐心，作为合众社的记者他一贫如洗，他厌倦了这种拮据的生活。此外，全国广播公司和哥伦比亚广播公司都在日渐壮大，而合众社则一直在缩编队伍，公司为了降低成本不断地投机取巧，最终往日的辉煌不复存在，精华荡然无存。

克朗凯特总是向人们讲述在1948年前后自己同合众社的关系。在重返美国后他见到了《纽约邮报》的八卦专栏作家伦纳德·莱昂斯，结果就引出了他们夫妇俩在莫斯科期间的一则轶事。一天，回到家时他们发现有人在他们的门上画了一个美元的符号，这个符号具有反资本主义的含义。以言辞机智出名的贝特西立即对记者们的赤贫生活评头论足了一番。但是，据莱昂斯说，在当时说出那番名言警句的却是克朗凯特，他说："要是他们知道我在为合众社而不是美联社打工的话，他们就会在门上画一个钢锄儿。"（后来克朗凯特坚称原话应该是"要是他们知道我们都是新闻从业人员的话，他们就会在门上画一个钢锄儿"，他不想公开取笑合众社）

在前往堪萨斯城探望贝特西的途中克朗凯特在纽约稍作停留，在此期间他得知预期的加薪没有希望了，而且倘若接受合众社驻伦敦记者站的职位，他甚至拿不到任何经费。作为全社薪酬最高的驻外记者，这种状况对他来说无异于减薪。这对他的操守而言绝对不是无伤大雅的伤害。他的新闻生涯全部奉献给了合众社，对公司付出了一片真心，然而公司却对他斤斤计较，他不得不脱离这个队伍。事实上，合众社的工作留给他的全部记忆有可能早就令他感到厌倦了——令人筋疲力尽的战地报道工作；驻外记者居无定所的漂泊生活；整日与其他嗜酒如命的记者为伍，同他们展开竞争；以及同堪萨斯城遥距数个时区。

到了1948年10月克朗凯特急切地想要回归到普通人的生活。当初他未能被征召入伍，否则最终他就可以受到资助，完成大学学业，这个缺憾让他在新闻界被科林·伍德（康奈尔大学三九届毕业生）和塞瓦赖德（明尼苏达大学三五届毕业生）这样的"默罗小子"远远地甩在了身后。此外，自"二战"开战头一年他就离开了美国本土，从此没有在祖国从事过新闻报道工作，因此他对战后美国国内的紧张局势知之甚少。在1941年告别密苏里，前往纽约后他便始终没有过过一个像样的假期，在欧洲前线和苏联一待就是七年。眼看第一个孩子即将呱呱坠地，克朗凯特欣欣然地享受着中西部的生活，享受着堪萨斯城的生活，在这里有轨电车依然准时运行着，这里也没有间谍。

1948年，过不了多久克朗凯特的生活就要发生翻天覆地的变化了，不过此时他对此还一无所知。这一年，哥伦比亚广播公司第一次对民主党和共和党的全国代表大会进行了电视转播（会议均在费城举行）。在此次电视新闻报道中业界首次采用了新技术，对未来嗅觉敏锐的人们为这种新技术感到欢欣鼓舞。《纽约时报》声明卓著的广播及电视评论员杰克·古德在这一年的夏天专门为电视媒体在总统选举中起到的重要作用撰写了一篇评论文章。尽管他也承认这一年的全国代表大会有很多活动对观众而言都不啻为一种"痛苦的折磨"，但是电视对参选政客们"将产生重大影响"的事实不容忽视，这一事实在当时看十分超前。在抵达费城时杜鲁门衣着光鲜入时，活像是嗜好在游船上赌博的赌棍前来参加婚礼似的。他身着白色西装，配一条黑色领带，这身装束"最能在镜头前彰显男性雄风"。

古德认为1948年对党代表大会进行的电视报道唯独缺少了一位能够掌控全局的人物，一位聪明的带头人，当竞选人的马拉松式演说渐渐失去吸引力的时候这位带头人能够即兴发挥一下。电视媒体的出现使政治人物提高了参与门槛，而仅仅其本身固有的远程性就要求广播公司必须为之创办全国性的办公地点，而且电视网络需要一位看起来随和可亲的"主播"——直到1952年电视行业的这个术语才得到普遍接受，随后该术语就基本成了克朗凯特的代名词——将各种迥然不同的部门组织整合起来。1948年，哥伦比亚广播公司身经百战的铁三角——默罗、昆西·豪与道格拉斯·爱德华兹——显示出了同全国广播公司截然不同的品质。在为《时代》撰写的文章中古德称："在雄心勃勃的实干家泛滥成灾的地方，默罗、豪和爱德华兹这几位记者先生看起来松弛自在，同时又经验十足。"

实际上默罗并不乐意成为哥伦比亚广播公司的电视节目主播，以往报道全国代表大会的经历已经让他失去了热情，在他看来这种活动只会有损于记者的职业素养，将他们变成啦啦队队长和观众，就像愚蠢的马屁精一样在政客们朗读着预先写好的演讲稿时一个劲儿地拍着巴掌，默罗可不是一个唯命是从的榆木疙瘩。就这样，哥伦比亚广播公司出现了一个职位空缺。尽管直到四年后，为了1952年的全国代表大会哥伦比亚广播公司才正式设立了这个岗位，但公司的经理们早就构思好了招聘广告——"征召主播"。

与此同时，全国广播公司和哥伦比亚广播公司在全美各地的分支机构都在日渐壮大，电视日趋显现出在未来成为主流传播媒体的潜力，然而克朗凯特尚未入局，他那越来越洪亮的声音也尚未被世人听到。

第三部分

冷战时代的播音员

在"二战"中"默罗小子"们成为了历史的一部分，而今在报道美国第一个通过多方合作将人类送入地球轨道的载人航天项目"水星计划"的过程中，"克朗凯特"们也将在历史上留下自己的足迹。

第十章

电视新闻的初创时期

"婴儿潮"时代初为人父——杜鲁门的密苏里——借道KMBC电台进
入华盛顿特区——电视先驱——道格拉斯·爱德华兹——朝鲜战争迫在眉
睫——小家庭添丁加口——WTOP的电视新闻——与谢德共事——"一遍
过"沃尔特——杜鲁门带领克朗凯特游白宫——亲历1952年全国代表大会

　　尽职尽责的克朗凯特一心想要承担起父亲的责任，1948年11月8日，当贝特西
在圣路加医院产下他们的第一个孩子南希的时候克朗凯特就在堪萨斯城。他向公司
请了一个短假，好回家探亲。当沃尔特还在苏联工作的时候，怀有身孕的贝特西回
到了故乡，同自己的双亲阿瑟和伊娃·麦克斯韦尔夫妇一起住在阿格尼丝大街3220
号。克朗凯特总是喜欢说："我从莫斯科出发，绕了地球半圈，全速赶回家，好赶
上这个重要的时刻，结果却发现我是否在场其实无关紧要。"

　　克朗凯特夫妇赶上了被世人称为"婴儿潮"的生育高峰时期，这一时期从战后
的1946年一直持续到了1960年，它标志着美国出生率的大幅度提高。作为一名仍旧
四处漂泊的记者，克朗凯特唯一想做的就是在接到合众社任务重新启程之前亲吻一
下刚刚来到人世的南希（这是他们的头生子，此后他们还养育了两个孩子）。南希
曾说："那时候就是这样。妻子在家照顾孩子，丈夫为了谋生四海为家。"一回到密
苏里克朗凯特就意识到美国实在是最适合养儿育女的地方，购买尿布、食品和衣物
这些婴儿用品都不存在太大的问题。在动身前往纽约（重返莫斯科）之前他同堪萨
斯城KMBC电台的总经理柯尔伯在堪萨斯城俱乐部共进了一次午餐，该电台隶属于
哥伦比亚广播公司。希望拓展事业并急于迂回美国的克朗凯特示意柯尔伯电台目前
需要一位工作得力并且曾在华盛顿工作过的记者，他非常期待以KMBC电台记者的
身份回到哥伦比亚特区。这时《堪萨斯城新闻邮报》已经倒闭了，当广播界一片萧

条的时候他认为自己有能力重新在这个领域开拓出新的天地，在华盛顿为中西部地区，尤其是密苏里和堪萨斯的听众服务。后来在提到KMBC电台时他曾说："这是一家状况良好、有责任心的电台，是比尔·佩利为最早的哥伦比亚广播公司新闻网整合的第六家电台。"

柯尔伯也希望将克朗凯特这样的天才招至麾下，在他的授意下克朗凯特得到了KMBC电台的聘用。结果，克朗凯特的播音开始同时出现在中西部地区的十家电台。克朗凯特喜忧参半，对他而言这份工作无异于自贬身价，现在只有局部地区的听众能听到他的声音，不过这只是他获得对广播节目主导权的一块垫脚石，从此他拥有了客户，却没有了老板的束缚。此外，电台巨头KMBC为他提供的薪水是他当合众社驻莫斯科记者时的两倍。初为人父的他怎么会排斥这个诱惑？对于他的辞职合众社的老总们心怀不满，不过他们也都明白对于一个需要照顾妻儿老小的男人而言双倍的收入意味着什么。需要指出的是，在当时能够得到克朗凯特这样的记者对任何一家新闻机构而言都是一桩喜事，就连《纽约时报》也不例外。《每日新闻》驻纽约的一位专栏作家曾在1965年撰文指出早在1948年克朗凯特就已经在业界拥有了"坚如磐石""如日出般可靠"的名声。

20世纪30年代克朗凯特曾在自己的初恋（报纸）和新媒体（广播）之间反复了几次，但是在1948年12月迁至华盛顿后他为报纸效力的时代便宣告结束了。电子媒体在当时仍旧属于新兴领域，尚未充分展示出潜能，KMBC电台最新鲜的声音——克朗凯特——也是如此。哥伦比亚广播公司的资深记者鲍勃·舒弗尔在回忆往事时曾说："在沃尔特进入广播界的时候每一位播音员都力求让自己听起来好似默罗。我是说，就连查尔斯·库拉尔特也是如此。然而沃尔特是个例外，他自有一套与众不同的谈话风格。我不清楚这种风格从何而来。他来自堪萨斯城，自幼长在得克萨斯，在很多国家生活过。最终，到了20世纪60年代的时候，哥伦比亚广播电台里的所有人都开始试图让自己听上去像克朗凯特，而非默罗了。他成为哥伦比亚新闻网新一代标志性的声音。"

堪萨斯城《艾奇逊周报》的专栏作家吉姆·卡森曾夸张地声称克朗凯特在KMBC的新工作不啻为中西部地区的福音。在1949年1月9日的文章中他写道："克朗凯特将在华盛顿创建总部，并于2月1日开始正式开展报道工作。按照计划克朗凯特需要在美国的首都建立一个每天为各家电台提供新闻的场所……按照日程安排，为了对密苏里州和堪萨斯州产生影响，每星期该机构都要提供15分钟的地方新闻。"有传言称克朗凯特的密苏里背景将会让他得以接近杜鲁门总统，克朗凯特本人的态度进一步强化了这种说法的可信度。然而，实际上对克朗凯特而言白宫是一个完全陌生的地方，一个如同猛犸象的洞穴一样神秘的豪宅，他和杜鲁门没有私交可言。

克朗凯特夫妇租下了一所乔治王朝时期风格的房子，街对面就是石溪公园。尽管15000美元的年薪让他们进入了中上层社会，"作家六十九营"的战友安迪·鲁尼和威廉·韦德的收入都不及他们，但是两个人依然过着有些拮据的生活。作为KMBC的职员克朗凯特代表着五个州：密苏里、爱荷华、内布拉斯加、堪萨斯和俄克拉荷马。不仅如此，出于记者的第一直觉他还同1949年重大新闻的发祥地——联邦政府机构——取得了联系。杜鲁门在前一年的选举中击败了来自纽约的托马斯·杜威，提出了在国内"公平施政"的执政纲领，这就意味着联邦政府将在国内政策上扮演更重要的角色。由于KMBC电台针对的是中西部地区的听众，因此农业部就成了克朗凯特的首要报道目标。当时，默罗几乎成了白宫的常客（与杜鲁门总统一起同戴高乐、丘吉尔之类的人物同桌进餐）。与此同时，克朗凯特则忙着同爱荷华州得梅因市和北达科他州法戈市的小麦商人和牲畜围场的经营者打交道。

克朗凯特在华盛顿期间为KMBC撰写了一篇报道，他在文章中指出来自威斯康星州的共和党人，国会议员约瑟夫·雷芒德·麦卡锡的势力和搜寻联邦政府内的共产主义分子的决心都在逐步增强。对当时的广播和电视记者而言，公开指责麦卡锡都是一件危险的事情。这位议员正活跃在一场流行运动的前沿阵地，这场运动将共产主义描绘成和纳粹主义同样卑劣，甚至更加阴险的威胁。在很多人的眼中，诋毁麦卡锡就意味着对美国民主制度的背叛。更重要的是，麦卡锡正在怒火中烧地调查一切与其意见相左，无所顾忌地讲述事实，甚至揭穿谎言的人士。没有多少播音员具有足够的勇气或无懈可击的名望对抗麦卡锡的构陷，但是克朗凯特能够做到。1950年5月，他应邀在爱荷华州锡达拉皮兹市的环岛俱乐部做了一次演讲，该市的WMT电台也在播放他在华盛顿制作的广播节目。他原本可以选择一个毫无风险的话题，然而在演讲中他却直率地指出麦卡锡的行为纯属在人民心中散布恐惧，以此争取到白宫能够对他高看一眼。根据锡达拉皮兹的《公报》，克朗凯特当时还说麦卡锡"自相矛盾，其实他对所谓的共产分子的调查没有多少实质性的结果"。这番讲话的录音已经不复存在了，不过克朗凯特坚定地认为当年自己在听众面前从未退缩过。他说："我无法相信谁会把麦卡锡当回事。我认为他仅仅代表着少数人的狂热情绪和个人野心，大人物们不会追捧他的这一套。"

在华盛顿，克朗凯特有机会走进了哥伦比亚广播公司设在国家记者俱乐部内的办公室。他的得力助手，后来成为《纽约时报》记者的艾琳·沙纳汉专门负责在白宫和农业部每日发布的新闻稿中挖掘能够吸引到大平原地区广播听众的重要消息。克朗凯特擅长即兴发挥，但他总是无法准时编辑完新闻稿。在合众社的工作同他在这家中西部大型广播公司的工作有着天壤之别，现在守时对于他的工作具有关键性的意义。此外，在联邦政府培养人脉对他来说也同样至关重要。通过当初在《得克萨斯人日报》认识的朋友，他得以在国会山结交到得克萨斯州的代表。鲁尼曾回忆道："沃尔特就是沃尔特，他同（白宫发言人）塞姆·瑞伯恩相交甚好。一天下午我在哥伦比亚特区的乔治敦碰到了他，他又占了上风，因为我看到他正在同瑞伯恩一起喝着波旁威士忌。"

克朗凯特在逐渐适应广播工作的节奏时，哥伦比亚广播公司的默罗则面对着电视媒体的挑战。默罗并不乐意成为双料记者，在1949年他曾说："我真希望电视见鬼去。"克朗凯特想要告诉默罗或许电视的确是撒旦的发明，但是这种媒体在短期内不会消失。广播新闻业通过20年的时间和一场世界战争才学会充分利用自己的固有优势，在最佳状态下，即在默罗这类人的手中，广播新闻成了一门大众艺术，在记者与听众之间建立了伙伴关系。而在20世纪40年代的时候电视业距离"艺术"这两个字还相距甚远，电视新闻节目看起来更像是有图像的广播节目，因此在观众看来这种节目同广播新闻没有多少区别。默罗曾对纽约《每日新闻》的本·格罗斯说："说电视将会摧毁广播的人就跟25年前说广播将要毁灭报纸的人一样错得离谱。我绝对相信广播新闻会变得越来越重要。"

甚至直到1949年电视新闻的潜力仍旧没有得到实质性的开发。哥伦比亚广播公司电视新闻部门的首任总监西格·米克尔森曾说："一开始，默罗们、科林伍德们、塞瓦赖德们都不愿屈尊参与到电视行业。电视只适合《你好，杜迪》和《工装裤教室》①，广播才是成年人的节目。"事实上，在电视业的早期，节目制作者们甚至都不清楚这种媒体究竟有什么样的潜力。当时人们首先考虑的就是让电视新闻成为广播播音的完美替代品。默罗与制作人弗雷德·弗兰德里在此之前曾合作创办了一部广播节目《现在收听》，该节目被173家电台播放，并荣获了皮博迪奖②。在朗读新闻稿方面这两个人都是大师级的人物。

哥伦比亚广播公司的道格拉斯·爱德华兹是最早出现在电视新闻节目里的面孔，他将案台上的文稿扫视一遍，然后便抬起眼睛，对着镜头开腔了。在午餐时段

---

① 译注：美国两档儿童电视节目，前者以马戏团和西部故事为主题，后者为教育节目。
② 译注：一年一度的国际性奖项，以表彰杰出的广播和电视节目。该奖项设立于1941年。

115

的节目《道格拉斯·爱德华兹播新闻》中他的播音十分流畅，但是人们认为他摇头晃脑的习惯严重地分散了观众们的注意力。爱德华兹堪称是新闻行业的一位先驱。他于1917年出生在俄克拉荷马州的阿达市，自少年时代他就开始了自己的广播生涯，先是在一家发射机为100瓦的电台当"初级"播音员，后来在大萧条时期在底特律的WKYZ电台正式崭露了头角。他不具有强烈的明星气质，但是在电视新闻面对着广播新闻巨大压力的时候他坚持战斗在电视行业。他之所以这么做是出于两个理由，在《美国电视新闻业的起源》一书中麦克·康韦解释道："首先是因为电视，其次是因为电视新闻。"

1949年初，爱德华兹为哥伦比亚广播公司录制的时长为15分钟的节目只是一档夜间新闻节目。到了下半年，全国广播公司也开办了同类节目，负责播报新闻的是约翰·卡梅伦·斯韦兹。斯韦兹是克朗凯特在堪萨斯城时就与其私交甚好的同行，在为全国广播公司播报夜间节目《骆驼新闻大篷车》时他能够将新闻稿熟记于心。事实上，1933年在堪萨斯城实验性地首次出镜时他还在拿着稿件大声朗读着。当时，电视信号从大楼顶层发射出，被实时传送到楼下的大厅，最终影像出现在原始的电视机屏幕上。下午3点走进全国广播公司坐落在曼哈顿东区106大街的录影棚后，43岁的斯韦兹便开始仔细地筛选一遍合众社或全国广播公司的记者们撰写的报道。在完成15分钟的节目稿件后他总要将稿件大声朗读三四遍，在这个过程中他便记住了稿件的内容。斯韦兹有时候也会来一段即兴发挥，但是他最擅长的还是以简明易懂的方式，并充满激情地进行播音。

斯韦兹很快便征服了大部分的观众，哥伦比亚广播公司的经理们随即也竭力劝说爱德华兹将稿件背诵下来。爱德华兹没有这个能力，而且他认为这种做法并不明智。他拥有一副丝绒般柔软顺滑的嗓音，但是他一直为获得新闻记者的资格而苦苦努力着，而且他也不想将大把的时间浪费在死记硬背那些稿件上。

《道格拉斯·爱德华兹播新闻》的制片人是年仅26岁、特立独行、土生土长于纽约的唐·休伊特，他充满活力，无所畏惧，并且坚持己见，具有一股不达目的誓不罢休的劲头。他曾在顶点新闻图片社担任图片编辑，于1949年进入哥伦比亚广播公司，自这档新闻节目创办之初便参与到该节目的制作中。如果说有什么事情能让他不停抱怨的话，那必定是爱德华兹在播音中表现出的僵硬，他曾发牢骚说就连伍德罗·威尔逊都比爱德华兹更松弛。在"上镜感"一词流行之前休伊特便率先指出这种素质是决定电视播音工作成败与否的关键。为了帮助自己的播音员放松下来，他竭力劝阻爱德华兹放弃盯着手中稿件播音的习惯，甚至还建议对方不妨学一下盲文。休伊特与自己的同事们在纽约的录影棚里尝试性地采用了提词卡，最终确定了在摄像机上方架设大字体滚动提词器的方法。

爱德华兹与休伊特忙着在纽约为哥伦比亚广播公司创办电视节目，此时远在华盛顿的克朗凯特还在考虑自己在KMBC电台究竟有没有前途。他开始想念合众社了。在中西部地区没有多少电台大量采用他发自华盛顿的报道，提起那段往事时他曾说："当时大多数地方电台的新闻总监都不知道该如何向我索要消息。"

1950年的夏天朝鲜战争爆发，克朗凯特又盼望着能参与战地报道工作了。读着合众社的同事们撰写的报道，而他却只能为一家中西部大型广播公司播报小麦和黄豆的价格，这种现实令他感到难过。在得到贝特西的同意后，他向哥伦比亚广播公司新闻网驻纽约办事处的经理威尔斯·丘吉发了一封电报，主动请缨奔赴前线，报道朝鲜战事。令他吃惊的是，他接到的不是丘吉，而是默罗打来的电话。回首往事时他曾说："爱德华说没有几个人能得到第二次机会。不过，你想不想加入哥伦比亚广播公司，去朝鲜呢？我说怎么不想。"默罗为克朗凯特开了绿灯，他捐弃前嫌，将当初在塞维尔俱乐部的陈年旧账抛之脑后，不顾克朗凯特曾对哥伦比亚广播公司的邀请出尔反尔的事实，聘用了克朗凯特。

合众社率先对这一事件进行了报道，没过多久"有限战争"和"军事行动"之类的术语就成了人们街谈巷议的热点，仿佛全世界都在拿一堆术语当赌注玩着一场轮盘赌。在朝鲜半岛大大小小的山岗上人们原本过着艰苦而朴素的生活，而今不仅传统意义上的战争在逐步升温，各种各样难以描述的争斗也一触即发。克朗凯特厌倦了KMBC电台的日常工作，不过他并不打算离开广播界。他认为自己很适合这个行业，只是中西部地区的这家大型广播公司没有为他提供上升的机会。当年7月，在为《艾奇逊周报》撰写的专栏文章中吉姆·卡森向读者报告了克朗凯特的最新情况，"KMBC-KFRM电台驻华盛顿的这位记者已经请了一个无限期的长假，并加入了哥伦比亚广播公司华盛顿新闻网。身为前合众社战地记者的克朗凯特能够随时重新接受委派，并且很有可能会被派遣到海外，为新闻网效力。"

但是卡森没有提到克朗凯特同默罗达成协议，他对朝鲜战争的报道必须由KMBC电台首发，然后哥伦比亚广播公司各分支机构才能转发。此时贝特西怀上了他们的第二个孩子凯西，前往朝鲜对沃尔特而言充满危险，但是对这个日渐兴旺的小家庭而言这份工作意味着收入的增加。克朗凯特告诉自己朝鲜战争不会持续太久，但是在三八线上进行的报道工作会让自己增加曝光率，这样就能帮助他奠定哥伦比亚广播公司一线播音员的地位。进入公司后他接到的第一项任务就是事无巨细地对朝鲜战争进行全面了解。在等待着被派遣到亚洲的时候，即接受疫苗接种之后的两天里，他的工作环境突然又变了。

哥伦比亚广播公司在此之前从联邦通信委员会那里收购了华盛顿特区的一家地方电台，公司总裁弗兰克·斯坦顿博士请克朗凯特每天在WTOP电视台上播报一段有关朝鲜战争的新闻综述。1946—1971年斯坦顿一直担任着哥伦比亚广播公司的总裁一职，他自幼生长在密歇根，在俄亥俄州的代顿市完成了高中学业，接着又在特拉华市的俄亥俄卫斯理大学拿到了大学学位，迂腐、离群，但是不乏幽默感的他于1935年在俄亥俄州大学拿到了心理学的博士学位。他坚定、苛刻，善于同热爱知识的人为伍，从一开始便以决策者的身份进入哥伦比亚广播公司的新部门。在"二战"期间他同战时新闻处通力合作，在担任公司副总裁的时候定期为军队的宣传工作献计献策，无论哪一位高级将领都无法令他感到畏惧，律师们也不能让他退却，面对他那教育家般强硬的态度就连比尔·佩利也对他唯命是从。作为公司的创建者佩利名利双收，而斯坦顿则更像是一位大学校长，能够让公司运转正常，并坚持认为电视对公共事务具有责任。

正是斯坦顿给了克朗凯特进入电视新闻行业的机会。WTOP电视新闻工作室设在华盛顿西北部四十大街和布兰迪维因大街交界处的一所住宅里，在哥伦比亚广播公司华盛顿办事处经理泰德·库普的管理下这家电台的运营状况差强人意，但是总公司的电视业务正在扩展。后来在《底特律新闻杂志》的一份人物简介中克朗凯特说道："哥伦比亚广播公司要我为他们播音，报道朝鲜战争，这可是当时的头号大事。他们只说，'去吧，给晚间新闻做五分钟。'他们问我需要什么，我说，'给我一块黑板，一张简略的朝鲜地图，上面标有三八线的就行。'"

一开始克朗凯特在WTOP电视台主持15分钟的周日晚间新闻节目《最新消息》（紧随其后是在美国东部时间晚上11点播出的游戏节目《我的台词是什么？》）。在节目中克朗凯特在地图上用一个个小箭头标示出军队在朝鲜半岛的动态。他引起了华盛顿观众们的注意。或许他的确缺乏电视播音的经验，不过他却是全公司最适合这份工作的记者，甚至可以说他鹤立鸡群。库普接着又要他全面负责晚间6点播出的15分钟新闻节目，提到这件事情时克朗凯特曾说："我说没问题，因为这项工作太有趣了，而且完全是试验性的。当时我们还是努力琢磨应该如何在电视上播报新闻。"

33岁的克朗凯特很快便展现出休伊特所说的"上镜感"的神秘素质，有的人将这种素质称为"镜头魅力"或"明星气质"。如何与观众沟通是一种令人头疼的技术，戏剧界对这种技术进行研究的历史由来已久（影视学校的研究也刚刚起步）。然而，一流学者们唯一可以肯定的是有些人天生就具有明星气质，其他人则毫无这种素质。在电视界，播音员实际上是应邀进入观众的家里（远程做客，而本人亲自进入观众们的客厅）。这样的"到访"几乎无休无止，而且千篇一律。戏剧观众或许一年才能在百老汇的舞台上见到一次魅力四射的英国戏剧、电影巨星理查德·伯顿，或者一年两度在电影院的屏幕上看到好莱坞黄金时代的红星，充满感召力的爱德华·鲁宾逊，但是克朗凯特每周有五个晚上要同观众见面。

　　1950年9月15日，就在仁川登陆战打响的当天，沃尔特与贝特西的次女玛丽·凯西·克朗凯特出生了，对已经有两个孩子的克朗凯特而言前往朝鲜，重新开始战地记者生涯毫无意义。住在杜鲁门执政下的华盛顿，忙于电视新闻工作，这种生活对他才是最理想的。令远在纽约的佩利与斯坦顿大为称道的是克朗凯特甚至为电视台吸引到了一位赞助商，在当地经营一家木材和五金公司的郝金杰。很快克朗凯特便成了哥伦比亚广播公司的头号电视新闻播音员，在1950年11月的大选之夜公司在电视节目中向观众隆重介绍了他，除此以外再没有其他播音员享受到这种殊荣。当时，公司里包括默罗、唐斯、塞瓦赖德、乔·沃什、比尔·谢德、格里芬·班克罗夫特与亚历山大·肯德里克在内的所有顶尖记者都在从事广播电台的工作，尽管克朗凯特在WTOP电视台仅仅面对着局部地区的观众，但是凭借着不断闪动的小盒子，他的播音事业已经出现了起色。斯坦顿建议克朗凯特继续从事电视新闻工作，因为过不了多久这个行业便会蓬勃发展起来。

　　同克朗凯特在华盛顿共事的是哥伦比亚广播公司的比尔·谢德，在"二战"期间身为记者的谢德效力于全国步枪协会的机关报《美国步枪手》。克朗凯特在外貌上神似澳大利亚喜剧演员斯德迪·埃迪，主持起电视节目来总能即兴发挥，仿佛他就是为电视而生似的，这两个特点给谢德留下了深刻的印象。在提起克朗凯特时谢德曾说："整整半年里他成了全城的焦点人物。他似乎是最先意识到这种新媒体需要哪些技能的人。他的嗓音立即成了最权威的声音，他在电视屏幕上无处不在。他意识到观众就是摄像机，因此他选择将目光对准摄像机，而不是新闻稿。"

　　WTOP电台的录影棚十分逼仄，比一间贮藏室大不了多少。克朗凯特打算在节目一开始先播报一段头条新闻，然后让乔·沃什出场，后者将在录影棚里对当天《华盛顿邮报》提到的某位人士进行访问，在15分钟节目的后半段将对体育和商业新闻进行综述。这完全是一档直播节目，克朗凯特甚至没有新闻稿，在正式播音之前仅有一些摘要卡供他参考。沃什的妻子雪莉有一次曾向克朗凯特问道："没有稿件你还能把节目做得那么完美，你究竟是怎么做到的？"克朗凯特回答说："谁都不明白，在合众社的时候每天都有编辑把我叫进他的办公室，说'今天有什么新闻？'我就得简明扼要地把所有的新闻陈述一遍。在WTOP做的事情不过如此。"

除了报道朝鲜战争以外克朗凯特还进行了一些其他的尝试，在报道其他新闻的过程中他还采用图表、示意图和地图作为辅助工具，有时候在提到某位新闻人物的时候他甚至会出示一张此人的照片，这些手法都是在广播播音中无法采用的。他同谢德不仅成了电视新闻行业的先锋，两个人也结下了深厚的友谊。2000年的时候克朗凯特曾提起过那一段往事："每个星期三的晚上（谢德）都坐在我身边，我就在电台地下室的办公桌前把节目拼凑出来。无巧不成书，每个星期三的晚上电视台还要播出赫克特百货商店开办的一档时装表演（大概是全美同类节目的开山始祖），这档节目之后就是新闻节目。模特们在临时搭起的帆布帘幕后手脚麻利地更换着衣服。我的办公桌距离帘幕仅有几英尺，有时候那边的风景实在太让我分心了。"

在报道1950年中期选举①时克朗凯特的表现令远在纽约的斯坦顿博士对其进行了一番嘉奖，这倒不是因为他在工作中干劲十足，而是由于他没有把事情搞砸，博得了两位赞助商的欢心。这两位赞助商分别是资助下午6点时段节目的埃索石油公司和资助晚上11点节目的郝金杰。尽管"默罗小子"们对电视业不屑一顾，认为克朗凯特配不上广播工作，但是克朗凯特的事业却如火如荼地发展了起来。为了消除人们对克朗凯特的偏见，同样供事于哥伦比亚广播公司的沃什专门为《华盛顿邮报》撰文，对克朗凯特在炙手可热的新型媒体电视上展现的造诣进行了一番盛赞。他在文章中写道："沃尔特·温切尔写了一封信，大意是说电视新闻记者们的图像和声音都是分开录制的，在录制声音时他们只需要拿着稿子朗读就行了，所以他们言谈举止才那么流畅。这位沃尔特的说法对哥伦比亚广播公司的沃尔特——沃尔特·克朗凯特——并不公平。克朗凯特……整日忙于电视新闻工作，他遵循的是大学里传授的传统报道手法，手持几张便笺，对观众们聊着新闻。他对工作得心应手，人们甚至无法相信他的报道并非是'分开录制的'。对此丝毫没有解释的必要，即便解释了人们也仍旧不会相信。我们这些同克朗凯特一起共事的人都难以相信这一点。"

除了主持周日晚间全国性的新闻节目《最新消息》以外，每个星期天的下午

---

① 译注：指在两次总统选举之间举行的国会选举。

克朗凯特还要同《新闻周刊》华盛顿办事处的总编欧内斯特·林德利联袂主持WTOP电视台的《一周要闻》节目。在对公共事务进行报道的时候他们总是以负面消息开场，将比较轻松的新闻安排在最后播出。例如，在1951年6月24日克朗凯特与林德利播放了一段朝鲜战争最新战况的录影片断，随后他们同国会议员费利克斯·爱德华·黑伯特就核武器的问题进行了一番探讨，在最后播放的"高尔夫美丽球员"栏目里播放了介绍著名高尔夫球员帕蒂·伯格与全能运动员蓓比·札哈里亚斯的专题片。

面对电视节目克朗凯特还具有另外一种魔力——他对这种媒体有着本能的理解，其实直到首次播音之后他才拥有了属于自己的电视机，这一点令他堪称电视界的天才。WTOP电视台里没有人告诉克朗凯特应该如何制作节目，当时许多新入行的电视新闻记者都在效仿爱德华兹，但是克朗凯特从一开始就对电视节目有着独到的见解。在自己的回忆录中他解释道："凭直觉我意识到在播报电视新闻时应当尽量随意一些。我假想着一位报社编辑在家中自问'今天发生了什么事？'的时候脑海中浮现出一连串当天重大新闻时的情景。"在主持15分钟的新闻节目时克朗凯特始终保持着一副放松的模样，他打定主意要将自己摆在配角的位置上。事实上，同斯韦兹相比克朗凯特显得更加镇定自若，前者总是需要将稿件逐字逐句地死记硬背下来，而他从来不需要现成的稿件，他记住的是从宽泛的话题到相关细节在内的新闻内容。后来他曾回忆道："我就一直这样做着节目，一直随意地发挥着。"

克朗凯特在合众社掌握了如何提炼新闻要点的技能，这令他在制作电视新闻节目的时候受益匪浅。他会耗费大量心血确保新闻的准确性和清晰度，但是不会为了追求原创性、创造名言警句、研究措辞的细微差异和表达言外之意而浪费时间。同绝大多数优秀的作家不同，他并不迷恋自己撰写的一字一句，因此在他看来记住稿件毫无必要。化繁为简对他来说是自然而然的需要，即兴发挥不会损害节目的质量，没有完美的措辞他也一样能保证播音的准确性和清晰度。

与克朗凯特相比，默罗在稿件上总是花费大量的心血，他就如同珠宝商一样精心地打磨着每一个词句。在播音开始之前他需要在身体和精神上做好充分的准备，看上去他就像新入行的记者一样紧张。在播音过程中他实际上在逐字逐句地朗读着原稿，尽管如此他仍旧显得十分不安。身处录影棚里，为了保持镇定他一根接一根地抽着烟，但还是汗流浃背，而且他还总是在桌子下面紧紧地扭着两只手。默罗很清楚赶上自己状态不佳的时候出现在镜头里的他会显得非常可怜，因此他不仅尽量避免主持电视节目，而且还公开对其进行指摘，但同时又保证一定的出镜率，以便让自己和其他人都相信只要他乐意他就有能力掌控这种新媒体。

1951年的秋天，成为一名电视新闻记者的念头令默罗感到坐立不安，甚至不寒而栗，不过他还是做好了准备。直播类节目的直接性和即时性对他产生了影响，尤其是当年年初对参议员基法佛调查犯罪集团的听证会进行的报道。这场引人入胜的直播吸引到了3000万的收视率，有史以来美国民众第一次对政府工作有了如此深入的了解，而且还造就了一位电视明星——田纳西州民主党议员埃斯蒂斯·基法佛。其他政客也都注意到了电视具有的力量。默罗不禁被听证会上唇枪舌剑中展示的有关暴徒们的图片所震撼了，在提到此次听证会时他曾坦言道："在电视上的表演太令人着迷了。"同制片人，来自罗得岛州、喜好社交的弗雷德·弗兰德里的合作关系也对他产生了影响，在后者的努力下默罗特有的风格呈现在了新型的电视媒体上。

从11月18日开始默罗与弗兰德里一起着手制作了一档时长为30分钟、内容五花八门的系列新闻纪录片——《现在请看》。在第一期节目中默罗说："晚上好。这个节目是一支老队伍努力学习新技术的成果。"在早些时候唐斯曾招惹来默罗的极度厌烦（这种状况倒是十分符合他的天性），他咄咄逼人地建议默罗利用这块新阵地揭露国会议员麦卡锡发起的"红色恐慌"调查对社会造成的破坏。当时默罗没有接受这个提议，然而《现在请看》却以敢于面对争议话题而出名。

此时，距离克朗凯特进入哥伦比亚广播公司主力播音员的梯队还有很长一段路，他继续在华盛顿挖掘着地方节目的潜力。他的声音让WTOP电视台的观众看到了一种突破常规，尚处于测试阶段的节目类型已经出现在了屏幕上。在娱乐节目中他时不时地会插播一些突发新闻，他那抑扬顿挫的腔调似乎始终能给予他人以信心。此外他还报道了一些全国性的新闻，并在白宫刚刚结束改造，首次在电视上向公众展示其内部时争取到了主持这档电视节目的机会（其他两位联合主播分别是全国广播公司新闻网的弗兰克·布戈尔茨与美国广播公司新闻网的布莱森·拉什），这份差事实在令人艳羡。1952年5月4日，他在白宫对杜鲁门总统进行了采访，话题基本上局限于这座官邸充满古风的内饰，但这次访问标志着他同总统公开交往的开始。《华盛顿邮报》的约翰·克罗斯中肯地指出参观白宫的节目从头到尾只是"一个华而不实的节目"，用更为温和的话来说就是"矫揉造作得令人难以置信"。克朗凯特也为此感到尴尬而不安。他痛苦而毕恭毕敬地向对方问道："总统先生，这些钟表还在走吗？"杜鲁门回答道："当然，全都在走。每逢周五都有专人负责为所有的钟表上发条。"

由于密苏里的同乡背景，自录制这期节目开始克朗凯特便同杜鲁门结下了牢不可破的友谊。在两个月后的另一场参观白宫的节目中克朗凯特再次取得了重大突破。哥伦比亚广播公司新闻网驻纽约办事处的负责人西格·米克尔森将克朗凯特从华盛顿请来，主持对全国党代表大会的报道工作。在此之前米克尔森已经接触了包括默罗在内的其他一些人，但是没有人愿意接受这项需要即兴发挥几个小时的差事。据休伊特所说，严厉刻板的总裁斯坦顿"将克朗凯特视作道格拉斯·爱德华兹的继任人，哥伦比亚广播公司新闻网新一任代言人"。克朗凯特毫不犹豫地接受了米克尔森的邀请，不过公司对这场人事安排的宣传非常低调。在《统治者》一书中戴维·哈伯斯塔姆解释道："沃尔特·克朗凯特毕竟不是'默罗小子'。"公司里的其他同僚则向他投来不屑又羡慕的目光。"在1952年，克朗凯特或许已经成了公司里一颗冉冉升起的新星，而且独立于默罗的小集团。"

如果说在20世纪50年代初期克朗凯特身陷两难境地，那一定是因为他不知道在游戏节目才能赢利的时代如何坚持做一名严肃的新闻记者。猜谜节目《大赢家》（1948—1950）和《我的台词是什么？》（1950—1967）红极一时，节目制作人马克·古德森与比尔·托德曼是哥伦比亚广播公司炙手可热的人物，他们都邀请克朗凯特为1951—1954年播出的游戏节目《猜新闻》充任替补主持人。克朗凯特原本可以拒绝同古德森—托德曼制片公司的合作机会，像默罗那样认为这种充满蠢话的节目配不上真正的新闻记者。然而，当时猜谜节目大行其道，他怎么能拒绝诱惑呢。他接受了这份工作，也得到了额外的收入。这档充满了故弄玄虚气氛的节目时长30分钟，按照节目规则参加者要分辨出答案的真假。节目一直不温不火，起初由经验老到的广播及电视记者约翰·戴利主持，替补选手克朗凯特1954年在这档节目最后三个月的播出期里终于成为正式主持人。

第十一章
大选之夜和UNIVAC

米克尔森做成一笔大交易——"主播"一词出现了——克朗凯特给政客们当老师——芝加哥变成了好莱坞——大会前夕的晚宴——窃听资格审查委员会——兜售参选人——佩利梦想3500万台电视机——与克朗凯特举杯畅饮——艾森豪威尔对决斯蒂文森——UNIVAC的美丽新世界——与托马斯结盟，同默罗作战——厄尼·雷瑟尔来救援——伊丽莎白二世的加冕典礼——无所不在的沃尔特·克朗凯特——哥伦比亚广播公司成了龙潭虎穴——强势得无法充当二把手

在哥伦比亚广播公司新闻网首任总裁西格·米克尔森的安排下，1951年克朗凯特成为美国第一位电视节目"主播"。这个行事稳健的明尼苏达人年近四旬，是公认的电视业初期的先锋人物，正是他代表三大新闻网协商确定了对1952年党代表大会进行实况报道的事宜。在会场内，平面媒体记者们都对电视摄像机的出现无动于衷。此前哥伦比亚广播公司和全国广播公司都已经对1948年的党代表进行过试验性的报道，但是按照计划对1952年的代表大会进行从头至尾的实况报道将是一次史无前例的尝试。在代表所有新闻网对大会的转播工作做好安排后米克尔森便立即开始考虑如何让自己的公司在这一次的竞争中一枝独秀的问题。后来他曾解释道："在当时看来似乎一场影响深远的革命就要开始了，政治再也不是以往的政治，电视摄像机将主宰一切活动，电视显像管将左右选民的反应。"

早在1940年米克尔森就结识了克朗凯特，当时他在劳伦斯县的堪萨斯大学任教，克朗凯特则在合众社堪萨斯城分社供职。米克尔森经常会去堪萨斯城的凯西区，一到那里他总要邀请克朗凯特同他一道美餐一顿，然而此后两个人失去了联系，直到克朗凯特接受了哥伦比亚广播公司的聘用。作为在公司里最先支持克朗凯

特主持事业的人，米克尔森曾说过："在他还在华盛顿为WTOP录制晚间11点档新闻节目的时候我就常常去看望他。我经常去华盛顿，去现场看节目的播出，有时候等节目播完后还要跟他喝上几杯。直到1954年，我成了广播电台和电视台的老总之后他才被招至我的麾下，在那之前他隶属于广播电台，不过一直在给电视台干活。实际上他就是在为我工作，不过严格说来他并不是我的下属。"

每一个广播电视传播学专业的学生迟早都会对米克尔森的一生和传奇事迹有所了解。在"二战"期间他曾出任WCOO明尼阿波利斯电台的新闻部主任（这家电台是哥伦比亚广播公司新闻网在纽约的分支机构）；他撰写了两部阐述电视新闻采集工作的自传《从驿站小镇到原声摘要》和《电子镜》，这两部著作常常被美国高校新闻专业列为必读书；1949—1961年在哥伦比亚广播公司任职期间他又是将广播部门与电视部门整合成哥伦比亚广播公司新闻网的头号功臣。作为克朗凯特的导师，米克尔森竭力帮老朋友争到了现场主持1952年党代表大会的机会，对此节目副主管哈勃·鲁宾逊表示了强烈的反对。鲁宾逊希望任用可靠踏实的鲍勃·特劳特。在鲁宾逊看来，供职于公司电台部门，如洛厄尔·托马斯一样传奇的特劳特远比克朗凯特更有生命力和上镜感，是公司真正不可或缺的人才。默罗先是装腔作势地表示对电视转播代表大会有兴趣，随即又退却了。为了坚守自己的原则他郁郁寡欢地主动退出了主播的竞争，为自大的政客们摇旗呐喊可不是他的风格。这样一来就产生了一番人选之争。事后米克尔森曾回忆道："对这个问题我们谈过好几次，我始终坚持我的意见（支持克朗凯特）。我不记得这场官司是否打到了斯坦顿和佩利那里，不过我知道我态度强硬地坚持了一个月，或者六个星期，最终克朗凯特得到了这份差事。"

在电视界，长期以来人们一直对究竟是谁第一个提出了"主播"这个词的问题争执不下。米克尔森与休伊特都声称自己是这个术语的创造者，但事实上在将这个称呼用在克朗凯特的身上之前就已经有人将一些远不如克朗凯特有名的新闻播音员称为"主播"了。实际上，在1951年当克朗凯特为哥伦比亚广播公司负责报道旧金山大会的时候米克尔森就已经考虑过将这个术语用在克朗凯特身上了，在那次大会上同盟国各国与日本签署了《旧金山对日和约》，可是当时的时机感觉还不成熟。在提起这件事情时米克尔森曾说："当时我不确定这个词是否已经被电台界采用了，不过这个概念绝对恰如其分。当公司的新闻咨讯部问及'克朗凯特做什么工作？'的时候我说他要去'给咱们主持节目'，就这样这种说法引起了一些人的注意。后来大家就开始认真地考虑这种说法，并将克朗凯特称为'主播'了。似乎这个术语就是从那时起真正得到了普遍的认可。"

默罗对"主播"这个名称很反感，不过在他看来没有任何实质性新闻的"大会电视转播"节目也同样十分可怕。在他看来电视只不过是用来进行公关游戏的一种手段，公司对1952年党代表大会将要进行的报道在本质上只是对共和党和民主党所做的免费广告，与真正的新闻无关。对于公司电视转播这场政治盛会的行为他进行了猛烈的抨击，这番抨击在整个广播界家喻户晓（"傀儡般的，被收买、被交易、被讨价还价的……政治骗术……在赛马场的跑道上……还有更多的选择空间。"）。最重要的是默罗指出共和党主席盖·布里森出钱收买了转播权，而这种行为作为一种非法企业政治献金遭到禁止。后来米克尔森曾说："我同爱德华·默罗没有什么私交。在他看来我只是一名公司经理，他对一切经营活动都深恶痛绝，只有佩利的工作除外。"

米克尔森十分清楚应当如何带领公司新闻网的全体员工做好1952年两党全国代表大会的转播工作。为了对夏日里这两场大会的报道进行宣传，公司新闻网专门设立了一所"学校"，以便对政客们进行上镜礼仪培训。有克朗凯特任教，再加上"教你如何更上镜"的课程，这所学校吸引到了媒体和少数几名政客的关注，后者通过学习知道了在镜头前应该怎样穿衣打扮（蓝色衣服效果很好）、怎样说话（尽可能的简练），以及不应当做什么（砸桌子）。白宫发言人塞姆·瑞伯恩与国会议员约翰·肯尼迪都成了克朗凯特的学生，学习出镜时的化妆、穿着和吐字等方面的技巧，克朗凯特告诉他们通过电视与大众"沟通"时"一切都被观众看得一清二楚"。观看到1940、1944和1948年代表大会电视报道的观众人数非常有限，正如米克尔森所说那几次报道纯属小米加步枪式的土法实验。然而，如同瑞伯恩与肯尼迪所理解的那样，1952年对两党在芝加哥召开的代表大会的报道将会开启一个新的时代，届时新闻网将派出总计2000多名的工作人员，并为此花费700万美元。

为了将1952年的政党大会演变成一场电视节目展示会，哥伦比亚广播公司倾尽全力，佩利促成西屋电气公司拿出了300万美元资助这场覆盖全美国的报道活动。休伊特这位脾气暴烈的电视新闻先驱在与人谈话时总是瞪着一双金鱼眼，一脸的诙谐，并不断用手背击打对方，滔滔不绝地说个不停，不给对方以插话的机会，根据他的回忆正是借着芝加哥两党代表大会之机电视几乎在一夜之间彻底改头换面，这种媒体从此比广播更加受到民众的欢迎。他曾说："以前电视一直是广播的小兄弟。广播无处不在，电视则只能困守在录影棚里。但到了那个时候我们说，嘿，咱们报道一下大会吧。我们能够像处理橄榄球赛那样掌控全局，我们清楚何时开赛、我们知道领奖台在哪里，也了解代表们分别在哪里就坐。有史以来电视终于第一次展示出它的力量，能够说'广播可以做的我全都能做，我还能做得更好。'"

为了不放过任何一个宣传机会，在共和党代表大会召开的前夜米克尔森举办了一场"大会前夜联欢会"，按照安排席间克朗凯特将对几位主要竞选人进行采访。不幸的是，节目开播的时候晚宴还未准备妥当，竞选人也没有赶到直播间。克朗凯特碰到了职业生涯中的第一场即将来临的灾难，代表大会也还没有开始，长达半个小时的节目时间需要有人来填补。但是，克朗凯特已经做好了准备。他对哥伦比亚广播公司负责报道此次大会的流动记者霍华德·史密斯进行了一番采访，在外人看来这场采访完全是事先安排好的。事后克朗凯特曾说："1952年的代表大会是美国公众第一次，同时也是最后一次看到以完全真实的面目呈现出的政治会议。到了1956年，两党向外界展示的都已经是经过美化的会议过程。"

事实证明，确保哥伦比亚广播公司对1952年芝加哥全国代表大会成功转播的关键因素在于有力的组织工作和大量的研究分析工作。休伊特与鲁宾逊事先包下了康莱德希尔顿酒店的六层和十一层的全部房间（摄影人员则被安置在黑石酒店和国会酒店），听众席上架起了17部摄像机，另外还有同其他新闻网共用的5部摄像机。此外，为了让退出连任竞选的杜鲁门总统同两场会议进行互动，公司还向华盛顿派出了一支转播小组。三大新闻网巨头将齐声讴歌剑拔弩张、明争暗斗的芝加哥代表大会，面对这种日益清晰的态势平面媒体集体表现出了不满。《纽约时报》和《华尔街日报》都竭力反对这种做法。哥伦比亚广播公司则告诉对方"得了吧"。提起这件事情米克尔森曾说："当时我们都还年轻，总是一副咄咄逼人的样子。"

但是，与竞争对手不同的是，哥伦比亚广播公司新闻网预见到大会期间将会出现一些缺少转播价值的空白，这就要求克朗凯特承担起填补节目空白的重任。克朗凯特总是将听众席上的记者们采写的报道整合成播音稿，而在收不到稿件的时候他就只能靠自己向观众讲解了，为此他提前查找了资料，准备了充足的谈话内容。尽管如此，在转播过程中他还是一直担心自己的谈话不够精准。哥伦比亚广播公司一度打算在转播大会期间安排一名"平民"坐在监视器前。当这个门外汉对谈话内容流露出不解的神情时，就会有人提醒克朗凯特。不过，当公司意识到自己根本无从找到这样一名"平民"时，这个方案便不了了之。但是，公司已经清楚地在克朗凯特的身上看到了一位合格主播的潜质。

在两个政党冗长缓慢的会议期间出现了许多激动人心的时刻，这些充满画面感的瞬间都成了克朗凯特的节目素材。在第三轮无记名投票中民主党提名伊利诺伊州州长，深受故乡人民爱戴的阿德莱·史蒂文森参加总统选举，一时间喧闹声震耳欲聋。1952年民主党代表大会被载入了美国政治发展史的史册，因为这是最后一届经由中间人安排的代表大会，也是最后一次在开会过程中进行了不止一次的点名。但是共和党代表大会对摄像机更具有吸引力，尤其是"二战"期间美国陆军在远东战场的总司令道格拉斯·麦克阿瑟将军慷慨激昂地阐述政党方针时。此外，德怀特·大卫·艾森豪威尔与国会议员罗伯特·塔夫脱为了获得提名展开了一番白热化的争夺战，以至于塔夫脱监管下的资格审查委员会企图禁止电视摄像机拍摄下这一过程。根据全国广播公司新闻主席鲁文·弗兰克所述，艾森豪威尔的班底则反其道而行之，"宣称他们支持电视，热爱电视，渴望登上电视屏幕，禁止电视无异于在拒绝美国生活方式，是在对美国生活方式施暴。"

在精心编辑记者偷拍到的共和党资格审查委员会会议的录影带时，克朗凯特充分显示出一心想要在此次报道活动中胜过所有竞争对手的野心。经过一番深思熟虑后克朗凯特请公司里的一位技术人员在委员会的房间里安装了窃听器，他说这种偷偷摸摸的行为是为了维护美国的民主政治。这个理由实在太牵强了。很久之后，即1972年，美国才出现尼克松政府对民主党全国委员会总部所在地水门综合大厦实施窃听的丑闻。在提到往事时克朗凯特曾说："他（技术人员）在酒店外墙和楼上的一间清洁室里都布了线。我们的一名记者一边通过耳机进行监听，一边匆忙将笔记……交给等在楼下的我。这些报道的消息来源令共和党和我的对手都感到大惑不解。"

提起这件事克朗凯特一身轻松，其实他的这种行为是对他人隐私权的严重侵犯，原本应该为哥伦比亚广播公司招惹来棘手的官司。但是窃听行为得到了米克尔森的首肯，所以克朗凯特才不会因这种违法行为遭到解雇。在提到这件事情时米克尔森耸了耸肩，说："当时还是电视业发展的初期，伦理问题对我们还没有构成太大的挑战。"克朗凯特与米克尔森以江洋大盗般娴熟的技巧成功地实施了监听，对共和党代表大会进行了全程转播，塔夫脱主持的资格审查委员会因此陷入了难堪的境地。平面媒体希望会议现场禁止使用摄影机，但是这种禁令也没有得到落实。摄影机成功地将艾森豪威尔塑造成了一位民族英雄。深受电视观众喜爱的是艾克（艾森豪威尔），而非来自俄亥俄州面容消瘦的塔夫脱，人民都希望前者带着显赫的家族名望登上权力的宝座。正是在克朗凯特肆无忌惮的帮助下佩利的密友艾森豪威尔最终获得了总统候选人的提名，从此两个人便建立起了互惠互利的友情。

批评家、电视观众和哥伦比亚广播公司的经理们都对会议期间克朗凯特所做的长时间播音工作给予了充分的肯定。哥伦比亚广播公司总计对大会进行了13.9个小时的报道，克朗凯特成了一位明星人物。公司的电视专栏作家，被称为"蛇鲨"的约翰·克罗斯比立即成了这位坚韧、热心、热爱事实的主播的支持者，他曾在文章中写道："沃尔特·克朗凯特，哥伦比亚广播公司的新闻编辑，完成了一项无与伦比的工作——在会议期间进行了长达7个小时的评论。"克朗凯特播音的时间越长，西屋电气公司插播的广告就越多。在《统治者》中当提到20世纪50年代初期的美国新闻业时，哈伯斯塔姆写道："电视将要改变美国商业销售的本质，打破原本的平衡。"

关于自己在此次转播工作中的表现最令克朗凯特感到忧心的是电视观众在来信中谴责他对艾森豪威尔有所偏袒，还有一些人认为他对史蒂文森也是如此。1968年，在给供职于伊利诺伊州安娜市的WRAJ调频电台的朋友唐·米歇尔的一封信中他写道："很快我就发现了一个惊人的事实。实际上人们分成了势均力敌的两派，一派认为我倾向于民主党，另一派则坚信我支持共和党！自那时起我就一直在凭这个经验处理问题——只要观众的指责保持在一个合理平衡的状态，我就知道自己成功地保持住了客观性。"

在代表大会结束后克朗凯特与米克尔森又一道纵情畅饮了起来，好麻痹一下持续紧张了一个月的大脑。哥伦比亚广播公司在芝加哥代表大会上表现超群，向世人证明了电视不愧是进行大众传播的庞大崭新的利器，从此公司将直播新闻的主要阵地从广播转移到了电视。克朗凯特认为这种转变有利于维护民主制度。在电视摄像机面前虚伪的政客最终会暴露出骗子的真实面目，他坚信在当年10月的大选中将有更多的美国民众参与到艾森豪威尔和斯蒂文森的选举中，因为哥伦比亚广播公司的报道已经将政治变成了有史以来最盛大的活戏剧。提起往事时米克尔森曾说："我们认为我们的确完成了一场革命。"

1952年的两党代表大会证明在自家的客厅里通过电子显像管观看重大活动已经成为战后的新潮流。大多数美国人此前从未亲身参与过政党大会，现在他们却可以在家里观看这一切。正如默罗在"二战"期间用自己的声音将英美两国联结在一起，克朗凯特将芝加哥代表大会带到了美国千家万户的客厅里。电视的力量令人瞠目结舌。除了艾森豪威尔之外，此次代表大会上涌现出的另外两位真正的明星便是克朗凯特与西屋电气公司的代言人及《我的台词是什么？》节目的嘉宾贝蒂·弗内斯。一直忠诚支持爱德华兹的休伊特也曾说过在芝加哥代表大会过后克朗凯特"不仅成了一名'主播'，而且还成了主播的代名词"。在此次报道结束后米克尔森曾说："嗨，沃尔特，现在你成名人了，接着你就会想拥有大把的钱。你最好给自己找一个经纪人。"（当时克朗凯特的周薪不足两百美元，后来他的年薪将超过百万。）

在从华盛顿被调派至纽约的时候克朗凯特还没有意识到安逸舒适的"金鱼缸"里还有"鲨鱼"与他同缸竞争。哥伦比亚广播公司里盛传默罗对克朗凯特如此快速地占据上风不屑一顾，广播电台播音员鲍勃·爱德华兹曾解释说："播音时默罗允许克朗凯特同自己平起平坐，但是在播音之外的时间里他则对后者十分傲慢。"

继直播芝加哥代表大会之后哥伦比亚广播公司新闻网决意在当年大选之夜的报道活动中对全国广播公司展开一番无情的杀戮。米克尔森请克朗凯特主持报道11月4日夜晚艾森豪威尔同斯蒂文森的决战，后者缓慢而坚决地答道："是——先生！！"9月25日，哥伦比亚广播公司新闻网对外发布新闻，正式为克朗凯特命名为"主持——人"。隐患只有一个。在费城制造的电脑UNIVAC被认为是哥伦比亚广播公司的"电子大脑"，在即将到来的新闻战中这台电脑将成为哥伦比亚广播公司最重要的战友。

1952年初秋，公司决定为克朗凯特配备一台电脑当作大选之夜的助手。米克尔森一心想要在大选之夜让报道规模更上一个台阶，在此之前他已经找到了一个将在未来大放异彩的新发明，这就是当时全世界最聪明的机器UNIVAC，能够比人工更快地显示出计票结果。米克尔森曾说："采用UNIVAC的新效应就在于同时吸引到观众和平面媒体的目光。"

在11月4日之前的几个星期里哥伦比亚广播公司对即将开始的报道活动，尤其是对UNIVAC进行了一番声势浩大的宣传。UNIVAC被描绘为电视《星际公民》（《巴克·罗杰斯》）中的电子巨人。为了同UNIVAC抗衡，全国广播公司最终也采用了名为"机器人梦露"的电脑。面对这种局面，美国广播公司新闻网总裁约翰·麦迪根刻薄地将这种电子新发明称为"哗众取宠的噱头"，在接受《时代》杂志采访时他说自己的公司更倾向于埃尔默·戴维斯与约翰·戴利这样高品质的人类供稿人。克朗凯特对此表示赞同，但他却无法对公司的安排提出抗议。事实上，他也不会只有UNIVAC这一位"同事"，他的战友还包括默罗、科林伍德、爱德华兹和托马斯，此外休伊特还将全权负责大选之夜的报道活动。私下里，克朗凯特对公司试图制造的"人机大战"感到忧心忡忡。在他看来，这台8英尺长的"机械大脑"纯属一次昂贵的试验，公司在这台机器的身上花费了60万美元，而这笔钱原本可以被用来报道朝鲜战争。11月4日日益临近，克朗凯特却仍旧同UNIVAC保持着一定的距离。后来他曾说："实际上我们不打算过度依赖这台机器。有可能最终它只是插科打诨的串场节目。"

在大选当夜哥伦比亚广播公司从东部时间晚上8点开始进行直播，早于全国广播公司整整一个小时。克朗凯特在纽约的中央火车站主持了这场特别报道。当摄像机扫过洞穴般的直播间时，用克朗凯特的话说，记者、制表员和技术人员吵吵闹闹得就像一个"密集的蜂巢"。镜头之外的电传打字机在嗡嗡作响。克朗凯特努力控制住自己的兴奋，他叫助手们给他拿来新闻稿，在他身后提示铃响个不停。根据初期报告，已经有6100万选民去投票点为艾森豪威尔和斯蒂文森投票了。

哥伦比亚广播公司事先架设好了支持率和选票统计牌，有些州已经提前宣布了选举结果，这种做法后来成了新闻网的惯例，但是克朗凯特提醒观众现在做结论还为时过早。事实上两面下注，即全方位报道后来成了克朗凯特的一个标志性习惯。正如开播之前他对UNIVAC既表示了支持，又进行了批评，在这个夜晚，一旦发现有问题他便会努力在播发新闻的同时让自己置身事外。大约8：40的时候，已经被大肆宣传过的"快活的电子脑"——哥伦比亚广播公司的技术人员为UNIVAC起的诨名——终于亮相了。

科林伍德站在UNIVAC前方，向观众介绍说这位电脑朋友是"电子大脑家族的一员"。克朗凯特与UNIVAC悲哀地遵循着米克尔森的指令，竭力让UNIVAC显得"人性化"一些，"温柔，并带点幽默感地对待它，但同时要把注意力完全放在它产生的数据上。"按照指示，克朗凯特与科林伍德要将UNIVAC产生的数据有条不紊地输送给电视观众，因为观众还没有能力消化"大剂量的高科技"。为了将UNIVAC当作一个大活人来对待，克朗凯特甚至削弱了自己的播音工作，靠着切换给默罗与托马斯的镜头他才没有沦落为全国人民的笑柄。科林伍德的表现也同样不尽如人意。这还是"二战"中英勇无畏地在北非战场进行战地报道的那个科林伍德吗？他就像拍马屁一样问道："UNIVAC，你能说点什么？你想对电视观众说些什么呢？"

UNIVAC完全无视眼前这位胆怯的同伴，只是一味尴尬地沉默着。"我得说你可真是太不礼貌了。"气愤之下科林伍德只说出了这么一句话。

胡言乱语了几分钟之后，科林伍德将主持权交还给了克朗凯特，后者对之前那几分钟尴尬的场面一无所知，直接将科林伍德晾在一边，自顾自地主持起了节目。他有些恼怒地把话题转移到了南卡罗来纳州的选举进展和新英格兰的天气，丝毫没有提及UNIVAC。接着他又像大变活人一样请出了1934年以来自己心中永恒的偶像洛厄尔·托马斯，后者对哥伦比亚广播公司新闻网在纽约的录影棚盛赞了一番，向观众展示了电传打字机、转盘式摄像机和切换台的操作过程。结果，整个夜晚的大明星成了克朗凯特，而非UNIVAC。

在托马斯的支持下克朗凯特绽放出了耀眼的光芒。尽管其间出现了一次技术故障，但是他仍旧不为所动地继续采访大老党（美国共和党的别称）的前总统候选人哈罗德·史塔生，或者突然向观众公布票选结果，要不就提出一系列对艾森豪威尔将在22个州取得领先地位的预测。他当仁不让地把持着主导权，甚至毫不掩饰地展现出强烈的表演姿态。

当不得不将主持权再次交给科林伍德的时候克朗凯特看起来非常不情愿，而科林伍德也再一次大失水准。重新掌握了主持权后克朗凯特请默罗对选举进行分析，可是这位广播界的传奇人物显得有些恼怒，毕竟他被贬低成了辅助克朗凯特的流动通讯员，而他也有意识地向观众暗示出了这种局面。他略带嘲讽地说："正如沃尔特·克朗凯特刚刚表明的那样，目前人和机器都有可能根据统计结果得出结论，不过我可没有这种能力，现在下结果还为时过早。"

对于默罗的自私克朗凯特没有表示不满，接着他自己对各州的选举状况进行了一番便鞭辟入里的分析。实际上，到了9点的时候他已经开始引导观众相信艾森豪威尔将会赢得此次大选。他告诉观众《巴尔迪摩太阳报》和《波士顿邮报》已经宣布胜利将属于艾克。刚过10点，兴高采烈的他第三次将主持权交给了科林伍德。科林伍德说："好吧，尽管我对机器的信仰十分坚定，可我还是得说UNIVAC……出了点小问题。似乎他在抵制人为的干预。"与此同时在科林伍德的身后正有一大堆"吉斯通警察"①式的维修人员在努力让机器吐出选举数据。科林伍德最终还是从UNIVAC那里搞到了初期统计结果——艾森豪威尔和斯蒂文森的得票为314∶217。

如果在公司里拥有更多的实权，克朗凯特必定不会让UNIVAC继续留在当晚的节目中，可是休伊特与米克尔森已经让佩利先生在这台机器上破费了很多，他们都执意要求克朗凯特不时地同科林伍德核对统计结果。令人难以想象的是UNIVAC在接下来的时间里表现得越来越糟糕。为了表现出权威性，科林伍德读了一份UNIVAC输出的资料，资料显示斯蒂文森一直占据着上风。这显然是捏造的结果，

---

① 译注："吉斯通警察"指的是20世纪初期吉斯通电影公司在1912—1917年拍摄的默片喜剧电影中的无能警察。

而且同克朗凯特在过去两个小时里不断告诉电视观众的正确信息——艾森豪威尔遥遥领先——相违背。这完全是在让节目出丑。克朗凯特明白游戏结束了。

科林伍德彻底失败了，不过克朗凯特并不甘心被一个失灵的机器人挫败。他将信将疑地摇着头，冲着观众露出一丝假笑，好让观众知道他与这个来自美丽新世界的把戏毫无瓜葛。他说："查理（科林伍德的昵称），UNIVAC的预测真是太有趣了。我们只是肉体凡胎，只能操控得了自己的身体，没法控制电子小发明，我们还是觉得此刻这个东西似乎还是非常支持艾森豪威尔。"整个晚上克朗凯特一直向观众发布着准确的信息，能够做到这一点完全是因为他仰仗着合众社的报道。作为节目主播他驾轻就熟地设法让自己的核心报道避开了UNIVAC的干扰，然而由于不停地宣读着选票结果报告，最终他却失去了以总负责人的身份代表公司宣布选举最终结果的机会。事实上，在这方面默罗更胜一筹。在UNIVAC出现故障后克朗凯特请出默罗进行预测分析，而默罗却悄悄地抢走了主持权。他说："我认为我们有理由相信选举已经结束了。按照传统，民主党的优势集中在大城市，但是在本次大选中他们没有显示出自己的优势。"

克朗凯特的脸沉了下来，看起来就像是有人给他的脸上泼下了速凝水泥。在此之前他一直是节目真正的大老板，可是默罗凭借着宣布选举结果一举击败了他。这个惩罚令他永生难忘。人不能过于谨慎，真正的电视播音员必须培养出知道应该在什么时候宣布比赛结束的本能直觉。在大选之夜结束时默罗还是设法在UNIVAC带来的愚蠢时代保持住了新闻工作者的本能直觉。

到了当年的圣诞节克朗凯特已经成功地向哥伦比亚广播公司的老总们证明了自己独当一面，负责全国性电视节目的能力。在接受广播电台的采访时他就像兜售商品一样勇气十足地向听众宣传着电视新闻作为美国民主制度促进者的优点；他还为《戏剧艺术》杂志撰写了一篇充满乐观主义精神的文章，在文章中指出电视将会淘汰那些活跃在公众领域的自私自利的骗子，这不啻为人类的福音。他写道："电视具有X光的品质。电视能够洞察伪善，正如通常意义上的X光能够发现断裂的骨头一样。电视能够穿透灵魂，因此未来的政治家们将远比以往的政治家更高尚，而不会更低劣。"

哥伦比亚广播公司电视部的名气与日俱增，为了壮大新闻部的实力公司招募了新的节目制作能手，其中就包括经过生活的历练、学识渊博的记者厄尼·雷瑟尔。于1921年2月26日出生在费城的雷瑟尔在"二战"中凭借着对登陆日和阿登斯突围战的报道展露出作为记者的天分，当"第二次世界大战最伟大的战地记者"

厄尼·派尔还只是《星条旗报》最优秀的散文作家时，雷瑟尔已经是所有报道欧洲局势的平面媒体记者中最具有地缘政治观念的人。自从进入哥伦比亚广播公司新闻网的那一刻起他便同克朗凯特团结在了一起，而且很快就成了公司里的侦查高手。

在大选之夜结束了七个月后克朗凯特同制作人雷瑟尔一起得到了又一个报道重大事件的机会——哥伦比亚广播公司决定对英国女王伊丽莎白二世在威斯敏斯特大教堂举行的加冕典礼进行报道。在人造卫星尚未被用来转播电视信号的时代，对于世界大事能以怎样的速度被送到电视观众面前的问题美国新闻界争执不下。克朗凯特与雷瑟尔打算联手拍摄一部全面展示这场英国皇家庆典的影片，但是在此次报道工作中真正令人叹为观止的是哥伦比亚广播公司争分夺秒的工作效率。当他们两个人完成影片的拍摄后——画面中充满了衣着考究珠光宝气的贵族——公司立即借用英国广播公司的设备（在威斯敏斯特大教堂临时搭建的录影棚）着手制作了一档专门针对美国电视观众的特别报道节目，报道中穿插了展现仪式过程和欣喜若狂的现场观众的画面。克朗凯特同雷瑟尔随即匆匆赶到希斯罗机场，搭乘公司预先租用的飞机返回了波士顿。速度是主导一切的基本原则。在镜头前，克朗凯特似乎仍旧沉浸在加冕登基典礼所展现出的英式的典雅气氛中；播音结束后，在同雷瑟尔一根接一根地抽着烟的时候他又为哥伦比亚广播公司再一次凭借提前整整一个小时开始报道的优势"彻底摧毁"了全国广播公司而喜不自胜。

只要摄像机转动起来克朗凯特就会像鱼一样让自己的眼睛一眨不眨，丝毫没有花哨的举动，他正在成长为美国人民最信赖的主播，只是留在观众心中的始终还是报道芝加哥代表大会时的那个克朗凯特。克朗凯特为每一个生病或休假的同事顶班，从不放过任何一个工作机会。资料显示在1950—1953年他先后主持了《沃尔特·克朗凯特与新闻》、《沃尔特·克朗凯特报新闻》、《沃尔特·克朗凯特埃索新闻秀》、《夜间新闻》、《星期六新闻与天气综述》，以及《回顾你的世界》（接班爱德华·摩根）。从不拒绝任何一个露面的机会是保证他取得成功的一个关键因素，他甚至还在公司于1953年制作的电视剧《悬案》中（讲述在墨索里尼统治时期一位意大利报纸编辑身亡）的一集中担任了旁白。

尽管克朗凯特与默罗都在电视新闻领域各有所长，但是在20世纪50年代他们两个人还是一直交恶，这种状况的存在在一定程度上是由于克朗凯特被斯坦顿与佩利视作默罗在电视台的接班人。他们两个人默默地展开了一场桂冠争夺战，哥伦比亚广播公司新闻网逐渐变成了龙潭虎穴，两个人的势力范围错综复杂，始终处在变动中。坐落在麦迪逊大街的新闻网总部和当时设在范德比尔特大街中央火车站办公大楼的电视录影棚仅仅相距几条街道，但是似乎却相距甚远。哥伦比亚广播公司电台部（默罗）和哥伦比亚广播公司电视部（克朗凯特）之间竖起了一道高高的屏障。摆在克朗凯特面前的问题是他该如何脚踩两个阵营。提起往事时休伊特曾说："克朗凯特和默罗无法成为很好的搭档，他们俩都太强势，谁都当不了二把手。"

第十二章
哥伦比亚广播公司的龙套先生

你就在那儿！——支持黑名单作家——亚卡台地大爆炸——米克尔森说了算——默罗挑战麦卡锡——让法西斯分子远离广播电视——晨间节目伤心史——克朗凯特拥抱"查理曼大帝"——万金油——竞速爱好者——同杰克·帕尔一争高下——来自明尼苏达的工作邀请——当心"亨特利—布林克利"

身着标准黑色西服，完全是一副现代人模样的沃尔特·克朗凯特采访着头戴扑了粉的假发套扮演独立战争时期的著名军官本尼迪克特·阿诺德，或者身穿试验室白大褂假装法国微生物学家路易·巴斯德的演员，看起来与环境十分不协调，不过这就是他在哥伦比亚广播公司深受观众喜爱的电视节目《你就在那儿》中的工作。这档每期30分钟的节目在1953—1957年的每个周日晚上6∶30播出，节目以阐释重大历史时刻或人物的产生时间与各种图表开场，随后克朗凯特便镇定自若地为接下来的历史重现表演做一番铺陈。他就像引路人一样决定着当期的话题，从波士顿茶党、滑铁卢战役，到葛底斯堡的林肯，无所不包。凡是具有历史意义的话题都符合这档节目的要求，节目重现了历史上那些重要的萌芽阶段，对其进行一番报道，仿佛那些事件都是刚刚才发生。负责节目服装的工作人员不会忽视任何一个服装细节。在克朗凯特告别观众后一位解说员几乎是大喊大叫地尖声说道"你就在那儿"，仿佛就在说话的同时他还一把揪住了观众的衣领。

这档节目的制作人是满怀一腔抱负的查尔斯·拉塞尔，他曾夸口说粗陋浅薄却备受观众欢迎的《你就在那儿》中的每一句台词都同历史史实毫无出入。事实的确如此，哥伦比亚广播公司电台广播节目的信息核实工作均达到了《纽约客》的最高标准。在重现历史的过程中拉塞尔从来不以"戏剧需要"为借口篡改历史，在此之前他曾为哥伦比亚广播公司广播电台制作节目，现在又开始制作克朗凯特主持的这档电视节目，后来曾荣获奥斯卡奖的好莱坞制片人西德尼·吕美特担任该节目的导演。吕美特之所以选择克朗凯特做主持人是因为"这个系列节目的基础非常愚蠢，纯属胡闹，所以我们需要一个具有美国气质、最朴素、最热情、最无拘无束的人"。当被问及为何选择克朗凯特做这档节目的主持人时，该节目的执行制片人威廉·多齐尔对公司的决策理由做出了解释："他很不错，很高效，而且自两党全国大会之后他就成了家喻户晓的人物。"在开播之初这档节目显得很古怪，但是克朗凯特"严肃端庄的举止和朴实无华的风格"使得对弗洛伊德与华盛顿之类的历史人物的采访都显得真实可信。

在冷战时代的美国观众看，《你就在那儿》这档现场直播的节目非常陌生。克朗凯特扮演的是自己，一位现代的哥伦比亚广播公司的新闻主播，他将双手握在背后，脑袋里装满了各种各样有趣的问题。克朗凯特没有幻想这档节目将促进自己在业内的发展，但他还是希望通过节目提升自己的知名度。一些教师和教育家甚至给克朗凯特授予国家"历史教师"的称号。2003年在接受美国公共电台采访时克朗凯特曾说："我成了一个演员，用刚刚在主持两党代表大会电视节目时获得的声名和权威博取新的声望。"后来他对《美国遗产》杂志夸口说包括好莱坞明星保罗·纽曼、乔安娜·伍德沃德、金·斯坦利、尤·伯连纳、加纳德·李、马丁·加贝尔、谢泼德·斯特拉德威克和E. G. 马歇尔在内的一批伟大"演员"都曾一一亮相于《你就在那儿》："我们称他们是吕美特'股份公司'。"

除了以轻松活泼的形式激起观众对历史的好奇心，《你就在那儿》还成了克朗凯特在麦卡锡主义盛行的时代颇为有效的"消毒剂"，按照当时的逻辑只有彻头彻尾的爱国主义者，真正忠诚于国家的人，才有可能主持这种缺乏当代辩论精神，并充斥着家庭温馨的伤感主义节目。然而，麦卡锡主义的奉行者们不知道这档节目的制作人拉塞尔已经悄悄地聘请了三名上了麦卡锡黑名单的天才作家——沃尔特·伯恩斯坦、阿诺德·马诺夫和亚伯拉罕·鲍伦斯基——为节目创作剧本。为了保护这三位作家的真实身份，在哥伦比亚广播公司的剧本讨论会上拉塞尔雇用了三名"替身"，以掩护真正的"三驾马车"。正如克朗凯特在2003年对全国公共电台所解释的那样，拉塞尔不愿意仅仅为了安抚公司审查人员的情绪"玩黑名单游戏"。他的剧本作家们巧妙地设计了几期节目，在节目中展现了法国民族英雄圣女贞德经历的苦难、美国塞勒姆的女巫大审判、苏格拉底之死，以及法国历史上的著名冤案"德莱弗斯案件"，悄悄地将这些事件同恶毒的麦卡锡主义进行了类比。这也是克朗凯特自己独有的一种有限和平主义政治声明，他曾指出："历史从来不缺少间接应对欺骗和知识自由的方法。"1955年剧组里原先上了黑名单的三位剧本作家全部被替换了，1957年节目也彻底落下了帷幕。

颇具影响力的电视批评家约翰·克罗斯比对《你就在那儿》赞赏有加，他将克朗凯特称为哥伦比亚广播公司新闻网的"全能职员"。前一天克朗凯特在采访独立战争时期的爱国者保罗·列维尔或中国思想家孔子，第二天他又出现在内华达州的亚卡台地（现场），同其他媒体的记者一道应美国陆军之邀见证原子弹的爆炸。1953年3月17日这一天克朗凯特没有同其他记者争抢最靠近现场的位置，而是和美国广播公司的摩根·比迪小心翼翼地来到了距离现场7英里的地方。他断定这一次要想抢到独家新闻必定要付出惨重的代价，其中就包括由于数百万吨级惊人的爆炸力而患上辐射病。当时有两位记者无畏地近距离目睹了原子弹的爆炸，全国广播公司的切特·亨特利就是其中的一位，他毫不担心放射性微尘带来的伤害。在太平洋时间5：20左右，原子弹爆炸了，化作一团熊熊燃烧的火球。电视观众没能通过屏幕看到这恐怖光芒，因为在爆炸前摄像机的镜头全都被遮盖了起来，以免在高温下变形。不过观众还是看到了随后出现的蘑菇云，一团燃烧的暗影迅速穿过干涸的沙漠谷地。克朗凯特就原子时代的话题为观众做了一番全面而专业的介绍，从放射性微尘掩蔽所、卧倒并掩护的人防训练①到广播警报，无所不包。

1953年的秋天，在争夺电视观众的竞赛中哥伦比亚广播公司新闻网彻底击败了全国广播公司。克朗凯特与默罗在这场胜利中起到了主要作用。到了1956年，公司的《道格拉斯·爱德华兹播新闻》已经领先于全国广播公司15分钟的《骆驼新闻大篷车》，这就意味着"蒂芬尼网"（指哥伦比亚广播公司新闻节目的高品质）将获得更丰厚的广告收入。至于《骆驼新闻大篷车》，除了吸引到雷诺烟草公司为这个全新的节目提供赞助之外，节目还在另外一个方面也取得了突破。该节目的主播斯韦兹就像一个温文尔雅的花花公子似的，但创造了不少标志性的节目结束语，例如"大家晚上好，晚上好！""蹦蹦跳跳走世界"，和"真高兴咱们还会见面"。早在仍旧住在凯西区的时候克朗凯特就注意到了斯韦兹式精致的着装格调，那时他就意识

---

① 译注：《卧倒并掩护》，是一部1951年由美国联邦政府民防管理局制作，用以教导民众应对原子弹攻击的民防社会指导影片，片长约9分钟。这一影片制作于苏联开始核试验后。影片剧本由雷蒙德·J.莫尔撰写，由安东尼·雷佐导演。这一影片告诉公众，核战争随时可能在毫无告知的情况下发生，每个美国公民应牢记这一点并随时做好准备。

到在传播事实的过程中一个人的外貌起到了重要作用。

1954年年初米克尔森升任哥伦比亚广播公司副总裁，听到这个消息克朗凯特感到十分宽慰。一贯以个人为中心的米克尔森同默罗（或者说是弗雷德·弗兰德里）无法融洽相处，因此他总是在为克朗凯特争取机会。正如哥伦比亚广播公司的记者丹尼尔·绍尔所指出的那样，默罗不符合米克尔森的"口味"。在米克尔森的眼中克朗凯特则完全符合电视新闻的需要。如果说在20世纪40—50年代弗兰德里是默罗德至交，那么可以说在20世纪50—60年代米克尔森就是克朗凯特的后援。就如同帕克上校（猫王的经纪人）为猫王做宣传一样，只要一有机会米克尔森就会立即拿出克朗凯特那份可观的履历，履历上写着从1937年在得克萨斯的新伦敦报道火灾（合众社）到1953年在内华达的亚卡台地报道原子弹爆炸（哥伦比亚广播公司新闻网）的一系列骄人战绩。

米克尔森认为克朗凯特与同僚的不同之处在于他对美国政治发展历程有着百科全书式的惊人了解。还有谁在1928年有幸参加了两党分别在休斯敦和堪萨斯城召开的两场总统候选人提名大会？尽管如此，默罗才是纽约媒体界追捧罗斯福新政的自由主义者们公认的英雄。克朗凯特在《你就在那儿》中重现着历史，而默罗则凭借着"对国会议员约瑟夫·麦卡锡的报道"创造了历史的事实也无可争辩，在这期为《现在请看》节目制作的报道中他尖锐地批评了麦卡锡大惊小怪的行事风格。观众们对克朗凯特的唯一认识就是他对选举团的运作方式积累了敏锐的洞察力，不过米克尔森还是坚持认为"提到政治新闻报道时绝大多数观众能立即想起来的名字就是沃尔特·克朗凯特"。

令克朗凯特担心的是倘若电视新闻能促进正义事业（正如《现在请看》节目），那么它也同样会为虎作伥，而且谁才能判断是非曲直呢？此时距离第二次世界大战结束还不到十年，很多人对第三帝国臭名昭著的广播和报纸宣传机器仍然记忆犹新。或许哥伦比亚广播公司相信默罗有能力将新闻变成舆论，而默罗也的确不负众望。但是令克朗凯特不安的是只需一个美国式的戈培尔——一个比麦卡锡更邪恶的人——就有可能让美国的广播电视充满仇恨。在克朗凯特看来，新闻工作有权力对世界各地以各种伪装面目存在的极权主义进行质疑。在接受《花花公子》杂志的采访时他曾说："我认为记者倾向于支持人性，而不是权力和制度，这种特质让他们多少有些左倾，不过我认为极左分子属于极少数。"

在政治和美国社会趋势的问题上克朗凯特同默罗一样具有自由主义的观念，但是他认为在总统选举时自己不应当向公众流露出对斯蒂文森的偏爱。提到艾森豪威尔时他说："我认为他会得到提名只是因为人们对"二战"英雄的崇拜，而不是因为他具有担任总统的才能。艾克同许多右翼共和党人的交往令我感到担心。"

然而克朗凯特也明白客观性是有限度的。尽管私下里他也会为1953年3月1日斯大林逝世的消息举杯庆祝，不过并没有在报道中提及此事。次年5月17日，美国最高法院对"布朗诉托皮卡教育局案"做出一致裁决，[①]判定种族隔离为非法行为，克朗凯特再一次感到欢欣鼓舞。与此同时他也十分清楚一旦司法部试图实行这项具有里程碑意义的法令南方诸州或许很快就会变成炸药桶。他在"二战"期间撰写的新闻报道不具有客观性，因为纳粹分子罪大恶极。在"布朗法"颁布之后，他也希望为了使最高法院制定的政策得到贯彻哥伦比亚广播公司新闻网在报道民权运动时也同样能够抛开客观性。提起往事时他曾说："哥伦比亚广播公司的决策者们有着更直接的担忧。他们的工作在于收获观众，再将其倒卖给广告商们……在20世纪50年代，公司的主席威廉·佩利不希望疏远自己在南方的分支机构，一旦擅离职守，公司的收视率和收入就会减少。我们这些负责新闻报道工作的职员都觉得自己身陷于商业和新闻的两难境地。"

在20世纪50年代既然手中拥有武器为何他却从未对麦卡锡进行过公开的谴责？为何没有像霍华德·史密斯和埃里克·塞瓦赖德那样对"布朗案"公开表示支持？人到晚年的克朗凯特总是不愿面对这些问题。对于这些问题，最诚实的答案就是在当时如此大胆鲁莽的行为会扼杀他的职业生涯。佩利先生花钱请他担任的是电视播音员，而不是献身理想的斗士。不过，由于同上了黑名单的作家们一起制作《你就在那儿》节目的经历，广播界的同行们还是认为克朗凯特通过这种间接的方式对"红色恐慌"进行了抵抗。

就在默罗做了"对国会议员约瑟夫·麦卡锡的报道"的同一个月，克朗凯特又获得了一个对整个新闻网而言至高无上的机会。他将成为早间节目主播，同全国广播公司大红大紫的《今天》节目的戴夫·加洛维相抗衡。哥伦比亚广播公司渴望在

---

① 译注：布朗诉托皮卡教育局案（简称布朗案）是一件美国历史上非常重要、具有里程碑意义的诉讼案。该案于1954年5月17日由美国最高法院做出决定，判决种族隔离本质上就是一种不平等，因此原告与被告双方所争执的"黑人与白人学童不得进入同一所学校就读"的种族隔离法律必须排除"隔离但平等"先例的适用（该先例由普莱西诉弗格森案——简称普莱西案——所建立），种族隔离的法律因为剥夺了黑人学童的入学权利而违反了美国宪法第十四修正案中所保障的同等保护权而违宪，该法律因而不得在个案中适用，学童不得基于种族因素被拒绝入学。因为本判决的缘故，终止了美国社会中存在已久的白人和黑人必须分别就读不同公立学校的种族隔离现象。

早间时段也成为收视率冠军，这就意味着它必须推出一档可靠的早间节目。克朗凯特将要主持的节目名为《早间秀》，在1954—1955年他担任了该节目的主播。批评界注意到哥伦比亚广播公司同全国广播公司的这两档节目颇为相似，事实上，二者几乎一模一样，演出阵容都是一位文雅诙谐的主播、一位随和友善的天气预报员、一位冷静朴实的新闻播音员，再加上一名非人类的聊天伙伴，加洛维德是一只黑猩猩（J. 弗雷德·马格斯），同克朗凯特合作的则是由比尔·贝德操纵的狮子玩偶"查理曼大帝"。克朗凯特曾为自己的这位主持搭档作过一番评论："玩偶可以对人类评论员不能对其畅所欲言的人物和事件进行表态。这正是这档节目的一大亮点。"

奇怪的是，到头来克朗凯特反而成了"查理曼大帝"的捧哏。塞瓦赖德与科林伍德之类的"默罗小子"都对克朗凯特傻乎乎地和木偶一起主持节目十分不屑，但是正如哥伦比亚广播公司的一位专栏作家所言，公司利用克朗凯特在节目中糅合了"异想天开，并且总是不落俗套的幽默感"的做法是正确的。克朗凯特本人拥有讨人喜欢的幽默感，而且极其擅长同小孩子打交道。他的母亲海伦就是一个非常有趣、活泼健谈的人，有时候打牌会一直打到深夜，她的儿子也是如此。克朗凯特来自于高度重视生活智慧和罐头笑声的社会和时代。正如克罗斯比所说，面对木偶严肃地播报新闻并没有让他在观众眼中变成一个蠢材，相反，他表现得像一个出彩的书呆子。他只是看上去不够"酷"而已，其实骨子里充满了喜剧精神。

最初《早间秀》在周一至周五的早上7点至9点播出，但是加洛维一直在收视率上遥遥领先于迪克·范·戴克与克朗凯特。克朗凯特是一位严谨可靠的采访者，但是在生动活泼的"唤醒大家开始新一天"式的节目中他没能大放异彩。没过多久佩利就将这档节目缩减到一个小时，将后半个时段更改为《袋鼠船长》。有几个星期米克尔森将克朗凯特从节目中撤换了下来，后来又让他恢复了原职。但是管理层已经做出了最终的决定。尽管有芭芭拉·沃尔特斯（剧本）、迪克·范·戴克（滑稽表演）和默夫·格里芬（音乐）这样的黄金阵容做助手，但克朗凯特仍旧不适合早餐时段的节目，他同嘉宾们的调侃听上去像是在和八卦专栏作家德鲁·皮尔逊与沃尔特·温切尔聊天，而不是袋鼠船长。

在一天下午的碰头会上米克尔森告诉克朗凯特在替《晚间新闻》的爱德华兹顶班的同时又负责制作《你就在那儿》，这样的工作强度对他来说似乎太大了。就这样，克朗凯特被《早间秀》彻底解雇了。接替他的是来自俄亥俄州，刚刚崭露头角的喜剧演员杰克·帕尔，在1962—1992年主持节目《今夜秀》的约翰尼·卡森的主持风格和节目样式都效仿了这位新星。克朗凯特在说话时总是显得迟疑不决，而帕尔则是一个反应敏捷、快人快语、浑身上下充满喜剧细胞的人，他就像咖啡一样能够让人兴奋起来。哥伦比亚广播公司里的很多人都认为帕尔的成功意味着克朗凯特在"蒂芬尼网"里该走下坡路了。骑着哥伦比亚广播公司新闻网这个"旋转木马"不停亮相的确是一种美妙的经历，但是出于某种理由克朗凯特无法独自扛起任何一档大型节目，大概他只能成为公司里的龙套演员。或许1952年芝加哥代表大会就是他事业的最高峰。

1954年下半年米克尔森仍旧在公司里为克朗凯特寻找着机会，他一边让后者断断续续地主持着《目击者》和《20世纪》节目，一边还在考虑让其主持一档中庸的周日午间节目《面对国家》。最终这个节目于当年的11月7日开播，米克尔森认为这档节目可以被当作探查美国政府官员和世界领导人的探测仪，在一定程度上这档节目相当于全国广播公司的《会见媒体》，以及后来美国广播公司的《问与答》的同类物。然而，显然就连米克尔森也都认为克朗凯特不够强硬，不足以担任这档周日访谈类节目的主播，他太友善了。结果，这个机会落在了比尔·谢德的身上，这位英勇无畏的电台记者曾在1944年6月报道了登陆日的盛况，并于次年4月陪同默罗前往了位于西德西南部的布痕瓦尔德集中营。对克朗凯特而言这不啻为一种羞辱，他被激怒了，毕竟在华盛顿供职于WTOP期间谢德一直是他的下属，而今哥伦比亚广播公司的经理们却认为谢德才是更"严肃的播音员"。

克朗凯特有一个性格缺陷，他始终无法镇定自如地应对羞耻感。这一点来自于有着酒鬼父亲陪伴的童年，他的活泼实际上是在掩盖内心深处的伤痕。被《早间秀》解职后他装出一副如释重负的样子，还告诉《纽约先驱论坛报》清晨的时段对他毫无吸引力。他曾辩解说："我不习惯那么早起床，总体而言我就是一个夜猫子。"固执的性格不允许他承认自己在《早间秀》遭到了失败，并被《面对国家》节目拒之门外。否认是一种轻松的选择，他真的相信自己比接班人帕尔的表现更为出色。头脑冷静的帕尔在1957—1962年又主持了全国广播公司的喜剧节目《今夜》，这位满腹趣闻轶事的机智的喜剧演员在这档节目中表现得非常称职。在提到当年在哥伦比亚广播公司的老对手时帕尔曾说过一句话："我不是一个虔诚的人，但是我绝对相信沃尔特·克朗凯特。"这句话人尽皆知。

供职于哥伦比亚广播公司期间在业余时间克朗凯特常常不是忙于赛车，就是像《流行机械》的爱好者一样捣鼓旧广播。1955年的一天他在新泽西路过一家汽车经销店，冲动地掏出1700美元购买了一辆华而不实的跑车。这辆英国凯旋TR-3敞篷跑车很快就被一辆"奥斯汀·希利"取代了，可是后者也只是让克朗凯特绕着威斯特彻斯特县享受了一个下午的驾驶乐趣而已。后来，克朗凯特和贝特西又开始参加奥斯汀·希利公路赛，他们戴上头盔，一个驾驶汽车，一个负责导航，在一场场赛事中一丝不苟地携手跑完了比赛组委会划定的赛道。他们俩一直想要赢得一座奖杯。很快他们就受邀加入一支车队，参加了1959年的赛百灵12小时耐力赛。小报向来喜欢刊登克朗凯特身着赛车服的照片，在照片中他看起来就像是德国王牌飞行员红男爵[①]与赛车先驱巴尼·欧菲尔德的集合体，随照片配发的文章还会说当计速表转到时速100英里时他会变得有多么无拘无束。在飞驰的赛车上生活带给他的压力全都化为乌有了。可是，在1961年参加一场国际比赛时他的车在田纳西的大烟山失控打滑，翻下了路堤，他差一点因此而丧命（他的那辆"奥斯汀·希利"最后落在了100英尺外的湖里）。《星期六晚邮报》还对此作了报道："克朗凯特成了落汤鸡，不过毫发未伤。"

克朗凯特夫妇过着惬意的生活。他们的房子坐落在东八十四街519号，这时家里已经有了三个孩子，长女南希、次女凯西和儿子沃尔特·利兰·克朗凯特三世（被称为"奇普"）。同公司里的其他人一样，他会同洛厄尔·托马斯出入城里最时髦的餐馆，同主持杂耍节目的埃德·沙利文一起出席在彩虹厅[②]举办的音乐会。

在哥伦比亚广播公司的办公室里克朗凯特总是生硬冷淡得如同报社编辑，不过出现在各种媒体上的人物简介中他常常被描述成一个脚踏实地的实干家。公司各家分支机构发现他的形象令人耳目一新，而且他还拥有一副发自内心的嗓音。尽管如此，克朗凯特觉得自己没能得到佩利的充分认可，他的梦想是有朝一日自己成为中西部地区某家电视台的主持人（在中西部地区养家糊口相对而言比较轻松）。20世纪50年代，在哥伦比亚广播公司下属的各家电台中经营状况最良好的当属明尼阿波利斯的WCCO电台（电视四台），这家拥有5万瓦发射机的电台信号清晰，甚至南部的新奥尔良都能接收到信号。《早间秀》的挫败令克朗凯特感到灰心丧气，他接受了邀请在WCCO电台当主持人。得知克朗凯特草率地决定转战明尼苏达州时，米克尔森表现得非常生气。他对克朗凯特训斥道："你就是下一个道格拉斯·埃德兹。你的位置在纽约。"此时克朗凯特还不知道哥伦比亚广播公司新闻网的高层已

---

① 译注：红男爵，曼弗雷德·阿尔布雷希特·冯·里希特霍芬男爵（1892—1918），德国飞行员，被称为王牌中的王牌，也是战斗机联队指挥官和第一次世界大战击落最多敌机的战斗机王牌，共击落80架敌机。

② 译注：彩虹厅，纽约市最负盛名的餐厅，位于洛克菲勒中心的楼顶。

经打算让他主持1956年总统候选人提名会的转播工作。

　　米克尔森想要让克朗凯特明白公司新闻网是铁打的营盘流水的兵。1956年，佩利第一次向外公布在电视逐渐成为盈利大户的时候公司的电台部已经出现了亏损。所有人都开始着手为电视台寻觅天才。后来出任全国广播公司新闻网主席的鲁文·弗兰克曾回忆说，当年一些制片人打算将主持提名会的机会交给瘦瘦高高、相貌堂堂的记者切特·亨特利。当时来自洛杉矶的亨特利已经开始在全国广播公司的周日节目《观点》中亮相，这个时长为30分钟的节目以新闻和专题报道为主，但是无论是节目本身，还是亨特利在观众中都没有多少知名度。公司急于找到一名能够替换亨特利的主播，一些经理大力推荐了戴维·布林克利，可是这位主播也同样不够出名，而且性格乖张。弗兰克还记得当时大会日益逼近，可是经理们还在对两位主要候选人孰优孰劣的问题争执不下，公司上上下下乱作一团。"后来，一位出了名的折中主义者说：'就让他们俩一起主持吧。'这位经理指的是亨特利与布林克利。就像是漫画里的情节，刹那间某个人的脑袋上亮起了灯泡。"

　　亨特利与布林克利的到来为全国广播公司新闻网带来一股新气象，这股新气象对20世纪50年代中期的美国广播界而言也是史无前例的。在哥伦比亚广播公司新闻网里的顽固派看来亨特利与布林克利只不过是靠着美联社的短讯武装起来的"库克拉、弗兰和奥利"[①]。克朗凯特从自己的视角出发对全国广播公司这对搭档在电视荧屏上的表现作过一番分析："他们得到了评论界的关注，而我才是这一行的老手。"

---

① 译注：美国早期一档电视木偶剧。

第十三章

亨特利与布林克利带来的挑战

有人曾批评说在主持报道1956年的两党代表大会时克朗凯特就是一个十足的蠢货。当时他还不满40岁，但已经在电视界身经百战。没有多少观众知道创新电视节目的都是制片人，主播的工作不过就是接受米克尔森和休伊特这些人所做的决定。1956年的总统选举没有太大的波澜，在职总统艾森豪威尔的对手仍旧是四年前的老对手斯蒂文森，因此在芝加哥举行的民主党大会和随后在旧金山举行的共和党大会都不会出现多少激动人心的场面。观众需要哥伦比亚广播公司用光导纤维、新的摄像角度和高电压等各种曾被用来促销黄金档节目《灵犬莱西》、《雷德·斯克尔顿秀》和《我爱露西》的尖端技术增强会议报道的可视性。在这个夏天克朗凯特表现平平，《纽约时报》的评论家，曾经为哥伦比亚广播公司新闻网担任过"资讯顾问"（无所谓具体是什么头衔）的杰克·古德取笑说，克朗凯特在主持现场报道时一直痛苦地挺着一张大冷脸，他还雪上加霜地要求克朗凯特打起精神来。

克朗凯特被深深地刺痛了。他终于恼怒了，心急火燎地想要找到一只替罪羊。报道1956年两党代表大会的失败不可能是他造成的，他的发挥太稳定了。米克尔森与休伊特没有让他单独主持报道工作，而是为他配备了一批"外援"政治评论家，其中包括民意测验的先驱埃尔摩·罗珀和总是能猜中最终获胜者的作家塞缪尔·卢贝尔，每当镜头对准他们的时候这两个人就总是表现得极其乏味。克朗凯特希望把更多的镜头给予塞瓦赖德和默罗，而不是让两个可怜兮兮的书呆子在这场昏昏欲睡的盛会上比试一番。为了找到失败的原因，当年秋天哥伦比亚广播公司新闻网展开了一场内部大讨论。在给米克尔森的一份备忘录中塞瓦赖德写道："哥伦比亚广播公司之所以士气低迷是因为管理层气氛紧张，公司上下充满了不确定和紧张不安的气氛。"

默罗对克朗凯特没有什么好感，不过在他看来造成此次报道失利的原因在于作为执行制片人的米克尔森导演为了取悦赞助商不惜让节目充斥着几乎达到虔诚地步的庸俗内容。他认为这一次的报道充满了娱乐内容、虚假新闻和政治宣传，芝加哥和旧金山的所有活动都经过了精心的安排，而迟钝古板的克朗凯特在没有讲稿的情况下至少表现得比被拴在桌子上的一本正经的罗珀出色一些，后者只是一味地唠叨着从喜好以数据说话的党派那里听来的有关两党的假新闻。米克尔森的其他一些错误决策也令默罗火冒三丈。他过于担心电台表现出对斯蒂文森的倾向，因此禁止播出《追求幸福》（一部有关民主党全国代表大会的欢欣鼓舞的纪实短片），这令民主党全国委员会主席保罗·巴特勒感到十分震惊。为何要对彩屑纷飞的大会中最富有见解的内容进行审查？默罗不太在意克朗凯特突出的即兴分析能力，他认为为哥伦比亚广播公司电台网主持大会报道工作的罗伯特·特劳特在这个方面更为出色，为什么不让特劳特取代克朗凯特主持这场盛会？

公司对《追求幸福》的抵制和UNIVAC固然令克朗凯特感到恼火，但是正如他在1956年10月写给米克尔森的信中所述，更令他生气的是控制台里令人气馁的混乱局面。他抱怨说在向成千上万美国观众进行报道的时候他听到在镜头之外工作人员在哈哈大笑。这种工作状态不啻为节目的灾难。多疑的克朗凯特甚至在文中暗示或许在芝加哥和旧金山的默罗一伙以消极怠工的方式蓄意破坏他的工作，他还告诉米克尔森在直播间里自己需要绝对的"安——静"。可是米克尔森却只是向他投来怀疑的目光。

对克朗凯特来说明确地将矛头指向默罗一派或许是最方便的选择，可是这种指责毫无理由。造成哥伦比亚广播公司在1956年两党代表大会上失利的真正原因在于全国广播公司新闻网的布林克利与亨特利在节目中表现出了精彩绝伦的合作精神。如古德在《时代》中所述，这两位主播堪称是"天作之合"。出于为全国广播公司报道党代表大会的需要这两位能干的记者结成了搭档，在节目中准确而简练地对新闻做着评论。亨特利捧哏，布林克利逗哏，放眼整个电视新闻界（甚至是在他们出现之前的广播新闻）这对组合都是史无前例的。要是芝加哥和旧金山出了离奇的事情，他们就总是捧腹大笑一场。相比之下，面对同样的内容克朗凯特只会以报道的方式死板地告诉观众某处发生了一件可笑的事情。作为新闻工作者置身事外也是有一定限度的。美国是一个奇思妙想层出不穷的国家，它开始相信全国广播公司的这两位主播比谦卑的克朗凯特更能产生效益。这就像双球蛋筒冰淇淋和买一赠一的奶酪汉堡包孰优孰劣的问题一样。在提到1956年的两党代表大会时历史学家迈克尔·鲁索曾说过："以前启用两位主播的尝试也产生过混搭的效果，但是布林克利与亨特利为这项工作注入了更精妙的编辑技巧，在节目中将抽象概念与视觉阐释更加协调地结合在一起，同时还为电视观众带来了喜闻乐见的幽默元素。"

不仅如此，在需要不拘小节轻松一下的时候分别在纽约和华盛顿特区的亨特利和布林克利总能展现出幽默诙谐的一面，前者说起话来就像西部人那样简洁明了，充满讽刺精神，后者则是公认的滑稽配角。但是他们并非像小丑那样在节目中一味地打闹逗乐，也不会做出任何粗俗无理的举动，他们只是以松弛的互动方式灵活机动、言简意赅地发表着自己的见解。亨特利与布林克利不仅扮演着播音员的角色，在节目中凭着独有的你来我往的主持风格他们自己也成了观众中的一员，就像观众在自家的客厅里同家人盯着电视屏幕时所做的那样，对彼此评头论足一番。

与克朗凯特不同的是，这对电视奇才认为1956年的两党代表大会不太需要东奔西跑地采集新闻。现任共和党总统艾森豪威尔与二度参选的民主党提名人斯蒂文森几乎都稳操胜券，因此会议上不会出现多少大新闻。只有斯蒂文森的副总统的人选之争——究竟是田纳西州的埃斯蒂斯·基法佛，还是马萨诸塞州的约翰·肯尼迪——还存在吸引观众的可能。米克尔森曾解释说："在这种状况下就需要亨特利和布林克利这样的人。布林克利冷嘲热讽的俏皮话活跃了整个过程，让观众产生了一丝娱乐精神。在早已没有新闻的时候哥伦比亚广播公司却仍旧继续将其当作严肃的新闻话题来处理。"

作为公司的一项策略，1956年当民主党在芝加哥召开代表大会期间为了提高收视率，克朗凯特同爱德华兹、科林伍德、塞瓦赖德和特劳特一起继续出现在深受观众喜爱的游戏节目《我的台词是什么？》中。在20世纪50年代，新闻播音员做广告和主持游戏节目是司空见惯的现象，迈克·华莱士、爱德华兹、斯韦兹之类的记者就一直在做这些事情。但是《我的台词是什么？》有些不同寻常。按照游戏规则，在节目中有四位名人一起竞猜一位神秘嘉宾的职业。克朗凯特坐在嘉宾席上，旁边是节目主持人约翰·戴利，哥伦比亚广播公司的其他四名记者站在他的身后，看起来活像是衣冠楚楚，站在同一根电线上等着咯咯傻笑的四只乌鸦。当蒙着双眼的专栏作家多萝西·吉尔加兰提问时克朗凯特改变了音调，听上去就像是《嘉年华小孩》里的米老鼠。他的发言断断续续，一会儿一股脑儿地说上好一阵子，一会儿又沉默上好久。最后，在一阵人造笑声的陪伴下他便和大会报道小组一起退场了。

《我的台词是什么？》没有产生预期效果。夏天结束的时候由克朗凯特掌舵的哥伦比亚广播公司新闻部的金盔铁甲上出现了裂痕。亨特利与布林克利成了电视界无可争议的新宠，两个人红极一时。新闻杂志《时代》和《新闻周刊》都公开宣称全国广播公司的记者完全配得上有头脑的观众。在当年8月对芝加哥代表大会的报道工作所做的分析中批评家古德也对布林克利不吝溢美之词："对于布林克利先生非凡的造诣无须多言，他对言简意赅地概括事实自有一套诀窍……但是，吸引观众的却是他的幽默感，这种幽默感非常醇厚，并根植于面对政治活动和电子设备制造的混乱仍旧能够轻松自在超然物外的能力。"在这篇发表在《纽约时报》的文章中古德对克朗凯特只字未提。

也有一些批评家一起为克朗凯特进行了辩护："我们就是喜欢克朗凯特所坚持的正统新闻的质朴。"这原本应该是对这位曾经的合众人的赞美，但是在亨特利与布林克利备受喜爱的趋势下这种赞美听起来毫无说服力。克朗凯特在播音中继续坚持着直截了当的风格，但是在大会结束后"正统新闻的质朴"遭受到了外界严厉的指摘。通过亨特利与布林克利这样的渠道娱乐之流逐渐渗透进电视新闻这艘大船。在艾森豪威尔执政后期这种趋势通过两个渠道持续着，首先是从哥伦比亚广播公司内部（记者们将自己的观点同新闻事实结合在一起），其次是外部的影响（让严肃正统的新闻落伍的全国广播公司）。为了给1960年的大会报道工作扫清障碍，米克尔森要求克朗凯特对自己在1956年大会期间的表现作一番自我批评。克朗凯特拒绝了对方的要求，在职业生涯中他一直遵循着一条铁律，实际上也是一种迷信，他从不观看自己的节目，正是这个原则让他得以在业内存活了下来。全国广播公司新闻网的主播布莱恩·威廉姆斯曾说过："沃尔特觉得根本不存在重头来过的机会。观看自己的失误只会让自己的自尊心伤痕累累。"

1956年的初秋，在两党代表大会的听众席几乎还未打扫干净的时候，在全国广播公司主持晚间新闻的斯韦兹就被解雇了。不出所料，亨特利与布林克利取而代之，前者来自纽约，后者来自华盛顿，他们创造了一种独一无二的双城模式，这种模式清晰地展现了他们的特有的合作关系，《骆驼新闻大篷车》随之也被更名为

《亨特利-布林克利报道》。尽管全国广播公司新闻网缺乏同哥伦比亚广播公司相抗衡的王牌记者，但是总裁罗伯特·金特纳已经提高了部门预算，招募了埃德温·纽曼、桑德·瓦诺克与约翰·钱斯勒等一批新干将。《亨特利—布林克利报道》的节目质量甚至比1956年报道两党代表大会时更令人称道。全国广播公司的收视率没能一飞冲天，但是突然间它成了饱学之士必看、时尚人士想要的电台。从这时起观看晚间黄金时段的新闻节目开始逐渐成为美国人的生活习惯。不过哥伦比亚广播公司新闻网依旧在纪录片和特别报道（默罗的强项）方面胜人一筹。最重要的是，从财政角度考量，它已经开始大规模入侵全国广播公司的优势领域，即娱乐节目，以《我爱露西》为代表的热门情景喜剧让公司在20世纪50年代一直保持着领先地位。不可避免的是，全国广播公司发起了反击，聘请了包括喜剧演员鲍勃·霍普在内的一批大明星为其效力。

当年秋天克朗凯特的战斗精神发挥到了极致，他参加了哥伦比亚广播公司黄金时段的特别节目，一直播出至大选之夜的《谁是赢家》。斯坦顿博士不惜重金在《纽约时报》和《华盛顿邮报》上为公司新闻网打出广告，对克朗凯特主持的黄金时段的访谈节目（有时会有辩论活动）做了一番大肆宣传，这档节目的阵容包括州长艾弗里尔·哈里曼（民主党，纽约）以及参议员威廉·诺兰（共和党，加利福尼亚）、休伯特·汉弗莱（民主党，明尼苏达）和卡尔·蒙特（共和党，南达科他）。《谁是赢家》每逢周三播出，连续播出了八个星期，节目大获成功。11月5日，大选当夜，艾森豪威尔以457∶73的票数击败了斯蒂文森，哥伦比亚广播电台也以25.3的收视率在同全国广播公司（13.8）和美国广播公司（13.1）的新闻战中夺冠。

在大选之夜的精彩表现为克朗凯特保住了自己作为公司新闻网直播报道一线主播的地位。不过，他本来就不甘心屈居人下。热闹的政坛大事结束后他又开始寻找新的特别事件，好让自己真正坐稳黄金时段的金交椅。他需要一档类似于《面对面》这样的热门节目，默罗主持的这档节目于1953—1961年播出，以非正式场合下对公众人物进行访谈为主，这种采访风格成了新闻界的传奇。克朗凯特曾抱怨道：
"在1957年的秋天，我在哥伦比亚广播公司的意义基本上仅限于重新主持势头越来越弱的《你就在那儿》和每周一次的新闻节目《星期天新闻特别报道》。"

克朗凯特将摆在自己面前的选择仔细审视了一遍，对亨特利与布林克利造成的威胁作了一番正确的评估。然后他便打算在播音时让自己放松下来。他原本可以轻松地同布林克利正面对决，在主持节目的过程中变得风趣一点，为自己的言谈注入《穷查理年鉴》式的幽默。没错，克朗凯特早就想要改变自己的新闻播音风格了，但是他不打算模仿别人，在新闻播报领域他对播音工作的关注远不如筛选和组织新闻的热情。到了1958年，哥伦比亚广播公司新闻网改组成两大部门：哥伦比亚电视网（243家分支机构）和哥伦比亚电视台（5个自办电台）。电视产业欣欣向荣地发展了起来，而克朗凯特的愿望在本质上就是帮股东们在这个市场赢得更多的份额。

在1957年令克朗凯特警觉的不只有亨特利与布林克利，前途无量的罗杰·马德已经令哥伦比亚广播公司总部一片哗然。马德在华盛顿主要负责早上6点的广播新闻节目，以及晨间电视节目《波托马克大观》里插播的当地新闻栏目，但是他已经成了一颗冉冉升起的新星。没过多久，这位土生土长于华盛顿，最早曾在《里士满新闻导报》当记者的播音员就开始在WTOP电台主持早上6点的新闻节目，并亲自撰稿（包括每周一次的时评）。1962年5月，他进入了哥伦比亚广播公司新闻网华盛顿分局，专门负责报道国会工作。只要克朗凯特在一些特别节目中表现平平——这种状况并不常见——公司里就会有传言称新人马德（公司的未来之星）将会取代他。

多少有些出人意料的是，马德同克朗凯特交上了朋友，两个人之间毫无拘束。当时"默罗小子"们都将目光放在欧洲和纽约，克朗凯特与马德这两个对政治报道成瘾的记者更喜欢华府内的新闻。在质量上乘的回忆录《最好的地方》中马德提到哥伦比亚广播公司的年轻人常常嘲笑克朗凯特对流行文化的无知，克朗凯特坦率地承认自己不知道民谣歌手伍迪·格思利是何方神圣（在主持《20世纪》一期名为"沙尘暴时代"的节目中），这令马德不禁哈哈大笑起来。马德曾解释说："尽管我们都对他出的各种洋相很不屑，但是对我们来说最重要的是他坚信华盛顿发生的大事小事几乎都具有重要意义。"

同样都来自平面媒体界的克朗凯特与马德对"真正的新闻"一贯坚持着严格的标准，然而他们的手上没有实权。1957年，哥伦比亚广播公司娱乐部令人费解地被授予了对新闻的决定权。对于克朗凯特而言在一定程度上这个权力是他开展工作的基础，尽管如此他还是妥协了。10月17日，公司对好莱坞制片人迈克尔·托德在麦迪逊广场花园为18000名嘉宾举办的宴会进行了远程报道。克朗凯特受命代表公司的《剧院90分》节目前去报道托德为庆祝奥斯卡获奖影片《环游地球80天》发行一周年举行的促销盛典。庆典的广告文案宣称由波士顿通俗管弦乐团的指挥阿瑟·菲尔德负责的音乐和100头大象组成的游行表演（实际上只有十头大象不断更换装饰物，反复出现在毫无疑心的观众面前）将使此次活动成为庆典之王。

在报道过程中克朗凯特顽强地对这场奢侈、浅薄的活动进行了整整一个半小时的点评，靠一己之力挽救了哥伦比亚公司蹩脚的报道。托德的妻子，好莱坞明星伊丽莎白·泰勒是庆典的嘉宾主持人，明星效应令克朗凯特感到十分困扰。在回顾此事时他曾指出自己"突破"了娱乐和新闻之间的那层"窗户纸"，为了托德在一定程度上丧失了"新闻权威性"。虽然不能说克朗凯特为这场活动赋予了尊严——对任何一个凡人而言这种要求都很过分，但是至少他的表现无愧于记者的称号，在整个报道过程中他滔滔不绝地介绍着有关这场庆典的大量数据和人物，事后他将此次报道工作称为世界上第一个，同时也是最隐蔽的90分钟专题广告片。这场活动完全就是娱乐新闻节目《今夜娱乐》和真人秀节目问世之前出现的两者的杂交产品，批评家弗雷德·布鲁斯克曾在文章中写道："就连巧舌如簧的沃尔特·克朗凯特也难以自持。在节目进行到一半的时候他明智地放弃了，不再继续向观众描述这场大杂烩。"

　　尽管接受这项差事可以被谅解，但是克朗凯特原本应当设法回避《剧院90分》如此愚蠢的工作，其实都无须直接拒绝就可以做到这一点。但是他没有拒绝。仿佛是为自己的决定进行辩解，后来每当提到这件事情时他总是立即指出就在托德这场艳俗而惊人的宣传活动结束一个星期后哥伦比亚广播公司新闻网就播出了《20世纪》的第一期，这档由克朗凯特旁白讲述当代历史的节目取代了《你就在那儿》。《20世纪》从1956年10月开播，直至1961年5月停播，由美国宝德信保险公司独家提供赞助，节目以纯纪录片的形式对时事话题进行报道。10月20日播出的第一期名为"世纪伟人"，是英国首相温斯顿·丘吉尔的传记片，影片浓墨重彩地展现了这位政治家在第二次世界大战中表现出的领导才能。在这期节目大获成功后由伯顿·本杰明担任制片人的《20世纪》立即将方向转向未来，节目遂变成了介绍冷战时期技术发展的入门读物。接下来的六期分别为"导弹"（纳粹德国在20世纪30—40年代在佩内明德港进行的V-1和V-2飞弹的研制工作）、"联邦调查局的故事"（埃德加·胡佛在任时期法律的实行状况）、"X-2试验机的飞行"（火箭技术）、"音速突破者"（美国空军超音速飞机的飞行员）、"洗脑"和"垂直起落喷气式飞机"（尚处在试验中的飞机机型）。在播出的前三年里这档节目一直是电视网全网唯一一档每年固定播出52个星期的新闻及公共事件类的纪录片节目（26个星期为新节目，另外26个星期重播前一季的节目）。

　　《20世纪》早期节目的内容如此局限并非偶然，相反，这些节目就是针对苏联开启的太空时代所做出的直接回应。苏联于1957年10月4日成功发射了"人造卫星1号"，凭着这个胜利苏联似乎在导弹技术上超过了美国，从此人类进入了太空时代。克里姆林宫究竟是如何赢得这场比赛的？《20世纪》决意为这个问题找到答案，以安抚由于"人造卫星1号"升空而感到恐慌的美国民众。多年后，经过反思克朗凯特指出"人造卫星1号"是"对原本刀枪不入的东西——美国人民的自信——造成了突然打击……在尚未意识到自己已经身在比赛中的时候我们就已经输掉了这场比赛。这种状况令我们感到痛心疾首"。到了1960年《20世纪》已经向20个国家的电视市场售出了，它几乎成了美国空军、美国中央情报局和美国宇航局的广告宣传片。

在《20世纪》中克朗凯特大量采取了洛厄尔·托马斯式的报道风格。电视观众绝对不会知道克朗凯特下一次将会出现在哪个陌生的角落。例如，在获得艾美奖的1959—1960年的播出季里，为了"下靶场"这期节目克朗凯特与本杰明从大西洋导弹靶场一路转战到南大西洋上的阿森松岛，在加勒比海沿途的几个太空跟踪站做着报道；而在"卡纳维拉尔角空军基地的民兵内陆弹道导弹"这期节目一开场克朗凯特又对美国的太空计划进行了一番令人喘不过气来的现场报道，在此之后才有了他那些留名青史的对水星计划、双子座计划和阿波罗计划的报道。总体而言，《20世纪》就像一部长篇小说，全面展现了为了打赢冷战美国政府委托波音公司和麦道公司研发的新型武器。在观众心中《你就在那儿》是克朗凯特在20世纪50年代的代表作，但是《20世纪》才真正代表着他的最高水平。这档节目让人们意识到无论滑稽荒唐的亨特利-布林克利们有着怎样精彩的表现，赢得各种大奖（包括艾美奖和皮博迪奖）的却是克朗凯特，而且他还同默罗一起正在成为一流的现场记者和当代社会的见证人。《20世纪》被认为是电视屏幕上出现过的最精彩的30分钟节目，它预示着周刊式文献纪录片将在公共广播网和有线电视网遍地开花。

克朗凯特找到一个能在太空和导弹科技领域领先于全国广播公司新闻网的好办法，身为太空迷的他就像中央情报局的特工人员那样通过美国政府的各种渠道收集着有关导弹的资料，这个方法貌似困难，实则容易。他要做的就是在打字机上打印出一封封整洁的申请书，然后将申请书发给马丁公司（后被并入洛克希德·马丁航空航天制造公司）、麦克唐纳飞行器公司（后被并入麦道公司）和国防部。通常他都直接将信发给这些公司和部门的公关人员，一个星期之后各种资料便纷至沓来。此外，他还经常前往卡纳维拉尔角进行实地侦察。太空探索事业糅合了克朗凯特对飞行和冷战政治的双重兴趣，并赋予他一个百年不遇的机会，让他得以在公司里大显身手。他常常光顾坐落在四十七大街上的歌谭图书商场，购买了艾萨克·阿西莫夫与阿瑟·克拉克的科幻小说。1958年初他又去了洛杉矶，对飞机与导弹的集合体X-15型飞行器的首次公开亮相进行报道。他读过的有关洲际弹道导弹的技术术语数量惊人，对美国针对冷战的防御体系的出色能力有着深入的了解。他曾回忆说："自从火箭专家沃纳·冯·布劳恩的团队开始梦想将人类送入太空以来，我就同他们一起憧憬着那一天的到来。"

《20世纪》取得成功的关键因素在于巴德·本杰明，这位土生土长于俄亥俄州的制片人生就一副电影明星的容貌，而且颇具冒险精神，他于1939年在密歇根大学获得了文学学士学位，后来成了克朗凯特身边的"斯文加利"①。本杰明随时准备着如箭矢般在新闻界留下自己的轨迹，他从容不迫，做起事来总是一副有条不紊的样子，从不发火，也从不大声叫骂，他的新闻生涯始自合众社的克里夫兰分社。合众社的许多记者都知道如何为报道采集核心信息，但克朗凯特从未见过像本杰明这样高效的新闻快手。在"二战"中本杰明加入了美国海岸警卫队，并被提拔为上尉，战后他投身于电视新闻界，因为当时电视台的薪水高于广播电台。在本杰明看来诸如《开垦平原的犁》（1939）和《提摩西的日记》（1945）这样的经典电视纪录片都是真正的艺术品，就如同摄影诗人沃克尔·埃文斯与传记摄影家多萝西·兰格的写实主义摄影作品一样宝贵。克朗凯特后来曾为本杰明谦逊的自传《公平竞争》撰写了前言，他认为《20世纪》的这位制片人在"他有幸共事的所有制片人中是最杰出的"一位纪录片制片人。

本杰明不仅是一位真正的绅士，而且还对电视新闻的商业性具有敏锐的洞察力。即使没有加入哥伦比亚广播电台新闻网，不难想象他也会成为密歇根州安娜堡市一家中型企业的执行总裁，或者新英格兰某所小学院的校长。他明白钱应该被用在刀刃上，同时他也知道该如何筹集资金。实际上《20世纪》在电台的播出本身并没有为哥伦比亚广播公司谋到巨额利润，但它是一档史无前例、质量上乘的电视教育节目。通过赚取国际版权、向学校发行，以及在影院公映等方法，本杰明将这档节目变成了盈利项目。正是在本杰明的帮助下，克朗凯特终于意识到自己对航空与航天科技的虚无缥缈的热爱完全可以被转化为一笔巨大的有形财富。

《20世纪》之所以具有如此重要的地位是因为节目中既呈现了罕见的影像资料，又配有绝妙的解说词。克朗凯特与本杰明聘请了一批才华横溢的作家为节目撰稿，其中包括《纽约时报》的军事版编辑汉森·鲍德温、《时代》杂志驻外记者主管及编辑埃梅特·约翰·休斯、前联合国记者梅里曼·史密斯和历史学家约翰·托

---

① 译注：指完全能够摆布控制他人的人。这个名字来自乔治·杜穆里埃的小说《特里尔比》（1894）中摆布作家和演员的恶人斯文加利。

兰。一旦需要挖掘罕见的从未见过天日的历史影像资料时，本杰明的助手，尤其是鲍勃·阿斯曼与艾萨克·克莱纳曼，就变成了盗窃高手，无论是"水牛比尔"、希特勒，还是甘地的资料，他们全都找得到。

在新闻界并非只有克朗凯特一个人渴望主宰对太空领域的电视报道工作。就在"人造卫星1号"升天的两天后，爱德华兹就主持了一个时长为30分钟的特别节目（休伊特任制片）——《人造卫星号：苏联的航天卫星》。在哥伦比亚广播公司制作的这部纪录片中霍华德·史密斯、丹尼尔·绍尔、亚历山大·肯德里克与理查德·赫特里特分别在华盛顿特区、莫斯科、伦敦和纽约市美国自然历史博物馆里的海登天文馆作了解说，但是克朗凯特没有出现在影片中。仅仅两个月后，美国空军就制定出了在卡纳维拉尔角发射"先锋TV3号"卫星的日程表，哥伦比亚广播公司又将报道这一事件的美差交给了哈里·瑞森纳。克朗凯特终于恼羞成怒了。在《褪色之前》一书中瑞森纳写道："在那段日子……我暂时跻身于哥伦比亚广播公司在太空项目的最高权威行列。俄国或许能够打败美国，但是我们制定出了一个周密的计划，以确保哥伦比亚广播公司新闻网立于不败之地。"

1957年12月6日，在"先锋TV3号"升空的一刹那，相貌堂堂、谈吐从容的瑞森纳尖叫了起来："成了！"克朗凯特注意到瑞森纳在措辞上过于随便。随即火箭炸裂成了无数熊熊燃烧的碎片。倘若"先锋TV3号"在起飞时没有爆炸，那么完全有理由相信瑞森纳将成为哥伦比亚广播公司新闻网在太空科技领域的头号记者，而克朗凯特则根本没有机会。在20世纪50年代晚期，美国政府对卫星发射工作非常保密，但是同克朗凯特一样，瑞森纳一直得到政府的信任和欢迎。从收视率的角度而言，再加上技术成果，哥伦比亚广播公司一直领先于美国广播公司和全国广播公司，但是"先锋TV3号"的失利令哥伦比亚广播公司延迟了对几个月后美国第一颗成功发射的卫星"探险者1号"的报道。在1998年《新闻周刊》的一篇封面报道中克朗凯特说："现在已经很难想起来在当时太空飞行看起来究竟有多么危险。其实赌注大得不能再大，风险高得不能再高，当时我们都心想，天哪，我们可是在搞冷战时期的太空竞赛啊。"

站在克朗凯特的角度来看，"人造卫星1号"带来的最大效益之一就是促使国会议员约翰·肯尼迪与斯图尔特·赛明顿这样的民主党人提醒人们注意到美国同苏联之间在导弹技术上存在的差距。到了20世纪50年代晚期克朗凯特也成了一名反苏阵营的啦啦队队长，带领全国人民争取太空竞赛的胜利。1958年1月，他主持了一期90分钟的《20世纪》特别节目"我们站在哪里"，专门对美苏之间的局势做了一番精确的阐释，将美国同其冷战时代的头号竞争对手之间的军事实力做了一番比较。苏联一直坚称"人造卫星1号"纯属科研项目，而非军事行为。克朗凯特不接受这种说法，他告诫美国民众不要太天真。

克朗凯特在这期特别节目中表现突出，同四个月前他为《剧院90分》讲解迈克尔·托德在麦迪逊广场花园那场吵闹的娱乐表演时有着天壤之别。因此人们将他在这两次节目中的表现分别称为"高水平克朗凯特"和"低水平克朗凯特"，他不仅喜欢"太空记者"这个角色，而且也十分需要它。无论是在20世纪20年代同父亲一起乘坐柯蒂斯—莱特双翼飞机时差点丢了性命，在20世纪30年代报道独家新闻"空中战神"，还是在20世纪40年代被编入第八飞行中队，他始终对航空事业情有独钟。同航空部队之间的关系让他在新闻工作中占据了一块惬意的阵地，对空军的报道任务自然而然地落到了他的手里。曾经一片荒凉的卡纳维拉尔角已经发展成了美国的火箭发射中心，如鲁尼所说，"沃尔特认为可以利用《20世纪》悄悄打造业内最出色的太空问题'记事本'。他虚情假意地对远在卡纳维拉尔角，将他排斥在太空报道这块阵地之外的瑞森纳表示了热烈的祝贺。"

太空项目和美苏在这个领域之间的技术竞争之所以对克朗凯特如此具有吸引力还存在另外一个更加阴暗，也更为重要的原因，即他需要在冷战时期为自己找到一个安全基地。哥伦比亚广播公司通过直接或间接的方式在对员工不断施压，要求公司上上下下都选择反对共产主义的立场。1950年，美国各个单位的雇员都被迫签署了一份承诺揭发一切同共产主义分子有关的组织或法西斯组织的效忠宣誓书，在20世纪50年代初期哥伦比亚广播公司的雇员也都受到了正式或非正式的调查。当时各个行业都是如此，但是广播界受到的监控格外严密，其原因只有一个，它有能力接触到千千万万的百姓，甚至能够对他们产生影响。在1957年之前美国宇航局尚未成立，负责实施太空项目的是美国空军，各项试验都属于最高机密。即便通过了审查，再加上同空军的关系，克朗凯特还是没能得到允许，接近火箭发射项目。但是通过在《20世纪》上宣传美军的新装备他成了国防部的"推销员"，以充满未来主义的商业宣传片的形式向美国民众展示着五角大楼的工作。

在很长一段时期内克朗凯特都成了一个局外人，在借着《你就在那儿》和《早间秀》这些节目缓缓前进的同时失去了参与冷战阴谋的机会。对事业发展来说回避争议性的新闻话题或许是绝佳的选择，但是这种选择过于懦弱。作为拖家带口的男人，他已经过于安逸，难以继续奔赴海外战场开展战地报道工作，而且他的意识形态观念也没有强烈到促使他在本土激发同胞们的恐慌情绪，但是通过《你就在那儿》他迂回地向麦卡锡主义发起了挑战。然而，这毕竟不意味着他拥有了重要的新闻管区，也不等于他创造了历史。而现在，他终于意识到自己对火箭技术的热情可以轻而易举地被转化成一期期的《20世纪》。美国最初的几次发射或许同冷战的关系并不紧密，但是在克朗凯特看来报道太空项目的工作让他有机会取悦除了极左（同情共产主义分子）和极右（反联邦政府）分子之外的所有人。

同当年在欧洲报道对德空战中的做法一样，在20世纪50年代末期克朗凯特同负责太空和国防项目各机构的军官及行政官员建立了良好的关系。从表面上看他是哥伦比亚广播公司负责报道太空竞赛的记者，但是从他对新伙伴们的事业所表现出的那股不言而喻的热情看他实际上已经成了竞赛队伍中的一员。他很少明确表明自己的态度，这不符合他的做事风格，但是一旦认定某个目标及实现目标的方法是正义的，那他就会成为主流思潮中的一分子，而且必然会在新闻工作中为其提供支持。他坚信技术进步对美国在冷战时期的国防事业具有至关重要的作用，对此他表示衷心的拥护。20世纪50年代末，在他的所有经历中最重要的就是参与了对美国空军的宣传工作，将太空项目的报道工作视作自己的囊中之物。

美国宇航局（国家航空与太空项目的负责机构）成立于1958年7月29日，自其成立第一天起克朗凯特就成了该部门最主要的支持者，不断向民众宣传美国在科学技术方面的实力。他曾代表哥伦比亚广播公司参观了宇航局的研究实验室，例如兰利航空实验室、埃姆斯航空实验室和刘易斯飞机推进装置实验室。从"水星计划"启动之初，后来又经过开创性的"双子座计划"，再到接下来的"阿波罗号"宇航员尼尔·阿姆斯特朗实现了在月球上行走，以及太空舱计划的出炉，克朗凯特一直坚定地支持着他所谓的"征服太空"事业。

1958年8月17日，美国陆军试图在佛罗里达州中部发射一枚科学实验卫星，克朗凯特终于代表哥伦比亚广播公司享受到了太空竞赛的乐趣。然而，就在升空77秒后火箭就爆炸了。当天下午哥伦比亚广播公司发布了两篇有关此次火箭发射失败的报道，第二篇报道就是由克朗凯特播发的。

在整个职业生涯中，克朗凯特在镜头之外始终远比在电视上更坦率。在面向中西部地区所做的演讲中，他在渴望美国在冷战中彻底击败苏联的问题上显示出惊人的固执。例如，在1959年的冬天他告诉一名听众在同导弹防御体系相关的关键性新科学研究领域苏联显然领先于美国。这个论断已经被证明是错误的。为了唤醒美国民众，他将美国描画为在洲际导弹（和太空）实力方面的"二等国家"。他还刻意在节目的解说词和自己的新闻评论中督促国家增加在这些领域的投入，并有意无意地为美国宇航局的研究工作向国会争取更多拨款。在1959年的时候这种态度并不会引起太大的争议，但是在电视镜头前克朗凯特还是不应当表现得如此露骨，毕竟其中存在着一定的风险。由于将美国称为"二等国家"，《真理报》对克朗凯特进行了一番赞扬，克朗凯特很清楚自己不需要这样的宣传。

在整个20世纪50年代末期，在公司里克朗凯特一直视电台播音界的传奇人物洛厄尔·托马斯为偶像，他甚至在20世纪50年代曾师从托马斯，掌握了在播音中如何用自己的声音鼓舞观众，而非如尖利的匕首一样直刺人心。在听到托马斯每个工作日都用"大家晚上好"这样的方式问候全国人民时，他便意识到托马斯就是自己的楷模。在播音过程中托马斯始终表现得十分友善，并给人以信心，有时候还有点枯燥，但是听众们都信任他。或许托马斯不是默罗那样锐意改革的斗士，但是他将自己称为"新闻传播者"，而这正是克朗凯特为之奋斗的目标。

早在20世纪30年代就读于圣哈辛托高中时克朗凯特就结识了托马斯，他效仿偶像塑造着自己在公众面前的形象。这么做很适合他。他只希望自己听上去像托马斯那样是一个充满自信、学识渊博、轻松随意且严肃，同时又不失幽默感的人。托马斯的一举一动都那么平凡，同时又超凡脱俗，浑身上下散发出一种去除了杀戮欲的海明威所应该具有的浪漫主义气息。他生有一头蓬乱的褐色卷发，一双洞穿人心的蓝色眼睛，嘴唇上还留着两撇稀疏的小胡子，看上去风度翩翩。托马斯并不认为自己不同凡响，但是事实上他就是这样一位传奇性的人物。他曾设法说服从英国考古学家托马斯·埃德华·劳伦斯、印度民族主义运动领袖圣雄甘地到英国元帅蒙哥马利等一批领袖人物接受他的专访。后来在提到自己心中这位常青偶像时克朗凯特曾说："凭着将近46年的晚间新闻报道生涯他创造了一项记录，曾有人估算过，他的观众人数总计高达1.25亿人。"

这一切促使克朗凯特采取了行动。当时哥伦比亚广播公司的所有人都在企图成为下一个默罗，唯独克朗凯特志在成为新一代的托马斯。他在20世纪50年代的一切所作所为都旨在有朝一日获得勇士托马斯的王冠。托马斯撰写的任何作品他都不会放过，在总共50多部著作中他最喜爱的是《与阿拉伯的劳伦斯在一起》（1924）和《饥饿的大河》（1937）。在夏日里，到了周末克朗凯特一家就会去托马斯在纽约波林镇的家中过周末，孩子们在一起游着泳，两个男人坐在门廊上聊着世界大事。克朗凯特曾说："据我所知他跟碰到的每一个人都成了朋友，他在世界各地有着成千上万个……来自各行各业的……朋友……要是你跟洛厄尔·托马斯搭腔，他就会作答，还会抓起你的手，从此以后你就成了他的追随者。"

到了20世纪50年代末期克朗凯特在哥伦比亚广播公司的事业轨迹进入了平稳期。虽然失去了高薪，但是他平安度过了红色恐慌时期，虽然曾经和上了黑名单的作家一起在《你就在那儿》以及在《20世纪》节目中完成了开创性的工作，但是他并没有因此受到攻击。他主持的广播节目《请回答！》受到了听众极其热烈的欢迎，节目中设置有回答观众来信的栏目，具体的问题很容易回答，可是有时候哥伦比亚广播公司广播电台的听众一心想要用抽象的问题让克朗凯特展现他的特异功能。

"还会再开战吗？"一封信这样问道。

"咱们会领先于俄国吗？"另一封信这样写道。

克朗凯特不费吹灰之力就做出了回答："要是我知道的话，我就在五角大楼，而不是哥伦比亚广播电台上班了。"

在电视业的黄金时代美国层出不穷地涌现出无数媒体名人，其速度和数量都达到了史无前例的地步。许许多多诸如克朗凯特这样的广播电视记者都被听众索要亲笔签名，仿佛这些人知道究竟是否爆发战争似的。在哥伦比亚广播公司的《面对国家》或《20世纪》节目中露面就意味着迅速获得知名度，老百姓都希望能同闪现在自家客厅里那个小盒子——飞歌或RCA（美国无线电公司）电视机——里的名人握握手。当他们步入曼哈顿的任何一家餐馆，那幅场面就如同摩西劈开红海。没过多久克朗凯特就同《20世纪》的签约评论员罗伯特·夏普伦与西德尼·赫茨伯格等一批知识分子结下了友谊，他相信对于一档聪明的电视节目来说同这样的专家一起做即兴访谈是最基本的因素。然而，通过为哥伦比亚广播电台新闻网主持节目获得的名望无非是走在街上时能被陌生的路人一眼认出，这项工作看起来很肤浅，有时候甚至显得有些荒唐可笑，正如克朗凯特曾对爱荷华州的一位专栏作家朋友所说的那样，"名人当记者，去采访新闻，可不是一件容易的事情。"

第十四章

薪火相传

无处不在——奥运会之声——高品质因素——形象制造师泛滥成灾——丹·拉瑟受教育——为何不找克朗凯特？——把默罗拒之门外——斯坦顿博士稳如泰山——肯尼迪觊觎大权——爽朗自信的尼克松——总统倒计时——对抗肯尼迪——谁能赢得辩论？

20世纪50年代初期哥伦比亚广播公司的企业标志"眼睛"首次出现在电视屏幕上。在对德裔宾夕法尼亚人的民间艺术六角符号和震颤派①绘画作品进行了一番仔细的研究之后平面艺术家威廉·戈登设计出了这个图标，旋即该图标就成为电视发展史上的一个标志性符号，总是随着名喜剧演员杰克·本尼、《我爱露西》的女主演露西尔·鲍尔与多面手罗德·瑟林等娱乐明星一起出现在屏幕上。克朗凯特曾将最早的黑白色眼睛图标称为"目标"，到了1960年这个图标几乎无处不在，享誉全球，甚至出现在克朗凯特这位老合众人带有姓名缩写花体字的衬衣袖口上。在广播业中企业标志无足轻重，但是对电视业而言标志性图案则是决定企业成败的视觉品牌。安迪·鲁尼曾说："沃尔特是一个绝对以公司为重的人。我经常取笑他说他应该把哥伦比亚广播公司的眼睛标志纹在屁股上……不过他觉得这一点也不好笑。"

在1960年，只要将电视频道调到哥伦比亚广播公司，除了"目标"之外，观众十之八九还会看到克朗凯特。在《20世纪》系列节目中克朗凯特乘坐航空母舰、驱逐舰和潜艇巡游大西洋，后来还随同艾森豪威尔远赴安卡拉、喀布尔、德黑兰和德

---

① 译注：基督教新教派别，其全名为"基督复临信徒联合会"。18世纪，从英国曼彻斯特的公谊会分出而产生。1774年其创始人安·李（Ann Lee，1736—1784）率信徒多人移居美国，不久在美国传开，后流传于北美，特别在纽约地区广传。宗教仪式中唱歌伴以跳舞，开始时四肢颤动，慢慢地整个身体摆动，相信这样将使自己直接和圣灵相通，因而得名。该教派崇尚简朴、禁欲的生活。

里。哥伦比亚广播公司专门租用了一架飞机，供克朗凯特、制片人巴德·本杰明，以及17位技术人员对总统此次出访海外进行了被《纽约时报》称为"史无前例"的报道。每当出现重大新闻，公众似乎就总想克朗凯特对此事的看法。每当出现海外采访任务时克朗凯特总是主动请缨："派我去！"或许这已经成了条件反射性的反应。对于克朗凯特对工作的献身精神《华盛顿邮报》曾作过这样的评价："在主持节目、为各种电视系列节目旁白，以及主持周日新闻节目的过程中他追寻着当代历史的脚步，走遍了全世界。"

在艾森豪威尔执政期间，自始至终绝大多数报纸对冬季奥运会的报道都无法保证质量，这种情况在1959年终于被改变了。这一年，哥伦比亚广播公司以5万美元从奥林匹克委员会的手中买下了11天比赛盛事的独家报道权。哥伦比亚广播公司非凡的体育评论员吉姆·麦凯在1960年1月初深受焦虑的困扰，因此克朗凯特替他主持了冬奥会的报道工作。此次冬奥会在加利福尼亚州和内华达州交界处的斯阔谷举行，替补队克朗凯特随即便成了这场全球体育盛事的电视报道大师。

高山滑雪、冰上曲棍球、雪橇运动……为了此次报道工作克朗凯特突击钻研了各种比赛项目，不打无准备之仗是他一贯的优点。在这一届冬奥会上速度滑冰、花样滑冰和冰球有史以来第一次在人造冰场举行，这个事实令他着了迷——他向来对"第一次"痴迷不已。克朗凯特还对33个参赛国的运动员进行了一番研究，将600多名运动员的简要资料牢记在心。不知怎的，他令哥伦比亚广播电台的观众都以为他本人曾获得过奥运金牌，在解说越野滑雪赛的时候也是在尽情享受着冰雪世界的美妙。他对高山滑雪过程中的俯冲动作、充满挑战性的滑雪道、冻伤和雪地履带车的运动都能侃侃而谈。他脚上套着硬邦邦的靴子，身上穿着带有毛皮帽兜的风雪衣，手上戴着连指手套，这副打扮让他连一杯热巧克力都握不稳，看起来活像是在L. L. 比恩邮购公司试装失败的模特，不过没有人对此提出异议。他变化多端，一会儿成了多项全能运动员，一会儿又是记者、观众、啦啦队队长、幽默大师，有时杞人忧天，有时无忧无虑。协助他进行报道的特邀评论员既有前奥运明星、美国花样滑冰运动员迪克·巴顿和跳台滑雪运动员阿尔特·达维林，也有体育记者克里斯·申克尔与巴德·帕默。

哥伦比亚广播公司为这一届冬奥会的各项赛事所做的宣传广告非常大胆。麦迪逊大街的一家公司设计了一副刺激的海报，画面中一位高山滑雪运动员飘在半空中，他的手里举着一把奥运火炬，头上悬着一个巨大的哥伦比亚广播公司的企业图标——眼睛。瞥一眼《华盛顿邮报》的电视节目收视指南版就会发现克朗凯特的名字就排在晚上7：30的时间档，这个位置十分引人注目。1960年，哥伦比亚广播公司的体育节目都处在新闻频道的管辖下，米克尔森渐渐地将克朗凯特培养成了负责特殊活动、新闻和体育栏目的明星主持人。

在奥运会的历史上斯阔谷是最小的奥运会举办地，在克朗凯特看来这个坐落在内华达山上的偏远小村庄是绝佳的"直播间"。村子的环境对哥伦比亚广播公司的转播工作非常有利，摄像人员不必为了拍摄远景而跑遍整个普莱瑟郡，所有比赛项目都设在相距仅有几英里的地方。这是自1932年在纽约州艾塞克斯县普莱西德湖举办过第三届冬奥会28年以来首次在北美地区举办的冬奥会，不仅各界对克朗凯特的报道工作反响热烈，而且黄金时段的收视率也很可观。可以说正是在克朗凯特的努力下，冬奥会在美国成了四年一度、广受欢迎的电视盛事。在斯阔谷发展起来的一项新技术永远改写了体育报道的历史，而克朗凯特正是负责实施这项技术的核心人物。以前在男子障碍滑雪比赛中奥委会的官员们始终难以判定运动员是否存在绕行回旋的行为，因此他们请求哥伦比亚广播公司复查比赛录像。受到这个简单要求的启发，哥伦比亚广播公司率先想到了即时重播的主意，这一做法在未来成了几乎所有体育比赛电视转播节目中的主要内容。

由于斯阔谷的成功，作为回报，克朗凯特得到了主持转播当年夏季奥运会（罗马，8月25日—9月11日）的美差。当时还没有卫星转播技术，因此哥伦比亚广播公司无法对比赛进行现场直播。克朗凯特坐在纽约的播音间里，成了连接各项比赛的"结缔组织"，向观众宣布卡修斯·格雷（日后的拳王阿里）赢得了次重量级拳击比赛的金牌，曾经的小儿麻痹患者威尔玛·鲁道夫在田径场上荣获了三枚金牌。

在斯阔谷和罗马的转播工作令克朗凯特趁机做好了主持1960年两党代表大会转播节目的准备。在当年6月被问及对主播这个角色的看法时他回答道："我们认为他应该在播音过程中对消息进行编辑，对本质上各部分零散的重大活动进行协调。至于今年夏天的罗马奥运会，届时我会留在纽约主持节目，使各个部分联结成一个整体。对于奥运会，我只需要主持节目就行了；而对于党代表大会，我就需要对节目进行编辑，让报道保持连贯。"

1960年克朗凯特一直在各种重大活动的转播报道工作中担任着主播，显然默罗与爱德华兹将被他取而代之。他是新一代的洛厄尔·托马斯，一位百变高手，美国

"安全角"①的二号人物，就算面对天体物理学和撑竿跳比赛时似乎也能够稳坐头号主播的宝座。他比默罗更能代表哥伦比亚广播公司的"眼睛"，他是最受观众爱戴，并被观众视为20世纪最有专业精神的见证人。他最希望被别人看作是一位白手起家、斗志昂扬的通讯社记者，通过长时间的埋头苦干获得成功，而且从未受到过他人的摆布。《制造总统，1960》一书的作者西奥多·怀特曾指出："在电视业的伟大人物中只有沃尔特·克朗凯特在事业发展过程中始终没有受到默罗的提携。"

克朗凯特预感到1960年的总统大选将充满悬疑，并且会在历史上留下浓墨重彩的一页，到时候所有人都会通过电视观看此次大选。他凭直觉认为广告客户总喜欢名垂青史，他们对能与时代保持同步的机会梦寐以求。所有人都知道艾森豪威尔赢得了1952年和1956年的胜利，但是在1960年初下一任总统的宝座花落谁家还是未解之谜。本届总统选举早在两党的夏季代表大会开始之前大选便拉开了帷幕，对渴望在竞选中获胜的候选人而言春季的初选和预备会议成了重要的进身之阶。通过报道党代表大会获益良多的克朗凯特已经有一年时间没有报道过任何重大的政治新闻，也没有让哥伦比亚广播公司新闻网成为新闻焦点了。

同竞选政治掺杂在一起对电视业而言存在着非常负面的影响。候选人提名会和选举委员会的规模日渐扩大，竞争白宫宝座的成本也水涨船高（例如，在很多地区都必须购买电视广告），电视时代的出现令总统候选人必须不停地筹募赞助经费，好让竞选活动变成大富翁的游戏。在1948年，杜鲁门总统仅仅靠着一小群人的资助就能够乘坐火车去俄克拉荷马各地同选民见面；到了2012年，在奥巴马时代要想坚持完整个竞选过程总统候选人就得筹集令人咋舌的10亿美元经费。其实早在1960年政客们就已经开始将更多的精力消耗在筹集竞选经费，而非立法工作上。

与此同时一些追随默罗的严肃记者还担心让满载摄像机、麦克风和各种设备的电动推车遍布大会会议大厅将使与会者参政议政的民主积极性受到打击。然而，他们的抗议很快就偃旗息鼓了。一等红灯亮起政客们便开始在镜头前小心翼翼地扯起谎来。本届大会上还出现了一批新型的电视形象制造者，这就是媒体顾问、造型师和公共关系专家。电视摄像机让政治大会变得更加肤浅了。电视界将对在洛杉矶举行的民主党代表大会（7月11日—15日）和在芝加哥举行的共和党代表大会（7月25日—28日）进行一场具有历史意义的报道，克朗凯特决意无论如何都要让哥伦比亚

---

① 安全角，伐木术语，指的是树被砍倒之前最后一段没有被砍断的地方。

广播公司在收视率上击败全国广播公司。

　　1960年，渴望在大选中获胜的政客们已经知道如何利用电视为自己争取机会（副总统理查德·尼克松早在8年前著名的"跳棋演讲"①中就已经这么做了）。电视对选民具有的操控能力令人感到不安，约翰·肯尼迪在总统竞选活动期间曾对休斯敦新教牧师理事会解释说，自己的天主教信仰不应成为受选的障碍，通过这番演讲他进一步强化了电视的这种力量。只是这场演讲仅对得克萨斯州东部地区进行了转播，不过他的竞选班子还是设法找到了一部录影带，这段演讲录像成了他在全美各地演讲之前的精彩广告。三大电视网也积极地促进着总统竞选辩论的构想，这一构想永远地改写了美国的竞选政治。但是在1960年实现电视辩论之前依然需要首先选出两位候选人，这项工作也依然属于两党代表大会的职责范围。克朗凯特需要带领哥伦比亚广播公司的同事在代表大会的收视率上击败全国广播公司，以此证明他在特别事件报道领域所具有的魔力并非昙花一现。

　　1960年的芝加哥大会本身对克朗凯特而言不存在多少出人意料的成分，他完全可以轻轻松松地借机再一次赢得泰迪·怀特（西奥多·怀特）②的重视。副总统尼克松获得大老党（共和党）的提名已经是铁定的事实，前马萨诸塞州联邦参议员及美国驻联合国大使小亨利·卡伯特·洛奇显然会成为尼克松的竞选伙伴，而在此之前克朗凯特至少已经对洛奇进行过一次具有重要意义的采访。相形之下在洛杉矶举行的民主党代表大会则花样百出，充满了小插曲。肯尼迪不喜欢国会议员林登·约翰逊，但是很多专家都坚信要想在竞选中打败尼克松，肯尼迪就必须让这位工于心计的得州佬成为自己的副总统竞选人。此外，肯尼迪也有可能选择密来自苏里州的国会议员斯图尔特·赛明顿或者伊利诺伊州的国会议员阿德莱·斯蒂文森。

　　哥伦比亚广播公司在全国各地的主要分支机构都派出了一名记者参加大会的报道工作，以接受电视新闻这个新时代的洗礼。7月，29岁的得克萨斯人丹·拉瑟来

---

① 译注：1952年9月中旬美国媒体报道称副总统尼克松有一个由其支持者提供的政治基金，对他的政治开销给予报销。这样的基金并不违法，但有可能令尼克松受到存在利益冲突的指控。总统艾森豪威尔面临他人要求取消尼克松副总统人选资格的压力，后者于是在9月23日面向全国发表了电视讲话，即"跳棋演讲"，有约6000万美国人收看，创下了当时电视收视人数的新纪录。这场演讲之所以被称为跳棋演讲是因为尼克松表示自己的确有收到一件礼物并且没有退还："一只小猎狗⋯⋯从大老远的得克萨斯州寄过来的。我们的小女儿——6岁大的特里西娅——给它取名叫跳棋。"

② 译注：美国著名政治记者，以报道中国问题及1960—1980年的总统大选而著名，著有《制造总统》系列著作（1960、1961、1965、1969、1973），其中《制造总统，1960》不仅畅销，而且获得评论界的好评，获得了1962年的普利策纪实类大奖。

到了洛杉矶纪念体育场，这是他首次代表哥伦比亚广播公司休斯敦KHOU电台参加对两党全国代表大会的报道工作。直到1954年拉瑟才见到了电视机，提到往事时他曾说："我还记得当时的情景。我们正在逛商场，在家用电器区慢慢地走着，突然就被那副惊人的景象给震惊了。当时大家通过一个小小的屏幕观看着一场球赛。"而今，身为KHOU电视台新闻部主编的拉瑟意识到自己的报道对象竟然是林登·约翰逊。当时民主党的代表们在洛杉矶市中心聚集一堂，这位国会多数党领袖为了获得提名正在向肯尼迪开火。

民主党副总统候选人的人选尚未确定，因此洛杉矶的代表大会必然充满电视实况新闻赖以为生的戏剧性场面。早在1958年《亨特利—布林克利报道》的收视率就已经超过了哥伦比亚广播公司的《晚间新闻》，并一直保持了领先的优势，直到此时势头依然不减。在1960年代表大会的转播工作中能够保证全国广播公司同哥伦比亚广播公司在收视率方面决一雌雄的，与其说是在此之前公司俘获了大量的观众，还不如说是因为公司已经在全美各地创办了分支机构。佩利在麦迪逊大街的办公室里弥漫着一股复仇的气息。拉瑟曾说："对于在党代表大会的报道问题上，此次应该是哥伦比亚广播公司东山再起的良机。克朗凯特在1952年开局不错，在1956年则惨遭失败。而1960年'亨特利—布林克利'这对搭档正炙手可热。"

民主党全国代表大会于7月11日，星期一召开。克朗凯特率领的报道小组被安排在纪念体育场里一间摆满凤仙花、带空调的小播音间里进行报道。哥伦比亚广播公司的总裁米克尔森敏锐地察觉到自己的下属没有进入最佳状态，"缺乏"增强大会报道吸引力的"主动性和热情"，电视观众也同样感到了节目的平淡。当夜的收视率让全国广播公司在第一天的竞争中获得了胜利。克朗凯特像一名战士一样对同事们抱怨着，他痛苦而焦虑地感到自己身陷重重不利因素的包围中。灰心丧气的米克尔森认为公司之所表现得如此平庸是因为守在会场听众席的记者人数过多，而且其中绝大多数都对政界缺乏足够的了解，无法识破暗中的博弈。要想更换记者已经为时已晚，不过大会还会出现激动人心的场面，足以让任何一家广播公司的收视率有机会赶上战绩惊人的白袜队与道奇队①的比赛。大会到了第二天，收视率仍旧落后的哥伦比亚广播公司有些不知所措。于是，米克尔森在很短的时间内进行了一场激进的改革。

---

① 译注：均为美国职业棒球大联盟的球队，分别来自芝加哥和洛杉矶。

哥伦比亚广播公司主持此次报道工作的是胆识过人的唐·休伊特，他将目光转向了隔壁全国广播公司播音间里的那对黄金搭档。提到往事时他曾说就在那个星期三上午，"我慌了神，找到米克尔森，告诉他我们必须给克朗凯特找个搭档。"休伊特由于不知道该如何让公司在收视率之战上挽回败局，绝望之下他决定让公司在"二战"中的"神奇子弹"配合克朗凯特主持节目，他丝毫不担心这种方案会让情势进一步恶化下去。"休伊特的决策力向来无可挑剔，在星期三的大会开始之前他找到了我，建议我们试试让默罗进'主持间'，同克朗凯特一起主持节目。"克朗凯特与默罗长期以来保持着敌对情绪，而且两个人的主持风格迥然不同，休伊特坚信正是由于这些因素克朗凯特与默罗搭档必定会成为胜利的保障。这个建议是明智的。

　　在报道1956年的两党代表大会时布林克利与亨特利都只是默默无闻的小主播，而在1960年的代表大会上联合主持大会报道工作的克朗凯特与默罗则早就是美国最著名的记者。默罗在20世纪30年代晚期一飞冲天，但是在20年后他的事业出现了严重的滑坡。他时常公开谴责哥伦比亚广播公司，对公司的态度就像长期以来对其他公司一样客观。在1958年对广播电视新闻主编协会所做的精彩讲话中他对同行们进行了一番斥责："广播和电视新闻的一个基本问题就在于这两种媒体都是以娱乐、广告和新闻的杂合体的形式发展起来的，而这三者又不相兼容。三大公司的工作全都非常不同寻常，全都高标准、严要求，但是只要让它们共处一室，世界就永无宁日。除了极个别的几个人，各大公司的顶层经理人员一直接受着广告、调研、销售或演艺等领域的训练。鉴于企业结构的性质，有关新闻和公共事件的最终，也是关键性的决定权也被把持在他们的手中。"

　　默罗这种专断的指责已经无法引起佩利的注意了，这些评价完全与电视所具有的平民精神背道而驰，对于电视业而言收视率才是重中之重。多年来佩利同默罗一直相交甚欢，但是他才是老板，他也从来无须提醒后者注意这一点。当这段友谊走到终点，佩利也只能让默罗清楚地认识到究竟谁才是哥伦比亚广播公司的老板。休伊特曾解释说："默罗觉得自己比老财主佩利更能名垂青史。佩利拥有财富和生杀大权，而默罗则声名显赫，他们两个人都属于领袖型的男性，只是佩利更像兔子，默罗则是乌龟。默罗清楚自己将在历史上赢得一席之地。"尽管对默罗毫无热情，克朗凯特还是承认这位同事在1958年对广播电视新闻主编协会的讲话勇气十足。他曾说："就像新闻部的其他所有人一样，我也非常欣赏那番讲话。我钦佩他有勇气说出那番话。我说，噢，天哪，这才是咱们的领袖。真高兴有人能把这些话说出来。遗憾的是由于这番讲话他同佩利交恶，不过在我看来这种结果并不意外。"

在1958年讲话不久之后默罗就开始了长达一年的休假，利用这段时间他原本可以走遍了世界各地，体会一下没有公司干扰的生活。对于哥伦比亚广播公司而言也是如此。然而他早早结束了休假，很快便收到一些高校和非营利性组织的工作邀请，不过最终他还是回到了哥伦比亚广播公司，以记者，而非制片人的身份正式加入纪录片栏目《哥伦比亚广播公司报道》。在他制作的纪录片中最值得一提的当属荣获了皮博迪大奖的《可耻的收成》（又译作《耻辱的收获》），这部令人痛苦的影片对美国的墨西哥农业劳动移民大军乌烟瘴气的生活进行了审视。

默罗一心想要再一次在公司里大显身手一番，他作为记者出现了1960年的民主党代表大会现场。但是突然他又接到调令，将同克朗凯特一起主持节目。就是在这时拉瑟见到了自己心目中这位声名卓著的英雄。拉瑟自己前途无量，他就是天生的记者。按照公司的安排，当天上午他要与（自己的偶像）默罗和克朗凯特合影，不过他对能否同后者合影漠不关心。他曾说："沃尔特很了不起，但是默罗才是上帝。"

如果说默罗将同克朗凯特联合主持节目的消息令拉瑟感到意外的话，那么感到意外的并不只有他一个人。预定的合影时间就在民主党会议开始之前，默罗与公司里的公关人员一起来到了哥伦比亚广播公司在纪念体育场的直播间外烟雾缭绕的休息室里。后来拉瑟曾回忆道："默罗走进来，坐了下来，我们等了好久，可是沃尔特还是没有来。"房间里弥漫着一股令人窒息、一触即发的气氛，拉瑟多少有些希望一脸阴沉的默罗能够大发雷霆，他显然已经怒火中烧了。看到自己的偶像受到如此怠慢拉瑟感到非常痛心。最后合影计划被取消了，默罗怒气冲冲地离开了休息室。"原来沃尔特将自己锁在了播音间里。他不想同默罗一起主持节目。他把自己锁在房间里，说：'让一切见鬼去吧！'"

几十年后，在得克萨斯州大学奥斯汀分校任教的历史学家唐·卡尔顿就当年在洛杉矶代表大会上同默罗之间产生的宿怨采访了克朗凯特，后者承认他们两个人的确合不来，不过他将责任更多地归咎于公司管理层鲁莽的决定。"谁该做什么？默罗该做什么？我想他们根本没提过让他负责分析。他们只是说让他协助我。他们只希望默罗出现在镜头里，靠他在观众中间的人缘牟利……我想要是在其他场合默罗和我或许会很合拍，可是在1960年代表大会那会儿公司的管理层可没有什么人能制造一对伟大的搭档。"

虽然哥伦比亚广播公司有着光鲜时髦的企业文化，整个电视业又是一片日进斗金的繁荣景象，但是在本质上公司只是一群野兽组成的集合体。从这种角度而言，默罗就是一头受伤的野兽，而年轻的野牛正在将他逐出草场。佩利与公司的其他决策人员都在一味地对他进行阻挠，逐渐剥夺了他的领导权，将他排除在决策会议之外。但是，只要在自己的权力范围内，包括科林伍德、肖恩布朗、塞瓦赖德和皮尔庞特在内的"默罗小子"们就依然忠实于他的领导，拉瑟之类的毛头小子也仍旧对他充满敬畏之情。对于从未奉承过默罗的克朗凯特来说情况则截然不同，在1960年的代表大会上他并没有感到突然间自己有必要对默罗唯命是从。

当突然得知自己不再单独主持洛杉矶的代表大会，而是要同默罗联袂主持的消息时克朗凯特倒吸了一口凉气，他相信默罗必定会大放异彩，因为他总是会提前精心地准备好播音稿。当初正是凭着这种工作态度，默罗让美国人民看到了麦卡锡这只狡猾虚伪的纸老虎的真实面目。他会不辞辛苦地查阅大量资料，如饥似渴地吸收很多信息，他喜欢将那些威力无穷的措辞牢记在心，要不就朗读着台词提示器上的原稿。克朗凯特则正好相反。他往自己的脑袋里填满了有关冷战、通货膨胀、政府开支、太空竞赛、体育比赛和种族融合的确凿资料，然后便在节目中尽情展现自己即兴发挥的神奇魔力。克朗凯特与默罗在工作中无法相互配合，这或许是由于他们都几乎毫无职业上的合作精神，尤其是在大众传播行业。他们都对对方在说什么毫不关心。

在洛杉矶期间，哥伦比亚广播公司这两位不分伯仲的主播甚至都不打算听一下对方在说什么，拉瑟就曾指出这对搭档的表现集中反映出播音工作中应当避免出现的各种状况。《纽约时报》的电视评论员杰克·古德仍旧对亨特利与布林克利大加赞扬，他公开表示克朗凯特与默罗"长时间的停顿，各种各样不和谐的事情，争抢话筒，哥伦比亚广播公司在新闻报道方面的突出地位——甚至一直是广播界的优良传统——不复存在了"。

将克朗凯特与默罗撮合在一起的休伊特在提到往事时也承认这是一个"糟糕透顶的主意，完全就是一场灾难。我的意思是，如果说世间存在着两种完全不相容和的化学物质，两种人格的话，那一定就是默罗和克朗凯特"。

对于哥伦比亚广播公司的新闻部，四年一度的政党代表大会就像一场展示会，是比试新闻采集和发布能力的奥运会。对于公司而言，1960年的代表大会成了令人沮丧的转折点，8月的收视率不仅屈居人下，而且被对手远远地落在身后。全国广播公司获得了51%的收视率，而哥伦比亚广播公司仅有36%。公司内部的统计数据更为惊人，在共和党代表大会期间它的收视率甚至低于美国广播公司，而当时在政治电视新闻这个你死我活的竞技场上后者只是一名蝇量级选手。大会结束后哥伦比亚广播公司新闻部的每一个人都深深地感到挫败——或者应该说是几乎每个人。哥伦比亚广播公司的记者戴维·肖恩布朗曾在文章中写道："奇怪的是，克朗凯特丝毫没有受到指责。佩利觉得他的表现一如既往的出色，可是公司对大会的报道却不甚理想，因此问题一定出在新上任的总监身上。"

斯坦顿一直希望克朗凯特能够在1960年的春季负责对肯尼迪和尼克松进行两场高规格的采访，以便公司趁势开展夏季的大会报道工作。按照预计肯尼迪将会获得民主党的提名，在这种情况下克朗凯特又掀起了一场轩然大波。民主党于4月5日在威斯康星州举办初选会议的当夜，哥伦比亚广播公司说服了肯尼迪以密尔沃基（威斯康星州最大的城市）评论员的身份亮相于电视屏幕上。然而克朗凯特有所不知，肯尼迪的弟弟罗伯特·肯尼迪已经同公司的某位制片人达成了协议，按照协议，采访中将不得提到天主教的问题。但是事先没有人将此事告知克朗凯特（如果确有其事的话）。提到这件事情时克朗凯特曾说："在采访（肯尼迪）时我自然而然地问起了他对天主教徒和非天主教徒的投票情况是怎样看的，他显然被这个问题惹恼了。"

哥伦比亚广播公司播出了肯尼迪的竞选活动与公司新闻网之间的这场风波，其间的紧张气氛令观众瞠目结舌。后者迂回地暗示克朗凯特以节目作交换，这种指责令克朗凯特火冒三丈。当时有传言称肯尼迪将对哥伦比亚广播公司进行公开的谴责，事实上他只是拨通了斯坦顿的电话，对克朗凯特的死硬态度发了一顿火。斯坦顿见识到了一旦感到被出卖肯尼迪会变得多么强硬。这位初步确定的民主党总统候选人感到哥伦比亚广播公司背叛了他，他提醒斯坦顿一旦自己入主白宫的话，他必定会亲自为监管电台和电视台联邦通信委员会的领导人选把关。提起同肯尼迪之间陈年旧事时克朗凯特曾说："斯坦顿博士面对这番威胁岿然不动，一如他在很多其他场合下维护电视的新闻自由权一样。"

在威斯康星初选大会结束后不久休伊特碰到了肯尼迪。"沃尔特·克朗凯特是共和党人，对不对？"肯尼迪问道。"不是的。我想不是的。"休伊特回答道。肯尼迪对这种说法并不买账，他说："他是共和党人。我清楚他就是共和党人。"休伊特没有退缩，再一次否认了这种说法。肯尼迪却固执地说："他向来跟艾森豪威尔混在一起，总是跟艾森豪威尔合影。艾森豪威尔走到哪儿，他就跟到哪儿。"

新闻播音工作在本质上总是杂乱无章，充满了随机性，由于这一点克朗凯特不可能对肯尼迪怀恨很久（后者也是如此）。在夏天的两党代表大会上肯尼迪与尼克松分别被选为总统候选人，会议结束后克朗凯特构想出一个需要两位政客双双参与的节目。哥伦比亚广播公司新闻网当时正在推广一部将连续播出13个星期的系列节目《总统倒计时》，该节目以《谁是赢家》[①]为原型，目标旨在以访谈的形式对总统和副总统候选人进行深入的考察。这档节目将于9月12日首播，实际上只播出了9个星期，东部时间星期一晚上10：30分播出，每集时长为30分钟，一直播到10月31日。克朗凯特在1952年和1956年主持《谁是赢家》节目时就已经做过同样的工作，但是凭借着肯尼迪与尼克松激烈的选举大战《总统倒计时》愈加受到观众的欢迎。克朗凯特在20世纪90年代曾解释说："当时我想到一个主意，我要在访问中故意提出一些能够显露他们性格的问题，也可以说这就是我的意图。在那之前我们一直围绕着重大问题展开讨论。在今天看来这很奇怪，因为咱们已经很久不再讨论重大问题了，现如今人们的焦点大多都集中在（候选人的）个性上。所以，我想我必须承认我也参与促进了这种悲哀状况的形成。不过，当时我只是想弄清楚他们为什么会这样。"

在1960年的秋天克朗凯特将惊人的精力全部投入于这档火爆的政治访谈节目，凭借着这档节目他在夏季政党代表大会上出现的小失误都将被一笔购销。哥伦比亚广播公司已经说服西屋电气公司为节目提供赞助，最终西屋电气公司也受益匪浅。克朗凯特自己则同竞选经理和民意调查机构都保持着良好的关系。按照他的构想，在节目播出之前节目组不会向候选人泄露访谈话题。节目将成为硬碰硬的交锋战。为了增强戏剧效果，他还曾设想自己将底气十足地从摄影棚的一头走进场内，肯尼迪、尼克松、约翰逊和洛奇从另一侧进场——具体方向根据实际情况而定。双方在场地中央相遇，握手之后坐下，然后便开始一场百无禁忌、畅所欲言的访谈。候选人得直言不讳地回答克朗凯特提出的问题，而且事先毫无准备，其间也不存在帮助候选人彩排的第三方。总体而言克朗凯特的构想听上去很不错，但是哥伦比亚广播公司的所有高层领导（斯坦顿除外）都对此嗤之以鼻，谁都不相信这几位候选人会让自己陷入如此不堪一击的境地。面对质疑克朗凯特没有退却，他要证明公司的决策层错了。

为了促成这档节目克朗凯特亲自前往肯尼迪在国会的办公室，同肯尼迪见了一面。这时媒体仍旧在不断引述克朗凯特有关天主教信仰是参加总统竞选的障碍的观

---

① 译注：《谁是赢家》是美国一档单集时长半小时的政治系列节目，内容为1952年至1956年艾森豪威尔与斯蒂文森之间的选举战。节目主持人为克朗凯特。

点，对此肯尼迪感到十分恼怒。所有人都知道同媒体打交道时肯尼迪十分圆滑、自在，作为参加过"二战"的海军军官，在战争结束后的一段时期内肯尼迪一直渴望成为一名记者，而且由于年轻、缺乏历练，他比已经连任两届副总统的尼克松更需要在电视上亮相。但是在威斯康星初选大会期间发生的不愉快令他对克朗凯特仍旧没有什么好感。在听完《总统倒计时》的节目构想后他对克朗凯特说："你以为我疯了。我可不会干这种事情。这件事还是算了吧。"

克朗凯特打断了对方："好吧。不过要是我说服了副总统尼克松，到时候你大概就只能接受了，是不是？"

肯尼迪一脸轻蔑地死死盯着克朗凯特，不屑地说："你不可能说服他。我根本不用操这个心。"

克朗凯特不甘心就这样被肯尼迪搅乱计划，他又费了好大的劲在位于十六大街和K大街交界处的共和党竞选总部找到了尼克松。尼克松专注地听取了克朗凯特对这档新节目的阐述，对节目的所有基本规则都不断点头称赞。他爽朗而热情地说："没问题。我觉得很不错。这个点子太棒了，我很乐意参加。"

克朗凯特曾公开表示尼克松能够认可《总统倒计时》的基本原则，而肯尼迪却畏手畏脚，这种状况令他"目瞪口呆"。这也太奇怪了！一走出尼克松的竞选办公室克朗凯特便搭上一辆出租车，打算回到肯尼迪在罗素参议院办公楼里的办公室。但是突然间他有些不知所措——应该让谁先上节目？无论是谁，后上节目的那个人总会占据有利位置，因为后者将有机会对访问形式进行深入的研究。克朗凯特立即让出租车司机把他送回到K大街。他钻进电梯，然后又一次受到兴高采烈的尼克松的欢迎。令他吃惊的是这位前副总统对出场顺序毫不在意。"我不在乎。如果能避免麻烦的话，我很乐意第一个出场。"尼克松说。

克朗凯特生平第一次感到自己完全臣服于尼克松的魅力了。他随即折返回肯尼迪的办公室。在得知克朗凯特已经说服尼克松毫不犹豫地参加这个电视访谈节目后，肯尼迪顿时变得脸色煞白。他几乎无法掩饰对克朗凯特的蔑视，与此同时他又感到自己身陷重重包围之中。他厉声说道："要是你已经说服了尼克松的话，那我们就得动真格了。你去和我的竞选经理谈一谈吧。"这个答复十分勉强，不过至少克朗凯特得到了肯尼迪的同意。他还是那么走运。接着克朗凯特又径直回到哥伦比亚广播公司在华盛顿特区的办公室，洋洋得意地向公司汇报了即将取得重大成果。

就这样，《总统倒计时》诞生了。尼克松没有食言，他率先参加了节目的录制。按照事先的编排，克朗凯特与尼克松分别从房间两侧走了进来，然后在房间正中央握了握手。经过短短的寒暄之后他们便开始了一番较量。克朗凯特先抛出了一个直率的问题："副总统先生，你是一位经验老到的政治家。你肯定从未漏掉人们对你的任何一句评价。很多人都说：'我不了解这个人，可我就是不喜欢他。'对于人们毫无理由地反感你，你做何感想？"

听到对方的问话尼克松没有惊慌，反而喜笑颜开。他牢牢地盯着哥伦比亚广播公司这位大记者的脸，说："唔，克朗凯特先生，我想这其中存在三个问题。我认为第一点就在于我的面相。我的胡子很浓密，肤色偏黑，而且我又没法把胡子刮得很干净。我的脸色总是有些发青，就好像脸上始终留着一些胡茬。这很不幸。第二点就是在同海伦·道格拉斯争夺参议院议员的席位，以及同杰瑞·沃里斯争夺国会议员的席位时，我的表现可能有些不同寻常。我不会收回我对他们所做的任何指责，我认为那些指责完全合情合理。不过，现在我已经有了经验，在处理同样的问题时我会略微改变自己的方式方法。第三点同我在众议院非美活动调查委员会[①]的领导工作有关。对此我并不感到愧疚，但是对于该委员会进行的政治宣传工作我感到惭愧……"就这样，尼克松娴熟地回答着克朗凯特的提问。对于这位向来以机器人般的僵硬而著名的加利福尼亚人而言，这样的表现堪称是精湛的杂技表演。克朗凯特还出人意料地抛出了尼克松的爱尔兰血统和贵格教信仰这样的问题，尼克松依然将问题逐一化解了。在节目即将结束的时候克朗凯特最后又问到尼克松是否具有入主白宫的资质，通过这个问题观众不难看出《总统倒计时》的节目架构对这位副总统十分有利。这一点实在有些出人意料。

一个星期后克朗凯特在位于乔治城北大街3307号的肯尼迪宅邸完成了对肯尼迪的采访，这幢极具北方风格的宅邸是肯尼迪在1957年女儿卡罗琳出生后送给妻子杰奎琳的礼物。克朗凯特曾说过这位英俊的马萨诸塞州议员最多也只算是"勉强"参加了《总统倒计时》节目。与尼克松不同，肯尼迪让这期访谈节目完全失败了。显而易见，他事先没有做好准备工作，甚至在镜头前无法讲清楚自己的工作经历，当摄像机运转起来后他立即结结巴巴地说不出一句完整的话来。接下来的时间里他一直显得很笨拙。"嗯……哦……我想，唔……我相信，我，嗯……哦……"肯尼迪不仅目光涣散，哆嗦个不停，而且整整一个小时似乎一直绝望地到处寻找着救命稻

---

① 译注：美国众议院的调查委员会，于1938年创立，以监察美国纳粹地下活动为职责，但是却因调查与共产主义活动有关的嫌疑个人、公共雇员和组织，调查不忠与颠覆行为而著名。众议院在1975年废除该委员会，其职能由众议院司法委员会接任。

草。倘若这是他在百老汇的处女秀，那么他肯定会遭到解雇。"结束时我们对他表示了感谢，他也多少有点感谢我们的意思，然后就草草地跟我说了声再见。"克朗凯特回忆说。

哥伦比亚广播公司的录播车就停在这位总统候选人的家门外，克朗凯特当即便在车上回放了一遍刚才这场拙劣的访谈。就在这时《总统倒计时》的制片人沃伦·艾布拉姆斯突然上了车，一副惊慌失措的样子。

"咱们得重来一遍。"艾布拉姆斯说。

"怎么了？完全没问题。我正在看呐。"克朗凯特有些摸不着头脑。

"呃，参议员说咱们得重来一遍。"艾布拉姆斯说。

"用不着重来，这可是当初商量好的。"克朗凯特充满怀疑地咕哝了一声，身上的肌肉都绷紧了。

"肯尼迪很坚持。他不会任由节目就这么播出的。"艾布拉姆斯反驳道。

"哦？他凭什么？"克朗凯特怒气冲冲地说。

艾布拉姆斯思索了片刻，说："我不知道。他的理由是咱们让他坐的沙发太大、太软了，让他看起来不太对劲。"

"哦，得了吧！咱们都清楚是怎么回事儿。还不是因为他把最后一个问题搞砸了吗。他这会儿在哪儿？"克朗凯特不屑地说。

"楼上的卧室里。"艾布拉姆斯说。

"好吧。我去跟他谈谈。"说完克朗凯特便急匆匆地跳下了录播车。

克朗凯特完全有理由生气，在盛怒之下他迈着重重的脚步上了楼。结果，他看到一脸吃惊的肯尼迪躺在一张床上，另外一张一模一样的床上躺着肯尼迪最要好的朋友，演讲作家及特别助理泰德·索伦森。后来提到这件事情的时候索伦森曾说，克朗凯特就那样鬼鬼祟祟地上了楼，也没敲门就进了房间，把他和肯尼迪都吓坏了。他们俩都看到"沃尔特的眼睛里冒着一股别人从未见过的怒火"。在克朗凯特看来，肯尼迪与索伦森也年轻任性得令他吃惊，他们俩就像一对预科学校的毕业生一样在一个下着雨的星期天在房间里宿醉未醒。后来克朗凯特曾提起过这段往事："他俩脱掉了鞋，摘掉了领带。房间的墙上挂着大大的哈佛的旗帜，还有几幅橄榄球画报，看起来就像是一间大学宿舍。他俩都躺着，脚就耷拉在床边。"

肯尼迪直勾勾地看着克朗凯特，突然清了清嗓子，说道："准备好后跟我说一声。"

"参议员，我觉得我们不应该重做。"克朗凯特回答道。

"我已经跟你的制片人商量过了。我们打算重来一遍。"肯尼迪反驳道。

毫无缓和的紧张气氛令克朗凯特感到有些不知所措，同时他又一心想要显示自己的权威，因此他改变了策略，婉转地说："可是你也清楚，那样一来我们就得发布一份免责声明。我们会说尼克松没有经过排练，而你则要求二次采访。"

"对于这一点我没问题。"肯尼迪说。

"我觉得你还不太明白这种免责声明的威力。我想这会让你看起来不够出色。"

"我不在乎。"肯尼迪固执己见地说道。

"好吧，参议员。我们重来一遍。不过丑话说在前头，我觉得这会是我这辈子见过的最差劲的比赛精神。"克朗凯特全然不信地说道。

肯尼迪突然尴尬得面如土灰。克朗凯特动作夸张地转过身，径直朝楼下走去。

"等一下。"肯尼迪喊了一声，然后从床上坐起身，一脸厌恶地说，"就这么播出吧！"

凭借着这个秋天收入囊中的两场重大采访（肯尼迪与尼克松），再加上《总统倒计时》节目喜人的收视率，克朗凯特彻底坐稳了哥伦比亚广播公司播音员的座位。这一点很重要，因为哥伦比亚广播公司的人员变动非常频繁，这不只是由于《纽约时报》的杰克·古德曾公开嘲笑过哥伦比亚广播公司的新闻部。当时全国广播公司成了收视冠军，哥伦比亚广播公司在晚间新闻时段的收视率已经连续两年多屈居"孔雀网"（全国广播公司的别称）之下，两党代表大会的节目收视率也充分证明了这种局面。此外，在1960年的秋天曾经久居亚军位置的全国广播公司创办了《全国广播公司白皮书》节目，对哥伦比亚广播公司新闻网的招牌产品——调查性纪录片——发起了反击，从而一雪前耻。斯坦顿被对手如此咄咄逼人的傲慢所震惊。换作五年前，全国广播公司既没有良将，也缺少资金制作如此具有冲击力的纪录片节目。

令哥伦比亚广播公司的经理们最为担心的是在创办新型电视节目方面全国广播公司已经十分得心应手，这正是他们试图用克朗凯特与默罗同亨特利与布林克利这对搭档相抗衡的原因。归根结底，全国广播公司已经开创了会客厅谈话节目（《今天，今夜》）、电视特别报道、黄金档电影院、电视电影、周日新闻发布会（《会见媒体》），后来还创办了即兴喜剧节目（《罗伊与马丁喜剧秀》和《周六夜现场》）。大选日渐渐临近，斯坦顿不甘心自己的公司在电视节的地位就这样被亨特利与布林克利取而代之，这么想并没有错。

在1960年的秋天，在努力收复电视新闻界头把交椅的过程中哥伦比亚广播公司面临着一个特殊的问题，这就是杰出的默罗，他是一个公司无法解雇的雇员。默罗是哥伦比亚广播公司新闻部最宝贵的财富，这位身材高挑、相貌堂堂的老烟鬼是一个偶像人物，直到此时他仍然要求公司给予他政治家或战争英雄的礼遇，实际上他也的确配得上这两种身份。然而，公司的管理层却很难迁就他，在他们看来他只是一个过时的社会弃儿，谁都不愿接近他。

默罗制作的纪录片《可耻的收成》展现了美国移民劳工悲惨混乱的生活状况，自从这部影片受到美国农业企业的普遍抗议之后，每当在公司的大厅里踱来踱去的时候他的那两撇黑黑的眉毛似乎就蹙得更紧了。他总是一副疲惫不堪的样子，牙齿上沾满了尼古丁的污渍。佩利常常抱怨说自己已经受够了默罗眼中配得上《哥伦比亚广播公司报道》的那些有关争议性新闻的节目，佩利原本就患有胃溃疡，可以说这一类的节目更加令佩利的"肠胃"吃不消了，他认为观众必然也会产生同样的反应。但同时一旦对默罗的约束有所放松，广告客户们就会默默地抵制公司，到那时哥伦比亚广播公司新闻网就会变成该死的亏损部门。佩利曾吹毛求疵地说："哥伦比亚广播公司可不是司法部，也不是复仇天使。我们只是一个大公司，我们一直在受到损害。"

佩利之所以采取这样的立场并非完全属于权宜之计。作为一位训练有素的投资家，他对新闻业的了解在很大程度上来自于他于1935年为公司招募的首任新闻总监保罗·怀特。当怀特与佩利将严肃新闻节目引进了广播业的时候，另外一个，也是仅有的，以时效性为生命的新闻媒体——报纸——正深受政党纷争所害。在读者看来，几乎美国的每一家报纸都有各自的党派倾向（最主要的几家新闻社则公正得多，以便迎合各种报纸的需要。在所有的新闻社中克朗凯特的"母校"合众社是公认的最不具有倾向性的一家新闻社）。怀特让佩利相信出于各种经济上的考虑，哥伦比亚广播公司应该采取全新的姿态，以完全客观的新闻媒体的面目出现在世人面前。

怀特让佩利深信"诚实正直"（客观性）是决定新闻业成败与否的关键因素。在20世纪30年代加入哥伦比亚广播公司，投身于怀特的麾下时默罗全心全意地拥护这种观点，但是随着在"二战"中视野逐渐开阔，每当觉得有必要的时候他总是在新闻稿件中加入自己的见解。在这个问题上怀特与默罗产生了冲突。战后，两个人的矛盾最终激化到了不可收拾的地步，这时佩利站在了当时大红大紫的大记者的这一边，怀特遭到了解雇。这就是默罗的威力。

几十年后，默罗与哥伦比亚公司里深受其影响的记者们都服从于这样一种同怀特的理念背道而驰的观点，他们认为在新闻中加入记者的观点，通过文字、图片，或者无形的编辑技巧，广播节目的力量会得到增强。怀特应该会指出节目的效果的确会得到暂时的增强，但是习惯了有倾向性的新闻只会令观众逐渐对所有的报道都产生怀疑，对任何报道都不会太过认真。但是，默罗也为电视新闻业留下了宝贵的财富，娱乐业一直试图将成本观念灌输进新闻事实这方圣土，而默罗则唤起了全行业对这种潮流的抵制。

到了20世纪50年代末，佩利又重新捡起了怀特的教诲。他的动机值得质疑，有人认为他之所以这么做是因为受到政府和华尔街那些共和党友人的压力，这些人要求哥伦比亚广播公司新闻网变得浅显、温和一些。佩利的反复不仅对公司，而且对整个广播电视新闻业的发展都产生了举足轻重的影响，自此以后业界就一直对如何把握新闻节目中"分析""评论"和"编辑化"的尺度这个问题争执不下。默罗为《现在请看》制作的麦卡锡专题节目堪称是业内的标杆，这期节目一直被视作电视新闻业的辉煌成就，同时也是潘多拉的盒子。在这部纪录片里各种观点产生了碰撞，在碰撞中低劣的观点和耸人听闻的评论都被伪装成了严肃新闻。当佩利出尔反尔，重新站在默罗的对立面时，试图削弱媒体倾向性的他或许提高了整个广播电视新闻业的客观性，但同时又对公司新闻网的一些优秀记者实现新闻抱负设置了障碍。1960年的广播电视新闻业已经堕落不堪，美国民众对广播电视新闻节目的胃口却与日俱增，哥伦比亚广播公司打算同其他任何一家大公司一样迎合自己的消费者。

由于《可耻的收成》这部纪录片，默罗得到了知识阶层（林登·约翰逊所谓的"哈佛人"）送上的花环，与此同时克朗凯特则被普罗大众视为哥伦比亚广播公司最受爱戴的主播。尽管墨西哥移民的贫苦生活和遭受的非人待遇触目惊心，但是在1960年9月真正的大新闻还是总统选举。电视日益成为一面折射美国这个国家的镜子，而克朗凯特已经成为电视这种媒体长期以来最值得信赖的镜子。在这一年里电视屏幕上最热门的事情莫过于肯尼迪与尼克松之间即将进行的辩论。哥伦比亚广播公司选派克朗凯特——而非默罗——同相互广播公司的弗兰克·辛吉斯尔、美国广播公司的约翰·爱德华兹，以及全国广播公司的约翰·钱斯勒一起在10月21日这一天的辩论中负责对两位候选人进行提问。这将是肯尼迪与尼克松的第四场，也是最后一场辩论，辩论会的主持人是美国广播公司新闻网的昆西·豪。克朗凯特清楚有关外交政策的话题将会流行一时，为了在这次的节目中取得好成绩他事先对古巴、柏林和北约组织等问题突击钻研了一番。米克尔森曾在《电子镜》杂志中解释道：

"几大新闻公司一直坚持首场和末场辩论的审问员应当从各公司新闻部的工作人员中选出，并且由公司自己进行挑选。"最终，身为审问官的克朗凯特表现得过于温和，由于时间的限制他无法展现公正公平的能力，他摆足了架势，但是在整场节目中几乎毫不起眼。不过，亲身参与肯尼迪和尼克松大辩论的经历至少让他的履历表锦上添花，让他拥有了具有历史意义的荣耀。

除了在《总统倒计时》节目中对总统候选人的专访，并参加了肯尼迪与尼克松的辩论会之外，克朗凯特还在11月4日主持了一期为迎接大选日到来专门制作的特别节目——《竞选最终报告》。所有为哥伦比亚广播公司新闻网供稿的记者都在距离投票仅剩四天的时候简明扼要地将自己凭直觉预测出的大选结果告诉了将在大选之夜主持报道工作的克朗凯特。由于一心想要胜过美国广播公司精彩的《总统综述》节目，哥伦比亚广播公司不惜重金在报纸上的显要位置为这期特别节目大做广告，克朗凯特的大名以粗体字的形式出现在广告中。参加这期节目的嘉宾包括两度获得共和党提名的总统候选人托马斯·杜威、阿德莱·斯蒂文森，以及参议员尤金·麦卡锡（明尼苏达州的民主党人）和小亨利·卡伯特·洛奇。节目看上去更像是对肯尼迪有利，但是对克朗凯特仍旧怒气未消的肯尼迪并不这么认为，他坚信克朗凯特是追随艾森豪威尔的共和党人，因此这期节目必然倾向于尼克松。

在11月8日大选之夜到来之前，哥伦比亚广播公司新闻网通过广告为克朗凯特与默罗这两位首席主播造势，但是排名顺序很重要。结果，克朗凯特的名字被排在了前面。他才是整个队伍里的超级明星。公司在《华盛顿邮报》和《纽约时报》上打出整版广告，在画面中克朗凯特被电话团团围住，看起来活像是喜剧演员杰瑞·刘易斯主演的长篇电视剧里才会出现的马戏团指挥，这位主播轻而易举地就说服了普通市民自动拿起电话，拨出了几个号码。大选之夜观众会选择谁显然取决于谁更具有吸引力，广告中公司将克朗凯特塑造成了"一个普通人"。那么亨特利—布林克利这对搭档呢？"一对普通人"？哥伦比亚广播公司新闻网在对外发布的消息中对他们的小伙子沃尔特在当年的奥运会和肯尼迪与尼克松的最后一轮辩论会上的卓越表现夸耀了一番。来自中西部地区，面目慈祥，在政治上采取中立派立场的克朗凯特正在成为哥伦比亚广播公司的著名品牌。

第十五章

哥伦比亚广播公司里的太空新边疆

在肯尼迪的就职典礼上瑟瑟发抖——哥伦比亚广播公司以太空项目为先——克朗凯特、伍斯勒和特效技术——打败苏联宇航员——艾伦·谢泼德的勇气——加油，加斯·格里森——与艾森豪威尔在葛底斯堡——重返赌博经济公司——采访沃尔特·李普曼——1962年4月16日——诺亚的鸽子和人造卫星——一路平安，约翰·格伦——朴实无华的沃尔特

1961年1月20日，星期五上午，如冰川一般晶莹剔透的华盛顿特区成了一个令人振奋的去处，约翰·肯尼迪泰然自若地出任了美国第三十五届总统，这是美国历史上第一次由一位天主教徒入住了宾夕法尼亚大道1600号宅邸。整座城市白雪茫茫，冬日里刺骨的寒风在国会山和乔治城呼啸而过，为了保暖哥伦比亚广播公司特别事件报道小组的工作人员都戴上了手套和围巾，手里捧着热巧克力。他们的身旁堆满了摄像机，这些摄像机将一路跟随获选总统肯尼迪从乔治城的府邸出发，直到最终抵达白宫。按照预计肯尼迪将于上午11：30到达目的地，然后陪同总统艾森豪威尔驱车前往国会山。首席大法官厄尔·沃伦被授命主持当天中午举行的肯尼迪就职宣誓仪式。克朗凯特从不认为自己属于"新边疆人"①（前美国副总统亨利·华莱士在1948年左右提出的概念，在1961年被用来指肯尼迪的顽固支持者），但是他认为这位来自马萨诸塞州的参议员从布鲁克林的富家子到"二战"中的鱼雷艇指挥官，从创作普利策获奖传记作品《当仁不让》（又译作《勇敢者的传略》），再到击败尼克松入主白宫，这番经历完全可以变成令读者难以抗拒的精彩报道。

---

① 译注："新边疆"指的是肯尼迪提出的施政方针，要求美国人民探索和解决"新边疆"以外面临的各种问题。

对于肯尼迪的就职典礼克朗凯特担心一旦出现技术失误哥伦比亚广播公司的现场报道就会变成满电视屏幕的雪花点。由于恶劣的天气公司最优秀的技术人员都被困在纽约，贝特西乘坐着公司的轿车花了几个小时才从国际机场赶到了正对着白宫的亚当斯酒店。公司的制片人们提前在宾夕法尼亚大道布好了电缆，以迎接总统就职游行，但是由于雪水破坏严重电缆已经短路了。克朗凯特曾回忆说："我们的人在通宵达旦地拉电缆。"

克朗凯特自己也在为星期五上午的直播节目做着最后的准备工作。届时将同他一起主持节目的有霍华德·史密斯、爱德华·默罗、保罗·尼文与乔治·赫尔曼，这支报道队伍的阵容令人叹为观止。尽管如此，哥伦比亚公司上上下下依然打不起精神，因为他们再一次成了全国广播公司的手下败将，后者计划利用彩色技术对总统就职游行进行转播（有史以来的第一次），因此又引起了外界高度的关注。与此同时，哥伦比亚广播公司驻纽约的经理们却还在对电缆、电线和音板这些基础设施的保障问题提心吊胆。就在节目开始之前这段紧张不安的时间里新闻部的米克尔森将自己的特别事件总助理，年仅22岁的鲍比·伍斯勒搜到一边，说："年轻人，我关注你已经很久了，现在我有个大活儿要交给你。你对太空计划有多少了解？"

"不太了解，先生。"伍斯勒回答道。

当克朗凯特一伙正在为如何完善即将开始的总统就职报道而苦恼时，米克尔森却向伍斯勒问起了这种问题，这实在太奇怪了。仅仅眼前的新闻都还有很多需要回答的问题。就职演讲稿是索伦森执笔吗？讲台上的座席会被划分成多少个区域？能够确定肯尼迪的确是美国有史以来最年轻的总统吗？距离节目开播已经没有多少时间了，可是米克尔森却在琢磨着美国宇航局的事情。

于1936年出生在新泽西州纽瓦克市的伍斯勒对家里的第一台电视机仍旧记忆犹新，那还是在他刚刚满12岁的时候家里买的一台克罗斯利9-420M。后来他进入了新泽西州南桔镇的西东大学，主修大众传播专业，在1957年毕业时他已经打定主意要在三大电视公司找到一份工作。就这样，他径直走进了哥伦比亚广播公司在纽约的总部，结果成了邮件收发室的职员。同事们很快就发现伍斯勒颇是一个颇有远见的人，在他看来靠着各种新电子产品的帮助公司完全可以将一次次的特别报道制作成一场扣人心弦的演出。后来米克尔森碰到了他，发现了他的才华，就在他进入公司仅仅五个星期之后将他提拔成了新闻网制作助理。一开始伍斯勒负责协助爱德华兹制作《哥伦比亚广播公司晚间新闻》节目，与此同时休伊特也将他招致麾下。同公司广播新闻部出身的老一代职员们相比，伍斯勒更深刻地领悟到图像艺术所具有的潜在影响力可以为新闻节目赋予更强的娱乐性。

在1960年的冬季奥运会上伍斯勒首次展现了惊人的才华，在转播节目的过程中他利用当时刚刚出现的电视图像及制作技术对节目进行了一番精心的安排。克朗凯特将他称为"绘图机"，因为他总是坐在角落里，捧着一本硕大的活页本设计着各种特殊效果。同休伊特一样，在美国代表队摘得3枚金牌的斯阔谷运动会期间克朗凯特也为伍斯勒的技术才华所倾倒。由于这次在黄金时段播出的体育节目获得了可观的收视率，哥伦比亚广播公司的体育报道组在1961年扩展为独立的体育部，体育部的待遇有所提高伍斯勒功不可没。除了图像技术，外景拍摄的后勤保障工作也是伍斯勒的长项，在他的带领下新闻网特别事件部门变得就好像是如饥似渴地等待着在偏远地区执行复杂任务的特警队。

在肯尼迪就职的这天早上米克尔森告诉伍斯勒："人类就要飞上太空了——就在今年，在60年代，我们有可能会到达其他星球。到时候就由你来负责这方面的报道。事实上，10天后就要有一只猴子在卡纳维拉尔角空军基地上天了，你过去，把事情弄清楚。"

伍斯勒就像一名优秀的中尉一样点了一下头，接受了这个任务，然后便赶去监督就职典礼的转播工作了。这个上午的气温显示为华氏22度，但是凛冽的寒风让人们感觉温度已经降到零下（华氏度）。[①]大家一边工作，一边还得注意做好保暖工作。伍斯勒的脑海里盘旋着太空飞船和火箭的景象，米克尔森的那一席话令他感到震撼。在总统就职典礼结束后不久他便开始研究起了相关领域的知识，为了获得更多的了解他还狼吞虎咽地阅读着阿瑟·克拉克、艾萨克·阿西莫夫和赫伯特·乔治·威尔斯的科幻巨著。在1961年的上半年哥伦比亚广播公司新闻网对很多重大问题展开了调查性报道，例如古巴国务委员会主席卡斯特罗、飞行在苏联上空的U-2侦察机和导弹技术，但是凡是涉及太空项目的报道，公司总裁就会亲自将委任状交给克朗凯特与伍斯勒两个人。

在授命伍斯勒的时候米克尔森向对方透露的消息略有偏差。当时美国即将把一只黑猩猩（名为"火腿"）送上太空，而不是一只猴子。他还暗示伍斯勒探空报道对公司来说是全新的尝试，这一点也有悖于事实。米克然森很清楚自1958年以来公司就对火箭技术的进展有着深入的了解，克朗凯特自己就曾公开宣称在"二战"期

---

① 译注：华氏22度为摄氏-5.5度左右，华氏零度为摄氏-17.7度左右。

间他看到过第三帝国向荷兰上空发射了一枚本国制造的V-2火箭，关于此事他还为合众社撰写过一篇报道，文章就发表在《纽约时报》上。尽管存在这些失误，米克尔森还是充满了先见之明。"太空"将成为1961年最重要的新闻话题，委派伍斯勒同克朗凯特一起负责对宇航局的报道堪称是神来之笔，这对搭档的合作充满创意，无与伦比。除了伟大的杂耍演员、登记员、技师、意象派诗人、制片人和协调人的特质外，伍斯勒浑身上下充满了青春朝气，英国浪漫主义诗人威廉·布莱克曾说过这种罕见的品质正是天才的标志。

在"二战"中"默罗小子"们成为了历史的一部分，而今在报道美国第一个通过多方合作将人类送入地球轨道的载人航天项目"水星计划"的过程中，"克朗凯特"们也将在历史上留下自己的足迹。在2003年接受采访时伍斯勒曾说："这有点像赶上了哥伦布和麦哲伦一样。这又是一片新边疆。这就是60年代。我出生在大萧条时代，成长于第二次世界大战时期，长大后又赶上了艾森豪威尔主政的萧条的50年代。至于肯尼迪——那就是卡米洛特[1]，听起来这只是老生常谈。那就是卡米洛特。还有肯尼迪神话，还有太空项目，还有'豪勇七蛟龙'[2]，第一个宇航员培训班，这一切一股脑儿地向我涌来。"

不了解伍斯勒的话就很难明白为何克朗凯特会在20世纪60年代迅速崛起。克朗凯特的迷人之处在于他独特的嗓音、工作中坚守的原则、编写稿件的能力、喜爱漂泊的性格、竞争意识，以及不同寻常的好奇心，对于最后一点就连最有抱负的野心家都难以企及。他深为当时最激动人心的新闻事件所吸引，但是对电视新闻的视觉性认识不足。而伍斯勒则永远在寻找新的拍摄角度、新的图像图形，以及提高公司特别报道节目音响效果的新方法，例如越南丛林里的枪炮声，或者土星5号运载火箭升空时发动机的轰鸣声。他是克朗凯特最理想的搭档。不管怎么说，正是这个痴迷于网络动力学的伍斯勒发明了专家访谈时采用的多窗口播放技术。

凭着运气和不懈的人才搜索工作，在1961年的时候哥伦比亚广播公司新闻网已经组建起了一支合格的特别事件报道队伍。占据公司决策层第三把交椅的休伊特自1948年起便加入了新闻部，从1953年6月报道伊丽莎白女王加冕典礼开始就一直同

---

[1] 译注：在英国亚瑟王传奇中亚瑟王的王宫所在地，在美国人们将这个名称当作对肯尼迪执政时期的爱称。

[2] 译注：指美国首批宇航员。美国宇航局在1959年4月9日宣布了这7名宇航员的名单，但最终只有6名宇航员上天，斯雷顿由于心脏原因未能执行任务。"豪勇七蛟龙"这个名称来源于当时好莱坞依据日本著名导演黑泽明的不朽经典《七武士》所改编而成的西部片《豪勇七蛟龙》（又译作《七侠荡寇志》）。

克朗凯特在一起合作。他与克朗凯特在内心都是四海为家的人，在电视界没有任何一对搭档能像他俩那样长期在酒店两个相连的客房里比邻而居。在克朗凯特看来，公司特别事件现场报道工作是一项"令人陶醉的事业"，电视新闻的覆盖范围突然间扩张到举办了冬奥会的斯阔谷、佛罗里达的太空海岸可可海滩和肯尼迪家族居住地海尼斯港这样在过去无法想象的地方。

休伊特就像单人苏沙①军乐队一样发奋，他锐意革新，几乎达到了狂热的程度，对太空项目的报道有着清晰的思路。例如，他曾坚称现代观众需要迪斯尼式的直观模型才能理解太阳系的概念，于是哥伦比亚广播公司在自己的录影棚里建造了一座微型天文馆，并配有按微缩比例制作的行星和月球模型。提到哥伦比亚广播公司这座录影棚奇妙的景象和强大的创造力时，就连好莱坞著名制片人塞西尔·B.德米尔也无话可说。正如沃尔特·迪斯尼凭借米老鼠这一形象推动了动画业的发展一样，休伊特、伍斯勒与克朗凯特组成的团队为电视业创造出了以高科技仿真技术为基础的全新视觉效果。哥伦比亚广播公司新闻网特别事件报道部就如同美国宇航局一样形成了自己独特的个性：强烈的竞争意识、现代观念，并且在同苏联展开的太空竞赛中势不可挡的发展态势。

就在克朗凯特被派去执行一次重要的外景报道时，默罗在公司里被隔离了。公司的主管人员已经厌倦了他那种"让我们严惩坏人"式的颇具争议性的公共服务节目。除了这类节目，电视时代的任何一种节目都令默罗无法忍受。倘若采取强硬措施迫使默罗辞职的话佩利势必会招惹来全国人民来势汹汹的痛恨，不过当新闻部逐渐削弱默罗在公司的权利时他至少可以做到袖手旁观。敏感的默罗意识到自己在公司里越来越无足轻重，1961年初他终于放弃哥伦比亚广播公司，接受了肯尼迪总统的邀请，负责领导国务院新闻署。当时哥伦比亚广播公司内部盛传是斯坦顿博士在佩利的授意下暗中策划了这场人事变动，他说服肯尼迪一伙人为默罗提供了新闻署的工作，以便"悄悄地"让默罗离开公司。默罗在哥伦比亚广播公司短暂的第二春就这样结束了。

在默罗尚未离去的时候克朗凯特就参与了公司大量纪录片的摄制工作，基于这部分尚无人知晓的工作经历，现在他开始试图继承默罗的衣钵。当1961年4月纳粹大屠杀的刽子手阿道夫·艾希曼在以色列受审时，克朗凯特与制片人桑迪·索科洛

---

① 译注：苏沙（1854—1932），美国浪漫主义时期的作曲家及指挥家，以军乐和爱国主义进行曲而著称。

决意要在克朗凯特自1959年开始主持，每个星期五晚上10：30播出的《目击者》节目中报道此次公审。纽伦堡的往事仍旧历历在目，克朗凯特认为对艾希曼的审判必定会成为特大新闻。斯坦顿对此也表示赞同，他不仅将克朗凯特与索科洛派往以色列，而且还向阿根廷方面派出了第二个报道小组，试图通过镜头重现以色列特工组织摩萨德俘获这名纳粹中校时的情景。

4月11日，星期三，审判开始了。克朗凯特与索科洛的计划是只拍摄第一天的审判，然后便立即乘飞机返回纽约市，以便赶上当周周末夜晚的《目击者》，整个影片将以预先拍摄的内容为主，重要缺漏靠在审判现场拍摄到的影像资料弥补。当飞机经停罗马加油时克朗凯特读到了罗马《信差报》上的一条大字标题——苏联宇航员尤里·加加林成为人类进入地球轨道的第一人。焦急万分的克朗凯特给远在纽约的米克尔森打了一个电话，对方要求他取消播出审判艾希曼的节目。公司希望他与索科洛尽快着手对加加林的报道，让合众社在苏联的老熟人们帮忙打探独家新闻。各大广播公司现在要展开一场"黄金时间大比武"，角逐的内容不是艾希曼的审判大会，而是由于加加林打破了原先的力量格局，现在美国宇航局在同苏联的太空竞赛中究竟居于何等位置。

加加林产生的新闻效应几乎赶上了1957年10月升空的苏联"人造卫星1号"。无须普华会计师事务所（国际审计机构普华永道的前身）人们就能知道苏联人已经有了世界上的第一枚人造卫星和第一只进入太空的狗，现在又有了第一个进入太空的人。克朗凯特不想错过这位宇航员带来的震荡波，他立即乘飞机返回纽约，面对苏联太空成就这块馅饼他一心想要捞到最大的一块。运气十足的他在加加林创造历史的两天后就同著名记者马文·卡尔布一道对这位宇航员进行了采访，多年后在美国公共电台的一期节目中克朗凯特回忆起了往事："当世界听到东方号航天飞船绕行地球轨道的充满生机的脉动时，美国的声望自然被动摇了。"考虑到克朗凯特在主持《20世纪》节目时的表现，斯坦顿亲自委派他负责对美国宇航员小艾伦·巴特雷特·谢泼德（第一个进入太空的美国宇航员）将于当年5月执行的"自由7号"任务进行报道。克朗凯特曾说："当时在将人类送入太空的任务上美国承受着巨大的压力。"在空军飞行员们白热化的竞争中最终谢泼德被宇航局选中，加入了最早的水星计划七人小组。他于1944年毕业于美国海军学院，在冷战期间担任过试飞员，飞行时间累计超过8000小时（驾驶喷气式飞机的时间为3700小时）。克朗凯特同这位飞行员私交不错，在他的眼中后者是历史上最伟大的"火箭迷"。美国宇航局正在以"美国男孩"的形象向社会宣传谢泼德，克朗凯特对他的了解可不止这些。谢泼德骂起人来就如同爱尔兰民间传说里的报丧女妖,喝起酒来毫无节制,他不得不参加宇航局内部的"礼仪学校",好将"他妈的"之类的口头禅改成"可恶"这样的文明词。不过,克朗凯特还是默认了宇航局为其塑造的健康阳光的美国英雄式的假面。在佛罗里达报道"自由7号"飞船(水星—红石3号)升空的记者们都注意到克朗凯特同宇航局悄悄地结成了联盟,似乎他知道宇航局内部的联络暗号似的,有人甚至怀疑克朗凯特在为中央情报局效力。后来克朗凯特也曾坦言道:"我们都很清楚宇航局努力向外界展示的形象很不真实,但是在当时有这样一种认识,国家需要一批新的英雄人物。"

1961年5月5日,谢泼德披盔戴甲,准备由红石火箭送入太空。同加加林不同的是,在一定程度上他可以控制"自由7号"飞船。全美国都在注视着电视屏幕,灾难随时有可能发生,飞船有可能会化作一团熊熊燃烧的火球。整个任务完全就是一场捉迷藏的游戏。谢泼德自己也对着上帝咕哝着,唯恐自己"搞砸"。根据另外一位参加水星计划的宇航员约翰·格伦的回忆,当记者们问起坐在水星—红石火箭顶端,等待升空时谢泼德做何感想时,他回答道:"我不害怕,可我在上面看着四周,突然就意识到我可是正坐在由报价最低的承包商制造的火箭上。"

克朗凯特对"自由7号"所担心的是整个任务看起来有些草率。他感到宇航局(在加加林升空之后)不想受到更多的羞辱,于是想要尽快把谢泼德送上天去,为此甚至置这位宇航员的安危于不顾,这完全是不必要的。他曾说:"我们都担心谢泼德的此次飞行任务过于仓促,宇航局太冒险了。我战栗不安地看着那次发射,在接下来的岁月里我还观看过许多次飞船起飞,但是从未有哪一次会像那一次那么恐惧。"在1961年火箭技术还不完善,毫不夸张地讲人们完全有理由认为谢泼德是在执行一项自杀式任务。"我们已经看过一次次的失败了,火箭在发射台上爆炸,升空几百英尺后坠落下来……而现在,突然一个大活人就要坐在那一堆火焰上了。"克朗凯特曾对《基督科学箴言报》这样解释道。

哥伦比亚广播公司新闻网的"播音间"就是停在卡纳维拉尔角的一辆旅行车,克朗凯特与索科洛在车里进行着报道,伍斯勒被安置在附近的控制车上。火箭发射的日子日益逼近,肾上腺素在克朗凯特的体内涌动着,一些参加竞争的同行甚至以为他服用了兴奋剂。突然之间谢泼德蹿上了116英尺的高空(整个飞行持续了仅15分钟),在旅行车里进行播音的克朗凯特完全成了默罗的化身,只不过"二战"期间默罗坐在C-47运输机在空中做着报道,而今克朗凯特在地面上报道着航空航天事业。当人们从海上打捞到谢泼德乘坐的飞船后,谢泼德立即成了民族英雄。克朗凯特一脸谦逊地陪伴在这位宇航员的身边，充满了民族自豪感的他激动地对哥伦比亚广播公司的同事们说："我们成功啦！我们成功啦！"

正如事先商定好的那样，克朗凯特在当天下午晚些时候为《目击者》节目对谢泼德进行了独家专访。他胜过了全国广播公司，后者在这一轮的较量中彻底败下阵来。克朗凯特看到一夜之间自己的名字随着谢泼德的大名出现在了各大通讯社的报道中，或许可以说是谢泼德让克朗凯特成了电视界的巨星。肯尼迪政府将谢泼德当作现代美国的杰出典范，同功勋卓著的"二战"英雄，后转行为好莱坞电影演员的奥迪耶·墨菲一脉相承。除了参加事后在纽约市第五大道上举行的盛大游行活动之外，在飞船落入海中三天后谢泼德还陪同肯尼迪总统一同出席了在华盛顿特区举行的美国国家广播协会会议，就在次日联邦通信委员会的主席牛顿·米诺在同一批与会者面前对电视业大加斥责了一番，他称电视业完全就是一片"广袤的荒原"。在批评完各大电视公司的决策者们在不断制造充斥着作弊行为的游戏节目和愚蠢的喜剧表演之类毫无价值、简单幼稚的节目后，米诺特别指出哥伦比亚广播公司对谢泼德的出色报道是一个显著的例外，当赞扬"广播电视对促进公众理解水星计划做出了巨大的贡献"时他还拍了拍克朗凯特的后背。

肯尼迪信誓旦旦地宣布要在下一个十年到来之前让人类登上月球，闻听此讯克朗凯特激动万分，接下来他的主要任务就是"自由钟7号"亚轨道太空飞行任务。该任务定于7月21日，星期五实施，届时宇航员维吉尔·加斯·格里森将乘坐"水星—红石4号"飞船飞入太空。此次飞行的目的在于让人类适应太空飞行的各个阶段，研究人体对太空飞行的机能反应。美国宇航局不可能允许哥伦比亚广播公司播出格林森从太空发回的现场报道，但是克朗凯特在卡纳维拉尔角搭建起一间播音室，从播音室望出去可以清楚地看到那架"水星—红石"运载火箭。在这一次的报道工作中他得退居二线，在播音过程中同宇航局指挥控制中心的负责人"矮子"约翰·鲍尔斯进行对话。对此他毫不在意，毕竟最重要的是斯坦顿如之前承诺的那样，选择了他，而非哈里·瑞森纳代表哥伦比亚广播公司负责美国宇航局的火箭发射任务。在这个夜晚15分钟37秒的时间里他紧张不安、疲惫不堪，听上去就像是在详细报道赛马比赛那样克制着自己的焦虑，仔仔细细地描述着每一分每一秒的进展。

克朗凯特：大家刚才也看到了，燃料供应缆已经断开了。
鲍尔斯：30秒，计时。

克朗凯特：这就是说地面同飞船、同火箭的一切接触都结束了。

鲍尔斯：潜望镜撤回——15秒，计时。10，9，8，7，6，5，4，3，2，1……点火。升空！升空！现在由宇航员驾驶飞船。

克朗凯特（欢天喜地）：看起来没问题，看起来发射没问题！加油，孩子，加油！就像箭一样直。这会儿应该略微倾斜一点，好进入轨道。看起来发射没问题！

鲍尔斯：轨道一切正常。航空医生报告宇航员身体状况非常好。加斯报告他听到一些噪声，碰到一点颠簸。燃料正常。1.5G（重力加速度）。舱内压力保持在5（磅/平方英寸）。轨道报告正常。舱内压力保持在5.5。燃料正常；2.5G。氧气正常。系统一切正常。加斯·格里森今天听起来就像一位充满自信的试飞员。

显然鲍尔斯成了这个夜晚的大记者，克朗凯特只是为他欢呼喝彩的后援。不过这种安排对克朗凯特十分有利，在播音中他将主导权让给了鲍尔斯，他自己则拿着三维地图向观众演示着太空船的飞行路线，就这样他赢得了宇航局充分的信赖，在后者看来他积极向上、容易控制、乐于服从，主动加入了冷战的队伍，不啻为一名口齿伶俐的好战友。命运使然，克朗凯特同宇航局成了盟友，自谢泼德与格里森完成太空飞行任务开始，美国宇航局便热情地接纳了他，开始向他透露事关国家安全的机密消息，其他记者都无从得到这些信息。就这样，克朗凯特成了"畅行无阻先生"。

无疑，借着宇航员们的东风克朗凯特在美国民众中间的声望与日俱增。太空项目让他得以优雅地成功转型，一改《早间秀》中的傀偏形象。他将自己塑造成经历过"二战"的资深政治家，在1961年末在艾森豪威尔的葛底斯堡农场与这位卸任的总统完成了长达11个小时的口述史访谈，不过最终制片人埃德·琼斯将素材缩减为3个小时的内容，以便在黄金档的《哥伦比亚广播公司报道》中播出。这是艾森豪威尔在离开白宫后首次长时间在电视上亮相，一开场克朗凯特先是用一个问题启发前总统对往事的回忆。在《纽约时报》的一篇评论文章中杰克·古德指出克朗凯特出色地"捕捉到艾森豪威尔此前从未示人的一面"，《纽约美国人新闻报》的杰克·奥布赖恩也同样盛赞克朗凯特做了一次"具有历史意义的卓越采访"。同克朗凯特一起完成此次采访的是执行制片弗雷德·弗兰德里，在此之前他收到了艾森豪威尔的一封来信，在信中这位前总统对克朗凯特表示了赞许。

在完成了有关宇航局的一系列报道和对艾森豪威尔的访问之后各种荣誉对46岁的克朗凯特纷至沓来，但是这些报道和采访很难被归入严肃的调查性新闻。靠着美国政府灌输的官方新闻稿是不可能获得普利策新闻奖的，因此接下来克朗凯特在公司里组建起一支队伍，开始挖掘警界腐败的黑暗世界。当年还在得克萨斯大学上学时为了赚点零花钱他在奥斯汀的赌马场当过播音员，自那时起他就一直对警察对犯罪活动视而不见的现象念念不忘。美国各地的警察都会被收买吗？同赌场串通一气警察能捞到多少好处？

克朗凯特率领的这支报道小组将目光集中在波士顿的警察身上，有人还悄悄打入一家赌注经纪公司。他们在这家公司的街对面架设起一架隐蔽的摄像机，这样就能让观众看到身着制服的警官们进进出出这家公司，却从未勒令其停业，每一天光顾这家非法公司的顾客多达1000人。在弗兰德里和克朗凯特的指挥下，哥伦比亚广播公司的制片人杰伊·麦克马伦将一台8毫米摄像机藏在自己的午餐盒里，偷偷地带进了凶险的赌博公司。他对在场外下赌的顾客连续拍摄了几个小时。1961年11月30日，名为"赌注经济公司小传"的节目在《哥伦比亚广播公司报道》中播出，克朗凯特为这期节目的主持及旁白（由于处在候审中，节目没有在波士顿本地播出）。哥伦比亚广播公司的这次调查在波士顿警界掀起了不小的波澜，正如克兰凯特在节目末尾时所说，"看到这里你们或许会说，'噢，只是波士顿的这些人有问题。不要欺骗自己了。在你的周围，还有你自己也同样很有可能出现这样的问题。'"

如果说克朗凯特繁忙的日程存在一定的消极面，那就只能说工作让他远离了家人。当年秋天，哥伦比亚广播公司新的播出季开始了，克朗凯特的三个孩子——12岁的南希、11岁的凯西和4岁的奇普——为了见到父亲不得不同新闻事业做着斗争。贝特西知道丈夫总是会在最后一刻取消原定的晚餐计划，因为他得去苏格兰报道美国在圣湖区的核潜艇基地，或者从格陵兰的世纪营前往北极。据《星期六晚邮报》的刘易斯·拉帕姆所说，在家时克朗凯特也争强好胜得令人难以置信，他永远都是一个"不屈不挠残酷无情的敌人"，哪怕只是在和孩子们玩大富豪跳棋也不例外。其实，只有当他远离公司，拥有闲暇时光时才有条件变成这样的"敌人"。他曾说："我的体力从来不会衰竭，因为我体内的肾上腺素流动得比我自己还快。"

在1961年所做的所有采访中克朗凯特最乐在其中的当属代表《哥伦比亚广播公司报道》同72岁的沃尔特·李普曼所做的一次交流。这位专栏作家撰写的"今天与明天"专栏荣获了1958年的普利策奖，自20世纪30年代以来克朗凯特一直满腔热情地拜读着李普曼的文章。在圣诞节的前一天李普曼同克朗凯特一起出现在节目中，他认为肯尼迪政府的外交政策同艾森豪威尔政府别无二致，只是"年轻了三十年"。这位受人爱戴的记者及政治哲学家就是克朗凯特的导师，他拥护欧洲共同市场（欧盟的旧称），公开指责菲德尔·卡斯特罗是"疯子"，提醒人们美国的极右派日趋成为狂热的反共分子。为了宣传需要这期节目被定名为"沃尔特·李普曼，岁末"。克朗凯特沉醉于同李普曼的每一分每一秒的交流中，自参加了迈克尔·托德用大象制造的轻浮游戏，在《你就在那儿》中装腔作势地采访独立战争中的著名军官本尼迪克特·阿诺德，在总统大选之夜对UNIVAV置之不理，然后又同"查理大帝"搭档主持《早间秀》以来，克朗凯特终于有幸得到同李普曼先生探讨冷战的机会。

采访李普曼只需要动用两部摄像机，同这样的工作相比，在电视上报道人类的太空飞行事业更激动人心，造价也更为昂贵。但是，而今哥伦比亚广播公司似乎对成本问题毫不担心，在报道谢泼德与格里森升空的时候节目中根本没有插播广告。甚至1962年初，当看到宇航员约翰·格伦原定执行的"友谊7号"任务被取消或推迟将近十次的时候，克朗凯特和公司依然毫无怨言。他们清楚每当听到那句不详的"时间到"，全美国人民就会牢牢地盯着电视机屏幕。

哥伦比亚广播公司已经将自己在卡纳维拉尔角投入的人力物力同其他广播公司的资源集中在一起，倾力报道水星计划。围绕着这项飞行任务形成了一支由400名记者、摄像师、制片人、导演和技术人员组成的报道队伍，以便全方位跟踪拍摄格伦的一举一动。克朗凯特知道格伦的这段经历必将成为无与伦比的大新闻，尤其是对哥伦比亚广播公司而言，毕竟在所有新闻机构派中它对宇航局方方面面投入的财力是最多的。当1959年在卡纳维拉尔角第一次见到克朗凯特时，这位播音员对复杂的水星计划的了解令格伦目瞪口呆。格伦曾说："当时太空旅行还是个全新的领域，大多数人都不知道该如何阐述这个概念。他们能够理解印第赛车是因为他们知道如何转动方向盘。沃尔特的天赋就在于帮助公众理解了太空科学，他堪称是一位老师。主要是靠着他在哥伦比亚广播公司制作的节目公众才理解了我的任务。"

在经过了七次延迟和重重困难之后好日子终于到来了。云散了，风轻了，水星计划控制中心终于对格伦亮起了绿灯。1962年2月20日，东部时间早上9：17，4000多万美国人在各自的家中观看着同样的画面：格伦登上了高度精密复杂，如电话亭大小的"友谊7号"飞船，接着火箭就像一枚热跟踪导弹一样离开了地面。克朗凯特激动得难以自持，在接下来的10个小时里他一直持续主持着名为"轨道上的人：约翰·格伦的飞行"的专题节目。同日后的阿波罗任务不同，水星计划的所有宇宙飞船都没有配备摄像机，用一位公司同事的话来说，火箭点火起飞后克朗凯特就只能做着"光荣的广播报道"。这个节目先后被重播了140次之多。克朗凯特将公司各位同仁发来的报道巧妙地串联在了一起，不知疲倦的他就驻守在距离飞船发射台仅8800英尺的哥伦比亚广播公司新闻网控制中心里。格伦在4小时55分23秒的时间里绕行地球三圈，《纽约时报》称在这个过程中"美国和全世界紧紧相连"，共同体会电视报道营造出的"兴奋、紧张和激动"，而克朗凯特则成了这段历程的代言人。

在马拉松式的报道中克朗凯特还提醒电视观众注意飞船上的热屏蔽已经松动，为了符合降落轨道必须对飞船进行一番调整。落地后，被称为"干净水兵"的中校格伦便成为自1927年飞行员查尔斯·林德伯格①之后20世纪最伟大的探险家。在给多家媒体撰写的一篇专栏文章中克朗凯特写道："最棒的时刻就是矮子鲍尔斯在水星计划控制中心宣布：'我们看到了一位老当益壮精神饱满的宇航员。'"

格伦环绕地球飞行并成功返航也成就了克朗凯特新闻生涯中最辉煌的时刻。播音工作让他进入了自由王国。他沉浸在荣耀中，将烟丝紧紧地压在烟斗里，然后心满意足地吸了起来。无论是同格伦远在故乡俄亥俄州新康科德市的家人攀谈，还是同坐落在圣路易斯负责建造这艘宇宙飞船的飞机制造公司的工作人员交流，克朗凯特俨然成了独家新闻制造机。伍斯勒也总是会提前准备好需要的图像资料。在那个具有历史意义的日子里，克朗凯特时不时地还同伦敦、巴黎和莫斯科的记者交流几句。为了格伦的报道他连续工作了9小时15分钟，在给《曼彻斯特卫报》的文章中惊叹不已的英国著名记者阿利斯泰尔·库克写道："当总统肯尼迪将一枚奖章别在这位英雄的胸口时，他也应该为克朗凯特先生准备一条绶带，正是由于他人们才将注意力牢牢地集中在这个谁都无法理解的奇迹上。"

其他"口头记者"——《新闻周刊》的说法——也对格伦绕行地球三圈的壮举做了杰出的报道，然而他们的工作却没有得到公众的充分认识。达拉斯·汤森德在哥伦比亚广播电台的报道就非常出色；美国广播公司的朱尔斯·伯格曼在1960年担任了哥伦比亚大学自然科学研究员，他对"友谊7号"发射相关的天体物理学非常了解；全国广播公司的彼得·哈克斯与罗伊·尼尔为报道航天航空事业所付出的心

---

① 译注：查尔斯·林德伯格（又译林白，1902—1974），著名美国飞行员、作家、发明家、探险家与社会活动家，于1927年驾驶单引擎飞机"圣路易斯精神号"从纽约市罗斯福飞行场横跨大西洋飞至巴黎的巴黎—勒布尔热机场，成为历史上首位成功完成单人不着陆飞行横跨大西洋的人，并因此获赠荣誉勋章。

血并不亚于克朗凯特；哥伦比亚广播公司的查尔斯·范·弗莱默则是一名发挥稳定的嘉宾解说员。然而，只有克朗凯特被《新闻周刊》称为"格伦热"中的"首领"，因为他的解说不仅稳健谨慎，而且充满了欢欣鼓舞的喜悦之情。在参加太空竞赛之初美国空军对电视摄像机并不看好，然而对格伦飞行任务的报道彻底证明了在休斯敦负责阿波罗太空飞船项目的乔治·洛说的没错——电视摄像机在发射台接受的训练越多越好。哥伦比亚广播公司的摄像机甚至被安置在了航空母舰"伦道夫号"和"福莱斯特号"上，以备抓拍到"友谊7号"从天而降，降落在海上掀起巨浪时的瞬间。在为电视同行们辩护时克朗凯特曾说过："我觉得我们比报纸记者掌握的知识多很多，因为我们必须做到脱口而出，而报社的那些人则有充足的时间核实事实。"

哥伦比亚广播公司还采取了其他一些技术革新，从而让有名的"蒂芙尼网"（哥伦比亚广播公司的别称）同另外两大广播公司拉开了距离。例如，在此之前休伊特已经胆大包天地决定在纽约市中央火车站的中层外墙上竖起一块30英尺×20英尺的大型艾多福电视屏幕以便让来往的乘客通过哥伦比亚广播公司的节目一睹约翰·格伦的风采（哥伦比亚广播公司的大部分电视节目正是在这座大楼里创办的）。休伊特的构想起作用了。在这块巨型屏幕上哥斯拉一样巨大无朋的克朗凯特在卡纳维拉尔角做着报道，火车站来来往往的乘客都痴迷地观看着格伦的飞行，直到最后一刻他们才上了车，匆匆赶往纽约的威彻斯特郡或者康涅狄格的费尔菲尔德县。就连汽车电影院大荧幕上的约翰·韦恩和伊丽莎白·泰勒都比中央火车站的克朗凯特大不了多少，哥伦比亚广播公司新闻网在格伦绕地球飞行的过程中创造了广播业中史无前例的一场公共盛事。正如老哥伦比亚人詹姆斯·基切尔所言，这块大屏幕制造的噱头让他的公司"胜人一筹"。

这一切却令海伦·克朗凯特感到啼笑皆非。她的儿子当年在得克萨斯大学无法通过物理课的考试，而今却在卡纳维拉尔角为成千上万的美国人讲解着格伦的飞行任务；曾经的大学辍学生现在成了全美国人民的教师。当格伦重新进入大气层，也就是宇航局跟踪站同格伦失去联系的几分钟内，无数人都屏气凝神，充满期待地盯着这块大屏幕。提到往事时克朗凯特曾说："当我说出格伦已经安全无恙地从太空返回这句话时人们顿时爆发出震耳欲聋的欢呼声。这正是我所追求的效果。"格伦让全美国人民经历了冷战期间最幸福的时刻。无论是否有价值，哥伦比亚广播公司新闻网都竭尽所能地对这件事情进行着大肆宣传。除了在专题报道《轨道上的人》节目中直播了格伦对国会联合会议发表的讲话，公司甚至还播出了纽约市为他举行的彩带纷飞的游行表演，这个节目完全取代了肥皂剧；此外，《哥伦比亚广播公司新闻网特别新闻》还为格伦的飞行制作了三期专题报道。在这场热闹的盛事中克朗凯特积极地参与了各种活动，他曾说过一天下午在赶去播音室的路上他对一名记者说："你能想象得出对着观众说'女士们、先生们，晚上好，这里是哥伦比亚广播公司的沃尔特·克朗凯特在月球表面为您发回的报道'的感觉有多棒吗？"

这种状况可以被称为"第八飞行中队"后遗症，但是克朗凯特这位爱国者认为谢泼德、格里森与格伦都对冷战时期的美国具有积极的意义。此外，还有一点也不容忽视，克朗凯特在哥伦比亚广播公司的发展离不开这几位宇航员的帮助。在报道格林绕地球飞行的过程中每到关键时刻他就抛开手头的稿件，任由自己释放着热情，将竞争对手远远地抛在了身后。在飞行任务完成的九天后纽约市为格伦举行了一场盛大而狂热的游行，这场表演显示出国家也将自己的宇航员们视为新一代的民族英雄，证明了"我们没有意志消沉，我们完全能够仰望群星"。

在《洛杉矶时报》上刊登的一篇有关克朗凯特的文章中塞西尔·史密斯将克朗凯特称为美国宇航局的喉舌，并指出格伦绕地球飞行三圈的壮举"很有可能是小小的显像管为电视的存在提供的最佳理由"。克朗凯特身材紧凑、精力充沛，借着红石火箭的东风他作为记者的名望扶摇直上。当时，作为一门单独学科的电视新闻几乎还是一片处女地，原因只在于这种媒体当时还是一种新型媒体，因此克朗凯特完全有资格宣称自己是电视新闻业中先驱。史密斯在文章中写道："并不是说克朗凯特这匹记者中的老战马在努力挣脱来自公司纽约总部的限制，他的举动是一项重要规划中的一部分。按照计划，哥伦比亚广播公司将会在电视上呈现越来越多的从远方发来的报道。"

哥伦比亚广播公司越来越坚定地将克朗凯特塑造成格伦飞行事件中的媒体之星，为此公司专门出版了一本彩色纪念画册，《七天》。克朗凯特被奉为新一代的默罗，太空之声，光芒万丈的播音员，就连格伦的母亲都渴望同他见上一面。谢泼德、格里森与格伦创造的三连胜骤然改变了克朗凯特的职业生涯。格伦曾说："在航天局，我们都管沃尔特叫'太空先生'。"

从电视业的角度来看，太空探索的诱人之处并非宇航员之间的闲言碎语，而事飞船升空和返回的激动人心的高风险。克朗凯特非常善于在这些扣人心弦的时刻进行解说，在他的解说中敬畏之情、惊叹、准确的判断和长久的停顿都相得益彰，恰到好处。哥伦比亚广播公司还请美工人员为他制作了动画资料和实物大小的模型。凭着刚刚形成的庄重稳健的风格克朗凯特成功地说服了宇航局的乔治·洛允许宇航员将电视摄像机带上太空。看着从太空拍摄到的地球彩色照片是一种激动人心的体验。几大电视公司都因为克朗凯特的执着与热望而受益，宇航局最终还是指示宇航员小戈登·库勃在1963年5月的水星计划出征太空期间向地球传送回了现场照片。库勃绕地球飞行了22圈，在太空中的停留时间超过了以往所有太空冒险的总和（34小时19分49秒，飞行距离达到了惊人的546167英里）。

　　到了1963年美国各地都洋溢着对水星计划的热情，但是在所有人里克朗凯特表现得最为突出。他带着满腔皈依者般的赤诚，公开表示支持肯尼迪的登月计划，还常常用宏大的历史或圣经笔法向人们描绘太空。他明白美国人民渴望在太空中击败苏联，于是这位经验老到的体育播音员为自己的报道披上了一层几近沙文主义、强烈的民族主义和反共产主义的外衣。他更像是美国宇航局的合作伙伴，而非一名普通记者。尽管如此，他在报道太空旅行方面所展示出的能力还是具有一定的积极作用，有时候他又显得有些简单幼稚，有时候又温文尔雅。痴迷于技术世界的克朗凯特先于很多人意识到在不久的将来卫星将以令人瞠目结舌的方式在大众传播业掀起一场革命，在格伦也收看过的一期《哥伦比亚广播公司报道》中他曾说："正如诺亚曾放飞一只鸽子，让它去探索未知而危险的世界一样，而今人类放飞了机械鸟鸽子，让它们去探查危险丛生的奔月之路。此刻我们听到的正是那些鸟儿充满好奇的歌声。它们就是正在漫游太空的人造卫星。"

| 第四部分 |

主播

　　1962年4月16日，美国东部时间晚上6：30，克朗凯特首次亮相于《哥伦比亚广播公司晚间新闻》节目中。这档轻松活泼的节目时长仅有15分钟，主要内容是对摘自美联社和国际合众社的新闻稿件进行综述。

第十六章

卡米洛特的主播

飞来飞去的生活——肯尼迪的魔力——美洲杯帆船赛来到了纽波特——克朗凯特船长——谁为伯明翰辩护？——为主播的宝座明争暗斗——勉强收尾——痛击全国广播公司——爱德华兹时代结束了——理查德·萨伦特的到来——克朗凯特掌舵——休伊特执掌大权——1962年4月16日——"电星一号"革命——比尔·斯莫来到华盛顿特区——古巴导弹危机之声——马丁·路德·金的梦想——30分钟的扩版试验——在海尼斯港采访肯尼迪——插手罗伯特·皮尔伯因特的管区——事实就是如此

对克朗凯特而言，敢于冒险才是存在的关键因素。有一次，为了给《20世纪》制作一期以太空为主题的节目，他从纽约出发，前往卡纳维拉尔角空军基。结果没能登上遥远的阿森松岛，而是来到了南大西洋的非洲海岸。上岛之后他拨通了家里的电话，同贝特西聊了起来。

"嘿，知道我这会儿在哪儿吗？"他说。

"不知道。在哪儿？"她说。

"在阿森松。"他回答道，炫耀自己大无畏的精神令他很开心。

"好极了。你都去那儿多少次了？"同样着迷于太空话题的贝特西反问道。

克朗凯特一心想要成为有关肯尼迪的百事通。在同制片人莱斯·米德格雷一起摄制《目击者》节目期间他渐渐意识到凡是涉及肯尼迪的事情，无论大事小事都会为公司带来十分理想的收视率。[1]在20世纪60年代早期，成千上万好奇的电视观众

---

[1]　作者注：《目击者》在1959年开播时名为《历史目击者》，主持人为查尔斯·库拉尔特。沃尔特·克朗凯特于1961年接班，成为该节目的主持人，同时节目名称也简化为《目击者》。克朗凯特的主持在1962年结束，之后由查尔斯·科林伍德继任，直到节目于1963年停播。

如饥似渴地关注着肯尼迪总统说过的每一句闲话，召开的每一场新闻发布会，每一个特写镜头，与他人对话中的一词一句。克朗凯特想要在星期五，东部时间晚上10：30至11：30播出的节目中全面展示肯尼迪家族的生活。不仅罗伯特·肯尼迪出任了联邦司法部长，就连他们的弟弟爱德华·肯尼迪也当选参议员，以填补兄长约翰·肯尼迪在国会留下的空位。罗尼曾回忆说："沃尔特想要借用肯尼迪的政治影响力。每当肯尼迪出现在《目击者》中，节目的收视率就会一飞冲天，可如果他（克朗凯特）报道的是亚拉巴马州的佃农，或者查尔斯·戴高乐，似乎就没有人关注了。"

在《统治者》一书中戴维·哈伯斯塔姆恰如其分地将肯尼迪称为"首届电视总统"。在1960年总统选举辩论中突然释放出的魅力让肯尼迪成为电子传媒里的超级巨星，克朗凯特打算充分利用这个机会，白宫里大大小小的庆祝活动、海外旅行、节日聚会，甚至乘游艇出游都被哥伦比亚广播公司新闻网的摄像师们一一纪录了下来。自从全国广播公司用彩色技术报道了肯尼迪的就职游行表演以来，哥伦比亚广播公司日益坚定地想要独揽对肯尼迪的所有后续报道。克朗凯特清楚倘若真的想要取代爱德华兹，那自己就必须争取到肯尼迪的独家新闻，只要哥伦比亚广播公司仍旧屈居于全国广播公司之下，他的位置就岌岌可危。

在肯尼迪执政的时候在美国并非所有的电视观众都住在有三大广播公司电视台覆盖的城市里。要是你恰好住在缅因州的阿鲁斯图克县，或者路易斯安那州的普拉克明教区（或者成千上万类似的乡村地区），收看哥伦比亚广播公司或者放弃全国广播公司并不是你自己的选择。你家的兔耳形天线能接收到什么，你就得看什么，在上述两个地区这就意味着只能看哥伦比亚广播公司的节目。广告客户们想要向每一个18到25岁的公民推销出他们的护发产品，想要这些人花钱购买有生以来的第一辆车，但是随着电视接收技术的提高，消费者终于可以像挑选不同型号的轿车或汽水那样选择电视公司了。民意调查显示，年轻人对肯尼迪的好感远远超过了对尼克松和纳尔逊·洛克菲勒那样的共和党老古板们的兴趣。而哥伦比亚广播公司的问题在于，在1962年的时候自1950年开始在公司进行播音和主持工作的克朗凯特并不属于认为"肯尼迪真酷"的那种人，当时他仍旧是艾森豪威尔的支持者，似乎相信凡是对通用汽车公司有利的必然就对美国有利。

1962年，克朗凯特认真地投入到尚在规划中的《哥伦比亚广播公司晚间新闻》主播职位的竞争中，参与竞争的还有另外四五位有可能会取代爱德华兹的新人。为了这场竞争，克朗凯特放弃了长期以来的爱好——赛车。哥伦比亚广播公司的经理们可不希望已经在田纳西州出过车祸的克朗凯特连人寿保险都拿不到，靠着一具尸体是无法打造出电视品牌的。如果对赛车的热爱能够让他得到进入白宫的机会，那么或许佩利就会对这个爱好睁一只眼闭一只眼，可是出身名门的肯尼迪家族更喜欢乘坐游艇巡游马萨葡萄园岛和罗得岛湾，而不是喜欢汽车赛的柴油味。医生告诉克朗凯特赛车运动对他的心脏有害，而上层社会中白人男性普遍接受的消遣活动高尔夫球又远远无法满足他释放精力的需要，他需要在其他运动上有所发展。克朗凯特觉得或许自己对航海的热情可以在更具有挑战性的游艇驾驶上得到延续，他可以效仿肯尼迪总统，驾驶游艇从缅因州出发，途经科德角，最后到达大西洋上的纽波特（新港）。他的朋友威廉·巴克利、詹姆斯·麦切纳和比尔·哈巴克几家人都已经爱上了美国的海域，那么克朗凯特一家何不也试试看呢？

　　克朗凯特与米德格雷明白肯尼迪家族已经将科德角变成了适合权贵阶层的乐园，对于他们而言最艰巨的任务在于如何在《目击者》节目中充分利用所谓的“卡米洛特”。

　　出生于盐湖城的米德格雷于20世纪50年代中期开始受雇于哥伦比亚广播公司，身材瘦长、笨手笨脚的他活像是伊卡包德·克莱恩①，这位摩门教徒同著名的商业大亨霍华德·休斯私交甚密，所有人都搞不懂这其中的奥秘。他完全赞成让肯尼迪家族参与到早期这档真人秀节目的构想，他是这样考虑的：肯尼迪总统与杰奎琳·鲍维尔在极其奢华的罗得岛纽波特港完婚，并在纽波特的汉默史密斯农场（杰奎琳的家族农场）举行了婚宴，到了1962年的秋天，美洲杯帆船赛也将在纽波特举行。这场比赛的挑战者是澳大利亚的传媒大亨弗兰克·帕克尔爵士拥有的12米的单桅纵帆船“格莱特”，船长是乔克·斯特罗克，纽约游艇俱乐部将派出“韦瑟利”帆船参加卫冕战，船长是巴斯·莫斯巴赫。在当时参加美洲杯帆船赛的卫冕船只都是12英尺米宽，约60英尺长的木制单桅纵帆船，均由纽约锡蒂岛的明尼福特造船厂制作。

　　米德格雷断定趁着克朗凯特在1960年报道斯阔谷和罗马奥运会的势头，哥伦比亚广播公司完全可以在《目击者》中报道美洲杯帆船赛，肯尼迪的魔力可以为节目增加情趣。米德格雷同克朗凯特一道为那个星期五的节目策划了一期节目，将美洲杯帆船赛的精彩场面同公众对肯尼迪家族的迷恋糅合在一起，要在节目中展现风

---

① 译注：19世纪美国著名小说家和历史学家，华盛顿·欧文的短篇小说《沉睡谷传奇》中的主人公。

景如画的纽波特，以及包括范德比尔特家族和阿斯特家族在内的当地著名的"四百大"家族和他们的豪宅。米德格雷知道来自印第安那州的退伍海军卢·伍德喜欢航海，后者在伊利诺伊州迪凯特市的WDZ广播电台（美国历史上创办的第三个电台）开始了播音事业，于是他便委派伍德同克朗凯特一起在9月的那期《目击者》中联袂报道这项赛事。

为了做好准备工作，在开赛前伍德和紧紧跟在他身后的王牌摄像师沃尔特·邓布罗就已经去纽波特踩点多次。倘若《目击者》能将美洲杯帆船赛变成和每年一度的肯塔基赛马会与印地500汽车赛（印第安纳波利斯500英里比赛）一样备受欢迎的赛事的话，哥伦比亚广播公司的手里就有一棵广告摇钱树了。邓布罗与伍德租了一条"波特拉姆·莫派"摩托艇，对着光鲜的游艇和美丽的夕阳拍了一堆背景资料片。在1962年的时候，琼斯敦和纽波特之间还没有建起大桥，要想来往于两地之间就只能搭乘渡轮。克朗凯特已经放弃了赛车爱好，现在他开始认真考虑将航海当作新的娱乐方式了。提起这段往事时伍德曾说："和导演文尼·沃尔特斯刚一到纽波特，克朗凯特便一发不可收拾地爱上了游艇生活。我在纽波特这边的渡口见到了他们，然后招呼他俩进了我们租住的公寓，把第二天上媒体船观看比赛的新闻通行证给了他俩。"

伍德后来曾夸口说正是他"让克朗凯特走进了游艇世界"。这是千真万确的事实。生性极其热爱大海的克朗凯特告诉伍德要是以后他身体健康，还有10十万元的存款，那他就要像肯尼迪那样畅游科德角。最终，克朗凯特拥有了大西洋沿海地区最漂亮的双桅帆船。不过，在1962年的时候条件只允许他买了一艘22英尺的伊莱克特拉单桅船，他将这艘船命名为"奇普尔"（切碎机），驾驶着它游弋在长岛湾。克朗凯特是在纽约船展上买下的这艘船，他曾宣称倘若能够取代爱德华兹，成为哥伦比亚广播公司的主播，那么他就会得到加薪，这样一来他就有钱把船升级换代成28英尺的"特里顿"游艇，接着再换成紫色的双头船。谁知道呢？或许有朝一日他还会为自己订制一艘壮观的游艇，游艇将完全按照他的特殊要求制作，他要把它命名为"温迪"，以纪念一位可爱的荷兰先辈和"让克朗凯特成为新世界里的快乐男子汉的所有女性——无论她们起到的作用有多么微不足道"。

哥伦比亚广播公司的制片人兼导演休伊特急于找到一位能够接替爱德华兹的主播。这位主播应当是一名勇士，能够杀气腾腾地同可怕的全国广播公司一较高下。休伊特很欣赏这种说法，这就像是在拔河比赛中你将块头最大，也是最调皮的队友打发到最远处，好加强防守。语调轻柔的爱德华兹不符合这场战斗的需要，他从

15岁起就在亚拉巴马州开始了广播播音的生涯,1943—1945年同默罗并肩战斗在伦敦,后来开始主持《道格拉斯·爱德华兹播新闻》。然而,在1962年初哥伦比亚广播公司的上司们已经为他设下了一个陷阱。当时对哥伦比亚广播公司来说最头疼的问题不仅在于由谁来接替爱德华兹负责本地新闻工作,而且默罗还在继续为自由事业摇旗呐喊。

当爱德华兹确定了最后几期节目的日程后哥伦比亚广播公司里才华横溢的播音员们便排起了长队,克朗凯特认为中选的将会是霍华德·史密斯。当肯尼迪总统委任默罗主持新闻署的工作时史密斯被公司派往亚拉巴马州伯明翰市,为《哥伦比亚广播公司报道》制作了一期节目,在节目中直言不讳地揭露了"吉姆·克劳法"①的顽固偏执。克朗凯特把持住了美国宇航局这块阵地,而史密斯报道的则尽是蒙哥马利、伯明翰、小石城这些地方,以及民权活动家乘公汽、火车南下进行反种族隔离的游行示威运动。1961年5月18日,史密斯亲眼看到人称"公牛"的伯明翰治安官康纳率领下的警察们用大棒拼命痛殴民权工作者的情景。激愤的史密斯在文章中对支持种族隔离制度的暴徒们进行了一番严厉的斥责,指出引发这场血腥混战的正是这些人。在当年年末,他取代默罗,主持了纪录片节目《谁为伯明翰辩护?》

史密斯制作的这部有关伯明翰种族隔离的杰出纪录片丝毫不具有客观性,他完全是在捍卫民权活动家,反对警察老爷们。在影片中他准确地指出南方很多地区动荡不安,将自己的憎恶与怒火一股脑儿地宣泄了出来。这是一部令人感到沉痛的影片,在影片结尾时史密斯引用了英国哲学家埃德蒙·伯克的话:"邪恶之所以横行无阻,是因为好人无所作为。"

哥伦比亚广播公司的总裁弗兰克·斯坦顿、副总裁布莱尔·克拉克与其他负责人都对史密斯片面的报道火冒三丈。伯克煽动性的名言为这部影片进行了强有力的总结,但是在影片播出时这句话被删除了。毫不妥协的史密斯不甘心受到斯坦顿的压迫,坚持认为在民主社会中道德判断是广播电视新闻必须履行的天职,并且在广播节目中大胆地宣读了未经审查的稿件。史密斯究竟以为自己是什么人?小马丁·路德·金?还是又一个默罗?

史密斯给哥伦比亚广播公司的管理层写了一封立意高尚的公开信,在信中他指出新闻工作需要主观性的道德观,这完全就是在公开指责佩利这位奉行金钱至上

---

① 译注:泛指1876年至1965年间美国南部各州以及边境各州对有色人种(主要针对非洲裔美国人,但同时也包含其他族群)实行种族隔离制度的法律。

原则的百万富翁。苛刻的佩利没有理会史密斯的指责，他说："我早就听过这些废话。要是你相信这一套的话，那你最好还是另谋高就吧。"公司既需要不带偏见的北方观众，同时也需要顽固的南方佬，同任何一个要为股东负责的企业老板一样，佩利不希望遗漏任何一批人数众多的观众群。只有客观新闻才不会惹恼任何人。

　　史密斯在当年年末被迫辞职了，他的离去让佩利麾下所有刚愎自用的雇员都意识到默罗那充满美国公民自由同盟狂热精神的傲慢时代结束了。令人感到啼笑皆非的是，史密斯被清除出哥伦比亚广播公司让克朗凯特的事业得到了巨大的提升。根据公司内广为流传的说法，有一次在大选之夜（中期）克朗凯特给公司打来电话请病假，因为他得了感冒，公司派史密斯顶班。在自己的回忆录《带我走向死亡的重大事件》中史密斯写道："结果，沃尔特在播音间里含了15分钟的止咳片，把我打发回了南方的舞台。默罗对我说因为促成了克朗凯特的康复我理应给他发去一份出诊账单。"而今，同克朗凯特争夺主播这个职位的主要竞争对手史密斯突然不复存在了。

　　史密斯离去后埃里克·塞瓦赖德盯上了爱德华兹的职位。他渴望拥有默罗那样的声望，渴望受到大家的关注，成为众所周知的人物。无疑塞瓦赖德的才干足以胜任这个岗位，唯一的问题就在于被共和党保守分子戏称为"红色埃里克"的他很不走运。在哥伦比亚广播电台里没有人能像塞瓦赖德那样怀着满腔热血地痛击麦卡锡；放眼整个媒体界，找不到一个人像他那样对事业做出巨大的牺牲。在一个崇尚洛厄尔·托马斯和沃尔特·迪斯尼，轻视第四等级的傲慢的国家里，塞瓦赖德却被赋予了精英分子的光环。如果说塞瓦赖德可以被看作是一个来自明尼苏达，读了太多加缪和陀思妥耶夫斯基的百事通，以至于各个分公司保守的老板们都不信任他有能力接替爱德华兹，那么克朗凯特就是辛克莱·刘易斯①笔下典型的美国中部人。

　　到最后真正有希望的候选人所剩不多，斯坦顿博士也曾考虑过让查尔斯·科林伍德代替爱德华兹，乔尔·麦克雷在1944年主演的影片《海外特派员》（希区柯克导演）中的主人公就是以这位记者为原型塑造的。然而，这位哥伦比亚广播公司驻外记者的着装成了问题。克朗凯特总是将自己打扮得好像一位在杜鲁门最喜欢的

---

① 译注：辛克莱·刘易斯（1885—1951），美国小说家、短篇故事作家、剧作家，在1930年因"他充沛有力、切身和动人的叙述艺术，和他以机智幽默去开创新风格的才华"获得诺贝尔文学奖，是第一个获得该奖项的美国人。他的作品深刻而批判性地描述美国社会和资本主义价值，代表作有《大街》和《巴比特》等。

成衣店堪萨斯城男士服装店选购服装的密苏里商人，而科林伍德则总是穿成在君皇仕①定制服装的威尔士亲王的模样。一些同事觉得科林伍德招摇过市的风格十分好笑，还有一些人甚至对他表现得更加无礼，在后者看来这位大记者显然从未在爱荷华摘过玉米，也不曾在底特律的流水线上干过。科林伍德根据星象时而披上文森特·普莱斯②的斗篷，或者青灰色的小山羊皮手套，有时甚至还要在鞋上罩上爵士时代的鞋套。在完美的世界里博·布鲁梅尔③这样的人当电视主播毫无问题，然而在科林伍德的世界里他那些精致的服饰只会让外人以为他对俄国鱼子酱和法国谍报活动的痴迷。在哥伦比亚广播公司在托莱多（俄亥俄州港市）或托皮卡（堪萨斯州首府）分公司的那些平庸的老板看来，科林伍德完全不可理喻。

在那一年的2月哥伦比亚广播公司主播这把交椅究竟花落谁家仍旧是未解之谜，与此同时公司里出现了一系列突如其来的人事变动。佩利将公司里率先支持克朗凯特的米克尔森与公司的新闻总监约翰·德伊解雇了，之所以同时无情地解雇这两位重臣是由于在1960年的两党代表大会期间全国广播公司在收视率的竞争中让哥伦比亚广播公司遭受了重创。面对频频有人接到解雇通知的现实克朗凯特只能缩头缩脑地将自己隐蔽起来。霍华德·史密斯曾对此发表过评论："西格（米克尔森）白手起家，最终缔造一个出色的世界级新闻机构。他没能让克朗凯特接替道格拉斯·爱德华兹的位置，主持将会让哥伦比亚广播公司进入新时代的晚间新闻节目，但是后来人们还是会承认他才是'沃尔特·克朗凯特的缔造者'。"

结果，原本不被看好的理查德·"迪克"·萨伦特受到佩利的提拔，接替了米克尔森的位置。克朗凯特早已感到自己距离绞架只有一步之遥，现在萨伦特这个来自纽约市，有着哈佛教育背景，毫无新闻从业经历的公司律师压倒了在重大新闻的报道工作方面经验丰富的米克尔森，这种局面更加令他感到"震惊"和"警觉"。这样的人事安排错得太离谱了。多年后在提起萨伦特时克朗凯特曾说："我们自然十分担忧。那个是一个外行，据我们所知从他未踏足编辑室半步。"

萨伦特曾以美国海军少校的身份参加过第二次世界大战，由于又是有着大好前

---

① 译注：君皇仕，位于伦敦塞维尔街一号，是由两家公司合并而成的英国男装奢侈品牌，创立于1771年，200多年来一直为英国及皇室提供服装服务。
② 文森特·普莱斯（1911—1993），美国演员，以独特的嗓音，以及在一系恐怖电影中严肃和诙谐参半的表演而著称。
③ 译注：博·布鲁梅尔（1778—1840），在英国摄政时期引领时尚潮流的男人，著名的花花公子，热衷定制西服，并配以精致的领结作为装饰，这一举动也成就了领结时尚。

途的哈佛法学院毕业生（1938届），他还曾受雇于罗森曼、古德马克、科林和凯伊这些曼哈顿的金牌律师事务所，哥伦比亚广播公司就曾是他的一名客户。1952年，佩利从律师事务所把萨伦特抢了过来。执着于细节、厌恶口舌之争、衷心拥护宪法第一修正案[1]的萨伦特得到了哥伦比亚广播公司副总裁的头衔，这位反对浮华的副总裁结束了哥伦比亚广播公司内盛行的浮夸风。对于克朗凯特、塞瓦赖德和科林伍德这样的播音记者而言萨伦特过于拘泥于法律条文，对稿件中使用的形容词百般挑剔，对事关基本原则的问题毫不留情。在一次午餐饭桌上三位播音才子苦苦哀求斯坦顿博士不要对萨伦特授予大权，他们坚称这位人到中年的律师只是一个靠法律为生的条文主义者，为了避免惹上官司他会彻底抹消节目里那些最激动人心的新闻事实。斯坦顿毫不理会他们的抗议，事后克朗凯特曾说："当时我们都很沮丧。"

萨伦特成了老总，克朗凯特担心爱德华兹的位置将会被他交给一个意想不到的人物。他不知道到头来自己的多疑究竟会证明自己是一个心智健全的人，还是表明自己就要精神错乱了。有小道消息暗示当时已经43岁，自20世纪40年代便从《芝加哥太阳报》开始了英勇无畏的记者生涯的迈克·华莱士将会成为萨伦特心目中的救世主。华莱士与肯尼迪总统是同乡，两个人都来自马萨诸塞州的布鲁克林，不知为何克朗凯特觉得如果让华莱士负责报道肯尼迪的"新边疆"施政方针的话，那么萨伦特必定认为这个事实会为华莱士锦上添花。这纯属胡说八道。事实上，华莱士同克朗凯特的履历大致有些相似，他在"二战"期间担任了海军的宣传官，后来成了芝加哥WMAQ的电台新闻记者，自1951年起断断续续地在哥伦比亚广播公司做过一些播音工作。但是，克朗凯特从未见过像华莱士这样积极进取的记者。当华莱士刚一拥有了自己的电视节目《晚间独家新闻》（1956—1957）、《迈克·华莱士访谈录》（1957—1959）和《东部晚间》（1961–1962），克朗凯特便立即意识到他们两个人最本质的性格有着天壤之别。在采访政客时克朗凯特常常用的是不那么锋利的黄油刀，而华莱士则喜欢挥舞着双刃战斧；如果说前者恐惧鲜血，那么后者则基本上可以算是德古拉伯爵（吸血鬼）。此外，在这场较量中华莱士还有一项优势，在20世纪40年代他曾同爱德华兹一起主持过底特律的一档广播节目。这档节目的赞助商是底特律当地的坎宁安药店，因此华莱士与爱德华兹这对搭档被听众们亲切地称为"坎宁安王牌播音"。疑神疑鬼的克朗凯特以为萨伦特或许打算让这对王牌播

---

① 译注：美国新闻自由的法律根源是美国宪法第一修正案。

音重振雄风，以对抗全国广播公司的亨特利—布林克利。

　　哥伦比亚广播公司的记者查尔斯·库拉尔特也有一定的能力参加这场竞争。他很容易让不少人想起布林克利，这位"柏油脚跟"①的生命轨迹就如同作家托马斯·沃尔夫一样②，曾孤身一人坐着火车走向纽约光芒四射的生活。1948年，年仅14岁的库拉尔特同其他三位参赛者一起获得了"美国国家民主之声"③的荣誉称号，自那时起他便走上了一条崎岖艰难的道路。人到晚年的克朗凯特曾打趣说倘若举办一场"乡村风味马拉松大赛"的话，那么库拉尔特肯定会轻松夺冠。这位曾经的"柏油脚跟"甚至还撰写了一部《北卡罗来纳是我的故乡》。他幸运地拥有一副热情而低沉的嗓音，完全能够引起哥伦比亚广播公司分公司老总们的共鸣。在萨伦特听来，他的声音就好似瓶中闪电一样振聋发聩。④尽管如此，库拉尔特还是落选了。后来哥伦比亚广播公司的记者戴维·肖恩布朗曾对此作过解释："他'没有头发，身形巨大'，不适合主播的形象。"

　　1962年3月15日，哥伦比亚广播公司终于宣布被萨伦特戏称为"'一遍过'沃尔特"的克朗凯特接替爱德华兹，主持晚间新闻节目。公司之所以做出这样的决定主要是考虑到在约翰·格伦的报道工作中克朗凯特的精彩表现广为人知。公司要求失望的爱德华兹与公司解除合同，然而刚刚经历了史密斯的背叛，投身进美国广播公司的萨伦特不甘心放走麾下这位获得过皮博迪大奖的播音天才。满心失望的爱德华兹收起了自尊心，很快便不再提及此事了。他在哥伦比亚广播公司一直工作到1988年，其间一直主持着不起眼的早间新闻和其他新闻节目。次年，库拉尔特被任命为哥伦比亚公司驻西海岸的首席记者。就在当年春天科林伍德也接到了一项令人垂涎的工作，主持时长为一个小时的特别节目《随约翰·肯尼迪夫人游白宫》，这期节目的收视率超乎寻常，达到了7000万，同时他还接手了《目击者》的主持工作（不过对美洲杯帆船赛的报道仍然由克朗凯特继续负责）。

　　有传言称佩利本人早就将克朗凯特确定为主播、主任编辑，以及《哥伦比亚广

---

① 译注：柏油脚跟（焦油脚跟），是北卡罗来纳州和北卡罗来纳州人民的昵称，也是北卡罗来纳大学教堂山分校的运动队统一的名称。

② 译注：美国20世纪的伟大作家托马斯·沃尔夫出生于北卡罗来纳州的山区小镇阿什维尔，从1924年起在纽约大学的华盛顿广场学院教授英语。

③ 译注：民主之声，美国全国性的奖学金项目。这项演讲比赛开创于1946年，最早由海外战争退伍军人协会提供赞助，参赛者为高中阶段的学生，获胜者的奖金直接发给获胜者未来就读的高等学校。

④ 译注："瓶中闪电"原本指的是富兰克林的科学实验，后来指棒球比赛中经过一番艰苦卓绝的努力而获得的胜利，泛指来之不易的成功。

播公司晚间新闻》的新招牌。公司经理们看中克朗凯特的是他令人信服的能力，他既勤劳苦干，又具有对重大新闻不同寻常的判断力，他的存在能够保证新闻回归到保罗·怀特在任时的状态（也就是说，新闻应该有要点……但不应该有观点）。在1988年出席纽约市广播和电视博物馆举办的一场宴会时萨伦特打趣地说："我们选择沃尔特主持《晚间新闻》不是由于他的发型问题——他根本就没有发型；我们选择沃尔特不是由于他很漂亮——他根本就不漂亮；我们选择沃尔特也不是由于在定性研究过程中一群同监视器相连的试验对象一看到他就会心跳加速。以前人们没有这些规矩，所以我们只能依靠自己的判断。我们选择了沃尔特只有一个原因，这也是挑选主播的唯一标准——他是一位真正的专业主播，一位杰出的记者，一位无论自己相信什么，但永远只为观众提供真实报道的新闻人。这项任命是正确的。"

　　1962年4月16日，美国东部时间晚上6∶30，克朗凯特首次亮相于《哥伦比亚广播公司晚间新闻》节目中。[①]这档轻松活泼的节目时长仅有15分钟，主要内容是对摘自美联社和国际合众社的新闻稿件进行综述。克朗凯特不再是一名龙套演员了。每次结束播音时他都要说"新闻就是这些。请务必查阅明日的本地报纸，以详细了解我们为您播报的标题新闻。"就在不久前佩利刚刚投资数百万美元，在西五十七大街上建造起占地面积50万平方英尺的现代化播音中心，看着克朗凯特在节目中的表现他火冒三丈，他指责克朗凯特是在唆使哥伦比亚广播公司的客户们去其他地方消费新闻。同克朗凯特长期合作的制片人索科洛曾回忆说："'西装佬'们——我们常常这么称呼他们——气疯了。在他们看来，沃尔特就是在打发人们去看报纸，而不是看电视上的新闻。公司里群情激奋。"

　　布林克利做出了一个艰难的决定，在4月16日的《亨特利—布林克利报道》节目结尾时对克朗凯特及其属下进入快节奏的晚间新闻领域表示了欢迎。如果全国广播公司一直有些缺乏安全感和自信的话，无疑它就无法对满怀复仇怒火的宿敌表现得如此大度。作为收视率之王，布林克利有能力表现得如此宽宏大量。在克朗凯特首次主持晚间新闻的当夜，布林克利在结束播音前告诉自己的观众："今天晚上，多年来一直出现在哥伦比亚广播公司每周特别报道和其他各种节目中，并且一直有着出色表现的沃尔特·克朗凯特开始接管哥伦比亚广播公司的晚间新闻节目，我们想

---

① 作者注：《哥伦比亚广播公司晚间新闻》在1962年至1981年期间每天晚上6∶30（东部时间）播出，不过哥伦比亚广播公司的一些分公司擅自将节目推迟播出（例如，纽约的WCBS-TV电视台），直到20世纪70年代这种做法才被宣布为不合法行为。

要对他加入这个人数不多、成员稳定的新闻播音员队伍表示欢迎，从此每个夜晚他都得战斗在这里。"

观众们受到布林克利的影响，开始收看改版后的《哥伦比亚广播公司播晚间新闻》，然而这档节目不太可能给观众们留下深刻的印象。暂且不论布景过于简化的问题，节目的质量看起来和先前的节目别无二致。克朗凯特也是如此，凡是拥有电视机的人都早已熟悉了他那张值得信赖的面孔，自1952年以来他一直是报道两党代表大会的专家，由于最早从WTOP-TV电视台开始了电视新闻工作他赢得了政府官员、承包商及说客的注意。《华盛顿邮报》的编辑本·布拉德里曾说："克朗凯特是电视新闻记者中的慈父，他没有竞争对手，如果说有，那就只可能是布林克利。可是克朗凯特具有一种父亲般的特质，这是他同布林克利的显著区别，也正是由于这一点他显得与众不同。他就像一位领导——也不完全如此，因为这种说法好像是在暗示他走起路来有些蹒跚，其实他一向步履稳健。他更像是一位大学校长。他就是一个重要人物。"

作为主播克朗凯特接受的第一项任务就是在收视率方面击败全国广播公司，或许这也是他唯一的任务。这并非一项不可能完成的任务，不过要想完成它也并非易事。爱德华兹的解职惹恼了很多同他志趣相投的人，但是佩利坚定地支持着克朗凯特的新节目。在全国广播公司的刺激下，哥伦比亚广播公司同其展开了一场正面交锋，由于娱乐部门的成功，公司有条件大手大脚地花了很多不该花的钱。1962年，哥伦比亚广播公司在黄金时段的节目一直保持着收视冠军的纪录，其中最主要的就是获得巨大成功的《安迪·格里菲思秀》、《真实镜头》和《露西秀》。公司的日间节目也同样战绩不俗，尤其是主要在1956—2010年播出的肥皂剧《随世界转动》。实际上，在20世纪60年代早期收视率排名前十位的日间节目都来自哥伦比亚广播公司。公司的剧本作家默夫·布洛克曾说："爱德华兹以前常常夸口说在业界他的新闻节目是收视率冠军。其实这是因为他的节目紧跟在大热门的肥皂剧之后。"

在麦迪逊大街有一条百试不爽的真理，即五百强公司在一家广播公司和一档节目里投放的广告量没有什么区别。克朗凯特的一部分职责就在于鼓励这些公司选择哥伦比亚这只"眼睛"，而非全国广播公司那只"孔雀"或美国广播公司的"圆圈"。在电视遥控器尚未问世的时代，观众们总是整晚只看一个频道的节目。从这种角度而言，电视同广播截然不同。广播听众经常坐在广播跟前，而电视观众则距离自己的黑白电视机至少有6英尺远。为了控制美国千家万户客厅里铺着地毯或木地板的这6英尺空间，三大广播电视公司展开了激烈的角逐。节目与节目之间的衔接必须毫无漏洞，以免观众后悔选择了眼前的频道。哥伦比亚广播公司无法承受每天晚上从7点开始陷入困境，眼睁睁地将大量的观众让给"亨特利—布林克利"的现实。之前的《晚间新闻》在全美国75个城市播出，公司要求克朗凯特将这个数字提升到100，拥有更多的观众和更多的乡村办事处意味着广告客户们会主动登门拜见佩利先生。优异的收视率表明了观众的认可，对哥伦比亚广播公司而言观众的认可就意味着收入的提高。哥伦比亚广播公司的超级明星制片人弗兰德里曾说："沃尔特很清楚哥伦比亚广播公司的未来仰仗于他。"

在幕后的休伊特毫无妥协地控制着《晚间新闻》。他开创了在插播广告之前播出新闻花絮，以及为专题报道进行大肆宣传的惯例，在爱德华兹时代他自始至终都在打造哥伦比亚广播公司的晚间新闻节目。正如在1952和1956年两党代表大会期间他对克朗凯特的安排一样，在肯尼迪时代他又为公司策划了一系列重大新闻活动。简而言之，一头黑发，有着十足的赌鬼式怪僻性格的休伊特能够在举止粗鲁笨拙的同时保持住一个和蔼可亲的犹太人的形象。在公司里他整日拿着电话咆哮着，看上去活像是一名狂躁的电话接线员。没有人比他更擅长于采集新闻，也没有人比他具有更敏锐地新闻判断力，在1968年开办《60分钟》时他完全就是靠自己一个人的力量维持着整一个杂耍团的演出。

在同温顺的爱德华兹合作14年后休伊特对克朗凯特十分防范，对后者希望以"主任编辑"的身份产生的影响力也保持着警惕。本质上休伊特渴望成为一头孤狼。克朗凯特同亨特利与布林克利之间最根本的区别就在于他坚持在自己主持的新闻节目中继续承担记者的职责。在休伊特看来，像克朗凯特这样个性鲜明的人在镜头前只需要将注意力集中于画面之外的提词器，而不是节目的管理工作上。在他的心目中自己才是晚间新闻节目的主宰者，而克朗凯特只需要按照爱德华兹的方式工作就可以了。这种安排没能维持多久。无论休伊特怎样认为，按照合同规定作为主任编辑的克朗凯特才是节目的负责人。相比于休伊特，克朗凯特多了一项优势，他始终能够本能地捕捉到即将出现的重大新闻。休伊特考虑的是当天的新闻节目，而克朗凯特则对来年的趋势有着直觉性的判断力，他比公司的经理和制片人们都更早地意识到水星计划的7名宇航员比歌手及电影明星辛纳屈更重要。哥伦比亚广播公司的制片人朗·伯恩曾说过："克朗凯特一次又一次预见到下一个重大新闻，并让我们为报道工作做好了准备。"

1962年的夏天，在为报道美洲杯帆船赛进行准备的时候克朗凯特碰到了大众传播历史上史无前例的里程碑时刻。在7月中旬的一个大热天，就在洛克菲勒中心里的全国广播公司播音间里，克朗凯特同全国广播公司的亨特利，以及刚刚受雇于美国广播公司的霍华德·史密斯一起坐在了主持台前。这期20分钟的节目是美国三大电视公司和欧洲广播联盟下设的电视部门欧洲电视网之间的首次合作。由于世界上第一颗投入使用的通信卫星（只在近地轨道上运行，而非地球同步轨道）"电星一号"的出现，克朗凯特在黑白监视器上看到了大量从欧洲传输过来的动画影像，他被震惊得目瞪口呆。远在比利时布鲁塞尔的英国广播公司记者理查德·丁伯比在镜头前喊叫着："你好，沃尔特·克朗凯特。你好，美国。"克朗凯特没有失去惯有的风趣，他说了一句让后人难以忘却的话，"晚上好，欧洲，这里是北美现场，由美国电话电报公司的'电星一号'传输，此刻是1962年7月23日，东部时间下午3点。"在四个月前格伦绕地球轨道飞行的时候美国还不具备向欧洲越洋传输"友谊7号"现场影像的技术，现在肯尼迪政府实现了这一切，尽管信号时断时续。美国向欧洲发去了自由女神像、芝加哥大联盟职业棒球赛、肯尼迪总统的新闻发布会、中部大平原上四处漫步的水牛，还有南达科州的一个小男孩驻足仰视印第安苏族（自称达可他族）一位酋长的画面，克朗凯特从事的职业由此发生了天翻地覆的改变。美国的广播公司被视作如巴黎的埃菲尔铁塔、伦敦的大本钟、北极圈里的驯鹿和其他各种标志性图像一样的景象。克朗凯特曾说："对欧洲的现场直播看上去那么令人难以置信，似乎我们不得不不断提醒自己这一切真的发生了。"

尽管"电星一号"的成就令人激动万分，《晚间新闻》却仍然有待改善，这是电视业中绝对真理的牺牲品："新闻节目的观众来得慢，去得快。"克朗凯特非常出色，头脑非常清晰，反应非常敏捷，但是永远屈居人下。哥伦比亚广播公司提高了预算，在记者、制片人、摄像师和编剧的人数上都超过了所有的电视公司，唯独收看公司节目的电视观众人数没有提高。克朗凯特设法让《晚间新闻》不再大量流失观众，但是佩利并不满足于这样的结果，哥伦比亚广播公司必须成为冠军。在绝大多数观众心目中克朗凯特就是"铁裤子"①或"太空先生"，为了获得成功，他必须成为"美国的主持"。这可是一项艰巨的任务。弗兰德里曾说："他很紧张。不，不只是紧张。我想沃尔特一直很恐惧。这很好。这很积极。"

就在克朗凯特出任《晚间新闻》主播的几个月后，肯塔基州路易斯维尔市WHAS-TV电视台的新闻总监威廉·斯莫成了哥伦比亚广播公司华盛顿特区分公司的

---

① 译注：实际上，克朗凯特被昵称为"老铁裤子"，因为他面对压力镇定自若。

新闻总监及经理，在他的身前有一大批人显然更能胜任这个颇具声望、激动人心的岗位。在前往华盛顿之前斯莫在纽约市逗留了几天，在这段艰难的日子里他同克朗凯特以及公司总部其他一些大人物渐渐熟悉了。自一开始他就与这些人相处得很不错，而且他还了解到克朗凯特的一个不为外人所知的习惯——对公司的新雇员他就像对待亲王一样礼遇有加。出于礼节需要，克朗凯特必须对公司的新人有所照顾，帮助他们大刀阔斧地穿过佩利先生怪异错综、遍布荆棘的地盘。这样一来，新人就会被拉拢到自己这一边。

整日同克朗凯特待在一起让斯莫误以为在哥伦比亚广播公司里所有人都温文尔雅。然而，当克朗凯特离开播音间去刮胡子的时候，态度生硬、叼着雪茄的休伊特便将斯莫一脚踢出了高科技播音间。忠于职守的斯莫便径直来到有着玻璃隔墙的监控室，远远地望着克朗凯特在中央火车站的哥伦比亚广播公司42号播音间里进行播音。倒计时开始了。通常这个僻静的"贮存罐"是作为免费区域留给《晚间新闻》企业赞助商的，但是这天晚上房间里只剩下斯莫和一位上了年纪的女士，那位女士在节目开播前几分钟的时候倒数起了时间。突然，休伊特带着一副大老板的架势走进了"防空洞"，指着坐在斯莫身旁的老太太，脱口而出道："这个老婊子是谁？"刹那间斯莫感到了莫大的屈辱。丢出这么一句惊人之语后休伊特便匆匆回到了监控室，然后坐了下来。原来那位老太太是主播的母亲海伦·克朗凯特，有时候她说起话来也很不中听。

"你真的要去负责华盛顿办事处啦？"海伦怀疑地问道。

"是的，夫人。"斯莫回答道。

"好吧。你会变得很有权势。"她说。

"应该吧。"他应声道。

"好吧。听着，每次介绍沃尔特的时候媒体总要提到我的年龄，弄得我好像完全不适合谈对象了似的。你千万别再让他们提起我的年龄了。行不行？"

斯莫感到自己好像走进了哥伦比亚广播公司深受观众喜爱的电视剧《贝弗利山人》的纽约版。当然，他纯属外人。后来提起这件事情时他曾说："其实海伦是个时髦的女人，她跟退休海军上将之类的人在约会。关于年龄为外界所知影响了她的恋爱生活的话她并没有开玩笑。"

在1962年10月出现古巴导弹危机期间哥伦比亚广播公司不停地宣传着克朗凯特对苏联问题无人能及的分析能力，将他塑造成在恐慌时期值得人们信赖的冷战专家主播。肯尼迪总统就苏联在古巴的导弹发射点的问题同苏联共产党中央委员会第一书记尼基塔·赫鲁晓夫斡旋了13天，"亨特利—布林克利"又连续13天在收视率上击败了克朗凯特。但是佩利没有解雇克朗凯特，相反，他决定冒一次险。在当年12月，萨伦特提议公司将《晚间新闻》扩版为半个小时（当时，所有的新闻节目均以广播新闻节目为范本，时长为15分钟）。

克朗凯特非常欣赏这个主意。在30分钟的时间里他可以为观众完整地讲述一则头版新闻，在必要时还可以外加一点社论，一些专题报道，并略微透露一点商业新闻，甚至加入一些体育消息。在1962年的时候大多数其他类型的电视节目都至少有半个小时的时长，因此萨伦特的这个建议似乎应该是顺理成章的事情。为了得到免费的宣传，哥伦比亚广播公司特意在7月4日美国国庆节这一天大张旗鼓地公布了新闻节目扩版的计划。《纽约先驱论坛报》的评论家约翰·霍恩曾在文章中写道："这档半小时的新闻节目是大众传播界的新发明，其意义仅次于平面媒体。"

对《晚间新闻》的扩版外界最主要的不满令人有些费解——真的有那么多新闻可以填满每天晚上半个小时的时间吗？毕竟电视新闻节目的作用顶多也只是提供标题新闻，为观众播送美联社和合众社的新闻摘要而已。萨伦特感到哥伦比亚广播公司在当年11月的总统中期选举期间深受好评的报道工作为节目的扩版创造了一点关键性的势头。鉴于此，佩利认为12月最适合向外宣布《晚间新闻》比肤浅的《亨特利—布林克利报道》更重要，也更需要延长节目时间。

有些人还记得在听到美国袭击珍珠港或盟军登陆的消息时自己身处何方，全国广播公司《亨特利—布林克利报道》节目的前任制片人鲁文·弗兰克则清楚地记得自己在哪里听到了《哥伦比亚广播公司晚间新闻》将扩版为半个小时的消息。正如他所说，当时他刚刚停好车，朝洛克菲勒中心的全国广播公司办公室走去，就在这这时他碰到了公司里的一位朋友。

"今天有什么打算吗？"他问我。

"待在办公室里，等着全国广播公司的总裁威廉·麦克安德鲁的电话。"

"怎么了？"

"今天的《时代》上都说了。"

"还没看呢。"

"哥伦比亚广播公司要把'克朗凯特'扩版成半小时。"

正如弗兰克所料，老板把他叫了过去。他们得赶上对手。急于同哥伦比亚广播公司分庭抗礼的"孔雀网"随即便宣布将《亨特利—布林克利报道》也扩版为30分钟。最终，美国广播公司也在1967年赶上了这股大潮。按照计划，各档节目都将在

1963年的夏末做出变更，各栏目的编制也得到了扩充。这次节目扩版恰逢其时，刚好赶上了越南战争、水星计划、民权运动和反战运动。经典的《制造总统》系列丛书的作者西奥多·怀特曾恰当地指出哥伦比亚广播公司此次节目扩版给美国的政治进程"带来了一场剧变"。

除去插播的广告，《晚间新闻》实际上只有22分钟的新闻内容。罗伯特·皮尔伯因特（白宫）、乔治·赫尔曼（国务院）、罗杰·马德（国会山）和查尔斯·范·弗莱默（五角大楼）等一批杰出的记者同时用来自通讯社的稿件和各自的调查研究将自己武装了起来。萨伦特上任之初就做出了一项决定，在每天晚上的节目中拨出两分钟的时间让睿智的塞瓦赖德进行所谓的"实况报道"。克朗凯特认为这种安排会给节目造成损害，他可不愿意将宝贵的两分钟时间让给跟默罗一样自命不凡的塞瓦赖德，可是在这个问题上他没有发言权。哥伦比亚广播公司安排此前一直在主持新闻节目《征服》的塞瓦赖德在新闻事发现场进行报道，甚至在节目结束时在电视屏幕上打出他的签名图像，在屏幕上那个签名看起来比约翰·汉考克在《独立宣言》上的签名还要大。

在1963年的前六个月里，哥伦比亚广播公司上上下下都为即将在当年劳动节（美国的劳动节定于每年9月的第一个星期一）开始的30分钟的扩版试验感到兴奋难耐。休伊特不惜让佩利大肆破费，吩咐克朗凯特提前录制了一批30分钟的节目，用这些不准备播出的节目为当年秋天的正式首播做着演练。索科洛曾回忆说："休伊特想消除一切潜在问题。在夏天哈里·瑞森纳一直在做15分钟的新闻实况报道，与此同时克朗凯特则在忙于30分钟的试探性练习。"这种"练习"耗资不菲，但是佩利依然为这些暗中进行的播音工作亮起了绿灯。克朗凯特的新任撰稿人朗·伯恩曾说过在哥伦比亚广播公司的这档节目只有15分钟长的时候，撰稿人"都只是从角落里嗡嗡作响的电传打字机上扯下六家通讯社发来的新闻稿，把新闻稿改写成适合播音的朗读稿，然后（把朗读稿）交给爱德华兹就行了"。现在，负责节目的人变成了克朗凯特，节目也被延长为30分钟，哥伦比亚广播公司将"传播"新闻的工作方式也变成了"采集"新闻。

1963年8月举行的"为了工作和自由：向华盛顿进军"大游行是声援非洲裔美国公民的大型政治集会，在克朗凯特看来这场游行振奋人心。当年春天凭借着在哥伦比亚广播公司晚间节目中的出色表现而荣获了皮博迪大奖的他希望对此次游行的报道能够让自己再度荣誉加身。克朗凯特在一生中从未后悔过将马丁·路德·金博士称为20世纪最伟大的演说家之一。大批记者蜂拥赶去华盛顿特区的国家广场，去记录以金博士为核心的这场盛事，而哥伦比亚广播公司负责夏季特别事件报道的头号主播是瑞森纳。8月28日，星期三，就在金博士那场著名的鸿篇演说开始的前夜，克朗凯特主持了一期时长为1个小时的《哥伦比亚广播公司新闻网特别报道》，节目展示了非洲裔美国公民为争取自由所做的斗争。这场游行后来被称为"工作和自由"大游行，哥伦比亚广播公司受到了命运女神的眷顾，受命负责协调新闻媒体对这场游行的联合报道。

三大新闻公司都计划在8月29日这一天拨出4个小时的节目时间对游行进行实况报道，但是只有哥伦比亚广播公司一直坚持到了活动的最高潮（包括金博士令人崇敬的演讲"我有一个梦想"）。切萨皮克和波托马克电话公司提供了将近30台电视转播车，以供哥伦比亚广播公司向世界各地转播这场盛大的活动。在当天晚上的节目中克朗凯特说道："他们将这场活动称为'为了工作和自由向华盛顿进军'。他们来自美国各地，有黑人，也有白人；有家庭主妇，也有好莱坞明星；有国会议员，也有一些'垮掉的一代'；有神职人员，或许也有一些共产主义者。这天上午20多万民众来到华盛顿，将人们在这个具有历史意义的春天和夏天里为争取平等权利而开展的斗争推向了顶点。"

这一年的8月，马丁·路德·金成了各个电视新闻节目争抢的焦点人物，然而休伊特与克朗凯特却将目光集中在肯尼迪总统的身上。哥伦比亚广播公司同白宫达成协议，让克朗凯特在9月2日（劳动节）30分钟版的《晚间新闻》首播节目中对肯尼迪进行专访。采访地点就在肯尼迪家族坐落在海尼斯港的夏日度假别墅里。由于这次专访克朗凯特对这位总统满怀感激之情，他甚至没有注意到很有可能白宫也是在利用他向民众散布针对越南问题的一项新政策。休伊特同肯尼迪的新闻秘书皮埃尔·塞林格商定把独家专访权交给克朗凯特，这样一来哥伦比亚广播公司在向民众展示国家在越南前线和腹地的活动的同时也让自己受益。

并非公司里的所有人都认为克朗凯特此行前去科德角是明智的选择。白宫记者团认为克朗凯特不是一个客观的记者，他和肯尼迪有所勾结。提到往事时克朗凯特曾说："当我驱车赶到白宫记者团驻扎的汽车旅馆时，我们的那位老记者就坐在台阶上。他对我这位主播肆无忌惮，摆出一脸的不敬，将我破口大骂了一顿。"

皮尔伯因特这位来自南加利福尼亚的记者自1951年起便以"默罗小子"的身份效力于哥伦比亚广播公司，他一脸铁青地坐在那里。对于这种反应他有着充分的理由。美联社在报道中含蓄地指出肯尼迪总统实际上是在利用克朗凯特的节目发布对越南的政策声明。为了引起评论界对新版节目的注意，在公众中大造声势，克朗凯特也基本默认了肯尼迪总统对《晚间新闻》的摆布。但是，皮尔伯因特还有另外一个不满的理由，那就是克朗凯特的霸道。

"听着，看起来你想要搞到大新闻的话，就只需要跟你那群白宫的朋友吭一声就行了。"皮尔伯因特怒气冲冲地说道。

"什么大新闻？"克朗凯特真的感到有些迷惑。

"总统要在你明晚的节目里发表一项有关越南的重要声明。美联社的新闻全在说这件事儿。"

皮尔伯因特的长篇大论并没有动摇克朗凯特。白宫记者团都在传言他已经提前把采访中将要问到的问题透露给了肯尼迪，这种做法不仅让克朗凯特看起来好像是受白宫愚弄的糊涂蛋，而且还同哥伦比亚广播公司的基本原则相违背。提到往事时皮尔伯因特曾说："我对这种霸道的做法——就是克朗凯特这样的主播插手我的管区——真是有些受够了。换作默罗的话，他绝对不会像克朗凯特这么干。去朝鲜探望我的时候埃德（默罗）曾对我说：'今天晚上你来替我播音，你比我更了解这里的政治、地形和朝鲜人。'这充分表明埃德尊重我的工作。所以说，没错，我就是很讨厌沃尔特跑来海尼斯，来插手我的管区。当时我被气坏了。"

听到自己成了肯尼迪的发言通道的说法，对皮尔伯因特有些抵触的克朗凯特感到十分心痛，他怀疑是塞林格在暗中误导美联社的报道。在海尼斯的一间酒吧里见到原本以朋友相待的塞林格时，克朗凯特满怀报复心地将对方谩骂了一番，一边还用食指戳在对方的胸口上，说自己的新闻操守被他的大嘴巴破坏了。恼羞成怒的他还威胁对方说："我向你保证，明天跟总统谈话时我绝对不会提起越南的事情。我决不会提起这件事儿！"

"沃尔特，你会后悔的。"塞林格说。

9月2日，一来到肯尼迪的住处，仍旧对塞林格心怀不满的克朗凯特就看清楚了形势。他发现真正的问题在于总统全面控制了这次访谈，他尽情地谈论着有关越南的话题。于是克朗凯特巧妙地做出了一点调整，他要在采访即将结束的时候就越南问题向肯尼迪发问，好让塞林格不得安生。克朗凯特与总统在草坪上的扶手椅上坐了下来，等待着哥伦比亚广播公司的摄像师们架设好设备，趁着这点空隙克朗凯特和总统聊起了纽波特港和马萨葡萄园岛，他告诉对方《目击者》节目对美洲杯帆船赛的报道让他变成了一个游艇迷。接着便开始正式录像了。克朗凯特先是和肯尼迪探讨一番民权问题对1964年大选的影响、失业问题，以及禁止核试验条约等话题，当采访进行到10分钟的时候他突然将话题转向了越南的问题。"那是他们的战争，输赢都是他们自己的事情。我们可以为他们提供帮助，我们可以给他们提供设备，我们可以把我们的人派去为他们出谋划策……但是，归根结底，要想赢得这场斗争他们必须依靠自己的人民和政府。我们能做的就只是提供帮助。"

哥伦比亚广播公司对肯尼迪的采访持续了30分钟，但是在晚上6∶30播出的时候被缩减为12分钟。在白宫看来这是一个严重的问题。塞林格言辞激烈地对哥伦比亚广播公司抱怨说克朗凯特和休伊特对采访录像的剪辑让肯尼迪显得过于偏向温和派，实际上他本人的立场没有这么温和。事实上，这场轰动一时的采访表明肯尼迪政府正在将美国的政策同"越南共和国总统"吴庭艳（也写作吴廷琰）拉开距离。

吴庭艳在当年的11月2日遭到了暗杀，因此在接受克朗凯特采访时肯尼迪就已经将其抛弃的说法就具有了可信度。塞林格在后来出版的《与肯尼迪在一起》一书中对哥伦比亚广播公司新闻网"有失偏颇的扭曲"进行了谴责。克朗凯特不得不承认在编辑过程中的确删减了肯尼迪的原话，"我对总统（吴庭艳）的行为表示钦佩。"但是，他指出为了避免让外界认为肯尼迪的"新边疆"施政方针在吴庭艳遭暗杀事件上难辞其咎，塞林格对在海尼斯港发生的事情有所夸张。"我猜想塞林格是在先发制人地准备一套应对的说辞，以免有朝一日美国在反吴政变中扮演的角色得到曝光——历史向来如此。"

除了这场在私底下同塞林格发生的争执和编辑问题之外，以各种标准衡量克朗凯特主持的首期30分钟版《哥伦比亚广播公司晚间新闻》都是收视大赢家（由于初战告捷，哥伦比亚广播公司结束了《目击者》节目，以便将更多的人力物力投入到克朗凯特的节目）。专题报道就像精美杂志中的文章一样有条不紊地铺展开：对肯尼迪总统的专访、对发生在路易斯安那州的种族暴力事件的报道、随亨利·卡伯特·洛奇（时任"美国驻越南共和国大使"）巡游西贡，甚至还有一期专门报道了日本某剧团排演的音乐剧《窈窕淑女》。然而，30分钟版新闻节目带给众人的兴奋昙花一现，媒体批评家们都失望地看到哥伦比亚广播公司和全国广播公司很快就没有了新想法，不过这种局面并不令人感到意外。经过最初的几个星期之后，这种新闻节目看起来在本质上已经和原先的15分钟版新闻节目没有多少区别了。不过，对于20世纪60年代接下来的几年和更长远的未来而言，扩版后的新闻节目完全符合时代发展节奏与社会结构变化的需要。由于扩版，人权问题和越南问题在节目里得到了更长时间的曝光。

除了对肯尼迪的专访和一套铬合金新闻编辑设备，克朗凯特那句最终成为半小时节目的标志性结束语的话也被公司拿来大肆宣传了一番。洛厄尔·托马斯有"明天见"，爱德华·默罗有"晚安，祝您好运"，克朗凯特认为自己也应该拥有一句品牌性的专用语。30分钟的《哥伦比亚广播公司晚间新闻》在节目末尾都要播出被克朗凯特称为"命运使然"的栏目，节目内容既有可能像癌症患者的死亡一样可悲，也有可能如春天里的野花那样令人喜悦。无论怎样，克朗凯特都需要一句结束语，而且这句话要随着抑扬顿挫的不同而适应上述两种情况。经过一番冥思苦想之后他终于想出了"事实就是如此"这句话。默罗曾在"二战"期间乘坐C-47运输机参加了轰炸德国的军事行动，在这次著名的飞行行动中他说出了"事实仍旧如此"，而克朗凯特想出来的结束语正是改编自默罗的原话。

在公司有史以来第一个30分钟新闻节目中克朗凯特用这种煽情的话作为结束语，而且这句话还来自长盛不衰的默罗主义，萨伦特火冒三丈。他立即拨通了克朗凯特的电话，告诉他这句结束语太可笑了。在缺乏想象力的萨伦特看来，这句话就像是克朗凯特在吹嘘哥伦比亚广播公司新闻网的报道从不出错一样，而事实上他们每周都会出错。第二天上班后萨伦特将克朗凯特拽到一旁，指示他重新琢磨一个更恰当的结束语。然而，命运使然，批评家们却非常欣赏"事实就是如此"这句话。哥伦比亚广播公司的总机接二连三接到电话，对方都表示了对这句话的认可。不到48个小时萨伦特便意识到自己成了孤家寡人，克朗凯特胜利了。正如克朗凯特后来在接受美国电视档案馆采访时所说的那样，他在晚间说的这句口头禅"立即得到了广泛的接受"。

第十七章

肯尼迪遇刺

《新闻周刊》之星——来自达拉斯的电话报道——国际合众社的梅
里曼·史密斯——火速报道恐怖事件——保持冷静——国家牧师——铁
裤子——用自己的冷静为事态降温——葬礼之后——千载难逢的播音表
演——努力揭秘总统之死——支持沃伦委员会——或许的确是阴谋——仍
旧位居第二

　　1963年11月22日，刚过中午1点，沃尔特·克朗凯特坐在哥伦比亚广播公司的
新闻编辑室里吃着低热量的乡村奶酪和菠萝沙拉，这种饭他永远吃不够，贝特西也
一直为他准备着这样的午餐。每逢星期五绝大多数同事都欣欣然地按照"周五曼哈
顿"惯例，找一家高档餐馆享用一顿白领午餐，结束一周乏味的新闻工作。克朗凯
特脱了外套，松开领带，读着从欧洲和东南亚发来的新闻快件。休伊特则在办公
楼里四处游荡着，为晚上6：30的节目寻找着素材。在克朗凯特办公桌的正对面，
《晚间新闻》的编辑，曾经供职于《纽约先驱论坛报》的老记者小爱德华·比利斯
正守在电传打字机跟前，匆匆地浏览着有关肯尼迪总统在得克萨斯州沃斯堡市的早
餐讲话的报道。按照计划，接下来肯尼迪要乘坐总统专机"空军一号"前往附近的
达拉斯市，随后一列车队会把他送到市中心的商贸中心，在那里他将就国际事务做
一次讲话。
　　克朗凯特的办公桌上堆着一大摞最新几期的《新闻周刊》，其中一期的封面上
印着他的侧面相照片，照片展现出作为一名记者的他所拥有的精明练达和从各方面
看都无可挑剔的文雅派头。当联邦通信委员会的主席牛顿·米诺在1961年宣称电视
业就是一片"广袤的荒原"时，他显然没有想到将在46岁时成为《新闻周刊》封面
明星的这位大记者。用《新闻周刊》的话来说，克朗凯特拥有一副"金嗓子"，而

他这副嗓子在这一年剩下的时间里所承担的重负将与日俱增。美国民众向来喜欢支持弱者。克朗凯特刚好处在一个理想的位置上，成了全美169家电视台晚餐时段的主打节目，与此同时有183家电视台播出的是"亨特利—布林克利"。《新闻周刊》为封面图片配发的标题是"电视业的新战斗"（暗指哥伦比亚广播公司同全国广播公司为收视率展开的激烈争斗）。面对在收视率上压倒对手《亨特利—布林克利报道》（后来克朗凯特称其为"亨—布"）的战争，哥伦比亚广播公司新闻网表现得镇定自若。有人曾提到克朗凯特当时说过这样一句话，"见鬼，没错，这就是一场战斗。我不觉得以一敌二会让自己处于劣势。要是他们愿意的话，尽管放过来四个人吧。我一直在应付两个人，四个人对我来说也没问题。"

这个星期五的下午，位于M大街上的华盛顿办事处风平浪静。比尔·斯莫安排公司专管白宫报道的记者皮尔伯因特在11月21—23日跟随肯尼迪巡视得克萨斯的四个城市：休斯敦、圣安东尼奥、沃斯堡和达拉斯。几天前肯尼迪匆匆走访了佛罗里达，一天之内就走遍了迈阿密、棕榈滩、坦帕和卡纳维拉尔角。哥伦比亚广播公司南方办事处（以新奥尔良的WWL电视台为总部）的卢·伍德发现自己完全无法跟上总统在"空军一号"上上下下的节奏，鉴于自己在佛罗里达手手忙脚乱的经历，他向比利斯推荐了3名记者跟随总统出巡得克萨斯，丹·拉瑟、纳尔逊·本顿和他自己，对方接受了他的建议。后来随行记者中又增加了一名来自芝加哥的记者。在提到这件事情的时候伍德曾说过："我们做好了打一场大仗的准备。"

有了拉瑟、皮尔伯因特、本顿和伍德从得克萨斯发回报道，哥伦比亚广播公司新闻网对总统这场旋风式的巡视进行了充分的报道，同其他广播公司的联合报道更是为哥伦比亚广播公司锦上添花。伍德被派去报道肯尼迪为得克萨斯州一位参议员在休斯敦的莱斯酒店举办的筹款晚宴，随后"空军一号"匆匆将总统送到了沃斯堡.为了赶上总统的脚步，伍德一行又驱车在大草原上飞奔了250英里。11月22日上午，在沃斯堡的得克萨斯星星酒店伍德终于见到了肯尼迪。当时总统正在同崇拜者们握手，他的妻子杰基在他们下榻的套房里打扮自己。在那个超大面积的套房里，5个房间的墙上挂着毕加索和莫奈的真迹。伍德随即又跟随肯尼迪前往附近的卡斯威尔空军基地，在那里总统接见了一批对总统的到访心怀感激的军人家庭，然后总统一行又飞往了达拉斯的爱田民用机场。后来伍德曾说："肯尼迪先要在车队的护送下穿过达拉斯，然后在商贸中心做一场演讲。为了之后的报道任务我们又驱车返回了爱田机场。之前丹·拉瑟在市中心报道了总统车队的情况，结束报道后他留在了哥伦比亚广播公司在达拉斯的下属机构KRLD电视台，继续注意着活动的动向。"

到了这会儿伍德终于有了片刻的闲暇，他带着同事们在爱田机场的华美达餐厅享用午餐。距离肯尼迪结束在商贸中心的讲话应该还有一会儿时间，他们何不顺路去吃一个汉堡呢？忙里偷闲的伍德决定前去看望一下被派驻KRLD电视台的拉瑟。对于电视报道队伍（及其他所有参与者）而言报道总统车队是一项艰巨的任务。成千上万人盯着肯尼迪夫妇，人群中充满了欢呼声和质疑声，不时还会有人嘘嘘地喝着倒彩。拉瑟与伍德唯恐哥伦比亚广播公司无法捕捉到最好的镜头，让全国广播公司或美国广播公司占了上风。他们两个人充满了斗志。

伍德和拉瑟聊着得克萨斯星星酒店、卡斯威尔空军基地和爱田机场的事情，突然有人打断了他们。"等一等，卢，别挂电话。"拉瑟说。一两分钟后拉瑟回来了，他告诉对方："总统中枪了……你赶紧去帕克兰纪念医院！"挂断电话后伍德便立即冲进华美达餐厅，冲其他几位记者喊了一声"赶紧"，哥伦比亚广播公司新闻网的摄像师温德尔·霍夫曼一味地缠着伍德，非要问出个究竟。伍德小声告诉他肯尼迪在前往商贸中心的途中中枪了。

"什么？总统中枪了？"有着堪萨斯乡下人一样的大嗓门的霍夫曼脱口而出。

华美达餐厅里的所有人都听到了霍夫曼响亮地质问对方。一名服务员把手里端着的菜掉在了地上，一位女士倒抽了一口凉气。有传言称特勤局此前将总统的座驾——1961年产的林肯"大陆"四开门敞篷车——上的透明防弹罩拆除了，这样一来肯尼迪就能尽情享受好天气，还能在前往达拉斯市中心的十里路上同欢迎的人群亲密接触，但是面对子弹这辆车就毫无半点招架的能力。提到往事时皮尔伯因特曾说："当时我们都觉得现场会出现一些好镜头让沃尔特对肯尼迪这场热烈而虚伪的欢迎会好好报道一番。我想我们很有希望在那个周五的新闻节目战中取得领先地位。"

全国广播公司也派出了罗伯特·麦克尼尔报道总统的此次寻访，这位年轻的记者就坐在总统车队中的一辆大巴上。美国广播公司的鲍勃·克拉克，还有和他十分合得来的国际合众社记者梅里曼·史密斯，以及他在美联社的死敌杰克·贝尔同乘一辆车，跟在肯尼迪的身后，他们的车同总统的座驾之间只相隔四辆轿车。51岁的史密斯是国际合众社驻华盛顿的首席记者，在"二战"结束后克朗凯特曾一度觊觎过这个职位。克拉克与贝尔坐在那辆豪华驾车的后座上，"史密提"——克朗凯特对他的昵称——坐在前座上。为了答谢这些新闻机构使用电话业务而为公司带来的巨额业务量，美国电话电报公司向他们无偿提供了这辆轿车。作为美国电话电报公司的所有物，轿车前座上安装了一部车载电话。正是通过这部热线电话全世界得知了肯尼迪总统中枪的消息。

大约在当地时间12：30（美国东部时间下午1：30）的时候，身处总统车队中，在华氏76度的高温下汗流浃背的几位记者听到喧闹的队伍中爆发出几声巨大而尖锐的爆裂声。他们在达拉斯市中心穿来穿去，打算在榆树大街的迪利广场调转方向。他们无法看到车队前部究竟发生了什么事情，不过史密斯爱好收集枪支，他听出了手动枪械三连发的声音。同车其他几位记者都在说应该是警用摩托车回火了，但是史密斯毫不理会他们的猜测，立即抓起车上的电话，拨通了国际合众社在当地分社的电话。这时，在达拉斯的所有记者出于本能都行动了起来，面对接踵而来的混乱局面和满天飞的假消息他们必须具备敏锐的直觉。事实上，有人从得克萨斯州教科书仓库那座红砖大楼的楼上开了三枪。人群变得惶恐不安，总统车队加快了行进的速度，飞驰向斯戴蒙斯高速路，赶往帕克兰纪念医院。特勤局的一名特工一个健步跳上了总统座驾的后座上，以防已经爬出了后座的第一夫人继续爬到轿车的行李箱盖上。

史密斯听到的枪弹声千真万确。第一枪没有打中目标；第二枪打在了总统肩膀上，然后从他的喉咙穿了出去，这一枪并不致命；第三枪，也是最后一枪则钻进了肯尼迪的右耳，致使他的脑组织和头骨爆裂。与总统同乘一辆车，就坐在第一夫人身旁的得克萨斯州州长约翰·康纳利也左胸中枪。第一夫人杰奎琳·肯尼迪尖叫了起来："天哪！他们杀了杰克……他们杀了我丈夫，杰克，杰克！"

下午1：34，哥伦比亚广播公司在纽约的新闻编辑室里，默罗曾经的撰稿人兼编辑，从俄亥俄州的《比塞洛斯电讯论坛报》开始了记者生涯的比利斯匆匆浏览着各大通讯社通过电传机发来的稿件，就在这时专门接受国际合众社来稿的电传机响了五声。平日里一声铃声就足以引起编辑的注意，而连续五声则意味着"紧急稿件"，除此以外就是有一个连续响15下铃声的"闪烁"摁钮表示更紧急的稿件了。比利斯仔细读着自动收报机打印出来的"简讯"。

　　　　国际合众社，达拉斯A7N路
　　　　肯尼迪总统
　　　　达拉斯，11月22日（国际合众社）——今日在达拉斯市中心肯尼迪总统的车队中了三枪。
　　　　中部标准时间12：34。

217

国际合众社纽约分社立即禁止其他分社报道此事，并发出了极其不寻常的指示："达，归你，纽"（"达拉斯，此时归你了。纽约"）。一听到电传打字机的铃声克朗凯特就冲到了机器跟前。他与比利斯一起读着史密斯发来的令人费解的急稿，心里仍旧半信半疑。有那么两三秒他惊恐得有些麻木了。"达拉斯发生枪击事件了！"他不容置疑地冲着编辑室嚷嚷道。电传打字机再也没有动静了。枪击案究竟是不是真的？哥伦比亚广播公司新闻网立即向得克萨斯方面打探进一步的消息，与此同时公司上上下下陷入了狂乱中。当枪击事件的消息传过来后，守在KRLD电视台的拉瑟立即冲到了迪利广场。东部时间下午1：36，全国广播公司的电台报道了肯尼迪遭到枪击的新闻。拉瑟试图搞清楚详细情况。尽管多年来拉瑟对这件事情的描述一直不断改变着，其目的无非是拉近自己同枪击事件的距离，不过卢·伍德曾郑重其事地说过当时拉瑟其实一直躲在KRLD电视台里。

达拉斯惨剧自然而然地发展下去的时候，各家新闻机构之间的竞争并没有因此而缓和。相反，竞争更加激烈了。拉瑟这位土生土长于得克萨斯州的记者想要独揽这条新闻，他立即叫人从私人手中寻找现场录像，欢迎总统的人群中肯定不乏想要用家用摄像机记录下总统来访的人，或许就有人拍摄下了枪击发生的瞬间。远在纽约的萨伦特立即组织了一支特别小组，负责尽快查明这起案件的真相。美国电话电报公司提供的"公车"驶离了总统车队的行车路线，急匆匆地赶往了帕克兰纪念医院。资深的白宫记者，深受艾森豪威尔偏爱的国际合众社的史密斯知道这条新闻才刚刚拉开序幕，他一直牢牢地抓着车上的那部电话。贝尔要求史密斯交出电话，好让他向美联社发稿，史密斯嘟嘟嚷嚷地说信号不好。贝尔明白这完全是假话。轿车正以70英里的时速（或许还要更快）飞驰过达拉斯的大街小巷，贝尔抢起两只拳头砸在了史密斯的身上，他打定主意要将该死的电话抢到手。当轿车抵达医院后，已经向国际合众社达拉斯分社交了稿的史密斯终于把电话丢给了对手，然后便跳下了车，冲进了医院。

肯尼迪遇刺这一事件实际上包含了两条重大新闻：首先枪击案本身，其次则是更为严重的问题——美国总统是否受到了围攻。仍旧在努力甩掉对手贝尔的史密斯在医院里和特勤局的一名特工谈了谈，对方告诉他总统已经身亡。史密斯决定在没有得到进一步核实的情况下暂时先不发出这条消息。在医院的职工透露出更多的消息后，史密斯终于给办公室又发去了一份急稿。事态逐步清晰起来，总统应该已经死去了。史密斯抱着电话磕磕巴巴地发出了一条独家新闻。下午1：39，纽约，哥伦比亚广播公司的电传机响了15下。

肯尼迪遇刺，身负重伤，或许是重伤，或许是致命伤

中部标准时间12：39

　　国际合众社的一名记者（史密斯）将这条消息发给了一位原先在合众社工作过的老记者（克朗凯特）。然后合众社的铃声响遍了全世界。哥伦比亚广播公司的主任编辑兼主播克朗凯特读着史密斯发来的稿件，随即便一个箭步扑了过去，高声喊叫了起来："开始播音。"他依然是一副泰然自若、不为所动的样子。当时新闻网正在播放当红的肥皂剧《随世界转动》。克朗凯特原本就待在主播音间，也就是公司的新闻编辑室，但是摄像机需要10或15分钟才能做好热身准备。播音间的灯还没有"热"起来，克朗凯特不甘心被延迟的灯光拖了后腿，他冲进了电视播音间隔壁的一间空无一人的广播播音间。休伊特拨通了新闻网控制中心的电话，在正在播出的节目里安排了一小段时间。《随世界转动》正播到全家人在感恩节聚餐的片断，就在这时洋溢着浓浓爱意的肥皂剧被换成了一张通用的图像幻灯片。"哥伦比亚广播公司新闻网简讯"，克朗凯特特意压低了嗓音。东部时间下午1：40的时候，哥伦比亚广播公司的电台播音间传出了他那清晰的声音，观众们听到他在说"我们中断了现在正在播出的节目"，但是屏幕上只闪现出哥伦比亚广播公司的"眼睛"标志：

　　　　现在播出哥伦比亚广播公司新闻网的一条简讯。在得克萨斯州达拉斯市的市中心有人向肯尼迪总统的车队开了三枪。最早的报道称由于此次枪击事件肯尼迪总统身负重伤。

　　经过片刻的无声之后哥伦比亚广播公司又恢复了《随世界转动》的播出，这时刚好到了雀巢咖啡的广告时间。克朗凯特靠着国际合众社的报道击败了全国广播公司，在报道达拉斯事件时他比对手提早了将近一分钟的时间。他缓慢而果断地宣布着这个消息，对史密斯于东部时间下午1：39发出的简讯做着补充，就在这时候一位工作人员悄悄地走进了播音间，将通讯社发来的另一篇稿件递给了他。他飞快地扫了一眼稿件，说："我们刚刚收到更详细的消息。"他的语气虽然坚定，但是听上去很沮丧，显然刚刚得到的消息令他感到不安。"进一步的消息同此前的消息大致一样：肯尼迪总统今天在车队离开达拉斯市中心的时候中枪了。肯尼迪夫人从车上跳了起来，一把抓住肯尼迪先生。她喊道：'噢，噢！'车队继续加速前进。"克朗

凯特又拿起了史密斯的报道。"合众社称肯尼迪总统……大概……受了致命伤。再播送一遍。现在播出哥伦比亚广播公司新闻网的一条简讯：肯尼迪总统在得克萨斯州达拉斯市被人开枪击中，此人有可能有意刺杀总统。敬请期待哥伦比亚广播公司新闻网为您带来进一步的情况。"

克朗凯特最显著的特点就是强烈的竞争意识。多年后他曾脸不红心不跳地吹嘘说在肯尼迪总统遇刺事件中哥伦比亚广播公司战胜了全国广播公司和美国广播公司，得到了独家新闻。倘若这是出自其他人的文章，那么这句话就会让人觉得作者将自己的快乐建立在别人的痛苦之上（在自己的回忆录中他骄傲地写道："我们的播音比全国广播公司提前了将近一分钟。"）。如果缺乏对电视新闻业的认识，就会认为这样的声明有些麻木不仁。但是在电视新闻的世界里，尤其是面对肯尼迪遇刺这样的历史性爆炸新闻时，异常激烈的竞争是最现实的问题。在美国的新闻界，争当第一、确保准确性，始终都能赢得批评界的赞誉，在未来的岁月里你就永远拥有了这条新闻。史密斯击败了贝尔，因为他幸运地坐在了"公车"上的车载电话旁。也是这位史密斯首先在新闻急稿中使用了"草丘"这种说法，每当美国人提及肯尼迪遇刺事件时都无法避开这个词。①

重新播放肥皂剧大约10分钟后哥伦比亚广播公司开始频繁打断《随世界转动》，插播有关肯尼迪总统与得克萨斯州州长康纳利的最新消息。负责播发消息的都是克朗凯特，到了这时，每分钟都会有工作人员将最新来稿交给克朗凯特。当危机愈演愈烈之时KRLD电视台的新闻总监埃迪·巴克尔和帕克兰纪念医院的一名医生进行了直接交谈，完成了最出色的报道，向外界透露了真实情况。两位神父来到了医院之类大量不祥的消息不断从达拉斯传向纽约。趁着电视上插播"喜跃"狗粮的功夫克朗凯特在公司的电台播音间里将达拉斯方面一点一滴的消息拼凑成了一幅完整的图像，在播完这条广告之后一连几个小时的时间里哥伦比亚广播公司都没有再插播过任何一条广告。电视上重新开始播放节目后克朗凯特又拿起了麦克风，从这一刻起，在接下来的5个小时里他成了哥伦比亚广播公司新闻网的化身。佩利也亲自上阵，对播音工作进行监督，他下令不准播出常规节目，这个决定显然令克朗凯特十分开心。后者曾明确表示："由于巴克尔和拉瑟，我们的报道自始至终一直

---

① 译注：当肯尼迪遇刺后特勤人员冲向迪利广场上一片被称为"草丘"的地方，因为他们以为其中一枪就来自那里。包括2名特勤局特工在内的40位目击者也声称自己看到或听到子弹就是从那里射出的。后来这个词被用来指某种猜测、阴谋或对罪行的掩盖。

居于领先地位。"

　　或许是因为自己在20世纪30年代曾在合众社达拉斯分社待过一阵子，克朗凯特想当然地认为应该在播音过程中提一提达拉斯市中心的基础设施网络，因为他对当地的公交线路很熟悉。达拉斯惨剧的出现毫无先兆，11月22日这一天对肯尼迪遇刺事件的报道完全有别于克朗凯特、休伊特，甚至是比利斯之前做过的任何一次重大事件报道。1.75亿遭受精神创伤的美国人纷纷将电视调到三大广播公司的频道，关注着最新消息。观众人数达到了空前的数量。哥伦比亚广播公司连续进行了55个小时的实况报道（克朗凯特承担了其中的大部分工作），美国广播公司电视台播出了60个小时的报道，全国广播公司电视台的播出时间则长达71小时36分钟。

　　就像没有安全网的空中飞人高手一样，在11月22日这一天克朗凯特完全依靠自己，运用自己的智慧主持着节目。他可以轻轻松松地将三项或者更多的工作不露痕迹地合并在一起，他还有着同观众分享知识的好为人师的热情。正如任何一位应急人员一样，每当危机发生的时候他就会说"肾上腺素涌动了起来"，专业人士"总有活要干，那么这个活就由你来干"。他是一个多面手，在那个星期五的播音中他让混乱的局面恢复了秩序。他是编辑，也是制片，同时还是播音员。哥伦比亚广播公司的观众听到的不是一连串零散的新闻快报，而是对一起戏剧性事件所做的完整、清晰、连续的实况报道。克朗凯特在同观众交流，现在他们也成了目击者。当然，他们只是间接的目击者，但是他们也见证了这个具有划时代意义的历史事件。后来克朗凯特曾提到这段往事："后来我们得到了更多的详细情况，我脑袋里的信息越来越多。我甚至都不记得其间是否出现过失误。"

　　无可否认，克朗凯特得到了在达拉斯、纽约和华盛顿各地的忠诚的得力助手们的帮助。哥伦比亚广播公司拥有当时最大的电视机构，但是在肯尼迪遇刺事件中克朗凯特天生的沟通能力才是决定成败的关键因素。一开始，就连为了恰当的措辞克朗凯特都要费一番工夫，就好像他小心翼翼地穿行在一片荆棘丛中似的。但是没过多久他就创造性地调整了播音时的腔调，接连数日一直让自己的播音保持着沉痛的气氛。这场颇具超现实色彩的怪诞而丑陋的达拉斯大混乱成就了他职业生涯中的一场最佳演出。在这次波澜壮阔的播音过程中他始终没有穿上过外套，全程只穿着衬衣，在保持镇定的同时又恰到好处地流露出自己的真情实感。他并没有抢走新闻事件的风头，但依然给观众留下了难以忘怀的印象。索科洛曾说："沃尔特热切地关注着一切。他爱极了达拉斯事件带来的刺激。不要误解我的意思，他并不喜欢总统中枪这件事儿，但是他非常喜欢在编辑室里当一个手忙脚乱的万能'球员'。"

在肯尼迪遇刺之后那段令人备受煎熬的日子里，电视界没有任何一个人能像克朗凯特那样依然字正腔圆地进行着播音。为全国广播公司在纽约的电视台WNBC播报达拉斯新闻的是比尔·瑞安，很快亨特利与弗兰克·麦吉也加入播音阵容，后者是全国广播公司负责现场报道的一线记者（包括对太空项目的报道）。美国广播公司一开始安排了前总统艾森豪威尔的新闻秘书吉姆·哈格蒂负责报道此事，后来由公司的正式主播朗·柯克伦和记者埃德·西尔夫曼将其取而代之。霍华德·史密斯搭乘喷气式飞机从欧洲回到美国，飞机刚一在纽约落地他就成了美国广播公司负责此次报道的骨干。只要一接到有关枪击事件的进一步情况三大新闻网就立即向外界播发新闻，但是最重要的新闻都是有关肯尼迪的。他究竟是生是死？哥伦比亚广播公司新闻网的皮尔伯因特在帕克兰纪念医院给KRLD电视台的巴克尔打了一个电话，后者曾跟一位确定肯尼迪已经死亡的医生交谈过。巴克尔于东部时间下午1：18分通过KRLD电视台率先宣布了总统已经身亡的消息，后来他曾为在播音中没有提到杰基的粉色香奈尔套装浸满鲜血这一细节表示遗憾。"当时我太震惊了。"他说。有几个人出于好意建议杰基把衣服换掉，可是她说："不。让那些人看看他们都干了些什么。"

哥伦比亚广播电台播出了巴克尔在KRLD电视台所做的报道，向全国人民正式宣布了总统的死讯，但是哥伦比亚广播公司的电视网没有如法炮制。克朗凯特劝大家保持谨慎，当听到公司的电台播出肯尼迪身亡的消息时他感到一阵"恐惧"。倘若肯尼迪没有死，那将如何是好？倘若巴克尔播发的是从达拉斯的某位医生那里搞来的垃圾新闻，那又将如何是好？

在美国中部时间下午12：40，梅里曼·史密斯通过国际合众社发出了一条新闻，在稿件中他引述了一名特勤局特工的原话，证实了总统已经逝世的消息。当KRLD电视台在向哥伦比亚广播公司输送新闻的时候，电视台的一名记者提到了史密斯的报道，但是克朗凯特仍旧克制住了冲动，没有播发这条消息。全国广播公司也同样谨慎，他们在等待帕克兰纪念医院对消息做出证实。没有人说得清楚究竟是谁杀害了总统，也没有人知道暗杀总统的背后是否存在着对美国更大规模的袭击。最后，形形色色令人焦虑不安的阴谋论冒了出来，这些猜测无不将此次暗杀归咎于古巴领导人卡斯特罗、美籍古巴人李·哈维·奥斯瓦尔德、美国第三十六届总统林登·约翰逊、黑手党、中央情报局、达拉斯警察局，以及克里姆林宫。电视能够更高效地传输包括文字和图像在内的新闻，同样地它也能更高效地散布无端的猜测。这天下午，事态飞快地发展着，就连往日最有闯劲的老电视工作者们都对手头的工作产生了畏难情绪，谁都不想在无意中向公众传播阴谋论。

在哥伦比亚广播公司的纽约总部里，休伊特心急火燎地冲着远在达拉斯的拉瑟和皮尔伯因特咆哮了一顿。究竟是谁向巴克尔提供了肯尼迪已经身亡的消息？拉瑟告诉休伊特应该是一名神父和一名医生，但是克朗凯特希望等到更多的详细情况之后再播发这条大新闻。事后拉瑟曾为休伊特当时明智的迟疑做过辩解："面对那种分量的新闻，电视上进行报道的时候，哪怕你没有错（或者说，即便你错了老天也在帮你的话），你也无法像在广播上那样充满自信。这两种媒体的强度、观众数量、新闻的重要性都是不一样的。"

休伊特将自己同拉瑟的谈话记录交给了当时正在播音的克朗凯特。尽管克朗凯特对于先发制人和还原现场之类的事情向来表现得更为谨慎，到这时他还是决定采用拉瑟从达拉斯发回的报道。在节目中他说道："我们刚刚收到在达拉斯的记者丹·拉瑟发来的一条报道，他已经证实肯尼迪总统已经身亡。但是我们还没有得到官方对此事的证实。这条消息来自我们在得克萨斯州达拉斯市的记者丹·拉瑟。"克朗凯特特意加重了语气，他的播音给予了观众们勇气。为了给自己留退路，他将拉瑟当作了潜在的替罪羊，以防巴克尔的报道被证实有误。有关肯尼迪死亡的消息完全有可能是一条假新闻，克朗凯特可不打算让自己在《新闻周刊》封面上的美名同这种假消息挂上钩。在那一刻，迟疑成了他的盟友，在他看来最好的消息源是来自帕克兰纪念医院，而非拉瑟。如果肯尼迪幸免于难，拉瑟就会成为牺牲品。

在全国广播公司，麦吉负责主持此次的报道工作，亨特利和瑞安随时参与讨论。美国广播公司的报道任务落在了得力干将柯克伦与西尔夫曼的身上，同时公司还引用了KRLD电视台的巴克尔发布的一两条报道。柯克伦一再强调有关肯尼迪目前状况的报道都未得到证实，可是电视屏幕上已经打出了总统的名字和"1917—1963"的字样。电视台情不自禁地用这个墓志铭式的图样直观地表明了肯尼迪已经身亡的事实。

11月22日这一天，在哥伦比亚广播公司报道肯尼迪遇刺的过程中缺少了默罗的身影。此前有传言称对新闻署的工作有所不满的默罗有可能在1963年年初重返哥伦比亚广播公司，制作纪录片节目。其实，他之所以消失是由于一场突如其来的癌症手术，他的左肺被切除了。三个小时的手术让他虚弱不堪，整整一个秋天他一直卧床不起，整个人变得萎靡不振。由于放射治疗他的胸口变得就像一块褐色的皮子一样。他曾打趣说："要是有谁说说话不费力，那他肯定有两个肺。"当妻子珍妮特告诉他肯尼迪中枪的消息后，他感到一阵恶心。在那个黯淡的日子里看着克朗凯特在电视上高谈阔论，他说克朗凯特做了一次漫长而完美无瑕的评论。

　　头发有点蓬乱，鼻梁上架着一副黑色的角质镜架眼镜，这幅形象让播音中的克朗凯特看起来完全是一副不修边幅的模样。此刻邋里邋遢的他后来只在上唇保留了两撇小胡子。还好，当时至少房间里还有空调，他总算没有在灯光的炙烤下汗流浃背。后来他也说过："至于我的形象，当时在播音过程中实在是太不体面了。"这种说法有些夸张，不过他那张没有涂脂抹粉的脸和那身苦力般的衣服却强化了当时的紧张气氛。他向观众讲述着在总统到访之前的几个星期里达拉斯一直在紧张不安地为迎接总统的到来做着准备工作，就在这时镜头外又一个人递给他一张纸。他旋即便看明白了纸条上的内容，顿时他的眼睛里充满了忧伤。他摘掉眼镜，一边用手摆弄着眼镜，一边将目光紧紧地盯着镜头——盯着观众，就仿佛在提醒大家做好心理准备。然后他又戴上了眼镜，振作起精神，好让自己重新开口说话。他鼓足勇气，读出了刚刚收到的急稿，他的声音听起来痛苦而不容置疑。

　　"以下这条简讯发自得克萨斯州达拉斯市，显然这条消息来自官方。肯尼迪总统已于中部时间下午1点，东部时间下午2点，即大约38分钟前死亡。"

　　墙上的挂钟吸引了克朗凯特的注意。他不由自主地扮演起历史学家的角色，试图精确地记录下播出这条新闻的时间。后来在提到这条证实肯尼迪逝世的简讯时克朗凯特曾说："我们都清楚迟早会收到这个消息，但是最终的情况还是难以预料。"他的眼睛牢牢地钉着挂钟的分针和秒针，有那么两三秒钟他没有吭声。他陷入了沉默，试图在这个突然间变得荒诞不经的世界里寻找存在的意义。他撅起嘴唇，这副表情显然是在说他感到震惊和难过，在那一刻几乎每一位电视观众也都感同身受。后来克朗凯特曾解释说："在重新开口之前，有那么几秒钟情况变得十分微妙。"几十年后，他告诉美国电视档案馆直到"说出他（肯尼迪）已经逝世的那句话时"他才"感到自己的精神受到了重创"。

　　当时克朗凯特还不知道副总统约翰逊已经立即被特勤局送到了停在爱田机场的"空军一号"上，后者急于了解到此次暗杀阴谋究竟已经发展到了何等地步。登上飞机后约翰逊随即命人放下窗帘，没有了空气的流动这架波音707变成了一片沼泽地。约翰逊快步穿过飞机上的过道，来到狭小的通讯室，在那里头戴听筒的特工人员正在奋力地收集着情报。加紧催讨消息的约翰逊匆匆走到自己的专用客舱，看起了克朗凯特的报道。"嘘……嘘，"他将手指放在嘴唇上，因为他想通过哥伦比亚广播公司新闻网的节目里了解到达拉斯的最新情况。克朗凯特早已派出了一批流动调查员——拉瑟、伍德、本顿和皮尔伯因特，因此他先于联邦调查局掌握了这个名叫李·哈维·奥斯瓦尔德的怪物的基本资料。

令克朗凯特感到惊讶的是，奥斯瓦尔德这个所谓的杀手在向肯尼迪射击后就悄无声息地离开了得克萨斯州教科书仓库，然后坐着公车回到了他居住的北贝克利大街1026号。在自己的公寓里他抓起一把装满子弹的38口径的手枪，然后走出房间，在阳光灿烂的午后时分回到了大街上。达拉斯的警员詹姆斯·蒂皮特听到了广播上对通缉犯的描述，因此一看到奥斯瓦尔德他便拦住了对方，要求对方出示身份证。结果，谋杀肯尼迪的罪犯拔出手枪，射杀了蒂皮特。奥斯瓦尔德接着又直接闯进了附近的得克萨斯剧院，躲在了那里，还提醒惊恐的售票员打电话报警。大荧幕上上演着托尼·拉塞尔主演的影片《战争就是地狱》，荧幕下达拉斯的警察们同奥斯瓦尔德扭打了一阵子，很快便将其逮捕了。

哥伦比亚广播公司新闻网的报道队伍越发打定主意，要协助克朗凯特垄断对肯尼迪遇刺事件的报道。拉瑟、皮尔伯因特、伍德和本顿一整天都在KRLD电视台进进出出，一边奔波于各个地方，一边同克朗凯特保持着联系。伍德去了奥斯瓦尔德租住的公寓，采访了女房东，还拍摄了房间里的景象。全世界所谓的记者们蜂拥赶赴达拉斯，参与到了这场世纪大案中。所有人都想搞到一点有关奥斯瓦尔德的独家新闻。向外发送这样的信息非常困难，因为当时双向无线电对讲机、录像机和移动电话还尚未问世，巴克尔曾说："我想当时我们多少有点凭着直觉办事。随机应变而已。"

伍德获得了如此精彩的影像资料，但是克朗凯特还是对播出这些影像感到担忧，他很同情肯尼迪一家。在肯尼迪遇刺后社会各界都沉浸在悲痛中，克朗凯特就是这场悲痛的总指挥。哥伦比亚广播公司新闻网则变成了会议厅、教堂、小酒吧和中心广场——任何一个供人们在人群中寻求慰藉的地方，电视变成了全美的悼念中心，整个周末不停呷着浓茶，以缓解喉咙肿痛的克朗凯特则成了能够提供全方位咨询的哲人。克朗凯特自始至终从未摆出一副自己有意对肯尼迪身亡的新闻进行特殊处理的样子，他的播音完美地诠释了"谦逊"二字的含义。弗兰德里曾说过："传来坏消息时沃尔特很痛心；传来令美国感到尴尬的消息时沃尔特也很尴尬；传来可笑的消息时沃尔特则会露出会心的笑容。"

克朗凯特在此次播音中始终很坦率，一直将自己隐藏在逐渐展开的报道背后，在枪击事件发生后有条不紊地持续进行了四个小时的播音。以前他被合众人昵称为"铁裤子"，现在哥伦比亚广播公司的同仁也这样称呼他。休伊特觉察到这位"铁裤子"已经显得有些紧张，脖子也僵硬了，于是他做出了一个重大决定——让克朗凯特休息一会儿。如同一位优秀的教练，休伊特意识到当比赛进行到最后关头的时候自己的明星投手需要喘口气。克朗凯特毫无怨言地服从了休伊特的安排，将主播的话筒交给了科林伍德。远离了三架摄像机的镜头后他径直回到仅有几步之遥的玻璃隔墙办公室，他想给贝特西和孩子们打一个电话，安慰一下他们。身为人父的他这会儿才开始对肯尼迪的遇害感到愤怒。他究竟在怎样一个美国养育自己的儿女？他走进了清静的办公室，想放松一下神经，可是电话却响个不停。恼怒的他抓起听筒，冷冰冰地冲对方吼了一声"你好"。在电话另一头，一位住在曼哈顿的苏格兰自由主义者从她在帕克大街的顶层豪华公寓里愤愤不平地抱怨了起来。

"是哥伦比亚广播公司新闻网吗？"她问道。

克朗凯特证实了对方的问题。

"我只想说让那个沃尔特·克朗凯特播音实在是大错特错，大家都知道他很讨厌总统。"她恶狠狠地说道。

"夫人，您叫什么名字？"克朗凯特说。

"布兰克夫人。"对方仍旧恶声恶气地回答道。

"布兰克夫人，我就是沃尔特·克朗凯特，而你就是个蠢货。"

多年后在接受意大利《看》杂志的女记者奥里亚娜·法拉奇采访时克朗凯特告诉对方他深为帕克大街的那个泼妇——他所说的"布兰克夫人"——让他失去冷静而感到害臊。回头看，在30分钟的《晚间新闻》的首期节目中他同肯尼迪就天主教信仰、同塞林格就越南问题发生的争执是多么的无足轻重。他告诉法拉奇："不幸的是，帕克大街的那位女士把我气坏了。在发火时说了脏话让我感到很丢脸。"

当白宫新闻秘书马尔科姆·"麦克"·基尔达夫（为塞林格代班，塞林格当时陪同时任国防部长的罗伯特·麦克纳马拉出访亚洲，肯尼迪遇刺时他正在搭乘飞机飞越太平洋上空）通知媒体肯尼迪由于头部的严重枪伤已经于下午1：00逝世的时候，伍德与皮尔伯因特就在帕克兰纪念医院。一位资深外科医生随即提供了更为骇人的详细情况。克朗凯特希望南方办事处的流动记者们能够告诉他奥斯瓦尔德究竟是如何从教科书仓库的窗户里命中目标的。

向来胆大包天的拉瑟想到了一个别出心裁的点子。他让伍德从达拉斯的当铺里借来一把步枪（在得克萨斯州这种事情并不困难），这样就可以为《晚间新闻》重现奥斯瓦尔德开枪时的情景。拉瑟的足智多谋实在令人钦佩。伍德乖乖地从附近的一家店铺租来了一把曼利舍·卡尔卡诺0.3英寸（7.62毫米）口径步枪（规格近似于奥斯瓦尔德使用的那把枪），并在步枪上安装了一个四倍的望远瞄准镜，然后"轻轻松松"扛着枪走进了教科书仓库，摄像人员紧紧跟在他的身后。伍德曾说："我们没碰到任何麻烦。特勤局甚至没有封锁大楼，不过在枪击发生后他们已经搜查过了，找到了被丢弃的步枪和空弹壳。"

暗杀发生时奥斯瓦尔德所在的那扇窗户仍旧敞开着，他用装书的纸箱子摆放的阻击台也原封未动。伍德对当年的往事记忆犹新："目标是移动目标，不是定向目标，因此在移动时目标仍然在视野中。射程不超过100码，通过望远瞄准镜看的话，总统的脑袋（以当天上午其他行人为参照物）应该就像甜瓜一样大。有人质疑奥斯瓦尔德不可能在短短几秒钟的时间里连发三枪。记住，那把手动步枪的枪膛里已经有一发子弹了。一打出第一枪，他接下来就只需要再抠两下扳机。相信我，这几枪不难打。"

克朗凯特、休伊特和比利斯没有接受伍德精彩的原景重现录像，他们都认为这种录像不适合在《晚间新闻》中播出。他们还拒绝播放伍德在帕克兰纪念医院拍摄到的画面，画面展现了在手术室里创伤外科医生查尔斯·卡里科与查尔斯·巴克斯特救治肯尼迪的血腥场面，他们断定当肯尼迪家族尚沉浸在悲痛中时播放这样的画面会让外界以为他们根本无视肯尼迪一家人的痛苦。尽管如此，《哥伦比亚广播公司晚间新闻》还是创造了历史，在那个星期五连续进行了两个小时的电视报道，在星期一又继续报道了一个小时（这两次报道显然都是哥伦比亚广播公司电视台的历史第一次）。

11月25日，星期一，"二战"英雄肯尼迪总统的遗体被安葬在阿灵顿国家公墓，在此之前连续四天各大新闻网都几乎无休止地报道着总统身亡的相关事件。克朗凯特身披战袍，安抚着全世界，鼓舞着7000万哥伦比亚广播公司的朋友，大家几乎能感觉到他那可靠的手就放在他们的肩头。但是，在星期天的上午哥伦比亚广播公司犯了一个愚蠢的错误，他们没有播出奥斯瓦尔德从达拉斯警察局总部被移送到治安官管辖的县监狱的现场录像。当时全国广播公司新闻网的总裁罗伯特·金特纳正在家里盯着一堆监视器，出于本能他给公司在洛克菲勒中心30号的播音间打了一个电话，告诉节目导演将画面切回到达拉斯。片刻之后，全国广播公司的观众们就看到杰克·鲁比用一把手枪击中奥斯瓦尔德的腹部，将其杀死了。

哥伦比亚广播公司新闻网也在达拉斯警察局的地下室里架设了一台摄像机，可是公司没有播出这段画面，因为当时罗杰·马德刚刚独自在华盛顿进行了一场现场报道，装有肯尼迪遗体的棺椁被运送到国会大厦圆形大厅，以供人们前去瞻仰总统的遗体。在鲁比击毙奥斯瓦尔德后，哥伦比亚广播公司新闻网立即将电视画面切回到达拉斯。美国广播公司没有在达拉斯警察总部安装进行实况转播的摄像机，因此也没有播出奥斯瓦尔德身亡的画面。后来克朗凯特曾说过："哥伦比亚广播公司历史上的一大不幸就是我们没有播出鲁比枪击奥斯瓦尔德的现场画面。我从对手的节目里看到了那一幕，随即我们就做了报道，可是已经错过了最激动人心的那个瞬间。"

《华盛顿邮报》的汤姆·谢尔兹曾宣称对肯尼迪遇刺事件的报道证明了电视已经成为"全美国的壁炉"。美国历史上最糟糕的几个小时成就了哥伦比亚广播公司新闻网有史以来最精彩的时刻。尼尔森的收视调查结果惊人，在拥有电视机的美国家庭中有93%的家庭收看了三大广播公司的报道，其中超过半数的观众观看了11月那个周末连续13个小时的长篇报道。全世界也有总共23个国家的观众或多或少看到了克朗凯特主持的马拉松式的报道。

传媒理论家马歇尔·麦克卢汉曾说过电视具有"能够让整个群体一起参加一场仪式"的力量。在为肯尼迪举行葬仪的这一天哥伦比亚广播公司新闻网从华盛顿播发了大量的现场画面：覆盖着国旗的棺材；25万悼念者向总统的遗体致以最后的敬意；6匹灰白色的骏马；3名骑兵骑在马上，身后拖着装着棺材的弹药车；包括法国总统戴高乐、西德总理艾哈德、希腊王后弗雷德里卡和埃塞俄比亚皇帝海尔·塞拉西一世在内的各国政要黯然落泪（哥伦比亚广播公司的一名摄像师冲着电话另一头的克朗凯特喊道："我拍到了一大堆国王！"）；以及华盛顿的辅理主教菲利普·汉南致以最后的悼词。这一切无不佐证着麦克卢汉的论断。

11月25日，肯尼迪总统被安葬在阿灵顿国家公墓。在《晚间新闻》的报道过程中克朗凯特一直将电视所具有的这股力量牢牢地控制在自己的手中：

> 人们都说人类的大脑对开心的记忆能力强于对痛苦的记忆，然而今天却将永远留在我们的记忆中，永远令我们感到悲哀。只有历史才能够书写出这一天的非凡意义：这些黑暗的日子究竟预示着更加黑暗的日子将要到来，还是如破晓前的黑暗一样意味着人类即将达成一种此刻还未成形的共识——我们将认识到无论来源和动机如何，暴力的语言终将导致暴力的行为？眼下，遭受打击的文明社会在为一个具体的问题寻找着答案——李·哈维·奥斯瓦尔德究竟是谁？最重要的是，"他"究竟是什么？在一定程度上，上述那个更宏观的问题也将因此得到回答。我们必须平息世界对我们产生的疑问。今夜，没有多少美国人会毫不沮丧、平

228

心静气地进入梦乡。如果在寻找良知的过程中我们发现容不得政治、团体、宗教和种族分裂的美国理念又多了一项内容，那么或许我们可以说约翰·肯尼迪死得其所。

　　事实就是如此。现在是1963年11月25日，星期一。

　　我是沃尔特·克朗凯特，晚安！

　　对于1963年11月22日至25日期间，当全美国向克朗凯特索要信息和慰藉的时候克朗凯特为哥伦比亚广播公司所做的播音工作，我们应该怎样看待？他是一位颇具洞察力的新闻传播者，还是一个四平八稳的牧师？没有播放伍德从杀手的射击位置拍摄到的场景重现画面究竟是不是他的失误？从根本上而言，克朗凯特只是一个希望在收视率上击败全国广播公司新闻网的专业主播。发生这一切时正从纽约州米尔布鲁克村赶回播音中心的制片人索科洛对往事记忆犹新："沃尔特的确很在行。他就像是一位赶上了千载难逢的演出机会的演员，他摘掉眼镜的那一幕又可能是有意识的安排。任何一位导演都会告诉你沃尔特对眼镜的处理——把眼镜拿在手里摆弄着——那可是一个精妙的道具，通过这些道具他展现出了人性和率性。这场表演起作用了。试过就知道了——沃尔特的眼镜被不断地重播着。所有人都清楚这一点。"

　　自21世纪初网络实时新闻出现以来，重大新闻的传播方式同以前截然不同了，不再会出现当年成千上万的美国观众同时看着克朗凯特宣布肯尼迪逝世的消息时的景象，也不再像当年那样一元化。倘若在今天发生那样的事件，相当多的人不会再寻求电视的帮助了，他们会立即打开自己的苹果笔记本电脑、苹果手机，或者黑莓手机。现如今，当消息还未传到传统新闻媒体的时候人们就已经能在网上看到这些信息了。在推特大行其道，500个有线电视频道同场竞技的时代，任何一位主播都不太可能像克朗凯特在1963年那段黑暗的日子里那样让美国人民万众一心。

　　在达拉斯惨剧发生后，继任的约翰逊总统组建了"肯尼迪总统被刺事件的总统委员会"（由于主席是首席大法官厄尔·沃伦，该委员会又被称为"沃伦委员会"）。1964年9月24日，在经过10个月的调查后委员会向约翰逊递交了一份长达888页的最终报告。克朗凯特心急火燎地读完了每一页。事实上，在此之前哥伦比亚广播公司新闻网已经要求该委员会向外界公布证明这一结论的文件和证据，而委员会在宣布调查结论的同时也公布了超过26卷的法庭证词和书面证词，证实造成总统遇刺的只有奥斯瓦尔德这一名枪手。伍德又在1964年为哥伦比亚广播公司报道了对鲁比的审讯过程，此前他一直坚持认为奥斯瓦尔德是独立作案，或许他说的没错。

在沃伦委员会于9月27日向民众公布调查报告后，哥伦比亚广播公司收到了数千封来信，人们都在要求新闻网对宣称奥斯瓦尔德独立作案的可疑结论进行深入调查。恼人的来信没完没了。1966年，克朗凯特与公司新闻网负责黄金档新闻节目的莱斯·米德格雷决定用四期节目对沃伦报告展开分析。佩利拿出100万元的预算支持他们制作这部调查节目，在当时还从未有任何一个电视节目动用过如此巨额的资金。提到这件事情时塞瓦赖德曾说："很多美国人认为肯尼迪遇刺事件是一个阴谋的原因在于这件事情从头到尾存在着很多自相矛盾的地方。那么有权有势的一个人居然顷刻间就被一个骨肉如柴、下巴窄小①的小人物彻底消灭了。"

在得到克朗凯特的指示后，哥伦比亚广播公司的记者们开始仔仔细细地查看起沃伦委员会的调查报告，并进行了重现弹道和声响状况的试验。他们观看了前一年11月22日那天拍摄自达拉斯的录影带（包括达拉斯的女装裁缝亚伯拉罕·泽普鲁德用家用摄像机拍下的一段26秒的录像，《生活》杂志以高于哥伦比亚广播公司的报价买下了泽普鲁德的录像带）。此外，还有大约100名目击者接受了《哥伦比亚广播公司新闻调查：沃伦报告》节目的采访。几乎用尽一切手段。经过一番全面调查后，克朗凯特在1967年6月25至28日播出的四集系列节目中否定了围绕着肯尼迪产生的枝节横生、错综复杂的阴谋论。他说："我们断定最终能够被证实的就只有沃伦委员会得出的结论……用那把步枪做出如此精准的射击完全是有可能的。"国际合众社的媒体批评家里克·杜布罗指出由哥伦比亚广播公司制作、克朗凯特（与拉瑟和塞瓦赖德）主持的这部纪录片是"电视新闻业中一次罕见而重要的体验"。

时光流转，克朗凯特却对沃伦委员会的报告越发感到怀疑。很多事情都不太对劲儿。他先是在1981年的一期《哥伦比亚新闻评论》②的问答栏目中对奥斯瓦尔德独立作案的说法提出了自己的猜测。在克朗凯特于1963年登上《新闻周刊》封面时担任该杂志主编的奥斯本·埃利奥特当时出任了哥伦比亚大学新闻学院院长，克朗凯特告诉后者："我想知道这背后还掩藏着多少我们不知道的事情。我很清楚当我采访继任总统约翰逊的时候他告诉我他觉得这里面或许的确存在着阴谋，而且他还要求我们破解这个阴谋，在迫不得已的情况下我们的确破解了这种阴谋。我一直认为这其中还有另外一个人的参与，但并非一场惊天的阴谋。然而，尽管有白宫委员

会的调查，我还是不相信有关那把枪的各种猜想……现在，看着中情局暗杀卡斯特罗的计划，我开始怀疑有可能有某种国际势力策划了（暗杀肯尼迪的）这种事情。我不再像以前那样对沃伦委员会的调查报告感到满意了。"

在克朗凯特的率领下，哥伦比亚广播公司新闻网在尼克松、福特和卡特在任期间继续收集着有关这起暗杀事件的资料。1975年，新闻网播出了一期特别节目《美国刺客》，内容以奥斯瓦尔德为主。依靠当时的最新技术，哥伦比亚广播公司新闻网逐帧分析了泽普鲁德的录像，并对中情局和奥斯瓦尔德，以及古巴人之间的关系进行了挖掘。这部荣获了皮博迪大奖的纪录片被归功于制片人伯纳德·伯恩鲍姆与记者丹·拉瑟的努力，由于让观众看到哥伦比亚广播公司新闻网从未停止过对肯尼迪遇刺事件的调查克朗凯特也收获了赞誉。需要指出的是，《美国刺客》一片最可贵的一幕就是克朗凯特向观众透露约翰逊在私下里告诉他"国际"阴谋在此次刺杀事件中起到了作用。

1963年11月末，哥伦比亚广播公司新闻网的邮件收发室被观众来信淹没了，在信中观众们对克朗凯特的这次公共服务表示了感谢。一些友人和同事纷纷恳求他参加总统或参议员的竞选。毫无疑问到了1964年克朗凯特已经成了一位名人，这就意味着人们会想当然地认为他是一个全才。他的面孔不仅出现在杂志封面上，而且还登上了广告牌、公交车和运动场的看台。在1964年3月接替萨伦特，出任哥伦比亚广播公司总裁的弗兰德里想充分利用克朗凯特在肯尼迪遇刺后获得的声名，他曾对《新闻周刊》说："人类登上月球、总统身亡……任何一件事情，要是你想从一个人的嘴里听到这种事情，你会找谁呢？"停顿片刻后他给出了一个简短的答案："克朗凯特。"

全国广播公司新闻网不甘心受到弗兰德里这个问题的束缚，坚持认为两个——亨特利与布林克利——就是比一个强。对于哥伦比亚广播公司新闻网而言，无情的事实仍旧摆在眼前，在晚间新闻的竞赛中它仍旧屈居亚军。

第十八章

谁害怕尼尔森的收视调查？

约翰逊、斯坦顿和联邦通信委员会——同艾克产生共鸣——尼尔森的收视盒子——克朗凯特会成为大人物吗？——奥布里的影响——1964年民权法案——民权状况——密西西比的杀戮——在北部湾事件中继续支持山姆大叔——多米诺效应

林登·约翰逊的妻子"小瓢虫"在1943年收购了KTBC电台（后来成为KLBJ），这家电台后来成为哥伦比亚广播公司在奥斯汀的下属机构，很多人都忽视了它在约翰逊白手起家的神话中扮演的角色。负责审核全美电台和电视台营业权转让的联邦通信委员会和这位一开始就以神童面目示人，拥有大好前途的得克萨斯青年才俊之间达成了交换条件。在被"小瓢虫"收购时KTBC电台的权限仅限于白天节目的播出，并和当地另一家电台合用1150千赫的带宽。但是林登·约翰逊动用手中的权力，做了一点手脚。为了成为全区的大台，KTBC得到了联邦通信委员会的允许，开始不间断播音，而且波长达到了接近短波的590千赫，这样一来得克萨斯州就有30多个县的听众能够清楚地接收到KTBC的信号。到了1945年，联邦通信委员会又授权这家电台进一步增大功率，信号覆盖范围达到了60多个县。当事业发展到关键阶段时约翰逊登门拜访了佩利，并直截了当地问后者能否让KTBC加盟哥伦比亚广播公司。他的请求很快就得到了佩利的批准。这样一来，哥伦比亚广播公司的总裁及克朗凯特的最高上司斯坦顿博士就成了同约翰逊关系最为密切的一位商业伙伴，约翰逊的助理哈里·米德尔顿曾解释说："他们之间深厚的友谊由来已久，甚至早在约翰逊刚刚当选参议员的时候就开始了。"很快林登和"小瓢虫"夫妇就通过隶属于哥伦比亚广播公司的电台和电视台赚取了数百万美元，他们的公司总部就在奥斯汀。

约翰逊过于紧张的性格总是令克朗凯特难以忘记，哪怕是负面印象。他身高6.2到6.3英尺，总是穿着流行的牛仔服或者定做的黑西装，他喜欢读报，总是不停地抽着骆驼牌香烟，还时常和身旁的漂亮女孩打情骂俏，当克朗凯特最初见到他的时候他完全就是一个得克萨斯版的佩科斯·比尔①。最令克朗凯特感到沮丧的是平日里约翰逊是一个饶舌多话的人，可是一见到麦克风就闭口不言了。每次克朗凯特去约翰逊在奥斯汀附近的占地1500英亩的佩德纳莱斯河农场拜访他时，他们两个人总能围绕着哥伦比亚广播公司的业务、牛羊的价格、干旱造成的影响和宇航局的杰出成就畅谈一番（约翰逊凭借着自己的影响力募集到6000万美元，在休斯敦郊外建造了一座太空中心）。然而，一旦面对电子设备，先后当过参议员、国会少数党领袖、国会多数党领袖、副总统和总统的约翰逊就变得非常忸怩，决不会泄露丝毫的秘密（他对报道政治新闻的记者都心怀畏惧）。

约翰逊喜欢自吹自擂，在议会里纵横捭阖的技术无人能及，在大多数记者的眼中他都是一个居心叵测的小人，认为记者们都喜欢搬弄是非，一心想要在暗中破坏胸怀抱负的政治家们的远大梦想。就像一只盘旋在沙漠盆地上空的饥肠辘辘的鹰一样，约翰逊总是随时准备着为糟糕的报道将三大广播公司的经理们臭骂一顿。尽管如此，广播仍旧是他的情妇，电视则是他的日常生活中不可缺少的一部分。刚一搬入椭圆形办公室（位于白宫西厢，是美国总统的正式办公室）他便命人在办公室里安装了一个配有三台电视的操控台，白宫的屋顶上也架起了巨大的兔耳形天线。克朗凯特认为联邦通信委员会将会逼迫约翰逊卖掉他在得克萨斯州的产业，正是靠着那份产业他才成了大富翁。然而，总统的科恩和马克斯律师事务所想出了一个办法，让他将得克萨斯的电台和电视台交给他人托管。后来一心想要控制哥伦比亚广播公司的约翰逊时常在电话里向斯坦顿抱怨一番节目内容如何不尽如人意，自己的电台为了节目又给集团交了多少版税。每次约翰逊到了纽约，斯坦顿都要用豪华轿车、专门的鸡尾酒来款待他，并安排自由派知识分子同他喝咖啡——只要能让这位得克萨斯州的权力掮客开心就行。约翰逊任总统时的私人助理汤姆·约翰逊（与总统没有亲属关系）曾说："约翰逊和斯坦顿两个人是好朋友。约翰逊总是对哥伦比亚广播公司形形色色的记者抱怨一番，其中包括皮尔伯因特和拉瑟。至于弗兰克，他说起话来就像是华盛顿电视播音领域最可敬的领导。"

---

① 译注：美国家喻户晓的牛仔，在美国向得克萨斯西南部、新墨西哥、南加利福尼亚和亚利桑那扩张期间他演化成了很多传奇故事的主人公。

这位总统很清楚克朗凯特是一个以公司为重的人。于1973年在纽约证券交易所上市时哥伦比亚广播公司还只是佩利和斯坦顿两个人的"糖果店",当电视成为世界上最赚钱的广告媒介后约翰逊也开始参与瓜分公司的利润。尽管这并不意味着克朗凯特因此就会在1963—1967年对约翰逊网开一面,但是除了几期报道越南问题的节目令这位总统头疼以外,《晚间新闻》很少惹恼政府。约翰逊和斯坦顿的关系牢不可破,因此正在权力图腾柱上向上爬的克朗凯特十分谨慎,以免在播音中给外界留下与白宫作对的印象。对东海岸大都市中上阶层的傲慢十分敏感的他很清楚约翰逊决非一些记者所说的"哈克贝利·卡彭"①,而是一个敢于捍卫少数派和受压迫阶层利益的勇士。

出于对休斯敦同乡的兄弟情谊,在1964—1967年约翰逊也更多地将克朗凯特当作远房表弟,而不是来自第四等级的敌手。或许这是得克萨斯人之间的某种情感,要不就是政治上的把戏,因为身为哥伦比亚广播公司新闻网金嗓子的克朗凯特拥有无限制的权力。克朗凯特公开支持旨在帮助穷人、老人和少数派的开明的"伟大社会"政策,这种状况并没有损害他同外界的关系。得克萨斯州大学的这名辍学生还由于为《哥伦比亚广播公司新闻网特别报道》制作的"距离金星109天"节目(对"水手2号"太空飞船首次掠过金星的报道)而令休斯敦引以为荣。后来克朗凯特曾说:"(约翰逊)看了所有的报道。刚看完我的报道后他就会给我打来电话,说:'你说错了。希望下一次节目中你能做出更正。'"

在美国的政治大人物中并非只有约翰逊将克朗凯特当作友善的朋友。1964年,广播界流传着一种说法,艾森豪威尔对哥伦比亚广播公司的这位主播也无比敬仰。"登陆日二十周年祭:艾森豪威尔重返诺曼底"这期特别节目最令老将军感动的就是这期特别节目完全"畅行无阻",哥伦比亚广播公司下属所有机构(就连阿拉斯加、夏威夷和关岛也不例外)都播出了这期节目。得知克朗凯特于当年民主党在大西洋城举行代表大会期间坐了冷板凳,这位前总统立即致电佩利,向对方表达了自己的不满。据说他曾对克朗凯特说:"沃尔特,我给比尔·佩利打过电话了。"克朗凯特立即慌了神,他变得越来越不安了,当艾森豪威尔继续兴致勃勃地讲述着这件事情的时候他甚至感到了一阵反胃。艾森豪威尔告诉他:"比尔说这件事不是他干的。据他所说,是芝加哥一个叫尼尔森的家伙干的。"

① 译注:"哈克贝利"指的是马克·吐温的《哈克贝利·费恩》中的主人公小顽童,"卡彭"指的是号称"疤面"的芝加哥犯罪集团头号人物,拉斯维加斯的创始人之一艾尔·卡彭(1899—1947)。

20世纪60年代中期，三大广播公司的播音中心里都流传着这种说法，而且记者们还在不断添油加醋地渲染着这件事情，不过这个传闻有可能纯属子虚乌有。但是，从中不难看出就连艾森豪威尔这样的前五星上将和约翰逊这样有能力操控联邦通信委员会的人也都无法插手干预电视收视率系统。

1950年，市场分析员老阿瑟·查尔斯·尼尔森开始提供电视收视率调查的业务，他在芝加哥建立的AC尼尔森公司抽样选择了能够代表全美国人口状况的1100户家庭对电视节目的收视状况展开了调查。每户家庭都收到了一台免费的电视机，电视机上连着一个上了锁的盒子，这个盒子会记录下每个家庭的收视习惯——不是住户自己对调查者所描述的收视习惯，而是他们真正收看的节目。在20世纪60年代中期，尼尔森及其竞争对手阿比创市场调查公司都能提供晚间观众人数的统计数据，但是前者还会发布每周、每月，甚至每半年的全国收视状况分析。哥伦比亚广播公司的高层行政人员时而对收视率的问题视而不见，但是这样做只会让他们陷入危险的境地。公司的中层管理人员却从不会无视这个数字，低收视率足以毁掉一个人的事业；反之，高收视率也能够在瞬间成就一个人。

1963—1964年度的尼尔森收视率调查显示实际上哥伦比亚广播公司占据了美国的黄金档观众市场。此外，白天时段的市场也被哥伦比亚广播公司把持着。在全世界以广告为生命的行业中最成功的一家公司当属哥伦比亚广播公司，它的节目广告收入是排名仅次于它的对手——全国广播公司——的两倍。佩利的公司包括七个部门：电视、广播、唱片、新闻网、电视台、实验室和国际业务，截至此时电视部门是整个集团的摇钱树，全国十大日间节目都归哥伦比亚广播公司所有，晚间黄金时段的前15个节目中有14个来自这家公司。在1964年的秋天，哥伦比亚广播公司开始播出《戈默·派尔，海军陆战队》和《明斯特一家》，这些喜剧系列剧都成了超级收视王。

哥伦比亚广播公司电视网总裁詹姆斯·奥布里的手里攥着一个炙手可热的大明星，但是自1963年9月开始以半小时节目格式播出的《哥伦比亚广播公司晚间新闻》却没有成为收视赢家。尽管约翰逊已经入主白宫，在1964年整整一年里哥伦比亚广播公司的晚间新闻节目仍旧落后于《亨特利—布林克利报道》。晚间新闻节目的主任编辑克朗凯特缩短了同对手的差距，但是成果并不显著。人口统计数据显示相比于全国广播公司的观众，青睐他的节目的人群年龄偏大，收入偏低。这种状况意味着广告收入不会尽如人意。奥布里担心面对任何人、任何工作一贯来者不拒的克朗凯特永远不会成为尼尔森收视调查的重量级选手。他担心克朗凯特谦逊温柔的做派实际上就是在呼唤"备用方案"或"替补者"。弗兰德里为克朗凯特做出了辩护,在奥布里面前维护新闻网的节目时他总是肆无忌惮地表现出一副咄咄逼人的样子。

身高6.2英尺的奥布里就像约翰逊一样有些吓人(他被称为"微笑的眼镜蛇"),于1956年6月出任哥伦比亚广播公司行政副总裁的他是一个令人厌烦的家伙。他会兴高采烈地告诉某个演艺天才他/她的表演臭不可闻,或者飞扬跋扈地要求所有黄金时段的节目必须争取到较高的收视率,否则就会被取消。向职员突然下达解雇通知书对他来说是家常便饭。高悬在哥伦比亚广播公司这个舞台上的停播威胁就是一把双刃剑。需要郑重声明的是,作为哥伦比亚广播公司新闻网的主播,克朗凯特始终坚称奥布里从未恐吓过他,他也从来没有为尼尔森收视率担忧过。如果他的所言属实,那么他从不需要研究这些收视率调查结果的说法也同样没有错。然而,执行经理们的情绪却清楚无误地反映出由于平庸的收视率所有人都为他的节目感到沮丧。无论如何,克朗凯特还是很清楚收视率会让自己的节目走向何方。制片人米德格雷曾对克朗凯特作过一番评价:"他是我见过的最争强好胜的人,永远急于赢得一切比赛,无论是小孩子的游戏、游艇比赛,还是对电视收视率的竞争。对他自己和这个节目而言,他只想争当第一,争当最佳。"

新观众是最重要的变数,这个变数会对他的事业造成严重的影响。然而,《晚间新闻》没能争取到新观众,而这正是公司当初委任克朗凯特主持这档节目的目的,克朗凯特感到十分沮丧。哥伦比亚广播公司新闻网的总裁萨伦特后来曾提到过当时公司对节目收视状况感到灰心:"爱德华兹被克朗凯特取而代之,我们也将晚间新闻扩版成半个小时,可是就尼尔森收视率来说,一切仍旧毫无起色。"这倒不是说克朗凯特没有努力过。一心想要为《晚间新闻》吸引到更多年轻观众的他在披头士乐队到访美国的时候就先于电视界的同行对乐队进行了访问,不仅创造了电视史的新篇章,而且还在收视率方面打了一个漂亮的翻身仗。1964年2月9日,在克朗凯特的采访结束后,"披头士四杰"①出现在了哥伦比亚广播公司的《埃德·沙利文秀》中。

然而,披头士乐队只为克朗凯特带来了一夜辉煌,并没有解决节目的根本问

---

① 译注:披头士乐队的新闻发言人托尼·巴罗在为《与披头士在一起》唱片(英国史上第二张销量达100万的专辑)封套撰写文案时使用了最高称赞"杰出四人组"(fabulous foursome),因此后来乐队被外界昵称为"披头士四杰"(Fab Four,又译作"披头士四人组")。

题。将晚间新闻扩版为30分钟、借助通信卫星、记者队伍和资金预算翻倍（甚至三倍），这一切都在急速加剧各家广播公司面临的困难。三大广播公司都试图说服自己——以及观众和批评家们——电视新闻可以为美国社会提供更好的公共服务，这种服务比报纸所能提供的服务更重要，比广播，甚至比曾经的街头公告员[①]所能提供的服务都要重要得多。三大广播公司的决策者们甚至难以说清楚这种所谓的重要贡献究竟具有怎样的历史价值。因此，当评论界对30分钟晚间新闻节目的兴奋消退后（消退的速度远远快于出现的速度），电视新闻依然只是晚餐时的享受，只有靠着实况播音这个噱头它才得到了媒体先锋的称号。全国广播公司的布林克利在节目中展现的讽刺智慧、哥伦比亚广播公司的塞瓦赖德所具有的敏锐的理解力，以及出现在电视屏幕上的其他新闻节目的亮点实际上都只是大娱乐产业的一个组成部分而已。像斯坦顿、休伊特，以及为迅速崛起的电视产业所吸引的本杰明之类的精明人士都没能看清楚全局。经理们和记者们都清楚晚间新闻比广告客户们愿意投放广告的那些无聊节目重要得多，然而他们有所不知，电视业的成功和各种噱头，甚至新技术都毫无关系。就连克朗凯特这个出身于通讯社的老记者对此也有所误解，他还在试图用报纸栏数这个指标来衡量电视新闻的价值——或许他还以为自己可以用码尺称出石块的重量吧。

在1940年的时候广播界也经历过这样的困境，从罐头笑声（预先录制好的笑声录音带）、小夜曲到浅显易懂的俏皮话，虽然使尽浑身解数，可是仍旧对自己的潜力有所误解。就在这种情况下，默罗手拿一支话筒，在德国空袭伦敦时勇敢地出现在一座房子的屋顶上，他的声音热情洋溢，充满了权威性，从他嘴里发出的每一个音节都显示出了广播的力量。在他大无畏的声音和伦敦尖啸的警报声中，美国的听众感觉到仿佛自己就在那里，就在自家客厅的沙发上躲避着德军轰炸机的袭击。默罗为哥伦比亚广播公司所做的报道意味着密歇根州底特律市辛苦劳作的汽车工人与俄勒冈州威拉米特山谷的果农都真切地感觉到西方文明处在了崩溃的边缘，在马不停蹄的默罗的引领下他们来到了历史正在发生的地方。

如果电视的历史在1963年克朗凯特采访披头士乐队的时候画上了句号，那么它至少在喜剧片（《露西秀》）、剧情片（《佩利·梅森》）[②]等领域留下一大批宝贵的成就，当然还有新闻纪录片（《现在请看》）领域。这些节目全都是值得称道多

年的真正的艺术杰作，而主宰这一切的正是奥布里。尽管如此，佩利还是在1965年将奥布里解雇了。因为"完全不服从上级安排"，奥布里就像一个无家可归的酒鬼一样被丢在了大街上。《生活》杂志曾刊登过一篇文章，向突然失业的奥布里表达了敬意，将他称作是电视界的一位革命者。在文章中记者们写道："在人类传播的漫长历史中，从手鼓到'电星一号'，没有哪个人能像小詹姆斯·托马斯·奥布里那样，在担任哥伦比亚广播公司电视网负责人的五年里牢牢地把持着如此庞大的受众群。他是全世界头号娱乐节目供应商。"

克朗凯特所理解的电视就是一个竞争残酷的行业。在1963年美国数百万民众对他在向全世界播发肯尼迪总统的死讯时表现出的优雅而心存感激。然而，佩利却看到了克朗凯特的不足——青年人这个重要的群体认为他过于古板。"尼尔森"也做出了同样的结论。在1964年选举年的年初，追求高收视率带来的压力在哥伦比亚广播公司里愈演愈烈。公司斥巨资建设中心演播室，聘请新的职员。由于这行业的基本原则，克朗凯特、休伊特、萨伦特和新闻部的每一个人都必须对此公司有所交代。10年来哥伦比亚广播公司一直——在接下来的几年里也将如此——是全世界最大的广告媒体，雇员人数超过13500，它的发展速度堪比通用汽车公司和通用电气公司。如果克朗凯特在1929年购买了公司的100股股票，并一直持有到1964年年末，那么由于股息和拆股他可以拿到13000股，这些股票在当时价值52万美元。

关键问题在于如何才能让《晚间新闻》的收视率这只股票涨上去？克朗凯特、斯坦顿和佩利都明白总统选举会有力地提高公众对政治新闻的兴趣。在电视业最初的30年里，民主党和共和党全国代表大会的重要性无论怎样估计都不会过头。在1995年出版的自传中，全国广播公司的记者布林克利就是根据两党代表大会，而非总统选举划分章节的。这就是电视记者对待政治世界的态度——从两党代表大会的角度出发，每四年就有一个月因为电视荧屏上上演的这场史诗巨作而显得格外突出。正如古德在《纽约时报》的文章中指出的那样，广播公司对大会的报道为"它在接下来四年里的公关形象"定下了基调。1964年3月10日，共和党在新罕布什尔州的初选日益临近，这场盛事又要开始了。然而，事到临头哥伦比亚广播公司却遭遇了一场信心危机。这支队伍必须增强实力了，佩利已经磨刀霍霍，有人不得不滚蛋了。

3月2日，哥伦比亚广播公司新闻网的负责人萨伦特被自己的顶头上司和好朋友斯坦顿解职了（他被"提拔"为公司总裁的特别助理兼公司事务部副总裁）。斯坦顿宣称这完全是他一个人的决定，很久之后他才承认这项人事调动是佩利下的命令，后者认为在新闻领域占据主导权是"哥伦比亚广播公司与生俱来的权利"。所有人都清楚真正的罪魁祸首实际上是伊利诺伊州的一位市场调查员，这个痴迷于数字的家伙名叫尼尔森。1963年9月克朗凯特登上《新闻周刊》的封面和对肯尼迪遇刺事件的报道没能为《晚间新闻》争取到更多的观众，萨伦特必须付出代价。安迪·鲁尼曾说："如果说佩利能在眨眼间将奥布里解雇，将萨伦特降级，那么只要再有一个星期收视率持续低迷的话，沃尔特也就该失业了。"

弗雷德·弗兰德里被任命为哥伦比亚广播公司新闻网的新总裁。擅长制作新闻纪录片的弗兰德里在上任之初并没有坚定地提出"我的第一个决定就是让埃德（默罗）回来"，相反，他对克朗凯特的节目几乎没有做任何调整。当年他同默罗一道创办了《现在请看》节目，当节目被《哥伦比亚广播公司报道》取代后他们两个人又一起参加了新节目的制作。都说人如其名，而弗兰德里则是一个反例，他在公司里并不太受欢迎。[①]他吃苦耐劳，脸上总是挂着一副黑眼圈，一看就是又熬了一整夜，由于总是突然大发雷霆，使他受到同事们的厌恶，但是没有人会质疑他的职业操守和他对自己制作的节目的高标准。尽管如此，当他的拥护者默罗于1961年离开哥伦比亚广播公司，出任美国新闻署主管后，公司上上下下都认为他很快也会消失。然而，出乎所有人意料的是他留了下来，继续担任周日晚上7点播出的纪录片节目《哥伦比亚广播公司报道》的执行制片，这个节目声誉卓著，但是观众寥寥无几。按照普遍的说法，只要节目能让艾美奖[②]那伙人对节目青眼有加，观众是多是少就都无所谓了，但是在哥伦比亚广播公司里并不是所有人都认可这种观点，甚至在节奏缓慢的星期天也不行。

默罗这位广播界的贝比·鲁斯[③]被公司疏远——如果算不上是被流放的话——了整整三年，弗兰德里坚信让这位本垒打之王从新闻署回到公司会令对方感到开心。不幸的是，由于身患癌症默罗无法重返播音间，就算条件允许，他也不愿意回来。默罗的时代已经结束了，哥伦比亚广播公司还在步履蹒跚地走向下一个时代，这个新时代的名号尚虚位以待。将其冠名以"克朗凯特"显然是不正确的，至少在克朗凯特的尼尔森收视率表现依然那么平庸的时候不行。此时，外界尚未对克朗凯特有所定论。新闻部非常需要在收视率上完全压倒全国广播公司一段时期，到那时

---

① 译注：弗兰德里的英文原名为"Friendly"，意为"友好的"。
② 译注：美国电视界的最高奖项，开办于1949年。
③ 译注：20世纪20、30年代的扬基队著名球员，多次带领扬基获得世界大赛冠军。

公司自然会发现下一位播音英雄究竟是谁。

　　几乎是在1964年年初刚一走马上任的时候弗兰德里就同克朗凯特一起开始商讨对当年两党代表大会的报道工作安排。在弗兰德里上任后公司有关《晚间新闻》的第一项决定就对这个节目产生了积极的作用。弗兰德里听从了比尔·莫斯的建议，天才地启用了公司里比较年轻的记者，供职于华盛顿分社的罗杰·马德。马德于20世纪50年代在《里士满新闻导报》开始了新闻生涯，在哥伦比亚广播公司里他受到了霍华德·史密斯的提携。提起往事时他曾说："弗兰德里提议让我每天跟踪报道国会即将对一系列人权法案开始的阻挠议事，除了《哥伦比亚广播公司晚间新闻》，这些报道还要在公司的另外四个电视新闻节目和七个整点广播新闻节目中播出。此前还从未有哪个报道享受过这样的待遇。"

　　马德明白克朗凯特对22分钟（除去塞瓦赖德的评论占用的时间）《晚间新闻》里的每一分钟都十分珍惜，他怀疑对方会谨防将节目时间划拨给对参议院阻挠议事的晚间报道，阻挠议事在本质上就是通过让对手厌烦沮丧，从而达成妥协的拖延战术，这种事情不会带来精彩的电视节目。在国会里，诸如密西西比州的詹姆斯·伊斯特兰和佐治亚州的理查德·拉塞尔这样老派的种族隔离主义者都对具有划时代意义的1964年人权法案表示反对，他们喋喋不休地唠叨了两个多月的时间，即57个国会工作日。

　　在报道中马德就像是坐在前排观看拳击赛一样，风雨无阻地站在国会大厦的台阶上，向观众通告最新进展（没有进展的时候也是如此），就仿佛是在向观众解说一场打了57个回合的拳击赛。难以想象，站在国会大厦台阶上，手里却没有话筒的他是什么样子。经过麦卡锡时代弗兰德里明白了一个道理，一位政客说得越多，挂在他脖子上的绞索就越多。他任由马德在顽固不化的华盛顿特区肆意行动，这里的政客们都像"公牛"康纳一样，放出凶猛好斗的警察走狗，对伯明翰参加游行的民权运动者们发动攻击。他告诉马德："咱们每天都报道人权问题。"马德欣然回答道："好的，先生。好的，先生。"

　　《晚间新闻》的主任编辑，对工作充满热情的克朗凯特指示马德在节目中对斯特罗姆·瑟蒙德和罗伯特·伯德这些阻挠议事的参议员进行简单的介绍。马德接受了任务，突然间报道自成一体了。从3月30日到6月19日马德在哥伦比亚广播公司下属各机构、电视台和广播电台做了共计867期的惊人报道，"无处不在"这个词已经不足以描述他了。美国人原本就对民权法案将何去何从的话题感兴趣，由于哥伦比亚广播公司的报道，对人权法案的审议过程也引起了人们的注意。弗兰德里甚至曾

240

考虑过让马德留起胡须，以显示此次阻挠议事的漫长，但是斯莫与克朗凯特都认为这个把戏太无聊了。阻挠议事持续到了6月，民众的抗议活动促使国会中的多数派动用辩论终结程序结束了这场大辩论（这是该程序在人权议题上的首次胜利）。随即，国会通过了法案，和政治老手们此前所做的预测不同，该法案比较符合原貌。漫长的阻挠活动失败了，这场失败被展现在电视屏幕上，在一定程度上也可以说是电视促成的。后来马德曾说："这场胜利应该主要归功于弗兰德里。他是一个满腔热血的急脾气。你会情不自禁地按照他的想法做事。报道这次的阻挠议事是一次前所未有的经历。而且，站在新闻的角度来看这个主意起作用了。接着弗兰德里又想让我去越南，当时我已经成家了，所以我告诉他'我不去'。"

按照弗兰德里的计划，克朗凯特的《晚间新闻》有机会利用民权斗争在收视率上击败《亨特利—布林克利报道》。哥伦比亚广播公司拥有足够的技术和财力，可以派记者追随英勇无畏的小马丁·路德·金的脚步，参加从蒙哥马利、塞尔马，到孟菲斯的每一场抗议游行。就像美国宇航局和苏联展开的太空竞赛一样，这场报道也必然会充满精彩刺激的场面。此时拉瑟依然能充满热情和奉献精神地为哥伦比亚广播公司报道南部各州的状况，公司在南方的各分支机构都对克朗凯特、马德、拉瑟和总公司支持"黑鬼行动"的态度感到震怒，后者甚至将梅森—迪克西线①以南的地区戏称为"有色播音系统"。哥伦比广播公司在新奥尔良和亚特兰大的分支机构十分偏狭，他们都声色俱厉地告诉佩利不要过于兴奋，不要再将晚间新闻的节目时间大量地用在无偿宣传全国有色人种协进会、学生非暴力统一行动委员会、种族平等代表大会和南方基督教领袖会议搞出来的那些哗众取宠的街头激进游戏上。克朗凯特曾回忆说："不过，我们在工作中从没感觉到有压力。无与伦比的管理层对我们在《晚间新闻》的工作听之任之。"

在斯坦顿的提议下，1964年6月记者比尔·普兰特成为克朗凯特的下属，作为新记者被派驻纽约市办事处。仅仅过了两个星期，普兰特就发现自己已经踩在了野葛丛生的密西西比大地上在报道"自由之夏"运动。来自芝加哥的他对社会正义充满了强烈的爱尔兰天主教徒式的理解，以前他最远也只到过圣路易斯。在那双懵懂的眼睛里整个密西西比州似乎成了白人与黑人相互搏杀的战场，杰克逊、牛津、克

---

① 译注：宾夕法尼亚州和马里兰州的分界线，也是南北战争之前美国的南北区域分界线。这条分界线是美国历史上文化和经济的分界线，其名称是为了纪念发现宾夕法尼亚和马里兰之间的地理分界线的18世纪的英格兰探险者查尔斯·梅森和杰里迈亚·迪克西。

241

拉克斯代尔、哈蒂斯堡和墨西哥湾沿岸地区都上演着联邦政府同南方诸州之间的权力之争。"简直就是月球的背面，是未知世界。没过多久我就意识到那些南方白人认为他们是在维护一种生活方式。一般说来，哥伦比亚广播公司在报道自由斗争的过程中对各方力量都很公平，不过我很清楚远在纽约的休伊特和克朗凯特都为《吉姆·克劳法》所震惊，他们都希望看到它被彻底摧毁。"

1964年7月1日，克朗凯特为《特别报道》主持了一期节目，"夏天就在前方"。这期黄金时段的节目在片头中提出了一个问题，"此前一些人已经预言我们将迎来一个暴力之夏，民权法案的通过有助于避免这样一个夏天的出现吗？"克朗凯特同一支由7名记者组成的报道小组对密西西比、阿拉巴马、佐治亚和佛罗里达各州因民权问题产生的骚乱展开了全方位的报道，可是在报道中抗议游行渐渐地演变成了娱乐活动，偏离了报道的初衷。在克朗凯特的《晚间新闻》节目里，"公牛"康纳式的暴徒牵着狂吠不止的猛犬，手持高压水龙头，同诺贝尔和平奖获得者小马丁·路德·金，以及手无寸铁的男女老少争斗着。

无论是电视屏幕上，还是屏幕外，由约翰逊总统于1964年7月2日签署的民权法案都注定会成为一件大事。不过，通过聚焦于国会中的阻挠议事，哥伦比亚广播公司新闻网已经显示出自己有足够的耐力对特别事件进行连续几个星期或几个月，甚至几年的报道。马德精彩的报道也证明一部分电视观众渴望在电视屏幕上看到国会立法过程中不可告人的内幕。

哥伦比亚广播公司接下来对民权运动的报道不再出现诸如南加州参议员斯特罗姆·瑟蒙德或密西西比州参议员约翰·斯坦尼斯捧着黄页消磨时间的趣闻了，这一阶段的报道中充满了赤裸裸的现实。詹姆斯·钱尼、安德鲁·古德曼与迈克尔·施温纳是三名民权运动职员，他们刚刚在俄亥俄州牛津市的西方女子大学（后被并入迈阿密大学牛津分校）参加了注册选民课程，他们三个人都在密西西比州失踪，随后被认定已经身亡，后来人们在密西西比州费城附近的博格奇图湿地找到了他们那辆被烧毁的旅行车。2005年在接受美国公共电台采访时克朗凯特曾说："参议院总是在周日晚上8点之前有所行动，这原本可以成为周一的头条新闻。可是，那个周日的半夜时分在密西西比的沼泽地里出了一件大事。"

1964年6月22日，星期一，发生在密西西比州的不幸成了《哥伦比亚广播公司晚间新闻》的头条新闻。在节目一开始克朗凯特说道："晚上好。三位年轻的人权工作者于周日夜晚在密西西比州，靠近费城城中心，距离杰克逊东北大约50英里的地方失踪了。有关这三名失踪人员的最后一条消息来自费城警察局，该警局称他们在周日由于超速驾驶而被拘捕，在缴纳了20美元的罚款后被释放了。"情况极其令人不安。克朗凯特认为钱尼、古德曼和施温纳的消失集中体现了南方对黑人的层出不穷的野蛮行径。普林斯顿大学教授及活动家考奈尔·韦斯特曾说："在我长大的地方，在黑人聚居的萨克拉门托的家里，看到沃尔特·克朗凯特报道密西西比谋杀案的态度，我们知道了他站在我们这一边。克朗凯特主动揭露'吉姆·克劳'反民主的伪善本质，对此我们深表感谢。"

克朗凯特曾说1964年的南方"是一个已经200年没有改变过思维的与世隔绝的世界。只有在那里生活过，就像在我10岁那年我家搬到了得克萨斯之后我经历的那样，只有这样你才会明白种族隔离有多么严重。我很快就了解到南北战争就是一场'州际之战'，美利坚联盟国（南方邦联）的旗帜依然能够激起爱国主义的热情。而今，在20世纪60年代，曾经以老南方的面目示人，并被遗忘了很久的时光胶囊就像一个锈烂的坟冢一样被撬开了。在6月的那一周里，这个国家应该被刚刚发现的秘密震惊了"。在美国人的所有缺点中，最令克朗凯特感到愤怒，同时又望而却步的就是充满稀奇古怪的阴谋算计的种族主义。同父亲一样，克朗凯特也是一个对任何形式的偏见都深恶痛绝的人。在他看来，亚拉巴马州州长乔治·华莱士和佐治亚州州长李斯特·马多克斯等支持种族隔离政策的政客都是恶棍。然而，哥伦比亚广播公司坚决要求新闻网保持客观性。克朗凯特时常规避这条原则，不过他不会在现场报道中直抒胸臆，而是通过让节目的播出时间配合金博士的一举一动来表达自己的主张。作为《晚间新闻》的主任编辑他对公平报道有着坚定的信仰，而且他也不希望惹恼公司在亚特兰大、达拉斯、纳什维尔的分支机构。但是，面对钱尼、古德曼和施温纳这样的无辜者在密西西比被南方的偏执所谋害的现实他无法继续保持"客观"了。

在1964年"自由之夏"刚开始的时候，南方的很多人仍旧在不停地抱怨《哥伦比亚广播公司晚间新闻》的报道为了支持民权运动而有所扭曲。当时各大新闻公司都受到了同样的批评。外界常常谴责它们为了满足摄像机对冲突和矛盾的渴望而肆意摆布抗议者，开心地充当民权领袖的走狗，据称何西·威廉斯和约翰·刘易斯这些民权运动领袖曾为上镜效果而对抗议活动进行了事先安排。不过，哥伦比亚广播公司至少用《晚间新闻》的报道回报了民权运动引发的这场社会动荡。正如默罗曾坚定不移地讨伐麦卡锡主义一样，现在克朗凯特也在做着同样的事情，只不过他站在幕后同新邦联种族仇恨煽动者做着斗争。后来民权领袖朱利安·庞德曾回忆说："我始终将哥伦比亚广播公司新闻网当作盟友。这倒不是说克朗凯特是一个活跃分子，事实远非如此。但是他的节目，以及全国广播公司的节目，都遵循着默罗的传统，让摄像机自由转动，在节目中给我们一些时间。在20世纪60年代促使很多美国人痛斥种族偏执思想的正是电视。"

在1964年6月哥伦比亚广播公司新闻网播出的一期节目中，克朗凯特将目光集中在了一个不像"吉姆·克劳"那么备受争议的话题上。这期节目以"我们在一起"的姿态对第二次世界大战作了一番回顾，其中包括他在战争期间作为合众社记者所起到的作用。在1964年的时候美军将领们依然是人民心目中真正的英雄，尤其是艾森豪威尔，克朗凯特就曾跟随这位将军重返诺曼底海滩，以纪念盟军登陆诺曼底20周年。据公司总经理比尔·伦纳德所说，凡是涉及艾森豪威尔的报道，哥伦比亚广播公司就"比其他广播公司更有优势，因为他和比尔·佩利的关系不一般"。特别报道"登陆日20周年祭：艾森豪威尔重返诺曼底"摄制于1963年8月，但是直到次年6月初才在《哥伦比亚广播公司报道》节目中播出，《晚间新闻》也播出了部分片段。在提到当年对艾森豪威尔的专访时克朗凯特曾洋洋得意地说："战后他只故地重游了两次，两次都是为了参加庆典活动。而我采访他的那一次是他首次乘坐直升机飞跃那个地区，首次驾驶吉普车，首次在海滩上漫步。但是（为最终的节目）选景成了问题，无论在哪里停下脚步，无论站在哪条路上，他总有很多可讲的。"

克朗凯特早在1944年初，在进行战地报道期间就结识了艾森豪威尔，当时他们两个人只是点头之交，仅此而已。他一度对艾森豪威尔作为总统的政绩评价不高，直到在1961年有幸采访了已经卸任的艾森豪威尔后他的态度才有所改变。那次采访被安排在艾森豪威尔在宾夕法尼亚州葛底斯堡的家中进行，镜头外，一脸艳羡的塞瓦赖德在附近走来走去。那期节目的制片人是弗兰德里，负责同艾森豪威尔对话的是克朗凯特。在采访中这位前总统同哥伦比亚广播公司进行了长达13个小时的对话，通过每一个话题他的智慧自然而然地展现在观众面前。连续5天，每天两三个小时，克朗凯特和艾森豪威尔共同完成了20世纪一场影响深远的口述史访谈。这些素材最终浓缩为3个小时的特别报道"艾森豪威尔当政"，节目于1961年12月播出，播出后节目引起了热烈的反响。

克朗凯特不是一个迷信的人，但是他渐渐地开始认为艾森豪威尔是他的大福星。继"艾森豪威尔当政"获得成功之后，"登陆日20周年祭"得到了更普遍的认可。《纽约时报》在6月6日专门刊登了封面报道，对艾森豪威尔"朴素而雄辩"地追忆诺曼底往事进行了一番赞扬。在这期节目中克朗凯特表现得彬彬有礼，甚至有些拘谨，一如他在很多节目中的表现一样，正因为如此他代表了大多数观众的态度。美国人民丝毫不希望艾森豪威尔出现在揭露丑闻的独家新闻中。大家只想在心中保留住对这位盟军最高统帅的敬畏之情，正是在他的指挥下"霸王行动"获得了巨大的胜利。艾森豪威尔一边追忆往昔，一边和克朗凯特望着在奥马哈海滩上纵情欢乐的人们，向带领小学生穿过曾经洒满鲜血的沙滩的修女们打着招呼，透过德军的炮台凝望着奥克角白垩覆盖的悬崖。哥伦比亚广播公司新闻网的公关部对外发布了一张克朗凯特开着吉普车陪同艾森豪威尔四处巡游的照片，国际合众社与美联社都转载了这张照片。当来到滨海圣洛朗附近的美军墓地，走在9000多座坟墓中时艾森豪威尔陷入了沉默。当年正是他为很多长眠在这里的将士签署了死亡证明书。在2004年回首往事时，克朗凯特提到了他同艾森豪威尔在诺曼底的那次会面："这或许就是我的职业生涯中最神圣的一刻。"

克朗凯特对美国在1964年插手"越南共和国"一事也怀有类似的敬意，不过表现得并不明显。他毫不质疑地全盘接受了约翰逊政府和军事首长提供的最新战事情报，对国防部部长罗伯特·麦克纳马拉向他透露的原始信息也深信不疑。后来他也承认自己曾经在很长一段时期内一直不加选择地接受着五角大楼对战局的扭曲，他指出自己此前已经将太空竞赛、民权运动和约翰逊的"伟大社会"政策等领域的报道工作据为己有，这令他不加思索地将越南问题也抓在了自己的手里。回首当年，他还进一步坦言当时正在发生的其他一些事情——包括令人瞩目的美苏关系和欧洲的冷战——也都让他放松了对越南问题的警惕。在提到20世纪60年代中期那段岁月时哥伦比亚广播公司的制片人米德格雷曾说："在很多年里克朗凯特个人一直倾向于美国应该插手越南事务的观点。"

1964年4月，哥伦比亚广播公司播出了一部影响深远，但是常常被学者们忽视的纪录片——《越南：致命的决定》，这部影片的主持人是查尔斯·科林伍德。节目播出后，收视率非常惨淡。当年晚些时候科林伍德亲自撰稿并主持了一期《哥伦比亚广播公司报道》，这期名为"我们能脱身吗"的专题报道回顾了美国自1950年开始对越南进行的干预。这些先驱性的纪录片在收视率方面都战绩平平。克朗凯特、弗兰德里和休伊特及时地在《晚间新闻》中播出了纪录片的部分片段，并报道了有关越南的新闻，但是自始至终对这部纪录片缺乏十足的热情，虽然影片中充满了大量前瞻性的画面和解说词，但是影片本身在当时还不足以激起公众或《晚间新闻》的主播及主任编辑的愤慨。

在播出"登陆日20周年祭"的两个月后，即1964年8月4日，星期二，国际合众社和美联社发来消息称美军的一艘驱逐舰在越南沿海的北部湾遭到了袭击，当时克朗凯特碰巧就待在公司的新闻编辑室里，这是三天内第二次收到有关海军舰艇遇袭事件的报道。在北越（越南民主共和国）的军事行动令美国感到挫败，总统准备对北部湾事件做出反应。当天晚些时候约翰逊做了一场讲话，在讲话中他要求对越南实施军事打击。北部湾事件促使美国按照原先的计划，对北越展开了轰炸。就在同一天，人们终于在密西西比州找到了施温纳、钱尼和古德曼的尸首。克朗凯特在《晚间新闻》中首先报道了尚未得到证实的北部湾事件，但是随即就对密西西比的罪案作了一番全面的报道。

当天晚上11：30，约翰逊总统在电视上向美国人民详细讲述了令人不安的北部湾事件，以此为美军的"军事行动"进行了一番辩解。翌日，他让国会在后来被克朗凯特蔑称为"爱国主义狂热"的气氛中仓促地通过了北部湾解决方案。华盛顿的一些观察家在此之前已经对这一事件的真实性表示了怀疑，对总统和国会如此草率地决定实施军事报复他们都感到遗憾。克朗凯特不在此列，他承认自己"支持"约翰逊的决定。这一次，一贯执着于在播音前仔细核对事实的他却对约翰逊就越南事件的解释深信不疑。

在《统治者》一书中记者哈伯斯塔姆讲述了自己对弗兰德里所做的一次采访，后者在采访中承认在约翰逊就北部湾事件发表讲话的当夜他接到了默罗打来的电话。尚未康复的默罗依然充满热情，哥伦比亚广播公司表现出的自鸣得意令他勃然大怒，有关美军在北部湾遇袭事件的报告含糊不清，根本没有得到证实。默罗咆哮道："咱们对那里的事情究竟知道些什么？为什么会出这种事儿？你为什么不让拉瑟和那群小子做点专门的分析？"

实际上，在越南战争开始之初，克朗凯特在内心仍旧是那个在1943年前后被派驻英格兰的第八飞行中队的合众社随军记者。他曾说："我仍旧像以前一样支持原先的职责，这份职责符合肯尼迪曾经做过的承诺——'我们应当支持一切能够保证自由取得胜利的朋友'。"由于天性，再加上自幼受到的教育，这个出身于普通阶层的爱国者在"北部湾"这样的国际突发事件中选择了信任美国总统。在那个夜晚收看他的节目的绝大多数美国观众也都如此。你可以说他过于天真，或者是被彻底洗脑，也可以说这只是他的美好愿望。后来克朗凯特十分厌恶这种说法，但是在1964年他的确表现得就像一个对约翰逊唯命是从的马屁精。还应该指出的是，同时期他还是美国宇航局值得信赖的代言人，有权接触到最高机密，而且自从在斯大林统治时期被合众社派驻莫斯科以来一直带着短视的冷战世界观与苏联为敌。

在发生北部湾事件后出于"个人情感"克朗凯特认为美国必须终止最终将让东南亚地区悉数落入共产主义手中的多米诺效应，但是他也努力在工作中保持着客观立场，当时哥伦比亚广播公司（以及他自己）坚持奉行新闻节目主持人不应当对越南问题发表个人评论的原则，他可不想违背这一信条。公司新闻网的记者莫雷·塞弗在提到克朗凯特时曾说过："我不会说他属于强硬派，但是我得说他的思维始终处在第二次世界大战的框架下——我们都是好人，北越人民都是坏人。实际上越南的情况并不是这样的。"

第十九章
佩利削权未遂

嗨，戈德华特——慈父风范——令人头疼的记者——哥伦比亚广播公司的皇帝——笑到最后——克朗凯特后援团——南希·克朗凯特心向约翰逊——为泰迪·怀特喝彩——在母牛宫惨败——沃尔特究竟怎么了？——小人物克里斯眼中的历史——在大西洋城抗旨不遵——坚持到比赛结束——"巴特比"克朗凯特

在1964年的夏天，克朗凯特对亚利桑那州参议员巴里·戈德华特的担忧与日俱增，他担心曾涌现出亚伯拉罕·林肯和西奥多·罗斯福等大政治家的政党会将其提名为总统候选人。同自己敬仰的李普曼一样，克朗凯特认为戈德华特所具有的吸引力实际上就是种族主义，是"白人抵抗组织"间接地向马丁·路德·金领导的非暴力运动发出的战斗口号。

克朗凯特与戈德华特之间的积怨开始于肯尼迪遇刺后的那段痛苦时期。在那个悲哀的日子里戈德华特正在印第安纳州曼西市参加岳母的葬礼，当时正在播音的克朗凯特刚刚从公司同事手中接过一张便条。克朗凯特曾提到过当被问及对肯尼迪遇刺一事的看法时戈德华特只是冷酷地说了一句"无可奉告"，提起这件事情时克朗凯特几乎毫不掩饰自己对对方的鄙视，在他看来戈德华特的态度不言自明，达拉斯的惨剧对麻木不仁的他而言无足轻重。无疑，克朗凯特含沙射影的演绎令戈德华特丢了面子，后者称这种自由主义的蠢话纯属"可恶卑劣的谎言"。将克朗凯特在1964年4月至8月间主持的新闻节目回顾一遍就可以清楚地看到戈德华特常常被哥伦比亚广播公司新闻网视作新纳粹怪物，极右组织约翰·伯奇协会戴着角质眼镜的代言人，比麦卡锡更不配入主白宫的西部反动分子。在戈德华特的竞选团队看来，克朗凯特则是一个默罗式的冥顽不化的自由主义斗士，一心想要搞到重大新闻，不断

对保守派发起攻击，随时在他那个表现卓越的"百事通记事本"①中查找着任何一个可以令这位亚利桑那州参议员蒙羞受辱的线索。总体而言这种说法经过了戈德华特竞选班子的夸张，但是其中不乏一定的真实成分。戈德华特曾对凤凰城的KOOL电视台抱怨过哥伦比亚广播公司新闻网对他进行的一连串羞辱："他们甚至没有向我道一声歉。这样一来，我再也不会尊重这种人了。我认为就不应当允许这些人进入播音这一行。"

戈德华特对克朗凯特的刁难感到不公，他曾对比尔·斯莫（哥伦比亚广播公司华盛顿特区办事处主任，后成为全国广播公司新闻网的总裁）抱怨说哥伦比亚广播公司的这位主播在播音中都不知道该怎么读准"共和党员"这个词。斯莫回答说："不，巴里。他读不准的是'二月'这个词。"（在哥伦比亚广播公司里，克朗凯特的"二月"问题尽人皆知，他总是把"February"中的"r"发作"y"。每年一到一月的最后一个星期，制片人们便会强迫他反复练习"二月"的发音。索科洛曾说过："这会管用一两天，然后他又倒退回去了。"）

共和党于1964年7月在旧金山召开的代表大会日益临近，而《哥伦比亚广播公司晚间新闻》还在继续将戈德华特描绘为一个心怀法西斯观念的人。深感不安的克朗凯特唯恐戈德华特一旦当选总统便会对北越动用低当量原子武器，他认为自己有义务揭露这位参议员的极右思想。多年后他曾解释说："戈德华特是一个激烈的鹰派人物，他深信核武器有助于美国赢得越南战争的胜利。如果说在今天这种想法听起来很极端的话，在当时也同样极端。但是戈德华特的确说过这样的话。"

身为《晚间新闻》的主任编辑，克朗凯特似乎很喜欢时不时地对戈德华特刺激一番，以此取乐。7月末他在节目中播出了哥伦比亚广播公司驻慕尼黑的记者，作风严谨、信奉自由主义的丹尼尔·绍尔发来的一条报道。克朗凯特带着近似戏谑的笑容说道："无论参议员戈德华特是否获得提名，他都要去很多地方，第一站就是德国。"接着绍尔又补充道："看起来一旦得到提名，参议员戈德华特就要在德国右翼势力的腹地巴伐利亚启动自己的竞选活动。"其实事情的由头只是戈德华特接受了威廉·奎因中将的邀请，将前往美军驻德国的休闲度假中心贝希特斯加登短暂休息几天。然而，绍尔却曲解了事实，特意指出贝希特斯加登一度被"希特勒肆意践踏"。为了大张旗鼓地显示自己对北约组织的诚意，戈德华特接受了《明镜周刊》

---

① 译注：指克朗凯特主持的新闻节目。关于这个比喻请参见前文。

的采访，在采访中他提到自己可能不久便将前往德国。一位反对戈德华特的民主党研究员也指出戈德华特痴迷于纳粹分子。这些言论十分恶劣，但是更为恶劣的是克朗凯特与绍尔竟然在《晚间新闻》如此高规格的新闻节目中播出了这条报道。克朗凯特显然十分厌恶戈德华特前往德国的把戏，他紧接着又在节目中播出了在密西西比州有一座非洲裔美国人的教堂被烧毁的新闻，对有关贝希特斯加登的消息进行了追击。历史学家里克·珀尔斯坦在《暴风雨来临之前》中解释道："有关德国的报道如同一列货运列车一样对旧金山造成了冲击。"

得知克朗凯特与绍尔合谋夹击戈德华特后佩利勃然大怒。他已经对宾夕法尼亚州州长威廉·斯克兰顿竞选共和党总统候选人提供了资金上的支持，因此他不希望戈德华特的竞选班子指责他出于利益冲突而指使自己的记者做出此番举动。这绝非小事。佩利命令克朗凯特与绍尔正式对这条消息做出否认……立即……澄清戈德华特不曾对《明镜周刊》提到过自己将前往贝希特斯加登，以"取悦右翼分子"。克朗凯特与绍尔利用公司的《晚间新闻》节目刁难戈德华特，这种做法本身就令佩利感到火冒三丈，他决定亲自前往旧金山，看看那里究竟出了什么状况。拉瑟曾回忆道："哥伦比亚广播公司的很多人都对'戈德华特是纳粹'这条新闻火冒三丈。这是绍尔的报道，可是克朗凯特当了传声筒。沃尔特对绍尔很恼火，公司经理们则把矛头指向了他。"

这些争执都对戈德华特毫无帮助。民主党全国委员会翻印了克朗凯特与绍尔的新闻稿，然后将稿件分发给了聚集在旧金山的媒体和街上来来往往的老百姓。"二战"期间克朗凯特在伦敦结识的密友，深受读者喜爱的《旧金山考察者报》专栏作家赫伯·康恩也大做了一番文章，将戈德华特同希特勒联系在了一起。他在文章中调侃道："你尽可以说你对戈德华特的期望值就只是保守主义和右翼观点，但是在我看来他就像苹果馅饼一样是地地道道的美国货。"

戈德华特的竞选班子将克朗凯特视为掩护约翰逊竞选连任的工具，但是哥伦比亚广播公司公关部却将在宣传中将其描绘为"妙爸爸"①式的人物——年薪15万，与结发妻子已经走过了25年的婚姻生活，并且养育了3个模范式的儿女。当《大都市》杂志（女权运动先锋格洛利亚·斯坦纳姆尚未成为该杂志的专栏作家）决定在文章中对贝特西·克朗凯特做简单介绍时，贝特西扮演了一位生活在纽约州斯卡斯

---

① 译注：一部以典型的美国中西部中产家庭生活为内容的广播（1949—1954）及电视（1954—1960）系列剧。

代尔镇，以玛米·艾森豪威尔（艾森豪威尔的妻子）为偶像，对家庭尽忠职守，毫无个性的好妻子的角色。《大都市》的读者们没有见识过典型的贝特西式的讽刺，他们只听到了一位曾经的豪马克公司公关人员才说得出的令人发腻的废话。在《大都市》发表这份简介的几年后《纽约邮报》刊载了一篇名为"与沃尔特·克朗凯特夫人……在家"的文章，在文章中贝特西告诉读者自己的宝典就是《高级家居及野餐烹饪指南》和《烹饪的喜悦》（沃尔特最喜欢的菜肴是炖牛肉）。生活很厚待贝特西，唯一令她感到不满的就是沃尔特没有时间制作模型飞机、玩电动火车、高山滑雪，也没有时间驾驶着刚刚购买的22英尺长的"伊莱克特拉"畅游长岛湾。"包括清洁工在内的所有人都对他直呼其名。他喜欢这样。他向来以认识所有人而出名。这世上还没有哪个角落是沃尔特找不到熟人的。"

在哥伦比亚广播公司的工作间里克朗凯特坚持走在一座独木桥上，对于追求事实、作风严肃的他而言，在这条道路上唯一的工作方法就是每天晚上报道重大新闻。这正是拉瑟、瑞森纳和舒弗尔这些对他充满敬意的记者眼中的他。为默罗所鄙夷的米克尔森曾将克朗凯特作为深谙新闻之道的专家、元帅、公司的宝贵资产，以及同埃德·沙利文、露西尔·鲍尔和"灵犬莱西"一样冉冉升起的新星推销给公司的附属电台和电视台。米克尔森对克朗凯特充满了盲目的信任，他认定克朗凯特同其他播音员的区别就在于当面对疑问的时候克朗凯特总是像暴君一样强行追问着答案。其他一些同事也认可这种说法，舒弗尔就曾解释说："他的好奇心就是这么强烈。要是哪里有一辆被撞坏的车，又恰好被沃尔特看到的话，那这辆车肯定就像是他平生见到的第一辆破车一样，他肯定想要对这辆车彻底了解一番。"

节目组工作人员尽职尽责地满足着"沃尔特的需要"，也就是确保让这位主播阅读定期被送到办公室的观众来信。没有人会为他预先筛选一遍信件，他喜欢聆听各种意见。正如制片人米德格雷和哥伦比亚广播公司新闻网的副总裁克拉克指出的那样，同绝大多数电视演员不同的是，克朗凯特喜欢听到别人对他开诚布公的评价，无论是赞扬，还是批评。克朗凯特很欣赏制片人索科洛报道恶劣新闻时的态度，同公司里的记者和经理们不同，后者不会对这种新闻进行粉饰。每当有了新的想法或者碰到麻烦，想要找克朗凯特帮忙时，大家都会把索科洛当作传声筒。在每天收到的数千封观众来信中克朗凯特会按照自己的喜好，对一些问题做出回答，大约在约翰·格伦完成绕地球轨道飞行的壮举期间首先被他选中的问题来自堪萨斯州艾奇逊市的两个小姑娘："亲爱的克朗凯特先生，宇航员们想上厕所时怎么办呢？帕姆和玛吉敬上。"

只要认为观众的批评意见有价值，哪怕需要他代表公司承认错误，克朗凯特也会向观众作出答复。《晚间新闻》曾在无意中曲解了密歇根州州长乔治·罗姆尼针对黑人权利运动所做的评论，克朗凯特随即无奈地向对方表示了歉意。在给罗姆尼的新闻发言人的信中他写道："您的意见合情合理，我们对这则报道的处理的确有误。这封信并不是在为我们的失误作辩解，或者寻找依据，我只是希望通过这样的方式向您说明通讯社在新闻稿件中将州长的观点隐藏在一大堆不相干的评论中，因此我们的撰稿人和编辑都没有注意到这一点。在昨天播出的专访中我们展示了罗姆尼州长的评论全文，我希望通过这个专访对我们的失误做出了弥补。"

　　对于在民主党于8月24—27日在大西洋城召开的代表大会上获得总统候选人提名的事情约翰逊稳操胜券，因此外界的目光都集中在共和党定于前一个月，即7月13—16日在旧金山举行的代表大会上。戈德华特与洛克菲勒之间的角逐充满悬念，三大广播公司将在宣传报道中将其渲染为争夺共和党核心位置的内部战争。由于仍旧对有关贝希特斯加登的报道耿耿于怀，戈德华特的竞选班子不准克朗凯特接触任何一位候选人。如果能得到机会，戈德华特的律师甚至还会向法院申请对哥伦比亚广播公司新闻网的这位主播发出限制令。这种状况不禁使人想起了1952年由于对温和派的艾森豪威尔有所偏向，克朗凯特与休伊特激怒了保守派的塔夫脱时同当前如出一辙。

　　由于在1960年两党代表大会期间的表现不尽如人意，在大会结束后弗兰德里组建了竞选特别报道小组，这个小组的负责人是在"二战"期间服役于美国海军，后来受雇于哥伦比亚广播公司主持广播节目《这就是纽约》的比尔·伦纳德，自1952年他就与克朗凯特成了朋友。伦纳德将负责1964年两党代表大会的报道工作的消息令克朗凯特喜出望外，而伦纳德也同样为这个安排感到开心，在他的眼中整个新闻网负责采集新闻的部门里克朗凯特是他最亲密的朋友，他们两个人曾携手制作了很多期《哥伦比亚广播公司报道》。然而，当他俩深陷于1964年两党代表大会的大混乱后一切都变了。一开始，报道旧金山大会的各家媒体都争先恐后地要求对戈德华特进行采访，对哥伦比亚广播公司而言这条路完全被堵死了。在自传《身在眼球风暴中》中伦纳德写道："共和党代表大会召开时比尔·埃姆斯、鲍比·伍斯勒和我创立了'克朗凯特后援团'，我们每天都要碰面，有时候会忙到深夜。我们的目的在于设法让沃尔特按照我们的意图行事，只做对节目或新闻部有利的事情——同时还要让他在这个过程中非常享受。面对要求他做出改变的各种建议，他总是想方设法地进行抵制。天性使然，沃尔特是一个有些迷信，有些多疑，会公开表示只做对自己有利的事情的那种人，尤其是涉及改变，更重要的是威胁到或者有损于其地位的事情。"

克朗凯特像对待怪物一样对戈德华特视而不见，后者在随后的总统大选日里惨败于约翰逊，克朗凯特甚至懒得为旧金山大会调动自己的积极性。在他的意识里，戈德华特完全来自于这个星球上最右端的角落，他就连看一眼那个地方的欲望都没有。倘若他上了戈德华特的黑名单，那这只会令他在民主党的大西洋城代表大会上更加受到约翰逊总统的欢迎。民意调查显示约翰逊很有可能在11月的竞选中获胜，一旦这种情况成为现实克朗凯特就会更有机会接近白宫。哥伦比亚广播公司委派他全面负责对民主党代表大会的大型报道，在此期间他将身兼主播和主任编辑的双重职务。克朗凯特自视为明星四分卫和教练的集合体——他的大脑在应付讲话的同时还能为接下来的栏目理清思路。执行制片人休伊特和其他人当然在百忙中也有应对各种情况的对策，但是克朗凯特自有一套成熟的体系，这样他就能在播音过程中掌握最终的决定权。训练有素（写稿迅速）的助理人员们在镜头外举着提示牌，以便他随时了解到正在发生的事情；通过耳机他掌握着大会讲台上的发言；身旁的一排监视器源源不断地向他输送着"养料"。有了这一切，他根本无须为工作发愁。他就是一位掌舵者。

克朗凯特也面临着自己的问题，他太引人注目了。由于对戈德华特的敌意他受到了八卦专栏作家们审视，结果他自己也成了新闻人物，这种关注令他感到厌烦。各个小报竞相追踪记录着克朗凯特对约翰逊的偏向，在读者中颇有影响力的德鲁·皮尔逊在自己的专栏"旋转木马"中还发表了一篇刁难南希·克朗凯特的文章，在文章中提到克朗凯特这位年仅15岁的女儿悄悄溜进戈德华特下榻的客房，在房间里挂起了"斯克兰顿当总统"①的标语。皮尔逊还暗示读者南希同戈德华特参议员的儿子迈克尔打情骂俏了一番。对凡事都喜欢刨根问底的沃尔特·温切尔也参与到皮尔逊发起的"一起揭露克朗凯特这个自由主义分子真面目"的游戏中。

"我见到你的女儿南希了。"温切尔对克朗凯特说。

"在哪儿？"

"跟戈德华特的一个小助理带着斯克兰顿的标语牌。她跟我说她并不支持斯克兰顿。她实际心向约翰逊。"温切尔说。

---

① 译注：威廉·沃伦·"比尔"·斯克兰顿（1917—2013），美国共和党政治家，1963—1967年担任宾夕法尼亚州州长，1976—1977年担任美国驻联合国大使。

在1964年新闻界都相信克朗凯特的确支持约翰逊，但是大家都明白他的个人倾向不会左右哥伦比亚广播公司新闻网对大会的报道工作，克朗凯特知道如何保持中立。哥伦比亚广播公司负责策划大会报道的经理们挑选了22名记者，组成了特别报道组，这其中包括拉瑟、马德、华莱士和马丁·阿格隆斯基等一批最渴望亲临现场报道大会实况的记者。负责主持广播报道工作的是自1936年为哥伦比亚广播电台报道罗斯福与（阿尔弗雷德）兰登之战以来久经沙场的罗伯特·特劳特，此外他还将偶尔同克朗凯特联袂主持电视报道。瑞森纳将随时待命，以备在"铁裤子"需要休息片刻时不让节目冷场。此外，《制造总统，1964》一书的作者西奥多·怀特为节目贡献专家意见。克朗凯特曾断言："我们都是新型政治新闻的受益者，这种新闻是泰迪·怀特（西奥多·怀特）介绍给我们的，最先开始探究竞选机制的人里就有他。"

在1964年上半年怀特曾连续数月追踪着竞选活动，如同各位候选人一样密切关注着募款人和各县会议的动向。对他而言政治是一项严肃的工作，但是这并不意味着他就是一个乏味无趣的人。无论是在电视上，还是在写给报纸的文章中，对总统选举团（由各州选民产生，代表本州参加总统、副总统选举投票）这个神秘世界漫不经心，同时又充满智慧。克朗凯特特十分景仰怀特作为平面媒体记者的经历。怀特在亨利·卢斯的"《时代》—《生活》"媒体帝国开始了记者生涯，在采访和撰稿时他不仅反复核实信息，而且还具有历史学家的远见，总是能够在芜杂的信息中发现具有深远影响的事件。在1960至1980年期间，每逢参加公司为报道两党代表大会召开的讨论会时克朗凯特总要提出让泰迪·怀特协助他，无论是在播音时，还是在工作之外都当他的参谋。

当旧金山大会召开时克朗凯特已经为1964年的大选准备好了充足的研究资料，满满五大本调查数据和剪报，还有各种简明扼要的趣闻轶事。由于会议召开时恰逢夏季，克朗凯特便安排贝特西与孩子们陪他一道前往旅游胜地旧金山，他希望带着家人去参观渔人码头、唐人街、谬尔红杉森林、海豹岩和旧金山湾区的各处名胜。这种做法清楚显示出了他的自大，在他看来报道共和党在母牛宫举行的代表大会易如反掌，经历了对肯尼迪遇刺事件的报道后，看着戈德华特、洛克菲勒和斯克兰顿争夺提名只会令他哈欠连天，这种事情甚至比系鞋带都简单。至少他自己是这么认为的。

按照人们的预计在共和党代表大会上党内各派系将上演一场赤裸裸的争斗。这个政党已经有110多年的历史，在最近的50年里一直积极地谋求着一个鲜明的个性。在1952至1960年期间艾森豪威尔一度成为该党的代言人，但是党内对他一直颇有争议，因为本质上他并不是一个理想的政治家。副总统尼克松在1960年赢得了党内的支持，但是在当年的选举中惨遭失败。到了1964年，共和党的党员们已经做好更加充分的准备，等待着期盼已久的新时代的到来。促使竞选活动日趋激烈的是戈德华特领导的极端保守集团；洛克菲勒代表着更为进步的思想；斯克兰顿则属于温和派，一心想要带领共和党回到温德尔·威尔基和托马斯·杜威代表的中立时代。大会召开后，显然会获得提名的戈德华特在首轮投票中遥遥领先，但是还有一场硬仗等待着议员们。对于广播公司的新闻部而言，任何一场政党代表大会都十分激动人心，但是唯独在母牛宫举行的这场会议将被载入史册，所有人都很清楚这一点。

7月10日，克朗凯特拖家带口地抵达了旧金山国际机场。贝特西带着孩子们去了马克霍普金斯酒店，克朗凯特在同弗兰德里碰面后便同后者一起坐着出租车赶到了母牛宫，察看了一番公司为即将开始的报道工作在母牛宫安装的设备。结果，原本应该令人愉快的简单工作却变成了一场噩梦。眼前的景象令克朗凯特感到"惊骇"，胶合板搭建的树屋式的粗陋播音间完全不具有指挥中心的模样，看起来更像是莫哈维沙漠里的一个破破烂烂的汽车旅馆房间，而房间里的设施只有一部电话。工作人员的办公桌呢？纠缠交错的电话线呢？主播的作用被大幅度削弱，按照"克朗凯特后援团"的规定应该有人及时通知克朗凯特这种变动啊。米克尔森没有提前向克朗凯特提到新的流动记者体系，提起这件事情时伦纳德曾说："当时沃尔特被气得火冒三丈。"克朗凯特既定的发言机会缩减了，以便报道的重心分散到更多的评论员和记者的身上。他同公司协商了一番，希望公司做出些许让步，例如将自己和塞瓦赖德的座位安排在一起，但是当7月13日大会开幕后他却只感到悲愤交加，随时处在爆发的边缘。在他看来亨特利和布林克利这对搭档得到了更好的待遇，这种突如其来的嫉妒心在他的身上很少见。

当得知塞瓦赖德会得到相当多的出镜机会时克朗凯特厌恶地踹了一脚地板，长长地呻吟了一声。他觉得每当摄像机的红灯亮起时就会紧张地冒出一身痧子的塞瓦赖德根本不适合大会的电视实况报道工作，在他的眼中塞瓦赖德完全就是一个大包袱。佩利和斯坦顿却不这么认为。在当年的11月弗兰德里任命塞瓦赖德为驻华盛顿特区的全国新闻记者，每天晚上都将在《晚间新闻》里露面（而不再只是每周两三次）。不仅如此，弗兰德里还说塞瓦赖德——而非克朗凯特——是哥伦比亚广播公司的詹姆斯·莱斯顿[1]和沃尔特·李普曼。斯莫曾说："沃尔特有生以来唯一一次感到为难的就是对付丝毫没有被他放在眼里的塞瓦赖德，塞瓦赖德哪怕只占用《晚间新闻》最后的一分钟做做评论都令他非常不开心。塞瓦赖德压根儿就不应该得到重用。每当塞瓦赖德突然跳出来播报突发新闻的时候，沃尔特就会说一声'天哪'。"

按照计划，有关代表大会报道工作的重大决定都应由控制室做出，弗兰德里与伦纳德在控制室里随时掌握着会议大厅的情况，然后通过耳机对克朗凯特做出提示。以往佩利很少会出现在大会上，但是1964年的报道工作对他的公司具有至关重要的意义，他就像巨型怪兽哥斯拉一样晃悠在母牛宫里，让下属们更加紧张了。共和党全国委员会里有不少大人物都忧心忡忡地向身为共和党人的佩利质疑克朗凯特对戈德华特的蔑视，佩利只能告诉大家没有第二个人能像克朗凯特那样为报道注入那么多的"情节"，他是业界的典范。

哥伦比亚广播公司新闻网针对此次大会制定了如下的方案。当马德这些值守在会议大厅的记者抢到重大新闻或者争取到对关键人物的采访时，他们就会将情况报告给控制室，接着休伊特便提示克朗凯特将画面切换到记者那里。碰到插播简讯的时候，克朗凯特总是会要求发来这条消息的记者就其他方面的情况发表一下自己的见解，在亲自采访时克朗凯特必然会这么做。在播音主持间里埋头于大量的新闻中的克朗凯特总是知道一些记者们不了解的事情，所以在直播节目的过程中他很擅长于让记者将听筒交给采访对象，好让他直接采访对方，而记者则拿着话筒傻乎乎地站在一旁。这种做法丝毫不能为他赢得报道小组其他成员对他的好感。有一次他指示在会议现场的休斯·鲁德交出耳机听筒，这位在1959年由他引介给公司的前合众社记者抱怨道："要是这个老杂种再这么干的话，我就直接上主持间，把听筒套在他的脑袋上，叫他自己采访去！"

鲁德的这番话反映出肯尼迪遇刺之后在哥伦比亚广播公司这个大家庭中一些人对克朗凯特的不满——他就是一个播音霸王。一旦开始播音"铁裤子"就总是能够坚持很长时间，他不需要，而且看起来也不希望其他人参与其中。在广播的全盛时代，哥伦比亚广播电台的鲍勃·特劳特也展现出了这种能力，可以滔滔不绝地聊上一个小时，甚至一整天。除了记者，克朗凯特还认为自己是一个讲故事的高手，自

---

[1] 译注：《纽约时报》的著名记者，尼克松于1972年访华时的随行记者。

己的嘴巴完全跟得上事情发展的节奏。电视观众应该很厌烦那些分散注意力的无聊内容和难以控制的题外话，对他来说也是如此。不过，在旧金山期间有时他会变本加厉地动用自己作为主播的自主决定权。当休伊特提示他应当将发言权交给会议大厅听众席上的记者时，他会置若罔闻地拖延着，等到他愿意把发言权交出去的时候由于各种原因记者也总是来不及发言了。在以前的代表大会上他也有过同样的举动，但那时他有权对报道内容进行定夺。但是在母牛宫的会议期间他没有被授予这样的权力。在插播广告的间歇报道小组爆发了争执，这种情况在克朗凯特的播音生涯中是史无前例的。

　　克朗凯特肆意霸占采访机会，不愿支持塞瓦赖德，排斥会议现场的记者，按照马德的说法，他"独霸了大量的节目时间"。倘若处在播音的最佳状态，那么这种做法或许还无可厚非，但是在旧金山大会期间他的状态并不理想。结果，局面变得棘手起来。在《记者生涯》中他开诚布公地写道："正如我所预料的那样，我们对这场大会的报道非常糟糕。在那一周里，随着时间的推移我们逐渐陷入了绝境，对于这种状况的出现我难辞其咎。"就像把手彩小把戏演砸了的马戏团小丑一样，在那个7月克朗凯特变成了一台连连出错的机器。来自克朗凯特家族的这位播音员在4000万电视观众面前轰然倒下，这种情景实在不堪入目。后来拉瑟曾说过："我和前往旧金山的其他记者一样，一心想要击败全国广播公司。可是在会议现场所有人的表现都不怎么样。我们被彻底打垮了。看着那场大会上录制的节目，心里可真难过。"

　　除了在旧金山期间共和党的领袖们极端妖魔化媒体，尤其是电视新闻之外，克朗凯特还面对着其他一些麻烦。与会代表们认为哥伦比亚广播公司抱有偏见，出于对该公司的愤怒，再加上戈德华特的暗示，他们公开表示对记者的抵制。在母牛宫外的人行道上有人叫卖着写有对亨特利、布林克利和克朗凯特诟病之辞的胸牌（"制止克朗凯特"）；一伙青年男女四处游荡着，一路上高唱着一首歌，歌中反复出现"该死的沃尔特·克朗凯特"这样的唱词；全国步枪协会的会员、银行总裁、小镇议员、虔诚的教徒、公司经理、约翰·伯奇协会的会员、战斗英雄、工程师和石油商人一起咒骂着哥伦比亚广播公司新闻网（及其他新闻机构）。右翼运动将矛头直指向哥伦比亚广播公司新闻网，默罗对麦卡锡的穷追不舍和克朗凯特对戈德华特的羞辱招致了外界对公司的敌意。这种敌意来源于南方各州僵持不下的局势，种族隔离主义者们痛恨总部设在纽约市的各大广播公司，因为这些广播公司利用电视的力量揭露了丑恶的"吉姆·克劳"式的种族关系。当戈德华特在大会上指出"保护自由的极端主义不是罪恶"时，一些保守分子转头看着哥伦比亚广播公司的播音室，冲着克朗凯特竖起了中指。

不过，受到诘难的并不只有克朗凯特一人。在旧金山期间，在从酒店到母牛宫的一路上亨特利和布林克利也常常遭到形形色色的共和党人的威胁。当艾森豪威尔一边拿着高薪当着美国广播公司的评论员，一边一反常态地恶语中伤着电视节目里那些"惯于煽情的专栏作家和评论家们"时，全国广播公司新闻网的这对搭档几乎真的就需要受到保护了。从艾森豪威尔嘴里冒出来的这句话让参加大会的代表们变成了一群怒火中烧的暴民，用布林克利的话来说，他们"用低沉沙哑的吼声宣泄着仇恨"。这是他，或者说自玛丽·安托瓦内特①以来几乎所有人都从未见到过的景象。他曾在文章中写道："代表们离开座位，冲到会场一侧，我和亨特利，以及其他公司的记者们就在他们上方的玻璃隔间里忙碌着。他们中间的一些人在盛怒之下手忙脚乱地翻过座椅，冲着我们嚷嚷着，还挥舞着拳头……我不知道倘若可以抓到我们的话他们会干出什么事来，不过我敢肯定他们气得足以干出任何事情。"

迈克·华莱士当时是《哥伦比亚广播公司早间秀》的主播，在2003年他又为福克斯新闻频道主持了一档大获成功的周日晨间谈话节目，他的儿子克里斯亲眼看到了1964年那一场轰轰烈烈的反媒体运动。当时克朗凯特聘请克里斯担任他的私人助理。除了有迈克·华莱士这样的亲生父亲，克里斯还有担任哥伦比亚广播公司新闻网总统大选特别报道小组负责人的伦纳德这样的继父，后者恰好还是克朗凯特的顶头上司。在旧金山代表大会期间，当时年仅16岁的克里斯一直勤勤恳恳，他十分适合这个职位。在克里斯还是小孩子的时候克朗凯特就认识了他，当时他对威斯特彻斯特县的凯旋TR-3公路拉力赛流露出了浓厚的兴趣。华莱士和克朗凯特两家人还曾结伴驾船巡游长岛湾，当时克里斯正在同南希·克朗凯特恋爱，这种关系进一步增强了两家人的交往。提起往事时克里斯曾说："她是我的初恋。你也知道，那时候所有人都会提携自己的亲属，所以在跟沃尔特的女儿谈着恋爱的时候我得到了第一次协助沃尔特报道代表大会的机会。"

在母牛宫期间，克里斯完全是克朗凯特主导的播音间里的一名勤杂工，不停地为这位著名主播端茶倒水，要不就是削铅笔。然而，对克朗凯特来说一切似乎都很

---

① 译注：法国国王路易十六的妻子，在法国大革命期间因为她挥金如土，热衷于舞会、时装、玩乐和庆宴，修饰花园，奢侈无度，同情外敌（其母国奥地利首当其冲），而不被法国民众喜爱。在法国大革命期间被送上了断头台。

不顺心。克里斯还记得就在艾森豪威尔斥责专栏作家和评论家们惯于煽情，全体共和党代表开始跺脚，冲着哥伦比亚广播公司的播音间摇晃着拳头的时候他就在那间播音室里，当时正坐在播音间里的塞瓦赖德成了保守分子们咒骂的对象。更糟糕的是，克里斯感到自己深陷在继父和克朗凯特的矛盾中无法脱身。他曾说："沃尔特无视别人的指示，自顾自地讲着。他的这种态度有些不光彩，我是说他的确是一位伟大的通讯社记者，一位伟大的电视记者，但是在播音中他有些霸道。在这个问题上我的继父和克朗凯特之间存在着相当激烈的权力斗争。终于，大会结束了，我们的收视率很不理想。"

共和党的代表大会又一次令哥伦比亚广播公司对收视率感到了巨大的失望，全国广播公司里一位以虐待他人为乐的经理用胶带纸将哥伦比亚广播公司新闻网寒碜的收视率数字贴在了克朗凯特的会场播音间的门上，克朗凯特一点也不觉得这种举动很幽默。"蒂芬尼网"被全国广播公司远远地甩在了身后，但是众人还是认为哥伦比亚广播公司会派出原班人马前往8月中旬将召开民主党代表大会的大西洋城开始新一轮的战斗。为了给大家鼓劲，克朗凯特说只要有更华丽的图表和更好的工作室哥伦比亚广播就能够在下一轮的较量中击败全国广播公司，到时候约翰逊总统必定会优待克朗凯特。伦纳德率领的"克朗凯特后援团"，以及他的助手们也将在大会召开之前的几个星期里同克朗凯特埋头苦干一场，以消除一切潜在的问题。

这一切原本都有可能成为现实，只是旧金山大会上暴露的问题令公司主席感到担忧。公司新闻网在两党代表大会报道方面仍旧长期落于人后的状况终于令佩利失去了耐心，克朗凯特在旧金山期间表现出的粗鲁也令他感到震惊。克朗凯特为什么要带着家人去旧金山，好像报道代表大会只是去迪斯尼乐园度假一样？他的这位主播难道就不能在德国事件上同戈德华特握手言和？为什么他心目中的大英雄艾森豪威尔看起来变成了哥伦比亚广播公司的敌人？7月末，佩利召集弗兰德里和伦纳德，在纽约举行了一场碰头会。在《身在眼球风暴中》一书中伦纳德提到当时斯坦顿首先提出了一个问题：

> "沃尔特究竟怎么了？"
>
> "沃尔特变了。"弗兰德里勉强回答道。
>
> "为什么变了？病了？"佩利恶声恶气地说。
>
> "没有。我觉得不是这样的。"我说道。
>
> "唔。我以为原先的计划是让沃尔特少露点面，你们给其他人也分派

一些活，提高大家的工作效率。弗雷德（弗兰德里），难道不是这样计划的吗？难道你没有跟我说过这就是你的打算吗？"主席说。

弗雷德看着我，仿佛在说"你去跟他们说吧"。

"嗯，先生，原先的构想的确是这样的，可是沃尔特有点……我想你会说……抵制这个构想。"

"你是什么意思？"

伦纳德讲述了一番克朗凯特时常无视指示，拒绝播出马德或拉瑟发自大会现场的报道的情况。在书中他继续讲述着那场碰头会：

主席提高了嗓门，他的声音听上去令人恐惧，"你是说他接到了跟命令没什么两样的指示，但是他不愿执行？！真的出过这种事情？你真的给他下达了命令，是他没有执行吗？"

我意识到顷刻间我俩的心就沉了下去。

弗兰德里打断了佩利："我不想这么说。你也知道，沃尔特就是沃尔特。"

佩利厉声说道："我对'沃尔特就是沃尔特'这样的事情一无所知，在我听来就是沃尔特不服从命令，而你对此无能为力！"他一语中的。

弗兰德里和我不再吭声了，我们都在心里默默祈祷他对这件事情的怒火能赶快平息。

然而，一切才刚刚开始。

过了几分钟佩利问道："你们觉得有谁能替代沃尔特？"

佩利恼怒地陷入了沉思中，他了解媒体明星，知道他们都自负地坚信自己对电视观众的理解与众不同，因此自己必须特立独行。就在不久前，佩利刚刚同水兵格里森①、阿瑟·戈弗雷②、露西尔·鲍尔和杰克·本尼进行过一番论战。尽管他希望

---

① 译注：水兵格里森（1916—1987），约翰·休伯特·"水兵"格里森，美国著名喜剧演员，在1954—1955年他的《水兵格里森秀》的收视率在全美所有娱乐电视节目中排名第二。
② 译注：阿瑟·戈弗雷（1903—1983），美国著名广播及电视播音员和演员，是当时美国广播及电视界最忙碌的主持人之一，同时出现在多个日间节目中。

自己每战必赢，但是他也经常不得不对这些大明星的要求做出让步。克朗凯特同这些人的区别在于后者全都拥有属于自己的一流节目，而克朗凯特则没有这个优势。崇尚残酷竞争的电视界让克朗凯特成了牺牲品。佩利不想听到有人再继续唠叨克朗凯特在肯尼迪遇刺事件中表现得有多么出色，这已经是8个月前的事情了。现实就是旧金山的事情被他搞砸了。在大西洋城召开民主党全国代表大会期间哥伦比亚广播公司不再委派他主持有关大会的特别报道节目，就在外界得知这个消息的一天后克朗凯特对《新闻周刊》的彼得·本奇利抱怨道："这一行的一个问题就在于它就像好莱坞一样，没有人会告诉你——你根本读不到有关事实真相的报道。"

在大西洋城代表大会期间克朗凯特将被降级，得到提拔的特劳特和马德将联袂主持有关大会的报道节目。为了将这个消息告知克朗凯特，弗兰德里和伦纳德特意坐着飞机从纽约赶到了加利福尼亚州圣迭戈市的游艇码头，正在那里度假的克朗凯特一家人就住在科罗纳多酒店。克朗凯特伤心欲绝。在《纽约先驱论坛报》的一篇文章中记者汤姆·沃尔夫提到，弗兰德里与伦纳德的"表情让他俩看上去活像是大学校医院里信奉自由主义的癌症专科医生，认为每一位病人都应当拥有了解真相的基本尊严"。克朗凯特还从一位内部人士那里听说代理哥伦比亚广播公司广告业务的天联广告公司接到指示，要将他的名字从当年秋季的广告宣传海报里剔除掉。"人为刀俎，我为鱼肉"的悲剧终于落在了克朗凯特的身上。他无法相信佩利会如此肆无忌惮地将他排挤出局。至于大西洋城代表大会的报道工作，弗兰德里只要求克朗凯特随意找几位参议员或皮奥里亚等地的家庭主妇做一番采访，克朗凯特断然拒绝了如此丢脸的嗟来之食。当弗兰德里将这个消息告诉他的时候他挣扎着挺直了腰板，可是在内心他只感到一片漆黑。《新闻周刊》刊登了一幅滑稽的照片，在照片中克朗凯特站在吉星高照的特劳特身旁，为照片配发的说明文字写道："'主播'冉冉升起。"克朗凯特在哥伦比亚广播公司刚刚满9年，当本奇利问他是否打算就此结束这份工作时他做出了积极的回答，但是他又顽皮地补充说"所有的合同都是易碎品"。

佩利将在大西洋城代表大会期间弃用克朗凯特的消息成了一条爆炸性新闻，全美各地的报纸都长篇大论地对这件事情发表了犀利的评论和分析，但是没有人能像沃尔夫那样简明扼要地概括出了事实的全貌，他在文章中惊呼："沃尔特·克朗凯特——被降级了！"除了伤害，克朗凯特还受到了羞辱。弗兰德里告诉《纽约时报》塞瓦赖德和瑞森纳也将在大西洋城代表大会期间承担更为重要的任务，受到冷落的克朗凯特独自受着煎熬。很多人都推断一旦特劳特与马德获得成功，克朗凯特接下来就将失去在《晚间新闻》节目组的位置。事实上，弗兰德里担心克朗凯特会主动出击，连新闻网的工作也辞掉。

在7月的最后一周里，蜂拥而至的采访请求令克朗凯特应接不暇。尽管内心十分沮丧，他还是克制着自己的情绪。他一脸坦诚地告诉《费城晚报》的罗伯特·威廉姆斯："我们在旧金山遭到重创，哥伦比亚广播公司的管理层想要通过其他方式重新俘获观众，这看起来完全是顺理成章的事情。"然而在内心他不止感到了极度的愤怒。《时代》刊登了一篇透露内情的报道，文章指出哥伦比亚广播公司或许不会再让克朗凯特主持11月大选之夜的特别报道了，而且佩利有意将其解雇。在肯尼迪遇刺后美国民众对克朗凯特充满了敬畏，而现在他却像爱德华兹一样要沦落成一个无名小卒。能够拯救克朗凯特的就只有忠诚于他的观众们。数不清的观众来信向哥伦比亚广播公司的各个总部袭来，大家无不是在说"你们怎敢解雇沃尔特"。镇压因克朗凯特而起的这场叛乱势在必行。为了控制这场危机带来的影响，弗兰德里又对公众抛出了一套老掉牙的说辞："我们是一个团队——电子新闻业内最出色的团队。我们只不过是时不时地让队员们轮流出出场而已。"

从这番话里克朗凯特听得出他依然是这支队伍的灵魂人物，依然主持着《晚间新闻》，依然为《20世纪》做着解说。他敏锐地意识到倘若在民主党代表大会期间率领《晚间新闻》节目组转战到大西洋城，他和休伊特在那里按照东部时间每天6∶30开始播音的话，那么他就有机会巩固自己的地位。退却绝对不是他的选择。哥伦比亚广播公司的制片人欧内斯特（厄尼）·雷瑟尔冒失地告诉《纽约时报》的一名记者，克朗凯特就像小说家赫尔曼·梅尔维尔短篇小说里的抄写员巴托比①一样认定自己更喜欢在大西洋城播音，而不是纽约。想想吧，他该有多么自大啊。当时克朗凯特说过："现在我还不算愤怒，但以后就说不准了。"

听说克朗凯特打算在大西洋城主持半小时的《晚间新闻》，佩利更加恼怒了。伦纳德试图为克朗凯特辩解几句，但是佩利毫不买账。伦纳德威胁说自己要辞去哥伦比亚广播公司的职务，佩利说："辞不辞是你的事儿，我只想让克朗凯特滚出大西洋城的播音间。"伦纳德又试着劝说克朗凯特看开点，不要那么"巴托比"。克朗凯特拒绝接受伦纳德的建议。克里斯被吓坏了，倘若克朗凯特与他的继父伦纳德，以及佩利为敌的话，那么他就没法继续和克朗凯特的女儿维持恋爱关系了。提起当

---

① 译注：请参见短篇小说《录事巴托比》（余光中译），故事讲述了律师事务所里的一名抄写员，其生活一成不变，总是否定别人的要求，抱持着强烈的负面情绪。

年的往事时他曾打趣说："我对历史只有仰视的份儿，当时我一直在想这种局面真的要毁了我和南希的爱情。"

默罗总是告诉自己的小伙子们应该斗志昂扬地调查事实、挑战老板，自尊自重的记者必须随时准备着在20分钟内卷铺盖走人。对于要养育三个孩子的克朗凯特而言，这种态度只不过是自高自大的逞能而已，他坚信对广播电视新闻业而言最关键的因素在于生存。他的策略是公开表示悔过，然后坚决抵制在新泽西的大西洋城扮演小角色的安排。他先是承认之前自己对戈德华特过于严厉，接着又像巴托比那样竭尽全力地抵抗着外界的压力，以求平安渡过难关。尽管报道民主党代表大会的差事已经落入了佩利的小喽啰马德与特劳特的手中，但是他没有卷起自己的铺盖，而是在大西洋城安顿了下来，摆出一副可怜兮兮的样子继续主持着《晚间新闻》。针对亨特利—布林克利与特劳特—马德这两对搭档，他表示"两个人不如一个人那么高效"，后来他还坦言自己用"第五对人体触角"在其他公司寻找着新的工作。

还未等马德与特劳特作为主播首次亮相于荧屏时，《纽约时报》的古德就对哥伦比亚广播公司罢免克朗凯特的举动进行了一番盛赞，读到这篇文章佩利露出了笑容。克朗凯特就要像一辆破车那样被抛弃了，他完全沉浸在老式的合众社新闻风格和顽固不化的单人主持习惯中。有人猜测特劳特与马德这对突然冒出来的搭档很快就会取代克朗凯特，成为《晚间新闻》的主播，克朗凯特顶多只能重新去主持《20世纪》，报道太空项目，毕竟在经过对谢泼德、格林森与格伦的报道之后谁也无法从他的手中抢走这块阵地。佩利已经开始展望没有了克朗凯特的新闻部：对大西洋城代表大会的报道将具有决定性的意义，在收视率上压倒《晚间新闻》之后特劳特与马德就会得到认可。

大西洋城代表大会于8月24日召开了，就在会议即将开幕之前为了表示与克朗凯特团结一心，按照计划应当协助特劳特和马德的休伊特要求佩利免去他的这项工作，他只愿意同克朗凯特共事。此外，第一夫人"小瓢虫"也已经答应在得克萨斯的农场里接受《面对面》式的专访（她史无前例地主动向外界展示了美国第一家庭的生活情况，在观众中间引起了轰动）。国际合众社的迪克·韦斯特对特劳特与马德在大会期间某一天的表现进行了抨击，从而为克朗凯特的事业提供了帮助。韦斯特发现哥伦比亚广播公司的这两位主播在播音过程中都在想方设法地抢头风，在美国广播公司的霍华德·史密斯和爱德华·摩根的身上他都从来没有见到过这种情况。特劳特与马德也不像克朗凯特独自主持节目时那样充满热情。韦斯特指出："马德刚一给观众发布消息，特劳特便用一些截然相反的花边新闻做出应答，他还说这正是'能够反证普遍规律的确存在的例外'。"《盐湖论坛报》的评论员理查德·马丁认为马德"极度渴望展现出风趣的一面,然而他的表现矫揉造作……我认为由于他急于展示自己,对大会的报道不仅没有起到拨云见日的效果,反而让报道变得晦涩不清了"。古德却认为特劳特与马德"来了一记漂亮的重拳",不过有一大批批评家都与古德的看法相反。在此前七届总统候选人提名大会和三次总统大选中主持节目的都是克朗凯特,在1964年没有什么说得过去的理由让这位如日中天的传奇人物退居二线。

拥有更换频道大权的电视观众也做出了相似的反应。阿比创公司的调查结果显示在大会第一天晚上前半个小时的节目时段哥伦比亚广播公司创造了有史以来公司的最高收视率纪录,但是此后以及接下来的一个星期里这个数字每况愈下。总体上,全国广播公司轻而易举地创下了新的大会报道收视纪录。哥伦比亚广播公司惨淡的收视率甚至还不如在旧金山大会期间由克朗凯特领衔报道时的状况。佩利退却了,他可不希望克朗凯特和休伊特离开公司,于是他悄悄地解散了特劳特与马德这对搭档。他很后悔自己投资失败。弗兰德里、伦纳德与米德格雷后来都曾宣称他们一直不愿意参与1964年罢免克朗凯特的计划,不过这些出于个人利益考虑的说辞并不符合事实,他们不过是想摆脱自己与这场失败政变的关系。马德感到自己成了受害者,他甚至考虑改换职业,去大学教授新闻课程。他成了突然冒出来的一大批"克朗凯特忠诚者"的替罪羊,不过外界的责难其实都落在了佩利的身上。就在大西洋城代表大会结束十天后《纽约时报》的自由批评家布鲁斯克·阿特金森发表了一篇专栏文章,怒斥哥伦比亚广播公司对克朗凯特采取的卑劣手段。他写道:"它将自己最得力的记者像垃圾一样无情地丢弃了,还公开羞辱他,由此将自己降低到和此次(政党)大会的票房收入同样的水平上。"

在1979年完成的自传《恰好如此》中佩利不仅没有提及这次突然更换主播的事情,反而称赞克朗凯特是"最可靠的领袖",对于自己在1964年剥夺者这位明星主播的事情他选择了遗忘。他说:"在陈述新闻时沃尔特十分客观、仔细、公正,即便算不得流芳百世的伟人,他至少也被世人看作是一个大人物,你常常会听到人们这样说,'要是沃尔特这么说了,那事情肯定就是这样的。'"佩利的转变不难理解,到了1979年的时候克朗凯特已经成为他的北极星,在无数小行星组成的繁密星空中熠熠生辉。当然,同时代的其他一些新闻主播也同样客观、公正,其中一些人也不乏佩利在克朗凯特身上看到的优秀品质,"勤劳肯干,注重细节,在新闻工作中诚实、正直、公正"。

观众们想念他的那张面孔，第一夫人对他的事给予了支持，就这样克朗凯特从佩利的弃将变成了广播电视界的传奇英雄，这种事情的发生的确需要一些魔力。克朗凯特的竞争策略就是目中无人地拒不服从命令，就这样熬过马德和特劳特带来的震荡时期，当这对同事兼竞争对手麻痹大意的时候他便对对方大开杀戒。他坚信尽管电视新闻业中出现了各种光怪陆离的西洋景和娱乐消遣内容，但是这里仍然偶尔闪现出对事实真相的渴望。提起往事时克里斯说："当时沃尔特说：'我是一名记者，我要去做报道。'这可真是一步高招，因为人们都在说实际上克朗凯特在本质上依然是一名严肃的平面媒体记者。他在大西洋城抗旨不遵，不愿放弃作为一名记者报道代表大会的权力，这种姿态让他得到了报纸杂志记者们的欢迎，对这些人而言电视只不过是一群漂亮男孩的游乐场而已。"

第二十章

民权和双子座计划

彩色电视——莱斯基的润色——黄金一小时——信任索科洛——佩利要的是结果——报道民权——哥伦比亚广播公司里的权利平等——对付公牛康纳和治安官克拉克——为马丁·路德·金留出节目时间——休斯·鲁德南下——向肯尼迪角进发——热爱"双子座"——"天哪"因素——"阿波罗2号"的毁灭和宇航员身亡——结交冯·布劳恩——在肯尼迪角惊心动魄地上下翻飞

1965年8月19日,《哥伦比亚广播公晚间新闻》首次以彩色图像的形式播出,最终在1966年1月31日固定为彩色电视节目。克朗凯特曾笑呵呵地告诉纽约《每日新闻》的一位媒体批评家:"彩色电视对其他人的影响都不如对我的影响更大。相比于黑白图像,在彩色图像中我看起来苗条多了。"

为了让特别报道节目和《晚间新闻》的主持环境对观众更具有吸引力,哥伦比亚广播公司新闻网耗费了一番心血。为了让有关太空项目的报道具有"太阳系"的外观,公司专门聘请了在20世纪50年代末从信件收发室起步的天才布景设计师休·莱斯基。为此莱斯基特意学习了天文学课程,从而明白了应该如何开创太空艺术。同其他人相比,莱斯基的过人之处在于他成为哥伦比亚广播公司的视觉导师,他为克朗凯特创造的现代化布景非常迷人,而且历久弥新。他曾说:"纽约的很多设计师都在避免设计新闻编辑室的工作,而我则一直想成为一名政治漫画家,所以就去克朗凯特的新闻编辑室,在从1964年的两党代表大会到1992年的候选人辩论会期间为他设计所有的布景成了我的使命。"

《晚间新闻》的全体工作人员就像飞蛾见了火焰一样成天到晚在克朗凯特身边忙碌着。每个工作日的晚上,克朗凯特播发的五大新闻成了全美国最重要的五条新闻，就连这几条新闻的排序都不会出现变化。克朗凯特曾对《时代》解释说："我们这种新闻不存在末版新闻。"此外，"这种新闻"对错误的容忍度为零。年轻的《20世纪》撰稿人乔恩·韦克曼曾提到过克朗凯特完全就是一个令人筋疲力尽的监工。他会逼迫韦克曼向他解释自己所做的调查研究，甚至逼着后者证明亚特兰大的确就在佐治亚州境内，罗马也的确在意大利。一天下午他恶狠狠地对韦克曼说："你最好把这些事情搞清楚，露脸人的可是我。"

哥伦比亚广播公司的工作空间小得惊人，克朗凯特拥有一间小小的专用办公室，这间办公室的大玻璃窗上挂着威尼斯式的百叶窗，新闻编辑室距离这间办公室仅有几步之遥。成天叼着烟斗的克朗凯特非常喜欢透过烟雾缭绕的办公室监督所有人的工作：有人在打印稿件，有人在匆匆地写着便条，有人在电话上谈着工作，还有人在开玩笑。时间一分一秒地过去了，办公室里的气氛变得越来越紧张，宇航局式的倒计时开始了。就在播音即将开始的时候克朗凯特会拿着一面镜子将自己打量一番，以确保大背头纹丝不乱。距离播音只剩下10秒钟了，趁着别人给他往脸上扑粉的时候他匆忙穿上了西装外套。乱糟糟的播音中心奇迹般地发出了指令，终于进入一级禁闭状态，再也不会有人从某个角落里冒出来了。克朗凯特将座椅挪了挪，挺直身板，低头瞟了几眼手里的便条，那副样子看起来活像是中西部地区一位心有余而力不足的报纸编辑正准备向外地游客讲述当天本地发生了哪些事情。镜头推近到了他的身上。

"晚上好。"克朗凯特说道。播音开始了。

除了克朗凯特与休伊特，推动《晚间新闻》这个节目的另一位关键人物就是35岁的桑迪·索科洛，公司上上下下没有任何一个人能比他更了解克朗凯特的喜好了。长着一张圆脸。性格开朗的索科洛出生在康涅狄格州的乡下，后来在纽约市度过了少年时代，小县城记者和大都市编辑的两种特质在他的身上奇怪地融合在了一起。就读于纽约市立大学期间他担任了学生报《校园》的编辑，同时还当起了《纽约时报》的小听差，当时和他一道整天替记者们跑腿递送稿件的还有盖·塔雷斯，不久后塔雷斯就成为记者界的传奇人物。在朝鲜战争期间索科洛又应征入伍，被分派到联合国军司令部之声，参与说服亚洲听众摒弃"共产集权主义"的诱惑。

战后索科洛代表国际新闻社（赫斯特集团所属的通讯社，后来同合众社合并为"国际合众社"）跑遍了远东各国，1957年他的履历给哥伦比亚广播公司留下了深刻的印象，后者聘请他担任公司的特约记者。从此，每个周日夜晚11点身为制片人的他同克朗凯特一道制作《星期天新闻特别报道》，正是在此期间他们两个人结下了终生不渝的友谊。到了1962年的时候索科洛（昵称为"索科"）已经成了克朗凯特的万能密友，在1974年接管哥伦比亚广播公司新闻网华盛顿办事处之前他还是克朗凯特最信赖的帮手。

1964年11月3日克朗凯特破费了一笔经费，在节目中轮番对美国各州的选举结果进行着预测，事实证明这些预测准确无误（这还得感谢民意调查员卢·哈里斯）。而钟爱"劳瑞和哈迪"①式新闻播音风格的《亨特利—布林克利报道》则笨手笨脚地忙于应付各家通讯社发来的有所出入的选举统计数据。约翰逊将会击败戈德华特的观点占据了主导优势，这是美国历史上最容易做出的预测（最终的投票结为486：52），但是哥伦比亚广播公司早在东部时间晚上9：01就率先在电视上做出了这个预测。事实上，晚间时段的绝大多数赛事都是由哥伦比亚广播公司首播的。约翰逊在得克萨斯州奥斯汀市参加了投票，并密切地关注着各地的选举结果。肾上腺素分泌加快的克朗凯特让公司派驻奥斯汀选举现场的一名记者将听筒交给已经当选的总统约翰逊，当听到这名记者说"沃尔特·克朗凯特想跟您打声招呼"时约翰逊高兴地接过了听筒。

约翰逊的KCBS-奥斯汀电台处在托管中，不过克朗凯特知道相比于全国广播公司和美国广播公司，这位总统更乐意把"我赢了"的重要采访交给蒂芬尼网。他和约翰逊就像斜靠着牧场围栏的工人那样时不时地聊上几句。克朗凯特对约翰逊的采访是哥伦比亚广播公司新闻网的巨大成功，同时也标志着克朗凯特这位在当时最重要的记者又重整旗鼓了。长期追随他的八卦专栏作家温切尔告诉读者"（远在奥斯汀）约翰逊同哥伦比亚广播公司新闻网的明星记者沃尔特·克朗凯特的这番电话交谈证明了美国人民对这位实况节目播音员的敬意"。古德也在《纽约时报》发表了回顾大选之夜的文章，文章的标题摘要令克朗凯特感到心满意足——"哥伦比亚广播公司取得了压倒性的胜利：对大选之夜的报道可谓是极其胜于对手"。

靠着"老当益壮的好人"这样的策略和五花八门的手段克朗凯特争取到了对诸如约翰逊总统这样有权有势的人物进行独家专访的机会，但是并非每一位记者都对他的能力钦佩不已。公司里的很多记者，尤其是驻伦敦的亚历山大·肯德里克和驻柏林的丹尼尔·绍尔，就十分痛恨克朗凯特作为主播在日常工作中四处干涉他人的作风，罗伯特·皮尔因特也一直对克朗凯特同肯尼迪家族和约翰逊家族之间的良

---

① 译注：早期好莱坞荧幕上的经典喜剧搭档，由瘦削的英国演员斯坦·劳瑞（1890—1965）和粗壮的美国演员奥利弗·哈迪（1892—1957）组成，在20世纪20年代末期至20世纪40年代中期享有盛名。

好关系心存疑虑。每当有记者含蓄地表示克朗凯特表现得就像是这些权贵人物的马屁精时，这位主播就会惊讶地瞪着对方，他始终认为自己对所有人的采访风格都是一样——"公平竞赛"。哥伦比亚广播公司新闻网认为有必要找一位能够让对手一招毙命的高手来主持新闻节目的话，克朗凯特一定会离开公司，皮尔伯因特曾解释说："以前我们常常把沃尔特叫作'垒球先生'。如果你是总统或将军的话，那沃尔特就变得毕恭毕敬。"

在克朗凯特完成了对约翰逊的独家专访后，媒体界一直断定克朗凯特与《晚间新闻》之间不存在任何问题了。佩利也认可这种说法。在1964年年末的几个月里《晚间新闻》一贯坚持己见的执行制片人及导演休伊特被雷瑟尔取而代之，休伊特转移到了刚刚设立的岗位，成了负责"开发改进新型新闻节目'实况纪录片'"的执行制片人。在1968年，这个"实况纪录片"以新节目《60分钟》（在星期日晚间播出）的形式亮相，节目一经问世便获得了惊人的成功。在"二战"期间从《星条旗报》开始新闻生涯，又先后在《科里尔周刊》和海外通讯社当过记者的雷瑟尔在哥伦比亚广播公司做了很长时间的行政工作，他是克朗凯特的密友之一。拉瑟认为雷瑟尔有些迟钝，举手投足之间都带着一副布罗德里克·克劳福德①的做派，克朗凯特却十分珍惜这位朋友，他将有着20多年驻外记者、编辑及制片经验的雷瑟尔视作自己最重要的战友。

如果说雷瑟尔对《晚间新闻》有什么原则的话，那就是由于弗兰德里在1964年两党代表大会期间对人事安排所做的尝试，他反对对《晚间新闻》进行任何娱乐化的处理。他愿意接受克朗凯特的价值观，即对晚餐时段的新闻节目而言首要职责在于为观众提供清晰无误的报道，节目不能假装圣洁，也不能毫无生气，它应该比其他任何节目都更加雅致，要确保让观众通过节目对当天发生的重大事件有所了解。雷瑟尔认为克朗凯特最大的优势在于他播音时的腔调，而且他充满活力，同时又朴实无华。收看克朗凯特节目的观众们都想看到一位不会偏袒任何一方的播音员。雷瑟尔曾解释说："我从不自夸，除了为观众提供新闻摘要以外我们还能做更多的事情。我认为提供新闻摘要，即用15到20秒概括当天的所有新闻，远比报道当天的一部分新闻，然后深度审视其中的某一条要重要得多。新闻摘要创造了一种紧张的气氛。我们经常聊起这个问题。"

---

① 译注：布罗德里克·克劳福德（1911—1986），美国戏剧、电影及电视演员，曾因《一代奸雄》获得奥斯卡最佳男主角奖，擅长刻画硬汉形象。

这种紧张的气氛之所以存在是由于相比其他时代，20世纪60年代出现了大量无法用三言两语，甚至几分钟的节目所能阐释清楚的充满火药味的新闻事件。东南亚地区的状况最为明显，那里的问题不只是上升到战争级别的军事行动、人员伤亡，以及你来我往的领土变更。哥伦比亚广播公司的伯纳德·卡尔布在东京对美军在越南的行动做着报道，那里发生的一切在整个美国社会引发了各种各样的冲突，克朗凯特一家人也不例外。年近二十的凯西和南希参加了反战青年运动，一边抗议美国对越南事务的介入逐步升级，一边猛烈抨击着父母在这个问题上表现出的冷漠。对越南问题的报道深度反映出了美国价值观，以及美国政府与其为之效力的美国公民之间的凝聚力，然而身为哥伦比亚广播公司的首席记者，慎重而警觉的克朗凯特无论是在公司里，还是在自己的家中都迟迟没有意识到这个问题。拉瑟曾说："通过1964年的两党代表大会沃尔特的业务能力又得到了提高，为了超过亨特利与布林克利这对搭档他又经历了漫长而艰苦的一段煎熬期。由于克朗凯特在肯尼迪遇刺事件和太空项目这类特别事件的报道工作中表现出色，所以他们希望他能够拥有属于自己的大新闻，让战区充斥着他的大新闻。这将成为我们的品牌。可是，直到有关越南战争的报道成为哥伦比亚广播公司的一个拳头产品时，克朗凯特才开始密切关注起东南亚地区发生的事情。"

对哥伦比亚广播公司而言，1964年前后的民权运动无疑是一个理想的新闻事件，值得公司全力进行报道。雷瑟尔在达拉斯、亚特兰大和新奥尔良等地创办了哥伦比亚广播公司驻当地的办事处，这些机构的首要任务就是报道自由斗争。从1954年开始，整整十年在电视的带动下各种媒体向民众展现着美国存在的种族问题，并且如克朗凯特所见到那样，打开了老邦联这个封闭社会的大门。当《哥伦比亚广播公司晚间新闻》和全国广播公司的《亨特利—布林克利报道》在1963年扩版为半小时后，电视台如火如荼地对民权运动展开了报道。在实行种族隔离制度的南方各地，哥伦比亚广播公司尤其受到白人至上主义者的斥责，后者将其归为共产电台。目中无人的哥伦比亚广播公司想要占有民权报道这个品牌，将全国广播公司负责佐治亚州、密西西比州和亚拉巴马州三地报道的大记者约翰·钱斯勒甩在身后。但是公司在亚特兰大的附属机构WAGA电视台拒不向纽约方面提供有关人权的报道，于是雷瑟尔委派意志顽强的拉瑟负责公司设在新奥尔良的南方办事处，报道范围覆盖23个州（外加墨西哥与中美洲）。拉瑟对马丁·路德·金所做的一切充满了敬畏之情，他同情这场运动，在他的帮助下金博士明白了哪些引人注目的非暴力抗议活动会出现在《哥伦比亚广播公司晚间新闻》里，而哪些则不会被收入节目。对此，克朗凯特一无所知。拉瑟曾对当时的紧张局面作过一番解释："从达拉斯到亚特兰大我都没法发出报道，只有新奥尔良靠得住。WWL电视台为我们作了民权的报道，这家电视台隶属于天主教会，他们对我们颇有好感。"

哥伦比亚广播公司新闻网在广播和电视上对争取种族自由的斗争产生了难以估量的效果。金博士很擅长让诸如小詹姆斯·克拉克之流的人物成为自己的陪衬，亚拉巴马州达拉斯县的这位野蛮的治安官曾对抗议者动用了牲口刺棒、赶牛鞭和大棒。伯明翰的公共安全专员"公牛"康纳的情况也是如此。记者杰克·巴斯曾指出："如果说有谁曾受到了金的操控，那他绝不是媒体，而是公牛康纳和克拉克治安官。"哥伦比亚广播公司新闻网成为帮助全世界了解吉姆·克劳法盛行的美国南方的恐怖景象最有力的渠道，它所制作并播出的相关节目充满了令人痛苦的戏剧效果，疯狂的警犬、催泪瓦斯和警棍这些极度刺激眼球的画面令羞愧又半信半疑的观众不忍直视。对金博士而言，哥伦比亚广播公司的"眼睛"代表着英勇的救兵，他策划安排了一场又一场示威游行和静坐抗议，时机把握得恰到好处，从而让这些抗议活动都能在电视上得到最充分的展示。朱利安·庞德曾回忆道："对于（民权）运动，克朗凯特就是电视里的上帝之声，默罗、霍华德·史密斯、拉瑟、马德、克朗凯特和塞瓦赖德也在美国民众认识南方存在的问题的过程中起到了作用。"

20世纪60年代日后创建探索频道的约翰·亨德里克斯就在亚拉巴马州的亨茨维尔（又被称为"火箭城"）度过了自己的少年时代，这个事实清楚地说明了庞德的观点。亨茨维尔出生在西弗吉尼亚，这里是矿空联合会的根据地（肯尼迪总统也正是在这里被拥戴为新一代的罗斯福），有着对黑人的顽固偏见推波助澜的新邦联文化令他目瞪口呆。在学校里他见识到了各种煽动仇恨的举动，思想进步的《哥伦比亚广播公司沃尔特·克朗凯特播晚间新闻》成了他的慰藉。他曾说："我的父亲是一个思想上的自由主义者，我们感到自己的想法和阿拉巴德种族主义完全不一致，电视是我们同全美国这个大社会取得联系的渠道，外界知道乔治·华莱士在阿拉巴马的所作所为是不得人心的。由于沃尔特·克朗凯特的存在，我才没有感到自己与世隔绝。每天晚上我们都通过克朗凯特的节目了解着我们生活的这个州眼下正在进行的人权斗争，在节目改为30分钟之后也是如此。"

1963年9月15日，有人用燃烧弹袭击了伯明翰十六街的浸礼会教堂，在这件事情发生后克朗凯特对舆论所具有的影响力便不言自明了。在袭击事件中4名年轻的黑人女孩遇害身亡，《亚特兰大宪政报》社论版的编辑尤金·帕特森为此撰写了一篇悲痛的专栏文章，对"恶心的罪犯""火上浇油的政客"和"拿黑鬼取乐的老百姓"进行了一番严厉的斥责。克朗凯特认为帕特森的这番篇文章将会流芳百世，他指示工作人员拍摄下帕特森大声朗读这篇文章的录像，同时镜头里还要展示出已经变成一堆碎砖烂瓦的教堂。帕特森原以为《哥伦比亚广播公司晚间新闻》只会播出5秒或者10秒的录音片段，但是克朗凯特对自己的节目十分用心，他给了帕特森充足的时间：

> 我调整好状态，心里很清楚他把好大一块节目空间让给我了，然后就那样坐在办公桌前将这篇专栏文章从头至尾读了一遍。我终于见识到了电视的力量。在一两个星期之内我收到了来自全国各地的将近2000封信，以及无数的电报和电话。通常，能收到20封来信报纸编辑就会认为自己的文章大获成功。电视扩大了这篇文章的影响范围，它造成的影响力让我有些手足无措。每当有一个人被触动，生发出与别人交流的愿望时，就一定有100或者1000个人（在精神上）产生了反应，只不过他们保持了沉默。

在人权问题上，哥伦比亚广播公司的所有记者中克朗凯特对休斯·鲁德的利用最充分。鲁德土生土长于得克萨斯州的韦科市，1959年克朗凯特将38岁的鲁德从合众社争取过来，成了他的撰稿人。在1938年至1941年间鲁德就读于密苏里州大学，在"二战"期间他加入了陆军，在非洲和欧洲驾驶派珀公司制造的"幼童军"飞机观测弹着点及爆炸点时表现出的英勇令克朗凯特心生敬畏。他荣获过一枚银星勋章，一枚紫心勋章，以及六枚空军奖章。战争结束后他开始为《堪萨斯城星报》和《明尼阿波利斯星报》供稿，就在这时克朗凯特将他从报社挖了过来。喜欢讽刺，在讲故事方面能力非凡的鲁德曾被克朗凯特派往莫斯科、波恩、柏林和越南，在后者的建议下，嗓音沙哑的他还在亚特兰大创办公司的南方办事处，带头报道各种抗议游行和静坐示威活动。在提到20世纪60年代早期的哥伦比亚广播公司时鲁德曾说："想当年，大家完全是在单打独斗。你跟纽约那边说一声你打算干点什么，根本用不着你自己乱忙一气，纽约那边有人总有人一起床就想到了绝妙的点子。你根本没有这种胡扯的'办事处经理'。你只有一名记者……和一堆摄像人员。"

无疑，克朗凯特属于亲民权运动的伟大记者之列，在消除南方根深蒂固的种族歧视过程中这批记者做出了历史性的贡献。《晚间新闻》的舞台监督是有着黑人血统的杂耍演员吉米·沃尔，最终他以《袋鼠船长》中的巴克斯特先生为美国的学龄儿童们所熟知。1962年，沃尔成为《袋鼠船长》节目的舞台监督，此后将近50年的时间里他又先后为哥伦比亚广播公司的其他一些节目担任过舞台监督，其中就包括《晚间新闻》。每个星期有五个夜晚，克朗凯特都听着沃尔那饱满的男中音进行着节目开播前的倒计时。"距离播出还有两分钟，"沃尔就这样一直数到"还剩五秒"，实际上他就是《晚间新闻》节目导演的眼睛和耳朵。多年里，天生善于讲故事的他用禁酒时期酒贩子私自酿酒、美国劳军组织在欧洲演出、和"水兵"鲁宾逊①在布鲁克林闲逛之类的故事逗得克朗凯特开怀不已。他们两个人年龄相仿，又一起在蒂芬妮网度过了一段欣欣向荣的漫长岁月。

所有人都认为克朗凯特是一个没有种族偏见思想的人。他是金博士的盟友，可是哥伦比亚广播公司的节目中对"黑种人"一词的使用仍然足以激怒一些自由主义分子。在1966年这个问题终于发展到了非解决不可的地步，当时哥伦比亚广播公司的记者史蒂夫·罗恩报道了在越南的"黑种人"，在报道中笼统地将他们称为"人们"，而对白种士兵则详细地交代了他们的姓氏。克朗凯特的一位助手指出罗恩的这则报道有失公允。同事的指责已经令克朗凯特感到了尴尬，当读到新泽西州威灵伯勒市的艾莉·F·B.斯坦福夫人言辞激烈的来信时他的脸顿时变得煞白。斯坦福夫人在信中写道："这一天（1966年8月3日）的《哥伦比亚广播公司晚间新闻》还没有结束，连一半都没播完，可是我已经很恶心了，恶心，恶心！我太气愤了，气得都想吐了。史蒂夫·罗恩发自安德鲁斯空军基地的报道用'此人'来称呼就在四天前负伤的那名黑种人，而另外两个人——白种人——在接受采访时屏幕上却出现了他们的姓名和故乡。'此人'恰好和那些白人来自同一个地方，恰好也为了同一个目标，以同样的方式而负伤！"

外界指责《哥伦比亚广播公司晚间新闻》将黑人，尤其是在越南前线作战的黑人当作二等公民，忧心忡忡的萨伦特下令对新闻网的所有节目进行回顾，用20世纪80年代的流行语来说就是，以确保这些节目做到"政治上的正确"。斯坦福夫人成功地促成了一次政策上的转变（克朗凯特支持当时为妇女、同性恋、美国土著民族和拉美裔等族群争取平等权利的重大的平权运动，但是"政治正确"这样的概念在他看来更像是语言警察实施的法西斯主义）。哥伦比亚广播公司的记者，先是在1967年受雇于WCBS电台的埃德·布拉德利相信克朗凯特与鲁德都是"媒体界最没有偏见的人"。这并不仅仅是因为克朗凯特的节目对全国有色人种协进会、学生非

---

① 译注："水兵"鲁宾逊（1919—1972），杰克·罗斯福·"水兵"鲁宾逊，是美国当代第一个加入职业棒球大联盟比赛的非洲裔美国球员。

暴力统一行动委员会和种族平等代表大会起到了帮助作用，或者他在很早的时候就开始呼吁将小马丁·路德·金日确立为全国性节日。布拉德利曾解释说："黑人能觉察到外界的偏见，我们身上有雷达。当我和沃尔特，还有鲁德一起共进午餐时——不过这种机会并不太多——他们都不会将我当作黑人记者。我是他们的朋友及同事埃德。就这么简单。"

在20世纪60年代和70年代，只要克朗凯特在节目中播出支持民权斗争的节目，哥伦比亚广播公司的电话总机就会接到怒气冲冲的观众打来的电话。克朗凯特的节目总经理是来自布鲁克林的性格强悍的犹太女人欣达·格拉塞尔，哥伦比亚广播公司的撰稿人朗·伯恩曾说过："谁都不会想跟欣达打交道。要是她生了你的气，那她可是会把你扒掉几层皮。"不过，在接到南方各地反对黑人的观众来电时，另外一个格拉塞尔就出现了。伯恩说："电话的内容一成不变，永远是'黑鬼'，'黑鬼'，'黑鬼'，另外再冒出几声'犹太佬'。'我相信克朗凯特乐意亲自听一听您的意见。您不介意稍稍等一会儿，等他本人来接电话吧？'唔，不，打电话的人绝对不介意。"贝尔电话公司设计的办公电话有五个代表不同线路的摁钮，从早上7点到晚上7点半，伯恩、索科洛、本杰明和其他一些人就坐在大庭广众之下看着电话上的灯不停地闪烁着，那都是愤怒的种族主义者打来的，他们都在等待着将克朗凯特教训一顿。提起往事时伯恩哈哈大笑了起来："等到7点半我们都要下班回家的时候，大部分灯都还在闪烁着。"

到了1965年克朗凯特最喜欢的报道管区——太空项目——无论从哪个方面而言都变得更加喜人了，以至于当时包括越南和民权在内的其他报道都受到了干扰。在水星计划之后启动的双子座计划标志着在谢泼德于1961年实现历史性的亚轨道飞行和格伦于1962年的绕地球轨道飞行之后，载人航天飞行又被提上了日程。双子座计划将对各种了不起的技术成就进行测试，为实现人类首次登月飞行做好准备。按照计划，宇航局首先在1964年4月和1965年1月进行了两次无人驾驶的太空飞行试验，到了1965年3月试验终于迈出了实质性的一大步，格里森和约翰·杨乘坐"双子座3号"上了天。就在同一年宇航局还进行了4次这样的试验，次年又进行了5次，每一次试飞都与之前的飞行有所不同，在工程难度和危险方面都各有独特之处。双子座计划有四个首要目标：实现双人长时间飞行、解决飞船会合及（航天器在轨道上的）对接技术、练习太空行走，以及完善航天器重返大气层和在预定地点着陆的技术，这些极具新闻价值的目标无不是在为登月计划奠定基础。

克朗凯特将在肯尼迪角对双子座的所有飞行项目进行报道。这些飞行不只是即将发生的新闻，它们还是已经被提上日程的历史，哥伦比亚广播公司新闻网的工作人员有机会架设好摄像机，等待着飞船飞上天空，为报道双子座计划的一系列飞行做好准备。20世纪50年代，在主持《你就在那儿》节目时克朗凯特曾假扮过出现在重大历史时刻的记者；而今，在1965年，他又出现在了重大历史时刻中，但是这一次的情况有所不同，当火箭在佛罗里达点火升天的那一刻他就在真正的历史现场了。每一次飞船升空都意味着人类掀开了对太空探索的新篇章。能源、新的对接技术、导航和推进系统都同长期的"轨道站位置保持"技术一样都得到了研制和掌握。整个计划中最激动人心的一次飞行当属"双子座4号"。1965年6月3日，爱德华·怀特成为美国第一位进行太空行走的宇航员，他离开太空舱，在无边无际的虚空宇宙中行走了21分钟（同年3月18日，俄国的阿列克谢·阿尔希波维奇·列昂诺夫成为人类首位实现太空行走的宇航员）。《纽约时报》的古德在文章中写道："在这一天，美国广播公司的朱尔斯·伯格曼和哥伦比亚广播公司的沃尔特·克朗凯特成了电视屏幕上的铁人，他们几乎独自包揽了全部的报道重任。"

评论家们对克朗凯特在对"双子座"飞行的报道期间充满抑扬顿挫的松弛腔调提出了赞扬。他没有让播音充斥着毫不相干的废话，只要一开口他的声音就只会增强人们对外太空的想象。通过自1952年以来的两党代表大会他明白在播音中毫无必要着重强调观众正在亲眼看到的内容。在飞船起飞时，哥伦比亚广播公司的节目中总是会出现长时间的沉默，情绪内敛的克朗凯特平静地把握着扣人心弦的情节。在6月3日这一天他略微加重了语气："距离起飞还有一分钟，她看上去状态不错——非常不错。"有时他将声调压低得甚至可以去现场解说高尔夫球比赛。"在既定的高度上出现了凝结尾流①……接近Max-Q了——也就是最大动压区。此刻已经到达了。此刻已经通过了……似乎平安通过了，"克朗凯特极其放松地说出了这句话，脸上还露出一分喜色，尽管他的语调仍旧那么低沉，"她已经平安通过起飞后的第一个危险阶段。似乎这个宝贝儿要……"

以业余爱好者的水平所掌握的概念和术语，再加上对盯着电视屏幕的缺乏科学知识的观众的深入了解，总是流露出乐观主义气质的克朗凯特成了电视屏幕上最优秀的物理讲解员。他知道应该在什么时候让措辞含糊一些，"在既定高度上出现了凝结尾流"，以免观众们被各种数据和细节搞得一片茫然。当保障飞行成功所必需

---

① 译注：飞行器或导弹在飞行中形成的白云状尾流。

的一切程序进展顺利时，观众就会看到克朗凯特脸上的肌肉松弛了下来。在双子座于1965年实施第一次飞行之前《芝加哥每日新闻》问克朗凯特为此次报道做了哪些准备，他说："我不会强行记忆，但是不知怎的这些事情就是被我记了下来。我通过实践，而不是阅读来学习。我会找到最基本的消息源，争取和亲自参与项目的人员聊一聊。我去过在圣路易斯的麦克唐纳飞行器公司，太空飞船就是他们制造的；还去过休斯敦，宇航员们就住在那里；还有在巴尔的摩附近的马丁公司，火箭推进器就是在那里生产的；以及戈达德太空飞行中心。此外，这个星期我还去了肯尼迪角，找人谈话、做笔记、阅读资料。然后我坐了下来，为了背景材料做了一页又一页的笔记，然后将笔记按照时间顺序排列好——升空前、升空、轨道，等等。接下来的情况就是，当我做完这一切之后，我就已经把这一切记在了脑袋里。我从来不会试图刻意记住什么事情。事实上，我的记性很差，一周后就连宇航员们的名字我都想不起来了。但是，为了报道任务我能把这些都死记硬背下来，对这些知识我能做到活学活用。等工作一结束它们就从我的脑袋里消失了。"

克朗凯特认为全国广播公司新闻网的亨特利、布林克利和麦吉在调侃太空探索的话题时表现得过于乏味。他们都唯恐节目中出现"天哪"这样的因素（也就是说，当载人火箭在肯尼迪角升空时他们不愿说出"加油，宝贝儿，加油！"这种话）。反过来，《亨特利—布林克利报道》的工作人员则认为将火箭称为"宝贝儿"的克朗凯特太煽情，活像是在犯罪多发地区的某家脱衣舞俱乐部里老顾客在怂恿脱衣舞娘。以旁观者的角度看，人们或许会认为两大广播公司是在以相差无几的方式报道着同样的内容。然而，仔细考察的话就会发现在充满不可告人的内幕的电视新闻业内细微的差别也具有举足轻重的意义。正如默罗拥有麦卡锡时代，克朗凯特则成为太空时代的解读人，遥遥领先于其他人。事实上，对于克朗凯特的影响力默罗甚至都不曾憧憬过，因为在1950年美国只有9%的家庭拥有电视机，到了1970年这个数字增长到了96%。在电视荧屏上克朗凯特击败了美国广播公司的朱尔斯·伯格曼和全国广播公司的弗兰克·麦吉与罗伊·尼尔，获得了"太空泰斗"这个重量级的头衔。

1965年4月29日，默罗输掉了同肺癌的战斗。在当天晚上的节目中克朗凯特用了很大的篇幅对默罗的调查精神进行了一番回顾，并重播了1954年3月间报道参议员麦卡锡的那期《现在请看》的大部分片断。斯坦顿博士悲叹道"广播新闻的第一个黄金时代"结束了，塞瓦赖德也在《晚间新闻》里进行了一番诚挚的评论，称他的这位导师"光芒四射"。然而，没有任何记录表明，也没有人记得克朗凯特对此事究竟做何感想。索科洛曾说："他对默罗的去世一句话也没有说。就好像什么事也没有发生。"

或许是由于和默罗之间的宿怨，在节目中克朗凯特似乎完全依赖公司里的其他记者才勾勒出这位导师的一生。不过，在这一期《晚间新闻》即将结束的时候他哽咽地用默罗的方式结束了播音："晚安——祝您好运！"4天后，克朗凯特与科林伍德一起主持了一期特别报道，"与埃德·默罗同在的一个小时"。

克朗凯特参加了默罗在曼哈顿的葬礼，他明白因为制作《可耻的收成》之类的纪录片默罗的节目疏远了观众，民权和越南问题也同样是两极分化的话题，但是几乎所有人都会为"双子座"的宇航员们欢呼。年复一年，克朗凯特的日程表始终受着宇航局项目的支配，在整个职业生涯中他从没有因为生病、休假或其他报道任务而错过任何一次火箭发射。马德曾说："我们都知道沃尔特拥有'双子座'。这是他的地盘。"

哥伦比亚广播公司的副总裁，负责重要新闻报道工作的戈登·曼宁认为克朗凯特在对登月竞赛方面的判断准确无误，他认为登月竞赛的历史意义同越南战争一样重大。负责太空报道的执行制片人伍斯勒曾说过1965年"双子座3号"的成功成为哥伦比亚广播公司的转折点，公司倾尽全力想要在一切有关登月项目的报道上重挫全国广播公司和美国广播公司。然而，在"阿波罗2号"创造成功登月的辉煌之前，克朗凯特必须先面对"阿波罗1号"的恐怖惨剧。参加"阿波罗1号"项目的队员有"加斯"·格里森、爱德华·怀特和罗杰·查菲。1967年1月27日，他们三个人坐在"土星1B号"运载火箭顶部的阿波罗指令舱中，突然舱内冒起了火花，不出几秒钟3名宇航员便全都窒息而死。惨剧发生在模拟发射的倒计时阶段，皮尔伯因特曾说："克朗凯特相当震惊。他一直和宇航员们相交甚好，不过他真正担心的是这起事故会让宇航局推迟对登月计划的努力。"

按照原计划2月21日才会发射"阿波罗1号"，因此在1月27日对飞船进行例行测试时克朗凯特没能在现场报道失火事件。事实上，事发当天的晚上谁都找不到他。其实他只是在曼哈顿著名的斯托克俱乐部享用晚餐，但是同事们并不知道这个情况。结果，公司安排《特别报道》发布了飞船失事的消息，主持这期节目的是比尔·马丁和迈克·华莱士。"天才小子"伍斯勒也首次参加了播音，他用宇航局的模型直观地向公众讲解着"阿波罗1号"究竟发生了什么事情。最终，克朗凯特赶到了坐落在西五十七街的播音中心，加入了播音的队伍。与此同时，公司的另外两名职员——制片人琼·理奇曼和记者戴维·舒马赫——正赶往佛罗里达，他们将对这起悲剧进行远程采访。

这天晚上，在曼哈顿的克朗凯特回到家后失声痛哭了起来，他还从未这样流过泪。格里森、怀特和查菲都是他的朋友，在他的眼中当国家在越南和民权问题引起的动荡中变得四分五裂时这几位宇航员就是美国的白骑士，现在他们都不在了。

哥伦比亚广播公司新闻网将这起致命的火灾称为"肯尼迪角灾难"，《特别报道》首先对这起事件进行了常规报道，甚至还展示了被烧焦的"绝尘室"，几位宇航员正丧生于这个狭小的空间内。紧接着，1月30日克朗凯特又主持了一期半个小时的《特别报道》，报道了几位宇航员覆盖着国旗的棺椁离开肯尼迪角时的情景。这期节目令人肝肠寸断，但是克朗凯特又承担起重担，呼吁全国人民鼓起勇气，打起精神。在英国人看来在节目中他对灾难完全是一副无动于衷的样子。自这起惨剧后克朗凯特就变成了太空探索的神谕者，他称宇航局是"在我们眼看就要四分五裂的时候"让美国团结起来的"黏合剂"。

由于这场灾难宇航局的士气暂时陷入了低迷中，很多老百姓也是如此。太空项目变数无常，真的值得花费纳税人的钱去月球吗？它会不会只是一次风险极高的冒险活动？一股自我怀疑的浪潮席卷了全国。然而，"肯尼迪角灾难"却让克朗凯特更加卖力地为阿波罗项目摇旗呐喊。宇航局将美国载人太空飞行项目中止了20个月，阿波罗项目也被暂停了，但是在克朗凯特的敦促下哥伦比亚广播公司播出了一部名为《去月球》的纪录片。这部纪录片的特聘专家是著有数十部科幻小说的艾萨克·阿西莫夫，克朗凯特本人也是这位作家的忠实书迷。在影片中克朗凯特清楚地阐释了为了实现人类登上月球的梦想整个航天工业与经济资源之间就必须保持密切的合作。

为了《特别报道》节目克朗凯特去了亚拉巴马州的哈茨维尔，对来自德国，后来顺从地同美国达成合作的火箭先驱沃纳·冯·布劳恩进行了采访。《去月球》这部影片之所以具有典型的克朗凯特式的风格，其原因就在于在影片中太空探索被赋予了"你就在那儿"式的气氛。为了在模拟装置中亲身体验月球重力，节目组专程前往了弗吉尼亚的兰利空军基地。在美国的有所太空项目实况报道解说员中，只有克朗凯特一直将参与阿波罗项目的宇航员们同哥伦布、麦哲伦和庞塞德·莱昂相提并论。他曾说："从月球开始我们将真的迈入太空，首次将仪器和人类送上太阳系里的其他星球。"

在旁观者看来，克朗凯特对登月竞赛极其激动，以至于他看上去就像是回到了孩提时代。在晚宴上他总要详详细细地向别人讲述当年自己就站在佛罗里达中部满是虫蛇的草丛里观看着谢泼德乘坐红石火箭在地球的亚轨道上起伏不定地飞行了15

278

分钟，还告诉大家红石火箭的体积只有阿波罗航天飞船顶部凸起部分携带的应急分离火箭的五分之一大小。此外，他还会描述一番供"双子座"宇航员在零重力环境下食用的包装营养条的滋味。在1968年，相比于报道太空项目的记者，显然克朗凯特更希望自己成为美国宇航局的一名宇航员。

克朗凯特用老式的美国必胜的那套说辞阐述着双子座计划和阿波罗计划的飞行任务，在他的描述中戈登·库珀和弗兰克·博尔曼都成了从星空闪烁的神话世界里冒出来的人物。当时阿波罗项目是美国政府在和平年代实施的规模最大的项目（是否为"最大"取决于如何计算艾森豪威尔的州际高速公路项目所耗费的成本），或许也是全世界技术领域最有野心的一次尝试。肯尼迪总统在1961年5月25日发表的《国家紧急需要特别咨文》中提出美国将会在20世纪60年代结束之前将人类送上月球，自那时起哥伦比亚广播公司和克朗凯特便一直在随时待命。美国广播公司的林恩·谢尔曾吹毛求疵地说克朗凯特已经变得"更像是拉拉队长，而不是记者了"。在落实双子座计划的那些年里，美国宇航局对"土星1号"运载火箭和随后出现的巨型"土星5号"（登月任务中使用的运载火箭）进行了完善和测试，克朗凯特一边默默祈祷着，一边兴奋不已地宣称人类的历史就要被改变了。在提到20世纪60年代美国在太空领域所做的努力时他曾对《美国遗产》夸耀道："我们证明了我们可以做到。我们对时机的把握令人印象深刻。我们为人类逃离大地树立了榜样。"

对克朗凯特而言最骇人的太空任务当属1967年的"阿波罗4号"，这是首次对有史以来人类使用过的最大的运载火箭，强大的"土星5号"进行（无人驾驶）测试飞行。"土星5号"是冯·布劳恩在哈茨维尔设计的，于美国东部时间11月9日，上午7点进行了发射。火箭喷出的强大气流使哥伦比亚广播公司在现场的广播中心从上到下都摇晃了起来，就连天花板上的瓷砖也纷纷跌落下来。克朗凯特和制片人杰夫·格拉尔尼克当时就在现场，从演播中心望出去就能看到39号发射台。当时克朗凯特拼命地想要抓住巨大的玻璃窗，以免玻璃破碎。刹那间天摇地动。然而，正在播音的克朗凯特听上去就像是游乐园里一个激动不已的小孩子。他就是德国轰炸时在伦敦进行报道的默罗，在电视上流露出一点情绪并不令他感到害羞。他对观众说："天哪，我们的房子在晃动。我们的房子在晃动！那声巨响棒极了！房子在晃动！大玻璃窗在晃动。此刻我们正用手抓着窗户！我们看到火箭起来了！钻入3000英尺的云层里！那声巨响棒极了！我们看到火箭正在升高！看到它了！一部分房顶都塌了下来。"

第二十一章
该拿越南如何是好？

与自己的孩子争执不下——美国在越南越陷越深——眼镜蛇的微笑？——1965年的越南之旅——夹在中间——莫雷·塞弗在大南——客厅战争——弗兰德里的边缘战术——噩耗频频——罢工之后——岑克尔顶班——工贼切特·亨特利——超级名人——米德格雷设法应付越南报道——萨伦特说不惜任何代价——和库拉尔特在路上——越南之灾——为1968年的大选做好准备

南希·克朗凯特还记得在20世纪60年代中期的一次感恩节期间她和父亲就约翰逊政府对越南战争的政策发生了一番激烈的争执，当时她的表哥道格拉斯·考德威尔恰好在她家过节。考德威尔是美国陆军的一名工程师，被派往南越和北越交界处的非军事区埋设地雷。年仅17岁的南希天生就具有自由主义的直觉，在感恩节的餐桌上她质问道格拉斯对约翰逊政府制定的战争政策的道德问题做何感想。后来提起那段往事时她说道："小子，我是从爸爸那里听说的。"那副样子就仿佛她依然能感觉到考德威尔正在盯着她。"我们小孩子在越南问题上都很激进。爸爸可不是这样的。虽然他倾向自由主义，可他是一个因循守旧的人。他为道格辩解说他干的是崇高的事业……我把他给气疯了。"

1965年2月7日，一大早越共游击队对美军在波来古市的直升机基地霍洛韦营发动了袭击，8名美国士兵身亡，126人受伤。约翰逊政府立即做出了反击，开始新一轮的闪电战报复和军事升级。突然间在越南的美国"顾问"被当作了作战部队，原先美国在越南只有2.3万名工作人员，到了当年年底这个数字扩大到了将近20万。3月8日，哥伦比亚广播公司新闻网播出了主战派参议员盖尔·麦吉（民主党，怀俄明州）和反战乔治·麦戈文（民主党，南达科他州）之间长达一个小时的决战，

"越南：鹰派与鸽派"。当美国人民开始在两派中间进行选择时，由科林伍德主持的这期节目就成为像非军事区一样具有象征意义的分水岭。克朗凯特没有——或者说是无法——公开表明自己的立场。如大多数美国人一样他支持约翰逊政府在北部湾事件后对东南亚地区的政策，拥护美国在世界各地维持大规模军力的政策。在1966年对编辑们所做的一场重要讲话中他曾说："简言之，我们的对外政策就是维持并培养允许自由社会得以存在和繁荣的环境。虽然意志的软弱敦促我们减少在这些事务上的参与力度，但是我们不能这样做——显然，要想实现上述目标我们就得这样做——我们要做的就是大规模地参与和继续消灭敌人。"

克朗凯特认为美军能够击败越北军和越共军（以美国和南越政府为敌的共产主义军事组织），然后将军事行动的负责权移交给"越南共和国"的军队（南越军队）。克朗凯特还记得对朝鲜半岛的整个"有限"战争策略是如何害得杜鲁门输掉了连任竞选（"我们在努力阻止第三次世界大战的爆发"），现在他只希望五角大楼能够为越南战争找到迅速制胜的高招，然后脱身。他没有兴趣批评约翰逊总统，在他看来约翰逊是被二流政治侏儒团团包围的"政坛高手"。在1964年总统大选期间约翰逊曾取笑说是戈德华特的"暴力倾向"将美国部队送到了南越（"我们把美国小伙子们送到离家1万英里的地方不是为了让他们替亚洲小伙子们做他们应该为保护自己所做的事情。"）。鉴于这种冠冕堂皇的说辞，克朗凯特毫不怀疑美国人将在东南亚这摊泥潭中深陷很长一段时间。

约翰逊总统在国内事务方面的代表约瑟夫·卡利法诺曾说："克朗凯特为我们做了大量的报道，对我们提供了支持。我们将克朗凯特视作在促进民权运动方面的可贵伙伴。至于越南问题，在1964、1965和1966这三年里，就算哥伦比亚广播公司对总统的各项政策提出过质疑，那么质疑也不算太多。"

一开始越南冲突得到了广泛的民众支持，但是当战争吞噬掉美军大量的人力物力后这个话题就越发引起争议了。对美国士兵而言，越南冲突意味着在难以穿越的丛林里、稻田里、建筑林立的地区、山区和要塞据点的惨烈战斗，这些战斗就如人类战争史上的任何一场战斗一样凶残；对反战示威者，尤其是在大学校园里的学生而言，它弥散着帝国主义和战争贩子的恶臭；对美国绝大多数保守主义者和许多持温和政治观念的美国民众而言，它代表了冷战时期美国对抗苏联和中国的决定性战场；对黑人、拉美裔美国人、印第安人和贫穷的白种人而言，它意味着阶级的虚伪性，因为他们的孩子被送到了东南亚，而很多有钱人家的年轻人则受到了延期服役的特殊待遇，要不就得到了国民警卫队这种轻松安逸的本土任务。对克朗凯特而言，越南战争则意味着他将有机会赶上全国广播公司新闻网的脚步，后者当时已经开始播出"越南每周评述"（专为约翰逊的这场战争制作的系列节目）了。

就在越共军袭击美军在越南中部山地波来古的军事基地将近一个月后，美国国家安全顾问麦乔治·班迪建议再次升级对越北的轰炸。美国空军开始了滚雷行动，对北越的目标地区进行了打击，并对南方实行了物资禁运。几天后，首批美军战斗部队踏上了越南的战场。到了4月份，约翰逊总统批准美军对南越的军事攻击动用地面作战部队。此次冲突升级促使学生争取民主协会在华盛顿举行了反战集会，克朗凯特在《晚间新闻》节目中对集会进行了报道。"双子座计划"和丘吉尔的逝世占用了克朗凯特的大量精力，他几乎没有时间认真考虑越南问题。不过，他注意到《纽约时报》的一篇文章引述了国防部部长罗伯特·麦克纳马拉的一段讲话，国防部长认为美国在这场战争投入的人力物力将耗费纳税人大约15亿美元的税款。克朗凯特想要知道越南究竟是否得上如此惊人的价格。当年7月，出于对美国在越南的战略目标的好奇，克朗凯特悄悄策划了一次前往东南亚地区的调研活动。这个决定受到了新闻网总经理戈登·曼宁的鼓励，后者曾经在《新闻周刊》当编辑，此时在哥伦比亚广播公司专门负责对东南亚的报道。

当时克朗凯特正在为《哥伦比亚广播公司报道》的"堕胎与法"节目录制旁白，这期先锋性的报道意图对女性的选择权这个禁忌话题做一番探讨。刚一录制完节目克朗凯特就开始为自己的首次东南亚之行做起了准备。他读了奥地利裔美国政治专家约瑟夫·巴廷戈所著的《小龙》，还同当年一起参加了"作家六十九营"的霍默·比加特见了面，在饭桌上已经去过越南的比加特为他简要介绍了那里的情况。还在纽约的时候，那些介绍越南的书籍中最令他吃惊的就是越南的国土面积，南部和北部加起来也只有127207平方英里，比东德和西德都小。在巴德·本杰明的建议下，克朗凯特决定为直升机空降救援队拍摄一段新闻影片，正是这支队伍在负责搜救被击中后坠落在越南密林和稻田里的美军飞行员。

同克朗凯特一道前往越南的有制片人朗·伯恩、摄像师沃尔特·邓布罗和一名录音师。他们最基本的出外装备就是一台16毫米的米歇尔电影摄影机，可以拍摄400英尺的有声胶片（相当于10分钟时长），机器顶部的胶卷盒看起来就像是米老鼠的耳朵。这部摄影机是用一台好莱坞35毫米电影摄影机改装而成的，庞大笨重的机器足有40多磅重。波恩曾说："到了外景地它可真是太糟糕了。由于那两只'耳朵'，为了拍摄到画面他就不得不暴露自己，而暴露自己就意味着中枪。"

一开始，刚一登上越南航空公司在香港的班机他感到越南是一个离奇得不可思议的地方。航空小姐是一个带着天使般笑容的"大美女"，她给克朗凯特送上了一杯啤酒和西贡出版的英文报纸《每日新闻》。这完全就是天堂。机舱内洁白、干净，而且他已经装满了烟斗，好让自己在想放松的时候抽上一口。这难道还不够美妙吗？但是接着他就看到了报纸上刺目的大标题："越南航空的空中小姐对飞机实施炸弹袭击。"一阵不安向他袭来，他不禁自问道，"我们这位空中小姐的笑容是不是眼镜蛇的微笑？"那一刻他再也无法放松了，他意识到20世纪60年代的越南有一个基本事实，那就是人不可貌相。

　　7月初几个"哥伦比亚"人来到了美国在岘港的空军基地，南越军队的第一兵团及其第三师都将总部设在这个沿海城市。机场那条1.2万英尺的水泥跑道和其他崭新的跑道令克朗凯特惊叹不已，就连芝加哥奥黑尔国际机场的跑道都相形见绌。克朗凯特知道岘港对美国军队而言是一个重要的港口，1965年海军陆战队最初就是在这里登陆的，但是他仍旧惊讶于自己脚下的机场居然能容纳喷气式飞机。跑道两侧筑有防爆护墙，每条跑道上都挺着一架崭新锃亮、造价不菲的军用飞机。艾森豪威尔提出的军工复合体①正在发挥作用。早已熟悉军用飞机的克朗凯特开心地看到F-102、F-106、B-57、F-4、F-104和F-105战斗机就像在韦洛兰飞机制造公司的流水线上那样一字排开。波恩曾提到过那段往事："我还记得自己转头看着多少有些目瞪口呆的沃尔特，说：'咱们怎么会输呢？'"

　　克朗凯特一行用三个星期的时间对越南的农村地区进行了一番探访，享受到了战时的贵族待遇，不仅吃到了上等的海鲜大餐，而且还有专人为他们介绍情况。他们为公司的《晚间新闻》《20世纪》和《面对国家》拍摄了一批影片。克朗凯特试用了后来成为美军标准配枪的M-16轻型步枪，和美军军官们建立了私交，和他们一起抱怨着，就这样了解到了军人们对这场战争的态度。美军将敌对的越共军叫作"查理"，令邓布罗感到好笑的是克朗凯特坚持将其称为"查理先生"。②由于同空战由来已久的关系，克朗凯特受邀登上一架固定翼飞机，参加了轰炸袭击。法国摄

---

① 译注：军事工业复合体，也称军事工业国会复合体，简称军工复合体，是指一国的军队与私有产业以相关的政治经济利益而紧密结合而成的共生关系。这个名词是由第34任美国总统德怀特·戴维·艾森豪威尔在演说中首创的。作为一个贬义词，军事工业复合体主要用于美国。在美国，这共生关系是由国防承包商（私有产业）、五角大楼（军队）以及美国政府（立法部门及行政部门）所构成的联合垄断；此联合垄断关系以发"战争财"来获取暴利，因而常与公众利益相违背，发动不需要（甚至有危害）的战争或军事行动，在国际关系上可能引发不必要的军备竞赛及武器扩散。
② 译注：在英文中"查理"亦有"蠢货"的意思，"查理先生"则是对白种人的蔑称。

像师，充满"男子汉气概"的一流战地摄像师亚历克斯·布劳尔带着克朗凯特去了农村地区，在那里炮火声清晰可辨。7月18日，克朗凯特完成了对南越新一任总统，空军少将阮文绍的独家专访。一开始他觉得阮文绍充满了个人魅力，但是很快这位总统流露出一丝古怪的神色，开始盛赞希特勒是一位伟大的空中力量谋略家。提起往事时克朗凯特曾说："到这时我突然就有点找不到头绪了。"阮文绍用英语告诉克朗凯特："如果有那么一个想要帮助我们，或者说尽我们所需的美国政府，如果在接下来的几个月里或者在未来我们真的与这个美国政府建立了良好、坦诚、协调的关系，我觉得不出一年的时间局势就会缓和下来。"在克朗凯特进一步的逼问下阮文绍承认距离清除在南越的越共游击队还有"很长很长一段路要走，或许还需要三四年"。克朗凯特与阮文绍的访谈经过编辑后在《面对国家》节目中播出了。

急于领先于全国广播公司新闻网的克朗凯特、波恩与邓布罗和出租车司机、街头小贩和餐馆服务员攀谈着，就好像他们在为美军的干涉究竟是好是坏的问题做着小规模的盖洛普民意调查。他们还去了距离西贡以南一小时车程的同奈省省会边和市参观美军第173空降旅。邓布罗身材矮胖，性格滑稽，有着一副大嗓门，在纪录片的摄影方面颇具天赋，靠着性能稳定的米歇尔摄影机他出色地记录下了克朗凯特在行驶中的吉普车里对一位准将所做的采访。那时候手持摄影机尚未问世，而吉普车又走在崎岖不平尘土飞扬的小路上，这次的采访在当时的电视界完全处于领先水平。全国广播公司新闻网的"越南每周评述"，接招吧！当克朗凯特提到越共军队是一支凶猛善战的部队时，将军粗声粗气地吼道："他们都是懦夫！""怎么会呢？"克朗凯特问道。"他们都是懦夫！他们都不出来干上一架。懦夫！"将军继续说道道。

懦夫……懦夫……懦夫……一整天这个词一直回荡在克朗凯特的耳边。这天晚上，克朗凯特、波恩和邓布罗喝着啤酒交换着对这位莽夫将军的看法。如果越共和北越的军队一起，或者任何一方如将军所说的那样，"出来干上一架"的话，停在边和市和岘港的美军战机将会全歼他们。在宜昌部署严密的战斗中，装备精良的第173空降旅很可能会将越共打得溃不成军，但是西贡的游击队斗士们也绝对会取得胜利，他们只需要守在灌木丛和树林里，用狙击枪一枪一个地慢慢将美国军队消灭。克朗凯特——以及阮文绍——看到敌人在整个南越就是这么做的。波恩曾说："有着'二战'经历的沃尔特明白这一点，因此那天晚上我们达成了一致意见，（那位准将）是我们碰到过的最蠢笨的将军。没错，在1965年那会儿沃尔特依然一腔热血，但是这位愚蠢至极的将军真的令他感到震惊。"

哥伦比亚广播公司新闻网的加拿大籍记者莫雷·塞弗曾负责报道了几个月的越南问题，在1965年克朗凯特的越南之行中他也同克朗凯特有过密切的交往。塞弗于1964年以驻伦敦记者的身份加入了哥伦比亚广播公司新闻网，在波来古事件后公司授意他开办新闻网驻西贡的记者站。此外，克朗凯特还为越南问题请教了曾经的合众人彼得·卡利舍。1963年南越最高领导人吴庭艳被在一场政变中被推翻，并被杀死，卡利舍代表哥伦比亚广播公司报道了这一事件，凭此荣获了当年的驻外媒体协会奖。克朗凯特到达越南的时候卡利舍正在调查美军在西贡的军事行动的真实情况。塞弗曾敏锐地指出："沃尔特太具有怀疑精神，太有见识，而且对谎言十分敏感，所以糊弄他是不可能的。不过，机器，有轮子、有翅膀的东西，尤其是可以飘浮在空中的东西可以分散他的注意力，军方也确保让他有机会把一切都亲眼看一看，用一用，让他参加空战，好让他以为自己是局内人。他们为他安排的行程让他尽可能地远离了长驻越南的记者，在军方的眼中这些记者都在跟他们唱反调。"

事实上，那年7月美国国防部和国务院都在越南为克朗凯特铺好了红地毯，这趟公费旅游让克朗凯特一行几乎没有受到一星半点战火的洗礼。美国陆军安排克朗凯特射击、飞行、引爆地雷、投掷手榴弹，在1967年他们也曾用同样的方式款待了小说家约翰·史坦贝克（结果，这位诺贝尔文学奖获得者不仅对约翰逊的战争表示支持，而且在越南之行结束后为《新闻日报》撰写了一批称颂美军将士的专栏文章）。克朗凯特在美国驻越南部队在缤客（今胡志明市附近）的指挥部里碰到的每一位战士都给他留下了深刻的印象，其中几名来自堪萨斯州莱利堡的小伙子后来还经常给主持《晚间新闻》节目的他写信，就这样他们成了笔友。

在这次宾主尽欢的越南之行即将结束的时候，塞弗和一名美军军官强行为克朗凯特上了一课，让他知道了"普通战士们对世界的看法"，战士们眼中的世界同那位准将的"截然不同"。这个人有可能是《纽约时报》记者戴维·哈伯斯坦姆，以及尼尔·希恩在部队里的臭名昭著的线人约翰·保罗·范恩。在回忆录《闪回》中塞弗声称自己安排了至少好几次同克朗凯特的会面，让后者了解了美国在越南失败的赤裸裸的真相，对他的报道中各种强行插入的"谎言和佯装的乐观精神"进行了驳斥。没有任何过激言论，也没有任何有意识的反战言论，只有赤裸裸的真相。

他们两个人在西贡卡拉维拉酒店的楼顶花园上一起享用着鸡尾酒，哥伦比亚比亚记者站就设在这家酒店的三楼。塞弗主动把有关五角大楼宣传攻势的事实一股脑讲给了克朗凯特，他是一个地地道道的悲观主义者。谁都不会告诉美国人民在滚雷行动中美国究竟给南越、老挝和缅甸的村镇丢下了多少导弹和炸弹。塞弗告诉克朗凯特，倘若约翰逊还不对自己的政策进行反思的话，那么在他俩碰到的新兵里至少有一定数量的人，比如来自莱利堡的那几名战士，就会在这场战争里送了性命。麦克纳马拉竟然会经常撒谎，驻越美军最高指挥官威斯特摩兰将军就跟那个狂喊乱叫的准将一样都是愚蠢的沙文主义者，一时间克朗凯特难以接受这么令人不安的说法。在私下里他十分尊敬这塞弗和卡利舍，在他看来美军正需要他们这样的聪明记者，以帮助美军赢得这场战争，一如他在"二战"期间以合众人的身份所做的那样。令他感到苦恼的是他在越南碰到的很多年轻出色的记者和摄像师都很轻浮，他们将美军的官方情况介绍会称为"五时整傻话"，这种表现极其无礼。塞弗曾回忆说："我告诉他的真相并没有对他造成太大的冲击。不支持前线美军对他来说太难了。"

1965年8月上旬，塞弗参加了美军海军陆战队对越南人聚居的村庄坎奈实施的搜索并歼灭行动①。当狙击手在村子里开火后，海军陆战队队员便开始有条不紊地纵火焚烧村民们用茅草搭建的房舍，从喷火器到芝宝打火机无所不用。塞弗惊恐极了，美国军队的目标应该是"争取民心"啊。在海军陆战队的命令下当地的村民们都站在一旁，但是他们苦苦哀求美国士兵能发发慈悲，可是后者对他们痛苦的哀号视而不见。塞弗让自己的南越摄像师何舒灿拍摄下了这场大破坏，然后将影片寄给了拉斯·本斯利，后者在纽约对影片进行了剪辑。

1965年8月5日，《哥伦比亚广播公司晚间新闻》播出了塞弗对美军纵火摧毁坎奈的报道。华盛顿对此反应激烈，国务院、五角大楼、海军陆战队和白宫都强烈要求哥伦比亚广播公司将塞弗替换掉。塞弗发回的影片猛地抛给祖国人民一个令人尴尬的事实——美国海军陆战队对坎奈的毁灭性行动毫无必要。克朗凯特同哥伦比亚广播公司新闻网总裁弗兰德里一起为34岁的塞弗作了辩解，可是塞弗的报道产生的影响力大得就如同火箭筒在肚子上一样。后来塞弗曾回忆道："我做的有些报道令克朗凯特感到头疼，但是当外界对我的情绪越来越激烈，当观众想要把我的脑袋插在棍子上，我于1965年的秋天被召回到纽约等待重新分配时，他在自己的家里为我举办了一场晚宴。主播通常都对第一线的记者毫不关心，可是沃尔特不一样。当时我刚刚进入哥伦比亚广播公司，白宫希望我被解雇，比尔·莫耶斯（约翰逊的白宫新闻秘书）那个蠢货也公开奚落我。仇恨的信件如潮水般涌来。要求我被解雇的呼

---

① 译注：一种在越南战争中被广泛使用的军事战术，旨在消灭越共的游击队。

286

声越来越高。而沃尔特又是怎么做的呢？他在纽约为我举办了一场晚宴。他就是这样的人。"

塞弗从南越发回的尖锐报道展示了美国海军陆战队犯下的滔天罪行，约翰逊总统远比克朗凯特对这条报道更感到头疼。斯坦顿博士就接到过恼怒的白宫气势汹汹的打来的一个威胁电话，这通电话令他不寒而栗。

"弗兰克。"约翰逊叫醒了正在睡梦中的哥伦比亚广播公司总裁。

"谁？"半梦半醒的斯坦顿问道。

"弗兰克，你的总统，昨天你的小伙子们冲着国旗放了一堆狗屁。"

约翰逊坚持声称塞弗是共产分子。通过背景审查得知塞弗是加拿大人后总统露出一副洋洋得意的样子："我就知道他不是美国人。"五角大楼首席发言官阿瑟·西尔威斯特也愤愤不平地对弗兰德里说塞弗是一个"加拿大同性恋共产分子"。哥伦比亚广播公司新闻网发布了一则内部通知，称公司对塞弗有"充分的信心"，并授意塞弗对1965年11月在越南大南山谷打响的战役进行报道。一天下午，在做报道的时候塞弗乘坐的直升机被击中了。飞机坠落了，但是机上的所有人都没有大碍。塞弗休息了几天，然后被空运到了西贡，从那里他带着拍摄到的素材飞回了纽约，准备为《特别报道》做一期名为"大南山谷战役"的报道。这期节目在11月中旬的一个星期五晚上播出了，克朗凯特在节目开头做了一番介绍，后来塞弗曾回忆说："就在那期节目播出后弗兰德里要我离开越南，休息一阵子，回去当伦敦记者站的负责人。当初在伦敦接替我的拉瑟被派去西贡，再一次顶替了我。"

塞弗为坎奈所做的报道掀起了狂澜，而他却遭到了流放，对此克朗凯特感到非常震惊。可是，他能做的也就只有专门为塞弗举办一场晚宴，让塞弗免于被清除的命运他也无能为力，毕竟约翰逊总统已经坚信"克朗凯特在想办法对付我了"。从1966年年初开始克朗凯特频频探望远在大不列颠的塞弗，和他探讨越南的问题，他们两个人都相信威斯特摩兰将军对致使越共如此激愤的缘由一无所知。后来塞弗曾说："在1966年和1967年那会儿我们都知道唯有中情局清楚越南战争纯属一场失败的努力。"

直到坎奈事件之后克朗凯特还依然是一个谨慎的主战分子，他认为美国人最终会得到越南人民全心全意的支持。他对塞弗冷静的分析和那位陆军准将发出的"懦夫"的咆哮声记忆犹新，但是这些都不足以根本性地改变他的思维。当年9月29日，在纽约州水牛城召开的美联社主任编辑会议上克朗凯特对约翰逊政府的外交政策进行了评论，这番讲话以古怪而不可思议的方式让人们窥见克朗凯特对不久前东南亚之行的态度。他站在温和派的立场上将美国对越南的干涉称作"无底深渊"和似乎"无法抽身的两难境地"。他曾亲眼看见美军在岘港的工程项目有着怎样的规模，他很清楚约翰逊总统根本不重视美国政府曾经对帮助建设南越政权所许下的诺言。

然而，克朗凯特认为美国不应当从越南这个冷战棋局中撤退，变成把脑袋埋在沙土里的"山姆大叔"鸵鸟。南越……埃及……塞浦路斯……印度尼西亚……柬埔寨……非洲——任何地方，克朗凯特认为这些地方都需要美国进行进一步的援助，增强美国在当地驻军的武器装备。他在会议上对美联社的编辑们说："我们的外交目标是保护这个容纳自由社会的大环境，正是这个目标将我们送到了越南的沼泽地。如果我们忠于这个目标的话，那么我们对南越的援助就不仅是正义的，而且是必要的，现在我们不能因为几乎无法承受的挫败感就让自己丧失勇气，我们必须坚持下去，为了找到通往胜利的道路而付出更大的努力。"

就在这个秋天克朗凯特同《纽约时报》关注越南问题的记者R. W. 阿珀和戴维·哈伯斯塔姆共进了午餐，在餐桌上他对大南山谷战役有了更深入的理解。这场战役被认为是越南战争中打响的第一场传统意义上的战斗，参战双方分别是美国陆军第一骑兵师（空中机动部队）的一个旅和越北军的三个团。克朗凯特比《纽约时报》的两位记者乐观得多。10月13日，他在《20世纪》的"当月新闻人物"栏目采访了国务卿迪安·鲁斯克，当谈及在报道诸如干预多米尼加内政和越南战争这样的外交政策危机时媒体应该扮演何种角色时两个人之间发生了一些摩擦，鲁斯克对克朗凯特叱责道："你感兴趣的是新闻事件的戏剧性，我们则在致力于找到解决方案，恢复和平局面。"

大约在当年的感恩节，克朗凯特在哥伦比亚广播公司的播音中心里挂起了一张越南地图，地图上钉满了图钉，这样制片人和撰稿人就能方便地在地图上找到奠边府、波来古、崑嵩和归仁这些充满异域情调的地名了。在1950年为WTOP电视台主持的节目中克朗凯特在黑板上画了一幅朝鲜半岛的地图，而今他鸟枪换炮，用上了兰德·麦纳利出版社出版的精美地图。哥伦比亚广播公司新闻网终于将亚洲视作了一块重要战区，这还是公司历史上的第一次。克朗凯特曾回忆道："首次越南之旅结束后我回到了美国，当时我感觉前线战场上出现的证据似乎无不在支持最高指挥部和华府的论调，也就是说，我们正在进步。"他称赞约翰逊"做出了果敢的判断，共产主义必须止步于亚洲，为实现政治目标而进行的游击战争最终必须受到阻止"，那幅腔调听上去活像是威斯特摩兰。

不过克朗凯特同时也认为哥伦比亚广播公司新闻网也需要对参战的越北方面进行报道。在弗兰德里的鼓舞下他做了一个极其具有争议性的决定，在12月6日的节目中播放了英国记者费利克斯·格里尼采访越北胡志明的录像。在采访中胡志明说："美帝国主义是侵略者。美国必须停止对越北的空袭。美国必须结束对南部的侵略，撤走在南越的部队，让越南人民按照日内瓦协议的内容自己处理自己的事务。"

口袋书出版公司赶在当年的圣诞节前出版了哥伦比亚广播公司《越南视角》节目的文稿合集，在导言里克朗凯特写道："这就是我们对东南亚所做的承诺的意义之所在——这不只是针对今年或者明年的承诺，它更是为了整整一代人而许下的诺言。如果我们会履行对自己、对他人的誓言，一旦共产主义有抬头的趋势我们就会阻止住它四处侵略的脚步，那么我们就该如此。"这完全是主战派的论调。不过，让胡志明出现在《晚间新闻》中，进一步加剧了约翰逊总统的怒气，这又绝对属于温和派的做法。自己亲战，而在越南前线为自己供稿的记者又对战争充满怀疑，这种奇怪的二分思维令克朗凯特疲惫不堪。他试图保持住合众社时期的中立立场，坚持贯彻新闻业的头号原则，客观性——"如果世界出了问题，记者的职责就是告诉大家这个问题究竟是什么。"

克朗凯特陷入了20世纪60年代中期的两难境地：究竟应该相信主战派的麦克纳马拉，还是认为越南战争是美国的滑铁卢的温和派塞弗？不过，无论如何克朗凯特都没有忘记一件事情——保持客观。他觉得无论是鹰派还是鸽派，所有人都表现得那么疯狂。品行端正的美国政府官员们说着无伤大雅的谎话，将国家带入了一场大战；非正统的反战分子们没有向人们给出答案，却还摆出一副比国务卿迪恩·鲁斯克更了解远东事务的模样。这种局面令克朗凯特感到困惑，不过他对新左派宣称约翰逊对越南的谋划大错特错的论调仍旧无动于衷。为了缓和所有人的情绪，在1966年他在节目中一直竭力回避一切有关美国政府外交政策核心问题的内容。在他看来，为了"促进民主"而走极端在大多数情况下都是正确的选择。

克朗凯特同哈里·瑞森纳、亚历山大·肯德里克、马文·卡尔布、彼得·卡利舍、理查德·赫特里特都为公司《特别报道》的四集系列节目《越南视角》做出了贡献。向马克斯韦尔·泰勒将军和联合国大使安德鲁·戈德堡提问总是能令他受益匪浅，但是《特别报道》对美军出动B-52战机轰炸越北，破坏对方在穆嘉关沿线的行动，种族平等代表大会宣称抽彩征兵法对黑人不公平等事件所做的一连串报道并没有引起他的多少兴趣，他将目光都集中在了双子座计划上。在对越南问题的报道中他的一个重要成果就在于说服约翰逊总统面对哥伦比亚广播公司的彩色摄像机朗读了一遍1966年1月21日讲话的文稿，正是在这次讲话中约翰逊宣布继续对军力在全世界排名第五的越北实施滚雷轰炸行动。但是，克朗凯特没有告诉观众滚雷行动只是一个缺乏充分准备的愚蠢行动，一直被约翰逊时断时续、暂停轰炸和中止行动的策略所拖累。

此前美军已经将南越划分为四个军团防御区，从背靠非军事区的第一军团到最南端的第四军团，克朗凯特想要走遍各个防御区。哥伦比亚广播公司新闻网的记者比尔·普兰特曾回忆道："作为在前线的外景记者，我们都知道只要有大量的激战场景（片断），我们的报道就会出现在《晚间新闻》里。"普兰特同驻守大南山谷的美国海军陆战队的队员们已经培养起了强烈的感情。当自己曾经在合众社的老板，而今就职于《纽约时报》的哈里森·索尔兹伯里在1966年年底到访河内时克朗凯特认为哥伦比亚广播公司或许一直太怯懦，只报道了南越的状况。为了给他搞到越北的签证公司花了一番功夫，提到这段往事时塞弗曾说："当时哥伦比亚广播公司认为最好是将克朗凯特派过去，但是他们担心他会显得有些反战，所以虽然他主动请缨，但是公司还是把他和科林伍德调换了一下。如果这个计划落空的话就把我当作备选方案。最后，科林伍德拿到了签证，从越北发回了一系列的报道。"

比尔·莫耶斯曾宣称事后想来的话，倘若当初克朗凯特更勇敢一些，就像默罗一样，对1965年美国在越南不断增加投入的做法提出批评的话，约翰逊或许就会让这场冲突逐步降级。这种论调纯属遮羞的胡话，每次《哥伦比亚广播公司晚间新闻》在节目中哪怕只是对约翰逊的政策稍加批评，莫耶斯都会以白宫的名义进行一番恫吓。克朗凯特认为曾经在约翰逊的奥斯汀电台和电视台做过记者的莫耶斯就是一个骗子，装模作样地摆出一副他也是媒体小伙子中的一员的样子，其实干的全都是掩护约翰逊的事情。塞弗曾说："莫耶斯的身上有一个非常令人厌恶的特点。数十年后在艾美奖的颁奖典礼上他为当初公开奚落哥伦比亚广播公司而向我道过歉。"在20世纪90年代初期历史学家唐·卡尔顿向克朗凯特提到了莫耶斯说得那番话，后者十分恼火，他恶狠狠地说："我就是不信那一套。约翰逊在1965年的时候太顺心，太张狂，太得意了。我对他也就是小打小闹而已，他完全可以像掸掉小虫子一样把我打发掉。我实在太惊讶了，莫耶斯竟然会这么说。"

克朗凯特渐渐地明白了在对东南亚局势的理解上五角大楼和哥伦比亚广播公司新闻网驻西贡记者站之间存在着巨大的差别，不过，当美国派驻越南的兵力增加到20万的时候他还是无所顾忌地在《晚间新闻》中展示了令人毛骨悚然的战争画面。

一座座熊熊大火中的村庄……一轮轮迫击炮的开火……一个个炸弹留下的弹坑……毒气脱叶剂……尖声惨叫的儿童……受到玷污的沼泽……伤兵……伤亡人员。这场战争的十足的野蛮气息直刺进物质至上、眼光狭隘的美国社会，让越南冲突得到了"客厅战争"这样的绰号。彩色电视技术也只是让暴力画面给观众留下了更难以忘怀（也更加恐怖）的印象而已。哥伦比亚广播公司新闻网采用了3到6个月的轮换制，好让记者们既能前往西贡（今胡志明市，下同）工作一阵子，又不会离家太久。当时几乎每一位记者都去过越南，在公司里有一个不成文的共识，倘若拒绝前往西贡就职，例如马德就以家庭为由没有去，那么今后斯坦顿博士就会断送你的职业生涯。拒绝去西贡的还有特里·德林克沃特（他的妻子威胁他说如果他去西贡就和他离婚）、罗伯特·皮尔伯因特（对朝鲜战争的报道已经让他厌倦了）和埃里克·塞瓦赖德（他说自己在20世纪40年代的"二战"期间和1965年的多米尼加共和国已经看够了战争）。

和他对宇航局的热心支持不同，克朗凯特在播音中始终不曾美化过战争，这是他的基本指导原则。哥伦比亚广播公司的执行制片人拉斯·本斯利常常在审片室一待就是好几个钟头，为了节目的需要忙着剪辑西贡站记者们经由洛杉矶或旧金山发到纽约的素材片（直到1967年卫星转播才成为现实）。克朗凯特与本斯利小心翼翼的，以免节目中出现最恐怖的战争画面（诸如割下敌军尸首的耳朵）。尽管如此，他们还是相信躲在自己客厅里的电视观众还是应该看到残酷的现实。当美国战士战死在海外，同胞们却在像鸵鸟一样逃避现实，这种做法有悖于道德。克朗凯特坚持认为："在战争环境下，每一个美国人都应当同前线的人承受一样的痛苦。我们应当看到这些画面。我们就应当被迫看到这些画面。"

在1965年年末到1966年年初，《哥伦比亚广播公司晚间新闻》一直在报道痛击越北的滚雷行动的同时对美国各地的反战集会也做着报道。新闻网的总裁弗兰德里还策划了一系列辩论会，"越南视角"系列片在新栏目《国会和越南战争》下得以延续。1966年2月15日，播音部门的副总裁约翰·施奈德认为弗兰德里把拥有大量广告机会的下午时段过多地耗费在参议院外交关系委员会就升级美国对越南的投入所做的听证会上。这对肥皂剧的生意毫无益处。施奈德暂停了公司对听证会的报道，恢复播出《我爱露西》和其他常规日间节目。全国广播公司还在继续对越南前线进行着实况报道，但是施奈德断定在克朗凯特主持的《晚间新闻》中一点点地播出参议院委员会的证词才是对哥伦比亚广播公司最有利的选择。

恼怒的弗兰德里认为施奈德为了照顾那些胡扯的电视剧而对新闻节目进行"管

制”，这种做法就是在愚弄电视作为新型媒体所怀有的抱负，令弗兰德里感到恶心的是，为了靠广告赚几个小钱施奈德甚至连冷战遏制政策之父乔治·凯南不同意美国对越南进行干涉这样的重要新闻都排斥在外。在随后两个人爆发的激战中绝大多数真正的记者都支持以《现在请看》系列纪录片的联合编辑（与默罗合作）而声誉卓著的弗兰德里，而后者则成了最适合诠释公司贪婪嘴脸的象征物。

弗兰德里用辞职来威胁对方。以前他也常常在盛怒之下威胁说要逃离广告充斥的电视界，但是这一次他动了真格。在1961年2月至1964年3月期间担任新闻网总裁的萨伦特被佩利选中，成为接替弗兰德里的人选。弗兰德里的辞职激怒了公司的全体记者，但是克朗凯特除外。他敬仰弗兰德里，在弗兰德里的保护下《晚间新闻》的收视率在逐步增长，对于这一点他心存感激，但是他没有因为这场纷争而辗转难眠。他鼓励公司的撰稿人和制片人联名上书，要求弗兰德里官复原职，但是他自己却没有在请愿书上签名。或许是他对1964年同佩利之间的那场争斗仍旧记忆犹新，在众人面前他对此事闭口不谈。站在他的角度，弗兰德里与施奈德之间的争论源自对公司日间节目的安排问题，和他的《晚间新闻》毫无瓜葛（克朗凯特知道《纽约时报》会严密审视他的忠诚度，最终他还是发布了一份谨慎的声明，对弗兰德里“才华横溢、充满想象力和直言不讳的领导”表示了称赞，但是没有对斯坦顿提出批评）。

1978年之前一直在公司里执掌大权的施奈德痛恨平面媒体对弗兰德里的褒奖，不仅如此，媒体还将公司的经理们描绘为一群“兑换银钱之人”①。《纽约时报》甚至全文刊发了弗兰德里的辞职信。弗兰德里的辞职让克朗凯特得到了解放，直到1966年他始终感到自己活在“默罗王朝”中，不过他本人是绝对不会承认这一点的。默罗于1965年逝世，弗兰德里在次年辞去哥伦比亚广播公司的工作，先后在乔治·班迪资助的福特基金会和威廉·佩利任终身董事的哥伦比亚大学任职，此后哥伦比亚广播公司新闻网就完全变成了克朗凯特的天下。尽管在《记者生涯》一书中没有过多提及此事，但是克朗凯特的确总是能和公司的经理们和睦相处。他是一个以公司为重的人。他不会阿谀诌媚，但是他更看重萨伦特合情合理的分析，而不是弗兰德里令人赞叹的夸张表演，后者总是四处指手画脚，为了节目的设置问题忙得大汗淋漓。

---

① 译注：语出自《圣经·新约》，是贪婪的象征，可参见《马太福音，21∶12》等章节。

在供职于哥伦比亚广播公司新闻网的16年里弗兰德里做了很多正确的决定，令他羞愧的事情则少之又少。在提到哥伦比亚广播公司的《现在请看》和《特别报道》节目，或者有关越南战争和民权问题的先锋性报道时他的名字都是无法避免的，他是业界的传奇。然而，在编辑室里他总是一副专横霸道的做派，精力充沛得就连克朗凯特都感到畏惧。现在，他终于不在了。前总统艾森豪威尔从加利福尼亚州因迪奥市打来电话，想要知道究竟发生了什么事情。在电话里他说自己感到"震惊""心痛"，挂断电话后他又提笔给弗兰德里写了一封支持信，"由于同比尔·佩利，以及后来的弗兰克·斯坦顿之间的情谊，我一直对哥伦比亚广播公司有所偏爱。及至结识你和沃尔特·克朗凯特，并与你们共事后，我对公司的偏爱就更加显著了。你很清楚我深感同你和沃尔特的合作非常愉快，以至于我几乎没有兴趣同其他人合作。现在，我不得不重新审视自己的处境，不过这跟在得知你以为自己有必要从哥伦比亚广播公司辞职之后我感到的遗憾相比则不值一提。"

经过弗兰德里时期的动荡不安之后克朗凯特对萨伦特稳健的做事风格感到欣慰。很多媒体观察家，尤其是哥伦比亚广播公司新闻网以外的人士都担心律师出身，从未做过记者的萨伦特会让编辑工作充斥着保守主义的氛围，如塞弗在大南山谷对芝宝打火机和本顿对亚拉巴马州伯明翰市哀号的猛犬所做的争议性报道都将不会再出现了。但是，克朗凯特这样的内部人员才更了解实情。伦纳德曾说过弗兰德里与萨伦特有一个共有特点，那就是"在他们的认识体系中"公司在鼎盛时期所做的"严肃新闻同上帝和国家排在一起"。至少，萨伦特没有为这个已经饱受压力折磨的行业增加更大的压力，米德格雷就说过："萨伦特总是告诉大家新闻部的兴趣仅在于事实，而非收视率。"

在哥伦比亚广播公司于1967年6月播出了以克朗凯特为主要记者的《哥伦比亚广播公司新闻调查：沃伦报告》后，《晚间新闻的》执行制片人厄尼·雷瑟尔退休了。电视业带给人的压力太大了。接替雷瑟尔的是谈吐柔和的米德格雷，在后者的保护下哥伦比亚广播公司新闻网每天晚上都在播出有关越南的报道。在1967年至1972年担任《晚间新闻》执行制片的米德格雷本身就是曾在《论坛报》做过记者的优秀人才，他明白凡是涉及东南亚的报道克朗凯肯定都想超过全国广播公司。提到当年对越南的报道时米德格雷曾说："如果克朗凯特看到对某件事情的报道全国广播公司超过了哥伦比亚广播公司的话，他就会立即断定是我们没有做好自己的工作。'咱们得更出色一些——打败他们！'，他就会这么嚷嚷道。"

很快，米德格雷就不愿继续一味淡化约翰逊政府对东南亚的政策了，他开始频频安排拉斯·本斯利编辑《晚间新闻》，好凸显出约翰逊的政策的丑恶面目。公司新闻网的副总裁，坚定的自由主义者布莱尔·克拉克认为美军对东南亚的干涉不得人心，同米德格雷一样他也无法接受保持客观的做法。1964年，由于强硬的反战观点他最终从哥伦比亚广播公司新闻网辞职，当了《国家》周刊的编辑，在1968年又出任了尤金·麦卡锡争夺民主党总统候选人提名的竞选经理。安迪·鲁尼曾说过："沃尔特认为克拉克过于反战。我们都是地地道道的"二战"记者，不全心全意支持部队很不合适。沃尔特认为在涉及政治问题时克拉克完全就是一个蠢货……不过，他还是喜欢他。"

1967年，在米德格雷的领导下哥伦比亚广播公司新闻网似乎总是陷入冲突中，克朗凯特一直努力扮演着仲裁者的角色。不过，在1967年3月的最后一天这种局面改变了，新闻节目的观众照常打开了电视，但是没有人知道这一天谁会出现在三大广播公司主播的位置上。绝对不会是沃尔特·克朗凯特和戴维·布林克利，也不会是美国广播公司年仅28岁的多伦多人彼得·詹宁斯。身为美国广播电视艺术家联合会正式成员，他们三个人都参加了当天的大罢工。该联合会代表了1.8万名广播电台及电视台的演职人员，此次罢工是为了声援各地的地方新闻记者，工会认为他们的工资水平实在太不公平了。露西尔·鲍尔、丹尼·凯和大杂烩兄弟（托马斯和理查德）等演艺人员也参加了罢工，对这项事业进行了声援。在当时电视已经成了许多美国人日常生活的核心，它充当着新闻来源、保姆、不动脑子的演员。因此，这场罢工受到了全国人民的关注。《随世界转动》和《指路明灯》这些肥皂剧也在当日停止播出；由于还没有制作完当天原定播出的新节目，广播公司的各档娱乐节目只能重播以前的节目；新闻部门的管理人员被叫去播送新闻，喜剧演员们也借此机会痛痛快快地放松了一天。

在哥伦比亚广播公司新闻网，临时代替克朗凯特的是28岁的低级舞台监督阿诺德·岑克尔，他戴着一副粗框架的眼镜，有一定的广播播音的经验。未经雕琢的岑克尔无疑是个新手，在克朗凯特的忠实观众眼中他只是勉强过关。但是，当大罢工持续到4月后，在谈话时人们总会用岑克尔的名字调节气氛，只要一提到这个名字必定会引来一阵捧腹大笑。至于公司为何会在所有人中选中岑克尔顶替克朗凯特13天，至今这仍旧是一个未解之谜。岑克尔的专长在于播报软新闻专题片，而且之前他还从未见过克朗凯特本人。2006年岑克尔告诉《纽约时报》："直到现在我还是不清楚他们为什么会选中我。都没有人主动提出给我买一件蓝衬衣。"

一时间摸不着头脑的岑克尔紧张极了，他意识到当自己得拼命保住克朗凯特在晚间节目的数百万观众，以免他们调换频道时自己实际上是在跟另外两家广播公司的重量级主播争夺者收视率。罢工期间岑克尔常常开心地告诉媒体自己坐上了哥伦比亚广播公司主播的宝座，这令克朗凯特对他越来越不满意。克朗凯特每天晚上都要向萨伦特抱怨一番岑克尔。提起这段往事时岑克尔曾说："萨伦特叫我不要再接受任何采访的时候我很震惊。我无法相信克朗凯特这么缺乏自信，可事实就是这样的。"（多年后，在接受节目采访的时候克朗凯特不屑地说："我没去上班，结果哥伦比亚广播公司就拉出来这么一个家伙，阿道夫·希特勒，管他叫什么呢。阿道夫·岑克尔之类的名字吧……"）

在全国广播公司新闻网没有人想念亨特利，因为他选择了自由意志论的立场，是少数几名坚持上班的播音员。他的同事弗兰克·麦吉也是如此，他们两个人都对严肃的新闻记者同演艺人员同属一个工会的现状表示愤慨，宣称他们之所以迫不得已加入广播电视艺术家联合会是出于雇佣合同的要求。他们都认为自己对这个工会组织无须承担任何责任。布林克利在思想上并不赞成罢工，但是他也没有去上班，他不想破坏自己和业内同僚及朋友们的关系。

尽管得了重感冒，从早到晚嘴里都咽巴着豪尔斯薄荷止咳剂，但是克朗凯特依然出现在纽约哥伦比亚广播公司新闻网总部大楼外的罢工警戒线前。他成了一道风景——一位著名主播在这里走来走去，身上挂着广告牌，看起来就像是伍迪·格思利政治民谣中唱到的世界产业工会会员。各大报纸都喜欢展示克朗凯特走在人行道上的情景，拿他同亨特利做对比。到后来后者甚至斥责这场罢工只是"18000个歌手、舞者和杂耍艺人"的集合而已，而克朗凯特则告诉记者自己依然记得在大萧条时期靠着在《休斯敦新闻报》的工作维持生计有多么不易。他要表达的意思十分明确——克朗凯特始终没有忘记自己的工人阶级根基。

尽管《哥伦比亚广播公司晚间新闻》的收视率一直在下滑，克朗凯特却还是在继续参加罢工。阿比创对罢工最初几天的调查数据显示哥伦比亚广播公司失去了四分之一的观众，而全国广播公司的观众人数却出现了同比率的增长。面对数百万美元广告收入的损失哥伦比亚广播公司泰然自若，很快弱者就打了翻身仗。罢工还在继续，人们开始认为亨特利是反工会的精英分子，只关心自己又赚了多少钱，《艾尔帕索箭头邮报》打出了通栏大标题："切特·亨特利打了罢工一记耳光"。全国各地的报纸都刊登了同样的报道。由于亨特利的谄媚主义和洛基山的自由主义（取决于你如何看待这半杯水①），工会对全国广播公司新闻网进行了抵制。为期13天的罢工没能让地方记者的用工合同得到太大的改善，但是从长远来看的话，此次罢工最重要的作用应该就是让声望下跌的亨特利离开了全国广播公司，过着朝九晚五生活的蓝领阶层再一次确认自己对克朗凯特的直觉没有错，他的确是他们忠诚可靠的伙伴。亨特利被描绘成了工贼，只有一小撮约翰·伯奇协会会员认为他胆大妄为地迎战强大的工会实在是勇气可嘉。

在缺岗13天后克朗凯特又得体地恢复了工作，"收复"了自己的主播办公桌。他盯着摄像机的镜头，微微咧嘴一笑，说："晚上好，我是为阿诺德·岑克尔顶班的沃尔特·克朗凯特。重新回到这里感觉真不错。"他的两眼闪闪放光，背上还扛着一块人体广告牌，就这样得体地处理了罢工的事情。岑克尔收到了3000多封热情观众的来信，还有一群人在卖力地推广着"让岑克尔回来"的胸针，不过所有人都知道克朗凯特已经坐稳了主播这把金交椅。

全国广播公司的情形刚好相反。布林克利重新开工后长期以来一直关注他和亨特利的观众们都感觉到他们两个人之间有些不对劲。这倒不是说这对搭档对彼此产生了敌意，他们仍旧很和睦，但是他们的合作已经令观众感到不太舒服了。而哥伦比亚广播公司则站在了有利的位置，在国家饼干公司（后来的纳贝斯克公司）的掩护下利用了对手出现的裂痕。

哥伦比亚广播公司新闻网开始持续在平面媒体上投放广告，大力宣传着克朗凯特，以至于引起了塞瓦赖德的抱怨，提醒公司他也同样是一个真正的大明星。但是，克朗凯特才是公司新闻网的明星，这也是公司的希望。不可思议的是他能在与时俱进的同时坚持传统做法，他或许不是新一代的默罗，但他赢得了全国各地记者的敬意。此外，他还为自己的老板承担起另一项责任，经常出现在全国大大小小的会议上，有时做一番讲话，有时只是亮亮相而已，无论怎样他都成了公司最完美的外交大使。1967年，在哥伦比亚广播公司附属机构在纽约市举行的年会上，公司介绍了几位为观众们所熟悉的面孔。参加会议的观众代表惊讶地看到克朗凯特收到的掌声竟然比久经沙场的埃德·沙利文更响亮，也更持久，后者可是一档最著名的娱乐节目的大明星啊。

当电视新闻主播开始成为名人的时候，克朗凯特、亨特利、布林克利、瑞森

---

① 译注：面对半杯水的时候乐观主义者说水杯半满，悲观主义者说水杯半空，项目经理会说水杯是实际需要的两倍大……这句话指的是面对同一事物每个人有不同的观点。

纳、霍华德·史密斯和其他一些人就战斗在第一线。制片人、记者和撰稿人都在努力地采集和传递新闻，但是通过民意调查人们发现电视观众对电视新闻节目的判断主要基于他们是否喜欢、理解和尊敬节目的主播。明星气质起到了重要作用。在电视新闻这个反复无常的世界里，只有克朗凯特有能力让观众关注他说的每一句话。他略微笑了笑，或者轻轻地扬了扬眉毛，观众都会注意到。贝特西对丈夫的这种魅力做过一番解释："沃尔特具有的并不像是电影明星的那种魅力。人们看着他的时候都是穿着睡衣待在自己的卧室里。大家觉得他就是自己的熟人。"

布林克利对知名新闻播音员公开提出了斥责，结果他自己成了头版新闻的主角。他抱怨说："像丹尼·凯或露西尔·鲍尔的节目出几个明星想必没有什么错，就是那种在影迷杂志中被议论、被爱慕，有人向他们索要签名的知名人物，可是当这套做法被搬到电视新闻报道领域，正如眼下这样，它就显得很荒唐了。这种做法牛头不对马嘴，很不得当。"詹姆斯·莱斯顿在给《纽约时报》的文章中指出布林克利责骂明星主播"就有点像林登·约翰逊抨击他的故乡得克萨斯州一样"。令克朗凯特偷着乐的是他对明星身份的感觉比布林克利要好得多，不过他同其他人一样都坚定地认为主播首先是记者，在对着话筒说出第一句话之前都必须接受过调查、报道、编辑和写作各方面的专业训练。他自己在20世纪20年代结束了少年时代，当时诸如洛厄尔·托马斯这样的伟大记者都有着类似于北极探险家或飞行先驱那样的粗犷魅力。克朗凯特也曾坦言说无论在什么时候，什么地方，每当走进纽约的任何一家餐馆，例如"巴斯克"和"马戏团"，他总能得到最好的座位和超一流的服务，他很享受这种待遇，如果没有被周围的人认出来的话，那他就会变得很沮丧。

1967年6月，萨伦特决定增强哥伦比亚广播公司新闻网对越南战争的报道力度。无须过多的猜测和长远的分析，只要更多来自俄亥俄与得克萨斯的新兵扛着M–16步枪出现在《晚间新闻》里就行。埃德·福希被任命为西贡记者站的新一任站长，他参加过美国海军陆战队，后来在新奥尔良和亚特兰大为迈克·华莱士的《早间新闻》做过有关民权问题的报道，从此开始了自己的新闻生涯。临行前，在播音中心他同克朗凯特见了一面，后来他曾回忆道："那次的谈话太鼓劲儿了。沃尔特是一个争强好胜的人，他担心全国广播公司在越南的报道上会胜过我们。他没有问任何有关外交政策问题，我俩谈的都是如何打败我们的劲敌。"

福希抵达了西贡的卡拉维拉酒店，哥伦比亚广播公司新闻网租下了这家酒店三楼的全部房间。福希的下属——纳尔逊·本顿、比尔·普兰特、唐·韦伯斯特与伯特·昆特——得知克朗凯特想要得到更多的重大新闻报道。哥伦比亚广播公司和全国广播公司的惯例是记者在越南驻站3到6个月，之后就可以享受6个星期的海外休假，在越南期间绝大多数记者都住在西贡或岘港。据说，哥伦比亚广播公司的记者们很少离开舒适的西贡，去实地报道前线军人们的情况（如塞弗那样），大多数记者都在西贡铺着干净床单的床上度过了一个个的夜晚，而没有跟随美军战士们一头扎进丛林里，驱逐越共的游击队。在那会儿大家的理由是必要的夜间摄像技术还不完善。既然能够温暖、干燥、舒适地躺在西贡和岘港属于自己的床上，为何还要自讨苦吃地扛着睡袋、斗篷和衬垫去越南呢？更不用说他们还带去了饮用水和大量电影胶片。记者约翰·"杰克"·劳伦斯曾回忆道："这种状况在1967年的时候改变了。一些记者发现跟战士们一起住上几天，报道一下他们的肺腑之言就能对他们有所了解，并赢得他们的尊敬，而且这一切都会给记者本人带来回报。"

1967年的夏末萨伦特撰写了一份机密的备忘录，指示驻越南的记者在报道中阐明他们的报道在这场战争更宏观的层面上所具有的意义。他苦苦哀求大家，告诉我们这究竟意味着什么。在劳伦斯看来，这个要求无异于命令记者们开始对自己在战争中的所见所闻做出定论，在报道的末尾表明个人观点，做出评论。但是，没有人知道究竟有多少人看到了萨伦特发给新闻网经理拉尔夫·帕斯克曼的这份备忘录。或许除了克朗凯特、米德格雷和曼宁之外，再没有多少人看到过这份备忘录，不过那时候新闻网的所有人都知道马文·卡尔布在这份传说中的备忘录出现之前早就发现《北部湾决议案》（《东京湾决议案》）的"临时草案"已经起草好了，这位圆滑老练的记者在1964年报道过参议院对北部湾解决方案进行的辩论。

不过，就在劳伦斯于当年8月即将动身前往西贡的时候（他的第二次越南之行），帕斯克曼将这位驻外记者叫进了自己的办公室，然后关上了门。他告诉劳伦斯此次会面属于机密，不得向任何人透露有关此次谈话的内容。劳伦斯曾回忆道："我答应了。然后他就从办公桌的抽屉里拿出了那份备忘录。他让我快速地翻看了一遍，好像很秘密似的，然后又收了回去，重新放回抽屉里，合上了抽屉。"帕斯克曼又重申了一遍不得向任何人提起这份不忘录，劳伦斯也再一次信誓旦旦地说自己绝不会走露半点风声。"他的神色看起来有些担忧，仿佛他开启了一项未知的，或许还有些危险的政策。"劳伦斯说。

离开纽约之前福希拜访了萨伦特，他向后者提出了一个问题："我们对越南战争的预算是多少？"萨伦特斩钉截铁地说道："不惜任何代价。"后来西贡记者站的队伍扩充到了35人（其中一些人驻守在南越）。记者站的站长、摄像师和记者来自美国、法国、日本、德国和澳大利亚（除了塞弗在坎奈的摄影师何舒灿）。越南的录音师杨文李在1968年得到提拔，承担起了摄像工作。普兰特曾说："我们都知道在1967年的时候萨伦特和克朗凯特认为这场战争的结局不会太美妙。"哥伦比亚广播公司下属的第二大综合新闻电台，纽约的WCBS调频电台经常播发一些来自南越方面的最新消息，这些消息同约翰逊政府所宣称的事实截然不同。克朗凯特是这家电台最热心的听众。

越南战争带来的困扰令哥伦比亚广播公司新闻网的一些人丧失了心智。米德格雷想要用一些柔和的内容为《晚间新闻》的观众缓和一下西贡记者站发来的恐怖消息。1967年，最初来自北加利福尼亚州威明顿市，在1962年也曾入围主播人选的查尔斯·库拉尔特提议为节目开办一个讲述美国民情风俗的栏目，他已经厌倦了整日报道南美洲和越南战争与革命的生活。一开始米德格雷没有采纳这个建议，如果这个30分钟的节目还需要什么的话，那也应该是更多的节目时间，他可不愿意把两三分钟的节目时间划拨给别人，尤其是库拉尔特。

有些偏胖，过早谢顶，眼睛似乎总在四处打探的库拉尔特看起来一点也不可能成为尼尔森收视率的赢家，他看起来只是一个平淡乏味的人，酷似约翰·肯尼迪·图尔的小说《笨蛋联盟》中热狗贩子伊格内修斯·J. 赖利，随时会被淹没在人群中。而且，公司里的每一个人都知道只要一听到"专题片"这个词克朗凯特就会火冒三丈。库拉尔特有关民俗风情片的想法与克朗凯特和哥伦比亚广播公司最著名的拳头产品——重磅新闻——所覆盖的领域背道而驰。这种节目不涉及调查，见不到战场上的英雄壮举，也不存在对美国社会不公正的阴暗面所做的直言不讳的报道，库拉尔特只想扛起摄像机去挖掘美国寻常百姓的故事。克朗凯特对这个提议非常反对，他无法容忍《晚间新闻》——他的《晚间新闻》里被塞进任何轻松、琐碎的内容，或者活该被指责为无关痛痒的内容，在20世纪60年代"无关痛痒"就是对新闻节目最严重的羞辱。然而，这一次的情况很罕见，对于《晚间新闻》的节目内容他没有发言权，他输掉了这场战役。米德格雷最终还是接受了一个折中方案，库拉尔特的"在路上"专题片将从当年10月开始试播三个月。

库拉尔特创办的栏目后来演变成了《哥伦比亚广播公司新闻网星期日周刊》，他是这个节目的首任主持人，通过这个栏目（节目）他充分地展示了美国各地热爱创新发明的一小部分人完成的重大成就。库拉尔特首先在秋叶正在褪去颜色的时节在新英格兰完成了一期节目，随即他专门报道了卡罗来纳州温斯顿—塞勒姆市的一位老年制砖黑人；威斯康星州的一位负责保养服役中的蒸汽机车的火车工程师；

一名大力推广用一种19世纪的传统方法治疗奶牛乳房皲裂顽症的佛蒙特人；以及一名为了让社区里的所有孩子有自行车骑而自己动手组装自行车的南方人。库拉尔特制作的2分钟短片朴实无华，通常人们都认为这种内容不适合面向全国播出。《时代》杂志简明扼要地将"在路上"专题片称为动荡年代的"两分钟停火"。凭借着这个温馨的专题片栏目库拉尔特两度获得了皮博迪奖，还获得了一次艾美奖，这个栏目最终证明对《晚间新闻》有着至关重要的价值，由于它的存在《晚间新闻》对艰难时局的报道变得更加清晰了。正如米德格雷曾指出的那样，库拉尔特喜欢同"老年人"交谈，仿佛在痴迷于越战的美国他们是仅存的理性声音。

很快克朗凯特也接受了"在路上"的理念，最后他和这个栏目的主持人也成了朋友。如同默罗在20世纪40年代和20世纪50年代培养起一批追随他的头脑聪明的小伙子，克朗凯特在20世纪60年代末也开始了同样的工作。库拉尔特就成了他最喜爱的一名副手，他们两个人曾漫不经心地设想过收购一批广播电台，最终库拉尔特将得到明尼苏达州伊利市的WELY电台。

1967年年末，《哥伦比亚广播公司晚间新闻》在收视率方面终于超过了《亨特利—布林克利报道》，制胜的关键因素就是库拉尔特。这场坚苦的战斗自1962年就开始了，越南记者团的出色表现也是节目获得成功的一个重要因素，和蔼的库拉尔特与傲慢的塞瓦赖德也都为克朗凯特风格鲜明的播音增添了更多的魅力。同时，哥伦比亚广播公司一直不停地在宣传中将克朗凯特塑造成最佳主播，这种做法也对这场胜利起到了作用。

到了1967年的圣诞节，人们已经清楚地意识到越战会成为次年总统大选中最重要的话题。当时整个《哥伦比亚广播公司晚间新闻》都已经采用了彩色技术，越南前线的鲜血在美国人的客厅里泛着红光。约翰逊总统不再信任克朗凯特和他的同事们了，在1967年3月间的一次午餐中他告诉记者们哥伦比亚广播公司和全国广播公司都"被越共控制住了"。

克朗凯特竭力将约翰逊的政策同战斗在越南前线的美国士兵们剥离开，对那些被抽彩征兵法抽中而"应征"入伍的年轻小伙子们而言最重要的目标就是活下来，克朗凯特在越南采访过的所有中校以下军衔的军官中没有一个人会说他们是在为国旗而战，他们只是在为保护同一个战壕里的兄弟而战。到了1967年，约翰逊在越南的全部努力都崩溃了，军队里对吗啡的使用量在稳步增长，非特异性尿道炎（军人们将其称为淋病）出现了不少，而且还爆发了大规模的"蓄意杀伤"事件，战士们将手榴弹纷纷丢进不得人心的军官和军士的帐篷和营房里。塞弗曾说："谁都不清楚我们为什么要打这场仗。"

有望主持1968年总统大选决战报道的克朗凯特在前一年的下半年就已经知道公司新闻网将要迎来动荡不安的一年。有着程式化得克萨斯风格的约翰逊在越南问题上已经受到了严厉的质疑,民主党乱了阵脚。早在1966年的时候萨伦特就期望纽约州的参议员罗伯特·肯尼迪能同约翰逊在民主党的总统候选人提名上一争高下,当时哥伦比亚广播公司新闻网就对肯尼迪展开了严密的报道。克朗凯特曾经常取笑说自己的两大最新爱好就是"观测鸟和鲍比(罗伯特·肯尼迪的昵称)"。刚满40岁的罗伯特是约翰逊·肯尼迪的弟弟,在1967年他在自己撰写的《创造一个新的新大陆》中呼吁美国撤出越南。明尼苏达州的诗人及知识分子参议员尤金·麦卡锡在越南的问题上保持着温和的立场,他宣布为了反战他将参加1967年11月的总统候选人提名战,前哥伦比亚广播公司新闻网副总裁布莱尔·克拉克将担任他的竞选经理。威斯特摩兰将军意识到越南战争已经变得越来越不得人心,于是11月在华盛顿的国家记者俱乐部里他做了一次讲话,宣称美国军队已经坚持到了"看得到终点"的阶段了。

共和党的尼克松在政治上出现了倒退,在1960年的总统选举中落选了。他也同样不信任哥伦比亚广播公司新闻网。1968年,根据各自的表态和外界的预测,纽约的纳尔逊·洛克菲勒、密歇根的乔治·罗姆尼和加利福尼亚的罗纳德·里根将争夺共和党总统候选人的提名,尼克松将同这三位州长一起同场竞技。当时有传言称亚拉巴马州的州长,民主党人乔治·华莱士已经做好了以种族隔离主义者的身份作为第三方参加总统竞选的准备。克朗凯特担心东南亚日益恶化的局势已经不在约翰逊总统所能驾驭的范围之内了,广播及电视评论员查尔斯·奥斯古德曾说过:"当时林登·约翰逊会绕过斯坦顿,直接打电话给克朗凯特,对《晚间新闻》中有关越战的报道抱怨一番。他对越南问题的确已经没有招架之力了。"

第二十二章
春节攻势

究竟出了什么事？——不存在个人观点！——红色威胁仍然存在——前往西贡——威斯特摩兰的谎言——老派记者——同艾伯拉姆斯将军的友谊——卡拉维拉楼顶上的鸡尾酒会——约翰·劳伦斯的建议——侥幸逃生——克朗凯特时刻——大僵局——"荒唐"进行曲——制片人本斯利在溪生中弹——特别报道之谜——公平原则——蒂姆·奥布赖恩共度一夜

1968年1月31日，在坐落于西五十七大街的哥伦比亚广播公司新闻网播音中心里，沃尔特·克朗凯特正坐在他那间杂乱喧嚣的办公室里，突然听到《晚间新闻》编辑室里响起了通讯社专线的电话。他不慌不忙地穿过走廊，去接收对方从南越发来的报道。美联社在这条报道中称北越人民和越共出其不意地袭击了西贡、顺化和其他数不清的地方（没过多久这些袭击就被统称为"春节攻势"），对方甚至还对美国大使馆、南越总部的总部、边和市空军基地和美军在缤客的军事基地发动了攻击。这则报道令克朗凯特感到了不安。西贡难道不是美国在越南的根据地吗？沮丧之下他决意就像报道美军打了胜仗那样不遗余力地对这场挫败进行报道。他径直去了制片人索科洛设在隔壁的办公室，雷瑟尔与制片人斯坦霍普·古德正在房间里商量着当天晚上的节目。克朗凯特在他们的眼前挥舞着美联社的报道，惊慌失措地说道："究竟出了什么事？我还以为咱们能打赢这场战争。"

此前，哥伦比亚广播公司新闻网驻西贡记者站就已经向纽约报告过美国和南越军队遭到突袭而伤亡惨重的消息。约翰逊政府曾宣称美国即将在南越取得胜利，在1967年整整一年里很多记者都相信约翰逊政府在这件事情上撒了谎。美联社有关春节攻势的报道证明了人们根本看不到战争有任何结束的迹象。读着报道，克朗凯特首先想到《纽约时报》的阿珀说的没错，战争的确陷入了僵局。依然支持美军的他已经对约翰逊的"光明就在隧道的尽头"这样的一派胡言感到灰心了。鲁尼曾回忆道："就在春节攻势过后我们聊过，他觉得很难过，当初自己在这个问题上竟然没有认真考虑过阿珀和哈伯斯塔姆的意见。他终于知道了这两位记者是正确的。"

接连数日春节攻势的可怕阴霾笼罩着《哥伦比亚广播公司晚间新闻》的报道，克朗凯特原本想要详细报道加利福尼亚的一名医生在美国实施了首例心脏移植手术、日本成为世界第二大超级大国，可是这些消息都和春节攻势的报道撞在了一起。1941年12月7日珍珠港遭到轰炸时全美国至多有10000台投入使用的电视机，到了1968年的1月每17个美国家庭里就有16户人家拥有电视机。根据尼尔森的收视率调查，在春节攻势发生后的头一个星期里《哥伦比亚广播公司晚间新闻》和全国广播公司的《亨特利—布林克利报道》的收视人次超过了10亿户家庭。《华盛顿邮报》的记者唐·奥伯多弗尔在文章中写道："越南是美国电视界的第一场战争，春节攻势是美国电视界的第一场超级战役。"

还在合众社当记者的时候克朗凯特就学到了重要的一课——眼见为实。越来越多未经证实的传言和故意制造的假消息源源不断地从西贡发来，克朗凯特认为对自己而言眼下最重要的就是用"极其开明的思维"理解越南局势。合众社与美联社在越南问题上已经提供了相当多的报道，然而，正如人们所预料的那样，相关分析却十分匮乏。对春节攻势的首批统计数据非常恐怖：2000名美国军人死亡，南越士兵的死亡人数则是这个数字的两倍之多，此外还有大约10000名平民身亡。然而，哥伦比亚广播公司最初的报道却同这个事实相去甚远，按照他们的说法，北越军，尤其是越共军队在春节攻势中在战术上陷入了灾难。对美国来说春节攻势究竟是输是赢的困惑笼罩在人们的心头。克朗凯特曾回忆道："我说，好吧，我得过去一趟，因为我认为我们需要为春节攻势做一个纪录片。我们每天都在报道这件事情，可是当时我们都不知道它究竟会发展成什么样子。我们或许会输了这场战争。如果输了的话，我就应该在现场，这是一方面；如果到最后春节攻势成功的话，这就意味着我们得逃走了——最终我们总要逃走的——但是无论如何我都希望能在那里亲眼看看这场冲突。"

克朗凯特找到新闻网总裁萨伦特，提出自己想去西贡报道春节攻势，在说服对方之前他就已经断定"作为一个此前从未站在大众立场审视过这场战争的人自己的确想要试着对局势进行评估，并将结果告诉给大家"。他不再保持不偏不倚的立场了，到了该发表个人意见的时候。从电视收视率的角度而言他的这一决定是经过再三权衡的，或许最终他会彻底让主战派远离《晚间新闻》。根据当时新闻网特别报道的执行制片人菲尔·谢夫勒所述，萨伦特同意让克朗凯特去南越的计划，不过他希望克朗凯特能在《晚间新闻》的末尾以评论员的身份做出大胆的声明。"沃尔特说他不可能为《晚间新闻》发表评论，这项工作太神圣了。"

萨伦特仔细地听取了克朗凯特的意见。一开始他对这位主播执意立即飞往越南报道春节攻势的态度感到担心，这位明星主播完全有可能因飞机失事或在返回的途中遭到越共伏击而身亡，这个后果他可承担不起。每当克朗凯特提到五角大楼对事实有所夸张时，萨伦特便表现出一副诚惶诚恐的样子，就好像这位大明星把很多石头丢在了一台巨型落地扇的叶片上似的。他还从未见过克朗凯特如此热烈的样子，他的第一反应是克朗凯特对春节攻势反应过头了。"要是你需要去那儿的话——要是你非要去那儿的话——我是不会拦住你的。不过，我认为冒着生命危险，冒着我们的大主播的生命危险去面对那样的环境实在是太愚蠢了，我不得不考虑一下。"萨伦特说。

在通常情况下对于萨伦特来说"考虑一下"就等于是在说"不"。但是令克朗凯特喜出望外的是萨伦特随即又给他抛出了一根救命索。他说："不过，你要是去的话，我想你应该做一个纪录片，记录下自己去的过程、为什么要去哪里，没准到时候你还得说一说这场战争应当何去何从。"

哥伦比亚广播公司新闻网有一条牢不可破的纪律，这就是严禁记者发表个人见解。一旦萨伦特在《晚间新闻》中看到一个有评论苗头的动词或形容词，撰写报道的记者就会自动被打入冷宫。不偏不倚的公正性就是新闻网的金字招牌。而现在，萨伦特的反应完全出乎克朗凯特的预料，他甘愿打破新闻网的这条金科玉律。克朗凯特无须进一步阐明自己的观点了，萨伦特已经和他达成了一致意见。他告诉克朗凯特："你已经有了声望了，多亏有你，再加上我们的努力，咱们（新闻网）已经在公司里确立了诚实、真实报道，还有走中间路线的名声。你自己也一直在谈论我们从两方阵营拍到的事实，一直在说指责咱们是该死的保守派的信就跟骂咱们是该死的自由主义者的观众来信一样多。咱们支持这场战争，咱们也反对这场战争。你还说要是咱们称一称这些信有多重的话，表达两种意见的信大概差不多重。咱们觉得自己基本上保持着中间路线。如果说咱们已经有了这样的名声，大家信任我们，信任你能做到心口一致，这或许对咱们是件好事。告诉他们这场战争是什么样子的，就从你自己的立场出发，告诉他们你自己的看法。"

"你变得可真麻烦。"克朗凯特对萨伦特说。

萨伦特与克朗凯特商定制作一期在黄金时段播出的《哥伦比亚广播公司新闻网

特别报道》，名字就叫"来自越南的报道：谁、什么、何时、哪里和为什么？"（在越南战争结束很久后，只要听到有人将他在那期黄金时段播出的《特别报道》中对春节攻势的评论误认作《晚间新闻》的栏目，他还会大发一阵脾气）行囊收拾好了，疫苗也打过了，克朗凯特一路向西，赶赴越南的战争地区。"越南共和国"（南越）陆军和美国陆战队的几支小分队对北越军发起了反击，试图将北越军驱逐出城市，这就是著名的顺化战役。克朗凯特想要亲眼看看这场战斗。哈伯斯塔姆曾在文章中写道："这是一趟奥威尔式的出行。奥威尔在书中写到了一个掌管谎言的真理部和一个负责战争的和平部，现在克朗凯特就要飞往西贡了，美军司令部四面楚歌，却还在管这种局面叫作胜利。"克朗凯特此行冒着很大的职业风险，一旦被外界认为是温和派，那么他保持新闻客观性的名声就会被贬低成"专家学者眼中的狮身人面像"。

1968年2月6日，克朗凯特从纽约飞往了旧金山，然后去了火奴鲁鲁和东京。他此行的任务很明确，"让自己看一看南越究竟发生了什么事情"。2月11日，在东京机场经过长时间的航班延误后，在制片人厄尼·雷瑟尔和杰夫·格拉尔尼克，以及一队有战斗经验的摄影师的陪同下克朗凯特抵达了西贡。从一开始这群"哥伦比亚"人就感到自己孤立无援。在西贡周郊和市中心炸弹满天飞着、爆炸着、呼啸着，在很远的地方就能听到远程大炮的炮火声。他们看到流浪在街头的越南孩童的面孔在恐惧之下都扭曲了，这些孩子都被自动推进高炮、无后坐力炮和迫击炮给吓坏了。克朗凯特也曾在"二战"后流离失所的比利时和荷兰人民的眼睛里看到过同样空洞的目光，他们的惊恐显示着饥饿、慌张和迷惑。曾经精致漂亮的西贡现在变成了交火区。在1965年克朗凯特首次到访越南后一切都恶化了。

这一年的2月克朗凯特穿着防弹衣，戴着钢盔，走遍了非战区以南的越南乡村，一路上不停地做着详细的笔记，用摄像机记录下了对发生在这个饱受战争蹂躏的国家里的春节攻势的所见所闻。各大通讯社都发布了一张具有超现实感的照片，在照片中哥伦比亚广播公司的大主播戴着墨镜，嘴里叼着绅士派头十足的烟斗，那副样子看起来或像是麦克阿瑟重返菲律宾似的。克朗凯特又成了一名战地记者的消息引起了轰动。毋庸置疑，每当吉普车上下颠簸地从战士和当地农民身边驶过时克朗凯特浑身上下便快速涌动着肾上腺素。每当碰到其他记者时他总要冲对方竖起大拇指，媒体从业者向来在工作场合中无视彼此（在战争地区也不例外），因为大家总是在争夺同一个报道，可是在越南的所有媒体工作人员都一反常态地蜂拥在克朗凯特身边，毫不犹豫地向哥伦比亚广播公司的这位主播讲述着在顺化和溪生千真万确出现的肉搏战。在专门记录春节攻势的笔记本里克朗凯特填满了那个2月在南越潦草写就的所见所闻，以及从其他记者那里听来的个人见解。现如今，这本笔记本被保存在得克萨斯州大学奥斯汀分校布里斯科美国历史中心的档案馆里。

克朗凯特与雷瑟尔知道要想得到《特别报道》需要的素材他们就得采访驻守在南越各村镇的美军前哨的战士们，而且还要避免让自己的工作以官方新闻发布会为中心，在1965年的第一次越南之行中克朗凯特就曾犯过这种错误。结果，哥伦比亚广播公司的这支新闻小分队前往了美国海军陆战队在溪生山区的基地，对任何到访的记者而言这都是一个极其危险的地方。在这个人口仅有1万人的城市周围战斗十分激烈，哥伦比亚广播公司的采访队根本无法进入美军的驻防区。作为权宜之计，克朗凯特一行转道去了顺化。很快克朗凯特就发现西贡、溪生和顺化这三个地方的混乱局面已经到了完全超出常规的地步。克朗凯特迫使美军在越战中的最高指挥官威斯特摩兰将军接受了他的采访，这次仅有几个小时的访问进展得并不顺利。威斯特摩兰对克朗凯特粗鲁而怠慢，表现出一副掠夺成性的嘴脸，更令克朗凯特吃惊的是这位将军竟然宣称春节攻势是美军的一次胜利，越北人民没能实现他们的军事目标。这的确是实情，但是敌方的实力和决心都远远超过了将军及其部下愿意承认的程度。克朗凯特采访将军时春节攻势已经进入到开战的第十二天，美国收复了失地，但是为了挫败越共的突袭将近2000名美国军人丢了性命。威斯特摩兰委婉地责令克朗凯特做好自己的工作就行了。在春节攻势期间西贡受到了越共的围困，威斯特摩兰也承认这一点，但是越共没能夺取这座城市，因此在威斯特摩兰看来一切都一目了然，美国国防部将会打赢越南战争。需要事先声明的是，为了取得胜利国防部还需要增派20多万兵力。

乐观的威斯特摩兰明确地告诉克朗凯特在顺化"越南共和国"陆军和美国海军陆战队的三个营击退了1万多越南人民军和越共。在沿着1号高速公路（越南贯通全国的南北主干道，自中国边境一直到湄公河三角洲）前往顺化的路上克朗凯特一行意识到威斯特摩兰撒了谎，海军陆战队还在努力夺回被敌方占领的市区。到处都在爆炸。克朗凯特曾回忆说："等我到那儿的时候战斗还在继续。最终战斗持续了27天。"

美联社、《纽约时报》、合众社和路透社的记者们都吃惊地看到大名鼎鼎的克朗凯特穿行在顺化被炸成一片废墟的大街小巷，在他的身边炮火声不绝于耳，而他则如战争退伍老兵一样泰然自若。如同年轻记者那样，到了晚上克朗凯特就睡在一名越南医生家光秃秃的地板上，医生的家被征用成了记者室。他吃的是C型战地口粮①，解手则在已经溢出来的便坑，没有人觉得他在举手投足间透着一股重要人物的味道，也没有人觉得他这是在干涉记者们的工作。克朗凯特在顺化的行动成了一道重要的风景线。他就像一名搜集事实的检察官，走访从孤儿到受了创伤的美军士兵在内的每一个人，他还跟随海军陆战队的一支侦察队亲自探查了顺化周边的道路状况。据他自所述，他这么做其实只是在遵循在高中时学到的新闻业首要原则而以，那就是信息越多，报道越棒。除了采访越南人，他还设法安排了同南越最高领导人阮文绍、忠诚的反对党领袖阮春鹰和美国中将罗伯特·库什曼等人的会面。

对克朗凯特而言当年2月春节攻势的"真正"意义逐渐变得清晰了，南越政府已经失信于民了，在外界的谴责下开始为尽快达成和平协定同敌方进行谈判。走访越南期间克朗凯特对五角大楼愈发感到气愤了，顺化的现实和威斯特摩兰的描述在可信度方面存在着天壤之别。令克朗凯特极度厌恶的是自1965年以来他所效劳的广播公司基本上一直在接受威斯特摩兰的那一套部队政治宣传论调。他终于承认自己错了。哥伦比亚广播公司同另外两大广播公司都错了，他们没有在报道中指出在顺化美军彻底战败了，克朗凯特打定主意要在《哥伦比亚广播公司报道》的特别节目中改变这种局面（最终，顺化之战还是被描述为了美国的胜利，但是为了这场胜利美军经历了一场漫长而血腥的战斗）。

克朗凯特、雷瑟尔和格拉尔尼克搭乘一架运输直升机离开了顺化，同行的还有装在橡胶尸体袋里的12具尸首，他们都是战死沙场的海军陆战队队员。格拉尔尼克后来曾告诉《华尔街日报》："当时非常安静，谁都没有吭声。在那架直升机上所有人顿时看到了战争的代价。"威斯特摩兰不是告诉克朗凯特顺化的局势已经平息了吗？此时此刻将军的谎言对这几位"哥伦比亚"人而言再也不是抽象的概念了。橡胶袋里的尸首就挂在机舱内，看上去就是在对这些曾经鲜活的生命的亵渎。在飞机上克朗凯特为数千名手臂、胳膊和勇气统统被炸弹炸飞的美国老兵感到悲痛，此外还有成千上万的越南人、柬埔寨人和老挝人也在这场难以忍受，而且毫无必要的战争中丢掉了性命。

克朗凯特决意彻底调查清楚五角大楼在顺化的问题上究竟撒了多大的谎，为此

---

① 译注：C型口粮，一种罐装预制的湿式口粮。尽管官方已在1945年宣布淘汰C型口粮，但C型口粮的生产直至1958年才真正停止。而许多C型口粮库存继续被用以供应驻韩美军，甚至到后来在越南战争中仍被使用。一名在越南服役的海军陆战队坦克指挥官在1968年提到他的部队仍经常收到一些非常古老的库存C型口粮，罐头上标注大多是20世纪50年代初生产的。

他又专程去了顺化以南12英里外的富牌，对春节攻势做更深入的了解。在此之前他安排采访了驻越美军副司令克雷顿·艾布拉姆斯（后接替威斯特摩兰成为总司令），在越南期间向他提供情报最多的就是这位将军，他们两个人早在1944年的阿登斯突围战时就已经有了交情，当时后者在巴顿将军麾下担任一支飞行中队的队长。克朗凯特同艾布拉姆斯及其部下围坐在壁炉前，一心指望着能从他们那里得到一些内幕消息，可是他发现将军比他的上司威斯特摩兰坦诚不了多少。约翰逊继续将20万大军送往越南，将军为约翰逊的决定进行了辩解，克朗凯特尊敬艾布拉姆斯，但是在他看来将军的辩解荒谬不堪。后来他曾回忆说："那可真让我恶心。他们谈论着战略和战术问题，却毫不考虑更为重要的问题，那就是应当如何安抚并重建越南。这就是一场纯粹的战争，并不是为了镇压叛乱，也不是赶走北越人，好让我们帮助当地人谋求发展。"

克朗凯特恭敬地听着艾布拉姆斯提出的只要增强兵力美国就能"完成这项任务"，然后恭敬地驳斥着将军漏洞百出的设想。他已经亲眼看到太多与此相抵触的例证了，艾布拉姆斯的话根本无法令他信服。不过，艾布拉姆斯也让他了解到眼下美军的战略很无效，南越人民得承担起更多的重任。

在《记者生涯》中克朗凯特也谈到了这段往事："我不难做出判断了。我意识到自金兰湾①以来我的思路就已经逐渐清晰了。绝无可能再继续为这场战争辩护了——迄今为止始终没有人向美国人民交代过这场战争的真正目的。"

克朗凯特站在西贡十层楼高的卡拉维拉酒店的楼顶上，望着美国空军C-47轰炸机在西贡周边地区来来回回地闪耀着亮光，随后重型火炮也开着火，这一切都令他感到厌倦和沮丧。他明白这一切都超乎了想象。他听到远处也响彻着战争的声音：AK冲锋枪在开火，直升机的螺旋桨在转动，克莱莫杀伤性地雷在爆炸。此刻已是黄昏，楼下的街道上满是骑着自行车或挎着篮子的越南人，看上去他们似乎根本想不起来战争就发生在自家的大门口。有人递给克朗凯特一杯饮料，他却只是满腹怀疑地望着西贡这座城市。他终于勉强接受了现实，他要在名为"发自越南的报道"的节目中将这场战争称为"僵局"（顶多如此）。他走进房间，回到了晚餐的餐桌上。约翰逊误导——实际上是哄骗——了他整整四年，一直告诉他美军的胜利近在眼前，这太令他感到羞愧了。除了为客人供应上好的法式餐点外，卡拉维拉这家传

---

① 译注：20世纪60年代越南战争期间，南越政府将金兰湾租给美国作为军事基地，美国对其进行了全面的扩建，在战争中使用该基地出动飞机对北越地区进行轰炸。越战结束后，美军被迫撤离该基地。

奇酒店还充当了澳大利亚和新西兰的大使馆，以及哥伦比亚广播公司西贡记者站的驻地。和克朗凯特一起共进晚餐的是公司里三位可敬的越战记者，约翰·劳伦斯、彼得·卡利舍和罗卜特·夏克尼。在提到这次情况汇报会的时候劳伦斯曾说："沃尔特说他想知道这里究竟在发生什么事情，他让我们把自己知道的一切都开诚布公地讲给他。"

劳伦斯告诉克朗凯特的核心要点（在他讲述为哥伦比亚广播公司报道越战的自传《顺化的猫》一书中对此作了详细的解释，后来克朗凯特称这部作品是"战地报道中的杰作"）就是华盛顿和西贡方面都还秉持着"以前那些战争的逻辑"，认为美军会赢得这场战争，因为"美军士兵的杀伤率大于损失率"。一些分析家甚至坚信美越双方的杀伤率将近十比一。然而，劳伦斯指出无论损失多么惨重北越都不会放弃，自20世纪30年代以来他们一直在为国家的独立战斗着，他们的领导人做好了接受惨重伤亡的准备，哪怕是十比一的比率。美国正在用自己的军事力量摧毁越南的乡村地区，屠戮这里的人民，而且常常是不加区别地在空袭和高炮的炮火下杀死成千上万无辜平民。同时劳伦斯还指出数千名优秀的美军战士也在一场没有胜算的愚蠢战争中葬送了生命。在陈述自己的反战观点时劳伦斯十分激动，为了让他克制一下自己的情绪夏克尼在桌子下面踢了踢他的小腿。

晚餐结束后克朗凯特向大家告辞，他要再去楼顶上看一眼这座城市。在后来给《大西洋月刊》的编辑罗伯特·曼宁的信中他写道："夜晚，站在记者总部——卡拉维拉酒店——的楼顶上我注视着一架架盘旋在城市上空，在向距离酒店仅有几条街道的疑似敌军聚集区倾倒着死神的武装直升机。楼下的酒吧里负责安抚当地村民的美国平民和军官正在气愤、沮丧地做着报告，就在几天前他们还在宣称我们正在赢得当地人的民心，而现在他们却愤怒而刻薄地说他们负责的村民显然很欢迎越共回来。"

克朗凯特在此次越南之行的外景制片人及多年的密友格拉尔尼克不知道等他们回到纽约，开始编辑影片的时候，他的这位上司会怎样处理这期《特别报道》。他们俩在顺化、溪生和西贡共同经历了一段无法忘怀的时光，一起目睹了战争对无辜平民造成的大量伤害，也见到了许多战士和记者。克朗凯特依然在沉思中，后来格拉尔尼克曾说当时克朗凯特"对自己的想法秘而不宣"。克朗凯特身上所有的幽默感都消失了，在提到美军在这场战争中面临的局面时他竭力避免用到"输"这个词，但是格拉尔尼克注意到有四五次"僵局"这个词从他的嘴里脱口而出。

克朗凯特、格拉尔尼克、雷瑟尔和公司的摄像师们都侥幸逃离了越南，为了躲开迫击炮的炮火，在前往西贡机场的途中克朗凯特的专车司机还绕了远路。哥伦比亚广播公司的三个火枪手在机场见到了公司的另外两名职员，《面对国家》节目组导演鲍勃·维塔雷利和录音师迪克·塞蒂亚。登上越南航空公司为泛美航空公司直飞的一架麦道DC-9中短程客机后克朗凯特看上去十分平静，他暂时远离了自己在越南的工作。机场里危险丛生，起飞变成了一场轮盘赌。最终，几个"哥伦比亚"人开心地看到飞机很快就离开了西贡机场，飞向了香港。维塔雷利曾说："你也知道，沃尔特就是一个'淡定先生'，那会儿我可是担心死了，唯恐我们会被打下去。"

飞机离地后飞行员便以几乎是火箭升空一样的直角将飞机拉升了起来，他当然不想碰到敌人从地面发射来的炮火。自1953年以来一直效力于哥伦比亚广播公司的维塔雷利已经和克朗凯特走遍了世界，从印度、法国，直到中国，在60年代卫星革命出现之前的岁月里，为了把在欧洲和亚洲拍摄到的素材尽快送达公司在纽约的总部，好让报道及时出现在节目中，他们俩会拼了命一样地努力。在走遍世界的这一路上他们还从未经历过像这一次这么凶险的起飞。在提到飞行员在起飞时的惊人表现时维塔雷利曾说："当时我说：'他会让发动机熄火的。'沃尔特则不停地说不会有事的。从他的肢体语言看不出任何紧张不安的迹象。他平静得令人害怕。"

回到纽约后，在萨伦特、索科洛和雷瑟尔的大力帮助下，克朗凯特专心致志地将一大包日记、照片、便条、新闻通稿、剪报、宣传资料，以及自己的直觉统统糅合起来，完成了"发自越南的报道"的文稿。雷瑟尔帮助他完成了震撼人心的评论，这段评论被安排在节目结尾时播出。至于克朗凯特究竟打算在节目中说些什么则完全成了公司的机密。格拉尔尼克曾说："稿子是克朗凯特亲自执笔的，我们只是架构好了论点，把握了一下语言风格。是克朗凯特自己坚持用'僵局'这种说法来描述越南。"不过，雷瑟尔曾告诉公司新闻网的老记者默里·弗洛姆逊（1968年驻曼谷）"发自越南的报道"中的"一字一句"都出自他的笔下。拉瑟也持有同样的看法。不过，无可争议的是作为主任编辑的克朗凯特同意在节目中使用如此直截了当的语言。

雷瑟尔和格拉尔尼克撰写的草稿严谨而详细，克朗凯特对稿子很满意。约翰逊政府的谎言令他感到愤怒，对于自己从北部湾事件到春节攻势期间对这个政府的信任感到害臊。他肩负着一项重要使命。1968年2月27日，美国东部时间晚上10点整，克朗凯特开始播音了，在半个小时的"发自越南的报道"中他勇敢地正视了对五角大楼的舆论机器，平静而客观地讲述着赤裸裸的事实，事无巨细地呈现着美军空袭越南一个个破败不堪的村庄的真实情景。数百万美国人打开电视，观看着这期黄金时段的节目。在节目中克朗凯特充分说明了在南越的恐怖局势上约翰逊总统在误导美国民众，人们丝毫看不到胜利的迹象。

在"发自越南的报道"中大部分叙述都配有相应的影像资料。在克朗凯特看来，他必须让正在观看节目的观众了解到重要的一点——从美军的角度而言，东南亚地区的这场战争没有胜利的希望。这期节目以十分尖锐而权威的方式出色地阐明了这一点。

在纽约的播音间里，当最后一条广告播放完后克朗凯特隔着主持桌直视着镜头，看起来就像是和观众直接交流。按照哥伦比亚广播公司的老记者，在2009年出任美国广播公司新闻网主播的黛安·索亚的说法，如默罗在20世纪50年代中期在《现在请看》节目中对麦卡锡穷追不舍时一样，克朗凯特在越南的问题上走到了一个十字路口，他没有退缩。这期节目的结束语为数百万美国观众所熟知，并标志着越南战争在公众的眼中出现了重大的转变。这段话后来被收录进美国文库出版社的皇皇巨著《越南战争最佳报道》一书中：

今晚，重又回到在纽约的这个熟悉的环境中，我们想对自己在越南的发现做一个总结，做一个梳理，我们的分析必定会充满思考、个人化和主观性。在争夺城市的大战——春节攻势——中谁输了？谁赢了？对于答案我不敢肯定。越共战败了，他们没有取得胜利；我们也一样。历史的仲裁者或许会认为双方打了个平手。预计非战区以南还会爆发大规模的战斗，双方有可能仍旧僵持不下。溪生有可能会彻底陷落，在生命、威望和士气上美军都将损失惨重，这完全是我们的固执所造成的悲剧。不过，在溪生的驻防区已经不再对当地的其他区域具有至关重要的价值，而且美军也不大可能在整个非占区遭到挫败，失去大片战场。又是僵持不下的局面。越南政府原本就麻烦缠身，而今又有多个城市遭到攻击。站在政治的角度看，此前的表现让我们难以相信越南政府有能力处理这么多的问题。它或许不会失败，或许会坚持住，但是大概不会显示它具有这个年轻的国家所需要的活力。依然僵持不下的局面。

一直以来我们经常对华盛顿的领导人的乐观精神感到失望，这令我们不再相信他们在最浓重的乌云上找到的一抹金边。共产党意识到如果消耗战继续下去自己将没有获胜的希望，冬春交接之际发生在河内的这场攻势正是在这种认识的驱使下发生的；他们希望凭着攻势中的任何一点胜利提高他们在最终谈判中所处的位置——在这些方面或许美国领导人的认识没有错。胜利将提高他们的地位，但同时也需要我们认识到任何形式的谈判都应该围绕着和平条约的商谈，而非一方对另一方的命令。自始至终我们都应该具有这种认识。血腥的越南战争最终只会陷入僵局，这一点从未像此刻这样明确过。这个夏天几乎已成定局的僵持局面最终或者发展成具有实质意义的以相互妥协为基础的谈判，或者局势会出现进一步的升级。不管我们为了升级所采取什么样的手段，敌人完全有能力同我们相抗衡；无论是入侵北部地区、动用核武器，还是仅仅承诺增派10万、20万、30万美军参战，情况都是一样的。随着每升一次级，世界距离大灾难就更近了一步。

说我们在今天距离胜利更近了就等于面对着证据我们依然相信始终不曾正确过的乐观派；指出我们就处在战败的边缘则意味着我们屈服于过度的悲观主义。说我们陷入僵局似乎才是唯一现实的论断，当然这个论断并不令人满意。万一军方和政治分析家们判断正确，那么在接下来的几个月里我们就必须考验一下敌人的真实意图，或许这的确是他们在谈判前最后一次喘息的机会。然而，身为记者，我本人相信唯一理性的出路就是谈判，但是谈判双方都不应该以胜利者的姿态参加谈判，他们应该是能够履行保卫民主这一誓言，能够为这一目标尽自己最大努力的高尚的人。

我是沃尔特·克朗凯特，晚安！

克朗凯特的语调坚定而充满理性，这段简明扼要的评论听上去丝毫也不激进，称越南战争陷入了"僵局"完全是中间立场。《纽约时报》的总编R. W. 阿珀在此之前就写过一篇长文，文章的大标题写作"制造僵局"，这篇文章对克朗凯特的影响非常大。他同阿珀这位亲密的朋友并肩站在"僵局"阵营，在春节攻势之后这种选择并不过激，实际上在媒体中这种做法很普遍，但是在1968年初期两极严重分化的情况下，这种做法就将克朗凯特置于了温和派的阵营。克朗凯特将自己令人敬畏的大名贡献给了反战运动，从而让后者进入了主流舆论。1967年，作家及《纽约客》的电视批评家迈克尔·阿伦为《纽约客》撰写了一篇绝妙的文章，在文章中他将越南战争称为"电视战争"，这种说法后来变得人尽皆知。按照他的观点，如果三大广播公司反对约翰逊的这场战争，那么公众就会反对它。克朗凯特的时刻到来了。正如克朗凯特在2002年为美国公共电台撰写的一篇文章所述，"这篇简短的评论帮助人们真正地开始对这场战争产生怀疑，这种怀疑态度不仅可敬，而且非常必要，并具有爱国主义精神。"

克朗凯特的报道掀起轩然大波。他的这套观点频频被其他媒体引述，在他的启发下全国广播公司新闻网的弗兰克·麦吉在两周后播出的一部反映越战的纪录片中也表明了类似的立场。美国各地的媒体编辑室里都在传说克朗凯特"灭掉"了总统。就连一向保守的《华尔街日报》都在社论中写道："在越南的全部付出或许都是注定失败的。"在发表了同政府相左的个人见解后克朗凯特感到了一阵释然，正如哥伦比亚广播公司新闻网的一位总经理后来打趣的那样，"当沃尔特说越南战争结束了，那就真的结束了。"约翰逊政府里包括国家安全事务特别助理沃尔特·罗斯托与迪恩·鲁斯克在内的很多官员可并不开心，在接受一次口述史节目的采访中威斯特摩兰将军抱怨说："我对媒体厌恶透了，尤其是哥伦比亚广播公司和沃尔特·克朗凯特。我觉得他们把美国人民给骗了。"

在2月27日哥伦比亚广播公司播出这期特别报道的时候，约翰逊总统正在得克萨斯州大学奥斯汀分校的乔治体育馆里做演讲。他乘坐"空军一号"回到了故乡是为了参加好友州长约翰·康纳利的生日聚会。据前白宫新闻秘书乔治·克里斯蒂安所说，当约翰逊听到克朗凯特公然做出反战性的评论时他沮丧地脱口而出道："要是我失去了克朗凯特，那我就失去了这个国家。"

约翰逊总统有关"克朗凯特时刻"的这句话已经永留史册，但是学者们对原话却争执不下，其中一些说法占据了上风，比较受到认可的是：（a）"要是我失去了克朗凯特，那我就失去了美国中部"；（b）"要是我失去了克朗凯特，那我就失去了这场战争"。实际上这两句话并没有本质差别，最重要的是克朗凯特以一种令约翰逊无法忽视的方式吸引住了美国民众的注意力。克里斯蒂安后来对哥伦比亚广播公司新闻网的比尔·斯莫更完整地讲述了约翰逊政府面对克朗凯特这期特别报道时的态度："相信我，震荡波袭遍了整个政府。沃尔特从越南回来的时候我想记者们令很多人对这场战争的进展都感到焦虑，悲观主义愈演愈烈。我的确认为他表达了一名诚实记者的观点，但是相比于其他记者他可是一个家喻户晓的人物，每天有数百万人指望通过他了解到新闻大事，在人们的心目中他不是撰写社论的编辑，而是一名极其客观的记者。"

克朗凯特直言不讳地指出美国已经光荣地输掉了越战（或者说陷入了"僵局"），凭借着这番评论他不再只是在《晚间新闻》这个风水轮流转的战场上打赢了尼尔森收视率之战，他还一举跻身《美国编年史大事记》的名录中。在一个人人都在重复同一套谎言的时代，留着一头精心修剪的华发和两撇八字胡的克朗凯特成为了传统价值观的缩影。美国要求看到越南的真相，克朗凯特尽职尽责地提供了真相。

由于这期"发自越南的报道"，在于1984年撰写的著作《"荒唐"进行曲：从特罗伊到越南》中杰出的历史学家芭芭拉·塔奇曼将克朗凯特描绘为一位民族英雄。她不仅在书中引述了克朗凯特在"被烈火和炸弹摧毁的满目疮痍的"南越大地上目睹到的一切，而且还认为约翰逊那句有可能纯属杜撰的话——"要是我失去了克朗凯特，那我就失去了美国中部"——属实。塔奇曼指出正是克朗凯特的报道促使参议员威廉·富布赖特要求参议院重新调查《东京湾（北部湾）决议案》，因为在报道播出后他开始担心这份决议案"不具有法律效力"。塔奇曼认为克朗凯特摧毁了美军在东南亚如空中楼阁般的干涉行动。

自1968年以来，美国的出版市场上不断涌现出有关越南的小型出版物，在其中绝大部分出版物的参考文献索引中都可以看到克朗凯特在电视上发表的这通与官方口径相悖的评论。这一期《特别报道》确保了他在新闻界的传奇地位。其实早在这期节目播出之前就已经有数十位记者公开对越南战争进行了谴责，但是克朗凯特转变态度，开始公开反对这场战争才有资格登上头版头条。按照电视界的传统标准，主持人在报道新闻和战争时都要采取中立客观的立场，而克朗凯特却掀起了一场革命。他的评论本身并非独一无二，也不具有煽动性，但是他的立场令人大开眼界。历史学家托德·吉特林在《新共和》杂志中指出："克朗凯特一反常态的举动强有力地表明在一个人民对象征符号的喜好直言不讳的时代政府已经不再受到民众的认可。"

《纽约时报》的记者尼尔·希恩针对越南问题撰写了《璀璨的谎言》[①]，这部作品后来获得了普利策奖。希恩同时也是一位媒体历史学家，他一直怀着浓厚的兴趣关注着克朗凯特从主战派到温和派的转变，在接受有线卫星公众事务广播电视频道（C-SPAN）《读书笔记》节目的采访时他告诉主持人布赖恩·兰姆："要是看过《哥伦比亚广播公司晚间新闻》的话，那你就会发现在1965年和1966年沃尔特·克朗凯特的言论让他听上去就像是五角大楼的发言人。我希望这番话不会令克朗凯特先生感到生气，不过他基本上就是在不停地重复，而且是热情洋溢地重复着别人喂给他的那些话。直到1968年以后，也就是在那一年的春节过后——共产党发起的春节攻势，美国公众因此而变得清醒起来——你才看到反战倾向在新闻媒体中成为普

---

① 译注：又译作《美丽谎言》，根据这部作品改编的同名电视的中文译名是《冲出越南》。

遍现象。你会看到克朗凯特之类的人真的开始质疑这场战争了。"

克朗凯特前往越南是为了找到真相，在"发自越南的报道"播出一个星期后人们就清楚地看到这趟旅程究竟有多么危险了。哥伦比亚广播公司新闻网的联合制片人拉斯·本斯利（在克朗凯特主持的节目中负责编辑新闻栏目）与摄像师约翰·史密斯在溪生双双身负重伤，从芝加哥的WBBM开始播音生涯的本斯利被迫击炮的炮弹碎片击中受伤，然后被送到了岘港的一家医院。然而，他的可怕磨难并没有到此为止。后来他就诊的医院被越共的火箭炮炸毁，他再度受伤，外科医生们只能切除他的脾脏，切开他的结肠。本斯利的遭遇绝非一起孤立事件，自克朗凯特访问越南之后，已经有14名美国记者和摄像师在越南受伤，美国广播公司新闻网的记者比尔·布兰尼根和吉姆·德卡德也在溪生身负重伤。哥伦比亚广播公司新闻网驻东京记者站的站长伊格尔·奥贾涅索夫之前为了给其他记者顶班常常在西贡驻留一段时间，到了这时他发电报告诉雷瑟尔自己不再接受报道战争的任务了。在《晚间新闻》中播出本斯利在溪生受伤的消息令克朗凯特感到心痛，但是他还是播出了这个消息。后来本斯利曾说过："越南没有一个角落是安全的，春节过后我们所有人都受伤了。我也开始反战了。"

同威斯特摩兰将军一样，支持越南战争的主战分子都认为"发自越南的报道"近乎叛国行为，是反战分子们为了出风头搞出来的把戏，而且这些反战分子还大张旗鼓地宣称很高的收视率。结果的确如此。克朗凯特对自己在南越的所见所闻直言不讳，《哥伦比亚广播公司晚间新闻》因此在战争报道方面取得了新的优势，节目的收视率持续上升。不无讽刺的是，这场胜利同时也标志着各大广播公司新闻网的主播结束了没有立场的时代。电视开始贩卖观点，媒体不再坚持认为在新闻中插入编辑观点就会形成一种奇怪的公共政策。克朗凯特说出了越战的真相，从而打破了客观性这座大坝。如果说他对这期有关春节攻势的特别报道有所遗憾的话，那就应该是他打开了一道闸门，从此评论和新闻的分界线逐渐模糊了。从1968年开始，所有人——电影明星、电台的音乐节目主持人、音乐家、小说家、公司总裁——都感到自己有必要就人权、城市贫困、堕胎等问题发表自己的见解，其中最重要的就是越南问题。当时仍然在《纽约时报》的媒体批评领域占有重要位置的杰克·古德曾抱怨道："切特·亨特利和戴维·布林克利迟早会穿上迷人的紧身连体裤，每天晚上给大家跳一段芭蕾双人舞，克莱夫·巴恩斯（《时代》杂志的戏剧批评家）也开始对新罕布什尔州的总统候选人提名评头论足一番。"

在接下来的几年里一些历史学家将指出克朗凯特对春节攻势的分析有些草率，

例如，1972年的复活节攻势证明南越人民能够挫败北越方面的进攻；还有一些人则认为他对保卫西贡，使其没有沦陷的美军有所不公。单纯从军事角度而言，在春节攻势中越北方面真的没有失败吗？之所以必须保住越南这个战场是为了赢得更重要的对中苏的冷战吗？毋庸置疑，由于"发自越南的报道"克朗凯特站在了约翰逊对东南亚的战争政策的对立面上。

约翰逊在记述总统生涯的回忆录《登高望远》中始终没有提到"克朗凯特时刻"给他制造的艰险处境，他的家人也不认为克朗凯特在这期特别报道中的评论令约翰逊感到震惊（在节目播出之前他连续数周一直忙于应付春节攻势之后出现的各种问题）。作为一个老道的政客，约翰逊应该清楚克朗凯特的节目对他的政治生命造成的伤害触目惊心，虽然在克朗凯特指出的无非是不言自明的事实。正如黛安·索亚曾指出的那样，自从默罗在1954年抖搂出参议员麦卡锡的丑事，让公众进行审视以来，还没有一个电视节对舆论产生如此重大的影响。克朗凯特的评论令约翰逊大为恼火，后者最关心的是参议员尤金·麦卡锡和罗伯特·肯尼迪都已经间接地表示决意同他争夺民主党总统候选人的提名，而与此同时民众对越南战争的热情有可能会让全国人民的生活陷入混乱。尽管如此，人们依然无法确定约翰逊总统是否真的曾脱口而出"要是我失去了克朗凯特……"这句人尽皆知的话，之所以这句话饱受争议是因为学者戴维·卡伯特对白宫新闻秘书乔治·克里斯蒂安进行的一次采访，后者似乎始终在闪烁其词，不愿证实约翰逊究竟是否说过这句话：

> 约翰逊的确谈到过克朗凯特要去越南，而且实际上已经改变了态度，开始反战；他还说克朗凯特实际上已经变成了鸽派的事实非常令他担心，他认为这件事情会对全国造成巨大的影响。约翰逊是否曾看过那期节目或类似的节目？我不知道。他看过其他事情的新闻报道，我确定约翰逊必定会收看那期节目。我记得有一次我和约翰逊在一起的时候他就在收看克朗凯特的评论。至于是不是早间新闻节目……我想大概是《哥伦比亚广播公司早间新闻》，新闻里播出了那期节目或其他节目的片段。我自己也看这些节目……不是在家里，就是看录像带。我不记得了……我不记得他看是否看过这些节目。虽然我记得不太清楚了，但我十分肯定他总归是要看节目（录像带）的。我知道我们谈起过克朗凯特的节目，克朗凯特从越南重返故土，然后绘声绘色地告诉人们实际上"这场努力失败了"，还有之后产生的冲击力都令他忧心忡忡。至于具体时间、具体

地点，我的确不太记得了。

几乎为哥伦比亚广播公司新闻网工作的每一个人都对克朗凯特在1968年春天播出的"发自越南的报道"充满了敬仰之情，这期节目的大胆程度令人耳目一新，内容出人意料，同时又准确无误，公司里包括塞弗、劳伦斯、卡利舍、伯特·昆特与夏克尼在内的最优秀的越战记者都为之折服了。[1]时任洛杉矶记者站站长的埃德·福希曾回忆道："其实我们都清楚这场战争陷入了僵局，可是当时我们都固守着那套铁律，就是不能在报道中插入自己的观点。令人惊讶的是克朗凯特竟然在黄金时段的节目中结束了这种状况。"克朗凯特也想知道自己的选择究竟是对是错。按照老合众社对新闻报道的原则，记者不能在报道中发表自己的意见，他背叛了这个至高无上的原则了吗？在2002提到这件事情时他曾反思道："我之所以那么做是因为我认为在当时的情况下记者有责任那么做。对我们来说这么做很任性……我做这件事情，哥伦比亚广播公司允许我们这么做，这都很任性。"

为什么在20世纪60年代末到70年代初克朗凯特、钱斯勒与瑞森纳这样的电视新闻节目主播会深受观众的信任？美国著名网络杂志《记录》的撰稿人杰克·沙弗尔对此做出了最合理的解释，他认为在当时这些主播都受制于联邦通信委员会的"公平原则"，"这项原则要求每一位广播电台营业执照持有者对重大的公共问题提出有争议的观点，同时也要在讨论中允许相反观点的存在。对'公平原则'的一个规避方法就是压制争议观点，三大广播公司就经常这么做。"在沙弗尔看来，克朗凯特就春节攻势所做的特别报道是"公平原则"的一个光彩夺目的例外。

自由主义历史学家一直认为越南战争是一个可怕的错误，因此克朗凯特表达的同政府声明相左的观点就成了学术界的史诗。凭《追寻卡西艾托》一书荣获了1979年美国国家图书奖的小说家蒂姆·奥布赖恩是越战方面的专家，他宣称正是在克朗凯特的启发下他产生了创作这部著作的灵感。土生土长于明尼苏达州的奥布赖恩常常收看哥伦比亚广播公司的《你就在那儿》，他曾回忆说："我还记得有一期讲的是'OK畜栏'。[2]那些节目篇幅精炼，内容饱满，涉及的史实都经过了仔细的核实。

---

① 作者注：在接下来的几年里哥伦比亚广播公司至少有四名记者以对越战的尖锐报道而享受盛名：埃德·布拉德利、鲍勃·西蒙、理查德·特雷尔凯尔德和布鲁斯·邓宁。

② 译注：著名的美国西部牛仔小镇，以矿业繁荣起来的亚利桑那州墓碑镇在1879年至1888年左右出现的一座大型畜栏，以当年牛仔和执法者之间30秒钟的火拼而著名。

如果不是《你就在那儿》的话，或许我就不会成为小说家了。"奥布赖恩在1969年至1970年以步兵的身份参加了越南战争，执行美莱村屠杀任务的美军部队与他同属一个师，[①]他十分感激克朗凯特在春节攻势过后能够毫无保留地说出越战的真相。到了20世纪90年代中期，克朗凯特则成了奥布赖恩的越战小说的仰慕者。在《林中之湖》出版后的一天晚上奥布赖恩在纽约的霍瑞斯曼预备学校做讲座，他惊讶地看到克朗凯特就坐在观众席的前排。讲座结束后克朗凯特走了过来，对奥布赖恩说："我完全聋了，您说的一个字都没有听到。能请您一起共进晚餐吗？"

奥布赖恩受宠若惊。他们两个人去了曼哈顿的上西城，在餐桌上克朗凯特直截了当地向奥布赖恩问道："在1968年2月的时候我做得对吗？"奥布赖恩目瞪口呆。克朗凯特并非是想得到作家对他的肯定，他只是希望和对方讨论一下那期有关春节攻势的特别报道是否打击了驻越美军的士气。对春节攻势的一种修正主义观点认为哥伦比亚广播公司新闻网误导美国民众以为越共发动的春节攻势产生了作用，克朗凯特希望参加过越战的老兵奥布赖恩能告诉他真相。提到这段往事时奥布赖恩曾说："他问我当年我是否感觉他背叛了我们，他想要跟我这样的参加过战斗的退伍老兵聊一聊他当初的那个决定。我告诉他承认我们在越战中毫无胜利的希望是一个正确的决定，我们原本会把全部的国民生产总值都投入到越南，或者在西贡附近建造一个圆顶运动场，但是无论怎样都不会改变任何事情。克朗凯特具有记者的智慧，他看到了最核心的事实。百分之九十的士兵都将这场战争的失败归咎于媒体，但是我不这样认为。"

对于克朗凯特在春节攻势之后发表的异议《新闻周刊》进行了反思，在文章中对奥布赖恩的观点表示了认同，指出这就好像林肯本人从容不迫地从白色大理石纪念雕像的座椅上走了下来，加入了反越战的行列。在这几十年里，随着时间的推移"发自越南的报道"的声望与日俱增，它越来越被认为是一个重要的转折点，从此美国政府失去了人民的信任。哈伯斯塔姆在文章中写道："一位电视节目解说员宣布战争结束了，这在美国的历史上还是第一次。"然而，这场战争并未就此结束，接下来的几年仍将充满痛苦、死亡和悲剧。

---

① 译注：美军第23步兵师第1营C连的官兵于1968年3月16日在越南广义省的美莱村进行的屠杀。

第五部分

巅峰游戏

　　根据魁尔公司的调查结果，媒体批评家们给克朗凯特授予了"美国最受信赖的人"这一称号，其实他已经成了"新闻界最有影响力的人"。这两个称号都成了他的荣誉头衔。

第二十三章
1968年的平静与混乱

要求罗伯特·肯尼迪参选——参议员克朗凯特？——约翰逊退出——刺杀小马丁·路德·金——我的孩子在哪里？——罗伯特·肯尼迪遇害——在白金汉宫找乐子——芝加哥的疯狂——一群暴徒——无政府播音——戴利得到了克朗凯特的拥抱——没有直攻要害的本能——同艾比·霍夫曼交往愉快——月球疗伤

"发自越南的报道"播出仅几天后克朗凯特同呼声越来越高的纽约州民主党参议员罗伯特·肯尼迪私下见了一面。3月12日，在新罕布什尔州的候选人提名会上超级温和派尤金·麦卡锡的存在几乎令约翰逊感到心神不安。在麦卡锡的坚定支持者们看来，这种状况意味着这位性格暴躁的明尼苏达州参议员有望成为总统候选人，不过经验老到的政客们都认为麦卡锡在竞选资金上缺少后援，不足以撼动约翰逊的连任竞选班子。实际上，大部分人断定能够实现这一目标的人选将是罗伯特·肯尼迪。几十年后肯尼迪的媒体助理弗兰克·曼凯维奇对《华盛顿邮报》和有线卫星公众事务广播电视频道（C-SPAN）详细讲述了克朗凯特同肯尼迪在国会山参议员办公室里的那场非正式会晤。据曼凯维奇所述，在参议员的办公室里克朗凯特一直主导着谈话，他敦促肯尼迪："你必须公开宣布有意参加总统选举，同约翰逊一争高下，让人们看到这就是让美国摆脱这场恐怖战争的出路。"肯尼迪瞪大了眼睛，专心致志地听着，还不时询问克朗凯特对西贡、顺化和溪生等地局势的看法。

克朗凯特回想起自己在"二战"期间上前线为合众社进行报道时受到的教训，他告诉肯尼迪美国是打不赢这场战争的，大部分南越人民在私下里都支持越共。他坚信美国民众没有得到正确的信息，不知道自己的国家在南越打的这场冷战战争代价高昂。肯尼迪问克朗凯特是否加入了民主党，这位记者回答说自己是独立人士。

提到那段往事时曼凯维奇曾说："若有所思地听完后肯尼迪先是微微一笑，然后说：'沃尔特，要是你答应参选纽约州参议员，那我就参加总统选举。'"

　　肯尼迪认为克朗凯特必定会赢得选举，这位主持人是纽约市（或许也是全美国）最受爱戴的人。听到肯尼迪这个幽默而诚挚的提议克朗凯特倍感荣幸，但他对竞选参议员没有多少热情，为了保护美国新闻业的公正他自动放弃了参加政治选举的机会。他唯恐一旦自己宣布参选，外界就会怀疑每一位著名记者对新闻的判断无不基于他们自抬身价和未来的政治野心的需要。肯尼迪却仍旧固执地对克朗凯特说如果当年春天他同约翰逊争夺民主党总统候选人提名的话，克朗凯特就应当努力争取纽约州参议员的位子，但是无论怎样游说克朗凯特都没有动摇。他对肯尼迪的回答始终是"不"，丝毫没有回旋的余地。肯尼迪一边没完没了地劝说着克朗凯特，一边继续考虑着自己参加总统选举的事情，每天都同一小群可靠的顾问和亲朋好友（其中包括约翰·肯尼迪的特别顾问及撰稿人泰德·索伦森、理查德·古德温、新闻秘书皮埃尔·塞林格与白宫办公厅主任肯尼思·奥唐奈）进行着磋商，在约翰·肯尼迪执政时期这些人都坚定地支持着新边疆政策。他的弟弟泰德·肯尼迪与妹夫斯蒂芬·史密斯也是这个核心集团的成员。

　　克朗凯特很有希望诱导罗伯特·肯尼迪在3月13日的《哥伦比亚广播公司晚间新闻》中宣布自己有意参加总统选举，这将是克朗凯特职业生涯中最重大的一条独家新闻。在节目中克朗凯特提了一个问题，暗示肯尼迪有可能会竞选白宫的位置，但是肯尼迪没有上钩。不过，他还是给克朗凯特留下了一线希望——一条不那么重大的独家新闻，对共和党总统候选人提名战中洛克菲勒面对领先者尼克松的胜算做出了评论："据我所知，洛克菲勒会来参加俄勒冈州的提名会。"紧接着他又补充说，"但是到那时再想阻止出尼克松的脚步就已经为时太晚了。"克朗凯特意识到自己有可能会抓到一条独家新闻，于是他抛开预先设计的采访稿，试图证实在说这句话的时候肯尼迪是否心存其他企图。他说："参议员，现在我或许要用一个小小的文字游戏纠缠你一会儿。你说的是'来参加俄勒冈州的提名会'，而不是'去'。这就是说你本人已经在俄勒冈了吗？"克朗凯特含糊其辞的问法令肯尼迪既感到好笑，又不愿回避，他直接否定了克朗凯特的言外之意。但是克朗凯特依然尽职尽责地再一次向观众着重指出政治专家们早已知道的一个事实——罗伯特·肯尼迪真的要向白宫进军了。这是迟早的事情。

　　次日，《纽约时报》刊载了肯尼迪与克朗凯特此次谈话的文字整理稿，同时还发表了克朗凯特随后在《晚间新闻》中采访麦卡锡的访谈稿。通常，新闻界的信息流向总是从《纽约时报》传向广播电视媒体，电子媒体很容易从这份报纸刊发的独家新闻和各种新想法中各取所需。事实上，广播电视媒体之所以常常忠实地按照《纽约时报》上的顺序发布同样的报道主要还是因为这份报纸的影响力。各大广播公司的制片人们在发布新闻时并不会事先协调步伐，他们只是读着同样一份纽约当地出版的日报。然而，在越南战争期间各大广播公司的新闻网则先发制人，哥伦比亚广播公司在克朗凯特的引领下更是在报道重大新闻方面取得了领先地位。克朗凯特在美国东部时间晚上6：30主持的新闻节目本身也逐渐成了新闻事件。

3月16日，罗伯特·肯尼迪正式宣布自己将参加总统选举。但是他没有通过《哥伦比亚广播公司晚间新闻》发布这个消息，而是选择了老参议院办公大楼的党团活动室，当年正是在这间办公室里他的哥哥约翰·肯尼迪宣布就任总统。民主党提名会的战场上彻底乱套了。在白宫里，克朗凯特与春节攻势报道小组似乎如幽灵一样彻底压倒了约翰逊的斗志。

距离肯尼迪宣布参加竞选还不到两个星期的时候，即3月31日，星期天，在任总统约翰逊就安排了一次电视讲话，他要通过电视宣布暂停一部分在越南的轰炸任务，从而将美国在越南的行动限制在一定范围内。当时没有多少人意识到这场讲话将会成为一次具有历史意义的讲话。在发表讲话的这一天总统的椭圆形办公室里架起了摄像机，走进房间后约翰逊对自己熟识的一位哥伦比亚广播公司的技术人员咕哝了一声："克朗凯特可不会喜欢这样的……"成千上万的观众在打开电视的时候都以为约翰逊只会对越南的局势进行一番陈述。节目开始后约翰逊盯着摄像机，有那么一两秒钟的时间他看起来非常不安，随即他就操着得克萨斯丘陵地带的特有口音开始了讲话。不出所料，他首先就越南战争的问题讲了一会儿，随即他就宣布道："我不打算，也不接受我们党提名我参加下一届总统选举。"这个消息出乎了所有人的意料。

这则声明令人震惊。克朗凯特原本以为约翰逊只是做一次普通讲话，那天晚上他没有待在公司的播音中心，这个消息令他感到猝不及防，向来希望自己成为"重大新闻"之声和新闻领头人的他为此十分尴尬。这一年的3月他将目光完全集中在罗伯特·肯尼迪的身上，对自己在白宫的线人没有给予足够的重视。随即媒体界就冒出了一个问题：在约翰逊突然决定退出竞选的过程中"发自越南的报道"是否起到了作用。在后来接受克朗凯特的采访时约翰逊坚持宣称自己原本可以赢得1968年的竞选，只是那年3月他太累了，不仅要面对健康问题，还要应付那场来自全国人民的信任危机。让美国从越战的泥淖中脱身将是一项艰巨的任务，他要集中精力处理白宫的问题，而不是四处结交民主党的竞选资金捐款人。就这样，在忠诚的妻子"小瓢虫"的鼓励下他突然放弃了1968年的总统竞选。

在给《大西洋月刊》的鲍勃·曼宁的信中克朗凯特写道："我们都没有想到总统本人会做出这样的反应。没有人指出——我自己也绝对不相信——我们的节目让他的想法产生了丝毫的改变。不过我相信对于已经背负着沉重负担的他而言这个报道有可能是令他精疲力竭的最后一根稻草——外界不断质疑有关所谓的美军在越南取得军事胜利的报告，担心军方为了完成任务就要求向越南增派兵力，当全国各地正在走向总统选举之际民众的抗议之声越来越响亮。我想他原本就有了这样的打算，我们只是最后推了他一把。"

哥伦比亚广播公司新闻网同其他广播公司一样对约翰逊丢下的这枚重磅炸弹猝不及防，谁都不可能预料到约翰逊会放弃连任竞选。在华盛顿报道这次讲话的马德后来曾在文章中提到约翰逊的声明"令我感到震惊，难以置信，我（在节目中）只是口齿不清地唠叨着"。当时正在家里和贝特西享受休闲时光的克朗凯特错失了报道当年战争之外的这条头号政治新闻的机会，不过在星期一的各大报纸上权威人士都认为在这个事情上他的"发自越南的报道"起到了催化作用，他们在哥伦比亚广播公司和白宫之间建立起了因果关系：克朗凯特变成了温和派（鸽派），主战派（鹰派）的约翰逊失去了利爪。后来克朗凯特曾提到过这段往事："我想约翰逊觉得在当时美国的大部分民众都在说：'咱们摆脱这件事情吧。'可是总统无法让自己摆脱这件事情，他陷得太深了。他唯一能做的就是摆脱自己的工作。"

约翰逊的支持者和反对者都同样对他的惊人声明表示了欢迎，民意调查显示民众对总统的支持率出现了显著的增长。麦卡锡认为约翰逊之所以主动认输是因为在3月12日新罕布什尔州的提名会上他的表现令人难以置信，虽然没能获胜，但是他还是获得了230票（42%的选票，约翰逊获得了49%的选票，这一结果清楚地显示出麦卡锡具有充分的竞争力）。一些分析家认为无论是否有克朗凯特的存在，经过春节攻势总统自己也已经断定这场战争不值得美国每年继续投入300亿美元。《纽约时报》有关约翰逊希望向越南增派20.6万名军人的报道也起到了作用，绝大多数民主党人都认为这个主意糟糕至极。然而，多少有些出人意料的是克朗凯特对约翰逊退出竞选的突然决定感到有些难过。在成为《晚间新闻》主播之前他曾在公司的电台节目中赞扬过约翰逊的"伟大社会"国内政策，这套政策涉及公共医疗补助和医疗保险、荒野保护、民权等问题，并出台了一批旨在消除贫困的方案。实际上，在克朗凯特的心目中约翰逊是一位出色的总统，只是越南战争在他的工作纪录上留下了污点。约翰逊总统的女儿琳达·约翰逊·罗布坚称："爸爸和沃尔特非常亲密，有时候两个人的关系会有些紧张，但是他们从未因为越战而疏远彼此。"

在"发自越南的报道"播出后哥伦比亚广播公司的很多观众都纷纷致信佩利，强烈要求他解雇克朗凯特，人们都认为正是由于这期节目约翰逊才决定放弃连任竞选，但是新左派则称赞克朗凯特与尤金·麦卡锡是统治集团里的和平使者。不过，克朗凯特并没有被新左派知识分子奉为赫伯特·马尔库塞与弗朗兹·法农这样的导师，人们对他的敬意在于他是一位有着强烈公共道德感的诚实记者。不过，至少在1968年他始终不愿欢庆这场胜利。反战抗议活动在美国各地如火如荼地开展起来，而且在这种局面的形成过程中哥伦比亚广播公司起到了一定的作用，这种状况令他目瞪口呆。有不少公开抗议活动都只是为了吸引电视摄像机的镜头，这是人们从小马丁·路德·金的非暴力运动中学到的——抗议活动的多少就等于镜头的多少，而镜头的多少就等于在克朗凯特的《晚间新闻》中的比重。同其他各家广播公司一样，哥伦比亚广播公司认为街头的示威活动非常适合在电视中播出。从"发自越南的报道"与约翰逊放弃竞选这两件事情之间的联系克朗凯特又了解到一个新的事实：在20世纪60年代电视不仅报道事件，而且还影响着事件的进程。

数十年后"小瓢虫"曾和蔼地努力劝说克朗凯特相信她，她的丈夫始终明白在春节攻势后他为哥伦比亚广播公司新闻网制作的反对越战的节目在本质上也是一种爱国的表现，在1968年2月她的丈夫已经很清楚越南战争是一个该死的错误。约翰逊没有埋怨克朗凯特指出越战陷入了僵局，他知道自己已经失去了政治上的核心阵地。当时的民意调查显示全国人民越来越不相信威斯特摩兰和麦克纳马拉的主战言论，收看克朗凯特的节目的观众们也已经跟上了这个节奏。约翰逊没有生克朗凯特的气，他只是担心在1964年达成《东京湾（北部湾）决议案》的"走中间道路的人们"而今开始对在越战中的巨额投入感到后悔了。

在接下来的十年里，每次回到奥斯汀克朗凯特总是要同"小瓢虫"及其私人助理莉兹·卡彭特有所来往。在给克朗凯特的一封信中"小瓢虫"写道："在这个国家你永远是一股了不起的力量，我们都非常爱你。同你这位坚定的支持者一起经历过最深的绝望，以期到达太空最远的角落。在美国最悲伤的一些日子里我们同你一起痛心疾首，我们也曾同你一起颂扬人类最远大的抱负和成就。你一直在为美国最好的事情摇旗呐喊，我们能做得更好。"

由于在约翰逊放弃连任的事情上克朗凯特起到了无法忽视的作用，哥伦比亚广播公司新闻网因此收到了一些恐吓信，不过信件的数量很有限。每当克朗凯特出现在纽约，人们就会对他的坦率表示感谢。支持战争的共和党主战分子也同样认为约翰逊的退出正合时宜。但是，民众中间的传说愈演愈烈，最终人们开始认为正是"发自越南的报道"促使约翰逊决定放弃连任竞选。虽然这个假设无法得到确证，但是人们已经无法遏止这种说法的势头了。索科洛曾说："沃尔特总是努力回避着这种因果效应综合征，很多人都试图将沃尔特有关春节攻势的报道和约翰逊突然放弃竞选之间建立联系，沃尔特却不愿正视这个似是而非的论断。这两件事情之间相隔了六个星期，在他看来人们不应当在两者之间建立历史联系。"

多年后在一次口述史的采访中白宫新闻秘书乔治·克里斯蒂安也对克朗凯特成因论表示了否定，在提到这位主持人对约翰逊做出放弃竞选连任决定的影响时他说："唔，我可不接受这种说法。因为事情根本就不是这样的。"对于这个问题哥伦比亚广播公司新闻网的马文·卡尔布做出了最有效的解释："沃尔特对越南局势的描述没有那么夸张，他只是让报道更深入了一些。他谨慎地保持着客观立场，让自己置身于新闻事件之外。从很多方面而言他所做的就只是报道显而易见的事实。然而，沃尔特通过哥伦比亚广播公司说的每一句话都令约翰逊难以忘却。他拥有太多太多的观众。所以说，沃尔特还是起到了重要作用。"

久而久之，对于自己导致约翰逊做出让位决定的说法，克朗凯特也难以做出明确的判断。这种说法令他深受自由主义者的爱戴，但同时他作为"客观先生"的形象就受到了质疑。约翰逊在那一年的3月里做出惊人声明的时候究竟是否在一定程度上受到了他的影响？对于这个问题，面对不同的谈话对象克朗凯特给出的答案也截然不同。在《美国遗产》的问答栏目中他告诉理查德·斯诺："我不觉得记者的影响力会大到仅凭一期节目就可以改变人类重大事件的进程。总统是不会为了一期节目就决定是否采取行动的，这对他来说只不过是多了一点负担而已。"

无可争议的是1968年的春天美国国内动荡不安。4月4日，就在约翰逊宣布不再参加连任竞选的几天后小马丁·路德·金博士在田纳西州孟菲斯市洛林汽车旅馆的阳台上遭到暗杀。在此之前由于环卫工人大罢工密西西比河河畔的这座城市爆发了种族暴力事件，遇刺时金博士正准备率领民众进行一场和平行进活动，以平息暴力事件。在当天晚上6：30开始的新闻节目临近尾声的时候，在华盛顿特区的哥伦比亚广播公司演播室里克朗凯特对暗杀事件进行了报道，向观众讲述了孟菲斯枪击事件的基本事实，在随后插播广告期间在纽约市的拉瑟在一期特别报道节目中播发了金博士已经身亡的消息。7：00，克朗凯特又在《晚间新闻》里对金博士遇刺事件进行了报道，他的播音少了中规中矩的腔调，总之，语调远比平日强烈得多。伤心和愤怒在他的脸上表露无遗，他将金博士称作"民权运动的传道者"。

结束播音后克朗凯特羞愧地啜泣了起来，他的脑袋陷入了一团混乱中。他一边叫骂着，一边向哥伦比亚广播公司新闻网华盛顿办事处的同事们预言说全美各地将出现一系列的暴乱事件。说完他就神思恍惚地走出了坐落在M大街的演播室，一边走一边口齿含糊地告诉同事："今天晚上我一点也不在乎U大街①。"回到暂住地亚当斯干草酒店后他给三个孩子打了电话，和他们聊了聊金博士遇害的事情。当时，年仅11岁的奇普就读于纽约的圣伯纳德中学；18岁的凯西在佛蒙特州上学，因为那里的滑雪道非常棒；年满20的南希在纽约州的雪城大学上学。不知为何，在那一刻克朗凯觉得自己必须知道自己的家庭没有四分五裂。

最终，1968年成了野蛮、恐怖、令人痛苦的一年。自1955年蒙哥马利发生公交车抵制事件以来，哥伦比亚广播公司一直自豪于公司对金博士的报道，一想到金博士遇害公司里包括克朗凯特在内的每一位报道民权问题的记者都开始为自己的国家感到担忧。克朗凯特想要参加人们在亚特兰大为金博士举办的葬礼，但是3月里节奏紧张的民主党总统候选人提名会使得他无法实现这个愿望。结果，哥伦比亚广播公司新闻网负责监督特别事件报道的琼·理奇曼派出了可靠的查尔斯·库拉尔特。

6月4日的夜晚，此时距离金博士遇刺还不到两个月，克朗凯特在纽约市主持了一期特别报道，这期在黄金时段播出节目用一个小时的时间对民主党在加利福尼亚举行的总统候选人提名会进行了报道。初选结果显示在同尤金·麦卡锡的竞争中罗伯特·肯尼迪有望赢得关键性的胜利。哥伦比亚广播公司新闻网派罗杰·马德与特里·德林克沃特守在洛杉矶大使酒店的舞厅里，肯尼迪的支持者们在那里聚集一堂，等待着投票结果。克朗凯特以为在肯尼迪发表了获选感言、马德和德林克沃特做完点评后对大会的报道就会偃旗息鼓，因此当天晚上他回家过夜去了。远在洛杉矶的肯尼迪发表获选感言时刚刚过了9点，他的讲话不乏幽默，同时充分地表明了他坚信未来民族内部的分歧会日益减少的信念。当肯尼迪走出喧闹的舞厅时哥伦比亚广播公司的摄像机仍在转动着，不过镜头都聚焦在提名会胜利的喜悦气氛上，因为克朗凯特没有如以往那样出现在现场发表评论。

正当肯尼迪的拥护者们开始反复高喊"肯尼迪！肯尼迪！啦啦啦！啦啦啦！"时房间的一角冒出了几声尖叫声，洋溢在人们脸上的笑容被巨大的痛苦取而代之。

---

① 译注：位于华盛顿特区西北部的居民区，也是商铺、餐馆和酒吧集中的地区。

有人听到马德在询问从他身旁经过的人究竟出了什么事情，然后他对控制中心说"给我连线"。同肯尼迪夫妇有着私交的马德一头冲向已经陷入混乱的过道，就在那条通往酒店厨房的过道上刚刚有人开了枪。来自耶路撒冷的阿拉伯基督徒索罕·索罕用一把22毫米口径左轮手枪刺杀了肯尼迪，因为后者支持以色列。

在1996年发行的回忆录影片《克朗凯特记得》中克朗凯特讲述了自己听到肯尼迪遇刺消息时的情景，他说："刚一报道完提名会和肯尼迪的演讲我就离开了公司在纽约的编辑室，差不多20分钟后我回到了家，然后开始脱衣服，就在这时电话响了。又一位肯尼迪中枪了。嗯，我跑出了家门，一边跑，一边扣上了衬衣的扣子。然后我搭上了一辆出租车，车上的广播开着。我和司机都听得半天说不出话来——我想是这样的。听着酒店厨房里混乱嘈杂的声响，我俩都喊叫了起来。出租车司机和我全都喊叫了起来。我们喊叫着。我们一点也没有感到害臊。"

洛杉矶的枪声震惊了美国各界人士，不出两个月的时间这已经是第二起暗杀事件了，四年里肯尼迪家族有两位男性成员遇害身亡。罗伯特·肯尼迪之死在很多方面摧毁了美国人的精神，美国民众对这个四面楚歌的民族的品性感到迷惑，他们想知道倘若暗杀的阴影一直纠缠着美国领导人，那么在未来国家是否还会出现当之无愧的总统候选人。哥伦比亚广播公司连续15个小时对肯尼迪的葬礼进行了报道，其间克朗凯特发表了简短的评论，在结束时他说："罗伯特·肯尼迪在太平洋海岸时间上午12：15遭到枪击，他那杰出的政治生涯及公共事业随之结束了……罗伯特·肯尼迪享年42岁……人们为肯尼迪家族恸哭。或许他们也应当为自己恸哭……这里是沃尔特·克朗凯特在为您进行报道。"

1968年的上半年在美国本土发生了这么多起惨剧，这是自南北战争以来前所未有的。克朗凯特继续传播着令人不安的消息，同时又承担起了另一项重任，在恐怖时期保持着沉着冷静的姿态。他是一种新型的民族领袖，一位总治疗师。他本人不曾觊觎过这种角色，他也没有个人的目的。就连那些对他的自由主义倾向感到反感的人也都承认在1968年的美国各大事件中他占据着无可取代的中心位置。根据一项非正式的民意调查，形形色色的从政者都认为他是全国最公平公正的记者，似乎每一个重要人物都认为在采访中他对所有人都一视同仁。此外，在这个变化无常的时代里他永远能给予他人以慰藉，即便是在播发灾难性消息的时候，他的存在也足以让美国人民感觉到美国能够坚持住。《纽约时报》的杰克·古德在此前十年里始终吝于赞美克朗凯特，在1968年他也终于发现这位主播在面对复杂环境的微妙之处时所展现的沟通能力，他称克朗凯特是"掌握了面部表情和抑扬顿挫的微妙变化的大师"。

7月4日，为了放松一下，沃尔特与贝特西乘飞机前往伦敦，在两党代表大会开始之前他们将在那里和朋友们度过一个星期。在国庆节这一天克朗凯特先是带着塞弗去外面畅饮了一个下午。"发自越南的报道"播出时塞弗正在伦敦，他欣喜地看到公司里的这位大主播改变了立场。夜幕刚刚降临的时候塞弗同牛津大学人类学专业的研究生简·费尔若见了面，然后他们同克朗凯特夫妇一起共进了晚餐，在一顿畅饮和开怀大笑之后他们又决定在入睡前再喝上一场。后来塞弗曾提起过那段往事："当时已经是半夜三更了……我有一辆老的宾利敞篷车，带有折叠加座的那种。我们开车去了我们最喜欢的酒吧，在路上沃尔特提议我们从林荫路绕过去，直到白金汉宫。等我们到了那里后沃尔特站起身，惟妙惟肖地模仿起了英国女王伊丽莎白二世，最后还像女王面对仰慕她的人群时常常做的那样甩着手腕挥了挥手。他固执地让我绕着王宫绕了六圈，显然是想向身着红色制服、头戴高顶皮军帽的卫兵们咧嘴笑一笑，甚至转一转眼珠，结果这个招数丝毫没有奏效。那些卫兵应该都是些石头人。那是我和简的初次约会，就在那一年的10月份我俩结了婚。"

回到纽约后克朗凯特同萨伦特见了面，他们两个人对如何报道当年夏天的反战游行和暴乱进行了重新的考虑。在罗伯特·肯尼迪和马丁·路德·金遇刺身亡后他们都无意鼓励一个又一个疯子追求李·哈维·奥斯瓦尔德、詹姆斯·雷和索罕·索罕式的恶名。他们格外关注的是两党全国代表大会。7月，为了让新闻部意识到公司在使用颇具轰动效应的示威人群的图片时必须有所节制，萨伦特专门发布了一份长达三页的指导意见，他指出"最上乘的报道并不一定非要有最好的图片和最戏剧化的姿势"。对于克朗凯特与其他人而言，面对分别在迈阿密和芝加哥召开的共和党大会和民主党大会中可能会出现的骚乱，萨伦特和斯坦顿"几乎到了疑神疑鬼的地步"。哥伦比亚广播公司的大赞助商都在给公司施加压力，要求公司切勿将聚集在街头的衣衫褴褛的示威者塑造成电视屏幕上的英雄。

对于在1968年两党代表大会期间的活动，哥伦比亚广播公司的经理们没有对克朗凯特做出明确的指示，他们只是告诉他公司压上了巨额的资金。最终，在报道这一届总统选举期间前前后后公司总共花费了1230万美元。贝莱德投资管理公司①不希望看到由于公司的摄像师们给了反战示威者们太多的镜头，赞助商们纷纷撤掉广

① 译注：贝莱德是全球最大的投资管理公司，总部设于美国纽约市，并在全球26个国家中设立了74个办公室，客户遍及60个国家。主要业务是为法人与零售通路提供投资管理、风险管理与财务咨询服务。

告的局面。萨伦特向来不会将经济利益置于新闻信誉之上，但是为了易比派（反越战的青年国际党）、黑豹党①和对政府心怀不满的人而置赞助商于不顾所产生的结果也超出了他的承受范围。在8月20日的会议上他说："拍照时不要打光，灯光会引起人群的注意。"

在重大事件的报道和晚间新闻的表现上全国广播公司和哥伦比亚广播公司实际上一直旗鼓相当，但是四年一度的总统竞选为他们提供了更加激烈的竞争。对于培养新的忠实观众，给对手以沉重的打击，1968年夏天的两党全国代表大会给这两家公司提供了绝佳的机会。政党代表大会原本应该是克朗凯特所说的"规模宏大、喧嚣鼓噪的美国政治历史血汗工厂"（换言之，大型电视剧），然而这一年的大会却令佩利、斯坦顿、萨伦特与克朗凯特都开始怀疑自己对新闻的直觉是不是开始衰退了。在提到1968年的代表大会时克朗凯特曾说过："我们都觉得肯定会出问题。在我们赶到芝加哥、密歇根湖和民主党总部所在地之前希尔顿附近就出现了格兰特公园宿营运动，（地下）气象员们、民主社会学生会的学生们和反战的嬉皮士纷纷开始在那一带安营扎寨。"

据推测共和党前副总统尼克松将会得到提名，在此之前他已经利用初选会和预备会议的机会争取到了大多数代表的支持，从而使得共和党的代表大会从一开始就毫无悬念。对两党代表大会充斥的公关气氛进行过深思的马德曾对此作过一番谴责："我不清楚究竟电视的存在是为了代表大会，还是代表大会的存在是为了电视。"《华盛顿邮报》也曾对哥伦比亚广播公司对共和党代表大会的报道进行过回顾，在报道标题就直言不讳地指出"无聊的代表大会受到观众忽视"。全国广播公司的表现也好不到哪里去。结果，电视观众们更多地选择了真正的电视剧（或者喜剧），在黄金时段全美国只有三分之一的电视将频道锁定在各大公司对这场代表大会的报道上。

8月26日，民主党代表大会在芝加哥召开。为了证明这座城市在自己的严密控制下，市长理查德·戴利动用了大批安保人员，但是示威者们仍旧一股脑儿地冲向挥舞着棍棒的警卫们，结果后者成了职业打手，对会议造成的干扰比示威者更甚。后来的一篇调查报道将这场骚乱称为"警察暴动"，获选的民主党候选人的休伯特·汉弗莱也称其为"冲锋队战术"。戴利手下的警察在大街小巷，甚至在会议大

---

① 译注：黑豹党（最初名为黑豹自卫党），美国的黑人民族主义及社会主义组织，活跃于1966—1982年，最初的主要活动是武装平民巡逻，以监督警察的行为，尤其是野蛮执法的行为。

厅大打出手，遍及全城的电话公司职员和出租车司机大罢工也进一步妨碍了通讯和交通状况。空气中弥漫着催泪瓦斯刺鼻的气味，电视台的转播车也不能停靠在会议大厅附近，在现场的记者们也受到警察的驱散。在一次现场直播的评论栏目中塞瓦赖德将芝加哥不断恶化的状况同苏联暴力压制捷克斯洛伐克共和国为实现政治民主化而发动的改革"布拉格之春"时的情形相提并论，他说这两者的主要区别仅在于布拉格至少还有一些"把人从这里运送到那里的坦克"。

哥伦比亚广播公司新闻网的记者杰克·劳伦斯同制片人斯坦霍普·古德搭档报道了大会第一天晚上在格兰特公园发生的激战，这场争斗的激烈和血腥程度都到了令人难以置信的程度。事发时距离克朗凯特的节目开播不剩多少时间了；此外，拍摄到的骚乱现场的镜头，即使赶上节目的播出也存在相当大的技术压力，而且播出前负责核实新闻内容的只有拉斯·本斯利一个人。后来劳伦斯曾回忆道："当时所有执行制片人都在会议现场忙着。"说得委婉一些，劳伦斯这五六分钟的栏目并没有改善芝加哥警察局的形象。"新闻部和公司总部没有一个人当着我的面对报道说三道四，但是随后他们就把我从节目上撤了下来，至少有整整24小时。放眼望去到处都有新闻需要报道，可是我根本找不到摄像师或制片人配合我的工作。"

出现在芝加哥的密歇根大街和全国数百个大学校园里的战斗在克朗凯特的家里也上演着，在1968年的一年里他们一家人的聊天常常充满了火药味。两个女儿——凯西和南希——都只有十几岁，她们同当时的反主流文化，而不是自己的父母更合拍。在《聚光灯的边缘》一书中凯西写道："我俩都有一阵子跟父母无法和睦相处。"她们的弟弟奇普当时还是一个小孩子，虽然已经能跟父亲痛快地打一打网球，但是还不到反叛的年纪。为了确保孩子们走上正途克朗凯特夫妇制定了一些家规，这些规定令凯西和南希感到很恼火。

有时候外人会问克朗凯特家的孩子们他们的父亲在生活中是不是也如同他在电视里的表现一样可爱，凯西的回答有时候很直率。父亲的曝光率那么高，在情感的层面上她感到这完全是一种不利因素。父亲将工作置于家庭之上令她感到愤怒，她曾坦言说："从小到大我一直很糟糕。我痛恨他的勇气，痛恨他强迫我待在家里，不准我晚上出门，这些事情我可以没完没了地说下去。我可以告诉大家曾经我觉得他纯粹就是我的累赘……恐怕大家会觉得我错了。"

两代人之间的紧张令克朗凯特感到痛苦，不过后来他意识到当时很多家庭都存在着同样的分化：最伟大的一代①和婴儿潮一代。不过，到了这个时候至少他也认可了反主流文化对越南战争的观点，认为美国军队应该回家了。最令克朗凯特不满的是国务院、中情局和五角大楼却依旧表现得好像越南战争复杂得无法向普通民众解释清楚，躺在沃尔特·里德综合医院和贝塞斯达海军医院的年轻人失去了四肢、生殖器，甚至五官，面对这种景象政府的态度实在令人无法接受。尽管如此，克朗凯特还是对学生争取民主社会组织和易比派（青年国际党）没有好感，尽管无论是穿着打扮还是思想，凯西和南希都属于60年代嬉皮士的顽固分子。在提到嬉皮士的时候克朗凯特曾说："我不喜欢他们的态度，我不喜欢他们的着装风格。我对他们的一切都非常不喜欢。"

克朗凯特就是年轻人们所说的老古董，是当权派的一分子，而在嬉皮士的世界里"当权派"是一个令人憎恶的词汇。当时他年满52岁，过着富有的生活（这又是两个应该受到质疑的因素），还拥有一艘游艇，在夏日里跟保守派的威廉·巴克利一道驾船畅游在大西洋上（历史学家加里·威尔斯在《站在外面看里面》中指出巴克利"仰慕克朗凯特的思想"，时常征求他的意见）。代沟问题不仅出现在克朗凯特的报道中，他的家庭本身就成了这个问题的范本，不过他对芝加哥示威者的反应就如同"发自越南的报道"一样体现出这位主播对公平公正的追求。当芝加哥警察对示威者施暴的时候他就在哥伦比亚广播公司设在国际露天大剧院的播音间里，那里距离事发现场只有5英里。得知出现暴乱的时候他掌握的消息并不全面，因此他将其归咎于示威者。在报道中他说："反战示威者们已经变得极其难以约束了，他们甚至在酒店大厅里和被派去增援的警察发生了冲突。"无疑，在艾比·霍夫曼与杰瑞·鲁宾的领导下易比派的确有意在芝加哥掀起一场骚乱，可是警察的反应完全就是犯罪，对示威者拳脚相加成了他们的标准模式。

克朗凯特在播音间盯着会议大厅，他看到来路不明的安全人员和便衣警察接着又惹恼了与会代表，双方在会议现场大打出手。警察的恫吓激怒了他。民主党里敢于表达反战观点的正式党员从现场被带走了，这种行为完全同大会规定相违背。克朗凯特一如既往地拒绝戴上中断式回馈耳机，为了继续进行报道他只能让制片人格拉尔尼克、古德与伯恩亲自将最新消息送到播音间。

在会议大厅，迈克·华莱士遭到殴打，对方的拳头砸在了他的脸上；拉瑟的肚

---

① 译注：最伟大的一代，最早出现在记者汤姆·布罗考的文章中，指生长在大萧条时代，后来参加了第二次世界大战或者在后方对战时物资的生产做出贡献的一代美国人。

子上也挨了拳脚，因为安全警卫不希望他继续采访佐治亚州的代表，随后后者也被警卫赶出了会场。不过，他们两个人还是竭尽全力地采集到了个别代表遭到驱逐的新闻。拉瑟无缘无故地遭到了殴打，像一个吃奶的孩子一样被人打倒在地，在克朗凯特看来这一幕是国家的耻辱。他毫不掩饰自己的愤怒，对观众说："我想这里有很多暴徒。"他怀着满腔怒火提议遭到殴打的记者和摄像师们都撤离会场，然后他缓和了情绪，告诉拉瑟如果有必要还是去治疗一下（拉瑟从地上爬起来，告诉克朗凯特自己没事儿）。

如同哥伦比亚广播公司的每一位领导一样，克朗凯特认为拉瑟受到的暴行是不可原谅的。在《播音时间：哥伦比亚广播公司新闻网的内幕》中加里·保罗·盖茨记述了这一事件，他认为"在漫长的职业生涯中克朗凯特应该只有这一次在播音中对自己的愤怒毫不掩饰"。民主党的领袖们以各种各样的方式表示了歉意，但是这段影片仍然被播出了。一拳之下拉瑟成了新闻自由的化身。《时代》《新闻周刊》和其他五家报纸的总裁们也同哥伦比亚广播公司一起对宪法提出了控诉。一封写给芝加哥市长戴利的联名信指出："联邦调查局已经开始着手调查新闻从业人员的这种做法是否存在违反联邦法律的问题。"然而，很多保守派民主党党员还是对戴利安排一群警卫粗暴对待拉瑟的举动发出了喝彩。来自芝加哥波兰裔聚集的第十一选区的参议员罗曼·普辛斯基称哥伦比亚广播公司对示威者的娇宠"令人愤慨、有失公允，是美国新闻史上不负责任的极端表现"。俄克拉荷马第二选区的参议员也埃德·埃德蒙森也加入了反哥伦比亚的队伍，他说："克朗凯特之类的新闻媒体从业人员一直通过对芝加哥的不公正的报道对真相进行着歪曲，公众理应从这个伟大的行业那里得到更真实的信息。"

最终，对戴利的警察队伍而言最可怕的噩梦也成为了现实。哥伦比亚广播公司的人骑着摩托车，设法躲过了警察，将记者拍摄到的会议大厅外爆发的战斗的录影带送到了播音间。克朗凯特后来曾骄傲地说道："我们播出了那些画面，代表们都看着，一开始大家都不相信，接着就勃然大怒了。"画面令克朗凯特也感到震惊，从那一刻起他在节目中不再将芝加哥的混乱局面归咎于易比派了。怒火全面爆发了。哥伦比亚广播公司交替报道着代表大会的进程——汉弗莱面对全国电视观众的辉煌时刻——和会场内，以及芝加哥市中心大街上的肉搏战。节目变成了戴利在街头导演的荒诞剧。哥伦比亚广播公司在全国各地播出了录影带，民主党遭到了惨败。汉弗莱对发生在身边的冲突态度软弱，芝加哥的暴力事件从一开始就在对他的竞选活动造成伤害，他看起来就像一个不敢面对戴利的自由主义软蛋。

哥伦比亚广播公司在节目中将芝加哥描绘成了一个法西斯控制下的城市，激怒了目中无人的戴利。在大会期间，康涅狄格州的参议员亚伯拉罕·里比科夫在一次讲话时对戴利直呼其名，对芝加哥警察的"盖世太保式的工作方法"进行了一番谴责。戴利的忠实追随者们挺身而出，为市长做了辩护。芝加哥警察局公共信息处的处长弗兰克·苏利文在民主党代表大会结束后自行召开了一场新闻发布会，在会上他宣布："美国的知识分子都痛恨理查德·戴利，因为他和沃尔特·克朗凯特不一样，他是人民选出来的市长。"苏利文宣称克朗凯特与哥伦比亚广播公司都属于同市长为敌的媒体。

8月29日，就是在事发几个小时后戴利就接受了克朗凯特（代表哥伦比亚广播公司）的专访。当时每一位记者都十分渴望得到深入了解这位市长的机会，但是市长的妻子埃莉诺·戴利对《哥伦比亚广播公司晚间新闻》偏爱有加，就这样克朗凯特获得了独家专访的机会。克朗凯特很清楚自己能够智胜对方，只要问一些简单的问题，给对方足够的空间，等着对方把自己送上绞架就行了。然而，在采访中克朗凯特表现得过于谄媚，当着数百万电视观众的面毁了这场专访。他告诉对方："戴利先生，我可以告诉你，就像在芝加哥一样，在全国各地你拥有很多支持者。"戴利宣称自己拿到了一批秘密报告，报告中称他和其他三名民众党领袖都上了暗杀名单，他告诉克朗凯特警方采取的严厉措施是有必要的。当时在合众国际社工作的记者布里特·休姆曾说："看得出来克朗凯特早就决定对戴利那么客气了。在内心他并不想谴责戴利，看上去他为自己在报道中使用了'暴徒'这种说法感到尴尬。"

克朗凯特对戴利的独家专访太糟糕了，这成了他职业生涯的最低点。哥伦比亚广播公司新闻网的所有人都知道克朗凯特认为在那个星期里戴利一直表现得像一名黑社会成员。戴利的内心充满了身为一名芝加哥市民的自豪感，对所谓的不爱国人士怀着十足的鄙视，同时又目睹着芝加哥的公园和大街小巷充斥着肮脏不堪的嬉皮士，就这样他变成了一个恶棍。

在为戴利撰写的传记《美国法老》中作者亚当·科恩与伊丽莎白·泰勒严厉地指出克朗凯特在采访中任由这位芝加哥市长满嘴谎言，毫不质疑对方的各种论调。克朗凯特似乎被这位市长的咆哮和强权震慑住了。走进哥伦比亚广播公司播音间的时候戴利令电视观众们感到痛苦，经过克朗凯特的专访之后他几乎奇迹般地摇身一变，成了公共事业的捍卫者。在节目播出的过程中，戴利宣称有一些记者的确遭到了芝加哥警察的袭击，因为这些记者实际上是反战运动安插在记者队伍中的内线。

克朗凯特只是一味地点着头，似乎是默认了对方的这种说法。克朗凯特对戴利的卑躬屈膝令哥伦比亚广播公司新闻网的一位主管感到羞愧，当采访结束时他悲哀地说道："戴利一如当年格兰特将军攻陷里士满一样征服了克朗凯特。"

从哥伦比亚广播公司退休后克朗凯特为当初在这场重要的采访中允许自己为戴利所控制做过很多巧妙的辩解（最主要的原因在于市长没有敲门就径直走进了他的工作间，他被对方的这种做派震惊了）。制片人斯坦霍普·古德当时就在现场，这是他一生中唯一一次对克朗凯特感到鄙视，他抱怨说："他压根就不知道该如何采访戴利，任凭对方逃脱了责任。"

其实，在采访中克朗凯特希望通过安抚戴利修补哥伦比亚广播公司同他的嫌隙，然而在所有可能的选择里这是最糟糕的一种。电视新闻业和两党政客之间的紧张关系或许根本就无法避免，戴利事件就极其生动地说明了主导权在两者之间来回往复的过程。电视画面驱动着这种更迭，每一位电视观众都有可能成为警察暴行的见证者。新闻短片以前就有，但是从未被及时地送入千家万户，而且缺少哥伦比亚广播公司这样的新闻机构所赋予的权威性。在电视出现之前的时代里，如果一位警察局局长说"出动的警力是平息骚乱所必需的"——就像芝加哥警察局长小詹姆斯·康利斯克在芝加哥骚乱发生后所说的那样——民众绝对不会知道真相。一些人的确会相信记者在现场所做的报道，但是更多的人只会相信警察局长的一面之词。正如1968年哥伦比亚广播公司总裁萨伦特后来在文章中写道的那样，相对而言，在1968年"通过画面和声响，芝加哥警察局的行为就不言而喻了"。

新闻影片有能力暴露出政客和警察们背叛公众信任的行径，在非暴力抗议活动的影响力波及全国的过程中，当"公牛"康纳的手下挥舞警棍痛殴群众和亚拉巴马州伯明翰市的信众举行示威活动的画面出现在电视屏幕上的时候小马丁·路德·金就了解了这一点；当看到越南的孩子们在美国实施轰炸后惊恐尖叫着的画面动摇了驻越美军的威望和美国干涉越南的根本依据时，约翰逊总统也明白了这个道理。当摄像师对镜头做出选择的时候真相本身的力量就属于了摄像师，它还属于新闻网的新闻制片人，在哥伦比亚广播公司里它同时也属于身为主任编辑的克朗凯特。除了克朗凯特的性格因素，在20世纪60年代电视观众之所以信任克朗凯特还在于这位主持人有着展示真相的摄像机的帮助。然而，在对戴利的采访中克朗凯特表现得却过于懦弱。当得知盖茨在《播音时间》一书中将他采访戴利的失败当作他没有能力像迈克·华莱士那样直攻要害的重要证据时克朗凯特喊起了冤，他愤怒地说："我觉得他错得太离谱了。我的采访方法不是切开对方的血管，让鲜血喷涌而出，而是让对方的血一点一点地流干，到最后你就会看见一具惨白的尸体坐在那里。"

　　很快司法部就开始追查"芝加哥八君子"（因为其中一位被告在受审期间加重了"罪行"，另外被判刑，因此最后这个团体又被称为"芝加哥七君子"），这八名反战积极分子的联系并不紧密，但是他们都被指控犯有在民主党全国代表大会期间阴谋跨州煽动暴力事件的罪行，这八个人就是戴维·德林杰、雷尼·戴维斯、汤姆·海登、艾比·霍夫曼、杰瑞·鲁宾、李·韦纳、约翰·弗洛因斯和鲍比·西尔。霍夫曼与克朗凯特在一定程度上可以说成了朋友，易比派的这位领导人胆大包天，还是一个人来熟，非常善于在街头进行宣传，这样一个人对于电视节目来说再适合不过了。就在芝加哥大会结束后不久霍夫曼就淘气地主动给克朗凯特写了一封信，在信中他建议对方扔掉角质镜架眼镜，换上隐形眼镜，他觉得框架眼镜让克朗凯特看上去成了戈德华特式的老古董，虽然他根本就不是那样的人。克朗凯特接受了霍夫曼的建议，在电话里他告诉对方："知道吗，我接受你的建议了。"这一对怪人都很喜欢对方（也许克朗凯特只是在吹捧这个有利可图的新线人）。不管出于什么原因，在克朗凯特的世界里充满魅力的霍夫曼都是一个例外，在咄咄逼人的抗议示威活动中他通常都对易比派和整日吸食迷幻剂的嬉皮士无动于衷。

　　当回首往事时克朗凯特称自己独霸哥伦比亚广播公司主播这把宝座的十年是"可怕的60年代"。在20世纪里，没有任何一个十年能像那个年代一样充斥着互相残杀的愤怒，无处不闪烁着刀光，催泪瓦斯和城市骚乱成了寻常景色，在1963—1968年暗杀事件层出不穷，肯尼迪、金博士、黑人民权活动家梅德加·埃弗斯和马尔克姆·X相继遇害。在那个暴力肆虐的美国社会里显现出一种明显的趋势，在沙士碳酸饮料只卖五分钱①，面对极权主义我们进行着"正义战争"的时代，令人作呕、自贬身价的新闻栏目让《晚间新闻》变得乌烟瘴气，唯独查尔斯·库拉尔特继续守着一方孤岛向诺曼·洛克威尔时代②致敬。

　　然而，克朗凯特还在寻找着出路，好让哥伦比亚公司发挥出弥合社会裂痕的作

---

① 译注：指的是可口可乐、百事可乐这些品牌可乐一统碳酸饮料市场的时代。

② 译注：诺曼·洛克威尔（1894—1978），美国在20世纪早期的重要画家及插画家，作品横跨商业宣传与美国文化，很多人认为他的画作代表着那个时代的美国精神。他一生中的绘画作品大都经由《周六晚报》刊出，其中最知名的系列作品是在20世纪40、50年代出现的，如《四大自由》与《女子铆钉工》。

用。"阿波罗号"航天项目将这样的机会摆在了克朗凯特的面前。这个旨在将宇航员送上月球的科研项目得到了充足的资金支持，美国人民因为它带来的欣慰和自豪而团结了起来，人们不再关注五花八门的混乱局面了。这时克朗凯特依然是宇航局最热情的支持者，他说："这就是我们在这些年里一直奋斗的目标，我们一直向这个方向发展着。唯一能和它相提并论的就是分裂原子的工作，可是我们不能报道这件事情。这项研究一直处在保密中。"

第二十四章

登月旅行先生

新月升起——我们都是太空时代的孩子——面对死亡继续前进——
深谙宇航局的行话——"阿波罗8号"的圣诞节奇迹——假日酒店的美好
时光——哥伦比亚广播公司的太空小装置——同施艾拉与克拉克一起开
心——"噢，天哪"又出现了——一大步——开天辟地——尘世新闻的片
刻解脱——盘问阿姆斯特朗——继续报道"阿波罗"——触摸月球尘土

哥伦比亚广播公司的其他记者在独霸卡斯特罗的古巴（塞瓦赖德）或者胡志
明的北越（科林伍德），而克朗凯特的领地则是佛罗里达中部。在可可海滩的烧烤
店"肥仔餐厅"里，柜员机后面的墙上挂着八张大幅的照片——照片中的八个人
分别是参加"水星计划"的7名宇航员和百折不挠的沃尔特·克朗凯特。世界上没
有哪个地方能像佛罗里达的太空海岸（即可可海滩）这样令克朗凯特这样快乐，
就连在风和日丽的夏日里驾船游弋马萨葡萄园岛也无法与之相比。在1968年夏末
到初秋的这段时间里哥伦比亚广播公司新闻网的其他所有人似乎都被汉弗莱、尼
克松和华莱士的总统竞选大战所拖累，唯独克朗凯特密切地关注着定于10月7日执
行的"阿波罗7号"任务。制片人格拉尔尼克曾说："沃尔特已经对1968年的大选很
厌恶了。我至今只记得沃尔特不停地说让乔治·华莱士上哥伦比亚广播公司新闻
网的节目纯属浪费时间。他支持的是沃里·施艾拉。代表大会结束后我有一种感
觉，似乎沃尔特是在说'让这两个政治家族都见鬼去吧'，而且他对报道太空事业
的热情更加高涨了。"

无论是对宇航局还是哥伦比亚广播公司新闻网而言，"阿波罗7号"都是巨大的
成功。尽管饱受重感冒和各种技术问题的折磨，宇航员们还是平安返回了地球。
在1968年总统选举中尼克松以301票赢得了选举，汉弗莱和华莱士分别得到191和46

票。在大选当天克朗凯特忠于职守地在纽约做着报道，但是他的心完全在肯尼迪角那里，宇航局正在那里为实现人类首次登月的"阿波罗8号"做着准备。

对克朗凯特而言，这一年的圣诞节是他此生最难忘的一个圣诞节。他将办公室设在了可可海滩有着100个房间的假日酒店里，这样一来将在12月21日升空的"阿波罗8号"就近在眼前了。执行此次飞行任务的宇航员是弗兰克·博尔曼、吉姆·洛威尔和威廉·安德斯，从平安夜开始他们将绕月球轨道飞行10次。这场定于圣诞期间执行的太空任务对实现人类登月任务的"阿波罗11号"来说是一次至关重要的先导性试验，世界各国对这次任务的电视转播创造了当时的电视收视人数的纪录。当地球的图像（人类有史以来第一次拍摄到的地球照片）出现在圣诞节期间的电视屏幕上，参加任务的宇航员们在屏幕上朗诵着《创世纪》的开篇章节时，人们很难无视"阿波罗8号"为人们疗伤止痛、让大家团结一心的效果。无神论活动家麦德琳·默里·奥海尔①宣称由于都是美国政府的雇员，因此根据宪法的规定参加阿波罗项目的宇航员们都不得利用纳税人的钱推广宗教信仰，克朗凯特随即就将奥海尔抨击得体无完肤。

在刺客詹姆斯·厄尔·琼斯与索罕·索罕备受媒体关注的同一年，《时代》杂志将博尔曼、洛威尔和安德斯评选为周刊的"年度人物"。这一选择非常鼓舞人心，为此克朗凯特对《时代》的编辑亨利·格伦沃尔德进行了一番盛赞，热情洋溢地说："我们是幸运的一代，在太空领域的成就不仅对重建我们的自尊非常重要，而且还让我们得以被载入史册。"

宇航局在每一次任务中展现出的新能力都比上一次更令人振奋。当1969年3月"阿波罗9号"发射成功时，人类的太空行走有史以来第一次实现了电视直播。当时克朗凯特就在肯尼迪角经历着这个历史时刻，哥伦比亚广播公司新闻网对已经近在咫尺的登月项目投入了越来越多的人力和物力。当年夏天，除了睡觉的时候，克朗凯特基本上都在忙着为"阿波罗11号"升空的报道工作做着准备，他专心而严肃的就像律师在审判前进行演练一样。气象学家和航天空工程师们成了他最好的朋友，后来他的儿子奇普曾说过："在那之前我还从来没有见过爸爸拿着那么厚的资

---

① 译注：麦德琳·默里·奥海尔（1919—1995），20世纪轰动美国的无神论者，1964年纽约杂志《生活》把她列为"美国最可恨的女人"，她经常发表文章，提倡政教分离、信仰自由，屡屡起诉美国政府部门实行有宗教倾向的政策，无神论者从此在美国公开抛头露面，登上公众舞台，成为人权运动中一支新的力量。

料夹。我们都知道他从来没有这么研究过。"

每次报道宇航局的航天项目时克朗凯特总要从佛罗里达州东北部的港口城市杰克逊维尔或西部港口城市坦帕的机场租一辆敞篷轿车，自己直接驱车前往佛罗里达中部的海岸。有时候，为了放松一下他还会驾船畅游在肯尼迪角附近的巴纳纳河与印第安河。作家诺曼·梅勒[①]曾说过："沃尔特会穿着夏威夷衬衫，在泳池边上喝着果味饮料。要是你也像我那样，从纽约或者波士顿出发，来到卡纳维拉尔角（即肯尼迪角），要么会感到有时差，要么或许会产生宿醉未醒的感觉，那么哥伦比亚广播公司这位一向古板，却被晒得黑黝黝的大主播肯定会让你感到刺眼。不过，我很喜欢他股子松弛的潇洒劲儿……沃尔特做得没有错。干吗不好好享受一下佛罗里达远在天边的生活方式，就让东海岸的傻子们——那些西装革履的家伙们，就连我也不例外——以为休斯敦和卡纳维拉尔角是个苦差事去吧。"

很多人都怀疑有关"阿波罗11号"的大型报道节目是宇航局的公关部门和哥伦比亚广播公司新闻网联手策划的。宇航局一直没有同意让克朗凯特同宇航员们一起参加在莫哈维沙漠里进行的生存训练，但是宇航局的掌权者实际上给了他充分的自由，封锁消息的命令也常常对他网开一面。宇航局认为要想说服纳税人相信250亿元的税收被用在了崇高的事业上，克朗凯特就是最合适的渠道。后来克朗凯特告诉《电视指南》杂志："当时我们得到了充分的报道自由，宇航局也给了我们大量的消息。而苏联方面则是不到木已成舟的时候是不太会走漏风声的。我想说的是这两种态度表明了开放社会和封闭社会之间的差异。"

对于在阿波罗项目期间宇航局和哥伦比亚广播公司新闻网之间究竟有多么亲密，学者们始终没有做出正确的分析。证实二者联系的书面记录少之又少，君子协定毕竟不容易留下详细注解，但是在完成"阿波罗11号"任务前前后后的30天里还发生了其他一些令人震惊的事件（其中包括夏帕魁迪克[②]，曼森家族连环杀人案和伍德斯托克音乐节）。在报道人类登月旅行的项目上，哥伦比亚广播公司的其他人都被排在了后面。负责制作《60分钟》节目的休伊特在回忆录《给我讲一个故事》

---

① 译注：诺曼·金斯莱·梅勒（1923—2007），美国著名作家、小说家，曾两度获得普利策奖，作品主题多挖掘剖析美国社会及政治病态问题，风格以描述暴力及情欲著称，代表作是他1948年出版的、以第二次世界大战为背景的小说《裸者与死者》。
② 译注：1969年7月18日发生的夏帕魁迪克事件是爱德华·肯尼迪生命的转折点。37岁已婚的他驾驶汽车坠河后，自顾自地逃命而去，令同车后座的28岁女子科佩克尼溺水而亡，事发前他是呼声甚高的下届总统人选，出事后他宣布退出选举。

中对蒂芬尼网同宇航局的合作作出过解释："没有人说过这件事情是因为这些事情根本无须说，不过我总是觉得电视行业和宇航局之间达成了理解，从未有人详细解释过这种理解，甚至没有人在私下里说一说，就连暗示一下都没有过，可是我们都心知肚明。如果我们继续帮助航天局从国会那里得到拨款，那他们就会给我们有史以来最精彩的电视节目，而且是无偿的。"这种说法最接近于事实。

克朗凯特明白"阿波罗11号"任务是对美国技术的一次惊人而不可思议的公开考验。在此之前"阿波罗"项目已经两次证明火箭能够到达月球，而此时距离火箭投入使用还不满30年。现在，宇航局终于迎来了历史时刻。"阿波罗11号"让航天技术又大胆地向前迈出了几步：登月舱将同母舱脱离，再自行导航，到达月球表面，并找到适合的着陆点，以及接下来的离开月球同母舱对接。每一个步骤，以及衔接过程中出现的上百个小环节都能为电视屏幕提供扣人心弦的画面，但是其中最惊人的莫过于此次飞行任务将有大量画面被拍摄下来，并被同步传输回地球。1961年5月25日，在对国会的讲话中约翰·肯尼迪提出要在"20世纪60年代结束之前"将人类送上月球。克朗凯特对肯尼迪此举进行过盛赞，在他看来肯尼迪坚持公开太空项目实施过程的决定再一次证明了这位总统的伟大。

1969年的春天，诺福克的一名太空迷给远在华盛顿宇航局总部的公共关系处行政助理朱利安·谢尔写了一封信，在信中他提议为克朗凯特授予阿波罗号名誉宇航员的头衔。谢尔告诉对方："无论是官方，还是非官方的形式，我们都没有'名誉宇航员'这一头衔，不过我可以向你保证参与这个项目的很多人——我敢肯定所有的宇航员们也在此列——都正式或非正式地将克朗凯特先生视为一位名誉宇航员。他是对发射'大'火箭以来的太空研究工作最了解，也是经验最丰富的记者，现在看来当初我们发射的也就只是'炮仗'而已。"

在1969年的夏季，美国深受越战、高通货膨胀、校园骚乱、环境污染和种族暴乱等问题的折磨，只有月球探索令全国人民感到振奋。执行"阿波罗11号"任务的宇航员是俄亥俄州的尼尔·阿姆斯特朗、新泽西州的巴兹·奥尔德林与俄克拉荷马州的迈克尔·科林斯，他们三个人改写了伊卡洛斯的传说①，史无前例地接近了太阳。在7月16日这一天肯尼迪角有将近100—百万人亲眼见证着"阿波罗11号"升空

---

① 译注：伊卡洛斯是希腊神话中代达罗斯的儿子，与代达罗斯使用蜡造的翼逃离克里特岛时，因飞得太高，双翼遭太阳熔化跌落水中丧生，被埋葬在一个海岛上，为了纪念伊卡洛斯，埋葬伊卡洛斯的海岛命名为伊卡利亚岛。

的那一幕，为了控制住蜂拥赶往佛罗里达太空海岸的汽车和船只，当地出动了数千名警察维持秩序。

驾驶着大众甲壳虫轿车的嬉皮士；靠着社会救济金生活，成天搜寻打折商品的退休老人；挤满了坐立不安的小孩子的庞蒂亚克旅行车；从中西部一路开来的四健会①大巴……所有人都来参加这场如同国庆节一样的盛会。为了人类登上月球的这场壮观表演《读者文摘》杂志分发了6800万张美国国旗保险杠贴纸，这个数字令人震惊，在肯尼迪角的所有停车场这个贴纸都随处可见。

根据记录，在7月16日这一天"阿波罗11号"于上午9：32点火升空了，巨大的"土星五号"火箭在760万磅的推力下离开地面，在接下来的三天三夜里它将穿过太空，朝月球飞去。载着阿姆斯特朗与奥尔德林的"鹰"号登月舱将在月球表面着陆，两位宇航员将在月球上逗留一天多一点的时间；科林斯独自一人留在呼号为"哥伦比亚"的指令舱里，负责控制这个飞行器。最神圣的一刻将出现在7月21日这一天，到时候阿姆斯特朗将从"鹰"的一架梯子上走下来（走下梯子时他的手里拉着一根短绳，以供开启电视摄像机之用），然后便踏足在月球上。在接下来的一个钟头里奥尔德林会同阿姆斯特朗一起采集月球表面的岩石和土壤标本，然后带回地球。在月球上停留大约21.5个小时后登月舱将从登陆点"静海"起飞，然后与指令舱对接。"阿波罗11号"的任务将在7月24日宣告结束，宇航员们会落入太平洋，人们将从电视上看到这一壮举，或者通过广播收听到这一盛况，全世界人民都会为之欢呼雀跃。

为了在火箭点火升空到飞溅入水的整个过程中制作出最出色的报道，美国三大电视公司展开了激烈的竞争。全国广播公司安排了詹姆斯·厄尔·琼斯②和朱莉·哈里斯③等著名演员参加播音，这些人将在节目中朗诵有关月球的诗歌。美国广播公司也委托爵士传奇艾灵顿公爵以登月壮举为主题谱写一首新的曲目，这首曲子的名字就叫"月球少女"（又具有"登月首航"的含义），而且这位歌王还要在

---

① 译注：这是美国农业部的农业合作推广体系所管理的一个非营利性青年组织，创立于1902年，其宗旨是"让年轻人在青春时期尽可能地发展他的潜力"，四健代表健全头脑、健全心胸、健全双手、健全身体，官方的四健会标志是绿色的四叶苜蓿。
② 译注：詹姆斯·厄尔·琼斯（1931— ），美国著名演员，职业生命超过60年，被誉为"美国最著名、最全能"和"美国历史上最伟大的"演员之一。
③ 译注：朱莉·哈里斯（1925—2013），美国著名女演员，获得过奥斯卡最佳女主角奖、肯尼迪中心荣誉奖、托尼奖最佳音乐剧女主角等奖项。

宇航员们实现人类首次踏上月球的壮举时哼唱这首曲子。哥伦比亚广播公司邀请了远在伦敦的奥森·威尔斯[1]在节目中朗读科幻小说中的片断，其中还包括他自己在1938年录制的蹩脚的广播剧《世界大战》，这些片断充分展现了对登月竞赛的怀旧情绪。在播音中威尔斯用他那威严而优雅的嗓音说道：“现在，月球终于臣服了。这不仅是对人类想象力的臣服，而且还是对人类本身的臣服。”

哥伦比亚广播公司新闻网的萨伦特说过“阿波罗11号”体现了电视史上最“艰巨的挑战”，在某种意义上而言他的这句话表达了公司总裁们的心声。公司最重要的人才是克朗凯特，他将完成自己对载人航天飞行任务的第二十一次报道。公司还特意准备了模型和模拟设备，每当缺少宇航局提供的影像资料（黑白）时克朗凯特就会用这些道具为观众进行演示（彩色）。然而，要想同另外两大广播公司一争高下，克朗凯特还需要在节目中用到一些尖端的技术。佩利明白人类正在创造新的历史，为了节目他表现得十分慷慨。

哥伦比亚广播公司新闻网的播音间就设在肯尼迪航天中心的媒体区，7月16日，星期三，“阿波罗11号”距离起飞前的倒计时阶段越来越近，提前进行拍摄的工作人员都被清场了，只有克朗凯特（紧紧地粘在他那台史密斯—科罗娜打字机上，那副样子活像是《犯罪的都市》[2]里的编辑）与曾经执行过水星计划的宇航员小沃尔特·沃里·施艾拉、制片人琼·理奇曼、舞台监督戴维·福克斯，以及不多的几位摄像师和技术人员得到允许，留在哥伦比亚广播公司逼仄的播音间里。克朗凯特推心置腹地对施艾拉说：“我猜自水星计划启动以来咱们可从没这么忐忑过。”

对于在报道“阿波罗11号”任务的过程中应该由哪一位老宇航员担任克朗凯特的副手，哥伦比亚广播公司新闻网内部曾产生过争论。如果以名气为主要参照标准的话，那么谢泼德或格伦显然都是最佳选择。然而，在1962年9月克朗凯特曾在佛罗里达做过一部在黄金时段播出的30分钟预告片《西格玛7号》[3]，自那时起他和施艾拉之间就培养起了一种特殊的亲密关系。为了说服萨伦特为施艾拉支付一笔丰厚的定金，好让后者只为哥伦比亚广播公司提供服务，克朗凯特放出消息，声称美国

---

[1] 译注：奥森·威尔斯（1915—1985），美国电影导演、编剧和演员。1999年，他被美国电影学会选为百年来最伟大的男演员之一，排第十六名。
[2] 译注：《犯罪的都市》（直译为《头版》）是一部1931年的美国喜剧电影，改编自同名百老汇戏剧，讲述了负责报道警局工作的小报记者们的生活。
[3] 译注：1962年10月3日，西格玛7号飞船搭载宇航员沃利·施艾拉绕地球六周，持续飞行9小时13分11秒。

广播公司也想得到施艾拉。这个消息很快就引起了萨伦特的注意。结果，克朗凯特与施艾拉的结合效果惊人，以至于这对搭档一直合作到了"阿波罗17号"。在哥伦比亚广播公司醒目的广告中他们的节目被称作"沃尔特对沃尔特"的报道。

7月16日的上午，当坐落在休斯敦的太空飞行指挥中心说出"'阿波罗11号'依然是我们的一次尝试……30秒，倒计时"的时候，哥伦比亚广播公司播音间里充满了紧张的气氛。当火箭点火升空时克朗凯特一时间陷入了沉默，在场的人都担心他被起飞的景象惊呆了，全然忘记了自己正在播音的事情。戴维·福克斯打破了沉默，轻声对克朗凯特说："她起飞了！太漂亮了！"然后冲后者竖起了大拇指。然而，这位主播却仍旧沉默着，根据自己的经验他知道这种美梦不应该被任何声音所破坏。

高耸入云的"土星五号"有111米（363英尺）高，大约相当于36层高的大楼，比自由女神像还高出18米（60英尺）。装满燃料等待起飞时的它相当于400头大象的重量。它的5个巨大的发动机能产生1.6亿马力的功率，760万磅的推力，比85座胡佛水坝①产生的能量都大。克朗凯特意识到这枚火箭不会爆炸了，随即他便回过神，欣喜若狂地说："天哪，天哪，看上去很好，沃里。大楼在晃动。我们在震动，我们都已经习惯了。这一刻太了不起了！人类正在奔向月球！漂亮！"

在佛蒙特的夏令营里，凯西·克朗凯特也同很多其他正在上学的孩子一样，正通过哥伦比亚广播公司的屏幕牢牢地盯着这历史性的起飞。后来她曾回忆说："校长让我去他的办公室看看我父亲的节目。看到他（我父亲）没什么稀奇的，可是月球可真是太了不起了。在我们家，我们是跟着太空项目一起长大的，而那一刻就是我们得到的回报。"

凯西的姐姐南希当时只有19岁，和丈夫住在夏威夷的希洛岛。一向反对太空项目的她曾说过："我对此很有保留。我的态度几乎是反宇航局的，我们没有电视，我们回到了自然状态中。当时我就想现在我们正在把自己的破烂儿……高尔夫球、登月舱——拿去污染月球了。"

不过至少克朗凯特家还有一个孩子对"阿波罗11号"的成功感到喜悦，这就是当时年仅12岁的奇普。可可海滩给童年的他留下的最美好的记忆就是在旅馆大王亨利·兰德沃斯的汽车旅馆里聊聊太空、捡捡贝壳。这一天，奇普和妈妈，还有很多

---

① 译注：胡佛水坝是一坐落于科罗拉多河黑峡谷河段之上的混凝土重力式拱坝，位于美国西南部城市拉斯维加斯东南48公里、亚利桑那州与内华达州交界处，为美国最大的水坝，被赞誉为"沙漠之钻"。

家里的熟人一道在康涅狄格州参加了一场集体观看活动。他曾说："以前我对'阿波罗'的体会就是一路颠簸的旅程。我去过卡纳维拉尔角，我感觉那个地方太刺激了。所以，阿姆斯特朗、奥尔德林和科林斯太让我激动了。但是，那天晚上最令我难忘的还是看着爸爸的播音。好几个钟头后我醒了过来，看到他还在电视上即兴发挥着。我的反应就是……喔……加油啊，爸爸！"

"阿波罗11号"升空时哥伦比亚广播公司新闻网的播音间里只有克朗凯特与施艾拉这两位播音天才，与此同时制片人罗伯特·伍斯勒（即鲍比·伍斯勒）在播音间正下方的公司控制中心忙碌着。在当年报道肯尼迪的就职典礼时米克尔森委派伍斯勒负责报道太空项目，自那个具有决定意义的时刻以来伍斯勒一直在准备着迎接这一创造历史的事件。每逢宇航局执行太空飞行任务期间他总是待在新闻网在纽约的办公室，但是这一次是个例外。这一次的任务影响太深远了。十分好笑的是，在太空飞船起飞的时候这位电视界的神童只拿着自己那台小小的照相机抓拍了几张私人所有的照片。伍斯勒后来曾说："我希望自己有资格说这就是我在人类飞向月球的那一天拍到的照片。"

待在肯尼迪角一带的所有要人都希望能和克朗凯特一起出现在哥伦比亚广播公司的电视节目里。例如，副总统斯皮罗·阿格纽就来到播音间，想要和克朗凯特聊一聊。当约翰逊来到播音间的时候克朗凯特变得毕恭毕敬，而就在15个月前他在黄金时段播出的对春节攻势的报道对这位前总统造成了巨大的伤害。制片人理奇曼曾说过："我——怎么说呢——不算太喜欢林登·约翰逊。"然而，约翰逊似乎对他所说的哥伦比亚广播公司里的克朗凯特一党并不记仇，在场的所有人都记得那天下午他对克朗凯特有多么热情，有一阵子似乎他都快要将施艾拉取而代之，成为克朗凯特报道宇航事业的新伙伴。他们两个人相处得太融洽了，在节目中克朗凯特的朋友们都谈论着"阿波罗11号"，唯独约翰逊把注意力都放在"伟大社会"的话题上，克朗凯特钦佩地不住点头附和着。后来约翰逊的女儿琳达·约翰逊·罗布说过："我们全家压根就没有记恨过沃尔特。母亲和父亲都很欣赏他。"

在克朗凯特进行报道的过程中，想象力最丰富的嘉宾莫过于《2001年太空漫游》（1968）的作者阿瑟·克拉克。这位出生在英国，深受大众喜爱的科幻作家极大地丰富了节目的内容。在1969年5月"阿波罗10号"飞上太空期间他就试着跟克朗凯特配合了一次，在节目中对21世纪畅想了一番。他对太空的广阔有着深刻的理解。英国作家阿道斯·赫胥黎在《美丽新世界》一书中表达了对"地球村"的恐惧，克拉克则与之不同，他对世界各国通过电视收看这一空中奇景进行了颂扬。克朗凯特之所以没有选择阿西莫夫，而是选择了克拉克，是因为他认为后者几乎等同于一位预言家。早在1956年的时候，在给太空法先驱及专家安德鲁·黑利[1]的一封信中克拉克就充满先见之明地描绘出了日后的"电星一号"、全球定位系统和卫星电视。按照他的预想，如果世界上能出现有着1000个频道，能够提供"全球电视服务"的有线电视网，那么"定位坐标方格"就有可能实现，由于有了这个坐标方格"世界上的任何一个人只要在手表大小的仪器上拨几个号码就能确定自己的所在位置"。

从美国东海岸到西海岸，甚至在境外的办事处，整个哥伦比亚广播公司电视网都对"阿波罗11号"热情高涨。克朗凯特能够同分布在美国境内8个城市的电视台直接通话；此外，还有一支流动记者小分队开着采访车，在大纽约地区四处采集着寻常百姓的见解。克朗凯特不愿意在播音过程中听到任何有关宇航局的负面意见，比尔·普兰特就曾在报道外界对"阿波罗11号"的反应时同他产生了冲突。当时普兰特奉命完成在纽约市的街头随机采访栏目，在黑人聚居区哈莱姆区和北端的布朗克斯区的采访结果令他感到十分意外，纽约市的很多居民竟然认为"阿波罗11号"只是在浪费金钱，政府还不如用这笔钱去消除贫困。美国各地有着很多"南希·克朗凯特"，他们都认为从环境角度考虑"阿波罗"项目都是对时间和金钱的滥用。普兰特后来曾说："沃尔特太对太空项目深信不疑，对1968年登月任务的任何指摘都令他深恶痛绝。不过，他还是播出了我的采访。"

克朗凯特同阿姆斯特朗的区别就在于每当谈到月球的话题时他的热情总是溢于言表。对于在朝鲜战争中驾驶着战斗机执行了78次任务的阿姆斯特朗而言，在月球上行走只是一项任务而已。他十分憎恶记者们的工作，在他看来后者都认为名望可以取代真正的成就。为了收视率，克朗凯特必须让"阿波罗11号"看起来充满浪漫的色彩，阿姆斯特朗不认同这种做法。几十年后，在一次采访中记者问阿姆斯特朗在1969年的夏日里他是否曾仰望太空，心中想着月球是那么的美丽，一脸漠然的宇航员回答道："没有，从来没有过。"

在播音时克朗凯特始终保持着慈父般的形象，不过他根本无视对"阿波罗11号"提出批评意见的人。由于刚刚出版的《第五号屠宰场》，库尔特·冯内古特正受到外界极大的关注，当出现在克朗凯特主持的有关"阿波罗11号"的节目中时他

---

[1] 译注：安德鲁·黑利（1904—1966），美国律师，曾担任美国火箭协会主席及首席顾问，创设了设想中可适用于地球与地球以外高级动物的法典《星际法》。

对宇航局方方面面的工作都流露出不屑的态度，甚至称宇航员都是些被高压锅弄得晕头转向的"短发白种运动员"。对自己认识的美国人中最英勇的勇士们竟然如此无情，这令克朗凯特对他的这位好朋友感到"愤恨"。诺曼·梅勒在《月亮上的火堆》中贬低"阿波罗11号"的宇航员，大胆而放荡不羁地说这三位宇航员是"三个年轻的执行官在宣布自己的公司又开办了一家新的分公司"。结果，克朗凯特与这位作家绝交长达五六年之久。

克朗凯特对月球的热忱令施艾拉感到好笑，他决定在报道的过程中每当节奏慢下来的时候不停地跟克朗凯特玩"忽悠你"的恶作剧。"沃尔特，你是一位世界级的记者，以前你还当过通讯社的记者、战地记者，我们这些军人都很尊敬你。沃尔特，现在我想知道的是当第一个人把脚踩在月球上的时候你想说些什么？在这个历史时刻你会说什么？"施艾拉说。

克朗凯特一时间说不出话来，他瞪了施艾拉一眼，这一眼太有趣了。他吞吞吐吐了一会儿，然后就转移了话题。施艾拉后来曾说："那还是我头一回——事实上，也是最后一次——见到他那么慌乱。火箭即将起飞的时候我又问了他一遍。'沃尔特，你心里想好了什么至理名言吗？'克朗凯特也会非常紧张，而且他对自己的播音工作非常严肃。他可不是那种开得起玩笑的人。不过我还是像淘气的小狗崽找到了骨头一样开心了一阵儿，我可不会轻易放手的。"

在报道"阿波罗11号"任务期间克朗凯特还借助了200段预先录制好的录像资料（例如几位控制该项目的核心科学家的资料片），此外还有丰富节目的娱乐内容和实物尺寸的模拟登月舱发来的远程影像资料。然而，将零零散散的内容贯穿成一个整体的还是克朗凯特。哥伦比亚广播公司的科学顾问理查德·霍格兰曾说："在节目中沃尔特与嘉宾们探讨着发生在25万英里之外的具有划时代意义的大事件。"他还将克朗凯特那把升高的座椅称为"巨石宝座"。太空飞行指挥中心传来的声音很清晰，那一头断断续续发来的建议和忠告都同克朗凯特、施艾拉与克拉克的大同小异。

7月17日，星期四，克朗凯特从肯尼迪角动身，前往坐落在纽约西五十七大街的41号演播室进行播音。播音间里供主播使用的桌子已经被升高到距离地面24英尺的地方，一名美工人员还用仿真银河系当作布景。给克朗凯特充当书立的是两个直径为6英尺的天体仪，一个是兰德·麦奈利地图出版公司制造的月球模型，另一个是有机玻璃模型，后者演示了从宇航员的角度看到的地球。哥伦比亚广播公司破天荒地同时用16台摄像机对着坐在主播座位上的克朗凯特。另外还有4架被钟表锁定的从动摄像机，这些钟表被用来在阿波罗任务的各个阶段进行倒计时。为了避免报道给观众留下生硬死板的印象，节目组还用上了移动摄影车，以便摄像机从不的角度进行拍摄。

在哥伦比亚广播公司里，每当碰到报道从水星计划到天空实验室计划在内的一系列太空话题时人们总要向导演乔尔·巴诺请教，在报道"阿波罗11号"的时候这位顾问级的导演从米高梅电影公司改编的《2001太空漫游》中得到了启发，这就是影片中描述的会说话的电脑哈尔。同1952年和1956年哥伦比亚广播公司在两党代表大会期间使用过的电脑UNIVAC很接近，玩忽职守的哈尔①现在受命为克朗凯特的节目活跃气氛，提供彩色图像的评论。

斯坦顿知道主持报道"阿波罗11号"任务的克朗凯特正在做的工作非常鼓舞人心，包括艾克·帕帕斯和埃德·拉贝尔在内的参加此次报道工作的核心记者也都在完成职业生涯中最精彩的任务。按照计划，在报道登月过程最重要的31个小时里克朗凯特将负责直播21.5个小时的节目，他只有一次时间比较长的休息机会。国际合众社的撰稿人迪克·韦斯特曾讲述过连续观看超过24个小时的登月报道是怎样一种感受——世界各地成千上万的观众也是如此。在专栏文章中他写道，看到一半的时候他的身体出了点问题，"盯着沃尔特·克朗凯特时间过长，结果两个眼珠都不能协调转动了"。人们甚至将这一次全球步调一致的状况称为"克朗凯特炎"。在《纽约时报》的文章中杰克·古德热情洋溢地写道："他持续不断的主持和迷人的自信都非常引人注目。"

通过电视报道，在7月20日这一天全世界的观众都被牢牢地吸引在电视屏幕前，等待着登月舱"鹰"以强大的力量降落在月球表面的盛景。临阵磨枪地看了一遍宇航局的趣闻轶事之后，在美国东部时间上午10点整克朗凯特开始进行现场直播了，一开始他首先对"阿波罗11号"的进展做了5分钟的报道。神学家和艺术家在宗教节目《靠近你》中对宇宙间的上帝这个话题进行了一番讨论，紧接着在11点整库拉尔特做了一个充满神圣感的报道，接下来被公司新闻网称为"月亮上的人：阿波罗11号的史诗之旅"的大型报道节目便开始了。充满阳刚之气的库拉尔特以《创世纪》为文本，首先对令人痛苦的1968年平安夜进行了一番回顾，然后开始讲述太空旅行在精神层面所具有的意义，同时在屏幕上展现了美国宇航局的宇航员们和

---

① 译注：指的是在《2001太空漫游》中由于电脑哈尔发生错乱，富兰克和3名冬眠人员相继丧命，剩下波曼和这台电脑孤军作战。

卫星拍摄到的行星地球的美丽图片。拿着补充材料的克朗凯特依然不停地即兴发挥着，他将"鹰"紧张的登月之旅变成了一出充满悬念的好戏。留守在"阿波罗11号"里的迈克尔·科林斯放开"鹰"，阿姆斯特朗与奥尔德林乘坐着"鹰"飞向目的地，这出星际大戏终于拉开了大幕。

"鹰"：已收到，明白。将要着陆。3000英尺。第二次警报。

克朗凯特：3000英尺。嗯……嗯。

"鹰"：已收到，警报（即错误代码）1201。[①]我们没问题。耐心等待。我们没问题。2000英尺，进入中断飞行制导系统47度。

克朗凯特：这都是太空通讯术语，仅供无线电传输使用。

控制中心通讯员：鹰看起来很好。你们没问题。

休斯敦：高度1600。1400英尺看起来依然很好。

克朗凯特：现在他们好好地看了看自己的所处位置。时间属于他们的。他们要做出决定了。

"鹰"：35度。35度。750，下降速度为每秒700英尺，下降速度为每秒21英尺。33度。

施艾拉：噢，数据传过来的非常棒。

"鹰"：600英尺，下降速度为19。540英尺，速度为30——速度为15……400英尺，速度为9……8前进……350英尺，速度为4……300英尺，速度为3.5……47前进……速度为1.5……70……看见阴影了……50，速度为2.5，19前进……高度-速度指示灯……速度为3.5，220英尺……13前进……11前进，下降很好……200英尺，速度为4.5……速度为5.5……160英尺，速度为6.5……速度为5.5，9前进……5%……燃料灯亮起，75 feet[②]。看起来还是很好，速度为0.5……6前进……亮灯……速度为2.5前进……40英尺，速度为2.5，扬起一点尘埃……30英尺，速度为2.5……淡淡的阴影……4前进……4前进……向右移动一点……没问题……

---

① 译注：登月过程中的1201程序警报是"执行溢出"，意味着导航电脑由于信息过载，无法在规定时间内完成某些预定任务。后来发现，溢出的原因是登月舱的对接雷达在降落时没有关闭，使计算机仍然监视并不在使用的雷达。

② 表示"鹰"的燃料量仅剩5%，在控制中心94秒的倒计时开始了。

克朗凯特：天哪。这是怎样的一天。

控制中心通讯员：30秒。

"鹰"：着陆灯。没问题。引擎熄火……登陆引擎命令飞跃，脱开！

施艾拉：我们到达终点啦！

克朗凯特：人类登上月球了！

"鹰"：休斯敦，这里是静海基地。"鹰"已经着陆！

控制中心通讯员：收到，静海。地面收到。这里有不少人的脸都被憋青了。我们又能呼吸了。多谢了。

静海：谢谢你们。

克朗凯特：噢，天哪！

控制中心通讯员：你们看起来很不错。

克朗凯特：哟！好家伙！

施艾拉：我一直在喃喃自语着. 这可太了不起了。我真想自己也能在飞船上。

克朗凯特：我明白。我们一直想知道当踩在月球上的时候阿姆斯特朗和奥尔德会说些什么。虽然有点晚，但是这个时刻终于到来了。就让我们听一听他们要说什么。他们绝对已经口干舌燥了。

在美国东部时间下午4：17正式听到"休斯敦，这里是静海基地。'鹰'已经着陆"这句话时克朗凯特变得激动不已，热泪盈眶。施艾拉也是如此。对国家的热爱都令他们一时说不出来。坐在他俩身旁的克拉克后来说那一刻就仿佛"在41号演播室里时间停止了"。有那么一会儿克朗凯特陷入了沉默中，手里握着眼镜，难以置信地摇着头。施艾拉同数百万电视观众焦急地等待着，大家都想知道克朗凯特究竟会说出怎样一番足以永载史册的不朽名言。

就在前一天的晚上克朗凯特同施艾拉在帕克大街上的老丽晶酒店吃了一顿便餐，当时两个人讨论了主持人的语言产生的冲击力。施艾拉甚至还翻阅了《巴特利特常见名人名言》，在从亚里士多德到T.S.艾略特的名人语录中为克朗凯特寻找灵感。此刻，让时间凝固的那一刻已经到来了，施艾拉满心期待地望着克朗凯特。"噢，天哪！"伟大的记者克朗凯特说道。此刻，没有任何一句话能比"噢，天哪！"更恰如其分，在诚实、质朴的人性中透着一股狡黠。出了神的克朗凯特一时忘记了观众的存在，沉默不语。但是，自水星计划时代以来克朗凯特就成功地使用过"噢，天哪"这种说法。现在，这句话对"阿波罗11号"也同样有效。

对于克朗凯特领导的报道队伍，登月之后的报道才是这场马拉松式报道工作最艰难的部分。克朗凯特与施艾拉有大量的时间需要消磨，只有"阿波罗11号"的宇航员们充满了静电噪音的声音在告诉他们接下来会发生什么。就在这种情况下，他们两个人之间的玩笑成了节目的主要内容。他们不得不满怀敬意地不断制造悬念，让观众做好准备，迎接6.5小时之后宇航月在月球上行走的景象。克朗凯特用大量的新消息填补了这个漫长空白期，这些消息都来自休斯敦的载人宇宙飞船中心，以及施艾拉与克拉克友好的闲谈。接着，无与伦比的时刻到来了。"鹰"打开了门，阿姆斯特朗开始走下舱梯。

> 克朗凯特：他来了。一只脚正走下梯子。
>
> 休斯敦（声音）：好的，尼尔。我们这会儿能看到你正在走下舱梯。
>
> 阿姆斯特朗：好的。我刚刚停下了，没有爬回第一级梯子。它……支架倒塌得不严重，能够重新立起来。
>
> 休斯敦（声音）：收到。我们已经收到。
>
> 阿姆斯特朗：只是跳了一小步。
>
> 克朗凯特：这就是说一只脚已经在月球上了，踩在了月球上。如果他正在测试这第一步，那此刻他的脚肯定就踩在月球上。

全球有10亿人在收看电视。阿姆斯特朗说："这是我个人的一小步，却是人类的一大步。"此时距离登月舱的舱门打开只过去了几秒钟。不幸的是，由于静电干扰，阿姆斯特朗精心准备的这句完美的发言难以听清。克朗凯特动用了自己在休斯敦的老关系才核实了原话。阿姆斯特朗在发言中采用了"人类"，而非"美国"一词，克朗凯特远比其他电视名人更能充分利用阿姆斯特朗的这一选择。哥伦比亚广播公司的总裁萨伦特后来曾说："月球上的这一步是一项令人惊叹的大成就，对它的电视报道也是如此，因为这一次的电视报道突显了电视所具有的一种超凡的能力，它让这么多地方的这么多的人实现了交流沟通，让大家拥有了一次共享，一次非常满意的经历，从而使一个多元化的世界形成一个整体。"

很快，奥尔德林也来到了月球上，同阿姆斯特朗一起采集岩石标本，在月面上插下了"老光荣"（美国国旗的爱称）。克朗凯特喜形于色。登月舱在月球上敞开门长达2小时30分40秒的时间，当两名宇航员在月球表面跳来跳去的时候克朗凯特告诉电视观众这两个人"就像小马驹"在努力站稳脚跟似的。接着克朗凯特得到白宫透露的消息，尼克松总统即将通过无线电话同"阿波罗11号"的宇航员们通话，他第一个向外界发布了这条新闻。从舱梯上走下来时阿姆斯特朗启动了一台架设在三脚架上的摄像机，这样全世界就能看到他们此时此刻在月球上的一举一动。阿姆斯特朗与奥尔德林已经移动了这台摄像机，自1963年在执行水星计划的最后一次任务"信仰7号"时小戈登·库勃绕地球轨道飞行以来克朗凯特一直梦想着看到这一幕。

看着阿姆斯特朗与奥尔德林傻里傻气的举动克朗凯特欣喜若狂，就这样高兴了几个钟头后他指出了一直萦绕在人们心中的疑虑——宇航员们如何才能重返地球？等两位宇航员重新回到登月舱"鹰"之后，倘若火箭不能点火，那么会发生什么状况？宇航员会在月球上送命吗？科林斯就等在母舰上，而阿姆斯特朗与奥尔德林能够平平安安回到母舰上吗？此次任务中最艰巨的工作还为完成，这就是登月舱的起飞。克朗凯特已经为接下来的环节营造了紧张的气氛。在"鹰"同母舰完成对接后他又再一次用一句大白话表达了自己如释重负的心情："真是乐开了花！"

相形之下全国广播公司的亨特利与布林克利的表现就平庸得多，令人感到奇怪的是他们对这件事情竟然显得有些无动于衷，仿佛这项激动人心的太空任务只是一起普通事件。美国广播公司的雷诺兹与伯格曼也表现得过于学究气，在播音过程中始终缺乏热情。哥伦比亚广播公司持续不断地进行了32个小时的报道，在节目最后克朗凯特说道："经过这么久的等待、再等待之后，人类终于造访了月球。"克朗凯特用这句话结束了："两个名字首字母相同的美国人——阿姆斯特朗和奥尔德林[①]——刚刚在月球上度过了地球上的一整天。他们尝了尝月球上的滋味，取了点样，在上面开展了一些实验，还打包带回了一些东西。"他还说希望有一天自己能亲手摸一摸"阿波罗11号"的宇航员们带回地球的月球岩石和尘土，那副腔调听上去完全就像是一个孩子。

克朗凯特真不愧是"铁裤子"。在哥伦比亚广播公司电视台的节目里他连续播音17个半小时，在小憩片刻后他又回到了屏幕前，继续完成了9个小时的播音。他曾宣称自己根本没有注意到"疲劳因素"的存在。《纽约时报》对他那"看上

---

① 译注：在他们的英文原名中首字母均为"A"。

去不费吹灰之力的表演"表达了敬意，对于他以朗诵阿奇博尔德·麦克利什的诗作《奔向月球》为特别报道"月亮上的人"画上圆满句号的策略进行了赞扬。同著名的科普作家及科学家卡尔·萨根一样，克朗凯特能够将航空与航天领域的复杂概念深入浅出地讲解给普通观众，同时又不会损害这些知识的专业性。哥伦比亚广播公司的执行制片人伍斯勒创造了令人叹为观止的电视节目，让受过良好训练的克朗凯特在播音工作中受益良多。克朗凯特也同意对"阿波罗11号"的报道工作是电视史上的最高峰，他将其称为新的"美国伟业的黄金时代"。天生具有民族自豪感的克朗凯特同塞瓦赖德形成了鲜明的对比，后者同阿姆斯特朗一样，不顾民众的情绪，公然提出"阿波罗11号"将会导致太空的军事化。克朗凯特曾说："历史从不会受到理性计划的支配，就连科学也只对最直接的实验有所了解。人有可能被自己所具有的神性焚毁，大脑会成为我们最大的瑕疵，就像恐龙庞大的身躯一样。"

　　肯尼迪遇刺、向华盛顿进军、自由之夏、凯萨·查维斯[1]的抵制运动、医疗保险和医疗补助制度、妇女解放、围绕着越南战争产生的大辩论……只要是你能想到的，面对这一切克朗凯特始终怀着满腔热情地坚信在60年代所有的重要事件中以登月为目标的"阿波罗11号"任务是最具有历史意义的事件。他的这一大胆断言令人信服。在1969年7月20日，有94%的美国家庭兴高采烈地打开电视，收看了阿姆斯特朗历史性的漫步月球的景象，这一数字实在令人惊讶。克朗凯特曾说："这件事情太了不起了，在可可海滩和卡纳维拉尔角太空中心的每一个人都仰望着天空。当时民权运动和越南战争都还在继续，可是大家都仰望着星空，而不是低头看着令人沮丧的世界局势。所以说，对我们所有人而言这都是一件令人感到如释重负的大事情。"

　　在"阿波罗11号"的3名宇航员中奥尔德林对克朗凯特的评价最高，在自传《从月球的漫漫返乡之旅》中他称赞对方是登月旅行代言人。他经常不无幽默地说自己有时候真希望当初能待在家里，一边吃着薯片，一边观看哥伦比亚广播公司新闻网充满权威性的马拉松式报道。在书中他写道："在我们一步步走向着陆的激动人心的过程中地球上的其他所有人都在看着我们，我一直觉得要是能和他们分享

---

① 译注：凯萨·查维斯（1927—1993），墨西哥裔美国劳工运动者，也是联合农场工人联盟的领袖。20世纪时，他是农场季节工人(migrant farm workers：为找工作四处迁徙的人)的主要发言人。在他的号召下美国人民终于注意到劳工的工作环境有多糟糕，最后这些工人的工作环境终于得到改善。

（在月球上行走）这一令人兴奋的经历就好了。这听上去很奇怪，不过我说的都是真心话。我们错过了同大家同喜同悲的机会，我们没有感受到播音员沃尔特·克朗凯特拭去泪水那一幕时所蕴含的情感。"

但是，克朗凯特的这场播音没有感动其他一些电视观众。《华盛顿邮报》的劳伦斯·劳伦特在文章中写道："哥伦比亚广播公司让沃尔特·克朗凯特过于劳累，处在疲劳状态下沃尔特的播音变得单调枯燥了，就像是在参加大合唱一样。"不过更多的人都在看着克朗凯特，都与他在一起，而不是其他两大广播公司。哥伦比亚广播公司吸引到了45%的观众，全国过广播公司和美国广播公司的这个数字分别为34%和16%。克朗凯特自己也同"阿波罗11号"的报道工作紧密相连，早在十几年前，当他通过《20世纪》节目独霸对太空领域的霸道时他就已经急切地开始为这个项目做准备了。他的投入得到了应得的回报，但同时他的付出也可以说是在同时代人中所做的一笔划算的投资。身为主播的克朗凯特并不只是给人们带来噩耗的信使，他是登月旅行先生。在休斯敦的一间专供参与建造"阿波罗11号"的承包商们使用的接待室门口站着一位女招待，她说过："前来参观的游客总是要求见一见克朗凯特，得知他并在不那里的时候大家会很失望。他可比那些宇航员受欢迎得多。"

毋庸置疑，阿姆斯特朗是一位名副其实的英雄，在8月17日的《面对国家》节目中克朗凯特对他，以及奥尔德林和科林斯进行了采访。通常，克朗凯特都会回避星期天的节目，但是在休斯敦——他的一个故乡——的KHOU电视台采访这三位宇航员对他具有难以抗拒的诱惑力。在节目中他丝毫不愿意同其他几位专家和嘉宾们平起平坐，对主持人乔治·赫尔曼的工作也横加干涉，这还是14年来的头一遭。

表面上克朗凯特要在节目中听取阿姆斯特朗介绍在月球上行走的经历，但是记者的本质让他情不自禁地提到了被著名无神论者奥海尔广为散布的谣言——阿姆斯特朗是一名无神论者。在20世纪50年代，当阿姆斯特朗还是南加利福尼亚州的一名试飞员的时候他曾申请担任当地一所理公会派教堂的童子军领队，在申请表上有关宗教的一栏中他写道："自然神论信仰者"。

对于自己用信仰问题让阿姆斯特朗陷入窘境克朗凯特似乎显得有些尴尬，但是他还是在节目中咄咄逼人地追问着这个问题。即便他不这样做，节目中另外两位媒体同行——哥伦比亚广播公司的戴维·舒马赫与美联社的霍华德·本尼迪克特——也会继续追问下去。克朗凯特问道："我真的不知道这个事情跟你作为试飞员和宇航员的能力有什么关系，但是既然有人提出了这个问题，那么你能否对这种说法做出回答呢？"

阿姆斯特朗说："我不知道奥海尔夫人从哪里得到了这个消息，但她肯定懒得向我求证，似乎也懒得向局里求证。不过，我敢肯定我不是一个无神论者。"

克朗凯特接口道："显而易见，你在（申请宇航员职位的）申请表上只写了'没有宗教信仰'。"

沮丧的阿姆斯特朗解释说："这是局里的专用语，这表示在申请的时候你没有参加任何教会团体，也跟这些组织没有任何联系。当时我的确没有参加，也没有联系。"

克朗凯特是著名的"登月之旅先生"，让观众们看到他就这样让阿姆斯特朗溜之大吉令他很不甘心。不过，在节目结束后他觉得自己表现得很糟糕。真的有必要在宗教问题上逼问阿姆斯特朗吗？在那个夏天试图让阿姆斯特朗祖露内心的并不只有克朗凯特一个人，但是他在《面对国家》中对这位宇航局的盘问令观众感到不忍目睹。哥伦比亚广播公司的记者埃德·布拉德利曾回忆说："沃尔特跟我说他这辈子在播音中犯过的最大的错误就是在那一期《面对国家》里强求阿姆斯特朗对自己的信仰问题做出解释。他说：'埃德，我干了最卑劣的事情。我用他同上帝之间极其私密的关系让他陷入难堪的境地……从长远看，这么做根本不值得。一日荣耀，终生悔恨。'"（阿姆斯特朗并没有对克朗凯特怀恨在心，后来他还同克朗凯特一起出现在了哥伦比亚广播公司为纪念登月五周年所做的特别报道节目中。）

11月14日至24日，"阿波罗12号"也飞向月球，并平安返回了地球，但是哥伦比亚广播公司的收视率却不尽如人意。其他各家广播公司的观众人数都无法同"阿波罗11号"时相比。执行"阿波罗12号"任务的宇航员皮特·康拉德、理查德·迪克·戈登与艾伦·宾没能像阿姆斯特朗、奥尔德林和科林斯那样让人们激动难耐。在报道过程中克朗凯特出色地讲述了远程控制登月舱着陆的技术和宇航员回收1967年着陆在月球上的"勘测员3号"机器人的零部件，并将其带回地球的事情，然而此次任务始终没有出现过"人类的一大步"这样的时刻。尽管如此，凭借着在节目中同施艾拉妙语连珠的谈话，克朗凯特还是受到了外界的好评，参加此次任务的宇航员们的妻子也都因为这位"慈父般"的主持人选择了哥伦比亚广播公司的报道节目。

在哥伦比亚广播公司报道"阿波罗12号"期间出现了一个令克朗凯特难以忘怀的时刻。当时身为宇航局高层领导人之一的科学家保罗·加斯特在节目播出之前来到了哥伦比亚广播公司在纽约的演播中心，在演员休息室里他像毒贩子一样

"嘘……嘘"地轻声招呼克朗凯特看一看他藏在西装口袋里的"违禁品"。"他带来了几小瓶38亿年的月球物质，那可是货真价实的东西。"满心敬畏的克朗凯特与施艾拉、克拉克，还有其他几个人就像参加祭祀的德鲁伊巫师那样一声不吭地围在加斯特身边。加斯特用掌心托着月球土壤，这可是几个月前"阿波罗11号"从月球上带回来的。

克朗凯特唯一能做的就是瞪大双眼，任何言语都是对月球土壤的亵渎。

第二十五章

地球日的化身

"地出"——朗·伯恩集合队伍——拜拜,"美国联合碳化物"——我们能拯救这个星球吗? ——鲸鱼在哪里? ——迎战劲敌陶氏化学——他对生态问题着了魔? ——地球日现象——与巴里·康门纳一起反对核攻击——杜博斯的思想——俄亥俄州四人身亡——《放眼世界》——艾美奖专家——"救生艇"地球

克朗凯特在纽约的办公室里,办公桌上堆满了文稿和往来的信件,还有一架子的烟斗和各种航海用具。自从在纽约州卡梅尔镇的格莱内达湖里掌握了驾驶小帆船的技术之后克朗凯特就一直在倡导对河流、湖泊、海湾和海洋的保护工作。到了1969年,包括座头鲸、小须鲸和北大西洋露脊鲸在内的生活在大西洋水域的各种鲸鱼都成了克朗凯特用来检验海洋环境的物种。地球生态的诸多灾难令他感到不安,他在办公桌上摆着一张装了镜框的照片,照片上是调子有些哀伤的"地出"景象(地球从月球的地平线上升起),这张照片是"阿波罗8号"的宇航员比尔·安德斯在1968年12月末拍摄到的。照片中看不到任何一条国境线,这张充满寓意的照片将世界各国的问题浓缩为"大同世界"的问题。地球漂浮在浩瀚的宇宙里,看起来那么可爱,同时又那么脆弱。克朗凯特以近乎皈依的态度立志要保护这个星球,使其免遭人类的滥用、掠夺和污染。对于人为因素造成的地球生态系统恶化克朗凯特感到悲哀,他认为联合国有必要采用新的地球环境标准。在他看来"阿波罗"项目的目标原本只在于让人类达到月球,结果从25万英里外拍摄到的这个蓝绿相间的星球的照片给人们的情感造成的冲击让人类同宇宙产生了一种缥缈而超脱现实的交融。

正如林顿·约翰逊太空中心前主任乔治·艾比所指出的那样,并非只有克朗凯特一个人被"地出"的景象所震惊。由于这张意义深远的照片,宇航局的很多工作

人员都"对环境有了一种新的认识"。美国伟大的比较神话学者约瑟夫·坎贝尔就以这张照片作为自己的经典著作《千面英雄》修订版的结尾，这种选择正是对克朗凯特的观点的认同。后者认为这张照片是当代的一个里程碑，它向人类提出了一个问题，即人类是否应当承担保护地球天然之美的神圣职责。那些大公司是在毁灭雨林、屠戮野生动物、毒害海洋和天空吗？在1961年至1969年期间克朗凯特一直在哥伦比亚广播公司的节目中热情地大力鼓吹奔月竞赛背后的冷战思维，现在他意识到或许这种心态有问题。太空探索并不是美国同苏联的竞赛。受到斯图尔特·布兰特①创办的期刊，融合了反主流文化的情感、对电脑的思考和具有未来主义色彩的图片的《地球概览》的影响，克朗凯特相信技术可以被用来帮助人类根除污染带来的灾害，同时他也认为自己可以利用在哥伦比亚广播公司所具有的媒体力量来参与保护地球的工作。在咨询了对有毒化学物质污染、地下水污染和濒危物种感到担忧的世界一流科学家的意见后，他变成了一名初级环保主义倡导者。

在1970年上半年里克朗凯特一直试图找到一种方法，好将阿波罗项目同环保运动在大众的意识中结合起来。这个主张具有其与生俱来的难点。在1979年4月11—17日执行的"阿波罗13号"任务为哥伦比亚广播公司新闻网带来了很好的收视率，然而这个结果的产生只是因为太空舱"奥得赛"的维修发动机的氧气罐发生了一次爆炸，此次任务因此被中止。当克朗凯特一听到"休斯敦，我们有麻烦了"这句话时，哥伦比亚广播公司的现场直播立即就变成了拯救宇航员詹姆斯·洛威尔、杰克·斯威格特和弗莱德·海斯，让他们活着返回地球的精彩好戏。最终这三位宇航员幸免于难，可是公众对"阿波罗"项目的兴趣已经开始消退了。克朗凯特继续报道了从"阿波罗14号"到"阿波罗17号"的几次任务，但是哥伦比亚广播公司对报道投入的人力物力都大不如从前。国会也对资助造价昂贵的宇航局项目感到厌烦了，最终"阿波罗18号"、"阿波罗19号"和"阿波罗20号"任务都被取消了。

人到晚年的克朗凯特曾说过当1972年"阿波罗"项目宣告终结的时候他内心在一定程度上也随之死去了。结识这些英勇无畏的宇航员是他播音生涯中最辉煌的成就。批评家们指出他过于痴迷宇航局，他认为说这种话的人都是傻瓜。"就这件事情而言，在20世纪里人类的所有成就和我们的所有重大失误中，从现在起能够主宰

---

① 译注：斯图尔特·布兰特（1938—），他是一位创作者，曾于1968年创办了《地球概览》期刊。该期刊成为当年嬉皮士运动的一个重要的刊物。其后他还先后创办了WELL、"全球商业网络"、"今日永存基金会"等机构。布兰特写过的书包括《地球的法则》、《万年钟传奇》、《建筑是如何思考的》等。

史册500年之久的大事件就是我们逃离地球、登陆月球这件事情。"

在20世纪70年代初期克朗凯特仍旧在支持"阿波罗"项目，尽可能频繁能地在可可海滩和休斯敦忙碌着，然而他对太空的热情已经直接转移到了环保运动上。对他而言，摄影师安塞尔·亚当斯、海洋学家雅克·格斯特、生物学家巴里·康门纳和塞拉俱乐部主席戴维·布劳尔这样的环境勇士们和宇航员一样，都是第一流的大英雄。

在1969年有关"阿波罗11号"的消息在美国的新闻报道工作中占据着主要地位，但是克朗凯特还是在《哥伦比亚广播公司报道》节目中对当年发生的两起环境灾害展开了调查。1月28日，联合石油公司在加利福尼亚州圣巴巴拉市附近的一座海上油井发生了井喷，相当于300多万桶的原油涌进了加利福尼亚的水域中；1月22日，俄亥俄州境内的凯霍加河起火，浸满石油的垃圾被点燃后烧毁了一座铁路桥梁。在克朗凯特看来似乎肆虐的工业化进程将会让人类走向末日，他哀叹道："北美大陆似乎被漂浮的石油包围了。阿拉斯加附近、加拿大的新斯科舍附近、佛罗里达附近和路易斯安那附近的墨西哥湾一带的情况最为显著。"

哥伦比亚广播公司在纽约的播音中心里，在《寂静的春天》①效应的影响下人们开始认为蒂芬尼网有责任向公众宣讲生态时代的信条。在《哥伦比亚广播公司报道》1962年9月的一期节目中塞瓦赖德采访了这本书的作者，博学的生物学家雷切尔·卡森，在这次著名的访谈中塞瓦赖德向后者问起了杀虫剂滴滴涕在她的家乡马里兰州银泉市造成的危害。在那段时间里克朗凯特的注意力一直集中在"水星计划"的第二次任务，绕地球轨道飞行的事情上。而今，阿姆斯特朗已经实现了在月球上行走的壮举，克朗凯特感到生态问题很快就会取代太空探索，令全国人民痴迷。哥伦比亚广播公司新闻网的制片人朗·伯恩清楚地记得当时克朗凯特带领公司冲到了这场战争的第一线："那是1970年的元旦，沃尔特走进播音中心，说：'妈的，这个环境的报道咱们得做。'要是沃尔特说'妈的'，那肯定就出大事儿了。"

克朗凯特说服伯恩在八个星期的时间里甩开几乎所有的公务，专心调查环境的退化问题。在《寂静的春天》、微生物学家雷诺·杜博斯的思想和"阿波罗8号"的宇航员们为地球拍摄的惊人照片的启发下，克朗凯特想要在《晚间新闻》里开办一

---

① 译注：《寂静的春天》，作者是美国海洋生物学家雷切尔·卡森，于1962年出版，美国最高法院大法官威廉·道格拉斯曾为《寂静的春天》英文版作序。这本书促使公众普遍关注农药与环境污染，在它的影响下美国于1972年禁止将DDT用于农业。

个新的固定栏目，栏目名称定为《世界可以得到拯救吗？》伯恩后来曾说过："一开始我们想要解决空气污染的问题，不适宜人类呼吸的空气，后来我们还是希望处理首要的潜在问题，这就是人口过剩的问题。"

1970年1月，一种已经形成趋势的新的环保主义终于让《21世纪》（继《20世纪》之后于1967年6月开播的节目）宣告结束了。克朗凯特再也无法忍受美国联合碳化物公司[①]（一家主要污染企业）的广告出现在节目中了，他告诉朗恩这家总部设在得克萨斯州的世界五百强企业就是"地出"的敌人。在克朗凯特的坚持下，哥伦比亚广播公司停播了《21世纪》，以配合《世界可以得到拯救吗？》节目的首播。

除了库拉尔特，三大广播公司里再找不到一个人像克朗凯特那样满怀激情地关心环境问题了。自1965年一起走访南越以来伯恩就成了克朗凯特身边最可靠的支持者，克朗凯特将新节目交给了身为科学节目制片人的伯恩，在环境领域的报道工作上胜人一筹。在20世纪60年代中期，伯恩针对全球气候变暖和人口过剩的问题为《哥伦比亚广播新闻网特别报道》中完成了几期里程碑性质的节目，这些节目。克朗凯特与伯恩一起做出决定，在距离地球日只有两天的时候，即4月20日开始播出8分钟的栏目，对环境问题进行专题报道。《晚间新闻》的绘图部为这期节目专门设计了一张巨大的幻灯片，在图片中伯恩的手里紧紧地攥着地球（"阿波罗8号"宇航员们拍摄到的一张照片）。伯恩曾解释说："你们都明白，地球并不在我的手心里。我们只是试图显示人类正在把地球往死里捏。"结果，这张图片成了《晚间新闻》的同义词，实际上就是这个节目形象化的名片。

克朗凯特与伯恩于1970年的春天开办了《世界可以得到拯救吗？》栏目，虽然没有得到广泛的承认，但是在克朗凯特留给哥伦比亚广播公司的宝贵财富中这个节目或许才是最重要的一部分。同美国其他的顶级记者相比，克朗凯特比任何人都更积极地将环保主义放在公共议题的优先位置（不过布林克利与库拉尔特也十分热爱大自然）。人们对环境污染问题不再遮遮掩掩，也不再那么矜持，这个问题不再只是无足轻重的小问题了。一系列相关报道也都成了重大新闻，这其中就包括伊利湖的鲈鱼遭到汞污染、美国政府疏忽大意地将2200万吨二氧化硫释放到了大气中、陶

---

① 译注：美国联合碳化物，创办于1898年，是美国的主要石油化工公司，现在为美国陶氏化工的全资附属公司。该公司在1917年前都不算主要的大公司，直至1917年，该公司取得乙烯制造法的专利权后，随着石油化工的兴起而渐渐成长。

氏化学在圣克莱尔湖和底特律河中倾倒垃圾的恐怖消息、由于污水横流佛罗里达海滩停止营业、佛罗里达州南部大沼泽地正在消失。克朗凯特的怒火就像暴雨一样落在环境破坏者的身上，在他的办公室的墙壁上挂着一幅被环保活动家们广泛采纳的一幅波哥漫画①，画中写道："我们见到了敌人。他们就是我们自己。"

在很多方面克朗凯特作为主持人的名望都超过了他的新闻工作，但是当面对环境问题的时候他很少单枪匹马地冲锋陷阵。《纽约时报》的记者格拉德温·希尔（在"二战"期间也参加了"作家六十九营"）与约瑟夫·莱利维尔德（在《泰晤士报》做了很长时间的记者，并在1994—2001年担任该报的责任编辑）都用自己的赫赫声名帮助有关生态的新闻登上了头版。克朗凯特再一次在节目中朗读着时代思潮。在1969年圣巴巴拉石油溢出事件的号召下，一种新的环境意识席卷了全国。希尔在文章中指出"环境危机"令"学生对越战的不满情绪相形见绌"。这篇文章引起了克朗凯特的注意，他凭直觉意识到哥伦比亚广播公司到了采取行动的时候了。

尼克松政府在环境领域的头号律师，在1970年12月出任国家环境保护局第一任局长的威廉·拉克尔肖斯认为克朗凯特的报道是导致尼克松在20世纪70年代初期对一批环境问题相关法律表示支持的关键因素。他曾说："只要克朗凯特开始关注环境，所有人就都开始谈论这个话题，都开始担心我们这是在毁灭美国。在塞瓦赖德采访卡森那会儿对环境问题的电视报道都是黑白色的，到了1970年，克朗凯特不停地播出《地球可以得到拯救么？》时，频频喷出的烟雾、垃圾填埋场和燃烧的河流都成了彩色的，正因为如此观众的注意力才被牢牢地吸引住了。"

同哥伦比亚广播公司里的很多人一样，索科洛认为克朗凯特已经对生态问题着了魔。污染源的存在令克朗凯特感到恼怒，正如索科洛所说的那样，克朗凯特就是哥伦比亚广播公司的"灰熊"，他坚决主张将以生态话题为主的《地球可以得到拯救吗？》当作《晚间新闻》最重要的栏目。索科洛曾说："沃尔特为了环境保护问题几乎疯了。他对大公司的污染状况和美国自然资源遭到的破坏都感到非常的担忧。当时所有人都在抱怨说为了满足沃尔特刚刚萌生的环境意识他们的报道都被挤掉了。他太过火了，在促使大众媒体开始展现被亵渎的美国大地的过程中成了一名真正的先锋。"

哥伦比亚广播公司新闻网的很多技术人员和制片人都认为克朗凯特对《世界可

---

① 译注：波哥是美国一个长篇连载日报漫画中的主人公，该漫画是卡通画家沃尔特·凯利（1913—1973）所创作的。

以得到拯救吗？》这个栏目过于狂热。只要一出现有关生态问题的报道，他的身后就会出现"地出"的图片，还有伯恩紧紧攥着地球的图片。《晚间新闻》的总监里奇·穆切勒常常对自己的助手狂喊乱叫道："今晚咱们又得自慰了！"在新闻网的记者鲍勃·舒弗尔看来，这句话就像是在说"安静"。克朗凯特感到大家都在嘲笑他，不过他总是能镇定自若地将穆切勒叫到一旁，说："嗨，咱们能换一种说法吗？一听你这么说，我就有点跑神了。"

1970年4月22日，全美各地为第一个地球日举行了庆祝活动（这一天刚好是奇普·克朗凯特的生日）。由于克朗凯特的坚持，哥伦比亚广播公司新闻网在向民众普及首届地球日的过程中起到了重要作用。在地球日这个具有历史意义的日子里2000万美国民众开启了绿色运动，克朗凯特不仅在自己主持的晚间节目里大力宣传着地球日的概念，而且还在当天美国东部时间晚上10点到11点主持了一期《特别报道》节目——"地球日：生存问题"。他同华盛顿大学的生物学教授康门纳一起录制了这期节目，后者在当年2月刚被《时代》杂志加封为"生态学领域的保罗·列维尔"[1]。在报道"阿波罗"的后继项目时克朗凯特仍旧让施艾拉担当他的搭档，但是在1970年他将康门纳招至麾下，针对生态领域的问题向他提供帮助，当时这位学者刚刚完成具有深远影响的著作《封闭的循环：自然、人和技术》（克朗凯特没有因为他批评过太空探索项目而记恨他）。康门纳在节目中指出："这个星球面临着被毁灭的威胁，生活在这个星球上的我们也面临着死亡的威胁。天在晃动，下面的水域臭气熏天，孩童夭折，我们和被我们当作家园的这个世界都处在核毁灭的边缘。我们已经到了生死存亡的关头。"

克朗凯特早就知道康门纳是一位非常反对核打击的科学家，他在节目中为了迎接地球日的到来而朗读的片断就来自于这位教授在1966年完成的《科学与生存》，这部著作更加令克朗凯特惊愕。工业制度在失控的状态下疯狂地运转着，与此同时全社会对傲慢地奴役着大自然的科技深信不疑，对此康门纳提出了强烈的抗议："科学能够揭示危机的深度，但是只有社会运动能够消除危机。"

直到康门纳陈述完这一危机后克朗凯特才开口说出了"晚安"。显然，克朗凯特站在了地球日组织者的这一边，后者要求在全国范围内实现生态平衡。地球日

---

[1] 译注：保罗·列维尔（1735—1818），美国籍银匠、早期实业家，也是美国独立战争时期的一名爱国者，他最著名的事迹是在列克星敦和康科德战役前夜警告殖民地民兵英军即将来袭。列维尔是位富有且杰出的波士顿银匠，他协助组建了一个针对英军的情报与警报系统。

是美国人民"提高环境意识的日子",为了这一天康门纳已经呼吁了很久。在城市里,数百万的市民参加了抗议毒害地球母亲的宣讲会,纽约市的第五大道和十四大街的大部分路段都禁止车辆通行。克朗凯特在纽约四处漫游着,看着美国人民即兴地用飞盘大赛、民间音乐和纯氧呼吸练习丰富着地球日。联合广场被挤得水泄不通,充满环保意识的人们挥舞着标语牌,反复呼喊着"拯救星球"的口号,用《纽约时报》的话来说就是人们制造了一场"生态狂欢节"。作为地球日主要组织者之一的参议员盖洛·纳尔逊(威斯康星州,民主党)对斯坦顿和克朗凯特表示了感谢,因为他们"花费了大量的时间和精力让国家对这个问题有了了解"。

难以精确地计算出克朗凯特对首届地球日的影响。作为电视时事评论员,他绘声绘色地在节目中称保卫"阿波罗"的宇航员们从月球上拍摄到的这颗蓝绿色星球免于毁灭的战役已经开始了,打响这场战役的正是地球日。他对"遍布垃圾的地球"和"肮脏不堪的水域"哀叹着,称对地球的这种亵渎是"反人类的罪行"。这样的报道自然能吸引住观众的目光。在克朗凯特、执行制片人雷瑟尔和伯恩的努力和参与下,地球日终于成了美国春季的重大新闻盛事。在《哥伦比亚广播公司新闻网报道》的时事评述部分中克朗凯特或许过分突出了被捕事件、警民之间的纷争,以及地球日的极端分子,后者其实看起来更接近于心怀不满的嬉皮士,而不是有着大好前途的生物学家。但是,他对地球日怀有浓厚的个人兴趣,将这起草根事件当作严肃新闻对待,仅仅凭着这件事情他就为环境保护事业贡献出了自己的信誉。地球日组织者萨姆·拉夫曾指出:"只要他在节目中提到这个问题,我就会发现收到的邮件增多了。我一直认为哥伦比亚广播公司和克朗凯特之所以帮忙促成这些事情是因为他们自己认可这些事情。"

地球日过后肯特州立大学枪击事件接踵而至。5月4日,俄亥俄州国民警卫队对这500名大学生开了枪,其中一些学生当时在示威抗议美国入侵同南越交界的柬埔寨。结果,4名学生身亡,另有9名学生受伤。事件发生的那个下午克朗凯特在洛杉矶的世纪城出席一场同公司分支机构老板的碰头会。当天晚上他在报道肯特大学的这条新闻是表现出自己的不满,结果公司下属电台和电视台那些保守派老板们勃然大怒。索科洛后来曾说:"这些分公司都被沃尔特气坏了,他们觉得他把俄亥俄州国民警卫队当作了罪犯,而不是执法者。萨伦特,一位真正的英雄,他忍下了他们的所有抱怨。天哪,这件事情太恶心了。他们觉得沃尔特变成了嬉皮士。"

同美国发生的很多其他惨剧一样,这个夜晚向观众播发这条新闻的重担又落在了克朗凯特的肩上。托马斯·格雷斯和科莱特·格雷斯夫妇一如既往地在客厅里听着克朗凯特的播音，当这位主持人说到肯特州的流血事件时他们立即坐直了身子，他们的儿子就在俄亥俄州的这所大学读二年级。结果，他们的儿子也受了伤，夫妻俩还是通过哥伦比亚广播公司新闻网的节目才了解到这个情况。事实上，通过克朗凯特的节目得知儿子或女儿被俄亥俄州国民警卫队杀害或致伤的并不只有格雷斯夫妇。

雷瑟尔派帕帕斯与瑞森纳报道这起事件，在接下来的一个星期里克朗凯特一直在报道这起事件造成的后果，包括100多所高校出现了罢课或停课活动，师生们还自发地为死者举行了悼念活动，对警卫队的队员们进行了刑事起诉。克朗凯特满怀同情和关心地采访了一向对国民警卫队表示不满的左翼分子，例如儿科医生本杰明·斯波克、民权运动代表人物科雷塔·斯科特·金和民谣歌手菲尔·奥克斯，这些人都强烈要求弹劾尼克松。

枪击案发生的5天后在华盛顿特区发生了10万人的抗议示威活动，克朗凯特就像一名刚入行的记者一样对这场活动进行了报道。5月14日，枪击案发生的10天后在杰克逊州立大学又有2名学生被杀害。克朗凯特带头呼吁尼克松应当立即设立校园骚乱总统委员会，这个建议受到了政府的重视。克朗凯特和同事帕帕斯开始将肯特州的流血事件称为"大屠杀"，不过媒体评论家们没有对他们的措辞变化做出评论。显而易见，克朗凯特和抗议政府入侵柬埔寨、抗议肯特州事件的学生站在了一起。他甚至鼓动自己的朋友，小说家詹姆斯·麦切纳将俄亥俄州国民警卫队的事情查个底朝天。据他自己所说，美国公众想要得到答案，而他又不信任尼克松政府给出的回答。在克朗凯特的督促下，麦切纳在1971年出版了《肯特州：发生了什么？为什么？》一书。

由于哥伦比亚广播公司新闻网对地球日和肯特州大屠杀事件的报道，克朗凯特在高校校园里备受欢迎。一直以来"二战"一代对他充满了信任，到了1970年的春天越战一代也开始信赖他了。在他的参与下，美国的青年思潮得到了明确的定义。他已经为此签上了自己的大名。在贝特西的母校，密苏里大学哥伦比亚分校的毕业典礼上他做了讲话，为反战和保护环境的青年运动进行了辩护，这番讲话令学校董事会感到震惊。在讲话中他缓慢而庄重地说道："我们决不能排斥我们中间的持异议者。我们必须对他们施以援手，而不是坚决反对。"

对"阿波罗11号"和地球日的报道令克朗凯特得意扬扬，他的新闻职业操守受到越来越多的赞誉，美国人文与科学院（又译作美国艺术与科学院）在1970年和1971年连续两年向他授予荣誉资格。他主持的特别节目《"阿波罗13号"的飞行》

讲述了登月舱"水瓶座"用"救生艇营救"洛威尔、斯威格特与海斯的经过,凭着这期节目他赢得了一座艾美奖得奖杯。在颁奖致辞中他指出正是由于美国宇航局的工作美国人一切皆有可能的伟大品质才得以在这个弥漫着不满情绪的时代得以保存。"我们首次将人类送入太空、送到月球的20世纪60年代在其他方面耗干了我们的精神。民权战役、越战造成的可怕分裂、一连串恐怖的暗杀事件,这些事情都在消耗着美国的精力。可以毫不夸张地说,太空项目拯救了我们。"

1970年12月2日环境保护局成立了,人们清楚地看到克朗凯特这名环保主义者究竟有多么狂热。当被动的环保主义者尼克松总统签署了一系列旨在控制空气与水的质量、杀虫剂污染和海洋倾倒垃圾等问题的法律法规时,克朗凯特虽然很开心,但是心中却充满怀疑。环保局的第一任局长,被尼克松称为"清洁先生"的拉克尔肖斯吃惊地看到就在他走马上任的几天后克朗凯特就来登门拜访了。后来他曾回忆说:"沃尔特对环境保护的热情之高令我感到惊讶,他竟然以这么公开的方式将这个问题放在了优先考虑的位置上。"

在生活中克朗凯特坚信自然法则和力量同上帝具有同样的地位,这种思维体系来自于先验主义者,在"地出"得到了鲜明的体现——人类如何能停止这个星球上的暴力和毁灭?他告诉成千上万的电视观众必须停止对地球的劫掠。如果美国人民无视放射污染、空气污染、水污染、推平荒原、吸干湿地、破坏河口、给空中释放噪音等问题,那么他们将没有明天。美国政府需要控制管理污染企业,强令这些企业将环境保护的工作置于利益之上。这就是克朗凯特对地球日的理解,这种认识让他成为生态运动的先锋。当时有一批年轻人在致力于宣传所有的公民都必须成为有责任心的地球监护人这一基本理念,其中绝大多数都同他的三个孩子属于同一代人,他张开双臂接纳了这批年轻人。他还常常在节目中向观众问道:"世界可以得到拯救吗?这并不是世界末日那一套花哨的说辞,它是我们这个新时代的核心问题。"在他于1971年5月出版的著作《放眼世界》和他主持的节目中都出现了一整幅图片,在画面中自由女神像矗立在垃圾堆上,在这座垃圾山的山尖上摆着一个被丢掉的电视机,电视机的屏幕是破碎的。对于克朗凯特而言,像在《放眼世界》中这样大胆地宣扬公共政策是史无前例的。这部结构生涩的作品收录了哥伦比亚广播公司新闻网在20世纪70年代对主流思潮和事件的报道,其内容侧重于生态问题。克朗凯特不仅承担了编纂的工作,而且还为这本书撰写了分析和评论内容。之前他受过耶鲁法学教授查尔斯·赖克的指导,后者的著作《美国"绿"化》也在宣传"选择"有生态意识支持的"新生活方式"这一思想。克朗凯特完全背离了之前坚定支持宇航局的那个自己，从而跻身于左翼阵营。共和党人一直欣赏克朗凯特驱使美国在太空竞赛中击败苏联的努力，即便克朗凯特具有自由主义的倾向。然而，现在白宫的主人是尼克松，克朗凯特想要让20世纪70年代成为环保十年的努力无疑于是在石油企业、林业公司、汽车企业和那些谋取矿业资源的大公司的脸上狠狠捆了一巴掌。《放眼世界》中提到的英雄，诸如缅因州的民主党参议员埃德·马斯基、巴里·康门纳博士、生物学家保罗·埃利希和消费者活动家拉尔夫·纳德都是中左翼政治家。

这部作品中的四大反面角色是陶氏化学公司、佛罗里达电力照明公司、爱迪生联合电气公司和雪佛龙石油公司，当克朗凯特公然将矛头指向这些污染企业的时候，似乎美国联合碳化物公司靠着长期赞助《21世纪》的资本躲过了这一劫。克朗凯特带着不可思议的预见性在书中指责这些企业释放的二氧化碳对地球的健康造成了破坏。通过纪录片《不合时宜的真相》，艾伯特·戈尔让全球气候变暖这个概念变得家喻户晓，这部影片在2006年获得了奥斯卡奖，其实克朗凯特在很早之前就已经在《哥伦比亚广播公司晚间新闻》和《放眼世界》中发出了同样的警告。他告诉人们："每年美国的电力企业都要向空中释放出8亿吨二氧化碳气体，一些科学家认为二氧化碳有可能会将这个星球变成一座温室，将热量封闭在大气层里，这样一来气温就会逐渐升高，最终两极的冰盖消融，又一场大洪水覆盖在大地上。"

克朗凯特亲自参与了1970年和1971年开展的"拯救海岸"环保活动。就在马萨诸塞州埃德加敦市附近的水域漂满浮油时他加入了马萨葡萄园岛生态活动及灾难委员会，虽然他自己没有扛起"不要让我们的宝贝儿粘满石油"的标语牌，但是他在报道中发布了一张他的那些充满环保精神的青年朋友们聚集在葡萄园岛的照片，还帮助他们募集了活动资金。此外，他还以自己的声望对阻止重工业用户——例如，炼油厂和大宗货物航运站——继续破坏特拉华州和马里兰州沿海地区的草根运动进行了支持。在大量参与非营利性组织世界野生动物基金会的活动过程中他越来越坚定地想要掌握辨别各种水禽的方法，曾不止一次地公开宣称自己最钟爱的书籍是罗杰·托利·皮特森所著，再版多达5次的《鸟类指南》。每年他都要回到奥斯汀两次，去探望女儿，每次回去的时候他都随身带上皮特森的另一部著作《得克萨斯及周边各州田野指南》。在1980年的时候他还同彼特森合作完成了《拯救鸟类》一书，在这本书的声明中他向读者指出一旦鸟类灭绝，人类必然消亡。

凭借着《世界可以得到拯救吗？》这个栏目哥伦比亚广播公司的《晚间新闻》荣获了艾美奖，此后公司里的记者们都一心想要得到报道环境问题的任务。这个栏目时断时续地播出着，直到1980年才停播。到了21世纪，地球日已经发展成几乎同情人节和母亲节一样重要的非官方常规节日。在地球日创立的20周年庆祝活动上，雷诺·杜博斯人类环境中心为克朗凯特授予了享有声望的"只有一个地球"奖。这份嘉奖是对他推广环保意识的盛赞，是他最为珍视的荣誉。正是在他的帮助下，地球日和新环保主义在电视媒体中占有了一席之地，在纽约希尔顿酒店里举行的庆祝会上1000多名具有环保意识的市民一起站起身，向这位功臣举杯祝酒。

在余生中，每当提及"日出"、《寂静的春天》和《封闭的循环》时克朗凯特总是会想到地球面临的凶险环境。不过，当驾驶着"温迪号"在浩瀚的星空下畅游大海时他就会情不自禁地将上帝奉为宇宙的主宰者。"这是你同大自然母亲的关系。在海上，你同她成了盟友，但是她只是用她那始终斜睥着世间的眼睛看着你。"2000年得克萨斯州的一名少年问克朗凯特在他的一生中哪件事情对他的意义最重大，克朗凯特毫不犹豫地回答道："征服太空。"他还说自己依然梦想着能亲自漫步在月球上，站在宇宙里看一看地球"这艘漂浮在太空里的小救生艇"。

第二十六章

尼克松与哥伦比亚广播公司之战

与帕特里克·布坎南交战——科尔森挥舞战斧——阿格纽发泄怒火——联邦调查局的审查——不在敌人名单上——在圣约瑟夫挑战尼克松政府——哥伦比亚广播电台监察人——赫布·克莱因的含蓄威胁——沉默的大多数对克朗凯特略有攻击——电子传媒的捍卫者——"贩卖五角大楼"——洋基队、百老汇和帕皮提——厄尔·考德威尔的辩护人——令默罗引以为荣

1969年11月13日，副总统斯皮罗·阿格纽在爱荷华州的首府得梅因市对一群共和党人喋喋不休地做了一场激愤的演说——《论全国性媒体》。这场攻击性的演说令克朗凯特目瞪口呆。这篇言辞激烈的演说稿是由当时年仅31岁，专门为尼克松撰写演讲稿的帕特里克·布坎南执笔的，内容主要集中在作为民族阵线主流传播媒介的电视新闻节目中存在的自由主义倾向。后来布坎南曾提起过当初他被叫进总统办公室，和总统就语气专横的演讲初稿进行了讨论。总统尼克松"非常开心"，一边读着这篇直言不讳的文章，一边幸灾乐祸地咯咯笑着。如此感情用事地任由阿格纽对三大广播公司开火对布坎南的顶头上司来说不啻为一场极其令人愉快的狩猎活动。在2011年接受的一次采访中布坎南透露了当时的情景："尼克松戴上眼镜，亲自修改了稿子。"还说"这会撕开那伙浑蛋的伤疤"！布坎南说："通常白宫的发言在修改时都会得到缓和，但是这一次是个例外。尼克松就是喜欢刺痛对方的感觉。"

阿格纽在爱荷华州做演讲时实际上就是在挥舞着战斧，对三大广播公司严加斥责了一番（"这一小撮人不仅十分喜欢在总统每一次讲话后立即进行驳斥，更重要的是，他们还可以肆意选择、展现和解读国家的重大问题。"）出人意料的是，阿格纽明确地将目标指向克朗凯特一伙人，"这一小撮人，人数大概不超过12个'主

播'、时事评论员和执行制片人，专门将20分钟左右长度的画面和评论展现在观众面前"。阿格纽尖刻地指出这一小群精英分子都来自纽约和华盛顿，不能代表真正的美国。在讲话结的尾处他老练而尖锐地暗示说诸如《哥伦比亚广播公司晚间新闻》之流的节目都是在煽动社会中的激进因素，并对尼克松总统怀有偏见；如果说越南战争实际上陷入了僵局，那么这也应当被归咎于塞弗、绍尔、拉瑟与劳伦斯之类的自由主义记者，因为他们从越南丛林里发出的战地报道令人毛骨悚然，正是在这些报道的诱导下舆论向左转了。他警告说："是时候应当要求这些广播公司能够对国家的观点做出更积极的回应，对他们所服务的人民更加负责了。"

尼克松并不是第一位感到自己受到第四等级迫害的总统，也不是第一位幻想能利用威逼恫吓的手段就能将其驯服的总统，但是他让总统和媒体之间的摩擦发展到了放射性的地步。媒体宠儿约翰·肯尼迪在1960年的总统大选期间常常抱怨说媒体的报道有失公允，甚至坚信克朗凯特是共和党人。正如克朗凯特所记得的那样，在尼克松的第一次出任总统之初"这届政府的敌意基本上跟以前的历届政府没有什么区别"。实际上，克朗凯特认为相比于共和党的总统，民主党的总统们实际上对媒体更充满斗志。但是，在入住宾夕法尼亚1600号的时候尼克松满脑子都是唯我独尊的反媒体思想。在第一届任期的早期他在一份备忘录里写道绝大多数记者都对他怀着"消极态度"，而且"他们的毕生目标就在于把我们拉下马"。结果，尼克松一语成谶。

早在1969年5月6日的时候《哥伦比亚广播公司晚间新闻》和白宫之间就第一次出现了不信任的迹象。当时克朗凯特主持了一期名为"记者报道"的《特别报道》，在节目中对尼克松上任100天的工作进行了分析，拉瑟吹捧说尼克松在监督实施开明的外交政策时显示出了"充沛的精力"。就在三天后媒体发现美军悄悄地对柬埔寨实施了轰炸（对于此次纯粹是为了彰显总统大权的行动克朗凯特感到极其厌恶）。

尼克松对记者们怀着满腔怒火，不过他没有亲自宣泄出这股怒火。阿格纽这一举动之所以令人感到意外是因为在此之前他一直乐于同媒体保持良好的关系。当这位副总统拿着布坎南的稿件做演讲时（克朗凯特称这次演讲"充满刻薄话"），三大广播公司步调一致地从华盛顿州得梅因县进行了现场直播。阿格纽指责这些以纽约为总部的精英堡垒同《纽约时报》的社论版串通一气。这并非实情。阿格纽没有提到三大广播公司最重要的主持人都来自北卡罗来纳、蒙大拿、印第安那、密苏里、北达科他和路易斯安那，他们并没有从同一群经理那里接到进军的命令。哥伦比亚广播公司的小爱德华·比利斯在《现在开始广播：广播新闻史话》中写道："在播音界的人看来，切特·亨特利、弗兰克·雷诺兹、沃尔特·克朗凯特和其他人'一直在相互交流'的景象太可笑了。"

阿格纽在讲话中描绘了广播公司里存在着一个以纽约和华盛顿为基地的小团体，1969年11月25日，在密苏里州圣约瑟夫市克朗凯特当着商务部的面对阿格纽的这种说法做出了驳斥。坐落在中西部的会场距离格里产科医院仅有几英里之遥，1916年11月克朗凯特就出生在这家医院。受到故乡观众热烈欢迎的克朗凯特在这里做了两个小时的讲话，回答了听众提出的大量有关广播电视新闻业的问题（《60分钟》播出了圣约瑟夫讲话前半段的内容）。他以国旗为背景，在讲话中称阿格纽在得梅因的演讲和联邦通信委员会主席迪安·伯奇言辞激烈的声援"显然是为了进行恫吓"。圣约瑟夫市的一位居民似乎对副总统充满同情，他问克朗凯特广播公司是不是有点反应过激。克朗凯特回答道："或许我们的反应还不够呐。他们对言论自由含蓄地进行了威胁，我们是对这种威胁做出了反应。一旦出现这种威胁，我们就必须做出强硬的反应，我们必须狠狠反击。"

克朗凯特在圣约瑟夫的公开讲话鼓舞人心。无独有偶，哥伦比亚广播公司的总裁斯坦顿也在写给白宫的一封毫不留情的信中一股脑儿地将自己对阿格纽的恼怒宣泄了出来，称这位副总统在得梅因的恶劣讲话对美国的民主制度造成了"最恶劣的后果"。为了维护第四等级，克朗凯特与斯坦顿甚至甘愿同白宫兵戎相见。

火冒三丈的克朗凯特毫无保留地对他所说的尼克松政府的"含蓄威胁"进行了谴责，在他看来副总统阿格纽是在玩一场"危害美国民主制度"的敲诈游戏。战争公开了。

对于克朗凯特对事业的保护欲尼克松一方的估计大错特错，因为他根本就不是一位慈父。倘若你不是一个习惯斗殴的人，那你根本就不会像克朗凯特在1960年洛杉矶民主党代表大会上那样，将默罗锁在公司播音间的大门外。克朗凯特没有滚蛋，他不停地对尼克松政府提出批评。令斯坦顿惶恐不安的是，克朗凯特甚至在参议院指控白宫阴谋反对媒体的一场听证会上提供了证词。这项指控太严重了。提到这段往事时克朗凯特曾说："我的一些同行，甚至是公司里的同事都认为我太过分了。他们说我没有证据证明这场战斗没有收到任何人的指示，根本就不是阴谋。我想我用的是老一套的鸭子理论：如果它能像鸭子那样游水、走路、嘎嘎地叫唤，那它很有可能就是鸭子。"

早在1969年10月15日，尼克松总统就对克朗凯在民众呼吁结束越战的"停战日"的大规模示威游行和演讲会上表现出的热情大为震怒，这一天20万抗议者来到国家广场，举着蜡烛守夜，呼吁停止越南战争。电视报道接受示威一方的说法。在听完科雷塔·斯科特·金在集会上的讲话后，克朗凯特在《特别报道》中称此次抗议活动"从范围上而言具有历史意义"，"此前从未有这么多人同时发出渴望和平的呼声"。面对这种举动，被激怒的尼克松在一份新闻摘要上克朗凯特的名字旁边写下了霍尔顿·考尔菲德[①]式的恶毒话，"小人物！"

阿格纽对三大传播公司发起了正面攻击，联邦调查局则不谋而合地展开了对克朗凯特的调查。调查局在很长时期内一直否认曾对克朗凯特实施过监视，但是在2006年调查局改变了说法，声称有关克朗凯特的记录都被销毁了。但是，《信息自由法案》要求设法揭露尼克松政府监视克朗凯特的证据。联邦调查局至少透露了一名告密者的情况，此人宣称克朗凯特从1969年开始就和反越战积极分子有了合作。雅虎新闻在2010年披露了相关的文件，证实一名联邦调查局的线人潜伏进抗议组织"新美国青年"，当时克朗凯特在哥伦比亚广播公司在奥兰多的下属机构WKMG电台，他跟这名线人聊了大约45分钟，谈话间对反战事业充满了同情。

这些文件表明克朗凯特曾怂恿这名线人在佛罗里达温特帕克的罗林斯学院里组织一场"结束越战停战日"的集会。1969年11月14日尼克松将出现在佛罗里达参加"阿波罗12号的"的发射，"新美国青年"想要在13日和14日在肯尼迪角附近举行集会上，给总统们出难题。按照计划，在15日还将有一场大型的进军华盛顿的反战游行。克朗凯特是公认的一位客观中立的记者，但是联邦调查局得知他告诉调查局的这名线人如果"新美国青年"在佛罗里达的凯利帕克举行一场反对尼克松的集会，那么哥伦比亚广播公司新闻网就会租用一家直升机，将来自缅因州的参议员埃德·马斯基从一场募捐活动现场送到集会点，马斯基将在集会上作讲话。据说克朗凯特还承诺过哥伦比亚广播公司新闻网还会大规模地报道在佛罗里达的集会活动和接下来进军哥伦比亚特区的游行。对克朗凯特而言，有了马斯基的参与这场抗议活动就有资格成为特大新闻，马斯基大概是当时最主要的反战参议员。然而，人们根本无从得知这名线人所言是否属实。

对克朗凯特的调查记录长达72页，佛罗里达集会的事情并非是唯一被记录在案的。联邦调查局还监视过克朗凯特同密西西比州的人权活动家之间的合作，对参加

---

① 译注：霍尔顿·考尔菲德，《麦田里的守望者》的主人公。

过哥伦比亚广播公司新闻网地球日论坛节目的环境主义者也作了监视记录。布坎南后来曾说过:"尼克松政府和哥伦比亚广播公司之间酝酿出了一场战役。美国民众中大约有三分之二的人都依赖着各个广播公司了解新闻。我们都知道纠缠哥伦比亚广播公司绝不是毫无风险的事情,没有谁会帮我们善后。我们陷入了不利的局面。尼克松真的视媒体为敌人了。"

在1969年的下半年布坎南组织人力,实施了一项针对广播公司新闻节目的调查,该调查旨在量化媒体中明显存在的自由主义倾向。他的观点在白宫的"敌人名单"中得到了具体的体现,这场拙劣的闹剧完全是尼克松对自以为的政治危机和敌人过分偏执的产物。这份名单是总统的特别顾问查尔斯·科尔森编写的,其目的在于通过国税局进行税务审计、停止拨款和批准项目等各种手段"搞垮"尼克松的政治敌人。哥伦比亚广播公司新闻网的记者绍尔发现自己排在尼克松这份"搞垮政敌"花名册的第十八位。全国广播公司新闻网的布林克利也被阿格纽在讲话中点了名,他后来曾在文章中写道:"出于一些我永远无法搞明白的理由尼克松认为我是他的头号敌人。我的确从来没喜欢过他,可我也从来没有在节目中抨击过他。"

克朗凯特相信是尼克松本人——而非其代理人——想要摧毁三大广播公司,历史证明他的想法没有错。1974年7月水门事件的录音带被曝光,其中录下了尼克松命令向媒体进军的讲话:"媒体就是敌人。"在所有录有尼克松声音的录音带中克朗凯特的名字被提及了很多次,白宫的确决意对记者们进行威吓。曾经担任尼克松政府白宫撰稿人,后来成为《纽约时报》专栏作家的威廉·萨菲尔曾委婉地问道:"是否的确如哥伦比亚广播公司的沃尔特·克朗凯特郑重指出过的那样,尼克松政府的确曾阴谋诬蔑媒体,败坏媒体的名声?总统是否亲自煽动、指导并督促这场所谓的'反媒体运动'?这场传说中的诽谤恫吓尼克松所仇恨的记者的运动是否成功了,是否真的让这些人远离了政治,在政治上削弱了他们的力量?可悲的是,所有这些问题的答案都是肯定的。"

在尼克松主动进攻的诱发下,数百万人开始宣泄出长期以来一直压抑在心底的怒火,这些所谓的"沉默的大多数"都是对晚间新闻中被他们视为缺乏爱国心的自由主义论调感到愤怒的保守主义者和自由主义者。这些人的怒火被阿格纽点燃了,现在他们突然发现自己加入了支持白宫的洪流中,一心想要让克朗凯特一党化为灰烬。电视新闻持有偏见的问题变成了共和党的战斗口号,给这个已经四分五裂的国家又提出一个各方争执不下的问题。《时代》和《新闻周刊》都对三大广播公司主播受到白宫围剿的事情做了报道,承认的确存在电子媒体手中的权力过大的问题。

曾出任马里兰州州长的阿格纽从默默无闻的副总统摇身一变，成了共和党最受欢迎的募捐人。只要是有他出席的募捐会，尤其是确定他将在会上针对媒体问题发表讲话，募捐会就必定会座无虚席。那幅景象就像是游乐胜地康尼岛上的怪物展——快来听阿格纽痛斥媒体啊！保证见红！没有人猜得出他会说些什么！广播公司收到成千上万的观众来信、来电，以及电报，这些观众无不在谴责它们具有反美倾向。1969年12月哥伦比亚广播公司新闻网报道说公司还从未就一个问题收到过如此大量的反馈意见，支持阿格纽和反对他的来信、来电的比例达到5：1。

在科尔森的领导下白宫对克朗凯特的公开发言进行了调查，一心想要揭露他明为客观公正的记者，实为肯尼迪式自由分子的嘴脸。在分析克朗凯特在《哥伦比亚广播公司晚间新闻》的播音工作时科尔森难以找到充分的材料，但是当他读到克朗凯特在哥伦比亚广播电台工作时留下的新闻广播稿时——早在20世纪60年代初期他就已经在公司的广播电台工作了——这位主播就像圣诞树一样在他面前闪耀了起来。约翰逊总统曾打趣地说倘若克朗凯特有胆量把他在广播节目里说的那些话搬到电视上，那么美国街头一定会爆发一场革命。科尔森在搜寻目标，他的枪已经瞄准了克朗凯特后背。

在1969年12月科尔森找到的最具有争议性的广播稿就是克朗凯特针对前一年发生的美莱村惨剧对美国政府提出的批评，在这场惨剧中南越平民遭到美军第23步兵师第11旅第20团第1营C连士兵的野蛮屠杀。克朗凯特在节目中不假思索地质问道为什么更多的美国人没有对美军试图掩盖大屠杀的行径感到愤慨。不满于《晚间新闻》局限性的他按照弗兰德里在1966年提供的建议，在广播节目做了大量的无用功。这个节目就像是5分钟广播版的调查性记者伊西多·范因斯坦·斯通的通讯杂志《I·F·斯通周刊》。克朗凯特觉得在《晚间新闻》里赞扬报道美莱事件的记者西摩·赫什并不合适，但是他能够在自己的广播小天地里对赫什无可挑剔的调查研究工作表示支持。

数十年后克朗凯特承认科尔森将他在广播节目中所做的评论理解为对反战思想的深入分析这没有错，他说："我竟然能在广播里那么做，而且还没有吃到苦头，这一切一直令我感到惊诧。就是因为我是在广播中宣泄怒火的。"克朗凯特不仅在广播节目里肆无忌惮，而且还经常抨击尼克松政府抛弃了穷人阶层、进行种族迫害、违背宪法，这些可都不是无足轻重的罪名。多年后他大笑着说道："当时我以为总有一天天要塌下来，有人会在报纸或者其他媒体上发表一篇大新闻。我不知道为什么我能侥幸逃过这一劫，一直安然无恙！在试探对方的路上我们越陷越深，越走越远，可是我从来没有因此被对方盯上。"

尼克松继续越南战争的可怕决定促使克朗凯特变成了一名左倾广播社论员，这种转变又带来了一个新的问题——克朗凯特做了如此过火，又具有强烈的亲民主党倾向的评论，他怎么会逃脱惩罚呢？克朗凯特始终宣称"有趣之处"就在于他羞辱尼克松与科尔森，把他们耍得团团转。他们的确尽力了，可是在翻阅了一大堆克朗凯特的广播稿后，事实就清楚无误地摆在了科尔森的面前，显然这位主播在节目中用的都是泛指性的措辞，以免受到诽谤罪的指控。克朗凯特经常使用诸如"人们觉得"和"一些人认为"这样的说法，以貌似合情合理的方式让自己摆脱了责任。

白宫与哥伦比亚广播公司新闻网之间的战争最终发展到了诉讼的地步。新闻网的记者绍尔指控帕特里克·布坎南的哥哥亨利·布坎南代表尼克松政府从事洗钱的勾当。这可不是一桩小事。1973年5月，克朗凯特在《晚间新闻》的头条位置播出了这条新闻，亨利遂以诽谤的罪名对克朗凯特提出起诉。追查资金下落的工作非常复杂，而且自始至终没有足够的证据证明亨利的确犯有此项罪行。为了在法庭上斗败亨利，哥伦比亚广播公司新闻网组织了一批法律精英，同时还紧紧抓住《纽约时报》公司起诉沙利文的案例为自己辩护（在这起诉讼案中最高法院认为或者出版方在出版之前就知道将要发表的信息有误，或者在知情的情况下却轻率地无视事实，只有在这两种情况下才能证实诽谤或诬蔑的罪名成立）。亨利实际上是一位公众人物，因此要想坐实克朗凯特与绍尔的诽谤罪就必须先证明他们对亨利怀有恶意。这起诉讼案最终陷入了僵持不下的局面。40多年后这起纷争已经烟消云散，但是依然愤愤不平的帕特里克·布坎南还是说："克朗凯特和绍尔对我哥哥的指控是错误的。历史证明了这个指控是错误的。"

1970年2月，白宫认为布林克利在节目中对国防预算的问题很怠慢，恼怒的白宫又恢复了原先的计划，继续中伤三大广播公司。白宫办公厅主任哈里·罗宾斯·霍尔德曼对尼克松的竞选副总监杰布·马格鲁德尔下达了指令："把注意力放在全国广播公司上，好好考虑一下应该如何应付他们制造的麻烦，他们对政府的一举一动都怀着彻头彻尾的负面意见。"似乎尼克松要占上风了，但是他的对手不是克朗凯特。面对白宫很多记者都有些踌躇，他们不愿意招惹白宫。谁都不希望被阿格纽泼上一身烂泥。《纽约客》杂志十分罕见地刊登了一篇长达五页的评论文章，对新出现的新闻环境进行了一番谴责。这份声誉卓著的杂志指出："现如今，通过很多很不起眼的方式，新闻报道似乎都反映出急于取悦掌权者的倾向。"1970年3月，克朗凯特在一次节目中的访谈过程中对《纽约客》的观点表示了认同。他说：

"我感到就要出事情了，或许是潜意识里的感觉吧，不过我在努力让自己不要受到这些事情的影响。我想整个行业已经被吓坏了。没错，我想这就是他们的意图，我想这种做法起效了。"

就在六个月前，《哥伦比亚广播公司晚间新闻》播出了在波美南越士兵用刺刀将一名手无寸铁的越共战俘活活捅死的画面。这段影片产生了强大的冲击力，那名南越士兵用刀子刺入战俘的身体一侧，然后费力地将刀子拔了出来，接着又将刀子刺进了战俘的胃部。为了这段影片的播出克朗凯特付出了全部心血。1970年的春天，突然间一大批报纸专栏指出这起事件是人为摆布的，这种伪造品是广播公司新闻节目中司空见惯的伎俩。克朗凯特认为这是一场"中伤哥伦比亚广播公司新闻网的秘密运动"，他怀疑尼克松政府打算将最近一次对南越军队的承诺付诸实践，授意专栏作家们撰写一批命题作文，还给他们提供了半真半假的信息。给哥伦比亚广播公司新闻网制造这场麻烦的罪魁祸首就是白宫通讯联络办公室主任，曾经在《圣地亚哥联合论坛报》作过记者的赫布·克莱因。

在克朗凯特的号令下，哥伦比亚广播公司新闻网重新调查了波美事件的影片，找到了影片中杀害战俘的南越士兵。这名士兵承认自己的确杀死了那名越共游击队队员，但是他宣称自己的做法属于自卫行为，因为当时对方伸手去抓旁边的一把枪。哥伦比亚广播公司新闻网的影片中的确出现了另一名俘虏去抓武器的情景。《晚间新闻》重播了原先的报道。事情过后克朗凯特根本无意掩饰自己的态度，他直截了当地说："我们播出了原先的报道，因为我们相信这个报道在一定程度上展现了越战的本质。自那之后发生的事情透露出政府的某些问题，以及政府跟报道了政府不认同的新闻的新闻媒体之间的关系。"

1970年年末，哥伦比亚广播公司的总裁斯坦顿收到参议员詹姆斯·威廉·富布赖特（民主党，阿肯色州）的一封信，后者告诉他五角大楼才是白宫指责哥伦比亚广播公司新闻网存在"不诚实的媒体行为"的罪魁祸首。富布赖特讲述了为了摄制支持其战争政策的影片国防部自导自演了一系列事件，决意羞辱国防部部长梅尔文·莱尔德的他在1970年出版的《五角大楼宣传机器》中详细阐述了这一指控。哥伦比亚广播公司新闻网随后制作了纪录片《贩卖五角大楼》，这部在《特别报道》播出的影片讲述了国防部的宣传活动，通过调查揭露了五角大楼如何耗费纳税人的大量税款推销艾森豪威尔在任时所说的军事工业复合体。哥伦比亚广播公司新闻网已经从国防部公共事务办公室拿到了国防部在冷战时代拍摄的所有反共宣传影片。

其中一部影片中有一个片断来自美军拍摄的电影《鹰爪》，这部影片对有点麦卡锡主义的"红色恐慌"思潮表示了支持（或者说，在20世纪70年代的青年人看来是这样的）。为这部影片担任旁白的不是别人，正是沃尔特·克朗凯特。他那独特的嗓音为国防部的这部影片所传达的残酷刺目的反共观念增添了几分可信度。由罗杰·马德旁白，定于1971年2月23日播出的纪录片《贩卖五角大楼》格外突出了这个令人感到尴尬的事实。

这部纪录片的播出已成定局，但是必须有人让克朗凯特知道这段老影片就要播出了……在《鹰爪》中他的举止和声音都像是一个白痴。然而，没有人自愿承担这个任务。经过充分的讨论之后，最终公司决定由新闻部的副总裁戈登·曼宁在同克朗凯特去国外旅行期间将这个消息告知克朗凯特。可是，不知怎的在途中曼宁始终没有找到合适的时机向克朗凯特提起这件事情。

新闻网的总裁萨伦特站了出来，他同克朗凯特和制片人彼得·戴维斯一起对这部将要在《特别报道》中播出的纪录片进行了预审。当审片室的灯光亮起后克朗凯特对戴维斯说："做得不错。"然后带着自卫的意味对萨伦特说："这样吧，把那一段删掉。"

萨伦特知道哥伦比亚广播公司新闻网的地位岌岌可危，他告诉克朗凯特《鹰爪》中的那一段必须保留。委婉地说，当时克朗凯特对这个答案一点也不满意。后来提起这段往事时比尔·伦纳德说："在有些人看来——包括沃尔特在内——如果我们在《贩卖五角大楼》中加入了《鹰爪》中的那一段，那我们就是在有意当众自找麻烦。"萨伦特坚持认为之所以不能删除克朗凯特在1962年宣传反共思想的那一段影片是因为尼克松政府会再冲他们咆哮起来，高声叫骂他们的伪善。毕竟，五角大楼在此之前给过哥伦比亚广播公司一大批宣传片，其中就有《鹰爪》的一份拷贝。骰子已经扔了出去。后来伦纳德在文章中写道："可以肯定的是，倘若我们不播出这一段影片，那它就会变成射向我们自己的炮弹。"

在肯尼迪的新边疆主义大行其道的1962年克朗凯特的道白是爱国的表现，9年后却散发着尼克松式的反共宣传臭气。所有人都知道克朗凯特对宇航局十分偏爱，但是他是否一直在支持麦克纳马拉？他是不是肯尼迪面前的香饽饽？这部纪录片给观众留下了的就是如此不幸的印象。克朗凯特在20世纪60年代早期把自己那副令人向往的嗓音贡献给了各种纪录片，任何一个我们能想到的博物馆都曾请他为多媒体展览录制解说词。在肯尼迪时代克朗凯特获利颇丰，看起来《贩卖五角大楼》就是克朗凯特付出的代价。克朗凯特在1971年多么希望自己的身影可以被剔出出那部令人难堪的纪录片。他曾抱怨说："我觉得他们单单挑中了我。其实很多人都做过这种影片，在华盛顿这种事情很常见。他们搞得好像只有我干过这种事情似的。我觉得这太不公平了。"

由于马德接受了为《贩卖五角大楼》录制旁白，克朗凯特对他记恨了很长时间。安迪·鲁尼认为正是因为这件事情，在克朗凯特退休后马德也没能坐上《晚间新闻》主持人这把椅子。对于克朗凯特而言，这件事情太尴尬了。在影片中，身为平民播音员的他穿着美国海军上校的全套制服，朗读着有关"红色恐慌"的官样文章。其实他并不厌恶这部纪录片的主旨，即有责任心的公民应当对政府告诉他们的事情进行思考，如果必要的话，还应当不怕麻烦地对其提出质疑。在《晚间新闻》的一期节目中克朗凯特播出了一段短评，根据记录这是他做过的最短的评论之一，无疑这段评论是他自发产生的。杰克·古德曾在《纽约时报》的文章中以嘲讽的口吻详细地记述了这段评论："沃尔特·克朗凯特，在让自己置身新闻之外方面最小心翼翼的主播之一，在星期二的晚上用军方惯常使用的复杂难懂的语言向观众解释了美国对中南半岛实施的空中打击。经过一段耐人寻味的停顿后克朗凯特说：'噢。'这句话比他在阿姆斯特朗走在月球上时脱口而出的'噢，天哪！'少了几个字。"

在一次公开演讲中克朗凯特谈到了越南战争蔓延到老挝的事情，以此说明为什么电视新闻是民主制度必不可少的组成部分。哥伦比亚广播公司新闻网报道了美军在老挝的非法行动，一心指望这些符合事实的报告能自动偃旗息鼓的尼克松政府否认了这件事情的存在。保守派宣称《哥伦比亚广播公司晚间新闻》为了羞辱总统而编造了老挝的新闻，克朗凯特对这种指控充满了怀疑。在底特律经济俱乐部所做的一次讲话中他说："此刻有数百名记者在越南报道着这场战争。现在真会有人以为他们就坐在越南某地的一间密室里……说'听着，这周咱们就把美国人送到老挝去。这会成为一个天大的新闻。咱们就这么办'。……真会有人相信媒体可以干坐着幻想出这一切吗？还有人说，'咱们真的在老挝吗？我的意思是政府还没说我们在那里啊。'好吧，我想我们最好还是重新开始相信媒体吧。"

在外界的印象中克朗凯特是一个同尼克松政府有所冲突的东部地区事业有成者，有五六次，为了改变这种一成不变的形象他向杂志和报纸公开了自己的私人生活。结果，他与贝特西成了似乎受到所有人欢迎的人。每当同其他记者一起尽情享乐的时候克朗凯特更喜欢在久负盛名的P. J. 克拉克酒吧一边享用夹得满满的奶酪汉堡，一边和大家聊着美国政治生活中的闹剧。采访时他最喜欢两个地方，一个就是他在公司新闻网的办公室，另外一个是新闻网的同事们最喜欢的聚会场所板岩餐厅。板岩餐厅的天花板很低，木地板上还铺着木屑，提供的菜品也都是私家菜，最棒的一点就是酒吧老板西摩·兰德给克朗凯特的记账额度很优厚，有时候甚至告诉克朗凯特酒水都算在他的头上，这句话在这位守财奴主持人听来不啻为天籁之音。

为了证明克朗凯特是一个以家庭为重的男人，公开亮相时他常常把贝特西带在身边。然而，并不是每一次贝特西的机智都会对他的事业产生有益的作用。贝特西对第一夫人帕特·尼克松所说的刻薄话经常反复出现在各种小报上。例如，在1962年11月，贝特西同一群女共和党人聊着理查德·尼克松在竞选加利福尼亚州州长的时候被帕特·布朗击败，一位充满同情的女士轻声说道："昨晚我真为帕特·尼克松感到难过。"听到这句话，贝特西刻薄地回答道："我每天晚上都替她感到难过。"克朗凯特辩解说妻子的这番话是"对迪克·尼克松的权威性评论"。

沃尔特与贝特西都认为在纽约度过的一个个无聊的夜晚是他们共同的悲剧。这对喜爱社交的夫妻经常在科帕卡瓦纳俱乐部观看演出，在卡莱尔咖啡馆和华道夫-阿斯多里亚这些酒店的餐厅里进餐。在第二大道上的伊莱恩餐厅成了他们最喜欢的一个去处。贝特西时常带着三个孩子——有时候只有一个孩子——突然转道去哥伦比亚广播公司新闻网的演播室观看克朗凯特在晚间的现场播音。如果孩子们在录制节目的过程中偷看的时间长了一点的话，很快就会有人把他们带出去，作为惩罚一连几个月都不准他们再溜进演播室。有时候，等克朗凯特结束晚上的播音后全家人会去加拉赫牛排馆、21俱乐部或者萨迪餐厅共进晚餐。百老汇的演出也是他们克朗凯特一家在夜晚最美好的娱乐活动。在哥伦比亚广播公司于1964年收购了洋基棒球队的80%的股份后克朗凯特有时候还带着奇普搭乘地铁去体育场观看棒球赛。

克朗凯特的长女南希曾就读于雪城大学，但是为了结婚她早早就离开了学校。小女儿凯西当时在亚利桑那州的普雷斯科特学院读二年级，在1970年6月她嫁给了自己当年的校友。当时年仅13岁的奇普住在家里，就读于曼哈顿的一所私立学校。有一个名人父亲会享受有很多特殊待遇，但是同时也存在着一些不利的因素。克朗凯特家的三个孩子常常悲伤地抱怨说他们那位举世无双的爸爸待在家里的时间太少了。南希曾说过："小时候我总是坐在电视机前，尖叫着：'爸爸，从匣子里出来！爸爸，回家！'"有一次，克朗凯特让小南希坐下来，试图向她解释哥伦比亚广播公司新闻网都在做些什么，电视是多么神奇的现代广播工具。后来南希曾说："当时爸爸把电视的工作原理统统解释给我听。我那会儿只是一个小孩子，他不停地讲着电波如何传输出去的事情。我不停地点着头，附和着，听到最后我问他：'可是，爸爸，你是怎么钻进那个匣子的？'"

20世纪70年代早期，克朗凯特同泛美航空公司达成了一项协议，携全家乘坐该公司的航班飞往世界各地的度假胜地。这件事情是他的朋友，泛美航空公司的副总裁路易斯·普雷尔一手安排的，当时同行的还有麦切纳夫妇（詹姆斯和玛丽）、巴克沃德夫妇（阿尔特和安）与康西丁夫妇（鲍勃和米莉）。几家人一起走遍了南太平洋的各个岛屿，麦切纳还带着大家去了帕皮提①（正是在这个地方他受到启发，创作出了后来荣获普利策奖的《南太平洋的故事》）。麦切纳是贵格会教徒，同时也是一名和平主义者，克朗凯特认为自己在精神上同麦切纳在朝着同一个方向发展着。在一次这样的"公款旅游"中，自称为"小组"的他们前往了海地。他们就像是在进行一场大规模的《国家地理》环球实地考察工作。奇普曾说过："爸爸十分喜欢带着通气管下水潜泳，也喜欢普通的游泳。他总是带着一台莱卡照相机，给家人拍下各种各样的照片。有时候大人会放开喝一场，能找到什么就喝什么。爸爸和阿尔特喜欢下象棋，麦切纳和我一直都喜欢一起扔飞盘，他还把这件事情写在了《美国的体育运动》里。"

听说克朗凯特用泛美航空公司的公款外出旅游的事情后萨伦特感到很不安。这一点不难理解，克朗凯特的这种旅行违背了公司的公共利益。这还是萨伦特第一次看到克朗凯特在道德判断上如此大失水准。克朗凯特辩解说这只是朋友之间的私事，但是萨伦特并不买账。华盛顿办事处的主任比尔·斯莫曾说："沃尔特违背了'不，不，不'原则。因为这件事情他受到很多责难，可是他毕竟是公司里的'巨无霸'。你不可能解雇他。"

在1970年，作为《晚间新闻》节目的主持人克朗凯特的年薪大约是25万美元，在同一年美国媒体从业者的平均收入水平是8730美元。在荣获了声誉卓著的杰出新闻成就奖威廉·艾伦·怀特奖之后各种荣誉纷至沓来，最终他甚至有资格同经济学家约翰·肯尼斯·加尔布雷斯和历史学家小亚瑟·史列辛格争夺最有名望的博士学位。面对如洪水般涌来的荣誉克朗凯特并没有就此止步，他依然不停地给华盛顿的老熟人打着电话，挖掘着新闻和各种流言。这些老熟人大多都是州长顾问团和国会委员会等机构里的高层人物。

1970年的春天，克朗凯特又同尼克松政府发生了争执。当时司法部对《纽约时报》的记者厄尔·考德威尔提起了诉讼，因为后者拒绝为自己对黑豹党所做的报道

---

① 译注：帕皮提，太平洋东南部法属波利尼西亚首府，在塔希提岛西北岸，临太平洋马塔维湾。

向大陪审团提供证词。在2002年考德威尔提起过这件事情："当时有一批人最先挺身而出，声明我们应当在法庭上指出为什么我们不能（强迫记者透露自己的消息来源），为什么政府强迫我做的事情是错的。在这批人里就有沃尔特·克朗凯特。"

克朗凯特再一次公开大胆地为新闻业进行了辩护。当时布林克利受到尼克松政府的围攻，克朗凯特主动披上了默罗的战袍，因为他担心电视业会趁机蚕食报纸的受众。在给《纽约时报》编辑的一封信中克朗凯特写道："在工作中我（以及协助我的人）一直依赖于我们在私下得到的情报、观点、消息和意见，没有这些东西我就只能播发平面媒体报道的新闻和公开声明。"

在考德威尔受审的过程中克朗凯特的这封信一而再，再而三地被写入庭审记录，所有需要受到法律保护的记者都会提到这封信。这是没有默罗的默罗精神。不仅如此，在接受采访的时候克朗凯特会一边交叉着手指，默默祈祷着好运，一边发誓说倘若自己处在考德威尔的位置，他宁愿蹲监狱也不会透露秘密消息来源。克朗凯特的直言不讳让记者们团结了起来，而且还为很多记者确立了行为标准。最高法院最终做出了对考德威尔不利的判决，换言之，法院的判决没有维护记者的权利，也不保护记者的消息来源，这样一来从事调查性报道的记者们就随时面临着进监狱的危险。克朗凯特对法院这种退步的激进主义感到悲哀。在20世纪70年代初期，克朗凯特比其他记者受到的来自尼克松政府反新闻业政策的打击更为严重，但是他毫发未伤。在"特氟隆"这个绰号被用在罗纳德·里根的身上之前很久人们就已经开始用这个绰号来称呼克朗凯特了。

1971年5月，在华道夫–阿斯多里亚酒店的颁奖典礼上克朗凯特得到国际广播和电视协会颁发的年度播音奖。数百名媒体界的上层人物都出席了颁奖典礼。克朗凯特优雅地接受了受到无数人觊觎的大奖，出乎现场所有人意料的是他对尼克松政府对电视新闻业的攻击进行了一番猛烈的抨击。他站在个人的立场谴责尼克松与阿格纽小集团执行着莫名其妙的"反媒体政策……企图毁灭媒体信誉的大阴谋"。克朗凯特成了美国新闻界的"拳王阿里"，他对尼克松政府的每一句攻击都能引来表示厌恶或者支持的叫喊声、欢呼声。在典礼上他继续说道："尼克松总统也无法逃避对这场运动的责任，他是最高领导，他为他领导的政府定下了基调和态度。他可以通过在政府内部下达的指令和对外公开表达的立场彻底改变政府的反媒体政策，只要他愿意的话。只要他继续进行攻击——无论是公开的，还是含蓄的——我们就必须站出来为自己辩护，反抗敌人试图影响分化困惑的国民的企图，哪怕这会令外人以为我们是在为自己牟利。"若在天有灵，默罗必然会为克朗凯特感到骄傲。

广播和电视记者协会每年都要举办一次宴会，在1972年的宴会上帕特里克·布坎南在酒席上同一位朋友亲切地交谈着，就在这时有人出其不意地介绍尼克松政府的头号敌人——克朗凯特——与他认识。

"嗨，帕特，怎么样啊？"说着话，克朗凯特就把手伸了出去。

"还好，克朗凯特先生。您呢？"布坎南回答道，语气中充满了敬重的意味。

一连好些日子布坎南都对自己在晚宴上对克朗凯特的谄媚感到恶心，他把《哥伦比亚广播公司晚间新闻》的大主播当成了皇室成员。后来他曾说过："我当时失控了，看起来太毕恭毕敬了。'先生'和'阁下'这些称呼不由自主地就从我的嘴里冒了出来，完全就是条件反射，因为沃尔特·克朗凯特比我年长，再加上又被他洗脑洗了这么多年。"

第二十七章
尼克松时代可以报道的真相

挑战默罗——五角大楼文件——寻找埃尔斯伯格——斯坦顿博士在国会现身——马格鲁德尔使坏——《新闻谎言》——科尔森拿尼克松冒险——穿上厚衣服——对中国的伟大开端——同巴克利与麦切纳游中国——蔑视芭芭拉·沃尔特斯——在旧金山当小报炮灰——两党代表大会——麦戈文的副总统候选人——斯坦霍普·古德因素——俄国小麦贸易协定——水门事件中的大无畏精神——美国最受信赖的人——来自"敌人名单"的羞辱

克朗凯特在华道夫-阿斯多里亚酒店炮轰政府的讲话只不过是为第四等级追捕尼克松拉开了序幕，在这期间几乎每一个大城市的电视台编辑室里都荷枪实弹地等待着开始猎"熊"。尼克松没有当心新闻业历史最悠久，也是最可靠的一个原则，这就是千万不要和成桶购买墨水（或者在黄金时段不惜花费一个小时的时间播放特别报道）的家伙打嘴仗。克朗凯特在华道夫-阿斯多里亚酒店直言不讳地对尼克松愚蠢的恫吓进行反驳的那一幕就仿佛默罗的灵魂在讲坛上劈下一道闪电。《纽约时报》的出版商亚瑟·奥兹·苏兹贝格和《华盛顿邮报》的出版商凯瑟琳·格雷厄姆这些与克朗凯特亲近的朋友们都没有因此受到连累。尼克松指出信奉自由主义的媒体精英在非难社会保守派，这一点并没有错。但是，与艾森豪威尔有所不同的是他渴望与对方兵戎相见，前者在就任总统期间则根本无视对自己不利的媒体。1979年的平安夜，在提到三大广播公司的记者时尼克松向白宫新闻秘书朗·齐格勒透露说："那伙人里有百分之七十五都痛恨我的胆量。他们不喜欢挫败。"

因为《晚间新闻》揭露波美暴行白宫试图败坏这个节目的名声，结果克朗凯特凭借着反抗白宫的英勇表现获得了乔治·波尔卡新闻奖（该奖项以哥伦比亚广播公司在1948年的希腊内战中遇害的哥伦比亚广播公司的记者的名字命名），这项荣誉清晰地体现出其他记者对克朗凯特为全行业挺身而出的壮举是多么感激。无独有偶，佩利也宣布哥伦比亚广播公司将恢复播出20世纪50年代播出过的重现历史事件系列节目《你就在那儿》，复播后的节目将以儿童节目的形式在星期天上午播出，克朗凯特依然是这个节目的主持人。在对尼克松一伙人的战斗中克朗凯特不仅将原先支持对方的人争取了过来，而且由于他的引介，一代儿童正在培养起对兔八哥的热爱。对克朗凯特恨之入骨的白宫一直试图找到一种巧妙的方法，削弱他在公众中高度的可信度。

最终，一份文件的泄密将白宫对哥伦比亚广播公司新闻网的攻击演变成一场针对长久以来新闻业在美国的共和政体中扮演的角色所发起的堑壕战。1971年，哈佛大学毕业，效力于美国兰德公司（研究与发展公司）的军事分析家丹尼尔·埃尔斯伯格带着一份影印文件逃匿了。这份影印文件是五角大楼的一份军情报告，即《美国—越南的关系，1945—1967：国防部研究报告》，被列入机密文件，总共只有15份影印本。埃尔斯伯格将这份文件称为"五角大楼文件"，"这份7000页的书面证据能够证明四位总统及其政府在23年的时间为了隐瞒有关大规模屠杀的计划和行动一直在撒谎"。这份报告详细记录了数十年来国防部上报的失实的情报，内容主要集中于约翰逊政府捏造的谎言，报告成形的时期五角大楼正处在约翰逊政府的控制下。埃尔斯伯格后来在文章中写道："当时我决意亲手结束五角大楼隐瞒这些情报的状况。无论如何我都要把它搞出来。"

埃尔斯伯格于1954—1957年在海军陆战队服役，在1962年获得了哈佛大学经济学的博士学位，与此同时他一直在为兰德公司效力。作为一名在决策理论和行为经济学方面的权威，在1964年他成为美国国防部的特别助理。1967年埃尔斯伯格又回到了兰德公司，开始撰写机密级别的五角大楼文件，在这个过程中他得知越共不可能在短时间内覆灭，反而比以前更为强大。约翰逊政府里的乐天主战派，约翰逊的国家安全顾问沃尔特·罗斯托告诉埃尔斯伯格美军很快就将在越南取得胜利，面对这种极端乐观的情绪身为战略专家的埃尔斯伯格没有理会对方，他说："我不想听。"他还将对方训斥了一番："胜利并没有近在眼前。实际上胜利遥不可及。我就是从越南回来的，我在那里待了两年。我不想聊这件事情。那些图表我也不想看……"

"可是，丹尼尔，这些图表非常棒。"

1967年的年初埃尔斯伯格终于开始反对美国对越南的政策。约翰逊政府犯了一大堆错误，为了这些错误已经有太多的美国军人被杀害了，现在在尼克松一伙人的控制下这些错误在进一步恶化着。在自己的回忆录《秘密》中埃尔斯伯格写道："我的脑海中一直回荡着一句话——我们在吞噬我们的年轻人。"他同时也十分怨恨尼克松政府一直在编织一张充满假象的网，操纵着国会和人民制定决策。首先得到机会一睹这份文件的《纽约时报》的记者尼尔·希恩与传奇的编辑阿贝·罗森索尔做了一个大胆的决定，他们要从1971年6月13日开始连续刊载部分文件。如果这么做会让越南战争结束，埃尔斯伯格甘愿进监狱。为了躲开势力庞大的联邦调查局，他过起了东躲西藏的日子。克朗凯特觉得埃尔斯伯格很勇敢，但是有的人认为他有点古怪。尼克松的特别顾问科尔森开始散布谣言，称埃尔斯伯格是一个变态，在越南期间为了取乐从直升机上对着儿童进行射击——这种事情太可怕了。埃尔斯伯格为自己做出了辩护："科尔森是个骗子。多年后，入狱后的他写下了《重生》一书，在书中他宣称自己已经向我道过歉了。他在撒谎。我试着给他打了四五次电话，他的秘书总是记下我的电话号码，可是他从来没有给我回电话。"

尼克松没有受到五角大楼文件的牵连（这份文件形成于他就任总统之前），但是他的政府对文件的泄露进行了猛烈的反击，甚至促使法院勒令《纽约时报》停止继续刊登这份通过非法渠道获得的文件。这还是100多年来美国政府头一次压制报纸的言论自由。这份秘密文件包含了一些令人震惊的证据，足以证明政府存在蓄意渎职的现象。然而，对于埃尔斯伯格的行为外界出现了巨大的分歧，有些人指出此次泄密事件对敌人具有潜在的帮助作用，另一些人则认为宪法应该保护出版自由。在文件泄露之前美国社会已经出现了两极分化的趋势，气氛十分紧张，但是在1971年6月的后半个月里五角大楼文件成了美国社会的避雷针。《哥伦比亚广播公司晚间新闻》声势浩大地报道了这起事件，克朗凯特针对政府有关越南战争的这份爆炸性的材料采访了很多人。

在五角大楼文件泄露事件中一直缺乏决定电视新闻产生效果的关键因素，这就是实际行动和透明度。这份国防部文件中最吸引人的地方都被淹没在浩繁的细节中，只有研究人员——而非电视观众——才能发现它的迷人之处。当埃尔斯伯格表示愿意向全国广播公司和美国广播公司的新闻网交出部分文件时，这两家新闻机构都直截了当地拒绝了这个机会。这份文件太具有杀伤性了，向外界扩散这份报告会让公司深陷危险的法律纠纷，同时也会让电视屏幕变得枯燥沉闷到有可能伤害公司利益的程度。全国广播公司没有接受埃尔斯伯格的提议还存在另外一个原因，当时它的新闻部正处在人员的变动中，亨特利已经在1970年退休了，布林克利也正在准备退休。就这样，埃尔斯伯格找到了《60分钟》节目的东家，哥伦比亚广播公司新闻网，他一心指望这家公司能够有勇气播出这个爆炸性的揭露黑幕的新闻。如果说克朗凯特认为报道五角大楼文件——政府对越南战争的秘密评议结果——没有问题的话，那么一大群记者就会紧随其后地进行报道。后来再提起这件事情时克朗凯特说过："在播音中我们尽力了。我们想要采访丹尼尔·埃尔斯伯格，可是为了躲开联邦调查局他潜逃了。"

在这一年的6月中旬，哥伦比亚广播公司自己也陷入了捍卫宪法的战斗。由于特别节目《贩卖五角大楼》，长期担任哥伦比亚广播公司总裁（以及兰德公司董事）的斯坦顿博士面临着一连串严重的法律后果。右翼政客指责这部纪录片蓄意展现了不公正的观点，甚至引用了一些文献对报道进行歪曲。众议院州际及对外商务常务委员会下属的一个小组委员会对斯坦顿和哥伦比亚广播公司新闻网进行了传讯，责令他们上交影片没有采用的那部分原始影像资料。斯坦顿英勇无畏地以宪法为依据，以个人身份拒绝接受判决。后来他被证明无罪，但是在1971年6月中旬的时候，对于他来说因为藐视国会被判入狱的可能性很大。

考虑到斯坦顿的处境，哥伦比亚广播公司或许应当对采访埃尔斯伯格保持谨慎的态度。同这个亡命之徒产生联系有可能会增加公司在法庭上被判有罪的风险，这种做法必定会惹怒那些有权决定斯坦顿命运的委员会成员们。尽管如此，《哥伦比亚广播公司晚间新闻》还是无法抵抗这条独家新闻的诱惑——率先在电视节目中对埃尔斯伯格进行采访。负责严肃新闻的副总裁戈登·曼宁同埃尔斯伯格谈判了两次，他们就如同搞间谍活动一样秘密会面了几次，而且还用暗号保持联络。按照埃尔斯伯格所希望的那样，在节目中照本宣布一部分五角大楼文件是不可能的，不过曼宁为这名逃亡者安排了一次独家专访。

克朗凯特对采访准备工作的记忆同曼宁有所出入，他在《记者生涯》中宣称为了商定这场访问他亲自同埃尔斯伯格的家人取得了联系。在1971年前后全美国没有谁能比克朗凯特拥有更全面的"名片夹"，他就是达官贵人、军官和公司总裁们人事更迭的百科全书。他已经养成了随时向美国的权贵之人打听事业变动、暑期度假计划的习惯，偶尔他也会听到一些流言蜚语。当其他记者都还在竭力地深入了解真正的埃尔斯伯格时，克朗凯特已经做到了这一点。已经成了"前"兰德集团分析家的埃尔斯伯格同帕特丽夏·马克思结婚，妻子的父亲是于1919年同自己的兄弟在纽约创建了马克思玩具公司的路易斯·马克思。联邦调查局开始全面通缉埃尔斯伯格的时候，克朗凯特只是给马克思家族住在纽约州普莱西德湖的某个人打了一个电话。

他这么做完全是出于自愿，并没有任何采访任务。在电话中他与对方热烈地交谈了一番，最终双方商定由曼宁前去同埃尔斯伯格秘密街头，当时后者一直在马萨诸塞州的剑桥市东躲西藏。谈妥细节后克朗凯特又萌生了悄悄溜进城里的念头，他愿意蒙住双眼被人带到秘密街头的地方。

54岁的克朗凯特表现得就像合众社或斯克里普斯-霍华德报业公司里一名初出茅庐的记者，极其渴望得到一篇锋芒毕露的独家专访。当夜，曼宁接到一个电话。在电话中一位"波士顿先生"用间谍式的暗语说"或许能"录下同克朗凯特的访谈。见面地点选择了哈佛大学里的老图书馆，时间定在午夜时分。曼宁同"波士顿先生"见了面，结果此人是一个反战领袖，看样子应该是上大学的年龄。他开着车将曼宁带到了剑桥的一座小木屋，五角大楼文件就被藏在这里。"波士顿先生"安排克朗凯特在次日下午到埃尔斯伯格在马萨诸塞州的藏身地采访白宫的这位头号敌人。萨伦特担心哥伦比亚广播公司新闻网会因协助并教唆在逃犯的罪名受到起诉，但是公司的律师们告诉他这种担心是多余的。

埃尔斯伯格后来说过："我对克朗凯特在1968年2月有关越南僵局的报道感到骄傲，当时我在华盛顿特区，在国防部部长克拉克·克利福德的手下工作。当1967年我带着肝炎从越南回来的时候我的心里只有一个目标：让人们明白越南已经陷入了僵局。约翰逊总统的命令很清楚，绝对不准提'僵局'这个词。这是个禁忌的话题。克朗凯特把它说了出来，这个举动的意义太重大了。所以我希望克朗凯特能采访有关五角大楼文件的事情，他可是美国最有名的记者。"

克朗凯特活像是英国谍报小说家约翰·勒卡雷的小说里的人物，按照指令在6月23日来到指挥官酒店的大堂同埃尔斯伯格接头（就在同一天斯坦顿在参议院的小组委员会面前现身了）。酒店经理立即认出了哥伦比亚广播公司的主播，他主动提出帮忙，克朗凯特为完成秘密接头提前探查酒店大堂的计划就这样被破坏了。克朗凯特感觉自己就像是身着便衣的特工在完成一个最终只会适得其反的任务。他问经理在哪里能打电话，结果付费电话在楼下的浴室旁边，他担心自己要是守在浴室门口，别人会误以为他在寻找"同性艳遇"，于是他只能凭空猜测这场秘密行动的后果。后来他曾哈哈大笑着说："这个计划在很多方面都太外行了，可是我们谁都没有想到最明显的一个问题。让美国电视新闻界最受欢迎的主播乔装改扮实在太难了。"

终于，一个年轻人同克朗凯特对视上了，克朗凯特本能地跟着这个年轻人走出了大厅，来到了大街上。联邦调查局找不到埃尔斯伯格，但是通过一场巧妙安排的特工式的接头克朗凯特找到了他，事后每每回想起来克朗凯特都会情不自禁地乐起来。接着克朗凯特坐上了一辆逃亡的轿车，完全处在为埃尔斯伯格这个逃亡者提供帮助的反战激进人士的控制下，按照要求他低下脑袋，这样一来他就无法为联邦调查局提供有关这次见面的地点线索。轿车在一座毫无特色的房子前停下了，克朗凯特走进房子，看到曼宁和两名摄像人员在里面等着他。当然，显然十分紧张的埃尔斯伯格也在房子里。克朗凯特与埃尔斯伯格谨慎地交换了自己了解到的越南的最新情况。尽管埃尔斯伯格已经在洛杉矶KCET电视台的公共节目《支持者》上同堪萨斯州的共和党参议员鲍勃·多尔就尼克松轰炸柬埔寨的事情进行过辩论，但是他仍旧缺乏在镜头前的魅力。这位曾经的国防部分析员不愿意一味地谈论五角大楼文件或者他自己在20世纪60年代中期为约翰逊总统工作的经历。对于应该在节目中向观众展示文件中的多少内容曼宁与克朗凯特发生了争执。一心想要结束越南战争的埃尔斯伯格希望"为黄金时段节目的全国电视观众详细全面地阐述自己对尼克松的秘密策略的理解"。

当天的《哥伦比亚广播公司晚间新闻》播出了克朗凯特采访埃尔斯伯格的片断，第二天晚上，即6月24日，在黄金时段的另一档节目中播出了更多的内容。埃尔斯伯格和曼宁一起在哥伦比亚广播公司自1965年以来从越南拍摄到的影片中找到了与节目中的评论相得益彰的影像内容。埃尔斯伯格的陈述很零散，他娴熟地回避了克朗凯特提出的最尖锐的问题，有时候他还会独自长篇大论一番（这就是他的特点）。哥伦比亚广播公司的大主播也没有咄咄逼人地盘问埃尔斯伯格。当他问埃尔斯伯格为何会选择尼克松总统缓和战局的时候捅这个马蜂窝，逃亡者埃尔斯伯格的回答很不尽如人意："因为我们现在又一次目睹了1964年发生的一切。"什么？克朗凯特并没有继续将对方在回答中暗示的北部湾事件追问下去。在这次的采访中没有出现多少实质性的新闻，唯一的新闻就是克朗凯特找到了联邦调查局追捕的头号通缉犯，前五角大楼官员埃尔斯伯格。这已经足以令白宫震惊了。为什么克朗凯特和曼宁没有以平民的身份将埃尔斯伯格缉拿归案？或者跟联邦调查局联手设下圈套？更恰当的问题应该是，克朗凯特为什么能轻而易举地找到埃尔斯伯格，而联邦调查局却做不到呢？

媒体批评家们都说克朗凯特在盘问埃尔斯伯格的时候太温和了，美国的亲战分子说得更加过分。克朗凯特没有将埃尔斯伯格当作叛国者，这一鲁莽的决定激起了成千上万电视观众的怒火。他们不关心埃尔斯伯格所说的卑鄙小人究竟是什么人，对他们来说叛徒就应当被击毙。根据《国家评论》的观点，对埃尔斯伯格的采访是自由主义者试图削弱尼克松政府的大阴谋的一部分。杂志在社论中指出："采访埃尔斯伯格的可是哥伦比亚广播公司的护教国师，反对尼克松的沃尔特·克朗凯特。"来自共和党的批评甚嚣尘上。田纳西州金斯波特市的市长在文章中写道："在沃尔特·克朗凯特和埃里克·塞瓦赖德领导下的哥伦比亚广播公司就要把这个伟大的国家毁灭了。我还从来没有见过哪个人会如此潜心于打击民族士气，分裂祖国。这种行为都来自于对总统和副总统的盲目仇恨与偏见，而且看起来得到了哥伦比亚广播公司总裁弗兰克·斯坦顿的批准。"

由于在报道"阿波罗11号"时的评论克朗凯特深受观众的爱戴，但是他对埃尔斯伯格温和的采访激怒了中西部、南方和西部的很多保守分子。哥伦比亚广播公司附属机构的老板们都歇斯底里地宣泄着怒火，被昵称为"黑岩大厦"的哥伦比亚广播公司总部办公大楼收到的大量恐吓信对公司的抨击也越来越猛烈。1971年6月，《电视指南》的记者，作家艾茵·兰德①的助手伊迪丝·埃弗隆出版了《新闻谎言》，鲜为人知的历史研究基金会（对作者的保守主义主题提供资金上的支持）同意包销这本书。这本书按照尼克松的心腹幕僚杰布·马格鲁德尔的策略"寻找机会发布"了支持尼克松的作者厄尔·马索与维克多·拉斯基撰写的一份正式声明。《新闻谎言》同时出版了精装本与简装本，印在护封上的短评也是总统亲自执笔的，这本书成了畅销书。马格鲁德尔以为只要登上《纽约时报》的畅销书排行榜，这本书自然就会得到读者的接受。

《新闻谎言》在开篇出就对克朗凯特进行了一番斥责。根据对三大广播公司在1968年秋天连续七个星期里的晚间新闻节目的研究，埃弗隆得出结论认为《哥伦比亚广播公司晚间新闻》有31%的内容是观点，而非新闻。她还发现全国广播公司在18%的节目时间里表现出了一定的倾向性，由于把更多的节目时间交给指定的评论员负责，美国广播公司的在这个方面的统计数据甚至高达48%。哥伦比亚广播公司对《新闻谎言》做出了反击，它委托一家名义上的独立机构（实际上是前哥伦比亚广播公司总监小爱德华·比利斯所领导的）开展了一项调查，仔细审查了同一时期的《晚间新闻》的内容，结果并不出人意料，该机构发现《晚间新闻》的立场完全是客观的。换句话说，在1974年该机构发布调查结果后克朗凯特被证明是清白的，

---

① 译注：艾茵·兰德（1905—1982），原名"阿丽萨·济诺维耶芙娜·罗森鲍姆"，俄裔美国哲学家、小说家。她的哲学理论和小说开创了客观主义哲学运动，她同时也写下了《源头》、《阿特拉斯耸耸肩》等数本畅销的小说。

完全不存在埃弗隆所指出的问题。

在埃尔斯伯格的问题上，经过同哥伦比亚广播公司的第一轮交战尼克松政府断定哥伦比亚广播公司新闻网——而非全国广播公司新闻网——才是对政府更大的威胁。这样一来白宫就盯上了克朗凯特。这位主播令尼克松念念不忘了。在讲述水门事件的回忆录《权力见证者》中，白宫内政顾问约翰·欧利希曼提到总统当时对克朗凯特有多么痴迷："我见过尼克松花费一个早上的时间构思当天晚上能让沃尔特·克朗凯特在节目中当作头条新闻的消息，然后他会将构思好的方案交给朗·齐格勒、基辛格或者我，让我们召开新闻发布会，找一个让沃尔特·克朗凯特根本无法视而不见的方法把消息发布出去。"

马格鲁德尔与科尔森手忙脚乱地寻找着最佳时机，试图挫败慈眉善目的克朗凯特。1971年9月30日，克朗凯特向参议院宪法权利小组委员会提供了证词，这个由北卡罗来纳州的民主党参议员小萨姆·欧文领导的小组委员会对新闻媒体非常支持。克朗凯特坚定而直率地指出尼克松政府"通过命令、臆断、恐吓与骚扰"剥夺了宪法赋予人民的权力。在同全国国广播公司新闻网对收视率的竞争中，哥伦比亚广播公司新闻网也依然遥遥领先。克朗凯特曾说过"收视率无关紧要"，这句话被外界反复引用，但是他在新闻编辑室里的态度则截然不同。在这里，每当其他广播公司争取到更高的收视率的时候同事们就会听到他含糊地嘟囔着，有时则会大喊大叫起来。

1970年切特·亨特利退休了，《亨特利—布林克利报道》（更名为《全国广播公司夜间新闻》）举步维艰。全国广播公司新闻网的这个节目仍旧是克朗凯特的主要竞争对手，但是节目一时难以找到有能力接替亨特利的主播，经过一段时间的寻找公司最终选定了曾担任《今天》节目的主播及记者的约翰·钱斯勒。钱斯勒同样也没有读完大学，还曾同克朗凯特一起在肯尼迪与尼克松的第四轮辩论中当过审问员。在克朗凯特看来钱斯勒是全国广播公司新闻网的必然选择，但是不会在收视率方面对他的霸主地位造成威胁。1971年12月10日，大胆的萨伦特开始赶在圣诞节之前在一份内部通知里对公司里的一批人进行了提拔：比尔·伦纳德与戈登·曼宁（高级副总裁），桑迪·索科洛与比尔·斯莫（副总裁），拉斯·本斯利（《晚间新闻》的总制片人），以及约翰·雷恩与埃德·福希（均为克朗凯特的制片人）。尼克松政府不仅没能让哥伦比亚广播公司疲于保命，反而让这群媒体人一起爬上了成功的阶梯。

到了1972年1月尼克松政府似乎对直接毁灭克朗凯特的兴趣不大了，它更希望克朗凯特在哥伦比亚广播公司新闻网里的追随者们能够冷静下来。这是大选之年，尼克松想要弱化同第四等级之间的敌对情绪。这一点不难理解。倘若同哥伦比亚广播公司新闻网或者其他新闻机构的焦土战成为竞选过程中外界关注的焦点话题，那么在11月他或许就要遭遇灭顶之灾了。最好还是让媒体将目光集中在总统出其不意的访华之行上。不过，在2月13日尼克松同科尔森、他的贴身随从马诺洛·桑切斯与负责安排行程的史蒂芬·布尔在总统办公室里会谈了一次，商量如何才能让哥伦比亚广播公司新闻网不要继续抨击政府在东南亚地区的政策。最近一期的《哥伦比亚广播公司晚间新闻》对克朗凯特向参议院小组委员会提供的证词做出了回应，在伦理道德的层面对白宫控制媒体的企图提出了质疑。

> 尼克松：克朗凯特真是一个罪大恶极的罪犯。
>
> 科尔森：噢，总统先生，至于克朗凯特的那个采访……新闻还没播出的时候我就已经把文字稿给您送过去了。应该就夹在等着您审阅的材料中。我这辈子还从来没看到过这么令人难以置信的稿子。我是说，他讲了本届政府的恶劣影响，还谈到我们是如何恐吓广告客户，如何试图说服广告客户不要在哥伦比亚广播公司的节目里投放广告。
>
> 尼克松：我看到了。天哪……
>
> 科尔森：真可谓防不胜防啊。
>
> 尼克松：咱们影响过哥伦比亚广播公司吗？
>
> 科尔森：没有。不过，这纯属混淆视听的把戏，无非就是用来表明您是一个不诚实的人。从根本上说，他才是一个不诚实的人。

克朗凯特知道尼克松是一个了不起的政治策略家，在他看来对方在1972年春天出访中国的决定实在是一个高招，不过他同时也担心尼克松对他有着病态的情绪。在白宫筹备中国之行的时候，电视新闻对尼克松产生了极大的帮助，这位总统不希望十分了解中国政治状况的平面媒体记者陪同他前往中国。他需要的克朗凯特、钱斯勒和瑞森纳在电视上为他唱赞歌，他坚信应当禁止记者讨论中美之间在冷战问题上存在的巨大分歧，为了实现这个目的可以在所不惜。在准备同毛泽东同桌进餐的时候尼克松不需要《新闻周刊》的罗伯特·艾利根特出现在身边，后者是一个中国通。

白宫发言人朗·齐格勒宣布将有87名记者随同尼克松总统出访中国。记者团总共包括21名报社记者、6名通讯社记者、3名专栏作家和6名杂志记者，克朗凯特位居榜首。当时记者们凑在一起聊的都是白宫的选举方案。当看到《华盛顿邮报》的斯坦利·卡诺也出现在记者团的名单上时，尼克松划掉了这个名字，并在旁边写了一句注释——"绝对不行"。外界对尼克松甄选随行记者的理由产生了越来越多的质疑。为什么《国家评论》对尼克松主动示好中国的表现提出了批评，而该杂志的记者威廉·巴克利还是得到了名额？是谁断定《纽约时报》的约瑟夫·卡夫特是最适合同周恩来举行会晤的自由主义专栏作家，明明他的电话都被政府录了音啊？尼克松此次出访逆转了"敌人名单"造成的影响。用当时流行的说法，哪些记者受到尼克松的"宠爱"？

尼克松政府允许哥伦比亚广播公司新闻网派出各自的顶尖记者前往中国，他们就是克朗凯特、塞瓦赖德、拉瑟和伯纳德·卡尔布。为了迎接冬天的这趟出行，克朗凯特在梅西百货公司购买了帕克大衣、厚袜子和保暖内衣。在2月初的时候他为自己这次的挥霍行为做出了一番辩解："我知道当寒风从中国北方的大草原呼啸而过的时候天气会变得十分寒冷。为了给耳朵保暖，我已经给自己买了一顶带护耳的仿皮帽子。"在回忆录《白宫岁月》中前美国国家安全顾问亨利·基辛格讲述了当大家站在杭州美丽平静的西湖边的优美的桦树林中观赏美景时发生的一件滑稽事。他在书中写道："当时万籁俱寂，突然间，沃尔特·克朗凯特大摇大摆地闯入了美景中。他的穿戴有些不对劲，那身厚实的皮大衣可以去极地探险了，脖子上挂的那一堆壮观的摄影器材让他变得更加沉重了。我很喜欢沃尔特，可是这幅景象还是多少有些破坏当时的宁静。"

在准备中国之行时，为了增强免疫系统及预防霍乱、白喉、小儿麻痹和流感，克朗凯特让医生给他注射了丙种球蛋白，他还给公司里同行的摄像师斯奇普·布朗、伊兹·布莱克曼与杰米·卡蒂斯打了电话，以确保他们也注射了疫苗。最终，克朗凯特同其他一批幸运的记者从火奴鲁鲁搭乘夜班飞机，前往中国。疑神疑鬼的尼克松担心采访团里会出现那么一个蠢货将此次出访搞砸，事实证明他的担心是多余的。在北京，当尼克松在那个寒冷的清晨走下"空军一号"，同中国总理周恩来握手时，克朗凯特的心中充满了自豪。他们正在创造历史。

在中国期间，一副热心肠的克朗凯特想要严格遵守尼克松政府制定的规则。他不愿意违背自己的诺言。后来他曾说："那种情况很像是登陆月球，西方人已经很久没有到过那里了。在中国人的眼中我们成了稀罕物。"相比而言，拉瑟更愿意打破束缚，他渴望采访到北京的寻常百姓。对克朗凯特的口味而言，拉瑟实在太离经叛道了。哥伦比亚广播公司里有人认为就是因为拉瑟在北京和上海期间为哗众取宠而表现得咄咄逼人，克朗凯特开始对自己这名当时41岁的门徒转变了看法。他认为中国不是一个适合诟病尼克松一伙人的地方。尽管如此，在出访中国的所有电视新闻记者中拉瑟的报道还是最优秀的，堪称是无与伦比的作品。

在中国期间身为主播的克朗凯特的任务只是向观众介绍尼克松此次具有历史意义的访问的背景情况。白宫不准任何记者参加更重要的外交会谈，克朗凯特也不例外。在大部分时间里他都同斯坦霍普·古德待在一起，以确保广播稿的内容都是最新消息，并且准确无误。哥伦比亚广播公司的临时工作间设在天安门广场附近的民族饭店里，在上午的会晤结束后公司的记者们就开始单独行动，分头去广场、故宫和长城进行采访。卡尔布对中国的了解非常深入，克朗凯特对他的知识进行了充分的利用。只要得到片刻闲暇，克朗凯特就跟爱好文学的朋友詹姆斯·麦切纳和威廉·巴克利待在一起，他们背着沉重的照相机，开心地四处闲逛着，就像寻找大熊猫的游客一样。他们还争抢着讲述着人类已知的有关芭芭拉·沃尔特斯的最恶劣的故事。

2月的北京天寒地冻，天空中常常飘着雪花，克朗凯特因此患上了感冒。他大口喝着含有可待因成分的止咳糖浆，还常常恳求布莱克曼把电池借给他，好让他烘干袜子。逛了一圈长城，在日记本上做了些笔记后克朗凯特打趣地说这座有着2300年历史的古迹的伟大之处不言自明，毕竟没有多少建筑物能够经受得住只知道一个劲儿摁快门、对历史则一无所知的西方摄影家们的火力猛攻。哥伦比亚广播公司的摄像师布莱克曼后来曾说："没有工作的时候克朗凯特总是跟塞瓦赖德待在一起，这种情况很不寻常，不过他俩真的一起去参观了紫禁城。"

哥伦比亚广播公司新闻网对尼克松出访中国的报道做得非常充分，但是克朗凯特知道在媒体面前尼克松让整个访问变成了一场经过预演、有人摆布的旅行兼酒会。通过对行程的严格控制白宫最终如愿以偿，电视记者们完成的都是诸如如何使用筷子、中山装有多漂亮、自行车为什么有益于健康之类的软新闻。令人啼笑皆非的是，吸引小报的新闻居然是克朗凯特在飞往夏威夷前在旧金山度过的那个夜晚。身边没有了贝特西警觉的目光，克朗凯特就像休假的水手一样放松了。专门制造流言的小报宣称他同自己在吉里大街的一家脱衣舞俱乐部结识的一名妓女出去鬼混了。《旧金山纪事报》的专栏作家赫伯·康恩亲眼见到了克朗凯特参加聚会时的情景，他在1972年2月17日写了一篇好笑的报道，这篇新闻在"黑岩大厦"引起了不满。克朗凯特同曼宁在夜晚一道寻花问柳的放纵生活对严肃新闻的黄金招牌可不是什么好事。他不仅和曼宁在臭名昭著的神鹰无上装酒吧里消磨时光，而且后来还有人看到他跟一名穿着迷你裙，上半身几乎一丝不挂的花艳舞女郎共进晚餐。在康恩的报道中克朗凯特为自己做了辩解："在纽约我是一个很安静的人，可是一来到旧金山有些东西就钻进了我的脑袋里。应该是水的问题。"

有关克朗凯特这个夜猫子的新闻开始出现在了各种小报上。克朗凯特并没有试图掩饰自己对脱衣舞俱乐部的喜爱，他反而在向外界夸大着自己的这种爱好。罗伯特·肯尼迪曾说过："智者会自动曝光自己的问题。"克朗凯特对这句格言有着深刻的理解，他已经明白了日后尼克松将痛苦地通过水门事件才会懂得的道理：掩饰常常比犯罪更糟糕。他蹩脚地辩解说在欧洲有一半的生意人都在阿姆斯特丹的红灯区流连忘返。对他来说旧金山的神鹰酒吧就是性的卡内基音乐厅——在这种艺术中沉浸片刻无伤大雅。

在曼哈顿的上流社会看来，克朗凯特肆意放纵自己已经算不得新闻了。他以前就和其他记者在第二大道上的伊莱恩餐厅喝酒，那里的六号桌就总是为他保留着；在曼哈顿，他走进任何一家酒吧，客人们都会欢呼起来。同萨尔瓦多·达利、劳伦·白考尔和伍迪·艾伦一样，在斯托克俱乐部里克朗凯特是最容易被别人认出、身边还没有保镖的名人。不过，女权主义者对立克朗凯特在旧金山的顽劣行为产生了强烈了反应。沃尔特大叔是一个厌恶女性者吗？贝特西不在乎自己的丈夫时不时地在犯罪高发区四处闲逛，不过著名的女权主义者格洛利亚·斯坦纳姆却很介意。《波士顿环球报》的专栏作家艾伦·古德曼在多年后宣称克朗凯特根本不理解女权主义者的话语体系，其至不会得体地对女性进行采访。在文章中古德曼写道："在十分制的性别歧视考核表上，克朗凯特只能得到大约四分。我将他归为'不恶毒，但有点糊涂'的那一类。"

1972年6月17日，由于擅自闯入民主党全国委员会在华盛顿的水门办公大楼，5名男子被捕，当时克朗凯特在马萨葡萄园岛。那个时代最大的政治新闻就这样不幸地开始了。那一天谁能预料到5个人的被捕最终会致使一位广受人民喜爱的总统辞职？哥伦比亚广播公司简略地报道了水门大厦发生的事情，但同时也意识到自己根本无法跟上鲍勃·伍德沃德与卡尔·伯恩斯坦在《华盛顿邮报》上所做的咄咄逼人的报道。克朗凯特将"水门事件"交给了新闻网华盛顿记者站负责。经历了对竞选年政治新闻和慕尼黑夏季奥运会（在这一届奥运会上11名以色列运动员被阿拉伯恐怖分子杀害了）的报道，然后又驾驶"温迪号"前往缅因州，他已经精疲力竭了，因此他对"水门事件"报道草草了事了。

克朗凯特同华盛顿记者站的站长比尔·斯莫密切合作，并鼓励手下的记者注意追踪总统连任竞选委员会可疑的资金走向。1972年6月11日（就在入室盗窃事件发生的6天前）播出的一期节目应当被归功于《面对国家》节目组的乔治·赫尔曼，这期节目针对委员会募集到的来路不明的1000万美元资金对辞去司法部长，出任该委员会主席的约翰·米切尔提出了质疑。后来人们发现这笔钱的很大一部分都以非法的途径被捐赠出去了。

克朗凯特催促绍尔（五角大楼）、拉瑟（白宫）和莱斯利·斯塔尔（新记者）积极主动地查明尼克松政府在水门事件中扮演的角色。从晚上10∶30开始的30分钟节目对新罕布什尔州、佛罗里达州、威斯康星州、加利福尼亚州和俄勒冈州等地的初选会进行了报道，被节目搞得疲惫不堪的他仅仅将水门事件当作又一项业余任务而已。尽管如此，哥伦比亚广播公司新闻网还是先于其他电视媒体对这件事情进行了生动的报道，从而又赢得了一次艾美奖。斯坦霍普·古德后来说过："实际上我们就是把《华盛顿邮报》的东西全都偷了过来。我对水门的事情充满了热情。我在暗中支持着《华盛顿邮报》。"

水门事件逐步升温，与此同时三大广播公司却仍旧全力以赴地追踪报道着1972年两党代表大会。这两场大会都将在迈阿密海滩举行，它们也依然是在报道美国宇航局的事业之外克朗凯特最感兴趣的工作，它们给了他其他事件无可匹敌的曝光机会。共和党大会决定要求尼克松与阿格纽参加连任竞选，民主党则必定会提名处于领先地位的南达科他州参议员乔治·麦戈文，这两场大会都没有多少悬念。哥伦比亚广播公司费劲地寻找着小插曲，同时也继续关注着主讲台上的情况，期待着会议现场能出现精彩的事件。批评家们不满地指出1972年的两党代表大会似乎以克朗凯特为核心，一位评论家甚至说："节目或许更应该被叫作'克朗凯特和他的朋友们'。"在民主党代表大会上哥伦比亚广播公司新闻网掌握了一条不错的线索，这就是对总统候选人的选拔。

民主党内有很多人都提倡让克朗凯特成为麦戈文的副总统候选人，还有人制造了宣传贴纸和纽扣，民间迅速发起了大量的"我们需要克朗凯特"的游说活动。毕竟，这位主持人深受爱戴，自由主义者们也都认为他挑战了主战派总统约翰逊和尼克松。演员沃伦·比蒂后来说过："我们谈论过这件事情。一天晚上我们在纽约的弗兰基和强尼餐厅共进晚餐，我们的谈话一直围绕着他是否能从政的问题，也就是说，即便不参选副总统的话，他或许也应该争取一下纽约州的参议员席位。"麦戈文的竞选经理弗兰克·曼凯维奇也曾试图说服麦戈文认真考虑让克朗凯特参选的主意，但是他的努力纯属徒劳。后来麦戈文说过："弗兰克一直说：'你难道就没有意识到他是美国最可敬的人吗？'可是我就是觉得沃尔特根本无意离开哥伦比亚广播公司新闻网。这个建议根本就没有希望，完全是一个脑袋一时发热的不现实的点子。"

麦戈文最终选择了密苏里州的参议员托马斯·伊格尔顿，可是这位参议员的精神病史成了轰动一时的大新闻，两个星期后麦戈文就放弃了这个决定，重新选择了志愿者组织和平队的前队长萨金·施里弗。后来麦戈文也为自己的这个决定感到遗憾："假如当初选中了克朗凯特，那我完全可以避免伊格尔顿造成的这场大混乱。我想要是有克朗凯特和我一起参选的话，情况就会大不一样了。我真应该听取弗兰克的建议。"

克朗凯特对麦戈文最欣赏的就是他深信尼克松动用B-52轰炸机疯狂打击河内与海防市，杀害数十万越北平民的举动应该受到谴责，因此他至少还考虑过参选民主党副总统候选人的主意。在克朗凯特看来，历尼克松在1970年和1971年分别入侵柬埔寨和老挝的行径会在历史上留下恶劣的一笔。令他感到高兴的是亨利·基辛格同越北方面的谈判代表黎德寿在1972年花了大量时间进行和谈，同时令他感到担忧的是美国民众这条新闻更加漠然。

1972年9月，克朗凯特在哥伦比亚广播公司新闻网的私人办公室里偷偷地再次会见了埃尔斯伯格。这一次他没有被蒙住眼睛，也没有出现在酒店里乔装改扮的情况。令埃尔斯伯格感到不满的是克朗凯特主持的《晚间新闻》不断告诉观众尼克松政府正在让美国摆脱越南问题的困扰，还说伤亡人数同美军参加任务的人数一样都在下降。这种描述将真实情况极端简单化了。埃尔斯伯格对克朗凯特说："你一直在显示一切都在逐步减少。可是有两个数字始终没有减少过，这就是美军丢下的炸弹的吨位——每个星期的炸弹能炸毁一个长崎——还有就是难民的人数。"埃尔斯伯格的这番话引起了克朗凯特的注意。他们两个人面对面地坐着，中间隔着一张桌子，桌子的一端摆着一部电话。

"你有证据吗？"克朗凯特问道：

"你只需要给五角大楼的公关部打个电话，就说你是记者，想要问一下每周轰炸的吨位数。"

克朗凯特的眼睛里闪烁着一丝光芒，他兴奋地发现自己又进入了埃尔斯伯格的世界。令他欣喜的是埃尔斯伯格手头就有五角大楼公关部的电话号码。紧张不安的克朗凯特说："你来打吧。我不想说出自己的名字，可是我也不想装成别人。"突然间，两个人的谈话冒出了一点喜剧气氛。最终，克朗凯特说服埃尔斯伯格拨通了五角大楼，他则在一旁听着。埃尔斯伯格还记得"五角大楼办公室给了克朗凯特一些统计数据"，克朗凯特说"太迷人了"。接着我又叫他给泰德·肯尼迪的办公室打电话，问一下有关难民的数据。

克朗凯特发现在这两个问题上埃尔斯伯格都没有说错。《哥伦比亚广播公司晚间新闻》不再一味地按照尼克松政府所希望的那样告诉电视观众驻越美军的方方面面都在逐步缩减。在埃尔斯伯格的督促下，《晚间新闻》多次强调了美军在越南投放的炸弹数量和越南方面的难民人数。

9月末，克朗凯特为一种新型的新闻节目争取到了播出时间。这种报道形式在《晚间新闻》中随便就能消耗掉30分钟的实际节目时间。这种新颖的节目形式要求对复杂事件进行深入审视，并配以详细的后续报道。最先产生反响的节目就是针对尼克松政府批准向苏联出售美国小麦的贸易协定的三集系列调查性报道。自1963年以来最严重的一次旱灾将苏联商人送到了美国，根据《美苏小麦贸易协定》他们在美国收购了占美国年产量25%的小麦。古德曾说："沃尔特断定俄国小麦贸易协定是又一起茶壶山丑闻案[①]。当时我正在写一篇专门介绍麦戈文夫人的长文章，可是沃尔特让我放下手边的工作。他满脑子想的全都是小麦贪污受贿的事情。我提出做一个10或者11分钟的片子，但是他希望片子更长一些。当时《晚间新闻》里还从来没有哪一条报道会那么占用那么长的时间。"

9月27日（星期三）、9月29日（星期五）和10月6日（星期五），克朗凯特在三个晚上的节目中坐在主播的座位上（1962年以来的第一次）向观众讲解着揭示小麦贸易协定各种腐败细节的图表。斯坦霍普·古德与琳达·梅森以娴熟的技巧制作的这个系列节目被《纽约时报》认为是"电子新闻业史上最振奋人心的成果"。节目得到了观众们的积极反响，甚至R·W·阿珀与戴维·哈伯斯塔姆都表示了赞扬，在外界的鼓励下克朗凯特随即又策划了一部系列报道，这一次他的目光瞄准了"水门"。

除了越南战争的问题，令克朗凯特感到头疼的还有当年秋天《华盛顿邮报》

---

① 译注：茶壶山丑闻案是美国哈定总统任内（1922—1923）暴发的贿赂丑闻。内政部长亚伯特·富尔未用公开招标方式处理茶壶山以及另外两处的美国海军油矿，以低价方式让石油公司承租。在1922—1923年，这项承租案成为参议员汤马思·詹姆士·华勒士负责的国会调查案。富尔最后承认接受了来自石油公司的贿款。

（或者说是伍德沃德与伯恩斯坦）在有关"水门事件"的报道上一直吞食着哥伦比亚广播公司新闻网（一级其他所有公司）的"午餐"。克朗凯特手下的几名记者，尤其是绍尔与斯塔尔，都有能力采集到新的线索，但是克朗凯特始终没能得到一条重大新闻。造成这种状况的原因只有一个，哥伦比亚广播公司新闻网一直没能找到给伍德沃德与伯恩斯坦透露内幕的知情人"深喉"。在9月初克朗凯特召集《晚间新闻》的全体职员开会讨论了如何升级对水门事件的报道，出席这场会议的有总制片人保罗·格林贝格（米德格雷的继任者），以及制片人伯恩与约翰·雷恩（取代了索科洛与本斯利）。

克朗凯特的节目组都认为伍德沃德与伯恩斯坦了解到的情况没有问题，他们的报道看起来挑不出任何毛病。克朗凯特本人的观点也是如此，他认为不如在《晚间新闻》里直接报道伍德沃德与伯恩斯坦已经完成的报道。克朗凯特对这种务实的决定深恶痛绝，可是他还是做出了这样的决定，因为对水门事件的报道必须出现在电视上，这样才能吸引住民众的注意力。最终克朗凯特与一群制片人犹犹豫豫地将报道分为两部分，这可是史无前例的事情，《晚间新闻》中还从未播出过这么长的报道，并且在连续两个晚上的节目中播出。后来伯恩说过："以沃尔特为首的所有人都希望这个报道看起来与众不同，看上去十分重大——因为这个报道的确如此。"

正如《华盛顿邮报》的编辑本·布拉德里所记得的那样，10月中旬的一天他的老朋友曼宁给他打来电话，向他宣布道："水门事件给你惹祸上身，现在我来给你擦屁股。克朗凯特和我已经说服公司同意在'晚间新闻'里对水门事件做两期连续报道。我们会让你出名的。"

水门事件后来成为美国历史上最不光彩的政治要闻之一，但在1972年的秋天这一事件遭到了普遍的误解。尽管水门大厦入室盗窃案件和其他非法舞弊事件被揭露了出来，但是当年10月在接受盖洛普民意调查机构调查的美国民众中有将近三分之二的人认为这一丑闻"只是政治把戏而已"。总体而言，媒体对水门事件的报道缺乏凝聚力。哥伦比亚广播公司新闻网的问题则在于水门事件不像越南战争、地球日和民权进军运动那样具有视觉效果。《华盛顿邮报》几乎是单枪匹马地在调查这件事情，冒的风险也与日俱增。克朗凯特知道白宫在不断给《华盛顿邮报》施压，要求后者放弃这个报告，大广告客户也都纷纷威胁说如果邮报继续进行调查他们就要撤销广告（按照当时联邦通信委员会的规定电视台的营业执照每三年要更新一次，在1973年1月联邦通信委员会曾企图拒绝给《华盛顿邮报》在佛罗里达的附属电视台发放执照）。

在大选开始的11天前播出名为"水门事件"的报道时哥伦比亚广播公司新闻网的总裁萨伦特也冒着极大的风险，尼克松政府里的所有重要人物都拒绝了该节目的采访。报道的第一部分全长14分钟，在10月27日，星期五播出了。在综述这一部分内容的时候克朗凯特准确而全面地介绍了伍德沃德与伯恩斯坦的报道。为了达到平衡效果，在画面中尼克松的助手霍尔德曼与齐格勒出现了几秒钟的时间。克朗凯特对观众说："人们对水门事件的了解基本上都是各种支离破碎、令人迷惑的细枝末节，这些内容都是全国各地的报纸与电视新闻记者挖掘出来的。有些被公布的材料到目前为止都不存在争议性，都是有事实依据的，这就是参与水门事件的人；有些消息还属于传言，是媒体揭露的，但是还没有找到合法的证据。在节目中我们会谨慎地交代出我们的消息来源。但是，今天晚上我们还是要用事实与传言将我国现代史上这起独一无二的惊人事件的各种线索拼凑成一幅完整的画。"

率先报道这起事件的是伍德沃德与伯恩斯坦，克朗凯特所做的就是用自己的信誉为他们的调查作了担保，并让广大的电视观众对这件事情有了基本的了解，从而理解了春季以来零零星星听到的"各种支离破碎、令人迷惑的细枝末节"。由于得到了克朗凯特的认可，伍德沃德与伯恩斯坦对水门事件的报道在大部分电视观众的心中变得十分重要了。这起事件不再只是一桩单纯的入室盗窃案件，也不再"只是政治把戏而已"，逐渐显露端倪的水门大厦丑闻成为值得用10月27日《晚间新闻》64%的节目时间报道的重大新闻。这个节目的第二部分集中于尼克松出于政治阴谋和收集情报的需要而通过总统连任竞选委员会洗钱的行为（在接下来的星期四，10月31日的节目中播出）。这期节目令白宫感到心神不安。在节目播出的两天里哥伦比亚广播公司的职员们都聚集在华盛顿记者站，欣喜地看着尼克松被他们逼上了绝路。斯塔尔在《实况报道》一书中写道："记者站里洋溢着一股兴奋的气息，我们都清楚花费这么长的节目指控犯罪行为会让尼克松政府和他的竞选班子火冒三丈。"

佩利不喜欢公司对水门事件所做的第一部分报道，对构想中的第二部分报道非常担心。支持尼克松竞选连任的他认为克朗凯特、古德、曼宁和梅森完成的报道"不公平、不平衡、没新意、不准确，来源于道听途说，而且在社论中掺杂着谣言"，不过他没有下令取消第二部分的节目。他坚持宣称自己希望身为新闻采集机构的哥伦比亚广播公司对展现在观众面前的所有内容负责。克朗凯特与佩利有着私交，因此佩利更多地把怒火宣泄在记者绍尔身上。后来他曾写道："这个报道叫我头疼，它看起来根本不符合克朗凯特一贯的客观态度。"在对10月27日播出的第一部分报道进行了一番严厉的指摘后，佩利还是将第二部分报道内容的决定权交给了新闻部主任萨伦特。然而，在10月30日，就在节目计划播出的前一天，佩利紧急召集斯坦顿（公司副主席）、阿瑟·泰勒（公司主席）、杰克·施奈德（公司广播集团总裁）和萨伦特在黑岩大厦开了一次碰头会。佩利的根本意图在于告诉大家白宫的愤怒越来越令人难以承受了。科尔森开始频频给佩利打电话，言谈间充满了旁敲侧击，还总是用各种假象的结果威胁佩利，宣称联邦通信委员会不会再给佩利名下的电台和电视台颁发执照了。科尔森的确在佛罗里达采取了行动，决定取消迈阿密的WPLG和杰克逊维尔的WJXT两家电视台的执照，因为这两家电视台都隶属于《华盛顿邮报》。他曾对这两家电视台威胁说："我们要让你们在华尔街上俯首称臣。"

在《水门：第一部分》播出后的第二天尼克松的副手科尔森便与佩利当面对质，针对报道的内容和播出时间发了一顿火——报道距离大选日太近了。科尔森后来说过："我代表尼克松给佩利打了电话，然后去了他在纽约的办公室同他见面。我们相处得非常愉快。我告诉他斯坦顿一直在讨伐总统，克朗凯特就'水门'的长篇报道听上去完全是一副民主党全国委员会的腔调。佩利跟我说他也为这期节目感到尴尬。结果，几天后佩利给我打来了电话，告诉我他命人压缩了'水门'报道的篇幅。"

佩利不承认科尔森登门施压的举动左右了他，在1982年完成的回忆录中他专门用整整9页的篇幅对这件事情做了辩解。不过，在当时他认为这件事情会产生巨大的影响也是情有可原的。萨伦特注意到在黑岩大厦会议后佩利很不开心，他决定缩短揭露"水门"黑幕的第二部分节目的长度。在同克朗凯特的总制片人索科洛（秘密制片人古德与梅森）商量这件事情的时候萨伦特没有告诉对方自己已经同佩利谈过了。萨伦特在自己的回忆录中彻底改变了口径，否认了这件事情，不过他还是承认自己当时还是在白宫的恐吓之下屈服了。他完全应该用辞职进行抗议。哥伦比亚广播公司的制片人们都对删减第二部分节目的决定感到愤怒，不过大家都同意对报道进行必要的修改。后来萨伦特说："沃尔特·克朗凯特没有参与这件事情。至少，只要是牵涉到我的事情，他就绝对不会表态。"

萨伦特在《晚间新闻》工作了长达25年之久，在这么长的时间里佩利试图对节目的具体内容指手画脚也只有这么一次（在1964年佩利曾要求克朗凯特与绍尔减少对戈德华特的嘲弄）。耿直的萨伦特不愿被别人视作懦夫，后来他曾说过倘若当时他知道科尔森已经跟佩利对质过了，那么他就会坚决以宪法为依据，拒绝压缩第二部分节目。克朗凯特也曾在文章中写道："倘若当时我以为（佩利）对白宫的施压做出了反应，那么或许他就无法压制大家的情绪了。"

14分钟的《水门：第二部分》被缩短为7分钟，并按照原定的计划在10月31日，星期四播出了。克朗凯特在节目即将结束的时候补充了一项免责声明。他说："尼克松政府称某些传言都是谎言，有的则纯属夸张之辞、道听途说，或者误导民众的消息。然而，报界中的这部分人，以及担心我国这种微妙的选举进程有可能受到的危害的那些人对这种完全否认的态度感到不满，也不会打消心中的猜疑，除非有立场公正的组织对这一事件进行审查，做出最终的裁定。事实就是如此，今天是1972年10月31日，星期四。"

克朗凯特对水门事件的报道令《华盛顿邮报》的编辑布拉德里感到欣喜若狂，在对白宫的战斗中他的报纸再也不用孤军奋战了。后来布拉德里曾说："当克朗凯特在节目中播出有关水门事件的片子后，我终于见到阳光了。我感觉就像老天在保佑我似的。如果克朗凯特认真对待有关水门事件的报道，那么新闻界的所有人都会如此。"

就在第二部分播出的8天后，尼克松总统以520：17的票选结果击败了麦戈文，创造了美国总统选举历史上选票悬殊最大的纪录。显然，克朗凯特对水门事件的报道没能改变总统选举的格局。让美国脱离了金本位制，让美元得以在国际货币市场上自由流动的尼克松凭借着国家繁荣的经济把水门事件淡化为一个只是有一些疑点的偷鸡摸狗的闹剧。多亏了《哥伦比亚广播公司晚间新闻》的两期备受争议的节目，水门事件才得以继续受到关注，并在接下来的22个月里事态急剧升温。用布拉德里的话来说，"伟大的白人父亲（对美国总统的尊称），美国最受信赖的人，沃尔特·克朗凯特为了这件事情在节目中花了大量的时间，设法保住了这个报道。"

尼克松再度当选后的几天后科尔森给新英格兰各家报社的编辑们作了一场言辞激烈的演讲，在讲话中他一直将布拉德里当作攻击的目标。他厉声说道："在乔治敦布拉德里有一群酒友，他们经常在一起聚餐，在席间互相交换三手情报和流言蜚语。我想如果布拉德里能够告别这个小圈子，他或许就能看到一个真实的美国，或许就能了解到并非所有的真相、所有的知识、所有的货真价实的智慧都来自乔治敦的那个小集团，他会了解到在这个国家其他地方的人民不只是干坐着，等着别人来告诉他们应该如何思考。"

科尔森轻而易举地惹恼了布拉德里，但是要想对克朗凯特提出责难并不是那么容易。没有人将沃尔特大叔视作东海岸的精英人物，他的金字招牌是"不那么强硬的"温和派采访者。然而科尔森固执地认为有必要挫一挫自由媒体保护神克朗凯特的锐气。正如1972年11月和12月的白宫录音带所暴露的那样，尼克松总统本人对哥伦比亚广播公司新闻网援助《华盛顿邮报》的举动火冒三丈。在12月15日他指示科尔森用重炮对哥伦比亚广播公司新闻网发起猛攻，直到后者被打得哭爹叫娘。

> 科尔森：总统先生，我昨天跟佩利谈过了……星期一的1点钟我要跟他见面。
>
> 科尔森：我就跟他说，听着，你们这些家伙都疯了。你们想雇谁当经理都没问题，但是这么做并不会解决你们的问题。拉瑟、皮尔伯因特、塞瓦赖德、克朗凯特和绍尔一直在骂咱们，你得安排一个……能平衡这种状况的家伙……播音……我跟你说，我要好好地说说他……
>
> 尼克松：嗯，就这么办。
>
> 科尔森：我要，我要给他施加压力……他星期一会过来，到时候我要狠狠地给他施压。
>
> 尼克松：就说我们想要（赫布）克莱因，佩利应当让他主持节目。他们应当在节目中保持平衡，克莱因可是电视上的大名人……他们应当在这个该死的事情上平衡。

自从有关《美苏小麦贸易协定》的长篇报道播出以来，尼克松逐渐相信全国广播公司的约翰·钱斯勒与美国广播公司的霍华德·史密斯比克朗凯特更具有公平意识。到了1973年，白宫录音带显示出尼克松将与他为敌的"知识分子"贬称为"克朗凯特一党"，这种态度同林登·约翰逊经常斥责"哈佛一伙人"时的情形如出一辙。

尼克松总统不得不想方设法削弱克朗凯特与日俱增的声望。科尔森后来曾说："尼克松当选的时候外界对他的态度并不十分友好，哥伦比亚广播公司表现得就好像白宫曾经被纳粹占领了似的。在白宫的眼中比克朗凯特更恶劣的就只有塞瓦赖德，尼克松对他产生了越来越'强烈的厌恶'。除了霍华德·史密斯，尼克松认为所有的电视记者都是该死的泰德·肯尼迪式的反战左翼分子。"在2011年的时候科尔森曾为自己当初的行为作过辩解："我是一个保守派。尼克松对自由派媒体的看法没有错。"

在尼克松的任期内发生的所有论战中，克朗凯特一直受到美国民众的支持。在长达29年的时间里他在哥伦比亚广播公司里做过撰稿人、制片人和经理，所有人都清楚美国千家万户在晚餐时昏暗的光线下从电视上能看到什么内容正是由克朗凯特决定的。在1972年的感恩节前后，为了在雷诺克斯·希尔医院接受摘除喉咙良性肿瘤的手术克朗凯特暂时告别了工作，祝福他早日康复的卡片如洪水般涌进了哥伦比亚广播公司。

1972年的总统大选结束后，哥伦比亚广播公司在收视率方面仍然保持着领先地位，为了合同里的一项重要条款克朗凯特的律师同公司进行了谈判。克朗凯特将会得到从6月到8月三个月的暑假假期，这样他就有充裕的时间驾驶着"温迪号"尽情畅游在马萨葡萄园岛一带。他说过只有宇航局的发射任务才能让他离开科德角。同事们都知道在同公司的谈判中他如愿以偿，得到了25万的年薪，每年夏季还有三个月的带薪假期。克朗凯特一边避免同整个尼克松政府开战，一边向亨利·基辛格（他始终没有被牵扯进水门事件）抛出了一条救生索。提到这段往事时基辛格曾说："克朗凯特和媒体用我来掩护他们对尼克松的态度。在约翰逊执政时克朗凯特在越南问题上转变了态度；等尼克松来了，他继续保持着那种倾向。不过，他对我还是挺公平的。"

1972年，奥立弗·魁尔公司舆论研究部对美国18个州的居民进行了调查，询问他们最信赖哪一位公众人物。奇怪的是，克朗凯特同尼克松、休伯特·汉弗莱、埃德·马斯基、乔治·麦戈文、爱德华·肯尼迪和阿格纽一起被列入了"公信人物"候选名单。最终克朗凯特以73%的信任度取得领先地位，尼克松与汉弗莱的成绩均为57%。哥伦比亚广播公司新闻网的公关部兴奋地抓住了这个机会。在被问及荣获"美国最受信赖的人"这一光荣称号时，克朗凯特轻轻地笑了起来，这个头衔令他感到开心。他曾说："能戴上这样的桂冠我很高兴。"这项民意调查在一夜之间证实了长久以来一个显而易见的事实——克朗凯特是最可靠的消息来源。日后成为全国广播公司主播的布莱恩·威廉姆斯曾指出："在尼克松在任的那些年里，当克朗凯特在哥伦比亚广播公司主持节目的时候，他并不只是在主持节目，他是在向国家讲话。"

克朗凯特采访到了在水门事件中起到关键作用的几个人，其中包括约翰·迪安、阿奇博尔德·考克斯（被解雇不久，前水门事件特别检察官），以及莱昂·贾沃斯基（就在被任命为考克斯的继任者的当天）。尼克松对这些人都十分反感。

不过，克朗凯特没有被列入尼克松那份臭名昭著的"敌人名单"。绍尔与拉瑟曾认为克朗凯特没有"上榜"证明他在与白宫的战斗中没有尽力，安迪·鲁尼也曾因为这件事情无情地嘲笑过克朗凯特。听到这件事情时克朗凯特说道："（尼克松）在任职期间列出了一份敌人名单，而且莫名其妙的是我居然没有被列入名单里，这件事情总是令我感到受到了侵犯。因为没有'上榜'，在面对同事的时候我总是会感到害臊。"

第二十八章
粉丝俱乐部，跟踪者，向政治说再见

与袋鼠船长一起成长——在夏威夷同伯纳德·肖打破肤色界限——宗毓华有一个榜样——汤姆·布罗考的乔·迪马吉奥——克朗凯特的粉丝俱乐部——播出林登·约翰逊的死讯——回复观众来信——男童军风格——像美洲豹一样蹦起来——随心所欲地参加《玛丽·泰勒·摩尔秀》的演出——葡萄园岛的家——尼克松迅速逃走——琳达·梅森与莱斯利·斯塔尔眼中的克朗凯特——达尔文主义的王者

电视曾经是成千上万冷战时代长大的孩子的保姆，迄今为止还从未有人为电视承担的这种功能树碑立传。其实在20世纪50年代末期这种现象就出现了较大的发展。孩子们伴随着哥伦比亚广播公司的《袋鼠船长》和克朗凯特主持的《你就在那儿》之类的电视节目一起成长，这些节目为他们讲解着各种知识，成为他们生活中的指导。20世纪40至50年代在芝加哥南城长大的伯纳德·肖同很多人一样，是被电视屏幕培养长大的。肖的父亲当时买了一台21英寸的顶点电视，小小年纪的他经常会收看《你就在那儿》节目。住在休斯敦的时候小克朗凯特每天按照一定的路线给各家各户送去报纸，小伯纳德也有着当报童的经历，他每天要送四种芝加哥当地出版的日报：《芝加哥论坛报》、《太阳时报》、《先驱美国人》和《每日新闻》。后来肖曾说过："我看着电视上的克朗凯特，手里拿着四份芝加哥的报纸送往各家各户。此外还有两份黑人报纸，《匹兹堡信使报》和《芝加哥卫报》。我的偶像就是克朗凯特，我从小就认定想要成为他那样的人。他的一举一动我都在效仿。"

由于没有钱上大学，肖在1959年加入了海军。在肯尼迪在任的早期，下士肖隶属于海军陆战队航空站，该部队被派驻在夏威夷瓦胡岛的卡内奥赫湾。一天下午，他坐在225号营房里读着当地报纸《檀香山广告报》，突然报纸上的一条新闻让他兴奋地挺直了身子——沃尔特与贝特西来到了夏威夷。肖打定主意要去见一见自己心目中的这位电视偶像。报纸上写明了克朗凯特夫妇就下榻在威基基海滩上的奢华的珊瑚礁酒店。等心情平静下来后肖开始不停地拨打起酒店的总机，可是根本找不到克朗凯特，因为后者当时正在丛林里为《20世纪》节目采访一名不愿意承认自己的祖国已经在1945年投降的顽固不化的日本老兵。后来提到这段往事时肖咯咯地笑了起来："我当时感觉自己就像在跟踪骚扰他似的。"

终于，克朗凯特给肖回了电话，他们商定好在次日见面，两个人要在酒店大厅里好好地聊一聊。第二天，紧张又满怀期待的肖早早就来到酒店。后来他说："我坚信他不会现身的，其实他只是迟到了一会儿。他突然出现在我眼前，伸出手，说：'哇，中士，我希望我没有让你等得太久。'他开了个玩笑，故意把我'提拔'成了中士。"

仿佛好梦成真一样，身着全套热带海军军装的肖和自己心目中的大偶像讨论着世界大事。哥伦比亚广播公司新闻网的克朗凯特穿着艳丽的夏威夷衬衫，被晒得黝黑的他看起来虎背熊腰。贝特西说自己得为晚餐打扮一番，留下两个男人仔仔细细地谈论着世界大事。肖与克朗凯特立即熟络起来，身为非洲裔美国士兵的肖告诉克朗凯特根深蒂固的种族主义绝对不会打垮他，总有一天他要进入三大广播公司，成为一名主持人他还问克朗凯特有什么好的建议吗。"阅读，阅读，阅读"就是他的回答。他和蔼地向肖解释说电视记者在入行之初必须首先成为综合报道记者，这意味着他必须对国际事务、体育、园艺、建筑……各种事情都有所了解。肖说："我不会让任何事情，也不会让任何人'举止'我赢得成功。"

克朗凯特笑呵呵地说："不要让任何事情'阻止'你。"[1]

如果是面对职业棒球大联盟的话，肖的发音就必须完全符合韦氏大词典的规范，但是克朗凯特没有怠慢心怀抱负的肖，这个年轻人充满激情和尚未展现的潜力。克朗凯特发现这名海军士兵极其适合朗诵，天生具有一副饱满、低沉的男中音的嗓音。两个人约定日后一定要保持联系。1994年，在亚利桑那州立大学新闻专业就读的肖由于成绩优异荣获了沃尔特·克朗凯特奖，这时他想起在夏威夷同克朗凯特的那次会面对他来说是多么的"至关重要……影响深远……鼓舞人心……富于教育意义"。退役后肖进入了伊利诺伊大学芝加哥分校，在校期间他一直和克朗凯特

---

[1] 译注：肖与克朗凯特都带着口音。

保持着书信联系。当原本在地方新闻机构工作的肖成为西屋广播公司派驻白宫记者团的记者时，克朗凯特欣喜地看到自己的事业也在稳步前进。肖曾说："我的目标就是在30岁之前进入哥伦比亚广播公司，与克朗凯特共事。结果我晚了一年。1971年哥伦比亚广播公司的总经理比尔·斯莫聘用我的时候我已经31岁了。"

肖被分配到华盛顿记者站。安守在纽约的克朗凯特主持着整个哥伦比亚广播公司新闻网的工作，他向别人吹嘘在1961年自己在夏威夷发现了这位年轻的天才。拥有肖这样的下属令克朗凯特感到振奋，这位年轻人非常善于即兴表演，以敏锐的洞察力和活力而出名。从20世纪50年代开始，哥伦比亚广播公司新闻网拥有了一批毫不遮掩地公开支持民权运动的总制片人，其中就包括巴德·本杰明、拉斯·本斯利、厄尼（欧内斯特）·雷瑟尔、保罗·格林贝格和桑迪·索科洛。到了20世纪60年代初期，哥伦比亚广播公司新闻网内的一批记者还被小马丁·路德·金视为盟友，这些人中就有约翰·哈特、查尔斯·库拉尔特、纳尔逊·本顿、默里·弗洛姆逊、罗伯特·夏克尼、霍华德·史密斯和丹·拉瑟。肖后来曾说过："我永远也忘不了我为克朗凯特主持的《晚间新闻》所做的第一个报道。在介绍我的时候，沃尔特的嘴角上泛起一丝笑意。他看起来是那么的开心，那么的骄傲，因为我做到了，因为我要与他共事的梦想终于化为了现实。"克朗凯特曾给肖写了一封热情洋溢的欢迎信，在信中他友好地提醒对方对公司里的一些事情要有所提防："距离达到完善的程度还有很长的距离，我知道你很老到，不会因为一些小麻烦就用狭隘的眼光看待这个集体。即便我们的双脚或许不是黏土捏成的，但是我们的，我们那小小的脚趾也有可能。"①

哥伦比亚广播公司新闻网"71届班级"里还有一名"学生"也自视为"克朗凯特一党"，她就是宗毓华（康妮·宗）。宗毓华自幼生活在华盛顿特区附近，父亲是一名中国外交官，诚实、聪明、非常上镜的她努力模仿着克朗凯特，因为她渴望成为广播电视新闻行业的先锋人物，她不甘心让亚裔美国人的身份成为自己事业道路上的绊脚石。宗毓华找到的第一份像样的工作是为一家地方电台报道国会山。20世纪70年代初期哥伦比亚广播公司新闻网华盛顿记者站的站长比尔·斯莫正在寻觅女性播音员，就在宗毓华进入那家地方电台后不久斯莫就聘用了她。被当作"小孩记

---

① 译注：语出自《圣经·但以理书2：31—33》，尼布甲尼撒梦到一尊巨大的塑像，"这像的头是纯金的，胸膛和膀臂是银的，腹部和腰是铜的，腿是铁的，脚是半铁半泥的。你正观看，见有一块非人手凿出来的石头打在它半铁半泥的脚上，把脚砸碎"。用来比喻人无完人。

者"的宗毓华没有专用的办公桌和打字机，她不得不向几位默罗时代的老记者借用办公用品。哥伦比亚广播公司里的一批记者，尤其是绍尔，都对宗毓华加入这个男生俱乐部表现出十足的大男子主义，不过克朗凯特不在此列。

克朗凯特对宗毓华的态度很矛盾，既宽容，同时又非常严厉。他认为宗毓华将来会成为一个大明星，他感觉到在她的身上存在着某种特质，但是他提醒她"千万不要自大"。此外，克朗凯特还建议她始终要等着美联社或者国际合众社的消息，不要仅仅为了得到重大新闻就相信二手或者三手消息。生存……这才是电子新闻业中制胜的关键因素。令克朗凯特感到开心的是，在1993年宗毓华被公司选中，开始同拉瑟一起联袂主持《晚间新闻》。承担起克朗凯特往日的一半工作令宗毓华感到难以置信，她说："当时我说我就想要一支不那么混蛋的队伍。克朗凯特不仅拔高了播音工作的标准，同时还提高了职场行为的标准。他对我很慈祥，就是一位'沃尔特大叔'。在女人面前他的言谈举止很迷人。从纽约给我打来电话的时候他说的第一句话就是'这可是一个非常非常好的工作'，当时我就觉得自己终于长大成人了。沃尔特大叔竟然说了两遍'非常'！我简直飘飘欲仙了。"

全国广播公司新闻网的汤姆·布罗考当时刚三十出头，1971年在一场白宫新闻发布会上第一次见到克朗凯特的时候他还在洛杉矶工作。布罗考终于见到了长久以来的偶像克朗凯特本人，在众多记者中间他显得那么与众不同。布罗考对克朗凯特佩服得五体投地，后来他曾说："这种感觉就像是一辈子忠诚于洋基队的铁杆球迷突然站在了洋基体育场里跟传奇球星乔·迪马吉奥聊着天一样。那一刻在我的心中留下了不可磨灭的印象。"对于克朗凯特而言，从他们第一次的谈话中他就发现布罗考具有"非常出色的即兴发挥的能力"，"在毫无准备的情况下即兴发言的风格非常不可思议"。在水门事件期间布罗考被全国广播公司任命为驻白宫记者，克朗凯特成了他最信赖的朋友。他们两个人情投意合，几乎无须说话就能猜透彼此的心思。布罗考的妻子梅瑞狄斯对贝特西很着迷，这一点进一步增进了他与克朗凯特之间的友谊。布罗考曾说过："在梅瑞狄斯眼中，贝特西的存在证明了一个人可以在疯狂的电视新闻界存活下来，同时又拥有非常非常稳固的家庭生活。克朗凯特夫妻成了我们的偶像。"

另一位对克朗凯特无比忠诚的崇拜者是未来的全国广播公司新闻网主持人布莱恩·威廉姆斯。威廉姆斯出生在新泽西，但是从小到大都生活在纽约州艾迈拉市的一座小小的奶油色平房里。在冷战时期，威廉姆斯一家过着典型的中产阶级的生活。其实威廉姆斯的父母都是工薪阶层，在约翰·肯尼迪遇刺前后威廉姆斯年仅4岁，从这时起他的父母开始在每周一至周五准时收看克朗凯特主持的《晚间新闻》。威廉姆斯后来说过："到了6岁的时候我已经对克朗凯特非常痴迷了。在我们家，什么时候吃晚餐完全取决于沃尔特的那句话'事实就是如此'，只有听到这句话的时候我们才会把饭菜端上桌。那时是20世纪60年代中期，从他总是穿着涤纶衬衫时起，一直到他的络腮胡子越来越浓密，以致后来，我始终如一地追随着他。"

凡是涉及克朗凯特的事情威廉姆斯总是很认真，住在艾迈拉的时候他就开办了沃尔特·克朗凯特粉丝俱乐部的分会。他们家订阅了《时代》、《看》和《生活》杂志，每次哪怕这些杂志只是提到克朗凯特的名字而已，他就会把整个报道剪下来。在他的家里，克朗凯特在哥伦比亚广播公司新闻网围绕着"阿波罗"项目的所有工作都成了最神圣的事情。仿佛是为了给克朗凯特当替身，他认真地分析过克朗凯特说话的方式、声音的感染力和面部表情，就连后者经常穿戴的夸张的宽领结和双色衬衫也不放过。后来威廉姆斯说过："我是在哥伦比亚广播公司的大家庭里长大的，即使我拿的是全国广播公司的薪水，我也不会否认这一点。克朗凯特的团队成员就是我心目中的超级巨星。克朗凯特的新闻编辑室对于我来说就像朗博球场在绿湾包装工橄榄球队的球迷心目中一样。为了摸一摸克朗凯特的U形胶木主播台，看一看他身后的木刻世界地图，最终我来到了西五十七大街，来到了播音中心。如果愿意的话，你不妨叫我'哥伦比亚广播公司新闻网呆子'。我都不好意思承认自己对哥伦比亚广播公司新闻网的记者艾克·帕帕斯那么了解。"

不过，并非未来所有的电视记者在小时候都对克朗凯特充满了敬畏之情。主持福克斯新闻网《奥雷利因素》的比尔·奥雷利就生活在一个对《哥伦比亚广播公司晚间新闻》毫无兴趣的家庭，不过他偶尔也会看几眼克朗凯特主持的《20世纪》。奥雷利对克朗凯特的疏远只是生活环境造成的。他的父亲老威廉·奥雷利是一家石油公司的会计，在晚餐时间经常不在家。奥雷利在1982—1986年就职于哥伦比亚广播公司新闻网，在电子新闻行业一路向前发展的过程中奥雷利一直认为克朗凯特"太复古"，因此对他来说只是一名可有可无的播音员。后来他曾说："我欣赏的人是汤姆·斯奈德与霍华德·科塞尔。他们俩都充满活力，呼之欲出。相形之下沃尔特就要无聊得多，而且他总是表现出过于强烈的自由主义倾向，一副混迹于马萨葡萄园岛和上西城①社交圈的样子。我可是来自纽约州乡下的莱维敦。他显然是一个很不错的人，只是他跟我不对路。"

1966年《时代》杂志为克朗凯特做了一起专题报道，文章阐述了这位主播对美国家庭具有一种在传播史上史无前例的"难以察觉的权威性"。是身为责任编辑的克朗凯特在决定你们——50个州的父亲和母亲们——需要对这个世界具有怎样的了解。报纸在向读者传播事实，电视则以最原始、最情绪化的方式与观众分享着自己的经历。来自芝加哥的肖、华盛顿特区的宗毓华、南达科他州的布罗考和纽约州北部的威廉姆斯读着不同的报纸，这些报纸上登满了地方新闻，但是克朗凯特主持的节目让诸如肯尼迪身亡和"阿波罗11号"这样全民共同经历的历史盛事走进了他们的生活。哥伦比亚广播公司新闻网副总裁曼宁曾对这种克朗凯特现象做过这样的描述："画面加上文字，再加上名人，就等于可信度。"

来自伊利诺伊州斯科基的罗伯特·费德勒极好地证明了曼宁的观点。自六七岁开始费德勒就坚信克朗凯特主持的节目对社会具有重要意义，当其他孩子都把尼尔·阿姆斯特朗或披头士乐队奉作偶像的时候他则为克朗凯特所倾倒。1972年费德勒年满15岁了，他以崇拜者的身份给哥伦比亚广播公司的这位主播写了一封，告诉对方为了向其致敬他创办了一个粉丝俱乐部。出乎费德勒意料的时候，克朗凯特给他回了信。在信中克朗凯特写道："我猜你此举实际上是在颂扬哥伦比亚广播公司新闻网的全体同仁无所畏惧、无所偏向、客观、公正地报道新闻的努力，在这种情况下我本人非常感谢你的忠诚。请代我向俱乐部的全体成员送上祝福。"

在这封信的启发下《沃尔特·克朗凯特简报》诞生了。令克朗凯特感到意外的是，这份油印小报的质地非常精良。费德勒将父母的房子当作出版社，最终招募到了1000名会员。在《哥伦比亚广播公司晚间新闻》忠实观众充满智慧的帮助下，这份每月出版一期的小报成为以有关克朗凯特的趣闻轶事为主的月刊杂志。克朗凯特与费德勒一直保持着书信往来，两个人之间的友谊也日渐深厚。

费德勒面向大量的活跃会员发出请求，希望大家仔细阅读报纸和期刊，努力寻找一切同克朗凯特有关的信息，哪怕是谣言也不放过。这份简报将克朗凯特供上了神坛，让他成为同李普曼和默罗一脉相承的偶像级杰出记者。1975年1月，克朗凯特半开玩笑，又一本正经地接受了《沃尔特·克朗凯特简报》的采访，同对方

---

① 译注：美国纽约市曼哈顿的一片街区，介于中央公园与哈德逊河之间，位于第五十九大道西大街以北。

聊了聊自己在总统选举之夜坚忍不拔的惊人的马拉松式报道，他说："我什么药都不吃，也没有坚持少渣饮食，可我就是不觉得累。我想让我这么兴奋的是兴趣因素。"就在这期简报里费德勒问克朗凯特外界有关他在主持《晚间新闻》的时候其实穿着网球短裤或截断的牛仔裤的传言是否属实。克朗凯特告诉粉丝俱乐部："不会。不过有时候我的裤子的确跟外套不相配。"

克朗凯特完全有理由欣然接受费德勒创建的俱乐部。在互联网出现之前的时代里这份油印小报是奠定忠诚粉丝基础的绝佳方式，它就是社交网站尚未问世时的Facebook和Twitter。到了1972年克朗凯特还成了流行文化的一部分，这种现象进一步确证了他受欢迎的程度。喜剧演员罗伯特·克莱恩录制了一首歌曲《中产阶级高级蓝调》，在歌中他轻柔地哼唱着："我看着沃尔特·克朗凯特的新闻……我爱沃尔特。"在为《纽约客》绘制的一幅漫画中埃德·阿诺描绘了一个普通人在下班后小酌一杯的时候跌坐在一把扶手椅上，与此同时电视上正播放着哥伦比亚广播公司新闻网的节目。漫画的标题是"没问题，克朗凯特！跟我说一说"。美国广播公司新闻网在巴尔的摩的下属机构的办公室里挂着一张海报，在画面中克朗凯特穿戴得好似教皇，在他的下方写着一句话："是什么让你以为我被权力冲昏了头？"拿起手边的连环漫画，例如《史奴比》、《利奥·阿布纳》和《小淘气丹尼斯》，漫画家们无一不曾将克朗凯特刻画为时光老人和智者。

对于克朗凯特的崇拜者而言，这位主播在职业生涯中最完美的一幕出现在1973年1月22日林登·约翰逊逝世的这一天。这天晚上，当《晚间新闻》插播完第一段广告后，观众们突然被眼前的画面震惊了。屏幕上克朗凯特正在打电话，他蹙起眉头，耷拉着脑袋，一脸的惊恐。《晚间新闻》的忠实观众们还从未见到过这种情形。克朗凯特的手里拿着电话听筒，有些迷惑又有些清醒的他一声不吭地听着电话。仿佛在电视新闻界久经沙场的他正在向比萨店叫外卖，或者在陪着一个唠叨的朋友聊天。突然，他打断了电话另一头的对方，向电视观众们解释着眼前的情况："我在跟林登·约翰逊的新闻发言人汤姆·约翰逊通话，他说美国的第三十六任总统已于今天下午去世了……"

挂断电话后克朗凯特在没有稿件的情况下简要地回顾了这位前总统临终前的身体状况和活动，然后他拿起当天的新闻稿，详细地讲述起来自越南战场上的新闻。后来出任《晚间新闻》主持人的斯科特·派利曾说："令我对那一刻始终难以忘怀的就是当时克朗凯特的表现不落俗套。我永远忘不了他是怎么做的。他是如何告诉美国人民坚持片刻，他想自己听到了一个大新闻。人们都信任他，我自己也不例外。"或者正如布莱恩·威廉姆斯曾经推测的那样，"沃尔特太喜欢无拘无束播发约翰逊死讯这项艰巨任务了。"

其实汤姆·约翰逊首先将约翰逊逝世的消息通知给了美联社与国际合众社驻奥斯汀记者站，然后他又联系了全国广播公司新闻网，但是后者希望等到通讯社播发"快讯"。接下来才轮到了哥伦比亚广播公司新闻网。林登·约翰逊逝世的消息一瞬间就从远在奥斯汀的汤姆·约翰逊传到了哥伦比亚广播公司新闻网的接线员，接着又传到了守在玻璃墙办公室里的索科洛那里，然后就出现在了直播的新闻节目中。克朗凯特打破了自己一贯的原则，没有进一步核实消息就播发了。后来汤姆·约翰逊说过："克朗凯特之前刚刚在林登·约翰逊的农场里见过后者，他不需要核实这条消息。他认识我，听得出是我的声音。他在播音期间和我聊了起来，这令我也吃了一惊。我甚至听到哥伦比亚广播公司的控制室里有人在说'通讯社那边正在往过来发消息'。但是克朗凯特打败了美联社和国际合众社，率先宣布了这个消息。这是有史以来广播公司新闻网第一次这样突然中断正在播出的节目，这其中存在着一定的风险。然而，克朗凯特的这种举动只不过是为十年后美国有线电视新闻网的惯常做法开了先河。"

就在十天前克朗凯特刚刚去过约翰逊的牧场，准备与前总统录制最后一期谈话节目，节目的制片人是伯顿·本杰明。这部五集谈话节目没有多少激动人心的戏剧性画面，但是它堪称是一部杰出的历史纪录片。在此之前约翰逊已经完成了自己的回忆录《登高望远》，按照预期克朗凯特与他的访谈将会促进回忆录的销售。当克朗凯特与约翰逊落座于充作客厅的小木屋里，开始录制节目时，他们两个人都身着便装，面容憔悴的前总统由于心绞痛而元气大伤，正是与这种疾病相关联的心脏疾病在不久后夺去了他的生命。在访谈过程中约翰逊走到屋外，吃了一片医生开的药。等回到屋内后，异常沉默的克朗凯特提议日后再继续探讨还未谈及的民权问题，约翰逊没有理会克朗凯特。

除了约翰逊的身体状况令人担心以外，在牧场紧张而繁重的访谈期间克朗凯特与约翰逊相处得十分愉快。看着这位老头子不断地提到越南……塞尔玛①……"我们会克服"……"葛拉斯堡罗"……"医疗补助制度"……"医疗保险方案"这些

---

① 译注：在1965年3月7日，大约600人从亚拉巴马州的塞尔马前往蒙哥马利，为黑人争取权利举行示威，示威者受到州警和一些市民的攻击。后来被称作"血腥的星期天"的暴力电视镜头令全国震惊。5个月之后，约翰逊总统签署了《1965年投票权法》，保证每一个美国人都享有投票选举的权利。

名词令人喜忧参半。然而,在镜头之外却喷发了火山。哥伦比亚广播公司新闻网的制片人巴德·本杰明与约翰·沙米克对克朗凯特与约翰逊的访谈编辑得很拙劣,在剪辑过程中本杰明对前总统毫无敬意,拼凑出来的影片完全有损约翰逊的形象,而且与约翰逊的实际回答相去甚远。约翰逊的助手和《登高望远》一书的编辑鲍勃·哈迪斯蒂曾说过:"太糟糕了。约翰还对克朗凯特寄予厚望。可是他重新录制了自己的面部表情,这样一来当约翰逊谈到越南问题时,看起来就好像是克朗凯特厌恶地扬着眉毛或者点着头。约翰逊被气坏了。"

约翰逊亲眼观看了这部剪辑拙劣的访谈节目,他说影片纯属"欺骗"。他的一群助手接到命令,要不惜一切代价清除节目中对约翰逊的侮辱。助手哈里·米德尔顿就说过:"总统为这件事情耗尽了精力。它太令人焦虑了,完全难以置信。本杰明重新拍摄了克朗凯特提问的镜头,与之前提问的方式截然不同,在镜头里他扬起了眉毛,当初在牧场时他根本就没有出现过那种表情。"

由于本杰明对访谈误导性的编辑,约翰逊的律师,联合艺术家协会的主席阿瑟·克里姆冲斯坦顿大发雷霆。这对克朗凯特来说是奇耻大辱。最终,克里姆占了上风,克朗凯特对约翰逊的访谈按照原先一问一答的形式被播出了。1990—2001年担任美国有线电视新闻网总裁的汤姆·约翰逊曾说过:"那还是我头一次体会到所谓的'技巧'。这种事情太应该受到谴责了。"

直到逝世的当天约翰逊仍旧对克朗凯特感到愤怒,他之所以愤怒并非由于后者在1968年针对越南问题提出了异议,而是因为后者与本杰明阴险联手对他生命中最后一场重要访谈动了手脚。不过,他的妻子"小瓢虫"始终不曾记恨过克朗凯特,在一定程度上正是她的态度促使克朗凯特在约翰逊辞世时给了他伟人的待遇,将他当作堪与富兰克林·罗斯福和约翰·肯尼迪比肩的政治人物。在接下的岁月中,"小瓢虫"还去马萨葡萄园岛拜访克朗凯特夫妇,同他们一起驾船畅游科德角。

克朗凯特不由自主地在节目中宣布了约翰逊逝世的消息,他的表现再一次让同事们明白了为什么这位主播被称为最优秀的记者。他的直觉准确得超乎想象。后来出任哥伦比亚广播公司新闻网新闻编辑的比尔·菲林在约翰逊逝世的时候还是一名部门助理,他在上午的主要职责就是赶在破晓的时候将美联社、路透社与国际合众社的稿件卷成一大捆,将其分发给公司里各位大人物。分发的顺序要按照这些人物在公司里的地位高低,通讯社电传机最先打印出来的稿件墨色最深,字迹清晰可辨;最后打印出来的稿子字迹就会淡很多,要想看清楚其中一些近似于消失的字母就得用放大镜。用菲林的话来说,后一种稿件就会被送到"蠢货"那里。他曾说过："沃尔特拿到的是第一份。我得把他的名字写在或者打印在稿件上，以免其他人从他那里悄悄地拿走。我把所有稿件都放在他的办公桌上。然后他就一如既往地走进办公室，把脚搭在桌子上，开始专心致志地读起一卷卷稿件。"

没过多久菲林就发现克朗凯特一整天都会冲着电传机的方向竖起耳朵，作为公司里的新人他也只能观察到这么多。电传机就放在主编辑室对面的过道里，上面还压着消音盖。克朗凯特一听到响声就像狗听到口哨声一样。其他人都在等着有人将打印稿送到他们手边，而克朗凯特这个对电报成瘾的人则总是随时做好猛扑过去的准备。多年后菲林哈哈大笑地说："如果三个铃子一起响起来，老头子就像美洲豹那样蹦起来，一头扎到走廊去。他根本等不住，只想第一个抓到原始新闻。他还是保持着合众人的习惯。"

克朗凯特决不允许有人在编辑室里磨洋工，要想在这里活下去那你最好把自己的小癖好留在家里。索科洛曾提到过有一次克朗凯特想要将一名撰稿人教训一下，因为此人反复无常得都到了危险的程度。克朗凯特告诉索科洛："我们得除掉他。他是个酒鬼。"克朗凯特依然对对父亲的酒瘾感到愤怒，在编辑室里他根本无法容忍酒鬼的存在。索科洛劝说克朗凯特冷静一下，他已经悄悄地搜查过"疑犯"的办公室了，没有发现酒瓶。克朗凯特又重复了一遍："我跟你说，他就是个酒鬼。解雇他。"索科洛没有答应克朗凯特的要求，他的理由是这位撰稿人没有任何过错。后来在提到这段往事时索科洛曾说："直到在华盛顿特区的希尔顿饭店里，在那位撰稿人的房间里发现一个小酒柜。受到怀疑的撰稿人自己澄清了问题——他把酒喝光了。沃尔特一直以来说得没错。结果我就把这位撰稿人给开除了。"

1973年夏末，克朗凯特同制片人雷瑟尔一起乘飞机前往老挝和越南拍摄美军战俘被释放的过程。自1968年2月以来这还是克朗凯特第一次重返越南，但是当初留在心里的伤疤依然没有愈合。同行的还有《时代》杂志的摄影师戴维·休姆·肯纳利。克朗凯特想要采访包括在2008年竞选过总统的约翰·麦凯恩在内的被释放的战犯，了解他们在被俘期间遭受酷刑、单独监禁和殴打，并患上痢疾的情况。当时很多战犯都濒临死亡，同奥斯威辛集中营的战犯没有多少区别。肯纳利后来曾说过："那些战犯都穿着条纹睡衣，一个接一个地被释放了。我给了一名囚犯一包香烟，然后他告诉我说他原本不相信我们能离开越南，但是他看到了沃尔特·克朗凯特等在大门外。对他来说，那一幕就代表着自由。"

在越南期间克朗凯特宣称副总统阿格纽在财务上存在的违法行为（逃避缴纳个人所得税）已经暴露出来了，阿格纽通过律师提出自己是"一场蓄谋的'媒体'运动的受害者……这场运动意图将他赶下台"。10月10日，作为认罪辩诉协议的一部分阿格纽主动辞职了，这样他就免于身陷囹圄的命运。针对逃避个人所得税这项重罪他提出了无罪申诉的请求。这件事情并不出人意料，但是当哥伦比亚广播公司新闻网在下午2：35播出的《特别报道》节目中播出这条消息的时候很多观众还是大吃一惊。

在节目一开始克朗凯特就播发了阿格纽辞职的消息，不过他并没有流露出一丝喜悦。落井下石算不得胜利，哪怕对劲敌也不行。电视观众们对克朗凯特的高姿态表示了敬意。在节目即将结束的时候克朗凯特挤出最后几分钟时间表达了自己的遗憾，也对此事进行了一番讽刺。他说："我第一次见到斯皮罗·阿格纽是在1967年，那时我喜欢他。他热情、友善、机智、坦率、开放，这都是线人身上最令记者们欣赏的品质。接着就出现了1969年11月的演讲，这场演讲正式掀开了尼克松对新闻媒体的攻击。我们中的一些人认为最差这也只是散布谣言、蛊惑民众而已。开诚布公地说，对于阿格纽心甘情愿地做这件事情我很惊讶。但是他的确这么做了。结果，由于我坚信自由的媒体必须反抗一切恫吓，因此我同阿格纽在意识形态上成了敌人。然而，即便是对斯皮罗·阿格纽我们也决不会强加给他如此的羞辱，让他的名誉、希望和梦想统统断送在今天晚上。作为美国人，他的悲剧就是我们大家的悲剧。"

阿格纽的辞职进一步提高了克朗凯特在民众心目中的声望，他已经成了一位成熟而声名赫赫的"屠龙者"。对于克朗凯特而言走在纽约街头再也没有安全可言了，似乎所有人都想从他那里得到点什么。他没有接受公司为他配备专职豪华轿车司机的提议，理由是价格太高，因此索要签名的人、千方百计想要给他拍照的人，还有那些纯粹的疯子都很容易找到他。在9·11事件发生之前的那些年里，电视公司办公大楼的门外都没有保安人员，陌生人可以随意溜进坐落在五十七大街上的哥伦比亚广播公司，然后坐着电梯直接来到克朗凯特的透明办公室。这种情况很烦人，但是在当时这种事情很普遍。

随着调查的深入水门入室行窃的案件与尼克松总统的掩盖行为的关系越来越紧密，克朗凯特一直关注着新暴露出的情况，但是没有继续采取行动，做进一步的报道。1973年12月，尼克松称媒体"令人无法容忍、恶毒、变态"。克朗凯特做出了回应，但是他的态度没有之前那么激烈了。一位曾和他聊起过尼克松这番评价的记者总结说："如果说克朗凯特在谈话间对尼克松总统做过批评的话，基本上也都是很含蓄的。"当时哥伦比亚广播公司新闻网的记者，尤其是拉瑟与绍尔，都咄咄逼人地在有关水门事件和其他罪行的问题上继续纠缠着，相比之下克朗凯特对这个报道就不那么积极了。眼看悬在头上的绞索越来越紧，他选择了撤退，他认为哥伦比亚广播公司新闻网完全可以站在公平公正的立场上向观众介绍《华盛顿邮报》对水门事件的报道。拉瑟曾解释说："沃尔特喜欢总统们。比如说，对于著名的有关春节攻势的报道他也是三心二意的。他喜欢创造历史，但是他不喜欢听到人们说他对林登·约翰逊的垮台负有责任。克朗凯特从不认为自己对越南问题的报道对总统制度是一件好事情。"

水门事件消耗着美国的精力，克朗凯特的支持者和崇拜者，无论是个人还是公司，纷纷给他寄来了各种各样的礼物，从家庭合影、餐馆折扣券，到免费的职业篮球赛纽约尼克斯队（篮球）球赛的门票。国际商用机器（IBM）公司还给他送来新型的电脑，让他试用。如果在节目中他露出倦容，必然会有热情的支持者给他寄来功能治疗药物；如果他的小胡子太长，有人就会写信向他推荐最好的理发店，建议他去修剪一下胡子。克朗凯特最喜欢收到观众从各地报纸上剪下来的内容，例如《丹佛邮报》和《洛杉矶自由报》，那些都是他在曼哈顿岛上过着与世隔绝的日子时没有看到的新闻。无论来信值得肯定还是批评，克朗凯特都希望得到观众的反馈意见，他也经常给观众们回信。在给一位崇拜者的信中他斩钉截铁地告诉对方喜剧演员兰尼·布鲁斯逝世的消息绝对有资格在哥伦比亚广播公司的新闻节目占用超过5秒钟的时间："兰尼·布鲁斯党无疑很强大，以前是这样，现在也是如此，但是真没法说他们的来信量能够赶得上三K党、约翰·伯奇协会、美国步枪协会、美国革命女儿会、学生非暴力统一行动委员会、种族平等代表大会、美国作曲家、作家与出版商协会和其他有组织的团体。我听到一些人在抨击我在播出布鲁斯逝世的消息时的语调，还有人指责消息太简短了。很遗憾我冒犯到了他们。"

似乎所有人都十分清楚在现代社会中受到哥伦比亚广播公司新闻网忽视的是什么，克朗凯特就是他们的"哭墙"。到了1973年克朗凯特已经形成了一个常规的回答，"对不起，我们没有足够的时间报道这件事情"。他试图以职业化的方式对每一封严肃的来信做出回答，或者说是让他的秘书卡罗琳·特里完成这项工作。经常收到这位传奇主播的回信让人们对其他主播产生了不满。根据魁尔公司的调查结果，媒体批评家们给克朗凯特授予了"美国最受信赖的人"这一称号，其实他已经成了"新闻界最有影响力的人"。这两个称号都成了他的荣誉头衔。亨特利曾断言："沃尔特的风格，他的性格、他的那张脸，还有播音都能够让他显得更加真诚。"

亚拉巴马州的道格·詹姆斯曾为JM出版社撰写过一部有关克朗凯特的书，针对克朗凯特备受观众信赖与爱戴的魅力他采访了全国广播公司新闻网的约翰·钱斯勒。在位于纽约洛克菲勒中心的办公室里钱斯勒一口接一口地呷着咖啡,不停地点着烟斗,就这样同詹姆斯聊起了克朗凯特。詹姆斯问钱斯勒:"你觉得克朗凯特先生为什么会得到现在这么高的地位?" 钱斯勒回答道:"我认为是多年的工作,以及沃尔特所具有的那种经历——我之所以这么说是因为在一定程度上我的经历可与之相媲美。可是我比沃尔特年轻,所以我没能坐着滑翔机降落在阿纳姆。真希望我也能有这样的经历。不过,沃尔特曾代表合众社在莫斯科工作过,这就意味着他非常明白最基本的原则——我想我会把这些原则叫作'平面媒体新闻业的伦理道德'……我想,用弗雷德·弗兰德里的话来说就是,'这一切都是沃尔特通过努力争取到的。'"

拥有这样的资历就意味着克朗凯特能够时不时地任性一次,他就曾经做过一个令新闻网的总裁萨伦特很难接受的决定。当时克朗凯特曾帮过公司娱乐部的一个忙,也就是在热门节目《玛丽·泰勒·摩尔秀》中亮相,新闻网的所有人都对此毫不知情。在节目中他的表演十分精彩,而且只拍摄了一遍就顺利通过了,在其中一幕他扮演了他自己,与卢·格兰特(爱德华·阿斯纳饰演)和呆头呆脑的泰德·贝克斯(泰德·奈特饰演)一起出尽了洋相。这部喜剧在1974年2月9日播出了,剧情背景是明尼阿波利斯圣保罗当地电视节目主持人贝克斯想要成为克朗凯特的同事,而且还是塞瓦赖德那样的同事。这集节目滑稽至极,在与同类节目的收视率竞赛上大获全胜。德怀特·艾森豪威尔在1955年时曾在《高露洁欢乐时光》中亮过相,在克朗凯特看来自己出演情景喜剧也因此有了先例可循。

可是,克朗凯特在这一集电视剧中的精彩表演最终却令他自己十分头疼。一位真正的电视新闻节目主持人出现在喜剧节目中合适吗?克朗凯特曾经痛斥过新闻节目和娱乐节目的界限模糊不清的现象,现在他自己却这么做,他是一个伪君子吗?气愤的萨伦特问克朗凯特为什么未经允许就擅自参加了这部流行电视剧的演出,克朗凯特反驳说他知道即便征求了意见,答案也是不同意。结果,克朗凯特的个人观点被证明是正确的。收看电视节目的公众并不像萨伦特想得那么愚蠢,他们对克朗凯特的敬意并没有减少,在《玛丽·泰勒·摩尔秀》中的亮相证明了他的幽默感,甚至仅仅是一点头、一眨眼的表演就含蓄地表明他不是一个男性沙文主义者。布莱恩·威廉姆斯与黛安·索亚这些哥伦比亚广播公司后来出现的主播们都以克朗凯特与摩尔的合作为自己参加《日间秀》和《今夜秀》之类喜剧节目的演出找到了依据。

在录制完《玛丽·泰勒·摩尔秀》的几个月后克朗凯特来到了芝加哥，同他的粉丝俱乐部的主席费德勒见了面。录音机转动着，费德勒问他为什么会参加那部电视剧的演出。他说：

> 我十分喜欢《玛丽·泰勒·摩尔秀》这个节目。我十分喜欢这个机会，能够跟我在节目中碰到的这些人出去玩一玩，看看他们究竟是不是大活人。而且趁这个机会我们拿着公款去海滩过周末了，还有一辆凯迪拉克等着我们。我对这件事是认真考虑过的，我必须说我的老板们考虑得太认真——比我认真多了——最终我断定如果在这部戏里我只是一个龙套演员，仅此而已的话，那我们为什么不能演呢。
>
> 我演了——是为了好玩才演的。我得悄悄地承认，如果你愿意的话，不妨认为这样一来或许就有点损伤"冷面笑匠"①的冷面。不过，对此我不是很在意。而且我也不在乎人们偶尔会想到我也是一个活生生的人。每天23、24分钟播报这些严肃的新闻让你没有太多的机会展现你自己，不应该这样，我一直认为不应该这样，实际上也不是这样。我对我的播音有信心。这也是我之所以这么做的一个原因。

到了20世纪70年代中期，克朗凯特为公司新闻网网罗了一批精兵强将，这支队伍受到其他广播公司的羡慕。其中最明智的一个选择就是在1971年聘用了琳达·安·梅森，后者在次年10月参与了对水门事件的长篇报道工作。不过，尽管对女权问题思想开明，克朗凯特却十分热衷于当着女同事的面讲黄色笑话。他和与他交好的制片人们——索科洛、雷瑟尔、米德格雷和本杰明——在播音中心里从来不会对他们在更衣室里的闲谈删减一下，而是尽情地讲着下流的笑话。身为哥伦比亚广播公司新闻网纽约记者站的首位女制片人及撰稿人，梅森对这群陈腐、污秽的男人毫不理会。她自幼生长在纽约州的米德尔敦，十分敬重克朗凯特，后者在肯尼迪遇刺事件中的表现对她的生活产生了决定性的影响。她曾说过："在肯尼迪身亡的

---

① 译注：巴斯特·基顿（1895—1966），美国默片时代演员及导演，以"冷面笑匠"（直译为"老石头脸"）著称，他扮演的角色基本上都是面无表情，主要作品有《福尔摩斯二世》和《将军号》。他同时也是特技演员，被认为是美国独立电影的先驱，并被广泛认为是电影史上影响力最大的导演之一。在这里克朗凯特自称"冷面笑匠"。

时候你看着克朗凯特，你无法相信出了这种事情。可是克朗凯特指引着我熬了过来。这听起来或许很做作，但他的确给过我帮助。"

面对野蛮残忍的电子新闻界梅森拥有获得成功的真才实学。毕业于布朗大学国际事务专业的她在16岁的时候就成了一名记者。同贝特西在《堪萨斯城新闻邮报》时一样，梅森也是从罗得岛的《天道杂志》的"女性专栏"开始了自己的职业生涯。她之所以不同于20世纪60年代的其他女性就在于她对进入电视新闻界有着坚定的决心。在公共广播公司工作了一段时间后她被哥伦比亚广播公司在纽约市的电台WCBS聘用了。后来她曾说："我还以为我已经实现目标了，其实在成功的阶梯上我才刚起步。"然而，梅森随时随地都能碰到工作场合中对女性的明显偏见，有时候甚至会受到羞辱。后来她曾说："我还有选择的机会。起诉，还是战斗，我选择了后者。"

梅森很快就意识到在表面的大男子主义下，在更深层的人性的层面上，克朗凯特的队伍其实是由一群公正高洁之士组成的。克朗凯特夫妇每年都要在圣诞节期间举办一场蛋奶酒酒会，在梅森第一次参加这种聚会的时候沃尔特对她十分热情，还很风趣。在向贝特西介绍她的时候他说她是一个在哥伦比亚广播公司里稳步上升的姑娘（不过他将梅森误称为"玛丽"）。开怀畅饮一番之后，再加上乐手在钢琴上敲出了《好国王温彻拉斯》和《大比拼》，梅森终于对同事们产生了从未有过的亲切感。她不再担心这是一个男生俱乐部，也不再害怕自己会受到沙文主义者的排斥。她的梦想变成了现实，她成为蒂芬尼网的一名制片人及撰稿人。谢天谢地，她的老板是沃尔特·克朗凯特。还有什么可抱怨呢？

所有人都说在1974年克朗凯特是一个快乐的人。他在马萨葡萄园岛的埃德加敦买下了一座避暑别墅，为《目击者》报道美洲杯帆船赛以来他一直梦想着这一天。这幢具有殖民时代风格的建筑坐落在海边，有六间卧室，四间半浴室。克朗凯特新购置了一艘柚木和红木甲板的42英尺帆船"温迪号"，而这座别墅就配有一个能够停泊这艘船的绝佳的码头。朋友们都认为克朗凯特是一个"疯狂的水手"，总是憧憬着像麦哲伦那样环游地球。占地4330平方英尺的别墅让克朗凯特有条件拥有了专属于自己的书房，书房里主要是有关美国历史、航海、太空、流行音乐和环境保护的书籍。在文学世界中他的偶像是英国小说家塞西尔·斯科特·福雷斯特笔下著名的霍雷肖·霍恩布洛尔船长。这座建于1929年的房子坐落在小山上，房顶上矗立着一个高高的烟囱。在每一个风和日丽的夏日里克朗凯特都要亲手在埃德加敦最高的旗杆上升起国旗，后来他升起的国旗成了这座海港别墅的固定设施。克朗凯特的三个孩子也非常兴奋，因为在这个夏天电影导演史蒂文·斯皮尔伯格就在葡萄园岛拍摄《大白鲨》。在这部轰动一时的影片中凯西还临时客串了一次。

葡萄园岛既是一个现实世界，又满足了克朗凯特的一切需要。在这个夏天克朗凯特养成了固定的作息：先是在大厨房里吃早餐，接着在整洁的阁楼书房里工作几个钟头，然后便驾驶着"温迪号"在蔚蓝的大西洋中游弋一番。有时候克朗凯特还要去男性俱乐部"读书人房间"享用一碗蛤蜊杂烩。到了下午，在享用鸡尾酒之前他总是要小憩片刻。不过，有时候他也会脱下沙滩装，换上西装，为了工作中断一阵假期。在这段时间里他报道了尼克松总统当年对中西部各地的访问，并对埃及总统安瓦尔·萨达特进行了独家专访，为广播节目《美国挑战》录制了一批报道，还完成了对苏联持不同政见的作家亚历山大·索尔仁尼琴的杰出的采访。

1974年的夏初时节，无论派别，所有的美国人都对国家的政治事务极其关心。克朗凯特为公司新闻网的团队对水门事件的报道感到自豪，但同时他也担心美国会变得四分五裂。当他在得克萨斯州奥斯汀市被问及是否打算在圣克莱门特采访尼克松总统的时候，克朗凯特风趣地回答道："是圣克莱门特，还是圣昆丁呢①？"1974年7月9日首席大法官厄尔·沃伦逝世了，克朗凯特深感悲痛。他与沃伦在1956年相识，自那以后他时不时地会拜访这位大法官，从对方那里打听消息。在他的眼中沃伦就是一位绝不容忍种族歧视现象的司法巨人，一个跟他自己一样的人，随着年龄的增长思想越来越倾向于自由主义。"首席大法官亲口说过他就是听从宪法的要求而已。他希望他的法庭给人们留下'人民的法庭'这种印象。"

用"人民的法庭"来描述克朗凯特眼中的《哥伦比亚广播公司晚间新闻》这个天字第一号讲坛再贴切不过了。在来往于马萨葡萄园岛、纽约市和华盛顿三地的同时克朗凯特还在7月25日和29日设法报道了众议院司法委员就弹劾总统尼克松举行的听证会，在7月24日、26日和27日三天的夜间节目中做了特别报道。8月8日，能够证明尼克松对自己是否参与掩饰水门事件的确撒了谎的录音带被公布后，尼克松宣布他将辞去总统职务。尽管美国人民已经对白宫失去了信任，克朗凯特还是鼓励同胞不要不相信自己的政府，也不要认为政府已经失去了完成伟业的能力。在这种情况下的确应该有人提醒公众记住这一点。水门事件似乎已经结束了，来自密歇根的杰拉尔德·福特将接管白宫的工作。和蔼可亲的福特是尼克松的副总统，在

---

① 译注：圣克莱门特与圣昆丁都位于加利福尼亚州境内，前者是旅游胜地，后者是著名监狱。

1949—1973年一直在国会工作。

　　尼克松在椭圆形办公室做告别讲话的时候克朗凯特正在华盛顿的播音室里同塞瓦赖德、拉瑟与马德做即时分析。他们的分析遭到了尼克松的强烈反对，但是在节目中克朗凯特丝毫没有对这位即将卸任的总统进行指摘。如同阿格纽辞职时的情形一样，他克制着情绪，没有幸灾乐祸地流露出"我们逮到这个混蛋"的情绪。在8月的这一天克朗凯特、塞瓦赖德与拉瑟三个人频频对尼克松大加赞扬，不时提到尼克松的辞职演说非常优雅，他们说这场演说显得"很有雅量"。

　　对于克朗凯特恭敬，甚至是有些伤感的评论，很多自由主义者即使说不上憎恶，也可以说五味杂陈，至少报刊的态度如此。华盛顿颇有资历的消息灵通人士，在1950—1954年效力于中央情报局的汤姆·布雷登认为哥伦比亚广播公司新闻网的这种伪爱国主义逢迎手法达到了最恶劣的程度。他不禁问道："他们事先商量了要给我们这样一种一眼就能被识破的伪装吗？他们是不是觉得传播了这么久的坏消息，到最后必须把注意力转向那20%坚定支持尼克松，一直想要弄死信使的观众？"克朗凯特对这种说法表示异议，他说继续抹黑尼克松不是哥伦比亚广播公司新闻网要做的工作。

　　就在尼克松辞职几个星期后，凭借着在《晚间新闻》中的调查性新闻克朗凯特荣获了5项艾美奖。平面媒体的记者——尤其是伍德沃德与伯恩斯坦——都认为在1972—1974年水门事件的事态逐渐明朗的过程中克朗凯特在哥伦比亚广播公司新闻网的表现非常英勇。克朗凯特相信从长远看福特谅解尼克松的做法符合国家的利益，后来伍德沃德也认可了这种看法。克朗凯特还告诉媒体同僚对福特不要像以往那么严厉，他说："我们应该同新总统在就职讲话中的直率与错误和谐共处一段时期。"克朗凯特的根据在于尼克松这位缺乏英雄气质的前总统一直潜伏在政治的阴暗面里，而福特的讲话则"发自内心"，很多记者都听从了沃尔特大叔的建议。

　　这一年的8月，在尼克松告别白宫后再也没有什么事情能阻拦住克朗凯特的脚步了。秋天他回到了纽约，将人马召集起来，开始为报道在11月举行的中期选举做准备。刚刚受雇于哥伦比亚广播公司的斯塔尔十分渴望加入克朗凯特的团队，结果她真的得偿所愿，新闻网的总裁萨伦特指派她在大选之夜同克朗凯特合作，报道西部地区的国会选举。萨伦特亲自带着她参观了一次西五十七大街的办公室，他说："这里很舒服，你完全处在一个友善的环境中，不会有什么事情让你感到紧张。"他伸着手，向她介绍着在大选之夜的座位安排情况。"沃尔特就坐在这儿。"他一边说，一边指向一张桌子，桌子上摆着写有"克朗凯特"字样的名牌。"这是丹的座位。"当然了，名牌上写着"拉瑟"的名字。然后是马德。"这就是你的。"萨伦特又说道。但是转瞬间他就害臊得面红耳赤，因为斯塔尔的名牌上只写着"女"。

大选日日益临近，克朗凯特的秘书给斯塔尔打来了电话，邀请她去克朗凯特在纽约东区的家共进晚餐。斯塔尔后来说："我变得有些疑神疑鬼。我以为他想要把我在西部埋头苦干出来的成绩全部据为己有，要从我这里打听到科罗拉多河加利福尼亚的所有情况，然后把这些消息都用在节目中。"她实在错得太离谱了。当他们在门口见到彼此后克朗凯特告诉她："我们有一条规矩，决不允许说工作的事情。"斯塔尔还记得在一个疯狂的夜晚"杂耍演员"克朗凯特讲起了有关自己在20世纪40年代生活在苏联和在20世纪50年代与木偶查理曼大帝共事的下流玩笑。在自己的回忆录《实况报道》中斯塔尔写道："他一边说，一边扮演着故事中提到的每一个角色，模仿着女人、德国人、法国人，甚至我们认识的人。他的玩笑都那么粗俗。"克朗凯特一伙人对待斯塔尔就仿佛她是他们的家人。在这个夜晚斯坦尔还认识到贝特西竟然是那么风趣的一个人。向来对人的性格具有敏锐判断力的斯塔尔发现自己在成熟的同时也有着淘气的一面。

斯塔尔意识到克朗凯特只是希望在与她合作报道1974年的大选夜之前能一起共度一段快乐的时光。这就是克朗凯特的平等主义策略，通过不断结交天才，他组建起了美国有史以来最优秀的一支电视新闻报道队伍。作为一支专门从事调查性报道的队伍，这批记者有时候甚至可以同《纽约时报》和《华盛顿邮报》的记者一争高下。克朗凯特一直保护着每一个人的自尊心，确保这支队伍保持团结。

需要指出的是，作为很多人的良师益友的克朗凯特决不容忍竞争。"好好先生"的宽容度仅此而已。在1962年克朗凯特出任哥伦比亚广播公司新闻网主播的时候，行业里的很多老手都想要得到这个位置。面对公司里等在他身后，眼睛盯着主播座椅的马德与拉瑟等人，克朗凯特小心翼翼地保护着自己的地盘。布罗考曾经说过："他对自己的权力宝座保护得很好。在成为王者之后这个'世界上最友善的家伙'表现出的达尔文主义完全超乎你的想象。"

第二十九章

愈合的时候到了

绍尔的恶骂——"大猩猩"克朗凯特——迷人的事实——让布拉德利加入队伍——福特带领美国摆脱越南战争——不要责备媒体——美国建国200周年——地方新闻主播的导师——在凯西的烧烤之旅——与尼克·克鲁尼的友谊——里根挑战福特——卡特与特勤局的计策——我从来没有为中情局效力过——大选之夜猜输赢——为了吕美特的《电视台风云》彻底疯了

沃尔特·克朗凯特被封为"美国最受信赖的人",与此同时,1975年1月在杜克大学所做的一场演讲中丹尼尔·绍尔对他进行了一番犀利的抨击。凭借着在1972年、1973年和1974年对水门事件的报道绍尔连续三年荣获了艾美奖,他严厉地指出在前总统理查德·尼克松面临着被弹劾的危险,带着耻辱飞往加利福尼亚州圣克莱门特后,克朗凯特对白宫表现的唯命是从。实际上绍尔就是在说克朗凯特是哥伦比亚广播公司经理们的妓女。不过,也可以说绍尔其实是在指责公司的总经理们迫使克朗凯特(同拉瑟、塞瓦赖德一起)那么温和地报道尼克松戏剧性辞职这种具有重大历史意义的新闻。对此感到深恶痛绝的绍尔相信哥伦比亚广播公司跟即将上任的福特总统做成了一笔交易——一个补偿——以便"弱化"尼克松各种大大小小的不法行为,好让整个国家沉浸在一种"美好而轻松的大环境"中。后来创办了有线卫星公众事务广播电视频道的布莱恩·兰姆当时还拥有颇具影响力的半月刊杂志《媒体报告》,他在自己的杂志中转载了绍尔对克朗凯特的这番口头抨击。

到了1974年克朗凯特已经对绍尔十分鄙夷了,在他的眼中后者不过是一个满口谎言的家伙,一副"我是默罗转世"嘴脸的爱出风头的人。深受欢迎的自由主义杂志《纽约》也引用了绍尔的主要观点,克朗凯特同塞瓦赖德和拉瑟联合给这份杂志撰写了一封信，信中充满了愤怒之辞。他们三个人以罕见的团结精神异口同声地否认了绍尔指出的"在哥伦比亚广播公司新闻网总经理下令'对尼克松温和一些'"。

当克朗凯特在度假期间被一名记者问及绍尔的对他们的指责时，他激愤地为自己的名誉做了辩护。在克朗凯特看来，目中无人的绍尔已经自封为哥伦比亚广播公司新闻网的"个体调查官"。他认为绍尔是一个非常优秀的记者，但同时也是一个非常糟糕的同事。他相信自己同绍尔之间的深仇大恨开始于公司没有让绍尔负责分析尼克松的辞职演说，这项工作落在了克朗凯特、拉瑟、马德与塞瓦赖德的身上。为此克朗凯特付出了一定的代价，这就是绍尔在杜克大学做了那样的一场演讲。

绍尔在杜克大学的演讲中提出的各种指责令外界一片哗然，等到风波平息后在公司的新闻编辑室里克朗凯特对待绍尔就仿佛后者是一个不受欢迎的人，他再也无法忍受这位一线记者"古怪的旁门左道"，他一心希望黑岩大厦悄悄地开除这个捣乱分子。他曾抱怨道："几乎所有的事情都存在着绍尔自己的版本和其他人的版本之分。"按照克朗凯特的思维方式事实的真相其实很简单。他曾为自己辩解说："我认为当时的情况需要我们做得得体一些。"

根据新闻网总裁萨伦特的说法，这封克朗凯特参与执笔的联名信并不完全符合真相。哥伦比亚广播公司曾计划用将近5个小时的时间报道尼克松在1974年8月9日的辞职讲话。面对几个小时的节目时间，萨伦特十分担心在播音过程中克朗凯特、塞瓦赖德与拉瑟的表现会漫无边际。在"双子座"和"阿波罗"推迟起飞时间的时候哥伦比亚广播公司新闻网就出现过播音陷入僵局的情况。萨伦特指出："除了大约半个小时的总统讲话，我们的记者到时候必须即兴发挥上整整一个晚上。哥伦比亚广播公司新闻网的管理层所能做的也只有为节目确定基调。所以我们给将在那天晚上参加报道工作的记者们打了电话，提醒他们无论他们自己的感受是什么，也无论尼克松决定做什么，这个夜晚都不是幸灾乐祸，或者发表攻击性观点的时候。实际上，我们告诉记者一旦尼克松要辞职——看上去很有可能出现这种情况，这将是美国历史上头一回总统辞职——那就到了全国人民团结一心、愈合伤口的时候，这样美国政府和美国这个国家才能继续前进。"

直到1999年，在萨伦特逝世后哥伦比亚大学才出版了萨伦特的回忆录，此时距离克朗凯特同绍尔在1975年掀起轩然大波的时候已经过去了很长时间。看起来至少在一定程度上萨伦特的这段话为绍尔对克朗凯特的指责提供了支持。克朗凯特参与撰写的联名信一直在误导读者。哥伦比亚广播公司新闻网的经理们的确指示克朗凯特对待尼克松（一个被打倒的人）的处理手法巧妙一点。这种决定并不完全是错误的，它的产生也并非是由于哥伦比亚广播公司与白宫对彼此保持着对等的态度。但是克朗凯特错就错在毫不含糊地否认了绍尔的指责。在提到克朗凯特为报纸的地方新闻版树立了样板时，编辑们常常告诉记者应当如何报道新闻，也就是说应该从哪个角度，应该得出怎样的基本结论。这种做法不仅让人们想到新闻行业管理层的一个显著特点，这就是为记者和编辑指定方向。当编辑室之外的力量——例如，广告部、市长，以及出版商怀有偏见的合作伙伴——参与选题、编辑，和分派记者之类的工作时，问题就不可避免地出现了。根据萨伦特的回忆录，在尼克松辞职的当夜哥伦比亚广播公司新闻网并没有出现这种情况，当时依然存在着灰色地带，哥伦比亚人常常以评论员——据称都是独立评论员——的身份出现在节目中，但是在那个夜晚精彩杰出的节目中他们显然没有扮演这个角色。在绍尔对克朗凯特、拉瑟和塞瓦赖德的斗争中，双方都有对有错。绍尔坚信克朗凯特的动机（安抚公司那些保守的下属电台和电视台）值得怀疑，认为后者的论断（尼克松尽管有错，但是还不至于活该在下台时继续受到抨击）是错误的。尼克松一直是第四等级的敌人，绍尔想让这位前总统受到应有的折磨。他说过："媒体就像扮演民族伤害者的角色那样扮演民族治疗者是错误的，这是别人的工作，我们的任务只是对其进行报道……有人指责媒体操纵舆论反对尼克松，这种说法不符合事实。我们也不应当操纵舆论支持他。"

同哥伦比亚广播公司新闻网一样，《华盛顿邮报》也拒绝在报道尼克松下台的时候大肆庆祝胜利。在它的报道中即将上任的福特被描绘为最沉着的公共人物，一位来自中部地区、自由自在、对共和政体忠贞不贰的橄榄球爱好者。伍德沃德曾说："在那一年的8月8日《华盛顿邮报》出版人凯瑟琳·格雷厄姆和本·布拉德里命令全公司'不得幸灾乐祸'。他们认为从很多方面而言尼克松的经历都是一场悲剧。布拉德里在那期封面上刊发了一张尼克松拥抱女儿的照片，这就有一种对这件事情'咱们还是人性一点吧'的感觉。"

或许克朗凯特对尼克松的温和还不足以令人捧腹大笑，但是在那个夏末他对这位前总统充满了人道主义的同情。对尼克松的公开羞辱令克朗凯特感到难过；让尼克松被迫辞职，好让记者们向他落井下石的做法没有让他感到喜不自胜。从1974年8月开始，一直到1994年尼克松逝世，在此期间克朗凯特一直对尼克松表现出惊人的大度，在很多公开的场合下盛赞他具有作为国际政治家的智慧和敏捷，并称他是中苏问题的专家。葡萄园岛的朋友们都记得只要听到有人含蓄地指出尼克松被赶出白宫是由于《哥伦比亚广播公司晚间新闻》对水门事件做了尖锐的报道，因此这个节目应该对尼克松的下台负责时，克朗凯特就会变得怒不可遏。克朗凯特可不希望承担这样的责任，他公开表示不接受外界有关"哥伦比亚广播公司逮住了尼克松"的指责，在一次接受《丹佛邮报》的采访时对这位前总统"在国际政治舞台上主动示好"于中国、苏联和埃及的举动提出赞扬。

绍尔的指责也让自己在公司里同克朗凯特一伙人出现了永久的裂痕。塞瓦赖德与他彻底断绝了关系，克朗凯特也只是勉强与他保持着点头之交。尽管如此，当胸怀使命感的绍尔冒着锒铛入狱的危险公开了派克委员会针对中央情报局和联邦调查局在1976年的非法活动报告时，克朗凯特在文章中宣称自己"一直支持"绍尔。绍尔公布的报告属于机密材料，尽管面临着进监狱的危险，他还是以宪法为依据拒绝向国会交代出消息来源。此外，在1979年绍尔受雇于美国有线电视新闻网时，克朗凯特或许在心里长出了一口气，不过他还是给对方写了一封慷慨大度的祝福信。

在福特执政时期，除了略微有些浮动以外，《哥伦比亚广播公司晚间新闻》基本上继续在收视率的竞争中保持着领先地位。在水门事件发生后喜欢说笑的人都将《晚间新闻》的队伍称作一家人，是哥伦比亚广播公司在星期四晚上播出的热门电视剧《华生一家》的怪物版。克朗凯特十分喜爱这部每集为一个小时的温情脉脉的电视剧，故事以蓝岭山脉为背景，颂扬了大萧条时期美国乡村家庭牢固的情感。"晚间新闻"版的《华生一家》中包括爸爸克朗凯特、刚愎自用的长子绍尔、粗鲁无礼的妹妹斯塔尔、敏感易怒的侄子拉瑟、正直而冷漠的马德，当然还有有着敏锐洞察力的祖父塞瓦赖德。哥伦比亚广播公司新闻网的这支队伍是一流的，或许甚至可以说创造了20世纪70年代中期的最高水准。这支队伍还包括理查德·赫特里特、马文·卡尔布、查尔斯·库拉尔特、理查德·特雷尔凯尔德、布鲁斯·莫顿、特里·德林克沃特、宗毓华、菲尔·琼斯和艾克·帕帕斯。有媒体批评家认为《晚间新闻》的成功应当被归功于这批流动记者，而非主播。但是，袖子上总是扣着带着公司眼睛标志的链扣的克朗凯特才是这支队伍里的大明星。他是轮轴，所有的天才记者——或许还包括总经理和制片人——都是辐条。没有人会真的认为雷瑟尔、索科洛或萨伦特是克朗凯特的老板。比尔·伦纳德曾说过："克朗凯特知道自己唯一的老板就是妻子贝特西。"

全国各地的电视观众都亲切地将克朗凯特称为"沃尔特大叔"，可是对于他在纽约和华盛顿的新闻网同事而言，克朗凯特很少会以"沃尔特大叔"的面目出现。公众都认为克朗凯特是一个喜好交际的朋友，面对突发新闻、重要辩论和名人的时候总是兴致勃勃、轻松自在。哥伦比亚广播公司的工作人员关系很紧密，在公司里大家管克朗凯特叫作"八百磅的大猩猩"，米德格雷曾解释说"这种家伙想得到什么都没问题"。有一个名字是新闻网里没有一个人敢提到的，这就是沃尔特（Walter）的简称Walt。在同克朗凯特共事期间拉瑟与米基·赫斯科威茨联合撰写了一部著作《镜头从不闪两次》，在提到1974年前后的克朗凯特时拉瑟不吝笔墨地用了一大堆形容词，包括"沉着"、"镇定"、"目标及其明确"，尽管如此拉瑟也还是不敢称呼克朗凯特为"Walt"。

在所有人里最了解克朗凯特的普鲁士式工作原则的人莫过于吃苦耐劳，与克朗凯特亲如父子的制片人索科洛。新闻网里的所有人都知道克朗凯特、本杰明与索科洛这三位搭档的座右铭是"抢先，但是只抢正确的"。克朗凯特坚持认为每一次播音都应当毫无瑕疵。伯恩后来曾说过："倘若全国广播公司搞到了我们没能搞到的好新闻，或者对同一条新闻比我们处理得更好，那我们就只能靠老天保佑了。这种时候面红耳赤、火冒三丈的沃尔特就会从他的那个透明办公室里蹦出来，他说的第一句话就是'该死'，我们本来就是一群最争强好胜的人，面对任何一条新闻我们都不愿意被别人打败。沃尔特和他憋红了脸叫骂着'该死'的样子让我们就更加不能接受被打败的命运了，所以这种情况没有出现过多少次。"

克朗凯特最典型的品质始终都是争强好胜。每天晚上在播音结束后，节目的工作人员常常凑在一起收看全国广播公司和美国广播公司在晚些时候播出的新闻节目，克朗凯特也经常参加这种集体讨论会。哥伦比亚广播公司新闻网的记者舒弗尔在1969年进入公司之前一直以克朗凯特为偶像，他认为这位老合众人比媒体界的任何人都具有更强烈的好奇心。塞弗曾经说过："沃尔特是世界上最友善的人，可是作为责任编辑的他则非常残酷无情。"根据马德所述，哥伦比亚广播公司在华盛顿有一支人尽皆知的"候补记者"队伍，而且这些人都接听他们打去的电话，因为这些提供消息的人都清楚他们会让自己的消息出现在克朗凯特的节目中。

总体而言，在同事们的眼中克朗凯特是一个态度强硬的，并且带有一丝船长式的笃定和正派的老手。若是他的在场令新雇员感到紧张的话，他就会讲一些下流笑话，好让对方放松下来。或许可以说他不是一个随和的人，不过他的举手投足间充满了严肃认真的职业精神，无论是在编辑室里，还是身为一名记者，他都不会公然表现出厚此薄彼的倾向。同时他还擅长优雅得体地给大家发出感谢信、慰问信和圣诞贺卡。毫无疑问，在1968—1974年哥伦比亚广播公司新闻网里存在着反尼克松的倾向，死板而严格的意识形态及政治正确性令他感到厌倦。克朗凯特曾公开承认自己手下的记者，包括他本人在内都属于非教条的自由主义者，这是同记者的职业特征相伴而生的。克朗凯特曾对《花花公子》杂志说过："大多数记者都把时间花在报道人类事业比较丑恶的一面，他们报道警察局、法庭和政坛内讧。我认为他们会渐渐地不太愿意拥护现有的制度，他们倾向于和人性，而不是当局和各种机构站在一起。而这种局面多少有些把他们推向了左边。不过，我认为极左分子其实也没有多少。中间偏左一点或许才是正确的选择。"

在互联网尚未出现的时代，在弹指一挥间找到阿尔及利亚大选或洪都拉斯地震之类的消息并不是一件容易的事情，但是克朗凯特要求记者对一切值得报道的新闻和话题都要提供细节。他最喜欢的一句口头禅就是"找到事实"。在他看来，努力寻找确凿的事实，并为其提供解释并不是苦差事，反而是一件美差。他秉承传统追求事实——所谓事实就是"沃尔特想要"的内容——就是在哥伦比亚广播公司新闻网里存活下来的要素。在自己的回忆录《给我讲一个故事》中休伊特回忆道："他从不认为任何事情都是理所当然的。他会拿起电话，找到他认为会直截了当回答问题的人，核对事实，然后再添加一些可以让自己的报道胜于其他任何人的细节。我想不起还有谁没接到过沃尔特·克朗凯特的电话，总裁也不例外。"

福特总统没有干满一届任期，他仅在任了895天，在此期间只要一有机会克朗凯特似乎总会竭力对他施以援手。自从尼克松离去后华盛顿的气氛改善了不少，在参与促成约翰逊（有关春节攻势的特别报道）和尼克松（对水门事件的报道）下台之后，克朗凯特宽容地给了福特一年时间，好让后者解决眼前棘手的政治难题。福特在任期间克朗凯特主持的《哥伦比亚广播公司新闻网特别报道》节目报道了具有历史意义的"阿波罗—联盟"对接试验计划、暗杀福特未遂事件，以及福特出其不意地对中国为期四天的访问。1975年，柬埔寨势单力薄的军队在有争议的水域攻占了美国商船"马亚克斯号"，福特遂命令美军对柬埔寨军队发动攻击，并在克朗凯特的协助下，福特根据这一事件完成了一部杰出的电视史诗。

对克朗凯特来说，哥伦比亚广播公司新闻网的记者布拉德利成了最关键的人物。在柬埔寨报道战事的时候布拉德利在金边受了伤，后背和双臂都被弹片击中。克朗凯特曾多少有点自负地宣称是他在1967年发现了布拉德利，当时这名年轻的记者还在哥伦比亚广播公司下属的纽约广播电台WCBS工作。布拉德利之所以受到克朗凯特的欣赏是因为他具有强硬的采访风格，后来克朗凯特说过："在采访中布拉德利会对对方进行严厉的批评，但是当采访结束后他们却成了朋友。他就是那种人。"

1975年3月1日，越北方面对南越中部高地发起了一场强大的攻势。克朗凯特知道美国（当时）最长的一场战争结束了。几个星期之前他和同事舒弗尔与塞瓦赖德对福特进行了一次采访。在白宫会客室"蓝厅"里福特告诉他们南越人民不顾一切地想要在越共占领南越之前离开这个国家。4月初，克朗凯特指示布拉德利对美军结束在南越的军事行动的报道要超过另外两大广播公司新闻网。4月30日，西贡陷落，就在两天前美国总统福特在新奥尔良市杜兰大学的一次讲话中承认美国在越南参加的战争结束了。他说："今天，美国人民终于可以重新拥有越南战争开始之前所拥有的自豪感了。不过，这并不是靠着重新打一场已经结束了的战争才能争取到的……这种事情太悲哀了，但是它们既不意味着世界末日，也不预示着美国将要失去在世界上的领导地位。"4月30日这一天在用火箭炮对西贡的新山机场实施的袭击中两名美军海军陆战队士兵身亡，这是美国在这场战争中牺牲的最后两条生命。几个小时后，美国大使馆遭到洗劫，越北军队的坦克长驱直入西贡。

哥伦比亚广播公司新闻网为越南战争的结束安排了一期时长两个半小时的《特别报道》，按照计划克朗凯特将担任这期节目的主持人，可是由于后背疼痛他在家卧床休息，这种病痛时常会让他无法参加工作。尽管已经到了难以挪动的地步，但是性格刚毅的他还是没有听从医生的嘱托，拒绝服用止痛剂和吗啡。医生建议他好好休息一阵子，可是他是一个出了名的"多动症患者"。在过去的15年里，将近100万越共军人身亡，25万南越士兵死去，5.7万名美军国人丢掉了性命。几乎已经无法挪动身体的他认为自己必须坚持完成了这天晚上的《晚间新闻》，哪怕受着背痛的折磨。提到这段往事时米德格雷曾说："什么也阻止不了他完成这次报道，什么都不行。"

克朗凯特叫医生将他的后背结结实实地绑了起来，然后陪着他来到了坐落在西五十七大街上的播音室。他从轮椅上挪到了主播的座位上。一阵阵钻心的痛随时都有可能让他放弃播音，然而最终他还是以越南人民军占领西贡，结束西贡政权的新闻开始了4月30日的《晚间新闻》。节目中播放的影片显示了饱受战争摧残的西贡的混乱状况、最后一批美军直升机从美国大使馆的屋顶上起飞时的景象，这一切都令人难以忘怀。克朗凯特终于清楚地知道了自己在1968年2月"发自越南的报道"中提出的"僵局"论断在历史中"非常"站得住脚。在这天晚上的节目即将结束时克朗凯特留出了一些时间，对这场耗资1500亿美元的战争进行了总结。

这天晚上，当被重新架上轮椅，被人送回家的时候克朗凯特担心五角大楼会试图将战争的失败归咎于媒体。在《记者生涯》中他写道："鹰派（主战派）会坚持宣称'我们原本打得赢',倘若媒体没有展示出被凝固汽油弹击中的赤身裸体的越南女孩逃离我们的轰炸、战俘被人开枪射穿脑袋、燃烧的房舍、受伤的美国大兵的画面的话。电视把这场战争送进了我们的起居室,摧毁了我们的战斗意志——外界的逻辑就是这样的。"在接下来的数十年里克朗凯特将受到威斯特摩兰将军、尼克松总统和美军官方刊物《军事评论》的抨击,因为他将1964年主战的美国变成了1975年的反战者。克朗凯特知道在下一场战争中,无论谁入主白宫,他都会试图说:"不要电视摄像机!"为了向克朗凯特在1968—1975年里说出的有关越战的真相致敬,《君子》杂志曾将他的照片刊登在封面上,同影星玛丽莲·梦露、美国职棒大联盟史上第一位黑人球员"水兵"鲁宾逊和"灵犬莱西"一起被列为"美国四大特产"。在受到如此赞美的同时克朗凯特曾骄傲地宣称在1975年自己最喜爱的唱片是民谣歌手保罗·西蒙的《多年后依然这么疯狂》,用这张专辑来描述他这样在电视界幸存下来的干瘪小老头再合适不过了。

福特总统也同样被美国人民认为是慈父般的人物,在1975年春天越南战争结束后克朗凯特对福特的欣赏显著增强了。出于对福特的欣赏布拉德利同克朗凯特变得亲密起来,而马德与绍尔都认为克朗凯特对福特政府"过于着眼于眼前"。提到这段往事时克朗凯特曾说:"福特大概是所有总统中最品貌兼优,也是最正常的一位,他为人随和,不傲慢,也不装腔作势。我认为在如何当总统的事情上他并不算太聪明,但是他也不会装腔作势地摆出一副知识分子的腔调。"对马德与绍尔来说,克朗凯特似乎跟福特相处得太融洽了。克朗凯特认为福特的职责在于在约翰逊与尼克松滥用行政大权对国家造成创伤后帮助国家弥合创伤。在他看来福特在这方面做得很好。

从1974年7月4日开始,哥伦比亚广播公司新闻网连续两年在节目中播出《200周年纪念60秒》栏目,这个时长为一分钟的节目是公司为了帮助国家恢复常态所做的表示。凭借着这个深受观众喜爱的节目哥伦比亚广播公司新闻网荣获了艾美奖的杰出节目与个人成就奖。1976年的独立日是美国法定的建国200周年纪念日,在这一天克朗凯特担任了"歌颂美国"庆祝活动的主持人。这场庆祝活动在麦迪逊广场花园举行,从早上6:00开始,一直持续到了午夜。在整个活动期间克朗凯特似乎无处不在,从宾夕法尼亚中部的阿尔图纳到亚利桑那州尤马市的每一个竖着旗杆的十字路口都能看得到他的身影。预先录制的节目起到了作用。克朗凯特说:"这一天在美国的历史上有着特殊的意义,而这一切正是人们为了这一天的到来自然而然喷发出的巨大热情。"在波士顿和纽约市大范围的焰火表演中观众们听到他就像一个小孩子那样不停地啧啧称赞。或许最感人的一幕要算是在华盛顿特区一个大型合唱团唱响《美丽的亚美利加》（《美哉，美利坚》）时克朗凯特似乎以为手中的话筒失灵了，旁若无人地大声唱起这首号称是美国第二国歌的歌曲，就仿佛那一刻他正站在棒球场里，手捂着心口。这是一个可爱的疏忽（或者是刻意安排的，就像在肯尼迪遇刺期间他摆弄自己的眼镜那样）。

从记者到采景人，在克朗凯特主持的这场长达18个小时的美国建国200周年纪念活动报道节目中哥伦比亚广播公司上上下下全都表现得十分出色，公司总共在42个地点架起了摄像机。库拉尔特在哈得逊高桅帆船游行队伍中做着报道，克朗凯特在节目中告诉观众自己有多么艳羡库拉尔特的这份美差。拉瑟设法报道了葛底斯堡战役重现活动、科罗拉多州的一场棒球赛，以及华盛顿特区的一场进步左倾抗议活动。新闻网的里德·柯林斯被派往了纽约市的炮台公园进行报道。与此同时，休斯·鲁德播放着预先录制的历史知识影片《你知道么》，这个节目的形式类似于哥伦比亚广播公司的益智问答游戏节目《危险边缘》。此次报道是继"阿波罗11号"以来哥伦比亚广播公司新闻网持续时间最长的一次报道，在整个报道过程中哥伦比亚广播公司几乎将开国元勋推崇到了民族神祇的高度（直到1991年1月第一次海湾战争爆发之初，哥伦比亚广播公司一直保持着这个记录）。节目中还插播了在科罗拉多州的格里利举行的牛仔竞技表演，以及在俄克拉荷马州的卡内基举行的一场印第安会议。在节目中克朗凯特入迷地聊着纵横全国的自由火车[①]，还展示了诸如《奥兹国历险记》中多萝西的裙子、世界重量级拳王乔·弗雷泽的拳击短裤、小马丁·路德·金的讲坛，以及许多产生自美国流行文化的零零碎碎的小东西。在这个特别的国庆节上，当听到国家广场响起自己最喜欢的《奇异恩典》（《天赐恩宠》）时，克朗凯特毫不掩饰地流下了热泪。他坚信在经历了越南战争和水门事件之后美国正需要这样强有力的机会，让整个民族遭受的创伤愈合，他用这场报道告诉美国民众重新焕发起对祖国的自豪感没有错。

在这场纪念活动中布里特·休姆为美国广播公司新闻网完成了大量的远程报道，这名颇有前途的年轻记者令很多媒体总经理想起了马德。在这个紧张不堪的日子里到处都洋溢着强烈的爱国热情，外景记者在全国各地同时报道着庆祝活动。这

---

① 译注：美国有两种全国性的"自由火车"。在1947—1949年作为特色展示火车环游全国；在1975—1976年庆祝建国200周年的时候出现了"美国自由火车"。这两种火车都被刷成红、白、蓝三色，环游美国，在北美大陆的48个州，展示着美国及相关历史手工制品。

天晚上，精疲力竭的休姆在10：30左右回到了家，他打开电视，将频道调到哥伦比亚广播公司新闻网，结果他目瞪口呆地看到克朗凯特还在继续主持着实况报道。天哪！"铁裤子"可太有耐力了！11：00，当地电视台WCBS新闻网的节目开始了，休姆自然而然地以为克朗凯特的这场马拉松式的报道已经到了尾声。然而令他大为吃惊的是，在11：30的时候克朗凯特又回到了电视屏幕上。提起这段往事时休姆说："他继续做着报道，说：'真是了不起的一天！真是了不起的一天！有史以来太了不起的一天！'我会永远记住这一天的。我想……'天哪！'就在那一刻终于我明白了为什么克朗凯特那么出色。他具有能够在这个行业长盛不衰的关键素质，这就是热情。他真的不希望200周年纪念日落幕。"

这个夏天克朗凯特还有更多的精彩表演。紧接着独立日的庆祝活动之后，1976年的两党代表大会又开始了。斯莫还记得在这一年8月16—19日共和党在堪萨斯城的代表大会上自己同克朗凯特合作时的情景。哥伦比亚广播国内公司提前在坎珀体育场建起了播音间，不过在结束播音后克朗凯特会把穆勒巴奇酒店当作自己的客厅。在酒店里，每一个行李员、女服务员和前台接待员对他的态度就好像他是他们失散已久的高中老友似的。虽然同女作家多萝西·帕克在曼哈顿的阿冈昆文人圆桌午餐会①上的情形有所不同，不过克朗凯特还是用酒水招待着记者们。这些记者都来自中西部地区各家不大不小的报社，例如《皮奥里亚星报》和《托皮卡首都日报》。斯莫曾说过："沃尔特会跟小城市的记者们不停地聊着。他是一个喜欢聚会的人，人缘很好。"

克朗凯特很快就同来自美国广播公司在辛辛那提市的下属电视台WKRC-TV（12频道）的尼克·克鲁尼成了朋友，后者的儿子就是日后好莱坞的传奇演员乔治·克鲁尼。当时芭芭拉·沃尔特斯同哈里·瑞森纳开始一起主持美国广播公司新闻网面向全国的节目，克鲁尼就此事采访了克朗凯特。结果，聊天最终变成了畅饮，两个人从布罗考成了全国广播公司《今天》节目的新主持人、企业家泰德·透纳在亚特兰大创办了WTBS电视台，到鲁伯特·默多克买下《纽约邮报》等各种话题无所不谈。后来克鲁尼曾说过："当时克朗凯特为地方电视新闻节目的所有人定下了基调。默罗是广播界里的大人物，但是他对地方电视新闻业真的没有产生什么影响。在克朗凯特的带领下地方电视节目主持人进入了全国各地的广播市场。他主

---

① 译注：美国文艺界人士的非正式团体，在20世纪二三十年代他们在周日聚会于纽约的阿冈昆，因此得名。

持的《晚间新闻》在创新电视新闻节目的形式方面起到了示范作用；他让我们这些在WKRC工作的人感到我们所做的工作很重要，让我们感到电视新闻是美国的一种新传统。"

米德格雷在自己的回忆录《你想听到多少话？》中对克鲁尼的这番话表示了支持。默罗频频被人称作是有志于从事电视播音行业的人的榜样，然而，堪萨斯城的KCTV、孟菲斯的WREG或是明尼阿波利斯的WWCO电视台是否真的从默罗那些制作精良的《现在请看》、《面对面》或《可耻的收成》中学到些什么？在两党代表大会、大选之夜和暗杀惨剧这样的现场报道工作中默罗表现平平，相形之下，克朗凯特在播音过程中总是喜欢即兴发挥，并且为播音艺术形式上的成功制定了严格的标准。克鲁尼说过："每一家地方电视台的编辑室里都应该挂着克朗凯特的照片。他就是我们这个行业里的乔治·华盛顿。"

电视让美国的老百姓爱上了室内生活，将娱乐和新闻节目"啪"地扔进了观众的起居室里。但是克朗凯特从未放弃过人行道，他喜欢走在每一个城市的大街小巷，每天都往自己的记事簿中添加两张或四张摘抄卡。哥伦比亚广播公司华盛顿记者站的站长斯莫发现陪着沃尔特大叔在城市的街区四处溜达会感到四周充满了友善而夸张的气氛。一天下午，在堪萨斯城斯莫陪着克朗凯特一道品尝着凯西当地最美味的烧烤。克朗凯特不停地说着"我有个朋友在什么样什么样的地方"，事实的确如此。当地人真的会一盘接一盘地给克朗凯特送上排骨和鸡肉，一边不停地喂着他，一边跟他讲着有关华盛顿那些权力掮客的内幕。或许在纽约克朗凯特已经爬到了哥伦比亚广播公司新闻网的上层，但是他始终都是那个堪萨斯城的小孩子，想要和别人聊一聊美国广播公司的热门剧目《幸福时光》、《查理的天使》和《无敌金刚》有多么强的实力，竟然能与哥伦比亚广播公司的节目一争高下。世间存在着两个克朗凯特：一个是作为主播的"高级"克朗凯特，另一个是喜欢讲故事的"低级"克朗凯特，这两种形象都受到大家的喜爱。永远不要忘记家乡父老——这对每一位伟大的电视新闻记者来说都是保证成功的关键因素。对于克朗凯特而言，整个美国都是他的故乡。克朗凯特在堪萨斯城大大小小的酒吧里摆开阵势，一会儿朗诵着C·W·麦考①的热门歌曲《舰队》的歌词，当自动点唱机的喇叭里突然响起海湾摇滚者乐队的《星期六的夜晚》时他又自情不自禁地翩翩起舞起来。他就这样心甘

---

① 译注：C.W.麦考是小威廉·戴尔·弗莱茨（1928— ）的化名，他是美国著名歌手、活动家及政治家，以描绘亡命之徒的乡村歌曲著称。

情愿地拿自己取着乐。

　　1976年堪萨斯城出了一个大新闻，加利福尼亚州的演员及前州长罗纳德·里根意欲同在任总统福特争夺共和党总统候选人的提名。福特比里根争取到更多代表的支持，但是票数还不足以确保自己获选。看起来在初选会上将会出现一场传统的争夺战。在民主党方面，华盛顿州的参议员"勺子"亨利·杰克逊与爱达荷州的弗兰克·彻奇将同加利福尼亚州的州长杰里·布朗，以及在佐治亚州担任过一届州长的吉米·卡特一争高下。民主党与共和党的候选人都希望在这场激烈的竞争中充分利用电视的力量，至少其中几位候选人都以巧妙的方法对这种媒体进行了成功的利用。在公众面前进行游说固然很重要，但是同克朗凯特一起在《晚间新闻》节目中亮相对争取更多选票有着至关重要的作用。汤姆·谢尔兹曾说过："他的形象在美国变得那么突出，以至于外界认为在很大程度上舆论的变化取决于他的态度。"

　　在此之前马德已经报道了6月在加利福尼亚州举行的初选会，为《哥伦比亚广播公司晚间新闻》提供了一流的常规报道节目。在这个报道中他指出在三个小时的时间里里根"只和不到2000名听众面对面进行了交流，他没有采取新的立场，也没有开辟出一片新天地"。但是，这天晚上有107.1万名观众通过洛杉矶的三个地方新闻节目看到他出现了5分51秒，另外还有3700万名观众看到里根在三大广播公司的新闻节目中出现了4分4秒。马德明白电视已经易如反掌地改变了竞选政治。

　　克朗凯特对马德发来的报道进行了预审，尽管报道质量上乘，但他还是拒绝播出。一直充当着监视器的他不想播出一条"任由自己受到操纵而为电视业抹黑"的报道。马德的报道很重要，他在这条报道中指出了政治竞选中出现的新事物，也就是现在我们所说的"出镜机会"。马德要求克朗凯特在节目中指出电视新闻被利用了，或者说，更糟糕的是它参与了愚弄公众的把戏。可是，这条报道被掩藏了起来，被安排在《哥伦比亚广播公司早间新闻》中播出了，而不是在晚间节目中。马德实际上是在要求克朗凯特对自己所处的世界——他一再向其他人宣扬的世界——进行反省，这绝不是一件容易的事情，克朗凯特拒绝了这个要求。

　　在当年春季民主党的总统候选人初选会期间克朗凯特就意识到卡特或许能获得提名。此外，他还注意到这位佐治亚州州长的贴身安保人员远比"勺子"杰克逊和马斯基的多，基于这个事实他告诉很多公司的同事卡特在竞争中处在领先位置。哥伦比亚广播公司的撰稿人桑迪·普斯特后来曾说过："我们针对安保队伍的问题进行了调查，之前沃尔特就对这种状况感到惊讶。以前他认为卡特是一个不入流的政客，但是眼前的这种局面改变了他对卡特的印象。这几乎是潜移默化的改变。唉，后来我们才知道原来是卡特花钱请人制造了这种视觉效果。克朗凯特也笑呵呵地承认了自己被愚弄了。他一下子就迷上了这种'感觉即存在'的诡计。"

一开始克朗凯特对卡特的领先并不感到激动，在一连串的竞选活动中他所信奉的夸张的基督重生信仰令这位主播感到头疼。相比之下，克朗凯特信奉的主教制主义更容易接受得多。克朗凯特仍旧认为自己属于罗斯福、杜鲁门、肯尼迪式的自由主义者，同时还是上东城人和马萨葡萄园岛人，不过他也承认自扎卡里·泰勒以来重新有一位南方人出任总统或许是一件好事。没过多久他就发现自己为卡特敏锐的头脑所折服，他曾说："我想在我认识的人里他算是最有头脑的那种人。"

1976年，克朗凯特被卷入了一桩不算严重的丑闻，不过这件事情还是令他感到暴怒。美国广播公司新闻网的电视台记者萨姆·扎夫宣称自己在效力于中央情报局的记者机密名单中见到过克朗凯特的名字。扎夫告诉国会委员会在为哥伦比亚广播公司新闻网工作期间克朗凯特经常向联邦调查局报告情况，他还指出在1959年米克尔森让克朗凯特（和哥伦比亚广播公司的其他几名记者）听中央情报局的局长艾伦·杜勒斯做了一次情况介绍。后一种说法的确属实，但是萨伦特为克朗凯特进行了辩解，宣称在1961年米克尔森离开哥伦比亚广播公司，担任电视节目《时代—生活》的负责人之后，他立即终止了公司新闻网同中央情报局的一切合作。尽管如此，克朗凯特的名声还是遭到了损害，有关他与中央情报局的谣言如同野火一样迅速传播开。克朗凯特立即进入了"损害控制模式"，从纽约市赶往弗吉尼亚的兰利市，就伪造文件泄露的问题同中央情报局的现任局长乔治·布什进行了当面对峙。长期以来很多有竞争能力的电视记者都曾抱怨说雷瑟尔、本杰明与克朗凯特受到了国家安全委员会、国防部、宇航局、中央情报局和其他各种国家安全机构的优待，克朗凯特必须粉碎这种谣言。在《尽释前嫌》一书中绍尔回忆道："为了消除新闻业和自己身上的污点，克朗凯特敦促布什披露身为中情局特工的记者名单。"然而，布什断然拒绝参与此事。

几个星期之后中央情报局确认了的确有两名前哥伦比亚广播公司记者在20世纪50年代为中情局效劳过，但是没有提供这两名记者的姓名。有人怀疑其中一名特工就是休斯·鲁德。对于克朗凯特同中情局有所联系的猜测则渐渐偃旗息鼓了。对这件事情审视了一番之后克朗凯特提笔给粉丝俱乐部的主席费德勒写了一封信，告诉了对方自己的发现。在信中他给这位年仅21岁的青年写道："这一切太恶劣了，应当受到谴责。但是正如米克尔森曾指出的那样，这件事情发生在历史关键时期，当时对这种关系的恐惧被一股特殊的反共狂潮弄得面目模糊。"

到了1976年，克朗凯特向美国民众报告总统大选结果的风格已经成了业内的范本。在这时候他仍旧不愿抛弃1950年在WTOP工作期间养成的一种老习惯。和其他记者不同，他拒绝使用听筒，和控制台之间的联系还是沿用着1952年前后采用的老办法：主持助理马克·哈林顿在他的面前放一张卡片，卡片上写着"丢给斯塔尔"和"福特就要出来了"之类的话。碰到紧急情况时，哈林顿就会爬到他的跟前，拍一拍他的膝盖，递给他一张纸。哈林顿趴在地上工作的时候身体总是躲在镜头取景框之下，因此他将自己的活动区域戏称为"散兵坑"。

1976年11月2日，克朗凯特再一次在大选之夜证明了自己作为政治事件报道大师的能力。卡特获得了297张选票，福特则得到了240票，这是自1916年以来选票结果最接近的一次选举。哥伦比亚广播公司的观众都看到在克朗凯特的"事实就是如此"的播音游戏中他本人占据着最顶端的位置。

水门事件和越南战争的时代已经结束了，一个曾经在佐治亚州种植花生的农民，后来又成了核工程师的人当选为美国总统，但是这一切并不意味着克朗凯特对美国政治的走向感到乐观。在建国200周年的这整整一年里他一直苦恼于企业对电视新闻业的影响力达到了史无前例的程度。这一年最受到热议的好莱坞电影就是帕迪·查耶夫斯基编剧，西德尼·吕美特（在20世纪50年代执导过《你就在那儿》）担任导演的戏剧黑白片《电视台风云》。克朗凯特从来不会错过吕美特拍摄的任何一部影片，在他看来凭借着《电视台风云》一片好朋友吕美特完全超越他了，这是他看过的最优秀的影片之一，或许可以说再也找不到比这部更优秀的影片了。记者霍华德·毕尔的故事就是在谴责新闻业和企业老板们对新闻业肆意施加影响力的现实，甚至有人说主人公的原型就是疯狂版的克朗凯特。克朗凯特的女儿凯西曾在《大白鲨》和《比利杰克的审判》中有着精彩表演，在这部影片中她又出演了帕蒂·希尔兹这个角色。《电视台风云》的情节集中在毕尔（彼得·芬奇饰）身上，新闻部主任麦克斯·舒迈彻（威廉·霍尔登饰）告诉很长时间以来一直主持《联合广播网晚间新闻》的毕尔由于惨淡的收视率他只能在主播的位置上继续干两个星期了。在1976年的年初吕美特为克朗凯特单独放映了一次《电视台风云》，克朗凯特不时地"狂笑着"，"看到描写电视新闻的片断时笑得在地上打起了滚"，他希望有一天自己也能拥有毕尔的勇气，推开窗户，大声喊出"我彻底疯了，我再也受不了了"。

笑声逐渐平息了，《电视台风云》在克朗凯特的心中留下了很多问题，久久挥之不去。当时吕美特几乎在社会上引起了一阵轰动。在公司同事的面前克朗凯特甚至将这部获得了奥斯卡奖的影片同阿道司·赫胥黎的《美丽新世界》相提并论。伯恩曾说过："当帕迪·查耶夫斯基在1976年拿出《电视台风云》的时候，我们所有人都以为这是一部十分滑稽的讽刺片，是对现实的极大夸张。我们谁都没有意识到这其实是一个预言，可是克朗凯特当时就意识到这部反乌托邦的影片或许是一个预言。"

第三十章

接纳吉米·卡特

沉浸于"开心谈话"——聘用女撰稿人——丽塔·布雷弗与卡特的就
职舞会——致电总统——瓦诺克的批评——海上男孩俱乐部——克朗凯特
外交——急流勇退(尚在考虑中)——三哩岛的忧伤——汉密尔顿·乔丹
在54号演播室吸毒——坚决不忘在伊朗的美国人质——厌恶粉饼——何不
做一回美国参议员?——拉泽击败马德——本性不改的"老色鬼"——约
翰·安德森心中的2号人选——抢了泰德·肯尼迪的风头——哈佛大学的
克朗凯特博士——里根与福特联合执政的独家新闻——谁怕芭芭拉·沃尔
特斯?——总统自由勋章

考虑到克朗凯特拥有的庞大的观众群,在20世纪70年代中期他开始捍卫女性运
动的行为就具有了重大的意义。尽管接受女权主义比较晚,但是一旦进入这个领域
他就成了女权运动坚定而著名的盟友(尽管他拒绝为自己在1973年接受了《花花公
子》杂志采访的行为向女权主义者们道歉,在那次在采访中他指出是"非洲圣人"
艾伯特·史怀哲开创了先例)。他公开表示支持针对女性的《平等权利修正案》,
并且对1973年具有历史意义的"罗诉韦德案"中堕胎合法化的判决结果进行了声
援,不过这番举动完全是醉翁之意不在酒。充满男性自负的克朗凯特曾打趣说自己
"希望公司的所有新雇员都是女性",这种抱怨中充满了傲慢。女权主义者格洛利
亚·斯坦纳姆曾当面告诉过克朗凯特他是一个低级的男性沙文主义者,对此他提出
了异议。他笑呵呵地告诉朋友们:"我会去帮她拿外套的,然后我就想起来,于是
便退后——她就会(晃着手指)说,'你不明白吗?'"

芭芭拉·沃尔特斯光芒四射、占据上风的表现令克朗凯特突然支持女权主义的
转变更加令人费解了。沃尔特斯被《时代》杂志称为电视界最有影响力的女性,在

涉足电视界之前从未当过报纸或杂志记者。她于20世纪50年代在哥伦比亚广播公司的《早间秀》节目开始了新闻生涯，在1961年又受雇于全国广播公司的《今天》，成为该栏目的撰稿人和研究员。很快她就成了一位深受观众喜爱的著名播音员，吸引了一批忠诚的女性观众。在1976年，想要同克朗凯特竞争的美国广播公司新闻网聘请沃尔特斯同哈里·瑞森纳一起联袂主持晚间新闻节目。

据说沃尔特斯的年薪高达100万美元，很多报纸都用大幅标题称她是"百万美元宝贝"。当时美国广播公司新闻网的主席鲁恩·阿里基不顾一切地想要增强公司的实力，他有意向新闻界抛出这样一位高薪人物。他很清楚此举会吸引到外界疯狂的关注度（阿里基没有格外强调为了得到这笔年薪沃尔特斯每年必须主持四档黄金时段的特别节目）。

当时三大广播公司里从事新闻报道的男人们——哥伦比亚广播公司的克朗凯特、全国广播公司的钱斯勒、美国广播公司的瑞森纳——每个人的年薪大约是40万美元，沃尔特斯的薪水高出这么多，这笔钱真的物有所值吗？克朗凯特决不这样认为，不过他不想让外界认为由于性别问题他站在反沃尔特斯的阵营里，所以他过度补偿地在口头上对《平等权利修正案》表示了支持。这种做法为他提供了一块遮羞布，因为在平时他经常批评沃尔特斯用《人物》杂志式的娱乐八卦新闻弱化了真正的新闻。克朗凯特还曾调侃美国广播公司新闻网是次品网，如果想要结束越南战争，你就让美国广播公司来播发越南战争，那么战争就会像美国广播公司的那些电视节目一样很快就寿终正寝了。沃尔特斯曾说过："沃尔特对我很恶毒。那是一个老男孩俱乐部，不适合我。我属于新的一代。我从电视行业起步，而不是美联社或合众社。沃尔特压根接受不了这一点。"

当美国广播公司新闻网宣布沃尔特斯是业界首位年薪100万美元的记者时，哥伦比亚广播公司的经理们感到非常害臊，于是他们毫不犹豫地提出给克朗凯特同样丰厚的年薪。认为沃尔特斯过于倾向于娱乐圈的克朗凯特装出一副恼怒的样子，他告诉新闻网的总裁萨伦特："这辈子就别想了。算了吧，我可不打算玩这套明星新闻的游戏。"事实上他的抗议只是虚伪的故作姿态而已，最终他和公司达成了协议，根据这个协议他得到了90万美元的年薪，外带夏季连续三个月的休假，让他可以尽情享受驾驶"温迪号"的乐趣。此外，公司还为他提供了一辆专供市内出行的专车和一名专职司机，以及各种私人俱乐部的会员身份和公款乘飞机往返马萨葡萄园岛的福利。对克朗凯特而言，这笔交易可真划算。沃尔特斯后来说过："沃尔特对我得到100万的事情抱怨连连，可是很快他就成了大赢家。他没有抱怨自己一年赚的钱多了很多，因为我打破了常规，声势浩大地打破了常规。"

在1976年大多数美国人都分不清名望和成就之间的区别。在休伊特聘请到安迪·鲁尼，希望后者用自己标志性的暴躁老头式的风格在《60分钟》节目中点评美国生活中出现的各种不幸和灾祸时，没有多少人对这位向多家报纸供稿的专栏作家的私生活有着浓厚的兴趣。上了电视后，一夜之间演讲邀请就令鲁尼应接不暇，他成了红极一时的"必须认识"的大名人。只要你上了电视，通过电波出现在人们的起居室里，美国民众就会坚信你是一个重要的人物。在沃尔特斯说了"100万美元可是一笔不可思议的巨款"之后，萨伦特说过："好记者比棒球球员或摇滚明星更有价值，可是我对接下来的趋势很担心。"

沃尔特斯的薪水比哥伦比亚广播公司给克朗凯特的年薪的两倍还多，同萨伦特不同，虽然在私下里将沃尔特斯主持的节目称为"开心谈话"，但是克朗凯特一直小心翼翼地避免在公开场合嘲笑沃尔特斯节目。当《时代》杂志向他问起新的竞争者沃尔特斯时，他拿出了早就准备好的那一套光明正大的回答："她显示出超凡的采访才能。她积极进取，对自己的采访领域有所钻研。"尽管用尽手段，克朗凯特与瑞森纳还是低估了这个无法被压制的沃尔特斯。沃尔特斯是一个强硬的采访者，在这个方面唯一能与其匹敌的就是迈克·华莱士。（克朗凯特经常说："直到跟迈克·华莱士进了一个赛场，你才知道什么叫作竞争。"）沃尔特斯的出现宣告着电视新闻业迅猛发展的浪潮开始了，这种局面令克朗凯特不寒而栗，暗地里他一心希望她最终落得失败的结局。沃尔特斯说过："当时，沃尔特争强好胜得令人难以置信。这么说吧，反正沃尔特大叔在面对我的时候可不是沃尔特大叔。"

在哥伦比亚广播公司新闻网里，丽塔·布雷弗是一名受到克朗凯特喜爱的女性雇员。她在电视界的第一份工作是为隶属于哥伦比亚广播公司的新奥尔良WWL电视台誊抄稿件，在1972年华盛顿办事处将她聘用。对女性来说，这时正是涉足电视新闻业的大好时机。不久之后布雷弗就被派去为新闻网的华盛顿记者站报道水门事件。她曾说过："克朗凯特一来到华盛顿我们所有人都会感到荣幸。我们相处得非常好，正如你所知道的那样，沃尔特喜欢女人！这倒不是说他很喜欢调情，他不是这种人。他非常温文尔雅。看上去似乎他希望整个编辑室最好都由女人来负责。"

克朗凯特请布雷弗陪同他以及制片人本杰明一起在1977年1月20日参加卡特的就职舞会。本杰明不只是一位杰出的制片人，十年来他还一直是克朗凯特的至交，他们两个人在一起相得益彰。贝特西喜欢待在纽约，因此这一次布雷弗成了克朗凯特的舞伴。后来布雷弗说起过这件事情："我们坐上豪华轿车的时候沃尔特穿的是他的那件无尾礼服，他看上去很不错。突然，他开始在自己的身上摸了起来，他是在找舞会的入场券。那会儿还没有手机，而我们就要迟到了，他不愿意调转车头，回到酒店去。本杰明一个劲儿地大笑着，说：'放松点，沃尔特……我敢保证他们会放你进去的。你可是沃尔特·克朗凯特。'"

本杰明歇斯底里地笑个不停，布雷弗看到克朗凯特真的为眼前这种尴尬的状况感到十分头疼。没有入场券令他感到害臊，他不想被别人视作大人物、"红毯先生"，傲慢地以为就职典礼的规矩对自己不适用。布雷弗后来曾说："等我们到地方后，大概有四个人等在那里，好带克朗凯特去见卡特夫妇。"

卡特总统一心想要对自己与克朗凯特之间的和谐关系加以充分利用。1977年3月5日，在总统办公室的壁炉前，他们两个人坐在安妮女王款式的古董椅子上，一起回答公众提出的问题。在这次节目中他们一共接听了来自26个州的42位听众的电话，这场电话交流节目在哥伦比亚广播公司广播电台的历史上还是史无前例的。来自美国各行各业、各地区、各种族，不分男女老少都可以直接拨打白宫的电话，向卡特提问，而且克朗凯特还在一旁充当着主持人。《新闻周刊》将这场节目称为"致电总统"。卡特用古怪的招数应付着"在记者招待会上绝对碰不到的"问题。令克朗凯特感到惊讶的是，整个过程中从北美各地打来的长途电话没有一个被预先过滤掉。对这一免费宣传乐开了花的美国电话电报公司事先在新泽西州的小镇贝德明斯特搭建了一套"人民对总统"的系统，允许老百姓直接拨打白宫的电话，其间只有为了审查污言秽语而产生的三秒钟延迟。

这天下午卡特龇牙咧嘴地笑个不停，详细而实事求是地解答着从税收法则、乌干达的政治，到卡斯特罗统治下的古巴在内的所有问题。后来克朗凯特在文章中写道："无论这些问题有多么激进，卡特的脑袋里都装着能够找到相应答案的教科书。"尽管自始至终没有出现任何有价值成为头版头条新闻的问答内容，但是卡特这位擅长澄清问题的高手在应对电话另一头形形色色的提问者时表现得非常出色。然而克朗凯特却在节目结尾时说道："总统先生，我们哥伦比亚广播公司将非常乐意再次聘请您。"卡特回答道："沃尔特，我喜欢这份差事……我还想这么做。"克朗凯特的这句话出人意料地引起了新闻界的愤怒，这标志着他从此以后再也不能畅行无阻了。

克朗凯特的表现激起了其他新闻机构的嫉妒和痛恨，似乎他在试图垄断卡特政府的新闻市场。这些吹毛求疵的指摘在桑德·瓦诺克为《华盛顿邮报》撰写的《卡特总统秀》一文中得到了明确的阐述。在这篇直言不讳的评论文章中瓦诺克将克朗凯特批判得体无完肤，因为克朗凯特在节目中表得更像是白宫礼仪总管，而不是记者，他成了"为卡特总统扮演的骨头先生①插科打诨的人"的样子。白宫新闻秘书乔迪·鲍威尔说卡特亲自选定了克朗凯特是因为"没有人会对他无礼"，但是这并没有给克朗凯特帮上忙。全国广播公司的《周六夜现场》对总统办公室和哥伦比亚广播公司合办的这场电话马拉松节目的嘲讽令人捧腹大笑，在节目中丹·艾柯罗伊德和比尔·默里分别饰演了卡特与克朗凯特。

在1977年报纸和杂志的很多记者都喜欢将沃尔特斯戏称为电视新闻界的"教皇"，克朗凯特则是"国王"。克朗凯特不愿接受名人身份带来的负担，他发现只要和小说家麦切纳这样的好朋友登上自己那艘双头小帆船"温迪号"他就会感到慰藉，正是在他的启发下麦切纳为自己的回忆录找到了标题——《全世界是我的海》。他们俩会一起驾船航行好几天，海上的风浪越大，他们就焦虑就会缓解得更多。"一路平安"成了克朗凯特最喜欢的指令，小帆船上的船舱成了他躲避电视新闻界的喧嚣声的避难所。他甚至还与创办于1947年的《航道指南》达成了一项协议，得到了该公司的一小部分股份，他的任务就是选择可以被收录进指南中的图表、泊地和潮汐表，覆盖地区从缅因州、佛罗里达最南端的基维斯特（西锁岛），一直到巴哈马群岛等地。

在卡特执政的那些年里克朗凯特还开始和马里兰州安纳波利斯市的名流迈克·阿什福德一起驾船出海、畅饮、飞行和参加宴会。在振兴这座海滨城市的过程中阿什福德充当了先锋，来自伊利诺伊州乔利埃特的他与克朗凯特自视为好海盗，完全就是吉米·巴菲特的一首随心所欲的歌曲中所描述的那样。在全美的游艇俱乐部中，克朗凯特一向以"准将"的大名为人所知。当他们两个嗜好朗姆酒的酒徒相遇的时候，拥有安纳波利斯著名餐厅"麦加维沙龙与牡蛎酒吧"的阿什福德正在安纳波利斯的家中举办一场名为"拯救海湾"的募捐活动，当时克朗凯特主动为这项环保事业提供了服务。提起这段往事时克朗凯特说过："在大门外我俩一拍即合，我带着他驾船去了海上，我们聊着书籍和航海生活。"

1977年，克朗凯特与阿什福德无忧无虑地驾驶着帆船，在海上遨游了整整一个夏天。在劳动节过后（美国的劳动节定于9月的第一个星期一）他又回到了《哥伦比亚广播公司晚间新闻》的办公室里，开始对卡特签署的《巴拿马运河条约》进行

---

① 译注：参见喜剧电影《骨头先生》（又译作《上帝也疯狂》），剧中的男主人公名叫"骨头先生"，因为他靠投掷骨头进行预言。

了非常深入的报道。白宫对此感到高兴。11月11日，一个令人昏昏欲睡的星期五，下午的时候一篇来自通讯社的报道吸引住了克朗凯特的目光。法新社实事求是地在报道中指出埃及总统安瓦尔·萨达特有意访问以色列。这将是中东外交界的重磅新闻。法新社还报道说加拿大的一些外交官提到有传言称萨达特告诉在开罗的议会他将"乐于前往以色列进行和平谈判"。

萨达特以前就做过类似的声明，因此克朗凯特认为必须得到更多的消息才能确保这条消息会在星期六的《晚间新闻》（瑞森纳主持）中播出，他决定继续关注法新社在周末的报道。他指示总制片本杰明做好在星期一上午对萨达特进行卫星采访的准备。20世纪70年代中期的技术耗时费力，连线埃及十分花时间。在周末，克朗凯特、本杰明、撰稿人桑迪·普斯特和其他一些人商量了向萨达特提的问题。当时没有人想到应当同以色列总理梅纳希姆·贝京也进行连线采访。

1977年11月14日，星期一，克朗凯特就萨达特访问以色列的条件对萨达特进行了采访。按照预期的方式他提到了以色列从西奈半岛和戈兰高地撤退的问题。当克朗凯特咄咄逼人地提到法新社的报道是否属实的时候，萨达特实事求是地说"我在等待"以色列方面发来"适当的邀请"。等到萨达特带着听筒说话的时候兴致勃勃的克朗凯特把头转向普斯特，默不作声地演起了哑剧："开始！"普斯特立即冲到隔壁的编辑室，用电传发报机联系上了新闻网驻特拉维夫记者站，询问那边的进展。法新社的报道突然明朗了，对克朗凯特来说这是一条真正的突发新闻。后来他曾说："在我的暗示下，萨达特说只要接到官方邀请，一个星期之内他就可以去以色列。可是我们还没有求证过贝京的反应，所以我们只能争分夺秒地抢时间了。"

当夜，在《晚间新闻》一开始克朗凯特说道："据我们所知，自从现代的以色列建国以来以色列与埃及的领导人还从未会面过。然而，眼下埃及总统萨达特与以色列总理贝京在耶路撒冷举行和平谈判的所有的障碍似乎都消除了。"在这个星期一晚上的节目，前两条新闻分别是克朗凯特当天早上通过卫星分别对远在开罗的萨达特和特拉维夫的贝京进行的采访。中东地区的这两位领导人站在各自的立场讲述了赎罪日战争（也叫斋月战争，第四次中东战争），但是克朗凯特娴熟地对他们进行着暗示，让他们接受了在不强加任何前提条件的情况下面对面会谈的提议。提起这段往事时克朗凯特曾说："当时我试图缓和以色列与埃及的关系，后来一些批评家含蓄地表示这种做法对于新闻行业来说出格了。他们不了解事情的全部经过，我身为记者插手其中，其实最初我的愿望只是消除他们两方对于此次访问的怀疑。"

克朗凯特成了以色列与埃及之间的和平调解人。当《时代》杂志向他问起这项外交成就时，他非常得意："其间大家不停拍着桌子，吵闹个不停。"《新闻周刊》称克朗凯特的干预是"大众媒体与隐秘的外交世界之间有史以来最激动人心的一次相遇。"哥伦比亚广播公司的总经理们都明智地拒绝了邀功的诱惑，时任新闻网高级副总裁的斯莫曾告诉《新闻周刊》："就是几个出现得正合时宜的精彩采访。这个世界清楚他们在说什么双方，他们双方也能从这个世界捞到好处。"美国广播公司的阿里基也向克朗凯特表示了敬意，他说："应当恭贺哥伦比亚广播公司。这是一次爆炸性的电视采访。"美国广播公司新闻网的彼得·詹宁斯在发给克朗凯特的电报中说："沃尔特，我确信萨达特不会同意我这么说，不过我还是要说，我真希望你能退休。再次祝贺你。"

就在当月，全世界都知道了"沃尔特想要"现象——沃尔特想要贝京和萨达特走到一起，结果他们就走到了一起。《纽约时报》的专栏作家，保守主义者威廉·萨菲尔将其称为"克朗凯特外交"，从而拐弯抹角地羞辱了卡特总统在促进中东和平进程方面始终缺乏热情的工作方法。萨菲尔在文章中夸张地写道："哥伦比亚广播公司的沃尔特·克朗凯特将一只电子手放在以色列与埃及的后背上，才让这两个国家走到了一起。"本杰明终于意识到克朗凯特一直是典型的电视记者。同默罗一样，克朗凯特的传奇将名垂青史。《哥伦比亚广播公司晚间新闻》的制片人约翰·雷恩曾兴奋难捺地说："我们创造了历史，我们让萨达特和贝京产生了互动。在这种时刻你就会想到'天哪……我们正在产生重要影响'。"

11月19日，就在完成了闪电式的外交工作的五天后克朗凯特从纽约飞往了开罗，这样他就能赶在萨达特搭乘私人飞机出访以色列这样的历史时刻对萨达特进行采访。克朗凯特与萨达特都拥有饱满而独特的嗓音，而且嗓音中还略微夹杂着一丝顽皮的幽默感。他们站在飞机场的跑道上亲切地交谈着，就在这时沃尔特斯几乎如同柏油路上的海市蜃楼那样凭空冒了出来。当有关萨达特与贝京将举行会晤的声明被公开时沃尔特斯正在以色列采访时任外交部部长的摩西·达扬（前国防部部长），一向善于随机应变的她随即设法从特拉维夫飞到了开罗，这还是自以色列于1948年建国以来这两个城市之间开放的第一趟航班。萨达特邀请沃尔特斯跟他俩一道前往以色列，这正是令克朗凯特一直担心的事情。原本的独家新闻现在被自己的劲敌抢走了。一股夸张的妒意吞没了他，他恼羞成怒。后来沃尔特斯说过："在飞机上我悄悄地递给萨达特一张纸条。我让他自己选择，结果他选择同我单独谈话。"

再接下来的两年里，每当克朗凯特一如既往地费尽口舌争取重大独家专访的机会时，沃尔特斯似乎总是能抢占先机，恼怒的克朗凯特心想这个婆娘真是无处不在啊。就这样他们之间的竞争发展到了你死我活的地步。在1977年到1981年期间，在哥伦比亚广播公司里常常能听到的一句话就是克朗凯特问制片人："芭芭拉（沃尔特斯）搞到什么我没有搞到的消息吗？"没过多久这场竞争就几乎变成了一场趣味活动。后来沃尔特斯眨着眼睛说："随着时间的推移我们逐渐对彼此有了好感。同这个沃尔特·克朗凯特，这个伟大、太伟大的记者争夺采访机会令我感到自豪。"

麦克卢汉曾反复说过"媒介即信息"，这句话已经被人说滥了，但是克朗凯特对中东地区完成的外交活动以一种强化型的方式证明了这个理论。在采访萨达特的过程中克朗凯特曾指出埃及的这位总统是在"钢丝上牵着什么东西"。一头雾水的萨达特问克朗凯特这是什么意思，克朗凯特解释说："这件事情对你而言十分微妙。倘若你拿出的太多，冒犯了阿拉伯世界，那么你就会没有了回旋的余地；倘若你两手空空地回去，那么你就会让自己的人民失望。你能成功地穿过这些艰险的水域吗？"

容光焕发的萨达特回应道："了不起的沃尔特！"令萨达特感到钦佩的并非是这个复杂的比喻，而是克朗凯特将中东和平进程这样复杂的事情化繁为简的能力。克朗凯特之所以独一无二是因为他具有编辑和提炼新闻的能力。一年后，由于初期的采访克朗凯特获得了犹太社会全球之声反诽谤联盟颁发的休伯特·汉弗莱自由奖，这个致力于消除歧视的非营利性组织指出他的采访"认真对待并极大地推动了以色列与埃及的和平进程"。

在接下来的两年里，萨达特与贝京继续在开罗、耶路撒冷、戴维营和华盛顿时断时续地进行着外交斡旋，克朗凯特采访了约旦国王侯赛因、叙利亚总统哈菲兹·阿萨德和以色列总理果尔达·梅厄。最终，埃及与以色列两国于1979年3月26日建立了外交关系（这是第一个同这个犹太国家建立外交关系的阿拉伯国家）。克朗凯特称埃及与以色列在白宫草坪上签署具有历史意义的和平协定是他一生中最伟大的时刻之一。他曾说："看着这样的东西在你面前开花，天哪，这种经历太了不起了。"

撇开幽默的成分不谈，克朗凯特认为或许彼得·詹宁斯说的没错，何不急流勇退呢？这个主意当然有它的合理之处。1977年，65岁的塞瓦赖德从哥伦比亚广播公司新闻网退休了。按照公司的政策，实际上规定的退休年龄对播音天才们不具有强制性，不过这个规定常常被当作结束职业生涯的借口。哥伦比亚广播公司新闻网向来不会厚待老迈的大记者，在被逐出公司后这些人靠着社会保障金在圣地亚哥、那不勒斯或佛罗里达度过晚年。默罗就是一个最令人感到心痛的例子。当轮到塞瓦赖德辞职的时候，公司承诺日后还会让他继续出现在公司的特别报道和新闻杂志节目中，可是后来他始终不曾收到过邀请。此时科林伍德还不到65岁，但是也面临着相似的命运。作为第一批"默罗小子"中的一员，他每天来上班只是无所事事地坐在自己的办公室里。最终，科林伍德在1982年正式退休了，退休时他的心里充满了怨恨。在招募崭露头角、颇有头脑的年轻记者方面哥伦比亚广播公司显示出了丰富的经验，在抛弃他们的时候则是一副冷酷无情的嘴脸。

哥伦比亚广播公司新闻网非常自负。在佩利的统治集团里群星璀璨；相应地，这种状况也让播音天才没有机会凌驾于新闻部之上。默罗不行，塞瓦赖德不行，科林伍德不行，克朗凯特也不行，他们的工作都必须以公司的意志为转移，相反的情况根本不存在。因此，哥伦比亚广播公司新闻网在打发雇员时的冷酷无情就如同克朗凯特是公司的头号明星这个事实一样在业界广为人知。当这两个事实交锋时，克朗凯特还会在播音中心称王称霸多久的问题自然而然就出现了。对于公司的一些总经理而言，克朗凯特正在逐渐变成一头日渐衰老的恐龙，固执地坚持着老套的客观新闻，这种新闻根本无视娱乐业的光芒。后来取代了萨伦特，成为哥伦比亚广播公司新闻网新一任总裁的伦纳德曾说过："沃尔特想做多一点，还是少一点，或是什么也不做，这都完全取决于他自己。沃尔特很能吃苦耐劳，尽管有硬性的退休规定，但还是有办法让他继续工作下去。谁也不会在洛厄尔·托马斯一过65岁的生日就把他除掉。"

研究表明焦点人群希望克朗凯特能提供更多的诱人内容和色情八卦。在1977年12月同《圣路易斯邮报》的一次访谈中，一向对观众反复无常的口味漠不关心的克朗凯特继续全力抨击着小报把娱乐当新闻的杂乱散漫的工作倾向。在他看来，问题的关键就在于贪婪的股东们只是一味地要求更多的利益，根本不愿面对身为新闻采集机构的股东他们应当对公众负起的责任。他说："我所指责的是诉讼新闻、目击者新闻，这种咨询性的节目形式为了播出时的观感而削弱了报道本身的重要性。"

在1978年不停地有人问萨伦特谁能取代克朗凯特。他想到了一个绝妙的主意，那就是让阿斯纳当第一人选，后者在哥伦比亚广播公司的喜剧节目《玛丽·泰勒·摩尔秀》中扮演过记者卢·格兰特。这个主意为公司争取到了一些时间，可以从容地决定在这一年荣获了阿尔弗雷德·杜邦哥伦比亚大学广播新闻奖的克朗凯特是否应当辞职。外界有传言称鲁恩·阿里基打算拿出100万美元说服拉瑟跳槽到美国广播公司新闻部，担任主持人。自1964年开始断断续续地为克朗凯特工作的天才经纪人理查德·莱布纳尔同时也是拉瑟的经纪人，让美国广播公司对拉瑟产生兴趣就得归功于在谈判中一向十分努力的莱布纳尔。莱布纳尔曾经在曼哈顿哥伦布盘旋路附近的阿尔弗雷多餐厅同克朗凯特一起吃过午饭，商量了克朗凯特在哥伦比亚广播公司的退休时间。萨伦特已经钦点马德为克朗凯特的接班人，但是克朗凯特强烈要求拉瑟接任他的工作，因为后者是一位极其出色的国际新闻记者，而马德一直在华盛顿特区工作。莱布纳尔说过："埋怨拉瑟迫使克朗凯特出局的那些人都是在四处胡说八道。"

到了20世纪70年代末期，在一流的"舆论引导者"的眼中事实已经十分清楚了，在不到一年——最迟也不超过十八个月——的时候马德或者拉瑟就将取代克朗凯特。这个决定充分地显露出哥伦比亚广播公司新闻网天生的分裂人格：这是一场萨伦特（马德）与克朗凯特（拉瑟）之间的较量。马德已经成功地为克朗凯特担任了好几年的替补主持，而一度被右翼分子诬蔑为"总统大敌"的拉瑟自1975年开始就因为主持星期天晚上收视率冠军节目《60分钟》而备受观众喜爱。1979年这一年来了，又去了，但是克朗凯特依然是电视新闻主持界的杰出典范。实际上，这时候他已经厌倦了《晚间新闻》忙乱烦琐的编辑工作。他告诉即将上任的新闻部主任伦纳德："你知道一周接着一周，一个月接着一个月，一年接着一年地扛着这副重担是怎样一种感觉吗？这种生活已经开始令我厌烦了。我需要时间。有时间航海，有时间放松，有时间……唉，他妈的……这让我太沮丧了。我可真是十足的蠢货，没有急流勇退。"

伦纳德拦住了克朗凯特，他告诉后者等到即将卸任的总裁萨伦特正式退休后再做决定。在1979年上任后伦纳德做的最重要的事情就是不让克朗凯特离开《晚间新闻》，他设法说服了克朗凯特再观望一阵子。但是，他那副"咱们找一个接替者"的腔调显然令克朗凯特开始感到恼怒了。伦纳德解释说："根据最肮脏的商业条款，《晚间新闻》赢得或失去的每一分收视率都意味着公司输赢数百万美元。年复一年，克朗凯特主持的节目始终比全国广播公司高出一两点收视率，在大部分时间里美国广播公司就更是被他远远落在身后。但是，事情不止如此。《晚间新闻》的领先地位意味着……在公众的观念中《晚间新闻》就是各广播公司新闻业中的领头羊，就是说在全天的新闻节目中处于领先地位。这就有助于让更多的电视观众接受晚间的娱乐节目。声望就是金钱，可是，这只多年来一直在下新闻金蛋的无与伦比的鹅眼看就要下不出蛋了。"

新一任主持人的问题在黑岩大厦进一步恶化下去，与此同时克朗凯特凭借着当初明智地同中国和埃及的接触而继续在电视新闻业中占据着统治地位。在1979年出版的《统治者》一书中哈伯斯塔姆将克朗凯特塑造成一位不折不扣的民族英雄，讲述了哥伦比亚广播公司新闻网的这位主持人在1968年春节攻势后在宣布这场战争陷入了僵局时展现出的惊人勇气。这一年，克朗凯特与哈伯斯塔姆都答应为哥伦比亚大学新闻专业授课，并主持研讨会。克朗凯特一心想要在退休之前再创造一次如越南战争、水门事件或贝京与萨达特闪电式外交访问那样的辉煌，这一次长期对核动力保持警觉的他被缠身于1979年宾夕法尼亚州哈里斯堡市附近的三哩岛核工厂的局部堆芯熔毁事件。对他而言，3月28日发生的这场惨剧证明了这种能源对人类和环境都具有无法接受的危险。

在三哩岛核泄漏事故发生后不久《中国症候群》播出了，在制片人索科洛看来显然《晚间新闻》应当制作一部专题片，反映《中国症候群》与三哩岛核事件之间存在诡异的相似性。他向克朗凯特提起了这个想法："你也知道这太不可思议了，这部片子一针见血。太惊人了，惊人的巧合，我想咱们可以做一个报道。"与沃尔特斯为敌的克朗凯特断然回答道："我对卖电影票的生意不感兴趣。"

1979年，由于哥伦比亚广播公司新闻网对三哩岛核泄漏事故进行的深入调查克朗凯特深受好评，但是在这一年他还犯了一个愚蠢的错误。白宫办公厅主任汉密尔顿·乔丹被认为是卡特的心腹（仅次于第一夫人罗莎琳·卡特），这位来自佐治亚州、相貌堂堂的政客因为在纽约市的夜总会"54号演趣室"吸食可卡因而受到外界的谴责。一名法律顾问奉命对传说中的麻醉剂事件进行调查。克朗凯特在一期《晚间新闻》的一开始便报道了此事，在余生中他一直为这个决定感到后悔。2001年，在美国有线电视新闻网的节目中他告诉拉里·金播出乔丹吸食可卡因的消息是他职业生涯中"最糟糕的时刻"。他坦言道："我觉得在报道这件事情的时候我们对乔丹很不公正。最重要的不是我们报道了这件事情，而是我们把这条新闻放在当天的头条位置，就好像这件事意义重大似的，其实它毫无意义。这件事情一点也不重要。"

《哥伦比亚广播公司新闻网特别报道》在1月23日播出的《伊朗的决胜时刻》阐述了伊斯兰革命的问题（包括迈克·华莱士采访伊朗国王资料），具有非常重要的价值。当时克朗凯特几乎没有意识到由于人质危机美国对伊朗的政策在当年年底将为卡特政府的外交政策带来一场灾祸。1979年伊朗国王离开已经泛起革命波澜的祖国，前往美国接受治疗。在他外出期间阿亚图拉·霍梅尼加强了对伊朗的控制。就在伊朗国王抵达纽约的几天后，伊朗国内的武装示威者洗劫了驻德黑兰的美国大使馆，劫持了52名外交官作为人质。在此后的444天里——完全在卡特的任期内——卡特一直在努力解救人质。他曾说："这件事情始终在吞噬着你的勇气。无论还发生着什么事情，这件事情始终存在着。"

在1970年和1980年这两年里人质危机令卡特总统精疲力竭。克朗凯特担心媒体会过早地放弃这件事情，于是同制片人雷瑟尔一起做了一个大胆的决定，这个决定在日后产生了深远的影响。他们的计划就是在每一期《晚间新闻》结束时克朗凯特都播报一遍人质被劫持的天数。在人质被劫持的第74天他们开始执行这个计划，从此以后每天晚上克朗凯特都赤裸裸地提醒着人们人质问题的存在。这个举动为白宫制造了一场公关灾难，就好像每一天克朗凯特都在责骂卡特："先生，你还没有把我们的孩子带回家！"

克朗凯特再一次成了领头羊，其他媒体也紧随其后采取了行动，很快全国广播公司也对来自霍梅尼统治下的德黑兰的最新消息进行了专题报道。美国广播公司也开始在晚上11：30播出《新闻夜话》，这档时长一刻钟的节目将大部分时间都聚焦在伊朗人质危机的问题上。美国广播公司用"美国受绑架人质"这样的大字标题对新节目进行着宣传。前国务院副部长乔治·鲍尔责怪克朗凯特掀起了一场全国性的电视肥皂剧。第一夫人罗莎琳·卡特也曾抱怨道："一个晚上接着一个晚上，电视新闻节目夸张地提醒人们人质被劫持的天数。赶上看哥伦比亚广播电台的节目时，我总是争取在沃尔特·克朗凯特开始计数之前关掉电视。"

在公司里克朗凯特依然不停地用退休的话题虚张声势，只是现在他更加忙碌了。不过，在1979年1月接受《年届五旬》杂志的采访时他向记者迈克尔·戈尔金大致描述了自己对退休后的生活，以及乘船周游世界的宏伟构想，有条件的话他还要参加美洲杯帆船赛。他的妻子贝特西将他的航海计划记在了心里。无论伊朗人质危机、三哩岛、达到两位数的通货膨胀和当年的能源危机令克朗凯特感到多么沮丧，环球航行这个宏伟的梦想始终能令他振作起来。他告诉戈尔金："我们会慢慢来，横穿大西洋，到达亚速尔群岛，然后再绕道非洲，前往波斯湾，就这样……"说完他合起了双眼，仿佛一边呼吸着海浪的气息，一边在心里研究着航海图。"我们可以在世界各地的港口停一下，上岸去和朋友待上一阵子，然后继续航行。这一切会十分美妙的，绝对迷人。真的，对于一名离职的老记者来说，难道还有比这更好的消磨时光的方式吗？"

在1980年的总统大选竞选活动期间克朗凯特在《晚间新闻》的时间已经进入了倒计时阶段，这已经不是什么秘密了，不过这并不意味着观众对他的喜爱有所减少。恰恰相反，除了偶尔几个星期之外，《晚间新闻》的收视率还是创造了1967年以来的最高纪录。在报道竞选活动的过程中克朗凯特比他采访的政客更出名（除了卡特与里根），但是他已经无力同时应付两份工作的折磨了。以前他就对自己的私人物品心不在焉，现在这种情况更加严重了。找不到钥匙几乎发展到了病态的程度，而且他还长出了一对大大的眼袋。当时他的一位朋友从休斯敦赶来参观《晚间新闻》的播音室，朋友吃惊地看到在播音时克朗凯特脸上的妆竟然那么浓。克朗凯特咯咯地笑着说："我已经花了很多钱来改善这两个眼袋了，哥伦比亚广播公司也花了很多钱，试图将它们掩盖掉。"

票站调查（选民投票后立即接受的民意调查）、电脑预测和诉讼新闻这些东西令克朗凯特感到气愤，在他看来这些伎俩都"荒唐不堪"，他严厉地指出新闻娱乐化的趋势已经如同每年3月19日这一天大量的燕子准时重返加利福尼亚州的圣胡安–卡皮斯特拉诺市一样可以预见到了。美国选民轻信于人的性格也令他感到担忧，他曾说："我们得为客户开设新闻课程，就从初中开始。如何读报纸、如何听广播、如何看电视……人们应当被教育得具有怀疑精神，这样大家才不会对所有的新闻来源一律抱着不信任的态度。"克朗凯特是美国历史上最耀眼的电视新闻明星，可是他从来不曾考虑过有可能在一定程度上这种状况的存在也是由他造成的。

杜克大学的教授詹姆斯·戴维·巴伯曾经在文章中准确地指出总统政治中出现的变革表明有能力拥立"国王"的人不再是民主党，也不是共和党，而是克朗凯特与电视界的其他精英记者。1980年4月巴伯出版了《政治脉搏：传媒时代的总统选举》一书，按照他的说法，现如今记者有能力扶植一位总统候选人，也有能力将其扳倒。如果你是里根或者卡特，拍克朗凯特的马屁远比在一系列的竞选活动中亲吻婴儿更为重要。

当年春天，《时代》杂志的休·西德尼报道了芝加哥的一个讨论组对即将举行的伊利诺伊州初选会的选民趋势所做的评估，评估结果支持了巴伯的观点。西德尼在文章中写道："他们的焦点没有集中在当地学界名人的身上，他们关注的是沃尔特·克朗凯特。克朗凯特已经去过各个地区，并搭建起壮观的播音间，他那个满头华发的高贵的脑袋出现在电视屏幕的最下方，在他的身后摊开着一张由红、白、蓝三色组成的巨幅美国地图。自百老汇明星及导演乔治·斯科特为《巴顿将军》的首映揭幕以来，没有哪一场激动人心的入场仪式会被摄像机记录下来。"对克朗凯特充满热情的芝加哥观众鸦雀无声，只是一个劲儿地倒抽着气。

1980年2月6日克朗凯特给《华盛顿邮报》贡献了一条独家新闻——他将在1981

年离开《哥伦比亚广播公司晚间新闻》节目。这项声明对全美国而言都是一条大新闻。《亚特兰大宪政报》的一位记者甚至将克朗凯特的退休比作从电子化美国的手中抢走莱纳斯的毯子①。克朗凯特无视各种传言，始终宣称之所以退休并非出于公司管理层的逼迫。他说："我很高兴能在现在退出。"他采取了急流勇退的策略。不过，他又补充说在大选期间他仍旧会坚持工作，大概会等到生日前后，即1981年11月末才离开公司。

面对这个消息，对于谁是继任者的猜测又闹得甚嚣尘上，全美国都参加了这场猜谜游戏。2月15日，《纽约时报》正式宣布肤色黝黑、长相英俊的拉瑟将接替克朗凯特，出任《哥伦比亚广播公司晚间新闻》的主持人。由新闻网的总裁伦纳德宣布的这个消息令外界感到震惊。在此之前马德一直是赌博经纪公司眼中的红人，听到消息后一向寡言少语的他立即就激动不安地清理干净了自己的办公桌。然后他去了小说家拉里·麦克默特里在乔治敦经营的"预定书店"，花了几个小时搜寻古籍，一边仔细地考虑着自己的处境。再有不到一年的时间他就可以去全国广播公司新闻网工作。外界有传言称市场调查人员发现在民意调查中拉瑟比马德更受青睐。除了心痛，马德还感到自己受到了羞辱。哥伦比亚广播公司新闻网不同意提前结束与他签订的合同，公司清楚他有意与另外两大广播公司新闻网中的某一家签约。

克朗凯特扮演了一个好战士的角色，他告诉《时代》杂志拉瑟非常适合《晚间新闻》主播这个职位。无论他们两个人的个性有多么不同，克朗凯特都清楚拉瑟是一个侦探型的记者，他在报道肯尼迪遇刺、民权运动、越南战争和尼克松丑闻的过程中一直坚持不懈地进行着调查。让拉瑟作为他的继承人令克朗凯特感到自豪。但是，克朗凯特也清楚地表明公司对1980年总统选举的报道仍然由他负责。他说："自哈里·杜鲁门以来每一位总统的就职典礼都是我报道的，我还想再来一次。"

当克朗凯特在新罕布什尔州最大的城市曼彻斯特主持由7名共和党候选人参加的辩论会时，人们清楚地看到了1980年的总统选举将会呈现出多么强烈的戏剧性。参加辩论会的候选人有罗纳德·里根、霍华德·贝克、菲利普·克莱因、约翰·康纳利、鲍勃·多尔、哈罗德·史塔生与乔治·布什。这场辩论会就是竞技场。克朗凯特的助理制片人哈林顿再一次跪在地上，就像铁路制动员一样快速地举起一张张卡片，充当着他的人力时间提示器。正如《华盛顿邮报》所调侃的那样，"哈林顿

---

① 译注：莱纳斯的毯子，又被称为"安全毯"，令人感到安全的物品。语出自《花生村》（《史奴比》）漫画。

告诉克朗凯特正在发生什么。哈林顿对克朗凯特意味着真实情况，克朗凯特对我们来说又意味着真实情况。"

克朗凯特对候选人的采访本身很少受到争议，但是他对时间的把握很固执。罗纳德·里根就痛苦地了解到了这一点。当时他连连获胜，就在一个关键时刻克朗凯特突然打断了他，告诉他时间到了，就这样让他被迫把半截话又咽了回去。节目播出后里根的竞选团勃然大怒，他们坚信克朗凯特这么做是为让里根显得很愚蠢，好烘托出他的好朋友布什的优雅。克朗凯特绝无此意。实况直播容不得漫无边际的闲聊，就连优秀的高中生辩手都知道决不能超时，否则政治家就会显得很自私，好像要独霸比赛的规定时间似的。克朗凯特说过，一旦进入辩论场你就得遵守规则。同沃尔特斯一样，里根现在终于明白了，在镜头之外克朗凯特是一副慈眉善目的样子，其实本质上他和自己一样，都是厉害的角色。

众议员约翰·安德森（共和党，伊利诺伊州）宣布作为独立候选人参加1980年的总统选举。最终，在11月举行的大选中他同代表共和党的里根、代表民主党的在任总统卡特展开了最后的角逐。本质上安德森是一位洛克菲勒共和党人[①]，对地球日的感情难以自持，来自伊利诺伊州第十六选区的他是一位深受选民爱戴的众议员。令人吃惊的是，有人提议让已经登记注册过的独立选民克朗凯特成为安德森的副总统候选人。这个主意就像滚雪球一样愈演愈烈。在那个月里无论安德森走到哪里记者们总要向他问起有关克朗凯特出任他的竞选伙伴的问题。在佐治亚州大学安德森仿照克朗凯特标志性的结束语说道："朋友们，事实就是如此。今天是1980年4月29日。"这句话进一步为克朗凯特参选的传言推波助澜，听众中爆发出了热烈的掌声。

5月3日，《新共和》的莫顿·康德里克告诉观众克朗凯特试探性地告诉他如果有人请他以副总统的身份加入安德森的候选人名单的话，那么他会"深感荣幸"。康德里克的报道符合事实，但是对于他和克朗凯特的这次谈话是否适宜公开的问题引发了一场争论。哥伦比亚广播公司新闻网在纽约的总经理们受到了其他媒体轰炸式的询问。克朗凯特难道已经抛弃了原先坚持的客观性原则了吗？一连几天任何人都找不到克朗凯特，其实当时他驾着"温迪号"出海了，船上接收不到无线电信号。上岸后他便被一阵喧嚣包围了，他惊恐地说："噢，天哪。他完全表达错了我

---

① 译注：指在政策上与美国第四十一任副总统纳尔逊·洛克菲勒持相似观点的共和党人，属于共和党内的温和派，在财政议题方面持保守观点，在社会和文化议题方面偏向自由主义。

们那次谈话的内涵。"

在为《纽约时报》撰写的署名评论文章中克朗凯特为自己的独立选民身份进行了辩解，并澄清了有关安德森的谣传。他写道："成为最优秀的记者和最优秀的政府的分析家本身就让一个人失去了成为政府领导的资格，这个道理与体育新闻记者没有资格为达拉斯公牛队打球如出一辙。"与此同时，纽约的参议员，在政治上保持中立的丹尼尔·帕特里克·莫伊尼汉也一直被列入安德森的副总统人选名单中。事实上，莫伊尼汉认为安德森已经向他发出了邀请，在给克朗凯特的一封信中他狡猾而幽默地告诉对方自己"指导"哥伦比亚广播公司新闻网的主播"献身于真相"，因此他觉得有义务撕开让奥兹国大巫师装神弄鬼的帘幕。他在信中写道："事实就是，在安德森的候选人名单上你是2号位置的2号人选。"

在此之前克朗凯特一直在敦促卡特总统立即采取非常手段解救在伊朗的美国人质，然而这时他发现自己身陷于这种做法是否正确的论战。卡特下令在1980年4月24日实施的营救行动"鹰爪行动"损失惨重，派出的8架直升机中有2架在空中相撞后坠毁，8名美军士兵身亡，行动宣告失败。在写给《纽约时报》的文章中詹姆斯·莱斯顿对总统和他的好兄弟"宗教领袖克朗凯特"进行了一番猛烈的抨击，称他们是"无辜的元凶"，对这一惨剧负有一定的责任。莱斯顿在文章中写道："这一切似乎有点愚蠢，但事实的确如此，沃尔特大叔每天晚上宣布人质被俘天数的做法确令白宫里的人感到了一些压力。"

在知道克朗凯特很快就要退休的消息之后人们对他的情感如火山般喷发了。一天上午，克朗凯特同马萨诸塞州的自由主义参议员泰德·肯尼迪一起为了竞选乘飞机前往宾夕法尼亚州的伊利。当他们两个人一起走下飞机时人群失控，他们的目标是克朗凯特，而不是肯尼迪。大家喊叫着："沃尔特！是沃尔特！"克朗凯特的存在令身边的总统候选人黯然失色。当肯尼迪穿过人群时所有人都渴望同克朗凯特握一握手，而不是他。据《纽约时报》所述，面对自己引起的骚乱克朗凯特"似乎感到有些尴尬"。他试图摆脱人群，躲到停机坪的其他地方去，可是人们的反应就仿佛他是披头士乐队的四位大明星合而为一了，肯尼迪完全成了彼德·贝斯特①。一名女士高声喊叫着，欢呼着："沃尔特，你应该参加竞选！"

6月6日，克朗凯特获得了哈佛大学法学院颁发的荣誉博士学位。对此他感到有

---

① 译注：彼德·贝斯特（1941— ），英国音乐家，1960—1962年加入披头士乐队，担任乐队鼓手，1962年被解雇。

些难以置信，这还是他有生以来第一次意识到自己的事业在本质上也具有真正的历史意义。在学位授予典礼上他被称赞为当代新闻业的"杰出人物"，他再也不用背负着大学辍学生的耻辱了。现在他成了克朗凯特博士，而且他的名字同"哈佛"联系在了一起。他心怀敬畏，同时又有些羞愧地接受了这个高级学位。在典礼结束后一脸谦逊的克朗凯特对弗兰德里说："你也知道，安娜·弗洛伊德（西格蒙德·弗洛伊德的女儿）得到过荣誉学位，得过诺贝尔奖的某某教授也拿到了荣誉学位。可是，当我站起来的时候大家都起立为我鼓掌。这都是为什么呢？"言谈间透着一丝很勉强的谦虚。

弗兰德里断然说道："你知道这是为什么？"

克朗凯特说："你是指电视？"

弗兰德里说："不。不是电视。看起来在所有人都在撒谎的时代——父亲、母亲、教师、总统、州长、参议员都不例外——你却一个接一个晚上坚持告诉大家真相。人们不喜欢真相，但是在他们需要相信某个人的时候他们相信你。"

共和党于7月14—17日在底特律召开的代表大会充满了戏剧性，克朗凯特在其中起到了催化剂的作用。看起来保守主义的代言人里根有望获得提名，但是没有人知道谁将成为他的竞选伙伴。为了让前总统福特成为里根的竞选伙伴有人发起了一场在一定程度上算是史无前例的运动。在此之前33岁的戴维·肯纳利一直是和蔼可亲的福特的白宫专职摄影师，他们两个人之间结下了牢不可破的友谊，这种感情近乎父子之情。福特邀请肯纳利跟他一道前往底特律，为他抓拍一些照片，两个人也可以借机共度一段美好的时光。美国广播公司的沃尔特斯认为自己可以抢在克朗凯特之前得到独家专访福特的机会。发现自己在采访名单上被排在了第二的位置，克朗凯特变得闷闷不乐。不过，虽然沃尔特斯得到了首先单独采访福特的机会，但最终克朗凯特却得到了《华盛顿邮报》汤姆·谢尔兹所说的"独家新闻中的独家新闻"。

轮到克朗凯特采访时，他问福特是否会接受共和党副总统候选人这个位置："要是里根选择了你，不就会出现联合执政的局面吗？"

福特傻乎乎地对这种说法表示了认可，他告诉克朗凯特："我不会去华盛顿当一个傀儡副总统。"当时福特的妻子就在一旁看着他们。

克朗凯特挖到了一个多么重要的新闻啊！在哥伦比亚广播公司新闻网的煽惑下这个消息不胫而走。福特来不及转向了，"联合执政"这种说法已经传遍了美国。后来福特一语中的："克朗凯特让我陷入了一个大麻烦。"里根绝对无法接受联合执政的概念，克朗凯特透露的消息一劳永逸地让人们打消了里根与福特成为竞选伙伴的奇思妙想。

就在克朗凯特采访卡特的时候，索科洛收到了克朗凯特的办公室经理欣达·格拉塞尔打来的电话，后者在电话里歇斯底里地告诉他沃尔特斯正在威胁他，试图强行进入哥伦比亚广播公司的播音室，这时克朗凯特与福特就在播音室里聊着天。索科洛就像保镖似的将双臂抱在胸前急忙赶去援助格拉塞尔，阻拦沃尔特斯。提起这段往事时索科洛曾说："当时芭芭拉和我争执了起来，不过我成功地把她拦在了门外。直到克朗凯特结束了采访，福特走出了我们的办公室，她才接触到了福特。"

克朗凯特一如既往地保持着强势，不过眼下他却碰到了一个意想不到的问题。穿着高跟鞋的沃尔特斯火冒三丈地跺着脚，死死守在"戒备森严"的播音室的门外。她不停地要求接下来让她继续采访福特。数十年后仍旧对她当年蛮横无理的表现感到震惊的肯纳利轻声笑着说："她牢牢地守在门外。可是克朗凯特还是搞到了独家新闻，老男孩们的俱乐部依然有效。这可把她气坏了，她鬼哭狼嚎地咆哮着。"

福特不敢走出哥伦比亚广播公司的播音室。这位前总统胆怯地问肯纳利："她还在吗？"

"在。我们刚刚从她身边经过。"肯纳利说。

福特刚一从播音室里走出来沃尔特斯就扑到了他的面前。

沃尔特斯愤怒地吼道："你得给我采访机会！为了你我表现得太恶劣了！"

"我还有事儿。"说完福特就立即走开了。他不顾一切地想要躲开沃尔特斯，"我还约了别人，我要迟到了。"

沃尔特斯还没有打出自己的最后一张牌，她恳求道："看在艾伦的份上你就让我采访一下你吧。"她说的是福特在任期间担任总统经济顾问委员会主席的艾伦·格林斯潘，当时格林斯潘与沃尔特斯正处在恋爱中。肯纳利不屑地看着沃尔特斯的这幕闹剧。她一个劲儿地威逼利诱，活像是一个被宠坏的小孩子在要性子。最终她还是得到了继续采访的机会，克朗凯特终于明白自己的头号劲敌芭芭拉·沃尔特斯绝非凡人，她的职业生涯一定很长寿。后来克朗凯特曾提起过这件事情："第二天我和芭芭拉参加了一场午餐会，在席间福特告诉大家他的肩膀有些酸痛，因为之前芭芭拉扭着他的胳膊，逼他上了美国广播公司的节目。"

国际合众社的一名记者曾经向索科洛问起过这件事情，当时这件事情闹得满城风雨。索科洛对这件事情的描述老幼咸宜，不带一句脏话。可是没过多久索科洛就接到了沃特特斯打来的电话，在电话中后者怒气冲冲地责骂索科洛出卖了她。一头雾水的索科洛问对方："我干什么了？"结果沃尔特斯又冲着他将另一个人谩骂了四五分钟。后来索科洛曾回忆道："她说她很抱歉，她要找的是别人，可能就是跟我共事的某个人，可是我害的她找不到那个人了。"

8月11—14日，民主党的代表大会在纽约市召开了。整个晚上由克朗凯特主持、拉瑟预测的会议报道变成了"一场带有荒诞色彩、富于娱乐性的争斗"。卡特总统轻而易举地击败了肯尼迪，获得了民主党的提名。但是，当夜最值得一提的时刻却是在麦迪逊广场花园的舞台上似乎已经喝醉的肯尼迪拒绝同卡特握手的那一幕。在这个夜晚克朗凯特最后一次欢庆了胜利。在民主党全国代表大会上哥伦比亚广播公司为他举办了一场聚会，应邀参加聚会的还有两大广播公司的记者和制片人。公司事先没有向克朗凯特透露消息，这份惊喜令克朗凯特感动。他说："我完全懵了。我真的……尽管我知道免费饮料和烈酒是天大的诱惑。"

在大会结束时克朗凯特的话筒如同胜利纪念柱一样被供了起来，相应的指示牌上写着"是他教育了三代美国人对政治运作过程有所了解"。这时库拉尔特已经与克朗凯特培养起了深厚的友情，他也为克朗凯特送上了一份纪念品，与此同时其他人都高举起一杯肯塔基州出产的美格纯正波本威士忌。摁下背面的摁钮，话筒里传出克朗凯特在1952年第一次为哥伦比亚广播公司报道两党代表大会时的录音，就是在那一年"主播"这个词为他而诞生了。

这一年的11月4日，克朗凯特最后一次为哥伦比亚广播公司新闻网主持了总统大选之夜的报道。里根以489∶49票的成绩轻松击败卡特，克朗凯特感到退休的时机终于成熟了，因为再过不了几年的时间他花费几十年的心血为电视新闻业建立起来的标准就会退化到愚蠢的地步。人绝对不能信任数据，但是就在这个11月里一篇报道宣布已经有27%的美国家庭安装了付费有线电视，可以无间断地收看首播电影和专题节目。此后，在不到一年的时间里这个数字又增长到了38%。无论克朗凯特收获再多的"美格纯正"，在P·J·克拉克酒吧灌下再多的啤酒，在"温迪号"喝掉再多的上等葡萄酒，也无论同事怎样向他保证，哥伦比亚广播公司新闻网也无法避免有线网络革命对它的侵蚀。

再也不存在"不容错过的"克朗凯特这样的名人给70%的美国民众播报头条新闻的现象了，以前这些观众基本上都是通过电视了解各种新闻。有线电视要么是"电星一号"的丰厚回报，要不就是尼克松的复仇，这完全取决于个人立场，而克朗凯特则认为两个因素兼而有之。

1981年1月16日，就在告别白宫之前卡特总统为克朗凯特颁发了总统自由勋章。在华盛顿举行的颁奖典礼上卡特说："数千个夜晚，数百万美国人盯着沃尔特·克朗凯特，聆听着他的声音。在过去的20年里他一直在对各种事件做着报道和评论，放眼整个新闻界里他的技巧和洞察力都堪称翘楚，他的报道方式让世界各地的新闻对我们所有人来说都显得那么突出。恐怕全美国找不出一个不知道沃尔特·克朗凯特的人，而且我相信在数千万知道他的人中间也应该找不出一个不信赖他的人。"

| 第六部分 |
代言人

奥巴马在林肯中心所做的致辞中指出了克朗凯特这一生最重要的意义。他说:"他是我们的亲人。他让我们信任他,他从未让我们失望过。"奥巴马的这番话道出了无数美国民众的心声。

第三十一章

退休蓝调

漫长的道别——落泪不丢脸——拉瑟挑大梁——苏联，里根与遗憾——《沃尔特·克朗凯特的世界》——马不停蹄游世界——与查尔斯·奥斯古德结伴出游——有线电视迅猛增长——约翰·亨德里克斯和探索频道——宴会讲话与航海——与子女重新沟通——萨达特中枪——与拉瑟交恶，与库拉尔特交好——哥伦比亚广播公司的背叛——血管里流淌的是油墨——困守在哥伦比亚广播公司往昔生活里的囚徒——记者兼名人复合体——幻灭

1981年3月6日，克朗凯特最后一次主持《哥伦比亚广播公司晚间新闻》。出于公司的请求他坚持完成了2月的工作，很多人都能感觉到告别播音工作对克朗凯特来说就等于死亡。住在长岛的一位女士给克朗凯特发来了一封电报，在电报中对方恳求克朗凯特不要辞职："坚持下去！你会越来越好的。"但是克朗凯特没有拖延，他选择了急流勇退。一本全国性的杂志满怀沉痛地找到克朗凯特，请他为杂志撰写一份自己的讣告。这样的无礼要求令克朗凯特感到吃惊，他的情绪在回信中表露无遗："沃尔特·克朗凯特，电视及广播记者，于今日逝世。他因重压于一堆荒唐愚蠢的信件下窒息而死，其中就有一封信要求他为自己撰写一篇讣告。"

在抽身离去之前克朗凯特这位20世纪的杰出电视记者坚持要求公司不得将他当作已经退休的挂名主播。经过一番协商，最终他以100万美元的年薪保留了在公司的必要工作。此后他将经常以特约记者的身份为《晚间新闻》提供报道，在大部分工作时间里还要忙于一档新开办的周刊性新闻节目《沃尔特·克朗凯特的世界》。这个节目以科学、太空和环境问题为主要内容，制片人是本杰明。1979年6月27日，作为探索频道的前身，这个时长为30分钟的先锋性节目在黄金时段播出了第

一期，节目在收视率方面表现不错。1980年，这个节目加播了四次，赢得了皮博迪奖。因此，克朗凯特计划在1981年的夏天实验性地播出13期，让这个节目成为聚焦于美国军事、宇航局、海洋探险和生态问题的热门节目。不过，虽然克朗凯特还是哥伦比亚广播公司的一分子，但是《晚间新闻》的领导位置却空了出来。宗毓华曾哀叹道："他那有点癫狂的笑声不复存在了。以前每次做完一期节目后他喜欢在走廊里热情地喊一声'好小子们'，现在再也听不到这个声音了。"

49岁的拉瑟是一名积极进取而好斗的记者，整个电视界没有一位记者能像他那样对民权问题和尼克松穷追不舍。在尼克松于1972年首次访华的期间，他违背白宫的规定，想方设法采访到了北京的平民百姓。就在克朗凯特成为哥伦比亚广播公司新闻网主播的那一年，拉瑟还是休斯敦KHOU电视台的一名初出茅庐的记者，凭借着对卡拉飓风袭击加尔维斯顿岛的报道他收获了惊人的关注度。克朗凯特曾说："在飓风期间他表现出的冷静和胆魄都令我们过目不忘。当时他穿着雨鞋，水都没到了他的屁股。"

然而也有人对拉瑟提出了批评，有不少人认为在1974年的休斯敦媒体会议上他同尼克松总统的口角有失尊严，自此以后拉瑟就一直因为我行我素的形象而麻烦缠身。早在1972年尼克松访华期间他就已经离经叛道地走错了路，招致一贯照章办事的国教信徒克朗凯特对他的不满，但是在他看来这只是因为他做事不够巧妙。在采访政客时拉瑟表现出巨大的热情，他提出的问题无不是有意将谈话渐渐引向长篇阔论的题外话。在采访风格上拉瑟与克朗凯特平易近人的家常风格截然不同，他也很随便，但是有些诡诈（"这比开一家吉露果冻自助餐馆更不靠谱"；"要是青蛙也有裤兜的话，那它肯定会随身别着一把手枪"，诸如此类），因此克朗凯特认为他的采访做作而乏味。有时候拉瑟看起来很糊涂、呆板，同时又有些急躁，缺乏自信。人们常常用"神秘"来形容他。在哥伦比亚广播公司里始终没有一个人十分了解他令人费解的性格本质。拉瑟唯恐自己无法满足外界的期望，为此他曾作过解释："我与沃尔特·克朗凯特不一样，而且随着时间的推移自然而然地我们的播音也会有所不同。"尽管拉瑟有着杰出的采访技巧，在克朗凯特开始借着摄制《沃尔特·克朗凯特的世界》的机会拿着公款环球旅游之后他依然十分担心克朗凯特打算重新坐回到主播的这把宝座上。

拉瑟一伙儿人卖力地清除着西五十七大街播音中心里的克朗凯特残部，他们不遗余力的样子甚至震惊了新闻网的鲍勃·舒弗尔。克朗凯特使用过的米黄色布景被重新粉刷成了蓝灰色，因为拉瑟觉得这种颜色可以改善他的肤色。他还摘掉了墙上那块"克朗凯特编辑室"的牌子,对此深感厌恶的舒弗尔嘲笑说:"要是我的话,我就会给'克朗凯特编辑室'的牌子镀金。就在克朗凯特辞职后的那个星期六,即3月7日,因为我被分派去制作那个周末的《晚间新闻》,所以上午我去了公司。等到了公司以后我吃惊地看到沃尔特坐过的主播椅不见了。'椅子去哪儿了?'我问他们。结果他们告诉我那把椅子被送到仓库去了。我对一名剧务说:'去把那把该死的椅子拿回来。'这可是在哥伦比亚广播公司,花了一整天的时间大家才找到那把椅子。不过,最终我还是坐在了沃尔特的椅子上播报了那天的新闻。"

1981年3月9日,星期一,当拉瑟(他三年的薪水达到了600万美元)首次以主播的身份在电视屏幕上亮相时他的不自信在众人面前表露无遗。公司的总经理们曾经下达过一道命令,要求播音室的背景只做最小的改动,但是拉瑟希望布景轻松活泼一些。在对播音室的改造过程中,为了让播音室充满拉瑟式的气氛,在那个周末工作人员手忙脚乱地在播音室里摆放了一张新的办公桌,还挂起了新的背景。新闻网的改革派希望让拉瑟的首次亮相给观众留下难忘的印象。拉瑟清楚自己难以企及前任的成就,他明确表示他需要为播音确定新的基调。

距离开始播音仅剩两分钟的时候拉瑟突然为了克朗凯特的座椅大发雷霆。椅子就摆在办公桌后面,在刚刚过去的周末舒弗尔就坐在这把椅子上主持了《晚间新闻》,但是拉瑟拒绝坐在这把椅子上播音。后来索科洛曾提起过那段往事:"当时我就在玻璃办公室里,突然我接到编辑室打来的紧急电话,他们说一个栏目的一段原始影片出了点问题。我沿着走廊匆忙赶了过去。突然,我听到喇叭里传来了导演理查德·穆奇勒的声音。他嚷嚷着:'索科洛,他站着!他站着!'"

摄像人员一时间不知所措。提起这段往事时哥伦比亚广播公司的撰稿人桑迪·普斯特曾说:"几乎就是一场灾难。为了确保他的首次播音达到完美而一直拼命努力的工作人员直到现在都难以忘记这件事情。"拉瑟上任后保留了克朗凯特团队中的一些人,《晚间新闻》的老将普斯特就在其中。在2011年3月7日发布的网络日志《空空的王座》中,普斯特详细地讲述了在那个星期一播音即将开始时拉瑟奇怪而执拗的举动。当舞台监督吉米·沃尔高声喊出"两分钟,距离开播还有两分钟"的时候这场闹剧爆发了,拉瑟突然从克朗凯特坐过的那把椅子上站了起来,宣布道:"我不想坐在这儿。"然后便挪到了一张矮桌前。索科洛终于发了火,他骂骂咧咧地说拉瑟自私得太不是时候了。后来索科洛说过:"这种事情也太混蛋。对全体工作人员也太不尊重了,太让我恶心了。"

时间一分一秒地过去了。30秒……10秒……5秒……时间到。编辑室里的工作人员都是从事这行多年的专业人员，此刻大家却都为安装照明灯、重新架设机位、调试临时布光之类的事情乱作一团。30年后普斯特提起了这段往事："直到现在我依然能看到丹·拉瑟安坐在那张摆放着打字机的桌子前，看上就一副便秘的模样，仿佛他随时打算仓皇撤退似的。"舒弗尔说得更加简明，"非常坦率地说，丹当时看起来就像是要去上茅房。"

看到拉瑟在首播当天那样对待他留在播音间的旧物，当时开始在家办公的克朗凯特感到像是经历了一场情感上的浩劫。坐在他坐过的座椅上为什么会令拉瑟感到尴尬？在克朗凯特看来拉瑟的举动很粗鲁，也很不成熟，活像是还在上小学的傻子。索科洛曾说："太他妈愚蠢了。丹给克朗凯特和我的解释是他觉得站着比坐着的效果好。到了插播第一条广告的时候他知道效果的确不错，然后就坐下了。"

宗毓华将拉瑟戏称为"隐形轰炸机"，因为后者习惯于偷偷摸摸地对别人发起攻击，在她看来拉瑟之所以这么做是出于嫉妒想要故意羞辱克朗凯特。克朗凯特在哥伦比亚广播公司新闻网的老酒友，《60分钟》节目的台柱子塞弗认为"椅子门"充分体现出拉瑟令人不寒而栗的性格，他说："拉瑟打定主意要彻底肃清克朗凯特留下的痕迹。事情就这么简单。这就是问题的根源，拉瑟对沃尔特很凶，除了这场围绕着椅子发生的闹剧以外他还对沃尔特有过很多蔑视性的举动。他就是一个骗子，偏执到了令人难以置信的程度。他竭尽全力想要除掉每一个跟随过克朗凯特的人。可以说，拉瑟与尼克松相似得惊人。"1996年，杰夫·法捷被任命为《哥伦比亚广播公司丹·拉瑟播晚间新闻》的总制片人，一开始拉瑟十分气愤，后来法捷说过："他跟我说我得到这份差事令他很不开心。我吃了一惊，就问他：'为什么？'他说：'因为你跟塞弗是朋友，有什么事情的话他就会跟索科洛说，索科洛又会跟克朗凯特说，然后克朗凯特又会让天下人都知道这件事。'"

克朗凯特离去后《晚间新闻》的收视率下降了9个百分点，流失的大部分观众都选择了美国广播公司的《今夜世界新闻》。其实，对于退休克朗凯特根本没有做好心理准备，就在辞去新闻网主播的职务后他同制片人安德鲁·莱克（后来出任过全国广播公司总裁、索尼移动通信公司主席和彭博资讯公司多媒体部主任等职务）一起乘飞机前往苏联，报道当地的时局。负责在莫斯科接待克朗凯特的是曾经担任国际合众社驻莫斯科的记者，在1975年受雇于哥伦比亚广播公司为《晚间新闻》节目撰稿的戈登·乔斯洛夫。乔斯洛夫与克朗凯特一拍即合，他们两个人的相逢就像是国际合众社的老友聚会一样。听到儿时的偶像在哥伦比亚广播公司的节目中朗读着自己撰写的稿件总是令乔斯洛夫激动不已。1978年的圣诞节，克朗凯特夫妇一如既往地举办了一场聚会，就是在这场聚会上哥伦比亚广播公司邀请乔斯洛夫负责公司驻莫斯科记者站的工作。萨伦特认为既然乔斯洛夫一直在为国际合众社负责莫斯科的报道，那么他对这个岗位再适合不过了。在此之前克朗凯特对乔斯洛夫说过："别担心。凡是你需要知道的我们都会教给你。"

3月30日，在自己宽敞的公寓里宴请克朗凯特时乔斯洛夫激动极了。他的公寓位于萨多夫-萨默特切纳亚大街，距离哥伦比亚广播公司驻莫斯科记者站仅有几步之遥。提起这段往事时乔斯洛夫说过："沃尔特对外交活动没有什么兴趣，他渴望了解莫斯科正在发生的所有事情，凡事都喜欢亲自体验一下。当他们正在吃饭的时候突然有人狠狠地砸响了乔斯洛夫家的大门，对方来自路透社，他给乔斯洛夫与克朗凯特带来了可怕的消息——里根总统在华盛顿的希尔顿饭店门外被精神失常的约翰·辛克利开枪击中了。"哥伦比亚广播公司刚刚播出了这起未遂暗杀事件的录像。后来乔斯洛夫曾说："我永远也忘不了沃尔特在听到这些话时候的反应。他猛地挺直了身板，脸变得通红，然后就站起身，叫我带他赶去路透社的办公室。在路透社的办公室里已经有一大群人团团围住了电传机。克朗凯特推开众人，挤到了电传机的跟前。几名记者转过头，突然意识到冲着他们的脖颈喷着热气的老人居然是沃尔特·克朗凯特。"

这就是哥伦比亚广播公司新闻网的比尔·菲林提到过的"像美洲豹一样蹦起来"的克朗凯特。里根遇刺了，克朗凯特随即就做好了播音的准备。这时全国广播公司新闻网已经开始向苏联方面发送供各个广播公司联合采用的录像资料。尽管此时已经是莫斯科的半夜，哥伦比亚广播公司新闻网在纽约的办公室还是指示乔斯洛夫立即找到克朗凯特。现在所有人的目光都集中在了里根的惨剧上，公司要求克朗凯特做一次现场采访，而不仅仅是提供采访对象的原声摘要。当时苏联的所有卫星播放渠道都被占用着，苏联国家电视台又不愿意配合哥伦比亚广播公司的工作。但是当得知想要借用频道向纽约发送消息的人是大名鼎鼎的沃尔特·克朗凯特的时候，国家电视台演播室里的技术人员们都急忙赶到国有的另一个演播室，开始进行紧急播音。

远在纽约的拉瑟已经连续工作了几个小时，他对里根几乎遇害的事情做了精彩详细的报道。其间国务卿亚历山大·黑格不合时宜地宣布按照宪法的规定自己排在继任名单的第三位，拉瑟正确地处理了这个问题，指出黑格的表态充满"爱国情操"。与此同时，在莫斯科一辆苏联警车轻轻地停在了路边，等克朗凯特上了车司机便风驰电掣地送克朗凯特去录制节目了。经过一段痛苦的路程克朗凯特终于准时赶到了坐落在莫斯科郊外的演播室。后来乔斯洛夫说过："美国再一次在举国悲痛的时候望着沃尔特。"

然而，克朗凯特对这件事情的看法有所不同。里根遇刺未遂事件令他感到十分惊恐，他不喜欢当局外人。他感到在这个过程中自己被边缘化了，几乎到了已经在公司里不复存在的地步。他感到愤愤不平。在他离去后琳达·梅森仍旧留在《晚间新闻》，身处有利位置的她认为克朗凯特只不过是不满于拉瑟试图在播音中保持个人风格，要不就是对自己在里根遇刺未遂事件发生时被流放到俄国的经历感到不悦。实际上，这两个因素兼而有之。梅森相信克朗凯特其实是嫉妒拉瑟以200万美元年薪的身价将他取而代之。为什么黑岩大厦不曾对他就如此慷慨？而拉瑟一伙人对他在1981年对苏联和东欧问题的报道也反响平平。这一年的秋天，克朗凯特代表哥伦比亚广播公司新闻网前往匈牙利，报道1956年匈牙利事件25周年的纪念活动。克朗凯特制作了一个10分钟的片子，他希望拉瑟能在《晚间新闻》中播出他的报道。可是他的报道实在缺乏吸引力，新闻网只播出了一则经过浓缩的新闻摘要，作为节目的补充。

为了现场报道"团结工会运动"（华沙条约成员国中出现的首个非共产主义工会，于1980年出现）克朗凯特与本杰明去了波兰，他们希望代表美国广播界争取到独家专访运动领袖莱赫·瓦文萨的机会。为人谦逊的造船厂电工瓦文萨在为工人兄弟争取权利、组织工人实现民主政治的过程中积累起了足以撼动共产党统治的力量。以冷战记者的身份在遥远的波兰为公司的新宠儿，安坐在他曾经把持的纽约播音室主播位置上的拉瑟工作令克朗凯特感到不安。当了将近20年五星上将的他能够真的重新经历下士的生活？经历了一场痛苦的航程后克朗凯特与本杰明乘坐的飞机终于降落在华沙的简易草皮机场，最终克朗凯特完成了对波兰的这位自由战士的独家专访。提到这段往事时克朗凯特曾说："瓦文萨及其随员让我想起了鲍比（罗伯特）·肯尼迪参加1968年总统竞选时的样子。一大群年轻人包围着他，他一直在听取他们的意见，和他们商量着，上一分钟做出了决定，下一分钟又改变了主意……而且他深得众人的崇拜。这场采访棒极了，我感到十分骄傲。"

克朗凯特获得了对瓦文萨与波兰最后一任共产党总理沃依切赫·雅鲁泽尔斯基的重要采访，可是黑岩大厦里根本没有人在乎波兰的事情。当时苹果电脑公司推出了第一款成形的家用电脑，从而在全球范围内引发了一场台式电脑的革命，哥伦比亚广播公司的经理们在观望，大家都想知道在接收即时消息方面家用电脑是否能取代电传机。身为新闻网主播的克朗凯特已经退居二线，加之他已经加入泛美航空公司董事会，这样一来他的处境就更加不妙了。事实证明这个决定大错特错。在兼任泛美航空公司董事的同时他还继续以哥伦比亚广播公司新闻网特约记者的身份享受着100万美元的年薪，而泛美航空公司同宇航局和五角大楼都存在着合同关系。他怎么能够在为哥伦比亚广播公司报道太空项目的同时在一家通过该项目获利的公司担任董事？这两种身份显然存在着利益冲突。面对违背新闻道德的指责，为了保全自己的名誉克朗凯特最终辞去了泛美航空公司的职务。

拉瑟大快朵颐地享用着因为克朗凯特的离去而出现的机会，克朗凯特对这位对手的统治越来越感到愤恨。在新闻网主席鲁恩·阿里基的带领下美国广播公司认为克朗凯特时代的结束为他们这个排名第三的广播公司赶超其他两家公司创造了百年不遇的机会。在阿里基看来，克朗凯特那一批哥伦比亚人就是"'杀手打线'时代的洋基队"[1]，而今中心打者（第四棒）克朗凯特走了，这支队伍就要解散了。美国广播公司决意让多年来只有哥伦比亚广播公司和全国广播公司参与的双人比赛变成三方竞赛。阿里基稳健而巧妙地强化着美国广播公司的新闻业务，从1979年1月到1981年1月一直在大规模报道被扣押在伊朗的美国人质。阿里基制定的策略成败与否在很大程度上依赖于克朗凯特是否能够彻底离开哥伦比亚广播公司，他在美国广播公司的一位同事说过3月6日这一天阿里基就"像是一个嗅到了死亡气息的拳击运动员一样，根本等不及将比赛继续拖延下去了"。

从这一年的3月到1981年的10月克朗凯特一直为《沃尔特·克朗凯特的世界》做着宣传。带着对科学家和专家们的高度重视他走访了一个个遥远的角落，对伊斯兰世界、中国、南极、阿拉斯加的麦金利峰（德纳里峰），甚至是非洲冈比亚河流域的黑猩猩进行着深入了解。这完全是洛厄尔·托马斯式的旅程。与此同时克朗凯特还受雇于非营利性机构"卫星教学"，成为该机构的主席。这家公司为公共广播公司在洛杉矶的下属电视台KCET制作了《世界上的为什么》节目。布拉德利曾经打趣地说在《沃尔特·克朗凯特的世界》与KCET电视台的演出之间他的朋友克朗凯特表现得就像是一位在"'这就是世界'夜校教授速成班的老头子"一样。

按照构想《沃尔特·克朗凯特的世界》是一个每期有两个故事组成，时长为30分钟的新闻杂志类节目，克朗凯特与充满书卷气和幽默感的公司记者查尔斯·奥斯古德各负责报道一个故事。这个节目在美国东部时间星期二晚上8点整播出，内容

---

[1]　译注："杀手打线"是纽约洋基棒球队在20世纪20年代末巅峰时期的昵称，这支球队被认为是历史上最杰出的棒球队之一。

以宇航局的项目、以色列与埃及两国关系的缓和和地球日这些克朗凯特作为哥伦比亚广播公司主播时的成就为基础。奥斯古德曾解释说:"基本构想就是选取能够对我们这个世界产生强烈冲击,同时又被电视晚间新闻和日报所忽视的话题。环境问题是我们感兴趣的一个主要领域,此外还有科学探索和前沿科学。"

为了《沃尔特·克朗凯特的世界》克朗凯特聘请了他主持《晚间新闻》时的工作伙伴,这批人包括忠诚的制片人本杰明、他自己精挑细选的研究员和撰稿人,以及在镜头背后忙碌的助理们。在1981年的春天他们总计摄制了13集节目,这批节目被安排在夏季播出。但是,克朗凯特明白要想让这个节目成为金字招牌其代价非常昂贵,他担心哥伦比亚广播公司不愿意为推广这个节目破费。从1981年6月14日到次年的9月他在节目中播出了9集有关太空探索的节目,其中包括搜索外太空生命、进一步考察"旅行者2号"对环状行星土星的飞近探测、质量约在太阳的150倍左右的星星海山二、研究北极光及其对全球通信和军事侦察系统的影响,以及"海盗号"航天飞船在20世纪70年代末拍摄到的火星照片的彩色版。有几期涉及太空领域的节目流于平庸(例如,对新泽西卡姆登县一所高中想要把蚂蚁送入太空),但是大部分节目都接近于日后为观众所熟知的公共广播公司的科学系列节目《新星》的水准。

克朗凯特自负地以为自己可以成为美国天文学家及天体物理学家卡尔·萨根、法国电影摄影师雅克·格斯特和英国生物学家及动物行为学家珍妮·古道尔那样的公共教育家,至少他可以促使大众对环境科学产生兴趣。为了对传统的整体医学和现代化的西方医学进行比较他专程去了非洲一个偏远的小村庄;为了研究光合作用与化学合成过程他还与长期进行野外考察的生物学家去了亚马逊地区。后来他还扮演了一回当代的罗伯特·皮尔里(第一个探索北极的美国探险家),乘坐飞机低空飞跃了千里冰封的北极圈地区。设在马萨诸塞州的享誉世界的美国伍兹霍尔海洋研究所允许他跟随该机构最优秀的海洋生物学家一起对海床上的裂隙进行考察。还有一次他乘坐着小型潜水艇沉到了墨西哥卡波圣卢卡斯水面下8700英尺的地方(用他自己的话说就是,"在马口铁罐头里待了十个钟头")。哥伦比亚广播公司的摄像师伊兹·布莱克曼对这次潜水艇之行记忆犹新,他说:"我可不会下到那么深的地方。在'阿尔文'号海洋地质调查深潜器上基本上都是沃尔特自己拿着摄像机,肾上腺素在他的身体里涌动着。海洋生命无处不在。"

克朗凯特热衷于在天涯海角向美国电视观众做着报道,不论花费怎样的代价,他从来不会因为危险的存在就放弃在野外的冒险机会。即便是被编辑放弃而最终没

465

有出现在节目中的那些素材如果放在30年后，无一不是真人秀节目的绝佳素材。如果有评论家认为拍摄这个节目的过程甚至比影片本身更有价值的话，这种想法完全可以得到理解。比方说，在亚马逊地区的时候克朗凯特与布莱克曼这对搭档租用了一条机动独木舟，当时的天气热得出奇，克朗凯特扒掉了自己的内衣，跳下河游起了泳，布莱克曼随即也跳进了河里。在水里待了几分钟后他们感到有什么东西在轻轻地咬着他们的腿，结果是4英寸长的食人鲳，他们迅速跳出了水面。当天晚上他们在一间乡村餐馆里吃到了用橄榄油煎的食人鲳，味道棒极了。布莱克曼后来曾提到过这件事情："我跟餐馆老板打听起这种鱼，他带我去了河边一个小小的涡流，他就把鱼养在那里。为了让我亲眼看一看他还把垃圾丢进水里，那些鱼狼吞虎咽地吃起了垃圾。原来我们刚刚吃的是用垃圾养大的鱼。"

在拍摄《沃尔特·克朗凯特的世界》的时候克朗凯特并非一直待在丛林里，奥斯古德就记得自己曾经在巴黎撞见过他，当时贝特西还陪在他的身旁。他们夫妻俩径直去了卢浮宫，为有关达·芬奇的一期节目做准备。奥斯古德说："当时我说：'沃尔特，卢浮宫今天不开门。我刚从那里回来。'"

克朗凯特说："太好了。那咱们去丽嘉酒吧喝一杯。"

《沃尔特·克朗凯特的世界》是一个高成本的节目。与《60分钟》不同的是这个节目就像克朗凯特本人一样基本上不存在争议性，但是节目的制作技术非常复杂。这个节目还遵循着一个重要原则，这就是科学杂志不能和娱乐节目混为一谈。尽管节目的品质卓越，但是克朗凯特坚持的传统新闻操守对收视率造成了损害。固执于老式手法的他拒绝使用响铃声、口哨声和乐队为节目提供背景音响，也不接受用彩色图像为节目赋予一丝明快的色彩（在21世纪动物星球和历史频道这些有线电视公司普遍采用了这些做法），在他看来这些方法几乎都在降低节目的专业水准。克朗凯特的好朋友安迪·鲁尼在1981年的一篇献辞中写道："克朗凯特在任何方面都没有过人的天赋，但是在保持正直、诚实和正统方面例外。"

克朗凯特曾洋洋得意地说自己不会迎合娱乐业颐指气使的要求，美国传播理论界最重要的学者之一尼尔·波兹曼在自己的著作《娱乐至死》中对克朗凯特的这种态度进行了质疑。他嘲笑说哥伦比亚广播公司的这个节目的正式名称是《沃尔特·克朗凯特的世界》（而不仅仅是简称《世界》）："电视最重要的意义就在于它让名人进入了我们的心里，而不是让抽象的概念进入我们的头脑。人们会认为世界之所以如此壮观并不需要沃尔特·克朗凯特的帮助。这么想就错了。哥伦比亚广播公司知道在电视里沃尔特·克朗凯特表现得比银河更出色。"然而，《沃尔特·克朗凯特的世界》中的克朗凯特只对科学爱好者与环境保护者具有强烈的吸引力，在20世纪80年代更多的电视观众想了解的都是迈克尔·杰克逊的太空步、戴安娜王妃的婚礼，或者是美国广播公司的《豪门恩怨》的幕后八卦，而不是荧光植物。

原先为《晚间新闻》当撰稿人及制片人的戴尔·麦诺与克朗凯特有着私交，他也参与了《沃尔特·克朗凯特的世界》的制作。在荒凉的阿拉斯加拍摄完成的一集节目中他们采用了美国政府当时正在研制开发的一种高端技术，这就是电子绘制地图技术。在那个年代谷歌尚未问世，克朗凯特认为这种技术终将成为对电视播音员们有用的神奇技术。贝特西也同克朗凯特一起前往了阿拉斯加，尽情欣赏了一番麦金利峰下的旷野。麦诺出人意料地用直升机运送来一张小折叠桌、煮熟的火鸡，还有美酒，好让克朗凯特夫妇能够以冰雪覆盖的麦金利山为背景，在高海拔地区享用一顿午餐。提起往事时麦诺说过："这就是我们向克朗凯特表达谢意的方式。我们为他们夫妇俩准备了这么一顿浪漫得难以置信的午餐。"

尽管《沃尔特·克朗凯特的世界》不乏一批忠诚的拥护者，但是节目的收视率始终不尽如人意。在拍摄其中一集的时候克朗凯特乘飞机去加利福尼亚州的帕洛阿尔托采访"失败分析"公司的创办人。这家公司的业务着眼于教育其他公司和企业如何取得发展，克朗凯特曾开玩笑说《沃尔特·克朗凯特的世界》应该成为该公司的客户。远在纽约的一位制片人戴上了失败分析公司的棒球帽，这一举动总是逗得人们哈哈大笑，直到1982年《沃尔特·克朗凯特的世界》被撤销。

有着45年新闻从业经历的克朗凯尔而今已经是明日黄花，《沃尔特·克朗凯特的世界》之类的节目在三大广播公司围绕着尼尔森收视率的赌博游戏中无法取得成功，它们属于将信息几乎奉为神明的公共广播公司。在2011年的一次采访中拉瑟提起了当年的事情："我想当《沃尔特·克朗凯特的世界》惨遭失败的时候我可能还说过'咱们每个星期播一集克朗凯特的节目吧，或者隔更长一段时间也行'，可是当这个节目寿终正寝的时候，索科洛和克朗凯特却大张旗鼓地冲我开了炮。"

在1981年又有一扇门为克朗凯特打开了，他又有了重整旗鼓的机会。截止那个时候有线电视已经问世几十年，但是直到20世纪70年代末到20世纪80年代初它才在独立全国电视频道这片处女地取得了迅速发展。透纳广播公司在1980年6月1日开办了美国有线电视新闻网，在这个阶段五花八门的电视频道都冒了出来。在1981年克朗凯特重新回到电视新闻界，这位四处徘徊的哥伦比亚广播公司大明星面对的对手要比五年前的多很多，竞争节奏也快了很多。在里根时代电视业的方方面面都出现了新变化。成千上万有线电视的用户开始接触数十个类似于美国公共政策频道、家庭影院频道、美国有线电视新闻网和透纳公司下属的WTBS（17频道）之类的新频道，而以前这类频道仅有三四个。电视业的新大陆让旧有的行业模式有了迅猛增长，涌现出了数百个新节目和数千位电视明星。可以说，克朗凯特重返职场的时机对于已经为观众们所熟悉的老面孔来说并不理想，这时能够引起观众兴奋的都是新面孔。

在以有线电视为核心的世界里三大广播公司依然独领风骚，不过它们不得不面对娱乐与体育电视网、迪斯尼和花花公子这些娱乐频道带来的大量自由竞争。探索频道的创始人约翰·亨德里克斯认为在面对有线电视的诞生时克朗凯特之所以表现得游刃有余，其中一个原因就在于他非常热衷于纪录片。克朗凯特相信新出现的有线电视革命会让更多的纪录片有机会同更广大的电视观众见面。探索频道之类的广播公司将主要播出在英国、加拿大和澳大利亚等地拍摄制作的纪录片。克朗凯特坚信美国通过卫星接收到的新闻节目越是国际化，公众就会越有见识。他已经考虑同导演肯·塞博一起前往南非，为哥伦比亚广播公司新闻网拍摄一部揭露当地种族隔离制度的纪录片，《种族隔离制度下的儿童》。影片在1987年12月5日播出了，后来获得了艾美奖的纪录片杰出成就奖，以及驻外新闻协会爱德华·默罗奖的杰出纪录片奖。克朗凯特希望有一天南非人民能够拥有自己的线电视新闻网和公共政策频道，从约翰内斯堡到开普敦（他最喜欢的两个城市）广播业形成诚实的政治环境，好让全世界对这个非凡的国家进行更深入的了解。

克朗凯特仍旧忙得不可开交，他还是没有准备好彻底告别《哥伦比亚广播公司晚间新闻》的准备，辞职对他来说为时过早。然而，尽管在任何地方他仍旧能给人留下难忘的印象，但是他已经展示不出自己曾经拥有的力量了。他的生命中出现了一个空白，从西非的廷巴克图到亚马逊的旅行都无法填补这个空白。他感到前所未有的无助。所有的事情都无法唤起他全部的热情，他对任何一件事情都没有了强烈的使命感。有一年的夏天布莱克曼去马萨葡萄园岛拜访克朗凯特夫妇，他记得当时克朗凯特在客厅里摆开阵势，用主播式的权威感强调着每一句话，武断地对世界大事发表着自己的看法，几乎没有吃几口午饭。在克朗凯特夫妇拥有的完美婚姻中有一个显著的特点，贝特西总是在削弱克朗凯特的权威感，而克朗凯特也很欢迎贝特西这么做。贝特西曾经在一个重要的时刻言语刻薄地责骂了克朗凯特一番："沃尔特，你再也不必继续当美国最受信赖的人了！"

1981年凯西·克朗凯特出版了《聚光灯的边缘》，在这本直率的优秀作品中凯西讲述了身为名人之后所面对的困难。在美国拥有名气是一件困难的事情，当偶像人物的孩子更是会令人感到出奇的沉重，凯西需要外界理解她所背负的负担。无论走到哪里人们都会问凯西诸如"给克朗凯特夫妇当女儿的生活是什么样子的"，或者"你的爸爸究竟是怎么看待吉米·卡特的"之类打听是非的问题。凯西将这本书当作论坛，借机让政治评论家及作家小威廉·巴克利、总统杰拉尔德·福特和好莱坞影星莎莎·嘉宝这些名人的孩子们大声说出了自己的心声，她自己也几乎毫无保留地说出了自己的想法。她让读者知道了外界让她觉得自己就像是"玻璃罐里的毛毛虫"。

第一次读到这本书的时候克朗凯特感到心里五味杂陈。有一次当他与凯西一起在曼哈顿吃饭的时候一对夫妇走上前来向他索要签名，他们将几张纸递给当时还是哥伦比亚广播公司主播的他，当时凯西似乎毫不介意。读完这本书克朗凯特终于对凯西有了更深入的了解，凯西想要和父亲在餐馆单独享用一顿饭是不可能的。在一定程度上身为媒体明星子女的凯西对这种身份的不满令克朗凯特感到有些恼怒，但是再三思忖后他终于理解了这本书，认为这本书可以教会他如何做一名更合格的父亲。看着镜子里的自己，意识到自己很少在家陪过孩子，克朗凯特感到伤心。在这本书的前言中他写道："在读这本书的时候我不止一次想说出'震惊'、'可怕'这些词。然而，当我发现自己的喉头发紧，势不可挡的爱让我热泪盈眶的时候，我的脑海中又出现了其他一些词语。"

1981年的整整一个秋季，克朗凯特再也不甘心当一个无关紧要的小人物了。埃及总统安瓦尔·萨达特由于在戴维营与以色列的梅纳希姆·贝京签署和平协议中起到重要作用而获得1978年的诺贝尔和平奖，1981年10月6日，当他正在观看军事演习的时候突然一辆车停在了看台前方，两名身着黄褐色军装的男子用炸药和炮火袭击了看台。原教旨教士奥马尔·阿卜杜勒-拉曼下达了对萨达特追杀令，效忠于恐怖组织埃及伊斯兰圣战组织的战士执行了命令。有关此次暗杀事件的报道铺天盖地地出现在各大广播公司的节目里。

作为萨达特的密友，克朗凯特受邀同拉瑟一起参加了哥伦比亚广播公司的报道工作。为了了解萨达特的情况拉瑟争取到了对美国前总统吉米·卡特的独家专访，后者宣称自己在埃及的老熟人已经确认萨达特平安无事。拉瑟将卡特的评论当作独家新闻，而克朗凯特则对此表示异议，他说："我得提醒大家对开罗方面发来的初步消息不要过于死抠字面的意思。我们几乎可以肯定的是埃及政府会对他的真实情况进行掩盖，事态还有待进一步的观望。"

哥伦比亚广播公司新闻网的高级制片人马克·哈林顿认为如果萨达特已经身

亡，公司就应该派克朗凯特赶赴开罗进行报道。31岁的制片人艾伦·魏斯曼奉命陪同克朗凯特前往了中东地区，此前他们两个人还从未一起外出执行过任务。哈林顿告诉魏斯曼："协和飞机2点从巴黎起飞，沃尔特会在休息室跟你碰头。除非跟沃尔特在一起，否则就不要登机。你要对他负责，绝不要让他离开你的视线。"

尽忠职守的魏斯曼匆匆赶到了肯尼迪机场。就在托运行李的时候他听到了萨达特已经逝世的消息。在淡化拉瑟对卡特的独家专访这件事情上克朗凯特是正确的。魏斯曼就像一只困兽一样来回回地踱着步，唯恐错过克朗凯特。他频频看着表，克朗凯特在哪儿？他紧张得几乎感到了恶心，眼看机舱门就要关闭了。终于，就剩两分钟的时候克朗凯特赶来了，魏斯曼如释重负地出了一口气。克朗凯特登机后，飞机上的所有人都叽叽喳喳地议论了起来。在一本未出版的日记里魏斯曼提到当时他感到飞机上轻声低语的人们都很开心，同他们一道搭乘这趟航班的可是一位超级名人啊。在随身行李里翻找了一会儿之后克朗凯特突然变得闷闷不乐了。

"她把我的袜子给忘了。"他说。

"什么？"魏斯曼问道。

"贝特西把我的袜子给忘掉了。我太急了，结果她就给忘掉了。我就只有脚上穿的这双。"克朗凯特说。

"咱们在巴黎买得到袜子。"魏斯曼安慰着克朗凯特。

"我需要三双，蓝色或黑色的。"克朗凯特说。

"我去买。"魏斯曼回答道。

旅程很平静，克朗凯特与魏斯曼基本上都闭着眼睛，要不就喝着鸡尾酒。等飞机降落在巴黎的戴高乐机场后一辆豪华轿车接到了他们，在去巴黎市区的酒店的路上克朗凯特看到了红灯区、脱衣服俱乐部和色情录像带租售店，他说："天哪，太想在这儿停一下，可是有可能我会被别人认出来。"

魏斯曼觉得克朗凯特就是一个"下流的老头"，不过他"很聪明，不会让任何人发现这一点"。在巴黎过了一个晚上后他们又坐上了飞机，半途中飞机要在克里特岛加油，然后就将继续飞往开罗。克朗凯特说他得看一看这个小机场的报刊亭，买点烟丝。"我在远处看着他朝着报刊亭走了过去，买到了烟丝，然后溜到了报刊架跟前。确定没有人看着他，他便翻看起了色情杂志。看到他的这副样子我也忍俊不禁。我心想：'沃尔特，老天保佑你。我会掩护你的。要是你非得这样，那就自便吧。'"

两位哥伦比亚广播公司的雇员乘坐着快帆式喷气式飞机前往了开罗。这种飞机同利尔喷气式飞机很相似，前座上坐着两名飞行员，克朗凯特与魏斯曼坐在后座上，飞机租赁公司事先在机舱内安装了电传打印机，在飞行途中他们可以查看世界各地发布的有关萨达特遇刺及其继位者胡斯尼·穆巴拉克的消息。在旅程中他们接到的头号新闻就是美国总统里根委派三位前总统（福特、卡特与尼克松）与可能是代表国务院的一行人参加为萨达特举行的追悼会。走出机场，走下舷梯，一脚踏在开罗的停机坪上后克朗凯特仔细地打量着脚下的大地，说："（埃及总统）纳赛尔死的时候我就在这里。当时街上有成千上万的人。瞧现在！什么也没有！"

哥伦比亚广播公司新闻网驻开罗记者站光线昏暗，站长是30多岁的斯科蒂·威利斯顿，戴着一副大大的黑框眼镜的她已经为克朗凯特准备好了概述相关情况的书籍。实际上克朗凯特需要的一切都已经准备好了，除了袜子。克朗凯特首先就眼下的时局对威利斯顿盘问了一番，他想要同时采访三位总统，不过首先他强调要不计一切代价取得对穆巴拉克的独家专访。最终，克朗凯特以惊人的效率安排好了自己同埃及新任总统单独面谈的机会。穆巴拉克怎么可能对沃尔特·克朗凯特说不呢？

穆巴拉克并不知道克朗凯特强烈支持以色列，后者在纽约的很多朋友都几乎算得上是犹太复国主义者，而惊恐不安的克朗凯特则非常担心穆巴拉克不会继续萨达特对以色列的友好表示。很快克朗特与散发着浓烈古龙水气息的穆巴拉克就见了面，开始了这场访谈。在采访一开始穆巴拉克就信誓旦旦地告诉克朗凯特（以及美国和以色列人民）他将继续执行萨达特的外交政策，向《戴维营协议》表示自己的敬意。后来克朗凯特曾打趣地说当时穆巴拉克是在试图告诉美国观众"我不是政治狂人……我是温和派……我不会给你们惹麻烦的"。

克朗凯特不打算如此轻易地被穆巴拉克收买，他将火力对准了穆巴拉克在萨达特逝世后不久对持不同政见者施行的野蛮镇压、焚书，以及在开罗施行的其他强硬措施。穆巴拉克态度坚决地说："我们必须保持纪律！大街上要有纪律！工厂里要有纪律！学校里也要有纪律！"在克朗凯特的诱导下穆巴拉克说出了自己的真实感受。美国中央情报局对穆巴拉克的情况知之甚少，因此克朗凯特正在完成的工作最终对关注中东局势的人们——在1981年9月这就意味着全世界——起到了很大的帮助作用。

大约45分钟后采访结束了，魏斯曼用每架摄像机都拍摄下了6卷录影带，她将独家拥有的录影带放进了一个厚纸袋，然后同克朗凯特一起来到了大街上，手忙脚乱地找着他们的轿车。心中洋溢着胜利喜悦的魏斯曼抓起一部双向无线电，想要告诉记者站任务完成了。可是克朗凯特却指示他说："放下。你不知道谁在听着。咱们还是保持沉默吧，直到做好出发的准备再说。"

开罗与纽约之间存在着7个小时的时差，因此克朗凯特与魏斯曼有条件尽善尽美地剪辑出供《晚间新闻》播出的报道。可是在1981年卫星技术还很不稳定，为了采访录像发回纽约魏斯曼想出了三种方式。开罗的重要设施都回荡着军队和装甲运兵车的声响，这是发展中国家在出现领导人遇刺时的常规反应。最终，通过一番英勇、执拗的努力魏斯曼将采访发回了纽约。提起这段往事时魏斯曼曾说过："纽约那边欣喜若狂。节目一开始就播出了克朗凯特的独家专访，大于有5分钟左右，这在晚间新闻节目中算是很长的时间了。"

在穆巴拉克的身上大获全胜之后克朗凯特与魏斯曼希望能够再来一个三连胜，对美国三位前总统进行独家专访。

索科洛说："魏斯曼，只要能发过来这个报道，你们就可以在巴黎待上一个星期，单由公司来买。"

魏斯曼说："成交。"

克朗凯特与魏斯曼朝三位美国前总统在开罗下榻的酒店走去了，很快他们就被一大群记者和摄像师团团围住。一切都被警戒线隔离了。克朗凯特叼着烟斗，告诉魏斯曼跟上自己。他如同摩西一样坚定地径直朝前走去，戴着耳机和电话线的特勤局特工面露笑容，冲着他挺直了身板。一名特工说："晚上好，克朗凯特先生，真高兴再次见到您。"另一个人说："克朗凯特先生，您还好吧？有一阵子没有见到您了。"克朗凯特回答道："不错，还可以，小伙子们。还在努力向上爬。见到你们我也很高兴。"

特勤局的特工活像是对克朗凯特——而不是对前总统们——充满敬畏之情的小男孩。曾经为卡特当过新闻发言人的乔迪·鲍威尔脚步匆匆地走到克朗凯特跟前，他的手里紧紧地攥着一份英语报纸的号外，报纸上以通版标题的规格刊登了克朗凯特对穆巴拉克的独家专访。鲍威尔喊叫着："你又做到了！"

克朗凯特轻而易举地说服福特总统接受他的采访，可是当他向卡特总统提起这个构想时却碰到一点小问题。当看到这位荣誉退休的主播时罗莎琳·卡特的脸色顿时变得煞白。魏斯曼后来提到过这段往事："罗莎琳的目光就像是杀手的目光，那种充满了鄙视的目光。"她还在对身为新闻主播的克朗凯特在伊朗人质危机期间说的那句节目结束语耿耿于怀。卡特总统勉强答应了克朗凯特的采访要求，但是拒绝同尼克松与福特一起接受采访。看到卡特夫妇仍旧对他怀恨，克朗凯特多少感到有些难过。

完全出乎克朗凯特意料的是对他最热情的居然是尼克松夫妇。这位前总统怀着发自内心的热情说:"沃尔特,你怎么样啊?"克朗凯特惊讶地看到尼克松竟然被晒得这么黑,看起来这么神采奕奕,这么愿意接受他的采访。尼克松夸张地说:"沃尔特!还记得你跟我,还有萨斯特总统坐着船在尼罗河顺流而下时的情景吗?多么美好的时光啊!"

太震惊了。尼克松毫不记恨水门事件和他针对柬埔寨事件发表的不同意见,经历了阿格纽的恶毒讲话和科尔森肮脏的小把戏之后也不嫌恶他。克朗凯特与你尼克松在开罗走到了一起。他们两个人都熟知美国历史,都有点感到挫败,同时他们也依然都是坚持在泰迪·罗斯福所说的"竞技场"中顽强搏斗的勇士,在这个舞台上人人"浑身沾满了尘土、汗水和鲜血",但是他们仍旧"英勇无畏"地前进着。

在萨达特的葬礼过后为美国代表团举办的宴会上克朗凯特是唯一一名出席宴会的记者,他同基辛格、三位美国总统及其夫人一起坐在餐桌的一端。宴会结束后他迅速跳上一辆车,同魏斯曼一起赶回开罗记者站。还有一些工作在等着他们去完成。这天晚上,即便灌下一杯美格纯正波本威士忌克朗凯特也还是难以入眠。不安的心绪和没完没了的悼念仪式令他疲惫不堪,他一心只想赶紧返回法国。这一次克朗凯特与魏斯曼早早就来到机场,坐上了专供他俩使用的快帆式喷气式飞机。克朗凯特饿极了,由于担心当地的食物会让自己肠胃不适,自从抵达埃及后他就几乎没有吃过多少东西。突然,法国航空公司的一辆货车在他们乘坐的飞机旁停了下来,飞行员端上一盘熏三文鱼和鱼子酱,还有几大瓶香槟。克朗凯特开心地喊叫了起来:"喔!"一边还冲着玻璃杯扬了扬眉毛——他的这个小动作人尽皆知——说,"舞女在哪儿?"

克朗凯特在埃及为哥伦比亚广播公司新闻网完成了一批不可思议的报道,可是在萨达特的葬礼过后拉瑟主持的《晚间新闻》对他的要求就越来越少了。尽管他用在中东的老关系,争取到了对穆巴拉克的重要采访,可是拉瑟负责的节目组却不再接受他发来的消息。在萨达特刚刚遇刺时克朗凯特在哥伦比亚广播公司新闻网的节目中对众人的提醒成了业内的典范,也是他的新名片——电视新闻界的智者。宗毓华曾经说过:"在我看来沃尔特显然对丹的恨意与日俱增。他将萨达特的葬礼之后哥伦比亚广播公司对他的不尊重归咎于丹。不过,沃尔特始终带着一股智者的风范。"

1981年的年末哥伦比亚广播公司新闻网经历了一场比较大的人事变动,这场变动持续了十年,与萨伦特担任新闻部主任时的稳定形成了鲜明的对比。11月,新闻网的总裁伦纳德被体育部的前任总经理范·戈登·索特取而代之，盛气凌人的索特想要在公司留下自己的印记。他对克朗凯特没有特别的需要。从公司全局来看，威廉·佩利也在力争保住对自己一手创建的公司的控制权，但是他已经没有胜利的希望了。

这段时期拉瑟也同样碰到了麻烦。在刚开始主持《晚间新闻》的时候他的播音显得有些生硬，似乎有些力不从心。更糟糕的是哥伦比亚广播公司新闻网在收视率方面已经失去了遥遥领先的优势，晚上节目流失了250万观众，这就意味着每年减少了2000万美元的收入。拉瑟十分清楚大家都在说倘若节目的收视率不能在短期内得到提高，他就将被库拉尔特所取代。后者制作的诺曼·洛克威尔式的《在路上》深受观众的喜爱，这个节目将散文和画面结合在一起，并由低沉饱满的男中音配以旁白。库拉尔特谢顶，头上长满了滑稽的疙瘩，脸上挂着酒醉后有些勉强的微笑。他是一位杰出的记者，喜爱锦衣玉食的生活。由于在开罗报道之后自己遭到冷遇而火冒三丈的克朗凯特开始大力鼓吹应当由库拉尔特替换掉总是使用截击战术的拉瑟，成为《晚间新闻》的四分卫。

对于拉瑟来说有一个办法可以提高观众人数，这就需要让克朗凯特在节目中经常出现。可是对于这种跟克朗凯特套近乎的做法拉瑟毫无兴趣，他同退休前的克朗凯特一样极其争强好胜。拉瑟的节目组将克朗凯特彻底赶出了《晚间新闻》的办公室，也就是新闻部的核心区域。鉴于拉瑟的偏好，他完全有可能全面禁止克朗凯特踏足播音中心。这种变化就如同其他领域的权力更迭一样老套。克朗凯特很清楚这一点，他也能够理解，但是当这一切发生在自己身上时他却惊恐极了。在一次口述史的采访中他告诉历史学家丹·卡尔顿回想自己离开哥伦比亚广播公司主播位置的决定时他觉得在1981年3月退休还是太早了。他带着强烈的不满说："我对这件事情感到非常遗憾，因为结果跟当初预想的不一样。拉瑟和公司不准我做任何事情……（他们认为）只要我还在播音，我和拉瑟之间就会形成令人不快的比较，那么拉瑟势必会受制于人。唔，绝对会是这样。我能理解他们之所以会这样……我想倘若换作是我，那我也会有同样的感受。可是，问题是这种状况已经十年了，直到今天还是这样。这也太过分了，太不可理喻了。"

1981年的秋天，克朗凯特邀请拉瑟在曼哈顿城中心的一家俱乐部共进午餐，结果两个人都很不愉快。后来拉瑟曾提到过这件事情，他前去赴宴只是去当听众的："气氛有些尴尬，有些紧张，几乎没有多少令人舒服的地方。沃尔特当着我的面对我指手画脚。他告诉我在播音的时候我'太拘谨'了。"克朗凯特希望拉瑟能够按照自己的方式主持《晚间新闻》，拉瑟接受了这个建议，除此以外克朗凯特的其他意见都令他感到无法接受。

一天下午索科洛拜访了索特，他向后者提议将克朗凯特用过的办公桌送到拥有世界最大的博物馆系统和研究联合体的史密森尼学会，以供在华盛顿特区的国家广场进行展览。索特说这个想法太令人开心了，这件事情就交给他来办。几个月后，略微打探了一番之后索科洛得知在拉瑟清除前任遗留物的过程中这张桌子已经被砸烂了。索科洛心想这么做也太不公平了，报复心也太强了，太混蛋了。听到有关这张桌子的事情时拉瑟摇着头说："这么多年来索科洛一直在往我身上泼脏水。"

根据与哥伦比亚广播公司签订的退休协议，克朗凯特还应该承担重要的播音工作。然而，由于《沃尔特·克朗凯特的世界》这个节目举步维艰——这还是客气的说法——他开始重新考虑自己的选择了。一想到这种进退两难的状况并非只有自己一个人碰到过，克朗凯特多少感到了一丝安慰。1981年，在约翰·钱斯勒的阴影下戴维·布林克利在全国广播公司也经历着同样的事情。布林克利面临的一个问题就是公司聘请了一位哥伦比亚广播公司的骨干来负责管理全国广播公司的新闻部。事实上，这两位主播都面临着同样的问题，因为支持克朗凯特的萨伦特与斯莫等人已经转战到了全国广播公司，在这里他们无法继续帮助克朗凯特，但同时他们也不愿意帮助布林克利。对此布林克利无可奈何，他在公司里变得越来越无足轻重，最后他发现自己竟然期盼着被公司解雇。他幻想着自己继续拿着高薪，在故乡北卡罗来纳州享受着无尽的假期。可是全国广播公司的态度很明确，公司是不会解雇他的。就这样，布林克利主动辞职了。

鲁恩·阿里基准备出击了。与全国广播公司新闻网的决裂让布林克利开始了在美国广播公司新闻网长达15年的工作期，他开始主持在星期天上午播出的《这一周》节目。克朗凯特也拥有同样的机会，他可以去别的广播公司，在那里他的优势会得到重视和展示。阿里基对他的邀请长期有效，全国广播公司也不时地在试探他。美国有线电视新闻网不顾一切地想要得到他，让他主持一档晚间谈话类节目。权衡之后克朗凯特还是选择继续留在哥伦比亚广播公司新闻网，后来他对这个决定感到后悔莫及。"好吧，让他们见鬼去吧。我心想，要是他们一年给我100万，还不让我干活的话，这不正是我需要的么。可是这绝对是个错误。我不应该这么干，我应该反抗，我应该有尊严地辞职。"真正可悲的是，在这个地方他再也感受不到快乐了。

由于这份让自己获利不少的合同克朗凯特在工作关系上还要隶属于公司至少七

年，但是合同却没能让他继续对公司忠心耿耿。他不认可索特领导下的《晚间新闻》出现的倾向，后者大幅度减少了海外报道和华盛顿特区的报道。在1982年的夏季播出季索特停播了《沃尔特·克朗凯特的世界》，克朗凯特对他的反感就更加强烈了。这个节目最终还是没有俘获稳定的观众群，但是克朗凯特认为是公司的经理们一心想要让这个节目失败，他们对第二季的节目没有进行大力宣传，而且常常用他们眼中的重要节目替代这个节目，因此就连原本忠实于这个节目的观众都记不得每个星期准时收看这个节目。在哥伦比亚广播公司长期担任制片人的巴德·拉莫若曾经说过："霍华德·斯特林格（1981年后开始担任《晚间新闻》的总制片人）认为克朗凯特对拉瑟造成了威胁。他们的策略就是雪藏克朗凯特，在公司里他们根本不宣传他。在1981年之后这已经成了定局。克朗凯特注定要遭到失败。"

1982年2月22日，《纽约》杂志宣布"克朗凯特时代已经过去了，电视新闻业在接下来的五年里也将变得面目全非"。在没有克朗凯特的情况下哥伦比亚广播公司新闻部轻松自如地继续前进着，没过多久拉瑟就让《晚间新闻》重新夺回了收视率冠军的宝座。不过这个成绩仍旧没有打动克朗凯特，已经彻底绝望的他对拉瑟主持下的《晚间新闻》的肤浅感到担忧，在全国各地亮相的时候他从来都直言不讳地指出这一点。在自己的鼎盛时期克朗凯特一直要求自己保持着疯狂的工作状态，拼命往23分钟的预定节目时间里塞进23条新闻。他坚信倘若偏离这种对新闻的热情，听从研究分析公司的建议，用令人赏心悦目的专题报道取代真正的新闻会对电视观众造成伤害。《纽约时报》专门负责报道媒体动态的记者彼得·卡普兰曾经指出："从主播的岗位退下来以后克朗凯特就一直处在几近于幻灭的状态中。"

第三十二章

苦苦挣扎的政坛元老

老大哥在盯着——重返诺曼底——与里根关系密切——科斯特洛的酒
吧——在旧金山无所作为——新闻纪录片的艺术——与迈克·阿什福德
逗乐——黄石公园——总是在聚会上受到揶揄——鲁尼与巴克沃德的调
侃——南方大嘴——支持鲍勃·舒弗尔——挡道老狗——与弗兰德里交
好——老家伙广播公司——佩利向克朗凯特致敬

自从1968年"发自越南的报道"播出以来，威斯特摩兰将军就一直受到哥伦比
亚广播公司新闻网的排斥。无论是克朗凯特受到追捧，还是形成拉瑟小集团的时
候，哥伦比亚广播公司里的每一个人都将这位将军视为一个天生的骗子。在很多次
围绕着著名的"发自越南的报道"接受的采访中克朗凯特都对威斯特摩兰进行了猛
烈的抨击，他的朋友，号称公司新闻网历史上最强硬的采访者的迈克·华莱士也同
这位前美国陆军参谋长展开了一番面对面的较量。《哥伦比亚广播公司报道》的纪
录片栏目中播出了华莱士对威斯特摩兰的采访《数不清的敌人：越南骗局》（1982
年1月23日播出）。这期节目佐证了克朗凯特曾经作过的论断，当初克朗凯特指出在
越南战争进入到白热化阶段的时候这位负责美军行动的将军在1967年为了鼓舞士
气，说服国会继续拨款，并增强国内民众的支持而故意在越共军力的问题上撒了
谎。克朗凯特在1968年戳穿了威斯特摩兰的谎言，在1982年华莱士又进一步对后者
进行了谴责。时任哥伦比亚广播公司新闻网总裁的伦纳德说过："当时我审查了这
个节目，它太令我难以忘记了。"

就在《数不清的敌人：越南骗局》播出后不久，威斯特摩兰起诉哥伦比亚广播
公司新闻网赔偿他1.2亿美元，他提出的罪名是诽谤。公司要求《沃尔特·克朗凯特
的世界》的制片人本杰明对这部引起争议的纪录片进行内部调查。令克朗凯特大吃

一惊的是早在1957年就以《20世纪》总制片人的身份与他开始合作的本杰明最后竟然指责这部纪录片存在着严重的谬误，并且违背了哥伦比亚广播公司新闻网的指导方针。在威斯特摩兰诉哥伦比亚广播公司一案的法庭审理过程中这份克朗凯特所谓的《本杰明报告》并没有起到太大的作用，因为威斯特摩兰必须证明哥伦比亚广播公司的纪录片存在着"真正的恶意"。最终，威斯特摩兰同意接受哥伦比亚广播公司的道歉，在一定程度上他认为这种表态足以证明他的清白，为他恢复名誉。这场论战逐渐偃旗息鼓了。本质上，克朗凯特与这起事件毫无瓜葛，但是早在"发自越南的报道"播出时起威斯特摩兰就对"眼睛"公司充满了鄙夷之情。在一次口述史的采访中威斯特摩兰指出《哥伦比亚广播公司沃尔特·克朗凯特播晚间新闻》对节目在1964—1967年间播出的支持越南战争的新闻节目感到懊悔，到了1982年又试图以恶劣的手段将这一切"归咎于他"。

媒体对这起纠纷的关注激励了克朗凯特，他打算制作更多的能够引起公众注意的纪录片。他抛弃了《沃尔特·克朗凯特的世界》的节目形式，决意追随默罗式的大家风范，彻底颠覆"典型的温和派美国人"和"所有人的大叔"的形象。为什么不制作一部同《数不清的敌人》类似的先锋性纪录片呢？克朗凯特不希望惹上官司，不过他也不打算再保持不偏不倚的态度了，他不甘心就这样被淘汰。在休伊特的劝说下他相信在拉瑟执掌大权的时代《60分钟》式样的纪录片节目才是公司前进的方向。克朗凯特开始全心全意地投入到《重访1984》（作为《哥伦比亚广播公司报道》的特别节目，在1983年6月7日黄金时段播出）的制作中。阅读乔治·奥威尔出版于1949年的经典小说《1984》令克朗凯特豁然开朗，奥威尔对希特勒统治下的德国和斯大林统治下的苏联所具有的深刻洞察力令他感到震撼。在他看来反乌托邦的《1984》也预见到了右翼势力的政治企图，即将美国的公民自由彻底毁灭。无独有偶，克朗凯特还为《纽约时报》撰写了一篇影响深远的评论文章，在文章中他提醒读者奥威尔描述的"思想警察"很快就会在美国成为现实。他写道："毫无隐私可言，政府（或许）永远监视着我们，这一切都意味着我们彻底失去了自由。绝大多数人都会认同这种观点。"

按照克朗凯特的设想《重访1984》将会为正在受到攻击的宪法第四修正案做出自由主义式的辩护。他走访了银行、超市和百货商店，对这些地方监视顾客的监控器进行了查看。面对迈阿密海滩的各个街角都安装了用来监控行人状况的摄像头的事实，克朗凯特深信奥威尔的预言就要化为现实了。美国政府能够拿到个人的银行对账单、医疗档案和信用卡记录，在他看来这就标志着美国已经不知不觉地受到了老大哥主义的统治。

制作《重访1984》的过程困难重重，原因在于技术上故障就像一股墨菲定律式的烟尘一样如影随形地跟在克朗凯特率领的摄制队伍的身后，凡是有可能出错的地方终将出差错。撰稿人兼制片人戴尔·麦诺还记得摄制小组去西班牙的经历："当时沃尔特大发雷霆。他的情绪太紧张了，显然在拍摄《重访1984》的时候他没有得到第一流的队伍。沃尔特并不适应半退休的生活。"

公司削减了对这个节目的投资，克朗凯特痛苦而无奈地接受了现实，但是更加令他无法忍受的是新闻网给他分派的是三流的摄制人员。此外，就在制作这部纪录片的时候美国政府将他列入了黑名单，这件事情进一步加重了他的沮丧感。这实在是一个骇人的新世界。《华盛顿邮报》报道称由于克朗凯特"过于强烈的自由主义倾向"，因此在1984年的年初美国新闻署将克朗凯特列入了黑名单。想当初，默罗在1961—1964年还担任过该机构的负责人。同时被列入名单的还有民权活动家，小马丁·路德·金的夫人科雷塔·斯科特·金，《华盛顿邮报》的总编本·布拉德里，消费者权益倡导者拉尔夫·纳德，以及哈佛大学的经济学家约翰·肯尼思·加尔布雷思。民主党的国会议员们曾展开过一整天的辩论，申斥里根政府领导下的美国新闻署诬蔑克朗凯特等杰出公民的行径。当时克朗凯特的照片同有关这份黑名单的报道一同出现在全国数十种报纸上。在克朗凯特看来，这起事件不过是尼克松的"敌人名单"的重演，对于这个荒唐的"内幕"他无动于衷。敬仰克朗凯特的里根也因为这份黑名单感到尴尬，敌人名单可不符合"吉佩尔"[①]的风格。里根的发言人拉里·斯皮克斯曾经在加利福尼亚举行的一场新闻发布会上斩钉截铁地告诉记者们："白宫不容忍任何黑名单的存在。我们已经将我们的不满告知新闻署了。"

新闻署的风波平息后，没过多久《哥伦比亚广播公司早间新闻》的高级制片人梅西·雷尼为克朗凯特争取到了一个令众人艳羡的机会，这就是在诺曼底登陆40周年（1984年6月6日）的纪念节目对里根进行独家专访。按照计划里根将要在诺曼底做两场演讲，一场在奥克角（当年美国陆军游骑兵二师在这里成功攀登上悬崖峭壁，此处距离奥马哈海滩约6.4公里，崖壁高约30米），另一场在奥马哈海滩。通常，每逢出现独家专访的机会时全国广播公司的《今天》和美国广播公司的《早安美国》总是会先下手为强，但是这一次他们没有希望。参加过第二次世界大战的老

---

① 译注：里根的昵称，得名于他在传记片《纽特·罗克尼》中饰演过的角色——球员吉佩尔。

兵们对克朗凯特的爱戴超乎想象，再加上里根也想弥补之前的错误，就这样哥伦比亚广播公司的前主播得到了重返诺曼底的机会。克朗凯特早就提出过美国应该将6月6日——而非12月7日（珍珠港日）当作第二次世界大战的关键性的周年纪念日，很久之后布罗考的著作《美国最伟大的一代》才得以问世。在诺曼底，老战士们一个接一个地给这位荣誉退休的大主播讲述着在当年的那一天自己身处何方。后来雷尼提到过这件事情："每一个人都想要跟沃尔特握一握手。仅仅是看到这位老主播重返奥克角他们就感动得热泪盈眶。"（对登陆日回顾完之后老战士们又纷纷请求克朗凯特为他们出版的作品撰写用在护封上的书评，这些书讲述的都是他们在塞班岛、意大利小镇安其奥、阿登斯参加战斗的亲身经历。对大部分老兵的请求克朗凯特都欣然答应了。）

身边围满了"二战"老兵，身后是引人注目的英吉利海峡，就在这样的环境下克朗凯特对里根的采访从一开始就开诚布公，令人耳目一新。这场访谈完全可以被称为怀旧的一个小时。当里根结束了在奥克角的讲话后克朗凯特说："总统先生，你也知道，这场战争，也就是第二次世界大战，被称为一场受欢迎的战争，我想它同我们近年来打过的战争——越南、黎巴嫩、格林纳达——正好相反。看在老天的份上，对我们来说打这么一场受欢迎的战争需要有怎样的条件啊？"里根温和地做出了回答，他的态度一如在1981年3月他将这位主播称为炉火纯青的"专业人员"时表现出的宽容，毫不介意从老沃尔特的嘴里听到"看在老天的份上"这种话。里根还提到一名参加过"二战"的老战士曾经说过，"我们都知道，回家的近道在于东京。"克朗凯特似乎也认同这种说法。在采访即将结束的时候克朗凯特老生常谈地问里根面对当年参加总统大选的民主党竞争对手的时候"对登陆日有什么打算"。按照预测，里根的对手有可能是明尼苏达州的沃尔特·蒙代尔或者科罗拉多州的加里·哈特。里根面露一丝幽默的神色，说："就告诉他们咱们都做了些什么，咱们接下来打算做些什么，就假装他们都不在场。"

在诺曼底大获全胜之后克朗凯特笃定哥伦比亚广播公司新闻网会让他与拉瑟联袂主持对1984年两党代表大会和总统大选之夜的报道。谋求获得连任的里根在这一年的共和党提名会上遥遥领先；在1977—1981年吉米·卡特执政时期出任副总统的蒙代尔在民主党内取得领先优势，后来也的确获得了提名。自1952年以来，克朗凯特在代表大会现场进行报道已经成为美国电视屏幕上的传统节目。

民主党率先于7月16—19日在旧金山召开了代表大会上，在会上人们对拉瑟会给克朗凯特多少出镜时间议论纷纷。"当时我们都想看看在跟沃尔特对话的时候丹的腔调会达到三十度，还是四十度的冰冷。"在1980年，每逢报道两党代表大会时哥伦比亚广播公司里就总有人提起这个玩笑。在1984年一直有传言称拉瑟唯恐"美国最受信赖的人"会令他相形见绌。有人说将克朗凯特与他放在一起就像是把40吨炸药放在一个瓦斯罐旁边一样，这两种组合的爆炸力都是一样的。在这场民主党代表大会期间最受到媒体关注的一对搭档并非是蒙代尔与美国重要政党中涌现出的第一位女性副总统候选人杰拉尔丁·费拉罗，而是克朗凯特与拉瑟。关于他们2个人之间的宿怨外界流传着数不清的流言蜚语。

在1984年克朗凯特真正的能力或许在于他让全世界的平面媒体记者了解到了在两党代表大会期间受到热议的政治话题。在西五十四大街上坐落着一家著名的"科斯特洛的酒吧"，酒吧以墙上挂着著名作家及漫画家詹姆斯·瑟伯的原作而骄傲。克朗凯特将这里的酒友当作自己的智囊团，经常在觥筹交错之际主持着一场又一场的媒体议事会，那副模样就仿佛他是在主持醉意浓浓的《会见媒体》。戴维·哈伯斯塔姆、西奥多·怀特、R. W. 阿珀、安迪·鲁尼、迈克·华莱士和莫雷·塞弗之类的记者都是"沃尔特在想什么"酒吧讨论会的常客。在科斯特洛的酒吧里，克朗凯特仍旧本性不改，只要账记在其他人的身上，他就会喝上几杯免费的美酒。1984年7月，在代表大会召开前的一天下午，克朗凯特同一群英国记者在酒吧里议论着逐渐成形的里根与蒙代尔之战。在座的一名来自纽约地方报纸《每日新闻》的记者以前就参加过这种开心的聚会，克朗凯特告诉他："四年太漫长，但是英国为期六周的竞选又太短，都来不及让各种问题被充分暴露出来。我希望美国的竞选变成两个半月到三个月的时间。"

7月18日哥伦比亚广播公司在黄金时段播出了《哈里·杜鲁门留下的宝贵财富》，这部纪录片内容翔实，但是算不得上乘之作。影片以克朗凯特对杜鲁门的女儿玛格丽特·杜鲁门·丹尼尔、克拉克·克利福德等前白宫助理的采访为基础，赶在新闻网对民主党代表大会的报道之前播出了。同他在诺曼底采访里根一样，在影片中克朗凯特似乎更像是一名为美国的伟大欢呼喝彩的啦啦队队长，而不是一位致力于挖掘新闻的记者。他成了一名热情的支持者，想要让杜鲁门的形象被刻进拉什莫尔山。在认真收看了《哥伦比亚广播公司晚间新闻》数十年之后芭芭拉·沃尔特斯曾做过论断："沃尔特是一位杰出的采访者，但是他不是一个强硬的采访者。作为主播，他是无与伦比的，可是作为采访者我比他强硬多了。"

这部影片完全就是在洋洋得意地对杜鲁门进行的一番歌功颂德，但是克朗凯特借机扰乱了拉瑟对民主党代表大会的报道，拉瑟对此感到十分气愤。这时克朗凯特远在旧金山，看上去科斯特洛的酒吧的每一位常客都跟在他的身后，任由他扮演着美国政治智慧源泉的角色。终于，拉瑟下达了命令——尽量少用克朗凯特。当纽约州州长马里奥·库莫在大会上阐述完自己的施政方针后拉瑟面色通红地向观众讲述着库莫在莫斯康中心令群众为之倾倒的事情。当镜头转向克朗凯特的时候，他只说了一句话："最终要的就是全场都在倾听，放在任何一场代表大会上这都算得上是重大胜利。"典型的克朗凯特式评论。《雪城先驱日报》的一位批评家指出："这种分析毫无出彩的地方，不过对于当时的状况来说倒是一语中的。"

拉瑟切断了深受评论家们热爱的克朗凯特的画面，他就是不希望看到后者仍旧出现在哥伦比亚广播公司新闻网播音间周围。对克朗凯特来说拉瑟的这种做法既是一种侮辱，又令他感到伤心。想当年，在1968年的芝加哥民主党代表大会上他还对会议大厅里围攻拉瑟的"暴徒"进行过谴责。眼前的这一幕不禁令人想起在1960年的洛杉矶民主党代表大会上克朗凯特对默罗的态度，二者相似得令人感到害怕。克朗凯特与拉瑟之间的对抗已经超出了常轨，而且暴露在了公众面前。与此同时，美国广播公司请布林克利与彼得·詹宁斯联袂主持对代表大会的报道工作，全国广播公司也毫不费力地将约翰·钱斯勒加入了报道阵容中，而克朗凯特则很难有机会在哥伦比亚广播公司的节目中做出精彩的表现。在大会期间克朗凯特受尽了愚弄，一直苦苦地等待着上镜的机会。这还是他在32年里第一次在旧金山扮演着无关紧要的角色（也可以说几乎无所作为）。提起这段往事时鲍勃·舒弗尔说过："太可悲了，拉瑟统治下的哥伦比亚广播公司竟然对克朗凯特那么不公正。这种做法似乎有问题。"

出于以前做记者时养成的习惯，这时候克朗凯特在旧金山的大街小巷溜达着，追问着街头的普通人，他并不会期待对方做出多么精彩的回答。人们开心地冲他打着招呼，"沃尔特，你才是最棒的！""沃尔特大叔，我们都想念你。"有些人在克朗凯特身旁犹豫不决地溜达一会儿，紧蹙眉头，一脸"究竟是不是他"的神情，然后停下脚步，问他究竟是不是那位大名鼎鼎的主播。克朗凯特则会谦卑地做出肯定的回答，接着对方就总是说些"你比丹·拉瑟强太多了"之类的话。出于怀旧的心理，美国人都希望在电视荧屏上看到克朗凯特。然而，哥伦比亚广播公司却变本加厉地羞辱克朗凯特，在旧金山的莫斯康会展中心将克朗凯特隔离到完全与拉瑟接触不到的楼层，就仿佛他是一个大麻烦，而不是公司宝贵的人才。克朗凯特曾经告诉《纽约时报》的卡普兰："这么多年一直从大玻璃窗里望着大会现场，而现在我却只能和一台监视器待在一个小房间里，这看起来真是滑稽。"在文章中卡普兰记述了克朗凯特对哥伦比亚广播公司的怨恨。

马德也记得自己曾在旧金山撞见了克朗凯特，当时他也无法理解为何哥伦比亚广播公司对他的这位对手及朋友如此残忍。无论克朗凯特与马德之间的关系有多么紧张，但到了1984年的时候他们俩几乎已经前嫌尽释了，黑岩大厦在他们的眼中都成了蛊惑人心的恶魔的老巢。在1981年哥伦比亚广播公司主播宝座的争夺战中输给拉瑟之后，头脑敏捷的马德转战到了全国广播公司新闻网，后来又去了公共广播公司和历史频道。同克朗凯特十分相似的是，他始终自视为哥伦比亚广播公司的人，尽管他们都没有受到拉瑟一伙人的善待。在1984年拉瑟能做的就只是坚信克朗凯特与马德对他的抨击都是由于酸葡萄心理在作祟，他曾解释说："（从1962到1981年）每个星期播音五次会让人变得完全以自我为中心，而克朗凯特则养成了几乎妄自尊大的自恋。每一个做主播的人都会受到工作的影响，我自己也不例外。这就是一种职业隐患，是一种职业病。"

拉瑟执意不让克朗凯特在共和党将于8月在达拉斯举行的代表大会上承担任何实质性的工作。以前在达拉斯克朗凯特总是被当作一头会跳舞的熊，在早餐时间忙于同公司新闻网的下属机构见面。在这一年的秋季，拉瑟一直毫不留情地禁止克朗凯特参与公司对总统选举的报道工作。这位活传奇在哥伦比亚广播公司新闻网里已经失去一切权利了。11月6日，布鲁斯·莫顿与拉瑟一起对里根以525票比13票大胜蒙代尔做了充分而令人信服的分析，这是自1952年以来哥伦比亚广播公司在大选之夜的节目中第一次少了克朗凯特的身影。这天晚上就连比尔·莫耶斯都得到了出镜机会，克朗凯特却只能守在家里看着美国有线电视新闻网对选举结果的报道。有一种说法宣称第一次以主播身份参加总统大选报道工作的拉瑟当时出现了伤风的症状，靠着止咳糖、抗生素、维生素C和热水的帮助才坚持做完了报道。当卡普兰拨通克朗凯特的电话后，孤独的克朗凯特主动提起了拉瑟这个敏感话题。他说："主持这种节目之前我总是会感冒，不过我的制片人让我相信这只是心理作用引起的。或许丹也是如此，要不然就是他觉得自己有必要模仿我。"

在美国东部时间晚上8点整拉瑟用复杂的民意投射①开始了当天晚上的节目，在不到五分钟的时间里哥伦比亚广播公司新闻网就宣布里根获选。克朗凯特与蒙代尔相交甚好，不过他似乎对里根压倒性的胜利也感到由衷的激动。在他看来这是一场

---

① 译注：将美国总统选举民调的数字经过适当修正而建立民意调查投射，这样可以得到比预测市场更准确的预测。

具有历史意义的连任竞选，选举结果证明了戈德华特的保守主义运动实际上已经成为主流趋势。众所周知，相比于拉瑟，里根更愿意对克朗凯特的采访亮起绿灯。过了一会儿，有人问蒙代尔的首席演讲稿撰稿人马丁·卡普兰在1984年的竞选中谁有能力击败里根，卡普兰毫不犹豫地说："罗伯特·雷德福，沃尔特·克朗凯特没准也可以。"

对大多数美国人来说克朗凯特依然代表着广播新闻业的职业操守，但是现在他只希望被安排在次年（1985年）的《哥伦比亚广播公司报道》中播出的纪录片能够重新让他收获大量赞誉。这批影片的第一部是《荣誉、职责和一场名叫"越南"的战争》，对美国在东南亚地区的战争以及美国在战争中吸取的教训进行了反思。影片在4月25日播出，正好赶上了西贡被越共军攻陷的十周年。早在这一年的2月克朗凯特就代表《哥伦比亚广播公司报道》重返越南，这是他自1968年以来第一次回到越南。同行的还有美国代表约翰·麦凯恩，这位来自亚利桑那州的共和党参议员曾经在越南战争中担任过轰炸机飞行员，在1967年执行第137次轰炸越北地区任务的时候麦凯恩驾驶的飞机在河内上空被击落，跳伞后他落到了一个湖里，双臂和一条腿都骨折了，最终被越共军队俘虏。他过了五年战俘的生活，大部分时间都被关了单人禁闭。而今，克朗凯特陪在麦凯恩的身旁，哥伦比亚广播公司新闻网的摄制队伍紧紧地跟在他们身后，麦凯恩开诚布公地讲述起了自己当战俘时的经历。当年从远处传来的M-16突击步枪的响声和盘旋在头顶上的巨大的眼镜蛇直升机发出的轰鸣声都已经荡然无存了。在一个充满田园气息的午后，麦凯恩带着克朗凯特来到了他当年待过的囚室，但是他不愿走进去。他向克朗凯特讲起了自己遭受的折磨："不是每个人都能像硬汉约翰·韦恩那样，不过我想我们中的绝大多数都尽力了。我们忍受了巨大的痛苦，极端的孤独。"这部影片产生了强烈的震撼力。

在播出这期节目后克朗凯特紧接着又主持了几期有关恐怖主义、核辐射和教育等严肃话题的《哥伦比亚广播公司报道》，这些纪录片都充分体现了默罗与弗兰德里建立的传统，可是在尼尔森收视率方面的表现却很不理想。观众对节目的反应很冷淡，让克朗凯特继续在1986年制作新一季节目的想法似乎根本不切实际。制片人本杰明已经提前为公司同克朗朗凯特商定的有偿讲话支付了报酬，这种状况使身为哥伦比亚广播公司新闻网特约记者的克朗凯特陷入了更加尴尬的境地。要想演讲他首先必须征得公司高层的同意，甚至是本杰明这样的好朋友，这种状况为他带来了没完没了的麻烦。为了压制克朗凯特合理合法的抗议，哥伦比亚广播公司只得在继续给这位退休主播支付工资的同时允许他同英国广播公司和公共广播公司合作拍摄一部有关太空舱的纪录片。然而，在克朗凯特看来，新闻网总裁索特把他当成了身份不明的食客，是公司新宠丹·拉瑟马鞍上的一根尖刺而已。

克朗凯特希望创办一个在黄金时段播出的新闻杂志节目，以挽救他正在走下坡路的命运，这一次他把赌注压在了《逍遥沃尔特·克朗凯特》。这个节目首播于1986年9月，在1987年3月和1988年6月又播出了两期，后两期节目的收视率非常惨淡。克朗凯特自然将这个结果归咎于公司没有为这个节目进行大力宣传。哥伦比亚广播公司新闻网给他的待遇令他感到难过，对自己过早退休又感到愤恨，就这样他开始在纽约的鸡尾酒会上流连忘返，久而久之这种生活就成了不可变更的习惯。他不再整日里咬牙切齿地抱怨公司，经常喝个不停。无论海外旅行让他有多么筋疲力尽，他总是喜欢在酒吧里待上一会儿。来自得克萨自州的朋友本·巴恩斯曾回忆说："一喝上酒，他就对历史和政治那些垃圾玩意儿来兴趣了。"

沃尔特与贝特西在马萨葡萄园岛和纽约市参加的娱乐活动都代价不菲。在里根在任的那些年里克朗凯特毫不排斥优厚的演讲酬劳，他享受着稳定而丰厚的出场费，不停地旅行，这一切几乎都得益于各种工作机会。在每一处住所他和贝特西都非常喜欢社交生活，经常举办宴会，多年后克朗凯特家的三个孩子对爸爸在埃德加敦的无忧无虑的生活依然记忆犹新。去葡萄园岛登门拜访他们的名人数不胜数，这种情况甚至成了圈子里的笑话。午后，在克朗凯特的家里人们会看到"小瓢虫"约翰逊、原海军部长约翰·雷曼、威廉·巴克利、杰奎琳·肯尼迪·奥纳西斯、小约翰·肯尼迪，或者写下了《第二十二条军规》的约瑟夫·海勒。身着花哨的夏威夷衬衫或者鳄鱼网球衫的克朗凯特喜欢驾驶着帆船，带着访客们巡游一番葡萄园岛。贝特西更青睐上东城，她将葡萄园岛戏称为"厄尔巴岛"①——一座令她无法逃离的荒凉小岛。

有一次克朗凯特还玩起了拽人名②的游戏，他得意扬扬地说出了一大串重量级人物的名字。当时和他玩这个游戏的对手是机智过人的口琴演奏大师拉里·阿德勒。克朗凯特在一个故事里塞进了尽可能多的肯尼迪家族的人，但是最终还是阿德勒赢得了比赛，因为后者提到自己曾经在查理·卓别林的家里跟葛丽泰·嘉宝和萨尔瓦多·达利打过网球。全国广播公司的布莱恩·威廉姆斯曾经对这件事情做过解

---

① 译注：意大利中部托斯卡纳大区西边海域的一个岛屿，面积200多平方公里，人口有3万多，是意大利的第三大岛，仅次于西西里岛和撒丁岛。

② 译注：在谈话、故事、歌曲、在线身份和其他交流过程中提到重要人物或组织，以提高自己的身份。

释："在我和沃尔特看来这完全就是苏斯博士才讲得出来的故事。噢，'你会碰到的人'！"不过克朗凯特最喜欢的还是得克萨斯州和密苏里州的朋友们。在1985年与奇普·克朗凯特结婚的女演员黛博拉·拉什曾说过："在很大程度上克朗凯特的可爱之处就在于他永远把堪萨斯城当作自己的家，而不是纽约，也不是葡萄园岛。"

克朗凯特在1983年3月之后的生活并非全都围绕着新闻工作，在马萨葡萄园岛期间他就同水彩画家雷·埃利斯成了生意上的伙伴。克朗凯特十分喜欢画家托马斯·哈特·本顿以马萨葡萄园岛为主题的作品，他认为在充满自然气息的海景画领域埃利斯仅次于本顿。他们两个人决定合作完成一套三卷本的休闲图书。在20世纪60年代初期，约翰·史坦贝克在走遍美国之后写下了杰出的回忆录《与查理一起旅行》。按照埃利斯的构想克朗凯特与他也将周游全国，只不过他们驾驶的不是露营车，而是船。航海经历的文字部分将由克朗凯特执笔，艾利斯则负责把自己亲眼见到的海洋风景画出来。后来埃利斯曾说过："一位出版商愿意将我的作品集结成册出版，他想让作家派特·康洛伊或者小威廉·法兰克·巴克利完成文字部分。我对他说：'干吗不让沃尔特·克朗凯特写呢？他可是美国最受信赖的人'。一开始沃尔特说自己太忙了，但是我跟他说：'你难道不想成为人们眼中的老水手吗？'就这么简单。"

在克朗凯特与埃利斯的合作中最引人注目的成就就在于他们完成了三部曲：《东南偏南》（从切萨皮克湾到佛罗里达州的基维斯特）《东北偏北》（从新泽西州到缅因州）和《西风》（从华盛顿的福拉德利海角到加利福尼亚州的圣地亚哥）。这套作品由亚拉巴马州伯明翰市致力于出版精品图书的奥克斯摩尔出版社出版，在题献页中他们两个人写道要将这套作品献给他们的孙子孙女。埃利斯成了克朗凯特的密友，也是与他交往时间最长久的朋友之一。他们一起驾驶着帆船尽情畅游在桑迪胡克堰洲岛一带，这里是"通往美国正门的中枢"（也是通往纽约港的通路），然后一路南下，继续前往新泽西的开普梅县。在一家画廊的开业仪式上克朗凯特提到过埃利斯："他有着威尔士海盗般的恶棍神情，这是他与生俱来的气质。不过，他是一位温和的海盗，更像是儿童读物里的英雄，而不是恶棍。他不怀好意地斜瞟你一眼或许会令你感到胆寒，但是只要一个拥抱他就会完全赢得你的信任和喜爱。"

克朗凯特与埃利斯合作完成的第一部作品于1983年出版，1990年他们出版了最后一部。尽管在本质上克朗凯特是一个属于科德角的人，但是他承认华盛顿州的皮吉特海峡（又译作普及桑）和圣胡安岛才代表着美国真正的海上乐园。他在《西风》中写道："在黄金时节驾船行驶在西北太平洋上堪称完美的经历。"至于世界上最美丽的小镇，克朗凯特的选择是阿拉斯加的荷马。他不愿在书中提到基奈半岛港口（全世界的大比目鱼之都），之所以这么做是为了让"生活在那里的人们尽可能地躲开经济发展带来的压力"。

当三卷本分别出版的时候克朗凯特与埃利斯一起上路，开始了一场大规模的巡回签售之旅。人们排着长长的队伍，为了跟克朗凯特见上一面一等就是好几个钟头。在一家独立书店的签名会上满心欢喜的克朗凯特告诉埃利斯："我当播音员这么多年，这还是头一次跟我的观众见面。人们走到我跟前，说：'几十年来每天晚上你都出现在我们的卧室里。'这可是真是一种享受啊。"

拥有三个孩子令克朗凯特引以为傲，后来他又有了四个孙子和孙女。凯西与丈夫比尔·伊卡德生活在奥斯汀，主持着自己的广播谈话节目。奇普在纽约市从事着电影剪辑的工作，后来与美丽的女演员黛博拉·拉什结婚，后者最为人们所熟知的经历就是在伍迪·艾伦执导的影片《西力传》和《开罗紫玫瑰》中扮演的角色。南希成了一名瑜伽教练，不定期地生活在夏威夷、加利福尼亚和纽约市。在20世纪70年代中期她在纽约同吉福德·惠特尼结了婚，惠特尼是19世纪末美国铁路和航运大王、海军准将考尼列斯·范德堡的后人，格罗弗·克利夫兰总统在任时的海军部长威廉·惠特尼就是范德堡的先人。

除了宠爱孩子和孙子孙女们，克朗凯特还将大把的时间花在了大海上。自从在1962年美洲杯帆船赛期间受到卢·伍德的启发，萌生了对游艇的热爱以来，他就不断地对自己的帆船进行着升级换代，最终他终于拥有了梦想中的那条船。克朗凯特让奥克斯摩尔出版社将原本应该给他的预付稿费直接为一艘先进、崭新的单桅纵帆船付了款，这样做可以让他逃避缴税。高级的"温迪号"长64英尺（欣克利游艇公司在1979年建造的"欣克利64型"），配有最先进的设备，包括类似于电子全球定位仪的导航系统，其功能等于自动驾驶仪。在将这件事情告诉贝特西的时候克朗凯特说从理论上讲他不会整天都在摆弄船舵，贝特西说："好极了。那么现在咱们就把这艘船送走好了，咱们也就不用出海了！"坐在"温迪号"上贝特西经常晕船，但是她仍旧经常陪着沃尔特一起出海。凯西说过："妈妈太爱爸爸了，她不想在爸爸驾船出游的时候与爸爸分开那么久。"

除了贝特西，在20世纪80年代与克朗凯特交往最密切的人就是他的航海伙伴迈克·阿什福德。一个夏日的午后克朗凯特突然来到阿什福德在马萨葡萄园岛的住所，他说："迈克，我搞到了埃德加敦游艇俱乐部最好的座位，观看7月4日焰火表演的最好的座位。你要不要一起来？我认识一个跟你堪称绝配的女人。"阿什福德不久前才离了婚，他急不可耐地接受了克朗凯特的邀请，可是他太绅士了，都没有贸然问一下克朗凯特这位女士的相貌如何。提起这件事情的时候阿什福德曾说："当时我想应该就是莱斯利·斯塔尔或女天气预报员那样的女人。可是事情不是这样的。"到了约定的时间阿什福德发现前来赴约的竟然是已经年过百岁的海伦·克朗凯特。用现在的说法就是，克朗凯特把他给耍了。阿什福德还记得当时他问克朗凯特的母亲"你还记得多少事情"，海伦便开始滔滔不绝地讲起了第一次世界大战之前他们在莱文沃思堡的生活。她绘声绘色地给阿什福德讲述着欲火中烧的小伙子追求她的事情，她提到的这个小伙子名叫道格拉斯·麦克阿瑟。

克朗凯特新结识的航海伙伴还有乡村摇滚歌手吉米·巴菲特，他们两个人最初是在1987年于澳大利亚的珀斯举行的美洲杯帆船赛上认识的，很快克朗凯特就成了一名鹦鹉头（对吉米·巴菲特的忠实歌迷的昵称）。他不仅在"温迪号"停靠在码头的时候经常播放巴菲特的歌曲，例如《水手儿子的歌》、《玛格丽塔镇》和《他去了巴黎》，而且他还热衷于参加这位善于弹奏吉他的阿拉巴马人在纽约举办的音乐会。同所有人一样克朗凯特任由自己"沉浸其中"，巴菲特都为这位播音员的淳朴感到吃惊。在纽约的时候布拉德利常常同克朗凯特与巴菲特在P·J·克拉克酒吧一起畅饮，巴菲特曾经说过："我去马萨葡萄园岛航海，然后再听一听沃尔特对世界的看法。我还邀请他出席我在麦迪逊广场花园举办的音乐会，我知道怎样才能让他开心。我会安排歌舞女郎坐在他的身边。"

除了巴菲特与阿什福德，在20世纪80年代克朗凯特还喜欢同另外两位老友在一起闹着玩，这两个人就是《华盛顿邮报》的专栏作家阿尔特·巴克沃德与安迪·鲁尼，他们能逗得他哈哈大笑起来。在1986年鲁尼就如何与自己的好兄弟克朗凯特品味人生佳酿撰写了一篇专栏文章。克朗凯特的确偶尔才会表现得有些放荡不羁，但他绝非一本正经的道学先生。鲁尼在文章中写道："说到生活的艺术，我所知道的最伟大的大师当属沃尔特·克朗凯特。无论是工作，还是游戏，克朗凯特都会整天开足马力。他观赏鲸鱼，打网球，飞到维也纳去过元旦，跳舞会跳到凌晨2点，会独自一人驾船出海，他也会风度翩翩地领奖。他参加得了董事会的会议，他也会讲笑话，还会没完没了地玩电脑。他会及时驾驶着'玛丽皇后号'返航，赶上超级碗的比赛。要是生活也能催人肥的话，那么沃尔特·克朗凯特就会重达500磅。"

最受华盛顿人青睐的聪明人巴克沃德编过一个小笑话，讲述了克朗凯特如何在事业心的激励下从密苏里州的摇篮走向太空事业，最终成为美国最受信赖的人。当克朗凯特于1981年告别主播的岗位时巴克沃德坚信美国人民不可能找到一位有能力接替克朗凯特的人，他在文章中写道："要想在区区2.2亿人中为他选出一名接班人实非易事。"

作为"美国最受信赖的人"，同时又处于半退休状态，这种身份让克朗凯特在募集捐款方面拥有了无与伦比的力量。什么样的自由派阔佬慈善家不想给克朗凯特捍卫的事业捐款呢？1986年克朗凯特为母校得克萨斯州大学的"沃尔特·克朗凯特传播学讲席教授"职位筹集到了30万美元，这笔资金他只用了一个晚上的时间就筹集到了，在筹款当夜他还受到几位名流朋友的戏弄。要想抓住克朗凯特的小辫子并不容易，于是喜欢开玩笑的谈话节目主持人迪克·卡维特对这种在名人身上极其少见的品质揶揄了一番。他说："我会用最简单的办法让自己摆脱困境，因此我打算用一下我曾用来挖苦特蕾莎修女的所有笑话。"

在克朗凯特收获的所有荣誉中最棒的当属在1984年亚利桑那州立大学以他的名字命名该校的新闻学院。出生在休斯敦，在13岁那年搬到凤凰城的汤姆·昌西早在1948年的时候和身为牛仔偶像演员的朋友吉恩·奥特里合资收购了凤凰城的KPHO广播电台，正是他为克朗凯特学院募集了资金。在很早的时候他就提出应该将克朗凯特主持的《晚间新闻》从一刻钟延长为半小时，节目改版后他又游说黑岩大厦开办一档60分钟的晚间新闻节目。由于对大型新闻节目的提倡他同克朗凯特走到了一起，碰到短假期的时候克朗凯特一家会去亚利桑那州做客。

昌西就是喜欢老克朗凯特，同阿什福德一样，即便克朗凯特骑在马背上，他也还是习惯将后者称为"海军准将"。在亚利桑那州斯科茨代尔市度过的一个夜晚，昌西在交杯换盏之际对《亚利桑那共和报》的比尔·沙弗、他的儿子汤姆·昌西二世和太阳城（凤凰城的别称）的其他几位媒体老板说大家应该为了向沃尔特表示敬意做点特殊的事情。之前就有人提议为亚利桑那州立大学开办新闻学院，何不用克朗凯特这位深受观众爱戴的主播的大名来命名这所学院？在克朗凯特正式告别《晚间新闻》后昌西给他打去了电话，亚利桑那州立大学可以用他的名字命名新创办的新闻学院吗？心怀感激的克朗凯特回答说没问题。1984年4月27日，为了向哥伦比亚广播公司的这位传奇人物致敬，亚利桑那州立大学董事会正式为新闻学院更名。在建院最初25年的大部分时间里担任该院院长的道格·安德森曾说过："从第二天开始我们在接听电话的时候就会说'这里是克朗凯特学院'。"

2004年亚利桑那州立大学决定在昌西的资助下为克朗凯特新闻与大众传播学院建造新的校舍。这所占地23.5万平方英尺、六层高的教学楼于2008年竣工，这栋大楼随即就成为凤凰城市中心的新地标。当工程在前一年破土动工之际，当时已经年届九旬的克朗凯特就对这项工程产生了浓厚的兴趣。默罗留给世间的宝贵财富受到了哈佛大学和塔夫茨大学的尊崇，而今克朗凯特得到了凤凰城的致敬，在一定程度上这种结果十分符合现实。克朗凯特总是希望为他的播音生涯歌功颂德的是美国的普罗大众，而非精英群体。建筑师史蒂芬·埃利克曾回忆道："我这一生最愉快的一次经历就是当钢筋骨架搭起来后沃尔特来到工地现场进行视察。他对工程流露出巨大的热情，可是当时他的身体很虚弱，没法爬到楼上去。可是，天哪……他的眼睛放射着光芒。"

在朋友们的帮助下，克朗凯特在20世纪80年代末期欣欣然地享受起了政坛元老的待遇。在20世纪80年代，在自己一手创办的公司里威廉·佩利的地位已经岌岌可危，但是在他的引介下克朗凯特于1981年加入了公司的董事会。哥伦比亚广播公司在这十年里的通盘打算后来成为媒体界的传说。称职的执行总裁托马斯·怀曼在1983年声称倘若公司不能授予他佩利的头衔，即公司主席的话，他就辞职。董事们将情感抛在一边，罢免了已经执掌公司大权50多年的佩利，选举怀曼为公司主席。不出几年的时间哥伦比亚广播公司遭到灭顶之灾，既无法保持住往日的声誉，也没能对新出现的卫星和网络技术做出强有力的回应。包括克朗凯特在内的董事会成员得知怀曼为了挽救公司打算悄悄地将公司出售给总部设在亚特兰大的可口可乐公司时，他们都收回了自己对怀曼的支持。除了辞职，怀曼别无选择。

1985年，创建了有线电视新闻网，在有现代电视业中占据统治地位的泰德·透纳严肃地表示有意收购哥伦比亚广播公司。被昵称为"南方大嘴"的透纳在媒体界以标新立异而著称，来自亚特兰大的他有着宏伟的计划，按照这个计划他必须出售哥伦比亚广播公司音像制品及图书出版部之类的资产，以便为收购蒂芬尼网筹集资本。不过，以有线电视新闻网起家，逐渐建起有线电视王国的他最终还是承诺将把哥伦比亚广播公司电视网建设成这个王国的中心。透纳热爱默罗和克朗凯特为哥伦比亚广播公司创造的辉煌历史，同时他也比世界上的任何一个人都更了解卫星电视主宰的未来。他曾回忆说："当时我试图收购所有的广播公司，最后只有哥伦比亚广播公司可行。算一算就知道了。无论怎样切分这块大蛋糕，要想得到哥伦比亚广播公司都不是一件容易的事情。我招惹来了反对的声音。"1977年，在罗得岛纽波特港举办的美洲杯帆船赛上克朗凯特同透纳一拍即合，当时克朗凯特很罕见地在为《60分钟》节目做报道。可以毫不夸张地说，克朗凯特对透纳的"勇气号"（12米长的铝皮游艇）充满敬畏之情。他问透纳："泰德，让我开一下这艘船怎么样？"

听到对方的话透纳斩钉截铁地回答道:"没问题,沃尔特,只要你能让我主持一下《晚间新闻》就行。"(最终克朗凯特也没有允许透纳在他的主播宝座上坐一坐,不过他还是当了一次"勇气号"的船长。)

正如肯·奥莱塔在《媒体人》一书中所记述的那样,透纳在哥伦比亚广播公司树敌无数,这些人都想要粉碎他的收购计划。迈克·华莱士与休伊特都对透纳拥有哥伦比亚广播公司的"道义问题"提出了质疑,在他们的眼中透纳只是一个不懂世故的乡巴佬。克朗凯特的态度与此相反,他认为自哥伦比亚广播公司被分割以来透纳的出现才是公司碰到的最好的一件事情。董事们按照佩利的指示,对透纳出价收购公司的大胆举动表示反对。很快佩利就找到了一位亿万富翁愿意帮助他抵御透纳的入侵,这个人就是洛氏集团的劳伦斯·拉里·蒂施。哥伦比亚广播公司主要通过借款和收购自己的股票挫败了透纳的计划,但是在这个过程中公司背负上了沉重的债务,导致公司陷入了史无前例的财政危机。

没过多久,蒂施就在1986年被任命为哥伦比亚广播公司的主席。63岁的蒂施来自布鲁克林,靠着在大西洋城和卡茨基尔地区开办酒店获得了巨额财富,并与弟弟一起掌管着洛氏连锁剧院的生意。蒂施拥有无可挑剔的经商生涯,他似乎成了对哥伦比亚广播公司最心存善意的白骑士。然而,很快他就显示出自己对这家公司的无知,他只是将其作为那些见过世面的投资者增加财富的工具而已。最终,正如透纳预料的那样,他稳妥地卖掉了哥伦比亚广播公司的资产。他的这一举动令众多曾经有意收购公司的人对他火冒三丈。不仅如此,蒂施还沉重地打击了公司的员工队伍,而且他根本不舍得给新节目和新技术拨款。几乎从广播业开创之初就成为行业领头人的哥伦比亚广播公司错失了在有线时代为自己投资的良机。

在董事会上拥有一席之地的克朗凯特试图将董事会的注意力引向对节目基本架构的决议上。这时候佩利的健康状况很不稳定,克朗凯特希望董事会能够挺身而出,靠自己的力量维持住公司的高标准。他倾向的人选是透纳,而不是蒂施。如果有线电视新闻网与哥伦比亚广播公司合并的话,至少驻海外的记者站不会关门。(早在1967年他就态度坚决地公开表示公司必须在世界开展采集新闻的工作)。然而,他发现董事会的其他成员最感兴趣的还是公司经营的业务状况,而不是他所说的节目设计的"哲学",即节目的目标及其决定因素。更确切的说,他试图提醒董事会明白即便不为新闻操守,也要为较高的收视率而要求《晚间新闻》坚持硬新闻的高标准。如同被同类抛在身后的老野牛一样,克朗凯特对黑岩大厦没有产生丝毫的影响。不过,多少令他感到安慰的是蒂施不喜欢拉瑟,他甚至曾试图说服新闻网的总裁用鲍勃·舒弗尔将"拼搏丹"取而代之。舒弗尔曾说过:"有一种说法认为,在解雇拉瑟,让我替代他的计划中克朗凯特起到了一定的作用。直到那时,其实丹一直很乐意我给他当替补,他觉得给他造成威胁的人是《60分钟》的黛安·索亚。结果,我被视作了克朗凯特的人,丹无法接受这种局面。"

1986年11月4日,克朗凯特70岁了,按照蒂施刚刚制定的一项规定他辞去了董事会的工作。根据这项匪夷所思的规定他已经老迈得不配做在豪华的董事会会议间和其他董事们讨论经营问题了。用蓝草爵士乐的标准说法,在蒂施的领导下哥伦比亚广播公司将克朗凯特当作了"挡道老狗"。由于这一变动,在1988年哥伦比亚广播公司内部就克朗凯特是否应该辞去特约记者一职产生了一场争论,因为这一年他的合同到期了。克朗凯特告诉朋友们不用担心,他的铠甲依然坚硬无比,战靴依然完好无损,可是这番话在朋友们听来实在太空洞无力了。提起这段往事时鲁尼说过:"那时人们会感觉到沃尔特是一个没有祖国的人。他开始查找各种有关世界联邦的理论了。"

同许多已到暮年的老人一样,克朗凯特开始忙于同很多人消除嫌隙,重修旧好。弗兰德里已经为自己在1964年的政党代表大会期间剥夺克朗凯特的主播权而道过歉,因此克朗凯特与他之间已经和好如初了。他们两个人经常一起上餐馆共进午餐或晚餐,一边吃饭,一边聊着早期的电视新闻业。他们的共同成就中就包括为了特别报道《登陆日二十周年祭》在奥马哈海滩上采访艾森豪威尔将军的经历。弗兰德里在哥伦比亚大学授课,克朗凯特毫不声张地作为客座讲师在弗兰德里的课堂上露过几面。他们商量延续《现在我听见了》(弗兰德里与爱德华·默罗合作完成的历史专辑)的传统,制作一张以20世纪60年代为内容的录音专辑。在美国的电视界弗兰德里是一位素以标新立异著称的传奇人物,他的遗孀鲁斯曾经说过:"我还记得有一次我们同沃尔特和贝特西,还有鲁尼夫妇俩——安迪与玛格丽特——正要开始吃晚饭,突然一个年轻人走到我们的桌子跟前,他似乎是想要见一见克朗凯特和鲁尼,他们都是电视明星。结果,他走了过来,对弗雷德说由于在哥伦比亚大学的课堂上他所做的正确建议弗雷德改变了他的人生。这个年轻人根本没有注意到沃特尔与安迪。这太滑稽了。"当戈登·曼宁的妻子埃德娜·曼宁逝世时,在前去悼念的时候罗杰·马德向克朗凯特提议说他们应该组建一个新的广播公司,"老家伙广播公司",组成人员就是皮尔伯因特、赫尔曼、本顿、瑞森纳、斯特林格、马德和克朗凯特这样的老家伙。据马德所说,克朗凯特"认为这个提议十分好笑"。

在1989年12月佩利也与克朗凯特重修旧好。当时坐落在纽约的广播博物馆为了向克朗凯特杰出的职业生涯表示敬意而特意举办了一场盛大的庆祝会，这是自退休以来克朗凯特参加的第十五或二十次类似的活动了。早已没有了多少体力的佩利倾尽全力撰写了一篇约翰·肯尼迪的演讲撰稿人泰德·索伦森才能写得出的献词。然而，佩利却没能像肯尼迪那样完成演讲，而是像罗伯特·弗罗斯特①一样在讲台上笨手笨脚地抓着讲稿，却依然结结巴巴地跑了题，甚至都有些喘不上气来。83岁高龄的佩利突然出现了失忆的症状。他说："很抱歉，我读不下去了。"

接着佩利即兴发挥了起来，郑重其事地讲述着克朗凯特的优秀品质，对他在1962—1981年担任哥伦比亚广播公司主播期间出色的表现盛赞了一番。突然，他恢复了精神，坦言说哥伦比亚广播公司新闻网是默罗与克朗凯特的天下。当佩利结束讲话时会场内沸腾了，来宾们拼命地跺着脚，喊叫着，就仿佛棒球球星雷吉·杰克逊刚刚在洋基体育场朝着右场打出了一个满贯全垒打。一名来宾后来说过："一想到他可能会自取其辱，所有人都感到痛不欲生。他们希望他还是原来的那个佩利。结果，他拯救了自己，所有人都变得欣喜若狂。"

---

① 译注：罗伯特·弗罗斯特（1874—1963），20世纪最受欢迎的美国诗人之一，曾赢得4次普利策奖和许多其他的奖励及荣誉，被称为"美国文学中的桂冠诗人"。

第三十三章
桀骜不驯的自由主义者

太空舱之梦——"挑战者号"惨剧——《滚石》顾问——与米奇·哈特一起当鼓手——谴责拉瑟——约翰·肯尼迪遇刺周年时结下的宿怨——送走自己的文稿——撰写自传——《晚间新闻》寿终正寝了吗？——把他们全都杀了——在休斯敦受到排挤——生杜卡基斯的气——芭芭拉·乔丹为自由主义的辩护——环保斗士回归——力挺伯纳德·肖——海湾战争中的强硬温和派——搭上探索频道的顺风车——向有线电视新闻网致敬——克林顿获胜——再见，布什

有消息称里根总统不久就会接受普通公民参加太空项目的申请，一听到这个消息克朗凯特就以"派我去"的姿态率先做出了响应。1984年8月27日，里根宣布一项新的"太空飞行参与者项目"将会把乘坐飞船进入太空的机组成员的范围扩大到普通老百姓，其中包括教师、艺术家和记者。这项策略旨在激发纳税人对太空飞船的热情。当时克朗凯特正在为IMAX公司的影片《执着的梦想》录制旁白，一想到自己有可能成为第一位进入地球轨道的记者他就兴奋得面红耳赤。由于自己突出的身份，再加上为全面宣传宇航局的《执着的梦想》录制了音响效果如此出色的专辑，克朗凯特认为自己绝对会成为最优秀的平民宇航员。1985年7月19日，副总统乔治·布什宣布一名教师将成为首位进入太空的普通公民，这位教师就是来自新罕布什尔州的37岁的克丽丝塔·麦考利夫。不过，第二位人选将是一名记者。克朗凯特志在必得。10月5日，宇航局指示一个项目筹划指导委员会同南卡罗来纳大学哥伦比亚分校的新闻与大众传播学校协会合作草拟一套方案，为1986年秋天乘坐飞船进入太空的第二位平民名额挑选一名记者。宇航局在10月24日正式对外公布了"太空记者"计划，在12月3日新闻与大众传播学校协会开始向索要过申请表的公民发

放申请表。克朗凯特表现得就像正在申请大学的高中生一样，心急火燎地填好了表格。他一心想要中选。

克朗凯特知道自己的身体状况符合飞行的条件。他保持着健康的饮食，心脏正常，每天他都要做举重练习，一有机会还要跟鲁尼打打网球，只要天气状况允许他们就会在室外打球。他欣欣然地接受了一名宇航局医生对他做的体检，还填好了整整十页的宇航局病史调查表。宇航局将这一批有可能成为平民宇航员的申请者称为"太空飞行参与者"，招募项目的负责人埃里克·约翰逊曾经告诉《人物》杂志，"公平的是，对飞行不存在年龄的限制，入选者只要一颗健康的心脏就行了"。如果通过筛选，进入第一轮候选名单的话，候选人还要接受99个小时高强度训练，对于这项条件克朗凯特毫无异议。在一篇交给宇航局的"个人论述"中他指出记者为太空探索的"主要贡献"就在于消除"长期徘徊在人们心头的最后一丝顾虑"，即太空舱根本就是毫无意义的投资。宇航员约翰·杨对"太空飞行参与者"项目不屑一顾，他告诉1982年的畅销书《太空》的作者詹姆斯·麦切纳："我当然希望第一个家伙被联邦调查局好好审查一番。我可不想照看一个疯子。"

1984年的夏天，克朗凯特更加卖力地争取着成为平民宇航员的机会。为《生活》杂志报道太空项目，后来又成为《名利场》编辑的戴维·弗兰德听说克朗凯特正在积极争取"太空飞行参与者"的名额，于是克朗凯特接受了《生活》杂志独家专访的要求，而且还同意摄影记者在埃德加敦为他拍照，他知道此举将大幅度提高他申请宇航局项目的曝光率。为了让克朗凯特穿上宇航服弗兰德还设法从林顿·约翰逊太空中心搞到了一套宇航员们在太空舱里穿着的淡蓝色正规宇航服。后来弗兰德曾提起过这件事情："我搞到了宇航服，然后就坐着飞机赶去了马萨葡萄园岛。一路上我把宇航头盔就放在我的膝盖上。按照我们不靠谱的想法，克朗凯特会穿着这身衣服摆一个造型。我们的想法就是他真的已经做好了飞上太空的准备。"

令弗兰德吃惊的是，一见到他克朗凯特就从他的手里一把抓过了太空服和头盔，然后便冲上了楼，去换衣服了。弗兰德等在客厅里，年逾九旬的海伦充满期待地站在前厅里。几分钟后，克朗凯特迈着沉重的脚步走下楼，他打扮得就像是即将执行"水星计划"的约翰·格伦。"噢，沃尔特，你看起来太棒了！"海伦欢呼了起来。克朗凯特绕着埃德加敦走了半个钟头，那副样子活像是从汤姆·沃尔夫的《太空先锋》①的第四章里蹦出来的似的，这一幕太令人难以置信了。克朗凯特一会儿为《生活》杂志的摄影师摆着造型，一会儿又像迪斯尼乐园里的唐老鸭那样冲着三个孩子挥挥手。当一个下午的宇航员足以令他感到自豪。

1986年1月28日，星期二，肯尼迪太空中心，"挑战者号"升空了——随即就爆炸了，麦考利夫与其他6名参加此次任务的宇航员都身亡了。惨剧发生的时候克朗凯特正在智利的圣地亚哥度假，不过他还是接受了美联社的采访。他克制住情绪，坚持称即使发生了这样的惨剧，太空舱项目还是应该继续发展下去。他说："在太空领域我们已经走过了这么漫长的道路，但是依然还有那么多工作等着我们去做。通过太空项目我们在科学、工业、医药等领域都可以获得丰厚的报偿。轻视我们过去的工作就是在侮辱今天在'挑战者'项目中失去生命的那些人。"5月，坐落在佛罗里达州的迪斯尼乐园正式开放了未来世纪中心的新观光项目"飞船地球"，克朗凯特当选这个节目的解说员。7月，他再次入选宇航局"太空记者"项目的候选名单，与其他39名记者等待接受最后一轮筛选。他借着在未来世纪中心进行解说的机会盛赞麦考利夫为美国女孩们树立了非凡的榜样。没过多久，太空舱项目重新启动了，可是"太空记者"项目被取消了。

1986年的一期《哥伦比亚广播公司新闻网特别报道》对冷战在欧洲的结束做了报道，为此克朗凯特专门前往了俄国、匈牙利和德国。他告诉《今日美国》的记者莫滕·隆德："人们总是不停地打来电话，告诉我一些事情，听上去都挺有趣的，让我觉得应该为此腾出点时间。我从来没有多少支配权，我接电话的时候我的妻子——贝特西——一直盯着我，要么摇摇头，要么摆出'不'的口型。"

克朗凯特对聊天充满了盲目的热情，他喜欢同所有人交谈，即便对方是出了名的闷葫芦，因此他自称是"聚会学家"。哪怕是被五花大绑在刑架上，他还是会想方设法对囚室里设计巧妙的灯光和地牢的石墙美言几句。对于这么一个性格外向的人来说，曼哈顿的夜生活自然是一种曼妙的享受。他曾告诉《华盛顿邮报》："在20世纪60年代晚期到70年代初期突然出现了一股新的风气，也就是单身酒吧之类的东西，我乐在其中。我就是对这种东西感兴趣，我的意思不是说自己是一个喜欢参加性派对的人，只是说我喜欢去第一和第二大道上的那些酒吧。我喜欢那种酒吧里的景象，这是认识人、跟人聊天的好去处。说实话，现在我已经不可能去了，因为

① 译注：被誉为"新新闻主义之父"的汤姆·沃尔夫根据美国历史上首批进入太空的宇航员的真实故事撰写了《太空先锋》一书，后来这本书又被改编拍摄成同名电影。

我身边总是围着人。他们想要跟我说说话，可是我和他们之间总是隔着一睹薄薄的墙。他们找人谈话是想给对方留下深刻印象。"

自从20世纪70年代美国传奇记者及作家亨特·斯托克顿·汤普森在《滚石》杂志上开始痛斥尼克松以来，克朗凯特就一直是这本摇滚杂志的忠实读者。这份杂志最令他欣赏的地方就在于对危害文明社会的四大元凶，即污染问题、大量消耗自然资源、核武器的激增和全球性的饥荒问题所展开的大无畏的调查性报道。克朗凯特同杂志的创办人及编辑詹恩·温纳相交甚好，他们两个人是在一道搭乘富豪马尔康姆·福布斯的私人飞机（"资本主义的工具号"）前往巴黎的途中结识的，克朗凯特喜欢听温纳讲述有关阿尔塔蒙特飞车自由音乐节日、披头士和布鲁斯·斯普林斯汀的故事。邪恶的福布斯认为与里根的朋友查理·兹维克夫妇、杰·雷诺夫妇，以及道格拉斯·麦克阿瑟的遗孀珍·麦克阿瑟在他坐落于诺曼底的巴勒鲁瓦城堡共度四天的时光会令詹恩夫妇开心。后来温纳提起过这件事情："对所有人来说那段日子都那么美好。贝特西太能逗乐了，太有趣了，有一说一。让我感到惊讶的是克朗凯特远不止是一个绅士，实际上他几乎无所不知。"

在这段时期克朗凯特可谓是好运连连。他得到了同钢琴家戴夫·布鲁贝克合作完成一期口述史节目的机会，在节目中他们将对美国西海岸的爵士音乐展开一番探讨。布鲁贝克在1959年发行的专辑《暂停》正是克朗凯特最喜欢的专辑。此外，当作曲家欧文·柏林过100岁生日的时候，为了向这位作曲家的职业生涯表示敬意人们在纽约的卡内基大厅举办了一场盛大的庆祝会，克朗凯特担任了这场宴会的司仪。在马萨葡萄园岛度过的一个个夏季里克朗凯特总是兴致勃勃地为到访的客人们唱上几曲，就仿佛他是在举办卡拉OK乡村舞会。几杯酒下肚之后他还会带领大家合唱一曲《比尔·贝利》或者《我要坐下来给自己写封信》。根据凯西所述，"克朗凯特的嗓音不适合唱歌，不过——天哪！——他唱得很投入。"他从不推辞给纽约歌剧院或其他地方的歌剧院帮忙的机会。为了宣传将于1987年在休斯敦大歌剧院上演的新剧目《尼克松在中国》，作曲家约翰·亚当斯与诗人爱丽丝·古德曼希望找到一位名人帮忙，结果他们求助了这位身经百战的老记者。克朗凯特主动提出为这出歌剧担任报幕，并帮助宣传，他觉得这部歌剧比他在1972年跟随尼克松总统出访中国时拍摄的新闻片更有趣。

在乔纳森·奥特于1987年11月为《滚石》杂志所做的采访中克朗凯特率真和莽撞的性格表露无遗。他是一个随便、风趣、讨人喜欢、能够打动别人的人。在20世纪80年代，他还与波普艺术家安迪·沃霍尔成了朋友。一天晚上，他与沃霍尔一起出席了小野洋子举办的正式晚宴，其他来宾都规规矩矩地穿着礼服，只有大艺术家沃霍尔和大主播克朗凯特打着赤脚。在此之前克朗凯特对《滚石》杂志说过卡特是冷战时代最聪明的一位总统，对里根则做过一番尖锐的评价。这件事情成了席间一个有趣的话题。克朗凯特告诉沃霍尔当他在1968年采访尼克松的时候，这位共和党候选人的幕僚安排他坐在他们老板的办公室门外，结果他偷听到美国的这位前副总统在电话里说着"滚"、"混蛋"这些字眼。在《安迪·沃霍尔的日记》一书中这位艺术家写道："沃尔特·克朗凯特觉得对方故意让他听到了这些话，这样他就会认为尼克松具有男子汉气概。然而，多年后，当水门事件的录音带泄露后，他才惊讶地听到原来尼克松从来都是这副腔调。"

在这一时期摇滚乐队"感恩而死"的鼓手米奇·哈特也成了克朗凯特最信赖的朋友之一。在1987年的年初，哈特受邀与摇滚吉他手斯蒂芬·斯蒂尔斯一起给克朗凯特拍摄的美洲杯帆船赛的纪录片配乐。提起这段往事时哈特说："在录音室里我碰到了克朗凯特。我告诉他我想听一听他的道白，这样我就可以为他的声音量身定制了。"斯蒂尔斯没有参加这一天的排练，排练结束时已经到了深夜。克朗凯特问哈特："饿不饿？要不要随便吃点什么？"哈特说好的。看起来根本不是一路人的两个人来到了附近最受哥伦比亚广播公司员工中意的餐馆，他们就像寄宿学校的好朋友那样从容地聊着1962年那一届美洲杯帆船赛。就这样，他们自然而然地萌生了对彼此的钦佩。按照计划感恩而死乐队将在麦迪逊广场花园举办几场音乐会，演出会的门票已经销售一空，哈特邀请沃尔特与贝特西以嘉宾的身份出席音乐会。克朗凯特的回答是……当然！

克朗凯特与哈特都对航海充满热情，对鼓也同样有一种亲近感，同时还对拯救全世界的热带雨林有着强烈的责任感。哈特曾经说过："一旦消除盲目崇拜的感觉，我就发现沃尔特是一个货真价实的高级绅士。他接纳了我，我也接纳了他。我的父亲是一个普普通通的骗子，沃尔特成了我的父亲。我还从来没有拥有过这样的父亲。他对越南战争发表的异议拯救了成千上万的生命。他是播音界的勇士。沃尔特说到做到。"

无论是在旧金山海湾地区，还是在南塔基特岛（又译作南塔克特岛），沃尔特与哈特常常一起逃离你死我活的竞争，出海待上几天。克朗凯特没有成为感恩而死乐队的忠实歌迷，不过他几乎成了乐队的一名后备成员。哈特说过："我们经常在一起打鼓。他爱上了音乐……音乐让他的情绪变得波动起来，让他变得自由了。有时候我们会打上一整天，来一场小型伴奏会。有一次我吃惊地看到他在自己的客厅里摆了20架鼓。我们经常一起在纽约过感恩节，在晚宴前后都要打一会儿鼓。在他的身体机能逐渐退化的时候音乐让他有了活力。音乐让他与生活，以及外面广阔的世界保持着联系。只要打上一会儿鼓，他就又能清楚地表达自己的想法了。震动能够使人放松，帮助人进入冥想状态。"

或许感恩而死乐队的成员都成了克朗凯特的忠实观众，然而这位曾经的主播在哥伦比亚广播公司新闻网的地位却几乎已经荡然无存了，他与公司签订的为期七年的合同在1988年就要到期了。《滚石》与《采访》的宠儿，愤愤不平的电视新闻明星即将恢复自由之身，可以为其他广播公司工作了。克朗凯特曾公开表示自己的确有这样的打算。他依然公开对《哥伦比亚广播公司晚间新闻》进行着批评（在20世纪80年代末期和90年代初期《晚间新闻》断断续续地恢复过收视率冠军的战绩）。有时候，这位遭到流放的巡视官看起来就像是急不可耐地想与拉瑟正式决裂。1987年9月11日，由于电视上正在报道美国网球公开赛施特菲·格拉芙与洛丽·麦尼尔的比赛，哥伦比亚广播公司被迫推迟了《晚间新闻》。在得知播音推迟了15分钟，而且节目将被压缩后，拉瑟愤然走出了迈阿密的演播室。《晚间新闻》的制片人杰夫·法捷提到过这件事情："当时我很信任丹，现在依然如此。可是在迈阿密当他就那么就掉的时候我知道他错了。他将自己莫名其妙的骄傲凌驾于公司之上。我还记得当时我就想'沃尔特可绝对干不出这种事情'。"

由于在迈阿密的失误拉瑟饱受非议，克朗凯特也直言不讳地表明了自己的态度。他公开宣称如果换作是他，面对如此不服从上级安排的下属他肯定会立即"解雇"拉瑟。这番话听上去就像是暴民在高喊着"砍掉他的脑袋"。自然，克朗凯特的责骂对拉瑟造成了伤害。拉瑟曾说："我早就知道沃尔特是一个争强好胜得已经不可救药的人。这就像是他在1987年醒来，突然间看到我干着他曾经干过的工作，取得了很好的收视率，赚得还比他以前赚得多，而且我还比较年轻，所以他想把我给毁了。我不知道该拿他怎么办。我一直想知道应该怎么对付他对我的怨恨。最终我想通了，我不想跟他开战。于是我像婴儿那样蜷起身子，低调行事，忍着，任凭他狠狠地咬着我不放。"

考虑到哥伦比亚广播公司新闻网拥有一群思想狭隘的高层管理人员，在1988年究竟是谁彻底将克朗凯特驱逐出公司就不得而知了。不过，似乎新闻网总裁范·戈登·索特（1985—1986）与霍华德·斯特林格（1986—1988）成了背黑锅的人。从1962年到1981年，靠着克朗凯特的声音和职业操守哥伦比亚广播公司新闻网在电视界取得了统治地位，而今这一切已经不复存在。西五十七大街对克朗凯特的态度不言自明，"老家伙，拿着你的解雇通知滚蛋吧"。为什么克朗凯特就不能像道格拉斯·爱德华兹那样"温和地走进那个良夜"①。他就应该把"温迪号"开到佛罗里达西部的萨拉索塔，就在那儿安营扎寨。拉瑟身边的掌权人物都对克朗凯特怀着一种"他居然也有这一天"式的不屑。《纽约时报》的彼得·博耶尔在发表于1988年6月8日的一篇文章中讲述了克朗凯特对于自己受到第五十七大街的排斥而感到的不满。新闻网的两位前总裁——索特与爱德华·乔伊斯——都承认哥伦比亚广播公司新闻网一直有意将克朗凯特"拒之门外"，因为他们不希望惹怒拉瑟。

肯尼迪遇刺25周年纪念活动让拉瑟与克朗凯特之间的宿怨在1988年进一步升级。在当年早些时候克朗凯特向索特提出一个详细的方案，他希望在达拉斯惨剧周年的时候主持一期在黄金时段播出的《特别报道》。节目将以全新的目光重新审视这一悲剧的方方面面，包括奥斯瓦尔德和古巴之间的联系、林登·约翰逊对阴谋的担心，以及沃伦委员会所犯的错误。克朗凯特认为做出决定根本不费多少脑筋，他可谓是主持这个节目的不二人选。然而，哥伦比亚广播公司（而不是新闻部）却否决了这个提议。克朗凯特觉得公司之所以没有让他主持这期节目原因就在于拉瑟，只要一逮到机会他就会将其折磨一番。他说过："我想任何人如果对别人怀有像我对丹这样的感觉，那都是一件很悲哀的事情。可是，我就是觉得在我的眼中丹浑身散发着伪善的恶臭。"

克朗凯特始终不曾明白的是拒绝他主持肯尼迪遇刺周年特别报道的人并非是拉瑟。20世纪80年代，在对资本极其贪婪的蒂施主持大局的情况下哥伦比亚广播公司新闻网上上下下没有一个人能得到机会主持时长为一个小时的黄金时段节目，除非是对"挑战者号"之类的惨剧所做的特别报道。任凭使用怎样的手段，拉瑟自己也无法争取到黄金时段一个小时这样宝贵的资源，这种想法本身就十分荒谬。黄金时段的电视节目就是最惨烈的终极搏斗，收视率的每一个百分点都会产生至关重要的影响。提起往事时拉瑟说过："沃尔特一直在努力争取主持肯尼迪遇刺周年特别报道的机会，努力得都有些不可理喻。相信我，从一开始这个想法就没有成功的希望。别人对这个提议连眼睛都没眨一下，根本没有认真考虑过。可是沃尔特凭空想象出这种根本不存在的情节，认为是我设法毁掉了他主持这期特别节目的机会。"

哥伦比亚广播公司新闻网在1989年播出了一期纪念"阿波罗11号"20周年的特

---

① 译注：引自迪兰·托马斯的诗歌《不要温和地走进那个良夜》。

别报道，这期时长为两个小时的节目是由拉瑟与库拉尔特主持的。克朗凯特再一次被完全排斥在这类怀旧节目之外。拉瑟断定只有自己辞职才能让克朗凯特感到满意，因此他紧紧地闭起嘴巴，任凭克朗凯特肆意向他开火。1988年的夏天黑岩大厦终于做出了决定，公司认为与其让克朗凯特拿贬低拉瑟当娱乐活动，不如与他重新签约。如果给克朗凯特支付报酬，那么公司至少可以确保在合同里增加一条他不得抨击公司任何一位雇员的条款。经过漫长的谈判，哥伦比亚广播公司答应与克朗凯特签署一份长达十年的合同，这份合同同时也是一份禁言令，用古老的阿拉伯谚语说就是，"与其让骆驼站在帐篷外朝帐里撒尿，不如让骆驼从里向外撒。"这份合同对克朗凯特不具有工作上的约束力，按照规定克朗凯特可以同绝大多数广播公司合作，但是值得注意的是全国广播公司和美国广播公司除外。

　　克朗凯特的生活终于恢复正常了，在1988年他给得克萨斯州大学奥斯汀分校的多尔夫·布里斯科美国历史中心捐赠了一批自己的文稿，并邀请该中心的主任丹·卡尔顿帮他为他的回忆录《记者生涯》进行前期研究。卡尔顿是土生土长的得克萨斯人，以反麦卡锡主义的重要著作《红色恐慌》而著名，他对克朗凯特前后完成了60个小时的录音采访。很快卡尔顿就赢得了克朗凯特的信赖，他们的交往亲密而融洽，在接下来的岁月里他们的友情在克朗凯特的生活中变得日益重要起来。同克朗凯特在晚年结交的很多朋友一样，卡尔顿也有着和克朗凯特同样的对大海的热情。卡尔顿曾经在文章中写道："在四年的时间里，为了采访他每隔两三个月沃尔特和我就会在一起待上两三天，有时候还会多待几天……这些采访都是在他在哥伦比亚广播公司的办公室、曼哈顿的寓所、在马萨葡萄园岛的避暑别墅里进行的，要不就是我们坐着船在英属维京群岛（英属处女岛）一带完成的。"

　　这一年的总统大选最终在副总统乔治·布什和马萨诸塞州州长迈克尔·杜卡基斯之间展开，在整个竞选过程中克朗凯特没有起到多少作用，不过他还是让哥伦比亚广播公司新闻网为他参加当年1月爱荷华州河的党团会议和新罕布什尔州的初选会支付了差旅费。他自如地在布什和杜卡基斯这些政坛明星之间穿梭着。在新罕布什尔州贝德福德的一天晚上，《纽约》杂志的专栏作家乔·克莱因同克朗凯特、前加利福尼亚州州长杰里·布朗一起去徒步客酒馆喝了几杯。后来克莱因提起过这件事情："沃尔特喝得烂醉如泥，嘴巴都不利索了，不过那一次可真是回到了过去，太美好了。"突然，一个讨厌的生命权倡导者打断了他们的谈话，这个人喊喊叫叫地斥责着罗诉韦德案①。这位反对堕胎的酒客大肆谩骂布朗是一个假冒的天主教徒，一个堕胎提倡者，一个婴儿杀手。自以为是地说了几分钟之后她的目光终于落在了克朗凯特的身上，亲眼见到大名鼎鼎的哥伦比亚广播公司主播令她大吃一惊，同时又喜出望外。

"克朗凯特先生，您难道不像我一样认为堕胎是错误的吗？您如何看待这个问题？"她问到。

克朗凯特轻蔑地挥了挥手，脸上露出一丝讽刺的神色，悦耳的嗓音中透着一股难以言状的腔调。

"把他们全都杀死好了。"他说。

对方倒吸一口凉气，几乎当场昏倒在地。她不知道对这样恶劣的回答应该如何回应，于是便狼狈地走掉了。克莱因说："那个女人的长篇大论就这样结束了。我不知道沃尔特究竟是真的有这种想法，还是只是为了赶走那个女人才这么说。不过，我们都乐坏了。"

1988年2月28日，克朗凯特前往休斯敦参加民主党在乔治·布朗会议中心举行的候选人辩论会。这场辩论会是太阳广播集团与美国电视节目主管协会国际部联合主办的，他们选择了克朗凯特担任此次辩论会的主持人。这份差事是克朗凯特在这个春季里的最精彩的经历。在辩论会当天，他在四季酒店的房间里接到了黑岩大厦打来的电话，这通电话令他感到震惊，因为对方告诉他由于民主党的这场辩论会不会在哥伦比亚广播公司新闻网的节目中播出，而是要在全国广播公司新闻网播出，因此公司的律师们指出如果他主持这场辩论会的话，他就违反了价值百万美元的合同。这对他来说完全是一记残酷而窘迫的打击。在最后一刻琳达·艾勒毕顶替上场。艾勒毕在《今天》节目组当过一段时间的记者，在1987年成为有线频道儿童节目的制作人。令克朗凯特感到一丝安慰的是根据报纸的报道杜卡基斯与迪克·格普哈特都不会参加在得克萨斯州举办的这场辩论会。《休斯敦纪事报》的安·霍奇斯在报道中指出："克朗凯特就跟你我一样以旁观者的身份看着这场辩论会。"艾勒毕一时兴奋得忘乎所以，根本无视克朗凯特的存在。所有的报纸都簇拥在艾伯特·戈尔（阿尔·戈尔）、杰西·杰克逊和加里·哈特身边，与此同时艾勒毕成了整个休

---

① 译注：罗诉韦德案，美国联邦最高法院于1973年对于妇女堕胎权以及隐私权的重要案例，对于妇女堕胎的问题，美国联邦最高法院承认妇女堕胎权受到宪法隐私权的保护。此外对堕胎权的限制应采取严格审查标准，并提出"三阶段标准"。

斯敦的大明星。克朗凯特独自回到四季酒店，他感到自己已经老不中用了，哥伦比亚广播公司再一次将他打倒在地。

在这一年的春天里克朗凯特一直郁郁寡欢。4月的一个下午，他同《纽约时报》的詹姆斯·莱斯顿一起在华盛顿参加了一次与美国报纸编辑协会的午餐谈话会，他在发表每一句见解时都表现得很暴躁。无论是芭芭拉·沃尔特的娱乐即新闻的做法，还是过于照本宣科的总统候选人辩论会，或是名流与政治相混合的现象，他对一切都感到深恶痛绝。尽管亚利桑那州立大学传播学院以他的名字命名，他还是言词激烈地对直接从大学校园进入电视播音界的做法进行了一番抨击。他抱怨道："吸引他们的是这个行业的光环。我想一些学校的所作所为纯属诈骗。孩子们根本就用不着为了学习电视新闻（的技术）去上大学，他们在技校里待上大约三个星期就能掌握这些技术了。"

在亚特兰大和新奥尔良举办的民主党（7月18日—25日）和共和党（8月15日—18日）代表大会上为克朗凯特为《哥伦比亚广播公司晚间新闻》做了政治评论，但是效果一般。1988年布什与杜卡基斯之间开展的总统大选令他感到无聊，国会对火星探测项目的冷淡又让他气馁，他断定对于自己来说最明智的选择还是驾驶着双头帆船"温迪号"环游大西洋。尽管从个人角度出发他很欣赏副总统布什，时常称其为"罂粟"，对布什作为中央情报局局长和副总统的经历又十分钦佩，但是他还是被共和党残酷无情的政治顾问兼策略师李·阿特沃特的政治手段吓得目瞪口呆。他十分憎恶共和党为了诬蔑杜卡基斯搞出来的威利·霍顿系列广告（在杜卡基斯担任州长期间霍顿是一名经被定罪的重刑犯，由于周末休假计划他被马萨诸塞州监狱释放，在此期间他又犯下了强奸罪和抢劫车辆罪）。不过，他同时也对杜卡基斯平庸的竞选活动感到气愤，杜卡基斯根本配不上自由主义者这个身份。

这一年的7月克朗凯特去纽约市的一所医院探望老朋友（从20世纪50年代开始担任他的制片人）巴德·本杰明，后者当时刚被确诊为脑瘤，疾病令他饱受折磨。他们拉着手，一点一滴地回忆着从《20世纪》对水门事件的特别报道到威斯特摩兰诉哥伦比亚广播公司案的旧日时光。9月20日本杰明去世了，享年70岁。他的葬礼在纽约州斯卡布罗市举行，在葬礼上克朗凯特老泪纵横。鲁尼曾说过："本杰明一直在背后支持着克朗凯特，活在没有本杰明的世界里对沃尔特来说实在不容易。"

就在本杰明过世几个星期后，克朗凯特亲眼看到杜卡基斯在同布什展开的一场电视辩论会上崩溃了。有线电视新闻网的主播伯纳德·肖向反对死刑的杜卡基斯问道如果他的妻子遭到强奸，并被谋杀，他会做何反应。杜卡基斯试图从逻辑——而非情感——的角度回答这个问题，他的选择是错误的。结果，这个问题成为这一年总统大选的分水岭，彻底断送了杜卡基斯入主白宫的前途。

> 肖：州长，如果基蒂·杜卡基斯被强奸，并被谋杀，你会支持对杀人凶手判处死刑，并且不可撤回吗？
>
> 杜卡基斯：不，不会的，伯纳德。我想你也知道我这一辈子一直在反对死刑。我认为没有任何证据表明死刑具有威慑力量，我认为我们对暴力犯罪还有更好、更有效的应对办法。在我们那个州人们已经这么做了……这正是为什么在所有以工业为主的州里我们州的犯罪率下降最快……凶杀率最低……的一个原因。

据鲁尼所述，在杜卡基斯出现如此愚蠢的表现时克朗凯特将一大碗爆米花抛向了空中。他说"游戏结束了"，然后就让人关掉了电视。这一年的11月8日，布什以426票比111票彻底击败了杜卡基斯，副总统在40个州取得了胜利。布什用尽负面的词汇对杜卡基斯进行了一番炮轰，称其是一个花钱无度的自由主义者，对犯罪问题的立场摇摆不定，缺乏爱国心，对家庭价值观无动于衷。克朗凯特懊恼地看到杜卡基斯竟然毫不反击。在1972年遭到灭顶之灾的时候麦戈文至少还拿出了勇气，为新边疆式的自由主义辩护，满腔义愤地痛斥越南战争，可是杜卡基斯这艘大船还一炮未发就沉没了。恼怒的克朗凯特担心布什一伙人已经将"自由主义"变成了一个蔑称。

1988年11月17日，美国公民组织下属的自由精神基金会为来自得克萨斯州的国会议员芭芭拉·乔丹举办了一场晚宴。在宴会上以元老自居的克朗凯特公开了自己自由党正式党员的身份，并有着美国公民自由联盟的背景。在纽约市的罗斯兰舞厅，站在台上的克朗凯特身着无尾晚礼服，胸前的口袋里插着一块手绢，看上去英俊而精悍。在搭乘出租车，沿着帕克大街前往舞厅的路上他就是一副神采奕奕的样子。这天晚上他的演讲受到了吕美特最高水准的代表作《电视台风云》的影响，完全成了一场毫无保留的"为自由主义的辩护"。这场演讲可以同1958年默罗在芝加哥面对广播电视新闻主编协会所做的演讲相媲美。垂挂着紫色和鲜红色帷幕的罗斯兰多功能厅也是克朗凯特最喜欢的音乐厅，在这里他聆听过詹姆斯、路易斯·阿姆斯特朗、路易斯·阿姆斯特朗（创作了《罗斯兰鬼步舞》）这些大师的小号和爵士乐表演。然而，在这个夜晚，为来自第十八选区的先锋女参议员芭芭拉·乔丹举行的庆祝会变成了克朗凯特的舞台。

站在讲台上克朗凯特像一位刚刚摆脱客观新闻原则束缚的播音员，用低沉的嗓音快速地阐述着自己的想法，对民主党员进行了一番谴责，提醒他们再也不应该抛弃芭芭拉·乔丹代表的自由主义传统了。这场油然而发的劝诫震撼了在场的听众，有的人以为他喝多了美格纯正波本威士忌，要不就是一时脑袋发热。或许两者兼而有之。这场响彻屋宇的讲话就仿佛是克朗凯特初入政坛的舞会一样宝贵：

> 此刻，跑题到为自由主义辩护的诱惑非常强烈，不过我在竭力摆脱这种诱惑。不，不会。我知道在这个国家自由主义没有死，甚至都没有陷入昏睡中。它只是饱受重度喉炎的折磨，只是暂时失去了自己的声音——但愿如此。然而，民主党在竞选中失利了……在我看来失利的似乎不只是迟迟未能让自己的观点传达到人民那里的候选人；失利的不只是建立在防守哲学上的竞选策略；不只是进行了有史以来最复杂精妙、最悲观的一场竞选活动的反对党。这场失利的症结不只在于没能触及我们这个国家的每一个角落，我们这个社会的每一个部分。它的失利在于在"不那么微弱"的意识形态恫吓下才有了自己的观点的人太多了。

> 比方说，我们都知道在格林纳达和的黎波里的单边军事行动是错误的。我们知道星球大战意味着军备竞赛的无限制升级。我们知道对民主制度的真正威胁在于半个国家陷入贫困中。我们知道托马斯·杰斐逊说的没错，民主不可能在无知的同时还拥有自由。我们知道我们自己都清楚没有谁应当跟一名女子说她必须生下一个没人想要的孩子。我们也知道有一种自由有悖于上述一切或者一部分情形。但是，全能的上帝啊，全能的上帝，我们必须大声说出这些尽人皆知的真相，就像是《电视台风云》中的那一幕。我们必须推开窗户，对着大街小巷，对着天空大声说出这些真相。我敢说我们会看到更多的窗户被推开，有更多的人跟我们一起异口同声地说出这些真相，多得超乎我们的想象。

经过在罗斯兰舞厅的宣泄，克朗凯特在总统竞选后一直低沉的情绪终于恢复了。他还从来没有如此开诚布公地在公开场合表明自己的自由主义立场，他以客观主义记者的身份建造起了自己的事业大厦，而罗斯兰舞厅的这场演说则让他牢牢地扎根于自由主义左派的土壤里。"中间先生"的伪装消失了。在一定程度上，是布什入主白宫，即自由主义的退化促使他爆发了。言论自由成了他现在最关心的问题，对中间路线的热情让步于对煽动民心的渴望。如果说泰德·透纳是"南方大嘴"，那么克朗凯特已经成了"密苏里大嘴"。《纽约时报》长篇大论地报道了克朗凯特变成了一个争强好斗、直抒胸臆的左翼分子的事实。克朗凯特自己则解释说："以前在电视上我一直努力坚持走纯粹的中间道路，竭力不表现出一丝偏见和成见。我认为公众的经验还不足以理解一名记者可以同时有好几种身份，也不明白我们有能力——虽然不能说完全，不过至少可以说几乎——消除我们自己怀有的所有偏见和成见。"

1989年3月11日，自然资源保护委员会发布的报告《污染落潮：海岸清理项目》令克朗凯特感到震惊，他回到北卡罗来纳州，针对如何拯救当地尚未被开发的沿海地区的问题做了一场强劲有力的讲话。环游哈特拉斯角国家海岸公园对克朗凯特来说是一项神圣的事业，但是再度来到北卡罗来纳他闻到了硫化物的恶臭气，看着有毒的海水他决定将这一切大声说出来。他说："现如今，你们看到人越来越多，房子越来越多，经济越来越发展，这一切就发生在沿岸沙滩和海滨地区。你们还可以看到海面上漂浮着石油和汽油，所谓的文明生活留下的一片狼藉——丢弃的包装纸和罐子——尤其是塑料制品。泡沫塑料，用过的塑料袋，无处不在，全都膨胀成一团在水面上起伏着，有的甚至飘到了100英里远的海面上。你们可以看到四面八方都漂浮着塑料垃圾，你会发现自己很难意识到我们日常生活中的所有塑料垃圾竟然才出现了不到50年的时间，也就是说以前人们无论做什么事情都不需要塑料制品——真幸福，他们不知道自己错过了些什么。"

如果说在1989年克朗凯特在老本行上找到了快乐，不难想见，那一定跟宇航局的工作有关。这一年他同休斯敦的罗杰·金与迈克尔·金兄弟俩一起拍摄了一部有关"挑战者号"惨剧的纪录片。7月，在"阿波罗11号"实现登月的20周年纪念日他又主持了一场在休斯敦加勒利商业区的凯悦丽晶酒店举办的庆祝会，这场正式宴会可谓是众星云集。会场内的主座上方悬挂着一张肯尼迪总统的巨幅照片，讲台后方是壁画规模的月面全景画。克朗凯特站在讲台上，说："今天晚上我可以全心全意地沉浸在对往昔的回忆中了。这样的回忆令我难以抗拒。"执行"阿波罗11号"飞行任务的三位宇航员——阿姆斯特朗、奥尔德林与科林斯——也都分别做了发自肺腑的讲话。整场宴会中唯一做出尖刻评论的也还是克朗凯特，他担心布什（与肯尼迪有所不同）没有将火星探测的工作提上日程，也没有对这个项目给予充裕的财政支持。"阿波罗"项目花掉了纳税人250亿美元的税款，在克朗凯特看来这笔花费完全物有所值。他说如果没有这种数额的资金投入，火星探测将永远只是一场白日梦。

在1989年到1990年期间布什总统做的很多工作都受到克朗凯特的认可，对这位荣誉退休的主播而言其中最有意义的莫过于布什在1990年6月同南非非洲人国民大会主席纳尔逊·曼德拉举行会晤，并在几个星期后签署了《美国残疾人法案》。克朗凯特赞扬布什没有为美国赢得冷战、监督东德与西德的统一进程而沾沾自喜，同时他也对布什政府在伊拉克于1991年8月入侵科威特之后对沙特阿拉伯的防御行动进行了激烈的批评。他认为倘若三大广播公司没有在20世纪80年代末期毁掉驻海外记者站，让这些记者站成了有名无实的摆设的话，那么中东地区或许就不会出现这些冲突。1984年蒂施在哥伦比亚广播公司裁员数百名，其中就包括克朗凯特的一伙老朋友，记者戴维·安德尔曼、弗雷德·格雷厄姆、莫顿·迪恩与艾克·帕帕斯。后来克朗凯特一直对这次裁员感到懊恼，他埋怨一贯用"勇气"这词结束《晚间新闻》的拉瑟没能挺身而出，对蒂施进行反击。他坚持认为："《纽约时报》正在报道（伊拉克）在边境上集结部队，而整个电视界却几乎对这件事情不闻不问。想想看，倘若当初公司驻巴格达的记者一直敦促晚间新闻节目让他们在节目中出镜，报道当地日益严峻的危险状况呢，现在又会如何呢？"

1991年1月9日，参众两院分别以52票对47票和250票对183票批准布什总统对伊拉克开战。对于这个决定克朗凯特表示了强烈的异议。16日上午布什在华盛顿（17日上午在伊拉克）宣布沙漠风暴行动开始，克朗凯特公开发表了自己的意见，轰动一时。在电视大规模报道海湾战争的最初一段时间里，在美国对伊拉克实施轰炸期间为观众提供24小时不间断报道的有线电视新闻网是唯一一家能在伊拉克境内偷偷摸摸进行播音的新闻机构。呼啸而过的导弹、从航空母舰上起飞的F-14战斗机、高射炮的火光、夜视摄像机、隆隆驶过沙漠的坦克——通过有线电视新闻网这场高科技战争出现在了美国人的客厅里。如果说越南战争是美国经历的第一场"起居室战争"，那么海湾战争就是有线电视对三大广播公司垄断的传媒世界发起的第一次突袭。在小孩子的眼中有线电视新闻网的节目或许同投币游戏机和焰火表演大同小异，可是对于克朗凯特而言闪烁着中东画面的电视荧屏上却弥漫着死亡的气息。

在北约组织和联合国的支持下，美国决意将伊拉克的军队赶出其邻国科威特。克朗凯特对战争充满质疑，对五角大楼的反媒体把戏又十分敏感，他死守在电视机跟前，每天看着有线电视新闻网的三驾马车——伯纳德·肖、约翰·霍利曼与彼得·阿奈特——在战区勇敢地冒着巴格达的炮火做着报道。有线电视新闻网的总裁汤姆·约翰逊已经同伊拉克政府达成协议，得到后者的允许在巴格达的临时记者站建立了稳定的声讯电路。约翰逊曾经说过："在轰炸期间其他广播公司的电报业务都完蛋了。就这样有线电视新闻网成了唯一一家还能播发实况报道的新闻机构。有一段时间在电视上只有阿奈特还能在伊拉克发出声音。"整个哥伦比亚广播公司新闻网里只有艾伦·皮齐的出色报道能够满足克朗凯特的要求。

继1990年10月采访了萨达姆·侯赛因之后肖又得到保证，可以对这位总统进行第二次采访。他公开表示除非完成此次采访，否则绝不离开伊拉克。有线电视新闻网的这些记者成了新一代"默罗小子"，是深入动荡不安的中东腹地的有线电视人，只不过他们手中掌握的媒介不再是广播，而是电视。有线电视新闻网的摄像机以令人咋舌的方式捕捉到了美国研制的舰对地巡航战斧导弹在巴格达上空倾盆而下的实况，肖的报道也同样惊心动魄，他说："巴格达的天空一直火光四射，我们看到满天划过耀眼的电光。"

克朗凯特给远在亚特兰大的汤姆·约翰逊发去电报，他担心以目光短浅而出名的布什总统会犯下愚蠢的错误，禁止记者随美军前往沙特阿拉伯，去巴格达完成艰苦的报道任务。他提醒约翰逊不要忘记里根总统在1983年美军入侵格林纳达的时候对媒体实施过怎样的审查，毕竟直到这个时候五角大楼还在竭力将越南战争的失败归咎于哥伦比亚广播公司新闻网。对此约翰逊答复道："沃尔特，你干吗不在有线电视新闻网的节目里亲自跟总统说一说？"哥伦比亚广播公司新闻网只是偶尔让克朗凯特参加一下对沙漠风暴行动的报道工作，与此同时，由于约翰逊的介入有线电视新闻网经常请他出力。在1991年，克朗凯特这块金字招牌依然还有能力让有线电视新闻网获利。

在海湾战争期间克朗凯特始终不曾有过杰出的表演，在有现代电视新闻网的节目中他的声音实际上成了第四等级的护卫者。布什总统相信军事打击之所以"开局顺利"是因为美国方面的所有计划都没有"在第一轮攻击中遭到失败"，克朗凯特则对此有着不同的见解。在1月16日，即开战第一天他就说："毋庸置疑，在这一个钟头里就有美国人死去。"他要求五角大楼做出承诺，确保记者能够像林登·约翰逊在任时的越南战争时期那样完全能够亲临战场，他的那副腔调听上去活像是调查性记者及作家I.F.斯通[①]。在一次与肖、阿奈特和霍利曼的四方通话中克朗凯特针

---

① 译注：I.F.斯通（伊西多·范因斯坦·斯通，1907—1989），美国著名的调查新闻记者及作家，最著名的作品是自费出版的通讯集《I.F.斯通周刊》。1999年，根据纽约州大学对记者进行的一项民意调查，这份出版物位列"20世纪美国百大新闻作品"的第16位。

对这几位记者必然面对的危险说："我想为了这份工作迟早会有人会鲁莽地搭上性命，如果说这几乎就是注定的结局的话。不过，今天我不会将这样的论断套用在任何一个人的身上。"

安坐在纽约的克朗凯特从战争一开始就在担心肖有可能无法在这场注定遭到失败的战争中幸存下来。后者在巴格达的阿尔拉什德酒店的一张写字台下做着报道，一枚枚巡航导弹从他的身边飞过。由于肖的存在，克朗凯特在整个报道工作中具有了重要意义，他成为有线电视新闻网报道小组的一员。有线电视新闻网的一辆卡车在克朗凯特在第八十四大街的寓所内建起了临时播音室，以便让克朗凯特与远在巴格达的肖直接通话。结果，通过卫星克朗凯特成为驻扎在巴格达的小伙子们的贤哲导师，他提醒他们不要卖弄本领，永远戴好头盔。后来肖提起过这段往事："当时太紧张了。沃尔特与我以这样现代化的'巴格达对话纽约'的方式联手报道这场战争，这样令人啼笑皆非的历史令我摸不着头脑。但是，我们都认为克朗凯特在我们报道这场战争的过程中起到了关键性的作用，他是在报道有线电视新闻网的记者们在如何报道这场战争。"

在2月底美国媒体刚刚宣称沙漠风暴行动已经取得辉煌战果的时候克朗凯特的老朋友，《旧金山纪事报》的赫伯·康恩就在纽约，沃尔特与贝特西带着他去了坐落在东六十五大街上的马戏团餐厅。一提到海湾战争已经打响了，克朗凯特的言辞顿时激烈了起来，尤其是在提到布什总统的时候他的脸变得铁青。他说："布什说我们打的是伊拉克的领导，而不是老百姓。好吧，我们已经把'领导'干掉十万个了，可是布什都没说过哪怕一句慰问的话。"

除了伊拉克平民的死亡，哥伦比亚广播公司新闻网派驻中东地区的记者鲍勃·西蒙遭受的煎熬也令克朗凯特深感忧虑。在克朗凯特的心目中西蒙是杰出驻外记者的代表，自1967年在哥伦比亚广播公司广播中心的饮水器前相遇以来他们两个人就总是喜欢凑在一起讲下流笑话，然后笑作一团，克朗凯特一直将西蒙视作自己的亲人。他认为从1982年到1987年一直在纽约报道全国新闻的西蒙属于默罗之后最优秀的电视记者。无论是报道教皇约翰·保罗二世历史性地出访波兰和古巴，还是长期被囚禁的纳尔逊·曼德拉获释，抑或是罗马尼亚的尼古拉·齐奥塞斯库被处决，西蒙总是能得到克朗凯特的认可。后来克朗凯特说过西蒙单枪匹马地挽救了《哥伦比亚广播公司晚间新闻》，因此这个节目才没有在拉瑟阴暗凄凉的统治下遭到毁灭。

因此，当西蒙（与哥伦比亚广播公司新闻网报道小组的其他三名成员）在海湾战争爆发的最初一段时间里在沙特阿拉伯与科威特边境附近被伊拉克军队俘虏时克朗凯特愈发紧张了，他担心萨达姆·侯赛因的策略变化不定。为此他会突然拨通迈克·华莱士的电话，向对方打探消息。他发现哥伦比亚广播公司新闻网正在动用包括梵蒂冈、约旦国王侯赛因、巴勒斯坦解放组织和俄国人在内的各种关系解救被俘的记者。经过40天的单独禁闭之后西蒙与彼得·布拉夫、罗伯托·阿尔瓦雷兹和胡安·卡尔德拉被释放了。压在克朗凯特肩膀上的大山消失了，哥伦比亚人终于安全了，而且完好无损。

西蒙回到了纽约，一时间成了炙手可热的大英雄。看到了商机的普特南出版公司与他签约，买下了他的回忆录《四十天》。这部草草写就的回忆讲述的是西蒙被关单人禁闭、被剥夺睡眠和受到残酷审讯的经历。回到公司的第一天西蒙看到办公桌上放着克朗凯特亲笔写下的一封信。在信的开头克朗凯特写道："我太为你骄傲了。"他称赞西蒙凭借着在海湾战争期间报道沙特与科威特边界的局势和被俘后坚忍的表现同"一窝蜂式的新闻"拉开了距离。西蒙曾说过："这封信让我号啕大哭了起来。你能想象得到吗？沃尔特·克朗凯特为我感到骄傲……我完全呆住了，只是盯着信纸。"其实，克朗凯特对五角大楼阻挠新闻媒体的担心有些多余。诸如有线电视新闻网的克里斯蒂娜·阿曼鲍尔和美国广播公司的福雷斯特·索亚这些记者都有能力在沙漠风暴行动这滩泥淖中成功地对美军的行动进行详细报道。克朗凯特曾指出这场战争纯属美国外交政策的一场灾难，他的这番批评也大错特错。在沙漠风暴行动中许多伊拉克平民失去了生命，而布什政府则因为将侯赛因赶出科威特而备受赞誉，甚至联合国与北约组织的总部也对其表示了赞扬。海湾战争的胜利让布什总统在《今日美国》节目中获得了91%的支持率，这是有史以来美国总统得到的最高的支持率。

与布什总统在伊拉克问题上的分歧并没有影响到克朗凯特对社交生活的好胃口，也没有减少他在夏日里喝上几杯利口酒的雅兴。他的不少密友都是共和党里的决策人。甚至在加利福尼亚州的权力精英俱乐部"波希米亚小丛林"里，他的"丛林"战友不是别人，正是乔治·布什本人。自美国为首的多国联军在1月开始对伊拉克实施空袭以来陆续发生了很多事情，洛杉矶的出租车司机罗德尼·金在街上被警察殴打，国家环境保护局宣布由于污染臭氧层正在被耗尽，南非废除种族隔离制度，以及《华沙条约》被废除。当美国与苏联于1991年7月31日签署《削减战略武器条约》后，远在缅因州的克朗凯特向布什总统立即发去了贺电。对此总统的回应是邀请克朗凯特与他喝上几杯，并共进晚餐。

每年夏天，除了从马萨葡萄园岛前往南塔基特岛或科德角，或者一直将船开到巴泽兹湾或伊丽莎白女王群岛，克朗凯特还喜欢驾船北上，考察礁石遍布的缅因州海岸。他的航海伙伴阿什福德曾回忆道："有时候我们会去国际商业机器公司的老板汤姆·沃森在缅因州东北岛的住处做客。不过，这一年的夏天沃尔特希望我跟他去缅因州南岸的肯尼邦克港拜访一下布什夫妇。于是我们就去了。"

克朗凯特、阿什福德与其他一些人坐在总统家的露台上，享受着从大西洋吹来的徐徐凉风，望着壮丽的日落，惬意地呷着布什亲手调制的马丁尼。提起这段往事的时候阿什福德说过："当时一部老式电话突然响了起来。布什总统去接电话，回来后他的脸上露出了最灿烂的笑容。"惊讶的克朗凯特还从未看到过布什会如此"洋洋得意"。由于对苏联的民主化工作而获得了1990年度诺贝尔和平奖的苏联总书记及总统米哈伊尔·戈尔巴乔夫刚刚在电话里告诉布什苏联共产党已经解散了。阿什福德说："这可真是天大的好消息。我们全都郑重其事举起酒杯。在沃尔特听来这不啻为世间最大的喜讯。"

继戈尔巴乔夫在圣诞节宣布辞去总统职务后，在1991年12月26日苏联宣布解体。对于克朗凯特而言这是自欧洲胜利日以来最重大的事件，看起来有理由相信世界从此摆脱了核武器的威胁。克朗凯特曾经在很多场合下公开地向前国务卿乔治·舒尔茨指出过这种可能性是真实存在的。然而，即便克里姆林宫在这场棋局中已经被将死，克朗凯特也还是无法让自己重新开始支持共和党人。不过他也没有直接将矛头对准布什，而是将目标对准了整个竞选过程。如全国广播公司新闻网的汤姆·布罗考一样，他对"节目中播出的原声摘要这个毒瘤"感到悲哀，原声摘要让政治候选人只会说些排练好的五到十秒钟的短发言，而这些简短发言的存在无非是为了让晚间新闻节目周而复始地运转下去。他说："自然，在9.8秒这样的时间里谁都说不出有意义的话。"

到了1992年克朗凯特意识到自道格拉斯·爱德华兹主宰黑白电视荧屏以来美国人的日常生活已经发生了翻天覆地的变化。大型购物商场一直营业到晚上9点，有的连锁快餐店全年无休，严格的朝九晚五的工作日作息已经荡然无存了（尤其是在沿海地区）。1991年拉瑟还在主持《晚间新闻》，而潜在观众却都忙着在酒吧享用打折的酒水、在健身馆锻炼、观看球赛、陪着孩子参加课余活动，人们不再赶回家去收看晚餐时段的新闻节目了。在有线电视的时代，三大广播公司晚间新闻的传统似乎只有在中西部和落基山脉各州才能继续站稳脚跟。不只有古板的半小时节目才会播发突发新闻，除了有线电视，互联网也变得越来越活跃，这一切都令《晚间新闻》与社会脱节，面临着被淘汰的危险。

在1992年的总统选举期间克朗凯特搭上了电视界的新贵探索频道这辆顺风车。这个频道的创始人约翰·亨德里克斯自幼便是看着克朗凯特的节目长大的，这时他找到自己的偶像，希望后者恢复播出《沃尔特·克朗凯特的世界》。亨德里克斯实事求是地指出正是受到这个充满科学气氛的节目的激励，他才产生了创办自己的有线电视公司的想法。他说："在20世纪80年代我疯了一样地筹集资金，这时沃尔特来了，所有人都觉得我的方案可行了。"亨德里克斯聘请克朗凯特在爱荷华州的内部会议召开之前对每一位总统候选人进行了长篇采访，并充分发挥克朗凯特的优势，安排他主持了艾美奖获奖节目《理解巨著》，通过标题不难看出这个节目的内容。后来亨德里克斯说过："沃尔特成了我的朋友、顾问和导师。要是探索频道的报道被拍成电影，那么沃尔特就会成为头号演员。没有他，就不会有今天的探索频道。"

在1992年的年初布什总统做好了参加连任竞选的准备，克朗凯特继续以新闻业秘密代理人的身份往来周旋着。无论是主持在纽约的皮尔庞特·摩根图书馆为作家詹姆斯·麦切纳举行的宴会，沿着美国与墨西哥的边境徒步考察移民问题，为好莱坞导演史蒂文·斯皮尔伯格讲述恐龙的动画片《恐龙物语：回到未来》献声，还是为探索频道制作有关总统政治的纪录片，克朗凯特始终与大家相处融洽。没有人因为他公然显示的自由主义而反对他。但是，由于言辞激烈地对海湾战争进行了公开谴责，对严苛的《狐步舞附加备忘录》（该备忘录对新闻媒体报道此次冲突做了新的限制性规定）表示义愤填膺，最终布什总统还是拒绝参加他主持的探索频道的节目。克朗凯特曾哀叹道："对于布什总统及其竞选经理拒绝我们的邀请我深表遗憾，但是我不禁想告诉他们这一次其他候选人都有时间接受我们的采访。"

在参加1992年总统竞选的候选人中有一位没有浪费接受克朗凯特采访的机会，他就是时任阿肯色州州长的比尔·克林顿。在选举过程中克朗凯特与克林顿逐渐培养起了感情，无论是在新罕布什尔州、纽约，还是佛罗里达，每当见到克朗凯特时克林顿都会大喊一声"嗨，沃尔特"，就像是一个老小孩见到了自己崇拜的青春偶像一样。然而，克朗凯特对总统大选已经感到厌倦了。在竞选期间他似乎成了一个反复无常的老头子，总是告诉那些自以为是的年轻人在"电星一号"出现之前新闻业有多么美好。在民主党于3月初在达拉斯举行的候选人辩论会过后他为探索频道主持了一期探讨新闻职业操守的圆桌讨论会，但是这期具有公共服务性质的节目在观众面前却遭到了彻底失败。在音乐电视和高清影院大行其道的时代，老式的公共服务节目对赞助商来说完全是一场噩梦。

如果说在1992年的总统大选中克朗凯特发挥了令人难以忘怀的作用，那就应该是他对来自达拉斯的第三方候选人罗斯·佩罗进行了几次恰如其分的抨击。不过，当佩罗在3月18日国家记者俱乐部里宣称华盛顿就是一个充斥着"采访原声摘要、骗局、掮客"的小城时，克朗凯特对这种说法表示了认可。他曾在私下里批评有线电视新闻网的拉里·金——他的密友——和其他一些人对电子数据系统公司的这位脾气暴躁的亿万富翁创始人提的问题始终过于温和，他说："佩罗偶尔也能误打误撞地做出有价值的回答，但是这种情况不会长久。到了一定的时候他就得坐下来，跟提问时更为执拗的记者们探讨一下这些问题。"

1992年11月3日，在与布什的较量中克林顿以370票比168票赢得了选举，佩罗一票未得。成功地带领美国经历了苏联解体、东西德统一和海湾战争之后，以这样的结果落选对布什来说不啻为一种羞辱。在女演员卡罗尔·钱宁举办的聚会上有人请克朗凯特概括地描述一下获选总统克林顿，克朗凯特毫不迟疑地说："克林顿有着卡特的智慧，约翰逊的经验，还有肯尼迪的睾丸。"在所有对克林顿的风格所做的概括描述中，这是最令克林顿本人满意的。

克朗凯特一直是一位忠诚的民主党人，他为克林顿的当选感到开心，但同时也为肯尼邦克港的朋友乔治和芭芭拉感到有些难过，在他的认识的人中布什夫妇属于最优秀、最爱国的人。就在圣诞节的三天前，在肯尼迪中心举行的典礼上主持仪式的克朗凯特突然抛开讲稿，即兴发挥了起来。在典礼即将结束的时候他突然提高声调，指着布什总统表达了自己的谢意。他说："今夜我们还要向另外一个人致敬。"说完他便转过身子，径直盯着布什的脸，"他为自己的祖国效力了50多年，无论是在战争时期，还是和平时期。今夜，他又同我们一起向美国的舞台艺术致以敬意。我们尊敬他，感激他，谢谢他问心无愧地报效自己的祖国。"

在场来宾全体起立，给予了布什总统长时间的掌声，心怀感激的克朗凯特直到最后才放下了双手。

第三十四章
"全世界最老的记者"

1994年年初的一天晚上，正在酣睡中的克朗凯特突然被一声轰隆隆的巨响震醒了。酒店摇晃了起来，灯撞碎了，桌子抽屉打开了，克朗凯特也差点被抛到了床底下——洛杉矶北岭地区发生了里氏6.7级地震。在本能的驱使下已经77岁的克朗凯特径直来到大厅，找到了一台紧急状况下使用的半导体广播。通过广播他听到伯纳德·肖正在自己的房间里向亚特兰大的总部报告地震的情况，于是他立即穿上衣服，穿好了鞋，去了酒店大厅。然后他冲一辆出租车招了招手，向司机喊道："去震得最厉害的地方！"

肖正在酒店房间里做着报道，为了抢先得到更多的消息克朗凯特打算去亲眼看一看地震造成的伤害。提到这段往事的时候肖轻轻地笑了起来："他没有失去报道新闻的动力。他比我们这些年轻人都更快地打探到了受灾群众的反应。"老沃尔特没有退出赛场，半个小时后他已经对洛杉矶市中心可怕的地面状况做出了评估，然后他找到了肖，当时后者还在酒店大厅里打着电话。眼前的情景完全重现了1961年在夏威夷的珊瑚礁酒店里发生的那一幕，只不过他们两个人的身份颠倒了，克朗凯特成了跟踪者，肖成了有线电视新闻网的一线主播。

"还好吗？"克朗凯特问道。

"沃尔特，是你吗？"肖既感到有趣，又十分感动。

"是我！我就在大厅里。"克朗凯特哈哈大笑了起来。

"你怎么知道我在这儿？"

"我一直在听你在广播上的报道。我已经坐着计程车去周围查看了一下受灾状况。"克朗凯特说。

肖目瞪口呆。克朗凯特竟然有胆量像跟在救护车屁股后面的合众社记者那样去查看灾害状况，而且还突然返回酒店查看他的情况。克朗凯特跟肖开玩笑说自己依然恪守着通讯社的老格言：去报道该死的新闻，兴奋起来吧！在地震后的一个星期里克朗凯特一直在洛杉矶四处走动，同受灾群众聊着天，这几乎成了他的使命，很多灾民都称呼他"沃尔特大叔"。在1937年新伦敦的中学爆炸事件中他为合众社达拉斯分社做过报道，而今在北岭地震期间他又同样身处事发现场，然而这时候他已经找不到媒体接受他的报道了，拉瑟不可能让克朗凯特出现在他主持的《晚间新闻》里。没有稿件可写、没有节目可播的生活对克朗凯特来说太可怕的。鲁尼说过："我想沃尔特被北岭地震搞得心绪烦乱。他很幸运，没有被自然灾害打倒，可是他没有了读者和观众。"

在1994年，除了以明星嘉宾的身份出现在哥伦比亚广播公司的新闻类喜剧节目《墨菲·布朗》（以真实身份出镜）和有线电视新闻网的《拉里·金直播》中，克朗凯特几乎在电视荧屏上彻底消失了。重大会议和恐怖袭击再也不需要他了，对哥伦比亚广播公司新闻网来说他是一个令人头疼的家伙，在其他广播公司他都只是一个偶尔亮亮相的传奇人物，只有在无须报道突发新闻的探索频道是个例外。然而，正如北岭地震所显示的那样，克朗凯特这个地地道道的工作狂和玩乐狂丝毫不想告别第四等级，每一天他都孜孜不倦地追踪着有希望成为重大新闻的线索，无论这一天原本有什么安排。约翰·亨德里克斯与乔恩·沃德这些在20世纪90年代与克朗凯特成功合作过的制片人都知道"我想让你来主持"某个新闻节目或纪录片这样的话对克朗凯特有着神奇的力量。如果有人——看在往昔的份上——决定创办一家"克朗凯特个人"广播公司，就像奥普拉·温弗瑞在2011年所做的那样，克朗凯特必定会说"没问题"。布罗考曾说过："沃尔特一直愿意接受工作。他始终不曾对工作充满敌意，也没有变得难以亲近。每天早上起床的时候沃尔特都知道自己是谁，而拉瑟在每天早上起来的时候都在努力判断今天自己会是谁，因此拉瑟始终不清楚自己究竟是谁。"

1993年1月20日，克林顿宣誓就职，成为美国的第四十二任总统，这时让克朗凯特长大成人的新闻界却迅速消失了。报社里不再烟气弥漫，也没有打字机在各个角落咔嗒作响，手忙脚乱跑来跑去的助理人员也不见了。在电子文档处理软件的时代油墨打印稿不再是必需品，令克朗凯特最担心的事情还是发生了，曾经还拥有两三家报社的城市而今只剩下一家报社了，而且与其他地区相比这种结果还算幸运的。与此同时，在电视新闻界却出现了更多的渠道。克朗凯特曾追忆道："人们信任自己亲眼从电视上看到的，而我们都清楚大概没有一个晚上我们不曾在无意中莫名其妙地严重歪曲某条新闻或者犯错误。当我们意识到的时候我们会做出更正。可是，唉，每天晚上靠着某个人告诉你绝对的真相，每天晚上为你报告消息，这真是一件糟糕的事情，是民主制度的大问题。"

在公共广播公司的《麦克尼尔—莱勒新闻一小时》、美国广播公司由泰德·科佩尔主持的《新闻夜话》、哥伦比亚广播公司的《60分钟》，以及其他一些坚持老派的节目中依然能看到克朗凯特式的冷静、客观的风格（以积极核实新闻事实的工作态度为依托），但是在终年无间断高速运转的有线电视新闻世界里这种质量的新闻节目在很大程度上已经显得过时了。你瞧，克朗凯特已经成为历史人物的代表，从电视业的黄金时代走来的遗老。小报新闻已经吸引住了美国观众的注意力，可是介意这种变化的人似乎只有比尔·莫耶斯和马文·卡尔布。在影响深远的《新闻怎么了？》一书中杰克·富勒写道："你无法在今天的电视上看到一位新的沃尔特·克朗凯特并非是偶然发生的情况。克朗凯特代表的不偏不倚的报道方法不再像以前那样能够吸引观众了。沃尔特·克朗凯特幸运地赶上了属于自己的时代（我们也都幸运地拥有他帮助这个国家度过了艰难的岁月）。而今，他却要被废除了。顺便说一句，沃尔特·李普曼也是如此。"

在1992年的夏天，由于癌症埃里克·塞瓦赖德病故了，终年79岁。自从在1964年11月加入克朗凯特担任主播的《哥伦比亚广播公司晚间新闻》，负责在节目最后两分钟里发表评论以来，老牌记者塞瓦赖德在电波中就一直被奉若神明。他相貌堂堂，一头浓密的银发纤尘不染，五官轮廓如罗马人般清晰，在电视新闻界中他始终是一位独一无二的人物。他是一名头脑清醒的记者，同时又是一位温文尔雅又豁达的专家，虽然不乏批评者，但是很少有人对他的高水的职业生涯表示嫉恨。对克朗凯特的事业极其具有讽刺意味的是，如果缺少了塞瓦赖德这位典型的默罗分子的话，他主持的著名的《晚间新闻》节目在尼尔森收视调查中或许根本不会超过全国广播公司。

然而，这一切终究已成往事。美国广播公司新闻网的泰德·科佩尔（深受克朗凯特欣赏的一位非哥伦比亚广播公司的新闻人）于2005年告别了《新闻夜话》，在主持这个节目长达25年之后他向观众讲起了自己曾经在无意中给希望在电视和广播界有所发展的年轻实习生做过的一个小测验。他说：

　　　　我会问："你们中间有多少人能跟我讲一讲埃里克·塞瓦赖德？"所有人都一脸茫然地干瞪着眼睛。"霍华德·史密斯？弗兰克·雷诺兹？"甚至没有人因为认出这两个名字而翻翻眼皮。"切特·亨特利？约翰·钱斯勒？"还是没有反应。"戴维·布林克利"偶尔还能让一两个人举起手。沃尔特·克朗凯特或许会很高兴，因为有很多年轻人依然模模糊糊地记得他在电视新闻界干过。在我告诉他们之前这些将近20岁或者20多的青年男女们根本不知道他们刚刚听到的这七位主播和评论员曾经都是些赫赫有名的人物，在全美国无人不知，无人不晓。

　　科佩尔明白无误地指出到头来电视播音员只不过都是些在电视屏幕上昙花一现的特写形象而已。电视新闻集中体现了转瞬即逝的一次性消费式的美国文化，塞瓦赖德在哥伦比亚广播公司新闻网的同事都清楚在扳倒麦卡锡、阿格纽和尼克松的过程中"红色埃里克"起到了很大的作用，然而在克林顿夫妇搬入宾夕法尼亚大街1600号的时候历史已经几乎遗忘了塞瓦赖德曾经具有的公共影响力。克朗凯特从来不曾与塞瓦赖德亲近过，塞瓦赖德的自负令他感到反感，但是塞瓦赖德的过世意味着默罗亲手培养起来的最伟大的一代播音员开始走向末日了。克朗凯特告诉《洛杉矶时报》讣闻版撰稿人："在为数不多的新闻分析家、评论家和杂文家中埃里克属于最优秀的一批人，他完全称得上是卓越不凡。"

　　在克林顿在任的几年里整个电视新闻界没有哪一个拥有大好前途的青年能像布莱恩·威廉姆斯那样符合克朗凯特的想象。1993年，克朗凯特在哥伦比亚广播公司下属的王牌电视台WCBS第一次见到威廉姆斯，此后他便一直留意着后者的一举一动，就像是美国橄榄球联盟的球探盯着得克萨斯或俄克拉荷马的高中天才球员一样。1994年威廉姆斯加入了全国广播公司新闻网，克朗凯特经常收看他主持的节目。面对克林顿受到弹劾的戏剧性事件时威廉姆斯表现得十分轻松，完全保持了客观的立场，他的表现给克朗凯特留下了深刻的印象。1996年威廉姆斯为微软全国广播公司①主持了一档时长为一小时的节目，这个公司相当于全国广播公司新闻网的3A级有线分公司，克朗凯特凭着直觉意识到这个来自纽约州艾迈拉市的男孩正在朝着电子新闻明星的方向前进着。就在这段时间里威廉姆斯给克朗凯特写了一封"阿谀奉承的信"，这封信后来令他后悔莫及，他只希望历史学家永远不要发现这封信。威廉姆斯在信中告诉克朗凯特他就是自己的"北极星"，还邀请自己的偶像与他共进午餐。克朗凯特接受了邀请，随之两个人之间就结下了真挚的友谊。威廉姆斯曾说过："真不敢相信我竟然与他身处同一个圈子。我们开始了交往，还打电话聊天。"

1993年2月16日，在康涅狄格州绍斯波特市做演讲的时候由于心脏病发作理查德·萨伦特去世了。为了纪念他康涅狄格州达里恩市举办了一系列图书馆讲座，克朗凯特在讲座上做了演讲，威廉姆斯忠实地出席了讲座。威廉姆斯这位真正的新闻史迷十分了解萨伦特在1961年至1964年，以及1966年至1979年担任哥伦比亚广播公司新闻网总裁期间如何一步步建立了行业标准，也知道在水门事件和越南战争期间不知疲倦的萨伦特为哥伦比亚广播公司新闻网赢得了多少次杜邦奖（阿尔弗雷德·杜邦-哥伦比亚大学奖）和皮博迪奖。他是萨伦特的铁杆粉丝。按照预先安排的计划，在讲座结束后威廉姆斯夫妇——布莱恩与简——邀请克朗凯特去他们在新坎南的家，为他们讲述有关萨伦特更多的故事。后来威廉姆斯回忆说："我激动得难以置信。我心目中真正的大英雄就要来我家了。要是我那可怜的母亲还活着该多好啊。我告诉我的女儿那位留着两撮毛茸茸白胡子的老头就是我的偶像，就是很像圣诞老人的那个人。他吃着我们做的烤宽面条，我心想要是在20世纪70年代我们还住在在艾迈拉的时候他迈进我家的门槛，来我家吃晚餐的话，我的母亲准会觉得这是她这辈子能碰上的最了不起的事情。"

在这样的奉承和热情的感染下克朗凯特与威廉姆斯变得更加亲密了。就在9·11事件发生后不久纽约的《每日新闻》刊登了一条无足轻重的消息，称克朗凯特认为有线电视网的艾伦·布朗是新闻界劳斯莱斯级的主播。看到这条消息威廉姆斯感到不寒而栗，一向引人注目的他假装对这种广告式的小报消息心生愤懑。他恶作剧式地给克朗凯特写了一封十分好笑的信，在信中他做出一副愤愤不平的样子，抱怨说他"被拆穿了"，克朗凯特流露出来的对布朗的支持"践踏了他的感情"。后来威廉姆斯提起过

---

① 译注：由全国广播公司和微软公司联合开办，为观众提供既能通过有线电视，也能通过互联网接收的节目。

这件事情："这封信让沃尔特乐开了花。后来我们经常提起这个笑话。"

威廉姆斯明白克朗凯特夫妇都是离开幽默就活不下去的人，他们靠着恶作剧和聪明的玩笑话打发着时光。在20世纪90年代克朗凯特家的三个孩子都已经长大成人，贝特西陪着丈夫拿着公款外出了十几次。其中一次是他们一起为公共广播公司拍摄纪录片《黄石公园》，有一天在著名的间歇喷泉"老忠实"附近的纪念品商店他们俩分头在不同的货架过道里寻找纪念品。突然，一名妇女走到了贝特西跟前，轻轻地拍了拍她的肩膀，低声说："那边的那个人像不像沃尔特·克朗凯特？"

贝特西说："噢，不像。他可瘦多了。"

这时那位女士有些谨慎地说："知道吗，我觉得没准他已经死了。"

"是的。我想你说的没错。"贝特西说。

"什么没错？"对方问道。

"胖瘦的问题。"

1993年2月，克朗凯特聘请了贝尔斯登公司的马琳·阿德勒，这位在华尔街工作的聪明机智的经纪人成为他的参谋长。克朗凯特对演出经纪人、公关人员和宣传员这些神秘人物已经十分厌烦了，他欣然接受了阿德勒成为自己的固定员工。在20世纪90年代还没有人帮助克朗凯特处理工作事务，一切都处在"东一榔头，西一棒槌"的状态下，因此阿德勒承担起了这项任务。克朗凯特在黑岩大厦的办公桌上堆满了还未回复的演讲邀请函，在几个月左右的时间里阿德勒就让这些拖延的工作走上了正轨。她明白克朗凯特这块金字招牌的价值，在广告宣传中她将克朗凯特的演讲称为哥伦比亚广播公司的这位传奇人物"与观众的谈话"。按照她的构想，"美国最受信赖的人"将巡回全国，像灵歌之父詹姆斯·布朗和兰草之王比尔·门罗那样与观众见面。他们还要在新闻院校举办面对学生的问答会，学生的问题从登陆日到波黑的大屠杀无所不包，能够见到偶像级的人物令他们开心极了。提起当年的往事时阿德勒说过："无论碰到谁他都会问一句'你来自哪里'，他是一个跟所有人都沟通得了的沃尔特。"

有几次克朗凯特还跟鲁尼一起做演讲，或者一起参加有关第二次世界大战期间的新闻工作的谈话会。到了这个阶段这两个老家伙都已经对自己在外人眼中的形象了如指掌了。在机场里人们会欢喜地冲向克朗凯特，说："你改变了我的生活"、"能给我签个名吗？"一向喜欢迁就别人的克朗凯特在听到这些话之后总是会问对方"你来自哪里"。当人们注意到克朗凯特身旁站着《60分钟》里那位深受观众喜爱的倔老头的时候，他们方才向鲁尼伸出手，或者所要签名。鲁尼总会报之以一成不变的回答——"滚!"

在被纽约市正式命名为"活传奇"后克朗凯特告诉鲁尼为了不辜负这项荣誉他最好还是做点慈善事业。一向喜欢博得外界关注的他每一年都要在"与沃尔特·克朗凯特共进午餐"的活动中为非营利性项目将自己拍卖四五次。只要你支付1万美元给慈善机构,他就会在21俱乐部或四季酒店为你举办一场宴会。鲁尼曾大笑着说:"这就是沃尔特免费吃大餐的办法,真是太无耻了。他不光从来不乐意买单,现在竟然还想出这些花招,让自己既能吃到世上最棒的免费大餐,还能成为慈善人士。在我看来这件事情足以让他成为'美国最精明的人'。"

为了充分利用克朗凯特在播音方面的智慧,探索频道创办了系列纪录片节目《克朗凯特报告》,索科洛和克朗凯特的儿子奇普分别担任总制片和总监制,节目将在星期五的晚上9点整播出,每三个月播出一集。为此亨德里克斯给克朗凯特支付了一笔相当丰厚的报酬;与此同时,由于克朗凯特的名人身份探索频道也收获了高额的广告收入。第一期节目名为《帮助多余人》,关注的是失业者问题,着重突出了总统比尔·克林顿与副总统艾伯特·戈尔。这期节目的收视率尚差强人意。仿佛是默罗与塞瓦赖的灵魂附体,克朗凯特坚持认为老式的调查性新闻是民主制度存在的先决条件。

克朗凯特也希望获得稳定的收入,在阿德勒的帮助下他终于明白了有线电视能为他带来可观的收入。1993年,他参与创建了名为"克朗凯特与沃德"的有限责任公司,合伙人是曾经在哥伦比亚广播公司新闻网担任过制片人的乔纳森·沃德。其他参与创建这家小公司的制片人还有桑迪·索科洛、戴尔·麦诺与奇普·克朗凯特。公司同时在纽约和华盛顿(就在高档餐馆、时装店、酒吧云集的杜邦盘旋路附近)开设了办事处,先后为探索频道、公共广播公司和其他一些广播公司制作了100多个小时的获奖纪录片。

在1993年为了帮探索频道宣传推广《克朗凯特报告》克朗凯特参加了一连串的巡回新闻发布会,高强度的工作害得他的老毛病——背痛——又复发了。他终于倒下了。在比佛利山酒店接受洛杉矶《每日新闻》的记者雷·里奇曼的一次采访时克朗凯特突然痛苦地说自己的脊背很疼,说完便缓慢而吃力地坐在了一把扶手椅上,冲着里奇曼摆出一副专业表情,开始讲起自己有多么痛恨同时出售给多家媒体的新闻杂志性节目《内幕》的那种小报式节目,解释着这类节目对美国社会所产生的毒害作用。一个小时的采访结束后他正准备从椅子上站起来,这时贝特西赶了过来。

她说:"来啊,沃尔特。该去狂欢了。"

"噢，天哪！可别再来一场了。我可不清楚我的背能不能受得了。"

1993年的夏天，克朗凯特一心扑在了《克朗凯特报告》的摄制工作和驾驶心爱的"温迪号"前往缅因州的旅行上。他甚至忙得没有见到去马萨葡萄园岛度过了11天假期的克林顿夫妇，不过在9月初白宫为弘扬艺术而举行的一场盛大的聚会上他见到了克林顿。这天晚上，在白宫专门举办各种仪式的东房里演奏完柴可夫斯基的《小夜曲》后大提琴家姆斯蒂斯拉夫·罗斯托罗波维奇走到了圆形餐桌旁，寻找自己的座位。可是他怎么也找不到座位，现场已经座无虚席了。这也太失礼了！出于本能克朗凯特站了起来，将自己的位置让给了罗斯托罗波维奇。这个举动非常绅士。讲了几分钟话之后克林顿注意到了克朗凯特慷慨大度的举动，他说："你知道吗，当我还是一个小孩子的时候他们总是说只要沃尔特·克朗凯特登一下记，参加一下初选会，他就能当选总统，眼下他正再一次告诉我们为什么大家会这么说。"

克林顿领导的白宫邀请克朗凯特负责主持大量纪念第二次世界大战结束50周年的庆祝活动，这种待遇可比在里根的第一届任期内被列入黑名单，或者因为在《全国讲话》中的采访受到布什的批评要强得多。克朗凯特应邀在1994年6月6日这一天与克林顿夫妇一起来到了诺曼底，他给总统夫妇讲述着在登陆日的那一天他在浓雾重重、能见度为零的奥马哈海滩上空进行报道的趣事。有线电视新闻网的伍尔夫·布利策曾提起过这件事情："只要我一问起有关诺曼底战役的事情，沃尔特总是能立即做出回答。"

看到有线电视新闻网在纪念登陆日的节目中启用了自己曾经的当家主播，哥伦比亚广播公司新闻网心生嫉妒，因此在1995年5月邀请克朗凯特在欧洲胜利日50周年的这一天在伦敦为《哥伦比亚广播公司晚间新闻》进行实况报道。克朗凯特十分怀念效力于合众社的那段岁月，他答应了哥伦比亚广播公司的请求，而且出色地完成了任务。几天后他又出现在鲍勃·舒弗尔主持的《面对国家》（同时参加节目的还有丹·拉瑟），对欧洲胜利日进行了探讨。哥伦比亚广播公司新闻网在伦敦以威斯敏斯特教堂为背景，给克朗凯特搭建起了一间体面的播音间。在那个星期天，当舒弗尔结束了《面对国家》的播音后，在当天没有任务的克朗凯特同伦敦摄制组的工作人员留了下来，他们讲起了"冈戈·丹"·拉瑟在苏联于1980年入侵阿富汗之后不久就戴着羊毛帽子、裹着羊毛披肩去了阿富汗的下流玩笑。[1]最后，在制片人

---

① 译注：这个名字改编自英国小说家及诗人鲁德亚德·吉卜林的诗集《营房谣》中的一篇《冈戈·丁》，指的是诗歌中的主人公，即英勇善良的印度挑水工冈戈·丁。

艾尔·奥蒂兹的陪伴下他向技术人员们道了别，然后便走出了播音间。走过门厅的时候克朗凯特注意到男厕所的标牌（WC，与他的姓名首字母缩写一样），他情不自禁地脱口而出："咱们去我那里坐坐吧。"小便时这位传奇人物突然变得深沉起来，他对奥蒂兹说："艾尔，让我给你提三个建议吧。第一，绝不要憋着尿不撒；第二，绝不要忍着屁不放；第三，绝对不要看到勃起却当它不存在。"奥蒂兹被逗得捧腹大笑。

1993年11月，就在刚刚过完77岁生日的几天后克朗凯特接到了母亲因为充血性心力衰竭而病故的消息。安葬海伦对克朗凯特的健康造成了严重的伤害。逝世时海伦已经101岁高龄了，但是还在与退休的陆军军官们谈着恋爱。海伦在世时克朗凯特无论如何看起来都那么年轻，那么活力四射。她的独生子断定大家之所以那么喜欢她是因为她那股顽强的生命力，在她的百岁寿宴上母子俩还共舞了一曲。不过当时海伦看起来有点晕眩，于是她坐了下来，说："沃尔特，我想我得吃点药。"克朗凯特担心母亲身体不适，立即拿来了母亲的心脏药。

"沃尔特，谁告诉你我用得着这东西？"海伦凶巴巴地说道。

"你啊，妈妈。你说你要吃药。"克朗凯特说。

"我说的是我的马丁尼。"她回嘴道。

在1994和1995这两年里克朗凯特对有线电视新闻网、微软全国广播公司和福克斯新闻频道的不满与日俱增，这些电视公司总是用"突发新闻"打断正常节目的播出，而这些短讯无非是洛杉矶高速路上的飙车或者对克林顿面临性指控之类的蠢事而已。1996年，他又百无聊赖地看着克林顿与多尔争夺者总统的位置。11月5日，克林顿以379票比159票的成绩击败多尔，克朗凯特与巴克沃德和鲁尼一起庆祝了一番。然而，政治对克朗凯特已经不再具有吸引力了。当右翼势力将克林顿称为"滑头威利"，对他通奸的指控充斥在电波里的时候，克朗凯特告诉民众实际上这位总统值得信赖，尽管他为克林顿的辩护毫无说服力。他告诉一位记者："在享用这顿午餐的时候我能把我的钱包给他，让他挑几张贺卡，然后在今天下午把钱包还给我吗？完全没问题。"

海伦逝世后克朗凯特受到了大量的吊唁信，其中一封来自在朝鲜战争时期与他共事于WTOP电台的老朋友沃什夫妇。收到乔与雪莉寄来的慰问卡后克朗凯特给对方打去了电话，他告诉乔："既然你有时间写慰问卡，那你干脆帮我完成我的回忆录吧。"在20世纪50年代起克朗凯特就一直时不时地记下一些逸闻趣事，然后将所有的资料都放在一个回忆录盒子里，但是这些材料都只是些散漫的小品文而已。雪莉曾说过："沃尔特把他做的笔记，还有和丹·卡尔顿做的长篇口述史文稿寄给了我们。这样我们就开始工作了。我的任务是将材料组织起来，乔开始对所有的事实、数据和日期进行核对。我们的工作量很大，不过书终究还是沃尔特自己写，我们只是帮帮忙而已。"

克朗凯特不得不集中精力解决草稿中最难的部分，就在这个时候命运女神暗中帮助了他。在1995年接受了膝关节置换手术之后克朗凯特就被困在了家中，几乎无事可做的他只能开始撰写《记者生涯》的草稿，书中的一字一句都是他自己完成的（沃什夫妇做了大量的编辑工作）。这本书最终在1996年问世了，就在鲁尼的回忆录《我的战争》出版的一年后。这两部著作都登上了纽约时报畅销书排行榜，克朗凯特的回忆录一上榜便取得了第二名的成绩，在当年圣诞节的那一周里还荣登了榜首。当年，哥伦比亚广播公司播出了两个小时的致敬影片《克朗凯特记得》，影片中糅合了公司以前的影像资料和克朗凯特的家庭录像片断。次年，探索频道又播出了这个节目的扩展版，即八个小时的同名纪录片。几年后，美国公共电台请克朗凯特为热门广播节目《面面俱到》供稿，他偶尔提笔撰写的专题稿都是为了庆祝和纪念他亲身经历过的重大历史事件。此外，他还经常出现在有线电视节目中，主持有关时事的节目或接受采访。不过他赖以为生，也是主要的收入来源还是宣传推广讲述他的生命轨迹的读物和影像制品。

荷兰有一句老话，长得最高的郁金香会被砍掉，也就是枪打出头鸟的意思，在1997年的年初克朗凯特终于体会到了这句话蕴涵的智慧。他在电视节目中接受了大量采访，加之《记者生涯》一书热销，甚至得到《纽约时报》书评版的头版评介，这一切都让他成了保守主义运动攻击的目标。所有人都知道克朗凯特是一名自由主义者，这个事实从来没有令克朗凯特的共和党当权派朋友们，例如威廉·巴克利与约翰·雷曼受到困扰。然而，在纪录片《克朗凯特记得》中克朗凯特想当然地指出苏联再也无法对美国构成威胁了。他说："我认为咱们美国人对苏联人有些反应过激了，新闻报道有时候似乎加重了这种被误导的忧虑。在我看来人们对苏联统治世界的恐惧似乎就跟担心火星人入侵没有多大差别。"

保守派提出了强烈的抗议。克朗凯特竟然能说出这种弥天大谎，在重提历史的时候他过于荒谬了。《华盛顿时报》批评他怀着个人目歪曲了现实，并严厉地指出："有了像克朗凯特先生这样的新闻播音员，谁还需要《真理报》呢？"战斗升级了，克朗凯特成了猎物。俄亥俄州的博客作者蒂姆·休斯专门开办了一个反克朗凯特的网站，"沃尔特·克朗凯特往我的饭里吐口水"。网站上发布了一幅漫画，在画面中一个形似克朗凯特的人在迪斯尼乐园里喝了酒，谩骂着曾经在哥伦比亚广播公司的同事们，吹嘘说自己睡了别人的妻子，还朝着大家的甜点上吐口水。默多克拥有的《纽约邮报》是一份具有保守主义倾向的小报，这份报纸对休斯的网站进行了报道，这令克朗凯特大为恼火。

克朗凯特没有对休斯提起诉讼，而是开始向第一夫人希拉里·克林顿在全国广播公司的《今天》节目中所提到的极端"右翼阴谋"发起了进攻。由于担心共和党会假借上帝的名义谋求政治利益，克朗凯特便三缄其口，他加入了韦尔顿·加迪牧师领导的多信仰联盟组织。加迪是路易斯安那州门罗市的一名浸礼会牧师，该组织的目标旨在捍卫个人权利，宣传推广保护民主制度和宗教信仰的政策。在加迪的请求下，克朗凯特写了一封公开信，谴责派特·罗伯逊与拉尔夫·里德领导的基督徒联盟"在宗教信仰这面大旗中包藏着残酷的右翼观点"。

这倒不是说在这一时期克朗凯特完全不需要上帝的帮助。1997年4月1日，做完常规的心脏压力测试后克朗凯特在纽约康奈尔医疗中心接受了冠状动脉旁路手术（在经历了膝关节置换手术之后），手术进行顺利。在一段时间里克朗凯特无法走路了，感恩而死乐队的鼓手，音乐与神经功能学会的董事米奇·哈特给他买来17架各式各样的鼓。要是赶在午餐时间去拜访克朗凯特夫妇的话，你就必须参加一场架子鼓狂欢会。提起这段往事时奇普说："音乐似乎对他的灵魂产生了疗效。除了药物，音乐也是帮助他进行康复治疗的一种手段。"

就在同一个月贝特西也被迫置换了一个膝关节。这样一来，克朗凯特夫妇继续住在有着很多楼梯的四层独栋楼房里就毫无意义了。他们无奈地将坐落在东八十四大街519号的这座房子出售了，在这里他们已经生活了将近40年，发布广告后的第四天房子就找到了买主。这一年克朗凯特家的三个孩子都已经人到中年，南希48岁，凯西46岁，奇普也已经40岁，而且凯西与奇普都育有两个孩子，克朗凯特夫妇到了安度晚年的时候了。摆放在宽敞的客厅里的著作、奖状和奖杯全都被装进了收纳盒里。

克朗凯特之所以最终决定购买联合国广场酒店870号（东楼）的一套公寓与爱情有着不可分割的关系。促成这笔交易的是美丽、迷人、聪明的房地产经纪人乔安娜·西蒙，她来自曼哈顿一个富裕的家庭。这位接受过正规训练的女中音歌剧演员在1963年与《纽约时报杂志》的编辑杰拉尔德·沃克尔结婚，1990年两个人离婚。尽管克朗凯特有着美满的婚姻，可他还是对西蒙迷恋得不可自拔。他喜欢在25A公寓俯瞰东河的感觉，站在这里就仿佛飞在空中一样，不过促使他决定买下这套公寓的真正动机还在于西蒙的魅力。与贝特西匆匆将所有房间察看了一遍之后他便把头转向西蒙，说："我买了。"几年后，当他们两个人的情谊日渐深厚的时候西蒙问克朗凯特当初为什么会那么冲动地买下这套房子，克朗凯特说："我看了你一眼，然后我就希望你能出现在我的生活中，无论多大的代价我也在所不惜。"

克朗凯特翻箱倒柜地挑拣出最有纪念意义的小东西，然后便收拾起行李，搬到了联合国广场酒店，这里有门卫、电梯工，还有魅力的河景。布罗考还记在克朗凯特夫妇搬进这套公寓的时候他跟贝特西聊过这件事情，他说："抛开那么多对全家人的记忆一定是一件很可怕的事情。"贝特西说："我怀念的是我们拥有过的那个后院，在那里我能有一小片地方埋葬沃尔特的所有徽章。"

在第二届任期内克林顿总统依然受到美国民众的爱戴，但是在1997年对有关通奸丑闻的伪证罪的指控让他受到了弹劾。克朗凯特沮丧地看着公共广播公司的主持人吉姆·莱勒节目中，总统亲口否认自己曾与白宫的实习生莫妮卡·莱温斯基发生过"性关系"。克林顿难道没有从水门事件中吸取教训，难道不知道只要掩盖你必定会受到惩罚吗？《纽约时报》的一名负责报道宗教问题的记者曾经向克朗凯特问起了宗教信仰的问题，这位主持人的回答是"关你屁事"。这才是克林顿应该选择的方法。当年春天独立检察官肯尼斯·斯塔尔一直忙于调查克林顿的案件，莱温斯基也开始与司法部通力合作。"弹劾"这个词被闹得沸沸扬扬。8月，在调查风波尚未平息时克林顿夫妇躲到了马萨葡萄园岛，希望能恢复正常的生活。

在克林顿获选，他与家人会在埃德加敦度假的消息变得人尽皆知之后，克朗凯特曾给白宫写过一封信，邀请克林顿一家跟他一起驾船出海，但是对方始终没有跟他做过明确的约定。而今，当克林顿面临着被弹劾的命运，克朗凯特终于接到白宫社交秘书打来的电话，后者问他当初那个"美好的"邀请是否依然有效。克朗凯特又打起了精神，告诉对方邀请依然有效。

"什么时候方便呢？"社交秘书问。

对这些事情向来一丝不苟的克朗凯特在仔细考虑了风和天气等因素后告诉对方："星期五看样子不错。"这一天是星期一。

对方说："明天怎么样？"

克朗凯特说："没问题。"

除了以后能有一次值得夸口的经历以外克朗凯特对这个出海的计划感到很后悔。放下电话的几个小时后一大批安全保障人员就来到了埃德加敦，包括将在夜间保卫"温迪号"的两名司机。克朗凯特提醒克林顿由于莱温斯基丑闻，即使是在马萨葡萄园岛也会出现很多狗仔队。他说："有人或许会拍到照片，不过那又能怎么样呢？"后来克林顿曾开玩笑说自己永远也忘不了当时自己还安慰克朗凯特说："那样一来我就能有一张与沃尔特·克朗凯特的合影了。"

狗仔队和喜欢打探隐私的闲散人员的确看到了克林顿夫妇在一个令人昏昏欲睡的大晴天登上了"温迪号"，然后他们一行人便开船去了大西洋冒险了。为了压平浓密的眉毛克朗凯特还特意给眉毛上抹了一点须蜡，这还是他多年来头一次这么做。17岁的切尔西·克林顿与14岁的沃尔特·克朗凯特四世（孙子）也跟随他们一道出了海。这一次出行对克林顿夫妇之间的关系而言有着至关重要的意义。还有什么能比跟着美国最受信赖的人一起外出更能促使他们恢复常态？尽管他们驾船出海仅仅一个半小时，距离海岸线没多远，但是克林顿夫妇似乎在这段时间里平静了许多，感情创伤也有些愈合，能相安无事地一起穿行在银灰色的海浪中。等"温迪号"返回克朗凯特在埃德加敦的私人码头后，所有人都没有下船，大家继续推心置腹地聊了一个小时。对于这次谈话的内容始终不为外人所知，克朗凯特成了克林顿夫妇的家庭顾问，拒绝向外界透露任何消息，不过他曾告诉索科洛在驾船出游的短短几个小时里"没有发生多少事情"。提起往事时索科洛说过："比尔和希拉里从头至尾没有交谈过，一句话都没有说过。"

克朗凯特带着克林顿夫妇躲避了一阵风头，结果他收到了去白宫过夜的邀请。后来奇普提起过这件事情："我父亲从来没有接到过其他总统让他去白宫过夜的邀请，妈妈和爸爸都觉得这对小沃尔特来说是一次意义非凡的机会，在做客期间他可是要睡在白宫的接待室啊。于是他们接受了邀请。"克朗凯特夫妇不仅在林肯卧室过了夜，而且还同比尔和希拉里聊了好几个钟头，仿佛他们在参加住校女生的睡衣聚会似的。在克林顿人生中最黑暗的时刻克朗凯特对他满怀同情，对此克林顿感激不尽。前白宫新闻发言人迪·迪·迈尔斯曾经说过："克林顿总统十分敬畏克朗凯特。你们知道儿时的偶像在自己的心中有多么难以磨灭吗？克朗凯特在克林顿的心目中就是这样的。"

对克朗凯特来说最忠实的偶像则是约翰·格伦。1998年1月17日，美国宇航局宣布首位绕地球轨道飞行的美国宇航员，已经年满77岁的格伦将成为第一位进入太空的老年人。绝望之下克朗凯特又开始游说宇航局让他担任格伦的助手。经历了1986年"挑战者号"太空舱爆炸惨剧之后宇航局再三向克朗凯特保证他还在他们的候选人名单中。但是经过更仔细的调查，宇航局的一名官员否决了克朗凯特这名人选，因为他在1997年接受了心脏手术。克朗凯特愤愤不平地指责宇航局歧视80多岁的老人，他给远在俄亥俄州哥伦布市的格伦打去电话，希望给这位声名赫赫的"友谊7号"宇航员及参议员施压，好让对方帮他完成终生凤愿。后来克朗凯特说过："我跟他说要是他们想测试一下老人在太空里的状况，那就应该让我去。或者我可以跟他一起去，和他在太空里打打牌。"

正当克朗凯特感到自己被宇航局抛弃的时候他突然接到有线电视新闻网的主席汤姆·约翰逊打来的电话。约翰逊一直希望克朗凯特能加入自己的队伍，这一次他向克朗凯特提出了一个绝妙的提议。克朗凯特是否愿意同约翰·霍利曼联袂主持有线电视新闻网对格伦此次飞行任务的实况报道？

天哪，当然愿意！约翰逊真是做了一件大好事。1998年，身为有线电视新闻网记者的克朗凯特对太空领域的知识又突击钻研了整整一个夏天。他常常拨通格伦的电话，一心想要"霸占"这个独家报道。在听说81岁的克朗凯特被有线电视新闻网挖走，准备主持《格伦的第二次太空之行》后哥伦比亚广播公司对外发布了一条简短而滑稽的评论："哎呀，真希望我们也能想到这个点子。"（在哥伦比亚广播公司里，"哎呀"和"天啊"仍旧被认为是久久无法消失的克朗凯特式的语言风格。）看到哥伦比亚广播公司新闻网对他效力于有线电视新闻网感到忧心忡忡，为了安抚老东家克朗凯特答应为《60分钟》提供对格伦的独家专访。

媒体界纷纷开始议论格伦与克朗凯特的合作将会产生惊人的宣传效果，这纯粹就是宇航局为了进一步榨取联邦政府的税金而采取的措施。听到这些说法克朗凯勃然大怒，他说："约翰·格伦重返太空是为了提醒已经麻木的民众我们还在太空里。现如今太空飞行已经变得如此普通，报纸都不再继续报道了，电视节目也不再报道这些事情，以至于我们几乎忘记了现在我们已经能频频实现太空飞行这个事实。我想有整整一代人——29岁以下的青年人——甚至几乎压根不知道我们已经进入了太空的事实。"

宇航局与克朗凯特达成一项协议，按照协议当格伦在佛罗里达的肯尼迪角升空时克朗凯特将拥有优先采访权，然后他便乘飞机返回休斯敦，为哥伦比亚广播电台新闻网进行报道。通过再一次将格伦的爱国主义精神与克朗凯特的报道结合起来宇航局希望获得外界的高度关注。然而，这个计划一开始实施得并不顺利。10月末，就在格伦升空的一周前哥伦比亚广播公司广播新闻网的麦克·弗里德曼接到宇航局打来的电话，对方希望提前知道克朗凯特到时候将会提出怎样的问题。弗里德曼解释说这样做会被违反公司的规定，但是宇航局十分固执。弗里德曼拨通了克朗凯特在联合国广场酒店公寓的电话，简明扼要地将宇航局的要求转述给他。克朗凯特沉默了似乎很长一段时间（其实只有三四秒钟），突然原本兴高采烈的他斩钉截铁、不容分说地告诉《哥伦比亚广播公司晚间新闻》的责任编辑："麦克，要是他们想提前知道问题的话，那就让他们见鬼去吧。不采访了。"

弗里德曼为克朗凯特感到骄傲，后者宁愿放弃在哥伦比亚广播电台里对格伦的特大独家专访，也不愿损害自己和公司的新闻操守。弗里德曼将克朗凯特的答复转告给了宇航局，结果宇航局明智地放弃了这个无礼的要求。

1998年10月29日，格伦再一次进入地球轨道，搭乘"发现者号STS-95"太空飞船对太空对老年人的影响展开研究，与此同时克朗凯特在有线电视新闻网的节目中扮演起了智慧老人的角色。他回忆着肯尼迪与约翰逊在任期间宇航局所做的努力，看起来就像是在节目中给主播迈尔斯·奥布赖恩普及太空史的知识似的。回到肯尼迪角的感觉棒极了。他提醒观众在"阿波罗11号"任务执行期间他在最关键的27个小时里一直在坚持播音，正是在这段时间里宇航员们完成了飞行任务。协助奥布赖恩与克朗凯特进行报道的还有曾经执行过飞行任务的宇航员巴兹·奥尔德林和第一位在太空行走的非洲裔美国人伯纳德·哈里斯。佛罗里达的一名记者在《维罗海滩新闻报》刊登的一篇文章里打趣说这次报道成了有线电视新闻网开办的"克朗凯特播音及太空学校"。克朗凯特在高级俱乐部波希米亚小丛林里的老伙计吉米·巴菲特在前来探访有线电视新闻网播音间的时候立即就被委以了重任。后来巴菲特提到过这件事情："沃尔特冲我招了招手，让我坐在他的旁边。太酷了，是不是？跟沃尔特·克朗凯特一起报道约翰·格伦执行太空任务？这也太美妙了！"

在佛罗里达为有线电视新闻网报道了飞船升空的消息后克朗凯特又转战到休斯敦主持哥伦比亚广播电台的节目。11月4日，在84岁生日的这一天他与弗里德曼又一起参加了宇航局创建40周年的纪念午餐会。在宴会中，当所有人说完"生日快乐"后克朗凯特为哥伦比亚广播公司新闻网的《特别报道》节目主持了一场地球与太空的对话，格伦与其他参加任务的宇航员和地球上的同胞进行的这场15分钟的谈话成为克朗凯特在《特别报道》节目中的最后一次演出。

在全世界的眼中克朗凯特与格伦就像是一对失散已久，而今又远隔万里的亲兄弟，从失重到"小业余爱好者海军卫星"（用来测试捕捉与传输无线电信号的新技术）他俩无所不聊。最后，克朗凯特一如既往地充分利用了向观众告别的机会，以他那句标志性的话结束了这次播音："事实就是如此。今天是1998年11月4日。这里是沃尔特·克朗凯特在休斯敦为哥伦比亚广播公司新闻网所做的播音。"这是克朗凯特最后一次说出这句话。

相比克林顿受弹劾的复杂局面，格伦重返太空只能算是插科打诨的小节目而已。1999年2月19日的下午，弹劾案将近尾声，此时克朗凯特正在与弗里德曼主持哥伦比亚广播公司广播电台新闻网的系列节目《20世纪后记》（迎接21世纪到来的短节目，又被称作《千禧年》）。就在播音过程中弗里德曼突然灵机一动——为何不让克朗凯特在哥伦比亚广播电台的午间节目中播报对克林顿的裁决呢？这可是一条历史性的大新闻啊，而转播这档午间节目的有哥伦比亚广播公司的400家附属电台。弗里德曼后来提起过这件事情："我问了沃尔特，他看上去有些惊讶，随即他眨了眨眼睛，说：'没问题。'"

每个小时都在给哥伦比亚广播公司发来消息的嗒嗒作响的电传机突然亮起了灯，在坐落于五十七大街的哥伦比亚广播公司广播电台播音间里的克朗凯特对着话筒干脆利索地说了起来："弹劾案……"为了增强戏剧效果他停顿了片刻，然后继续说道，"终于就要结束了。"他详详细细地讲述着参议院里的共和党人没有获得2/3的多数投票，因此没能迫使克林顿辞职。说完他就把话筒交给了新闻网派驻华盛顿特区，专门负责报道参议院事务的记者鲍勃·法斯。弗里德曼后来说过："这条新闻播出后人们纷纷通过我们在全国各地的附属电台打来电话，盛况空前。大家都激动极了。威斯康星的一个家伙打来电话，说：'难以置信！听到这个消息的时候我都把车开出了公路。'"

在1999年的夏天，克朗凯特一直在马萨葡萄园岛与朋友们商量如何阻止房地产大亨唐纳德·特朗普在纽约东区建造高达861英尺的住宅楼。为这件事情他累得精疲力竭，他对特朗普式毫无节制的发展深恶痛绝。特朗普为什么非得建造世界上最高的住宅楼？这栋大厦"会将联合国广场酒店及周围美丽的花园完全遮蔽掉"。各种小报都热衷于报道克朗凯特与特朗普的口角，特朗普宣称克朗凯特就是一个不想让自己的阔佬视野受到损害的"荒唐透顶"的人。为了解决这个问题双方计划召开一次调解会。会面当天克朗凯特带着邻避情结①走进了特朗普的办公室，结果他目瞪口呆地看到特朗普从办公桌后面一跃而起，张开双臂向他走来，说："沃尔特，再次见到你真是太好了！"这样随意熟稔的态度令克朗凯特感到恼怒，他以前还从来没有跟特朗普见过面（不过这场纠纷很快就得到了解决，结果对特朗普有利，他将在第一大道动工建造"特朗普世界大厦"）。

1999年10月，克朗凯特在加利福尼亚州帕萨迪纳市的喷气推进实验室待了一个

---

① 译注：心理学中反应态度与行为不一致现象的概念。典型的态度就是"这是个好主意，但别弄在我家后院"。

星期，参加拍摄奇普担任制片人的纪录片《月球之后》，这部影片讲述的是在未来的有望将宇航员送到火星上的机械设备。接着他又从帕萨迪纳飞回纽约，赶上了10月19日世界联邦主义者协会在联合国举办的诺曼·库辛世界政府奖颁奖典礼。[①]借此机会他向世人宣传着地球日、世界统一政府、联合国的概念和乔治·索罗斯的新书《全球资本主义危机》。这是一场令人无法容忍的自由主义讲话，克朗凯特毫无保留地公开了自己作为全球统一政府左派分子的身份，这种政治观更容易在丹麦的哥本哈根得到认可，而不是美国伊利诺伊州的皮奥里亚市。按照克朗凯特的观点，"无限制的国家主权"就意味着"国际无政府状态"。这种观念完全来源于比尔·安德斯在1968年执行"阿波罗8号"任务期间拍摄下的那幅展现地出景象的照片——只有一个地球，地球上本无边界。

在多信仰联盟组织的支持下，克朗凯特在联合国对基督徒联盟和共和党内的宗教右派进行了一番言辞尖刻的抨击，目标针对的是圣滚者[②]之类的宗教狂热者。激进主义和新闻工作之间的界限原本就模糊不清，但是在联合国的讲话中克朗凯特甚至对新闻五要素也失去了兴趣，尽情宣泄出《电视台风云》里"我彻底疯了"一样的愤慨，让人不禁想起他在罗斯兰舞厅对芭芭拉·乔丹所做的介绍。他嘲讽地说："他们的领袖派特·罗伯逊写过我们应当有一个世界政府，不过前提是弥赛亚降临。在此之前任何实现世界秩序的企图都绝对来自于魔鬼。这个规模不大，但是组织严密的团体已经把共和党与克林顿政府吓坏了。它还抨击过富兰克林·罗斯福以来的每一位总统，只因为这些人支持联合国。罗伯逊解释说这些总统在无意中成了路西法（撒旦）的代理人，以前是，现在是，以后也永远都是如此。对于我们这些相信民主世界联邦政府前景的人来说，唯一可以战胜这种反动运动的有效方法就是把大家组织起来，从各行各业中最引人注目的公共人物到各个族群众的底层民众都包括在内，从而建立一个强大的教育性的反击式防御联盟。"

发表完世界联邦主义这套言论之后克朗凯特如何能安全脱身，没有引起共和党人像福克斯新闻频道对华尔街的金融家乔治·索罗斯集体开火那样对他开战？首先，他同共和党内的许多当权派都是朋友，例如罗杰·埃尔斯、约翰·雷曼与乔

---

① 译注：诺曼·库辛（1915—1990），美国政治记者、作家、教授和世界和平倡导者。
② 译注：圣滚者，用以指卫理公会和五旬节派等基督教教派中的某些信徒，因其狂热时常常在地上打滚而得名。

治·舒尔茨。不过，令这些人感到尴尬的是，在联合国做了一场保罗·罗伯逊①式的讲话之后克朗凯特竟然又穿上短礼服，像袋鼠船长一样去参加肯尼迪中心荣誉奖的颁奖典礼，去那里寻找辽阔的世界。在那里他看起来那么亲切随和，毫无威胁性。必须指出的是，美国社会有一条不成文的规定，一旦年满80岁你就有权利在绝对不会受到惩罚的情况下自以为是地随意发表意见。

2000年11月7日，总统大选日，这一天改写了美国政坛的"政治悬念"这个词的含义。乔治·布什与艾伯特·戈尔之间的竞赛出现了相持不下的趋势，所有的广播公司都预测在任副总统戈尔将在佛罗里达州获胜，但是随后大家都不得不收回自己所说的话。至于究竟是谁赢得了2000年大选的问题，美国高等法院最终做出了有利于布什的裁决。大多数美国民众都担心民主程序遭到了失败，而克朗凯特则将怒火指向了媒体同仁。他说："在各州结束投票之前不要宣布比赛结束，我想这完全取决于广播公司、有订户的报纸和其他各种媒体的表现。我不明白速度究竟有多么必要，尽管我也是提前结束投票这个构想的发起人之一……眼下的问题在于现如今，有了提前结束投票这种做法我们就会过早结束各州的投票，这样一来西海岸地区距离投票结束还有大约三个小时的时间。我们可以对已经统计出的投票结果先秘而不宣，直到各州的投票工作全部结束，在我看来很有可能这种做法也会很管用。"

感恩节刚过克朗凯特又接受了一场手术，这一次他的右脚脚跟的一部分肌腱被置换了。手术进展顺利，但是他承受了剧烈的疼痛。由于身体的疲惫，再加上对工作的厌倦，他取消了圣诞节期间的所有工作，包括主持肯尼迪中心荣誉奖的颁奖典礼。错过重大活动并不符合他的性格，但是身体的不适是千真万确的事实。典礼的制作人小乔治·史蒂文斯震惊地说"没有人能替代"沃尔特大叔。

这一年的元旦前夜意味着2000年的到来，尚未康复的克朗凯特无奈地取消了在维也纳音乐协会金色大厅主持公共广播公司元旦音乐会的邀请。他与妻子同他们的故交，来自堪萨斯城的巴希特夫妇一起度过了这个夜晚。不久之后，83岁的克朗凯特在威斯康星大学医学院所做的一场演讲中打趣地说："身为世界上最年迈的记者，我比任何人对这个千年的思考都多。"

---

① 译注：保罗·罗伯逊（1898—1976），美国歌手、运动员、演员，因其在政治激进主义及在美国民权运动中的活动而出名。罗伯逊是最早推广黑人福音乐的演唱歌手，也是20世纪首位出演莎士比亚戏剧《奥赛罗》的黑人。

第三十五章

新千年到来

2001年9月11日在意大利——与莱特曼一起抚慰美国——《周游美国》——金氏特稿社的专栏作家——反伊拉克战争——谴责约翰·克里——备忘录门事件——驱逐丹·拉瑟——为穆恩维斯鼓气——贝特西与世长辞——可爱的乔安娜·西蒙——得克萨斯州大学的沃尔特·克朗凯特档案馆——与卡尔顿合作——留给凤凰城的宝贵财富——对毒品之战发起挑战——受到右翼分子的攻击——风烛残年——为绅士起立——汤姆·谢尔兹的优雅道别

观看完2001年9月7日在纽约市法拉盛草地公园举行的美国网球公开赛之后沃尔特与贝特西开始收拾行李，准备前往意大利度假。电视业黄金时代的最后一位播音员要去接受罗马第一大学（创建于1303年，至今仍然是欧洲规模最大的高校）颁发的荣誉学位。就在佛罗伦萨期间克朗凯特听到可怕的消息——美国发生了9·11事件，19名基地组织的恐怖分子劫持了四架商用飞机，指使其中两架飞机撞向了纽约市的世界贸易中心大楼，第三架撞向阿灵顿的五角大楼，而最后一架则坠毁在宾夕法尼亚州香克斯维尔附近的一片休耕地上。在这起美国有史以来最令人毛骨悚然的连环恐怖袭击事件中有将近3000人遇难。

克朗凯特在佛罗伦萨乌菲兹美术馆附近的酒店房间里死死地守在电视机跟前，看着有线电视新闻网的主播艾伦·布朗进行着不间断、无广告的播音。电视屏幕上一个个生命突然死亡和华尔街上浓烟滚滚的画面令克朗凯特不寒而栗。许许多多的纽约人从轰隆作响的大楼里冲出来，他们都用衣服捂着嘴，以免吸入浓烟。克朗凯特夫妇不顾一切地想要联络到自己的三个孩子，好确定他们都安全无恙。虽然花了一阵时间，不过最终他们还是找到了孩子们。奇普后来说过："当时爸爸拨通我的电话后我告诉他最好暂时不要回纽约，可是他非常想回到曼哈顿。他想回来参加报道工作。"

听到9·11的消息时马琳·阿德勒也在意大利，负责安排老板的各种商业活动。克朗凯特向阿德勒下了命令："让我离开这里！"阿德勒告诉克朗凯特美国各大机场已经封锁了，飞机都不准起飞。可是他依然愤愤地说："那就给我搞一架私人飞机！"阿德勒手忙脚乱地开始订机票，可是根本没有机票出售。意大利与大洋另一端的纽约远隔数千英里，克朗凯特恼怒地对阿德勒说："好吧，那咱们就坐船好了。"焦急几乎令他大伤元气，这还是阿德勒头一次看到自己敬爱的老板如此苛刻，如此顽固。无助的感觉让他沮丧极了。在提到这段往事时阿德勒说过："他必须在世贸中心余火未尽的时候亲眼看一看残存的遗迹，他必须用自己那双记者的眼睛在第一线看一看。除非我送他回到纽约，否则他绝对不会满足的，绝对不会。"

克朗凯特感到自己百无一用，距离事发现场又那么遥远，于是他在佛罗伦萨市中心的市政广场（领主广场）四处闲逛着，思考着9·11事件留下的阴影。他想到莫非第三次世界大战就这样爆发了，同时他不得不艰难地接受着眼前恐怖的事实，从20世纪50年代开始被他视作第二故乡的纽约市进入了紧急状态。有人认为令他痛苦不堪的是他的嫉妒心，因为《哥伦比亚广播公司晚间新闻》的拉瑟主持了长达53小时35分钟的报道。克朗凯特再一次感到自己已经是明日黄花了。他没有取消在罗马第一大学的演讲，面对意大利听众时他在演讲过程中为9·11事件的遇难者默哀了一会儿。

9月12日，还在坚持收看有线电视新闻网马拉松式报道的克朗凯特给远在纽约的布朗打去了电话，鼓励这位主播在巨大的压力下坚持住。浓烟滚滚的世贸中心大楼上半部分只剩下一堆歪歪扭扭的骨架，这幅景象给克朗凯特造成了精神创伤，但是他仍然还有能力对布朗在节目中的表现进行指导。他告诉布朗："这就是你的'肯尼迪'。日后人们就会根据这次的报道对你下定论。"布朗说"他还从来没有接到过这么有意义的电话"。

回到纽约见到家人时克朗凯特一把搂住了三个孩子。他拒绝了一大批采访请求，不过最终还是接受了哥伦比亚广播公司《大卫·莱特曼午夜脱口秀》节目的邀请，因为他希望借此机会对邪恶的9·11事件发表一些积极的能够帮助人们弥合创伤的见解。结果，伟大的喜剧演员和伟大的播音员完成了一场多愁善感的合作。莱特曼与克朗凯特这两位逗乐高手在这期节目中伤感地谈到布什政府不应该对基地组织罪恶的攻击做出过激的反应，一脸镇定克朗凯特承认在意大利的时候自己的第一反应是"看在老天的份上，报复"这些凶残的敌人。他说报复是对"本·拉德……本·亚当——谁管那个白痴叫什么呢"的自然而然的本能反应，"我已经努力让自己忘掉这个名字，就仿佛这样做多少会起到有益的作用。"但是，为了复仇急于与对方开战并不是解决问题的办法。

　　莱特曼：作为一辈子都在亲历并报道重大事件的人，同美国出现的其他重大新闻相比，当你听说这件事情的时候你做何感想？

　　克朗凯特：唔，你又做何感想呢？我是说，你打心眼里是怎么想的？我觉得我可以接受这个问题，我并不是在批评你的问题，只是我想我们都有着同样的感受。我打心眼里认为这又是一起能让我们团结一心的事件。我认为没有一个美国人会有别的想法，大家只会祈求神灵的帮助。"上帝啊，怎么会出这种事情？"结果真的出了这种事情，这件事情令人们震惊，让人们清楚地认识到我们有多么不堪一击，还有那一小撮狂热分子、白痴竟然可以在作为全世界最伟大的城市之一的纽约市的市中心杀害这么多人。

　　2001年秋天，一连几个星期克朗凯特一直克制着自己，没有公开批评布什总统，不过他的静音键并没有被摁下很久。政府错误地在伊拉克与基地组织恐怖活动网络之间建立起联系，这种局面很快就令他失去了耐心。他坚信总统布什、副总统迪克·切尼与国防部部长唐纳德·拉姆斯菲尔德恬不知耻地犯下了一个错误——他们坚持宣称在9·11事件发生后美国需要一场战争，以证明民族的伟大。当年10月克朗凯特在有线电视新闻网的节目中咄咄逼人地要求布什总统遵守《战争权力法案》，根据该法案在将军队派往海外之前总统应当征求国会的批准。克朗凯特这才刚刚拉开自己与政府之间的这场战争的序幕。在2001年12月他决定揭露自己眼中的布什政府的好战行径及其将萨达姆·侯赛因与基地组织联系在一起的错误。鲁尼后来说过："布什对9·11的过激反应，就是'自由薯条'①之类的东西，令我感到气愤极了。而沃尔特比我更愤怒。"

---

① 译注：自由薯条，在英文中薯条写作"French Fries"，在美国攻打伊拉克期间由于法国不支持，美国共和党议员曾将众议院自助餐厅菜单上的"French fries"（炸薯条）改为"Freedom fries"（"自由"薯条），故意除去"French"（法国）一字，以表达对法国对伊政策的不满。

克朗凯特不止对布什、切尼与拉姆斯菲尔德发起了攻击，他还对福音派信徒杰里·法威尔（弗吉尼亚州林奇堡市托马斯路浸礼会的牧师）与派特·罗伯逊（宗教节目《700俱乐部》的主持人）提出了严厉的批评。在接受《电视指南》的采访时他指出法威尔有关9·11事件的评论（此次恐怖袭击是上天对异教徒、堕胎师、女权主义者和同性恋者的惩罚）是"我所听到过的最恶劣的评论"。当时准备主持在洛杉矶举行的艾美奖颁奖典礼的他还进一步对基督教右翼分子进行了抨击，他说这位福音派信徒在9·11事件发生后所做的评论"让人不禁自问（法威尔与罗伯逊）是否与炸毁世贸中心和五角大楼的那伙人供奉的是同一位上帝"。

11月，克朗凯特的航海回忆录《周游美国：走遍我们壮丽的海岸线》出版了（W·W·诺顿图书出版公司）。从加利福尼亚州马林县到缅因州波特兰市大大小小的出版社似乎都为这本书的出版举办了签名售书会，克朗凯特忙于出席每一场签售会。在巡回宣传的一路上他认为自己理应承担起公共责任，挺身而出捍卫哈特拉斯角、帕特里岛和艾瑟尔题克岛这些保持了原始风貌的国家海岸。他爱上了古老的城市萨凡纳（佐治亚州），爱上了这里的轻便马车、喷泉和公园。得知当地正在机场附近建造第八飞行中队博物馆后，身为"二战"时期新闻界"空战泰斗"的他激动得难以自持。然而，这时候报纸上的新闻无不在讲述炭疽病毒留下的伤痕，要不就是对沙特阿拉伯的背信弃义做着抽丝剥茧的分析，在这种情况下向他索要签名的读者根本不想听他讲述伊克尔将军的事迹，也不想了解阿兰萨斯国家野生动物禁猎区里美洲鹤的种群数量正在日益减少的事实，所有人似乎一心希望他能将"9·11"与"珍珠港"、肯尼迪遇刺或者俄克拉荷马市大爆炸案相提并论。克朗凯特没有让大家失望。实际上，每当将电视机转到哥伦比亚广播公司或有线电视新闻网的频道时，观众就总能看到克朗凯特如同一位重要目击者一样滔滔不绝地讲着话。后来出任《哥伦比亚广播公司晚间新闻》主播的凯蒂·库里克认为，"不知道为什么，只要一想到沃尔特对恐怖活动还有着正确的认识，我就感觉没有那么憋闷了。"

出乎亲朋好友们的意料，对9·11事件感到愤怒的克朗凯特答应每周为金氏特稿社撰写一篇专栏文章，这家特稿社看起来总是在批评布什总统。克朗凯特告诉《纽约时报》自从在罗斯兰舞厅发表了为自由主义辩护的讲话后他一直不愿成为"意识形态阉人"。他心想既然自己每天都离不开晨报，那么何不也给晨报写写稿呢？他在联合国广场酒店公寓里摆开阵势，娴熟地利用笔记本电脑的搜索引擎，用文字阐述着自己对美国面临的重大外交决策的看法。令克朗凯特最为担忧的是他最欣赏的两份报纸——《纽约时报》和《华盛顿邮报》——都任凭布什政府大肆散布未经证实的萨达姆拥有大规模杀伤性武器的消息。在布什领导下的白宫的恐吓之下第四等级失去了勇气，克朗凯特感到第四等级令人大失所望，这令他感到痛苦，同时又令他感到恶心。在他看来除了极个别的几个人（例如麦克拉齐报业集团和《国家》周刊），美国的记者基本上没有提出布什政府开战的依据究竟从何而来之类的强硬问题，他们的表现为第二次海外战争铺平了道路。记者们为什么没有在报道中说明什叶派和逊尼派之间的紧张关系迟早会导致内战爆发？

从2003年8月到2004年8月，克朗凯特在戴尔·麦诺的协助下每周完成一篇专栏文章，这批稿件出现在全美153家报纸上，88岁高龄的克朗凯特又拥有了自己的讲台。当时拉什·林博与肖恩·汉尼蒂这些主持人经常在节目中侮辱泰德·科佩尔等反战的自由主义记者，克朗凯特不愿意屈服于这些人的恫吓，在巡回演讲的过程中他始终怀着对埃莉诺·罗斯福的坚定信念，宣讲着自己对世界事务的世俗化、以人权为基础、亲北约组织、亲联合国的见解。克朗凯特的努力得到了民主党人的全盘接受，他的偶像地位在民主党占据优势地位的选区急速攀升。提起这段往事时库里克说过："他不再试图充当中间路线先生。在涉及战争的问题上他希望自己发出火力十足的不赞同的声音。"

受雇于金氏特稿社的克朗凯特是一位谨慎的专栏作家，对事实、分析和道德判断的把握十分老到。他的自由主义观点尖锐而朴素，其内核无不旨在敦促布什总统将驻守在伊拉克的美国军人送回家。在2003年11月13日发表的文章中他写道："你们或许还记得'确保相互摧毁'策略，即美国与苏联的冷战策略，按照这种策略美苏两国都计划一旦遭受对方的核攻击自己就将毁灭对方的核能力。好吧，民主党的总统候选人自己促成了内部的'确保相互摧毁'策略的形成。"克朗凯特认为参加2004年民主党总统候选人争夺战的约翰·克里、约翰·爱德华兹、乔·利伯曼、迪克·格普哈特、韦斯利·克拉克与霍华德·迪恩都犯下了"政治自相残杀罪"，他们原本应该将炮火一起对准布什总统。克朗凯特哀叹2001年10月26日由总统乔治·布什签署颁布的《美国爱国者法案》剥夺了宪法赋予美国人民的公民自由权，与此同时民主党人却还在忙于应付愚蠢的内讧。随着外界陆续得到了越来越多的机密情报和第一手资料，人们终于开始对开战的原因提出了质疑。如果当初美国记者们勤勉一些，那么他们就能挫败布什政府对伊拉克采取的战争行动，令克朗凯特感到惊讶而沮丧的是自己的同行竟然没有对这场战争进行过缜密的怀疑。麦诺曾说过："沃尔特喜欢身在其中的感觉。几十年来他一直努力保持客观，而今这批专栏文章意味着他再也不必恪守任何限制了。"

如果当初第四等级听了克朗凯特这位业界智者的话，那么或许美国就不会失去1万亿美元和4000名军人的生命。然而他们只是将他当作已经与新闻界失去联系的老记者，撰写《周游美国》这种读物的作家而已。克朗凯特长期对布什总统的敌对行为甚至令他在媒体世界中最要好的四位朋友——索科洛、鲁尼、华莱士与塞弗——都感到吃惊，但是他的表现令进步的博客世界开心极了。在发表于2004年5月20日的专栏文章《从此我们走向何方？》中他表示要以不够级别为由将布什解雇。或许除了拍摄了《华氏9/11》等纪录片的迈克尔·摩尔与著名主持人及制片人比尔·马赫，美国媒体界没有多少重量级人物会对布什穷追不舍，像克朗凯特那样说出弹劾布什的刻薄话。当年10月，在南伊利诺伊大学一头银发的反战偶像克朗凯特如同约翰·里德[1]灵魂附体一样，直言不讳地宣布布什发动的伊拉克战争是"这个国家有史以来做过的最糟糕的决策"。通讯社将克朗凯特对布什的羞辱传遍了全世界。在克朗凯特看来主张先发制人实施打击的布什主义就是注定要在道德与财政上摧毁美国的沙文主义罪恶。他不满地指出："布什正在为世界各国开创先例——要是你不喜欢邻居正在干的事情，那你就跟他开战好了，完全没问题。"

　　《纽约时报》的弗兰克·里奇称赞克朗凯特在努力唤醒美国，不要误信布什政府对现实的歪曲。愤怒的里奇在文章中写道："现在，克朗凯特在各个广播公司里的继承人们甚至都没有从事新闻工作，他们的态度致使政府的宣传家可以肆无忌惮地大肆鼓吹蘑菇云即将升起的神话，丝毫不用担心会受到惩罚。"

　　如果说在布什发动战争期间还能有一位电视播音员让克朗凯特认为是勇者的话，这个人就应该是有线电视新闻网的克里斯蒂娜·阿曼鲍尔。阿曼鲍尔自幼生活在伊朗，在孩提时代从没看过克朗凯特主持的节目。当她于1981年移民美国时克朗凯特已经准备告别《晚间新闻》主播的位置。在阿曼鲍尔取得一定的成绩后，一直留意着海外女记者的克朗凯特就像小男孩一样深深地迷恋上了她。只要有线电视新闻网的节目中出现她在巴格达的画面，克朗凯特就会将电视机的音量开大，还要调整好自己的助听器，他可不想错过她说的任何一句话。在克朗凯特看来，阿曼鲍尔具有默罗的勇气，当《纽约时报》为了给伊拉克战争辩护而引人注目地报道了"伊拉克铝管"问题后，她勇气十足地戳穿了这个著名的谎言。

　　当伊拉克境内针对美国的暴乱发展到你死我活的地步，克朗凯特指示阿德勒

---

①　译注：约翰·里德（1887—1920），美国左翼新闻记者，美国共产党创始人之一，著有《震撼世界的十天》。

为他与阿曼鲍尔安排一次"约会"。见面后他们两个人就像老朋友一样问候了彼此，后来在提起这段往事时阿曼鲍尔说过："我们在曼哈顿马克酒店的餐厅里见了面。他独自来赴约，缓缓走进大厅，真是一位优雅、高贵的老绅士。我想我们俩都觉得对方很熟悉，我强烈地感到在我们之间有一种心照不宣的战友情谊。我自己对他，以及对他所为之努力的一切都一直怀着深深的敬意。不管怎么说，几杯加冰的烈酒下肚，加上又聊了那么久，我问他现在还有人能像他当年在春节攻势之后在越南那么干吗，他温和地对我说'不'，他觉得没有人会再那么干了，因为与他所处的时代不同，现如今社会上有着许许多多不同的声音和渠道。这个回答一直令我感到失望。"

2004年的春天，民主党总统候选人的提名对约翰·克里来说已经是囊中之物了，但是克朗凯特没有向马萨诸塞州的这位参议员表示祝贺，而是强烈谴责他将"道德制高点"让给了保守派，并拒绝公开，甚至拒绝承认自己的"自由主义"原则。在给克里的信中他写道："如果说1988年给了我们一些教训的话，那就是让我们知道如果一位候选人没有勇气承认自己的信条，那么他就不要指望说服国家相信他应该获得对国家的领导权。所以说，参议员，如果你希望在11月有机会击败已经受伤的乔治二世的话，那就请给出恰当、详细的解释。你不能让布什一伙人来为你和这些问题下定义，这些事情你都必须自己做。听一听我的建议吧，趁着为时未晚赶紧把该说的话都说出来。"

在2004年的大选期间克朗凯特一直在收看布罗考主持的节目，这是布罗考最后一次作为全国广播公司新闻网主播出现在电视荧屏上。布罗考派头十足的表现和拉瑟"看着我"式的傲慢形成了鲜明的对比，克朗凯特知道了谁才是他真正的继承人。在这一年的劳动节过后不久哥伦比亚广播公司新闻网就迎来了历史上最黑暗的一个时刻，主播拉瑟公开宣称布什总统在1968年至1973年任职得克萨斯州空军国民警卫队中尉期间经常擅离职守。拉瑟确信自己从杰里·基里安中校的私人文件中找到的一份材料真实可信，便在2004年9月8日的《星期三60分钟》（周日播出的《60分钟》的衍生节目）中对总统提出了指责。拉瑟违背了克朗凯特一贯坚持的基本原则，没有在播音之前对消息进行核实。

截至2004年拉瑟已经在哥伦比亚广播公司新闻网主播的位置上坐了23年——比克朗凯特还要多四年——在这么长的时间里这位冒险主义者常常播出一些只经过单方可靠消息源确证的新闻。他的命中率很高，但是这么做无异于在玩火。终于他引火上身了。利如刀刃的调查直觉让拉瑟成功地参与报道了伊拉克阿布格莱布监狱虐待囚犯的丑闻，在处理得克萨斯空军国民警卫队这条消息时同样的直觉又出卖了他，而这时大选年这张赌桌上已经高高堆起了赌注。此时布什同克里的争夺战进入了僵持状态。在越南战争期间在海军服役的克里荣获了银星勋章、青铜星章和三枚紫心勋章，但是人们在质疑他究竟是否有资格获得这些荣誉。在2004年的总统选举中围绕着越南战争的问题产生了一场肉搏战。当时，在广播和电视博物馆举行的一场探讨"突发新闻"的会议上克朗凯特提醒众人在播音中哪怕一个错误就有可能断送原本辉煌的职业生涯。拉瑟就以断送职业生涯的方式踩在了一枚克莱莫杀伤地雷上。

法庭鉴定专家断定拉瑟在《星期三60分钟》里出示的材料并不属实，因为这份材料的印刷样式看上去与文件形成的年代不相符，很有可能是有人出于伤害布什的目的而伪造的（或者是共和党的特工人员为了使拉瑟难堪而故意设下的圈套）。迫于无奈，哥伦比亚广播公司新闻网冥顽不化的主播低声下气地，同时又几乎是恼羞成怒地收回了之前的评论。他说："我们在努力贯彻哥伦比亚广播公司提问强硬、调查事实这一传统的过程中出于好心办了错事，但是无论怎么说这都是一个错误。"随后拉瑟又收回了自己的道歉，宣称之前自己是在受到胁迫的情况下才做出了道歉的表示。接着他又提出自己跟有关布什的报道毫无关系，他只是发言人而已。此外，他还宣称节目根本就没有错。

拉瑟埋怨着所有人，唯独自己除外，他极其不情愿地宣布自己将在2005年年初让出主播的位置，但是仍将保留在哥伦比亚广播公司新闻网的其他工作。他无法效仿道格拉斯·爱德华兹，平静地退居二线，主持午夜节目《最新消息》。为了保护自己的声誉他像野猫一样奋力搏斗着。在43年的时间里他一直代表着默罗留给哥伦比亚广播公司的传统，而今却像弃儿一样被打发掉了。哥伦比亚广播公司新闻网的每一个人都知道拉瑟的降级基本上已经成局。除了备忘录门事件（又被称为"拉瑟门事件"，指拉瑟根据基里安中校的私人文件指责布什在服役期间玩忽职守），造成拉瑟降职的原因还在于《哥伦比亚广播公司晚间新闻》的收视率远远落后于全国广播公司的《夜间新闻》和美国广播公司的《今夜世界新闻》。当时电视界的三大主播是分别是布罗考、詹宁斯，以及在主播座位上历时已久的拉瑟。《60分钟》节目组的工作人员都希望拉瑟为备忘录门事件受到公开鞭笞，在休伊特的努力下这个节目成为美国人必看的传统节目，而今拉瑟为了谋求个人荣耀给整个新闻采集工作留下了刺目的耻辱。克朗凯特不愿同出卖哥伦比亚广播公司的犹大有任何瓜葛，他告诉一位记者他不曾看过那期拙劣的节目，因为他根本无法忍受那样的节目。他说："那期节目里就只有罪案和专门写伤感文章的女记者才写得出来的……小报消息。"

包括华莱士、塞弗和鲁尼在内的一批哥伦比亚广播公司的老一代记者都记得那年秋天当拉瑟的事业遭到灭顶之灾的时候克朗凯特有多么开心。鲁尼曾解释说："当时沃尔特的臀部状况很糟糕，他都已经不能利索地挪动身体了。可是当拉瑟败下阵来的时候那个老家伙竟然跳了一曲轻快的爱尔兰吉格舞。"克朗凯特早就知道拉瑟的致命弱点就是喜欢抢跑，不过令他感到惊讶的并不是备忘录门事件，而是拉瑟居然坚持了这么久才出了岔子，更令他恼火的是拉瑟竟然指望用一些跟2004年大选毫无关系的鸡毛蒜皮的小事对布什和国民警卫队造成打击。这是他这一生中唯一一次对布什总统产生了同情。

拉瑟坚称自己离开哥伦比亚广播公司是不合法的，并将哥伦比亚广播公司及其之前的母公司维亚康姆集团一并告上了法庭，要求得到违约金。纽约州法院驳回了拉瑟的这个无聊的上诉。历史学家都认为拉瑟主持的这期《星期三60分钟》犯下了一个愚蠢的错误，在布什以286票对251票的微弱优势击败克里的过程中起到了极其重要的作用。拉瑟犯的绝不是一个无足轻重的小失误，他可是在《星期三60分钟》的7000万观众面前把自己当作祭品牺牲了。克朗凯特在有线电视网的《美国早安》中说过："哥伦比亚广播公司和其他公司的相当一批人都惊讶于自己竟然对他的这种姿态容忍了这么久。"

对哥伦比亚广播公司的总裁莱斯·穆恩维斯来说拉瑟离开主播的位置还不足以谢罪。1月初，当拉瑟开始清理办公桌的时候穆恩维斯要求与备忘录门事件有牵连的四位总经理也一起辞职。这四个人就是这条报道的制片人玛丽·梅普斯、《星期三60分钟》的总制片人乔什·霍华德、霍华德的副总经理玛丽·墨菲和哥伦比亚广播公司新闻网的高级副总裁贝特西·韦斯特。促使穆恩维斯做出这个决定的是美国前首席检察官迪克·索恩伯勒负责实施的一项独立研究，该研究宣称拉瑟的团队对羞辱乔治·布什有着"短视的热情"。穆恩维斯认为拉瑟采用"未经证实的文件"这一行为让哥伦比亚广播公司的声誉下滑到了历史最低谷，为克朗凯特、默罗及《60分钟》全体同仁建设的这支记者队伍留下了"污点"。拉瑟志在成为第二个默罗，捍卫21世纪社会正义的勇士，可是却由于一时疏忽成为电视新闻业中的喜剧明星。

当迈克·华莱士在《60分钟》节目办公室的洗手间里撞见拉瑟时，他们两个人之间爆发了一场激励的口角。华莱士当着拉瑟的面称他是无耻的卑鄙小人，面对备忘录门事件他没有拿出男人的样子，而是让梅普斯、霍华德、墨菲和韦斯特这些才华横溢的人蒙羞受辱。这就是拉瑟对勇气的理解吗？长期担任《60分钟》总制片人的杰夫·法捷说过："我们都知道这场发生在洗手间里的争执。没有人报告过这件事情，但是这件事情的影响力很恶劣。"

开除梅普斯等人的当天穆恩维斯要求任何人不得进入他在黑岩大厦十九楼的办公室，他甚至不接电话。他坐在办公桌前，听着缓和的音乐，在他的身后挂着插花家彼得·马克斯绘制的巨幅"眼睛"图标，就在这时门外突然传来一声微弱而急促的敲门声。还没等他来得及站起身门就被推开了。一头白发、面色红润的沃尔特·克朗凯特走了进来，他扬了扬那两撇如同八字形刷子的眉毛。戴着助听器的他看起来心烦意乱，充满了对穆恩维斯的同情和关心。

克朗凯特利用自己的魅力突破了一大堆秘书的阻挠，成功地找到了穆恩维斯。他对穆恩维斯说："好吧，莱斯，你已经做了一个男人在这辈子最难做到的事情。你把好人给赶走了……不过，为了新闻、为了公正，也是为了哥伦比亚广播公司的品牌你只能这么做。我只是想让你知道你做的没有错，我为你感到骄傲。"

与此同时，突然失业的拉瑟与高清频道签约，成为这家高清有线电视台的制片人，从2006年10月开始主持《丹·拉瑟报告》。

在接下来的三四十分钟里克朗凯特与穆恩维斯一直聊着备忘录门事件及其对电视的历史造成的影响。之前压在穆恩维斯肩上的大山消失了，他已经接连几个晚上没有入眠了，不得不解雇一批公司老将的决定令他备受煎熬，现在克朗凯特对他的宽宏大度让他哽咽。其实这种举动对克朗凯特本人来说毫无必要，在莱温斯基丑闻期间他邀请克林顿夫妇乘"温迪号"出海，当鲍勃·西蒙被伊拉克军队俘虏，并受尽折磨，终于获得释放之后他给西蒙发去问候信，给穆恩维斯送来慰藉也如出一辙。哥伦比亚广播公司的总裁穆恩维斯一直对克朗凯特毕恭毕敬，此时在他的眼中这位老人成为他的亲人。后来在提起这段往事的时候穆恩维斯泪眼蒙眬地说："你根本无法明白这对我意味着什么。一切都明了了。至今提起这件事情我都还会起一身的鸡皮疙瘩。回到家我终于能睡着了，崩溃的感觉终于消失了。就是因为沃尔特说没事了。"

2005年3月15日克朗凯特一家人遭受了巨大的打击，因此癌症来自密苏里州的褐发美人贝特西·克朗凯特逝世了，再有两个星期就是她与沃尔特结婚66周年的纪念日了。在纽约和埃德加敦令人眼花缭乱的社交圈里贝特西始终都是一位大明星，同时她又没有丧失自己中西部地区的根基，也不会做出一副新贵乍富的模样。人们总是觉得住在堪萨斯城的一套没有热水的公寓楼里，用维克多牌手摇留声机为大家播放音乐传奇人物贝西伯爵的唱片就会让她与沃尔特心满意足。贝特西是一个务实的人，在晚宴上她会以芭芭拉·沃尔特斯所谓的"揶揄而尖酸"的直率玩一石二鸟的把戏。每当被别人称呼为"美国最受信赖的人"时，克朗凯特总是有所保留地说："当初在做民意调查的时候他们没有调查我夫人的观点。"

而今贝特西不在了。沃尔特感到自己失去了保护，孤苦伶仃，他甚至不知道自己一个人是否还能熬下去。他的女婿黛博拉·拉什说过："当时他彻底崩溃了，贝特西是让他避免支离破碎的胶水。"许多人都参加了在曼哈顿的圣巴托罗缪（拿但业）教堂为贝特西举行的追悼会，其中不乏各界名流。多信仰联盟组织的韦尔顿·加迪牧师宣讲了最重要的悼词，其他讲话的人都在希拉里·克林顿的面前相形见绌。这位前第一夫人之前并不在嘉宾名单中，她的到来令所有人感到意外。人们聚集在教堂门外，在为克朗凯特感到伤心的同时一心想要用手机抓拍到第一夫人的照片。令克朗凯特家的三个孩子惊讶的是，丹·拉瑟也出席了追悼会。这天下午，克朗凯特与出售给他联合国广场酒店公寓的房地产经纪人乔安娜·西蒙聊了聊天，几个星期之后西蒙邀请克朗凯特同她一起去喝上几杯。西蒙的丈夫杰拉尔德·沃克尔在前一年在撰写小说《目击者》（未出版）的时候由于中风逝世了，西蒙说过："当时沃尔特痛失亲人，十分迷茫。他打算和孩子们一起去英属维京群岛过一个星期，冬天的几个月里'温迪号'一直停泊在那里。他想带上我一起去。"

无独有偶，比尔·斯莫的妻子也在贝特西逝世的同一天撒手人寰。在两家人举办完葬礼的几个星期过后斯莫接到了克朗凯特打来的电话："咱们一起吃个午饭，互相安慰一下彼此吧。"等如约来到曼哈顿的一家私人俱乐部之后两位老人被服务员领进了一间几乎与大厅彻底隔开的房间，两个人讲起了各自失去老伴的痛苦。克朗凯特说自己很难过，孤孤单单地坐在酒店公寓里的沙发上，周围摆满了各种纪念品，多得都可以开办一座小型主题公园了。他还向斯莫透露："我在房间里走来走去，完全找不到方向。我就只会眼泪汪汪地从早到晚地流着泪。"

突然他们话锋一转，提起了拉瑟在哥伦比亚广播公司长达24年的主播生涯，克朗凯特的表情立即僵住了，完全看不出友好、快活的样子。他告诉斯莫可怕的是拉瑟时不时地会故意羞辱他，哥伦比亚广播公司罢免掉拉瑟的主播职务令他很开心。他说自己听别人说起过拉瑟总是对其他职员说他的坏话，在新闻网里给他造成了很恶劣的影响。斯莫对克朗凯特说："我相信这不是真的。按照我与丹这么长时间的接触，我知道要是你有什么问题的话，他总是愿意倾听。事实上，他根本不愿与人结怨。"

"我应该给他打个电话吗？"克朗凯特难为情地问道。斯莫觉得这个想法不错，但是转念一想他又犹豫了。不难理解，他不想做和事佬。他说："这个主意不错，但是打还是不打完全取决于你自己。"

直到他们结束午餐克朗凯特也没有给拉瑟打去电话，实际上直到去世时他仍旧对拉瑟怀恨在心。可以说克朗凯特这一辈子只鄙视过一个人，这个人就是拉瑟。有线电视新闻网的主播艾伦·布朗经常同克朗凯特一起共进午餐，他说过："我跟克朗凯特无所不谈，只有涉及拉瑟的话题除外。"克朗凯特与拉瑟对彼此的态度一直都很不友善。杰夫·法捷说过："丹没有多少朋友，而沃尔特能让所有人跟他站在一条阵线上。"

将近生命的尽头，克朗凯特决定与哥伦比亚广播公司新闻网的老同事们重修旧好，唯独将拉瑟排斥在外。在历史频道主持节目的马德给这家公司做的最后一期特别节目就是在马萨葡萄园岛采访克朗凯特，无论曾经他们有过怎样的分歧，这时他们都已经将一切抛在了身后，或者说都不愿再提起陈年旧事。他们显然非常关心彼此。克朗凯特的听力有问题，马德（在一位音效专家的帮助下）为老上司设计了一种特殊的输入信号，这样克朗凯特就能听得十分清楚了，克朗凯特"高兴坏了"。采访结束后摄像机依然还在转动，这时克朗凯特称赞马德是一位优秀的记者、一位绅士，一位伟大的美国人，他对自己在1981年没有督促马德接替他感到深深的遗憾。

就在贝特西去世几个星期之后的一天晚上，克朗凯特的两位玩伴吉米·巴菲特与米奇·哈特担心没有了妻子的陪伴可怜的克朗凯特会不知所措，于是他们打算带着克朗凯特去纽约的城里"找点乐子"。巴菲特说等他们坐定后，他摁着克朗凯特的手安慰他："沃尔特，米奇和我都清楚贝特西没了，眼下你过得都是什么样的日子。我还从来没听说过有哪对夫妇能像你俩那么好，那么亲密。我们……"

克朗凯特打断了喋喋不休的巴菲特，眉开眼笑地说："伙计们，打住！打住！打住！我得跟你俩透露一个消息，我有女朋友了。"

就在贝特西去世几个星期之后克朗凯特就心急火燎地开始与西蒙约会，没过多久他们就住在了一起。克朗凯特将这段爱情归因于自己形单影只，希望最后再拥有一次心跳的感觉。马琳·阿德勒曾笑称西蒙一击制胜，打败了其他所有"文火慢炖的女士"。乔安娜的父亲是西蒙和舒斯特出版社创始人之一的理查德·西蒙，曾经身为记者的她凭借着在《麦克尼尔—莱勒新闻一小时》节目中的表现荣获了艾美奖非播音类艺术记者奖。著名歌手卡莉·西蒙是她的亲妹妹。1996年西蒙成为曼哈顿的一名房地产经纪人，她做成的第一笔交易就是在次年将联合国广场酒店公寓推销给了克朗凯特夫妇。就在贝特西去世的一年前她失去了丈夫，在贝特西去世后她很快就成了克朗凯特的"女朋友"（西蒙认为这种说法只适合用在高中生身上）。在克朗凯特在世的最后几年里，克朗凯特与西蒙在纽约、华盛顿和马萨葡萄园岛的社交圈中始终形影不离，《纽约邮报》和纽约的《每日新闻》都刊登过有关他俩的八卦文章，文章称西蒙是克朗凯特的新"女伴"。

如果是在完美的世界里，出于对贝特西的尊重克朗凯特应当再多等一段时间才开始新的恋爱。宗毓华曾开诚布公地说过就在贝特西去世后不久的一天她跟沃尔特斯一道在曼哈顿做指甲，当时她们俩"八卦了好一阵子"，还说克朗凯特与西蒙的关系太不道德了。宗毓华说："沃尔特没等多久就出手了。女孩们一起出门不就是这样吗？坐在足疗椅上，聊着沃尔特的性生活。"她一边说，一边哈哈大笑了起来。

2005年8月，由于肺癌美国广播公司新闻网的彼得·詹宁斯去世了，这件事情对克朗凯特产生了很大的影响。他做了一个决定：他要趾高气扬地与爱人乔安娜走到外面的世界去。在贝特西去世后，仍旧活在人世，但是已经年事已高的他很喜欢被围在漂亮女人中间。他总是一边像父亲一样给她们提供建议，一边向她们讲述着自己丰富多彩的一生中的光辉时刻。他在哥伦比亚广播公司新闻网的老同事卡罗尔·乔伊恩特成了他最亲近的一位朋友（她一度陷入了经济困境，正是在这种不寻常的情况下克朗凯特向她求了婚）。2005年，就在贝特西去世后不久中田纳西州立大学的青年教授比佛利·基尔在克朗凯特的黑岩大厦办公室里采访了这位主播。后来她说过："那种感觉就像是我与自己的祖父团聚了。当他在椅子上坐下来后我感觉毫不拘束，由于听力问题我们坐得很近，大约只隔了18英寸。"

"天哪，我们太近了！"克朗凯特打趣地说。

穆恩维斯感激他、库里克取代拉瑟开始主持《晚间新闻》、与65岁的西蒙恋爱（与他相比还算少女）、对阿曼鲍尔一见倾心、与三个孩子关系亲密，面对这一切克朗凯特满怀爱意、开开心心地步入了暮年。在克朗凯特与西蒙同居不久后的一天晚上他们俩步行前往坐落在第二大道上的一家中餐馆，一路上不断有行人走到克朗凯特跟前，跟这位伟大的主播握手。西蒙对他说："沃尔特，你也知道，你真算得上是美国的皇族了。"克朗凯特深情款款地看着西蒙，说："只要我还是你的红桃K。"这番话令西蒙神魂颠倒。

克朗凯特最终也没有成为宇航员。由于没有批准克朗凯特随格伦一起飞上地球轨道，作为补偿美国宇航局在2006年2月28日为他颁发了太空探索大使奖。在所有获此殊荣的人员中只有克朗凯特不是宇航员，能够获得这项荣誉"完全超乎了他的想象"。为了表示对克朗凯特的谢意，宇航局还赠送给他一份地球物质样本。装在鲁赛特有机玻璃盒子中的不只是某一块古老的月球岩石，而是在1969年到1972年之间在六次"阿波罗号"任务中宇航员从月球带回来的总共842磅月球岩石的集合样本。克朗凯特没有把这份特殊的礼物存放在纽约或埃德加敦家里的壁炉台上，而是将其赠送给了得克萨斯州大学的多尔夫·布里斯科美国历史中心。该中心收藏了沃尔特·克朗凯特的大量文稿，若是纵向排列起来的话这些文稿将长达300多英尺。

得克萨斯州大学的丹·卡尔顿教授还进一步将克朗凯特在《得克萨斯人日报》（1934—1935）当编辑时留下的资料收录进了多尔夫·布里斯科美国历史中心的馆藏文献。在克朗凯特的帮助下他还得到了莫雷·塞弗、乔·沃什与雪莉·沃什、哈里·瑞森纳、安迪·鲁尼、罗伯特·特劳特和其他一批杰出主持人的文稿，丰富了该中心的现有馆藏。该中心还对任何与克朗凯特有关的资料和物品都张开双臂。克朗凯特对卡尔顿的好感与日俱增，他渐渐地接纳了这位教授，让后者成为他的"监护人"。他们一起驾驶着"温迪号"出海遨游，一起畅饮着美格纯正波本威士忌，还一起聊着各种时事。卡尔顿与克朗凯特合作完成了两部包罗万象的口述史节目，这两部影片充满了著名作家斯塔兹·特克尔的风范，堪称经典杰作。两部影片分别是为多尔夫·布里斯科美国历史中心（2010年出版的《对话克朗凯特》一书正是以这部影片为基础）与美国电视艺术与科学学会（可在线观看）制作的。虽然精力日渐衰退，克朗凯特还是花费心血帮助亚利桑那州立大学沃尔特·克朗凯特新闻与大众传播学院取得了进一步的发展。1984年，在他的协助下这所学院得以创建，在2007年2月21日他又参加了学校在凤凰城市中心举行的奠基典礼。令克朗凯特格外满意的是公共广播公司在亚利桑那州的下属电视台也设在这所学校里，学生们因此有机会通过实践掌握电视报道的技巧。

告别《60分钟》，结束了卓越的播音生涯之后，迈克·华莱士常常与克朗凯特结伴打发时间。这不仅是因为他们都喜欢曼哈顿那些安静的餐馆，而且还因为他们在马萨葡萄园岛的住所相距不远。在埃德加敦的一天下午克朗凯特与西蒙邀请华莱士夫妇去他们与世隔绝的草坪，一边喝酒，一边聊着朋友和家人。就在这次聚会中华莱士丢下了一枚炸弹。

"沃尔特，你不想死吗？所有想做的事情我都做了，你呢？"华莱士说。

大吃一惊的克朗凯特说："不想。绝对不想！我可想长命百岁呐，只要能看一眼这里的海、阳光、海滩、树，迈克，每一天都是我的福分啊。"

等华莱士夫妇离去后克朗凯特与西蒙一言不发地想着他们想一起去的每一个美妙的地方。生命真是令人陶醉。在随后一年里他们去了葡萄牙、意大利、奥地利、夏威夷和加勒比海地区。借着克朗凯特被邀请为客座讲师的机会他们还享受了银海邮轮之旅，一路上还结交了不少新朋友。他们在乔治·克鲁尼在意大利阿尔卑斯山脉科莫湖的居所与这位影星共度了一个星期，玩着快艇赛，智斗着狗仔队。在马萨葡萄园岛克朗凯特为朋友们在架子鼓上敲打着《星条旗永不落》的节奏，西蒙壮着胆子用歌剧腔调唱着苏沙（《星条旗永不落》的词作者）创作的爱国主义歌曲。那幅情景令人不禁捧腹大笑。在曼哈顿，每个星期里总有四五天克朗凯特与西蒙要和朋友一起共进晚餐，另外两个晚上他们就在家里一边吃饭，一边收看《哥伦比亚广播公司晚间新闻》（被凯蒂·库里克深深地吸引着）、有线电视新闻网的《拉里·金直播》，或者其他新闻节目。

克朗凯特明白西蒙是最适合他的女人，作为歌剧演员的她懂得如何调整自己的音量，好让他听得见。他为她取了一个昵称，"翻译"。由于服用多种药物他无法再像以前那样喝威士忌了。西蒙说过："沃尔特和我拥有过一段非常美好的爱情。这场爱情姗姗来迟，我真希望他25岁，我只有1岁的时候我们就相遇了。"

在21世纪的第一个十年里克朗凯特似乎比美国的任何一个人参加的葬礼都要多，在追悼会上宣讲悼词总是令他感到荣幸。在多尔夫·布里斯科美国历史中心里保存着一份厚厚的文档，这是克朗凯特亲自执笔写给朋友和同事们的"遗言"。2000年西格·米克尔森在圣地亚哥逝世，克朗凯特乘飞机前往加利福尼亚州，去安慰米克尔森的家人。老米克尔森享年86岁，克朗凯特说过活到这把年纪你就有资格欢庆死亡了，就像新奥尔良人的葬礼上那样，跺着脚，哼唱着蓝调，完全就像是一场聚会。与克朗凯特一同经历了肯尼迪遇刺事件的小爱德华·比利斯也在同一年与世长辞，克朗凯特也还是坦然而平静地为哥伦比亚广播公司这员老将的家人送去了安慰。在2006年9月，在戈登·曼宁的葬礼上他也做了同样的事情。然而，在这一年的11月9日，当埃德·布拉德利由于白血病的并发症在曼哈顿的西奈山医院病故时，悲恸的克朗凯特在饱受疾病折磨的好朋友的病床前崩溃了。布拉德利太年轻了，还不到离开人世的年纪。克朗凯特痛不欲生。在效力于《60分钟》的26年里布拉德利采访了从流行巨星迈克尔·杰克逊、民谣艺术家鲍勃·迪伦、影视歌三栖明星莲娜荷恩，到黑人全能歌手雷·查尔斯在内的所有乐坛名人，克朗凯特总是喜欢听他讲这些乐坛传奇人物鲜为人知的故事。吉米·巴菲特说过："沃尔特和我都无法承受失去埃德的事实。他的离去让我们震惊得说不出话来。"

2006年7月，公共广播公司播出了90分钟的纪录片《沃尔特·克朗凯特：见证历史》（凯蒂·库里克旁白），影片以巧妙的手法凸显了克朗凯特的职业生涯。就在影片播出的五个月后克朗凯特的身体出现了一连串令人担心的状况，甚至有几次由于他无法讲话女儿凯西代替他做了公开演讲。熬过了漫长的岁月，最终他还是到了风烛残年的时候。脑血管病让他的身体变得虚弱不堪，让他出现了性情大变、昏迷、失忆、无法讲话、阅读和书写困难、身体局部麻痹、视力衰退和中风等症状。人们可以跟他聊任何事情，有时候他只会用瞎猜来回答对方，有时候他的思维又十分清楚。在曼哈顿人们纷纷传言称克朗凯特的大脑已经失调了，大大小小的报社甚至开始精心为他撰写讣告。在联合国广场酒店的公寓里，在两只猫、西蒙和亲朋好友的陪伴下他依然坚持着。他给大家讲述1956年苏伊士运河危机，可是却想不起来乔治·布什是现任总统。奇普说过："有时候他眺望着窗外的东河，说：'看起来像是纽约，我也不敢肯定。'"

克朗凯特已经无法保持以往的作息了，他需要更多的休息，首席秘书马琳·阿德勒谢绝了一切来访者。她提醒大家哥伦比亚广播公司的这位传奇主播年事已高，不适合社交活动了。有时候他那双蓝眼睛看起来模糊而呆滞，不过这双眼睛依然迷惑地看着这个疯狂的世界。在身体状况不理想的日子里，他必须集中全部的注意力才能想起公司老同事们的名字。同许多人一样，伯纳德·卡尔布也是以一种悲哀的方式得知克朗凯特的记忆力严重衰退的事实。卡尔布记得自己在2006年5月参加《纽约时报》总编阿贝·罗森索尔的葬礼时的情景，当时克朗凯特也出席了这场葬礼。卡尔布与克朗凯特没有多少私交，在20世纪60年代和70年代的大部分时间里他一直在海外为哥伦比亚广播公司新闻网提供报道，但是他们两个人不乏一起共事的经历。提起往事时卡尔布说："我走了过去，说：'嗨，沃尔特。'然后我们握了握手。可是他看起来一脸迷惑，老态龙钟。他根本认不得我了。"

从2007年的年末开始91岁的克朗凯特每周都要为开办不久的退休生活电视网提供评论，他的儿子奇普就在这家总部设在马里兰州哥伦比亚区的电视公司工作。第二年的年初，在芝加哥的一场反伊拉克战争大型会议上克朗凯特陷入了尴尬的境地。曾经在《泰晤士》（伦敦）当编辑的哈罗德·埃文斯担任了此次会议的主持人，一群头脑敏捷的人组成了讨论小组。由于无法前往芝加哥，克朗凯特便打算通过卫星通信技术在纽约宣讲自己的反战观点。结果，出现在大屏幕上的克朗凯特一会儿蹙起眉头，一会儿又舒展眉头，实际上他一个字也听不到，只能一个劲儿地调整着自己的助听器。大会的组织者卡罗琳·格雷厄姆曾回忆道："那一幕太可怕了。哈里不得不切断了他的画面，让大会继续进行。"克朗凯特明白自己已经时日不多了。他与朋友迈克·阿什福德计划在安纳波利斯创办美国航海名人堂，但是工作迟迟未能完成，这令他火冒三丈。他曾恼怒地说："赶紧把这件事情给办了，好让我还能赶上开幕典礼。"

克朗凯特喜欢待在联合国广场酒店的公寓里，或者读读报纸，或者浏览网站，后一种方式将他与浩瀚的信息世界拉近到只有一个鼠标的距离。这时候外界开始纷纷议论他的记性，每当听到他被诊断为老年痴呆症的变种病症时人们就会说"我早就跟你说过"。一天下午克朗凯特在纽约街头溜达着，突然一名女子轻轻地拍了拍他，然后彬彬有礼地说："有没有人跟你说过你看起来很像沃尔特·克朗凯特去世前的样子？"

克朗凯特与西蒙一起度过了2008年的圣诞节，与她的家人一起唱着圣诞颂歌。在2009年年初，正值隆冬时节他们逃离了严寒的纽约，去棕榈滩享受阳光，在那里克朗凯特不是坐在轮椅上，就是挂着拐杖四处溜达着。回到纽约后他们计划同老克鲁尼夫妇共进一次晚餐。当克鲁尼夫妇的儿子，好莱坞演员乔治·克鲁尼发现父母的安排后就拨通了餐馆的电话，为这顿晚餐付了账，给了四位老人一个惊喜。餐馆的老顾客们认出了克朗凯特，但是没有人上前来打扰他。当他就要离去时，所有人都从座椅上站了起来。提起这段往事时乔治·克鲁尼曾说："他们没有鼓掌，只是站了起来，当一位绅士离去人们就会这么做。"

西蒙还记得在伦敦为公共广播公司拍摄有关"二战"的纪录片《战争遗产》期间克朗凯特突然完全恢复了记忆。坐在豪华轿车后座上的他说得出每一个对他有特殊意义的地方："这就是我最初遇见安迪的地方……默罗以前经常在这里吃饭……公园径酒店就在这里。"西蒙觉得克朗凯特极其渴望记住身为"空战泰斗"的他身着合众社战地记者制服的那段岁月。为这部纪录片忙碌竟然莫名其妙地让克朗凯特已经衰退的记忆重新焕发了活力。到了晚上，克朗凯特与西蒙捧着他们当初在英属维京群岛旅游期间买到的一本超级下流的笑话书，大声朗读着书里的笑话。西蒙曾回忆说："我们都笑疯了，因为沃尔特用那种世纪之声般的正经腔调读着笑话，就好像他在播报新闻似的。"

2009年4月，《华盛顿邮报》的汤姆·谢尔兹为克朗凯特制作的《战争遗产》撰写了一篇精彩的评论文章。在影片中克朗凯特与英国的电视记者阿拉斯泰尔·斯图尔特一起重访了他在1941—1945年到过的每一个地方，电视观众第一次看到在1945年身为合众人的青年克朗凯特在纽伦堡头戴笨重的耳机，听着多语种翻译的对纳粹战犯的审判。接着镜头又闪回到92岁的克朗凯特，他面部红肿，眼含热泪。谢尔兹在文章中实事求是地写道："大叔消失了，而今他已成了沃尔特爷爷。"当提起卑劣的纳粹分子在纽伦堡受审的事情时克朗凯特的心中依然泛起强烈的怒火，他说："当时我就想冲他们吐口水。"他告诉观众纳粹对大屠杀的抵赖是"危险而不切实际的冒险"。电视屏幕上出现了集中营的可怕画面，这时克朗凯特又继续讲述起集中营的故事。

在这部一个小时的纪录片中克朗凯特还带领英国拍摄人员来到了坐落在英格兰境内的剑桥美国公墓，3812名美国战士就安息在这里。在画面中克朗凯特满怀敬意地走在一座座基督教的十字架和犹太教的六芒星之间，那幅景象不禁让人想起导演斯皮尔伯格拍摄的《拯救大兵瑞恩》。克朗凯特一边穿行在白色墓碑中间，一边利落地做着评论。当站在刻有失踪战士名字的纪念墙前，仔细辨认着在执行任务时失踪的5127名战士的姓名时克朗凯特潸然泪下，他的声音也颤抖了起来："我在想，天哪！天哪！天哪！真他妈的太过分了。"

尾声

电子山姆大叔

　　在人类进入核时代、电脑时代、太空时代、石油化学时代、远程通信时代、DNA时代的时候我们都在场。它们汇流成一条变革的大河，这是一条前所未有的大河。

——沃尔特·克朗凯特，《记者生涯》

　　2009年7月17日，沃尔特·克朗凯特与世长辞了，享年92岁。在去世前的几个星期里他的身体状况一直在不断恶化，凯西、南希与奇普都陪在他的身边，两只心爱的猫布莱基与奇萨躺在他的身旁。凯西说过："深爱爸爸的人都围在他的身边，他完全与世无争了。"在克朗凯特在人世的最后几天里，吉米·巴菲特在他的床前唱着小夜曲，用尤克里里（夏威夷四弦琴）弹奏着他最喜欢的海盗歌曲，在布拉德利临终前他自己也曾这样陪伴着布拉德利。虚弱倦怠的克朗凯特有时候会跟随巴菲特一起哼唱起来，这时候他的喉咙就会轻轻地嘎嘎作响。提起往事时巴菲特说："当我们听说沃尔特快要不行的消息时米奇·哈特和我就去看望他，给他打气。音乐似乎安抚了他的灵魂，他心平气和地对世界……露出了笑容。"

　　这天晚上女演员黛博拉·拉什在舒伯特剧院参加演出，舞台上上演的是剧作家诺埃尔·考尔德的喜剧《快乐幽灵》，主演是与克朗凯特一家都熟识的安吉拉·兰斯伯瑞。下了舞台之后拉什从保安人员那里得知她的公公已经过世了，电视上正在铺天盖地地报道这条消息。在所有演职人员中只有兰斯伯瑞知道拉什的丈夫是奇普·克朗凯特。

　　兰斯伯瑞向惊呆的拉什问道："你没事吧？还能继续演吗？"拉什说："没事。我没事。"

　　就在这个节骨眼上女演员杰恩·阿特金森走了过来，问她们俩为什么情绪这么低落。

"他的公公刚刚过世了。"兰斯伯瑞说。

"哦，真遗憾。你们知道吗？沃尔特·克朗凯特也刚刚过世。"阿特金森说。

包括记者、政客、宇航员、好莱坞的一大批明星在内的所有人都称克朗凯特是"美国最受信赖的人"，就好像他没有自己的名字似的。成年后的大部分时间克朗凯特都一直受着人们的爱戴，他被人们颂扬为慈父般的人物，当电视日渐变成快餐式美国文化的缩影时他却一直那么令人可敬。电视娱乐节目层出不穷，但是克朗凯特始终如普利茅斯之岩①一般屹立不倒。成千上万业余无线电爱好者在电波中向"KB2GSD"致以敬意，他们这个族群的链条上失去了重要的一环。②在听到克朗凯特逝世的消息后一名爱好者用Twitter出现之前的传统方式通过电波说："克朗凯特万岁！"

公众通过收视率调查表达自己的喜好，然而电视业的真正权威是公司的总经理们。如果说电影是导演的媒介，剧院是剧作家的媒介，那么电视则孵化出一批带有华而不实的头衔的商业经理，例如总制片、副总裁、总裁和主席。正是弗兰克·斯坦顿博士和罗伯特·金特纳这样的资本家为"二战"后的电视市场确定了基调和品位，他们以牟利为导向的决策制定过程为电视业的历史做出了断代。

但是，到头来绝大多数美国人都从来没有听说过这些电视业梦想家的大名。赢得过这种敬意的只有克朗凯特——沃尔特大叔——与默罗，人们对他们两个人的尊敬甚至超过了对历任的某些总统的敬意。最终，在越南战争和水门事件这样的恶性腐败事件面前克朗凯特这块金字招牌成了纯新闻的诚实性的代表。坐在哥伦比亚广播公司在纽约的主播座位上，这位来自大平原上圣约瑟夫市的"普通人"在家家户户享用晚餐的时候娴熟地用30分钟的时间向观众概括讲述着这个复杂的世界。尽管他的工作在于报道客观新闻，但是他制造的产品却是可以帮助人辨明是非对错的公平思想、司法智慧和道德指针。戴维·施里布曼在发表于《华盛顿明星报》的文章中颇有洞察力地指出："克朗凯特存在了整整一个时代，这就是心理学家们所说的为人父母最好的体现。"如《洛杉矶时报》，以及新闻博客网站"赫芬顿邮报"后来所说的那样，他是人们的大家长。泰德·透纳曾不以为然地耸了耸肩，说："对于这个人你还能说什么？这个名垂电视史的家伙还从来没有让谁厌烦过。"

---

① 译注：传说中美国第一批移民到达美洲的登陆处。
② 译注：这是克朗凯特在美国业余无线电爱好者世界中的呼号。

克朗凯特的逝世令美国陷入了困境，因为在他出现之前电视新闻业的表现实在乏善可陈。早在1978年的时候，《纽约时报》的一位记者曾问过克朗凯特他所做的究竟是不是真正的新闻。难道电视新闻的本质是表演，而不是实质性的新闻事实吗？一向喜欢开玩笑的克朗凯特立即产生了戒备心。他参与创造了电视新闻这种新闻品种，他希望在人们的眼中电视这种媒介有资格与默罗的广播工作相提并论。他说过："以前看到报纸上的坏消息我们常常惊慌失措。而今，在新闻人的眼中电视新闻也值得尊敬了，这是新出现的变化。我们已经建立起了属于我们自己的传统，属于我们自己的队伍。我们还拥有了当初我们缺少的自信。"

　　就在克朗凯特发表上述这番评论的同一年，正是在他的斡旋下萨达特与贝京走到了一起。然而，在他逝世的时候电视新闻在各种力量的驱动下已经变成了满是烂泥的空谷，因为电视新闻抛弃了它原本具有的公共服务价值。观众通过观看电视新闻节目得到的收益日趋减少，只有《60分钟》、《麦克尼尔—莱勒新闻一小时》，以及克里斯蒂娜·阿曼鲍尔所做的各种节目除外。曾经克朗凯特在《玛丽·泰勒·摩尔秀》中只做过一次精彩的表演，而今广播电视记者们都自视为好莱坞明星。廉价、愚蠢，同时又欣欣向荣的电视产业已经侵蚀了电视成为老师的可能性，在这个世界里娱乐节目和收入来源都在迅猛增长，与此同时教育性的电视节目却遭到了损害。电视新闻多半沦为电视业最微不足道的因子。1962年发射成功的"电星一号"卫星在当时是令人惊叹的奇迹，到了2009年却成了血光四溅、毫无节制的角斗士狂欢会，播音员们在为暴力、瘟疫、飓风和"恭喜你，答对了"之类的节目欢呼喝彩，因为这一切都有助于收视率的提高。

　　克朗凯特死了，但是他依然如一座桀骜不驯的丰碑一样挺立着，只有当一名伟大的新闻播音员在心中对这个国家做出正确、中立的判断时才会像他这样死而不朽。他不是电视界司空见惯的自恋狂和吹牛大王，他的播音始终不是为了投合观众的心意；相反，他需要的是人们希望被当作严肃新闻的内容。两者的差异微乎其微，但是非常鲜明。天生就对美国的宪法原则秉持着乐观主义信仰的克朗凯特最终留名青史。哥伦比亚广播公司新闻网主播一职不是神圣的使命，它只是为公众提供服务而已。当我们无一幸免地面临着越南战争和水门事件带来的羞辱与惩罚时，克朗凯特为我们的国家接受了惩罚。《得克萨斯月刊》曾说过克朗凯特的身上"有一种天生的加尔文教徒式的诚实，这种诚实是无法造假的，当然也不会走样"。用小说家库尔特·冯内古特的话来说就是，克朗凯特已经成为"我们的电子山姆大叔"。

克朗凯特的三个孩子在曼哈顿的圣巴托罗缪教堂为父亲举行了葬礼，四年前他们也是在这里为母亲举行了葬礼。他的遗体在摩利亚山墓地被火化了，随后人们又为他举行了一场低调的追悼会，沃尔特与贝特西在世的亲属和巴希特一家人出席了追悼会。在家人的监管下每一笔捐款都被汇入了沃尔特·克朗凯特与贝特西·克朗凯特基金会（捐款将被分配给克朗凯特夫妇共同支持的慈善组织）。克朗凯特的首席秘书马琳·阿德勒在安排随后的追思会时还要处理数百家媒体要求参加追思会的申请信，与此同时各大电视公司都不断播放着对克朗凯特身为历史见证人的深度报道，他亲眼见证了从诺曼底登陆日到奥巴马获选的各种历史大事。各界人士都向克朗凯特的家人送来了问候。乔治·科鲁尼说："在30年的时间里他一直是我们生活中最重要的声音，这个声音甚至让我们实现了我们原本难以企及的梦想。我恨这个没有了沃尔特·克朗凯特的世界。"

哥伦比亚广播公司新闻网已经预先为这个不可避免的日子做好了充分的准备，在克朗凯特与世长辞后的一个星期里播发了大量精心编辑的讣告和令人缅怀的克朗凯特原声片断。每一位与克朗凯特合作过的公司同事都献上了一份悼词，言语中充满了对克朗凯特难以自抑的仰慕之情。出身于《60分钟》节目组的迈克·华莱士在有线电视新闻网的节目中说道："难以想象我还会对谁如此敬慕。"莫雷·塞弗指出克朗凯特始终能区分出真相与假象，他称这位传奇主播是"真正的电视新闻之父"。在1962年以首任总制片人身份加入《哥伦比亚广播公司晚间新闻》节目组的唐·休伊特也流露出同样的哀伤。他问道："有多少新闻机构能有机会先是沐浴在爱德华·默罗带来的长达半个世纪的阳光里，接着又是沃尔特·克朗凯特带来的半个世纪的阳光？"

凯蒂·库里克承担起克朗凯特之前的双重职责，成为《哥伦比亚广播公司晚间新闻》的新一任主播及责任编辑，她也动情地提到克朗凯特对新闻的"目的与怜悯心"有着惊人的敏感，他从来不曾心存恶意。库里克用克朗凯特的录音片段开始了当天的节目，用这种方式向她的这位传奇前任表示了敬意（在克朗凯特的葬礼举行时库里克没有在节目中播出克朗凯特的画外音）。2006年9月5日的夜晚，第一次坐在主播座位上的库里克谦卑地告诉观众她想不出任何一句能够勉强企及克朗凯特那句"事实就是如此"的结束语。最终她也没有逞强与克朗凯特一争高下，只是用一句简单的"谢谢收看"结束了当天的播音。

芭芭拉·沃尔特斯在天狼星卫星广播电台的节目中长篇累牍地向克朗凯特卓越的播音生涯表示了敬意，其中一部分节目内容来源于他们两个人当初为《记者生涯》一书的出版所做的一次长时间采访。沃尔特斯相信没有人能像"诡计多端的老沃尔特"那样在采访时与采访对象争论不休。出人意料的是沃尔特斯比任何人都更加怀念她的这位总是"怒气冲天"的竞争对手。就连丹·拉瑟也真心实意地感到难过，他也向自己的宿敌献上了真诚的颂词。他告诉微软全国广播公司节目的雷切尔·梅多："沃尔特具有我们所说的在电视上'穿透镜子'的能力，就是说他能够与观众心灵相通。"从来没有人觉得克朗凯特在主持节目的时候是在照本宣读着提词器上面的内容。电视观众视他为蒸馏器，能够将重大新闻化繁为简，适合普通观众理解。拉瑟说过："没有比他更出色的人了。我们各有差异，但是我一直仰慕他取得的成就，这一点始终不曾动摇过。"

哥伦比亚广播公司的《面对国家》节目也清晰全面地展现了克朗凯特蔚为大观的职业生涯。在星期天的节目中哈里·史密斯担任了节目的嘉宾主持，鲍勃·舒弗尔负责幕后工作，在他们的通力合作下节目充分展示了克朗凯特在协调、编辑和播音方面的非凡能力。他从来不会试图让自己凌驾于报道之上，具有这种品质的电视记者堪称是业内的稀有品种。宇航员约翰·格伦也在节目中激动地追忆着克朗凯特对"水星"、"双子座"和"阿波罗"这些太空探索工程的价值，克朗凯特始终在为这些项目欢呼喝彩，始终对这些项目保持着乐观精神，手里随时都拿得来不易的新闻事实。格伦在悼词中说："今天早上我觉得自己几乎就像是在帮沃尔特·施艾拉顶班。在一次次报道太空项目的时候他和沃尔特真是一对黄金搭档。他俩永远形影不离。"

鲍勃·舒弗尔的讲话尤其打动人心，而且他的话充分回答了史密斯提出的问题——为什么美国民众如此信赖克朗凯特。他说："因为所有人都知道沃尔特黝黑的肤色不是在播音间的灯光下晒出来的，他的这身肤色是一次次现场报道新闻时晒出来的。这就是你之所以愿意为沃尔特效力的原因。他知道新闻并非来自于通讯社的电传机，知道有的记者就得亲临现场，有人就得爬到市政大厅的尖顶上去瞧一瞧尖顶有多高，就得有人做这些事情。沃尔特知道要想搞到新闻有多难，因为他亲身经历过这一切。"

似乎每一位在世的重要电视新闻记者都加入了颂扬克朗凯特的行列。就像电台播音员在第二次世界大战期间争取加入"默罗小子"队伍一样，电视播音员们都渴望被观众视作克朗凯特的部下。全国广播公司新闻网的汤姆·布罗考像往常一样一语中地指出了克朗凯特的精髓，他说从哈佛大学荣誉博士学位到总统自由勋章克朗凯特获奖无数，但是他没有因此被冲昏头脑，最令克朗凯特感到骄傲的身份始终是蓝领记者。布罗考在给《时代》杂志的文章中深刻地指出："我总是有一种感觉，等他到了晚年如果有人轻轻地拍拍他的肩膀，说：'沃尔特，这周我们有些人手不足，你能帮我们报道几个早上的警方新闻吗？'那他准会说：'天哪——什么时候需要我？要我去哪儿？'"

克朗凯特的逝世还促使媒体对已经过世的新闻元老们展开了一番报道。克朗凯特在全国广播公司的宿敌约翰·钱斯勒、切特·亨特利和戴维·布林克利早就与世长辞了，巴德·本杰明、厄尼·雷瑟尔和莱斯·米德格雷这几位与他合作过的杰出制片人也都辞世了。罗杰·马德所说的"老家伙广播公司"的滑稽提议甚至连最渺茫的希望都看不到了。保存住克朗凯特老节目的光芒这一重任落在了桑迪·索科洛一个人的肩上。在克朗凯特逝世时鲁尼依然老当益壮，但是在圣巴托罗缪教堂致悼词的时候他还是崩溃了。他痛哭失声地说："沃尔特走了让我觉得难过得无话可说。这么多年来他一直是我的好朋友。请原谅我，我真的说不下去了。"2011年鲁尼也与世长辞了。

感恩而死乐队的米奇·哈特实事求是地请求人们不要简单地将他的这位好朋友归入守旧派的行列，他解释说："他是一个很独特的社交媒体人，在Facebook和Twitter出现之前大家都依赖于他的友善。他希望世界变得更美好，更友善。他是一个声音巫师，他拥有强大的气场。声音、眼镜、烟斗——这些都是最完美的图腾。"

在追悼会上，克朗凯特的航海密友迈克·阿什福德与比尔·哈巴克准确地为人们描绘出深藏在这位著名记者心中的那个随心所欲的老水手。他说人们总是问他克朗凯特究竟是什么样的，对于这个问题他的回答一成不变——"你想是什么样，那他就是什么样"。阿什福德告诉大家克朗凯特驾驶着"温迪号"，海浪拍打着小帆船的时候他会大喊大叫地说"妙不可言"①，前来哀悼的人顿时爆发出一阵笑声。《名利场》杂志曾经问过克朗凯特如果转世投胎他愿意变成什么人，或者什么东西，克朗凯特的回答是"飞翔时身姿优雅、捕食时贪得无厌的海鸥"。阿什福德认为克朗凯特的天赋在于他能对他人的不幸感同身受，他说："克朗凯特的那对触角能够敏锐捕捉到朋友的痛苦。他知道如何找回欢乐，如何驱除忧虑，如何让一切好起来。"

---

① 译注：英文单词"sensational"既有"好极了"的意思，又有"耸人听闻"、"哗众取宠"等常用来描述轰动性新闻的意思。

等轮到比尔·哈巴克站在讲台上后，他提到克朗凯特是著名"一遍过"，一个绝对独一无二的人。谁都不能像克朗凯特那样分辨良莠，看穿骗局对他来说完全是自然而然的事情。哈巴克在20世纪50年代担任《史蒂夫·艾伦秀》制片人的时候第一次见到了克朗凯特，当克朗凯特在联合国广场酒店公寓里告别人世的时候他就坐在克朗凯特的床前为他读着诗歌。克朗凯特最喜爱的一首诗是英国桂冠诗人约翰·梅斯菲尔德的《海之恋》，哈巴克在追悼会上朗读了这首诗，但是把原作中的第一人称改换为第二人称：

你一定要再去看看大海，看看孤独的大海和天空

你想要的只是一艘高桅帆船，还有一颗为她引航的星星

还要舵盘带来的刺激、风吟唱的歌、白帆的颤抖

还有灰茫茫的浓雾笼罩在海面上，灰茫茫的黎明天空露出一丝曙光

追悼会结束后，哥伦比亚广播公司新闻网计划在2009年9月举办一场公开纪念会，以纪念克朗凯特的职业生涯（等所有人都结束暑假，回到曼哈顿之后）。公司总裁莱斯·穆恩维斯慷慨地拿出公司的支票簿，在林肯中心的艾弗里费雪厅（爱乐厅）为克朗凯特举办了一场盛大的追思会。让9月9日这一天成为历史盛事的重任完全落在了新闻网总经理琳达·梅森的肩上，她曾在1997年制作过纪录片《克朗凯特记得》。梅森很快就了解到每一位美国人都渴望参加在林肯中心举办的这场活动，一项民意调查显示在广播电视业的历史上还没有第二个人能像克朗凯特那样独自一人顺利完成对肯尼迪遇刺事件和尼克松辞职的报道工作。克朗凯特曾经告诉《名利场》杂志自己这辈子最大的成就就在于"参与制定了……新闻标准"，而这项调查同时也显示没有人认为他没有资格做出这样的论断（不过，必须指出的是人们也承认最终除了一两个例外，电视业总体还是没能达到克朗凯特的标准）。

克朗凯特制定的标准在克里斯蒂娜·阿曼鲍尔的工作中依然具有强大的生命力。当其他播音员坐在各自的豪华轿车里，一边在林肯中心的大门外排着长队，一边担心被狗仔队偷拍到照片的时候，阿曼鲍尔在上西区的家里起了床，穿上衣服，骑着自行车去了中央公园，她想在大自然的怀抱里好好想一想克朗凯特。她将自行车停在了距离林肯中心几条街的地方，然后锁好车。早在1996年的时候阿曼鲍尔就令克朗凯特感到惊诧，她一边在有线电视新闻网做着专职工作，同时每年还要在世界各地为《60分钟》节目做五次报道。克朗凯特甚至保存着一盒送到联合国广场酒

店公寓的影碟，上面记录着她的每一次出镜报道。后来再提起这件事情的时候阿曼鲍尔说过："当时我穿着紫色的绒面短夹克和黑色长裤，感觉自己就像是修女飞飞和玛丽·泰勒·摩尔的集合体。不过我倒是准时赶到了地方。"

阿曼鲍尔在日记中记下了克朗凯特的追悼会，她的描述散发出的温暖、幽默和智慧必定会深为克朗凯特所喜爱。在追思会上，克朗凯特这位伟大的记者身处世界各地的画面闪现在大屏幕上——"这里是沃尔特·克朗凯特在巴黎……莫斯科……中国的长城，等等"——阿曼鲍尔不禁骄傲地潜然泪下。记者真的能够改变一个有问题的世界。对于刚刚从阿富汗回到纽约的她来说（她在阿富汗拍摄有关年轻一代穆斯林生活的纪录片《伊斯兰一代》），克朗凯特的一生不只是主持过《哥伦比亚广播公司晚间新闻》这么简单，他是她这一生见过的最经典的战地记者，他就是她的智慧之源。无论是在报道波斯尼亚的种族清洗、在伊拉克防止强奸罪行的出现，还是在海地安慰身患传染病的孩童，阿曼鲍尔始终都问自己同样一个问题："克朗凯特会怎么做？"

答案就是寻找真相、让人们坦诚相告、探索世界、笑对荒唐的世事。

穆恩维斯还邀请了奥巴马总统在悼念会上致辞。同其他人一样，奥巴马也是"看着克朗凯特长大的"，受到这样的邀请令他感到荣幸。他不仅在林肯中心做了讲话，而且在追思会举行之前他还命令白宫的工作人员取消了他在这天下午的全部安排，专门为这场纪念活动腾出了半天的时间。哥伦比亚广播公司新闻网没有播出追思会的实况，但是在坐落于五十七大街的播音中心进行了内部现场直播。制片人阿曼·凯迪伊恩曾回忆道："大楼里的每一个人都聚精会神地看着追思会。我们看得很专注。所有的讲话都非常棒，奥巴马的尤其精彩。"

奥巴马从头至尾参加了这场长达两半个小时的追思会，对于他来说哥伦比亚广播公司的这位名誉退休主播代表着电视播音的最高峰。他说难以想象没有了克朗凯特这个世界会变成什么样子："新闻不只是一种职业，它是我们的民主制度得以维持的必不可少的公共力量。"奥巴马之所以敬重克朗凯特就在于他始终没有降低新闻的水准，不曾大吼大叫，也不曾表现得像一个愤怒的蠢货那样。奥巴马告诉聚集在林肯中心的众人克朗凯特的伟大之处就在于他明白"美国人民渴望真相，朴实无华的真相，没有戏剧效果、不猎奇的赤裸裸的真相"。显而易见，奥巴马借用悼念会的机会向第四等级明确表示在当今的广播电视界以利益驱动的《内幕》式的煽情主义称王称霸，这样的广播界应当恢复克朗凯特对新闻清晰度和真实性所制定的标准。在刚刚进入21世纪的时候克朗凯特曾在西弗吉尼亚观众的面前指出新闻标准之所以下滑是因为"巨型企业"的存在，这些企业将新闻视作"又一个牟利中心而已"。在悼念会上奥巴马重申了克朗凯特的观点。诸如迪斯尼美国广播公司—娱乐与体育电视网、全国广播公司环球集团—泰勒曼多、时代华纳—有线电视网，以及鲁伯特·默多克的新闻集团等大型联合企业的出现意味着美国广播电视新闻的重要阵地已经不再被掌握在克朗凯特这样的通讯社记者的手中了。

在悼念会上前总统比尔·克林顿就坐在奥巴马的旁边，他也做了讲话，向大家道出了在他深受莱温斯基丑闻困扰的暗无天日的那几个月里克朗凯特向他伸出援手的事情。巴兹·奥尔德林也详细回顾了1969年"阿波罗11号"的宇航员们接受建议隔离的时候，正是通过观看克朗凯特为哥伦比亚广播公司主持的登月报道节目的录像带才了解到这项任务起初是如何开始的。他说："沃尔特热衷于讲故事，正如飞入太空是我的兴趣之所在。"

音乐让追思会洋溢着克朗凯特式的精神。小号演奏家温顿·马萨利斯吹奏着嘹亮的南方爵士乐，在林肯中心的爵士六重唱乐队的配合下水泄不通的大厅里一直回荡着喧闹的新奥尔良风格的音乐。米奇·哈特则拿着一个木盒子敲起了鼓点。最受瞩目的是吉米·巴菲特，他轻轻地拨弄着木吉他，唱起了《水手儿子的歌》，这首歌曾经被克朗凯特当作自己的圣歌。"海军准将"克朗凯特聆听着"温迪号"的喇叭上传来的巴菲特的歌声，海风吹打着他的面庞——在林肯中心听完这样的音乐和众人的对克朗凯特的追忆之后最终留在大家脑海中的便是这幅画面。

坚定、无畏的做派，再加上谦逊和充满同情心的基本品质，这位密苏里人有能力在动荡的时代保持镇定。当他作为哥伦比亚广播公司主播的声望如日中天的时候他仍旧努力辨认着，并试图向外界阐释着隐藏在自己的血液中的难以捉摸的品质，正是这种品质决定了他有别于其他人的事实。他说过："有比我优秀的作家，比我优秀的记者，比我优秀的演讲者，比我英俊的人，比我更高明的采访者。我不了解自己究竟具有怎样一种魅力。这应该是一种未知的品质，或许就是诚实地与人交流的能力吧。我有一种使命感，我喜欢新闻，虽然这么说会显得有些华而不实。事实总是令人恐惧，但是我觉得人们应当尽可能地了解这个世界，尽可能地了解真相。我在乎这个世界，在乎人们，在乎未来。大概我给大家留下的就是这样的印象。"

逝世时克朗凯特在人们的眼中已经成为小报新闻的对立面。在2001年接受有线电视新闻网的主播拉里·金的采访时他明确指出过电视新闻业究竟出了什么问题——广播公司没有向观众仔细讲解真正的新闻，而是一味地像狼群一样没完没了地追逐着黛安娜王妃遭遇车祸和辛普森杀妻案审判之类的小报消息，直到这些消息再也无法引起人们的注意为止。克朗凯特对跟风式新闻的不满贯穿在美国喜剧中心频道的《乔·斯图尔特的每日秀》（又译作《囧司徒每日秀》）和史蒂芬·科尔伯特主持的《科尔伯特报告》这两个脱口秀节目中。此外，克朗凯特还担心美国的政治竞选活动会逐渐成为真人秀，而不再对公众具有教育意义。在2007年他曾告诉《华盛顿邮报》的霍华德·库尔茨："奇怪的是，从来没有人问过我这个问题——这一点很奇怪——但是我认为广播公司就应当一直报道大新闻，丢掉那种'你我的钱包''你我的美貌''你我的垃圾桶'式的节目。"

从很多种意义上而言2009年7月克朗凯特时代已经落幕了。在有着24小时不间断的有线新闻、体育、商业广播网，再加上从"科斯日报"、"德拉吉报道"、"赫芬顿邮报"等成千上万的新闻网站到YouTube网站上泛滥成灾的视频构成的新世界媒体秩序中，再也不会有哪一家媒体的代言人能够受到如此的信赖了，也不会再有哪一位主播或记者有望拥有同样的权威。

不过，哥伦比亚广播公司新闻网在年少得志的总裁戴维·罗兹和《60分钟》身经百战的总制片人杰夫·法捷的率领下开始引导公司恢复克朗凯特时代的严肃面貌，这或许才是对克朗凯特最有意义的致敬。在凯蒂·库里克离去后开始主持《晚间新闻》的是来自得克萨斯州的斯科特·派利，身为克朗凯特的崇拜者他只对硬新闻感兴趣。此外，公司还聘请了公共广播公司令人敬畏的查理·罗斯担任《哥伦比亚广播公司早安》节目的主播。克朗凯特曾经用过的主播台或许已变成了木浆，但是曾经挂在他播音间里的那张不大不小的墨卡托式地球投影图已经被人从新泽西的库房里找到了。这张地图重新被挂在了哥伦比亚广播公司坐落在西五十七大街的演播室里，成为罗斯主持晨间节目时的背景。若地下有知，克朗凯特一定会感到荣幸，他的价值再一次得到了证明。

克朗凯特从不畏惧为爱国主义摇旗呐喊，但是当爱国主义显露出丝毫的社会不公时他也决不妥协。历史已经为他盖棺定论，他就是冷战时期及冷战后美国电视界的良心，当国家处于危难关头时他风度翩翩地帮助美国平稳度过了动荡不安的数十年。就在克朗凯特逝世后，第一位登上月球的美国宇航员尼尔·阿姆斯特朗说："专门分析和报道意外事件的新闻分析家和记者要想成功就必须做到三点：准确性、对时机的把握、观众的信任。"克朗凯特一样也不少。

奥巴马在林肯中心所做的致辞中指出了克朗凯特这一生最重要的意义。他说："他是我们的亲人。他让我们信任他，他从未让我们失望过。"奥巴马的这番话道出了无数美国民众的心声。

致 谢

　　在戴维·哈伯斯塔姆的提议下我开始撰写这部传记，其实他早就该提醒我这么做了。当时我们两个人从新奥尔良驱车前往巴吞鲁日，赶去参加在当地举办的路易斯安那图书节。一路上我们喝着星巴克咖啡，聊着各自在路上经历过的趣事，就这样在10号国道上打发着时间。突然，我们的话题转向了电视时代的白宫记者团和美国历届总统，哈伯斯塔姆大胆地提出沃尔特·克朗凯特是20世纪下半叶最重要的记者。哈伯斯塔姆撰写的《统治者》一书堪称是美国当代传媒史的经典研究范本，他认为尽管已经有了罗纳德·斯蒂尔的权威著作《沃尔特·李普曼与美国世纪》和约瑟夫·珀西科的杰出作品《爱德华·默罗：美国原创》，但是还没有人为克朗凯特的一生及其经历的时代做出充分的记述。他的这番话启发了我。几天后，我给我的经纪人，ICM合伙人经纪公司的年仅22岁的莉萨·班考夫打了一个试探性的电话，我想知道在出版界目前是否有人正在筹划出版一部克朗凯特的传记作品。经过一番大范围的调查后班考夫给了我否定的答案，于是我立即开始着手准备。

　　无独有偶，克朗凯特将自己的大量文稿捐赠给了得克萨斯州大学奥斯汀分校的多尔夫·布里斯科美国历史中心（以下简称布里斯科中心）。克朗凯特没能结束得州大学的学业——事实上他也没有在其他大学继续完成学业——不过他在这所学校里度过了1933—1935年的两年时光，而且除了上课，他还参加了校报《得克萨斯人日报》的编辑工作。他对母校一直怀着满腔热忱。我给布里斯科中心的主任，一流的历史学家唐·卡尔顿教授打去了电话，希望知道是否有可能为克朗凯特撰写一部传记。卡尔顿对这个想法充满了热情，他认为早就应该有人着手这项繁重的任务了。

　　为克朗凯特做传的工作之所以令我心动并不是像哈伯斯塔姆所认为的那样，即这位哥伦比亚广播公司的大记者在历史上占有一席之地，而是由于得州大学拥有着一大批丰富的实物，例如克朗凯特在第二次世界大战期间从欧洲写给人的家信、哥伦比亚广播公司的内部通知、克朗凯特参与制作的系列节目（《你就在那儿》、《目击者》和《20世纪》等）、记录早年生活的私人照片、在20世纪30年代和40年代效力于合众社时期的剪报、他在越南采访期间制作的剪贴簿和报道纪事录、在20世纪50年代到80年代收到的粉丝来信，以及与同时代最著名的记者、政治家和娱乐明星之间的通信。卡尔顿一直在致力于将布里斯科中心建设成为顶级的新传媒史资料库，因此就在不久前他得到了克朗凯特许多朋友和同事的手稿，其中包括安迪·鲁尼、哈里·瑞森纳、沃什夫妇（乔与雪莉）、罗伯特·特劳特、西格·米克尔森，以及莫雷·塞弗。可以说，布里斯科中心提供了全方位的服务。

在我撰写《讲述真相：沃尔特·克朗凯特》的时候卡尔顿还邀请我担任得州大学布里斯科中心的研究员，我深感荣幸地接受了他的邀请。他慷慨地为我提供了研究学者需要的各种设施，从办公室和停车位，到复印机和电话一应俱全。在卡尔顿的带领下，布里斯科中心的工作人员也同样非常出色。我将按照以下顺序对下列人员致以衷心的感谢："伟大的"玛格丽特·施兰基、艾琳·珀迪、布兰达·甘恩、阿尼·格雷切尔、罗伊·伊诺霍萨、艾米·鲍曼、斯蒂芬妮·马尔默罗斯、埃文·霍克尔与特丽萨·帕洛莫·阿科斯塔。唐·卡尔顿的女儿奥恩娜·卡尔顿与我们全家的关系都非常亲密，她帮助我找到了《纽约时报》上曾经刊登的报道，并代表我对得州大学的藏书进行了核对。

在2007年7月我受聘于莱斯大学，成为该校的美国史专业终身教授。在每年秋季开学的一个学期里我要教授三门课程：二战史、20世纪的总统、美国保护史，这样一来每年的1月至8月我就没有授课任务，可以全身心地投入到科研和写作工作中。虽然莱斯大学坐落在休斯敦，不过我家就位于奥斯汀的山脚下，距离得州大学的克朗凯特档案馆仅仅几英里之遥。我经常沿着71号公路和10号国道往来于奥斯汀与休斯敦之间，两个半小时的车程令人感到乏味，为了消磨时间我常常听着民间音乐、爵士乐和公用无线电台的播音。不过，这样的生活产生了一个非常棒的结果，现在布林克利（即作者）一家人有资格宣称自己与两个伟大的地方有着私人联系了，这两个地方就是奥斯汀（韦斯特莱克和罗林伍德）和休斯敦（里弗奥克斯和西部大学）。

哥伦比亚广播公司的数十位制片人、撰稿人、记者、总经理和档案管理员都成了我的朋友，他们通过各种各样的方式为我提供了帮助。全国新闻编辑比尔·菲林一直是我最亲爱的朋友（我希望他会在通过乔治·华盛顿大桥往来于新泽西和曼哈顿市中心的路上听一听录音版的《克朗凯特》）。我还经常参加《哥伦比亚广播公司斯科特·派利播晚间新闻》、《哥伦比亚广播公司早安》（查理·罗斯、艾丽卡·希尔和盖尔·金）、《哥伦比亚广播公司新闻网星期天早安》（查尔斯·奥斯古德）和《面对国家》（鲍勃·舒弗尔）等节目，通过与这些主播的交往我对西五十七大街的疯狂的工作环境有了进一步的了解。在此我要特别感谢哥伦比亚广播公司新闻网的总裁戴维·罗兹（莱斯大学的校友）、杰夫·法捷（《60分钟》节目组的负责人及总制片人）、艾尔·奥蒂兹、米歇尔·米勒、丽塔·布雷弗、查尔斯·奥斯古德、鲍勃·舒弗尔、戴维·法伯、杰夫·格洛尔、比尔·普兰特、吉姆·阿克塞尔罗德、拜伦·皮茨、鲍勃·西蒙、贝蒂·阮、史蒂夫·克罗夫特、约翰·迪克森、拉腊·洛根、诺拉·奥唐奈、鲍勃·法斯和奇普·里德。

为了处理克朗凯特留给纽约和奥斯汀的财富，我求助了远在纽约的老朋友朱莉·芬斯特。很久以前我在《美国遗产》杂志社与朱莉结识，自此以后我们一直给予彼此坚定的支持。在撰写本书的过程中作为合作伙伴的她一直兢兢业业地对模糊不清的事实进行核实，帮助我建构篇章结构，还对美国新闻史方面的问题提供了真知灼见。她的编辑技术和对历史的判断能力都令人佩服。没有她，我绝对无法亲自查阅有关克朗凯特的卷帙浩繁的资料。这部作品的完成根本离不开她的帮助。

从2010年的秋季开始，刚刚从得克萨斯州大学奥斯汀分校毕业的萨拉·海吉成了我的私人助理。现在又就读于加利福尼亚大学伯克利分校法律专业的萨拉（暑假里她还在联邦贸易委员会从事文员工作）是我的朋友，《国家》杂志的编辑及创办人之一的卡特里纳·范登·赫维尔向我推荐了萨拉（谢谢你，卡特里娜）。萨拉对我来说真可谓是宝贵的人才，她同我一起在布里斯科中心翻阅了一箱箱的资料，收集整理照片，安排采访（由我本人采访）。后来她还将自己的那辆丰田汽车命名为"克朗凯特"。

2011年7月，我又从弗吉尼亚·诺辛顿那里得到了不可思议的帮助。弗吉尼亚刚刚完成了得克萨斯州大学奥斯汀分校的跨学科教育"二号方案荣誉学位"，她天生就对历史、文学和新闻学具有与她的年龄不相符的敏锐洞察力。她为"二号方案"课程撰写的毕业论文《简·里斯在两次战争之间创作的小说中的文学自然主义特征》对这位创作了《黑暗中的航程》一书的杰出作家进行了修正主义的研究。同弗吉尼亚在一起我们没有走什么弯路，在她的帮助下这部传记从散漫的初稿一步步发展成工整的定稿。守时、聪颖、永远处在工作状态中的她让我们的合作在创作这部作品的艰苦过程中达到了一个高峰。由于她对海洋保护问题充满热情，因此我希望在我为《野生圈》系列丛书撰写第三卷《寂静的春天革命》的时候我们还能有机会合作。

莱斯大学的一批学生也同样不时地帮助我通过互联网寻找相关文章，我尤其要向纳塔莉·拉泽瑞斯科与伊琳娜·波波瓦致敬。我在莱斯大学历史学专业的同事们也为我的出版事业提供了大量的帮助，我尤其要感谢保拉·普拉特与雷切尔·杰皮达，由于他们的工作使我们这个专业就像瑞士钟表一样精确的运行着。克朗凯特成长于休斯敦，我发现《休斯敦纪事报》的报刊资料室拥有丰富的资源（收藏有《休斯敦新闻报》和《休斯敦邮报》的剪报），因此我要向该报的副总裁及编辑杰夫·科恩和他的员工们致以谢意，正是他们帮助我从过期报纸中挖掘出了与克朗凯特有关的材料。

2011年的夏天我在哈佛大学的W·E·B·杜波依斯非洲及非裔美国人研究所任研究员，为此我要向杰出的历史学家"跳跳"亨利·路易斯·盖茨表示感谢。

需要指出的是我本人同沃尔特·克朗凯特也略有接触。他曾与夫人贝特西一起出席了出版社为我的新书《迪安·艾奇逊：冷战岁月，1953—1971》在纽约举办的发布会（我在乔治敦大学的博士毕业论文的修订版，耶鲁大学于1933年出版了原版）。此外，我们还在世纪俱乐部见过几次面，在纽约和马萨诸塞州举办的几次聚会上我也见到过他，他还随和地为我的一部作品撰写过评介。不过，我们之间没有多少私交。2008年12月，在唐·卡尔顿的安排下我才得以与他在他的联合国广场酒店公寓里共进了一次晚餐。几个月后他便溘然长逝了。当时克朗凯特知道我在为他撰写传记，可是由于大脑失调他已经无法向我提供任何实质性的帮助了。将我同他的谈话收录进本书似乎不太得当，因此我没有在注释部分中提及。尽管如此，与他相识十多年，甚至哪怕只有一面之交，也对我能更充分地分析他的性格有所帮助。

我花费了大量精力对克朗凯特的家人、朋友和曾经的同事进行了采访。从芭芭拉·沃尔特斯、泰德·透纳、布莱恩·威廉姆斯，到凯蒂·库里克，似乎新闻界的每一个人都能讲出一些有关克朗凯特的趣事，这些故事都令人十分着迷。沃尔特与贝特西的三个子女——南希、凯西与奇普——自始至终对我的工作提供了支持，他们希望我为他们的父亲撰写一部实事求是的传记。学者从写作对象的家人那里所能得到的支持莫过于此。而今我与克朗凯特的家人都成了亲密的朋友（尽管我们在一些涉及家庭的问题上持有异议）。

出人意料地是，陪伴克朗凯特度过生命最后几年里的乔安娜·西蒙也对自己与新闻界的这位传奇人物之间备受争议的关系直言不讳。自1991年开始担任克朗凯特首席秘书的马琳·阿德勒风度翩翩，她成了我的"接线员"，帮助我与各方人士取得了联系。

对我最帮助最大的三个人——安迪·鲁尼、杰夫·格拉尔尼克与罗伯特·皮尔伯因特——都与世长辞了，我很难过他们没能读到最终的定稿。他们对克朗凯特的观察与分析都对这部作品的形成具有至关重要的作用。

我还必须对长期与克朗凯特合作的制片人及好友桑迪·索科洛致以特别的谢意。在我开始着手创作这部传记的时候桑迪来奥斯汀找到了我，从此我们成了朋友，这段友谊令我获益良多。迄今为止我们大概通过上百次电话，在很多关键性的阶段他都帮我找到了克朗凯特的老朋友，为我安排了采访机会，或者找到一份值得我深思的罕见文件。对曾经为克朗凯特撰稿的桑德尔·波尔斯特与制片人朗·伯恩也是如此。为克朗凯特所反感的丹·拉瑟也花费了大量的时间事无巨细向我阐明自1960年以来的电视新闻业的方方面面，他极其开诚布公，给予了我巨大的帮助。了不起的罗杰·马德则完全就是一个大好人。

　　此外，我还有一位重要的盟友，他就是毕业于马里兰州大学，在电视新闻和太空领域方面颇具权威的阿尔弗雷德·罗伯特·霍根。我们是在国会图书馆于华盛顿特区主办的国家图书节上结识的，当时我正在为我的《大洪水：卡特里娜飓风、新奥尔良和密西西比湾岸地区》举行签售会。那一天云淡风轻，霍根送给我一枚当初人们为了支持克朗凯特参加总统竞选而制作的小徽章。我们给对方留下了各自的电话，后来他将自己颇具洞见的文学硕士论文《电视转播太空时代——对哥伦比亚广播公司新闻网在1957—2003年对太空项目的报道所做的描述性年表》（2005）寄给了我。他还毫不设防地让我阅读了他的采访手稿和相关资料。他在很多方面都拥有天赋，其中就包括他主动着手汇编社会急需的克朗凯特广播史，通过这项工作他试图尽量完整地列出克朗凯特这位偶像人物在自己漫长的公共职业生涯中在电视里和广播中的每一次亮相。一旦被公布在互联网上，这份材料必然会成为有关克朗凯特的权威性参考资料。

　　克朗凯特的许多老朋友都对这部书的书稿进行了校对，帮助我避免了很多令人尴尬的错误。伟大的电视节目撰稿人默文·布洛克怀着兄弟情谊开心而一丝不苟地审阅了书稿，他是一位可敬的导师，具有洞若观火的智慧，以及如海明威的编辑麦克斯韦尔·伯金斯般完美的文字风格。此外，从头到尾仔仔细细审阅过书稿的还有罗杰·马德、比尔·斯莫、奇普·克朗凯特、凯西·克朗凯特、桑迪·索科洛、唐·卡尔顿、马琳·阿德勒与罗伯特·费德勒。针对个别章节提出意见的各领域专家包括：朗·德雷兹（第二次世界大战和越南战争）、供职于宾夕法尼亚州伊斯顿市拉法耶特学院的唐纳德·米勒（第二次世界大战）、在佐治亚州萨凡纳市的非凡第八飞行中队博物馆工作的维维安·罗杰斯–普莱斯（第二次世界大战）、在得克萨斯州达拉斯市的六楼博物馆工作的格雷·麦克（约翰·肯尼迪遇刺事件）、卢·伍德（《目击者》和肯尼迪遇刺事件）、丹尼尔·埃尔斯伯格（越南战争；水门事件）、唐·弗尔萨姆（尼克松政府）、杰拉尔德·波斯纳（肯尼迪遇刺事件）、朗·伯恩（太空探索和环境问题）、乔治·艾比（太空探索），以及伯纳德·肖（20世纪60年代和70年代）。

活跃在越南战争时期的哥伦比亚广播公司新闻网的两位杰出记者帮助我对1968年2月27日出现的"克朗凯特时刻"有了更深刻的理解，我对他们的感激之情难以言表，他们就是莫雷·塞弗与杰克·劳伦斯，用默罗的标准判断的话，他们都是最优秀的。他们对涉及越南战争的章节进行了多次审读，提出了精准的编辑意见，并且给我以鼓励，我对他们二位的敬佩之情无以复加。我真希望对哥伦比亚广播公司新闻网的制片人厄尼（欧内斯特）·雷瑟尔、巴德·本杰明、西格·米克尔森与戈登·曼宁（克朗凯特的好友）也能够进行采访，遗憾的是他们都已经过世了。

艾伦·魏斯曼曾在1981年与克朗凯特一起去埃及参加了萨达特的葬礼，他将自己在埃及之行期间写下的了不起的日记交给了我。克里斯蒂娜·阿曼鲍尔也同样给我提供了自己的一部分日记。伊利诺伊州广播及电视界的传奇播音员唐·米歇尔让我注意到了克朗凯特与高中时代的爱人"小不点"温特之间的情书（这些信件令我深受启发）。布莱恩·威廉姆斯也用1964年制作的陈腐可笑的纪录片《主播》启发了我，这部影片以纪实影片的风格不加渲染地对克朗凯特进行了审视。有线电视新闻网的前总裁，来自亚特兰大的汤姆·约翰逊也为我联系到一些采访对象，还不断给我发来对我大有帮助的电子邮件。在写作过程中奥斯塔·谢里斯·"雪莉"·奥斯汀自始至终为我提供着重要参考意见和建议。供职于华盛顿特区新闻博物馆的谢尔比·科菲也一直源源不断地给我以启发。

这部传记曾经是一部冗长的大部头，但是最终我还是决定将篇幅压缩到可控范围之内，在这个方面纽约的特伦特·达菲与圣·克鲁兹的朱迪斯·斯蒂恩对书稿进行了关键性的审读。当书稿已经看不出还有修改余地，却仍然需要压缩的时候，了不起的文字编辑罗杰·莱布里帮助我删除了大量趣闻轶事，使定稿的行文变得更为紧凑。我的朋友，分别来自亚利桑那州和科罗拉多州的艾玛·朱尼珀与克里斯汀·汉纳姆总是为我通宵达旦地工作。

负责监管尼克松录音带的是得克萨斯州农工大学的卢卡·里克特，在他的引导下我了解到了尼克松与科尔森的重要谈话，因此帮我节省了大量精力。俄亥俄州大学约翰·格伦公共政策学院的每一个人（包括参议员格伦本人）都帮助我完善了有关水星计划的章节。坐落在西五十二大街上的佩利传媒中心收藏了一批质量上乘的广播及电视节目。

亚利桑那州大学沃尔特·克朗凯特新闻与大众传播学院的院长克里斯·卡拉汉详细地向我介绍了他开展的出色的教育项目。克朗凯特学院已经成为年轻人学习电视新闻报道技巧的绝佳选择，对于这一点怎么估量都不为过。这所学院还出版了《克朗凯特新闻报》。新闻节目《克朗凯特看新闻》的总制片人梅兰妮·阿尔瓦雷兹也完成了了不起的工作。曾经担任有线电视新闻网主播的艾伦·布朗目前在亚利桑那州大学新闻与大众传播学院任教，他对自己的这位老友向我透露了许多不为人知的情况。

我在美国报纸编辑协会、纽约卡内基公司、美国公共电台和骑士基金会（又译作"奈特基金会"）的朋友们为美国新闻历史在美国国内依然具有强壮的生命力而付出了大量的努力。凭借着每年在纽约汉普顿举办的国庆聚会，《华盛顿邮报》的拉里·韦茅斯也做出了同样的贡献。

坐落在奥斯汀的林登·约翰逊总统图书馆的馆长马克·厄普德格罗夫帮助我找到了克朗凯特采访约翰逊的原始文字整理稿。来自加利福尼亚州北好莱坞美国电视档案馆的卡伦·赫尔曼也为我提供了重要的馆藏文献。哥伦比亚广播公司总裁莱斯·穆恩维斯的私人助理吉尔·施瓦兹也多次为我提供了巨大的帮助。麦克·弗里德曼允许我参加了一次在乔治·华盛顿大学举行的传媒会议，与会者还有马文·卡尔布和萨姆·唐纳森，这场会议也给了我不少启发。弗里德曼本身就是一部活生生的传媒史百科全书，他向我展示了无数相关资料。菲尔·格里斯私人收藏了一批记录电视史上关键时刻的录音带，这些录音带对我来说也是非常好的参考资料。还应该特别指出的是奥斯汀的比尔·怀特赫斯特允许我使用了大量的克朗凯特一家人的照片，这批照片都是海伦·克朗凯特（哥伦比亚广播公司主播的母亲）赠予他的。

理应得到感谢的还有：黛比·埃普盖特、多丽丝·卡恩斯·古德温、辛迪·绍根、吉姆·鲍尔斯、鲍勃·阿姆斯特朗、琳达·艾克、戴维·弗兰德、格雷顿·卡特、约翰·罗斯、卡伦·墨菲、戴维·利布伦、霍华德·莫斯耶与苏珊妮·莫斯耶、丹尼尔·基尔申、卡比尔·赛格尔、埃德·福格森、洛丽·比彻、约翰·科尔、托德·凯斯勒与莎伦·凯斯勒、沃尔特·艾萨克森、乔·克莱因、弗兰克·兰德里欧与玛丽·兰德里欧、艾伦·富特、马克·麦迪逊、格里·戈德斯坦、杰西卡·耶林、马克·沃尔什、布莱恩·兰姆、劳拉·雷波尔特、雷切尔·西布利、汤姆·海尔夫、吉米·巴菲特、卡罗尔·布鲁、伊薇特·维格、米奇·哈特、詹恩·温纳、威尔·戴纳、温顿·马萨利斯、吉姆·伊尔赛、杜瓦尔·奥斯蒂恩、麦克·莱勒、道格·惠特纳、马克·比尔尼泽尔、戴夫·莫顿、斯科特·奥尼尔、鲍勃·阿斯曼、苏珊·斯韦恩，以及约翰·刘易斯。此外，我还要向林顿·维克斯与詹·维克斯致以谢意（以此缅怀斯通·维克斯与霍尔特·维克斯兄弟）。

我在哈珀·柯林斯出版集团的朋友们在筹备这部传记作品出版的过程中完成了无与伦比的工作。集团主席及首席执行官布莱恩·默里是我在乔治敦大学的校友，从一开始他就对我完成这部作品提供了巨大的支持。同样地，出版人乔纳森·伯纳姆与董事及出版人迈克尔·莫里森也是始终如一地默默支持着这个项目。超级勤奋的编辑蒂姆·达根与我相交已久，他对整个出版工作进行了全面的监督。我们俩在相识后一拍即合，我对他非常钦佩，他是现代出版界的杰出典范。达根有一位随和的助理，艾米莉·坎宁安，她几乎就像一条单人流水线似的让一切保持着正常的运转，而且很少发出抱怨。她是一个具有专业水准的天才助理。在项目进行到晚期的时候达根又将罗伯·弗莱德尔（自由编辑）引介给我，帮助我删减稿件，他的工作非常出色。为了尽可能地减少书中的错误，印制部的戴维·克罗尔兢兢业业地一遍遍地印刷修改稿。他是一位非常有造诣的专业人员。只要有作品出版，我总是坚持请凯特·布鲁姆为作品进行宣传。她不仅可以开展全国巡回宣传，而且还能让媒体见面会变得妙趣横生。

我的母亲也理应被记上一功，因为她保存着我在7岁那年为哥伦比亚广播公司新闻网、克朗凯特和越南战争画的画。那时候我们还住在佐治亚州亚州的特兰大市，这些画作充分证明了在那个时代电视对年轻人的冲击力。1968年我们全家从佐治亚州迁居到俄亥俄州，对克朗凯特敬仰始终伴伴随着我。鲍林格林的《哨兵论坛报》在1972年2月9日刊登了一幅照片，在照片中我正在主持"新闻六"（六年级新闻）。每当记者问我长大以后想干什么，我的回答不是"沃尔特·克朗凯特"，就是"体育解说员"。自1988年起我的妹妹莱斯利·布林克利就一直在（美国广播公司在旧金山的下属电视台）KGO电视台做记者。

本书的大部分章节都是我在奥斯汀的家中完成的。每个星期从周一到周五我的妻子安妮·布林克利先将我们的三个孩子送到伊阿内斯小学，然后回来吃早餐，早餐结束后她就开始一连数小时地帮我誊抄采访文稿，安排我的旅行行程。她随时满足着我的需要，她是最棒的，我为她充满了发自肺腑的自豪感。我希望我们的三个孩子——本顿，强尼，卡萨迪——将来会通过这本书了解到在他们的父亲长大成人的过程中克朗凯特这位电视播音员对他来说具有多么重要的意义。

——道格拉斯·布林克利

奥斯汀·休斯敦·剑桥·纽约

2012年3月5日

参考资料和注释

　　得克萨斯州大学奥斯汀分校多尔夫·布里斯科美国历史中心保存了沃尔特·克朗凯特的大量文稿，这些资料井然有序地被存放着。克朗凯特的童年是在大萧条时期度过的，他自幼养成了很少丢弃旧物品的习惯，因此学者们不得不从纵向排列起来足有163英尺的材料中寻找有用的资料，在注释部分中我将来自这一部分的内容标注为"沃–得"（沃尔特·克朗凯特手稿—得州大学奥斯汀分校）。多年来克朗凯特接受过的采访多得惊人，引述这些采访，或者将其收录在本书中都只会是徒劳无益的付出。显而易见，能够帮助我们为这些资料理清头绪的密钥就是他与妻子贝特西在第二次世界大战期间的通信。目前，刚刚从纽约大学毕业的沃尔特·克朗凯特四世（主播的孙子）与历史学教授莫里斯·艾泽曼已经将这些信件结集成册，供国家地理出版社出版。

　　唐·卡尔顿对克朗凯特的两次口述史采访对本书的完成帮助极大，这两次采访分别是为多尔夫·布里斯科美国历史中心和美国电视档案馆所做的。卡尔顿还是《对话克朗凯特》（2010）的作者之一，这部著作对本书的完成也具有不可或缺的价值。在注释部分提到的所有著作中最具有价值的参考资料莫过于克朗凯特的自传《记者生涯》（1996）。如果要涵盖本书涉及的所有参考文献的话，参考书目部分的篇幅未免过长，因此作者仅在注释部分中列出了所有重要的二手资料。每一个美国人都应当读一读默罗的三部杰出传记：约瑟夫·珀西科的《爱德华·默罗：美国原创》（1988），亚历山大·肯德里克的《黄金档：爱德华·默罗的一生》（1969），以及安·M·斯珀伯的《默罗的一生与他的时代》（1986）。在了解克朗凯特的过程中我对默罗的敬仰突飞猛进。

　　斯坦利·克劳德与林恩·奥尔森的杰作《默罗小子》应该被所有的新闻学院和研讨会列入必读书目。

对哥伦比亚广播公司新闻网的历史感兴趣的读者应该读一读萨利·贝代尔·史密斯的《鼎盛时代：威廉·佩利的一生，传奇大亨和他的辉煌小圈子》（1990）；拉尔夫·恩格尔曼的《弗兰德里视角：弗雷德·弗兰德里和电视新闻的兴衰史》（2009）；加里·保罗·盖茨的《播音时间：哥伦比亚广播公司新闻网的内部消息》。值得一提的还有哥伦比亚广播公司的六员老将撰写的回忆录：弗雷德·弗兰德里的《我们无法控制形势》（1999）；约翰·劳伦斯的《顺化的猫：越南故事》（2002）；比尔·伦纳德的《身在眼球风暴中：在哥伦比亚广播公司度过的一生》（1987）；莱斯（莱斯利）·米德格雷的《你想听到多少话？——纸媒新闻和电视新闻的内幕》（1989）；理查德·萨伦特所著，苏珊·布岑伯格与比尔·布岑伯格合编的《哥伦比亚广播公司，捍卫广播新闻灵魂的战争：理查德·萨伦特的回忆录》（1999）；以及罗杰·马德的《最好的地方：华盛顿，哥伦比亚广播公司，电视新闻的荣耀时代》（2008）。

坐落在纽约的哥伦比亚广播公司新闻网参考文献室所拥有的广播公司史相关资料的数量多得惊人，这里保存着克朗凯特的全部播音资料和登记簿，堪称是电视新闻史的资料宝库。我无数次得到了参考文献室的克莱德·班克斯与卡罗尔·帕奈斯尽职尽责的帮助。对克朗凯特感兴趣的读者，除了"沃-得"资料和哥伦比亚广播公司新闻网参考文献室，下列资料也十分重要：

美国大学——华盛顿特区
爱德华·比利斯，哥伦比亚广播公司新闻网

哥伦比亚大学——纽约
弗雷德·弗兰德里，哥伦比亚广播公司新闻网和公共广播媒体
鲁恩·阿里基，美国广播公司新闻网和美国广播公司体育部

乔治敦大学——华盛顿特区
弗兰克·雷诺兹，美国广播公司新闻网

乔治敦大学——华盛顿特区
理查德·赫特里特，哥伦比亚广播公司新闻网
相互广播公司新闻网控股公司

美国国会图书馆——华盛顿特区
埃里克·塞瓦赖德，哥伦比亚广播公司新闻网

林登·约翰逊图书馆——得克萨斯州，奥斯汀
林登·约翰逊图书馆文件

新迦南公共图书馆——康涅狄格
理查德·萨伦特，哥伦比亚广播公司新闻网和全国广播公司新闻网

圣波拿文都大学——纽约
道格拉斯·爱德华兹，哥伦比亚广播公司新闻网

史密斯学院——马萨诸塞
波林·弗雷德里克，美国广播公司新闻网和全国广播公司新闻网

雪城大学——纽约
迈克·华莱士，1959—1961年为哥伦比亚广播公司以外的其他公司所做的采访资料

塔夫茨大学——马萨诸塞
爱德华·默罗，哥伦比亚广播公司新闻网

马里兰州大学——大学公园市
阿瑟·戈弗雷，哥伦比亚广播公司
尼尔·斯特罗瑟，哥伦比亚广播公司新闻网
以及美国公共广播档案馆和西屋广播档案馆

密歇根州大学——安娜堡
迈克·华莱士，哥伦比亚广播公司新闻网

北卡罗来纳州大学——查珀尔希尔

查尔斯·库拉尔特，哥伦比亚广播公司新闻网

纳尔逊·本顿，哥伦比亚广播公司新闻网

威斯康星州大学/威斯康星历史学会——麦迪逊

鲍勃·阿斯曼，哥伦比亚广播公司新闻网和全国广播公司新闻网

伯顿·本杰明，哥伦比亚广播公司新闻网

朱尔斯·维恩·伯格曼，哥伦比亚广播公司新闻网和美国广播公司新闻网

戴维·布林克利，哥伦比亚广播公司新闻网和美国广播公司新闻网

查尔斯·科林伍德，哥伦比亚广播公司新闻网

约翰·查尔斯·戴利，美国广播公司新闻网

切特·亨特利，全国广播公司新闻网

汉斯·范·卡滕伯恩，全国广播公司新闻网等

爱德华·摩根，美国广播公司新闻网

罗伯特·皮尔伯因特，哥伦比亚广播公司新闻网

戴维·肖恩布朗，哥伦比亚广播公司新闻网

霍华德·史密斯，哥伦比亚广播公司新闻网和美国广播公司新闻网

阿维·威斯汀，哥伦比亚广播公司新闻网和公共广播媒体

佩利·沃尔夫，哥伦比亚广播公司新闻网

怀俄明州大学——拉勒米

里德·柯林斯，哥伦比亚广播公司新闻网

休·唐斯，全国广播公司新闻网，美国广播公司新闻网和公共广播媒体

华盛顿与李大学——弗吉尼亚州，列克星敦

罗杰·马德，哥伦比亚广播公司新闻网和美国广播公司新闻网

华盛顿州大学——普尔曼

爱德华·默罗，哥伦比亚广播公司新闻网

私人资料

罗伯特·阿斯曼——华盛顿特区

威廉·"比尔"·斯莫——纽约

阿尔弗雷德·罗伯特·霍根——华盛顿特区

伯纳德·肖——华盛顿特区

朗·伯恩——圣地亚哥

唐·米歇尔——伊利诺伊州，安娜市

罗伯特·费德勒——伊利诺伊州，海兰德帕克市

迈克尔·弗里德曼——华盛顿特区

默文·布洛克——纽约州

约翰·劳伦斯——英国，汉斯米尔

莫雷·塞弗——纽约

卢·伍德——洛杉矶

布莱恩·威廉姆斯——纽约

桑迪·索科洛——纽约

艾伦·魏斯曼——纽约

汤姆·约翰逊——亚特兰大

凯·巴恩斯——堪萨斯城

琳达·安·梅森——纽约

克里斯蒂娜·阿曼鲍尔——纽约

人物简介

马琳·阿德勒：从1991年开始担任克朗凯特的首席秘书，直至克朗凯特于2009年逝世。她负责安排克朗凯特离开哥伦比亚广播公司之后的事业，成为他的顾问和知己。

巴兹·奥尔德林（1930— ）：美国宇航局"阿波罗11号"登月舱的驾驶员。1969年他跟在尼尔·阿姆斯特朗身后走出"鹰"号登月舱，成为全世界第二个实现在月球上行走的人，并采集了月球土壤样本。

乔纳森·奥特（1957— ）：1983—2011年担任《新闻周刊》杂志的编辑，在1987年为《滚石》杂志采访了克朗凯特之后他与克朗凯特夫妇成为好朋友。

威廉·安德斯（1933— ）：美国宇航局"阿波罗8号"登月舱的驾驶员。在1968年的平安夜这一天他与弗兰克·博尔曼、詹姆斯·洛威尔一起环绕月球飞行了十圈。

鲁恩·阿里基（1931—2002）：从1977年开始担任美国广播公司新闻网的主席，直至1988年退休。他为公司创办了《20/20》和《今夜世界新闻》两档节目，在1981年全国广播公司的戴维·布林克利被说服跳槽到美国广播公司也得归功于他。

尼尔·阿姆斯特朗（1930— ）：美国宇航局"阿波罗11号"的指挥员。在1969年他成为全世界第一个在月球上行走的人。走出"鹰"号登月舱，踏上月球之后他说出了那句人尽皆知的名言，"这是我个人的一小步，却是人类的一大步"。

迈克·阿什福德（1938— ）：在很长一段时期内一直经营着坐落在马里兰州安纳波利斯市的"麦加维沙龙与牡蛎酒吧"，从20世纪80年代开始经常与克朗凯特一起驾船出海。

鲍勃·阿斯曼（1926— ）：1957—1961年担任哥伦比亚广播公司《20世纪》节目的制片人，在1993年退休之前一直是全国广播公司特别事件报道的制片人。

本·巴恩斯（1938— ）：1965—1969年担任得克萨斯州众议院新闻发言人，

1960—1973年担任得克萨斯州副州长，与克朗凯特保持着终生的友谊。

凯·巴恩斯（1938— ）：克朗凯特的表亲，克朗凯特曾帮助她参加了1999年的竞选，最终她获选，成为密苏里州堪萨斯城的首任女市长，任期为1999—2007年。

伊兹·布莱克曼：哥伦比亚广播公司的摄像师，曾与克朗凯特共事多年。在1972年出于《世界》节目的需要他陪同克朗凯特前往中国（跟随尼克松政府的记者团），后来在查尔斯·库拉尔特主持《在路上》期间一直为其担任摄像师。

伯顿·本杰明（1917—1988）：长期担任哥伦比亚广播公司新闻网的撰稿人、导演和制片人，为该公司效力长达29年，直到于1985年退休。1975—1978年担任《哥伦比亚广播公司晚间新闻》的总制片人，后来又与克朗凯特合作制作《20世纪》，在1983年受命对《哥伦比亚广播公司报道》制作并播出的纪录片《数不清的敌人：越南骗局》进行内部调查。

卡尔·伯恩斯坦（1944— ）：记者，与鲍勃·伍德沃德一起为《华盛顿邮报》完成了关于水门事件的最重要的报道。在《哥伦比亚广播公司晚间新闻》报道水门事件期间克朗凯特一直依赖于伯恩斯坦与伍德沃德的报道。

伯特·比博（1937— ）：前《新闻周刊》负责白宫报道的记者，《滚石》杂志的首位出版人。

小爱德华·比利斯（1912—2002）：第二代"默罗小子"。克朗凯特在哥伦比亚广播公司任职的25年里比利斯先后担任过爱德华·默罗、弗雷德·弗兰德里与沃尔特·克朗凯特的新闻编辑。

朗·伯恩（1930— ）：记者，曾担任《哥伦比亚广播公司沃尔特·克朗凯特播晚间新闻》的高级制片人五年（其中最出名的就是报道阿波罗任务和1968年芝加哥代表大会期间的游行示威），并帮助创办了《世界》节目。伯恩后来在全国广播公司新闻网工作了12年，参与制作了探索频道的《克朗凯特报告》节目中的《毒品困境：战争还是和平？》和《家庭很重要：真的么？》。

埃德·布拉德利（1941—2006）：从1967年开始一直在哥伦比亚广播公司做记者，直至他于2006年去世。1974年他受雇于比尔·斯莫，开始在公司在华盛顿特区的WTOP电视台工作，并为《60分钟》从事报道工作长达20年（从1981年丹·拉瑟离开该节目，主持《哥伦比亚广播公司晚间新闻》开始）。

布雷弗，丽塔（1948— ）：1972年受雇于哥伦比亚广播公司驻华盛顿特区记者站，成为记者，与沃尔特·克朗凯特有私人交往。在1977年正是她与制片人巴德·本杰明一起陪着克朗凯特去参加一场令人难忘的总统就职典礼，就是在这一次克朗凯特忘了带自己的入场券。

戴维·布林克利（1920—2003）：1943—1997年担任全国广播公司与美国广播公司的播音员，1956—1970年与切特·亨特利联袂主持《亨特利—布林克利报道》。

汤姆·布罗考（1948— ）：1976—1982年担任全国广播公司《今天》节目的主持人，1982—2004年主持《全国广播公司夜间新闻》.

布朗·艾伦（1948— ）：1991—1999年在美国广播公司做记者，2001—2005年主持有线电视新闻网的《艾伦·布朗播晚间新闻》。他以报道9·11袭击事件而著名，当时是他第一天在有线电视新闻网播音（克朗凯特在罗马的酒店里关注着事件的后续情况）。

帕特里克·布坎南（1938— ）：1966—1974年担任尼克松政府的纠错调查员（预测反对者会提出的质疑）和演讲稿撰稿人。

吉米·巴菲特（1946— ）：著名歌手及流行歌曲作者，克朗凯特的密友。在克朗凯特临终之际他为其弹奏着尤克里里琴，唱着歌，并且在哥伦比亚广播公司在林肯中心为克朗凯特举办的追思会上进行了表演。

唐·卡尔顿（1947— ）：得克萨斯州大学奥斯汀分校的多尔夫·布里斯科美国历史中心（克朗凯特的有关资料就保存在这里）主任，《对话克朗凯特》一书的作者。在20世纪90年代他对克朗凯特进行了60个小时的口述史采访，根据采访资料形成了《对话克朗凯特》，以及克朗凯特的自传《记者生涯》。

宗毓华（1946— ）：1971年受雇于比尔·斯莫，以记者的身份加入哥伦比亚广播公司驻华盛顿记者站。1983年她离开哥伦比亚广播公司，成为全国广播公司的主播，但是在1989年又回到哥伦比亚广播公司，与丹·拉瑟一起主持《晚间新闻》，直到1995年。

查尔斯·科林伍德（1917—1985）：哥伦比亚广播公司《历史目击者》的记者及主持人，曾是"默罗小子"中的一员，也是越南战争中第一位得到允许进入越北的美国记者。

迈克尔·科林斯（1930— ）：美国宇航局"阿波罗11号"指令舱驾驶员。1969年，尼尔·阿姆斯特朗与巴兹·奥尔德林成为人类最先踏足月球表面的人，与此同时科林斯乘坐着"哥伦比亚号"指令舱绕月球飞行。

查尔斯·科尔森（1931— ）：1969—1973年担任理查德·尼克松的特别顾问。在尼克松的白宫录音带中经常能听到科尔森的声音，与尼克松讨论克朗凯特对总统和越南战争的报道。1974年他因为在丹尼尔·埃尔斯伯格的案件中妨碍司法公正而被判入狱，在1976年创办监狱团契事工（事工是指基督教会的成员执行教会所任命的工作）。

小戈登·库勃（1927—2004）：入选美国宇航局水星计划的七名宇航员之一。1963年驾驶"水星-宇宙神9号"在太空中停留了34个小时，绕地球轨道飞行22周。

凯蒂·库里克（1957— ）：出镜记者，1991—2006年与麦特·劳埃尔一起主持《今天》，并经常参与《全国广播公司日期变更线》的节目。2006年接替丹·拉瑟，开始主持《哥伦比亚广播公司晚间新闻》，2011年离开该节目组，为美国广播公司创办了自己的日间谈话节目。

贝特西·麦克斯韦·克朗凯特（1916—2005）：沃尔特·克朗凯特的妻子，毕业于密苏里州州大学，曾在《堪萨斯城新闻邮报》任记者。她与克朗凯特于1936年相识，当时他们都在KCMO电台工作，1940年他们结婚，携手度过了将近65年的婚姻生活，育有三名子女。

海伦·弗里切·克朗凯特（1892—1993）：沃尔特·克朗凯特的母亲。在一生中克朗凯特始终与母亲保持着亲密的关系，尤其是母亲于1932年申请与父亲离婚后。

玛丽·凯思琳·克朗凯特（1950— ）：沃尔特·克朗凯特的次女，被称为"凯西"。演员及作家，于1980年与律师比尔·伊卡德结婚，婚后夫妇二人育有两个孩子，威廉·伊卡德与杰克·伊卡德。

南希·伊丽莎白·克朗凯特（1948— ）：沃尔特·克朗凯特的长女，瑜伽教师。

沃尔特·克朗凯特一世（1893—1973）：沃尔特·克朗凯特的父亲，牙医，于1915年与海伦·弗里切结婚，由于他饮酒过度两个人最终在1932年离婚。在父母离婚后的多年里克朗凯特一直与父亲关系紧张。

沃尔特·克朗凯特三世（1957— ）：沃尔特·克朗凯特的幼子，被称为"奇普"，于1985年与女演员黛博拉·拉什结婚，婚后他们育有两个儿子，沃尔特·克朗凯特四世和彼得·克朗凯特。他是克朗凯特沃德电视公司的创始人及制片人，并创办了克朗凯特制片公司。

沃尔特·克朗凯特四世（1988— ）：沃尔特·克朗凯特三世与黛博拉·拉什的儿子，传奇记者沃尔特·克朗凯特的孙子。2011年受聘于哥伦比亚广播公司驻华盛顿记者站，成为一名准播音员。

道格拉斯·爱德华兹（1917—1990）：美国广播界的第一位新闻主播，在1948—1962年主持了《道格拉斯·爱德华兹播新闻》（后来更名为《哥伦比亚广播公司晚间新闻》）。爱德华兹是沃尔特·克朗凯特的前任，退居二线后开始在哥伦比亚广播公司广播电台工作。

丹尼尔·埃尔斯伯格（1931— ）：曾担任兰德公司（研究与发展公司）分析员，1971年向多家报纸泄露了五角大楼文件，当年7月与克朗凯特坐在一起，接受了哥伦比亚广播公司新闻网的独家专访。这一举动受到了尼克松政府的强烈抨击。

杰夫·法捷（1954— ）：长期担任哥伦比亚广播公司新闻网的总经理，1996—1998年成为《哥伦比亚广播公司丹·拉瑟播晚间新闻》的总制片人，2004—2011年担任《60分钟》的总制片人，在此期间被任命为哥伦比亚广播公司新闻网主席，这个职位还是首次设立。

罗伯特·费德勒（1956— ）：沃尔特·克朗凯特粉丝俱乐部创办人，与克朗凯特一直保持着交往。在1980—2008年他针对电视及广播领域的话题为《芝加哥太阳时报》撰写专栏文章。目前他是《消费导刊·芝加哥》的媒体评论员。

麦克·弗里德曼（1952— ）：曾担任《哥伦比亚广播公司世界新闻综述》节目的记者，在出任哥伦比亚广播公司广播新闻网总经理期间他制作了总共为30集的《沃尔特·克朗凯特的20世纪后记》，在1998年建议由克朗凯特在哥伦比亚广播公司广播电台的节目中宣布克林顿弹劾案的判决结果。

弗雷德·弗兰德里（1915—1998）：1964—1966年担任哥伦比亚广播公司新闻网总裁，与爱德华·默罗一起创办了电视系列纪录片《现在请看》。他推动了公共广播事业的发展，在创建公共广播公司的过程中起到了不可或缺的作用，由于哥伦比亚广播公司用一集《我爱露西》取代了原本应该播出的美国国会对越南战争的听证会，他在1966年向公司辞职。

杰夫·格拉尔尼克（1939—2011）：记者，在三大广播公司都有着重要地位，是哥伦比亚广播公司的《60分钟》的创始制片人，对《全国广播公司夜间新闻》进行过改头换面的改造，在"阿波罗11号"任务执行期间报道了宇航局的全部工作。

米奇·哈特（1943— ）：1967—1971年和1974—1995年一直担任感恩而死乐队的鼓手，在受雇为克朗凯特制作有关美洲杯帆船赛的纪录片配乐之后与克朗凯特成为密友。2009年，在哥伦比亚广播公司在林肯中心为克朗凯特举行的追思会上他与吉米·巴菲特一起做了表演。

唐·休伊特（1922—2009）：哥伦比亚广播公司电视台总经理及《60分钟》

的制片人，在1960年开创了总统候选人电视辩论会的先河。

理查德·赫特里特（1917—　）：第二次世界大战期间的合众社记者，"默罗小子"中的一员。1944年默罗聘请他为哥伦比亚广播公司工作，此后他在为公司效力长达41年。

切特·亨特利（1911—1974）：1955—1970年担任全国广播公司的播音员，从1956年起主持《亨特利—布林克利报道》，直到他于1970年退休。

汤姆·约翰逊（1941—　）：得克萨斯广播公司的副总裁，正是他在1973年给了克朗凯特在节目中宣布约翰逊总统逝世消息的机会。在约翰逊逝世后他成为《洛杉矶时报》的主席及出版商，在1990—2001年担任有线新闻网的总裁。

彼得·卡利舍（1915—1991）：1957—1978年在哥伦比亚广播公司做记者，在1963年凭借着报道刺杀南越领导人吴庭艳（也写作吴廷琰）的军事政变获得了驻外新闻协会奖。

查尔斯·库拉尔特（1934—1997）：1957—1959年在哥伦比亚广播公司做撰稿人，从1959年起成为记者，直至他于1994年退休。他最著名的成就就是从1967年开始出现在《哥伦比亚广播公司沃尔特·克朗凯特播晚间新闻》中的《在路上》栏目，以及1979—1994年担任《哥伦比亚广播公司新闻网星期天早安》的主播，他是该节目的首位主播。

约翰·劳伦斯（1940—　）：哥伦比亚广播公司的记者，1965—1970年报道了越南战争，根据自己在东南亚的经历创作了《顺化的猫》。克朗凯特认为在所有报道越南战争的记者中劳伦斯属于最优秀的记者。

欧内斯特·雷瑟尔（1921—2002）：哥伦比亚广播公司的记者及制片人，参与了公司向电视业的扩张。在确定克朗凯特成为《哥伦比亚广播公司晚间新闻》主播的过程中他起到了关键作用。

比尔·伦纳德（1916—1944）：哥伦比亚广播公司总经理，以公司特别建立的"选举报道小组"组长的身份负责监督公司对1964年总统大选的报道，1979—1982年担任哥伦比亚广播公司新闻网总裁。

拉里·勒萨埃尔（1909—2003）：在1930年的大部分时间里以记者身份效力于合众社，1939—1963年在哥伦比亚广播公司做记者。作为一名"默罗小子"，他在欧洲报道了第二次世界大战中的重大事件。

沃尔特·李普曼（1889—1974）：记者及作家，为全国多家媒体撰写的专栏"今天与明天"两度获得了普利策奖。20世纪30年代生活在休斯敦期间克朗凯特就读过李普曼的作品，在1961年为《哥伦比亚广播公司报道》的特别节目采访了李普曼本人。

西德尼·吕美特（1924—2011）：获得过奥斯卡奖的导演，指导过《电视台风云》，这部影片是克朗凯特最喜欢的影片之一。1953—1957年他曾与克朗凯特一起参加过重现历史电视系列剧《你就在那儿》的制作，

戈登·曼宁（1917—2006）：《新闻周刊》的撰稿人，1964—1974年担任哥伦比亚广播公司的总经理，蒂芬尼网对水门事件、越南战争和1972年尼克松访华的报道都是他负责策划的。

莱斯利·米德格雷（1915—2002）：1967—1972年担任《哥伦比亚广播公司晚间新闻》的总制片人，还为公司制作了许多其他节目，凭借着自己的作品多次获得过皮博迪奖和艾美奖。

莱斯·穆恩维斯（1949— ）：长期担任哥伦比亚广播公司的总经理，在1995年出任哥伦比亚广播公司娱乐部主任，1998—2003年担任公司电视网的首席执行官，在2003年成为哥伦比亚广播公司的首席执行官。自1995年起克朗凯特在哥伦比亚广播公司里一直不太活跃，但是穆恩维斯与他的友谊结束了这种状态。

罗杰·马德（1928— ）：1961—1980年一直在哥伦比亚广播公司做记者。在丹·拉瑟接替沃尔特·克朗凯特主持《哥伦比亚广播公司晚间新闻》之后他跳槽到全国广播公司。在全国广播公司工作期间他成为《全国广播公司夜间新闻》的主播之一，以及《会见媒体》的主持人之一。

爱德华·默罗（1908—1965）：效力于哥伦比亚广播公司的美国广播电视记者，在第二次世界大战期间声名鹊起。在业内以诚实和正直而出名，在谴责参议员约瑟夫·麦卡锡的过程中起到了重要作用。

威廉·“比尔”·佩利（1901—1990）：哥伦比亚广播公司电台与电视网的创建者。以16家电台起家，在1934年创办了独立新闻部，在1935年聘请爱德华·默罗出任谈话节目总监，并在1946年提拔弗兰克·斯坦顿为公司总裁，从而将哥伦比亚广播公司建设成了能与全国广播公司一争高下的广播公司。

罗伯特·皮尔伯因特（1925—2011）：哥伦比亚广播公司负责白宫报道的记者，报道过六届政府（艾森豪威尔、肯尼迪、约翰逊、尼克松、福特和卡特），属于第二代“默罗小子”。

桑德尔·波尔斯特（1942— ）：1967—1973年以记者的身份效力于美联社与《纽约邮报》做记者，1973—1985年为《哥伦比亚广播公司晚间新闻》做撰稿人，

1986—1993年成为《全国广播公司夜间新闻》的新闻编辑，2004年成为缅因州沃特维尔的一流独立文理学院科尔比学院的客座讲师，1999—2010年担任缅因州的自由人文学院鲍登学院的学生顾问。

丹·拉瑟（1931— ）：1963—2006年在哥伦比亚广播公司新闻网做记者，在1981年继任沃尔特·克朗凯特，开始主持《哥伦比亚广播公司晚间新闻》，直到2005年。

安迪·鲁尼（1919—2011）：在第二次世界大战期间为《星条旗报》撰稿，后来长期在哥伦比亚广播公司新闻网做评论员。凭借着《60分钟》节目中的《与安迪·鲁尼的几分钟》栏目而出名。他经常与克朗凯特一起打网球，与克朗凯特是多年的好友。

莫雷·塞弗（1931— ）：自1964年起就以记者的身份效力于哥伦比亚广播公司新闻网。由于报道了美国海军陆战队在越南坎奈村实施搜索及毁灭任务而激怒了约翰逊政府，在越南战争期间他凭借着战地报道一直十分引人注目。在1970年取代哈里·瑞森纳，开始主持《60分钟》。

理查德·"迪克"·萨伦特（1914—1993）：1952—1979年担任哥伦比亚广播公司的总经理。作为新闻部的主任将《哥伦比亚广播公司晚间新闻》建设成一架能够与备受观众喜爱的《亨特利—布林克利报道》相抗衡的战车，能够实现这一点主要得益于他在1962年用克朗凯特取代了道格拉斯·爱德华兹。

皮埃尔·塞林格（1925—2004）：约翰逊·肯尼迪和林登·约翰逊的新闻发言人。1963年，在克朗凯特为《晚间新闻》采访肯尼迪的过程中进行了干涉，致使克朗凯特的新闻操守受到损害，造成肯尼迪与克朗凯特二人的不合。直至肯尼迪在当年晚些时候遇刺身亡，克朗凯特与肯尼迪之间一直有着嫌隙。

鲍勃·舒弗尔（1937— ）：从1969年起以记者的身份效力于哥伦比亚广播公司新闻网。1969—1973年担任《哥伦比亚广播公司晚间新闻》周六版的主播，从1991年起主持《面对国家》。

小沃尔特·"沃里"·施艾拉（1923—2007）：美国宇航局水星计划的七名宇航员之一。作为"水星七君子"中的一员，他在1962年乘坐"西格玛7号"宇宙飞船绕地球轨道飞行六周，完成了载人飞船项目"水星-宇宙神8号"的部分任务。后来他成为"阿波罗7号"的指挥官，并成为阿波罗项目接下来的任务的新闻顾问，曾与克朗凯特一起主持了对"阿波罗11号"登月任务的报道。

丹尼尔·绍尔（1916—2010）：1953—1976年以记者的身份效力于哥伦比亚

广播公司新闻网，在此期间三次获得了艾美奖，由于在电视直播节目中宣读了尼克松的"敌人名单"（他本人也榜上有名）而出名。1976年向哥伦比亚广播公司辞职，1979—1985年担任有线电视新闻网的新闻分析专家，后来成为美国公共电台的高级新闻分析专家，直至他于2010年辞世。

埃里克·塞瓦赖德（1912—1992）：1939—1977年一直以记者的身份效力于哥伦比亚广播公司新闻网，由于在第二次世界大战期间以"默罗小子"的身份报道法国投降和伦敦空袭战而出名。从1964年起开始在克朗凯特主持的《哥伦比亚广播公司晚间新闻》中主持两分钟评论栏目，直至他于1977年从哥伦比亚广播公司退休，凭借着这项工作他多次获得艾美奖和皮博迪奖。

威拉德·弗兰克·"比尔"·谢德（1908—2005）：1943—1957年以记者的身份效力于哥伦比亚广播公司广播电台，从1960年起成为美国广播公司的记者，直至他于1975年彻底告别播音工作。他受雇于爱德华·默罗，参加了对第二次世界大战的报道工作，在战后的十年里他一直在WTOP电视台工作。加入美国广播公司后他取代约翰·戴利，成为晚间新闻节目的主播，并在1960年主持了尼克松与肯尼迪的第三场辩论会，在1962年报道了约翰·格伦的"水星-宇宙神6号"任务。

伯纳德·肖（1940— ）：1971—1977年以出镜记者的身份效力于哥伦比亚广播公司新闻网，从1980年起为有线电视新闻网工作，直至他于2001年退休。在还是一名海军下士的时候他见到了自己的偶像克朗凯特，并告诉对方自己想要成为一名主播。在就读于伊利诺伊大学芝加哥分校期间他一直与克朗凯特保持着通信联系，在1971年他受雇于比尔·斯莫，加入哥伦比亚广播公司驻华盛顿记者站，成为克朗凯特的同事。

小艾伦·谢泼德（1923—1998）：入选美国宇航局"水星计划"的七名宇航员之一，在1961年驾驶着"自由7号"，成为飞入太空的第一位美国人。克朗凯特为哥伦比亚广播公司主持了对此次航天任务的报道。在1971年谢泼德又以指挥官的身份参加了"阿波罗14号"的任务，成为世界上第五位在月球上行走的人。

威廉·夏伊勒（1904—1993）：1937—1947年以记者的身份效力于哥伦比亚广播公司，曾与爱德华·默罗密切合作，在欧洲对第二次世界大战做着报道。在与默罗当着众人的面发生口角之后他离开了哥伦比亚广播公司，在1960年出版了《第三帝国兴衰史：纳粹德国的历史》，这部作品大获成功。

鲍勃·西蒙（1941— ）：从1967年起就以记者的身份效力于哥伦比亚广播公司新闻网，自1996年开始成为《60分钟》节目的记者，凭借着海外报道先后获得过

24次艾美奖、2次皮博迪奖，以及5次驻外新闻协会奖。他深得克朗凯特的欣赏。

乔安娜·西蒙（1940—　）：歌剧演员，房地产商，在各自的配偶在不到一年的时间里相继离世后她与克朗凯特开始恋爱。从2005年起两个人同居，直至克朗凯特于2009年逝世。

威廉·"比尔"·斯莫（1926—　）：1961—1974年担任哥伦比亚广播公司驻华盛顿记者站站长（在此期间他雇用了莱斯利·斯塔尔、宗毓华和伯纳德·肖），1974—1979年担任公司的高级副总裁，负责新闻工作，在1979年他离开哥伦比亚广播公司，成为全国广播公司的总裁。由于没能在晚间新闻节目的收视率上超越哥伦比亚广播公司，他被迫于1982年辞职。

桑迪·索科洛：长期以制片人的身份与沃尔特·克朗凯特合作，1956—1988年一直供职于哥伦比亚广播公司新闻网，1960—1980年以制片人的身份参与了对两党代表大会的报道、《哥伦比亚广播公司晚间新闻》（克朗凯特与拉瑟担任主播期间），以及对美国宇航局的多次载人飞行任务的报道工作。1993—1997年他担任克朗凯特沃德公司的创始片人一职，1998—2001年又加入了克朗凯特制片公司。

莱斯利·斯塔尔（1941—　）：从1972年起一直以记者的身份效力于哥伦比亚广播公司新闻网，1983—1991年期间主持了《面对国家》节目，从1991年开始成为《60分钟》节目的记者。

弗兰克·斯坦顿（1908—2006）：1946—1971年担任哥伦比亚广播公司总裁一职，正是在此期间哥伦比亚广播公司取得了长足发展。他坚信电视公司承担着公共服务的职责，因此在1960年创制了总统候选人电视辩论会，并在1971年冒着身陷囹圄入狱的风险在《哥伦比亚广播公司报道》中播出了纪录片《贩卖五角大楼》。

罗伯特·特劳特（1909—2000）：长期以播音员及主持人的身份效力于哥伦比亚广播公司，是爱德华·默罗在广播事业方面的导师，在1938年德奥合并后不久便开始主持哥伦比亚广播公司的《欧洲新闻综述》。1964年，克朗凯特对共和党代表大会的报道在收视率方面不敌切特·亨特利与戴维·布林克利，特劳特受命主持了对民主党代表大会的报道工作。然而，他也没能打败全国广播公司的这对梦幻搭档，因此公司最终还是允许克朗凯特继续主持《晚间新闻》。

泰德·透纳（1938—　）：传媒大亨，在1976年创办了透纳广播网，在1980年又创办了有线电视新闻网。在1985年试图收购哥伦比亚广播公司时遭到了失败。克朗凯特是有线电视新闻网的忠实观众，甚至在1998年为其主持了对约翰·格伦重返太空的报道。

鲍勃·维塔雷利（1930—）：克朗凯特的老朋友，数十年效力于哥伦比亚广播公司，在1953年从哥伦比亚广播公司的邮件收发室起步，最终在克朗凯特主持《哥伦比亚广播公司晚间新闻》期间成为该节目的导演，后来又成为《面对国家》的导演。

迈克·华莱士（1918—2012）：哥伦比亚广播公司的记者，克朗凯特的密友，1963—1966年在《哥伦比亚广播公司晨间新闻》初创阶段主持过该节目，自公司于1968年创办《60分钟》起就以记者的身份加入了该节目，直到他于2006年半退休。

芭芭拉·沃尔特斯（1929—）：广播电视记者，从为《哥伦比亚广播公司晨间新闻》（沃尔特·克朗凯特主持）撰写简讯开始了职业生涯，1961—1976年主持了全国广播公司的《今天》，1976—1978年为美国广播公司主持了《晚间新闻》，1984—2004年主持了《20/20》，1997—2014年主持《观点》。

乔纳森·沃德：在克朗凯特主持《哥伦比亚广播公司晚间新闻》期间担任该节目的制片人，克朗凯特沃德公司的创始人，为公共广播公司和探索频道制作了大量的纪录片素材。

艾伦·魏斯曼（1950—）：长期担任哥伦比亚广播公司新闻网、时代—华纳公司、公共广播公司和美国广播公司的制片人、高级制片人和总制片人，在1981年陪同克朗凯特前往开罗，帮助哥伦比亚广播公司新闻网报道了安瓦尔·萨达特遇刺事件。

詹恩·温纳（1946—）：《滚石》杂志的创办人，在克朗凯特离开《哥伦比亚广播公司晚间新闻》后他们两个人成为朋友。

约瑟夫（乔·沃什）·沃什（1920—2011）：1944—1988年以记者的身份效力于哥伦比亚广播公司新闻网，在20世纪50年代与克朗凯特共事于WTOP电视台，《60分钟》的创办人之一。在1981年他与妻子雪莉一起为克朗凯特撰写回忆录《记者生涯》做好了准备工作。

雪莉·沃什：哥伦比亚广播公司的制片人，约瑟夫·沃什的妻子，参与了克朗凯特的回忆录《记者生涯》一书的出版工作。

拉里·韦茅斯（1943—）：《华盛顿邮报》的出版人凯瑟琳·格雷厄姆与菲利普·格雷厄姆的女儿，在1981年针对《发自越南的报道》对克朗凯特进行了采访。目前她在《华盛顿邮报》任职高级副编辑。

阿诺德·岑克尔（1938—）：1967年在哥伦比亚广播公司担任新闻节目经理，在美国广播电视艺术家联合会罢工的13天里他受命为克朗凯特顶班，主持《哥伦比亚广播公司晚间新闻》。

引文注释

序言

"真正的危机降临了"：库尔特·冯内古特，"无意成为大人物的大人物"，《国家》，1981年3月7日。

"经过自我训练，克朗凯特养成了每分钟124个单词的播报速度"：戴维·欣克利，"沃尔特·克朗凯特保持着新闻记者的金本位"，《纽约每日新闻》，2009年7月18日。

"上帝、母亲、美国国旗……"：哈罗德·杰克逊，"克朗凯特时代"，《世界媒体评论》，1981年4月，p.46。

"在混乱忙碌的采编工作现场只有他一个人保持着镇定"：道格·詹姆斯，《沃尔特·克朗凯特：他的一生与他的时代》（布伦特伍德，TN：JM出版社），p.4。

"我从不在安神养性的事情上花费时间"：沃尔特·克朗凯特与唐·卡尔顿，《对话克朗凯特》（奥斯汀：美国历史中心，得克萨斯州大学奥斯汀分校，2010），p.7。

"可以说有这样三位传达消息的信使"：约翰·奥康纳，"克朗凯特退场，电视新闻界勤勉负责的超级巨星"，《纽约时报》，1981年3月8日。

"他有一副好嗓音，又那么沉着冷静"：作者对罗杰·埃尔斯的采访，2011年10月26日。

"克朗凯特有能力赢得别人的信赖"："1981：与弗雷德·弗兰德里的对话"，《尼曼报告》（1999—2000）。

"我想我们不会再看到第二个克朗凯特了"："1981：与弗雷德·弗兰德里的对话"，《尼曼报告》（1999—2000）。

"我猜老爹要离开我们了"：玛丽·巴提亚特，"主播走了"，《华盛顿邮报》，

1981年3月7日。

"换作许多国家，在那样悲惨的四天里都会发生一场革命"："1981：与弗雷德·弗兰德里的对话"，《尼曼报告》（1999—2000）。

"你在这个房间采访过许多位总统……"："罗纳德·里根：哥伦比亚广播公司新闻网沃尔特·克朗凯特采访录节选"，1981年3月3日，约翰·T·伍利和杰哈德·彼得斯，《美国总统研究》。

"大字标题上写着'继克朗凯特之后'"：H·F·沃特斯，"继克朗凯特之后"，《新闻周刊》，1981年3月9日。

"隆重向您推荐最新加盟本公司的记者"：威廉·伦纳德，《身在眼球风暴中：在哥伦比亚广播公司度过的一生》（纽约：帕特南出版社，1987），p.226。

"谢谢你，沃尔特"：史蒂夫·雷迪克利夫，"今夜克朗凯特成了大新闻"，《迈阿密先驱报》，1981年3月6日。

克朗凯特主持的最后一期告别节目："克朗凯特卸任主播"，哨兵供稿社，1981年3月7日。

"我想应该是他看上去就像大家的牙医"：克利夫兰·艾默里，"最为沃尔特·克朗凯特所怀念的"，《大观》，1984年3月11日，p.4。

"他不再出现在主播的座位上就仿佛是……"：马克·克利斯平·米勒和卡伦·鲁尼恩，"事实似乎如此"，《新共和》，1981年2月14日。

克朗凯特的妻子和孩子，以及经纪人在直播间里目睹着他的公开告别：汤姆·谢尔兹，"主播走了：沃尔特·克朗凯特用结束语与大家永别"，《华盛顿邮报》，1981年3月7日。

"事实就是如此"：托尼·施瓦兹，"克朗凯特在一团混乱中平静道'晚安'"，《纽约时报》，1981年3月7日。

说完这句话他便一如既往地发出了结束播音的信号：詹姆斯·沃尔所做的九集口述史，电视学院基金会的电视档案馆。

"放假啦！"：谢尔兹，"主播走了"。

第一章 密苏里少年
"我和父亲乘坐一架配有OX–5发动机的老式柯蒂斯—莱特双翼机"：戴维·弗兰德，"太空舱：采访沃尔特·克朗凯特"，《生活》，1984年8月9日（未出版）。戴维·弗兰德档案，纽约，加登城（下文简称弗兰德档案）。

"以先人开场"：克拉伦斯·丹诺，《我的一生》，（纽约：查尔斯·斯克里布纳之子出版社，1932），p.1.

"我们荷兰人都非常务实"：沃尔特·克朗凯特，"与荷兰邦交及牢不可破的外交往来200周年纪念"，1981年8月18日（脚本），M630号，荷兰影业公司，沃尔特·克朗凯特文稿，得克萨斯州大学奥斯汀分校（下文简称沃-得）。

这位未来的哥伦比亚广播公司新闻记者对继承自父亲的荷兰血统深感自豪：作者对凯西·克朗凯特的采访，2010年3月22日。

"我们所继承的荷兰血统对我们而言弥足珍贵"：同上。

就连可口可乐公司都不得以放弃在碳酸饮料中加入可卡因的做法：戴维·达里，《前沿医药：从大西洋到太平洋》（纽约：诺普出版社，2008），p.271—302.

"弗雷德里克·皮尔斯·克朗凯特医生的办公室及实验室"：《趣谈：牙科艺术、科学及文学月刊》，1899：586。

克朗凯特医生……同妻子安娜·路易丝在圣约瑟夫拥有一座宽敞的居所：乔治·格利，"记者现状"，《堪萨斯城星报》，1997年1月30日。

这个来自堪萨斯的女孩曾就读于宾夕法尼亚州的一所大学："海伦·F·克朗凯特，101，电视主播的母亲"，《华盛顿时报》，1993年11月11日。

"我的父母不太可能想象出日后我蓄着一撇小胡子的模样"：沃尔特·克朗凯特，《记者生涯》（纽约：诺普出版社，1996），p.6.

他的父亲……为参加连任竞选的伍德罗·威尔逊投了一票：同上。

"参加入伍体检"："沃尔特·L·克朗凯特"，黛布拉·格拉登（整理），《密苏里州办公室政治及军事纪录，1919—1920》（犹他州普罗沃市：ancestry.com行动公司，2001），p.384，

克朗凯特一家迁居到了俄克拉荷马州的萨帕尔帕：沃尔特·克朗凯特，《记者生涯》，p.8.

"天生谦逊的他还是承认过自己的确认识这个人"：同上。

"我十分清楚他俩对上流社会和下层阶级等社会各个阶层的看法"："沃尔特·克朗凯特：与美国最受信赖的电视新闻记者的坦诚对话"，《花花公子》，1973年6月。

"第九大街上横贯阿根廷场，一路延伸到联合车站的轨道栈桥……"：门罗·多德，《堪萨斯城的有轨电车，1870—1957》（堪萨斯城：堪萨斯城星星出版社，2002）。

"我向来善于调查研究"：克朗凯特与卡尔顿，《对话克朗凯特》，p.8。

堪萨斯城的第二座电车公园距离克朗凯特家只有六个街区：克朗凯特，《记者生涯》，p.14。

"他们养了一些马"："沃尔特·克朗凯特"，《圣约瑟夫新闻报》，1994。

除了沿街叫卖《星报》：克朗凯特，《记者生涯》，p.10。

"我很难想象当初自己究竟为何会得出那么荒谬的结论"：吉姆·波尼沃泽克，"沃尔特·克朗凯特：赢得美国信任的人"，《时代》，2009年7月17日。

克朗凯特医生收到了来自得克萨斯牙科学校的工作邀请："学校"，得克萨斯州大学休斯敦保健科学中心牙科系。

他在从凯西搬家到休斯敦的事情上表现得很"成熟"：克朗凯特，《记者生涯》，p.26。

他常常在梦中看到布坎南县果实累累的苹果园：鲍勃·斯雷特，"深入了解克朗凯特的采访"，《圣约瑟夫新闻报》，2009年7月18日。

第二章　休斯敦青年

他又一如既往地……查找了一番休斯敦的相关信息：理查德·康奈利，"沃尔特·克朗凯特的休斯敦，抑或休斯敦还有什么"，《休斯敦新闻博客》，2009年7月20日。

"我指望着在中央大道就能见到远洋船只"：克朗凯特与卡尔顿，《对话克朗凯特》，p.8。

"我们用莫尔斯电码进行联系"：克朗凯特，《记者生涯》，p.26。

"没准儿长大后我能在林肯隧道的工程中帮上忙"：同上，p.26—27。

"这里的就业机会出现了大幅度的增长"：沃尔特·克朗凯特，"事实就是如此"，《休斯敦邮报》，1985年3月31日。

"那天我打中了一只麻雀"：同上。

20世纪20年代三K党在美国十分猖獗：作者的得克萨斯州公共事业振兴署研究课题，《休斯敦的历史及指南》（休斯敦：安森·琼斯出版社，1942），p.115。

"我天生就对黑人充满同情"：克朗凯特，《记者生涯》，p.2

"海伦、沃尔特，咱们走！"：鲍尔斯，"沃尔特·克朗凯特：坦诚对话"。

"我被吓坏了"：美国电视档案馆对沃尔特·克朗凯特的采访（文字整理稿），1998年4月18日。

"这个编辑室的氛围非常美妙"：沃尔特·克朗凯特，"事实就是如此"，《休斯敦邮报》，1985年3月31日。

"我以为《邮报》只是一份小报"：同上。

暑假期间克朗凯特会……汉堡包：戴维·巴伦，"休斯敦的根，克朗凯特留在世界的痕迹"，《休斯敦纪事报》，2009年7月17日。

"我总是能让很多小孩子挤进车里"："我的第一辆车"，《大观》，1962年10月14日。

"那时我们的确弹尽粮绝了"：美国电视档案馆对沃尔特·克朗凯特的采访，1998年4月28日。

"混合了长老会和路德教特点的加尔文教背景"：詹姆斯，《沃尔特·克朗凯特》，p.35。

"这就是所谓的灰色地带"：《大观》，1980年3月23日。

伯尼讲述的报社里的那些趣闻轶事令学生们激动不已：克朗凯特，《记者生涯》，p.31。

"只要看到他我就会感觉到他在命令我披上铠甲"：同上，p.32。

克朗凯特曾说过伯尼"无比热爱自己的工作"：苏·沃克夫人，"一群粉丝与'克朗凯特共度的美好一夜'"，《塔尔索世界》，1999年4月21日。

这些新闻稿件毫无出众之处：乔·阿德科克，"沃尔特·克朗凯特"，《得克萨斯杂志》，1966年11月27日。

克朗凯特还是当选为"最佳记者"：《校园新人》，1933年5月22日。

《校园新人》却仍旧保持着"优良的品质"：《圣哈辛托高中年鉴》，1933。

"当年他总是在拿着便笺和铅笔在走廊里跑来跑去"：约翰·G·罗杰斯，"沃尔特·克朗凯特最喜欢的老师"，《大观》，1973年2月18日，p.23。

仿佛他"浑身吸饱了磷"：艾米·亨德森，《播音中：美国播音先驱》（华盛顿特区：史密森尼学会出版社，1988），p.186。

"重要"职务——"送稿小工"：沃克夫人，"一群粉丝与'克朗凯特共度的美好一夜'"。

"我早就意识到新闻工作将是我毕生的追求"：克朗凯特，"事实就是如此"。

"那时我看到曼德尔万电车上的乘客就在拜读我的大作"：同上。

"未经更正"：沃尔特·克朗凯特（剪报），沃-得。

"大高个，发色浅——舞跳得不错……不错的对象"："小不点"科妮莉亚·温特的剪贴簿（1935），唐·米歇尔档案，伊利诺伊州安娜市。

可是他无力购买巴尔弗纪念戒指：康奈利，"沃尔特·克朗凯特的休斯敦"。

"大伙儿总是说他是全校最聪明的学生"：作者对费·舒斯的采访，2011年5月24日。

"最能说服美国人购买汽车的人"："媒体俱乐部向克朗凯特致敬"，《休斯敦邮报》，1073年10月27日。

"我唯一还想要的就是大伙为这个奖品花掉的钱"：同上。

"他还继续讲了一会儿那时候他的母亲有多么困窘"：作者对安德鲁·戈德堡的采访，2011年8月12日。

为了纪念克朗凯特的母亲："70年后得到高中毕业纪念戒指的快乐"，巴尔弗新闻稿，2004年6月22日。

第三章 学艺

我向来都是个蹩脚的演员：美国电视档案馆对沃尔特·克朗凯特的采访，1998年4月28日。

比默罗……更早地出现在了电视屏幕上：劳伦斯·劳伦特，"录像证明没有什么能比历史更激动人心"，《华盛顿邮报》，1953年12月13日。

《得克萨斯人日报》是一份了不起的大学校报：唐·卡尔顿，"克朗凯特的得克萨斯"，《市长》（2009年9—10月）。

新闻专业成了他在课余时间的"小打小闹"："沃尔特·克朗凯特：新闻评论员"，《底特律新闻杂志》，1972年9月24日。

伍德罗·威尔逊的贴身顾问爱德华·豪斯的寓所：同上，p.27。

一心想要在大学里出人头地：同上。

"沃斯堡的校园明星"：沃尔特·克朗凯特给海伦·克朗凯特的信，1934年，沃-得。

从得克萨斯州大学毕业的时候尚保持着童贞：阿尔特·巴克沃德，"主播走了：克朗凯特的一生"，《华盛顿邮报》，2009年7月17日。

他和小不点只能保持书信往来：唐·米歇尔给道格拉斯·布林克利的信，2011年10月15日。

"为副主席……沃尔特·克朗凯特投上一票"：沃-得：2.325-C130。

不过至少有一点令他感到安慰：莎伦·杰森，"事实就是如此——可敬的主播克朗凯特欣然回忆自己在得克萨斯州大学《得克萨斯人日报》的日子"，《奥斯汀美国政治家》，1999年10月1日。

"那时我总是逃课"：同上。

"拿到学位太难了"：沃尔特·克朗凯特，1935年1月23日，沃–得，未编辑的影印本。

"她很真实，具有真才实学"：沃尔特·克朗凯特，"斯泰因不为作秀而来，她很清楚自己知道什么"，《得克萨斯人日报》，1936年3月22日。

克朗凯特在《休斯敦新闻报》谋到了自由撰稿人的工作：乔·阿德科克，"沃尔特·克朗凯特"，《得克萨斯杂志》，1966年11月27日。

"在那以前我还从来没去过那种地方"：鲍尔斯，"沃尔特·克朗凯特：坦诚对话"。

最终克朗凯特意识到在同学们的眼中他有多么沉默而平凡：沃尔特·克朗凯特，（1935，时间不详），沃–得：2.325–E454a。

他对……过目不忘：卡尔顿，"克朗凯特的得克萨斯"。

"校园新闻追踪者"：沃尔特·克朗凯特，1935年1月23日，沃–得。

"无线电台爱好者不难辨认"：克朗凯特，《记者生涯》，p.35。

哈菲尔德·韦丁曾提醒克朗凯特：卡尔顿，"克朗凯特的得克萨斯"。

"那我可能就会当上神圣罗马帝国的皇帝了！"：作者对凯西·克朗凯特的采访，2010年9月18日。

他的办公室就设在州议会大厦新闻办公楼一间"鸽子笼"里："克朗凯特的得克萨斯"。

"我从他的身上学到了如何采写杰出新闻的基本原则"：南希·马丁内斯，"范恩·肯尼迪：1905—1924"，《科珀斯克里斯蒂访客时报》，2004年4月19日。

"我还从未经历过在州议会大厦工作这样的事情"：沃尔特·克朗凯特，时间不详（1935？），沃–得。

"为全州各家周报提供有关州议会的专栏文章的计划落空了"：沃尔特·克朗凯特，写给家人的信，时间不详，沃–得。

在国际新闻社工作了一年之后……：迈克尔·C·艾默里，埃德温·艾默里和南希·L.罗伯茨，《传媒与美国：大众传媒解释史》（波士顿：阿莱恩与培根出版社，1996），p.221。

"我的工作就是通过电话进行采访"：沃尔特·克朗凯特，1935年8月8日，沃-得。

"可怜的老旅行家"：同上。

"小不点，不要将我忘记"：沃尔特·克朗凯特写给"小不点"温特的信，唐·米歇尔的私人文稿，伊利诺伊州安娜市。

结果，温特选择了伊利诺伊州一位野心勃勃律师：科妮莉亚·温特·戴维斯的"追悼会"（邀请函），1938年月13日，唐·米歇尔的私人文稿，伊利诺伊州安娜市。

每当向别人提起这座喷泉之都时他总是将其描绘得十分浪漫：艾伦·巴恩哈特，"沃尔特·克朗凯特，92岁，美国主播，故乡堪萨斯城的英雄，新闻良心"，《堪萨斯城星报》，2009年7月20日。

"在他们中间我还从未碰到过一个地地道道的混蛋"：托马斯·哈特·本顿，《美国艺术家》（哥伦比亚：密苏里州大学出版社，1983），p.275。

老克朗凯特医生当年曾与埃文斯的父亲同时就读于堪萨斯城药科学院：汤姆·L·埃文斯，口述史访谈，1962年8月8日，哈里·S·杜鲁门图书馆及博物馆，密苏里州独立城，p.22。

西蒙斯说："干了这么多年的广播，我从未听到过这么适合播音的嗓子"：沃尔特·克朗凯特给海伦·克朗凯特的信，约1936年，沃-得。

当被问及在漫长而传奇的播音生涯中最伟大的成就是什么："普鲁斯特问卷调查"。

"这里是默罗从维也纳为你们发回的报道"：埃里克·巴尔诺，《黄金网络：美国广播史》（纽约：牛津大学出版社，1968），p.77—78。

哥伦比亚广播公司新闻网驻欧洲各地的特派记者：埃德华·R·默罗和埃德·比利斯（编），《寻找光芒：爱德华·R·默罗的广播节目》（纽约：诺普出版社，1967），p.4—5。

头脑敏捷的他深谙于自己所谓的"重构游戏"：克朗凯特，《记者生涯》，p.67。

这完全就是假货"沃尔特·威尔考克斯"报道假新闻：希尔兹，"事实就是如此"。

"那时我不根本不需要事实"："沃尔特·克朗凯特：1916—2009"，《体育画报》，2009年7月27日。

"这种寻花问柳的地方永远不会歇业"：克朗凯特，《记者生涯》，p.52。

"她从走廊另一头朝我走了过来，我望着她"：沃尔特·克朗凯特的口述史访谈，p.48，沃-得。

　　"我俩对彼此都是一见钟情"："世上的事"，联合供稿专栏，1976年2月7日。

　　"贝特西和我一起离开办公室去吃午饭"：巴恩哈特，"沃尔特·克朗凯特，92"。

　　贝特西……在密苏里大学期间她是新闻专业的全优生：比佛利·格伦沃尔德，"能干的克朗凯特夫人"，《妇女着装日报》供稿社，1979年2月17日。

　　"当时他就是根瘦竹竿"："世上的事"，1976年2月7日。

　　经过调查克朗凯特得知这场火灾并不严重：克朗凯特与卡尔顿，《对话克朗凯特》，p.18-19。

　　"KCMO：蠢到解雇克朗凯特"：贾斯汀·肯德尔，"KCMO：蠢到解雇克朗凯特，从此走上了下坡路"，《球场》博客，2009年9月10日。

第四章　成为合众人

　　《芝加哥论坛报》将合众社称为"斗志昂扬"的美联社：唐纳德·利本森，"国际合众社安息吧"，《芝加哥论坛报》，2003年5月4日。

　　对克朗凯特的职业轨迹而言最重要的是：理查德·哈尼特和比利·G·弗格森，《合众社：国际合众社——报道20世纪》（科罗拉多州丹佛市：支点出版社，2003）。

　　合众社于1935年率先开始向广播电台提供独家新闻：国际合众社，1907—2007。

　　"这就是生意"：斯蒂芬·文森特·贝尼特，"合众社"，《财富》，1933年5月。

　　毕业于堪萨斯州大学的著名记者约翰·卡梅伦·斯韦兹：克朗凯特，《记者生涯》，p.78。

　　"早上好，约翰·卡梅伦·斯韦兹正在为您播发"：克朗凯特与卡尔顿，《对话克朗凯特》，p.27-28。

　　他搭乘……一辆消防探照车："新伦敦大爆炸"，仓库博物馆。

　　然而很快他就意识到"……并不是一件容易的事情"：克朗凯特，《记者生涯》，p.64。

　　"如果拿走石油的话这里将变得一无所有"：沃尔特·克朗凯特，"爆炸发生地奥弗顿是全世界储藏量最大的油田"，合众社，1937年3月19日。

　　《早间新闻》节目的记者哈里·史密斯……筹划了一期周年纪念节目：作者对

哈里·史密斯的采访，2011年5月1日。

"在对这起突发事件的报道过程中我学到了很多有用的知识"：沃尔特·克朗凯特的口述史访谈，P.56，沃-得。

在毫不知情的情况下克朗凯特陷入了：沃尔特·克朗凯特的采访，美国电视档案馆，1999年10月18日。

"在那之前我常常觉得要是我无法参与有利可图的事情"：刘易斯·拉帕姆，"沃尔特·（米蒂）克朗凯特的秘密生活"，《星期六晚邮报》，1962年3月16日。

克朗凯特……开始在俄克拉荷马州城的WKY电台工作了：沃尔特·克朗凯特的采访，美国电视档案馆，1999年10月18日。

"那可真算得上是我一生中的一次低谷"：希尔兹，"事实就是如此"。

"在需要即兴播音的时候你千万不要指望别人的帮助"：沃尔特·克朗凯特的采访，美国电视档案馆，1999年10月18日。参见沃尔特·克朗凯特的口述史访谈，p.63，沃-得。

"自己还是热爱合众社"：沃尔特·克朗凯特的口述史访谈，p.65，沃-得。

"几年前我突然辞职，经理们都非常生气"：克朗凯特与卡尔顿，《对话克朗凯特》，p.27。

"今天，全国各地机场负责人都接到通知"：沃尔特·克朗凯特，"搜寻劫持有飞行员的飞机"，合众社，《奥尔温（俄亥俄州）每日文摘》，1939年10月28日。

"今天，州有关当局呼吁全县各机场"：沃尔特·克朗凯特，"飞机没有返航后寻找印第安纳人"，合众社，《瓦尔帕莱索哨兵信使报》。

"然后我就开始给这个范围内的所有机场打电话"：克朗凯特，《记者生涯》，p.74。

"这里的普遍态度似乎都是"：爱德华·默罗，《这里是伦敦》（纽约：肖克肯出版社，1941），p.17。

"合众社总计派出了150名最优秀的记者"：哈尼特和弗格森，《合众社》，p.134。

正如他日后所说，当时希特勒发动的闪电战令他兴奋得难以自已：克朗凯特，《记者生涯》。

第五章　做好准备，奔赴欧洲

教堂里里外外缀满了马蹄莲和羊齿草：《堪萨斯城新闻邮报》，剪报（时间不详），沃–得。

"夫妇俩开着车风驰电掣地离开了堪萨斯城，开始了蜜月之旅"：作者对奇普·克朗凯特的采访，2011年11月1日。

"我们的身边总是有一小伙人"：沃尔特·克朗凯特的口述史访谈，沃–得。

在这段时期他们同年轻记者弗兰克·巴希特来往甚密"：作者对黛博拉·拉什的采访，2012年2月21日。

每个星期她都要回复一批痛苦失意的信件：詹姆斯，《沃尔特·克朗凯特》，p.45。

"我在报社的工作十分琐屑"：比佛利·格伦沃尔德，"能干的克朗凯特夫人"，《妇女着装日报》供稿社，《哈钦森，得克萨斯新闻》，1979年2月17日。

克朗凯特的合众社办公室：戈登和科恩，《直到最后》，p.11。

"在此后的5年里一直受到德国的野蛮占领"：兰斯·戈达德，《加拿大和荷兰的解放》（多伦多：邓登出版社，2005），p.22。

"荷兰人再也不是从前的荷兰人了"：克朗凯特，"与荷兰邦交及牢不可破的外交往来200周年纪念"。

"贝特西自己并没有中断飞行课程，最终获得了驾驶执照"：林恩·托纳比讲述贝特西·克朗凯特，"我的丈夫：新闻播音员"，《大都会》，1965年5月。

克朗凯特已经在堪萨斯城驻守了两年多："合众社"。

"要不是我也受过记者的训练"："世上的事"，联合供稿专栏，1976年2月8日。

佩利也在担心电视只是一种"技术玩具"：亨德森，《播音中》，p.34—35。

"这一切给人一种怪异的兴奋感"：约翰·麦克斯韦尔·汉密尔顿，《新闻的秋波：美国外交报道史》（巴吞鲁日：路易斯安那州大学出版社，2009），p.317—318。

"远处刚刚亮起了一盏探照灯"：《哥伦比亚广播公司新闻网特别报道》，"黑暗过后的伦敦"，1940年8月24日。

"在东边不远处探照灯的灯光直刺向空中"：德鲁·米德尔顿，"目击伦敦突袭显现人民的高昂斗志"，美联社，1940年8月25日。

"广播播音工作有很多吸引听众的技巧"：鲍尔斯，"沃尔特·克朗凯特：坦诚对话"。

合众社的记者华莱士·卡罗尔当时正在办公室值班：哈尼特和弗格森，《合众社》，p.137—138。

"我苦等了一整年"：沃尔特·克朗凯特，《回忆"二战"中的北非军事行动》，全国公共广播电台，学术大全数据库文字整理稿，2002年11月8日。

他们俩此前都没有到过东海岸地区：克朗凯特与卡尔顿，《对话克朗凯特》，p.33。

"我相信纽约是世界上最好的地方之一"：沃尔特·克朗凯特给海伦·克朗凯特的信，1942年1—2月，沃-得。

令克朗凯特感到担忧的是当真的奔赴海外而置身战火纷飞的欧洲时：哈尼特和弗格森，《合众社》，p.138—140。

"坚定的动物爱好者"：沃尔特·克朗凯特在凤凰城的调侃；亚利桑那州，1985年11月15日，http://www.c-spanvideo.org/program/125802-1（摘自2011年7月7日）。

幸运的是他没有成为37名遇害记者和112名身负重伤的记者中的一分子：詹姆斯，《沃尔特·克朗凯特》，p.57。

"那时我竭尽所能地远离着战火"：鲍尔斯，"沃尔特·克朗凯特：坦诚对话"。

"我睡在护航舰的舰队司令专用舱里"：沃尔特·克朗凯特给海伦·克朗凯特的信，1942年9月6日，沃-得。

"他们都以为我是随军牧师"：克朗凯特，《回忆"二战"中的北非军事行动》。

"所谓的潜艇其实是一艘遇难废弃的商船"：沃尔特·克朗凯特，"美国派往英国的最大规模舰队"，合众社，1940年8月24日。

"现在我手头上就有一条很不错的新闻，只要能通过审查就行了"：沃尔特·克朗凯特给海伦·克朗凯特的信，1942年9月6日，沃-得。

"沃尔特·克朗凯特，合众社派驻大西洋舰队的记者"：沃尔特·克朗凯特，"大火烧毁曾经的邮轮'曼哈顿号'"，合众社，1942年9月3日。

一个星期后合众社在发布克朗凯特撰写的其他稿件时：沃尔特·克朗凯特，"英国认为希特勒的空军会再来一次闪电战"，合众社，1942年9月12日。

"按照要求我得立即到'得克萨斯号'战舰报到"：克朗凯特与卡尔顿，《对话克朗凯特》，p.38。

凭借这两点他完全有资格宣称：哈尼特和弗格森，《合众社》，p.139。

"对世界头号新闻进行了最佳报道"："媒体骑兵"，合众社，《匹兹堡新闻报》，1943年3月1日。

克朗凯特在这个领域还完全是一个初出茅庐的青涩少年：乔·亚历克斯·莫里斯，"五名合众社记者被派往非洲"，合众社，1942年11月10日。

大家都知道足智多谋的坎宁安：乔·亚历克斯·莫里斯，《分分钟都在截稿》（纽约州加登城：双日出版社，1957），p.260—261。

克朗凯特发回了13篇报道：克朗凯特，《回忆"二战"中的北非军事行动》。

其实克朗凯特碰巧又登上了"得克萨斯号"：同上。

他事无巨细地向编辑们讲述了：克朗凯特，《记者生涯》，p.90。

"这篇报道足以让一名年轻的通讯者记者……"：克朗凯特，《回忆"二战"中的北非军事行动》。

第六章　作家六十九营

"那个圣诞节沃尔特得在海上度过了"："贝特西·克朗凯特：主播夫人的麻烦"，《安德森（印第安纳州）每日公报》，1968年11月（无日期），p.28。

"对当时的重大新闻同其他媒体展开激烈的厮杀"：莫里斯，《分分钟都在截稿》，p.254。

克朗凯特的大西洋之旅危险丛生：沃尔特·克朗凯特给贝特西·克朗凯特的信，1942年12月30日，沃-得。

克朗凯特后来曾称毕提是自己心目中的"英雄"：沃尔特·克朗凯特的口述史访谈，p.99，沃-得。

记者们所说的"炸弹"并不是真正的炸弹，而是踩着高跟鞋的妓女：唐·L·米勒，《空军大师：与纳粹德国展开空战的美国轰炸机小子们》（纽约：西蒙与舒斯特出版社，2006），p.218—221。

"我当时觉得沃尔特是个了不起的家伙"：作者对安迪·鲁尼的采访，2011年3月15日。

在……鲁尼眼中克朗凯特"坚忍不拔，很有竞争力，非常善于抢新闻"：安迪·鲁尼，《沃的战争》（纽约：时代出版社，1995年），p.86。

用他的话来说房间小的就像一间"牢房"：沃尔特·克朗凯特给贝特西·克朗凯特的信，1943年1月9日，沃-得。

"乔·莫里斯和埃德·毕提举办了一场还算像样的聚会"：沃尔特·克朗凯特给贝特西·克朗凯特的信，1943年1月1日，沃-得。

"直到星期一我才能知道每天需要工作多长时间"：同上。

"紧巴巴的经费马上就要花光了"：沃尔特·克朗凯特给贝特西·克朗凯特的信，1943年1月（无日期），沃-得。

在同兰开斯特轰炸机组的一名飞行员飞跃了德国首都上空后："詹姆斯·麦当纳,《纽约时报》记者:退休记者逝世",《纽约时报》,1962年6月20日。

"昨夜皇家空军的轰炸机将柏林大片地区变成了人间地狱":詹姆斯·麦当纳,"火烧全城",《纽约时报》,1943年1月18日。

"沃尔特在这方面很有一手":作者对安迪·鲁尼的采访,2011年3月7日。

擅长聊天的克朗凯特常常无所事事:沃尔特·克朗凯特给贝特西·克朗凯特的信,1943年1月(无日期),沃-得。

夜壶风波过后不久"厕所佬"就宣告解散了:"曼哈顿的旋转木马",《旧金山纪事报》,1991年3月6日。

"一架名为'报丧女妖'的飞行堡垒轰炸机":沃尔特·克朗凯特,"飞行员宣称他是第一个飞越德意志帝国的人",合众社,1943年1月28日。

"在我们看来似乎我们的报道角度有问题":鲁尼,引自米歇尔·法拉利和詹姆斯·托宾(编),《美国战时报道:口述史》(纽约:亥伯龙神出版社,2003),p.53。

"天哪,我真想知道格拉德温打算写点什么":克朗凯特与卡尔顿,《对话克朗凯特》。

"我不知道最终是谁做的决定":法拉利与托宾,《美国战时报道》,p.53。

"就连野象都无法阻止住克朗凯特参加此次任务的脚步":吉姆·汉密尔顿,《作家六十九营》(马萨诸塞州马什菲尔德市:绿港出版社,1999),p.46。

"自己……通往葬礼的门票":哈里森·索尔兹伯里,《走向我们的时代》(纽约:哈珀与罗出版社,1983),p.196。

后来沃尔特总算是回来了:贺瑞斯·戴舍尔·奎格,"沃尔特大叔:制造超级主播",《纽约每日新闻》,1981年3月1日。

"在过去的这个星期里其他六名记者和我":沃尔特·克朗凯特给贝特西·克朗凯特的信,1943年2月6日,沃-得。

"我不清楚'作家六十九营'这个东西是怎么传开的":作者对安迪·鲁尼的采访,2011年3月15日。

"沃尔特真是个了不起的小丑":作者对安迪·鲁尼的采访,2011年3月15日。

"就是它了!"他于1944年创作的纪录片正是以这架轰炸机为原型:米勒,《空军大师》,p.117。

这群新闻记者接受了"急救、氧气面罩的使用和高空飞行"的训练:格拉德温·希尔，"记者随轰炸机参加空特受训"，《斯克内克塔迪公报》，1943年2月9日。

"但愿上帝能保佑希特勒！"：米勒，《空军大师》，p.115。

"我们总共有十个人"：汉密尔顿，《作家六十九营》，p.46。

"听着，这种事情很常见"：鲁尼，《我的战争》，p.121。

克朗凯特乘坐着303号轰炸组的B-17轰炸机从莫尔斯沃思出发："轰炸机指挥部讲述军事行动：37—26号行动，1943年2月，目标：德国威廉港"，沃-得。

"太可怕了。很刺激，但是太可怕了"：奎格，"沃尔特大叔"。

机组成员和随机记者鲍勃·普斯特靠着降落伞逃离了轰炸机："轰炸机指挥部讲述军事行动：37号行动"。

克朗凯特看到德国福克—沃尔Fw190百舌鸟战斗机：同上。

面对这种情况机组成员交代给克朗凯特一项任务：同上。

"那天我冲着多得难以计数的'福克—沃尔'和'梅塞施密特'开了火"：沃尔特·克朗凯特的口述史访谈，p.106，沃-得。

"就这样我得到当天执行任务的'六十九营'记者中最棒的新闻"：法拉利与托宾，《美国战时报道》，p.55。

能够在2月27日这一天侥幸生还他与比加特都感到十分庆幸：汉密尔顿，《作家六十九营》，p.116。

在听完克朗凯特充满史实性的描述后他将手搭在对方的胳膊上，哀叹道：鲍尔斯，"沃尔特·克朗凯特：坦诚对话"。

"凭着这篇稿件我大获全胜"：奎格，"沃尔特大叔"。

"让文章里多一点血腥气"：哈里森·索尔兹伯里，《前哨：霍默·比加特的战地报道》（前言）（费耶特维尔：阿肯色州大学出版社，1992），p.xiv。

"比加特、克朗凯特和希尔都被耳闻目睹到的一切给惊呆了"：卡尔·赛森斯·施特普，"直到最后"，《美国新闻评论》（2003年8—9月）。

路易斯·斯奈德将克朗凯特的这篇报道评选为"二战"空袭方面最佳新闻稿件：路易斯·斯奈德（编），《战地报道杰作：第二次世界大战中的伟大时刻》（纽约：朱利安·梅斯纳出版社，1962），p.239。

"首次参加轰炸行动在我的眼中就像剪辑拙劣的家庭录像一样"：莫里斯·艾泽曼和约翰·斯图尔特·鲍曼，《第二次世界大战》（纽约：档案出版公司），p.131。

"这是属于《纽约时报》记者鲍勃·普斯特的报道"：沃尔特·克朗凯特，"鲍勃·普斯特"，合众社，1943年2月25日。

《纽约时报》正式公布了普斯特身亡的消息：汉密尔顿，《作家六十九营》，p.123。

"每次执行任务我都怕得要死"：作者对安迪·鲁尼的采访，2011年3月15日。

"美国佬就在这里"：沃尔特·克朗凯特，"参加欧洲空中防御战的美国佬准备就绪"，合众社，1943年5月15日。

"当时我们都站在同一条战线上"：克朗凯特，《记者生涯》，p.289。

11月19日，他撰写的《纳粹空军屡屡受挫》：沃尔特·克朗凯特，"纳粹空军屡屡受挫"，《纽约世界电讯报》，1943年11月19日。

"谁都不清楚这场战争将会持续多少年"：莫里斯，《分分钟都在截稿》，p.254。

"每当有人邀请我做演讲……我就感到害臊"：鲍尔斯，"沃尔特·克朗凯特：坦诚对话"。

第七章　空战新闻泰斗

"这部广播剧展现了前线军人们的语言风格"：沃尔特·克朗凯特，"'二战'广播剧·媒体战士"，《时事纵观》，全国公共广播电台，2003年7月21日。

默罗这位天才星探邀请克朗凯特在伦敦的塞维尔俱乐部共进午餐：约翰·A.斯图尔特，《罗伯特·路易斯·斯蒂文森评传》（第二版）（波士顿：利特尔与布朗出版社，1924），p.180。

这个小团体包括塞西尔·布朗：斯坦利·克劳德和林恩·奥尔森，《默罗小子》（纽约：霍顿·米夫林出版社，1996），作者注释。

"我猜默罗更想要的是炮灰，而不是播音员"：沃尔特·克朗凯特的采访，美国电视档案馆，1998年4月18日。

"嗯，就如同在吸血鬼的心头插上一把尖刀"：沃尔特·克朗凯特和唐·卡尔顿的口述史访谈，沃–得。

"他拿出一副我从不曾听到过的推销员的腔调"：同上。

"并不觉得这件事情会有损他的声誉"：沃尔特·克朗凯特的采访，美国电视档案馆，1998年4月28日

"默罗无法相信这一切"：克劳德和奥尔森，《默罗小子》，p.297。

克朗凯特同默罗小子们之间始终涌动着一股"寒流"：史蒂芬·米勒和萨姆·施赫纳，"沃尔特·克朗凯特，播音传奇逝世，享年92岁"，《华尔街日报》，2009年7月18日。

克朗凯特……根本无暇顾及自己同默罗的关系：亚历山大·肯德里克，《黄金档：爱德华·默罗的一生》（纽约：利特尔与布朗出版社，1969），p.275。

《看》杂志刊登了克朗凯特撰写的一篇回顾威廉港空袭任务的文章：沃尔特·克朗凯特，"我最喜爱的战地报道"，《看》，1943年11月16日。

"尽管我拒绝了埃德（默罗的昵称）"：克朗凯特和卡尔顿，《对话克朗凯特》，p.63—64。

"多少有点像经过精心安排的地狱"：贝林·罗杰斯，"爱德华·R.默罗的'精心安排的地狱'：修辞分析"，得克萨斯州大学泰勒分校。

"送给鲍勃·施伊茨——终生感激你带着我们平安返航"：作家六十九营网站主页的照片，绿港出版社，http://greenharbor.com/wr69/wr69.html 。

结婚的前两年时光飞逝，最近两年又慢得要死：沃尔特·克朗凯特给贝特西·克朗凯特的信，1944年3月29日，沃-得。

在给贝特西的信中他说因为此次落选他感到"心都碎了"：沃尔特·克朗凯特给贝特西·克朗凯特的信，1944年5月14日，沃-得。

"我们第八飞行中队已经接到新的任务了"：沃尔特·克朗凯特和唐·卡尔顿的口述史访谈，沃-得。

"我被震惊了——这就是登陆日，我就要参加行动了"：沃尔特·克朗凯特，"登陆日克朗凯特在浓雾中出发"，《纽约每日新闻》，1984年6月4日。

莱申提醒克朗凯特由于恶劣的天气状况：沃尔特·克朗凯特，"英国皇家空军轰炸机飞行员轰炸入侵通道"，合众社，1944年6月6日。

"就在这时我们接到了投掷炸弹的命令"：克朗凯特，"登陆日克朗凯特在浓雾中出发"。

整个英吉利海峡"似乎都被挤得水泄不通"：克朗凯特，《记者生涯》，p.104。

"浓密的云层遮掩住了德军大量的机枪掩体"：克朗凯特，"英国皇家空军轰炸机飞行员打开海岸线"，合众社，1944年6月6日。

"飞机越来越近（飞机声）"：埃里克·巴尔诺，《黄金网络：美国广播史》（纽约：牛津大学出版社，1968），p.199。

"有了这个报道其他一切报道都黯然失色了"：保罗·怀特，《广播新闻》，p.356。

在诺曼底大进攻之后默罗被任命为该协会的主席：鲍勃·爱德华兹，《爱德华·R.默罗和广播新闻业的诞生》（新泽西州霍博肯市：韦利出版社），p.78。

"我参加了一大早的进攻任务"：沃尔特·克朗凯特给贝特西·克朗凯特的信，1944年6月12日，沃–得。

"我觉得应该飞到了奥马哈海滩"：克朗凯特和卡尔顿，《对话克朗凯特》，p.59。

有幸就奥马哈海滩行动的话题对艾森豪威尔进行了一番采访：史蒂芬·E.安布罗斯，《登陆日：1944年6月6日：第二次世界大战最激动人心的战役》（纽约：西蒙与舒斯特出版社，1994），p.583。

"想想为了这个理想牺牲的生命"：沃尔特·克朗凯特采访德怀特·D.艾森豪威尔，1964年6月6日，《哥伦比亚广播公司特别报道》，哥伦比亚广播公司文献馆，纽约。

"我想自登陆日以来我还是跟以前一样忙碌"：沃尔特·克朗凯特给海伦·克朗凯特的信，1944年8月15日，沃–得。

"休·贝里要过来待上几个星期"：同上。

"毫无疑问，电视有着巨大的潜力"：怀特，《广播新闻》，p.372。

马蒂·施拉德……对哥伦比亚广播公司的其他电视节目都不屑一顾：康韦，《美国电视新闻的起源》，p.126。

第八章　滑向胜利日

"我乘坐的军用运输滑翔机突然紧急降落"：科尔内利乌斯·赖恩，《遥远的桥》（纽约：西蒙与舒斯特出版社，1974），p.216。

原来没有"轰鸣的引擎"只意味着"悄然滑向来世"：克朗凯特，《记者生涯》，p.10。

"可千万别坐着滑翔机上战场"：同上。

"我还以为滑翔机的轱辘要落地了"：赖恩，《遥远的桥》，p.216。

"成千上万的盟军伞兵和滑翔机输送的部队"：沃尔特·克朗凯特，"阿纳姆"，合众社，1944年9月18日。

他对"市场花园行动"撰写的稿件……刊登这批报道的报纸数量：沃尔特·克朗凯特，"空中部队对地面实施打击"，《纽约时报》，1944年9月18日。

日后他曾说自己从荷兰发回的报道"十分蹩脚"：赖恩，《遥远的桥》，p.12。

"我已经看到伞兵们摇摇晃晃地降落了下去"：默罗和比利斯，《寻找光芒》，p.84。

默罗这句"事实仍旧如此"……提前了十几年：小爱德华·比利斯，《现在开始播音：广播新闻的故事》（纽约：哥伦比亚大学出版社，1991），p.161—162。

他还对盟军解放低地国家的军事行动进行了报道：克朗凯特，"与荷兰邦交及牢不可破的外交往来200周年纪念"。

"火箭看起来就像是一支巨大的爆竹"："克朗凯特认为他看到了V-2火箭"，《纽约时报》，1944年12月2日。

大多数时候协助他完成工作的都是哥伦比亚广播公司的比尔·唐斯：哥伦比亚广播公司的战地报道扩充版，1945年3月24日，p.20—21。参见比利斯，《现在开始播音》，p.91—97。

"可我没法四处喊你啊"：比利斯，《现在开始播音》，p.162。

"冯·龙德施泰特元帅率军攻入阿登高地的当夜我在布鲁塞尔"：克朗凯特和卡尔顿，《对话克朗凯特》，p.68。

"在阿登突围战的最初几天里"："回忆六十年前的这一周发生的阿登斯突围战"，《时事纵观》，全国公共广播电台，2004年9月27日

"我对那个圣诞节盟军的壮举仍旧历历在目"：同上。

他始终认为蒙哥马利"根本不配得到那些荣誉"：克朗凯特和卡尔顿，《对话克朗凯特》，p.68。

克朗凯特……从此有资格宣称自己曾经也是一名战地记者：马克·伯恩斯坦和亚历克斯·鲁伯托兹，《第二次世界大战：播音中》（纽约：资料出版社，2003），p.xiv。

"没等回过神的时候你就听到大家都在说"：唐·休伊特，《给我讲一个故事》（纽约：公共事务出版社，2002），p.32。

"唐斯躺在我身后，他突然扯了扯我的裤腿"：克朗凯特，《记者生涯》，p.114。参见爱德华兹，《爱德华·R.默罗》，p.81。

"他们朝我们抛来一束束的郁金香"：克朗凯特，《记者生涯》，p.123。

"我收到了很多花环"："电视：最亲密的媒体"，《时代》，1966年10月14日。

"克朗凯特……身处英勇的荷兰人民中间令他感到自豪"：同上。

"在战争期间盟军飞机的声音深受荷兰人民的热爱"：克朗凯特，"与荷兰邦交及牢不可破的外交往来200周年纪念"。

"他们喜极而泣，急不可耐地告诉我"：克朗凯特，《记者生涯》，p.123。

"荷兰出了那么多大新闻"：克朗凯特和卡尔顿，《对话克朗凯特》，p.74。

先为这场人类历史上最骇人的暴行中受害的犹太人进行了一番祈祷：爱德华兹，《爱德华·R.默罗》，p.74—84。

"当时你没法成天到晚地写骇人听闻的报道"：克朗凯特和卡尔顿，《对话克朗凯特》，p.73。

纳粹分子让荷兰人饱受饥馑和战争的折磨：戈达德，《加拿大和荷兰的解放》，p.209—214。

"在荷兰的这个地方根本找不到食物"：沃尔特·克朗凯特的信，1945年5月20日，沃–得。

"倾听荷兰人民对欧洲大陆的观点和看法对美国十分有益"：克朗凯特，"与荷兰邦交及牢不可破的外交往来200周年纪念"。

克朗凯特……终于在布鲁塞尔的黑市上买到了电缆：克朗凯特，《记者生涯》，p.122—124。

"对于年龄我有一种奇怪的感觉"：埃里克·塞瓦赖德，《不算疯狂的梦》，p.511。

他"一连几天完全懵了"：同上，p.511—512。

他又参加了人们为将军在卢森堡举行的葬礼：克朗凯特和卡尔顿，《对话克朗凯特》，p.77。

审判庭设在德国的一座老剧院里：约瑟夫·E.珀西科，《纽伦堡：审判恶行》（纽约：企鹅出版社，1994），p.132。

第九章　从纽伦堡审判到俄国

"他们走上被告席的模样"：沃尔特·克朗凯特，《纽伦堡大审判》（文字整理稿），公共广播公司，《美国印象》，2006，http://www.pbs.org/wgbh/amex/nuremberg/filmmore/pt.html 。

"我俩在酒吧喝得醉醺醺的"：克朗凯特和卡尔顿，《对话克朗凯特》，p.80。

"真正的诀窍在于如何在开审之前"：沃尔特·克朗凯特的口述史访谈，沃–得。

"我们得到了一大把了不起的封面报道"：克朗凯特和卡尔顿，《对话克朗凯特》，p.79—80。

克朗凯特设法得到了同盟国调查人员获得的"新信息"：沃尔特·克朗凯特，"戈林的妻子讲述她如何帮助丈夫积累财富"，合众社，1946年7月9日。

"站在被告席上的戈林表现出一脸曾经决意统治世界的傲慢"：克朗凯特，《记者生涯》，p.126。

"被告人一看到那些画面，即集中营的影片时"：克朗凯特，《纽伦堡大审判》。

"多年来一直有论调称那场审判"：蒂莫西·怀特，"沃尔特：我们几乎不认识你"，《滚石》，1981年2月5日。

"至今我仍清楚地记得沃尔特来圣约瑟夫探望我们时的情景"：作者对凯·巴恩斯的采访，2011年7月7日。

"当时我可是首席记者"：沃尔特·克朗凯特的采访，美国电视档案馆，1998年4月28日。

对于贝特西而言，莫斯科就是"这个帝国最后的堡垒"：林恩·托纳比讲述贝特西·克朗凯特，"我的丈夫：新闻播音员"。

"他们生活在富有和贫穷的双重世界里"：作者对凯西·克朗凯特的采访，2011年3月22日。

"住在'大都会'有点像住在蝙蝠侠的死对头疯帽匠长官的监狱"：哈里森·索尔兹伯里，《走向我们的时代》（纽约：哈珀与罗出版社，1983），p.255。

由合众社出资，夫妻俩在列宁格勒逗留了整整一个周末：厄尔·威尔逊，"与沃尔特·克朗凯特闲谈"，《休斯敦邮报》，1955年9月11日。

"有生以来头一次我听到了俄国人的捧腹大笑"：沃尔特·克朗凯特，合众社剪报，沃-得。

"驻莫斯的外国记者简直就相当于文摘类杂志的编辑"：沃尔特·克朗凯特，"驻莫斯科的记者从报纸上摘抄新闻"，合众社，1948年3月23日。

"在彻底摧毁德国在国际上形成的反动势力"：沃尔特·克朗凯特，"红色评论员评论杜鲁门、马歇尔的侵略苗头增强"，合众社，1947年9月25日。

无论1946年从表面上看生活有多么激动人心：索尔兹伯里，《走向我们的时代》，p.248。

克里姆林宫不再对"兄弟般的西方记者"给予有限的友谊了：戴维·哈伯斯塔姆，《统治者》（纽约：诺普出版社，1979），p.240。

"要是他们知道我们都是新闻从业人员的话"：克朗凯特，《记者生涯》，p.153。

"最能在镜头前彰显男性雄风"：杰克·古德，"电视和政治"，《纽约时报》，1948年7月18日。

电视网络需要一位看起来随和可亲的"主播"：对于"主播"一词的产生存

在争议，三位广播公司的总经理都宣称是自己创造了这个词：西格·米克尔森、唐·休伊特与保罗·莱维坦。

"在雄心勃勃的实干家泛滥成灾的地方"：古德，"电视和政治"，《纽约时报》。

第十章　电视新闻的初创时期

怀有身孕的贝特西回到了故乡：沃尔特·克朗凯特对理查德·斯诺的采访，"他在那里"，《美国遗产》45，8号（1994）：42—44。

"我从莫斯科出发，绕了地球半圈，全速赶回家"："沃尔特·克朗凯特：电视传"，特别项目，哥伦比亚广播公司新闻网，1953年5月15日，哥伦比亚广播公司新闻网档案馆，纽约。

"那时候就是这样"：作者对南希·克朗凯特的采访，2011年4月4日。

他认为自己有能力重新在这个领域开拓出新的天地：《底特律新闻杂志》，1978年9月24日。

"这是一家状况良好，有责任心的电台"：同上。

"坚如磐石"……的名声：米勒和鲁尼恩，"事实似乎如此"。

"在沃尔特进入广播界的时候"：作者对鲍勃·舒弗尔的采访，2009年7月13日。

"克朗凯特将在华盛顿创建总部"：吉姆·卡森，"听！"《艾奇逊周报》，1949年1月9日。

有传言称克朗凯特的密苏里背景将会让他得以接近杜鲁门总统：怀特，"沃尔特：我们几乎不认识你"。

克朗凯特夫妇租下了一所乔治王朝时期风格的房子：作者对南希·克朗凯特的采访，2011年4月4日。

当时，默罗几乎成了白宫的常客：安·M.斯珀伯，《默罗的一生与他的时代》（纽约：弗洛德里克出版社，1986），p.225。

"我无法相信谁会把麦卡锡当回事"：克朗凯特和卡尔顿，《对话克朗凯特》，p.114。

"沃尔特就是沃尔特，他同（白宫发言人）塞姆·瑞伯恩相交甚好"：作者对安迪·鲁尼的采访，2011年3月15日。

"说电视将会摧毁广播的人"：约瑟夫·珀西科，《爱德华·默罗：美国原创》（纽约：麦格劳－希尔教育出版公司，1988），p.301。

"一开始，默罗们、科林伍德们、塞瓦赖德们"：费利西蒂·巴林杰，"西格·米克尔森，哥伦比亚广播公司电视新闻网的首任总监逝世，享年86岁"，《纽约时报》，2000年3月27日。

默罗与制作人弗雷德·弗兰德里在此之前：本·格罗斯，"看与听"，《纽约星期日新闻》，1953年6月28日。

爱德华兹……自少年时代他就开始了的广播生涯：丹尼斯·海韦希，"道格拉斯·爱德华兹，第一位电视主播逝世，享年73岁"，《纽约时报》，1990年10月14日。

"首先是因为电视，其次是因为电视新闻"：康韦，《美国电视新闻的起源》，p.2。

爱德华兹为哥伦比亚广播公司录制的时长为15分钟的节目：哈伯斯塔姆，《统治者》，p.123。

全国广播公司也开办了同类节目：芭芭拉·马图索，《晚间群星：制造广播公司新闻网主播》（波士顿：霍顿·米夫林出版社，1983年），p.60。

斯韦兹有时候也会来一段即兴发挥：小弗雷德里克·雅各比，"电视播音员"，《纽约时报》，1950年9月10日。

"当时大多数地方电台的新闻总监都不知道该如何向我索要消息"：克朗凯特和卡尔顿，《对话克朗凯特》，p.101。

"爱德华说没有几个人能得到第二次机会"：同上，p.102—103。

"KMBC–KFRM电台驻华盛顿的这位记者已经请了一个无限期的长假"：卡森，"听！"

斯坦顿则更像是一位大学校长：霍尔库姆·B·诺贝尔，"弗兰克·斯坦顿，播音先驱逝世，享年98岁"，《纽约时报》，2006年12月26日。

"他们只说'去吧，给晚间新闻做五分钟。'"："沃尔特·克朗凯特：新闻评论员"，《底特律新闻杂志》，1978年12月26日。

在节目中克朗凯特在地图上用一个个小箭头标示出军队在朝鲜半岛的动态：汤姆·维克尔，"广播新闻"，《纽约时报》，1997年1月26日。

"当时我们还在努力琢磨应该如何在电视上播报新闻"：克朗凯特和卡尔顿，《对话克朗凯特》，p.104。

公司在电视节目中向观众隆重介绍了他："普通广告28"，《华盛顿邮报》，1950年11月7日。

"整整半年里他成了全城的焦点人物"：谢德，"未知的事业"，p.8。

"没有稿件你还能把节目做得那么完美"：作者对雪莉·沃什的采访，2011年7月6日。

"每个星期三的晚上（谢德）都坐在我身边"：沃尔特·克朗凯特，给谢德的前言，"未知的事业"。

"沃尔特·温切尔写了一封信"：乔·沃什，"真正的电视王者不需要讲稿"，《华盛顿邮报》，1951年1月23日。

克朗凯特还要同……林德利联袂主持："普通广告60"，《华盛顿邮报》，1951年6月24日。

"我就一直这样做着节目。一直随意地发挥着"：沃尔特·克朗凯特和唐·卡尔顿的口述史访谈，p.198，沃—得。

默罗……直播类节目的直接性和即时性对他产生了影响：珀西科，《爱德华·默罗》，p.300。

"电视演出太迷人了"：威廉·曼彻斯特，《光荣与梦想：美国叙事史》（纽约：矮脚鸡出版社，1975），p.601。

"这个节目是一支老队伍努力学习新技术的成果"：珀西科引文，《爱德华·默罗》，p.303。

他那抑扬顿挫的腔调似乎始终能给予他人以信心：沃尔特·克朗凯特和唐·卡尔顿的口述史访谈，p.200，沃—得。

"一个华而不实的节目"：约翰·克罗斯比，"参观白宫是一个华而不实的差事"，《华盛顿邮报》，1952年5月10日。

"总统先生，这些钟表还在走吗？"：克朗凯特，《记者生涯》，p.170。

"将克朗凯特视作道格拉斯·爱德华兹的继任人"：休伊特，《给我讲一个故事》，p.55。

"沃尔特·克朗凯特毕竟不是'默罗小子'"：哈伯斯塔姆，《统治者》，p.283。

他们都邀请克朗凯特……充任替补主持人："广播—电视注解"，《纽约时报》，1951年6月29日。

替补选手克朗凯特在1954年……成为正式主持人：戴维·施瓦兹、史蒂夫·瑞恩和弗雷德·韦斯特布鲁克，《电视游戏节目百科全书》（纽约：钩号出版社，1999），p.106—107。

第十一章　大选之夜和UNIVAC

"在当时看来似乎一场影响深远的革命就要开始了"：西格·米克尔森，《电子镜：电视时代的政治》（纽约：多德与米德出版社，1972），p.vii。

"我就常常去看望他"：凯·珀金斯，"对1952年芝加哥两党代表大会的电视报道：与西格·米克尔森所做的口述史访谈"，《电影、广播和电视历史期刊》18：1号（1998）。珀金斯采用了米克尔森在1998年7月30日至8月2日所做的大量口述史访谈的内容。访谈录音录制于圣地亚哥，录音带现收藏于坐落在巴吞鲁日的路易斯安那州大学米德尔顿图书馆内。米克尔森的另外两部口述史访谈录音带收藏于圣地亚哥州大学和哥伦比亚大学。

将广播部门与电视部门整合成哥伦比亚广播公司新闻网：加里·保罗·盖茨，《播音时间：哥伦比亚广播公司新闻网的故事》（纽约：伯克利出版社，1979），p.59。

"我始终坚持我的意见（支持克朗凯特）"：珀金斯，"对1952年芝加哥两党代表大会的电视报道"。

"当时我不确定这个词是否已经被电台界采用了"：同上。

"傀儡般的、被收买、被交易、被讨价还价的"：斯珀伯，《默罗的一生与他的时代》，p.385。

这种行为作为一种非法企业政治献金遭到禁止：马丁·普利斯纳，《控制室：在总统选举过程中如何监控电视节目》（纽约：西蒙与舒斯特出版社，1999），p.35。

"我同爱德华·默罗没有什么私交"：珀金斯，"对1952年芝加哥两党代表大会的电视报道"。

"一切都被观众看得一清二楚"：米歇尔·A.拉索，"哥伦比亚广播公司和美国政治经验：哥伦比亚广播公司新闻网特别事件和选举报道组的历史，1952—1968"，博士论文，纽约大学，1983年6月，p.86—88。

1952年对两党在芝加哥召开的代表大会的报道：约翰·克罗斯比，"过度报道？"《康瑟尔布拉夫斯杰出报》，1952年7月13日。

"以前电视一直是广播的小兄弟"：普利斯纳，《控制室》，p.36。

"1952年的代表大会是美国公众第一次"：克朗凯特，《记者生涯》，p.182。

"当时我们都还年轻，总是一副咄咄逼人的样子"：珀金斯，"对1952年芝加哥两党代表大会的电视报道"。

哥伦比亚广播公司一度打算……安排一名"平民"：瓦尔·亚当斯，"多少评论是必要的？"《纽约时报》，1952年7月20日。

1952年民主党代表大会被载入了美国政治发展史的史册：普利斯纳，《控制室》，p.36。

"宣称他们支持电视，热爱电视，渴望登上电视屏幕"：鲁文·弗兰克，《无中生有》，（纽约：西蒙与舒斯特出版社，1991），p.55—56。

"他（技术人员）在酒店外墙和几层楼之上的一间清洁室里都布了线"：克朗凯特，《记者生涯》，p.91。

"伦理问题对我们还没有构成太大的挑战"：米克尔森，《从小镇到原声摘要》，p.37。

哥伦比亚广播公司总计对大会进行了13.9小时的报道：普利斯纳，《控制室》，p.38。

"沃尔特·克朗凯特，哥伦比亚广播公司的新闻编辑"：克罗斯比，"过度报道？"

哈伯斯塔姆写道："电视将要改变美国商业销售的本质"：哈伯斯塔姆，《统治者》，p.130。

"我就知道自己成功地保持住了客观性"：沃尔特与唐·米歇尔的访谈，米歇尔档案（私人），得克萨斯州达拉斯市。

"我们认为我们的确完成了一场革命"：珀金斯，"对1952年芝加哥两党代表大会的电视报道"。

克朗凯特"不仅成了一名'主播'，而且还成了主播的代名词"：休伊特，《给我讲一个故事》，p.55。

"嗨，沃尔特，现在你成名人了"：维克尔，"广播新闻"。

"播音时默罗允许克朗凯特同自己平起平坐"：爱德华兹，《爱德华·默罗》。

哥伦比亚广播公司新闻网对外发布新闻："哥伦比亚广播公司对全国竞选日报道的安排"，哥伦比亚广播公司新闻稿，1952年9月25日，哥伦比亚广播公司新闻网档案馆，纽约。

当时全世界最聪明的机器UNIVAC，能够比人工更快地显示出计票结果：詹姆斯·W. 科尔塔，《电脑诞生之前：IBM，NCR，伯勒斯与雷明顿·兰德，以及他们缔造的产业，1865—1956》（新泽西州普林斯顿市：普林斯顿大学出版社，1993），p.156。

"采用UNIVAC的新效应就在于"：米克尔森，《从小镇到原声摘要》，p.138。

面对这种局面美国广播公司新闻网总裁约翰·麦迪根："广播：通用自动计算机与机器人梦露"，《时代》，1952年10月27日。

"实际上我们不打算过度依赖这台机器"：奇诺伊引文，"大脑战争"，p.254—255。

克朗凯特努力控制住自己的兴奋：哥伦比亚广播公司新闻网大选报道，1952年11月4日（八集文字整理稿），佩利传媒中心，纽约。

"大剂量的高科技"：米克尔森，《从小镇到原声摘要》，p.134。

"目前人和机器都有可能根据统计结果得出结论"：哥伦比亚广播公司新闻网大选报道，1952年11月4日（八集文字整理稿），佩利传媒中心，纽约。

"电视具有X光的品质"：沃尔特·克朗凯特，"胡珀收视率的统治？"《戏剧艺术》，1952年11月。

记者厄尼·雷瑟尔……又远赴布达佩斯：作者对莫顿·迪恩的采访，2011年9月14日。

克朗凯特同制作人雷瑟尔……完成影片的拍摄后：索尼亚·斯泰因，"电视报道壮观的加冕典礼令太空时代奇迹的报道黯然失色"，《华盛顿邮报》，1953年6月3日。

克朗凯特同雷瑟尔……搭乘公司预先租用的飞机：索尼亚·斯泰因，"电视突袭美国的电影"，《华盛顿邮报》，1953年5月31日。

"彻底摧毁"了全国广播公司：劳伦斯·劳伦特，"美国广播公司凭借对加冕典礼的报道荣获西尔韦尼亚奖"，《华盛顿邮报》，1953年12月2日。

资料显示在1950—1953年他先后主持：阿尔弗雷德·罗伯特·霍根，"沃尔特·克朗凯特播音生涯中的精彩瞬间/播音史，1943—2009"，2011年8月1日（未出版），霍根档案，华盛顿特区。

"克朗凯特和默罗无法成为很好的搭档"：休伊特，《给我讲一个故事》，p.70。参见"皮博迪荣誉台，哥伦比亚广播公司"，《播音》，1946年3月18日。

第十二章　哥伦比亚广播公司的龙套先生

一位解说员几乎是大喊大叫地尖声说道"你就在那儿"：蒂姆·布鲁克斯和厄尔·马什，《黄金时段的广播公司和有线电视节目大全，1946— 》（第九版）（纽约：巴兰坦出版社，2007），p.1552—1553。

在重现历史的过程中拉塞尔从来不以"戏剧需要"为借口篡改历史：劳伦斯·劳伦特，"录像证明没有什么能比历史更激动人心"，《华盛顿邮报》，1953年12月13日。

"这个系列节目的基础非常愚蠢，纯属胡闹"："沃尔特·克朗凯特逝世"，哥伦比亚广播公司新闻网。

"他很不错，很高效"：道格·詹姆斯，《沃尔特·克朗凯特》，p.99。

克朗凯特"严肃端庄的举止和朴实无华的风格"："沃尔特·克朗凯特逝世"，哥伦比亚广播公司新闻网。

给克朗凯特授予国家"历史教师"的称号："约瑟夫的乡土叙事电视系列片·《你就在那儿》"，《首府每日新闻》，1955年2月10日。

"我成了一个演员"：沃尔特·克朗凯特，"回忆《你就在那儿》"，《时事纵观》，国家公共广播电台，2003年10月27日。

"我们称他们是吕美特'股份公司'"：沃尔特·克朗凯特采访理查德·斯诺，"他在那里"。

拉塞尔不愿意……"玩黑名单游戏"：克朗凯特，"回忆《你就在那儿》"。

"历史从来不缺少间接应对欺骗和知识自由的方法"：同上。

他将克朗凯特称为哥伦比亚广播公司新闻网的"全能职员"：约翰·克罗斯比，"广播和电视评论"，1953年2月9日。

亚卡台地……的爆炸：蒂姆·奥布赖恩，《核时代》（纽约：阿尔弗雷德·A.诺普出版社，1995），p.123。

标志性的节目结束语，例如"大家晚上好，晚上好！"：莱斯·布朗，《纽约市报电视百科全书》（纽约：时报出版社，1970），p.66。

默罗不符合米克尔森的"口味"：利西蒂·巴林杰，"西格·米克尔森，哥伦比亚广播公司电视新闻网的首任总监逝世，享年86岁"，《纽约时报》，2000年3月27日。

"绝大多数观众能立即想起来的名字"：米克尔森，《电子镜》，p.159—160。

"我认为记者倾向于支持人性"：鲍尔斯，"沃尔特·克朗凯特：坦诚对话"。

"我认为他会得到提名只是因为……"：克朗凯特和卡尔顿，《对话克朗凯特》，p.114。

"哥伦比亚广播公司的决策者们有着更直接的担忧"：沃尔特·克朗凯特，"民权时代几乎令哥伦比亚广播公司新闻网的运营四分五裂"，《时事纵观》，国家公共广播电台（文字整理稿），2005年5月30日。

在当时如此大胆鲁莽的行为会扼杀他的职业生涯：作者对马文·卡尔布的采访，2011年3月18日。

"玩偶可以对人类评论员不能对其畅所欲言的人物和事件进行表态"：迈克尔·戴维斯，《大街恶作剧：芝麻街全史》（纽约：企鹅出版社，2008），p.40。

"异想天开，并且总是不落俗套的幽默感"：艾尔·莫顿，"马萨·莱特的成功始于对母猪唱歌"，联合供稿，1954年5月27日。

这个机会落在了比尔·谢德的身上："电视主播比尔·谢德逝世；哥伦比亚广播公司，WTOP广播电台记者"，《华盛顿邮报》，2005年2月1日。

哥伦比亚广播公司的经理们却认为谢德才是更"严肃的播音员"："比尔·谢德，享年96岁，尼克松—肯尼迪辩论会主持人"，《纽约时报》，2005年2月2日。

"我不习惯那么早起床"：斯蒂文·舒伊尔，"克朗凯特喜欢节目挑战"，《锡拉丘兹先驱日报》，1955年10月20日。

"但是我绝对相信沃尔特·克朗凯特"：艾尔·莱纳特，"沃尔特·克朗凯特的秘密世界"。

"克朗凯特成了落汤鸡，不过毫发未伤"：拉帕姆，"沃尔特·（米蒂）克朗凯特的秘密生活"，《星期六晚邮报》，1962年3月16日。

"你就是下一个道格拉斯·埃德华兹"：作者对菲尔·琼斯的采访，2011年10月21日。

"后来，一位出了名的折中主义者说"：威廉·惠特沃思，"选角事故"，《纽约客》，1968年8月3日。

"他们得到了评论界的关注，而我才是这一行的老手"："最亲密的媒体"，《时代》，1966年10月14日。

第十三章　亨特利与布林克利带来的挑战

杰克·古德取笑说克朗凯特在主持现场报道时一直痛苦地挺着一张大冷脸：杰克·古德，"回顾：对电视报道两党代表大会的随机思考"，《纽约时报》，1956年8月26日。

"哥伦比亚广播公司之所以士气低迷是因为管理层气氛紧张"：埃里克·塞瓦赖德和西格·米克尔森，1957年10月14日，7733号，哥伦比亚广播公司录音，纽约。

多疑的克朗凯特甚至在文中暗示：沃尔特·克朗凯特和西格·米克尔森，1956

年10月14日，7733号，哥伦比亚广播公司录音，纽约。

如古德在《时代》中所述，这两位主播堪称是"天作之合"：古德，"回顾"。

"以前启用两位主播的尝试也产生过混搭的效果"：米歇尔·A.拉索，"哥伦比亚广播公司和美国政治经验：哥伦比亚广播公司新闻网特别事件和选举报道组的历史，1952—1968"，博士论文，纽约大学，1983年6月，p.86—88。

"在这种状况下就需要亨特利和布林克利这样的人"：西格·米克尔瑟，《塑造电视新闻业的十年》，p.210。

克朗凯特……出现在深受观众喜爱的游戏节目《我的台词是什么？》：YouTube网站，"沃尔特·克朗凯特的台词"，www.youtube.com/watch?v=c6_RHxArgp8（摘自2011年8月13日）。

"对于布林克利先生非凡的造诣无须多言"：杰克·古德，"智慧的评论员：布林克利为全国广播公司对党代表大会的报道带来的活力"，《纽约时报》，1956年8月17日。

"我们就是喜欢克朗凯特所坚持的正统新闻的质朴"：桑达斯基，《文摘星报新闻》，1956年8月8日。

"沃尔特觉得根本不存在重头来过的机会"：作者对布莱恩·威廉姆斯的采访，2011年9月2日。

《谁是赢家》每逢周三播出，连续播出了八个星期：1956年9月12日至11月5日，哥伦比亚广播公司新闻网节目记录，哥伦比亚广播公司新闻网档案馆，纽约。

哥伦比亚广播电台也以25.3的收视率：托马斯·W.博恩，"报道全国各选区计票结果，1952—1976"，《传播期刊30》，4号（1980年秋季刊）：143。

"我在哥伦比亚广播公司的意义基本上仅限于……"：沃尔特·克朗凯特，"人造卫星改变了世界"，《时事纵观》，全国公共广播电台，2002年10月4日。

到了1958年，哥伦比亚广播公司新闻网改组成两大部门："哥伦比亚广播公司1975年"年表，哥伦比亚广播公司新闻网，哥伦比亚广播公司新闻网档案馆，纽约。

马德在华盛顿主要负责早上6点的广播新闻节目：马德，《最好的地方》，p.20—21。

"尽管背过他我们都对他出的各种洋相很不屑"：同上，p.344。

克朗凯特……曾指出自己"突破"了娱乐和新闻之间的那层"窗户纸"：沃尔特·克朗凯特，广播播音，"迈克尔·托德聚会"，《时事纵观》，全国公共广播电台，2004年11月29日。

他将此次报道工作称为世界上第一个，同时也是最隐蔽的90分钟专题广告片：同上。

"就连巧舌如簧的沃尔特·克朗凯特也难以自持"：弗雷德·布鲁克斯，"为什么我一直在收看那个愚蠢的节目"，《堪萨斯盐湖日报》，1957年10月23日。

《20世纪》立即将方向转向未来：哥伦比亚广播公司新闻网，《20世纪》（四年报告），1957年10月—1961年5月，鲍勃·阿斯曼私人文稿。

"在尚未意识到自己已经身在比赛中的时候我们就已经输掉了这场比赛"：克朗凯特，"人造卫星改变了世界"，《时事纵观》，全国公共广播电台，2002年10月4日。

他还经常前往卡纳维拉尔角进行实地侦察：沃尔特·克朗凯特，"事实就是如此"，《新闻周刊》，1998年10月26日。

《20世纪》的这位制片人……"是最杰出的"：沃尔特·克朗凯特，《公平竞争：维斯特摩兰将军，以及一部电视纪录片如何走入歧途》·序言（纽约：哈珀柯林斯出版社，1988）。

"在那段日子……我暂时跻身于"：哈里·瑞森纳，《褪色之前》（纽约：诺普出版社，1981），p.37—41。

"成啦！"克朗凯特注意到瑞森纳在措辞上过于随便：阿尔弗雷德·罗伯特·霍根，"电视转播太空时代——对哥伦比亚广播公司新闻网在1957—2003年对太空项目的报道所做的描述性年表"，硕士论文，2005年，马里兰州大学帕克分校研究生院。

"现在已经很难想起来在当时太空飞行看起来究竟有多么危险"：沃尔特·克朗凯特，"事实就是如此"，《新闻周刊》，1998年10月26日。

他不仅喜欢"太空记者"这个角色，而且也十分需要它：同上。

"沃尔特认为可以利用《20世纪》"：作者对安迪·鲁尼的采访，2011年3月15日。

美国各个单位的雇员都被迫签署了一份……效忠宣誓书：杰夫·基斯洛夫，"电视/广播；另一种判定，对麦卡锡主义的其他记忆"，《纽约时报》，1999年5月30日。

"征服太空"事业："美国宇航局为老记者沃尔特·克朗凯特授予荣誉"，NASA.gov，2006年2月28日。

托马斯……严肃，同时又不失幽默感："洛厄尔·托马斯，历经四十五载的世界旅行家和播音员逝世"，《纽约时报》，1981年8月30日。

"凭着将近46年的晚间新闻报道生涯他创造了一项记录"：乔治·普林顿，《探险家俱乐部上的讲话：五十多个引人入胜的探险故事》（康涅狄格州吉尔福德市：里昂出版社，2005），p.431。

"据我所知他跟碰到的每一个人都成了朋友"：同上，p.441。

"要是我知道的话，我就在五角大楼"："美国对专业知识如饥似渴"，美联社，1958年1月20日。

"没过多久克朗凯特就同……一批知识分子结下了友谊"：伯顿·本杰明，《纪录片：濒临灭绝的电视品种》（文稿6号，加雷特传媒研究中心），纽约：哥伦比亚大学，1987年10月；"纪录片遗产"，《电视季刊》，1962年2月；"电视纪录片导演梦想挑战世界"，《综艺》，1961年1月4日；"从女裙腰垫到比基尼——如此戏剧化"《综艺》，1960年7月27日。

"名人当记者，去采访新闻，可不是一件容易的事情"：肯尼斯·巴纳德，"朝鲜曾经是克朗凯特的目标，而今他的注意力已经转移了"，《俄亥俄州汉堡市记者报》，1959年4月12日。

第十四章　薪火相传

"沃尔特是一个绝对以公司为重的人"：作者对安迪·鲁尼的采访，2011年3月15日。

对总统此次出访海外进行了被《纽约时报》称为"史无前例"的报道："哥伦比亚广播公司对艾克此行进行了史无前例的报道"，《纽约时报》，1959年12月4日。

克朗凯特总是主动请缨："派我去！"："克朗凯特在这里"，《亚利桑那共和报》，1961年4月5日。

"他追寻着当代历史的脚步，走遍了全世界"：贺瑞斯·戴舍尔·奎格，"哥伦比亚广播公司准备让主播参加代表大会"，《华盛顿邮报》，1960年6月19日。

替补队员克朗凯特随即便成为这场全球体育盛事的电视报道大师：罗伯特·J.多诺万和雷·谢勒，《没有沉默的革命：电视新闻和美国公共生活，1948—1991》（英国剑桥：剑桥大学出版社，1992），p.289。

他令哥伦比亚广播电台的观众都以为他本人曾获得过奥运金牌："普通广告110"，《华盛顿邮报》，1960年2月18日。

一项新技术……而克朗凯特正是负责实施这项技术的核心人物："周六电视节

目"，《华盛顿邮报》，1960年2月14日；"周四电视精彩看点"，《华盛顿邮报》，1960年2月14日；"电视预告"，《华盛顿邮报》，1960年2月18日；"周六电视精彩看点预告"，《华盛顿邮报》，1960年2月20日。

夏季奥运会：詹妮弗·莫兰德，"奥运会和电视"，广播电视传播博物馆。

"我们认为他应该……编辑……协调"：奎格，"哥伦比亚广播公司准备让主播参加代表大会"。

"只有沃尔特·克朗凯特……始终没有受到默罗的提携"：沃尔特·克朗凯特粉丝俱乐部《沃尔特·克朗凯特简报》（1974年6月），费德勒档案，伊利诺伊州芝加哥。

电视时代的出现令总统候选人必须不停地筹募赞助经费：多诺万和谢勒，《没有沉默的革命》，p.225。

但是在1960年实现电视辩论之前依然需要首先选出两位候选人：西奥多·H·怀特，《制造总统，1960》，（纽约：万神庙出版社，1961），p.282。

"我们正在逛商场，在家用电器区慢慢地走着"：丹·拉瑟，《我记得》（波士顿：利特尔与布朗出版社，1991），p.231。

佩利不愿屈居人下：怀特，《制造总统，1960》，p.283。

此次应该是哥伦比亚广播公司东山再起的良机：作者对丹·拉瑟的采访，2010年2月11日。

"我慌了神，找到米克尔森"：唐·休伊特，《电视界的五十年和六十分钟》，p.70。

"休伊特的决策力向来无可挑剔"：米克尔森，《塑造电视新闻业的十年》，p.220。

广播和电视新闻的一个基本问题就在于：斯珀伯的《默罗的一生与他的时代》，p.xxii。

"默罗觉得自己比老财主佩利更能名垂青史"：作者对唐·休伊特的采访，1998年2月15日。

"我也非常欣赏那番讲话"：克朗凯特和卡尔顿，《对话克朗凯特》，p.137—138。

在他制作的纪录片中最值得一提的当属荣获了皮博迪大奖的《可耻的收成》：肯德里克的《黄金档》，p.505。

"沃尔特很了不起，但是默罗才是上帝"：作者对丹·拉瑟的采访，2010年2月

11日。

"默罗走进来，坐了下来"：同上。

"谁该做什么？默罗该做什么？"：克朗凯特和卡尔顿，《对话克朗凯特》，p.140。

"哥伦比亚广播公司在新闻报道方面的突出地位"：杰克·古德，"电视的新常规外观"，《纽约时报》，1960年7月17日。

"糟糕透顶的主意，完全就是一场灾难"：休伊特，《五十年》，p.70。

哥伦比亚广播公司……的收视率甚至低于美国广播公司："电视新闻之战"，《新闻周刊》，1963年9月21日。

"克朗凯特丝毫没有受到指责"：戴维·肖恩布朗，《播音内外：哥伦比亚广播公司新闻网野史》（纽约：达顿·阿达特出版社，1989），p.128。

"斯坦顿博士面对这番威胁岿然不动"：克朗凯特，《记者生涯》，p.186。

"沃尔特·克朗凯特是共和党人，对不对？"：哈伯斯塔姆，《统治者》，p.414。

系列节目《总统倒计时》：布鲁克斯和马什，《黄金时段的广播公司和有线电视节目大全，1946年至今》，p.1100—1101。

"当时我想到一个主意"：克朗凯特和卡尔顿，《对话克朗凯特》，p.195。

克朗凯特先抛出了一个直率的问题：约翰·P.尚利，"电视：与尼克松的谈话"，《纽约时报》，1980年9月13日。

这幢极具北方风格的宅邸是肯尼迪……送给妻子杰奎琳的礼物：鲍林·弗洛姆和詹姆斯·扬克尔，《鲍林·弗洛姆的华盛顿·第三部分》（新泽西州霍博肯市：韦利出版社，2007年），p.201。

"结束时我们对他表示了感谢"：克朗凯特和卡尔顿，《对话克朗凯特》，p.197。

"好吧。我去跟他谈谈"：同上，p.195。

他们俩都看到"沃尔特的眼睛里冒着一股别人从未见过的怒火"：作者对泰德·索伦森的采访，2010年5月14日。

"哥伦比亚广播公司可不是司法部"：肖恩布朗，《播音内外》，p.129。

哥伦比亚广播公司广播电台准备就绪，迎接新时代的到来：怀特，《广播新闻》，p.22—23。

哥伦比亚广播公司选派克朗凯特——而非默罗……对两位候选人进行提问：西德尼·克劳斯，《大辩论：肯尼迪对尼克松1960》（布鲁明顿：印第安纳州大学出版社，1977），p.114。

"几大新闻公司一直坚持首场和末场辩论的审问员"：西格·米克尔森，《电子镜》，p.211。

哥伦比亚广播公司新闻网通过广告为克朗凯特与默罗这两位首席主播造势："普通广告88"，《华盛顿邮报》，1960年9月12日；"普通广告"，《华盛顿邮报》，1960年11月4日。

有利于尼克松的节目：克里斯·马修斯，《"杰克"·肯尼迪：难以言传的英雄》（纽约：西蒙与舒斯特出版社，2011）。

第十五章　哥伦比亚广播公司里的太空新边疆

"我们的人在通宵达旦地拉电缆"：克朗凯特和卡尔顿，《对话克朗凯特》，p.200。

哥伦比亚公司上上下下依然打不起精神：瓦尔·亚当斯，"电视和广播新闻——总统就职典礼"《纽约时报》，1961年1月15日。

"我关注你已经很久了，现在我有个大活儿要交给你"：作者对罗伯特·伍斯勒的采访。

"能够确定肯尼迪的确是美国有史以来最年轻的总统吗？"：瑟斯顿·克拉克，《不要问：约翰·F.肯尼迪的就职典礼和改变美国的演说》（纽约：亨利·霍尔特出版社，2004），p.181。

出生在新泽西州纽瓦克市的伍斯勒："在美国谁是谁"（新泽西州新普罗维登斯市：侯爵出版社，1999），p.5395。

一开始伍斯勒负责协助爱德华兹：盖茨，《播音时间》，p.329—220。

在他的带领下新闻网特别事件部门变得就好像是：霍根，"电视转播太空时代"。

"人类就要飞上太空了"：同上，p.248—249。

克朗凯特自己就曾公开宣称在"二战"期间他看到过："克朗凯特认为他看到了V-2火箭"，合众社，1944年12月2日。

委派伍斯勒同克朗凯特一起负责对宇航局的报道堪称是神来之笔：拉索，"哥伦比亚广播公司和美国政治经验"，p.305—313。

"这有点像赶上了哥伦布和麦哲伦一样"：罗伯特·伍斯勒与阿尔弗雷德·罗伯特·霍根的访谈，2003年3月13日（文字整理稿），霍根档案，华盛顿特区。

斯坦顿……说服肯尼迪一伙人为默罗提供了新闻署的工作：桑迪·索科洛给道格拉斯·布林克利的信，2011年10月20日。

各大广播公司现在要开一场"黄金时间大比武":作者对桑迪·索科洛的采访,2011年7月11日。

克朗凯特……同著名记者马文·卡尔布一道对这位宇航员(加加林)进行了采访:沃尔特·克朗凯特/马文·卡尔布,"回到地球",哥伦比亚广播公司新闻网,《见证历史》,1961年4月14日(文字整理稿),哥伦比亚广播公司新闻网文献馆,纽约。

"美国的声望自然被动摇了":戴维·格林,"在俄国,通向美国的太空之旅激起怀旧情怀和希望",全国公共广播电台新闻网,2011年7月15日。

"当时在将人类送入太空的任务上美国承受着巨大的压力":克朗凯特和卡尔顿,《对话克朗凯特》,p.233。

"我们都很清楚宇航局努力向外界展示的形象很不真实":杰拉德·J.德格鲁特,《月亮的暗面:壮观疯狂的美国月球探索》(纽约:纽约大学出版社,2006),p.106。

"我不害怕,可我在上面看着四周":吉恩·克兰茨,《没有失败的余地:从"水星计划"到"阿波罗13号"等项目的控制中心》(纽约:西蒙与舒斯特出版社,2009),p.201。

"我们都担心谢泼德的此次飞行任务过于仓促":克朗凯特,《记者生涯》,p.274—275。

"突然一个大活人就要坐在那一堆火焰上了":"电视看着太空中的美国",《基督科学箴言报》,1974年7月19日。

赞扬"广播电视对促进公众理解水星计划做出了巨大的贡献":牛顿·M.米诺,"电视和公共兴趣",美国广播协会,1961年5月9日演讲,威廉·萨菲尔转载,《侧耳倾听:美国历史上的伟大演讲》(编)(纽约:诺顿出版社,2004),p.788—796。

"大家刚才也看到了,燃料供应缆已经断开了":沃尔特·克朗凯特报道"自由钟7号"加斯·格里森飞行任务时的文字整理稿,1961年7月21日,哥伦比亚广播公司新闻网文献馆,纽约。

"捕捉到艾森豪威尔此前从未示人的一面":古德,"电视:政坛元老",《纽约时报》,1961年10月13日。

盛赞克朗凯特做了一次"具有历史意义的卓越采访":奥布赖恩,《纽约新闻—美国人》(无日期),沃-得。

克朗凯特率领的这支报道小组将目光集中在波士顿的警察身上:比利斯,《现在开始播音》，p.392—393。

"看到这里你们或许会说"：沃尔特·克朗凯特，"赛马赌注经纪公司简介"，1961年11月30日，哥伦比亚广播公司文献馆，纽约。节目于1963年3月20日重播。

他永远都一个"不屈不挠残酷无情的敌人"：拉帕姆，"沃尔特·（米蒂）克朗凯特的秘密生活"。

"我的体力从来不会衰竭"：约翰·克罗斯比，"身为主播应有的繁忙夜晚"，《艾比利尼记者报》，1962年11月6日。

他认为肯尼迪政府的外交政策同艾森豪威尔政府别无二致，只是"年轻了30年"：查尔默·M.罗伯茨，"李普曼称肯尼迪毅然决然地前进，盛赞其危机行动"，《华盛顿邮报》，1961年12月22日。

围绕着这项飞行任务形成了一支……报道队伍：哥伦比亚广播公司新闻网，《七天》（个人出版），1962年7月，约翰·格伦文稿，俄亥俄州大学，哥伦布。

"当时太空旅行还是个全新的领域"：作者对约翰·格伦的采访，2011年10月27日。

"光荣的广播报道"：朗·伯恩，"哥伦比亚广播公司新闻网和人类登月"，演讲稿草稿，2011年6月18日，伯恩档案，佛罗里达州那不勒斯市。

距离飞船发射台仅8800英尺的哥伦比亚广播公司新闻网控制中心："克兰凯特为有线电视新闻网带来对太空的热情"，《休斯敦纪事报》，1998年7月30日。

"美国和全世界紧紧相连"：杰克·古德，"广播—电视：广播公司转播戏剧性的格伦壮举；眩目展示当代电子工业"，《纽约时报》，1962年2月21日。

"最棒的时刻就是矮子鲍尔斯在水星计划控制中心宣布"：沃尔特·克朗凯特，"电视报道约翰·格伦期间的精彩瞬间"，《纽约先驱论坛报》，1962年4月29日。

"当总统肯尼迪将一枚奖章别在这位英雄的胸口时"：哥伦比亚广播公司新闻网，《七天》。

"我觉得我们比报纸记者掌握的知识多很多"："说明人和'金嗓子'"，《新闻周刊》，1962年10月8日。

这块大屏幕制造的噱头让他的公司"胜人一筹"：萨克诺夫，《用他们自己的话说》，p.194。

"你能想象得出……的感觉有多棒吗？"：阿德科克，"沃尔特·克朗凯特"。

克朗凯特……将竞争对手远远地抛在了身后：马图索，《晚间群星》，p.126。

"我们没有意志消沉，我们完全能够仰望群星"：萨克诺夫，《用他们自己的话说》, p.195。

"并不是说克朗凯特这匹记者中的老战马"：塞西尔·史密斯，"克朗凯特逃离纽约——有意为之"，《洛杉矶时报》，1962年5月22日。

克朗凯特被奉为新一代的默罗：哥伦比亚广播公司新闻网，《七天》。

"我们都管沃尔特叫'太空先生'"：作者对约翰·格伦的采访，2011年10月27日。

"正如诺亚曾放飞一只鸽子"："倒计时开始，4年9个月30天"，哥伦比亚广播公司电视网，1965年3月1日（文字整理稿），哥伦比亚广播公司研究文献馆，纽约。

第十六章　卡米洛特的主播

"好极了。你都去那儿多少次了？"：劳伦斯·劳伦特，"沃尔特真的解决了问题"，《华盛顿邮报》，1960年3月27日。

"沃尔特想要借用肯尼迪的政治影响力"：作者对安迪·鲁尼的采访，2011年3月15日。

"首届电视总统"：哈伯斯塔姆，《统治者》，p.316。

米德格雷于20世纪50年代中期开始受雇于哥伦比亚广播公司：道格拉斯·马丁，"多产电视新闻制片人莱斯利·米德格雷逝世，享年87岁"，《纽约时报》，2002年6月20日。

"和导演文尼·沃尔特斯刚一到纽波特"：作者对卢·伍德的采访，2012年1月10日。

伍德后来曾夸口说正是他"让克朗凯特走进了游艇世界"：同上。

"让克朗凯特成为新世界里的快乐男子汉的所有女性"：戴维·弗兰德，"猜一猜谁要进入地球轨道"，《生活》，1984年8月19日（未出版的采访注释），弗兰德档案。

在1962年初哥伦比亚广播公司的上司们已经为他设下了一个陷阱：丹尼斯·海韦希，"道格拉斯·爱德华兹，第一位电视主播逝世，享年73岁"，《纽约时报》，1990年10月14日。

当肯尼迪总统委任默罗主持新闻署的工作时：弗雷德·W.弗兰德里，《我们无法控制形势》（纽约：古典出版社，1968），p.126—127。

史密斯在文章中对支持种族隔离制度的暴徒们进行了一番严厉的斥责：哈罗德·杰克逊，"霍华德·K.史密斯"，《卫报》，2002年2月19日。

"邪恶之所以横行无阻，是因为好人无所作为"：丹尼尔·E.里奇，《埃德蒙·伯克评价，以及对其思想的应用》（编）（新泽西州新不伦瑞克市：交易出版社，1990），p.xiii。

"我早就听过这些废话"：霍华德·K.史密斯，《带我走向死亡的重大事件》（纽约：圣马丁斯出版社，1997），p.275。

默罗那充满美国公民自由同盟狂热精神的傲慢时代结束了：弗兰德里，《我们无法控制形势》，p.127。

"沃尔特在播音间里含了15分钟的止咳片"：史密斯，《带我走向死亡的重大事件》，p.258。

让外人以为他对俄国鱼子酱和法国谍报活动很痴迷：参见查尔斯·科林伍德，《叛逃者》（纽约：王牌出版社，1970）。

"西格（米克尔森）白手起家"：史密斯，《带我走向死亡的重大事件》，p.268—269。

"我们自然十分担忧"：沃尔特·克朗凯特，"对迪克·萨伦特的思考"，新坎南（康涅狄格州）公共图书馆，1996年11月24。

"当时我们都很沮丧"：沃尔特·克朗凯特，"萨伦特的追悼会"，1993年2月22日，电视和广播档案馆博物馆，纽约。

华莱士与爱德华兹这对搭档被听众们亲切地称为"坎宁安王牌播音"：苏珊·布岑伯格和比尔·布岑伯格，《哥伦比亚广播公司，捍卫广播新闻灵魂的战争：理查德·萨伦特的回忆录》（编）（科罗拉多州波德市：西维尤出版社，1999），p.37。

"不适合主播的形象"：肖恩布朗，《播音内外》，p.143。

被萨伦特戏称为"'一遍过'沃尔特"的克朗凯特：罗伯特·W·巴特勒，"从一个传奇到另一个传奇，好消息"，《堪萨斯城星报》，1996年6月12日。

"我们选择沃尔特主持《晚间新闻》不是由于他的发型问题"：布岑伯格和布岑伯格，《哥伦比亚广播公司，捍卫广播新闻灵魂的战争》，p.37。

"新闻就是这些"：沃尔特·克朗凯特，《哥伦比亚广播公司晚间新闻》，1962年4月16日（广播文字整理稿），哥伦比亚广播公司研究文献馆，纽约。

"'西装佬'们——我们常常这么称呼他们——气疯了"：汤姆·沃特金斯，"'事实就是如此'如何成了克朗凯特的标签"，有线电视新闻网，2009年7月18日。

"今天晚上……沃尔特·克朗凯特开始接管"：辛西娅·劳瑞，"身为播音员的克朗凯特赢得对手的尊重"，美联社，1962年4月29日。

"克朗凯特是电视新闻记者中的慈父"：本·布拉德里，"沃尔特·克朗凯特，1916—2009"，《新闻周刊》，2009年7月27日。

"爱德华兹以前常常夸口说在业界他的新闻节目是收视率冠军"：作者对默文·布洛克的采访，2011年7月27日。

"沃尔特很清楚哥伦比亚广播公司的未来仰仗于他"："电视新闻之战"，《新闻周刊》，1963年9月23日。

克朗凯特与导演唐·休伊特：肖恩布朗，《播音内外》，p.84。

"克朗凯特一次又一次预见到下一个重大新闻"：朗·伯恩西给道格拉斯·布林克利的信，2012年1月4日。

"对欧洲的现场直播看上去那么令人难以置信"：克朗凯特留名传播史：瓦尔·亚当斯，"美国和欧洲互通电视直播"，《纽约时报》，1962年7月24日。

图像传输技术彻底改变了克朗凯特所从事的职业由：7月24日。

弗兰德里曾说："他很紧张。不，不只是紧张"：电视新闻之战，《新闻周刊》，1963年9月23日。

"其实海伦是个时髦的女人"：作者对比尔·斯莫的采访，2011年3月22日。

"这档半小时的新闻节目是大众传播界的新发明"：约翰·霍恩，"讯息——但不是喜讯"，《纽约先驱论坛报》，1963年11月30日。

"哥伦比亚广播公司要把'克朗凯特'扩版成半小时"：弗兰克，《无中生有》，p.180。

哥伦比亚广播公司此次节目扩版给美国的政治进程"带来了一场剧变"：布岑伯格，《哥伦比亚广播公司，捍卫广播新闻灵魂的战争》，p.43。

"休伊特想消除一切潜在问题"：作者对桑迪·索科洛的采访，2011年11月14日。

撰稿人"都只是……扯下六家通讯社发来的新闻稿"：朗·伯恩西给道格拉斯·布林克利的信，2011年6月7日。

凭借着在……晚间节目中的出色表现而荣获了皮博迪大奖的他："多家广播公司分享皮博迪大奖"，《纽约时报》，1963年3月28日。

哥伦比亚广播公司受到了命运女神的眷顾，受命负责协调新闻媒体：史蒂芬·C.罗杰斯，"为获得充分的新闻报道而进军"，《华盛顿邮报》，1963年8月25日。

"他们将这场活动称为'为了工作和自由向华盛顿进军'"：沃尔特·克朗凯

特,《哥伦比亚广播公司晚间新闻》广播文字整理稿，1963年8月29日，哥伦比亚广播公司新闻网档案馆，纽约。

并非公司里的所有人都认为克朗凯特此行前去科德角是明智的选择：理查德·里弗斯，《总统肯尼迪：权力传略》（纽约：西蒙与舒斯特出版社，1993），p.586。

"当我驱车赶到白宫记者团驻扎的汽车旅馆时"：克朗凯特，《记者生涯》，p.246。

"我对这种霸道的做法……真是有些受够了"：作者对罗伯特·皮尔伯因特的采访，2011年3月19日。

克朗凯特先是和肯尼迪探讨一番民权问题对1964年大选的影响：哈罗德·W.齐斯和艾伦·H.勒曼，《肯尼迪与媒体：记者招待会》（编）（纽约：托马斯·Y.格罗姆韦尔出版社，1965），p.484—486。

"那是他们的战争"：肯尼斯·P.奥唐奈和戴维·F.鲍尔斯，《约翰，我们几乎对你一无所知：对约翰·菲茨杰拉德·肯尼迪的回忆》（波士顿：利特尔与布朗出版社，1972），p.444。

塞林格向哥伦比亚广播公司抱怨：里弗斯，《总统肯尼迪》，p.589。

肯尼迪政府疏远克朗凯特：克朗凯特，《记者生涯》，p.244。

"有失偏颇的扭曲"进行了谴责：皮埃尔·塞林格，《与肯尼迪在一起》（纽约州加登城：双日出版社，1966），p.125。

"我猜想塞林格是在先发制人地准备一套应对的说辞"：克朗凯特，《记者生涯》，p.248。

专题报道就像精美杂志中的文章一样有条不紊地铺展开：约翰·霍恩，"讯息——但不是喜讯"，《纽约先驱论坛报》，1963年11月30日。

哥伦比亚广播公司和全国广播公司很快就没有了新想法：同上。

他在晚间说的这句口头禅"立即得到了广泛的接受"：美国电视档案馆对沃尔特·克朗凯特的采访（1998年4月28日和1999年10月18日），电视艺术与科学基金会学会，加利福尼亚州北好莱坞。

第十七章　肯尼迪遇刺

吃低热量的乡村奶酪和菠萝沙拉：比利斯，《现在开始播音》，p.335—337。

牛顿·米诺……显然没有想到将在46岁时成为《新闻周刊》封面明星的这位大

记者：亚历克斯·S.琼斯，《失去新闻：养育民主制度的新闻的未来》（纽约：牛津大学出版社，2009），p.46。

"嗨，没错，这就是一场战斗"：同上。

伍德……鉴于自己在佛罗里达手忙脚乱的经历，他向比利斯推荐了三名记者：卢·伍德，"达拉斯和约翰·肯尼迪"，《记者笔记本》（博客），2008年11月20日。

"我们做好了打一场大仗的准备"：作者对卢·伍德的采访，2012年1月9日。

"之前丹·拉瑟在市中心报道了总统车队的情况"：同上。

"等一等，卢，别挂电话"拉瑟说：伍德，"达拉斯和约翰·肯尼迪"。

"当时我们都觉得现场会出现一些好镜头让沃尔特……好好报道一番"：作者对罗伯特·皮尔伯因特的采访，2011年3月19日。

"天哪！他们杀了杰克"：史密斯，《恩典和权力》，p.447—448。

"今日在达拉斯市中心肯尼迪总统的车队中了三枪"：帕特里克·J.斯洛扬，"阿尔伯特·梅里曼·史密斯"，《美国新闻评论》（1997年5月）。

"达，归你，纽"：斯莫，《杀死信使》，p.135。

尽管多年来拉瑟对这件事情的描述一直不断改变着：1964年3月，拉瑟告诉作家约翰·美奥当时他被派驻在高速路上，枪击事件发生后他亲眼看到了总统车队风驰电掣地开了过去。这种说法后来出现在美奥的《达拉斯公告：总统身亡》一书中。1977年，拉瑟又在自己撰写的《镜头从不闪两次》中宣称实际上当时他在迪利广场附近（铁路高架桥的另一端），即枪击案的事发现场。伍德坚持宣称在肯尼迪遇刺时拉瑟正在KRLD-TV电视台。各种说法混乱不堪，不过拉瑟的确完成了了不起的工作。

"开始播音，开始播音"：克朗凯特和卡尔顿，《对话克朗凯特》，p.202。

但是摄像机需要10或15分钟才能做好热身准备：沃尔特·克朗凯特的采访，美国电视档案馆，1994年4月28日。

播音间的灯还没有"热"起来：比利斯，《现在开始播音》，p.336。

"现在播出哥伦比亚广播公司新闻网的一条简讯"："当1.75亿美国人观看时……"，《新闻周刊》，1963年12月9日。

"我们的播音比全国广播公司提前了将近一分钟"：克朗凯特，《记者生涯》，p.305。

也是这位史密斯首先在新闻急稿中使用了"草丘"这种说法：加里·麦克（馆长），"为草丘命名的人"，迪利广场六楼博物馆，http://mcadams.posc.mu.edu/gk_

name.htm（摘自2011年10月31日）。

当危机愈演愈烈之时KRLD电视台的新闻总监埃迪·巴克尔：斯莫，《杀死信使》，p.135。

克朗凯特……曾明确表示："由于巴克尔和拉瑟"：克朗凯特和卡尔顿，《对话克朗凯特》，p.202。

哥伦比亚广播公司连续进行了55个小时的实况报道：斯莫，《杀死信使》，p.136。

每当危机发生的时候他就会说"肾上腺素涌动了起来"："克朗凯特讲述丽晶酒店和工作"，《兰开斯特（宾夕法尼亚州）新时代》，2000年4月12日。

"我甚至都不记得其间是否出现过失误"："当1.75亿美国人观看时……"。

"沃尔特热切地关注着一切"：作者对桑迪·索科洛的采访，2010年9月18日。

杰基的粉色香奈尔套装浸满鲜血：加里·麦克（迪利广场六楼博物馆）给道格拉斯·布林克利的信，2011年12月25日。

"当时我太震惊了"：理查德·戈德斯坦，"哥伦比亚广播公司新闻网记者罗伯特·皮尔伯因特逝世，享年86岁"，《纽约时报》，2011年10月24日。

"让那些人看看他们都干了些什么"：史密斯，《恩典与权力》，p.442。

克朗凯特……感到一阵"恐惧"：比利斯，《现在开始播音》，p.337。

哪怕你没有错（或者说，即便你错了老天也在帮你的话）：拉瑟和赫斯科威茨，《镜头从不闪两次》，p.120。

"要是有谁说说话不费力，那他肯定有两个肺"：斯珀伯的《默罗的一生与他的时代》，p.684。

"至于我的形象，当时在播音过程中实在是太不体面了"：沃尔特·克朗凯特的口述史访谈，p.452，沃–得。

"以下这条简讯发自得克萨斯州达拉斯市，显然这条消息来自官方"：哥伦比亚广播公司新闻网文字整理稿，"哥伦比亚广播公司播发刺杀总统约翰·F.肯尼迪的消息"，1963年11月22日，第一卷，p.24。

"我们都清楚迟早会收到这个消息"：克朗凯特和卡尔顿，《对话克朗凯特》，p.203。

有那么两三秒钟他没有吭声：克朗凯特，《记者生涯》，p.305。

"说出他（肯尼迪）已经逝世的那句话时"他才"感到自己的精神受到了重创"：沃尔特·克朗凯特的采访，美国电视档案馆，1999年4月28日。

当时克朗凯特还不知道副总统约翰逊：吉姆·毕肖普，《肯尼迪遇刺的那一天》（纽约：方克与韦格纳尔斯出版社，1968），p.269—270。

"我想当时我们多少有点凭着直觉办事，随机应变而已"："约翰·F.肯尼迪：突发新闻"，对埃迪·巴克尔的延伸采访（文字整理稿），《新闻时刻》在线，公共广播公司，2003年11月20日，http://www.pbs.org/news-hour/bb/white_house /kennedy/ barker.html.

"传来坏消息时沃尔特很痛心"："在意的人"，《新闻周刊》，1981年3月9日。

"我就是沃尔特·克朗凯特，而你就是个蠢货"：弗兰克，《无中生有》，p.187。

"不幸的是，帕克大街的那位女士把我气坏了"：奥里亚娜·法拉奇，"沃尔特·克朗凯特说了他在电视上无法说出的话"，《看》，1970年11月17日。

"我们没碰到任何麻烦"：作者对卢·伍德的采访，2012年1月9日。

"这几枪不难打"："达拉斯和约翰·肯尼迪"，《记者笔记本》，2008年11月20日。

《晚间新闻》创造了历史，在那个星期五连续进行了两个小时的电视报道：哥伦比亚广播公司电视网节目记录，1963年11月1日—11月30日，哥伦比亚广播公司新闻网档案馆，纽约。参见阿尔弗雷德·罗伯特·霍根给道格拉斯·布林克利的信，2011年8月2日。

克朗凯特……鼓舞着7000万哥伦比亚广播公司的朋友：米勒与鲁尼恩，"事实似乎如此"，p.23。

哥伦比亚广播公司新闻网也在达拉斯警察局的地下室里架设了一台摄像机：比利斯，《现在开始播音》，p.339。

美国广播公司……也没有播出奥斯瓦尔德身亡的画面：加里·麦克给弗吉尼亚·诺辛顿的信，2011年11月14日。

"哥伦比亚广播公司历史上的一大不幸就是"：克朗凯特和卡尔顿，《对话克朗凯特》，p.203。

"全美国的壁炉"：乔治·罗森，"电视用最佳一小时做出回应"，《综艺》，1963年11月27日。

在拥有电视机的美国家庭中有93%的家庭：比利斯，《现在开始播音》，p.340。

"能够让整个群体一起参加一场仪式"：马歇尔·麦克卢汉，《理解媒介：论人的延伸》（纽约：麦格劳-希尔教育出版公司，1964），p.293。

"人们都说人类的大脑对开心的记忆能力强于对痛苦的记忆"："克朗凯特的广

播：登月、肯尼迪逝世"，微软全国广播公司节目。

"沃尔特的确很在行"：作者对桑迪·索科洛的采访，2010年9月18日。

他们会立即打开自己的苹果笔记本电脑：M. OC. 西格勒，"在实时时代Twitter就是沃尔特·克朗凯特"，《技术大事件》在线，2009年11月27日。

此前他一直坚持认为奥斯瓦尔德是独立作案：杰拉德·波斯纳，《结案：李·哈维·奥斯瓦尔德和刺杀肯尼迪》（纽约：兰登书屋，1993），p.450。

"令很多美国人认为肯尼迪遇刺事件是一个阴谋的原因在于"：斯莫，《杀死信使》，p.36。

否定了围绕着肯尼迪产生的枝节横生、错综复杂的阴谋论：杰克·古德，"电视：对沃伦报告的有用见解"，《纽约时报》，1967年6月29日。

他说："我们断定最终能够被证实的就只有沃伦委员会能得出的结论"：克朗凯特和卡尔顿，《对话克朗凯特》，p.204—205。

"电视新闻业中一次罕见而重要的体验"：里克·杜布罗，"哥伦比亚广播公司调查沃伦委员会"，国际合众社，1967年6月29日。

"我不再像以前那样对沃伦委员会的调查报告感到满意了"："事实就是如此"，《哥伦比亚新闻评论19》1号（1981年5—6月）：50。

"国际"阴谋在此次刺杀事件中起到了作用："约翰肯尼迪谋杀左派的林登·约翰逊存疑；克朗凯特：前总统对真相不确定"，《费城每日新闻》，1992年2月6日。

"人类登上月球"："采访领域"，《新闻周刊》，1964年6月1日。

第十八章　谁害怕尼尔森的收视调查？

林登·约翰逊的妻子"小瓢虫"在1943年收购了KTBC电台：罗伯特·卡罗，《林登·约翰逊的岁月》（纽约：诺普出版社，1990）。

"他们之间深厚的友谊由来已久"：作者对哈里·米德尔顿的采访，2011年9月8日。

很快林登和"小瓢虫"夫妇就……赚取了数百万美元：杰克·沙弗尔，"小瓢虫·约翰逊的诚实贪污"，《记录》，2007年7月16日。

约翰逊……完全就是一个得克萨斯版的佩科斯·比尔：兰德尔·伍兹，《林登·约翰逊：野心家》（马萨诸塞州剑桥市：哈佛大学出版社，2006），p.80。

"约翰逊和斯坦顿两个人是好朋友"：汤姆·约翰逊给道格拉斯·布林克利的

信，2011年9月18日。

克朗凯特……很清楚约翰逊决非一些记者所说的"哈克贝利·卡彭"：作者对艾瑟·肯尼迪的采访，2011年11月5日。

"（约翰逊）看了所有的报道"：克朗凯特和卡尔顿，《对话克朗凯特》，p.225。

"沃尔特，我给比尔·佩利打过电话了"：弗兰克，《无中生有》，p.224。

在全世界以广告为生命的行业中最成功的一家公司当属哥伦比亚广播公司：伦纳德·华莱士·鲁滨逊，"洋基之后怎么了？"《纽约时报》，1964年11月15日。

晚间黄金时段的前十五名节目中有十四个来自这家公司：黛博拉·哈勃，"他们还记得奥布里（不敢设想）"，《纽约时报》，1968年9月9日，p.54。

弗兰德里为克朗凯特做出了辩护，在奥布里面前：伯格林，《现世后报》，p.234。

"他是我见过的最争强好胜的人"：莱斯利·米德格雷，《你想听到多少话？纸媒新闻和电视新闻的内幕》（纽约：桦树径出版社，1989），p.244。

"爱德华兹被克朗凯特取而代之"：布岑伯格和布岑伯格，《哥伦比亚广播公司，捍卫广播新闻灵魂的战争》，p.49。

"他是全世界头号娱乐节目供应商"：威廉·兰伯特和理查德·奥拉汉，"震惊电视界的暴君来电：在突然降级之前吉姆·奥布里主宰着播音世界"，《生活》，1965年9月10日。

十年来哥伦比亚广播公司一直……是全世界最大的广告媒体：鲁滨逊，"洋基之后怎么了？"

广播公司对大会的报道为"它在接下来四年里的公关形象"定下了基调：杰克·古德，"弗兰德里领导哥伦比亚广播公司的队伍"，《纽约时报》，1964年3月2日。

"如果说佩利能在眨眼间将奥布里解雇，将萨伦特降级"：作者对安迪·鲁尼的采访，2011年3月15日。

"我的第一个决定就是让埃德（默罗）回来"：拉尔夫·恩格尔曼，《弗兰德里的幻想：弗雷德·弗兰德里和电视新闻的兴衰》（纽约：哥伦比亚大学出版社，2009），p.182。

"弗兰德里提议让我每天跟踪报道国会"：马德，《最好的地方》，p.141。

"咱们每天都报道人权问题"：作者对罗杰·马德的采访，2011年11月14日。

"这场胜利应该主要归功于弗兰德里"：同上。

"不过，我们在工作中从没感觉到有压力"：克朗凯特和卡尔顿，《对话克朗凯特》，p.280。

"简直就是月球的背面"：作者对比尔·普兰特的采访，2010年12月2日。

克朗凯特为《特别报道》主持了一期节目，"夏天就在前方"："夏天就在前方"，《华盛顿邮报》，1964年7月1日（普通广告241）。

"参议院总是在周日晚上8点之前有所行动"：沃尔特·克朗凯特，"密西西比1964：民权和暴乱"，《时事纵观》，全国公共广播电台，2005年6月16日。

"三位年轻的人权工作者于周日夜晚在密西西比州……失踪了"：哥伦比亚广播公司广播文字整理稿，1964年6月22日，哥伦比亚广播公司档案馆，纽约。

让马德蓄须：比尔·斯莫给道格拉斯·布林克利的信，2012年3月5日。

"克朗凯特主动揭露'吉姆·克劳'反民主的伪善本质"：作者采访考奈尔·韦斯特，2012年1月10日。

1964年的南方"是一个已经200年没有改变过思维的与世隔绝的世界"：克朗凯特，"密西西比1964"。

"我始终将哥伦比亚广播公司新闻网当作盟友"：作者采访朱利安·庞德，2011年5月14日。

凡是涉及艾森豪威尔的报道，哥伦比亚广播公司就"比其他广播公司更有优势"：比尔·伦纳德的《身在眼球风暴中：在哥伦比亚广播公司度过的一生》，p.136。

"战后他只故地重游了两次"：保罗·加德纳，"登陆日记得"，《纽约时报》，1964年5月31日。

对艾森豪威尔"朴素而雄辩"地追忆诺曼底往事进行了一番赞扬：艾森豪威尔20年后追忆诺曼底登陆日的艰苦卓绝的进攻战，《纽约时报》，1964年6月6日。

"这或许就是我的职业生涯中最神圣的一刻"：沃尔特·克朗凯特，"艾森豪威尔重返诺曼底"，《时事纵观》，全国公共广播电台，2004年6月4日。

"在很多年里克朗凯特个人一直倾向于美国应该插手越南事务的观点"：米德格雷，《你想听到多少话？》，p.226。

影响深远，但是常常被学者们忽视的纪录片，《越南：致命的决定》：同上，p.187。

被克朗凯特称为"爱国主义狂热"的气氛：沃尔特·克朗凯特，"东京湾的假进攻"，《时事纵观》，全国公共广播电台，2004年8月2日。

他承认自己"支持"约翰逊的决定：同上。

"咱们对那里的事情究竟知道些什么？"：戴维·哈伯斯塔姆，《统治者》，p.444。

"我仍旧像以前一样支持原先的职责"：鲍尔斯，"沃尔特·克朗凯特：坦诚对话"。

在发生北部湾事件后出于"个人情感"克朗凯特认为：沃尔特·克朗凯特给鲍勃·曼宁的信，1987年4月3日。

他也努力在工作中保持着客观立场：同上。

"我不会说他属于强硬派"：作者对莫雷·塞弗的采访，2011年9月9日。

第十九章　佩利削权未遂

戈德华特只是冷酷地说了一句"无可奉告"：里克·珀尔斯坦，《风暴来临之前：巴里·戈德华特与美国共识的改变》（纽约：希尔与王出版社，2001），p.248。

"可恶卑劣的谎言"："戈德华特破坏哥伦比亚广播公司"，美联社，1964年7月18日。

"他们甚至没有向我道一声歉"：同上。

"不，巴里。他读不准的是'2月'这个词"：作者对威廉·斯莫的采访，2011年3月22日。

索科洛曾说过："这会管用一两天"：布莱恩·斯泰尔特，"友人回忆工作之外的沃尔特·克朗凯特"，《纽约时报》，2009年7月24日。

"戈德华特是一个激烈的鹰派人物"：克朗凯特，"东京湾的假进攻"。

里克·珀尔斯坦……解释道："有关德国的报道"：珀尔斯坦，《风暴来临之前》，p.375。

"哥伦比亚广播公司的很多人都对'戈德华特是纳粹'这条新闻火冒三丈"：作者对丹·拉瑟的采访，2011年11月19日。

"你尽可以说你对戈德华特的期望值就只是保守主义和右翼观点"：斯蒂芬·沙德格，《戈德华特怎么了？1964年共和党竞选内幕》（纽约：霍尔特，莱因哈特与温斯顿出版社，1965），p.152—154。

沃尔特最喜欢的菜肴是炖牛肉："与沃尔特·克朗凯特夫人……在家"，《纽约邮报》，1968年4月13日。

"包括清洁工在内的所有人都对他直呼其名"：林恩·托纳比讲述贝特西·克朗

凯特，"我的丈夫：新闻播音员"。

"他的好奇心就是这么强烈"：鲍勃·舒弗尔，电视采访，《哥伦比亚广播公司凯蒂·库里克播晚间新闻》，哥伦比亚广播公司，2009年7月17日。

"亲爱的克朗凯特先生，宇航员们想上厕所时怎么办呢？"：帕姆和玛吉给沃尔特·克朗凯特的信（约1962年），哥伦比亚广播公司，2009年7月17日。

"您的意见合情合理"：沃尔特·克朗凯特给乔治·H. 肯尼的信，1966年8月15日，2M644号，1966文件夹，沃–得。

"共和党代表大会召开时……'克朗凯特后援团'"：伦纳德，《身在眼球风暴中》，p.108。

"我见到你的女儿南希了"：德鲁·皮尔逊，"戈德华特采访谜案"，《洛杉矶时报》，1964年7月19日。

"我们都是新型政治新闻的受益者"："事实就是如此"，p.50。

眼前的景象令克朗凯特感到"惊骇"：克朗凯特，《记者生涯》，p.348。

"当时沃尔特被气得火冒三丈"：伦纳德，《身在眼球风暴中》，p.109。

"在当年的11月弗兰德里任命塞瓦赖德为驻华盛顿特区的全国新闻记者"："塞瓦赖德去华盛顿"，《纽约时报》，1964年11月16日。

"沃尔特有生以来唯一一次感到为难的就是"：作者对威廉·斯莫的采访，2011年3月22日。

"要是这个老杂种再这么干的话"：舒弗尔，《本台刚刚收到消息》，p.182。

克朗凯特……"独霸了大量的节目时间"：马德，《最好的地方》，p.161—162。

"可是在会议现场所有人的表现都不怎么样"：作者对丹·拉瑟的采访，2011年11月19日。

"该死的沃尔特·克朗凯特这样的唱词"：查尔斯·莫尔，"获选主席"，《纽约时报》，1964年7月17日。

"一路上亨特利和布林克利也常常遭到形形色色的共和党人的威胁"：布林克利，《回忆录》，p.161。

布林克利……曾在文章中写道："代表们离开座位"：同上，p.162。

"她是我的初恋"：作者对克里斯·华莱斯的采访，2009年7月10日。

"沃尔特无视别人的指示"：同上。

"你们觉得有谁能替代沃尔特？"：伦纳德，《身在眼球风暴中》，p.110—111。

"这一行的一个问题就在于它就像好莱坞一样"：克朗凯特（未出版的笔记），

《新闻周刊》，1964年7月31日，沃-得。

"认为每一位病人都应当拥有了解真相的基本尊严"：汤姆·沃尔夫，"失势之后"，《纽约先驱论坛报》，1964年10月4日。

"'主播'冉冉升起"：伦纳德，《身在眼球风暴中》，p.110–111。

"所有的合同都是易碎品"：克朗凯特（未出版的笔记），《新闻周刊》，1964年7月31日，沃-得。

"沃尔特·克朗凯特——被降级了！"：汤姆·沃尔夫，"失势之后"，《纽约先驱论坛报》，1964年10月4日。

塞瓦赖德和瑞森纳也将在大西洋城代表大会期间承担更为重要的任务：瓦尔·亚当斯，"哥伦比亚广播公司新闻网弃用克朗凯特主播代表大会"《纽约时报》，1964年7月31日。

"我们在旧金山遭到重创"："双人组合完成克朗凯特一个人的工作"，美联社，1964年7月31日。

公司或许不会再让克朗凯特主持11月大选之夜的特别报道了：瓦尔·亚当斯，"克朗凯特在11月3日要扮演的角色待定"，《纽约时报》，1963年8月1日。

"我们是一个团队——电子新闻业内最出色的团队"："楼上不开心"，《新闻周刊》，1964年8月10日。

"现在我还不算愤怒，但以后就说不准了"：克朗凯特（未出版的笔记），《新闻周刊》，1964年7月31日，沃-得。

"当时我一直在想这种局面真的要毁了我和南希的爱情"：作者对克里斯·华莱士的采访，2009年7月10日。

为了表示与克朗凯特团结一心……休伊特要求佩利免去他的这项工作：瓦尔·亚当斯，"危机也是电视新闻节目的一部分"，《纽约时报》，1963年8月6日。

"小瓢虫"也已经答应在得克萨斯的农场里接受《面对面》式的专访：保罗·加德纳，"电视：来自林登·约翰逊的牧场"，《纽约时报》，1964年8月13日。

"马德刚一给观众发布消息"：迪克·韦斯特，"哭笑不得的著名大会电视报道"，国际合众社，1964年8月26日。

马德"极度渴望展现出风趣的一面"：理查德·马丁，"电视'抵制'鞭策大会"，《盐湖论坛报》，1964年8月26日。

哥伦比亚广播公司创造了有史以来公司的最高收视率纪录："电视：亨特利与布林克利继续吸引观众"，《纽约时报》，1964年8月26日。

马德感到自己成了受害者，他甚至考虑改换职业：马德，《最好的地方》，p.167。

"它将自己最得力的记者像垃圾一样无情地丢弃了，还公开羞辱他"：布鲁克斯·阿特金森，"马德的表现主义削弱了两党代表大会"，《纽约时报》，1964年9月8日。

"在陈述新闻时沃尔特十分客观、仔细、公正"：威廉·S.佩利，《恰好如此》（纽约：双日出版社，1979），p.301。

"当时沃尔特说：'我是一名记者，我要去做报道。'"：作者对克里斯·华莱士的采访，2009年7月10日。

第二十章　民权和双子座计划

首次以彩色图像的形式播出："1975年的哥伦比亚广播公司"年表，哥伦比亚广播公司新闻网，哥伦比亚广播公司档案馆，纽约。

"彩色电视对其他人的影响都不如对我的影响更大"：本·格罗斯，"见到沃尔特·克朗凯特，电视界的君子"，《纽约每日新闻》，1965年5月2日。

莱斯基……视觉导师：阿尔弗雷德·罗伯特·霍根给道格拉斯·布林克利的信，2011年5月24日。

"纽约的很多设计师都在避免设计新闻编辑室的工作"：作者对休·莱斯基的采访，2011年11月8日。

"我们这种新闻不存在末版新闻"："电视：最亲密的媒体"，《时代》，1966年10月14日。

"你最好把这些事情搞清楚，露脸的人可是我"：作者对乔恩·韦克曼的采访，2012年1月6日。

哥伦比亚广播公司的工作空间小得惊人：亚力山德拉·斯坦利，"克朗凯特的招牌：权威和亲切"，《纽约时报》，2009年7月18日。

"晚上好，"克朗凯特说道。播音开始了：在布莱恩·威廉的办公室摄制的影片《主播》，全国广播公司档案馆，纽约。

推动《晚间新闻》这个节目的另一位关键人物就是35岁的桑迪·索科洛：菲利普·J·希尔兹，"哥伦比亚广播公司：在华盛顿的封地和权力"，《华盛顿邮报》，1974年4月21日。

"当时我们在东京对朝鲜和中国奋力进行着政治宣传"：作者对桑迪·索科洛

的采访，2011年6月5日。

"沃尔特·克朗凯特想跟您打声招呼"：杰·弗雷德里克斯，"哥伦比亚广播公司与克朗凯特走向胜利"，1964年11月11日。

"约翰逊同……克朗凯特的这番电话交谈证明了"：沃尔特·温切尔，"百老汇和别处"，1964年11月17日。

"哥伦比亚广播公司取得了压倒性的胜利"：广播公司对选举的报道：杰克·古德，"哥伦比亚广播公司取得了压倒性的胜利"，《纽约时报》，1964年11月4日。

皮尔伯因特也一直……心存疑虑：罗纳德·斯蒂尔，《沃尔特·李普曼与美国世纪》（波士顿：利特尔与布朗出版社，1980），p.548。

新闻网认为有必要找一位能够让对手一招毙命的高手来主持新闻节目的话：克朗凯特和卡尔顿，《对话克朗凯特》，p.216。

"以前我们常常把沃尔特叫作'垒球先生'"：作者对罗伯特·皮尔伯因特的采访，2011年3月19日。

"媒体界一直断定克朗凯特与《晚间新闻》之间不存在任何问题了"：鲍勃·福斯特，"电视审查"，联合供稿专栏，1964年11月18日。

"开发改进新型新闻节目'实况纪录片'"：亨利·O.韦冯，《时间线索》，5号，（1964年10—12月）。

雷瑟尔曾解释说："我从不自夸……我们还能做更多的事情"：沃尔特·克朗凯特，与唐·卡尔顿所做的口述史访谈，p.492，沃-得。

"通过1964年的两党代表大会沃尔特的业务能力又得到了提高"：作者对唐·卡尔顿的采访，2011年11月10日。

哥伦比亚广播公司尤其受到白人至上主义者的斥责：戴维·哈伯斯塔姆，《孩子》（纽约：巴兰坦出版社，1998），p.486。

"从达拉斯到亚特兰大我都没法发出报道"：作者对丹·拉瑟的采访，2011年11月19日。

"如果说有谁曾受到了金的操控，那他绝不是媒体"：多诺万和谢勒，《没有沉默的革命》，p.19。

"对于（民权）运动，克朗凯特就是电视里的上帝之声"：作者对朱利安·庞德的采访，2011年5月14日。

"我们感到自己的想法和阿拉巴马的种族主义完全不一致"：作者对约翰·亨德里克斯的采访，2011年11月12日。

我调整好状态，心里很清楚他把好大一块节目空间让给我了：多诺万和谢勒，《没有沉默的革命》，p.21。

"想当年，大家完全是在单打独斗"：艾尔·莱因哈特，"克朗凯特的秘密世界"，《得克萨斯月刊》（1977年）。参见休斯·鲁德，《逃离中情局的亲身经历，以及其他的奇异冒险》（纽约：E. P. 达顿出版社，1966）；萨利·奎因，《我们要让你成为大明星》（纽约：西蒙与舒斯特出版社，1970）。

《晚间新闻》的舞台监督是有着黑人血统的杂耍演员吉米·沃尔：FN："袋鼠船长的'巴克斯特先生'及哥伦比亚广播公司新闻网的老舞台监督詹姆斯（吉米）·沃尔逝世，享年92岁"，2010年10月28日，肖恩·麦克马纳斯下达给哥伦比亚广播公司全体员工的内部通知，哥伦比亚广播公司新闻网档案馆，纽约。

节目中对"黑种人"一词的使用仍然足以激怒一些自由主义分子：凯西（未写姓）给沃尔特·克朗凯特的信，1966年8月30日，沃–得。

"史蒂夫·罗恩发自安德鲁斯空军基地的报道"：斯坦福夫人给沃尔特·克朗凯特的信，1966年8月30日，沃–得。

"黑人能觉察到外界的偏见，我们身上有雷达"：作者对埃德·布拉德利的采访，2004年12月21日。

"电话的内容一成不变，永远是'黑鬼'"：作者对朗·伯恩的采访，2011年6月7日。

双子座计划有四个首要目标：约翰·诺贝尔·威尔福德，《我们到达了月球》（纽约：矮脚鸡出版社，1969），p.84—85。

"美国广播公司的朱尔斯·伯格曼和哥伦比亚广播公司的沃尔特·克朗凯特"：杰克·古德，"广播—电视：双子座飞行项目的戏剧化返航"，《纽约时报》，1965年6月4日。

"我通过实践，而不是阅读来学习"：特里·透纳，"电视频道：哥伦比亚广播公司在拍摄'双子座'时采用了'直升机眼'"，《芝加哥每日新闻》，1965年3月25日。

对于克朗凯特的影响力默罗甚至都不曾憧憬过：约书亚·梅罗维茨，《消失的地域：电子媒介对社会行为的影响》（纽约：牛津大学出版社，1985），p.133。

获得了"太空泰斗"这个重量级的头衔："说明人和'金嗓子'"，《新闻周刊》，1962年10月8日。

"广播新闻的第一个黄金时代结束了"：弗兰克·斯坦顿写给哥伦比亚广播公司

新闻网的信，4月27日，哥伦比亚广播公司新闻网档案馆，纽约。

称他的这位导师"光芒四射"：《哥伦比亚广播公司晚间新闻》，1965年4月29日。

"他对默罗的去世一句话也没有说"：作者对桑迪·索科洛的采访，2011年6月5日。

克朗凯特……哽咽地用默罗的方式结束了播音：辛西娅·劳瑞，"哥伦比亚广播公司追忆爱德华·R·默罗"，美联社，1965年4月29日。

"我们都知道沃尔特拥有'双子座'"：作者对罗杰·马德的采访，2011年11月14日。

不出几秒钟三名宇航员便全都窒息而死：威尔福德，《我们到达了月球》，p.xviii。

"克朗凯特相当震惊"：作者对罗伯特·皮尔伯因特的采访，2011年3月19日。

克朗凯特赶到了坐落在西五十七街的播音中心：霍根，"电视转播太空时代"。

"在我们眼看就要四分五裂的时候"：波利·派多克，"克朗凯特一如既往地抚慰着我们"，《夏洛特（北卡罗来纳）观察家》，1999年10月22日。

同美国达成合作的火箭先驱沃纳·冯·布劳恩：鲍勃·沃德，《太空先生：沃纳·冯·布劳恩的一生》（安纳波利斯：海军学院出版社，2005），p.87。

节目组专程前往了弗吉尼亚的兰利空军基地：作者对桑迪·索科洛的采访，2011年6月5日。

"从月球开始我们将真的迈入太空"：霍根，"电视转播太空时代"。

克朗凯特已经变得"更像是拉拉队长，而不是记者了"：德格鲁特，《月亮的暗面》，p.171。

"我们证明了我们可以做到"：沃尔特·克朗凯特采访理查德·斯诺，"他在那里"。

"天哪，我们的房子在晃动"：《哥伦比亚广播公司新闻网特别报道》，阿波罗4号，1967年11月9日（文字整理稿），哥伦比亚广播公司新闻网文献馆，纽约。

第二十一章　该拿越南如何是好？

"小子，我是从爸爸那里听说的"：作者对南希·克朗凯特的采访，2011年4月4日。

"简言之，我们的对外政策就是维持并培养"：哥伦比亚广播公司新闻网记者沃尔特·克朗凯特在美联社主任编辑会议上发表的评论（文字整理稿），纽约州布法罗市，1965年9月29日，沃–得。

"我们在努力阻止第三次世界大战的爆发"：杜鲁门总统针对美国在远东地区的外交政策所做的讲话（《美国印象》文字整理稿），1951年4月11日，公共广播公司。

约翰逊是被二流政治侏儒团团包围的"政坛高手"：沃尔特·克朗凯特发表的评论，沃–得。

"我们把美国小伙子们送到离家1万英里的地方不是为了让他们"：马文·E.盖特勒曼，《越南和美国》（编）（第二版）（纽约：小树林出版社），p.241。

"克朗凯特为我们做了大量的报道，对我们提供了支持"：作者对约瑟夫·卡利法诺的采访，2011年4月4日。

越南战争则意味着他将有机会赶上全国广播公司新闻网：威廉·斯莫，《杀死信使》，p.109。

克朗凯特正在为……"堕胎与法"节目录制旁白：杰克·古德，"电视：纪录片对堕胎的考察"，《纽约时报》，1965年4月6日。

在巴德·本杰明的建议下，克朗凯特决定："20世纪聚焦于下一批新闻"，《新闻周刊》，1965年5月17日。

"到了外景地它可真是太糟糕了"：朗·伯恩给道格拉斯·布林克利的信，2012年1月11日。

他意识到20世纪60年代的越南有一个基本事实，那就是人不可貌相：克朗凯特，《记者生涯》，p.250—251。

波恩曾提到过那段往事："我还记得自己……说：'咱们怎么会输呢？'"：朗·伯恩给道格拉斯·布林克利的信，2012年1月11日。

充满"男子汉气概"的一流战地摄像师亚历克斯·布劳尔：作者对朗·伯恩的采访，2012年1月12日。

"到这时我突然就有点找不到头绪了"：克朗凯特与卡尔顿，《对话克朗凯特》，p.207。

"很长很长一段路要走，或许还需要三四年"："阮高其大致描绘出了挫败越共的时间表"，《纽约时报》，1965年7月19日。

"他们都是懦夫！"：作者对朗·伯恩的采访，2012年1月9日。

"这位愚蠢至极的将军真的令他感到震惊"：朗·伯恩给道格拉斯·布林克利的信，2012年1月7日。

"沃尔特太具有怀疑精神，太有见识"：莫雷·塞弗，《闪回：重返越南》（纽约：兰登书屋，1990），p.109。

让他知道了"普通战士们对世界的看法"：作者对莫雷·塞弗的采访，2011年9月4日。

对……"谎言和佯装的乐观精神"：塞弗，《闪回》，p.109。

他们将美军的官方情况介绍会称为"五时整傻话"：克朗凯特，《记者生涯》，p.252。

"我告诉他的真相并没有对他造成太大的冲击"：作者对莫雷·塞弗的采访，2011年9月9日。

"我这条报道有一部分令克朗凯特感到痛苦"：同上。

"弗兰克，你的总统，昨天你的小伙子们冲着国旗放了一堆狗屁"：哈伯斯塔姆，《统治者》，p.490。

"我就知道他不是美国人"：太平洋广播—加利福尼亚大学伯克利分校社会激进主义录音计划：在旧金山海湾等地区举行的反越战市委活动，加利福尼亚大学，伯克利，2005。

塞弗是一个"加拿大同性恋共产分子"：莫雷·塞弗给道格拉斯·布林克利的信，2012年2月12日。参见泰德·库普给弗雷德·弗兰德里的信，1965年10月20日，哥伦比亚广播公司备忘录，1965年10月20日，哥伦比亚广播公司新闻网档案馆，纽约。

"就在那期节目播出后弗兰德里要我离开越南"：莫雷·塞弗给道格拉斯·布林克利的信，2012年1月15日。

"克朗凯特在想办法对付我了！"：切斯特·巴夏，"事实并非如此：克朗凯特与越南"，《隶释新闻网》（乔治·梅森大学博客），2009年7月21日。

"在1966年和1967年那会儿我们都知道"：作者对莫雷·塞弗的采访，2011年9月4日。

"我们必须坚持下去，为了找到通往胜利的道路而付出更大的努力"：沃尔特·克朗凯特发表的评论，沃–得。

"你感兴趣的是新闻事件的戏剧性"："记者谴责政府企图保密"，《纽约时报》，1965年11月1日。

哥伦比亚广播公司新闻网终于将亚洲视作了一块重要战区：作者对卢·伍德的采访，2012年1月9日。

"首次越南之旅结束后我回到了美国"：克朗凯特，《记者生涯》，p.252。

他称赞约翰逊"做出了果敢的判断"：唐·奥伯多弗，《春节攻势！越南战争的转折点》（巴尔的摩：约翰·霍普金斯大学出版社，2001），p.248。

"美帝国主义是侵略者"："他在美国的电视节目中提出了自己的和谈条件"，《纽约时报》，1965年12月7日。

"这就是我们对东南亚所做的承诺的意义之所在"：沃尔特·克朗凯特，"引言"，《越南视角》（纽约：口袋出版社，1965）。

"如果世界出了问题"：作者对卢·伍德的采访，2012年1月9日。

在对越南问题的报道中他的一个重要成果就在于说服约翰逊总统："总统两度对哥伦比亚广播公司开口"，《纽约时报》，1966年2月1日。

"作为在前线的外景记者"：作者对比尔·普兰特的采访，2011年11月7日。

"当时哥伦比亚广播公司认为最好是将克朗凯特派过去"：莫雷·塞弗给道格拉斯·布林克利的信，2012年1月15日。

"莫耶斯的身上有一个非常令人厌恶的特点"：作者对莫雷·塞弗的采访，2011年9月4日。

"约翰逊在1965年的时候太顺心，太张狂，太得意了"：克朗凯特与卡尔顿，《对话克朗凯特》，p.210。

"每一个美国人都应当同前线的人承受一样的痛苦"：同上。

恼怒的弗兰德里认为施奈德……对新闻节目进行"管制"：理查德·K·多昂，"弗兰德里：学者生涯"，《纽约先驱论坛报》，1966年4月6日。

施奈德……则成了最适合诠释公司的贪婪嘴脸的象征物：恩格尔曼，《弗兰德里的幻想》，p.224。

在1961年2月至1964年3月期间担任新闻网总裁的萨伦特：杰克·古德，"弗兰德里的永别"，《纽约时报》，1966年2月17日。

对弗兰德里"才华横溢、充满想象力和直言不讳的领导"表示了称赞：里克·杜布罗，"回顾电视"，国际合众社，1966年2月16日。

媒体还将公司的经理们描绘为一群"兑换银钱之人"：恩格尔曼，《弗兰德里的幻想》，p.225。

《纽约时报》甚至全文刊发了弗兰德里的辞职信："弗兰德里辞职信的内容"，《纽约时报》，1966年2月16日。

他不会阿谀谄媚，但是他更看重萨伦特合情合理的分析：恩格尔曼，《弗兰德里的幻想》，p.225。

"我一直以对哥伦比亚广播公司有所偏爱"：德怀特·D.艾森豪威尔写给弗雷德·弗兰德里的信，1966年2月15日，弗雷德·弗兰德里文稿，哥伦比亚大学善本手稿图书馆。参见恩格尔曼，《弗兰德里的幻想》，p.228。

"严肃新闻同上帝和国家排在一起"：伦纳德，《身在眼球风暴中》，p.139—140。

米德格雷就说过："萨伦特总是告诉大家"：米德格雷，《你想听到多少话？》，p.236-237。

接替雷瑟尔的是谈吐柔和的米德格雷：米德格雷，《你想听到多少话？》，p.236。

"如果克朗凯特看到对某件事情的报道全国广播公司超过了"：米德格雷，《你想听到多少话？》，p.241。

由于强硬的反战观点他最终从哥伦比亚广播公司新闻网辞职：埃里克·佩吉，"哥伦比亚广播公司总经理，带领麦卡锡参加1968年竞赛的布莱尔·克拉克逝世，享年82岁"，《纽约时报》，2000年6月8日。

"沃尔特认为克拉克过于反战"：作者对安迪·鲁尼的采访，2011年3月15日。

"直到现在我还是不清楚他们为什么会选中我"：鲍勃·格林，"再见和祝你好运"，《纽约时报》，2006年9月4日。

"萨伦特叫我不要再接受任何采访的时候我很震惊"：作者对阿诺德·岑克尔的采访，2011年6月27日。

"我没去上班，结果哥伦比亚广播公司就拉出来这么一个家伙"：克朗凯特与卡尔顿，《对话克朗凯特》，p.281。

布林克利在思想上并不赞成罢工：布莱恩·兰姆采访戴维·布林克利，《读书笔记》，1995年12月10日（文字整理稿）。

"18000个歌手、舞者和杂耍艺人"：罗伯特·E.达洛斯，"亨特利与布林特利的团结——不长命"，《纽约时报》，1967年4月4日。

而克朗凯特则告诉记者自己依然记得……维持生计有多么不易：迈克尔·J.索科洛，"主播都走了"，《新闻史29》，第2号（2003年夏季刊）：50—58。

尽管……的收视率一直在下滑，克朗凯特却还是在继续参加罢工：杰克·古德，"电视：罢工和收视率"，《纽约时报》，1967年4月1日。

"切特·亨特利打了罢工一记耳光"："奇特·亨特利扇了电视罢工的耳光"，

《埃尔帕索先驱邮报》,1967年3月31日。

"晚上好,我是为阿诺德·岑克尔顶班的沃尔特·克朗凯特":罗伯特·E.达洛斯,"没有卡森'今天晚上'也照旧",《纽约时报》,1967年4月12日。

克朗凯特收到的掌声竟然比久经沙场的埃德·沙利文更响亮:理查德·K·沙尔,"当粉丝混淆传媒时电视名人便层出不穷地涌现出",《亚利桑那共和报》,1967年6月25日。

沃尔特具有的并不像是电影明星的那种魅力:林恩·托纳比讲述贝特西·克朗凯特,"我的丈夫:新闻播音员"。

"这种做法牛头不对马嘴,很不得当":"电视新闻网群星裁员——布林克利",《新闻与太阳公报》(纽约州宾厄姆顿市),1966年2月16日。

"就有点像林登·约翰逊抨击他的故乡得克萨斯州一样":赖斯顿,"纽约说并非如此,弗雷德。"

"我俩谈的都是如何打败我们的劲敌":作者对埃德·福希的采访,2011年11月8日。

"这种状况在1967年的时候改变了":杰克·劳伦斯给道格拉斯·布林克利的信(无日期)。

1967年的夏末萨伦特撰写了一份机密的备忘录:迈克尔·J·阿伦,《起居室战争》(纽约:企鹅出版社,1982)。

"他的神色看起来有些担忧":杰克·劳伦斯给道格拉斯·布林克利的信(无日期)。

萨伦特斩钉截铁地说道:"不惜任何代价":作者对埃德·福希的采访,2011年11月7日。

"我们都知道在1967年的时候萨伦特和克朗凯特认为":作者对比尔·普兰特的采访,2011年11月7日。

库拉尔特的"在路上"专题片将从当年10月开始试播三个月:查尔斯·库拉尔特,《查尔斯·库拉尔特播在路上》(纽约:福西特出版社,1995)。参见《查尔斯·库拉尔特的美国》(纽约:铁锚出版社,1996)和《查尔斯·库拉尔特的美国重大时刻》(纽约:西蒙与舒斯特出版社,1999)。

库拉尔特喜欢同"老年人"交谈:米德格雷,《你想听到多少话?》,p.243。

他们两个人曾漫不经心地设想过收购一批广播电台:作者对唐·谢尔比的采访,2011年11月19日。

哥伦比亚广播公司和全国广播公司都"被越共控制住了":切斯特·巴夏,"事实并非如此:克朗凯特与越南",《隶释新闻网》(乔治·梅森大学博客),2009年7月21日。

"谁都不清楚我们为什么要打这场仗":莫雷·塞弗给道格拉斯·布林克利的信,2012年1月13日。

克朗凯特曾经常取笑说自己的两大最新爱好就是"观测鸟和鲍比":作者对安迪·鲁尼的采访,2011年3月15日。

美国军队已经坚持到了"看得到终点"的阶段了:拉里·伯曼,《林登·约翰逊的战争:通往越战僵局的路》(纽约:W.W.诺顿出版社,1991),p.116。

"当时林登·约翰逊会绕过斯坦顿":克朗凯特与卡尔顿,《对话克朗凯特》,p.215。

第二十二章　春节攻势

"我还以为咱们能打赢这场战争":奥伯多弗,《春节攻势!》,p.158。

约翰逊的"光明就在隧道的尽头"这样的一派胡言:克朗凯特与卡尔顿,《对话克朗凯特》。

"他终于知道了这两位记者是正确的":作者对安迪·鲁尼的采访,2011年3月15日。

"越南是美国电视界的第一场战争":奥伯多弗,《春节攻势!》,p.158。

用"极其开明的思维"理解越南局势:沃尔特·克朗凯特给罗伯特·曼宁德信,1987年10月7日。

"我说,好吧,我得过去一趟":马克·库兰斯基,《1968:震惊世界的一年》(纽约:兰登出版社,2005),p.58。

"自己的确想要试着对局势进行评估":克朗凯特,《记者生涯》,p.256。

到了该发表个人意见的时候了:马图索,《晚间群星》,p.128。

"沃尔特说他不可能为《晚间新闻》发表评论":菲尔·谢弗给杰克·劳伦斯的信,2009年8月15日。

"你变得可真麻烦,"克朗凯特对萨伦特说:库兰斯基,《1968:震惊世界的一年》(纽约:兰登出版社,2005),p.59。

萨伦特与克朗凯特商定制作一期在黄金时段播出的:作者对桑迪·索科洛的采访,2010年9月17日。

"这是一趟奥威尔式的出行"：哈伯斯塔姆，《统治者》，p.512。

"专家学者眼中的狮身人面像"：库兰斯基，《1968：震惊世界的一年》，p.59。

"让自己看一看南越究竟发生了什么事情"："克朗凯特现在对越南战争的认识"，《列克星敦每日新闻》，1968年2月23日。

克朗凯特一行转道去了顺化：克朗凯特，《记者生涯》，p.256。

"等我到那儿的时候战斗还在继续"：克朗凯特与卡尔顿，《对话克朗凯特》，p.211。

春节攻势的"真正"意义逐渐变得清晰了：詹姆斯·S·罗宾斯，《这一次我们赢了》（纽约：相遇出版社，2010），p.252。

"当时非常安静，谁都没有吭声"：米勒和施赫纳，"沃尔特·克朗凯特，播音传奇逝世"。

艾布拉姆斯……在越南期间向他提供情报最多的就是这位将军：哈伯斯塔姆，《统治者》，p.513。

"那可真让我恶心"：奥伯多弗，《春节攻势！》，p.249—250。

"我不难做出了判断"：克朗凯特，《记者生涯》，p.257。

"沃尔特说他想知道这里究竟在发生什么事情"：托德·吉特林，"事实就是如此"，《新共和》，2009年7月17日。

"美军士兵的杀伤率大于损失率"：约翰·劳伦斯，《顺化的猫》（纽约：公共事务出版社，2002），p.291。

劳伦斯指出无论损失多么惨重越北都不会放弃：约翰·劳伦斯给道格拉斯·布林克利的信（无日期）。参见哈伯斯塔姆，《统治者》，p.513。

"我注视着一架架盘旋在城市上空"：克朗凯特给曼宁的信，1987年9月3日。

当时克朗凯特"对自己的想法秘而不宣"：杰夫·格拉尔尼克给约翰·劳伦斯的信，2010年2月17日。

"你也知道，沃尔特就是一个'淡定先生'"：作者对罗伯特·维塔雷利的采访，2011年3月8日。

"他平静得令人害怕"：同上。

"稿子是克朗凯特亲自执笔的"：作者对杰夫·格拉尔尼克的采访，2010年6月11日。

"发自越南的报道"中的"一字一句"：默里·弗罗姆森给桑迪·索科洛的电子邮件，2010年2月17日。

在节目中克朗凯特充分说明了在南越的恐怖局势上：丹尼尔·哈林，"电视上的越南"，广播通信博物馆，芝加哥。

克朗凯特在越南的问题上走到了一个十字路口：黛安·索亚，"明天的挑战"，摘自罗伊斯·B.德弗勒尔的《默罗的遗产：未来的挑战》（埃姆斯：俄亥俄州大学出版社，1986），p.106。

"我们想对自己在越南的发现做一个总结"："结束语：克朗凯特对越南的评论"，全国公共广播电台，2009年7月18日。

《纽约时报》的总编R.W.阿珀在此之前就写过一篇长文：R.W.阿珀，《制造僵局》，《纽约时报》，1967年夏季刊。

如果三大广播公司反对约翰逊的这场战争，那么公众就会反对它：迈克尔·J.阿伦，"播音（电视）：电视战争"，《纽约客》，1967年5月27日。

"这篇简短的评论帮助人们真正地开始对这场战争产生怀疑"：沃尔特·克朗凯特，"改变对越南战争的态度"，全国公共广播电台，2002年8月7日。

他的这套观点频频被其他媒体引述：杰克·古德，"全国广播公司宣布美国就要输掉越南战争"，《纽约时报》，1968年3月11日。

"在越南的全部付出或许都是注定失败的"：库兰斯基，《1968：震惊世界的一年》，p.61。

"当沃尔特说越南战争结束了，那就真的结束了"：弗兰克·里奇，"一位主播的影响力"，《纽约时报》，2002年5月19日。

"我对媒体厌恶透了，尤其是哥伦比亚广播公司和沃尔特·克朗凯特"：威廉·威斯特摩兰的口述史访谈，美国陆军军事历史学院，宾夕法尼亚州卡莱尔军营。

在2月27日哥伦比亚广播公司播出这期特别报道的时候：约瑟夫·坎贝尔，《误解：美国新闻界十大报道有误的报道》（伯克利：加利福尼亚大学出版社，2010），p.89。

"要是我失去了克朗凯特，那我就失去了这个国家"：道格拉斯·马丁，"电视新闻受到信赖的代言人逝世，享年92岁"，《纽约时报》，2009年7月17日。

学者们对原话却争执不下：库兰斯基，《1968：震惊世界的一年》，p.61—62。

"相信我，震荡波袭遍了整个政府"：斯莫，《杀死信使》，p.123。

在报道播出后他开始担心这份决议案"不具有法律效力"：芭芭拉·塔奇曼，《"荒唐"进行曲：从特罗伊到越南》（纽约：巴兰坦出版社，1984），p.352。

"克朗凯特一反常态的举动强有力地表明"：吉特林，"事实就是如此"。

"克朗凯特的言论让他听上去就像是五角大楼的发言人"：布莱恩·兰姆，《读书笔记：阅读、写作和思维能力最杰出的美国作家》（纽约：时报出版社，1997年），p.194。

拉斯·本斯利……身负重伤："哥伦比亚人两度受伤"，《纽约时报》，1968年3月5日。

自克朗凯特访问越南之后，已经有14名美国记者和摄像师在越南受伤："广播新闻：没有头盔的人"，《时代》，1968年3月15日。

"越南没有一个角落是安全的"：作者对拉斯·本斯利的采访，2012年1月17日。

"切特·亨特利和戴维·布林克利迟早会穿上迷人的紧身连体裤"：杰克·古德，"亨特利与布林克利应不应该穿上紧身连体裤？"《纽约时报》，1968年2月11日。

一些历史学家将指出克朗凯特对春节攻势的分析有些草率：罗宾斯，《这一次我们赢了》，p.253。

正如黛安·索亚曾指出的那样：詹姆斯·沃尔科特，"赶牛"，《名利场》，2003年6月，p.86。

"约翰逊的确谈到过克朗凯特要去越南"：乔治·克里斯蒂安，对戴维·卡伯特的电话采访，1979年9月17日，文字整理稿，林登·约翰逊总统图书馆和博物馆，得克萨斯州奥斯汀市。

"当时我们都固守着那套铁律"：作者对埃德·福希的采访，2011年11月7日。

"对我们来说这么做很任性"：库兰斯基，《1968：震惊世界的一年》，p.63。

"这项原则要求每一位广播电台营业执照持有者"：杰克·沙弗尔，"我为什么不信任沃尔特·克朗凯特"，《记录》，2009年7月21日。

"他问我当年我是否感觉他背叛了我们"：作者对蒂姆·奥布赖恩的采访，2011年8月15日。

《新闻周刊》……在文章中对奥布赖恩的观点表示了认同：哈里·F.沃特斯，"一个在意的人"，《新闻周刊》，1981年3月9日，p.58。

"一位电视节目解说员宣布战争结束了"：哈伯斯塔姆，《统治者》，p.716。

第二十三章　1968年的平静与混乱

"你必须公开宣布有意参加总统选举"：弗兰克·曼凯维奇，"副总统沃尔特·克朗凯特"，《华盛顿邮报》，2009年7月25日。

"沃尔特……那我就参加总统选举。"：同上。

肯尼迪没有上钩。不过，他还是给克朗凯特留下了一线希望："时隔八年，旧景重现"，《纽约时报》，1968年3月17日。

"我不打算，也不接受我们党提名我参加下一届总统选举"：林登·B·约翰逊，《美国印象：总统》，公共广播公司，http://www.pbs.org/wgbh/amex/presidents/36_l_johnson/printable.html（摘自2011年12月11日）。

"我们都没有想到总统本人会做出这样的反应"：沃尔特·克朗凯特给鲍勃·曼宁的信。曼宁在1966—1980年担任《大西洋月刊》的编辑，他于波士顿出版公司工作期间克朗凯特写下了这封信，在信中对"发自越南的报道"进行了重要的反思。

"令我感到震惊，难以置信……"：马德，《最好的地方》，p.231。

"我想约翰逊觉得在当时美国的大部分民众都在说"：克朗凯特与卡尔顿，《对话克朗凯特》，p.231。

"爸爸和沃尔特非常亲密"：作者对琳达·约翰逊·罗布的采访，2011年11月16日。

在20世纪60年代电视不仅报道事件，而且还影响着事件的进程：库兰斯基，《1968：震惊世界的一年》，p.102。

他只是担心……"走中间道路的人们"：诺万和·谢勒，《没有沉默的革命》，p.102。

克朗凯特总是要同"小瓢虫"及其私人助理莉兹·卡彭特有所来往：作者对凯西·克朗凯特的采访，2011年3月22日。

你一直在为美国最好的事情摇旗呐喊："小瓢虫"·约翰逊给沃尔特·克朗凯特的信，2001年10月30日，沃–得。

很多人都试图将沃尔特有关春节攻势的报道和约翰逊突然放弃竞选之间建立联系：作者对桑迪·索科洛的采访，2011年2月18日。

"因为事情根本就不是这样的"：乔治·克里斯蒂安的口述史，林登·B.约翰逊总统图书馆，得克萨斯州奥斯汀市。

"沃尔特对越南局势的描述没有那么夸张"：作者对马文·卡尔布的采访，2011年11月11日。

"我不觉得记者的影响力会大到仅凭一期节目就可以改变"：理查德·斯诺，"他在那里"（采访沃尔特·克朗凯特）（纽约：《美国遗产》，1994年12月）。

"拉瑟在一期特别报道节目中播发了金博士已经身亡的消息"：杰克·古德，"电视：广播公司迅速对金的遇害做出反应"，《纽约时报》，1968年4月5日。

他将金博士称作是"民权运动的传道者"："沃尔特·克朗凯特播发马丁·路德·金博士的死讯"，《洛杉矶时报》录像档案馆。

今天晚上我一点也不不在乎U大街：克朗凯特与卡尔顿，《对话克朗凯特》，p.281。

克朗凯特想要参加人们在亚特兰大为金博士举办的葬礼：阿尔弗雷德·罗伯特·霍根采访琼·F.里奇曼，2003年10月22日（文字整理稿），霍根档案，华盛顿特区。

"刚一报道完提名会和肯尼迪的演讲我就离开了公司在纽约的编辑室"：沃尔特·克朗凯特，《克朗凯特记得》，纪录片。

"罗伯特·肯尼迪在太平洋海岸时间上午12∶15遭到枪击"："来自穹顶：罗伯特·F.肯尼迪：1925—1968"，哥伦比亚广播公司新闻网，录像，2007年6月22日。

"各种从政者都认为他是全国最公平公正的记者"："国会开始支持阿格纽"，《纽约时报》，1969年12月19日。

他称克朗凯特是"掌握了面部表情和抑扬顿挫的微妙变化的大师"：杰克·古德，"电视：美国广播公司还在寻找独特的新闻形象"，《纽约时报》，1968年6月17日。

"就在那一年的10月份我俩结了婚"：作者对莫雷·塞弗的采访，2012年1月16日。

"最上乘的报道并不一定非要有最好的图片和最戏剧化故事"：弗兰克·斯坦顿，哥伦比亚广播公司给公司高级职员、小组及部门的备忘录。

在报道这一届总统选举期间前前后后公司总共花费了1230万美元：拉索，"哥伦比亚广播公司和美国政治经验"，p.467。

"拍照时不要打光，灯光会引起人群的注意"："1968年8月20日会议的笔记"，关于哥伦比亚广播公司新闻网对民权骚乱的报道，43700号，哥伦比亚广播公司记录。

"规模宏大、喧嚣鼓噪的美国政治历史血汗工厂"：沃尔特·克朗凯特，"回忆68年大会期间的骚乱"，《时事纵观》，全国公共广播公司，2004年7月23日。

"我们都觉得肯定会出问题"：克朗凯特与卡尔顿，《对话克朗凯特》，p.214。

在报道标题就直言不讳地指出"无聊的代表大会受到观众忽视"："无聊的代表大会受到观众忽视"，《华盛顿邮报》，1968年8月9日。

电视观众们更多地选择了真正的电视剧：辛西娅·劳瑞，"广播公司过早认输”，美联社，1968年8月8日。

"把人从这里运送到那里的坦克"：弗兰克·库施，《芝加哥战场：警察和1968年的民主党全国代表大会》（芝加哥：芝加哥大学出版社，2004），p.60。

当时所有执行制片人都在会议现场忙着：作者对杰克·劳伦斯的采访，2012年1月16日。

"从小到大我一直很糟糕"：凯西·克朗凯特，《聚光灯的边缘：名人之后坦言讲述各自的生活》（纽约：威廉·莫罗出版社，1981），p.60。

他意识到当时很多家庭都存在着同样的分化：克朗凯特，《记者生涯》，p.194。

"我不喜欢他们的态度"：沃尔特·克朗凯特的口述史访谈，p.551，沃-得。

巴克利"仰慕克朗凯特的思想"：加里·威尔斯，《站在外面看里面：观察者的冒险》（纽约：维京出版社，2010），p.157。

"反战示威者们已经变得极其难以约束了"：克朗凯特，"回忆68年大会期间的骚乱"。

克朗凯特一如既往地拒绝戴上中断式回馈耳机：拉索，"哥伦比亚广播公司和美国政治经验"，p.405。

"我想这里有很多暴徒"：丹·拉瑟，《镜头从不闪两次》，p.309。

"在漫长的职业生涯中克朗凯特应该只有这一次"：加里·保罗·盖茨，《播音时间：哥伦比亚广播公司新闻网的内部消息》（纽约：伯克利出版社，1979），p.210。

"克朗凯特之类的新闻媒体从业人员"：斯莫，《杀死信使》，p.208。

"我们播出了那些画面，代表们都看着"：克朗凯特，"回忆68年大会期间的骚乱"。

"美国的知识分子都痛恨理查德·戴利"：R.W.阿珀，"戴利为他的政策辩护"，《纽约时报》，1968年8月30日。

"戴利先生，我可以告诉你"：哥伦比亚广播公司新闻网，《特别报道》，1968年8月29日。

在内心他并不想谴责戴利：作者对布里特·休姆的采访，2011年8月24日。

"戴利一如当年格兰特将军攻陷里士满一样征服了克朗凯特"：亚当·科恩和伊丽莎白·泰勒，《"美国法老"理查德·J.戴利市长：他的芝加哥及全国保卫战》（纽约：华纳出版社，2000），p.6。

"他压根就不知道该如何采访戴利"：作者对斯坦霍普·古德的采访，2011年11

月9日。

"通过画面和声响，芝加哥警察局的行为就不言而喻了"：阿珀，"戴利为他的政策辩护"。

"我的采访方法不是切开对方的血管，让鲜血喷涌而出"：盖茨，《播音时间》，p.211。参见朗凯特与卡尔顿，《对话克朗凯特》，p.216。

很快司法部就开始追查"芝加哥八君子"：迈克尔·R·贝尔纳普，《美国政治审判》（康涅狄格州西港市：普雷格出版社，1994），p.240。

"知道吗，我接受你的建议了"：戴纳·库克，"沃尔特·克朗凯特，1916—2009"，《沙龙》，2009年7月18日。

"可怕的60年代"：克朗凯特，《记者生涯》，p.192。

"这就是我们在这些年里一直奋斗的目标"：弗雷德·费雷蒂，"耐久的克朗凯特：'你绝对想不到'"，《纽约时报》，1969年7月24日。

第二十四章　登月旅行先生

克朗凯特密切地关注着定于10月7日执行的"阿波罗7号"任务：哥伦比亚广播公司新闻网文献馆保存的"CTN特别项目"值班日志，哥伦比亚广播公司太空记录1957—1960，哥伦比亚广播公司新闻网档案馆，纽约。

"沃尔特已经对1968年的大选很厌恶了"：作者对杰夫·格拉尔尼克的采访，2010年6月11日。

人们很难无视"阿波罗8号"为人们疗伤止痛、让大家团结一心的效果：戴维·伍兹和弗兰克·奥布赖恩，"第一天：绿队和分选，时间标签03：42：55"，《阿波罗8号飞行日志》，美国宇航局历史中心，得克萨斯州休斯敦。

"我们是幸运的一代"：沃尔特·克朗凯特，《无尽的旅程：见证美国宇航局的报告与太空时代·前言》，威廉·E·巴罗斯（纽约：探索出版社，2000）。

哥伦比亚广播公司新闻网……投入了越来越多的人力和物力：哥伦比亚广播公司新闻网文献馆保存的"CTN特别项目"值班日志，哥伦比亚广播公司太空记录1957—1960，哥伦比亚广播公司新闻网档案馆，纽约。

"在那之前我还从来没有见过爸爸拿着那么厚的资料夹"：作者对奇普·克朗凯特的采访，2011年3月11日。

"沃尔特会穿着夏威夷衬衫"：作者对诺曼·梅勒的采访，2006年8月17日。

"当时我们得到了充分的报道自由"：沃尔特·克朗凯特，"我们都是太空时代的孩子",《电视指南》,1969年7月9日,p.12。

"没有人说过这件事情是因为这些事情根本无须说":休伊特,《给我讲一个故事》,p.72—74。

要在"20世纪60年代结束之前"将人类送上月球:劳伦斯·劳伦特,"太空秀给予电视最辉煌的时刻",《华盛顿邮报》,1969年7月22日。

"我们都没有'名誉宇航员'这一头衔":朱利安·谢尔给西尔玛·琼斯,1969年3月18日,美国宇航局档案馆,得克萨斯州净湖市。

只有月球探索令全国人民感到振奋:利昂·瓦格纳,《一大步:尼尔·阿姆斯特朗的星际美国旅行》(纽约:汤姆·多尔蒂协会,2004),p.15。

《读者文摘》杂志分发了6800万张美国国旗保险杠贴纸:同上,p.16。

"现在,月球终于臣服了":尼尔·麦卡利尔,《阿瑟·C·克拉克的权威传记》(芝加哥:当代出版社,1993),p.230。

"阿波罗11号"体现了电子史上最"艰巨的挑战":罗伯特·伍斯勒和理查德·萨伦特,《1969年7月20日,晚上10:56:20:哥伦比亚广播公司新闻网在公司电视网中讲述给美国人民的历史性月球探索·前言》(宾夕法尼亚州德比市:黛安出版社,1970)。

"我猜自水星计划启动以来咱们可从没这么忐忑过":瓦格纳,《一大步》,p.536。

"沃尔特对沃尔特"的报道:"阿波罗12号"的普通广告,《托莱多刀锋报》,1969年11月13日。

"她起飞了!太漂亮了!":伍斯勒和理查德·萨伦特,《1969年7月20日,晚上10:56:20》,p.9—10。

"天哪,天哪,看上去很好,沃里":沃尔特·克朗凯特,"阿波罗11号起飞",1969年7月16日(录音),哥伦比亚广播公司新闻网档案馆,纽约。

"校长让我去他的办公室看看我父亲的节目":作者对凯西·克朗凯特的采访,2011年5月17日。

"我对此很有保留":作者对南希·克朗凯特的采访,2011年5月16日。

"以前我对'阿波罗'的体会":作者对奇普·克朗凯特的采访,2011年5月16日。

"我希望自己有资格说":伍斯勒和理查德·萨伦特,《1969年7月20日,晚上10:56:20》,p.16。

"我——怎么说呢——不算太喜欢林登·约翰逊"：阿尔弗雷德·罗伯特·霍根采访琼·F.里奇曼，2003年10月22日（文字整理稿），霍根档案，华盛顿特区。

有一阵子似乎他都快要将施艾拉取而代之：伍斯勒和理查德·萨伦特，《1969年7月20日，晚上10：56：20》，p.18—19。

唯独约翰逊把注意力都放在"伟大社会"的话题上：詹姆斯·汉森，《第一人：尼尔·A.阿姆斯特朗的一生》（纽约：西蒙与舒斯特出版社），p.5—6。

"我们全家压根就没有记恨过沃尔特"：作者对琳达·约翰逊·罗布的采访，2011年11月16日。

"世界上的任何一个人只要在手表大小的仪器上"：阿瑟·C.克拉克给安德鲁·G.黑利的信，1956年8月，克拉克档案。

"沃尔特太对太空项目深信不疑"：作者对比尔·普兰特的采访，2010年12月2日。

克朗凯特同阿姆斯特朗的区别就在于：汉森，《第一人》，p.585。

一脸漠然的宇航员回答道："没有。从来没有过"：作者对尼尔·阿姆斯特朗的采访，2011年9月19日。

"短发白种运动员"：查尔斯·J.谢尔兹，《已成往事：库尔特·冯内古特的一生》（纽约：亨利·霍尔特出版社，2011），p.264。

"那还是我头一回——事实上，也是最后一次"：沃尔特·M.施艾拉上尉、理查德·N.比林斯，《施艾拉德太空》（波士顿：昆兰出版社，1988），p.221—222。

"在节目中沃尔特与嘉宾们探讨着"：麦卡利尔，《阿瑟·C.克拉克的权威传记》，p.227。

"盯着沃尔特·克朗凯特时间过长，结果两个眼珠都不能协调转动了"：迪克·韦斯特，"为了月球新闻一路向西"，《布里安（俄亥俄州）时报》，1969年7月24日。

"他持续不断的主持和迷人的自信都非常引人注目"：杰克·古德，"全世界都坐在前排中心"，《纽约时报》，1969年7月27日。

紧接着在11点整库拉尔特做了一个充满神圣感的报道：伍斯勒和理查德·萨伦特，《1969年7月20日，晚上10：56：20：前言》，p.53—54。

"鹰：已收到，明白"：同上，p.74—77。

"在41号演播室里时间停止了"：阿瑟·C.克拉克给尼尔·麦卡利尔的信，1990年4月20日，麦卡利尔文稿，马里兰州巴尔的摩市。

"噢，天哪！"伟大的记者克朗凯特说道：小施艾拉和比林斯，《施艾拉的太空》，p.222—223。

克朗凯特：他来了。一只脚正走下梯子：哥伦比亚广播公司电视新闻特别报道（文字整理稿），"阿波罗11号"，1969年7月20日，哥伦比亚广播公司新闻网档案馆，纽约。

"月球上的这一步是一项令人惊叹的大成就"：伍斯勒和理查德·萨伦特，《1969年7月20日，晚上10：56：20：前言》。

"就像小马驹"在努力站稳脚跟似的：瓦格纳，《一大步》，p.522。

"真是乐开了花！"：伍斯勒和理查德·萨伦特，《1969年7月20日，晚上10：56：20：前言》。

令人感到奇怪的是他们对这件事情竟然显得有些无动于衷：杰克·古德，"电视：阿波罗号对月球景象令人叫绝的报道"，《纽约时报》，1969年7月22日。

"经过这么久的等待、再等待之后"：克朗凯特的报道的文字整理稿，1969年7月24日，哥伦比亚广播公司新闻网档案馆，纽约。

他还说希望有一天自己能亲手摸一摸……月球岩石和尘土：瓦格纳，《一大步》，p.545。

他曾宣称自己根本没有注意到"疲劳因素"的存在：沃尔特·克朗凯特的采访，美国电视档案馆，1998年4月28日。

"看上去不费吹回之力的表演"：《纽约时报》，1969年7月21日。

公然提出"阿波罗11号"将会导致太空的军事化：比利斯，《现在开始播音》，p.368。

"历史从不会受到理性计划的支配"：埃里克·塞瓦赖德，哥伦比亚广播公司电视台，1969年7月15日（文字整理稿），哥伦比亚广播公司新闻网档案馆，纽约。

有94%的美国家庭兴高采烈地打开电视：约翰·E·奥康纳，《美国历史，美国电视：解读录像中的过去》（编）（纽约：弗雷德里克·温加尔出版社），p.380。

"这件事情太了不起了"：沃尔特·克朗凯特的采访，美国电视档案馆，1998年4月28日。

"我一直觉得要是能和他们分享……就好了"：巴兹·奥尔德林，《荒凉至极：从月球返回故乡的漫长旅程》（纽约：和谐出版社，2009），p.54。

哥伦比亚广播公司吸引到了45%的观众：费雷蒂，"耐久的克朗凯特"。

"他可比那些宇航员受欢迎得多"：伯纳德·温劳布，"紧张不安的承包商等待着飞船溅水的那一刻"，《纽约时报》，1969年7月19日。

通常，克朗凯特都会回避星期天的节目：哥伦比亚广播公司新闻网档案馆，纽约。

阿姆斯特朗……写道："自然神论信仰者"：汉森，《第一人》，p.33。

"这是局里的专用语"：《面对国家》，哥伦比亚广播公司电视网和哥伦比亚广播公司广播网播出，1969年8月17日，上午11：30—下午12：30，p.24。

"沃尔特跟我说他这辈子在播音中犯过的最大的错误"：作者对埃德·布拉德利的采访，2004年12月21日。

阿姆斯特朗并没有对克朗凯特怀恨在心：瓦格纳，《一大步》，p.286。

然而此次任务始终没有出现过"人类的一大步"这样的时刻：《载人航天飞船的历史》，美国宇航局出版物75-24641号（华盛顿特区：美国宇航局，1975），p.29。

参加此次任务的宇航员们的妻子：詹姆斯·洛威尔与杰弗里·克吕热，《遗失的月球：险象环生的阿波罗3号之旅》（波士顿：霍顿·米夫林出版社，1994），p.272—277。

"他带来了几小瓶38亿年的月球物质"：麦卡利尔，《阿瑟·C·克拉克的权威传记》，p231。

第二十五章　地球日的化身

他在办公桌上摆着一张装了镜框的照片：弗朗西斯·弗兰切和克林·伯吉斯，《月影下》（林肯：内布拉斯加大学出版社，2007），p.310—313。

在他看来"阿波罗"项目的目标原本只在于让人类达到月球：同上。

宇航局的很多工作人员都"对环境有了一种新的认识"：作者对乔治·艾比的采访，2011年6月6日。

最终"阿波罗18号"……任务都被取消了：戴维·R.威廉姆斯，"从阿波罗18号到20号——被取消的任务"，美国宇航局戈达德太空飞行中心，2003年12月11日。

在20世纪里人类的所有成就和我们的所有重大失误中：克朗凯特，《记者生涯》，p.27。

"北美大陆似乎被漂浮的石油包围了"：沃尔特·克朗凯特，《放眼世界》（纽约：考尔斯出版社，1971），p.10。

"要是沃尔特说'妈的'，那肯定就出大事儿了"：马图索，《晚间群星》，p.116。

"一开始我们想要解决空气污染的问题"：作者对朗·伯恩的采访，2011年6

月1日。

克朗凯特再也无法忍受美国联合碳化物公司：作者对乔恩·韦克曼的采访，2011年6月1日。

"你们都明白，地球并不在我的手心里"：同上。

在1969年圣巴巴拉石油溢出事件的号召下：《洛杉矶时报》，1989年月28日，p.123。

"环境危机"令"学生对越战的不满情绪相形见绌"：格拉德温·希尔，"环境危机"令"学生对越战的不满情绪相形见绌"，《纽约时报》，1969年11月30日。

他凭直觉意识到哥伦比亚广播公司到了采取行动的时候了：威廉·O.道格拉斯，"该死的民众"，《花花公子》，1969年9月，p.209。

"只要克朗凯特开始关注环境，所有人就都开始谈论这个话题"：作者对威廉·拉克尔肖斯的采访，2011年8月2日。

"沃尔特为了环境保护问题几乎疯了"：作者对桑迪·索科洛的采访，2011年5月28日。

"咱们能换一种说法吗？"：舒弗尔，《本台刚刚收到消息》，p.270—271。

"这个星球面临着被毁灭的威胁"：奥立弗·S.欧文，《自然资源的保护：生态方法》（伦敦：麦克米兰出版公司，1980），p.859。

"科学能够揭示危机的深度"：巴里·康门纳，《科学与生存》（纽约：巴兰坦出版社，1970），p.157。

因为他们"花费了大量的时间和精力让国家对这个问题有了了解"：盖洛·纳尔逊和弗兰克·斯坦顿，1971年4月7日，纳尔逊文稿，威斯康星历史学会，麦迪逊。

他对"遍布垃圾的地球"和"肮脏不堪的水域"哀叹着：沃尔特·克朗凯特，"地球日：生存问题"，哥伦比亚广播公司新闻网，1970年4月22日。

"只要他在节目中提到这个问题，我就会发现收到的邮件增多了"：马图索，《晚间群星》，p.173。

"这些分公司都被沃尔特气坏了"：作者对桑迪·索科洛的采访，2011年6月5日。

当这位主持人说到肯特州的流血事件时他们立即坐直了身子：肖恩·科斯特，"肯特州：'一两声枪响……噢，天哪'"，《雪城标准邮报》，2010年5月5日。

在克朗凯特的督促下，麦切纳在1971年出版：詹米斯·麦切纳，《肯特州：发生了什么？为什么？》（纽约：兰登书屋，1971）。

"我们决不能排斥我们中间的持异议者"："持异议者应当倾听克朗凯特，反之亦然"，《哥伦比亚每日论坛报》，1970年6月3日，p.1；特别要感谢的是朗·库塞拉，正是他引起了我对这篇文章的注意。

"我们首次将人类送入太空，送到月球的20世纪60年代"：克朗凯特，《无尽的旅程》，p.1。

"人们清楚地看到克朗凯特这名环保主义者究竟有多么狂热"：作者对威廉·拉克尔肖斯的采访，2011年8月7日。

"这并不是世界末日那一套花哨的说辞"：克朗凯特，《放眼世界》，p.1。

"后者的著作《美国"绿"化》也在宣传"：查尔斯·赖克，《美国的'绿'化》（纽约：兰登书屋，1970），p.350。

"每年美国的电力企业都要向空中释放出"：克朗凯特，《放眼世界》，p.3。

在1980年的时候他还同彼特森合作完成了《拯救鸟类》一书：罗杰·托利·彼得森等，《拯救鸟类》（波士顿：霍顿·米夫林出版社，1989）。

1000多名具有环保意识的市民一起站起身：鲁斯·A·艾布伦给沃尔特·克朗凯特的信，1989年11月2日，档案：一个地球奖，2M609号，沃-得。

"这是你同大自然母亲的关系"："克朗凯特谈起遗憾之处和做'这份工作'"，《兰开斯特（宾夕法尼亚州）新时代》，2000年4月12日。

"这艘漂浮在太空里的小救生艇"：埃德·巴克，"历史之眼：克朗凯特讲述自己对电视新闻业生活的看法"，《达拉斯晨报》，2000年12月6日。

第二十六章　尼克松与哥伦比亚广播公司之战

"这会撕开那伙浑蛋的伤疤！"：作者对帕特里克·布坎南的采访，2011年6月20日。

是时候应当要求这些广播公司能够对国家的观点做出更积极的回应：斯皮罗·阿格纽的演讲，《论全国性媒体》，1969年11月13日，衣阿华州得梅因市。

尼克松并不是第一位感到自己受到第四等级迫害的总统：约翰·特贝尔和萨拉·迈尔斯·瓦茨，《媒体与总统执政：从乔治·华盛顿道罗纳德·里根》（纽约：牛津大学出版社，1985），p.500—513。

"这届政府的敌意基本上跟以前的历届政府没有什么区别"：鲍尔斯，"沃尔特·克朗凯特：坦诚对话"。

"他们的毕生目标就在于把我们拉下马"：斯坦利·库特勒，《水门战争：理查德·尼克松的最后危机》（纽约：W. W.诺顿出版社，1990），p.175。

"充沛的精力"：理查德·里弗斯，《总统尼克松：单枪匹马在白宫》（纽约：西蒙与舒斯特出版社，1993），p.74。

克朗凯特称这次演讲"充满刻薄话"：克朗凯特，《记者生涯》，p.221—222。

"在播音界的人看来……的景象太可笑了"：比利斯，《现在开始播音》，p.409。

"或许我们的反应还不够呐"：辛西娅·劳瑞，"阿格纽遭到电视分析家的群攻"，美联社，1969年11月6日。

恶劣讲话对美国的民主制度造成了"最恶劣的后果"："哥伦比亚广播公司领导提醒大家注意媒体威胁"，《布里奇波特邮报》，1969年1月26日。

"含蓄威胁"："克朗凯特说电视不会有所'收敛'"，美联社，1969年1月22日，克林斯托弗·莱登，"伯奇支持阿格纽，联邦通信委员会角色转变有目共睹"，《纽约时报》，1969年11月15日。

玩一场"危害美国民主制度"的敲诈游戏：沃尔特·克朗凯特，"讲话"，国际广播和电视协会，1971年5月18日（文字整理稿），哥伦比亚广播公司新闻网文献馆，纽约。

"他们说我没有证据证明这场战斗没有收到任何人的指示"：克朗凯特，《记者生涯》，p.223—224。

"小人物！"：里弗斯，《总统尼克松》，p.137。

人们根本无从得知这名线人所言是否属实：约翰·库克，"联邦调查局档案认为克朗凯特协助反越战示威者"，雅虎新闻，2010年5月14日。

联邦调查局还监视过克朗凯特同密西西比州的人权活动家之间的合作：同上。

"尼克松真的视媒体为敌人了"：作者对帕特里克·布坎南的采访，2011年6月20日。

白宫的"敌人名单"：肯尼斯·富兰克林·库尔兹，《尼克松的敌人》（洛杉矶：罗威尔书屋，1989）。

"出于一些我永远无法搞明白的理由尼克松认为我是他的头号敌人"：布林克利，《回忆录》，p.192。

"总统是否亲自煽动、指导并督促这场所谓的'反媒体运动'？"：威廉·萨菲尔《坠落之前》（纽约州加登城：双日出版社，1975），p.341。

1969年12月哥伦比亚广播公司新闻网报道说公司还从未就一个问题："面对电视新闻报道公众产生了分歧"，《纽约时报》，美联社，1969年12月17日；丹尼尔·绍尔,《尽释前嫌》, p.40。

那么美国街头一定会爆发一场革命:克朗凯特与卡尔顿,《对话克朗凯特》,
p.278。

"我从来没有因此被对方盯上":同上。

克朗凯特经常使用诸如"人们觉得"和"一些人认为"这样的说法:同上。

"克朗凯特和绍尔对我哥哥的指控是错误的":克朗凯特,《记者生涯》, p.222。

"把注意力放在全国广播公司上":哈里·罗宾斯·霍尔德曼给杰布·马格鲁德
尔的信,白宫备忘录,互联网档案馆, 1970年2日4日。

"新闻报道似乎都反映出急于取悦掌权者的倾向":无标题社论,《纽约客》,
1970年2月28日。

"我感到就要出事情了,或许是潜意识里的感觉吧":内森·米勒,"恐吓成
功:反尼克松的电视节目受到了限制",《社论研究报告》, 1970年3月31日。

"我们播出了原先的报道":"争夺连任暴行录像",《纽约时报》, 1970年5月
22日。

富布赖特讲述了……国防部自导自演了一系列事件:李·伯德,"富布赖特参
议员要求五角大楼停止拍摄战争影片",美联社, 1970年5月23日。

"一股侵略性的共产主义大潮已经蔓延到了欧洲和亚洲":"美元贩卖五角大
楼",《首都时报》(威斯康星州麦迪逊市), 1971年3月15日。

"把那一段删掉":马德,《最好的地方》, p.263。

"那它就会变成射向我们自己的炮弹":伦纳德,《身在眼球风暴中》, p.164。

看起来《贩卖五角大楼》就是克朗凯特付出的代价:加斯·S.乔伊特,"贩卖
五角大楼:电视直面第一修正案",摘自约翰·O.康诺编著的《美国历史,美国电
视:解读录像中的过去》(纽约:温加尔, 1983)。

"沃尔特·克朗凯特……最小心翼翼的主播之一":杰克·古德,"作为自由媒
体的电视",《纽约时报》, 1971年3月25日。

"此刻有数百名记者在越南报道着这场战争":沃尔特·克朗凯特在底特律竞技
俱乐部所做的讲话, 1970年3月2日。

这番话是"对迪克·尼克松的权威性评论":克朗凯特,《记者生涯》, p.221。

他们时常带着三个孩子:作者对奇普·克朗凯特的采访, 2011年4月4日。

"当时爸爸把电视的工作原理统统解释给我听":凯西·克朗凯特,《聚光灯的
边缘》, p.58。

他们就像是在进行一场大规模的《国家地理》环球实地考察工作：克朗凯特，《记者生涯》，p.325。

"爸爸十分喜欢带着通气管下水潜泳"：作者对奇普·克朗凯特的采访，2011年4月4日。

"沃尔特违背了'不，不，不'原则"：作者对威廉·斯莫的采访，2011年5月17日。

"当时有一批人最先挺身而出……在这批人里就有沃尔特·克朗凯特"：唐恩·韦瑟尔斯，"因为对新闻的爱"，NewsWatch.com， 2002年2月13日。

"在工作中我（以及协助我的人）一直依赖于"：斯蒂文·V. 罗伯茨，"审判中突显的新闻技术"，《纽约时报》，1970年4月5日。

"尼克松总统也无法逃避对这场运动的责任"：罗伊·里德，"阿格纽发现尼克松的死对头们没有松懈"，《纽约时报》，1971年5月19日。

"再加上又被他洗脑洗了这么多年"：帕特里克·布坎南，《从未错过》（波士顿：利特尔与布朗出版社，1990），p.49。

第二十七章　尼克松时代可以报道的真相

"那伙人里有百分之七十五都痛恨我的胆量"：赫伯特·S·帕梅特，《理查德·尼克松与他的美国》（波士顿：利特尔与布朗出版社，1990），p.585。

其他记者对克朗凯特为全行业挺身而出的壮举是多么的感激："时报记者荣获波卡尔奖"，《纽约时报》，1971年2月17日。

无独有偶，佩利也宣布哥伦比亚广播公司将恢复播出："克朗凯特参加星期六的儿童电视节目"，《纽约时报》1971年3月22日。

"当时我决意亲手结束五角大楼隐瞒这些情报的状况"：丹尼尔·埃尔斯伯格，《秘密：越南和五角大楼文件回忆录》（纽约：企鹅出版社，2002），p.291。

"胜利并没有近在眼前"：哈波斯塔姆，《出类拔萃之辈》，p.637。

"我的脑海中一直回荡着一句话"：埃尔斯伯格，《秘密》，p.272。

尼克松的特别顾问科尔森开始散布谣言：西摩·M. 赫什，《权力的代价：尼克松政府里的基辛格》（纽约：西蒙与舒斯特出版社，1984），p.385。参见帕梅特，《理查德·尼克松与他的美国》。

"科尔森是个骗子"：作者对丹尼尔·埃尔斯伯格的采访，2012年1月23日。

《哥伦比亚广播公司晚间新闻》声势浩大地报道了这起事件："对计划时代的

强制令"，美联社，1971年6月17日。

全国广播公司没有接受埃尔斯伯格的提议还存在另外一个原因：杰克·古德，"全国广播公司新闻网结束搭档主持时代"，《纽约时报》，1971年7月19日。

"我们想要采访丹尼尔·埃尔斯伯格"：克朗凯特与卡尔顿，《对话克朗凯特》，p.248。

斯坦顿博士面临着一连串严重的法律后果：詹姆斯·莱斯顿，"不公平原则"，《纽约时报》，1971年4月14日。

斯坦顿英勇无畏地以宪法为依据：作者对威廉·斯莫的采访，2011年5月18日。

曼宁为这名逃亡者安排了一次独家专访：戴维·鲁登斯坦，《媒体止步的这一天》（伯克利：加利福尼亚大学出版社，1996），p.252。

克朗凯特对采访准备工作的记忆同曼宁有所出入：克朗凯特，《记者生涯》，p.334。

"我对克朗凯特在1968年2月有关越南僵局的报道感到骄傲"：作者对丹尼尔·埃尔斯伯格的采访，2012年1月23日。

别人会误以为他在寻找"同性艳遇"：克朗凯特与卡尔顿，《对话克朗凯特》，p.248。

"这个计划在很多方面都太外行了"：克朗凯特，《记者生涯》，p.335。

"为黄金时段节目的全国电视观众详细全面地阐述"：埃尔斯伯格，《秘密》，p.400。

"因为我们现在又一次目睹了1964年发生的一切"：沃尔特·克朗凯特采访丹尼尔·埃尔斯伯格（文字整理稿），哥伦比亚广播公司文献馆，纽约。

更恰当的问题应该是，克朗凯特为什么能轻而易举地找到埃尔斯伯格：里弗斯，《总统尼克松》，p.336。

"采访埃尔斯伯格的可是哥伦比亚广播公司的护教国师"：《国家评论》，1969年7月23日。

"我还从来没有见过哪个人会如此潜心于打击民族士气"：L. F. 威廉姆斯，"信"，《金斯波特（田纳西州）时报》，1971年4月16日。

《新闻谎言》在开篇中就对克朗凯特进行了一番斥责：伊迪丝·埃弗隆，《新闻谎言》（洛杉矶：纳什出版社，1971），p.1—2，173。

埃弗隆得出结论认为……有31%的内容是观点：埃弗隆，《新闻谎言》，p.102。

在1974年该机构发布调查结果后克朗凯特被证明是清白的：莱斯·布朗，"美国大学的研究对出现在'歪曲性'新闻节目中的总统提出质疑"，《纽约时报》，1974年3月26日。

"我见过尼克松花费一个早上的时间构思"：约翰·欧利希曼，《权力见证者》（纽约：西蒙·舒斯特出版社，1982），p.266。

"通过命令、臆断、恐吓与骚扰"：沃尔特·拉格伯，"克朗凯特与教授在新闻自由问题上有所分歧"，《纽约时报》，1971年10月1日。

1971年12月10日，大胆的萨伦特开始赶在圣诞节之前：理查德·S.萨伦特给哥伦比亚广播公司新闻部的信，1971年12月10日，哥伦比亚广播公司新闻网档案馆，纽约。

尼克松：克朗凯特真是一个罪大恶极的罪犯：总统办公室854—17，1972年2月13日。白宫录音带，理查德·尼克松总统图书馆及博物馆，加利福尼亚州约巴林达。

尼克松……并在旁边写了一句注释，"绝对不行"：作者对斯坦利·卡诺的采访，2011年9月11日。

尼克松此次出访逆转了"敌人名单"造成的影响："87名记者入选尼克松访华记者团"，《华盛顿邮报》，1972年2月8日。

"沃尔特·克朗凯特大摇大摆地闯入了美景中"：亨利·基辛格，《白宫年鉴》（纽约：西蒙与舒斯特出版社，1979），p.1082。

克朗凯特让医生给他注射了丙种球蛋白："克朗凯特前往中国之前的计划"，《沃尔特斯/沃森，芭比/传媒》，1972年2月10日，《新闻周刊》剪报档案，沃-得。

"那种情况很像是登陆月球"：克朗凯特与卡尔顿，《对话克朗凯特》，p.251。

"没有工作的时候克朗凯特总是跟塞瓦赖德待在一起"：作者对伊兹·布莱克曼的采访，2011年2月14日。

"在纽约我是一个很安静的人"：赫伯·康恩，"克朗凯特来了"，《旧金山纪事报》，1972年2月17日（新闻大事件罗德报道），沃-得。

"在十分制的性别歧视考核表上"：艾伦·古德曼，"克朗凯特'就是无法采访女性'"，《波士顿环球报》，1976年8月30日。

一期节目应当被归功于《面对国家》节目组的乔治·赫尔曼：路易斯·列波维奇，《理查德·尼克松，水门和媒体：历史回顾》（康涅狄格州韦斯特波特市：普雷格出版社，2003），p.51。

哥伦比亚广播公司新闻网……从而又赢得了一次艾美奖：阿尔宾·克雷布斯，"哥伦比亚广播公司凭借新闻节目获得了1972年度艾美奖大奖"，《纽约时报》，1973年5月23日。

"实际上我们就是把《华盛顿邮报》的东西全都偷了过来"：作者对斯坦霍普·古德的采访，2011年11月9日。

"节目或许更应该被叫作'克朗凯特和他的朋友们'"：威廉·V.香农，"媒体暴民：'现在回到沃尔特'……"，《纽约时报》，1972年8月16日。

"我们谈论过这件事情"：作者对沃伦·比蒂的采访，2011年3月14日。

"可是我就是觉得沃尔特根本无意离开哥伦比亚广播公司新闻网"：作者对乔治·麦戈文的采访，2011年6月27日。

"假如当初选中了克朗凯特，那我完全可以避免"：同上。

"你一直在显示一切都在逐步减少"：作者对丹尼尔·埃尔斯伯格的采访，2012年1月23日。

尼克松政府批准向苏联出售美国小麦的贸易协定：约翰·J.奥康纳，"电视：哥伦比亚广播公司详细透露《美苏小麦贸易协定》"，《纽约时报》，1972年10月12日。

"沃尔特断定俄国小麦贸易协定是又一起茶壶山丑闻案"：作者对斯坦霍普·古德的采访，2011年11月9日。

"电子新闻业史上最振奋人心的成果"：奥康纳，"电视：哥伦比亚广播公司详细透露《美苏小麦贸易协定》"。

"以沃尔特为首的所有人都希望这个报道看起来与众不同"：朗·伯恩给道格拉斯·布林克利的信，2012年1月1日。

"水门事件给你惹祸上身，现在我来给你擦屁股"：本杰明·布拉德利，《美好的一生：出版报纸及其他冒险》（纽约：西蒙与舒斯特出版社，1995），p.341。

"克朗凯特知道白宫在不断给《华盛顿邮报》施压"：斯坦利·库特勒，《水门战争：理查德·尼克松的最后一个危机》（纽约：诺普出版社，1990），p.380。

"在1973年1月联邦通信委员会曾企图拒绝给《华盛顿邮报》"：布拉德利，《美好的一生》，p.344。

新闻网的总裁萨伦特也冒着极大的风险：布岑伯格和布岑伯格，《哥伦比亚广播公司，捍卫广播新闻灵魂的战争：理查德·萨伦特的回忆录》，p.100—101。

"人们对水门事件的了解基本上都是各种支离破碎"：同上，p.101。

记者站里洋溢着一股兴奋的气息：莱斯利·斯塔尔，《现场报道》（纽约：试金石出版社，1999），p.18—19。

"这个报道令我头疼"：佩利，《恰好如此》，p.340。

"我们要让你们在华尔街上俯首称臣"：特贝尔和瓦茨，《媒体与总统执政》，p.512。

"我代表尼克松给佩利打了电话"：作者对查尔斯·科尔森的采访，2011年9月6日。

"沃尔特·克朗凯特没有参与这件事情"：布岑伯格，《哥伦比亚广播公司，捍卫广播新闻灵魂的战争：理查德·萨伦特的回忆录》，p.107。

"倘若当时我以为（佩利）对白宫的施压做出了反应"：克朗凯特，《记者生涯》，p.312。

"尼克松政府称某些传言都是谎言"：布岑伯格，《哥伦比亚广播公司，捍卫广播新闻灵魂的战争：理查德·萨伦特的回忆录》，p.103。

"当克朗凯特在节目中播出有关水门事件的片子后，我终于见到阳光了"：作者对本·布拉德利的采访，2012年1月18日。

"伟大的白人父亲"：布拉德利，《美好的一生》，p.342。

"我想如果布拉德利能够告别这个小圈子"：同上，p.342—343。

科尔森：总统先生，我昨天跟佩利谈过了：白宫34—92，1972年12月15日，白宫录音带。

尼克松将与他为敌的"知识分子"贬称为"克朗凯特一党"：总统办公室837-4，1973年1月10日，白宫录音带。

"尼克松对自由派媒体的看法没有错"：作者对查尔斯·科尔森的采访，2011年9月6日。

所有人都清楚……从电视上能看到什么内容正是由克朗凯特决定的：埃里克·佩斯，"哥伦比亚广播公司新闻网前主席伯顿·本杰明逝世，享年70岁"，《纽约时报》，1998年9月19日。

在1972年的感恩节前后……克朗凯特暂时告别了工作："喉部手术后克朗凯特逐渐康复"，《纽约时报》，1972年11月21日。

他说过只有宇航局的发射任务才能让他离开科德角："潜望镜"，《新闻周刊》，1973年3月9日。

"不过，他对我还是挺公平的"：作者对亨利·基辛格的采访，2012年1月31日。

"能戴上这样的桂冠我很高兴"：詹姆斯·安德斯特，"克朗凯特最终能够'逍遥法外'？"，《哈特福德报》，1988年6月12日。

"他并不只是在主持节目，他是在向国家讲话"：作者对布莱恩·威廉姆斯的采访，2011年9月2日。

"我居然没有被列入名单里，这件事情总是令我感到受到了侵犯"：克朗凯特与卡尔顿，《对话克朗凯特》，p.249。

第二十八章　粉丝俱乐部，跟踪者，向政治说再见

"我看着电视上的克朗凯特"：作者对伯纳德·肖的采访，2011年6月10日。

"我坚信他不会现身的"：同上。

"至关重要……影响深远……鼓舞人心……富于教育意义"：伯纳德·肖在沃尔特·克朗凯特杰出新闻与通讯奖颁奖仪式上的受奖讲话，1994年11月16日，肖的文档，马里兰州塔科马帕克市。

"我的目标就是在30岁之前进入哥伦比亚广播公司"：作者对伯纳德·肖的采访，2011年6月10日。

新闻网内的一批记者还被小马丁·路德·金视为盟友：克朗凯特，《记者生涯》，p.292—293。

"我永远也忘不了自己为克朗凯特主持的《晚间新闻》所做的第一个报道"：作者对伯纳德·肖的采访，2011年6月10日。

"距离达到完善的程度还有很长的距离"：沃尔特·克朗凯特给伯纳德·肖的信，1971年10月29日，肖的文档，马里兰州塔科马帕克市。

"当时我说我就想要一支不那么混蛋的队伍"：作者对宗毓华的采访，2011年7月28日。

"在毫无准备的情况下即兴发言的风格非常不可思议"：沃尔特·克朗凯特采访奥维尔·谢尔，1996年9月12日，《旧金山纪事报》赫伯·康恩讲座系列宣传手册。

"贝特西的存在证明了"：作者对汤姆·布罗考的采访，2011年8月3日。

"到了6岁的时候我已经对克朗凯特非常痴迷了"：作者对布莱恩·威廉姆斯的采访，2011年9月3日。

"我是在哥伦比亚广播公司的大家庭里长大的"：同上。

"我欣赏的人是汤姆·斯奈德与霍华德·科塞尔"：作者对比尔·奥雷利的采访，2011年9月23日。

"画面加上文字，再加上名人，就等于可信度"："沃尔特·克朗凯特：电子头

版"，《时代》，1966年10月14日。

费德勒……为了向其致敬他创办了一个粉丝俱乐部：罗伯特·费德勒，"克朗凯特是英雄，榜样，也是朋友"，《芝加哥太阳时报》，2009年7月17日。

"我本人非常感谢你的忠诚"：沃尔特给罗伯特·费德勒的信，1972年5月18日，费德勒私人文档，伊利诺伊州芝加哥市。

克朗凯特与费德勒一直保持着书信往来：沃尔特·克朗凯特给伯特·费德勒的信，1972年12月19日，费德勒私人文档，伊利诺伊州芝加哥市。

"我什么药都不吃，也没有坚持少渣饮食"：沃尔特·克朗凯特粉丝俱乐部全国总部，1975年1月，费德勒私人文档，伊利诺伊州芝加哥市。

克朗凯特还成为流行文化的一部分："沃尔特·克朗凯特粉丝俱乐部通讯"，费德勒私人文档，1973年9月，伊利诺伊州芝加哥市。

"美国的第三十六任总统已于今天下午去世了"：《哥伦比亚广播公司沃尔特·克朗凯特播晚间新闻》，1973年1月23日（文字整理稿），哥伦比亚广播公司新闻网档案馆，纽约。

"令我对那一刻始终难以忘怀的就是"：作者对斯科特·派利的采访，2011年5月11日。

"沃尔特太喜欢无拘无束播发约翰逊死讯这项艰巨任务了"：作者对布莱恩·威廉姆斯的采访，2011年9月3日。

接下来才轮到了哥伦比亚广播公司新闻网：作者对汤姆·约翰逊的采访，2011年5月24日。

"克朗凯特之前刚刚在林登·约翰逊的农场里见过后者"：同上。

就在十天前克朗凯特刚刚去过约翰逊的牧场：杰·沙巴特，"节目的平等权利话题"，美联社，1973年2月1日。

这部五集谈话节目没有多少激动人心的戏剧性画面：约翰·J.奥康纳，"电视：采访约翰逊"，《纽约时报》，1973年2月1日。

"约翰逊被气坏了"：作者对鲍勃·哈迪斯蒂的采访，2012年1月24日。

"总统为这件事情耗尽了精力"：作者对哈里·米德尔顿的采访，2011年7月20日。

"这种事情太应该受到谴责了"：汤姆·约翰逊给道格拉斯·布林克利的信，2012年1月3日。

"沃尔特拿到的是第一份"：作者对比尔·菲林的采访，2011年7月6日。

"他还是保持着合众人的习惯"：汤姆·约翰逊给道格拉斯·布林克利的信，2012年1月3日。

"沃尔特一直以来说得没错。结果我就把这位撰稿人给开除了"：作者对桑迪·索科洛的采访，2011年7月8日。

"那些战犯都穿着条纹睡衣"：作者对戴维·肯纳利的采访，2011年5月28日。

"一场蓄谋的（媒体）运动的受害者"：唐·海姆斯和瓦尔·海姆斯，"靶子：新闻媒体"，《弗里德里克（马里兰州）新闻邮报》，1973年10月12日。

"我第一次见到斯皮罗·阿格纽是在1967年"：杰·沙巴特，"广播与电视"，美联社，1973年10月12日。

马克·阿伦·西格尔……突然打断克朗凯特的播音："同性恋突击兵入侵克朗凯特的新闻节目"，《纽约时报》，1973年12月12日。

"当时我就坐在克朗凯特的主播台的正对面"：乔·欧朋肖，"沃尔特·克朗凯特与同性恋权利运动"，《伯明翰同性恋社群检查报》，2009年7月27日。

"他们报了警"：作者对马克·西格尔的采访，2011年8月21日。

"是我这辈子开过的最开心的支票"：同上。

"自此后哥伦比亚广播公司新闻网就彻底变了"："马克·西格尔，同性恋突击兵，亦即沃尔特·克朗凯特：事实就是如此"，philebrity.com，2009年7月20日。

"男同性恋者与女同性恋者已经组织了起来"：爱德华·奥伍德，《新闻事实：男同性恋、女同性恋和新闻媒体》（纽约：哥伦比亚大学出版社，1998），p.146—147。

克朗凯特曾洋洋得意地说自己是LGBTQ问题的捍卫者：西格尔，"马克·西格尔，同性恋突击兵，亦即沃尔特·克朗凯特"。

"如果说克朗凯特在谈话间对尼克松总统做过批评的话"：阿瑟·恩格尔，"恶毒的电视报道？主播说的话"，《基督教科学箴言报》，1974年1月2日。

"沃尔特喜欢总统们"：作者对丹·拉瑟的采访，2011年2月18日。

"克朗凯特的支持者和崇拜者……纷纷给他寄来了各种各样的礼物"：作者对凯西·克朗凯特的采访，2011年3月22日。

"兰尼·布鲁斯党无疑很强大"：《哥伦比亚广播公司沃尔特·布朗凯特播晚间新闻》（文字整理稿），1066年8月22日，2M644箱，1960文件夹，沃-得。

"沃尔特的风格"："沃尔特·克朗凯特粉丝俱乐部通讯"，1973年6—7月，费德勒私人文档，伊利诺伊州芝加哥市。

"你觉得克朗凯特先生为什么会得到现在这么高的地位?":道格·詹姆斯采访约翰·钱斯勒,1974年12月18日(文字整理稿),詹姆斯档案,亚拉巴马州莫比尔市。

布莱恩·威廉姆斯与黛安·索亚……都以克朗凯特与摩尔的合作:亚力山德拉·斯坦利,"主播松开了领带,及其面具",《纽约时报》,2011年11月1日。

"我十分喜欢《玛丽·泰勒·摩尔秀》这个节目":引自"沃尔特·克朗凯特粉丝俱乐部通讯",1974年8月,费德勒私人文档,伊利诺伊州芝加哥市。

"在肯尼迪身亡的时候你看着克朗凯特":作者对琳达·梅森的采访,2011年4月30日。

"我还以为我已经实现目标了":同上。

他在马萨葡萄园岛的埃德加敦买下了一座避暑别墅:克利福德·特里,"克朗凯特坦言",《芝加哥论坛杂志》,1981年3月15日。

朋友们都认为克朗凯特是一个"疯狂的水手":詹姆斯,《沃尔特·克朗凯特》,p.218。

占地4330平方英尺的别墅让克朗凯特有条件:萨拉·科尔肖,"媒体偶像在哪里玩过",《纽约时报》,2010年10月24日。

"是圣克莱门特,还是圣昆丁呢":"沃尔特·克朗凯特粉丝俱乐部通讯",1974年6月,费德勒私人文档,伊利诺伊州芝加哥市。

"首席大法官亲口说过他就是听从宪法的要求而已":《哥伦比亚广播公司沃尔特·克朗凯特播晚间新闻》(文字整理稿),1974年8月7日,2M644箱,1960文件夹,沃–得。

他们说这场演说显得"很有雅量":马德,《最好的地方》,p.328—329。

"他们事先商量了要给我们这样一种一眼就能被识破的伪装吗":汤姆·布雷登,"唯有罗杰·马德拯救了这一天",《莫迪斯托蜂报》(加利福尼亚),1974年8月19日。

"我们应该同新总统在就职讲话中的直率与错误和谐共处一段时期":"沃尔特·克朗凯特粉丝俱乐部通讯",1974年11月,费德勒私人文档,伊利诺伊州芝加哥市。

"这里很舒服,你完全处在一个友善的环境中":斯塔尔,《实况报道》,p.48。

"我以为他想要把我在西部埋头苦干出来的成绩全部据为己有":作者对莱斯利·斯塔尔的采访,2011年4月11日。

"他一边说，一边扮演着故事中提到的每一个角色"：斯塔尔，《实况报道》，p.48。

在这个夜晚斯坦尔还认识到贝特西竟然是那么风趣的一个人：同上。

"他对自己的权力宝座保护得很好"：作者对汤姆·布雷登的采访，2011年8月2日。

第二十九章　愈合的时候到了

绍尔连续三年荣获了艾美奖：艾伦·格林布赖特，"新闻传奇丹尼尔·绍尔逝世，享年93岁"，美国公共电台，2010年7月23日。

克朗凯特是哥伦比亚广播公司经理们的妓女：朱迪·弗兰德尔，"哥伦比亚广播公司内部矛盾暴露"，《华盛顿星报》，1975年7月14日。

绍尔其实是在指责公司的总经理们：丹尼尔·绍尔，《尽释前嫌》，p.117。

"美好而轻松的大环境"：同上。

后来创办了有线卫星公众事务广播电视频道的布莱恩·兰姆：作者对布莱恩·兰姆的采访，2011年5月30日。

"在哥伦比亚广播公司新闻网总经理下令"：丹尼尔·绍尔，《尽释前嫌》，p.117。

"那个狗娘养的又来这一套"：克朗凯特与卡尔顿，《对话克朗凯特》，p.262—263。

克朗凯特……相信自己同绍尔之间的深仇大恨开始于：弗兰德尔，"哥伦比亚广播公司内部矛盾暴露"。

"几乎所有的事情都存在着绍尔自己的版本和其他人的版本之分"：克朗凯特与卡尔顿，《对话克朗凯特》，p.262—263。

"我认为当时的情况需要我们做得得体一些"：沃尔特·克朗凯特的口述史采访，沃–得。

"我们的记者到时候必须即兴发挥上整整一个晚上"：布岑伯格，《哥伦比亚广播公司，捍卫广播新闻灵魂的战争：理查德·萨伦特的回忆录》，p.115。

"（媒体）就像扮演民族伤害者的角色那样扮演民族治疗者是错误的"：绍尔，《尽释前嫌》，p.116。

《华盛顿邮报》也拒绝在报道秋季尼克松下台的时候大肆庆祝胜利：道格拉斯·布林克利，《杰拉尔德·福特》（纽约：时代图书出版社，2007），p.1—3。

"凯瑟琳·格雷厄姆和本·布拉德里命令全公司'不得幸灾乐祸'":作者对鲍勃·伍德沃德的采访,2011年5月26日。

"在国际政治舞台上主动示好":芭芭拉·海达德·赖恩,《克朗凯特显示出自己在扮演问答会反方的老到才能》,1972年7月18日。

克朗凯特在文章中宣称自己"一直支持"绍尔:沃尔特·克朗凯特给罗伯特·费德勒的信,1976年5月31日,伊利诺伊州芝加哥市。

"克朗凯特知道自己唯一的老板就是妻子贝特西":伦纳德,《身在眼球风暴中》,p.15。

"沉着"、"镇定"、"目标极其明确":拉瑟,《镜头从不闪两次》,p.247。

"那我们就只能靠老天保佑了":朗·伯恩给道格拉斯·布林克利的信,2011年6月7日。

"可是作为责任编辑的他则非常残酷无情":作者对莫雷·塞弗的采访,2011年9月9日。

这些提供消息的人都清楚:罗杰·马德给道格拉斯·布林克利的信,2012年3月3日。

"大多数记者都把时间花在报道人类事业比较丑恶的一面":鲍尔斯,"沃尔特·克朗凯特:坦诚对话"。

他最喜欢的一句口头禅就是"找到事实":同上。

所谓事实就是"沃尔特想要"的内容:舒弗尔,《本台刚刚收到消息》,p.270。

"他从不认为任何事情都是理所当然的":唐·休伊特,《给我讲一个故事》

"他就是那种人":"埃德·布拉德利,打破种族界限的获奖电视记者",美联社,2006年11月11日。

在白宫会客室"蓝厅"里福特告诉他们:杰拉尔德·福特与哥伦比亚广播公司新闻网的沃尔特·克朗凯特、埃里克·塞瓦赖德和鲍勃·舒弗尔的访谈(文字整理稿),1975年4月21日,美国总统项目。

"今天,美国人民终于可以重新拥有……自豪感了":查尔斯·E·诺伊,《越南之后:一场失败战争留给我们的》(编)(巴尔的摩:约翰斯·霍普金斯大学出版社,2000),p.27。

越北军队的坦克长驱直入西贡:布林克利,《杰拉尔德·福特》,p.86。

"什么也阻止不了他完成这次报道":米德格雷,《你想听到多少话?》,p.286。

他还是以……开始了4月30日的《晚间新闻》:乔治·C.赫令,《美国打得最久的战争：美国与越南》（第二版）（费城：天普大学出版社，1986），p.265。

"非常"站得住脚：沃尔特·克朗凯特，"给编辑的信"，《纽约时报》，1985年4月5日。

"我想当初我们是怀着美好的心愿开始了这趟越南之旅"：小拉塞尔·H.考尔德，《来自越南战争的声音》（康涅狄格州韦斯特波特市：格林伍德出版社，2004），p.168。

"'我们原本打得赢'"：克朗凯特，《记者生涯》，p.264—265。

"《君子》杂志曾将他的照片刊登在封面上"：《君子》，1975年12月。参见詹姆斯，《沃尔特·克朗凯特》，p.211。

"过于着眼于眼前"：作者对埃德·布拉德利的采访，2004年12月21日。

"福特大概是所有总统中最品貌兼优"：克朗凯特与卡尔顿，《对话克朗凯特》，p.313。

在这一天克朗凯特担任了"歌颂美国"庆祝活动的主持人：弗兰克·曼凯维奇，"伟大的证人"，《华盛顿邮报—波托马克》，1976年10月21日。

"这一切正是人们为了这一天的到来自然而然喷发出的巨大热情"：克朗凯特与卡尔顿，《对话克朗凯特》，p.316。

公司总共在42个地点架起了摄像机：莱斯·布朗，"'烟花绚烂'，来自英国广播公司的礼物"，《纽约时报》，1976年6月2日。

他用这场报道告诉美国民众重新焕发起对祖国的自豪感没有错：曼凯维奇，"伟大的证人"。

"他继续做着报道，说：'真是了不起的一天'"：作者对布里特·休姆的采访，2011年8月24日。

"他是一个喜欢聚会的人"：作者对威廉·斯莫的采访，2011年9月10日。

"当时克朗凯特为地方电视新闻节目的所有人定下了基调"：作者对尼克·克鲁尼的采访，2011年9月10日。

默罗频频被人称做是有志于从事电视播音行业的人的榜样：米德格雷，《你想听到多少话？》，p.244—245。

"他就是我们这个行业里的乔治·华盛顿"：作者对尼克·克鲁尼的采访，2011年9月10日。

"他的形象在美国文化变得那么突出"：汤姆·谢尔兹，"克朗凯特就是如此"，《华盛顿邮报》，2009年7月18日。

里根"只和不到2000名听众面对面进行了交流":李·丹巴特,"马德报道克朗凯特项目淘汰的候选人",《纽约时报》,1976年6月8日。

"任由自己受到操纵而为电视业抹黑":同上。

"我们针对安保队伍的问题进行了调查":作者对桑德尔·波尔斯特的采访,2011年7月18日。

"我想在我认识的人里他算是最有头脑的那种人":乔纳森·奥特采访沃尔特·克朗凯特,《滚石》,1987年12月10日,p.94。

萨姆·扎夫宣称自己在效力于中央情报局的记者机密名单中:"萨姆·A.扎夫:美国广播公司和哥伦比亚广播公司的记者",《纽约时报》,1985年2月9日。

米克尔森让克朗凯特……听中央情报局的局长艾伦·杜勒斯做了一次情况介绍:菲利斯蒂·巴林格,"哥伦比亚广播公司电视新闻网首任主席西格·米克尔森逝世,享年86岁",《纽约时报》,2000年3月27日。

"为了消除新闻业和自己身上的污点":绍尔,《尽释前嫌》,p.276。

中央情报局确认了的确有两名前哥伦比亚广播公司记者:莎伦·杰森,"事实就是如此",《奥斯汀美国政治家》,1999年10月1日。

"这一切太恶劣了":沃尔特·克朗凯特给罗伯特·费德勒的信,1977年6月7日,费德勒私人文档,伊利诺伊州芝加哥市。

他将自己的活动区域戏称为"散兵坑":乔尔·斯沃德洛,"敬请期待维兹莫斯",《华盛顿邮报》,1976年10月31日。

卡特获得了297张选票,福特则得到了240票:《国会季刊之1976总统大选指南》(安阿伯:密歇根大学出版社,1977)。

"看到描写电视新闻的片断时笑得在地上打起了滚":"西德尼·吕美特回忆《电视台风云》",美联社,2006年2月22日。

"我们谁都没有意识到这其实是一个预言":朗·伯恩给道格拉斯·布林克利的信,2011年6月7日。

第三十章　接纳吉米·卡特

"我会去帮她拿外套的":朗·鲍尔斯,"沃尔特·克朗凯特:节目结束后让一对夫妇破费了一笔",《芝加哥太阳时报》,1974年3月4日。

阿里基没有格外强调为了得到这笔年薪:芭芭拉·沃尔特斯,《试镜:回忆录》(纽约:诺普夫出版社,2008),p.284—286。

"沃尔特对我很恶毒"：作者对芭芭拉·沃尔特斯的采访，2011年8月24日。

"我可不打算玩这套明星新闻的游戏"：作者对桑迪·索科洛的采访，2011年7月8日。

"沃尔特对我得到100万的事情抱怨连连"：作者对芭芭拉·沃尔特斯的采访，2011年8月24日。

"100万美元可是一笔不可思议的巨款"："晨星能在夜晚闪亮吗？"，《时代》，1976年5月3日。

在私下里将沃尔特斯主持的节目称为"开心谈话"：作者对丽塔·布雷弗的采访，2011年3月18日。

"她显示出超凡的采访才能"：同上。

"反正沃尔特大叔在面对我的时候可不是沃尔特大叔"：作者对芭芭拉·沃尔特斯的采访，2011年7月2日。

"克朗凯特一来到华盛顿我们所有人都会感到荣幸"：作者对丽塔·布雷弗的采访，2011年3月18日。

本杰明……还一直是克朗凯特的至交：作者对约翰·雷恩的采访，2011年11月9日。

"大概有四个人等在那里"：作者对丽塔·布雷弗的采访，2011年3月18日。

《新闻周刊》将这场节目称为"致电总统"：彼得·古德曼，"致电总统"，《新闻周刊》，1977年3月14日，p.14。

"在记者招待会上绝对碰不到的"问题：查尔斯·莫尔，"卡特与来自26个州的公民通过电话畅谈各种问题和政策"，《纽约时报》，1977年3月6日。

"长途电话没有一个被预先过滤掉"：古德曼，"致电总统"，p.14。

"无论这些问题有多么激进"：克朗凯特，《记者生涯》，p.226。

"我还想这么做"：古德曼，"致电总统"和"美国开了一场电话聚会"，《时代》，1977年3月14日。

他成了"为卡特总统扮演的骨头先生[1]插科打诨的人"的样子：桑德·瓦诺克，"卡特总统秀"，《华盛顿邮报》，1977年3月13日。

"没有人会对他无礼"："克朗凯特老人"，1977年（剪报，日期不详），沃–得。

---

① 译注：参见喜剧电影《骨头先生》（又译作《上帝也疯狂》），剧中的男主人公名叫"骨头先生"，因为他靠投掷骨头进行预言。

全国广播公司的《周六夜现场》……的嘲讽令人捧腹大笑：作者对汤姆·戴维斯的采访，2011年6月10日。

他甚至还与创办于1947年的《航道指南》达成了一项协议：菲利普·道盖蒂，"航道指南的新导航员"，《纽约时报》，1978年4月3日。

"在大门外我俩一拍即合"：作者对迈克·阿什福德的采访，2011年6月3日。

"乐于前往以色列进行和平谈判"：桑德尔·波尔斯特，"2010年11月12日，星期五"，新闻媒体专家博客，newsmediamaven.blogspot.com（摘自2011年8月3日）。

"萨达特说……一个星期之内他就可以去（以色列）"："世界：克朗凯特斡旋的背后"，《时代》，1977年11月28日。

"以色列与埃及的领导人还从未会面过"：《哥伦比亚广播公司沃尔特·克朗凯特播晚间新闻》（节目文字整理稿），1977年11月14日。哥伦比亚广播公司档案馆，纽约。

"后来一些批评家含蓄地表示这种做法对于新闻行业来说出格了"：克朗凯特，《记者生涯》，p.316—317。

"其间大家不停拍着桌子，吵闹个不停"："世界：克朗凯特斡旋的背后"。

"大众媒体与隐秘的外交世界之间有史以来最激动人心的一次相遇"：戴维·M·阿尔伯恩和贝特西·卡特，"克朗凯特巅峰？"，《新闻周刊》，1977年11月28日。

"他们双方也能从这个世界捞到好处"：同上。

"应当恭贺哥伦比亚广播公司"："世界：克朗凯特斡旋的背后"。

"我真希望你能退休。再次祝贺你"：阿尔伯恩和卡特，"克朗凯特巅峰？"

"哥伦比亚广播公司的沃尔特·克朗凯特将一只电子手"：威廉·萨菲尔，"克朗凯特外交"，《纽约时报》，1977年11月17日。

"我们让萨达特和贝京产生了互动"：作者对约翰·雷恩的采访，2011年11月9日。

"在飞机上我悄悄地递给萨达特一张纸条"：作者对芭芭拉·沃尔特斯的采访，2011年8月24日。

"随着时间的推移我们逐渐对彼此有了好感"：同上。

"了不起的沃尔特"：弗雷德·费拉蒂，"当他们'主播'电视新闻节目的时候他们在做什么"，《纽约时报》，1978年2月5日。

"这种经历真太了不起了"：迈克尔·高尔金，"沃尔特·克朗凯特：为什么他是美国最受信赖的人"，《年届五旬》，1979年11月，p.18。

何不急流勇退呢：作者对桑德尔·波尔斯特的采访，2011年7月18日。

"沃尔特想做多一点……这都完全取决于他自己"：莱斯·布朗，"即将就任的哥伦比亚广播公司新闻网主席讲述自己的计划"，《纽约时报》，1978年8月1日。

"我所指责的是诉讼新闻、目击者新闻"：埃利奥特·沃德，"主播三要素"，《圣路易斯快邮报》，1977年12月25日。

在1978年不停地有人问萨伦特谁能取代克朗凯特：布岑伯格，《哥伦比亚广播公司，捍卫广播新闻灵魂的战争》，p.267。

这个主意为公司争取到了一些时间："杜邦广播奖"，《纽约时报》，1978年2月16日。

"埋怨拉瑟迫使克朗凯特出局的那些人都是在四处胡说八道"：作者对理查德·莱布纳尔的采访，2011年11月3日。

马德或者拉瑟就将取代克朗凯特：弗雷德·费拉蒂，"事实就是如此"，《家庭周刊》，1977年7月3日。

这是一场萨伦特（马德）与克朗凯特（拉瑟）之间的较量：凯文·菲利普斯和阿尔伯特·辛德林格，"最受信赖——最自由主义——最客观的电视播音员"，联合供稿专栏，1974年6月10日。

"我可真是十足的蠢货，没有急流勇退"：伦纳德，《身在眼球风暴中》，p.15，

"根据最肮脏的商业条款"：同上。

这一年，克朗凯特与哈伯斯塔姆都答应为哥伦比亚大学新闻专业授课：迪尔德丽·卡莫迪，"63为顶级人物在哥伦比亚大学新闻学院举办研讨会"，《纽约时报》，1979年6月15日。

"我对卖电影票的生意不感兴趣"：汤姆·沃特金斯，"'事实就是如此'如何成了克朗凯特的标志性结束语"，美国有线电视新闻网博客，2009年7月18日。

"我觉得在报道这件事情的时候我们对（乔丹）很不公正"：沃尔特·克朗凯特参加美国有线电视新闻网的《拉里·金直播》，2001年3月9日。

劫持了52名外交官作为人质：威廉·肖科洛斯，《伊朗国王的最后一段旅程：国王的梦想和幻觉、流放、死于仇敌和朋友之手的真实故事》（纽约：试金石出版社，1988），p.126。

"这件事情始终在吞噬着你的勇气"：吉米·卡特的口述史，怀特·伯克特·米勒公共事务中心，弗吉尼亚大学，卡特执政研究项目，卡特总统部分，1982年11月29日，p.52。

克朗凯特都播报一遍人质被劫持的天数：巴里·鲁宾，《善意铺路：美国在伊

朗的经历》（纽约：牛津大学出版社，1980），p.337—364。

克朗凯特再一次成了领头羊：罗伯特·A.斯特朗，《在全世界工作：吉米·卡特和美国外交政策的形成》（巴吞鲁日：路易斯安纳州大学出版社，2000），p.235。

乔治·鲍尔责怪克朗凯特掀起了一场全国性的电视肥皂剧: 约翰·邓布勒，《卡特执政》（英国曼彻斯特，曼彻斯特大学出版社，1995），p.168。

"电视新闻节目夸张地提醒人们人质被劫持的天数"：罗莎琳·卡特，《来自大平原的第一夫人》（波士顿：霍顿·米福林出版社，1984），p.319。

"我们会慢慢来，横穿大西洋"：高尔金，"沃尔特·克朗凯特：为什么他是美国最受信赖的人"，p.19。

《晚间新闻》的收视率还是创造了1967年以来的最高纪录：托马斯·柯林斯，"晚安，沃尔特"，《新闻日》，1981年3月5日。

"我已经花了很多钱来改善这两个眼袋了"：J·霍华德·威廉姆斯，《一见钟情：畅游加尔维斯顿湾的生活》（印第安纳州布鲁明顿市：爱宇宙独立出版公司），p.6。

在他看来这些伎俩都"荒唐不堪"：乔恩·柔，"总统感到自己在竞赛中无法得到异己者的投票"，《威奇托之鹰》，1992年12月26日。

"我们得为客户开设新闻课程，就从初中开始"：克利夫兰·阿莫里，"最为沃尔特·克朗凯特所怀念的"，《大观》，1984年3月11日，p.4。

现如今记者有能力扶植一位总统候选人：詹姆斯·戴维·巴伯，《政治脉动：在媒体时代选举总统》（纽约：W.W.诺顿出版社，1980）。

他们的焦点没有集中在当地学界名人的身上：休·赛迪，"总统执政：革命即将爆发"，《时代》，1980年3月31日。

从电子化美国的手中抢走莱纳斯的毯子：迪克·威廉姆斯，"一个时代的终结"，《亚特兰大新闻宪政报》，1981年3月8日。

"我很高兴能在现在退出"："克朗凯特称自己计划于1981年卸任哥伦比亚广播公司主播一职"，美联社，1980年2月6日。

肤色黝黑、长相英俊的拉瑟将接替克朗凯特：爱德华·戴蒙德，"电视界的'大'主播们，以及是什么赋予了他们价值"，《纽约时报》，1980年3月23日。

因此哥伦比亚广播公司新闻网不同意提前结束与他签订的合同：马德，《最好的地方》，p.376。

让拉瑟作为他的继承人令克朗凯特感到自豪：作者对理查德·莱布纳尔的采访，2011年11月3日。

"自哈里·杜鲁门以来每一位总统的就职典礼都是我报道的"：莱斯·布朗，"丹·拉瑟将继任克朗凯特"，《纽约时报》，1980年2月15日。

"哈林顿告诉克朗凯特正在发生什么"：罗伯特·G·凯泽，"哥伦比亚广播公司大泄密：首要原因"，《华盛顿邮报》，1980年2月28日。

有人提议让已经登记注册过的独立选民克朗凯特：约翰·安德森，"克朗凯特否认有意成为安德森的竞选伙伴"，《华盛顿邮报》，1980年4月30日。

那么他会"深感荣幸"：普利斯纳，《控制室》，p.219。

"成为最优秀的记者和最优秀的政府的分析家本身"：沃尔特·克朗凯特，"很快你就听说了"，《纽约时报》，1980年5月10日。

"在安德森的候选人名单上你是2号位置的2号人选"：史蒂芬·E·魏斯曼，《丹尼尔·帕特里克·莫伊尼汉：一位美国梦想家在信中描绘的景象》（纽约：公共事务出版社，2010），p.413。

"这一切似乎有点愚蠢，但事实的确如此"：詹姆斯·莱斯顿，"第二营救任务"，《纽约时报》，1980年4月27日。

面对自己引起的骚乱克朗凯特"似乎感到有些尴尬"：小B·德拉蒙德·艾尔斯，"记者的笔记本：肯尼迪摘掉手套"，《纽约时报》，1980年4月21日。

他被称赞为当代新闻业的"杰出人物"："在哈佛庆典上接受荣誉学位者名单"，《纽约时报》，1980年6月6日。

"但是在他们需要相信某个人的时候他们相信你"："1981：与弗雷德·弗兰德里的对话"，p.165。

但是没有人知道谁将成为他的竞选伙伴：马克·厄普德格罗夫，《第二幕：总统告别白宫之后的生活与遗存》（康涅狄格州吉尔福德市：里昂出版社，2006），p.129。

有人发起了一场在一定程度上算是史无前例的运动：作者对戴维·肯纳利的采访，2011年5月23日。

"独家新闻中的独家新闻"：汤姆·谢尔兹，"回到你身边，哥伦比亚广播公司"，《华盛顿邮报》，1980年7月17日。

"我不会去华盛顿当一个傀儡副总统"：作者对戴维肯纳利的采访，2011年5月23日。

"克朗凯特让我陷入了一个大麻烦"：作者对杰拉尔德·福特的采访，2003年3月23日。

"当时芭芭拉和我争执了起来"：桑迪·索科洛给道格拉斯·布林克利的信，2011年12月18日。

沃尔特斯……死死守在"戒备森严"的播音室的门外：作者对戴维·肯纳利的采访，2011年5月23日。

在席间福特告诉大家他的肩膀有些酸痛：克朗凯特，《记者生涯》，p.238。

"她说她很抱歉，她要找的是别人"：桑迪·索科洛给道格拉斯·布林克利的信，2011年12月18日。

"一场带有荒诞色彩、富于娱乐性的争斗"：汤姆·谢尔兹，"最后一次欢呼"，《华盛顿邮报》，1980年8月12日。

"我完全懵了"："长途不插电"，《华盛顿邮报》，1980年8月16日。

教育了"三代美国人对政治运作过程有所了解"："哥伦比亚广播公司收回克朗凯特最后一次主持两党全国代表大会的话筒"，《波士顿先驱报》，1980年8月16日。

"恐怕全美国找不出一个不知道沃尔特·克朗凯特的人"：吉米·卡特，"给沃尔特·克朗凯特颁发自由勋章"，1981年1月16日（文字整理稿），哥伦比亚广播公司新闻网档案馆，纽约。参见亨利·米切尔，"无论哪一天"，《华盛顿邮报》，1981年1月17日。

第三十一章　退休蓝调

"坚持下去！你会越来越好的"：威廉·希吉，"沃尔特大叔离去了"，《克利夫兰公平交易者报》，1981年3月5日。

"沃尔特·克朗凯特，电视及广播记者，于今日逝世"：阿尔宾·克雷布斯和罗伯特·托马斯，"人物注解：克朗凯特的信箱"，《纽约时报》，1981年1月21日。

1980年，这个节目加播了四次：彼得·古德曼给比尔·伦纳德和沃尔特·克朗凯特的信，1981年4月6日，1981年获奖文件夹，2M609箱，沃-得。

"他那有点癫狂的笑声不复存在了"：作者对宗毓华的采访，2011年7月28日。

"在飓风期间他表现出的冷静和胆魄都令我们过目不忘"：盖茨，《播音时间》，p.307。

"这比开一家吉露果冻自助餐馆更不靠谱"：肯·奥莱塔，"结束播音：丹·拉瑟漫长而复杂的职业生涯"，《纽约客》，2005年3月7日。

"我与沃尔特·克朗凯特不一样":埃里克·明克,"他面对的挑战是取代最受信赖的记者",《圣路易斯快邮报》,1981年3月8日。

克朗凯特使用过的米黄色布景被重新粉刷成了蓝灰色:托尼·施瓦兹,"身处一片混乱之中克朗凯特静静地道了一声'晚安'",《纽约时报》,1981年3月7日。

"最终我还是坐在了沃尔特的椅子上播报了那天的新闻":作者对鲍勃·舒弗尔的采访,2011年8月31日。

"'索科洛,他站着!他站着'":作者对桑迪·索科洛的采访,2011年7月7日。

"几乎就是一场灾难":桑德尔·波尔斯特,"无人的王座",博客文章,2011年5月7日。

"这种事情也太混蛋了":作者对桑迪·索科洛的采访,2011年7月18日。

"直到现在我依然能看到丹·拉瑟":波尔斯特,"无人的王座"。

"丹当时看起来就像是要去上茅房":作者对鲍勃·舒弗尔的采访,2011年8月31日。

"到了插播第一条广告的时候他知道效果的确不错":作者对桑迪·索科洛的采访,2011年7月8日。

宗毓华将拉瑟戏称为"隐形轰炸机":作者对宗毓华的采访,2011年7月28日。

"拉瑟打定主意要彻底肃清克朗凯特留下的痕迹":作者对莫雷·塞弗的采访,2011年9月17日。

"他跟我说我得到这份差事令他很不开心":作者对杰夫·法捷的采访,2011年1月9日。

克朗凯特离去后《晚间新闻》的收视率下降了9个百分点:彼得·J·博耶尔,"拉瑟在第一周的收视率下滑",美联社,1981年3月19日。

"沃尔特对外交活动没有什么兴趣":作者对戈登·乔斯洛夫的采访,2011年1月9日。

"我永远也忘不了沃尔特在听到这些话时的反应":戈登·乔斯洛夫,"一个韦斯特波特人回忆友人沃尔特·克朗凯特",《韦斯特波特现在时》,2009年7月18日。

"美国再一次在举国悲痛的时候望着沃尔特":同上。

里根遇刺未遂事件令他感到十分惊恐:"克朗凯特谈及自己的憾事与工作",《(宾夕法尼亚州)兰开斯特新闻时代》,2000年4月12日。

"这场采访棒极了,我感到十分骄傲":克朗凯特与卡尔顿,《对话克朗凯特》,p.342。

事实证明这个决定大错特错：鲍勃·朗福特，"克朗凯特不安的退休：为何沃尔特大叔没有容身之地？"《新闻与观察家》，1992年4月13日。

为了保全自己的名誉克朗凯特最终辞去了泛美航空公司的职务：沃尔特·克朗凯特给泛美航空公司董事会的信，1981年10月8日，哥伦比亚广播公司新闻网研究档案馆，纽约。

"'杀手打线'时代的洋基队"：德斯蒙德·史密斯，"这就是电视新闻的未来？"《纽约》，1982年2月22日。

阿里基就"像是一个嗅到了死亡气息的拳击运动员一样"："克朗凯特之后的电视"，《新闻周刊》，1981年3月9日。

带着对科学家和专家们的高度重视他走访了一个个遥远的角落：阿瑟·恩格尔，"退休的沃尔特·克朗凯特：传统渐逝"，《基督教科学箴言报》，1981年3月6日。

"'这就是世界'夜校教授速成班的老头子"：作者对埃德·布拉德利的采访，2004年12月21日。

按照构想《沃尔特·克朗凯特的世界》是一个每期由两个故事组成：理查德·F·谢泼德，"电视周末：克朗凯特的世界"，《纽约时报》，1981年6月19日。

"基本构想就是选取能够对我们这个世界产生强烈冲击……的话题"：作者对查尔斯·奥斯古德的采访，2011年4月17日。

但是大部分节目都接近于……《新星》的水准：哥伦比亚广播公司新闻网文献馆档案，丹尼尔·爱因斯坦，《特别版：广播公司系列电视纪录片及特别新闻报道导读》（马里兰州拉纳姆市：稻草人出版社，1997）。

乘坐飞机低空飞跃了千里冰封的北极圈地区："节目将克朗凯特送到了他曾一无所知的地方"，美联社，1982年6月10日；弗雷德·罗滕贝尔格，"克朗凯特坦言"，美联社，1982年6月7日。

"基本上都是沃尔特自己拿着摄像机"：作者对伊萨多·"伊兹"·布莱克曼的采访，2011年2月23日。

"我跟餐馆老板打听起这种鱼"：同上。

"那咱们去丽嘉酒吧喝一杯"：作者对查尔斯·奥斯古德的采访，2011年4月17日。

"克朗凯特在任何方面都没有过人的天赋"：安迪·鲁尼，"好老头沃尔特"，联合供稿专栏，1981年2月21日。

"人们会认为世界之所以如此壮观并不需要沃尔特·克朗凯特的帮助"：尼

尔·波兹曼，《娱乐至死》（纽约：企鹅出版社，1995），p.123。

"这就是我们向克朗凯特表达谢意的方式"：作者对戴尔·麦诺的采访，2011年8月16日。

远在纽约的一位制片人戴上了失败分析公司的棒球帽：同上。

"索科洛和克朗凯特却大张旗鼓地冲我开了炮"：作者对丹·拉瑟的采访，2011年12月30日。

为哥伦比亚广播公司新闻网拍摄一部揭露当地种族隔离制度的纪录片：约翰·考瑞，"电视：克朗凯特报告，种族隔离制下的孩子"，《纽约时报》，1987年12月5日。

影片在1987年12月5日播出了，后来获得了艾美奖的纪录片杰出成就奖："沃尔特·克朗凯特……哥伦比亚广播公司新闻网特约记者"。

"你再也不必继续当美国最受信赖的人了"：作者对伊萨多·"伊兹"·布莱克曼的采访，2011年2月23日。

"玻璃罐里的毛毛虫"：凯西·克朗凯特，《聚光灯的边缘》，p.17—18。

"在读这本书的时候我不止一次想说出"：沃尔特·克朗凯特，前言，同上，p.9。

"可是有可能我会被别人认出来"：艾伦·魏斯曼，日记注释，1981年9月。

"瞧现在！什么也没有"：同上。

"放下。你不知道谁在听着"：作者对艾伦·魏斯曼的采访，2012年1月22日。

"成交"：作者对桑迪·索科洛的采访，2011年6月2日。

"你又做到了"：魏斯曼，日记注释。

"罗莎琳的目光就像是杀手的目光"：作者对艾伦·魏斯曼的采访，2012年1月22日。

看到卡特夫妇仍旧对他怀恨：同上。

"多么美好的时光啊"：魏斯曼，日记注释。

但是他们仍旧"英勇无畏"地前进着：唐纳德·J.戴维森，《西奥多·罗斯福的智慧》（编）（纽约：肯辛顿出版社，2003），p.48。

"他将萨达特的葬礼之后哥伦比亚广播公司对他的不尊重归咎于丹"：作者对宗毓华的采访，2011年7月27日。

"我对这件事情感到非常遗憾"：沃尔特·克朗凯特的口述史采访，p.681—682，沃–得。

"气氛有些尴尬，有些紧张"：作者对丹·拉瑟的采访，2011年12月30日。

索科洛得知在拉瑟清除前任遗留物的过程中这张桌子已经被砸烂了：作者对桑

迪·索科洛的采访，2011年6月2日。

"这么多年来索科洛一直在往我身上泼脏水"：作者对丹·拉瑟的采访，2011年12月30日。

就这样，布林克利主动辞职了：布林克利，《回忆录》，p.234。

"好吧，让他们见鬼去吧"：沃尔特·克朗凯特的口述史采访，p.683，沃–得。

"克朗凯特注定要遭到失败"：作者对巴德·拉莫若的采访，2011年2月28日。

"克朗凯特时代已经过去了"：史密斯，"这就是电视新闻的未来？"，《纽约》，1982年2月22日。

他坚信倘若偏离这种对新闻的热情：彼得·科尔，"克朗凯特成了哥伦比亚广播公司新闻网的批评者"，《纽约时报》，1983年12月7日。

"克朗凯特就一直处在几近于幻灭的状态中"：作者对彼得·卡普兰的采访，2011年8月7日。

第三十二章　苦苦挣扎的政坛元老

"当时我审查了这个节目"：比尔·伦纳德，《身在眼球风暴中》，p.223。

以恶劣的手段将这一切"归咎于他"：刘易斯·索利，《韦斯特摩兰：丢掉越南的将军》（纽约：霍顿·米夫林·哈考特出版社，2011），p.129。

"典型的温和派美国人"和"所有人的大叔"：埃尔·莱纳特，"沃尔特·克朗凯特的秘密世界"，《得克萨斯月刊》，1976年1月。

"毫无隐私可言，政府（或许）永远监视着我们"：沃尔特·克朗凯特，"奥威尔的1984——日益临近了？"《纽约时报》，1983年6月5日。

"当时沃尔特大发雷霆"：作者对戴尔·麦诺的采访，2011年8月16日。

克朗凯特"过于强烈的自由主义倾向"："84人上了美国新闻署的言论项目黑名单"，《洛杉矶时报》，1984年2月10日。

敬仰克朗凯特的里根也因为这份黑名单感到尴尬：同上。

"白宫不容忍任何黑名单的存在"：霍华德·库尔茨，"民主人士强烈抨击美国新闻署的黑名单"，《华盛顿邮报》，1984年2月11日。

"每一个人都想要跟沃尔特握一握手"：作者对梅西·雷尼的采访，2011年2月22日。

老战士们又纷纷请求克朗凯特为他们出版的作品撰写用在护封上的书评：沃尔特·克朗凯特给苏珊·瓦恩特的信，1989年3月13日。

"回家的近道在于东京"："1984年6月6日与沃尔特·克朗凯特在法国诺曼底所做的访谈"，罗纳德·W.里根总统的公共文档，罗纳德·里根总统基金会及图书馆，加利福尼亚州西米谷。

"就告诉他们咱们都做了些什么"：同上。

在这场民主党代表大会期间最受到媒体关注的一对搭档：莫林·道德，"记者笔记本；采访拉瑟和克朗凯特，事实就是如此"，《纽约时报》，1988年7月18日；作者对桑迪·索科洛的采访，2011年7月16日。

"四年太漫长"："克朗凯特的角落"，《纽约每日新闻》，1984年7月12日。

哥伦比亚广播公司在黄金时段播出了《哈里·杜鲁门留下的宝贵财富》：戈登·韦勒克，"万众瞩目杜鲁门"，《芝加哥先驱报》，1984年7月18日。

"沃尔特是一位杰出的采访者"：作者对芭芭拉·沃尔特斯的采访，2011年8月24日。

"最终要的就是全场都在倾听"：汤姆·斯塔纳，"有的明星就是更为耀眼"，《雪城先驱报》，1984年7月7日。

克朗凯特则很难有机会在哥伦比亚广播公司的节目中做出精彩的表现："自1952年以来首届缺少了克朗凯特的两党代表大会"，《纽约每日新闻》，1984年7月16日。

"拉瑟统治下的哥伦比亚广播公司竟然对克朗凯特那么不公正"：作者对鲍伯·舒弗尔的采访，2011年8月31日。

"而现在我却只能和一台监视器待在一个小房间里"：卡普兰，"代表大会期间退隐的克朗凯特随时待命"，《纽约时报》，1984年7月18日。

当时他也无法理解为何哥伦比亚广播公司对他的这位对手及朋友如此残忍：作者对罗杰·马德的采访，2011年5月25日。

"每个星期播音五次会让人变得完全以自我为中心"：作者对丹·拉瑟的采访，2011年5月29日。

"主持这种节目之前我总是会感冒"：卡普兰，"电视史上最漫长的一夜"，《纽约时报》，1984年11月7日。

"罗伯特·雷德福。沃尔特·克朗凯特没准也可以"：伯纳德·温劳布，"评估失败或蒙代尔说他将告别政治"，《纽约时报》，1984年11月8日。

这批影片的第一部是《荣誉、职责和一场名叫"越南"的战争》：玛格丽特·舍夫，"曾经的战俘，现在的国会议员访问自己的曾经身处的地方"，美联社，1985年1月12日。

682

"不是每个人都能像硬汉约翰·韦恩那样"：迈克尔·E.希尔，"沃尔特·克朗凯特"，《华盛顿邮报》，1985年4月21日。

在克朗凯特看来，新闻网总裁索特把他当成了身份不明的食客：与哥伦比亚广播公司的冲突，见2M632箱，英国广播公司—公共广播公司太空舱项目（11/84–85/86）文件夹和杜鲁门图书馆（4/86），沃–得。

"一喝上酒，他就对历史和政治那些垃圾玩意儿来兴趣了"：作者对本·巴恩斯的采访，2011年4月7日。

有一次克朗凯特还玩起了拽人名的游戏：阿莫里，"最为沃尔特·克朗凯特所怀念的"。

"在我和沃尔特看来这完全就是苏斯博士才讲得出来的故事"：作者对布莱恩·威廉姆斯的采访，2011年9月2日。

"在很大程度上克朗凯特的可爱之处就在于"：作者对黛博拉·拉什的采访，2012年2月21日。

克朗凯特十分喜欢画家托马斯·哈特·本顿：作者对伯特·比博的采访，2011年1月30日。

"一位出版商愿意将我的作品集结成册出版"：作者对雷·埃利斯的采访，2011年12月15日。

"他有着威尔士海盗般的恶棍神情"：同上。

"在黄金时节驾船行驶在西北太平洋上堪称完美的经历"：雷·埃利斯和沃尔特·克朗凯特，《西风》（伯明翰：奥克斯摩尔出版社，1990），p.12。

"生活在那里的人们尽可能地躲开经济发展带来的压力"：沃尔特·克朗凯特给鲁宾·安·切鲁帕科的信，1998年10月1日，2M613箱，沃–得。

"我当播音员这么多年"：作者对雷·埃利斯的采访，2011年12月15日。

在20世纪70年代中期她在纽约同吉福德·惠特尼结了婚："南希·克朗凯特嫁给吉福德·惠特尼"，《纽约时报》，1975年10月3日。

"那么现在咱们就把这艘船送走好了"：莫滕·隆德，"看一看掌舵人"，《今日美国》，1986年7月25日。

"妈妈太爱爸爸了"：作者对南希·克朗凯特的采访，2011年3月22日。

"我认识一个跟你堪称绝配的女人"：作者对迈克·阿什福德的采访，2011年6月3日。

"然后再听一听沃尔特对世界的看法"：作者对吉米·巴菲特的采访，2011年9

683

月18日。

"我所知道的最伟大的大师当属沃尔特·克朗凯特":安迪·鲁尼,"努力享受生活",联合供稿,论坛媒体供稿社,1986年1月28日。

"要想在区区2.2亿人中为他选出一名接班人实非易事":巴克沃德,"主播走了"。

克朗凯特……筹集到了30万美元:盖伊·D.加西亚,"人物:1986年5月19日",《时代》,1986年5月19日。

"我打算用一下我曾用来挖苦特蕾莎修女的所有笑话":"对好人克朗凯特的挖苦成了对他的祝福",美联社,1986年5月8日。

碰到短假期的时候克朗凯特一家开始去亚利桑那州做客了:作者采访凯西·克朗凯特,2011年3月22日。

"从第二天开始我们在接听电话的时候就会说'这里是克朗凯特学院'":克里斯托弗·卡拉汉,"追忆沃尔特和沃尔特学院",《克朗凯特期刊》(2010—2011),亚利桑那州大学,p.2。

"沃尔特来到工地现场进行视察":作者对史蒂芬·埃利克的采访,2011年4月4日。

"当时我试图收购所有的广播公司":作者对泰德·透纳的采访,2011年4月20日。

"泰德,让我开一下这艘船怎么样":吉姆·弗兰纳里,"克朗凯特:一名坐在新闻主播座位上的海员",《探测》,2009年8月31日。

"道义问题":肯·奥莱塔,《媒体人:泰德·透纳的奇异帝国》(纽约:诺顿出版社,2004),p.47。

蒂施就在1986年被任命为哥伦比亚广播公司的主席:同上。

蒂施还沉重地打击了公司的员工队伍:爱德华·拉派蒂,"与沃尔特·克朗凯特一起审视电视新闻",《编辑与出版人》,1967年10月14日,p.72。

"有一种说法认为":作者对鲍勃·舒弗尔的采访,2011年8月31日。

"那时人们会感觉到沃尔特是一个没有祖国的人":作者对安迪·鲁尼的采访,2011年3月15日。

"我还记得有一次我们同沃尔特和贝特西":作者对鲁斯·弗兰德里的采访,2011年11月8日。

"老家伙广播公司":罗杰·马德给道格拉斯·布林克利的信,2012年3月3日。

"他拯救了自己，所有人都变得欣喜若狂"：莎莉·贝代尔·史密斯，《鼎盛时代：威廉·佩利的一生，传奇大亨和他的辉煌小圈子》（纽约：西蒙与舒斯特出版社，1990），p.602—603。

第三十三章　桀骜不驯的自由主义者

"公平的是，对飞行不存在年龄的限制"：《人物》，1985年1月13日。

"长期徘徊在人们心头的最后一丝顾虑"："太空记者项目的申请函源源不断涌来"，美联社，1986年1月16日。

"我当然希望第一个家伙被联邦调查局好好审查一番"：戴维·弗兰德的注释。

克朗凯特更加卖力地争取着成为平民宇航员的机会：作者对戴维·弗兰德的采访，2011年2月6日。

"我搞到了宇航服"：作者对戴维·弗兰德的采访，2010年12月7日。

当一个下午的宇航员足以令他感到自豪：作者对戴维·弗兰德的采访，2011年5月11日。

"在太空领域我们已经走过了这么漫长的道路"："不要忘记我们曾经取得的胜利：克朗凯特"，美联社，1986年1月29日。

"人们总是不停地打来电话"：莫滕·隆德，"看一看掌舵人"，《今日美国》，1986年7月25—27日。

"在20世纪60年代晚期到70年代初期突然出现了一股新的风气"：《华盛顿邮报·问答栏目》，克朗凯特与卡茨，1983年。

对危害文明社会的四大元凶：提摩西·怀特，"沃尔特，我们几乎对你一无所知：与美国最令人欣慰的陌生人的坦诚对话"，《滚石》，1971年2月5日，p.76。

"对所有人来说那段日子都那么美好"：作者对詹恩·温纳的采访，2011年2月28日。

他得到了同钢琴家戴夫·布鲁贝克合作完成一期口述史节目的机会：作者对克里斯·布鲁贝克的采访，2011年9月18日。

当作曲家欧文·柏林过100岁生日的时候："欧文·柏林的百岁寿辰庆祝会"，哥伦比亚广播公司电视台，1988年3月27日，星期五，美国东部时间21：00—23：00。

卡朗凯特"的嗓音不适合唱歌……"：作者对凯西·克朗凯特的采访，2011年3月22日。

克朗凯特主动提出为这出歌剧担任报幕：迈克尔·布朗森给沃尔特·克朗凯特

的信，1988年2月22日，2M632箱，尼克松在中国文件夹，沃–得。

"沃尔特·克朗凯特觉得对方故意让他听到了这些话"：安迪·沃霍尔，《日记》，派特·哈克特（编）（纽约：沃纳出版社，1989）。

"在录音室里我碰到了克朗凯特"：作者对米奇·哈特的采访，2011年2月17日。

"沃尔特说到做到"：同上。

"我们经常在一起打鼓"：同上。

"'沃尔特可绝对干不出这种事情'"：作者对杰夫·法捷的采访，2012年1月10日。

由于在迈阿密的失误拉瑟饱受非议："克朗凯特批评拉瑟的退席行为"，美联社，1987年10月14日。

"我早就知道沃尔特是一个争强好胜得已经不可救药的人"：作者对丹·拉瑟的采访，2011年5月28日。

新闻网一直有意将克朗凯特"拒之门外"：彼得·J.博耶尔，"克朗凯特对特别报道的构想遭到哥伦比亚广播公司的拒绝"，《纽约时报》，1988年6月8日。

"我就是觉得在我的眼中丹就是浑身散发着伪善的恶臭"：克朗凯特与卡尔顿，《对话克朗凯特》，p.338。

"沃尔特一直在努力争取主持肯尼迪遇刺周年特别报道的机会"：作者对丹·拉瑟的采访，2011年5月28日。

克朗凯特再一次被完全排斥在这类怀旧节目之外：安·霍奇斯，"哥伦比亚广播公司用'阿波罗11号'的问候为观众呈现出月亮"，《休斯敦纪事报》，1989年7月12日。

"沃尔特和我就会在一起待上两三天"：卡尔顿，"克朗凯特的得克萨斯"。

"把他们全都杀死好了"：作者对乔·克莱因的采访，2011年4月11日。

公司的律师们指出……他就违反了价值百万美元的合同：罗伯特·吉莱特，"政治1988"，《洛杉矶时报》，1988年2月28日。

"克朗凯特就跟你我一样以旁观者的身份看着这场辩论会"：安·霍奇斯，"克朗凯特不愿对同事做评论"，《休斯敦纪事报》，1988年3月1日。

"吸引他们的是这个行业的光环"：埃莉诺·伦道夫，"克朗凯特和莱斯顿在新闻界"，《华盛顿邮报》，1988年4月16日。

9月20日本杰明去世了：杰·沙巴特，"伯顿·本杰明，哥伦比亚广播公司新闻网主席"，《洛杉矶时报》，1988年9月20日。

"本杰明一直在背后支持着克朗凯特"：作者对安迪·鲁尼的采访，2011年3月15日。

这个问题成了这一年总统大选的分水岭：作者对伯纳德·肖的采访，2011年6月9日。

"州长，如果基蒂·杜卡基斯被强奸"：汤姆·威克尔，《乔治·赫伯特助布什一臂之力》（纽约：企鹅出版社，2004），p.95。

"跑题到为自由主义辩护的诱惑非常强烈"："沃尔特·克朗凯特在1988年总统大选结束几天后为自由主义辩护的讲话"，代表美国方式的人物。

"以前在电视上我一直努力坚持走纯粹的中间道路"：杰里米·杰拉德，"沃尔特·克朗凯特说出了自己的心声，而不只是新闻"，《纽约时报》，1989年1月8日。

"现如今，你们看到人越来越多，房子越来越多"：沃尔特·克朗凯特对北卡罗来纳州自然资源防护委员会的讲话，1989年3月11日，NRDC档案，2M615箱，沃–得。

"今天晚上我可以全心全意地沉浸在对往昔的回忆中了"：马克·卡罗，"追忆送众人去月球的基·加拉"，《休斯敦纪事报》，1989年7月22日。

在克朗凯特看来这笔花费完全物有所值：同上。

火星探测将永远只是一场白日梦：同上。

"《纽约时报》正在报道（伊拉克）在边境上集结部队"：克朗凯特，《记者生涯》，p.357。

克朗凯特对战争充满质疑：罗伯特·维纳，《巴格达的生活：在战争核心区采集新闻》（纽约：双日出版社，1992），p.3。

"在轰炸期间其他广播公司的电报业务都完蛋了"：作者对汤姆·约翰逊的采访，2011年5月24日。

"巴格达的天空一直火光四射"：伯纳德·肖，"巴格达报告"，1991年1月16日，美国有线电视新闻网档案馆，加利福尼亚州亚特兰大市。

"你干吗不在有线电视新闻网的节目里亲自跟总统说一说"：作者对汤姆·约翰逊的采访，2011年5月24日。

美国方面的所有计划都没有"在第一轮攻击中遭到失败"：詹姆斯·A.贝克尔三世，《外交政治：革命、战争与和平：1989—1992》（纽约：帕特南出版社，1995），p.384。

"毋庸置疑，在这一个钟头里就有美国人死去"：汤姆·谢尔兹，"电视，前线目击者"，《华盛顿邮报》，1991年1月17日。

"我想为了这份工作迟早会有人会鲁莽地搭上性命"：维纳，《巴格达的生活》，p.13。

"沃尔特与我以这样现代化的'巴格达对话纽约'的方式"：作者对伯纳德·肖的采访，2011年6月10日。

"布什说我们打的是伊拉克的领导"：赫伯·康恩，"曼哈顿的旋转木马"，《旧金山纪事报》，1991年3月6日。

西蒙属于默罗之后最优秀的电视记者：作者对安迪·鲁尼的采访，2011年3月15日。

"我太为你骄傲了"：作者对鲍勃·西蒙的采访，2012年1月12日。

海湾战争的胜利让布什总统在《今日美国》节目中获得了91%的支持率：汤姆·威克尔，《乔治·赫伯特助布什一臂之力》（纽约：企鹅出版社，2004），p.166。

"有时候我们会去国际商业机器公司的老板汤姆·沃森……"：作者对迈克·阿什福德的采访，2011年6月5日。

"我们全都郑重其事举起酒杯"：作者对迈克·阿什福德的采访，2011年6月3日。

"在9.8秒这样的时间里谁都说不出有意义的话"：约翰·蒂尔尼，"人们对电视新闻中的原声摘要的减少日益感到强烈的不满"，《纽约时报》，1992年月28日。

"在20世纪80年代我疯了一样地筹集资金"：作者对约翰·亨德里克斯的采访，2011年11月12日。

亨德里克斯聘请克朗凯特：作者对戴尔·麦诺的采访，2011年8月18日。

"没有他，就不会有今天的探索频道"：作者对约翰·亨德里克斯的采访，2011年11月13日。

克朗凯特继续以新闻业秘密代理人的身份往来周旋着："新闻人物"，《休斯敦纪事报》，1992年2月4日；尼尔·摩根，"克朗凯特变成了边缘记者"，《圣地亚哥联合论坛报》，1992年3月3日。

"对于布什总统及其竞选经理拒绝我们的邀请我深表遗憾"："布什总统，哈金对探索频道的特别节目说'不'"，《每日新闻》（纽约），1992年3月7日。

他为探索频道主持了一期探讨新闻职业操守的圆桌讨论会：雷·里奇曼，"电视的贩卖力量将佩罗置身于竞赛中"，《橘郡纪事报》，1992年7月5日。

"采访原声摘要、骗局、掮客和"：J·迈克尔·肯尼迪，"这是一项吃力不讨好、难以脱身的差事，为何佩罗还要争取？"，《洛杉矶时报》，1992年4月19日。

"佩罗偶尔也能误打误撞地做出有价值的回答"：同上。

"克林顿有着卡特的智慧"：比尔·兹威克，"沃尔特·克朗凯特彰显政治智慧，令众人震惊"，《芝加哥太阳时报》，1992年11月22日。

"今夜我们还要向另外一个人致敬"：戈弗雷·斯柏林，"布什为何落败"，《基督教科学箴言报》，1992年12月22日。

给予了布什总统长时间的掌声：《伊利诺伊州纪事报》（伊利诺伊州斯普林菲尔德市），1997年2月22日。

第三十四章 "全世界最老的记者"

洛杉矶北岭地区发生了里氏6.7级地震："加利福尼亚北岭地区于1994年1月17日发生6.7级地震，"，《科学》266，5184号（1994年10月）：389。

"他没有失去报道新闻的动力"：作者对伯纳德·肖的采访，2011年6月10日。

"我想沃尔特被北岭地震搞得心绪烦乱"：作者对安迪·鲁尼的采访，2011年3月15日。

"沃尔特一直愿意接受工作"：作者对汤姆·布罗考的采访，2011年8月2日。

"人们信任自己亲眼从电视上看到的"：杰拉德，"沃尔特·克朗凯特说出了自己的心声，而不只是新闻"。

"你无法在今天的电视上看到一位新的沃尔特·克朗凯特"：杰克·福勒，《新闻怎么了：信息爆炸与新闻危机》（芝加哥：芝加哥大学出版社，2010），p.73。

"你们中间有多少人能跟我讲一讲埃里克·塞瓦赖德？"：泰德·科佩尔主持的最后一期《新闻夜话》，2005年11月22日，学术大全数据库文字整理稿。

"在为数不多的新闻分析家、评论家和杂文家中埃里克⋯⋯"："埃里克·塞瓦赖德，哥伦比亚广播公司电视台评论员"，《洛杉矶时报》，1992年7月10日。

"真不敢相信我竟然与他身处同一个圈子"：作者对布莱恩·威廉姆斯的采访，2011年9月2日。

克朗凯特在讲座上做了演讲，威廉姆斯忠实地出席了讲座：布鲁斯·兰伯特，"带领哥伦比亚广播公司新闻网扩张的理查德·萨伦特逝世，享年78岁"，《纽约时报》，1993年2月23日。

"我激动得难以置信"：作者对布莱恩·威廉姆斯的采访，2011年9月2日。

"后来我们经常提起这个笑话"：同上。

"那边的那个人像不像沃尔特·克朗凯特"：作者对迈克尔·芬利的采访，2010年3月1日。

"无论碰到谁他都会问一句'你来自哪里'"：作者对马琳·阿德勒的采访，2011年12月9日。

"滚"：作者对安迪·鲁尼的采访，2011年3月15日。

"这就是沃尔特免费吃大餐的办法。真是太无耻了"：同上。

克朗凯特坚持认为老式的调查性新闻是民主制度存在的先决条件："人们从未意识到融合一直存在"，《纽约阿姆斯特丹新闻》，1993年10月9日。

他参与创建了名为"克朗凯特与沃德"的有限责任公司：特里·贝尔曼，"追忆我的前老板沃尔特·克朗凯特"，2009年7月21日，新闻灯笼商业创新博客

"来啊，沃尔特。该去狂欢了"：雷·里奇曼，"克朗凯特报告：美国最受信赖的人依旧在领跑"，《洛杉矶每日新闻》，1993年5月26日。

"当我还是一个小孩子的时候他们总是说只要沃尔特·克朗凯特登一下记"：安妮·高恩，"做客白宫如同回家"，《华盛顿时报》，1963年9月14日。

"只要我一问起有关诺曼底战役的事情，沃尔特总是能立即做出回答"：作者对伍尔夫·布利策的采访，2011年9月7日。

"艾尔，让我给你提三个建议吧"：作者对艾尔·奥蒂兹的采访，2011年5月12日。

"我说的是我的马丁尼"：克朗凯特，《记者生涯》，p.15—16。

"完全没问题"：维恩·盖伊，"可信的克朗凯特"，《布法罗新闻》，1996年3月10日。

"沃尔特把他做的笔记……寄给了我们"：作者对雪莉·沃什的采访，2011年8月31日。

"我认为咱们美国人对苏联人有些反应过激了"：沃尔特·克朗凯特，"冷战"，探索频道，1997年1月16日。

"有了像克朗凯特先生这样的新闻播音员，谁还需要《真理报》呢"：《华盛顿时报》，1997年6月25日。

"沃尔特·克朗凯特往我的饭里吐口水"："克朗凯特对他在网络上吐口水的形象感到无趣"，《费城问询者报》，1997年1月29日。

"在宗教信仰这面大旗中包藏着残酷的右翼观点"："克朗凯特抨击宗教右翼势力"，《代托纳每日新闻》，1997年3月6日。

1997年4月1日……接受了冠状动脉旁路手术：约翰·卡莫迪，"电视专栏"，《华盛顿邮报》，1997年4月3日。

"音乐似乎对他的灵魂产生了疗效"：作者对奇普·克朗凯特的采访，2011年7月3日。

"我看了你一眼"：作者对乔安娜·西蒙的采访，2012年1月13日。

"抛开那么多对全家人的记忆一定是一件很可怕的事情"：作者对汤姆·布罗考的采访，2011年8月2日。

克朗凯特……邀请克林顿一家跟他一起驾船出海：作者对桑迪·索科洛的采访，2011年10月16日。

"那样一来我就能有一张与沃尔特·克朗凯特的合影了"：克林顿总统在克朗凯特的追悼会上的讲话，2009，林肯中心，纽约。

拒绝向外界透露任何消息：彼得·约翰逊，"克朗凯特拒绝讲话"，《今日美国》，1998年7月8日。

"比尔和希拉里从头至尾没有交谈过"：作者对桑迪·索科洛的采访，2011年7月8日。

妈妈和爸爸都觉得这对小沃尔特来说是一次意义非凡的机会：作者对沃尔特·克朗凯特四世的采访，2011年12月5日。

"克林顿总统十分敬畏克朗凯特"：作者对迪·迪·迈尔斯的采访，2011年7月23日。

"和他在太空里打打牌"：戴维·克朗克，"克朗凯特——仰望太空，俯视电视的死亡"，《洛杉矶每日新闻》，1999年10月21日。

克朗凯特是否愿意同约翰·霍利曼联袂主持："沃尔特·克朗凯特将与他人联袂主持有线新闻网的报道"，美国有线新闻网文字整理稿，1998年7月29日。

"哎呀，真希望我们也能想到这个点子"："有线新闻网大败哥伦比亚广播公司"，《圣何塞水星新闻》，1998年10月14日。

为了安抚老东家克朗凯特答应为《60分钟》：《60分钟》，1998年10月18日。

"约翰·格伦重返太空是为了提醒已经麻木的民众"：戴维·沃克尔，"克朗凯特有资格报道格伦之旅"，《亚利桑那共和报》，1998年10月23日。

"麦克，要是他们想提前知道问题的话"：作者对迈克尔·弗里德曼的采访，2011年11月20日。

"克朗凯特播音及太空学校"：鲍勃·贝彻，"克朗凯特讲述飞行就是如此"，

《维罗海滩新闻报》，1998年10月30日。

"沃尔特冲我招了招手"：作者对吉米·巴菲特的采访，2011年7月18日。

"这条新闻播出后人们纷纷通过我们在全国各地的附属电台打来电话"：采访迈克尔·弗里德曼，2011年2月27日。

特朗普宣称克朗凯特就是一个……"荒唐透顶"的人："刚刚收到消息：克朗凯特痛斥特朗普的计划"，《费城问询者报》，1999年8月20日。

"沃尔特，再次见到你真是太好了"：桑迪·索科洛给道格拉斯·布林克利的信，2011年12月13日。

克朗凯特在加利福尼亚州帕萨迪纳市的喷气推进实验室待了一个星期：克朗克，"克朗凯特——仰望太空，俯视电视的死亡"。

"无限制的国家主权"：米隆·M.科洛尼奇，"致民主世界政府"，《纽瓦克明星纪事报》，2000年1月14日。

"在此之前任何实现世界秩序的企图都绝对来自于魔鬼"：沃尔特·克朗凯特，"给世界联邦主义者协会所做的讲话"（文字整理稿），1999年10月19日，沃–得。参见，"克朗凯特拥护世界政府"，《华盛顿时报》，1999年12月3日。

"我不明白速度究竟有多么必要"："克朗凯特审视新闻采集业的利弊"，《查尔斯顿（西弗吉尼亚）公报》，2000年11月26日。

"没有人能替代"沃尔特大叔：金妮·威廉姆斯，"没有给克朗凯特的肯尼迪庆祝会"，《今日美国》，2000年11月30日。

"我比任何人对这个千年的思考都多"："新闻里的大人物"，美联社，2000年5月16日。

第三十五章　新千年到来

"当时爸爸拨通我的电话后我告诉他最好暂时不要回纽约"：作者对奇普·克朗凯特的采访，2011年7月3日。

"他必须在世贸中心余火未尽的时候亲眼看一看残存的遗迹"：作者对马琳·阿德勒的采访，2011年12月19日。

他没有取消在罗马第一大学的演讲："克朗凯特赞扬美国广播报道工作"，《密尔沃基哨兵报》，2001年9月15日。

"这就是你的'肯尼迪'"：艾伦·布朗，"关于沃尔特·克朗凯特"，沃尔特·克朗凯特新闻与大众传播学院，Http://cronkite.asu.edu/node/689（摘自2011年7

月9日）。

"看在老天的份上，报复这些凶残的敌人"：沃尔特·克朗凯特在《大卫·莱特曼午夜脱口秀》，2001年9月20日（视频文字整理稿）。

"唔，你又做何感想呢"：同上。

"布什对9·11的过激反应"：作者对安迪·鲁尼的采访，2011年3月15日。

他认为自己理应承担起公共责任：《柯克斯书评》，对《周游美国：走遍我们壮丽的海岸线》的评论，沃尔特·克朗凯特执笔，2001年5月15日。

"不知道为什么，只要一想到沃尔特对恐怖活动还有着正确的认识"：作者对凯蒂·库里克的采访，2009年9月22日。

"意识形态阉人"：杰拉德，"沃尔特·克朗凯特说出了自己的心声，而不只是新闻"。

克朗凯特不愿意屈服于这些人的恫吓：作者对马琳·阿德勒的采访，2011年6月4日。

"他不再试图充当中间路线先生"：作者对凯蒂·库里克的采访，2009年9月22日。

与此同时民主党人却还在忙于应付愚蠢的内讧：理查德·佐戈林，"十问沃尔特·克朗凯特"，《时代》，2003年10月26日。

"沃尔特喜欢身在其中的感觉"：作者对戴尔·麦诺的采访，2011年8月18日。

"布什正在为世界各国开创先例"："克朗凯特谴责参战决定"，《圣路易斯快报》，2003年10月11日。

"克朗凯特在各个广播公司里的继承人们甚至都没有从事新闻工作"：弗兰克·里奇，"事实并非如此"，《纽约时报》，2009年7月26日。

"我们在曼哈顿马克酒店的餐厅里见了面"：克里斯蒂娜·阿曼鲍尔给道格拉斯·布林克利的信，2012年1月17日。

"如果说1988年给了我们一些教训的话"：沃尔特·克朗凯特，"参议院克里不应害怕承认自己是自由主义者"，《温图拉郡星报》，2004年3月18日，摘自金氏特稿社。

"出于好心办了错事"：乔什·盖特林，伊丽莎白·詹森和麦迪·古德，"哥伦比亚广播公司为错误报道布什备忘录道歉"，《洛杉矶时报》，2004年9月21日。

"那期节目里就只有罪案和专门写伤感文章的女记者"：霍华德·库尔茨，"奥萨姆，谁？"，《华盛顿邮报》，2005年1月24日。

"老家伙竟然跳了一曲轻快的爱尔兰吉格舞"：作者对安迪·鲁尼的采访，2011

年3月15日。

不过令他感到惊讶的并不是备忘录门事件：西德尼·布罗曼索，"丹·拉瑟坚持认为自己的报道没有错"，salon.com，2007年9月27日。

"自己竟然对他的这种姿态容忍了这么久"：沃尔特·克朗凯特在《美国早安》节目中发表的评论，美国有线新闻网文字整理稿，2005年3月8日。

拉瑟的团队对羞辱乔治·布什有着"短视的热情"："哥伦比亚广播公司因为有关布什警卫队经历的报道开除四名责任人员"，美联社，2005年1月10日。

穆恩维斯认为……留下了"污点"：作者对莱斯·穆恩维斯的采访，2011年6月10日。

"我们都知道这场发生在洗手间里的争执"：作者对杰夫·法捷的采访，2012年1月10日。

"我只是想让你知道你做的没有错"：作者对莱斯·穆恩维斯的采访，2011年6月10日。

"你根本无法明白这对我意味着什么"：同上。

芭芭拉·沃尔特斯所谓的"揶揄而尖酸"的直率：作者对芭芭拉·沃尔特斯的采访，2011年8月24日。

"当初在做民意调查的时候他们没有调查我夫人的观点"：沃尔特·克朗凯特在亚利桑那州凤凰城参加烧烤野餐会时发表的评论，1985年11月15日。

"贝特西是让他避免支离破碎的胶水"：作者对黛博拉·拉什的采访，2012年2月21日。

"当时沃尔特痛失亲人，十分迷茫"：作者对乔安娜·西蒙的采访，2012年1月13日。

"我就只会眼泪汪汪地从早到晚地流着泪"：作者对威廉·斯莫的采访，2011年3月22日。

"这个主意不错"：同上。

"我跟克朗凯特无所不谈"：作者对艾伦·布朗的采访，2011年9月7日。

"丹没有多少朋友"：作者对杰夫·法捷的采访，2012年1月9日

克朗凯特"高兴坏了"：作者对罗杰·马德的采访，2011年11月14日。

"我有女朋友了"：作者对吉米·巴菲特的采访，2011年9月18日。

就在贝特西去世几个星期之后克朗凯特就心急火燎地开始与西蒙约会：凯特·诺塞拉和艾琳·德金，"女朋友回忆沃尔特·克朗凯特的做派：不偏不倚的记

者，激情四射的人"，《纽约每日新闻》，2009年7月20日。

"文火慢炖的女士"：作者对马琳·阿德勒的采访，2011年12月9日。

文章称西蒙是克朗凯特的新"女伴"：作者对乔安娜·西蒙的采访，2012年1月13日。

"沃尔特没等多久就出手了"：诺塞拉和德金，"女朋友回忆沃尔特·克朗凯特的做派"。

正是在这种不寻常的情况下克朗凯特向她求了婚：卡罗尔·罗斯·乔伊恩特，《纯真配偶：回忆录》（纽约：皇冠出版社，2011），p.258。

"那种感觉就像是我与自己的祖父团聚了"：比佛利·基尔给道格拉斯·布林克利的信，2011年5月19日。

"只要我还是你的红桃K"：作者对乔安娜·西蒙的采访，2012年1月13日。

能够获得这项荣誉"完全超乎了他的想象"："美国宇航局嘉奖老记者沃尔特·克朗凯特"，NASA.gov，2006年2月28日。

将其赠送给了得克萨斯州大学的多尔夫·布里斯科美国历史中心："布里斯科美国历史中心：沃尔特·克朗凯特文稿"，www.cah.utexas.edu/collections/news_media_cronkite.php（摘自2011年7月30日）。

克朗凯特还是花费心血帮助……克朗凯特新闻与大众传播学院："克朗凯特在学院动工典礼上铲下第一锹土"，《亚利桑那州立大学新闻》，2007年2月21日。

"每一天都是我的福分啊"：作者对乔安娜·西蒙的采访，2012年1月14日。

"沃尔特和我拥有过一段非常美好的爱情"：作者对乔安娜·西蒙的采访，2012年1月15日。

"大——麻。我对这种毒品很熟悉"：作者对比·西蒙的采访，2012年1月15日。

"毒品之战失败了"：沃尔特·克朗凯特，"讲述毒品之战的真相"，转载自《赫芬顿邮报》，2006年3月1日。

"现在，沃尔特·克朗凯特——美国历史上最受到信赖的新闻播音员"：菲利普·史密斯，"克朗凯特对战奥雷利：或许最受信赖的人会赢"，AlterNet，2006年3月3日，http://www.alternet.org/drugs/33009/。

在戈登·曼宁的葬礼上他也做了同样的事情："电视新闻总经理戈登·曼宁逝世，享年89岁"，《纽约时报》，2006年9月9日。

"他的离去让我们震惊得说不出话来"：作者对吉米·巴菲特的采访，2011年7月18日。

克朗凯特的身体出现了一连串令人担心的状况：作者对凯西·克朗凯特的采访，2011年6月3日。

"有时候他眺望着窗外的东河"：作者对奇普·克朗凯特的采访，2012年2月20日。

"他根本认不得我了"：作者对伯纳德·卡尔布的采访，2011年2月26日。

从2007年的年末开始91岁的克朗凯特每周都要为……提供评论：布莱恩·斯泰尔特，"克朗凯特加入退休电视网"，《纽约时报》，2007年11月15日。

"那一幕太可怕了"：作者对卡罗琳·格雷厄姆的采访，2011年3月29日。

"赶紧把这件事情给办了"：史蒂夫·萨马若斯，"航海名人堂将促进城市发展"，《首都》，2008年3月9日。

"有没有人跟你说过你看起来很像……"：波利·帕多克，"克朗凯特一如既往地令人安慰——回顾前哥伦比亚广播公司主播指导夏洛特观众走过世纪"，《夏洛特观察者报》，1999年10月22日。

克朗凯特与西蒙同老克鲁尼夫妇共进一次晚餐："我们在听"，《纽约邮报》，2003年3月13日。

"他们没有鼓掌"：麦迪·古德，"奥巴马在克朗凯特的追悼会上盛赞克朗凯特"，《洛杉矶时报》，2009年9月9日。

"我们都笑疯了"：作者对乔安娜·西蒙的采访，2012年1月14日。

"大叔消失了"：汤姆·谢尔兹，"最受信赖的亲爱的沃尔特大叔与他的'二战'遗产'"，《华盛顿邮报》，2009年4月29日。

"当时我就想冲他们吐口水"：沃尔特·克朗凯特，"战争遗产"，公共广播公司（文字整理稿），2009年4月29日。

"天哪，天哪，天哪。真是太过分了"：同上。

尾声　电子山姆大叔

"深爱爸爸的人都围在他的身边"：作者对凯西·克朗凯特的采访，2011年6月3日。

"他心平气和地对世界……露出了笑容"：作者对吉米·巴菲特的采访，2012年9月18日。

"沃尔特·克朗凯特也刚刚过世"：作者对黛博拉·拉什的采访，2012年2月21日。

"这就是心理学家们所说的为人父母最好的体现"：戴维·施里布曼，"观众能够戒掉克朗凯特吗？"，《华盛顿邮报》，1981年3月2日。

他是人们的大家长：里德·约翰逊，"受制于科技文化"，《洛杉矶时报》，2005年12月18日；佩吉·德雷克斯勒，"吸气！凯蒂动粗了"，《赫芬顿邮报》，2007年9月11日。

"这个名垂电视史的家伙还从来没有让谁厌烦过"：作者对泰德·透纳的采访，2011年4月20日。

"我们还拥有了当初我们缺少的自信"：费拉蒂，"当他们'主播'电视新闻节目的时候他们在做什么"。

"有一种天生的加尔文教徒式的诚实"：埃尔·莱纳特，"沃尔特·克朗凯特的秘密世界"，《得克萨斯月刊》，1976年1月。

"我们的电子山姆大叔"：库尔特·冯内古特，"不情愿成为大人物的大人物"，《国家》，1981年3月7日。

他遗体在摩利亚山墓地被火化了："克朗凯特将在密苏里州被安葬在妻子身旁"，美联社，转载自《丹佛邮报》，2009年7月19日。

在家人的监管下每一笔捐款都被汇入了……基金会：查德·巴特勒，"沃尔特·克朗凯特随后将被安葬在密苏里州"，《圣路易斯检查者报》，2009年7月18日。

"我恨这个没有了沃尔特·克朗凯特的世界"：迈克尔·埃塞尼，"乔治·克鲁尼也失去了沃尔特·克朗凯特"，《娱乐检查者报》，2009年7月18日。

他称这位传奇主播是"真正的电视新闻之父"：瓦莱丽·J. 尼尔森，"沃尔特·克朗凯特，哥伦比亚广播公司的长寿主播逝世，享年92岁"，《洛杉矶时报》，2009年7月18日。

克朗凯特对新闻的"目的与怜悯心"有着惊人的敏感：布莱恩·斯泰尔特，"电视偶像们对克朗凯特的职业生涯的思考"，《纽约时报》，2009年7月17日。

库里克用克朗凯特的录音片段开始了当天的节目：埃德·皮尔金顿，"从克朗凯特到库里克，哥伦比亚广播公司对主播人选仔细斟酌"，《卫报》，2006年9月6日。

"谢谢收看"：霍华德·罗森伯格，"凯蒂·库里克，新闻主播们，以及个性崇拜"，《洛杉矶时报》，2008年7月14日。

芭芭拉·沃尔特斯在天狼星卫星广播电台的节目中：切丽·桑德斯，"哥伦比亚广播公司退休生活电视网和天狼星卫星广播公司宣布沃尔特·克朗凯特十分特殊"，《华盛顿检查者报》，2009年7月19日。

"沃尔特具有我们所说的在电视上'穿透镜子'的能力"："丹·拉瑟反思沃尔

特·克朗凯特"，微软全国广播公司，2009年7月18日，星期六。

"没有比他更出色的人了"：作者对丹·拉瑟的采访，2011年5月28日。

"今天早上我觉得自己几乎就像是在帮沃尔特·施艾拉顶班"：《面对国家》文字整理稿，2009年7月19日，哥伦比亚广播公司新闻网档案馆，纽约。

"因为所有人都知道沃尔特黝黑的肤色不是在播音间的灯光下晒出来的"：同上。

"'天哪——什么时候需要我？要我去哪儿'"：汤姆·布罗考，"美国最受信赖的人"，《时代》，2009年8月3日，p.20。

"沃尔特走了让我觉得难过得无话可说"：麦迪·古德，"身为记者、朋友、父亲，克朗凯特受到颂扬"，《洛杉矶时报》，2009年7月24日。

"他是一个很独特的社交媒体人"：作者对米奇·哈特的采访，2011年2月17日。

"飞翔时身姿优雅、捕食时贪得无厌的海鸥"："普鲁斯特问卷调查"。

"克朗凯特的那对触角能够敏锐捕捉到朋友的痛苦"：作者对迈克·阿什福德的采访，2011年5月7日。

克朗凯特最喜爱的一首诗是英国桂冠诗人约翰·梅斯菲尔德的《海之恋》：作者对比尔·哈巴克的采访，2012年1月24日。

梅森很快就了解到每一位美国都渴望参加在林肯中心举办的这场活动：作者对琳达·梅森的采访，2011年4月30日。

"参与制定了……新闻标准"："普鲁斯特问卷调查"。

"不过我倒是准时赶到了地方"：克里斯蒂娜·阿曼鲍尔给道格拉斯·布林克利的信，2012年1月23日。

"克朗凯特会怎么做？"克里斯蒂娜·阿曼鲍尔，"日记"，2009年9月18日，私人文档，纽约州纽约市。

奥巴马也是"看着克朗凯特长大的"：贝拉克·奥巴马总统，对道格拉斯·布林克利发表的评论，2011年7月11日。

"大楼里的每一个人都聚精会神地看着追思会"：作者对阿曼·凯迪伊恩的采访，2011年7月3日。

"新闻不只是一种职业"："奥巴马总统"，2009年9月9日，林肯中心追悼会（文字整理稿），哥伦比亚广播公司新闻网档案馆，纽约。

这些企业将新闻视作"又一个牟利中心而已"：吉姆·华莱士，"克朗凯特说电视新闻没能讲述完整的报道"，《查尔斯顿每日邮报》，2000年12月12日。

"沃尔特热衷于讲故事"：巴兹·奥尔德林，《克朗凯特记得》，文字整理稿，2009年9月18日。

"有比我优秀的作家，比我优秀的记者"：罗杰·沃恩，"随克朗凯特航游"，《机动船及帆船驾驶》，1976年11月。

"奇怪的是，从来没有人问过我这个问题"：霍华德·库尔茨，"沃尔特·克朗凯特是伟大主播中的最后一人"，《华盛顿邮报》，2009年7月18日。

克朗凯特曾经用过的主播台或许早已变成了木浆：作者对戴维·罗兹的采访，2012年1月7日。

"专门分析和报道意外事件的新闻分析家和记者要想成功就必须做到三点"：尼尔·阿姆斯特朗对沃尔特·克朗凯特逝世发表的声明，《美国宇航局新闻部新闻稿》，2009年7月17日。

"他让我们信任他，他从未让我们失望过"：托德·李奥波德，"前哥伦比亚广播公司主播，'沃尔特·克朗凯特大叔'逝世，享年92岁"，CNM.com，2009年8月29日。

采访名录

乔治·艾比，得克萨斯州，休斯敦

马琳·阿德勒，纽约

罗杰·埃尔斯，纽约

巴兹·奥尔德林，华盛顿特区

尼尔·阿姆斯特朗，得克萨斯州，休斯敦

迈克·阿什福德，马里兰州，安纳波利斯

鲍勃·阿斯曼，华盛顿特区

詹姆斯·A.贝克三世，得克萨斯州，休斯敦

乔尔·巴诺，佛罗里达州，那不勒斯

本·巴恩斯，得克萨斯州，休斯敦

弗雷德·巴恩斯，华盛顿特区

凯·巴恩斯，密苏里州，堪萨斯城

沃伦·比蒂，加利福尼亚州，贝弗利山庄

拉斯·本斯利，伊利诺伊州，霍姆伍德

卡尔·伯恩斯坦，华盛顿特区

伯特·比博，纽约

伊兹·布莱克曼，佛罗里达州，维罗海滩

默夫·布洛克，纽约

朱利安·庞德，弗吉尼亚州，夏洛茨维尔

朗·伯恩，加利福尼亚州，圣地亚哥

本·布拉德里，华盛顿特区

埃德·布拉德利，科罗拉多州，伍迪克里克

丽塔·布雷弗，华盛顿特区

汤姆·布罗考，纽约

艾伦·布朗，亚利桑那州，斯科茨代尔

斯奇普·布朗，加利福尼亚州，旧金山

帕特里克·布坎南，特拉华州，瑞和柏斯海滩

吉米·巴菲特，佛罗里达州，基维斯特（西锁岛）

约瑟夫·卡利法诺，纽约

唐·卡尔顿，得克萨斯州，休斯敦

莉兹·卡彭特，得克萨斯州，休斯敦

尼克·科鲁尼，肯塔基州，奥古斯塔

宗毓华，蒙大拿州，冰川国家公园

查尔斯·科尔森，佛罗里达州，那不勒斯

凯蒂·库里克，纽约

奇普·克朗凯特，纽约

凯西·克朗凯特，得克萨斯州，休斯敦

南希·克朗凯特，纽约

戴维·达里，俄克拉荷马州，诺曼

汤姆·戴维斯，纽约

莫顿·迪恩，马萨诸塞州，特鲁罗

萨姆·唐纳森，华盛顿特区

丹尼尔·埃尔斯伯格，加利福尼亚州，阿拉梅达县

史蒂芬·埃利克，加利福尼亚州，洛杉矶

杰夫·法捷（杰弗里·法捷），纽约

比尔·菲林，纽约

迈克尔·芬利，俄勒冈州，阿什兰

杰拉尔德·福特，加利福尼亚州，兰乔米拉奇

埃德·福格森，纽约

埃德·福希，马萨诸塞州，查塔姆

迈克尔·弗里德曼，华盛顿特区

戴维·弗兰德，纽约

鲁斯·弗兰德里，纽约

韦尔顿·加迪牧师，路易斯安那州，查尔斯

约翰·格伦，俄亥俄州，哥伦布

安德鲁·戈德堡，纽约

斯坦霍普·古德，纽约

卡罗琳·格雷厄姆，加利福尼亚州，洛杉矶

杰夫·格拉尔尼克，康涅狄格州，韦斯顿

菲尔·格里斯，纽约州，艾伯森

比尔·哈巴克，康涅狄格州，费尔菲尔德

鲍勃·哈迪斯蒂，得克萨斯州，休斯敦

米奇·哈特，加利福尼亚州，旧金山

丹尼斯·黑兹，华盛顿州，西雅图

唐·休伊特，纽约

阿尔弗雷德·罗伯特·霍根，马里兰州，贝塞斯达

布里特·休姆，华盛顿特区

汤姆·约翰逊，佐治亚州，亚特兰大

菲尔·琼斯，佛罗里达州，那不勒斯

戈登·乔斯洛夫，康涅狄格州，韦斯特波特

卡罗尔·乔伊恩特，华盛顿特区

伯纳德·卡尔布，华盛顿特区

马文·卡尔布，华盛顿特区

里克·卡普兰，纽约

乔·考夫曼，佐治亚州，亚特兰大

艾瑟·肯尼迪，佛罗里达州，西棕榈滩

戴维·肯纳利，加利福尼亚州，洛杉矶

亨利·基辛格，纽约

乔·克莱因，华盛顿特区

玛蒂尔德·克里姆，纽约

朗·库塞拉，密苏里州，哥伦比亚

布莱恩·兰姆，华盛顿特区

约翰·雷恩，纽约州，拉伊

刘易斯·拉帕姆，纽约

约翰·劳伦斯，英国，汉斯米尔

约翰·雷曼，纽约

吉姆·莱勒，得克萨斯州，休斯敦

理查德·莱布纳尔，纽约

诺曼·梅勒，得克萨斯州，休斯敦

弗兰克·曼凯维奇，华盛顿特区

温顿·马萨利斯，纽约

琳达·梅森，纽约

克里斯·马修斯，华盛顿特区

吉姆·麦格林希，加利福尼亚州，卡梅尔

乔治·麦戈文，佛罗里达州，圣奥古斯丁

梅根·麦金尼，伊利诺伊州，芝加哥

唐·米歇尔，得克萨斯州，达拉斯

哈里·米德尔顿，得克萨斯州，休斯敦

比尔·麦诺，亚利桑那州，凤凰城

安德烈·米切尔，华盛顿特区

莱斯·穆恩维斯，纽约

帕特·莫里森，加利福尼亚州，洛杉矶

罗杰·马德，弗吉尼亚州，麦克莱恩

迪·迪·迈尔斯，华盛顿特区

艾尔·纽哈斯，佛罗里达州，可可海滩

汤姆·诺埃尔，得克萨斯州，达拉斯

贝拉克·奥巴马，华盛顿特区

比尔·奥雷利，纽约

艾尔·奥蒂兹，纽约

查尔斯·奥斯古德，纽约

斯科特·派利，纽约

罗伯特·皮尔伯因特，加利福尼亚州，圣巴巴拉

比尔·普兰特，华盛顿特区

桑德尔·波尔斯特，缅因州，德汉姆

休·莱斯基，罗得岛州，新港

丹·拉瑟，纽约和得克萨斯州，奥斯汀

梅西·雷尼，佛罗里达州，维罗海滩

戴维·罗兹，纽约

琳达·约翰逊·罗布，得克萨斯州，奥斯汀

安迪·鲁尼，纽约

威廉·拉克尔肖斯，华盛顿州，西雅图

黛博拉·拉什，纽约

莫雷·塞弗，纽约

鲍勃·舒弗尔，华盛顿特区

戴维·施奈德，纽约

杰克·施奈德康涅狄格州，韦斯特波特

马克·西格尔，宾夕法尼亚州，费城

道格·沙德尔，华盛顿州，西雅图

伯纳德·肖，马里兰州，塔科马帕克

唐·谢尔比，明尼苏达州，明尼阿波利斯

费·舒斯，得克萨斯州，奥斯汀

乔安娜·西蒙，纽约

彼得·西蒙，马萨诸塞州，埃德加敦

威廉·斯莫，纽约

理查德·斯诺，纽约

桑迪·索科洛，纽约和得克萨斯州，奥斯汀

泰德·索伦森，纽约

莱斯利·斯塔尔，纽约

奥利弗·斯通，加利福尼亚州，洛杉矶

玛丽·卢·蒂尔，纽约

道格·特里，华盛顿特区

李·桑顿，马里兰州，贝塞斯达

泰德·透纳，佐治亚州，亚特兰大

埃德·维贝尔，康涅狄格州，韦斯特波特

威廉·范登·赫维尔，纽约

鲍勃·维塔雷利，马里兰州，切维蔡斯

戴安娜·沃克，华盛顿特区

克里斯·华莱士，华盛顿特区

芭芭拉·沃尔特斯，纽约

詹恩·温纳，爱达荷州，太阳谷

雪莉·沃什，纽约州，弗洛拉帕克

拉里·韦茅斯，纽约州，东汉普顿

比尔·怀特赫斯特，得克萨斯州，奥斯汀

埃利·威塞尔，纽约

乔恩·韦克曼，加利福尼亚州，洛杉矶，

布莱恩·威廉姆斯，康涅狄格州，新迦南

卢·伍德，加利福尼亚州，洛杉矶

鲍勃·伍德沃德，华盛顿特区

阿诺德·岑克尔，马萨诸塞州，韦斯顿

普通人的史诗

美国家庭影院电视网（HBO）推出了一部电视新闻主题的系列剧《新闻编辑室》（*Newsroom*），在中国观众，尤其是传媒业从业人员和新闻专业师生中颇有口碑。影片第一季的片头中出现了三个人的正面特写，其中第二个出现的就是沃尔特·克朗凯特——本书的主人公（第一个出现的正是在本书中频频出现的爱德华·莫罗）。在影片中克朗凯特被频频提及，例如，亚特兰蒂斯有线新闻台（ACN）的主席查理说："主播有自己的意见不是什么新鲜事，莫罗的意见让麦卡锡完蛋了，克朗凯特的意见让越战完蛋了。"并称克朗凯特和莫罗、瑞森纳、拉瑟等人是"绝对诚实、问心无愧的新闻人"。可以说《新闻编辑室》是一部向克朗凯特及其代表的电视新闻黄金一代致敬的影片。

而《讲述真相：沃尔特·克朗凯特》这部宏篇巨著则是美国重量级传记作家道格拉斯·布林克利为黄金一代中的大英雄克朗凯特撰写的史诗般的传记，因为这位记者的职业生涯与一个史诗性的时代同步，并且在自己的领域他有着史诗般的表现。与此同时，克朗凯特却始终是以一个普通人的身份存在着。同他经历的宏大时代相比，同他采访过的历史名人（美国总统罗斯福和肯尼迪、美国登月第一人阿姆斯特朗等）相比他只是一个旁观历史的普通人，同他的观众一起注视着时代，注视着那些创造历史的伟人。

然而，克朗凯特与其他普通人的不同之处就在于他站在更靠近历史的地方，因此他成了普通人与历史之间的传达者。这种身份表明了所有记者的意义和职责之所在，而克朗凯特之所以能够超越同时代记者（在很大程度上可以说后世也无人超越他）就在于他是那个时代最可靠的见证者，一位时间老人。美国人民信任他、依赖他、热爱他，在他的追悼会上美国现任总统贝拉克·奥巴马说："他是我们的亲人。他让我们信任他，他从未让我们失望过。"美国专栏作家及时政评论家，曾获得过普利策奖的乔治·威尔其至说，"我们这个时代的新闻史将会被划分为前后两个时代，即'沃尔特·克朗凯特前'和'沃尔特·克朗凯特后'。之所以会出现这样的分裂是因为克朗凯特具有当今社会严重缺失的东西，这就是信任。"

在这部传记中布林克利事无巨细地记述了克朗凯特的一生。从童年在南方亲身经历的种族歧视，后来以报社听差的身份走进报社，通过编写校报受到新闻采写业务的训练，成年后以传统媒体（合众社）记者的身份参加了对第二次世界大战的报道，在电视出现后又主持了大量的纪实节目，于1962年出任《哥伦比亚广播公司晚间新闻》的主播，直至1981年退休，并在退休后继续参与电视节目制作。克朗凯特以记者的身份亲身经历了诺曼底登陆日、肯尼迪遇刺事件、以色列与埃及和谈、"阿波罗11号"与"阿波罗13号"任务、水门事件、越南战争和伊朗人质危机等重大历史事件。甚至在告别主播位置20年后，85岁高龄的他依然在第一时间以个人身份对"9·11"做出了记者式的反应。

面对传统媒体被电子媒体逼得走投无路，媒体从业者高喊"转型"的今天，克朗凯特依然以旗帜的形象存在着。克朗凯特时代在2007年9月随着他的与世长辞落幕了，但是哥伦比亚广播公司新闻网在总裁戴维·罗兹和王牌新闻节目《60分钟》总制片人杰夫·法捷的率领下开始努力恢复克朗凯特时代的严肃面貌，重用了一批克朗凯特式新闻传统的追随者。与此类似，在纸质媒体纷纷关门大吉之后，经过数年的策划与决策，电子出版业的巨人"亚马逊"于2015年11月在美国西雅图市开办了实体店。"亚马逊"方面指出实体店的主要目标并不在于销售纸质书，而是更接近于"线下网店"，但是这一举动传达出一个信息，信息产品的销售成败在很大程度上依然取决于与受众的直接接触，而这种接触除了为顾客创造直观体验物理媒介的机会，更重要的是博得顾客对信息内容和信息传输方式的信赖。

无论网络媒体将来以怎样的优势压倒，甚至整合平面、广播和电视这三大传统媒体，人类对新闻（甚至任何信息）最核心的判断和取舍标准是不会改变的，这就是可信度。从这个意义上而言，被称为"冷战时期及冷战后美国电视界的良心"的克朗凯特将始终具有对新闻业，尤其是电视新闻业的指导意义。

克朗凯特赶上了对电视新闻业而言最伟大的时代，但是在从业之初他也曾悲哀而急切地以为最伟大的时代属于了爱德华·默罗。他的想法没错，被誉为"美国广播新闻界和电视新闻业一代宗师"的默罗拥有了冠以自己大名的时代——默罗时代，但是这个时代限于广播界，美国的电视时代则属于了克朗凯特。如果说这部传记存在遗憾之处的话，那无疑就是对于两代大师之间的交往（或者说是冲突）记述得有些简略。默罗与克朗凯特的冲突代表着广播时代和电视时代的冲突，他们这两代媒体之王政权交接的历史或许对眼下我们正在经历的这场史无前例的新老媒体交替期具有一定的借鉴意义。

顺便说一句，美国观众对《新闻编辑室》的评分并不高，仅仅5分左右（10分制），理由是该片说教成分过重，过于渲染新闻理想。在一定程度上可以说这样的低分正是一个新闻伦理沦丧、新闻实践扭曲的时代对崇高的新闻理想和道德有所抵触的结果，毕竟我们距离理想已经太遥远了，遥远得只能让我们痛恨一切美好的东西，比如克朗凯特。

徐海嵋

2016年6月